Deutschsprachige Lateinamerika-Forschung

Investigación
sobre América Latina
en los Países de Habla Alemana

Instituciones,
Investigadores y Expertos
en Alemania, Austria y Suiza
Publicaciones Recientes

Pesquisa sobre
América Latina
nos Países de Língua Alemã

Instituições,
Pesquisadores e Especialistas
na Alemanha, Áustria e Suiça
Publicações Recentes

Deutschsprachige
Lateinamerika-Forschung

Institutionen, Wissenschaftler und Experten in Deutschland, Österreich und der Schweiz
Neuere Veröffentlichungen

Herausgegeben vom
Institut für Iberoamerika-Kunde, Hamburg
im Auftrag der Arbeitsgemeinschaft
Deutsche Lateinamerika-Forschung (ADLAF)

durch
Wolfgang Grenz

unter Mitarbeit von
Brigitte Farenholtz, Ulrike Moritz und Monika Ohrt

Vervuert Verlag · Frankfurt am Main 1993

Die Deutsche Bibliothek - CIP-Einheitsaufnahme

Deutschsprachige Lateinamerika-Forschung : Institutionen, Wissenschaftler und Experten in Deutschland, Österreich und der Schweiz ; neuere Veröffentlichungen / hrsg. vom Institut für Iberoamerika-Kunde im Auftr. der Arbeitsgemeinschaft Deutsche Lateinamerika-Forschung (ADLAF) durch Wolfgang Grenz unter Mitarb. von Brigitte Farenholtz ... - Frankfurt am Main : Vervuert, 1993

ISBN 3-89354-054-7

NE: Grenz, Wolfgang [Hrsg.]; Institut für Iberoamerika-Kunde <Hamburg>

Umschlaggestaltung: Konstantin Buchholz

Druck: Weihert-Druck, Darmstadt

Printed in Germany

Inhalt

Contenido

Indice

Geleitwort

Der vorliegende Band erschließt die institutionellen und personellen Gegebenheiten der Lateinamerika-Forschung im deutschsprachigen Raum. Er ergänzt damit das kürzlich erschienene "Handbuch der deutschsprachigen Lateinamerikakunde", das ebenfalls im Auftrag der Arbeitsgemeinschaft Deutsche Lateinamerika-Forschung (ADLAF) von Herrn Privatdozent Dr. Nikolaus Werz (Freiburg) herausgegeben wurde und die sich mit Lateinamerika beschäftigenden Fachdisziplinen inhaltlich vorstellt.

Das Institut für Iberoamerika-Kunde, das bereits 1980 ein "Handbuch der deutschen Lateinamerika-Forschung" mit Informationen über Institutionen, Wissenschaftler und Experten in der Bundesrepublik Deutschland und Berlin (West) veröffentlicht hatte, hat im Auftrag der ADLAF die Herausgabe dieses Bandes übernommen.

Die deutschsprachige Lateinamerika-Forschung ist in ihrer dezentralisierten Organisation weiterhin vorwiegend in den in Fachdisziplinen gegliederten Fakultäten und Fachbereichen verankert. An dieser Grundstruktur hat sich seit 1980 nur wenig verändert, wenn auch in jüngerer Zeit zunehmend inter-/multidisziplinäre Zentralinstitute und regionale Forschungsschwerpunkte an Universitäten sowie außeruniversitäre Forschungsinstitute in Erscheinung treten.

Die ADLAF, ein fachübergreifender Zusammenschluß von über 30 Forschungsinstituten und mehr als 230 Einzelwissenschaftlern aus mehr als 20 Fachdisziplinen, ist sich gerade im Jahr 1992 der Verantwortung bewußt, die wissenschaftlichen Kontakte zwischen Lateinamerika und dem deutschsprachigen Raum zu vertiefen und zu einem differenzierten Verständnis der Probleme Lateinamerikas sowie zur fundierten Kenntnis der lateinamerikanischen Kultur und der naturräumlichen und sozioökonomischen Gegebenheiten beizutragen.

Vor diesem Hintergrund hat der vorliegende Band multifunktionale Bedeutung. Er soll sowohl der deutschsprachigen, als auch der internationalen (vor allem der lateinamerikanischen) wissenschaftlichen Öffentlichkeit, Studierenden, Wissenschaftlern, Experten unterschiedlichster Bereiche und staatlichen sowie privaten Institutionen, einen detaillierten Einblick in das Forschungspotential ermöglichen. Dies gilt auch in besonderem Maße für die auf wissenschaftliche Erkenntnisse angewiesenen Bereiche der Praxis in Entwicklungszusammenarbeit, Wirtschaft und Verwaltung. Schließlich bietet der Band der Politik, den öffentlichen Medien sowie der gesamten interessierten Öffentlichkeit Informationshilfen und einen Leitfaden für eine auf Lateinamerika ausgerichtete Kommunikation.

Die umfassende Bestandsaufnahme der Ausstattung der deutschsprachigen Lateinamerika-Forschung im institutionellen und personellen Bereich stellte an die Herausgeber große Anforderungen. Die ADLAF dankt dem Institut für Iberoamerika-Kunde für die Übernahme der verantwortungsvollen Aufgabe.

Möge der Band vielfältige Verwendung finden !

Dezember 1992

Gerd Kohlhepp
Vorsitzender der ADLAF
(1988-1992)

Presentación

El presente tomo comprende los datos personales e institucionales de la investigación sobre América Latina en los países de habla alemana. La obra complementa de este modo el "Handbuch der deutschsprachigen Lateinamerikakunde" ("Manual de los estudios latinoamericanos de habla alemana"), recientemente publicado también por encargo de la Asociación Alemana de Investigación sobre América Latina (ADLAF) por el docente Dr. Nikolaus Werz (Friburgo), presentando las disciplinas científicas que se ocupan de América Latina.

El Instituto de Estudios Iberoamericanos (Hamburgo), el cual ya en 1980 publicara una "Guía de la investigación alemana sobre América Latina" con informaciones sobre instituciones, investigadores y expertos de la República Federal de Alemania y Berlín, asumió por encargo de la ADLAF la edición de este tomo.

La investigación de habla alemana sobre América Latina sigue, con su organización descentralizada, asentada predominantemente en las facultades y departamentos subdivididos en disciplinas. Esta estructura básica ha cambiado poco desde 1980, aunque han surgido recientemente institutos centrales inter- y multidisciplinarios y áreas de investigación regionales en las Universidades, así como también institutos de investigación no universitarios.

La ADLAF, agrupación de más 30 institutos de investigación y más de 230 investigadores de más de 20 disciplinas, tomó precisamente en 1992 conciencia de la responsabilidad de profundizar los contactos científicos entre América Latina y los países de habla alemana y aportar a una comprensión diferenciada de los problemas de América Latina, así como también a un sólido conocimiento de la cultura latinoamericana y de sus realidades espaciales y socioeconómicas.

Ante este trasfondo el presente tomo adquiere un significado multifuncional. Debe posibilitar una idea detallada del potencial de investigación tanto para el público científico de habla alemana, como para el internacional (sobre todo el latinoamericano), para estudiantes, investigadores y expertos de diferentes áreas, así como también para instituciones estatales y privadas. Esto es también válido especialmente para las áreas de la práctica en cooperación para el desarrollo, economía y administración, dependiendo ellas de conocimientos científicos. Finalmente, la obra ofrece a la política, a los medios de comunicación, así como también al público interesado ayudas informativas y una guía para una comunicación orientada hacia América Latina .

El amplio inventario de la presentación de la investigación de habla alemana sobre América Latina en la esfera institucional y personal requirió grandes esfuerzos de los editores. La ADLAF agradece al Instituto de Estudios Iberoamericanos por haber asumido tan responsable tarea.

¡ Que la obra encuentre múltiple aplicación !

Diciembre 1992

Gerd Kohlhepp
Presidente de la ADLAF
(1988-1992)

Aprensentação

Com a presente obra, o leitor tem à mão os dados institucionais e pessoais referentes à pesquisa sobre a América Latina realizada nos países de língua alemã. Esta publicação vem assim complementar o "Handbuch der deutschsprachigen Lateinamerikakunde" (Manual dos Estudos de Língua Alemã sobre a América Latina), recém-publicado pelo livre-docente Dr. Nikolaus Werz (Friburgo), igualmente a pedido da Associação Alemaã de Pesquisa sobre a América Latina (ADLAF) e consagrado a uma apresentação do conteúdo abrangido pelas disciplinas dedicadas à América Latina.

Tendo publicado já em 1980 um "Handbuch der deutschen Lateinamerika-Forschung" (Manual da Pesquisa Alemã sobre a América Latina), o Instituto de Estudos Ibero-Americanos de Hamburgo encarregou-se, a pedido da ADLAF, de editar o presente volume.

Dotada de uma organização descentralizada, a pesquisa de língua alemã referente à América Latina continua enraizada preponderantemente nas faculdades e áreas de ensino estruturadas por disciplinas. Em pouco se tem alterado esta estrutura básica, desde 1980. Apenas recentemente se vem constatando o surgimento, em número crescente, de institutos de pesquisa centrais e regionais de caráter inter ou multidisciplinar.

Como organização supradisciplinar a reunir mais de 30 institutos de pesquisa e 230 cientistas pertencentes a mais de 20 disciplinas, a ADLAF está consciente da responsabilidade que lhe toca justamente no ano de 1992, no sentido de contribuir tanto para o aprofundamento dos contatos científicos entre a América Latina e os países de língua alemã como para uma compreensão diferenciada dos problemas da região e para a difusão de conhecimentos bem fundados sobre a cultura latino-americana e suas condições espaço-naturais e sócio-econômicas.

Com este pano-de-fundo, evidencia-se o significado multifuncional do presente volume. Por um lado, deverá possibilitar ao público interessado de língua alemã ou mesmo a nível internacional (e sobretudo latino-americano), e particularmente aos estudantes, cientistas e especialistas das mais diversas áreas, bem como às instituições estatais e do setor privado, uma visão pormenorizada do potencial de pesquisa. Por outro lado, também deverá servir de modo especial às áreas que não podem prescindir de conhecimentos científicos na atuação prática em setores como os da cooperação para o desenvolvimento, da economia e da administração. Por fim, a publicação também oferece aos meios políticos, publicísticos e do público em geral subsídios informativos e um guia para a comunicação voltada à América Latina.

Este amplo levantamento institucional e pessoal da pesquisa de língua alemã sobre a América Latina implicou exigências de alto nível a seus editores. A ADLAF manifesta aqui sua gratidão para com o Institut für Iberoamerika-Kunde por ter-se disposto a assumir tarefa de tamanha responsabilidade.

Faço votos de que a publicação tenha um múltiplo aproveitamento!

Dezembro de 1992

Gerd Kohlhepp
Presidente da ADLAF
(1988-1992)

Einleitung

Das vorliegende Verzeichnis registriert die auf Lateinamerika bezogene Forschungsaktivitäten aller wissenschaftlichen Disziplinen im deutschsprachigen Raum (vereinigtes Deutschland, Österreich und deutschsprachige Schweiz).

Teil I enthält sowohl Forschungsinstitute, die sich ausschließlich oder schwerpunktmäßig mit den Ländern Lateinamerikas und der Karibik beschäftigen, als auch Bibliotheken, Archive, Informations- und Dokumentationstellen, die über nennenswerte Sammlungen mit Lateinamerika-Bezug verfügen und als wichtige Fachinformationseinrichtungen anzusehen sind. Teil II verzeichnet biographische und bibliographische Daten von Wissenschaftlern und Fachleuten aus dem Informationsbereich, die Lateinamerika längerfristig zu ihrem zentralen Arbeitsthema gemacht haben. Hierzu zählen auch Personen aus den deutschsprachigen Ländern, die z.Z. in Lateinamerika leben und arbeiten (z.B. in Forschung und Lehre oder in einem Projekt der Technischen Zusammenarbeit), sowie Lateinamerikaner und fremdsprachige Europäer, die seit längerer Zeit im deutschsprachigen Raum leben und hier ihre Arbeitsergebnisse publiziert haben.

Das Nachschlagewerk ist das Ergebnis einer Erhebung, die vom Institut für Iberoamerika-Kunde im Zeitraum September 1991 – August 1992 durchgeführt wurde. Vereinzelt erfolgten Nachfragen bis April 1993. Die Daten beruhen zum Teil auf der Fortschreibung von Angaben eines vor 12 Jahren erschienenen Verzeichnisses[1]. Hinzu kamen jüngere Wissenschaftlerinnen und Wissenschaftler sowie neu gegründete Einrichtungen. Diese wurden auf Empfehlung von Lehrstuhlinhabern deutscher, schweizer und österreichischer Hochschulen und in der Technischen Zusammenarbeit tätiger Organisationen in die Befragung einbezogen. Bis zum Ende der Erhebung reagierten rd. 80% der befragten Personen und etwa 60% der befragten Institute positiv. Fehlende Informationen wurden aus Sekundärquellen ergänzt. Die Daten des alten "Handbuchs" wurden gescannt und gemeinsam mit den neu erhobenen in eine mit *dBaseIV* angelegte Datenbank übertragen[2].

---

1 Handbuch der deutschen Lateinamerika-Forschung. Institutionen, Wissenschaftler und Experten in der Bundesrepublik Deutschland und Berlin (West). Neuere Veröffentlichungen. Zusammengestellt von Renate Ferno und Wolfgang Grenz. Hrsg. vom DAAD, Bonn, und der Dokumentations-Leitstelle Lateinamerika/Institut für Iberoamerika-Kunde. Hamburg 1980. Ergänzung 1981

2 Die Datenbank enthält z.Z. über 1.000 instituts- und personenbezogene Datensätze. Sie soll fortgeschrieben werden und zu gegebener Zeit als Diskettensatz zur Verfügung stehen.

Nicht alle gespeicherten Eintragungen entsprachen den Selektionskriterien. Die Buchveröffentlichung stellt deshalb eine Auswahl von 138 Institutionen und 638 Personen dar. Für diese Auswahl wurden die Einträge mit Hilfe von *WordPerfect 5.1* als Text gestaltet.

Die Eintragungen in den Teilen I und II folgen bis auf redaktionelle Vereinheitlichungen den Angaben der befragten Personen und Institutionen. Bei der Auflistung der Veröffentlichungen mußte in der Buchausgabe aus Raumgründen auf detaillierte Erläuterungen verzichtet werden. Bei der Darstellung der Sprachkenntnisse stehen die nur gelesenen Sprachen in Klammern.

Alle deutschen Anschriften enthalten die ab Juli 1993 geltenden neuen Postleitzahlen. Zur besseren Orientierung in der Umstellungsphase werden die alten Postleitzahlen in Klammern < > genannt.

Alle Daten und Einzelinformationen sind über Register erschlossen. Dabei bieten die Personenregister nach Forschungsbereichen und nach bearbeiteten Ländern die Möglichkeit einer ersten Orientierung über die in einzelnen Disziplinen tätigen Fachwissenschaftler/innen und ihre regionalen Arbeitsschwerpunkte. Das Sachregister und das Geographische Register wurde nach einer vorgegebenen Wortliste von den befragten Instituten und Personen im wesentlichen selbst bestimmt. Um auch ausländischen Lateinamerikanisten ohne Deutschkenntnisse Einblicke in die Dokumentation zu erlauben, wurde eine Übersicht mit den Sachbegriffen in spanisch, portugiesisch und deutsch angelegt.

Allen, die durch ihre Kooperationsbereitschaft das Entstehen dieses Bandes ermöglicht haben, sei an dieser Stelle herzlich gedankt. Dank gebührt Stefanie Reinberg, Ursula Prutsch und Doris Cech vom Lateinamerika-Institut in Wien, die fast alle österreichischen Daten beisteuerten. Brigitte Farenholtz entwickelte die Programme für die Datenbank und erstellte die Register. Ulrike Moritz und Monika Ohrt trugen wesentlich zur Datenerfassung und zur Redaktion bei. Monica Jatta half bei der Dateneingabe von Institutionen. Ilse Giesenberg leistete wichtige Korrekturarbeiten. Ein besonderer Dank gilt jenen Organisationen, die zur Finanzierung des Projektes beigetragen haben. Neben dem Institut für Iberoamerika-Kunde waren die ADLAF, der Deutsche Akademische Austauschdienst, IRELA/Madrid, Inter Nationes, die Friedrich-Ebert-Stiftung und die Konrad-Adenauer-Stiftung beteiligt.

Hamburg, April 1993

Wolfgang Grenz

Introducción

La presente guía registra actividades de investigación sobre América Latina en todas las disciplinas científicas del territorio de habla alemana (Alemania unida, Austria y Suiza).

La Parte I incluye tanto institutos de investigación que se dedican exclusivamente, o en gran parte, a los países de América Latina y el Caribe, así como también bibliotecas, archivos, centros de información y documentación que disponen de colecciones apreciables referidas a América Latina, que pueden ser considerados como importantes instituciones especializadas de información. La Parte II registra datos biográficos y bibliográficos de investigadores y especialistas del área de información que se dedican principalmente a América Latina. Entre ellos están incluidas personas de países de habla alemana que viven y trabajan actualmente en América Latina (p.ej. en investigación y docencia o en proyectos de cooperación técnica) así como también latinoamericanos y europeos que viven desde hace tiempo en países de habla alemana y que publicaron aquí los resultados de sus trabajos.

La obra de consulta es el resultado de una encuesta realizada por el Instituto de Estudios Iberoamericanos entre setiembre de 1991 y agosto de 1992. Se realizaron además relevamientos aislados hasta abril de 1993. Los datos se basan en parte en la ampliación y reprocesamiento de las informaciones de una guía publicada hace 12 años[1]. A ello se le agregan jóvenes investigadores e investigadoras, así como también nuevas instituciones. Estos fueron incorporados en la encuesta por recomendación de catedráticos de universidades alemanas, suizas y austríacas y de organizaciones dedicadas a la cooperación técnica. Al concluir la encuesta un 80% de las personas y alrededor de un 60% de las instituciones entrevistadas respondieron positivamente. Las informaciones restantes se completaron por medio de fuentes secundarias. Los datos contenidos en la guía anterior fueron retoma-

---

[1] Handbuch der deutschen Lateinamerika-Forschung. Institutionen, Wissenschaftler und Experten in der Bundesrepublik Deutschland und Berlin (West). Neuere Veröffentlichungen. Zusammengestellt von Renate Ferno und Wolfgang Grenz. Hrsg. vom DAAD, Bonn, und der Dokumentations-Leitstelle Lateinamerika/Institut für Iberoamerika-Kunde. Hamburg 1980. Ergänzung 1981. (Directorio de la investigación alemana sobre América Latino. Instituciones, investigadores y expertos en la República Federal de Alemania y Berlín Occidental. Publicaciones recientes. Compilado por Renate Ferno y Wolfgang Grenz. Editado por el DAAD (Servicio Alemán de Intercambio Académico), Bonn, y el Centro de Documentación del Instituto de Estudios Iberoamericanos, Hamburgo 1980. Suplemento: 1981.

dos mediante un escáner y transferidos junto con los nuevos datos recolectados a un banco de datos instalado con *dBaseIV* [2].

No todos los registros almacenados cumplieron con los criterios de selección. La publicación presenta por lo tanto una selección de 138 instituciones y 638 personas. Para esta selección se confeccionaron los registros en forma de texto mediante *WordPerfect 5.1.*

Los registros en las partes I y II presentan los datos tal como fueron indicados por las personas e instituciones interrogadas, salvo en los casos en que fue necesaria una unificación redaccional. En la ennumeración de las publicaciones se debió renunciar en las referencias bibliográficas a explicaciones detalladas, por motivos de espacio. En la referencia sobre los conocimientos de lenguas en los casos que el conocimiento es sólo de lectura, la lengua aparece entre paréntesis.

Todas las direcciones alemanas contienen los nuevos códigos postales vigentes a partir de julio de 1993. Para una mejor orientación en la fase de conversión se mencionan los códigos postales viejos entre paréntesis < >.

Todos los datos e informaciones están contenidos en índices. Los índices de personas por áreas de investigación y por países analizados proporcionan la posibilidad de una primera orientación sobre los investigadores y expertos en las diversas disciplinas y áreas de estudio. El índice por países y el índice geográfico por tópicos fue determinado esencialmente por las propias instituciones y personas, las cuales marcaron y corrigieron una lista temática previamente entregada. Para permitir a latinoamericanistas sin conocimientos de alemán formarse una idea de la documentación, se incluyó un sumario de los tópicos en español, portugués y alemán.

Un cordial agradecimiento cabe aquí a todos aquellos que con su colaboración hicieron posible la publicación de este libro. Gracias a Stefanie Reinberg, Ursula Prutsch y Doris Cech del Instituto Latinoamericano de Viena quienes aportaron casi todos los datos austríacos. Brigitte Farenholtz desarrolló los programas para el banco de datos y elaboró los índices. Ulrike Moritz y Monika Ohrt colaboraron permanentemente en el ingreso de datos y en la redacción. Monica Jutta aportó en el registro de las instituciones. Ilse Giesenberg realizó importantes traba-

---

2 Este banco de datos contiene actualmente información referente a más de 1.000 instituciones y personas. Con la actualización prevista en forma contínua y grabado en disquetes, deberá estar oportunamente a la disposicón de los interesados.

jos de corrección. Queremos agradecer especialmente a todas las organizaciones que aportaron para la financiación de este proyecto. En ello participaron además del Instituto de Estudios Iberoamericanos, la ADLAF, el Servicio de Intercambio Académico Alemán (DAAD), el Instituto de Relaciones Europeo-Latinoamericanas (IRELA), la Fundación Friedrich Ebert y la Fundación Konrad Adenauer.

Hamburgo, abril de 1993

Wolfgang Grenz

Observação Preliminar

O presente catálogo compreende as atividades de pesquisa sobre a América Latina realizadas em todas as disciplinas científicas dos países de língua alemã (Alemanha unificada, Austria e áreas de língua alemã da Suiça).

A parte I inclui institutos de pesquisa dedicados exclusiva ou prioritariamente aos países da América Latina e do Caribe, bem como bibliotecas, arquivos e centros de informação e documentação com acervos de monta sobre a região e considerados como importantes estabelecimentos de informação específica. A parte II apresenta dados biográficos e bibliográficos sobre cientistas e especialistas, cuja dedicação à América Latina constitui elemento central de seu trabalho a médio e longo prazo. Desta lista também constam pessoas de países de língua alemã atualmente residentes na América Latina e atuantes, por exemplo, na pesquisa e ensino ou em algum projeto de cooperação técnica; inversamente, também foram incluídas pessoas da América Latina ou de países europeus com língua diferente da alemã e residentes há mais tempo num país de língua alemã, que nele tenham publicado os resultados de seus trabalhos.

Esta obra de consulta é o resultado de um levantamento realizado pelo Instituto de Estudos Ibero-Americanos no período de setembro de 1991 a agosto de 1992 e complementado com eventuais adições até abril de 1993. Em parte, os dados baseiam-se nas informações do Manual publicado há 12 anos[1]. Foram acrescentadas informações referentes à nova geração de cientistas e a instituições fundadas recentemente. Estas categorias foram incluídas no levantamento por recomendação de professores catedráticos de universidades alemãs, suíças e austríacas, assim como de organizações atuantes na área da cooperação técnica. Até o final do levantamento, 80% das pessoas e 60% das instituições solicitadas haviam dado uma resposta positiva. Informações em falta foram completadas com auxílio de fontes secundárias.

Os dados do antigo Manual referido foram lidos com auxílio de um *scanner* para integrarem, juntamente com os novos dados recolhidos, um banco de dados composto pelo sistema de processamento eletrônico dBaseIV[2].

Nem todos os registros corresponderam aos critérios mencionados. Por este motivo, a presente publicação constitui apenas um seleção de 138 instituições e 638 pessoas. Para sua apresentação em forma de texto, utilizou-se o processador WordPerfect 5.1.

Os registros das partes I e II correspondem às indicações feitas pelas pessoas e instituições solicitadas, excetuadas as alterações uniformizantes feitas pela redação. Por razões de espaço foi necessário excluir da lista de publicações deste volume informações pormenorizadas. Quanto aos conhecimentos linguísticos dos autores, foram colocadas entre parênteses as línguas por eles dominadas apenas através de leitura.

Todos os endereços alemães incluem os códigos postais vigentes a partir de julho de 1993. Para melhor orientação durante a fase de adaptação, os antigos códigos foram postos entre os sinais < >.

Todos os dados e informações têm acesso facilitado por um índice remissivo. Os índices de pessoas por áreas de pesquisa e por países

---

[1] Handbuch der deutschen Lateinamerika-Forschung. Institutionen, Wissenschaftler und Experten in der Bundesrepublik Deutschland und Berlin (West). Neuere Veröffentlichungen. Zusammengestellt von Renate Ferno und Wolfgang Grenz. Hrsg. vom DAAD, Bonn, und der Dokumentations-Leitstelle Lateinamerika/Institut für Iberoamerika-Kunde. Hamburg 1980. Ergänzung 1981. (Manual da Pesquisa sobre a América Latina. Instituições, Cientistas e Especialistas da República Federal da Alemanha e Berlim Ocidental. Publicações mais recentes. Compilado por Renate Ferno e Wolfgang Grenz. Editado pelo DAAD (Serviço Alemão de Intercâmbio Acadêmico), Bonn, e pela Central de Documentação do Instituto de Estudos Ibero-Americanos, Hamburgo 1980. Complemento: 1981.

[2] Este banco de dados contém atualmente dados referentes a mais de 1.000 instituições e pessoas. Com atualização prevista em forma contínua e gravado em disquetes, este banco de dados deverá estar oportunamente à disposição dos interessados.

pesquisados propiciam uma primeira orientação quanto aos cientistas operantes em cada disciplina, assim como no tocante a suas prioridades de trabalho. Em seu conteúdo, o índice analítico por países e o índice geográfico por assuntos foram feitos substancialmente pelas próprias instituições e pessoas registradas, com base numa lista de palavras-chaves por elas assinaladas e complementadas. Tendo em vista os especialistas em América Latina sem conhecimentos da língua alemã, esta lista foi redigida igualmente em espanhol e português.

Um cordial agradecimento cabe aqui a todos os que, com sua cooperação e disponibilidade, possibilitaram o surgimento deste volume. Stefanie Reinberg, Ursula Prutsch e Doris Cech do Instituto da América Latina de Viena contribuíram com praticamente a totalidade dos dados originários da Austria. Brigitte Farenholtz desenvolveu os programas para o banco de dados e confeccionou os índices. Ulrike Moritz e Monika Ohrt ajudaram constantemente na redação e digitalização dos dados. Monika Jatta prestou substancial contribuição para o registro das instituições. Ilse Giesenberg realizou importantes correções. Um especial agradecimento faça-se constar aqui às instituições que contribuíram para o financiamento dos projeto: além do Instituto de Estudos Ibero-Americanos, a Associação Alemã de Pesquisa sobre a América Latina (ADLAF), o Serviço Alemão de Intercâmbio Acadêmico (DAAD), Inter Nationes, o Instituto de Relações Europa-América Latina (IRELA) Madrid, a Fundação Friedrich Ebert e a Fundação Konrad Adenauer.

Hamburgo, abril de 1993

Wolfgang Grenz

Abkürzungen / Abreviaturas

AAL	Asien, Afrika, Lateinamerika, Berlin (Zeitschrift)
Abt.	Abteilung
AkOR	Akademische(r) Oberrat/Oberrätin
AkR.	Akademische(r) Rat/Rätin
ao.Prof.	außerordentliche(r) Professor/in
apl.Prof.	außerplanmäßige(r) Professor/in
AssProf.	Assistenzprofessor/in
BWL	Betriebswirtschaftslehre
Dipl.Bibl.	Diplom-Bibliothekar/in
Dipl.Biol.	Diplom-Biologe/Biologin
Dipl.Dolm.	Diplom-Dolmetscher/in
Dipl.Geol.	Diplom-Geologe/Geologin
Dipl.Geogr.	Diplom-Geograph/in
Dipl.Hdl.	Diplom-Handelslehrer/in
Dipl.Kfm.	Diplom-Kaufmann/Kauffrau
Dipl.Päd.	Diplom-Pädagoge/Pädagogin
Dipl.Pol.	Diplom-Politologe/Politologin
Dipl.Psych.	Diplom-Psychologe/Psychologin
Dipl.Soz.	Diplom-Soziologe/Soziologin
Dipl.Volksw.	Diplom-Volkswirt/in
Diss.	Dissertation
Doz.	Dozent/in
Dt./dt.	Deutsch/deutsch
EDV	Elektronische Datenverarbeitung
em.	emeritiert
FB	Fachbereich
FH	Fachhochschule
ForschAss.	Forschungsassistent/in
GastDoz.	Gastdozent/in
GastProf.	Gastprofessor/in
GHS	Gesamthochschule
Habil.	Habilitation
Hg.	Herausgeber/in
HL	Studium Höheres Lehramt
HochschulAss.	Hochschulassistent/in
HochschulDoz.	Hochschuldozent/in
HonProf.	Honorarprofessor
I+D	Information und Dokumentation
insbes.	insbesondere
jährl.Zuw.	jährlicher Zuwachs (Bücher)
Jb.	Jahrbuch
JbLA	Jahrbuch für Geschichte von Staat, Wirtschaft und Gesellschaft Lateinamerikas, Köln
Jg.	Jahrgang
Jh.	Jahrhundert
jur.	juristisch
LARR	Latin American Research Review, Albuquerque (Zeitschrift)
lfd.	laufend
M.A.	Magister Artium / Master of Arts
m.a.	mit anderen
MdB	Mitglied des Bundestages
MinRat	Ministerialrat/Ministerialrätin
Mitarb.	Mitarbeiter/in
Mithg.	Mitherausgeber/in
NF	Neue Folge
o.J.	ohne (Erscheinungs-) Jahr
o.O.	ohne (Erscheinungs-) Ort
o.Prof.	ordentliche(r) Professor/in
Ph.D.	Philosophical Doctor
PDoz.	Privatdozent
PH	Pädagogische Hochschule
Prof.	Professor/in
RegAss.	Regierungsassessor/in
s.a.	siehe auch
SchrR.	Schriftenreihe
SS	Sommersemester
TH	Technische Hochschule
TU	Technische Universität
U	Universität, Universidad, Universidade, University, Université
u.a.	unter anderem
UB	Universitätsbibliothek
UnivAss.	Universitätsassistent/in
UnivProf.	Universitätsprofessor/in
UDoz.	Universitätsdozent/in
VWL	Volkswirtschaftslehre
Wiss./wiss.	Wissenschaft/wissenschaftlich
WissAngest.	Wissenschaftliche(r) Angestellte(r)
WissAss.	Wissenschaftliche(r) Assistent/in
WissDok.	Wissenschaftliche(r) Dokumentar/in
WissMitarb.	Wissenschaftliche(r) Mitarbeiter/in
WissOberass.	Wissenschaftliche(r) Oberassistent/in
WissOR.	Wissenschaftliche(r) Oberrat/Oberrätin
WissRat	Wissenschaftliche(r) Rat/Rätin
WS	Wintersemester
Zfsg.	Zusammenfassung
zus.	zusammen
z.Z.	zur Zeit

Teil I Verzeichnis der mit Lateinamerika-Forschung befaßten Institutionen

A Forschungsinstitute

Parte I/A Institutos de Investigación Institutos de Pesquisa

F 1 **Institut für Spanien- und Lateinamerikastudien (ISLA)**
Universität Augsburg
Instituto de Investigaciones sobre España y América Latina

Universitätsstr. 10
D-86159 Augsburg <W-8900 Augsburg>
Tel: 49 (8 21) 5 98-8 16
Telex: 53 830 uniaug d
Fax: 49 (8 21) 5 98-55 05, -55 04

Status	Hochschulinstitut
Gründung	1985
wiss. Vereinigungen	ADLAF
inst. Beziehungen LA	Instituto Caro y Cuervo, Bogotá/Kolumbien; U Nacional de Córdoba/Argentinien; U de Chile; U de la República, Montevideo/Uruguay; U Andrés Bello, Caracas/Venezuela; PUC Quito/Ekuador; U Católica de Asunción/Paraguay
Leitung	Prof.Dr. Peter Waldmann (geschäftsführender Direktor)
themat. Schwerpunkte	Interdisziplinäre Forschung über Lateinamerika und Spanien
geogr. Schwerpunkte	Lateinamerika und Spanien
Stellenwert LA-Forschg	Zentrales Forschungsgebiet (mit Spanien)
I+D	Dokumentations- und Informationszentrum über Spanien
Schriftenreihen	"Arbeitspapiere des ISLA"
Periodika	"Mesa Redonda"

F 2 **Deutsches Institut für Entwicklungspolitik (DIE)**
Instituto Alemán de Política del Desarrollo

Hallerstr. 3
D-10587 Berlin <W-1000 Berlin 10>
Tel: 49 (30) 3 90 73-0
Fax: 49 (30) 3 90 73-30

Status	Privat
Gründung	1964
übergeord. Inst.	BMZ
wiss. Vereinigungen	ADLAF
Leitung	Dr. Hans Taake (Geschäftsführer); Prof.Dr. Peter P. Waller
Kontaktperson	Dr. Klaus Eßer
Mitarb. insg. (für LA)	25 (4 + 3 weitere gelegentlich)
Fachgebiet	Entwicklungspolitik
Stellenwert LA-Forschung	Ein Forschungsschwerpunkt neben anderen
Bibliothek	allgemein zugängliche Präsenzbibliothek (Mo-Fr 9.00-12.00)
Schriftenreihen	"Schriftenreihe des DIE"

F 3	**Deutsches Institut für Wirtschaftsforschung (DIW)** **Abteilung Weltwirtschaftliche Strukturen** Instituto Alemán de Investigación Económica, Departamento Estructuras de la Economía Mundial
	Königin-Luise.Str. 5 D-14195 Berlin <W-1000 Berlin 33> Tel: 49 (30) 8 29 91-0 Fax: 49 (30) 8 29 91-2 00
Status	Privat
Gründung	1925
Leitung	Prof.Dr. Lutz Hoffmann (DIW-Präsident) Dr. Fritz Franzmeyer (Abt. Weltwirtschaftl. Strukturen)
Kontaktperson	Dr. Hans J. Petersen
Mitarb. insg. (für LA)	17 (2)
Fachgebiet	Wirtschaft
themat. Schwerpunkte	Internationale Handels- und Kapitalströme, Verschuldung
geogr. Schwerpunkte	weltweit; in Lateinamerika insbes. Andenländer
Stellenwert LA-Forschg.	ein Forschungsschwerpunkt neben anderen
Beratung	Projektevaluierung
Bibliothek	Präsenzbibliothek
Schriftenreihen	"Sonderhefte des DIW"; "Beiträge zur Strukturforschung"
Periodika	"Wochenbericht des DIW"; "Vierteljahrshefte zur Wirtschaftsforschung des DIW"

F 4	**Fachbereich Agrar- und Gartenbauwissenschaften** **Standort Dahlem (Internationale Agrarentwicklung)** **Humboldt-Universität Berlin**
	Hellriegelstr. 6 D-14195 Berlin <W-1000 Berlin 33> Tel: 49 (30) 31 47 13-14, -15, -00 Telex: 184 262 tubln d Fax: 49 (30) 8 24 50 31
Status	Hochschulinstitut
Gründung	1970
inst. Beziehungen	Landwirtschaftl. und Gartenbaul. Fak., U Bonn, Gießen, Göttingen, Halle, Hannover, Kiel, Stuttgart; TU München, Leipzig
inst. Beziehungen LA	U Pedagógica y Tecnológica de Colombia, Tunja; CIAT, Cali/Kolumbien; CIP, Lima/Peru
Leitung	Prof.Dr. Franz-A. Schulz (Dekan)
Kontaktperson	Univ.Rat Hans-Joachim Maschke
Mitarb. insg. (für LA)	160 (39)
Fachgebiet	Landwirtschaft
themat. Schwerpunkte	Durchführung von Studienprojekten in Entwicklungsländern (u.a. Regionalplanung, Agrarsoziologie und -vermarktung, Ökologische Landbausysteme, angepaßte Technologie)
geogr. Schwerpunkte	Kolumbien, Ekuador, Bolivien, Brasilien, Nikaragua
Stellenwert LA-Forschg	Ein Forschungsschwerpunkt neben anderen

Bibliothek Instituts-Handbibliotheken mit ca. 5% Bestand an grauer Literatur zu Lateinamerika
Schriftenreihen "SR des Fachbereiches Internationale Agrarentwicklung Berlin"
sonst. Publikationen In landwirtschaftlichen Zeitschriften: "Journal of Agronomy and Crop Science"; "Gartenbauwissenschaften"; "Quarterly Journal of Agriculture"; Dissertationen, Diplomarbeiten

F 5 **Ibero-Amerikanisches Institut (IAI)**
Instituto Ibero-Americano

Bibliothek, Dokumentation, Archiv → B 8, B 9

Potsdamer Str. 37
D-10785 Berlin <W-1000 Berlin 30>
Tel: 49 (30) 2 66 25 00
Telex: 183 160 staab d
Fax: 49 (30) 2 66 25 03
Gründung 1930
übergeord. Inst. Stiftung Preußischer Kulturbesitz
wiss. Vereinigungen ADLAF; AIBM; AIBDA; LIBER; SALALM
inst. Beziehungen Institut für Romanische Philologie, FU Berlin; LAI FU Berlin; Abteilung Altamerikanistik, U Bonn
Leitung Prof.Dr. Dietrich Briesemeister (Direktor)
Mitarb. insg. (für LA) 76 (6 wiss. Mitarb.)
Fachgebiet fächerübergreifende Forschungsstelle und Bibliothek, v.a. Literatur, Linguistik, Geschichte, Ethnologie
themat. Schwerpunkte Altamerikanistik, Sprach- und literaturwissenschaftl. Hispanistik, Lusitanistik und Lateinamerikanistik, Kunstgeschichte und Geschichte
geogr. Schwerpunkte Lateinamerika, insbes. Mexiko, Andenländer
Stellenwert LA-Forschg zentrales Forschungs- und Sammelgebiet

F 6 **Institut für Musikwissenschaften**
Fachrichtung Vergleichende Musikwissenschaft
Freie Universität Berlin

Königin-Luise-Str. 29
D-14195 Berlin <W-1000 Berlin 33>
Tel: 49 (30) 8 38 35 37
Status Hochschulinstitut
Gründung 1950
wiss. Vereinigungen IGMW; ICTM; GfMf u.a. fachrelevante Organisationen
Leitung Prof.Dr. Josef Kuckertz
Mitarb. insg. (für LA) 6 (2)
Stellenwert LA-Forschg Ein Schwerpunkt neben anderen
Bibliothek eingeschränkt zugängliche Präsenzbibliothek
Schriftenreihen "Beiträge zur Ethnomusikologie"
Periodika "Jahrbuch für musikalische Volks- und Völkerkunde"

F 7 **Institut für Sozialökonomie der Agrarentwicklung (AL 1)**
Technische Universität Berlin

Institutsbibliothek → B 10

Podbielskiallee 64
D-14195 Berlin <W-1000 Berlin 33>
Tel: 49 (30) 3 14-7 13 10
Telex: 184 262 tubln d
Fax: 49 (30) 31 42 32 22

Gründung	1959
wiss. Vereinigungen	Deutsche Weltwirtschaftliche Gesellschaft
inst. Beziehungen	LAI FU Berlin
inst. Beziehungen LA	Facultad de Agronomía, U de Buenos Aires/Argentinien; Facultad de Ciencias Agropecuárias, U Pedagógica y Tecnológica de Colombia/Kolumbien
Leitung	Prof.Dr. Günther Lorenzl
Kontaktperson	Dipl.Volksw. Brigitte Klein
Mitarb. insg. (für LA)	27 (8)
Fachgebiet	Landwirtschaft / Regionalplanung
themat. Schwerpunkte	Förderung kleinbäuerlicher Familienbetriebe in Kolumbien
Stellenwert LA-Forschg	Ein Schwerpunkt neben anderen
Lehrtätigkeit	Ausbildung von Studenten der Agrarwiss. und Agrarsoziologie
Schriftenreihen	"Berliner Beiträge zur Agrarentwicklung"

F 8 **Lateinamerika-Institut (LAI)**
Freie Universität Berlin
Instituto de Estudios Latinoamericanos

Institutsbibliothek → B 11

Rüdesheimer Str.54-56
D-14197 Berlin <W-1000 Berlin 33>
Tel: 49 (30) 8 38 30 72
Fax: 49 (30) 8 38 54 64

Status	Hochschulinstitut
Gründung	1970
wiss. Vereinigungen	ADLAF; CEISAL
inst. Beziehungen LA	CSUCA, San José/Costa Rica; USP, São Paulo/Brasilien; UNAM, México D.F./Mexiko
Leitung	Prof.Dr. Ignacio Sotelo (geschäftsführender Direktor)
Kontaktperson	Dr. Urs Müller-Plantenberg
Mitarb. insg. (für LA)	27 (19)
Fachgebiet	fächerübergreifende Forschung und Lehre zu Lateinamerika
themat. Schwerpunkte	Literatur, Geschichte, Ökonomie, Politische Soziologie, Anthropologie, Frauenfragen
geogr. Schwerpunkte	Andenraum, Brasilien, Südkegel, Mexiko, Mittelamerika, Karibik
Stellenwert LA-Forschg	zentrales Forschungsgebiet
Lehrtätigkeit	Altamerikanistik, Lateinamerikanistik, Geschichte, Politologie, Soziologie und Ökonomie

Schriftenreihen	Mitarbeit "Spectrum"; "Lateinamerika. Analysen und Berichte"; "Lateinamerikaforschung"
Periodika	Mitarbeit "Peripherie"

F 9 **Museum für Völkerkunde**
Staatliche Museen zu Berlin (SMPK)

Museumsbibliothek → B 12

Arnimallee 27
D-14195 Berlin <W-1000 Berlin 33>
Tel: 49 (30) 83 01-1
Fax: 49 (30) 8 31 59 72

Gründung	1873
übergeord. Inst.	Stiftung Preußischer Kulturbesitz
wiss. Vereinigungen	ICOM
inst. Beziehungen	Max-Planck-Institut für Verhaltensphysiologie
Leitung	Prof.Dr. Klaus Helfrich (Direktor)
Kontaktperson	Dr. Peter Bolz; Dr. Manuela Fischer; Dr. Maria Gaida
Mitarb. insg. (für LA)	15
Fachgebiet	Ethnologie
themat. Schwerpunkte	Materielle Kultur
geogr. Schwerpunkte	Weltweit
Stellenwert LA-Forschg	Ein Schwerpunkt neben anderen
Schriftenreihen	"Veröffentlichungen des Museums für Völkerkunde Berlin. NF"
Periodika	"Baessler-Archiv. NF"; diverse Kataloge

F 10 **Forschungsschwerpunkt Entwicklungssoziologie**
Universität Bielefeld, Fakultät für Soziologie
Sociology of Development Research Centre

Dokumentations- und Beratungsstelle → B 15

Universitätsstraße
D-33615 Bielefeld <W-4800 Bielefeld 1>
Postfach 10 01 31
D-33501 Bielefeld
Tel: 49 (5 21) 1 06-46 50
Telex: 932 362 unibi
Fax: 49 (5 21) 1 06-29 80

Status	Hochschulinstitut
Gründung	1981
Leitung	Prof. Hans-Dieter Evers (Sprecher); Dr. Helmut Buchholt (Geschäftsführer)
Mitarb. insg. (für LA)	16 (4)
Fachgebiet	Soziologie
themat. Schwerpunkte	Entwicklungssoziologie und Sozialanthropologie
geogr. Schwerpunkte	Afrika, Asien, Lateinamerika (Brasilien und Mexiko)

Stellenwert LA-Forschg. ein Forschungsschwerpunkt neben anderen
Lehrtätigkeit Diplomstudiengang; Graduiertenkolleg Entwicklungssoziologie und Sozialanthropologie zum Thema "Markt, Staat, Ethnizität"
Schriftenreihen "Bielefelder Studien zur Entwicklungssoziologie"; "Arbeitspapiere des Forschungsschwerpunktes Entwicklungssoziologie"

F 11 **Forschungsinstitut der Deutschen Gesellschaft für Auswärtige Politik e.V. (DGAP)**

Dokumentation und Bibliothek → B 17

Adenauerallee 141
D-53113 Bonn <W-5300 Bonn 1>
Postfach 14 25
D-53004 Bonn
Tel: 49 (2 28) 26 75-0
Fax: 49 (2 28) 26 75-1 73

Status Eingetragener Verein
Gründung 1955
inst. Beziehungen SWP Ebenhausen
Leitung Prof.Dr. Karl Kaiser (Direktor); Prof. Hanns Maull (Kodirektor)
Mitarb. insg. (für LA) 18
Fachgebiet Politikwissenschaft / Internationale Beziehungen
themat. Schwerpunkte Pflege internationaler Kontakte und der Kommunikation zwischen Wissenschaft und Praxis, Internationale Wirtschaft und Politik
geogr. Schwerpunkte Ost/West Europa, Asien
Stellenwert LA-Forschg Ein Schwerpunkt neben anderen
Schriftenreihen "Internationale Politik und Wirtschaft"; "Rüstungsbeschränkung und Sicherheit"
Periodika "Europa-Archiv" (12x p.a.); "Die internationale Politik" (Jahrbuch)
sonst. Publikationen "Arbeitspapiere zur internationalen Politik" sowie Einzelpublikationen und Monographien (Liste erhältlich)

F 12 **Kommission für Allgemeine und Vergleichende Archäologie Deutsches Archäologisches Institut (KAVA)**

Bibliothek → B 23

Endenicher Str. 41
D-53115 Bonn <W-5300 Bonn 1>
Tel: 49 (2 28) 69 20 26
Fax: 49 (2 28) 65 63 06

Status Öffentlich, nicht universitär
Gründung 1979
Leitung Dr.Ing. Wolfgang W. Wurster (Wissenschaftlicher Direktor, Kommissarischer Leiter)
Kontaktperson Dr. E. Mayer; Dr. H. Prümers

Mitarb. insg. (für LA)	17 (3)
Fachgebiet	Archäologie
geogr. Schwerpunkte	Außereuropäische Länder
Stellenwert LA-Forschg	Ein Schwerpunkt neben anderen
Schriftenreihen	"Beiträge zur Allgemeinen und Vergleichenden Archäologie"; "Materialien zur Allgemeinen und Vergleichenden Archäologie"

F 13	**Seminar für Völkerkunde, Universität Bonn**
	Instituto de Antropología Cultural
	Bibliothek → B 24
	Römerstraße 164
	D-53117 Bonn <W-5300 Bonn 1>
	Tel: 49 (2 28) 5 50-4 12
	Telex: 886 657 unibo d
	Fax: 49 (2 28) 73 55 79
Status	Hochschulinstitut
Gründung	1948
wiss. Vereinigungen	ADLAF
inst. Beziehungen	IAI Berlin
inst. Beziehungen LA	INAH, México D.F. (Centros Regionales de Yucatán, San Luis Potosí); Institute of Amerindian Studies, U of St. Andrews/ Schottland; Academia Nacional de Historia, Quito/Ekuador; Instituto Azuayo de Folklore, Cuenca; Museos Arqueológicos y Antropológicos del Banco Central del Ecuador; Instituto Panamericano de Geografía e Historia, Sección Nacional del Ecuador, Quito; Instituto Otavaleño de Antropología, Otavalo; Departamento de Antropología, PUC del Ecuador, Quito; Escuela Superior Politécnica del Litoral, Guayaquil; Proyecto EBI (Educación Bilingüe Intercultural), Quito/Ekuador; Instituto de Estudios Peruanos, Lima; Museo Nacional de la Cultura Peruana, Lima; Centro de Estudios Regionales Andinos "Bartolomé de las Casas", Cuzco/Peru
Leitung	Prof.Dr. Hanns J. Prem; Prof.Dr. Berthold Riese
Mitarb. insg. (für LA)	6 (5)
Fachgebiet	Ethnologie / Altamerikanistik
themat. Schwerpunkte	Archäologie, Ethnographie, Ethnohistorie, Philologie und Epigraphik Mesoamerikas und des Andenraumes
geogr. Schwerpunkte	Ekuador, Peru, Bolivien, Mexiko, Guatemala, Honduras
Stellenwert LA-Forschg	zentrales Forschungsgebiet
Lehrbetrieb	Studiengang "Ethnologie unter besonderer Berücksichtigung der Altamerikanistik" (M.A. und Promotion)
Schriftenreihen	"Bonner Amerikanistische Studien"

F 14 **Institut für Geologie und Paläontologie**
Abteilung für Geologie außereuropäischer Länder
Technische Universität Clausthal

Leibnizstr. 10
D-38678 Clausthal-Zellerfeld <W-3392 Clausthal-Zellerfeld>
Tel: 49 (53 23) 72-21 45, -23 90
Telex: 953 828 tuclz d
Fax: 49 (53 23) 72-36 77

Status	Hochschulinstitut
Gründung	1964
inst. Beziehungen	Geowissenschaftliche Hochschulinstitute Niedersachsens
inst. Beziehungen LA	U Federal de Ouro Preto, MG/Brasilien; U Estadual Paulista, Rio Claro, São Paulo/Brasilien; U Católica und U Nacional, Ascunción/Paraguay
Leitung	Prof.Dr. Horst Quade
Mitarb. insg. (für LA)	3 (2)
Fachgebiet	Geologie / Paläontologie
themat. Schwerpunkte	Regionale Geologie, Montangeologie, Wirtschaftsgeologie
geogr. Schwerpunkte	Brasilien, Paraguay
Stellenwert LA-Forschg	Ein Schwerpunkt neben anderen
Bibliothek/EDV	Anbindung an Rechenzentrum der TU Clausthal, EDV-Dienstleistungen: Recherche und Computerausdruck, Diskettendienst, Online-Nutzung
Schriftenreihen	"Clausthaler Geowissenschaftliche Dissertationen"

F 15 **Düsseldorfer Institut für amerikanische Völkerkunde**

Merowingerstr. 12
D-40223 Düsseldorf <W-4000 Düsseldorf 1>
Tel: 49 (2 11) 34 31 18

Status	Privates Institut (1968-1992 U Düsseldorf)
Gründung	1930
wiss. Vereinigungen	DGV
Leitung	Dr. Helmut Krumbach, Direktor
Mitarb. insg. (für LA)	10 (5)
themat. Schwerpunkte	Dampf- und Schwitzbadforschung
geogr. Schwerpunkte	Mexiko, Peru, Brasilien
Stellenwert LA-Forschg	Ein Schwerpunkt neben anderen
Periodika	Zeitschriften: "Ethnologia Americana" (1964-1991)
Bibliothek	eingeschränkt zugängliche Präsenzbibliothek und Dokumentationsstelle

F 16 **Romanisches Seminar der Universität Düsseldorf**

Universitätsbibliothek Düsseldorf / Fachbibliothek Romanistik → B 26

Universitätsstraße 1
D-40225 Düsseldorf <W-4000 Düsseldorf 1>
Tel: 49 (2 11) 3 11-29 87, -29 73
Telex: 08 587 348 uni d
Fax: 49 (2 11) 34 22 29

Gründung	1968
wiss. Vereinigungen	Mitgliedschaft der am Institut tätigen Forscher insbes. im DRV, DHV und AIH
Leitung	wechselnde Geschäftsführung
Kontaktperson	Prof.Dr. Ludwig Schrader
Mitarb. insg. (für LA)	25 (4)
Fachgebiet	Literatur / Linguistik
themat. Schwerpunkte	Lateinamerikanische Literaturen des 19. und des 20. Jahrhunderts
geogr. Schwerpunkte	Mexiko und Zentralamerika
Stellenwert LA-Forschg	Ein Schwerpunkt neben anderen
Bibliothek	allgemein zugängliche Präsenzbibliothek

F 17 **Stiftung Wissenschaft und Politik - Forschungsinstitut für internationale Politik und Sicherheit (SWP)**
Research Institute for International Affairs

Bibliothek, Dokumentation, Archiv → B 27

Zeller Weg
D-82067 Ebenhausen <W-8026 Ebenhausen>
Tel: 49 (81 78) 70-0
Fax: 49 (81 78) 70-3 12

Status	Öffentliche Stiftung des bürgerlichen Rechts
Gründung	1962
übergeord. Inst.	Bundeskanzleramt
wiss. Vereinigungen	International Political Science Association (IPSA); European Strategy Group (ESG); International Studies Association (ISA); DGfP; DVPW
inst. Beziehungen	DGAP, Bonn; BIOST, Bonn; DÜI, Hamburg; Deutsch-Französisches Institut u.a.
Leitung	Prof.Dr. Michael Stürmer
Kontaktperson	Helga Schubert
Mitarb. insg. (für LA)	121 (4)
Fachgebiet	Politikwissenschaft / Internationale Beziehungen
themat. Schwerpunkte	Beziehungen Industrieländer-Entwicklungsländer, Rolle Lateinamerikas in internationalen Konflikten, Entwicklungs- und Umweltproblematik
geogr. Schwerpunkte	Lateinamerika
Stellenwert LA-Forschg	Ein Forschungsschwerpunkt neben anderen

Schriftenreihen	"Internationale Politik und Sicherheit"; "Aktuelle Materialien zur Internationalen Politik"
Aufsätze	Zahlreiche Aufsatzpublikationen in "Europa-Archiv", "Außenpolitik" und anderen Periodika

F 18 **Zentralinstitut für Lateinamerika-Studien**
Katholische Universität Eichstätt (ZILAS)
Centro de Estudios Latinoamericanos

Universitätsbibliothek Eichstätt → B 28

Ostenstraße 26-28
D-85072 Eichstätt <W-8078 Eichstätt>
Tel: 49 (84 21) 20-4 03, -4 04
Fax: 49 (84 21) 20-5 99

Status	Hochschulinstitut
Gründung	1985
wiss. Vereinigungen	ADLAF (ZILAS ist seit Ende 1992 Sekretariat der ADLAF, Vorsitzender: Prof.Dr. Karl Kohut)
inst. Beziehungen LA	U Iberoamericana, México D.F./Mexiko; PU Javeriana, Bogotá/Kolumbien; PUC del Ecuador, Quito/Ekuador; PUC, Rio de Janeiro; PUC São Paulo; PUC Curitiba; PUC Porto Alegre/Brasilien
Leitung	Prof.Dr. Karl Kohut; Prof.Dr. Hans-Joachim König (Direktoren)
Mitarb. insg. (für LA)	3 (2)
Fachgebiet	Ethnologie / Geschichte / Literatur / Linguistik / Politikwissenschaft
themat. Schwerpunkte	Staat- und Nationbildung, Identitätsproblematik, Staat der Inka, Indios (Kolonialzeit), Spanischer Humanismus und Lateinamerika, Neuere Literatur (seit 1970), Drogenökonomie in den Anden
Stellenwert LA-Forschg	zentrales Forschungsgebiet
Schriftenreihen	"Americana Eystettensia" Reihe A: Kongreßakten; Reihe B: Monographien, Studien Essays; Serie C: Texte, (bisher 18 Bände in drei Unterreihen)

F 19 **Arbeitsgruppe "Erziehung und Internationale Entwicklung"**
FB Erziehungswissenschaften, Universität Frankfurt

Senckenberganlage 31
D-60325 Frankfurt/M <W-6000 Frankfurt/M. 11>
Postfach 11 19 32
D-60054 Frankfurt/M
Tel: 49 (69) 7 98-34 46, -26 80
Telex: 04 13932 unif d
Fax: 49 (69) 7 98-83 83

Gründung	1979
wiss. Vereinigungen	Persönliche Mitgliedschaften: Indian Sociological Society; International Sociological Association; DVPW; DGfE

inst. Beziehungen u.a. Südasien-Institut, Heidelberg; ABI, Freiburg
Leitung Prof.Dr.Dr. Patrick V. Dias
Kontaktperson H. Scheu
Mitarb. insg. (für LA) 4 (3)
Fachgebiet Bildungswesen / Entwicklungspolitik
themat. Schwerpunkte Erziehungswesen und -politik, Erwachsenenbildung, Soziale Bewegungen und "action research", Zentrale und dezentrale politische Entscheidungsstrukuren
geogr. Schwerpunkte Brasilien
Stellenwert LA-Forschg Ein Schwerpunkt neben anderen
Besonderheiten Archiv

F 20 **Institut für Geochemie, Petrologie und Lagerstättenkunde, Universität Frankfurt**

Senckenberganlage 28
D-60325 Frankfurt/M <W-6000 Frankfurt/M. 11>
Postfach 11 19 32
D-60054 Frankfurt/M
Tel: 49 (69) 7 98 21 02
Telex: 0 413 932 unif d

wiss. Vereinigungen Persönliche Mitgliedschaften der wiss. Mitarbeiter: GV; DGG; DMG; GDMB; SGA
Verbundsystem nein
inst. Beziehungen Laboratorium für Geochronologie, Univ. Heidelberg
inst. Beziehungen LA Universität Brasília
Leitung Prof. Dr. K. v. Gehlen, Geschäftsführender Direktor
Mitarb. insg. (für LA) 20 (7)
Fachgebiet Geochemie / Petrologie / Lagerstättenkunde
themat. Schwerpunkte Fe-, Mn-, Cu-, Pb-, Zn- Erzlagerstätten
geogr. Schwerpunkte Brasilien, Peru
Stellenwert LA-Forschg Ein Schwerpunkt neben anderen

F 21 **Institut für Romanische Sprachen und Literaturen Lateinamerika-Abteilung, Universität Frankfurt**

Gräfstr. 76
D-60486 Frankfurt/M <W-6000 Frankfurt/M. 11>
Postfach 11 19 32
D-60054 Frankfurt/M
Tel: 49 (69) 7 98-21 95, -21 94

Gründung 1973
wiss. Vereinigungen ADLAF; DRV
inst. Beziehungen Lateinamerika-Schwerpunkt der U Marburg; IAF, U Hamburg; IAI Berlin; ZILAS, U Eichstädt; LAI FU Berlin
inst. Beziehungen LA El Colegio de México; UNAM; UAM, México D.F./Mexiko
Leitung Prof.Dr. Karsten Garscha

Kontaktperson	Prof.Dr. Birgit Scharlau
Fachgebiet	Literatur / Linguistik
themat. Schwerpunkte	Literatur der Kolonialzeit und Gegenwart, Kulturelle Heterogenität, Identitätsproblematik (bes. Linguistik), Indianisch und afrikanisch geprägte Kulturen Lateinamerikas
geogr. Schwerpunkte	Mexiko, Peru
Stellenwert LA-Forschg	zentrales Forschungsgebiet
Schriftenreihen	"Frankfurter Beiträge zur Lateinamerikanistik" (Tübingen: Narr)
Periodika	Mithg. "Iberoamericana" (Fankfurt: Vervuert)

F 22 **Arnold-Bergstraesser Institut für kulturwissenschaftliche Forschung e.V. (ABI)**

Instituto Arnold Bergstraesser de Investigaciones Socioculturales

Bibliothek → B 33

Windausstr. 16
D-79110 Freiburg <W-7800 Freiburg/Br.>
Tel: 49 (7 61) 85 09-1
Telex: 772 527
Fax: 49 (7 61) 89 29 67

Status	Privat
Gründung	1959
wiss. Vereinigungen	ADLAF (Lateinamerika-Abteilung)
inst. Beziehungen	Informations- und Materialaustausch mit den führenden deutschsprachigen Forschungsinstituten und Sammelstellen
inst. Beziehungen LA	Punktuelle Forschungskooperation mit nationalen Universitäten im Rahmen spezifischer Projekte
Leitung	Prof.Dr. Dieter Oberndörfer; Prof.Dr. Theodor Hanf (Direktoren); Dr. Heribert Weiland (Geschäftsführer)
Kontaktperson	Ulrich Fanger
Mitarb. insg. (für LA)	10 (3)
Fachgebiet	Politikwissenschaft / Politische Ökonomie / Soziologie / Verwaltungswissenschaften / Bildungswesen
themat. Schwerpunkte	Vergleichende Regierungslehre, Staatl. Verwaltungsprozesse, Erziehung und politische Entwicklung, Religionssoziologische Studien, Volksgruppenkonflikte
geogr. Schwerpunkte	Lateinamerika insgesamt; Schwerpunkte der letzten Jahre: Zentralamerika, Karibischer Raum, Venezuela, Chile
Stellenwert LA-Forschg	Ein Schwerpunkt neben anderen
Lehrtätigkeit/Beratung	Vorlesungen und Seminare von Mitarb., U Freiburg; Gutachten für Träger der Entwicklungspolitik; Fachtagungen; Vorträge
Schriftenreihen	"Ordo Politicus"; "Materialien zu Entwicklung und Politik"; "Freiburger Beiträge zu Entwicklung und Politik"; "Freiburger Schriften zu Politikwissenschaft"

F 23 **Institut für Völkerkunde**
Universität Freiburg

Werderring 10
D-79098 Freiburg <W-7800 Freiburg/Br.>
Tel: 49 (7 61) 2 03 44 61
Fax: 49 (7 61) 2 03 39 87

Status	Hochschulinstitut
Leitung	Prof.Dr. Ulrich Köhler (Direktor)
Kontaktperson	Dr. Bruno Illius
Mitarb. insg. (für LA)	5 (3)
Bibliothek	Fachbereichsbibliothek (Präsenzbibliothek), Mo-Fr 9.00-20.00
Fachgebiet	Ethnologie
themat. Schwerpunkte	Kulturgeschichte, Ethnoastronomie, Kulturwandel, Religionsethnologie, Wirtschaftsethnologie, Diskursanalyse
geogr. Schwerpunkte	Mittelamerika, Südamerika
Stellenwert LA-Forschg	Ein Schwerpunkt neben anderen
Schriftenreihen	"Ethnologische Studien" (Münster: Lit)

F 24 **Max-Planck-Institut für ausländisches und internationales Strafrecht**
Instituto Max Planck de Derecho Penal Extranjero
e Internacional

Bibliothek → B 35

Günterstalstr. 73
D-79100 Freiburg
Tel: 49 (7 61) 70 81-1
Fax: 49 (7 61) 70 81-2 94

Status	Privat
übergeord. Inst.	Max-Planck-Gesellschaft zur Förderung der Wissenschaften e.V.
inst. Beziehungen	zu den übrigen juristischen MPI
inst. Beziehungen LA	Publikationstausch mit über 60 Institutionen und Persönlichkeiten in LA; Juristenaustausch; wiss. Zusammenarbeit mit Strafrechtlern aus Argentinien, Bolivien, Brasilien, Chile, Costa Rica, Honduras, Kolumbien, Mexiko, Panama, Peru und Uruguay
Leitung	Prof.Dr. Albin Eser; Prof.Dr. Günther Kaiser (Direktoren)
Kontakt	Dr. Kurt Madlener; Dr.habil. Peter Hünerfeld
Mitarb insg. (für LA)	26 (2 + 3 weitere gelegentlich)
Fachgebiet	Recht
themat. Schwerpunkte	Strafrecht, Strafprozeßrecht, Gerichtsverfassung, Kriminologie, Strafrechtspflege
geogr. Schwerpunkte	weltweit, u.a. Lateinamerika
Stellenwert LA-Forschg.	ein Schwerpunkt neben anderen
Schriftenreihen	"Rechtsvergleichende Untersuchungen zur gesamten Strafrechtswissenschaft"; Strafrecht und Kriminologie"; "Das ausläni-sche Strafrecht der Gegenwart"; "Sammlung außerdeutscher Strafgesetzbücher in deutscher Übersetzung"
Periodika	"Zeitschrift für die gesamte Strafrechtswissenschaft"

F 25 Romanisches Seminar, Universität Freiburg

	Werthmannplatz 3
	D-79098 Freiburg <W-7800 Freiburg/Br.>
	Tel: 49 (7 61) 2 03-45 56
	Fax: 49 (7 61) 2 03-38 03
Status	Hochschulinstitut
Gründung	1989
wiss. Vereinigungen	DRV; DHV; Deutsche Gesellschaft für Semiotik
inst. Beziehungen	IAI Berlin; IAF Hamburg
inst. Beziehungen LA	U San Marcos, Lima; PUC, Lima/Peru; U San Juan; U Tucumán/Argentinien
Leitung	Prof.Dr. Walter Bruno Berg
Fachgebiet	Literatur
Stellenwert LA-Forschg	zentrales Forschungsgebiet
Bibliothek	Institutsbibliothek

F 26 Wissenschaftliches Zentrum Tropeninstitut Universität Gießen

	Schottstr. 2
	D-35390 Gießen <W-6300 Gießen>
	Tel: 49 (6 41) 7 02-26 85
	Fax: 49 (6 41) 7 02-26 84
Status	Hochschulinstitut
Gründung	1961
inst. Beziehungen	BBA; BFA
inst. Beziehungen LA	U Tlaxcala; CIMMYT/Mexiko; U Curitiba; DNOCS, Teresina/Brasilien; CIP, Lima/Peru
Leitung	Prof.Dr. Wolfgang Moll (Geschäftsführender Direktor)
Kontaktperson	H. Coté
Mitarb. insg. (für LA)	26 (7)
Fachgebiet	Landwirtschaft / Bodenkunde / Botanik / Tierzucht / Veterinärmedizin / Entwicklungszusammenarbeit
themat. Schwerpunkte	Förderung der ländlichen Entwicklung in den Tropen und Subtropen, Entomologie
geogr. Schwerpunkte	Mexiko, Guatemala, Costa Rica, Brasilien, Peru, Paraguay
Stellenwert LA-Forschg	Ein Schwerpunkt neben anderen
Bibliothek	Die Bibliothek ist dem Leihverkehr der U Gießen angeschlossen
Lehrtätigkeit	Koordination der tropenbezogenen Lehre der U Gießen
Schriftenreihen	"Gießener Beiträge zur Entwicklungsforschung", Reihe I (Symposien), Reihe II (Monographien)

F 27 **Zentrum für regionale Entwicklungsforschung**
Universität Gießen
Centro de Estudios del Desarrollo Regional

Bibliothek und Dokumentation → B 36

Diezstr. 15
D-35390 Gießen <W-6300 Gießen>
Tel: 49 (6 41) 7 02 84 15
Fax: 49 (6 41) 7 02 84 17

Status Hochschulinstitut
Gründung 1975
wiss. Vereinigungen IAFEF
Leitung Prof.Dr. Heinz-Ulrich Thimm (Geschäftsführender Direktor)
Kontaktperson Dr. Reinhard Kaufmann
Fachgebiet Entwicklungsplanung / Regionalplanung / Landwirtschaft
themat. Schwerpunkte Agrarkolonisation, Forschung (interdisziplinär) über regionale Strukturen und Prozesse in Entwicklungs- und Industrieländern
geogr. Schwerpunkte Andenländer
Stellenwert LA-Forschg Ein Schwerpunkt neben anderen
Schriftenreihen "Schriften" und "Materialien des Zentrums für regionale Entwicklungsforschung"

F 28 **Ibero-Amerika Institut für Wirtschaftsforschung**
Universität Göttingen (IAIW)
Instituto Iberoamericano de Investigaciones Económicas

Bibliothek → B 37

Gosslerstr. 1b
D-37073 Göttingen <W-3400 Göttingen>
Tel: 49 (5 51) 39 81 72
Fax: 49 (5 51) 39 81 73

Status Hochschulinstitut
Gründung 1964
wiss. Vereinigungen ADLAF
inst. Beziehungen LA Publikationsaustausch mit Hochschulen, Zentralbanken, Forschungseinrichtungen, Ministerien und anderen Organisationen in Lateinamerika
Leitung Prof.Dr. Hermann Sautter
Kontaktperson Dr. Rolf Schinke
Mitarb. insg. (für LA) 9 (5)
Fachgebiet Wirtschaft / Entwicklungsökonomie
geogr. Schwerpunkte Argentinien, Chile, Costa Rica, Mexiko
Stellenwert LA-Forschg zentrales Forschungsgebiet
Lehrtätigkeit Wahlfach "Entwicklungsökonomie und internationale Wirtschaft" für die Studiengänge VWL, BWL und Wirtschaftspädagogik
Schriftenreihen "Arbeitsberichte"

F 29	**Seminar für Romanische Philologie** **Universität Göttingen** Seminario de Filología Románica
	Präsenzbibliothek → B 38
	Nikolausberger Weg 23 D-37073 Göttingen <W-3400 Göttingen> Tel: 49 (5 51) 39 81-45, -44, -42
Status	Hochschulinstitut
Gründung	1888
inst. Beziehungen	IAF, U Hamburg; Sektion Lateinamerikanistik, HU Berlin
inst. Beziehungen LA	U Metropolitana de Ciencias de la Educación, Santiago/Chile
Leitung	Prof.Dr. Manfred Engelbert (Geschäftsführender Leiter)
Mitarb. insg. (für LA)	8 (5)
Fachgebiet	Literatur
themat. Schwerpunkte	Literatursoziologie, Kultursoziologie
geogr. Schwerpunkte	Cono Sur (Chile), Andenländer
Stellenwert LA-Forschg	Ein Schwerpunkt neben anderen

F 30	**Archäologisches Institut, Arbeitsbereich VII Altamerikanistik** **Universität Hamburg**
	Präsenzbibliothek → B 39
	Johnsallee 35 D-20148 Hamburg <W-2000 Hamburg 13> Tel: 49 (40) 41 23-59 00
Status	Hochschulinstitut
Gründung	1975
Leitung	Prof.Dr. Ortwin Smailus
Mitarb. insg. (für LA)	2 (2)
Fachgebiet	Ethnologie / Altamerikanistik
themat. Schwerpunkte	Indianische Kulturen Amerikas, Schwerpunkte u.a. Mesoamerika, Ethnohistorie, Philologie und Ethnographie der Azteken, Tiefland-Maya und Hochland-Maya
geogr. Schwerpunkte	Mexiko, Guatemala
Stellenwert LA-Forschg	zentrales Forschungsgebiet
Schriftenreihen	"Altamerikanische Sprachen und Kulturen. Mitteilungen"

F 31 **Bundesanstalt für Forst- und Holzwirtschaft (BFH)**
Institut für Weltforstwirtschaft
Centro Federal de Investigaciones Forestales y de la Madera
Instituto Forestal Mundial

Bibliothek und Dokumentation → B 41

Leuschnerstr. 91
D-21031 Hamburg <W-2050 Hamburg 80>
Postfach 80 02 10
D-21002 Hamburg
Tel: 49 (40) 7 39 62-0
Fax: 49 (40) 73 96 24 80

Status	Öffentlich, nicht universitär
übergeord. Inst.	BML, Bonn
Gründung	1939
inst. Beziehungen LA	Partnerschaftsvertrag zw. U Guadalajara/Mexiko und BFH bzw. U Hamburg; regelm. Publikationsaustausch mit weiteren Universitäten und speziellen Forschungsinstituten der Forst- und Holzwirtschaft
Leitung	Prof.Dr. Jochen Heuveldop
Fachgebiet	Forst- und Holzwirtschaft
geogr. Schwerpunkte	u.a. tropisches und subtropisches Lateinamerika
Stellenwert LA-Forschg	ein Schwerpunkt neben anderen
Lehrtätigkeit	personelle und institutionelle Verbindungen bestehen zum Ordinariat für Weltforstwirtschaft, FB 14 (Biologie), U Hamburg
Schriftenreihen	"Silvae Genetica"
Periodika	"BFH Nachrichten"

IF 32 **HWWA-Institut für Wirtschaftsforschung - Hamburg**
Instituto de Economía Internacional de Hamburgo

Informationszentrum (Bibliothek, Archiv, Dokumentation) → B 42

Neuer Jungfernstieg 21
D-20354 Hamburg <W-2000 Hamburg 36>
Tel: 49 (40) 35 62-0
Fax: 49 (40) 35 19 00

Gründung	1908
übergeord. Inst.	Behörde für Wissenschaft und Forschung, Freie und Hansestadt Hamburg
inst. Bez. LA	Regelmäßiger Publikationsaustausch mit zahlreichen Partnern in Lateinamerika
Leitung	Prof.Dr. Erhard Kantzenbach (Präsident)
Kontaktperson	Dr. Bernhard Fischer
Fachgebiet	Wirtschaft / Entwicklungspolitik
themat. Schwerpunkte	Außenwirtschaft, Außenhandel, Entwicklungspolitik, Exportförderung und -diversifizierung, Auslandsinvestitionen
geogr. Schwerpunkte	Lateinamerika, insbes. Brasilien
Stellenwert LA-Forschung	Ein Schwerpunkt neben anderen

F 33 **Ibero-amerikanisches Forschungsinstitut Universität Hamburg**

Bibliothek → B 42

Von-Melle-Park 6, VI
D-20146 Hamburg <W-2000 Hamburg 13>
Tel: 49 (40) 41 23-48 02

Leitung	Prof.Dr. Klaus Meyer-Minnemann (geschäftsführende Leitung)
Fachgebiet	Linguistik / Literatur
themat. Schwerpunkte	Sprachwissenschaft, System-Linguistik, Kommunikationswissenschaft, Literarische Produktion und Rezeption, Iberoamerikanische Literatur des 20. Jahrhunderts einschließlich Brasilien
Stellenwert LA-Forschg	zentrales Forschungsgebiet

F 34 **Institut für Geographie, Arbeitsbereich Wirtschaftsgeographie, Universität Hamburg**

Bibliothek: Arbeitsbereich Wirtschaftsgeographie → B 45

Bundesstr. 55
D-20146 Hamburg <W-2000 Hamburg 13>
Tel: 49 (40) 41 23-49 09
Fax: 49 (40) 41 23-52 70

Status	Hochschulinstitut
Gründung	1942
inst. Beziehungen	IIK, Hamburg
Leitung	Prof.Dr. Gerhard Sandner
Mitarb. insg. (für LA)	10 (4)
Fachgebiet	Wirtschaftsgeographie
themat. Schwerpunkte	Wirtschaftsgeographische Regionalanalysen, Raumbezogene Konfliktforschung
geogr. Schwerpunkte	Zentralamerika, Karibik
Stellenwert LA-Forschg	zentrales Forschungsgebiet
Schriftenreihen	"Beiträge zur geographischen Regionalforschung in Lateinamerika"

F 35 **Institut für Iberoamerika-Kunde (IIK)**
Instituto de Estudios Iberoamericanos

Informationsstelle (Bibliothek/Pressedokumentation/Archiv) → B 46

Alsterglacis 8
D-20354 Hamburg <W-2000 Hamburg 36>
Tel: 49 (40) 41 47 82-01
Fax: 49 (40) 41 47 82-41

Status	Stiftung des privaten Rechts
Gründung	1963
übergeord. Inst.	Stiftung Deutsches Übersee-Institut, Hamburg

wiss. Vereinigungen	ADLAF; CEISAL
inst. Beziehungen	Mitgliedsinstitute der ADLAF; DIW; DIE; REDIAL
inst. Beziehungen LA	CLACSO, CISEA/Argentinien; IBGE, IBASE, CEBRAP/Brasilien; COLMEX/Mexiko; AHC/Chile; DESCO, ALIDE/Peru
Leitung	Dr. Albrecht von Gleich (geschäftsführendes Vorstandsmitglied und Direktor)
Mitarb. insg. (für LA)	11 (6)
Fachgebiet	Internationale Beziehungen/Wirtschaft/Entwicklungsökonomie
themat. Schwerpunkte	Probleme der Konsolidierung und Reform demokratischer Institutionen, Außenwirtschaftliche Beziehungen Lateinamerikas, Zwischenstaatliche Integration, Menschenrechte
geogr. Schwerpunkte	Cono Sur, Brasilien, Mexiko, Zentralamerika, Andenraum
Stellenwert LA-Forschg	zentrales Forschungsgebiet
Lehrtätigkeit/Beratung	eingeschränkte Lehrtätigkeit im Rahmen des Studiengangs "Lateinamerikastudien", U Hamburg (Politikwiss. und Wirtschaftswiss.); Gutachterl. Tätigkeiten; Durchführung von wissenschaftlichen Tagungen
Schriftenreihen	"Schriftenreihe"; "Arbeitsunterlagen und Diskussionsbeiträge"; "Private Auslandsinvestitionen in Lateinamerika"
Periodika	"Lateinamerika Jahrbuch"; "Lateinamerika. Analysen-Daten-Dokumentation"; "Spiegel der lateinamerikanischen Presse/Boletín de Prensa Latinoamericana"; "Informativo REAAL"

F 36 Lehrstuhl für lateinamerikanische Geschichte
Historisches Seminar, Universität Hamburg

Bibliothek des Historischen Seminars → B 43

Von-Melle-Park 6, IX
D-20146 Hamburg <W-2000 Hamburg 13>
Tel: 49 (40) 41 23-48 39, -48 41 (Sekretariat)

Status	Hochschulinstitut
Gründung	1972
inst. Beziehungen	Universitäten mit verwandten Schwerpunktgebieten: Berlin, Bielefeld, Köln, Eichstätt, Leipzig
Leitung	Prof.Dr. Horst Pietschmann
Mitarb. insg. (für LA)	3 (3)
Fachgebiet	Geschichte
themat. Schwerpunkte	Kolonialgeschichte (Rechts-, Wirtschafts- und Sozialgeschichte), Historiographie
geogr. Schwerpunkte	Mexiko, Andenländer
Stellenwert LA-Forschg	zentrales Forschungsgebiet
Lehrtätigkeit	Geschichte Lateinamerikas von 1492 bis zur Gegenwart (i.R.d. Geschichtsstudiums und des interdisziplinären Studiengangs "Lateinamerika-Studien" (Abschluß M.A.)
Schriftenreihen	"Hamburger Beiträge zur Überseegeschichte"

F 37 **Max-Planck-Institut für ausländisches und internationales Privatrecht**
Instituto Max Planck de Derecho Privado Extranjero e Internacional

Bibliothek → B 48

Mittelweg 137
D-20148 Hamburg <W-2000 Hamburg 13>
Tel: 49 (40) 41 27-1

Status	Privat
Gründung	1926
übergeord. Inst.	Max-Panck-Gesellschaft zur Förderung der Wissenschaften e.V.
Kontaktperson	Dr. Jürgen Samtleben
Fachgebiet	Recht
themat. Schwerpunkte	Privatrecht, Wirtschaftsrecht, Internationales Privatrecht
Stellenwert LA-Forschg.	Ein Schwerpunkt neben anderen
Schriftenreihen	"Beiträge für ausländisches und internationales Privatrecht"; "Materialien zum ausländischen und internationalen Privatrecht"
Periodika	"Rabels Zeitschrift für ausländisches und internationales Privatrecht"

F 38 **Bundesanstalt für Geowissenschaften und Rohstoffe (BGR) Regional-Referat Amerika**
Instituto Federal de Geociencias y Recursos Naturales

Alfred-Bentz-Haus
Stilleweg 2
D-30655 Hannover <W-3000 Hannover 51>
Postfach 51 01 53
D-30631 Hannover
Tel: 49 (5 11) 6 43-1
Fax: 49 (5 11) 6 43 23 04

Status	öffentlich
Gründung	1958
übergeord. Insti.	Bundesministerium für Wirtschaft, Bonn
wiss. Vereinigungen	DFG, Bonn
inst. Beziehungen LA	jeweilige Geologische Dienste der Staaten Lateinamerikas, in denen TZ-Projekte laufen
Leitung	Dr. Hans-Siegfried Weber (Leiter Regional-Referat Amerika)
Fachgebiet	Geowissenschaften
themat. Schwerpunkte	Lagerstättengeologie der Steine und Erden, Hydrogeologie
geogr. Schwerpunkte	weltweit, u.a. Lateinamerika
Stellenwert LA-Forschg.	ein Schwerpunkt neben anderen
Schriftenreihen	"Beihefte zum Geologischen Jahrbuch" (Reihen A-F)

F 39 **Institut für Politische Wissenschaft, Universität Heidelberg**

Marstallstr. 6
D-69117 Heidelberg <W-6900 Heidelberg>
Tel: 49 (62 21) 54-28 85, -28 86
Telex: 461 515
Fax: 49 (62 21) 54-28 97

Status	Hochschulinstitut
inst. Beziehungen LA	CAPEL, FLACSO San José/Costa Rica; CLAEH, Montevideo/Uruguay; CEDES, San Salvador/El Salvador; IDESP, São Paulo/Brasilien
Leitung	Prof. Dr. Dieter Nohlen
Kontaktpersonen	Harald Barrios M.A.; Bernhard Thibaut M.A.
Fachgebiet	Politikwissenschaft
themat. Schwerpunkte	Redemokratisierungsprozesse, Projekt "Polit. Organisation u. Repräsentation in Amerika" (u.a. Enzyklopädie v. Wahldaten in Lateinamerika ab 19. Jh.), Komparatistische Forschung unter Berücksichtigung der autochtonen Forschung
Stellenwert LA-Forschg	ein Schwerpunkt neben anderen
Bibliothek	Institutsbibliothek mit breitem Angebot an politikwissenschaftlicher Literatur zu Lateinamerika; Zugang nach Absprache
Monographien	Lexikon Dritte Welt; Handbuch der Dritten Welt; Politische Organisation und Repräsentation in Amerika

F 40 **Max-Planck-Institut für ausländisches öffentliches Recht und Völkerrecht (MPI)**

Instituto Max Planck de Derecho Público Comparado y de Derecho Internacional Público

Bibliothek → B 52

Berliner Straße 48
D-69120 Heidelberg <W-6900 Heidelberg>
Tel: 49 (62 21) 4 82-1
Fax: 49 (62 21) 4 82-2 88

Status	Öffentlich, nicht universitär
Gründung	1924
übergeord. Inst.	Max Planck Gesellschaft zur Förderung der Wissenschaften e.V.
Leitung	Prof.Dr.jur. Jochen A. Frowein (Geschäftsführender Direktor)
Mitarb. insg. (für LA)	80 (2)
Fachgebiet	Recht
themat. Schwerpunkte	Völkerrecht, Ausländisches und öffentliches Recht
Stellenwert LA-Forschg	Ein Schwerpunkt neben anderen
Schriftenreihen	"Beiträge zum ausländischen öffentlichen Recht und Völkerrecht"; "Public International Law. A Current Bibliography of Books and Articles" (2x p.a.); "Deutsche Rechtsprechung in völkerrechtlichen Fragen"; "Digest of the Decisions of the International Court of Justice"
Periodika	"Zeitschrift für ausländisches öffentliches Recht u. Völkerrecht"
sonst. Publikationen	"Encyclopedia of Public International Law"

F 41 **Institut für Regionalwissenschaft (IfR), Universität Karlsruhe**

Kaiserstr. 12
D-76131 Karlsruhe <W-7500 Karlsruhe>
Postfach 69 80
D-76050 Karlsruhe
Tel: 49 (7 21) 6 08-23 65
Telex: 17 721 166
Fax: 49 (7 21) 6 08-42 90

Status Hochschulinstitut
Gründung 1966
wiss. Vereinigungen Association of European Schools of Planning (AESOP)
Leitung Prof.Dr.Ing. Claus Heidemann
Kontaktperson Dr. Wilfried Wittenberg
Mitarb. insg. (für LA) 5 (2)
Fachgebiet Regionalplanung
themat. Schwerpunkte Regionalpolitik, Sektorale Strukturpolitik im multiregionalen Kontext, Regionalwissenschaft, Regionalplanung in Entwicklungsländern
geogr. Schwerpunkte Bolivien, Brasilien, Chile, Peru
Stellenwert LA-Forschg Ein Schwerpunkt neben anderen
Bibliothek öffentlich zugängliche Präsenzbibliothek
Lehrtätigkeit/Beratung Betreuung des Nachdiplomstudiengangs; Beratung im Rahmen von TZ-Projekten und PZ-Seminaren
Schriftenreihen "Schriftenreihe"; "Diskussionspapiere"

F 42 **Institut für Weltwirtschaft (IfW)**
Instituto de Economía Mundial

Bibliothek → B 54

Düsternbrooker Weg 120
D-24105 Kiel <W-2300 Kiel 1>
Tel: 49 (4 31) 88 14-1
Telex: 292 479 weltw d
Fax: 49 (4 31) 8 58 53

Status der Universität Kiel angegliedert
Gründung 1914
wiss. Vereinigungen AG der wirtschaftswissenschaftlichen Forschungsinstitute; EADI; IIASA e.V.; AIECE; AG/BL
inst. Beziehungen Hochschule für Wirtschaft und Technik, Offenburg; Südasien Institut, U Heidelberg; DIW; IfO; HWWA; RWI
inst. Beziehungen LA Fundação Centro do Comércio Exterior (FUNCEX), Rio de Janeiro/Brasilien; FIEL, Buenos Aires/Argentinien
Leitung Prof.Dr. Horst Siebert, Präsident
Kontaktperson Dipl.Volksw. Bernhard Klein
Mitarb. insg. (für LA) 156, einschl. Archiv (wechselnd, z.Zt. 13)
Fachgebiet Wirtschaft
themat. Schwerpunkte Wachstum und Strukturpolitik, Ressourcenökomomik, Verkehrswirtschaft, Entwicklungsländer und Weltwirtschaft, Konjunktur

geogr. Schwerpunkte	Brasilien, Argentinien, Peru, Mexiko
Stellenwert LA-Forschg	Ein Schwerpunkt neben anderen
Lehrtätigkeit	Graduiertenstudium, Advanced Studies in International Economic Policy Research
Schriftenreihen	"Kieler Studien"; "Kieler Sonderpublikationen"; "Kieler Arbeitspapiere"; "Kieler Diskussionsbeiträge"; "Kieler Vorträge"; "Bernhard-Harms-Vorlesungen"
Periodika	"Weltwirtschaftliches Archiv"; "Die Weltwirtschaft"
sonst. Publikationen	"Kieler Kurzberichte"; "Kiel Reports"; "Bericht des Präsidenten"; "Annual Report"

F 43 **Arbeitskreis Spanien-Portugal-Lateinamerika (ASPLA)**
Philosophische Fakultät, Universität Köln
Centro de Estudios sobre España-Portugal-Latinoamerica

Albertus-Magnus-Platz
D-50931 Köln <W-5000 Köln 41>
Tel: 49 (2 21) 4 70-42 63, -41 85, -30 27
Telex: 8 882 291 unik d
Fax: 49 (2 21) 4 70-51 51

Gründung	1973
inst. Beziehungen	IAI Berlin; div. Romanische Seminare
inst. Beziehungen LA	Kontakte zu Einrichtungen in Brasilien, Chile, Mexiko, Paraguay, Uruguay, Venezuela sowie v.a. in Argentinien (Buenos Aires und Tucumán, U del Norte Santo Tomás de Aquino Católica de Tucumán)
Leitung	Prof.Dr. Christian Wentzlaff-Eggebert, Vorsitzender der geschäftsf. Kommission
Kontaktpersonen	Valérie Heinen, Claudia Hammerschmidt
Mitarb. insg. (für LA)	2-4 und 14 Professoren oder Hochschulassistenten
Fachgebiet	Literatur / Geschichte
themat. Schwerpunkte	Identität und Alterität, Beziehung Iberische Halbinsel-Lateinamerika, Realität und Mythos in der lateinamerikanischen Literatur
geogr. Schwerpunkte	Argentinien, Chile, Paraguay, Brasilien, Venezuela, Mexiko, Uruguay und iberische Halbinsel
Stellenwert LA-Forschg	zentrales Forschungsinstitut
Schriftenreihen	"Forum Ibero-Americanum" (Köln/Wien: Böhlau)

F 44	**Iberische und Lateinamerikanische Abteilung des Historischen Seminars Universität Köln** Instituto de Historia Ibérica y Latinoamericana de la Universidad de Colonia
	Bibliothek → B 56
	Albertus-Magnus-Platz D-50931 Köln <W-5000 Köln 41> Tel: 49 (2 21) 4 70-24 46 Fax: 49 (2 21) 4 70-49 96
Gründung	1955
inst. Beziehungen	verschiedene entsprechende Universitätsinstitutionen in Bonn, Hamburg, sowie IAI Berlin
inst. Beziehungen LA	Hochschulpartnerschaft mit U Córdoba/Argentinien; Publikationstausch mit Instituten in Mexiko und Uruguay sowie dem Instituto Hans Staden, São Paulo/Brasilien
Leitung	Prof.Dr. Hans-Jürgen Prien
Mitarb. insg. (für LA)	6 (6)
Fachgebiet	Geschichte
themat. Schwerpunkte	Iberische und lateinamerikanische Geschichte
geogr. Schwerpunkte	Lateinamerika
Stellenwert LA-Forschg	zentrales Forschungsgebiet
Schriftenreihen	Mithg. "Lateinamerikanische Forschungen"; "Beihefte zum Jahrbuch"; "Forum Ibero-Americanum"
Periodika	Mithg. "Jahrbuch für Geschichte von Staat, Wirtschaft und Gesellschaft Lateinamerikas"

F 45	**Institut für Tropentechnologie (ITT) Fachhochschule Köln** Instituto para Tecnologías en los Trópicos
	Betzdorfer Str. 2 D-50679 Köln <W-5000 Köln 21> Tel: 49 (2 21) 82 75-27 73, -27 74 Telex: fhsk d 8 873 330 Fax: 49 (2 21) 82 75-28 36
Gründung	1976
inst. Beziehungen	Bundesanstalt für Straßenwesen, U Bonn, U Köln
inst. Beziehungen LA	U Federal do Ceará; UNIFOR (beide Fortaleza/Brasilien
Leitung	Prof.Dr. Hartmut Gaese, Geschäftsführender Direktor
Mitarb. insg. (für LA)	4 (3 + ca. 20 Lehrbeauftragte)
Fachgebiet	Landwirtschaft
themat. Schwerpunkte	Bauen in den Tropen, Tropische Geographie, Agrarwissenschaft, Energie, Tropentechnologie
geogr. Schwerpunkte	Brasilien, Argentinien, Uruguay, Peru, Bolivien
Stellenwert LA-Forschg	Ein Schwerpunkt neben anderen
Lehrtätigkeit	Zusatzstudium "Tropentechnologie"
Schriftenreihen	"Schriftenreihe des ITT"

F 46 **Portugiesisch-Brasilianisches Institut Universität Köln**

Präsenzbibliothek → B 57

Albertus-Magnus-Platz
D-50931 Köln <W-5000 Köln 41>
Tel: 49 (2 21) 4 70-24 47
Fax: 49 (2 21) 4 70-51 51

Gründung	1931
wiss. Vereinigungen	ADLAF
inst. Beziehungen LA	U Federal do Ceará, Fortaleza/Brasilien
Leitung	Prof.Dr. E. Müller-Bochat; Prof.Dr. Helmut Feldmann
Kontaktperson	Dr. Engelbert Jorißen
Mitarb. insg. (für LA)	5 (1)
Fachgebiet	Literaturwissenschaft / Linguistik
themat. Schwerpunkte	Brasilianische Literatur des 20.Jahrhunderts, Beziehungen zwischen Portugal und Japan
geogr. Schwerpunkte	Brasilien (Forschungsgebiet "Brasilianistik")
Schriftenreihen	"Kölner Schriften zur Literatur und Gesellschaft der portugiesischsprachigen Länder"

F 47 **Zentrum Portugiesischsprachige Welt, Universität Köln**

Centro Mundo Lusófono, Instituto agregado à Universidade de Colonia

Albertus-Magnus-Platz
D-50931 Köln <W-5000 Köln 41>
Tel: 49 (2 21) 4 70 24 47, (22 34) 8 94 79
Fax: 49 (2 21) 4 70 51 51

Status	Assoziiertes Institut der Universität Köln, GbR
Gründung	1992
Außenstelle in LA	Fortaleza/Brasilien (im Aufbau)
inst. Beziehungen	Institut für Tropentechnologie, FHS Köln
inst. Beziehungen LA	U Federal do Ceará, U Estadual do Ceará, U de Fortaleza, Fortaleza; U de Campinas, SP/Brasilien
Leitung	Prof.Dr. Heltmut Feldmann
Kontaktperson	Dr. Marta Campos-Hein
Mitarb. insg. (für LA)	8 (8)
Fachgebiet	Kultur / Wirtschaft
themat. Schwerpunkte	Regionalwissenschaft, Tropentechnologie
geogr. Schwerpunkte	Nordosten Brasiliens
Stellenwert LA-Forschg.	Teilbereich, neben Portugal und lusophonen Ländern Afrikas
Lehrtätigkeit	komplementäre Lehrveranstaltungen zum Studiengang "Regionalwissenschaften Lateinamerikas" (Brasilien)
Bibliothek	allgemein zugängliche Präsenz- und Ausleihbibliothek

F 48	**Lehrstuhl für Vergleichende Geschichtswissenschaft (Ibero-Amerika), FB Geschichte, Universität Leipzig**
	Augustusplatz 10 D-04109 Leipzig <O-7010 Leipzig> Postfach 9 20 D-04009 Leipzig Tel: 49 (3 41) 7 19 33 34 Fax: 49 (3 41) 20 93 25
Status	Hochschulinstitut
Gründung	1992 (Nf. des Instituts für Universal- und Kulturgeschichte)
Leitung	Prof.Dr. Michael Zeuske
Fachgebiet	Geschichte
themat. Schwerpunkte	Vergleichende Revolutionsgeschichte, Politische Geschichte, Wirtschafts- und Sozialgeschichte, Kulturgeschichte der Plantagenwirtschaften, Internationale Beziehungen im 19. Jh.
geogr. Schwerpunkte	Lateinamerika
Stellenwert LA-Forschg	zentrales Forschungsgebiet
Biliothek	allgemein zugängliche Präsenzbibliothek; LA-Altbestände (18.-20. Jh. bis ca. 1960); lfde. Zeitschr. v.a. zu Chile und Kuba (Emigrationsproblematik, Sozialistika)
Periodika	"Apuntes. Nueva Serie" (seit 1990); "Comparativ. Leipziger Beitr. zur Universalgeschichte und vergl. Gesellschaftsforschung"

F 49	**Institut für Politikwissenschaft, Universität Mainz** Instituto de Ciencas Políticas, Universidad de Maguncia
	Bibliothek → B 58
	Colonel-Kleinmann-Weg 2 D-55128 Mainz <W-6500 Mainz> Tel: 49 (61 31) 39 27 28 Telex: 4 187 476 uni d Fax: 49 (61 31) 39 33 28
Status	Hochschulinstitut
wiss. Vereinigungen	ADLAF
Leitung	Prof.Dr. Manfred Mols (geschäftsführender Direktor)
Kontaktperson	Peter Birle M.A.
Mitarb. insg. (für LA)	7 (2)
Fachgebiet	Politikwissenschaft / Entwicklungspolitik
themat. Schwerpunkte	Integration und Kooperation in Lateinamerika und Südostasien, Internationale Beziehungen, Außenpolitik, Parteien, Verbände, Staat und Demokratie
geogr. Schwerpunkte	Lateinamerika, insbes. Argentinien, Chile, Mexiko, Uruguay, Zentralamerika
Stellenwert LA-Forschg	Ein Schwerpunkt neben anderen
Bibliothek	Fachbibliothek Politikwissenschaft, Präsenzbibliothek
Lehrtätigkeit	regelm. Vorlesungen und Seminare mit Lateinamerika-Bezug
Schriftenreihen	"Politikwissenschaftliche Perspektiven"

F 50	**Völkerkundliche Sammlungen der Stadt Mannheim**
	Reiss-Museum D 5 D-68159 Mannheim <W-6800 Mannheim> Postfach 10 30 51 D-68030 Mannheim Tel: 49 (6 21) 2 93-37 83, -34 05 Fax: 49 (6 21) 2 93-30 99
Status	Öffentlich (städtisch)
Gründung	1925
wiss. Vereinigungen	Berliner Ges. für Anthropologie, Ethnologie und Urgeschichte
inst. Beziehungen LA	Instituto Colombiano de Antropología, Museo del Oro, Banco de la República, Bogotá/Kolumbien; PUC Lima/Peru
Leitung	Dr. Henning Bischof
Mitarb. insg. (für LA)	6 (2)
Bibliothek	Präsenzbibliothek und Archiv (eingeschränkt zugänglich)
Fachgebiet	Archäologie / Ethnologie
themat. Schwerpunkte	Ethnographie (Andine Bauernkultur), Dokumentation der materiellen Kultur
geogr. Schwerpunkte	Südamerika
Stellenwert LA-Forschg	Ein Schwerpunkt neben anderen
Schriftenreihen	Geplant: Mithg. "Archaeologica Peruana"

F 51	**Institut für Brasilienkunde e.V. (IfB)**
	Bibliothek, Dokumentation, Archiv → B 60
	Sunderstr. 15/17 D-49497 Mettingen <W-4532 Mettingen> Postfach 11 29 D-49493 Mettingen Tel: 49 (54 52) 23 58 Fax: 49 (54 52) 43 57
Status	Eingetragener Verein
Gründung	1969
wiss. Vereinigungen	ADLAF; Instituto Histórico e Geográfico Alagoano
inst. Beziehungen LA	Instituto Joaquim Nabuco de Pesquisas Sociais/Recife, U Federal do Ceará/Fortaleza, U São Francisco, Bragança/São Paulo
Leitung	P. Osmar Erwin Gogolok
Mitarb. insg. (für LA)	3 (3)
themat. Schwerpunkte	Soziale Probleme, Kirchen/Religion, Verstädterungsprozesse, Umweltfragen, Indianer, Portug.-bras. Sprache
geogr. Schwerpunkte	Brasilien
Stellenwert LA-Forschg	Zentrales Forschungsgebiet
Schriftenreihen	Reihen: "Seminar", "Dokumentation"
Periodika	"Brasilien Dialog. Informationen" (4x p.a.)

F 52 **Institut für Wirtschaftsgeographie**
Universität München

Ludwigstraße 28
D-80539 München <W-8000 München 22>
Tel: 49 (89) 21 80-22 31
Telex: 529 860 univm d
Fax: 49 (89) 21 80-38 09

Gründung	1957
Leitung	Prof.Dr.K. Ruppert; Prof.Dr. H.-D. Haas
Kontaktperson	Prof.Dr. Hans-Dieter Haas
Mitarb. insg. (für LA)	14 (8)
Bibliothek	eingeschränkt zugängliche Präsenzbibliothek
Fachgebiet	Wirtschaftsgeographie
themat. Schwerpunkte	Probleme der Wirtschaftsentwicklung, Ressourcen-Nutzung und Umweltprobleme
geogr. Schwerpunkte	Lateinamerika unter besonderer Berücksichtigung der Karibischen Länder
Stellenwert LA-Forschg	Ein Schwerpunkt neben anderen

F 53 **Max-Planck-Institut für ausländisches und internationales Sozialrecht**

Leopoldstr. 24
D-80802 München <W-8000 München 40>
Tel: 49 (89) 38 60 21
Fax: 49 (89) 39 97 95

Status	Öffentlich, nicht universität
Gründung	1975
übergeord. Inst.	Max-Planck-Gesellschaft
Leitung	Prof.Dr. Bernd Baron von Maydell
Bibliothek	eingeschränkt zugängliche Präsenzbibliothek
Fachgebiet	Recht
themat. Schwerpunkte	Internationales und ausländisches Sozialrecht
geogr. Schwerpunkte	Argentinien
Stellenwert LA-Forschg	Ein Schwerpunkt neben anderen
Schriftenreihen	"Schriftenreihe für internationales und vergleichendes Sozialrecht" (Berlin: Dunker & Humblot 1977 ff.)
Periodika	"Zeitschrift für ausländisches und internationales Arbeits- und Sozialrecht" (seit 1987)
sonst. Publikationen	"Studien aus dem Max-Planck-Institut für ausländisches und internationales Sozialrecht" (Baden-Baden: Nomos 1984 ff.)

F 54 **Institut für Genossenschaftswesen, Abteilung Lateinamerika Universität Münster**
Instituto de Estudios Cooperativos

Am Stadtgraben 9
D-48143 Münster <W-4400 Münster>
Tel: 49 (2 51) 83-28 98, -28 95
Fax: 49 (2 51) 83 83 99

Status Hochschulinstitut
Gründung 1962
wiss. Vereinigungen ADLAF
inst. Beziehungen LA Stipendiatenaustausch und Publikationsaustausch; Partnerschaft mit U de Valdivia/Chile
Leitung Prof.Dr. Rolf Eschenburg (beurlaubt)
Dr. Wilhelm Jäger (kommissarischer Leiter)
Fachgebiet Genossenschaftswesen
themat. Schwerpunkte Ordnungspolitik, Sozialpolitik, Wirtschaftsethik
geogr. Schwerpunkte Chile, Brasilien
Stellenwert LA-Forschg zentrales Forschungsgebiet
Bibliothek allgemein zugängliche Präsenzbibliothek
Schriftenreihen "Forschungsberichte aus dem Institut für Genossenschaftswesen. Studien über Entwicklungsländer"

F 55 **Lateinamerika-Zentrum, Universität Münster (CeLA)**
Centro Latinoamericano

Scharnhorststr. 121
D-48151 Münster <W-4400 Münster>
Tel: 49 (2 51) 83 93-37
Telex: 892 529 unims d
Fax: 49 (2 51) 52 30 11

Status Zentrale wissenschaftliche Einrichtung der U Münster
Gründung 1989
wiss. Vereinigungen CEISAL; ADLAF
inst. Beziehungen LA zahlreiche Partnerschaften mit lateinamerikanischen Universitäten und Instituten
Leitung Prof.Dr. Achim Schrader (Vorstand des CeLA, geschäftsführender Leiter)
Kontaktperson Dr. Andreas Brockmann
geogr. Schwerpunkte Lateinamerika
Stellenwert LA-Forschg zentrales Forschungsgebiet
Lehrtätigkeit/Beratung Zusatzstudiengang "Interdisziplinäre Regionalwissenschaft Lateinamerikas"; Regionalwissenschaftlicher Kursus für Lateinamerika-Praktiker aus Unternehmen und Verbänden
Bibliothek allgemein zugänliche Präsenzbibliothek (Mo-Fr 8.00-13.00)
Schriftenreihen "Anuario"; "Schriftenreihe des Lateinamerika-Zentrums"; "Regionalwissenschaft Lateinamerikas"
Periodika/Reihen "Migraciones" (1990-1992); "Arbeitshefte des Lateinamerika-Zentrums"

F 56	**Lehrstuhl Auslandswissenschaft** **Sozialwissenschaftliches Institut** **Universität Erlangen-Nürnberg**
	Findelgasse 9 D-90402 Nürnberg <W-8500 Nürnberg> Tel: 49 (9 11) 53 02-6 55, -6 56 Telex: 0 623 274 secal Fax: 49 (9 11) 53 02-6 58
Status	Hochschulinstitut
Gründung	1974 (zugehörig zum Zentralinstitut 06)
wiss. Vereinigungen	ADLAF; CEISAL; DSV; ÖLAI
inst. Beziehungen	IAI, Berlin; LAI FU Berlin; U Köln
inst. Beziehungen LA	UNAM, CCYDEL, México D.F./Mexiko; Asociación Humboldt, Caracas/Venezuela
Leitung	Prof.Dr. Walther L. Bernecker
Kontaktperson	Monika Frielinghaus
Mitarb. insg. (für LA)	2 (1) (ohne das Personal der angeschlossenen Lehrstühle)
Fachgebiet	Literatur / Geographie / Kulturanthropologie
geogr. Schwerpunkte	Mexiko, Brasilien
Stellenwert LA-Forschg	zentrales Forschungsgebiet
Bibliothek	Präsenzbibliothek
Lehrtätigkeit	14-tägiges, multidisziplinäres Lateinamerika-Kolloquium in jedem Semester; interdisziplinäre, mehrtägige Schwerpunktkolloquien in zweijährigem Turnus
Schriftenreihen	Hg. "Lateinamerika-Studien" (Frankfurt/M.: Vervuert)

F 57	**Max-Planck-Institut für Limnologie** **Arbeitsgruppe Tropenökologie** Instituto Max Planck de Limnología Grupo de Trabajo de Ecología Tropical
	August-Thienemannstr. 2 D-24306 Plön <W-2320 Plön> Postfach 165 D-24302 Plön Tel: 49 (45 22) 8 02-1 Fax: 49 (45 22) 80 23 18
übergeord. Inst.	Max-Planck-Gesellschaft
wiss. Vereinigungen	ADLAF; IVL; GTÖ
inst. Beziehungen	U Hamburg; U Göttingen; U Tübingen; U Stuttgart; U Kiel u.a.
inst. Beziehungen LA	INPA, U São Carlos, U Rio de Janeiro, U Mato Grosso, Cuiabá/Brasilien
Leitung	Priv.-Doz.Dr. Wolfgang J. Junk (Leiter der AG Tropenökologie)
Mitarb. insg. (für LA)	23 (11)
Fachgebiet	Tropenökologie
themat. Schwerpunkte	Ökologie von Überschwemmungsgebieten, Entwicklung multipler Nutzungsprojekte
geogr. Schwerpunkte	Amazonien, Pantanal

Stellenwert LA-Forschg	zentrales Forschungsgebiet
Bibliothek	Bibliothek öffentlich zugänglich (Recherche und Computerausdruck, Profildienst, MB-Dienst, Diskettendienst, Online-Nutzung)
Lehrtätigkeit	Vorlesungen: U Kiel; U Hamburg; INPA/U Manaus, U Cuiabá, U São Paulo, U São Carlos/Brasilien
Periodika	"Amazoniana"

F 58 **Lateinamerika-Institut Rostock (LAI), Universität Rostock**
Instituto Latinoamericano

August-Bebel-Str. 28
D-18055 Rostock <O-2500 Rostock>
Tel: 49 (3 81) 3 79 24 60
Fax: 49 (3 81) 3 42 87

Status	selbständiges Institut an der Universität Rostock
Gründung	1991 (hervorgegangen aus der Sektion Lateinamerikawissenschaften)
wiss. Vereinigungen	ADLAF; CEISAL
Leitung	Dr.habil. Detlev Wahl
Mitarbeiter insg.	7 (5)
Fachgebiet	Soziologie / Wirtschaft / Geschichte
geogr. Schwerpunkte	Argentinien, Brasilien, Ekuador, Kolumbien, Mexiko, Zentralamerika
Lehrbetrieb	Diplomstudiengänge Lateinamerikawissenschaften; Einbeziehung in die Soziologieausbildung, U Rostock
Bibliothek	Die Institutsbibliothek des LAI wurde zwischenzeitlich mit der Fachbibliothek des Romanischen Seminars zusammengelegt.
Schriftenreihen	"Arbeits- und Diskussionspapiere"
Periodika	"Boletín VIDESAL" (bis Ende 1991; z.Z. ruhend); "Lateinamerika. Semesterbericht" (2x p.a. bis Ende 1990)

F 59 **Konrad-Adenauer-Stiftung (KAS)**
Fundación Konrad Adenauer

Rathausallee 12
D-53757 Sankt Augustin <W-5205 Sankt Augustin 1>
Postfach 14 20
D-53732 Sankt Augustin
Tel: 49 (22 41) 2 46-0
Telex: 889 727 kas d
Fax: 49 (22 41) 2 46-5 08

Status	Eingetragener Verein (Politische Stiftung)
Gründung	1962
Außenstelle	Verbindungsbüros der KAS-Auslandsmitarbeiter in fast allen Ländern Lateinamerikas, Ausnahmen (Stand 1992): Belize, Honduras, Guyana, Haiti, Kuba, Surinam und einige andere karibische Kleinstaaten; Eigenständige Forschungseinrichtun-

	gen: CIEDLA, Buenos Aires/Argentinien; CEFKAB, São Paulo/Brasilien)
wiss. Vereinigungen	ADLAF; IAFEF; DGAP; AEBÖ; IGFM; HIZ; Arbeitskreis "Öffentliche Verwaltung und Entwicklung"
inst. Beziehungen	IAI, Berlin; ABI, Freiburg
inst. Beziehungen LA	langj. Kooperation mit Bildungseinrichtungen gewerkschaftlicher, parteipolitischer, genossenschaftl., wissenschaftl. Arbeit
Leitung	Dr. Lothar Kraft (Hauptgeschäftsführer); Josef Thesing (Leiter des Arbeitsbereichs Internationale Zusammenarbeit)
Kontaktpersonen	Dr. Manfred Rabeneick: Internation. Zusammenarbeit (KAS/IZ) Dr. Hartmut Grewe: Forschungsinstitut (KAS/SFK), Forschungsprojekt über die Rolle der Gewerkschaften im politischen System Brasiliens und der Länder des Cono Sur
Mitarb. insg. (für LA)	50 (20)
Fachgebiet	Politikwissenschaft / Wirtschaft / Umweltschutz / Recht
themat. Schwerpunkte	Parteien, Gewerkschaften, Demokratisierung, Rechtsstaatlichkeit, Wirtschaftspolitik, Umweltschutz, Rolle der Frauen und der Jugend, Sozialarbeit, Massenmedien
geogr. Schwerpunkte	Lateinamerika
Stellenwert LA-Forschg	Ein Schwerpunkt neben anderen
Bibliothek	allgemein zugängliche Präsenzbibliothek (Mo-Do 9.00-17.00, Fr 9.00-16.00)
Periodika	KAS - Auslandsinformationen (12x p.a.)

F 60 Geographisches Institut, Universität Stuttgart

	Silcherstr. 9 D-70176 Stuttgart <W-7000 Stuttgart 1> Tel: 49 (7 11) 1 21-37 50 (Sekretariat I)
Status	Hochschulinstitut
Gründung	1923
Leitung	Prof.Dr. Christoph Borcherdt (geschäftsführender Direktor)
Kontaktperson	Dr. Klaus Kulinat
Mitarb. insg. (für LA)	16 (11)
Fachgebiet	Geographie
themat. Schwerpunkte	Naturräume, Stadtgeographie, Verkehrsgeographie, Agrargeographie, Industriegeographie, Bevölkerungsgeographie
geogr. Schwerpunkte	Venezuela
Stellenwert LA-Forschg	Ein Schwerpunkt neben anderen
Bibliothek	eingeschränkt zugängliche Ausleihbibliothek (Mo-Do 9.00-17.00; Fr 9.00-13.00)

F 61 **Institut für Agrar- und Sozialökonomie in den Tropen und Subtropen, Universität Hohenheim**

D-70599 Stuttgart <W-7000 Stuttgart 70>
Postfach 70 05 62
D-70574 Stuttgart
Tel: 49 (7 11) 4 59-0
Fax: 49 (7 11) 4 59-27 85

Status	Hochschulinstitut
Gründung	1982
Leitung	Prof. Dr. Franz Heidhues
Kontaktperson	Dr. Beatrice Knerr
Mitarb. insg. (für LA)	13 (9)
themat. Schwerpunkte	Agrarsektorale Entwicklung
geogr. Schwerpunkte	Brasilien
Stellenwert LA-Forschg	Ein Schwerpunkt neben anderen
Bibliothek	öffentlich zugängliche Institutsbibliothek

F 62 **Forschungsschwerpunkt Lateinamerika Geographisches Institut, Universität Tübingen (GISLA)**

Bibliothek → B 64

Hölderlinstr. 12
D-72074 Tübingen <W-7400 Tübingen>
Tel: 49 (70 71) 29-23 97, -43 72, -64 62
Fax: 49 (70 71) 29-53 18

Status	Hochschulinstitut/Forschungsschwerpunkt
Gründung	1897
wiss. Vereinigungen	ADLAF
inst. Beziehungen LA	Abkommen mit brasilianischen und argentinischen Universitäten
Leitung	Prof.Dr. Gerd Kohlhepp
Mitarbeiter für LA	Dr. Martin Coy; Dipl.Geogr. Wolf-Dietrich Sahr
Fachgebiet	Geographie / Wirtschaftsgeographie / Regionalplanung
themat. Schwerpunkte	Regionale Struktur- und Entwicklungsforschung, Analyse städtischer und ländlicher Lebensräume, Sozioökonomische Ursachen der Zerstörung tropischer Ökosysteme, Agrarkolonisation
geogr. Schwerpunkte	Brasilien (v.a. Amazonien); Argentinien, Paraguay, Venezuela
Stellenwert LA-Forschg	zentrales Forschungsgebiet
Schriftenreihen	"Tübinger Geographische Studien"; "Tübinger Beiträge zur geographischen Lateinamerikaforschung"

F 63 **Institut für Politikwissenschaft (IfP), Universität Tübingen**
Instituto de Ciencas Políticas, Universidad de Tubinga

Bibliothek → B 65

	Melanchthonstr. 36 D-72074 Tübingen <W-7400 Tübingen> Tel: 49 (70 71) 29 24 27 Fax: 49 (70 71) 29 24 17
Status	Hochschulinstitut
Gründung	1952
wiss. Vereinigungen	DVPW; ADLAF
inst. Beziehungen LA	U Central de Venezuela, Caracas; U de Chile, Santiago de Chile; U of Colorado, Boulder/USA; U of Denver, USA
Leitung	Prof.Dr. Rudolf Hrbek
Kontaktperson	Prof.Dr. Andreas Boeckh
Mitarb. insg. (für LA)	16 (2)
Fachgebiet	Politikwissenschaft
themat. Schwerpunkte	Entwicklungstheorie, Internationale Beziehungen, Politisches System, Verschuldung
geogr. Schwerpunkte	Andenländer: Kolumbien, Peru, Venezuela; Zentralamerika: Costa Rica; Karibischer Raum: Dominikanische Republik; Cono Sur: Argentinien; Mexiko
Stellenwert LA-Forschg	zentrales Forschungsgebiet
Lehrbetrieb	Magisterstudiengang Politikwissenschaft; Lehramtsstudiengang

F 64 **Fachgebiet Geographie**
FB 14, Universität Osnabrück, Standort Vechta

	Driverstr. 22 D-49377 Vechta <W-2848 Vechta> Postfach 15 53 D-49364 Vechta Tel: 49 (44 41) 15-1 Telex: 944 887; 94 760 unios d Fax: 49 (44 41) 15-4 44
Status	Hochschulinstitut
wiss. Vereinigungen	ADLAF
inst. Beziehungen	BGR und NLfB, Hannover sowie zahlreiche Einrichtungen deutscher Universitäten
inst. Beziehungen LA	UNAM/Mexiko; SARH/Mexiko; INAH/Mexiko u.a.
Leitung	Prof.Dr. Enno Seele
Fachgebiet	Geographie
themat. Schwerpunkte	Agrargeographie, Kulturgeographie, Bewässerung, Märkte, Handwerk, Ökologie
geogr. Schwerpunkte	Lateinamerika, Mexiko
Stellenwert LA-Forschg	Ein Schwerpunkt neben anderen
Bibliothek	Universität Osnabrück, Bereichsbibliothek Vechta

F 66 **Institut für Musikethnologie**
Hochschule für Musik und darstellende Kunst
Instituto de Etnomusicología

Leonhardstraße 15
A-8010 Graz
Tel: 43 (3 16) 3 89
Fax: 43 (3 16) 3 25 04

Gründung	1964
übergeord. Inst.	Hochschule für Musik und darstellende Kunst
wiss. Vereinigungen	International Council for Traditional Music (ICTM)
Leitung	Prof.Dr. Wolfgang Suppan
Mitarb. insg. (für LA)	6 (1)
Fachgebiet	Musik
themat. Schwerpunkte	Juventino Rosas
geogr. Schwerpunkte	Mexiko
Stellenwert LA-Forschg	ein Forschungsschwerpunkt neben anderen

F 67 **Institut für Romanistik, Universität Graz**

Johann-Fux-Gasse 30
A-8010 Graz
Tel: 43 (3 16) 3 80-25 00
Telex: 031-1662 ubgrz
Fax: 43 (3 16) 38 21 30

Status	Hochschulinstitut
Gründung	1853
Leitung	Univ.Prof.Dr. Ulrich Schulz-Buschhaus
Mitarb. insg. (für LA)	47 (3)
Fachgebiet	Linguistik / Literatur
themat. Schwerpunkte	Lateinamerikanische Sprachvarianten und Frauenliteratur
geogr. Schwerpunkte	Argentinien, Mexiko, Kolumbien
Stellenwert LA-Forschg	ein Schwerpunkt neben anderen
Bibliothek	öffentlich zugänglich (9.00-17.00)

F 68 **Iberoromanische Abteilung des Instituts für Romanistik**
Universität Salzburg
Departamento Ibero-Románico, Instituto de Filología Románica
Universidad de Salzburgo

Akademiestr. 24
A-502 Salzburg
Tel: 43 (6 62) 80 44-44 53
Fax: 43 (6 62) 80 44-4 01

Status	Hochschulinstitut
Gründung	1976
wiss. Vereinigungen	ADLAF

inst. Beziehungen	ÖLAI Wien
inst. Beziehungen LA	Universidad de México
Leitung	o.Univ.Prof.Dr. Dieter Messner
Mitarb. insg. (für LA)	10 (3)
Fachgebiet	Literatur / Linguistik
themat. Schwerpunkte	Geschichte des Wortschatzes, Moderne Literaturen
geogr. Schwerpunkte	Lateinamerika
Stellenwert LA-Forschg	Ein Forschungsschwerpunkt neben anderen
Bibliothek	öffentlich zugänglich: Mo-Fr 9.00-17.00
Schriftenreihen	"Texte romanischer Volksbücher" (1980 ff.); "Bibliotheca Hispano-Lusa" (1992 ff.)

F 69 **Institut für Botanik und Botanischer Garten Universität Wien**
Institute of Botany and Botanical Garden, University of Vienna

Rennweg 14
A-1030 Wien
Tel: 43 (1) 78 71 01
Fax: 43 (1) 78 71 01-1 31

Status	Hochschulinstitut
Gründung	1754
inst. Beziehungen LA	Costa Rica, Brasilien, Argentinien und andere
Leitung	Prof.Dr. Michael Hesse
Mitarb. insges.	100
Mitarbeiter für LA	Prof.Dr. Wilfried Morawetz, Dr. Walter Till, Dr. Michael Kiehn
Fachgebiet	Botanik / Ökologie
themat. Schwerpunkte	Dokumentation von Pflanzenbeständen, System und Evolution im Pflanzenreich, Dynamik und Ökologie von Regenwäldern
geogr. Schwerpunkte	Costa Rica, Peru, Amazonien, Brasilien
Stellenwert LA-Forschg	ein wesentlicher Forschungsschwerpunkt
Monographien	der wissenschftl. Mitarbeiter: Dr. W.Till, Prof.Dr. W.Morawetz, Prof.Dr. M.Hesse, Dr. M.Kiehn, Prof.Dr. F. Ehrendorfer

F 70 **Internationales Informationszentrum für Terminologie (Infoterm)**
Centro Internacional de Información para la Terminología

Heinestraße 38
A-1021 Wien
Tel: 43 (1) 75 35-3 09
Fax: 43 (1) 2 16 32 72

Status	NRO bei den Vereinten Nationen
Gründung	1971
übergeord. Inst.	UNESCO, Österr. Normungsinstitut
inst. Beziehungen LA	U Simón Bolívar, Caracas/Venezuela; U Católica, Santiago de Chile u.a.

Leitung	Christian Galinski
Mitarb. insg. (für LA)	8 (1)
Fachgebiet	Linguistik / Information und Dokumentation
themat. Schwerpunkte	Terminologiearbeit, Fachsprachen, Dokumentation, Terminologieplanung und -normung, Terminologiedatenbanken
geogr. Schwerpunkte	Entwicklungsländer, Industrieländer
Stellenwert LA-Forschg	wichtig im Bereich der Terminologieplanung
Bibliothek	öffentlich zugänglich: Mo 8.00-17.00; Di-Do 8.00-16.30; Fr 8.00-16.00
Lehrtätigkeit/Beratung	Lehrveranstaltungen U Wien; Kurse in aller Welt; Beratung von Institutionen, v.a. in Entwicklungsländern
Periodika	"Term Net News"; "Terminology Science and Research"; "Infoterm Newsletter"; "Selected Readings in Terminology"; "Infoterm Series"
sonst. Publikationen	"Terminology Standardization & Harmonization (TSH)"

F 71 **Österreichisches Lateinamerika-Institut (ÖLAI)**
Instituto Austríaco para América Latina

Schmerlingplatz 8
A-1010 Wien
Tel: 43 (1) 5 23-27 27, -33 15
Fax: 43 (1) 5 23-27 27-9, -33 15-9

Status	gemeinnütziger Verein
Gründung	1965
wiss. Vereinigungen	CEISAL; REDIAL u.a.
inst. Beziehungen	Landesgruppen in Linz, Graz, Salzburg, Innsbruck, Klagenfurt
Leitung	Dr. Karl Gruber (Minister a.D., Präsident) Dr. Gernot Stimmer (Direktor)
Mitarbeiter insg.	6 (6)
geogr. Schwerpunkte	Lateinamerika
Bibliothek	öffentlich zugänglich, freie unbeschränkte Ausleihe (auch Fernleihe); Mo-Fr 9.00-13.00, 14.00-18.00
Lehrtätigkeit	Lehrgang für Höhere Lateinamerika-Studien; Sprachkurse in Spanisch, Portugiesisch und Indianersprachen
Periodika	"Zeitschrift für Lateinamerika"; "LAI-Info"; "Lateinamerika-Pressespiegel"; "Lateinamerika-Aspekte"; "Diálogo"

Teil I — Verzeichnis der mit Lateinamerika-Forschung befaßten Institutionen

B — Bibliotheken
Archive
Informations- und
Dokumentationsstellen

Parte I/B — Bibliotecas
Archivos
Centros de información
y documentación

Bibliotecas
Arquivos
Centros de informação
e documentação

B 1 **MISSIO - Missionswissenschaftliches Institut Missio e.V. Bibliothek / Dokumentation**

Goethestraße 43
D-52064 Aachen <W-5100 Aachen>
Postfach 11 10
D-52012 Aachen
Tel: 49 (2 41) 75 07-3 48
Telex: 0 832 719 mira d
Fax: 49 (2 41) 75 07-3 35

Bibliothekssigel	AKThB 117
Status	eingetragener Verein
Gründung	1988
Leitung	Prälat Bernd Kaut (MISSIO) Prof. Ludwig Bertsch SJ (MWI)
Kontaktperson	Dipl.Bibl. W. Bohn; P. Cronenberg
Mitarb. insg. (für LA)	6
Fachgebiet	Religion / Theologie
themat. Schwerpunkte	Missionswissenschaft, Religionswissenschaft, Theologie der Dritten Welt
Monogr. (LA-Bestand)	ca. 25.000 (ca. 3.000)
Zeitschr. (LA-Bestand)	ca. 950 (ca. 70)
graue Literatur	ca. 6000
Pressedokumentation	ca. 5000
Literaturdokumentation	"Theologie im Kontext" (MWI), in deutsch., engl., span. Sprache
Zugänglichkeit	öffentlich zugänglich, Ausleihe, 4 Lesesaalplätze, Kopiermöglichkeit, Kopieraufträge
Öffnungszeiten	Mo-Do 9.00-12.00, 14.30-16.00; Fr 9.00-12.00, 14.30-15.00
Kataloge	Kreuzkatalog, Systematischer Katalog (bis 1985), EDV-Katalog (seit 1985)
Erfassungsregeln	RAK
inhaltl. Erschließung	Schlagwortliste
Dienste	Recherche, Ausdruck (Listen, Titelaufnahmen etc.)
eigene EDV	SNI C 40; BIS 2000 Version 9.5
EDV-Dienste	Recherche und Computerausdruck, Online-Nutzung

B 2 **Biologische Bundesanstalt für Land- und Forstwirtschaft Informationszentrum für Tropischen Pflanzenschutz Bibliothek (BBA INTROP)**

Königin-Luise-Str. 19
D-14195 Berlin <W-1000 Berlin 33>
Tel: 49 (30) 83 04-1, -2 23, -2 15
Fax: 49 (30) 83 04-2 84

Bibliothekssigel	B 85, Bs 66
Status	öffentlich, nicht universitär
Gründung	1964
übergeord. Inst.	BML, Bonn
Leitung	Prof.Dr. Wolfrudolf Laux
Mitarbeiter für LA	2

Fachgebiet	Landwirtschaft / Forstwirtschaft / Biologie / Botanik
themat. Schwerpunkte	Phytomedizin, Angew. Entomologie, Angew. Mykologie, Nematologie, Herbologie, Pflanzl. Virologie, Pflanzl. Bakteriologie, Toxikologie, Integr.Pflanzenschutz, Ökologie, Immisionsschäden
Stellenwert LA	Ein Sammelschwerpunkt neben anderen
sonst. Publikationen	W. Laux: Die Bibliothek der Biologischen Bundesanstalt für Land- und Forstwirtschaft in Berlin-Dahlem. Berlin 1988
Monogr. (LA-Bestand)	40.000 Bde. (4.500)
Zeitschr. (LA-Bestand)	1.300 lfd. Zeitschriften (ca. 130)
Zugänglichkeit	allgemein zugängl. Präsenzbibliothek, kurzfristige Ausleihe möglich, 6 Lesesaalplätze
Öffnungszeiten	Mo-Fr 9.00-12.30, 13.00-15.00
Kataloge	Autorenkatalog, Alphabetischer Schlagwortkatalog, Geographischer Katalog
Erfassungsregeln	RAK, PI
inhaltl. Erschließung	Schlagworte, Erschließung durch Dokumentationsstelle
Dienste	Neuerwerbsliste, nationaler und internationaler Leihverkehr

B 3 **Biologische Bundesanstalt für Land- und Forstwirtschaft Informationszentrum für Tropischen Pflanzenschutz Dokumentation (BBA INTROP)**

Königin-Luise-Str. 19
D-14195 Berlin <W-1000 Berlin 33>
Tel: 49 (30) 83 04-1, -2 23, -2 15
Fax: 49 (30) 83 04-2 84

Bibliothekssigel	B 85, Bs 66
übergeord. Inst.	BML, Bonn
Leitung	Prof.Dr. Wolfrudolf Laux
Mitarbeiter für LA	5
Fachgebiet	Landwirtschaft / Forstwirtschaft / Biologie / Botanik
themat. Schwerpunkte	Phytomedizin (Pflanzenschutz, Phytopathologie, Vorratsschutz) und verwandte Gebiete
Aufsätze	W. Laux: Zugriffsmöglichkeiten zu PHYTOMED, dem Informationsdienst der Biologischen Bundesanstalt, in: Gesunde Pflanzen 40(1988)9, S. 354-357
Literaturdokumentation	Monographien, Periodika, Zeitschriftenaufsätze, Zeitungsartikel, Dissertationen, Proceedings (ca. 400.000 DE)
Faktendokumentation	Institutionen
Zugänglichkeit	allgemein zugänglich
Öffnungszeiten	Mo-Fr 9.00-12.30, 13.00-15.00
Kataloge	Datenbank PHYTOMED
Erfassungsregeln	RAK
inhaltl. Erschließung	eigene Klassifikation; Thesaurus PHYTOMED
Dienste	Literaturrecherchen (On- und Offline), Bibliographie der Pflanzenschutzliteratur 1965 ff
eigene EDV	Hardware IBM PC und Terminal, Software Betriebssystem UNIX/DOS und Datenverarbeitungsprogramm Genesys

fremde EDV	externes Rechenzentrum
Datenbasis Online	DIMDI, STN
EDV-Dienste	Recherche und Computerausdruck, Profildienst, Diskettendienst (eingeschr.), Online-Nutzung

B 4 **Fachbereich Politische Wissenschaft - Bibliothek**
Freie Universität Berlin

Ihnestr. 21
D-14195 Berlin <W-1000 Berlin 33>
Tel: 49 (30) 8 38 23 00

Bibliothekssigel	B 211
Gründung	1949
Leitung	Dipl.Pol. Georg Wollny
Mitarb. insg. (für LA)	43 (8)
Fachgebiet	Politikwissenschaft und alle angrenzenden Fachgebiete
Stellenwert LA	Ein Sammelschwerpunkt neben anderen
Monogr. (LA-Bestand)	344.116 Bde., jährl. Zuw. 9.000 Bde.
Zeitschr. (LA-Bestand)	ca. 2.800 (35%)
Zugänglichkeit	allgemein zugängliche Ausleihbibliothek (kurzfristige Ausleihe), 40 Lesesaalplätze, Kopiermöglichkeit
Öffnungszeiten	Mo-Mi 9.00-17.00, Do 9.00-16.30, Fr 9.00-15.00
Kataloge	Autorenkatalog, Alphabetisches Schlagwortregister, Geographischer Katalog (Länderkatalog), Systematischer Katalog
Erfassungsregeln	PI
inhaltl. Erschließung	Nach dem "Eppelsheimer Schlüssel"
Dienste	Neuerwerbungslisten, Mikrofilmstelle (Ziehen von Kopien möglich), Bibliotheksführer

B 5 **Fachbereich Politische Wissenschaft**
Dokumentation und Archiv
Freie Universität Berlin

Ihnestr. 21
D-14195 Berlin <W-1000 Berlin 33>
Tel: 49 (30) 8 38 23 00

Leitung	Dr. Volker Hornung
Mitarb. insg. (für LA)	8 (3)
Fachgebiet	Politologie und angrenzende Fachdisziplinen mit Schwerpunkt "Internationale Politik"
Pressedokumentation	Presse-Ausschnittsammlungen (LA-Bestände: 1-2%)
Literaturdokumentation	Zeitschriftenaufsätze (ca. 5000 DE)
Zugänglichkeit	allgemein zugänglich, beschränkte Ausleihe, Kopiermöglichkeit
Öffnungszeiten	Mo-Fr 9.00-16.00
Kataloge	Geographischer Katalog, Autorenkatalog, Systemat. Katalog
Erfassungsregeln	RAK
inhaltl. Erschließung	Klassifikation, Inhaltsreferierung, Schlagwörtervergabe

Zugriffsmöglichkeit	Archivschlüssel, Geographische und Systematische Sammlung, Alphabetischer Schlagwortkatalog
Dienste	Konventionelle Dok.-Kartei, Datenbankrecherchen
fremde EDV	externes Rechenzentrum
Datenbasis Online	Datenbasis des Fachinformationsverbundes "Internationale Beziehungen und Länderkunde"
EDV-Dienste	Recherche und Computerausdruck, Online-Nutzung

B 6 **Fachbereich Wirtschaftswissenschaften**
Volkswirtschaftliche Bibliothek, Freie Universität Berlin

Garystr. 21
D-14195 Berlin <W-1000 Berlin 33>
Tel: 49 (30) 8 38-21 15
Fax: 49 (30) 8 38-21 29

Bibliothekssigel	B 820
Leitung	Dr. Helga Rybinski
Mitarb. insg. (für LA)	17 (2)
Fachgebiet	Allgemeine und spezielle Volkswirtschaftslehre
themat. Schwerpunkte	Konjunktur- und Wachstumstheorie und -politik, Agrar-, Sozial- und Verkehrspolitik, Regionalpolitik, Außen- und Weltwirtschaft, Handels- und Wirtschaftsrecht
Stellenwert LA	Ein Sammelschwerpunkt neben anderen
Monogr. (LA-Bestand)	190.000 Bde., jährl. Zuw. 8.000 Bde. (4.000 Bde.)
Zeitschr. (LA-Bestand)	900 Zeitschriften, 1.350 sonst. period. Veröffentl. (5)
Zugänglichkeit	allgemein zugängliche Ausleihbibliothek, 50 Lesesaalplätze, Kopiermöglichkeit
Kataloge	Autorenkatalog, Alphabetischer Schlagwortkatalog
Erfassungsregeln	RAK, PI, ab 1990 Berliner Monographienverbund EDV
inhaltl. Erschließung	Schlagwortkatalog
Dienste	Retrospektive Recherchen, Individuelle Profildienste, fachliche Beratung, Neuerwerbungslisten 4 x p.a.

B 7 **Forschungs- und Dokumentationszentrum**
Chile-Lateinamerika e.V. (FDCL) - Bibliothek

Im Mehringhof
Gneisenaustr. 2
D-10961 Berlin <W-1000 Berlin 61>
Tel: 49 (30) 6 93 40 29
Fax: 49 (30) 6 92-65 90

Status	eingetragener Verein
Gründung	1973
Leitung	Michael Weis (Geschäftsführer)
geogr. Schwerpunkte	Lateinamerika
Stellenwert LA	zentrales Sammelgebiet
Periodika	"Lateinamerika-Nachrichten"

Monogr. (LA-Bestand)	ca. 1000 Bde
Zugänglichkeit	allgemein zugängliche Bibliothek und Archiv (Presseausschnittsammlungen), Kopiermöglichkeit
Öffnungszeiten	Mi und Fr 14.00-18.00, Do 10.00-14.00
Dienste	Beantwortung schriftlicher und telefonischer Anfragen

B 8 **Ibero-Amerikanisches Institut (IAI)**
Dokumentation und Archiv

Forschungsabteilung → F 5

Potsdamer Straße 37
D-10785 Berlin <W-1000 Berlin 30>
Tel: 49 (30) 2 66-25 00
Telex: 183 160 staab d
Fax: 49 (30) 2 66-25 03

Bibliothekssigel	204
Leitung	Prof.Dr. Dietrich Briesemeister (Direktor)
geogr. Schwerpunkte	Lateinamerika, Spanien, Portugal
Stellenwert LA	zentrales Sammelgebiet
Pressedokumentation	Presse-Ausschnittsammlungen, Zeitungen
Kartensammlung	Landkarten
sonst. Sammlungen	Filme (Video), Fotos/Dias, Tonträger, Landkarten, Mikrofilme (aus LA ca. 80%)
Literaturdokumentation	Monographien, Zeitschriftenaufsätze, Periodika, Zeitungsartikel, Landkarten/Atlanten (ca. 100.000 DE)
Zugänglichkeit	allgemein (Archiv beschränkt) zugänglich, Kopiermöglichkeit
Öffnungszeiten	Dokumentationsstelle: Mo-Fr 9.00-19.00, Sa 9.00-13.00 (Archiv nur Mo-Fr)
Kataloge	Autorenkatalog, Alphabetischer Schlagwortkatalog, Geographischer Katalog, Systematischer Katalog (bis 1978), Titelkatalog
Erfassungsregeln	PI, RAK
Zugriffsmöglichkeit	systematische Aufbewahrung
Dienste	Bibliographische Auskünfte, Entgegennahme von Kopierauftr.
fremde EDV	Zeitschriftendatenbank (ZDB)
Datenbasis Online	Host des Deutschen Bibliotheksinstituts
geplante EDV	eigenes EDV-System

B 9 **Ibero-Amerikanisches Institut (IAI) - Bibliothek**

Forschungsabteilung → F 5

Potsdamer Straße 37
D-10785 Berlin <W-1000 Berlin 30>
Tel: 49 (30) 2 66-25 00
Telex: 183 160 staab d
Fax: 49 (30) 2 66-25 03

Bibliothekssigel	204

Gründung	1930
übergeord. Inst.	Stiftung Preußischer Kulturbesitz
wiss. Vereinigungen	SALALM, REDIAL.
inst. Bez. LA	Tauschbeziehungen mit zahlreichen lateinamerikanischen Bibliotheken
Leitung	Prof.Dr. Dietrich Briesemeister (Direktor); Dr. Ulrich Menge
Kontaktperson	Sabine Zehrer
Mitarb. insg. (für LA)	72 (12)
Fachgebiet	Spezialbibliothek für das auf Ibero-Amerika, Spanien und Portugal bezügliche Schrifttum
geogr. Schwerpunkte	Lateinamerika
Stellenwert LA	zentrales Sammelgebiet
Schriftenreihen	"Miscellanea Ibero-Americana"; "Bibliotheca Ibero-Americana"; "Monumenta Americana"; "Quellenwerke zur alten Geschichte Amerikas"; "Stimmen indianischer Völker"
Periodika	"Ibero-Amerikanisches Archiv"; "Indiana"
sonst. Publikationen	Ausstellungskataloge
Monogr. (LA-Bestand)	668.950 Bde. (Zeitschr. und Monogr.), jährl. Zuw. 17.200 Bde. (jährl. Zuw. 10.000 Bde.)
Zeitschr. (LA-Bestand)	ca. 16.000 Bde., davon 4.446 lfd. (ca. 12.800 Bde, davon 3.500 lfd., jährl. Zuw. ca. 150)
graue Literatur	ca. 10%
sonst. Sammlungen	Kartensammlung: 53.000; Bildarchiv: Diapositive, Photographien, Videomaterialien; Phonothek: 17.000 Bänder und Schallplatten; Zeitungsausschnittarchiv seit 1930, Nachlässe und Gelehrtenbibliotheken deutscher Amerikanisten wie Walter Lehmann, Max Uhle, Robert Lehmann-Nitsche, Eduard Seler
Zugänglichkeit	allgemein zugängliche Ausleihbibliothek, 60 Lesesaalplätze, Kopiermöglichkeit, Entgegennahme von Kopieraufträgen
Öffnungszeiten	Mo-Fr 9.00-19.00, Sa 9.00-13.00
Kataloge	Autorenkatalog, Alphabetischer Schlagwortkatalog, Geographischer Katalog, Systematischer Katalog, Mikrofiche-Zeitschriftenkatalog: Alphabetisch, nach Ländern, nach Ländersystematik und systematisch geordnet
Erfassungsregeln	PI
inhaltl. Erschließung	Schlagwortkatalog
fremde EDV	Teilnehmer an der Zeitschriftendatenbank (ZDB)
Datenbasis Online	Host des Deutschen Bibliotheksinstituts
geplante EDV	eigenes EDV-System
Besonderheiten	Größte deutsche Bibliothek mit Lateinamerika bezogenen Buch- und Zeitschriftenbeständen für alle geisteswissenschaftlichen Bereiche. Mitglied der Zeitschriftendatenbank (ZDB)

B 10 **Institut für Sozialökonomie der Agrarentwicklung Bibliothek, Technische Universität Berlin**

Podbielskiallee 64
D-14195 Berlin <W-1000 Berlin 33>
Tel: 49 (30) 7 13-21, -11
Telex: 184 262 tubln d
Fax: 49 (30) 31 42 32 22

Bibliothekssigel	B 798
Leitung	Dipl.Ing. Walter Blodig
Mitarb. insg. (für LA)	2
Fachgebiet	Sozialökonomie der Agrarentwicklung
Stellenwert LA	Ein Sammelschwerpunkt neben anderen
Monogr. (LA-Bestand)	38.000 Bde., jährl.Zuw. ca. 1.000 Bde.
Zeitschr. (LA-Bestand)	212 (11, davon aus Lateinamerika 50%)
Zugänglichkeit	allgemein zugängliche Ausleihbibliothek, 8 Lesesaalplätze, Kopiermöglichkeit
Öffnungszeiten	Mo-Fr 8.00-12.00, 13.30-16.00
Kataloge	Autorenkatalog, Alphabetischer Schlagwortkatalog, Titelkatalog, Körperschaftenkatalog, Geograph. Katalog, Behördenkatalog

B 11 **Lateinamerika-Institut - Bibliothek Freie Universität Berlin**

Rüdesheimer Str. 54-56
D-14197 Berlin <W-1000 Berlin 33>
Tel: 49 (30) 8 38-30 72

Bibliothekssigel	188/883
Leitung	Britta Lützow
Mitarb. insg. (für LA)	2
Fachgebiet	Wirtschaftswissenschaften / Politische Wissenschaften / Soziologie / Geschichte / Ethnologie / Altamerikanistik
Stellenwert LA	zentrales Sammelgebiet
Monogr. (LA-Bestand)	33.000 Bde., jährl. Zuw. 800 Bde.
Zeitschr. (LA-Bestand)	250 (aus Lateinamerika 45%)
graue Literatur	ca. 5%
Zugänglichkeit	allgemein zugängliche Präsenzbibliothek, kurzfristige Ausleihe mögl., 10 Lesesaalplätze, Kopiermöglichkeit
Öffnungszeiten	Mo-Fr 11.00-18.00
Kataloge	Autorenkatalog, Systematischer Katalog
Erfassungsregeln	PI
inhaltl. Erschließung	Systematische Freihandaufstellung
Dienste	mündliche und fernmündliche Beratung

B 12 **Museum für Völkerkunde - Bibliothek**
Staatliche Museen zu Berlin

Arnimallee 27
D-14195 Berlin <W-1000 Berlin 33>
Tel: 49 (30) 83 01-2 80, -2 98
Fax: 49 (30) 8 31 59 72

Bibliothekssigel	B 54
Status	Stiftung Preußischer Kulturbesitz
Kontaktperson	Ruth Kleindienst
Mitarb. insg. (für LA)	5
Fachgebiet	Ethnologie
geogr. Schwerpunkte	weltweit
Stellenwert LA	Ein Sammelschwerpunkt neben anderen
Monogr. (LA-Bestand)	80.000 Bde., jährl. Zuw. ca. 2000 Bde.
Zeitschr. (LA-Bestand)	575 lfd. Periodika (180 Zeitschr.)
sonst. Sammlungen	Schallplatten in der Musikethnologischen Abteilung
Zugänglichkeit	Präsenzbibliothek, 6 Lesesaalplätze, dem auswärtigen Leihverkehr angeschl. über Bibliothek der FU Berlin
Öffnungszeiten	Mo-Do 8.00-16.00, Fr 8.00-14.30
Kataloge	Alphabetischer Katalog, Schlagwortkatalog, Systemat. Katalog
inhaltl. Erschließung	nach Hausregeln
Zugriffsmöglichkeit	Lesegerät für Microfiche
Dienste	Kopiermöglichkeit

B 13 **Universitätsbibliothek der Technischen Universität Berlin**
Abteilung Zuckertechnologie

Amrumer Strasse 32
D-13353 Berlin <W-1000 Berlin 65>
Tel: 49 (30) 31 42 75-40, -42
Telex: 184 262
Fax: 49 (30) 3 14-2 75 18, -2 53 27

Bibliothekssigel	B 83/447
Status	Hochschulinstitut
Gründung	1865
Leitung	Dr. Elmar W. Krause (Wissenschaftlicher Dokumentar und Fachreferent)
Kontaktperson	Dipl.-Bibl. Anette Scheuermann
Mitarb. insg. (für LA)	4 (1)
Fachgebiet	Zuckertechnologie einschl. Geschichte, Wirtschaft, Analytik, Rohstoffgewinnung
sonst. Publikationen	"New Sugar titels" (Bibliographie)
Monogr. (LA-Bestand)	35.000 Bde., jährl. Zuw. 600 Bde.
Zeitschr. (LA-Bestand)	1.000 Bde., jährl. Zuw. 530 Bde.
Literaturdokumentation	Zeitschriftenaufsätze
Faktendokumentation	Institutionen, Forschungsprojekte, Länderkundliche Daten, Experten

Zugänglichkeit	allgemein zugängliche Ausleihbibliothek, 20 Lesesaalplätze, Kopiermöglichkeit, Kopieraufträge
Öffnungszeiten	Mo-Fr 9.00-12.00, 13.00-15.00
Kataloge	Autorenkatalog, Alphabetischer Schlagwortkatalog, Körperschaftenkatalog, Systematischer Katalog, Festschriften von Zuckerfabriken
Erfassungsregeln	RAK
inhaltl. Erschließung	Schlagworte
Dienste	Bibliographische Dienste, Literaturauskünfte, Informationsdienste
geplante EDV	eigenes EDV-System, Anschluß an ein Rechenzentrum

B 14 **Dritte Welt Haus Bielefeld - Bibliothek**

August-Bebel-Str. 62
D-33602 Bielefeld <W-4800 Bielefeld 1>
Tel: 49 (5 21) 6 28 02
Fax: 49 (5 21) 6 37 89

Status	private Organisation
Gründung	1980
Kontaktperson	Georg Kraemer
Mitarb. insg. (für LA)	2 (2)
Fachgebiet	Bildungswesen
themat. Schwerpunkte	Entwicklungsbezogene Bildung (Schule, Erwachsenenbildung Jugendarbeit); Bereiche: Dritte Welt allg. ca. 40 % des Bestandes, Lateinamerika ca. 20 %
Stellenwert LA	Ein Sammelgebiet neben anderen
Monogr. (LA-Bestand)	ca. 4.000, jährl.Zuw. ca. 250 (ca. 20%)
Zeitschr. (LA-Bestand)	ca. 70, jährl. Zuw. ca. 5 (ca. 15%)
graue Literatur	20%
Zugänglichkeit	Ausleihbibliothek, allgemein zugänglich, 5 Lesesaalplätze, Kopiermöglichkeit
Öffnungszeiten	Mo-Fr 15.00-18.30
Kataloge	Autorenkatalog, Alphabetischer Schlagwortkatalog, Geographischer Katalog (jeweils nur als Karteikartensystem am Ort)
Dienste	Beratung, Kopiermöglichkeiten, Bibliographische Hinweise für Bildungsarbeitszwecke, Regionale Ausleihe: Bücher, Graue Literatur, Medien, Diareihen
geplante EDV	Erfassung ab Sommer 1992
Besonderheiten	Archiv mit Material zur entwicklungsbezogenen Bildungsarbeit (Presseausschnitte, Filme, Dias, Graue Literatur)

B 15	**Dokumentations- und Beratungsstelle für Afrika-, Asien- und Lateinamerikaforschung Fakultät für Soziologie, Universität Bielefeld**
	Universitätsstraße D-33615 Bielefeld <W-4800 Bielefeld> Postfach 10 01 31 D-33501 Bielefeld Tel: 49 (5 21) 1 06-46 50, -42 22 Telex: 932 362 unibi Fax: 49 (5 21) 1 06-29 80
Status	Hochschulinstitut bzw. einer Hochschule angeschlossen
Leitung	Dr. Helmut Buchholt
Mitarb. insg. (für LA)	6 (1)
Fachgebiet	Forschungsorientierte Dokumentation in den Bereichen Entwicklungssoziologie, Sozialanthropologie
Stellenwert LA	Ein Sammelschwerpunkt neben anderen
Schriftenreihen	Reihe "Dokumentation"
Literaturdokumentation	Monographien, Zeitschriftenaufsätze, Periodika (Bestand: ca. 20.000 DE)
Zugänglichkeit	allgemein zugänglich, Kopiermöglichkeit
Öffnungszeiten	täglich 9.00-12.00, 14.00-16.00
Kataloge	Alphabetischer Schlagwortkatalog, Autorenkatalog, Systematischer Katalog
inhaltl. Erschließung	Stichwörter
Dienste	Institutsinterne, forschungsbezogene Information, Universitätsinterner Übersetzungsdienst
eigene EDV	Software EUMEL, EUDAS, MS DOS / Word Perfect 5.1
fremde EDV	Haussystem
Datenbasis Online	Online-Verbindung über Universitäts-Bibliothek
EDV-Dienste	Recherche und Computerausdruck, Online-Nutzung

B 16	**Auswärtiges Amt - Referat Bibliothek, Dokumentation, Geographisch-Kartographischer Dienst**
	Adenauerallee 99-103 D-53113 Bonn <W-5300 Bonn> Postfach 11 48 D-53001 Bonn Tel: 49 (2 28) 17-1 Telex: 8 86 591 Fax: 49 (2 28) 17-34 02
Bibliothekssigel	B 19
Gründung	1798
Leitung	Bibliothek: VLR I Heinz Waldner; Dokumentation: VLR H.-R. Hassenpflug
Kontaktperson	VLR I Heinz Waldner
Mitarb. insg. (für LA)	15 (2,5)
Fachgebiet	Internationales Recht / Politik / Wirtschaft / Zeitgeschichte

geogr. Schwerpunkte	Weltweit, u.a. Lateinamerika
Stellenwert LA	Ein Schwerpunkt neben anderen
Monogr. (LA-Bestand)	250.000 Bde., jährl. Zuw. ca. 4.000 Bde.
Zeitschr. (LA-Bestand)	1.200 (lfd.), zu Lateinamerika 21 (lfd.)
Literaturdokumentation	Zeitschriftenaufsätze, Periodika (Bestand: ca. 60.000 DE)
Zugänglichkeit	eingeschränkt zugängliche Präsenzbibliothek (auf Antrag), 14 Lesesaalplätze, Kopiermöglichkeit
Öffnungszeiten	Mo-Do 8.30-16.15, Fr 8.30-15.00
Kataloge	Autorenkatalog, Körperschaftenkatalog, Geograph. u. System. Katalog, Schlagwortregister zum Systematischen Katalog, Biograph. Katalog, Katalog der UN-Veröffentlichungen
Erfassungsregeln	PI
inhaltl. Erschließung	eigene Klassifikation mit Schlagwortregister
Dienste	Lieferung von Kopien aus dem Bestand, Ausleihe von Originaldokumenten (Bücher)

B 17 **Deutsche Gesellschaft für Auswärtige Politik e.V.**
Bibliothek und Dokumentationsstelle

Adenauerallee 131
D-53113 Bonn <W-5300 Bonn 1>
Postfach 14 25
D-53004 Bonn
Tel: 49 (2 28) 26 75-0
Fax: 49 (2 28) 26 75-1 73

Kontaktperson	Dipl.Volksw. Doris Braun
Fachgebiet	Politikwissenschaft / Internationale Beziehungen
themat. Schwerpunkte	Internationale Politik und Sicherheit
Stellenwert LA	Ein Schwerpunkt neben anderen
Literaturdokumentation	Monographien, Zeitschriftenaufsätze, Periodika (ca. 15.000 DE)
Zugänglichkeit	eingeschränkt zugänglich, Kopiermöglichkeit
Öffnungszeiten	Mo-Do 10.30-16.30, Fr 10.30-15.30
Kataloge	bis Erscheinungsjahr 1990: Geographischer Katalog, Autorenkatalog, Systematischer Katalog ab 1991: Datenbasisregister: Geograph. Register, Alphabet. Schlagwortreg., Stichwort-, Personen-, Körperschaftenregister, Systemat. Register, Register für Veranstaltungen, Internationale Verträge, Ereignisse, Titelregister für Periodika
Erfassungsregeln	bis 1990 PI; seit 1991 RAK mit Zusatzregeln
inhaltl. Erschließung	seit 1990 Thesaurus "Internationale Beziehungen und Länderkunde", teilw. Inhaltsreferate
eigene EDV	EDV-Dokumentationssystem: Datenbasis Internationale Beziehungen und Länderkunde; Hardware: IBM, Software: DOMESTIC II
fremde EDV	externes Rechenzentrum
Datenbasis Online	Datenbasis des Fachinformationsverbundes Internationale Beziehungen und Länderkunde (s.o.)
EDV-Dienste	Recherche u. Computerausdruck (gegen Gebühr), Online-Nutzung

B 18	**Deutsche Stiftung für internationale Entwicklung Zentrale Dokumentation (DSE/ZD)** Fundación Alemana para el Desarrollo internacional - Documentación Central
	Hans-Böckler-Str. 5 D-53225 Bonn <W-5300 Bonn 3> Tel: 49 (2 28) 40 01-0 Telex: 886 710 Fax: 49 (2 28) 40 01-1 11
Bibliothekssigel	Bo 149
Gründung	1961
inst. Bez. Inland	Tauschvereinbarungen mit Institutionen der Entwicklungszusammenarbeit im In- und Ausland
Kontaktperson	Dietrich Steinert
Mitarb. insg. (für LA)	28
Fachgebiet	Entwicklungszusammenarbeit / Entwicklungspolitik
themat. Schwerpunkte	Deutsche, ausländische und internationale Zusammenarbeit; Entwicklungstheorien, -strategien, -programme; Erziehung und Wissenschaft in Entwicklungsländern
Stellenwert LA	Ein Sammel- und Dokumentationsschwerpunkt neben anderen
sonst. Publikationen	Bibliographie deutschsprachiger entwicklungsbezogener Forschungsarbeiten, Veranstaltungskalender, Themendienste, Verzeichnis der DSE-Veröffentlichungen, Institutionenverzeichnisse
Monogr. (LA-Bestand)	50.000 Bde., jährl. Zuw. 2000 Bde. (ca. 4.200 Bde., jährl. Zuw. ca.180 Bde.)
Zeitschr. (LA-Bestand)	ca. 850
Literaturdokumentation	Monographien, Zeitschriftenaufsätze, Periodika, Zeitungsartikel, Graue Literatur und Forschungsarbeiten
Faktendokumentation	Institutionen, Veranstaltungen
Zugänglichkeit	allgemein zugänglich, Kopiermöglichkeit
Öffnungszeiten	Mo und Do 9.00-16.00
Kataloge	EDV (Online-Zugriff) und Kataloge
Erfassungsregeln	IVEP-Regelwerk (Informationsverbund Entwicklungspolitik)
inhaltl. Erschließung	Thesaurus für wirtschaftliche und soziale Entwicklung
Dienste	Bereitstellung von entwicklungspolitischem und länderkundlichem Informationsmaterial, Auswahlbibliographien, individuelle Recherchen (Literaturdatenbasis, Datenbasis Forschungsarbeiten, Pressedokumentation, Institutionenkartei), Informationsdienste für spezielle Benutzergruppen, Literaturzusammenstellungen, Beratungsdienste

B 19 **Friedrich-Ebert-Stiftung - Bibliothek**
Biblioteca de la Fundación Friedrich Ebert

Godesberger Allee 149
D-53175 Bonn <W-5300 Bonn 2>
Tel: 49 (2 28) 8 83-0
Fax: 49 (2 28) 8 83-6 26

Bibliothekssigel	Bo 133
Status	Stiftung, e.V.
Gründung	1969
Leitung	Horst Ziska
Kontaktperson	Gudrun Vaupel
Mitarb. insg. (für LA)	29 (4 - zeitweise)
Fachgebiet	Politikwissenschaft / Sozialgeschichte
themat. Schwerpunkte	Deutsche und internationale Arbeiterbewegung aller ideologischer Richtungen, Lage der Arbeiterschaft und anderer Unterschichten in Vergangenheit und Gegenwart
geogr. Schwerpunkte	Weltweit, u.a. Lateinamerika
Stellenwert LA	Ein Schwerpunkt neben anderen
Schriftenreihen	"Veröffentlichungen deutscher Parteien und Gewerkschaften in der Bibliothek der Friedrich-Ebert-Stiftung" (Graue Literatur); "Schriften zur ausländischen Arbeiterbewegung in der Bibliothek der Friedrich-Ebert-Stiftung" (Konventionelle Literatur); "Veröffentlichungen ausländischer Parteien und Gewerkschaften in der Bibliothek der Friedrich-Ebert-Stiftung" (Graue Literatur)
Periodika	"Bibliographie der Veröffentlichungen der FES"; "Bibliographie zur Geschichte der deutschen Arbeiterbewegung"
Monogr. (LA-Bestand)	ca. 350.000 Bde., jährl. Zuw. ca. 12.000 Bde. (ca. 10.000 Bde., jährl. Zuw. ca. 400 Bde.)
Zeitschr. (LA-Bestand)	ca. 11.500, jährl. Zuw. ca. 200 (ca. 100, jährl. Zuw. ca. 5)
graue Literatur	ca. 70% der lateinamerikabezogenen Titel
Zugänglichkeit	Präsenzbibliothek, allgemein zugänglich, dem auswärtigen Leihverkehr angeschlossen, 40 Lesesaalplätze
Öffnungszeiten	Mo-Do 9.00-17.00, Fr 9.00-16.00
Kataloge	Autorenkatalog, Alphabetischer Schlagwortkatalog, Titelkatalog, Körperschaftenkatalog, Geographischer Katalog, Serienkatalog
Erfassungsregeln	RAK für Periodika; Sonstige: Regelwerk für das Kieler Katalogsystem für Monographien
inhaltl. Erschließung	Vergabe von sach- und regionenbez. Begriffen aus modifizierter Schlagwortliste des Kieler Kataloges
Dienste	Benutzerberatung, Literaturnachweis, Literaturkopien, Beantwortung von Anfragen, Literaturausleihe im Hause und Fernleihe, Kopieraufträge
Datenbasis Online	Zeitschriftendatenbank Berlin (ZDB)
geplante EDV	eigenes EDV-System im Aufbau

B 20 Informationsstelle Guatemala e.V.

Oscar-Romero-Haus, Heerstraße 205
D-53111 Bonn <W-5300 Bonn 1>
Tel: 49 (2 28) 63 45 52
Fax: 49 (2 28) 63 12 26

Gründung	1979
Leitung	Klaus Teschner (1. Vorsitzender)
Mitarb. insg. (für LA)	3
Fachgebiet	Entwicklungspolitik / Information und Dokumentation
themat. Schwerpunkte	Politisch-soziale Situation, Menschenrechte, Opposition
geogr. Schwerpunkte	Lateinamerika, insbesondere Guatemala
Pressedokumentation	Dokumente, Fotos, Tonträger
Literaturdokumentation	Monographien, Zeitschriftenaufsätze, Periodika, Zeitungsartikel
Zugänglichkeit	allgemein zugänglich
Kataloge	Alphabetischer Schlagwortkatalog
Dienste	Entgegennahme von Kopieraufträgen

B 21 Informationsstelle Lateinamerika e.V. (ila)

Heerstr. 205
D-53111 Bonn <W-5300 Bonn 1>
Tel: 49 (2 28) 65 86 13
Fax: 49 (2 28) 63 12 26

Gründung	1975
inst. Bez. Inland	Aktion Dritte Welt, Freiburg; FDCL, Berlin
Leitung	Redaktionskollektiv
Kontaktperson	Gert Eisenbürger
Fachgebiet	Entwicklungspolitik
Stellenwert LA	zentrales Sammelgebiet
Schriftenreihen	ila - Wissenschaftliche Reihe (W 1-3, 1982-1985)
Periodika	ila - Zeitschrift der Informationsstelle Lateinamerika (10x p.a.)
sonst. Publikationen	Katalog/Übersicht: "Bücher zu Lateinamerika" (Verzeichnis lieferbarer Titel, mit Rezensionen)
Monogr. (LA-Bestand)	ca. 2.500 Bde., jährl.Zuw. ca. 120 Bde. (ca. 1.800 Bde., jährl.-Zuw. ca. 100 Bde.)
Zeitschr. (LA-Bestand)	ca. 130 lfd. gehaltene Zeitschriften zum Fachgebiet
graue Literatur	ca. 20%
Zugänglichkeit	allgemein zugängliche Präsenzbibliothek, kurzfristige Ausleihe möglich, Kopiermöglichkeiten, Kopieraufträge möglich
Öffnungszeiten	Mo-Fr 10.00-16.00
Kataloge	Autorenkatalog, Alphabetischer Schlagwortkatalog, Titelkatalog
Dienste	EDV-Recherchen und Computerausdruck

B 22	**Informationszentrum Sozialwissenschaften (IZ)**
	Lennéstr. 30 D-53113 Bonn <W-5300 Bonn 1> Tel: 49 (2 28) 22 81-0 Fax: 49 (2 28) 22 81-1 20
Status	öffentlich
Gründung	1969
übergeord. Inst.	Gesellschaft Sozialwissenschaftlicher Infrastruktureinrichtungen e.V.
Leitung	Prof.Dr. Heinrich Best (wissenschaftlicher Direktor)
Fachgebiet	Sozialwissenschaften
Publikationen	"Forschungsarbeiten in den Sozialwissenschaften" (jährlich); "Sozialwissenschaftlicher Fachinformationsdienst Entwicklungsländerforschung"
Literaturdokumentation	Monographien, Zeitschriftenaufsätze, Graue Literatur (Lateinamerika ca. 2.100 DE)
Zugänglichkeit	allgemein zugängl. (Gebühren)
inhaltl. Erschließung	eigene Klassifikation, Schlagwortliste für die Sozialwissenschaften
Dienste	Online-Datenbanken FORIS und SOLIS, Durchführung von Recherchen (auch in fremden Datenbanken), Beratung
eigene EDV	EDV: Hardware Siemens 7.580-D1, Software aDIS (adaptierbares Dokumentations- u. Informationssystem), ADABAS
Datenbasis Online	Zugang zu FORIS und SOLIS über die Hosts STN International, DIMDI, GBI; Online-Verbindungen zu verschiedenen Hosts u.a. STN, DIMDI, GBI, DIALOG, Data Star; Recherche und Computerausdruck

B 23	**Kommission für Allgemeine und Vergleichende Archäologie Deutsches Archäologisches Institut - Bibliothek (KAVA)**
	Endenicher Str. 41 D-53115 Bonn <W-5300 Bonn 1> Tel: 49 (2 28) 69 20-26, -27 Fax: 49 (2 28) 65 63 06
Kontaktperson	Dipl.Bibl. C. Hölzemann
Mitarb. insg. (für LA)	2
Fachgebiet	Archäologie
geogr. Schwerpunkte	Afrika, Asien, Lateinamerika
Stellenwert LA	Ein Schwerpunkt neben anderen
Monogr. (LA-Bestand)	17.757 Bde., jährl. Zuw. ca. 900 Bde.
Zeitschr. (LA-Bestand)	12.706 Bde., jährl. Zuw. ca. 300 Bde.
graue Literatur	unter 5% (Asien, Lateinamerika)
Zugänglichkeit	Eingeschränkt zugängliche Präsenzbibliothek, 6 Lesesaalplätze
Öffnungszeiten	Mo-Do 9.00-13.00
Kataloge	Autorenkatalog, Titelkatalog, Systematischer Katalog
Erfassungsregeln	RAK
inhaltl. Erschließung	eigene Systematik

Dienste	Kopiermöglichkeit
eigene EDV	PC, Software: LIDOS
EDV-Dienste	Recherche und Computerausdruck

B 24 **Seminar für Völkerkunde - Bibliothek**
Universität Bonn
Instituto de Antropología Cultural - Biblioteca

Römerstr. 164
D-53117 Bonn <W-5300 Bonn 1>
Tel: 49 (2 28) 5 50-4 16
Telex: 886 657 unibo d
Fax: 49 (2 28) 73 55 79

Bibliothekssigel	5/97
Status	Hochschulinstitut
Gründung	1948
Leitung	Prof.Dr. Hanns J. Prem (geschäftsführender Direktor)
Mitarb. insg. (für LA)	7 (5)
Fachgebiet	Ethnologie / Altamerikanistik / Linguistik
themat. Schwerpunkte	Epigraphik Mesoamerikas und des Andenraumes, Archäologie, Ethnohistorie
geogr. Schwerpunkte	Ekuador, Peru, Bolivien, Mexiko, Guatemala, Honduras
Stellenwert LA	zentrales Sammelgebiet
Schriftenreihen	"Bonner Amerikanistische Studien" (BAS)
Periodika	"Mexicon" (am Institut herausgegeben)
Monogr. (LA-Bestand)	ca. 25.000 Bde., jährl. Zuw. ca. 800 Bde. (ca. 13.000 Bde., jährl. Zuw. ca. 500 Bde.)
Zeitschr. (LA-Bestand)	405 Zeitschr., 35 laufend (65 regelmäßig geführte Zeitschr.)
sonst. Sammlungen	Quechua-Bibliothek
Zugänglichkeit	Präsenzbibliothek, eingeschränkte Ausleihe
Öffnungszeiten	Mo-Fr 11.00-12.30, 13.30-17.00 (in der vorlesungsfreien Zeit freitags geschlossen)
Kataloge	Autorenkatalog
Zugriffsmöglichkeit	Mikrofilm Lesegeräte
Dienste	Kopiermöglichkeit

B 25 **Zentralbibliothek der Landbauwissenschaft (ZBL)**
Universität Bonn
Biblioteca Central Agrícola, Universidad de Bonn

Nussallee 15a
D-53115 Bonn <W-5300 Bonn 1>
Postfach 24 60
D-53014 Bonn
Tel: 49 (2 28) 73-34 00
Fax: 49 (2 28) 73-32 81

Bibliothekssigel	98

Gründung	1962
wiss. Vereinigungen	Fachinformationssystem Ernährung, Landwirtschaft und Forsten; Katalogisierungsverbund der Hochschulbibliotheken des Landes Nordrhein-Westfalen
Leitung	Christian Jung, Bibliotheksdirektor
Mitarbeiter für LA	1
Fachgebiet	Landwirtschaft / Ernährungswissenschaft / Ökologie
themat. Schwerpunkte	Landbauwissenschaft im weitesten Sinne, Haushaltswissenschaft, Natur- und Umweltschutz, Binnenfischerei, Garten-, Obst- und Weinbau
geogr. Schwerpunkte	alle Länder Lateinamerikas
Stellenwert LA	Ein Schwerpunkt neben anderen
Monogr. (LA-Bestand)	ca. 358.000 Bde. (ca. 4.500 Bde., jährl. Zuw. 150 Bde.)
Zeitschr. (LA-Bestand)	4.800 Zeitschr., jährl. Zuw. 120 (ca. 350 lfd. Zeitschr.)
graue Literatur	Reports, Kongresse, Dissertationen, Behörden- und Verbandsschriften
sonst. Sammlungen	Publikationen der FAO; Publikationen des United States Department of Agriculture (vollständige Sammlungen)
Zugänglichkeit	allgemein zugängliche Ausleihbibliothek, 300 Lesesaalplätze, Kopiermöglichkeit, Kopieraufträge
Öffnungszeiten	Mo-Fr 9.30-18.00
Kataloge	Autorenkatalog, Alphabetischer Schlagwortkatalog, Titelkatalog
Erfassungsregeln	RAK
inhaltl. Erschließung	Schlagwortvergabe nach RSWK
Dienste	Auskünfte zu Anfragen aus den Fachgebieten
fremde EDV	externes Rechenzentrum
Datenbasis Online	DIMDI; Online Ordering (Telefax: 02 28 / 73 32 81)
EDV-Dienste	Recherche und Computerausdruck, Profildienst, Online-Nutzung von Datenbanken
Besonderheiten	Katalogisierungsverbund mit der Hochschulbibliothek, dem deutschen und internationalen Leihverkehr angeschl., kostenpfl. Direktversand, Eilbestellungen

B 26 Universitätsbibliothek Düsseldorf / Fachbibliothek Romanistik

Romanisches Seminar U Düsseldorf → F 16

Universitätsstraße 1
D-40225 Düsseldorf <W-4000 Düsseldorf 1>
Tel: 49 (2 11) 3 11-29 80, -35 24
Telex: 8 587 348 uni d
Fax: 49 (2 11) 3 11-30 54

Bibliothekssigel	61
Leitung	Dr. Thomas Hilberer
Mitarb. insg. (für LA)	1 Dipl.-Bibl.-Stelle, 1 stud. Hilfskraft
Fachgebiet	Romanistik
Stellenwert LA	Ein Schwerpunkt neben anderen
Monogr. (LA-Bestand)	40.000 Bde., jährl. Zuw. 1.000 Bde. (ca. 1.200 Bde.)

Zeitschr. (LA-Bestand) 75 lfde. Zeitschr. (6 lfde. Zeitschr.)
Zugänglichkeit allgemein zugängliche Präsenzbibliothek, keine Ausleihe
Öffnungszeiten Mo und Fr 9.00-18.00, Di-Do 9.00-19.00 (vorlesungsfreie Zeit: 9.00-16.00)
Kataloge Alphabetischer Schlagwortkatalog, Standortkatalog, Systematischer Katalog
Erfassungsregeln RAK-WB
inhaltl. Erschließung Verschlagwortung, systematische Aufstellung
Zugriffsmöglichkeit Alle Kataloge Online oder auf Microfiche
Dienste Kopiermöglichkeit

B 27 Stiftung Wissenschaft und Politik (SWP) Bibliothek, Dokumentation, Archiv

Zellerweg
D-82067 Ebenhausen <W-8026 Ebenhausen>
Tel: 49 (81 78) 70-0
Fax: 49 (81 78) 70-3 12

Status Öffentliche Stiftung des bürgerlichen Rechts
Gründung 1962
inst. Bez. Inland Kooperation mit den Instituten des Fachinformationsverbundes: BIOST, Köln; DÜI, Hamburg; FB Politische Wissenschaft, FU Berlin; Deutsch-Französisches Institut, Ludwigsburg; DGAP, Bonn; IfA, Stuttgart; Süd-Ost-Institut, München
Leitung Dipl.Pol. Dietrich Seydel (Gesamtleitung); Dr. Gerhard Weiher (Bibliothek, Dokumentation Lateinamerika); Dipl.Volksw. Volker Steidle (Dokumentation); Gesine Ohlhoff (Archiv)
Mitarb. insg. (für LA) 33 (7)
Fachgebiet Politikwissenschaft / Internationale Beziehungen / Wirtschaft / Regionalplanung
themat. Schwerpunkte Internationale Sicherheit, Verteidigungspolitiken, Internationale Organisationen, Länderkunde, Regionale Entwicklung, Politisches System, Strukturprobleme
geogr. Schwerpunkte Lateinamerika, Asien, Afrika, Orient
Stellenwert LA ein Arbeits- und Sammelschwerpunkt neben anderen
Monogr. (LA-Bestand) 85.000 Bde., einschl. graue Lit., jährl. Zuw. ca. 3.000 (jährl. Zuw. ca. 250)
Zeitschr. (LA-Bestand) ca. 600, + 1.000 Serien/Jahrbücher (ca. 150, + 200 Serien/Jahrbücher)
graue Literatur ca. 15 %
Pressedokumentation Presse-Ausschnittsammlungen, Zeitungen
Literaturdokumentation Monographien, Periodika, Zeitschriftenaufsätze, Zeitungsartikel, Landkarten/Atlanten
Faktendokumentation Institutionen, Länderkundl. Daten, Internat. Verträge, Internat. Ereignisse und Veranstaltungen
Zugänglichkeit eingeschränkt zugängl. Präsenzbibliothek und Produktionsdatenbasis: Institute des Fachinformationsverbundes "Internatio-

nale Beziehungen und Länderkunde"; öffentliche Verwaltung; öffentlicher Zugang über ESA-IRS Base 242 "World Affairs online"

Kataloge — integrierter Bibliotheks- und Dokumentationskatalog (EDV); Konventioneller Katalog (bis 1974): Autorenkatalog, Titelkatalog, Körperschaftenkatalog, Systematischer Katalog; Datenbasisregister: Geograph. Reg., Alphabet. Schlagwortreg., Titelregister für Periodika, Stichwort-, Personen-, Autoren- und Körperschaftenregister, Systemat. Register, Register f. Veranstaltungen, Intern. Verträge, Ereignisse

Erfassungsregeln — RAK mit eigenen Zusatzregeln

inhaltl. Erschließung — Thesaurus "Internationale Beziehungen und Länderkunde", Klassifikation des Fachinformationsverbundes, teils Inhaltsreferierung, Verwendung weiterer freier Fachbegriffe und Namensdeskriptoren

Zugriffsmöglichkeit — Archivschlüssel: Kombination von Sachgebiets- u. Regionalschlüssel, kein Katalog

Dienste — Materialsammlungen (thematisch), Auswahl lfd. eingehender Zeitungs- und Pressetexte, Kopieraufträge

fremde EDV — externes Rechenzentrum

Datenbasis Online — Datenbasis Internationale Beziehungen u. Länderkunde; Hardware: IBM, Software: DOMESTIC II

EDV-Dienste — Recherche u. Computerausdruck, MB-Dienst, Online-Nutzung, Diskettendienst, Druckvorlagen für die Herstellung von Büchern und Periodika

B 28 Universitätsbibliothek Eichstätt

Universitätsallee 1
D-85072 Eichstätt <W-8078 Eichstätt>
Postfach 12 15
D-85066 Eichstätt
Tel: 49 (84 21) 20-3 01
Fax: 49 (84 21) 20-2 83

Bibliothekssigel — 824

Leitung — Dr. H. Holzbauer (Ltd. Bibliotheksdirektor)

Mitarb. insg. (für LA) — 83

Fachgebiet — Geisteswissenschaften

Stellenwert LA — Ein Sammelschwerpunkt neben anderen

Schriftenreihen — "Schriften der Universitätsbibliothek Eichstätt"; "Kataloge der Universitätsbibliothek Eichstätt"

Monogr. (LA-Bestand) — ca. 1,3 Mill. Bde., jährl. Zuw. ca. 40.000 (seit 1987: 5.000 Bde.)

Zeitschr. (LA-Bestand) — ca. 3.700 lfd. (105 lfd.)

sonst. Sammlungen — Handschriften, Non-book-materials

Zugänglichkeit — Ausleihbibliothek, 208 Lesesaalplätze

Öffnungszeiten — Mo-Fr 8.30-20.30, Sa 8.30-12.00

Kataloge — Autorenkatalog, Schlagwortkatalog, Systemat. Katalog, Stichwortkatalog (KWOC) - jeweils Ausdruck auf Microfiches

Erfassungsregeln — RAK

inhaltl. Erschließung	Stichwort, Systematik, Schlagwort
Dienste	Fotostelle, Kopiermöglichkeit, Entgegennahme von Kopieraufträgen

B 29 **Deutsche Gesellschaft für Technische Zusammenarbeit mbH (GTZ) Dokumentationsstelle und Bibliothek**

D-65760 Eschborn <W-6236 Eschborn>
Postfach 5180
D-65726 Eschborn
Tel: 49 (61 96) 79-0
Telex: 407 501-0 gtz d
Fax: 49 (61 96) 79-71 74

Gründung	1974
Leitung	Gudrun Schmidt
Kontaktperson	Dr. Cornelia Strobel
Mitarb. insg. (für LA)	14 (1)
Fachgebiet	Entwicklungszusammenarbeit
Stellenwert LA	Ein Sammelschwerpunkt neben anderen
Literaturdokumentation	Monographien, Periodika, Landkarten/Atlanten, Bibliographische Dokumentation
Faktendokumentation	Entwicklungsprojekte, Datendokumentation
Zugänglichkeit	allgemein zugängl. (mit bestimmten Einschränkungen)
Öffnungszeiten	Mo-Do 9.00-12.30, 13.30-15.50; Fr bis 14.50
Kataloge	Geographischer Katalog, Alphabetischer Schlagwortkatalog, Titel-, Autorenkatalog
inhaltl. Erschließung	Thesaurus TWSE und freie Schlagwörter
Dienste	Dokumentation vertraulicher GTZ-Gutachten, Studien und Berichte
EDV	PC, Software: CDS/ISIS

B 30 **Frobenius-Institut - Völkerkundliche Bibliothek**

Liebigstr. 41
D-60323 Frankfurt/M <W-6000 Frankfurt/M.>
Tel: 49 (69) 72-10 12, -25 38
Fax: 49 (69) 17 37 25

Bibliothekssigel	F 73
Status	Körperschaft des privaten Rechts, der Univ. angeschlossen
Gründung	1898
übergeord. Inst.	Bundesland Hessen
inst. Beziehungen	Mitarbeit am Frankfurter Gesamtkatalog der Stadt- und Universitätsbibliothek Frankfurt/M.
Leitung	Dr. Siegfried Seyfarth
Mitarb. insg. (für LA)	2,5
Fachgebiet	Völkerkunde, außereuropäische Vorgeschichte
Stellenwert LA	Ein Sammelschwerpunkt neben anderen

Monogr. (LA-Bestand)	62.000 Bde., jährl.Zuw. 1.600-1.800 Bde. (9.000 Bde., jährl. Zuw. 200)
Zeitschr. (LA-Bestand)	24.600, jährl. Zuw. 370 (1.800)
sonst. Sammlungen	Archiv (Fotos, Dias)
Zugänglichkeit	allgemein zugängliche Ausleihbibliothek, 8 Lesesaalplätze, Kopiermöglichkeit
Öffnungszeiten	Mo-Do 14.00-17.30, Fr 9.00-12.00
Kataloge	Autorenkatalog (auch für Zeitschriftenaufsätze), Geographischer Katalog
Dienste	Auskünfte, Kopieraufträge (beschränkt)

B 31 **Kreditanstalt für Wiederaufbau (KFW)**
Dokumentationsstelle

Palmengartenstr. 5-9
D-60325 Frankfurt/M <W-6000 Frankfurt/M. 11>
Postfach 11 11 41
D-60046 Frankfurt/M
Tel: 49 (69) 74 31-28 29
Telex: 4 152 560 kwd
Fax: 49 (69) 74 31-29 44

Status	öffentl., nicht universitär
Leitung	Jürgen Phillip
Mitarb. insg. (für LA)	16 (1)
Fachgebiet	Wirtschaft / Entwicklungszusammenarbeit
themat. Schwerpunkte	Finanzielle Zusammenarbeit, Kreditwesen, Strukturpolitik, Landwirtschaft, Technik, Mittelstandsförderung
graue Literatur	7.400
Literaturdokumentation	Monographien, Zeitschriftenaufsätze, Periodika, Zeitungsartikel, Landkarten/Atlanten
Faktendokumentation	Institutionen, Entwicklungsprojekte, Länderkundliche Daten
Zugänglichkeit	eingeschränkt zugänglich (Mitarbeiter, externe Benutzer in begrenztem Umfang), Kopiermöglichkeit
Öffnungszeiten	nach Vereinbarung
Kataloge	Geographischer-, Systematischer Katalog, Alphabetischer Schlagwortkatalog, Titel-, Körperschaften-, Autorenkatalog
inhaltl. Erschließung	Klassifikation, Thesaurus, Schlagwörter
Dienste	Neuerwerbungsliste
eigene EDV	Hardware DEC; Software ARIS, DOKL
Datenbasis Online	Data-Star, Dial. u.a
EDV-Dienste	Recherche und Computerausdruck

B 32 **Senckenbergische Bibliothek (SeB)**
Universität Frankfurt
Biblioteca Senckenberg, Universidad de Francfort

Bockenheimer Landstr. 134-138
D-60325 Frankfurt/M <W-6000 Frankfurt/M. 1>
Tel: 49 (69) 7 98-23 65, -33 69
Fax: 49 (69) 7 98-31 47

Bibliothekssigel	F 1
Status	Universitätsbibliothek
Gründung	1763
inst. Beziehungen	Senckenbergische Naturforschende Gesellschaft, Frankfurt/M.
Leitung	Helmut Burkhardt
Mitarb. insg. (für LA)	36
Mitarbeiter für LA	Dr. Manfred Siegling (Fachref. Biologie und Geowissenschaften)
Fachgebiet	Biologie / Botanik / Zoologie
themat. Schwerpunkte	Alte Medizin (bis 1920), Biowissenschaften
geogr. Schwerpunkte	Weltweit
Stellenwert LA	Ein Schwerpunkt neben anderen
Monogr. (LA-Bestand)	1.050.000 Bde., jährl. Zuw. ca. 16.000 Bde. (7.000 Bde., jährl. Zuw. ca. 50 Bde.)
Zeitschr. (LA-Bestand)	7.000 Bde., jährl. Zuw. ca. 50 Bde.
sonst. Sammlungen	DFG: Sondersammelgebiete Biologie, Botanik, Zoologie
Zugänglichkeit	allgemein zugängliche Präsenzbibliothek, 96 Lesesaalplätze, Kopiermöglichkeit
Kataloge	Autorenkatalog, Körperschaftenkatalog, Geographischer Katalog, Systematischer Katalog
Erfassungsregeln	RAK, PI, Sonstige
inhaltl. Erschließung	seit 1965 Methode Eppelsheimer
Dienste	Aufsatz-Kopierdienst gegen Gebühr (einschl. Fax)

B 33 **Arnold-Bergstraesser-Institut**
für kulturwissenschaftliche Forschung - Bibliothek (ABI)

Forschungsabteilung → F 22

Windausstr. 16
D-79110 Freiburg/Br <W-7800 Freiburg/Br.>
Tel: 49 (7 61) 8 50 91
Telex: 772 527
Fax: 49 (7 61) 89 29 67

Bibliothekssigel	Frei 119
Status	Privat
Gründung	1960
Kontaktperson	Stefanie Gerum
Mitarb. insg. (für LA)	5
Fachgebiet	Politikwissenschaft / Soziologie
themat. Schwerpunkte	Erziehungs- und Verwaltungswiss. in Entwicklungsländern
Stellenwert LA	Ein Sammelgebiet neben anderen
sonst. Publikationen	"Neuerwerbungsliste"

Monogr. (LA-Bestand)	ca. 60 000 Bde. (12 400 Bde.)
Zeitschr. (LA-Bestand)	über 400 lfd. gehaltene Zeitschr. (162 Zeitschr., davon 36 lfd.)
Öffnungszeiten	Mo-Fr 8.00-18.00
Kataloge	Autorenkatalog, Geographischer Katalog
inhaltl. Erschließung	Inhaltliche Erschließung des Buchbestandes durch ca. 250 Schlagwörter des DSE-Thesaurus)
eigene EDV	Seit 1981 eigene EDV-Anlage mit Betriebssystem SINIX und den Programmen SIKIS (Katalogisierung) und SIERA (Erwerbung)

B 34 **Informationszentrum Dritte Welt & Aktion Dritte Welt e.V. (iz3w)**

Kronenstr. 16
D-79100 Freiburg/Br. <W-7800 Freiburg>
Postfach 53 28
D-79020 Freiburg
Tel: 49 (7 61) 7 40 03
Fax: 49 (7 61) 70 98 66

Status	öffentlich, nicht universitär
Gründung	1970
Mitarb. insg. (für LA)	2 (1)
themat. Schwerpunkte	Dritte Welt-Problematik
Periodika	"Blätter des IZ3W"
Bestand LA-Zeitschr.	ca. 30%
graue Literatur	Dokumente
Pressedokumentation	Presseausschnittsammlungen, Zeitschriften
Zugänglichkeit	allgemein zugänglich
Öffnungszeiten	Mo-Fr 10.00-16.00
Kataloge	Geographischer Katalog, Alphabet. Schlagwortkatalog
Dienste	Beantwortung schriftlicher Anfragen, Kopiermöglichkeit
EDV-Dienste	Recherche und Computerausdruck

B 35 **Max-Planck-Institut für ausländisches und internationales Strafrecht - Bibliothek**

Forschungsabteilung → F 24

Günterstalstr. 73
D-79100 Freiburg
Tel: 49 (7 61) 70 81-1, -2 55
Fax: 49 (7 61) 70 81-2 94

Bibliothekssigel	Frei 85
Status	Privat
übergeord. Inst.	Max-Planck-Gesellschaft zur Förderung der Wissenschaften e.V.
inst. Beziehungen	zu den übrigen juristischen MPI
Leitung	Prof.Dr. Josef Kürzinger

Fachgebiet	Recht
themat. Schwerpunkte	Strafrecht, Strafprozeßrecht, Gerichtsverfassung, Kriminologie
geogr. Schwerpunkte	weltweit, u.a. Lateinamerika
Stellenwert LA	ein Sammelgebiet neben anderen (eine der bedeutendsten Sammlungen zum lateinamerikanischen Strafrecht in der Welt)
Monogr. (LA-Bestand)	270.000 Bde. (28.000 Bde.)
Zeitschr. (LA-Bestand)	80 lfd.
Zugänglichkeit	Mo-Fr 7.00-19.00, Sa 9.00-13.00
Kataloge	Alphabetischer Katalog, Geographischer Katalog mit Sachunterordung; Monographien ab 1993 auf EDV
EDV	eigener Datenpool, dem Südwestdeutschen Bibliotheksverbund (SWB), Konstanz, angeschlossen
Publikationen	"Neuerwerbsliste"

B 36 **Zentrum für regionale Entwicklungsforschung**
Bibliothek und Dokumentation - Universität Gießen
Centro de Estudios del Desarrollo Regional, Biblioteca

Forschungsabteilung → F 27

Diezstr. 15
D-35390 Gießen <W-6300 Gießen>
Tel: 49 (6 41) 7 02-84 15
Fax: 49 (6 41) 7 02-84 17

Leitung	Dr. Reinhard Kaufmann
Fachgebiet	Regionalplanung / Entwicklungszusammenarbeit
themat. Schwerpunkte	Ländliche Entwicklung
geogr. Schwerpunkte	Dritte Welt, u.a. Lateinamerika (Kolumbien, Peru)
Stellenwert LA	Ein Schwerpunkt neben anderen
Monogr. (LA-Bestand)	ca. 6.000 Bde., jährl. Zuw. ca. 250 Bde. (ca. 500 Bde., jährl. Zuw. unregelmäßig)
Zeitschr. (LA-Bestand)	75 Titel, ca. 270 Bände, jährl. Zuw. (13%)
sonst. Sammlungen	graue Literatur zur Regional- und ländlichen Entwicklung, Projektdokumente von Vorstudien bis zu Evaluierungsberichten
Zugänglichkeit	eingeschränkt zugänglich, kurzfristige Ausleihe möglich
Öffnungszeiten	Mo-Fr 8.00-17.00, in den Semesterferien reduziert
Kataloge	Autorenkatalog, Alphabetischer Schlagwortkatalog, Titelkatalog, Geographischer Katalog
Dienste	CODING: Literaturrecherchen, Computerausdrucke, Fotokopien gewünschter Dokumente

B 37 Ibero-Amerika Institut für Wirtschaftsforschung - Bibliothek Universität Göttingen

Forschungsabteilung → F 28

Gosslerstr. 1b
D-37073 Göttingen <W-3400 Göttingen>
Tel: 49 (5 51) 39-81 72
Fax: 49 (5 51) 39-81 73

Bibliothekssigel Gö 165
inst. Beziehungen Publikationsaustausch mit zahlreichen Instituten
Leitung Dr. Heinz Gert Preusse
Mitarb. insg. (für LA) 1,5
Fachgebiet Wirtschaft
geogr. Schwerpunkte Lateinamerika
Stellenwert LA zentrales Sammelgebiet
Monogr. (LA-Bestand) ca. 25.000 Bde., jährl. Zuw. ca. 1000 Bde. (ca. 70% des Bestands, jährl. Zuw. ca. 700 Bde.)
Zeitschr. (LA-Bestand) 480, jährl. Zuw. ca. 20 (ca. 330, jährl. Zuw. 10 (aus LA ca. 70%)
graue Literatur ca. 40%
Zugänglichkeit allgemein zugängliche Präsenzbiblothek, kurzfristige Ausleihe möglich, ca. 10 Lesesaalplätze
Öffnungszeiten Mo-Do 8.00-16.00, Fr 8.00-15.00
Kataloge Autorenkatalog, Titelkatalog, Geographischer Katalog, Systematischer Katalog
Erfassungsregeln PI
inhaltl. Erschließung Einordnung in den Katalog nach geographischen u. inhaltlichen Gesichtspunkten
Dienste Beratung, Wochenendausleihe

B 38 Seminar für Romanische Philologie - Präsenzbibliothek Universität Göttingen

Forschungsabteilung → F 29

Humboldtallee 19
D-37073 Göttingen <W-3400 Göttingen>
Tel: 49 (5 51) 39 81 56

Fachgebiet Literatur
themat. Schwerpunkte "Schöne Literatur" und Kontext sowie wiss. Literatur
Stellenwert LA Ein Sammelschwerpunkt neben anderen
Monogr. (LA-Bestand) 70.000 Bde., jährl. Zuw. ca. 500 Bde. (ca. 1.200 Bde., jährl. Zuw. ca. 100 Bde.)
sonst. Sammlungen Nueva Canción Latinoamericana (1000 Titel, Texte und Musik)
Zugänglichkeit allg. zugängliche Präsenzbibliothek, kurzfristige Ausleihe möglich, 30 Lesesaalplätze,
Öffnungszeiten Mo-Fr 8.30-19.30
Kataloge Autorenkatalog, Titelkatalog (nur für Nueva Canción)

B 39 **Archäologisches Institut der Universität Hamburg Arbeitsbereich VII: Altamerikanistik Präsenzbibliothek**

Forschungsabteilung → F 30

Johnsallee 35
D-20148 Hamburg <W-2000 Hamburg 13>
Tel: 49 (40) 41 23-40 74, -59 02
Fax: 49 (40) 41 23-32 55

Bibliothekssigel	H 274
Leitung	Dipl.Bibl. Isa Svoboda
Fachgebiet	Archäologie / Ethnologie / Linguistik
themat. Schwerpunkte	Ethnohistorie, Ethnographie
geogr. Schwerpunkte	Mesoamerika
Stellenwert LA	zentrales Sammelgebiet
Monogr. (LA-Bestand)	4.700 Bde., jährl. Zuw. ca. 250 Bde.
Zeitschr. (LA-Bestand)	30 (80% aus LA, 10% altamerikan. Sprachen)
Zugänglichkeit	eingeschränkt zugängliche Präsenzbibliothek, kurzfristige Ausleihe mögl., 10 Lesesaalplätze
Öffnungszeiten	20 Stunden pro Woche, nach telef. Absprache
Kataloge	Autorenkatalog, Alphabetischer Schlagwortkatalog, Systematischer Katalog, Zeitschriftenaufsätze
Erfassungsregeln	RAK

B 40 **Bundesamt für Seeschiffahrt und Hydrographie (BSH) Bibliothek und Dokumentation**

Bernhard-Nocht-Str. 78
D-20359 Hamburg <W-2000 Hamburg 36>
Postfach 30 12 20
D-20305 Hamburg
Telex: 211 138 bsh hh d
Fax: 49 (40) 31 90-50 00

Bibliothekssigel	H2
Status	Öffentlich (Bundesoberbehörde)
Gründung	1875
übergeord. Inst.	Bundesminister für Verkehr
Leitung	Bibliothek: Günter Heise; Dokumentation: Dr. Marion Heinrich
Kontaktperson	Günter Heise
Mitarb. insg. (für LA)	9
Fachgebiet	Ozeanographie, Meteorologie, Schiffahrt, Hydrographie
themat. Schwerpunkte	Geophysik des Meeres, Navigation, Nautik, Meereschemie, Erdmagnetismus, Meeresverschmutzung, Meeresgeologie, Überseeklimatologie, Klima
geogr. Schwerpunkte	Seegebiete, Übersee-Länder
Stellenwert LA	Ein Sammelschwerpunkt neben anderen
sonst. Publikationen	Wöchentliche Liste der Neuzugänge (auch extern erhältlich), lfd. Berichterstattung innerhalb der "Jahresberichte" des BSH (bisher Dt. Hydrogr. Inst.), Zeitschriftenliste
Monogr. (LA-Bestand)	130.000 Bde., jährl. Zuw. ca. 2.500 Bde.

Zeitschr. (LA-Bestand)	lfd. gehaltene Periodika: ca. 1.500 (ca. 5%)
graue Literatur	ca. 70%
Kartensammlung	Seekarten-Archiv
Literaturdokumentation	Hydrographische Dokumentation: Zeitschriftenaufsätze, Reports, Kongreßberichte
Zugänglichkeit	allgemein zugänglich, 8 Lesesaalplätze
Öffnungszeiten	Mo-Fr 9.00-12.00, Di-Do 14.00-16.00
Kataloge	Alphabetischer Katalog (Autoren, Titel, Körperschaften), Geographischer Katalog, Fortsetzungskatalog, Schlagwortkatalog
inhaltl. Erschließung	Schlagworte (Sachbegriffe, Geographische Begriffe), Thesaurus: ASFA
Dienste	Wöchentliche Liste und Auslage der Neuzugänge, Kopiermöglichkeit, Sofortausleihe, Auskünfte
fremde EDV	Rechenzentrum BSH: CYBER 962-32
Datenbasis Online	DIMDI, STN
geplante EDV	eigenes EDV-System (Bibliothekssystem)
EDV-Dienste	Recherche, Computerausdruck, Online-Nutzung (nur für Mitarbeiter), Katalogisierung, OPAC
Besonderheiten	National Input Centre für ASFA, gemeinsam mit der Dokumentationsstelle der Bundesforschungsanstalt für Fischerei (Hamburg)

B 41 Bundesforschungsanstalt für Forst- und Holzwirtschaft (BFH) - Bibliothek und Dokumentation

Forschungsinstitut → F 31

Leuschnerstr. 91
D-21031 Hamburg <W-2000 Hamburg 80>
Postfach 80 02 10
D-21002 Hamburg
Tel: 49 (40) 7 39 62-4 35
Telex: 403 826 BFH
Fax: 49 (40) 7 39 62-4 80

Bibliothekssigel	H 105
Status	öffentlich, nicht universitär
Gründung	1931
übergeord. Inst.	BML, Bonn
Leitung	Bibliothek: Dipl.Bibl. Ulrike Reupke; Dokumentation: Dipl.Holzwirt Dr. M. Ruetze
Mitarb. insg. (für LA)	9 (2)
Fachgebiet	Forstwirtschaft / Forstwissenschaft
themat. Schwerpunkte	Holzwirtschaft, Holzforschung, Umweltschutz (auf den Wald bezogen)
Stellenwert LA	Ein Sammelschwerpunkt neben anderen
Monogr. (LA-Bestand)	88.119, jährl. Zuw. ca. 2.000 (LA-Bestand nicht erfaßt)
Literaturdokumentation	Monographien, Zeitschriftenaufsätze, Periodika, Zeitungsartikel
Zugänglichkeit	Allgemein zugänglich, 6 Lesesaalplätze
Öffnungszeiten	Mo-Do 8.00-12.00, 13.00-16.00; Fr 8.00-12.00, 13.00-14.00

Kataloge	Geographischer Katalog, Autorenkatalog, Systematischer Katalog (f. Altbestände bis 1983), seit 1983 EDV-gestützte Datenbank
Erfassungsregeln	PI angelehnt
inhaltl. Erschließung	Sacherschließung erfolgt in der I+D-Stelle: Oxfordsystem der Dezimalklassifikation für Forstwesen (Forst- u. Holzwirtschaft), AGROVOC, Inhaltsref.: Freitext- Describierung
Dienste	monatl. Zugangsliste der Bibliothek, Daueraufträge zum Literaturnachweis, Kopiermöglichkeit, retrospektive Literaturrecherche
eigene EDV	PCs, einer mit DATEX-P-Hauptanschluß
Datenbasis Online	mehrere Datenbasen über versch. Datenbankanbieter
EDV-Dienste	Recherche und Computerausdruck, Profildienst, Diskettendienst (Online-Rechercheergebnisse), On-Line-Nutzung
Besonderheiten	Meldungen an den Norddeutschen Zentralkatalog

B 42 **HWWA-Institut für Wirtschaftsforschung Informationszentrum (HWWA-IZ)**

Forschungsabteilung → F 32

Neuer Jungfernstieg 21
D-20354 Hamburg <W-2000 Hamburg 36>
Tel: 49 (40) 35 62-0
Telex: 211 458 hwwa d
Fax: 49 (40) 35 19 00

Bibliothekssigel	H3
Status	Öffentlich, nicht universitär
Gründung	1908
Leitung	Dipl.Volksw. Hubert-Günter Striefler (Leiter); Dipl.Kfm. Wolfgang Scherwath (Bibliothek); Dipl.Volksw. Gerhard Mantwill (Dokumentation); Dipl.Volksw. Wilfried Müller (Archiv)
Kontaktperson	Dipl.Volksw. Hubert-Günter Striefler
Mitarb. insg. (für LA)	107
Fachgebiet	Wirtschaft
themat. Schwerpunkte	Wirtschaftswissenschaft, Wirtschaftspraxis, Randgebiete dazu
geogr. Schwerpunkte	Weltweit
Stellenwert LA	Ein Sammelgebiet neben anderen
Schriftenreihen	"Bibliographie der Wirtschaftspresse"; "Aktuelle Fachinformation"
Monogr. (LA-Bestand)	995.000 Bde., jährl.Zuw. 20.000 Bde.
Zeitschr. (LA-Bestand)	12.000
Pressedokumentation	Ausschnittsammlungen, Mikrofilme, Geschäftsberichte
Literaturdokumentation	Monographien, Zeitschriftenaufsätze, Periodika, Zeitungsartikel, externe Datenbanken
Faktendokumentation	Institutionen, Länderkundliche Daten
Zugänglichkeit	allgemein zugänglich, 100 Lesesaalplätze, Kopiermöglichkeit
Öffnungszeiten	Bibliothek: Mo-Fr 9.00-19.00; Archiv: Mo-Fr 9.00-16.00
Kataloge	Autorenkatalog, Alphabetischer Schlagwortkatalog, Titelkatalog, Körperschaftenkatalog, Geographischer Katalog
Erfassungsregeln	RAK

inhaltl. Erschließung	Thesaurus Wirtschaft
Dienste	Auskünfte, Kurzinformationen, Retrospektive Recherche, SDI-Dienst, Datenbankrecherche, Fotokopierdienst
fremde EDV	Rechenzentrum (Hamburger Bibliotheksverbund)
Datenbasis Online	diverse wirtschaftsrelevante Datenbankanschlüsse
EDV-Dienste	Recherche und Computerausdruck, Profildienst

B 43 **Historisches Seminar - Bibliothek Universität Hamburg**

Lehrstuhl für lateinamerikanische Geschichte → F 36

Von-Melle-Park 6, 9. und 11./12. Stock
D-20146 Hamburg <W-2000 Hamburg 13>
Tel: 49 (40) 41 23-25 88

Bibliothekssigel	18/60
Kontaktperson	Dr. Winfried Uellner
Mitarb. insg. (für LA)	3
Stellenwert LA	Ein Sammelgebiet neben anderen
Monogr. (LA-Bestand)	ca. 106.000 Bde., jährl. Zuw. ca.3.000 Bde. (ca. 5.300 Bde., jährl. Zuw. 150 Bde.)
Zeitschr. (LA-Bestand)	ca. 22.500 Bde., jährl. Zuw. ca.250 Bde. (500 Bde., 7 Titel)
sonst. Sammlungen	u.a. Kolonialgeschichte
Zugänglichkeit	eingeschränkt zugängliche Präsenzbibliothek, kurzfristige Ausleihe möglich
Öffnungszeiten	Mo-Fr 9-20 Uhr (11./12. Stock: Mo-Fr 10-18 Uhr)
Kataloge	Autorenkatalog, Systematischer Katalog
Erfassungsregeln	RAK
inhaltl. Erschließung	Schlagwortkatalog (bei systematischer Aufstellung)
Dienste	Kopiermöglichkeit

B 44 **Ibero-amerikanisches Forschungsinstitut - Bibliothek Universität Hamburg**

Forschungsabteilung → F 33

Von-Melle-Park 6, VI
D-20146 Hamburg <W-2000 Hamburg 13>
Tel: 49 (40) 41 23-48 01

Bibliothekssigel	H 61
Leitung	Dipl.Bibl. Françoise Hasenclever; Gisela Villanueva
Mitarb. insg. (für LA)	2
Fachgebiet	Linguistik / Literatur
themat. Schwerpunkte	Spanische, katalanische, portugiesische Sprache und ihre Linguistik; 20 spanischsprachige Nationalliteraturen sowie die portugiesische, brasilianische und galizische Literatur
geogr. Schwerpunkte	Lateinamerika, Spanien und Portugal
Stellenwert LA	Zentrales Sammelgebiet

Monogr. (LA-Bestand)	66.000 Bde., jährl. Zuw. ca. 1.500 Bde.
Zeitschr. (LA-Bestand)	160 lfd. (35%)
Zugänglichkeit	allgemein zugängliche Ausleihbibliothek
Öffnungszeiten	Mo-Fr 9.00-16.00
Kataloge	Autorenkatalog, Systematischer Katalog, Zeitschriftenkatalog
Erfassungsregeln	RAK

B 45 **Institut für Geographie**
Arbeitsbereich Wirtschaftsgeographie - Bibliothek
Universität Hamburg

Forschungsabteilung → F 34

Geomatikum
Bundesstraße 55
D-20146 Hamburg <W-2000 Hamburg 13>
Tel: 49 (40) 41 23-52 27
Fax: 49 (40) 41 23-52 70

Bibliothekssigel	18/262
Kontaktperson	Jutta Alpheis
Fachgebiet	Wirtschaftsgeographie
geogr. Schwerpunkte	Lateinamerika
Stellenwert LA	Ein Schwerpunkt neben anderen
Monogr. (LA-Bestand)	ca. 38.000 Bde., jährl. Zuw. ca. 800 Bde. (ca. 3.500 Bde.)
Zeitschr. (LA-Bestand)	ca. 135 laufend gehaltene Zeitschriften
sonst. Sammlungen	Literatur zur Karibik
Zugänglichkeit	allgemein zugängliche Präsenzbibliothek, kurzfristige Ausleihe möglich, 42 Lesesaalplätze
Öffnungszeiten	8.30-16.30, Fr bis 15.00; Ferien: 12.30-13.30 geschl.
Kataloge	Alphabetischer Katalog, Systematischer Katalog, Katalog für Zeitschriften, Statistiken, Atlanten u. Wandkarten
Erfassungsregeln	RAK
inhaltl. Erschließung	Eigene Systematik

B 46 **Institut für Iberoamerika-Kunde (IIK) - Informationsstelle**

Forschungsabteilung → F 35

Alsterglacis 8
D-20354 Hamburg <W-2000 Hamburg 36>
Tel: 49 (40) 41 47 82-25, -36
Fax: 49 (40) 41 47 82-41

Bibliothekssigel	H 220
Status	Stiftung des privaten Rechts
Gründung	1965
übergeord. Inst.	Stiftung Deutsches Übersee-Institut
inst. Beziehungen	IAI Berlin; ADLAF-Mitgliedsinstitute; DSE/ZD
Leitung	Guilherme de Almeida (Koordinator)

Mitarb. insg. (für LA)	7
Fachgebiet	Information und Dokumentation
themat. Schwerpunkte	Wirtschaftliche, politische u. soziale Gegenwartsfragen aller Länder Lateinamerikas
Stellenwert LA	Zentrales Sammel- und Dokumentationsgebiet
Periodika	"Spiegel der lateinamerikanischen Presse/Boletín de la Prensa Latinoamericana" (12x p.a.)
Monogr. (LA-Bestand)	25.000 Bde., jährl. Zuw. ca. 1.200 Bde.
Zeitschr. (LA-Bestand)	350 (ca. 80%)
graue Literatur	umfangreich, in die Sammlung einbezogen
Pressedokumentation	ca. 250.000 Ausschnitte, jährl. Zuwachs ca. 15.000
sonst. Sammlungen	Lfde. Auswertung von 60 lateinamerikanischen Presseorganen (Tages-, Wochen- und Monatspresse), sowie der überregionalen deutschsprachigen Presse
Zugänglichkeit	allgemein zugängliche Präsenzbibliothek, 16 Lesesaalplätze, Kopiermöglichkeit
Öffnungszeiten	Mo-Fr 10.00-17.00
Kataloge	Autoren-, Titel-, Körperschaftenkatalog, Alphabetischer Schlagwortkatalog, Geographischer Katalog, Systematischer Katalog, Bestandskataloge
inhaltl. Erschließung	Thesaurus für wirtschaftliche und soziale Entwicklung (TWSE) und eigene Systematik (bei der Pressedokumentation)
Dienste	SDI-Kopierdienste (Pressedokumentation), Lesesaal, Beratung
eigene EDV	Seit Herbst 1991 EDV-Katalog (CDS-ISIS/UNESCO)
EDV-Dienste	Recherche u. Computerausdruck

B 47 **Linga-Bibliothek der Freien und Hansestadt Hamburg Staats- und Universitätsbibliothek**

Von-Melle-Park 3, Altbau, 2. Stock
D-20146 Hamburg <W-2000 Hamburg 13>
Tel: 49 (40) 41 23-62 73

Bibliothekssigel	18/Linga
Gründung	1957
wiss. Vereinigungen	Der Bestand ist im Katalog der Staatsbibliothek enthalten. Anschluß an den Fernleihverkehr über die Staats- und Universitätsbibliothek Hamburg
Leitung	Dr. Uta Ahmed
Kontaktperson	Ute Masarwi
Fachgebiet	Geschichte, Ethnologie, Landeskunde und Archäologie Lateinamerikas
themat. Schwerpunkte	Geschichte der Kolonialzeit
geogr. Schwerpunkte	Lateinamerika, bes. Mexiko
Stellenwert LA	Zentrales Sammelgebiet
Bestand LA-Bücher	ca. 20.000 Bde.
sonst. Sammlungen	ca. 250 Tonträger
Öffnungszeiten	Mo, Di, Do, Fr 10.00-12.00; Di, Do 14.00-17.00; Fr 14.00-15.30

B 48 **Max-Planck-Institut für ausländisches und internationales Privatrecht (MPI) - Bibliothek**
Instituto Max Planck de Derecho Privado Extranjero e Internacional - Biblioteca

Mittelweg 187
D-20148 Hamburg <W-2000 Hamburg 13>
Tel: 49 (40) 41 27-1
Telex: 212 893 mpip d
Fax: 49 (40) 41 27-2 88

Bibliothekssigel	B 212
Gründung	1926
Leitung	Bibliotheksdirektoren: Dr. Jürgen C. Gödan, Dr. Ralph Lansky
Kontaktperson	Rüdiger Baatz
Mitarbeiter insg.	18 (für LA: Dr. Holger Knudsen)
Fachgebiet	Recht
themat. Schwerpunkte	Ausländisches und internationales Recht, Privat-, Wirtschafts- und Zivilprozeßrecht, Rechtsvergleichung und Rechtsvereinheitlichung
Stellenwert LA	Ein Sammelgebiet neben anderen
sonst. Publikationen	"Verzeichnis der lfd. gehaltenen Periodika/List of Current Serials", 1990; "Erwerbungen der Bibliothek/Hamburg", 1949 ff.
Monogr. (LA-Bestand)	ca. 300.000 Bde., jährl. Zuw. 9.000 Bde., einschl. Zeitschr. (14.000 Bde., einschl. Zeitschr.)
graue Literatur	in obigen Bandzahlen enthalten
Zugänglichkeit	eingeschränkt zugängl. Präsenzbibliothek, 57 Lesesaalplätze, Kopiermöglichkeit
Öffnungszeiten	Mo-Fr 8-19.00 (13.00-14.00 geschl.; nachm. eingeschränkt)
Kataloge	Autorenkatalog, Systematischer Katalog (gleichzeitig Standortkatalog), Zeitschriftenkatalog, Sonderkataloge für Lesesäle
Erfassungsregeln	PI
inhaltl. Erschließung	eigene Systematik mit über 100 Hauptgruppen
Dienste	Literatur-Recherchen, Beantwortung von bibliographischen Anfragen, Kopiermöglichkeit

B 49 **Missionswissenschaftliches Seminar - Präsenzbibliothek Fachbereich Evangelische Theologie, Universität Hamburg**

Sedanstr. 19
D-20146 Hamburg <W-2000 Hamburg 13>
Tel: 49 (40) 41 23-37 75

Bibliothekssigel	H 161
inst. Beziehungen	Norddeutscher Zentralkatalog, Gesamtkatalog der Universität: Zeitschriften EMW
Leitung	Prof.Dr. O. Schumann
Monogr. (LA-Bestand)	14.500 Bde.
Zeitschr. (LA-Bestand)	50 fortlaufend gehaltene Zeitschriften
sonst. Sammlungen	Jahresberichte der Missionsgesellschaften

Zugänglichkeit	Eingeschränkt zugängliche Präsenzbibliothek, 120 Lesesaalplätze, Kopiermöglichkeit
Öffnungszeiten	Mo-Fr 8.00-19.30
Kataloge	Autorenkatalog, Systematischer Standortkatalog

B 50	**Übersee-Dokumentation - Referat Lateinamerika (LADOK)** **Deutsches Übersee-Institut** Documentación de Ultramar Sección Latinoamericana Fundación Instituto Alemán de Ultramar
	Neuer Jungfernstieg 21 D-20354 Hamburg <W-2000 Hamburg 36> Tel: 49 (40) 35 62-5 76 Fax: 49 (40) 35 62-5 47
Status	Stiftung des bürgerlichen Rechts
Gründung	1967
inst. Beziehungen	Institute des Fachinformationsverbundes "Internationale Beziehungen und Länderkunde"
Kontaktperson	Dr. Jürgen Burgarth (Tel: 35 62-5 83)
Mitarb. insg. (für LA)	5 (3)
Fachgebiet	Politikwissenschaft / Wirtschaft / Gesellschaft
Stellenwert LA	Zentrales Dokumentationsgebiet
Literaturdokumentation	Monographien, Zeitschriftenaufsätze (Katalog bis 1984: ca. 48.000 DE, EDV ca. 15.400 DE)
Zugänglichkeit	allgemein zugänglich
Öffnungszeiten	Mo-Fr 9.00-16.00
Kataloge	Geograph. Katalog, Autorenkatalog, Alphabet. Schlagwortkatalog bis 1985, seit 1985 EDV
Erfassungsregeln	RAK
inhaltl. Erschließung	Bis 1989 Thesaurus für wirtschaftliche und soziale Entwicklung; seit April 1989 Thesaurus "Internationale Beziehungen und Länderkunde", Inhaltsreferierung
Dienste	Literaturrecherchen, Anfragebeantwortung
eigene EDV	EDV-Dokumentationssystem: Datenbasis Internationale Beziehungen und Länderkunde; Hardware: IBM-MVS; Software: DOMESTIC II
fremde EDV	externes Rechenzentrum
geplante EDV	öffentl. Auflegen der Datenbasis auf europäischem Host
EDV-Dienste	Recherche und Computerausdruck (gegen Gebühr), Online-Nutzung (Informationsverbund)

B 51 Dokumentationsstelle Lateinamerika (DOS-LA) Universität Hannover

Schneiderberg 50
D-30167 Hannover <W-3000 Hannover 1>
Tel: 49 (5 11) 7 62-52 11

Status	Hochschulinstitut
Gründung	1986
Kontaktperson	Dr. Wolfgang Gabbert
Mitarb. insg. (für LA)	3
Fachgebiet	Politikwissenschaft / Soziologie
themat. Schwerpunkte	Soziale Bewegungen, Politische und soziale Entwicklung, Situation der indianischen Bevölkerung, Gewerkschaftsbewegung
geogr. Schwerpunkte	Chile, Kolumbien, Mexiko, Zentralamerika, Brasilien
Periodika	"Lateinamerika", Bulletin der DOS-LA Hannover
Literaturdokumentation	Zeitschriftenaufsätze, Periodika, graue Literatur
Zugänglichkeit	allgemein zugänglich, Kopiermöglichkeit
Öffnungszeiten	Mo 11.00-13.00, Mi 10.00-12.00, Do 13.00-15.00
Kataloge	Geographischer Katalog, Alphabetischer Schlagwortkatalog, Titelkatalog, Körperschaftenkatalog, Autorenkatalog, Systematischer Katalog; Alle Kataloge in der Datenbank LAY- SYS
inhaltl. Erschließung	Thesaurus: eigenes Schlagwortsystem auf Grundlage des UNESCO- Thesaurus Kultur, Wien 1986
Dienste	Literaturinformationen und -listen

B 52 Max-Planck-Institut für ausländisches öffentliches Recht und Völkerrecht - Bibliothek

Forschungsabteilung → F 40

Berliner Straße 48
D-69120 Heidelberg <W-6900 Heidelberg>
Tel: 49 (62 21) 4 82-1
Fax: 49 (62 21) 4 82-2 88

Bibliothekssigel	B 208
Leitung	Joachim Schwietzke; Dr. Harald Müller (Stellvertr.)
Mitarb. insg. (für LA)	17 (2)
Fachgebiet	Recht
themat. Schwerpunkte	Völkerrecht, Öffentliches Recht
geogr. Schwerpunkte	weltweit
Stellenwert LA	Ein Schwerpunkt neben anderen
Monogr. (LA-Bestand)	380.000 Bde., jährl. Zuw. 15.000 Bde. (ca. 15%)
sonst. Sammlungen	Gesetzessammlungen; Veröffentlichungen internationaler Organisationen (OAS, UNO und ihre Sonderorganisationen, EG)
Zugänglichkeit	eingeschränkt zugängl. Präsenzbibliothek, ca. 70 Lesesaalplätze
Öffnungszeiten	Mo-Fr 8.00-13.00, 14.00-19.00
Kataloge	Systematischer Katalog
Erfassungsregeln	RAK
inhaltl. Erschließung	eigene Systematik

Dienste Anschluß an 350 auswärtige Datenbanken von juristischem Interesse, Kopiermöglichkeit, Kopieraufträge
Datenbasis Online Katalogisierung im Südwestdeutschen Bibliotheksverbund

B 53 **Lateinamerika Dokumentationsstelle Gesamthochschule Kassel, FB 06**
Centro de Documentación Latinoamericana
Universidad de Kassel

Nora-Platiel-Straße 5
D-34127 Kassel <W-3500 Kassel>
Tel: 49 (5 61) 8 04-31 28, -33 85
Telex: 99 572 ghkks d
Fax: 49 (5 61) 23 30

Gründung 1981
Leitung Prof.Dr. Clarita Müller-Plantenberg
Kontaktperson Dr. Norbert Rehrmann
Mitarb. insg. (für LA) 2 (1)
Fachgebiet Soziologie / Politische Ökonomie
themat. Schwerpunkte Großprojekte in Amazonien, Angepaßte Wirtschaftsweise, Beziehungen Europa-Lateinamerika
geogr. Schwerpunkte Brasilien, Amazonien, Hispanoamerika
Stellenwert LA Zentrales Sammelgebiet
Schriftenreihen "Entwicklungsperspektiven" (Hg. C. Müller-Plantenberg); "Indianergebiete und Großprojekte"
sonst. Publikationen Karten: "Areas Indígenas e Grandes Projetos Brasil", "Polonoroeste"; "Carajás"
Literaturdokumentation Monographien, Zeitschriftenaufsätze, Atlanten, Periodika, Zeitungsartikel, graue Literatur (2 500 DE)
Faktendokumentation Länderkundliche Daten
Zugänglichkeit allgemein zugänglich
Öffnungszeiten unterschiedlich für Spanisch-Amerika und Brasilien (anfragen)
Kataloge Autorenkatalag, Geographischer und Systematischer Katalog, Titelkatalog, Körperschaftenkatalog
inhaltl. Erschließung eigener Thesaurus
Dienste Recherche, Kopiermöglichkeit
eigene EDV Hochschulrechner Siemens (Recherche)

B 54 **Bibliothek des Instituts für Weltwirtschaft an der Universität Kiel und Zentralbibliothek der Wirtschaftswissenschaften**

Forschungsinstitut → F 42

Düsternbrooker Weg 120
D-24105 Kiel <W-2300 Kiel 1>
Postfach 43 09, D-24042 Kiel
Tel: 49 (4 31) 8 84-1
Fax: 49 (4 31) 8 58 53

Bibliothekssigel	206
Gründung	1914
inst. Bez. LA	750 Tauschpartner, weltweit
Leitung	Bibliothek: Horst Thomsen; Wirtschafts-Archiv: N.N.
Kontaktperson	Christina Süssenbach
Mitarb. insg. (für LA)	130 (17)
Fachgebiet	Wirtschaftswissenschaften
themat. Schwerpunkte	Volkswirtschaft, Weltwirtschaft
geogr. Schwerpunkte	Weltweit, u.a. Lateinamerika
Stellenwert LA	Ein Schwerpunkt neben anderen
Schriftenreihen	"Bibliographie der Wirtschaftswissenschaften"; "Kieler Schrifttumskunden zu Wirtschaft und Gesellschaft"; "Kieler Schnellbibliographien zu aktuellen Wirtschaftsthemen"
Monogr. (LA-Bestand)	860.519 Bde., jährl. Zuw. 22.685 Bde. (73.686 Bde., jährl. Zuw. 1.702 Bde.)
Literaturdokumentation	946.211 bibliograph. Einheiten, jährl. Zuwachs: 19.630; Monographien, Zeitschriftenaufsätze, Landkarten/Atlanten, Periodika
Pressedokumentation	Internationale Wirtschaft und Politik
Zugänglichkeit	allgemein zugängliche Ausleihbibliothek, 120 Lesesaalplätze, Kopiermöglichkeit
Öffnungszeiten	Mo-Do 8.00-18.00, Fr 8.00-16.30
Kataloge	Autorenkatalog, Alphabetischer Schlagwortkatalog, Titelkatalog, Körperschaftenkatalog, Geogr. Katalog, Standortkatalog der Periodika (bis 1985)
Erfassungsregeln	RAK-WB (ab 1986)
inhaltl. Erschließung	eigener Thesaurus
Zugriffsmöglichkeit	eigene Systematik
Dienste	Entgegennahme von Kopieraufträgen
eigene EDV	Eigene Datenbank: Econis; Hardware: Siemens H 60 D, 88 Datensichtstationen, Software: BIS
Datenbasis Online	Zeitschriftendatenbank
EDV-Dienste	Recherche und Computerausdruck, Profildienst, MB-Dienst, Online-Nutzung, OPAC, Katalogkartendruck
Besonderheiten	Die Dokumentationsarbeit ist in die Bibliotheksarbeit voll integriert

B 55 Deutsches Institut für medizinische Dokumentation und Information (DIMDI)

Weißhausstr. 27
D-50939 Köln <W-5000 Köln 1>
Tel: 49 (2 21) 47 24-1
Telex: 8 881 364 dim d
Fax: 49 (2 21) 41 14 29

Status	öffentl., nicht universitär
Gründung	1969
übergeord. Inst.	Bundesministerium für Gesundheit
Leitung	Dr.phil.nat. Rolf Fritz (Direktor)

Kontaktperson	Dr.med.vet. Werner Stöber
Mitarb. insg. (für LA)	100
Fachgebiet	Medizin / Ernährungswissenschaft / Landwirtschaft
themat. Schwerpunkte	Sport, Biologie, Sozialwissenschaften, Psychologie, Gesundheitswesen, Biochemie, Biotechnologie
geogr. Schwerpunkte	weltweit
Literaturdokumentation	Monographien, Periodika, Zeitschriftenaufsätze
Faktendokumentation	Forschungsprojekte
Zugänglichkeit	allgemein zugänglich
Kataloge	Datenbanksuche anhand von Deskriptoren
inhaltl. Erschließung	abhängig von Datenbank (Thesaurus, Katalog, Terminologie)
Dienste	ca. 70 Datenbanken für den Bereich Dritte Welt u.a.: MEDLINE, EMBASE, CAB, PHTM, AIDS, AGRICOLA
eigene EDV	Hardware: Siemens H-120, Software: GRIPS- R
EDV-Dienste	Recherche und Computerausdruck, Profildienst, MB-Dienst, Online-Nutzung
Besonderheiten	Datenbankangebot im Verbund mit anderen Fachinformationsstellen

B 56 **Iberische und Lateinamerikanische Abteilung des Historischen Seminars (IHILA) - Bibliothek, Universität Köln**

Biblioteca del Instituto de Historia Ibérica y Latinoamericana de la Universidad de Colonia

Forschungsabteilung → F 44

Albertus-Magnus-Platz
D-50931 Köln <W-5000 Köln 41>
Tel: 49 (2 21) 4 70-24 46
Fax: 49 (2 21) 4 70-49 96

Gründung	1956
inst. Bez. LA	Austausch von Publikationen
Leitung	Prof.Dr. Hans-Jürgen Prien
Fachgebiet	Geschichte
geogr. Schwerpunkte	Spanien, Portugal, Lateinamerika
Stellenwert LA	zentral
Monogr. (LA-Bestand)	ca. 42.000 Bde., jährl. Zuw. ca. 800 Bde. (ca. 30.000 Bde.)
Zeitschr. (LA-Bestand)	280 Titel, jährl. Zuw. ca. 80 Bde. (ca. 50%)
sonst. Sammlungen	Sammlung "Erwin Walter Palm" (Kunstgeschichte)
Zugänglichkeit	Präsenzbibliothek, Kurzausleihe möglich, 25 Lesesaalplätze
Öffnungszeiten	10.00-17.00 (während des Semesters)
Kataloge	Autorenkatalog, Systematischer Katalog, Sonderkatalog Kunstgeschichte

B 57 **Portugiesisch-Brasilianisches Institut (PBI) - Bibliothek Universität Köln**

Forschungsabteilung → F 46

Albertus-Magnus-Platz
D-50931 Köln <W-5000 Köln 41>
Tel: 49 (2 21) 4 70-24 47
Fax: 49 (2 21) 4 70-51 51

Gründung	1931
inst. Bez. Inland	Romanisches Seminar der Universität Köln
Leitung	Prof.Dr. Eberhard Müller-Bochat, Prof.Dr. Helmut Feldmann
Kontaktperson	Dr. E. Jorißen
Fachgebiet	Literatur / Linguistik
themat. Schwerpunkte	Brasilianische Literaturwissenschaft
geogr. Schwerpunkte	Brasilien
Stellenwert LA	Ein Sammelschwerpunkt neben anderen
Monogr. (LA-Bestand)	ca. 18.000 Bde., jährl. Zuw. ca. 400-500 Bde. (ca. 7.000 Bde. zu Brasilien)
Zeitschr. (LA-Bestand)	182 (ca. 45%)
Zugänglichkeit	eingeschränkt zugängliche Präsenzbibliothek (Angehörige, Studenten des PBI und Roman. Seminars), 20 Lesesaalplätze, Kopiermöglichkeit
Öffnungszeiten	Mo-Fr 8.30-19.00, Semester: Mo-Do bis 20.30
Kataloge	Autorenkatalog, Systematischer Katalog

B 58 **Institut für Politikwissenschaft - Präsenzbibliothek Universität Mainz**

Forschungsabteilung → F 49

Colonel-Kleinmann-Weg 2
D-55128 Mainz <W-6500 Mainz>
Tel: 49 (61 31) 39 41 08
Telex: 4 187 476 uni d
Fax: 49 (61 31) 39 33 28

Kontaktperson	A. Brückner
Fachgebiet	Politikwissenschaft
Stellenwert LA	Ein Schwerpunkt neben anderen
Monogr. (LA-Bestand)	31.500 Bde., jährl.Zuw. 1.300 Bde. (5.000 Bde., jährl.Zuw. 150)
Zeitschr. (LA-Bestand)	30
Zugänglichkeit	allgemein zugängliche Präsenzbibliothek, 40 Lesesaalplätze, Kopiermöglichkeit
Öffnungszeiten	Mo-Do 9.00-19.00, Fr 9.00-15.00; Ferien: Mo-Do 9.00-15.00
Kataloge	Autorenkatalog, Systematischer Katalog

B 59 **Fachbereich Geographie - Bibliothek**
Universität Marburg

Deutschhausstr. 10
D-35037 Marburg <W-3330 Marburg>
Tel: 49 (64 21) 28 42 68
Fax: 49 (64 21) 28 67 27

Bibliothekssigel	4/170
Gründung	1876
Kontaktperson	Dipl.Bibl. Jutta Helas
Fachgebiet	Geographie
themat. Schwerpunkte	Bevölkerungs- und Sozialgeographie, Stadtgeographie, Raumforschung, Geomorphologie
Stellenwert LA	Ein Schwerpunkt neben anderen
Monogr. (LA-Bestand)	ca. 45.000 Bde. (mit Periodika), jährl. Zuw. ca. 350 (1280 Bde., jährl. Zuw. ca. 50)
Zugänglichkeit	allgemein zugängl. Präsenzbibliothek, kurzfristige Ausleihe möglich, 90 Lesesaalplätze
Öffnungszeiten	8.00-19.00 (in den Semsterferien Sonderregelung)
Kataloge	Autorenkatalog, Systematischer Katalog
Erfassungsregeln	RAK
Besonderheiten	Bestand ist im Zentralkatalog der Universitätsbibliothek Marburg erfaßt

B 60 **Institut für Brasilienkunde e.V.**
Bibliothek Dokumentation Archiv (IfB)

Forschungsabteilung → F 51

Sunderstr. 15/17
D-49497 Mettingen <W-4532 Mettingen>
Postfach 11 29
D-49493 Mettingen
Tel: 49 (54 52) 23 58
Fax: 49 (54 52) 43 57

Gründung	1969
Leitung	Institut: P. Osmar Erwin Gogolok; Bibliothek/Archiv: P. Donatus Norbert Kestel
Kontaktperson	P. Donatus Norbert Kestel
Mitarb. insg. (für LA)	6 (6)
Fachgebiet	Entwicklungspolitik / Theologie
themat. Schwerpunkte	Politik, Wirtschaft, Theologie, Soziales, Kirchen
geogr. Schwerpunkte	Brasilien, Lateinamerika
Stellenwert LA	Zentrales Sammelgebiet
Schriftenreihen	"Aspekte der Brasilienkunde"
Periodika	"Brasilien-Dialog"
sonst. Publikationen	"Taschenkalender Brasilien"
Monogr. (LA-Bestand)	20.000 Bde., jährl. Zuw. 500 Bde. (16.000 Bde. Brasilien, 4.000 Bde. spanischsprachiges Lateinamerika)
Zeitschr. (LA-Bestand)	20, jährl. Zuw. 3 (15)

Pressedokumentation	Presseausschnittssammlungen und Zeitungen
Kartensammlung	Karten zum Nordosten Brasiliens
sonst. Sammlungen	Fotos, Dias, Tonträger, Videos, Mikrofilme; Publikationen aus dem kirchlichen Raum Brasiliens; Diözesanblätter; Gemeindenachrichten
Literaturdokumentation	Zeitungsartikel (2.500 DE)
Faktendokumentation	Länderkundliche Daten, Volltext-Datenbank
Zugänglichkeit	allgemein zugängliche Präsenzbibliothek, 4 Lesesaalplätze
Öffnungszeiten	Mo-Fr 8.00-16.00
Kataloge	Autorenkatalog, Alphabetischer Schlagwortkatalog, Systematischer Katalog
inhaltl. Erschließung	Stichworte (über EDV)
Dienste	Literatur-Recherchen, Ausleihe, Auskünfte Ausschnittdienst/Serviço de Recortes
eigene EDV	Hardware: Olympia/People, MS-DOS Software: eigenes Bibliotheksprogramm und Wörterbuchprogramm
Datenbasis Online	Alternex/IBASE, Rio de Janeiro; IBGE via Renbac;
EDV-Dienste	Recherche und Computerausdruck

B 61 Aktionszentrum 3.Welt (A3W) - Bibliothek

Bierstr. 29
D-49074 Osnabrück <W-4500 Osnabrück>
Tel: 49 (5 41) 2 63 69

Gründung	1982
Kontaktperson	Gabi Amshoff
Fachgebiet	Länderkunde
themat. Schwerpunkte	Entwicklungsländer
geogr. Schwerpunkte	Lateinamerika
Stellenwert LA	Zentrales Sammelgebiet
Monogr. (LA-Bestand)	3.500 Bde., jährl.Zuw. 200 Bde.
Zeitschr. (LA-Bestand)	35, jährl. Zuw. 3-4
Zugänglichkeit	allgemein zugängliche Ausleihbibliothek, Kopiermöglichkeit
Öffnungszeiten	Mo-Fr 10.00-13.00, 15.00-18.00; Sa 10.00-13.00
Kataloge	Autorenkatalog, Geographischer Katalog, Systemat. Katalog
Dienste	Auf Anfrage werden Kopien verschickt

B 62 Diakonisches Werk der EKD - Bibliothek

Stafflenbergstr. 76
D-70184 Stuttgart <W-7000 Stuttgart 1>
Postfach 10 11 42
D-79010 Stuttgart
Tel: 49 (7 11) 21 59-2 89, -2 90
Telex: 723 557 ddws d
Fax: 49 (7 11) 21 59-2 88

Bibliothekssigel	Stg 112

Status	Kirchl. Institution
Gründung	1951
Kontaktperson	Dipl.Dok. Brigitte Walz
Mitarb. insg. (für LA)	3
Fachgebiet	Kirchliche Sozialarbeit, Diakonie, Entwicklungshilfe
Stellenwert LA	Ein Schwerpunkt neben anderen
Monogr. (LA-Bestand)	51.000 Bde., jährl. Zuw. 1000 Bde.
Zeitschr. (LA-Bestand)	ca. 700
sonst. Sammlungen	Bethel-Bibliothek
Literaturdokumentation	Bibliographische Dokumentation
Zugänglichkeit	allgemein zugängliche Ausleihbibliothek, 6 Lesesaalplätze
Öffnungszeiten	45 Std. pro Woche
Kataloge	Autorenkatalog, Alphabetischer Schlagwortkatalog, Systematischer Katalog
Erfassungsregeln	RAK-WB
inhaltl. Erschließung	Eppelsheimer Methode
Dienste	Benutzerberatung, Literaturzusammenstellungen, Kopiermöglichkeit
fremde EDV	Datenbanksystem CICADE
EDV-Dienste	Recherche

B 63 **Institut für Auslandsbeziehungen**
Bibliothek - Dokumentation - Archiv

Charlottenplatz 17
D-70173 Stuttgart <W-7000 Stuttgart 1>
Postfach 10 24 63
D-70020 Stuttgart
Tel: 49 (7 11) 2 22 51 47
Telex: 723 772 ifa d
Fax: 49 (7 11) 2 26 43 46

Bibliothekssigel	212
Status	Öffentlich, nicht universitär
Gründung	1917
Verbundsystem	Fachinformationsverbund "Internationale Beziehungen und Länderkunde"
Leitung	Udo Rossbach
Mitarb. insg. (für LA)	17 (1)
Fachgebiet	Kulturpolitik
themat. Schwerpunkte	Auslandskunde, Kulturbeziehungen, Austauschforschung, Völkerbild, Nationale Stereotypen, Migrationsfragen und Minderheitenprobleme, Deutschsprachige Bevölkerung im Ausland
Stellenwert LA	Ein Schwerpunkt neben anderen
Schriftenreihen	"Reihe Dokumentation"; "Materialien zum internationalen Kulturaustausch"
Periodika	"Zeitschrift für Kulturaustausch"; "Tätigkeitsbericht"
Monogr. (LA-Bestand)	350.000 Bde. (m. Periodika), jährl. Zuw. 7.500 Bde. (6.500 Bde.)

Zeitschr. (LA-Bestand)	jährl. Zuw. 4.000 Bde. (213)
Pressedokumentation	Ausschnittsammlungen (Presse), Zeitungen
sonst. Sammlungen	Dias in der Photothek, deutschsprachige Presse des Auslandes
Literaturdokumentation	Monographien, Zeitschriftenaufsätze, Periodika, Zeitungsartikel
Faktendokumentation	Institutionen, Deutsch-ausländische Gesellschaften
Zugänglichkeit	allgemein zugängliche Ausleihbibliothek, 36 Lesesaalplätze, Kopiermöglichkeit; Archiv: eingeschränkt zugänglich
Öffnungszeiten	Bibliothek: Mo, Di, Do 10.00-16.00; Mi, Fr 10.00-21.00; Sa 10.00-12.00; Photothek: Mo-Do 9.00-17.00, Fr 9.00-16.00
Kataloge	Autorenkatalog, Körperschaftenkatalog, Geographischer Katalog, Systematischer Katalog, Aufsatz-Verfasserkatalog, Personenkatalog
Erfassungsregeln	PI, RAK
inhaltl. Erschließung	Methode Eppelsheimer; Thesaurus "Internationale Beziehungen und Länderkunde", geographische und Sachgruppenklassifikation, teilweise Inhaltsreferierung
Zugriffsmöglichkeit	Archivschlüssel
Dienste	Bibliographien, Literaturzusammenstellung auf Anfrage, Entgegennahme von Kopieraufträgen
eigene EDV	Software: DOMESTIC II
fremde EDV	externes Rechenzentrum
Datenbasis Online	Datenbasis "Internationale Beziehungen und Länderkunde" des gleichnamigen Fachinformationsverbundes
EDV-Dienste	Recherche und Computerausdruck, Online-Nutzung
Besonderheiten	Reader-Printer

B 64 Forschungsschwerpunkt Lateinamerika am Geographischen Institut - Bibliothek Universität Tübingen (GISLA)

Forschungsabteilung Lateinamerika → F 62

Hölderlinstr. 12
D-72074 Tübingen <W-7400 Tübingen>
Tel: 49 (70 71) 29-48 95
Fax: 49 (70 71) 29-53 18

Bibliothekssigel	21/17
inst. Bez. Inland	Institut für Wissenschaftliche Zusammenarbeit mit Entwicklungsländern an der U Tübingen
Kontaktperson	Dipl.Bibl. Gisela Loeschke
Mitarb. insg. (für LA)	1 (1)
Fachgebiet	Geographie
geogr. Schwerpunkte	u.a. Lateinamerika, speziell Brasilien
Stellenwert LA	Ein Schwerpunkt neben anderen
Monogr. (LA-Bestand)	20.000 Bde., jährl. Zuw. 700 Bde. (1.800 Bde., jährl. Zuw. 80)
Zeitschr. (LA-Bestand)	210 lfd. gehaltene Periodika (28)
Kartensammlung	Kartensammlung
sonst. Sammlungen	Diasammlung

Zugänglichkeit allgemein zugängliche Präsenzbibliothek, kurzfristige Ausleihe möglich, 60 Lesesaalplätze, Kopiermöglichkeit
Öffnungszeiten Während d. Semesters: Mo-Do 8.45-19.00, Fr 8.45-17.00
Kataloge Autorenkatalog, Körperschaftenkatalog, Geographischer Katalog, Systematischer Katalog
Erfassungsregeln RAK
inhaltl. Erschließung thematisch, regional

B 65 **Institut für Politikwissenschaft - Bibliothek Universität Tübingen**

Forschungsabteilung → F 63

Melanchthonstr. 36
D-72074 Tübingen <W-7400 Tübingen>
Tel: 49 (70 71) 29-61 41

Bibliothekssigel 15
Kontaktperson Jürgen Ahrens
Mitarb. insg. (für LA) 5 (2)
Fachgebiet Politikwissenschaft
Stellenwert LA Ein Schwerpunkt neben anderen
Monogr. (LA-Bestand) 41.700 Bde. Monogr. und Zeitschr. (1.450 Bde., jährl. Zuw. 135 Bde. (nur Monographien)
Zeitschr. (LA-Bestand) 166 Zeitschriften lfd. gehalten (ca. 14%)
Zugänglichkeit allgemein zugängliche Präsenzbibliothek, 81 Lesesaalplätze, Kopiermöglichkeit
Öffnungszeiten Mo-Do 9.00-20.45, Fr 9.00-18.45
Kataloge Autorenkatalog, Alphabetischer Schlagwortkatalog, Geographischer Katalog
Erfassungsregeln RAK
inhaltl. Erschließung Aufstellung der Bücher nach einer differenzierten Systematik. Erschließung durch alphabetischen und geographischen Schlagwortkatalog
Dienste Microfiche-Lesegerät öffentlich zugänglich, ab 1993 EDV-Katalog
eigene EDV Hardware/HP AT; Software/Micromare
EDV-Dienste EDV-Recherche auf Anfrage möglich (nur Monographien)

B 66 **Statistisches Bundesamt (StaBuA) - Bibliothek**

Gustav-Stresemann-Ring 11
D-65189 Wiesbaden <W-6200 Wiesbaden 1>
Postfach 55 28
D-65045 Wiesbaden
Tel: 49 (6 11) 75-1
Telex: 4 186 511 stb d
Fax: 49 (6 11) 72 40 00

Bibliothekssigel 282

Status	Öffentlich, nicht universitär
Gründung	1948
inst. Bez. Inland	Tauschbeziehungen mit den Statistischen Zentralämtern
Kontaktperson	Sibylle Engelke
Mitarb. insg. (für LA)	27
Fachgebiet	Statistik / Wirtschaft / Ökologie / Demographie
themat. Schwerpunkte	Statistische Theorie und Methode, Statistische Veröffentlichungen des In- und Auslandes
Stellenwert LA	Ein Sammelschwerpunkt neben anderen
Monogr. (LA-Bestand)	414.184 Bde., jährl. Zuw. 13.000 Bde.
Zeitschr. (LA-Bestand)	1.635 Titel
sonst. Sammlungen	Veröffentlichungen der jeweiligen Statistischen Zentralämter
Zugänglichkeit	allgemein zugängliche Ausleihbibliothek, Kopiermöglichkeit, Entgegennahme von Kopieraufträgen
Öffnungszeiten	Mo-Fr 8.00-15.00
Kataloge	Integrierter Titel- und Körperschaftenkatalog (ab 1982), Systematischer Katalog, Geographischer Katalog (bis Erscheinungsjahr 1981), ab 1982 Online-Suche mit Schlagwörtern.
Erfassungsregeln	PI (bis 1981); RAK (ab 1982)
inhaltl. Erschließung	Stalis (Statistisches Literaturinformationssystem)
Dienste	Neue Bücher und Aufsätze (Profildienst), Neues aus Zeitschriften, Zeitschriftenverzeichnis
eigene EDV	Hardware: Siemens, Software: "Gisela" und eigene Programmierung
Datenbasis Online	Zeitschriftendatenbank (ZDB)
EDV-Dienste	Recherche und Computerausdruck, Profildienst, Online-Nutzung

B 67 **Deutsches Institut für tropische und subtropische Landwirtschaft (DITSL) - Bibliothek**

Steinstr. 19
D-37213 Witzenhausen <W-3430 Witzenhausen 1>
Postfach 16 52
D-37206 Witzenhausen
Tel: 49 (55 42) 6 07-0, -13
Fax: 49 (55 42) 6 07-39

Bibliothekssigel	Witz 1
Status	GmbH
Gründung	1898
inst. Bez. Inland	Fachbereichsbibliothek Landwirtschaft der Gesamthochschule Kassel, Witzenhausen; Völkerkundliches Museum, Witzenhausen
Kontaktperson	Dipl.Bibl. Ute Rosowski
Mitarb. insg. (für LA)	1,5
Fachgebiet	Landwirtschaft / Forstwirtschaft
themat. Schwerpunkte	Landwirtschaft der Tropen und Subtropen
geogr. Schwerpunkte	Afrika, Ibero-Amerika allgemein
Stellenwert LA	Ein Schwerpunkt neben anderen

Schriftenreihen	"Arbeitsberichte und Materialien"
Periodika	"Der Tropenlandwirt" u. Beihefte; "Topics in Applied Resource Management in the Tropics"
1*Monogr. (LA-Bestand)*	ca. 45.000 Bde., jährl. Zuw. ca. 1000 Bde. (ca. 900 Bde.)
Zeitschr. (LA-Bestand)	ca. 1000 Titel, davon 170 lfd. (aus LA ca. 140)
graue Literatur	ca. 10%
sonst. Sammlungen	Kolonialgeschichte, Völkerkunde
Zugänglichkeit	Ausleihbibliothek, 6 Lesesaalplätze
Öffnungszeiten	Mo-Do 8.30-17.00, Fr bis 15.00
Kataloge	Autorenkatalog, Geographischer Katalog, Systematischer Katalog, Zeitschriftenaufsatz- Dokumentation
inhaltl. Erschließung	eigene Systematik

B 68 **Informationsbüro Nicaragua e.V.**
Dokumentationsstelle und Archiv

Hofaue 51
D-42103 Wuppertal <W-5600 Wuppertal 1>
Postfach 10 13 20
D-42013 Wuppertal
Tel: 49 (2 02) 4 93 63 05
Fax: 49 (2 02) 45 21 29

Gründung	1978
Kontaktperson	Isabel Carcamo
Mitarb. insg. (für LA)	15
geogr. Schwerpunkte	Nikaragua, Mittelamerika
Literaturdokumentation	Monographien, Periodika, Zeitungsartikel, Flugblätter, Broschüren der Solidaritätsgruppen in der BRD
Faktendokumentation	Länderkundliche Daten, Entwicklungsprojekte
Zugänglichkeit	allgemein zugänglich, Kopiermöglichkeit, Entgegennahme von Kopieraufträgen
Öffnungszeiten	Mo-Fr 10.00-16.00
Kataloge	Alphabetischer Schlagwortkatalog
Besonderheiten	Archiv

Teil II Verzeichnis der mit Lateinamerika-Forschung befaßten Wissenschaftler und Experten Neuere Veröffentlichungen

Parte II Investigadores y expertos y sus publicaciones recientes

Pesquisadores e specialistas e suas publicações recentes

P 1	**Ade**, Thomas
	Europäischer Forschungsschwerpunkt Ländlicher Raum (EFLR) Universität Hohenheim D-70559 Stuttgart <W-7000 Stuttgart 70> Postfach 70 05 62 D-70574 Stuttgart Tel: 49 (7 11) 4 59-34 51 Fax: 49 (7 11) 4 59-34 47
Privat	Weirachstr. 6 D-71576 Burgstetten <W-7151 Burgstetten> Tel: 49 (71 91) 8 44 67
Geburtsdatum, -ort	13.03.1956
berufl. Werdegang	Assessor des Lehramts; Dr.rer.nat; 1985 WissAngest., Geographisches Inst., U Stuttgart; seit 1991 Geschäftsführer EFLR
Sprachen	Englisch, Spanisch, Französisch
Fachgebiet	Geographie
themat. Schwerpunkte	Regionalentwicklung
geogr. Schwerpunkte	Venezuela
Monographien	Die Agrarreform als Strategie zur Entwicklung des Ländlichen Raumes in Venezuela. Stuttgart 1992
Aufsätze	Geographische Betrachtungen zum Strukturwandel in der venezolanischen Landwirtschaft, in: Nachrichten der Deutsch-Venezolanischen Gesellschaft 3(1985)3/4, S. 144-151 Die Ergebnisse der venezolanischen Agrarreform aus wirtschafts- und sozialgeographischer Sicht, in: Nachrichten der DVG (im Druck)

P 2	**Alert**, Anja
Privat	Saßnitzer Str. 20 D-18107 Rostock <O-2520 Rostock 22>
Geburtsdatum, -ort	08.06.1952, Pirna
berufl. Werdegang	WissAss., LAI Rostock; 1981 Dr.phil.; 1989 Habil; 1990-92 Wiss Oberass. (Geschichte), LAI Rostock
wiss. Vereinigungen	AHILA
Sprachen	Spanisch, Englisch (Portugiesisch, Russisch)
Fachgebiet	Geschichte
themat. Schwerpunkte	Soziale Bewegungen 19./20. Jahrhundert, Nord-Süd-Beziehungen, Entwicklungspolitik, Ethnohistorie
geogr. Schwerpunkte	Venezuela, Kolumbien, Nikaragua, Kuba
Aufsätze	Antonio Guiteras und die Revolution von 1933. Ein Beitrag zum 50. Jahrestag des Sturzes der Machadodiktatur in Kuba, in: Semesterbericht Sekt. LA-Wiss. Rostock 1983, S. 31-49 Revolutionäre Bewegungen und Antiimperialistische Liga in Venezuela, aus: Die Liga gegen Imperialismus und für nationale Unabhängigkeit. Leipzig 1987, S. 144-151 Jorge Elicier Gaitán (1898-1948). Ein Beitrag zu den Wurzeln des antiimperialistischen-demokratischen Kampfes in Kolumbien, in: AAL. Berlin 16(1988)4, S. 689-699

The reflection of the French Revolution in the Students Movement in Venezuela in 1928, in: AAL. Berlin 17(1989) Special Issue 25, S. 103-110
Historische Bedingungen für die Formierung demokratischer Bewegungen in Venezuela (1908-1936), in: AAL. Berlin 18(1990)6, S. 1107-1114
Historische Aspekte des Übergangs von der Diktatur zur Demokratie in Venezuela 1935-1941, in: Semesterbericht Sekt. LA-Wiss. Rostock 1990, S. 92-100
Zu einigen historischen Aspekten der Formierung der kubanischen Bourgeoisie in der Revolution 1933/35, in: AAL. Berlin 19(1991)1, S. 138-153
Zivilisationsunfähig? Venezolanische Indianer in den Berichten deutscher Reisender, in: Reflexiones. Rostock (1991)2, S. 40-43

P 3 **Almeida-Sedas**, Guilherme de

Institut für Iberoamerika-Kunde (IIK), Informationsstelle
Alsterglacis 8
D-20354 Hamburg <W-2000 Hamburg 36>
Tel: 49 (40) 41 47 82-25
Fax: 49 (40) 41 47 82-41

Privat: Brahmsallee 4
D-20144 Hamburg <W-2000 Hamburg 13>
Tel: 49 (40) 45 21 26

Geburtsdatum, -ort: 06.12.1941, Estremoz/Portugal

berufl. Werdegang: 1959-64 Studium (Anglistik, Germanistik), U Lissabon; 1964-66 (Romanistik, Germanistik), U Hamburg; 1968 Ausbildung zum WissDok., Frankfurt/M.; seit 1966 WissMitarb., IIK Hamburg; 1973-85 WissDok., Dokumentations-Leitstelle Lateinamerika; seit 1985 Koordinator der Informationsstelle

wiss. Vereinigungen: REDIAL (Koordinator für Deutschland)

Sprachen: Englisch, Spanisch, Portugiesisch, Französisch (Italienisch)

Fachgebiet: Information und Dokumentation

geogr. Schwerpunkte: Lateinamerika, Brasilien

Periodika: "Spiegel der Lateinamerikanischen Presse/Boletín de Prensa Latinoamericana" (verantw. Redakteur)

P 4 **Altekrüger**, Peter

Ibero-Amerikanisches Institut (IAI), Stiftung Preuß. Kulturbesitz
Potsdamer Str. 37
D-10785 Berlin <W-1000 Berlin 30>
Postfach 12 47
D-10722 Berlin
Tel: 49 (30) 2 66 25 17
Fax: 49 (30) 2 66 28 14

Privat: Maxi-Wander-Str. 19
D-12619 Berlin <O-1153 Berlin>

	Tel: 49 (30) 5 61 77 86
Geburtsdatum, -ort	20.11.1961, Wittenberg
berufl. Werdegang	1984-89 Studium, U Rostock; seit 1990 WissMitarb., IAI Berlin
Sprachen	Spanisch, Englisch, Portugiesisch (Russisch)
Fachgebiet	Politikwissenschaft
themat. Schwerpunkte	Herrschaftssystem, Diktatur, Demokratisierung, Autoritarismus, Parteien, Politisches System, Wahlen, Militär, Gewerkschaften
geogr. Schwerpunkte	Paraguay, Cono Sur
Aufsätze	Kommunalwahlen 1991: Aufbruch der politischen Landschaft in Paraguay, in: Ibero-Amerikanisches Archiv. Berlin 17(1991)2/3, S. 295-316 Paraguay. Der Demokratie ein Schritt näher, in: Lateinamerika Nachrichten 19(1991)205/206, S. 82-88

P 5	**Altenburg**, Tilman
Privat	Uhlenbüttler Kamp 2 D-22339 Hamburg <W-2000 Hamburg 63> Tel: 49 (40) 5 38 82 49
Geburtsdatum, -ort	29.01.1959, Hamburg
berufl. Werdegang	Bis 1986 Studium (Geographie, Biologie), U Hamburg; 1986-89 WissMitarb., LAI FU Berlin; 1989-90 DAAD-Stipendiat in Costa Rica; 1991 Dr.rer.nat.; Mitarbeit an Forschungsprojekten über Dezentralisierungspolitik in Zentralamerika (1985-86, U Hamburg) und über agroindustrielle Entwicklung in Costa Rica (1986-89, FU Berlin); zeitw. Ref., ASA-Programm der CDG; seit 1992 WissMitarb., U Marburg (Zentralamerika-Projekt)
Sprachen	Spanisch, Englisch (Französisch)
Fachgebiet	Regionalplanung / Wirtschaftsgeographie
themat. Schwerpunkte	Agrargeographie, Agroindustrie, Entwicklungsplanung, Kolonisation, Naturschutz, Ökologie, Regionalplanung, Wirtschaftsgeographie
geogr. Schwerpunkte	Karibischer Raum, Costa Rica, Panama
Monographien	El desafío económico de Costa Rica. Desarrollo agroindustrial autocentrado como alternativa, San José/Costa Rica: DEI 1990, 393 S. (zus. mit W. Hein; J. Weller) Möglichkeiten und Grenzen wirtschaftlich eigenständiger Regionalentwicklung in Peripherräumen Costa Ricas. Hamburg 1992, 248 S.
Aufsätze	Kontraproduktion - ein Instrument zur Verbesserung der wirtschaftlichen Lage von Kleinbauern? in: Nord-Süd-Aktuell. Hamburg 4(1991)3 (zus. mit J. Weller) Komponenten einer ökologisch orientierten Regionalentwicklung für Lateinamerika, aus: H. Heske (Hg.), Ernte-Dank? Landwirtschaft zwischen Agrobusiness, Gentechnik und traditionellem Landbau. Gießen 1987, S. 185-203 Dezentralisierung finanzpolitischer Kompetenzen: Ein Beitrag zur Entwicklung peripherer Regionen?, aus: H. Nuhn; J. Oßen-

	brügge (Hg.), Polarisierte Siedlungsentwicklung und Dezentralisierungspolitik in Zentralamerika. Hamburg 1988, S. 171-208 Die Erschließung der atlantischen Abdachung und die Guaymí-Indianer: Konflikte zwischen landwirtschaftlicher Kolonisation, Naturschutz und indianischer Autonomie in Bocas del Toro, Panama, aus: K. Fliege; L. Ramalho (Hg.), Agrarkrisen. Fallstudien zur ländlichen Entwicklung in der Dritten Welt. Saarbrücken/Fort Lauderdale: Breitenbach 1988, S. 237-259
P 6	**Altvater**, Elmar
	FB Politische Wissenschaft (OSI), Freie Universität Berlin Ihnestr. 21 D-14195 Berlin <W-1000 Berlin 33> Tel: 49 (30) 8 38-49 65 Fax: 49 (30) 8 38-63 47
Privat	Hügelschanze 25 D-13585 Berlin <W-1000 Berlin 20> Tel: 49 (30) 3 36 18 85
Geburtsdatum, -ort	24.08.1938, Kamen
berufl. Werdegang	Dipl.-Volksw., U München; WissAss., U Erlangen-Nürnberg; o.Prof., OSI-FU Berlin
wiss. Vereinigungen	DVPW; GTÖ
Sprachen	Englisch, Portugiesisch, Italienisch (Spanisch, Französisch)
Fachgebiet	Entwicklungspolitik / Entwicklungstheorie
themat. Schwerpunkte	Weltmarkt, Ökologie,
geogr. Schwerpunkte	Brasilien
Monographien	Sachzwang Weltmarkt - Verschuldungskrise, blockierte Industrialisierung, ökologische Gefährdung. Der Fall Brasilien. Hamburg: VSA 1987 Die Armut der Nationen - Handbuch zur Verschuldungskrise von Argentinien bis Zaire. Berlin: Rotbuch 1987 (Hg. zus. mit K. Hübner; R. Rojas; J. Lorentzen)
Aufsätze	Consequências regionais da crise do endividamento global no exemplo do Pará, aus: Homem e natureza na Amazònia. Tübingen 1987 The Debt-Crisis - At the Crossroads of Development, aus: Lelio Basso International Foundation For the Rights and Liberation of Peoples (Hg.), Theory and Practice of Liberation at the End of the XXth Century. Brüssel: Bruylant 1988 (Übers.: Italienisch) Die Enttäuschung der Nachzügler oder: Der Bankrott "fordistischer" Industrialisierung, aus: B. Mahnkopf (Hg.), Der gewendete Kapitalismus - Kritische Beiträge zur Theorie der Regulation. Münster 1988 Vom Wert der tropischen Wälder, in: H.A. Müller (Hg.), Die Gegenwart der Zukunft. München: Scherz 1991, S. 219-251

P 7	**Ambos**, Kai
	Max-Planck-Institut für ausländisches und internationales Strafrecht (MPI) Günterstalstr. 73 D-79100 Freiburg <W-7800 Freiburg/Br.> Tel: 49 (7 61) 70 81-2 77 Fax: 49 (7 61) 70 81-2 94
Privat	Günterstalstr. 78 D-79100 Freiburg Tel: 49 (7 61) 7 40 18
Geburtsdatum, -ort	29.03.1965, Heidelberg
berufl. Werdegang	Studium (Rechts- und Politikwissenschaft), U Freiburg, U Oxford, U München; 1992 Dr.jur.; WissMitarb., MPI Freiburg; RechtsRef., Baden-Württ.; AG Strafrecht, U Freiburg
Sprachen	Englisch, Spanisch, Französisch
Fachgebiet	Recht
themat. Schwerpunkte	(Straf)rechtsvergleichung und Kriminologie: Drogenkontrolle; Menschenrechte und Strafverfolgung (impunidad=MPI -Projekt)
geogr. Schwerpunkte	Kolumbien, Peru, Bolivien, Chile, Argentinien
Monographien	The Central American refugee crisis. A comparative study on the refugee situation and refugee policies of Costa Rica, Honduras and Nicaragua. Oxford 1987, 200 S. (Refug. Stud. Progr.) Terrorismo y ley: RFA, Gran Bretaña, Perú y Colombia. Lima: Comisión Andina de Juristas 1989, 186 S. Die Drogenkontrolle und ihre Probleme in Kolumbien, Perú und Bolivien. Eine kriminologische Untersuchung aus Sicht der Anbauländer, unter besonderer Berücksichtigung der Drogengesetzgebung. Freiburg/Br. 1993
Aufsätze	Wachsender Terror und wirtschaftlicher Notstand. Politische Kehrtwende in Peru, in: Der Überblick (1988)4, S. 71 ff. Derechos humanos y persecución penal en América Latina, in: Boletín. Lima (CAJ) (1991)42; Nuevo Foro Penal. Medellín (1991)53, S. 101 ff. USA-Kolumbien. Ende der Auslieferung, in: Neue Kriminalpolitik. Baden-Baden (1991)4, S. 12 f. Peru/Bolivien/Kolumbien: Auf dem Weg zur Hölle. Lateinamerikanische Gefängnisse von innen, in: Lateinamerika Nachrichten. Berlin (1992)217/218, S. 80 ff.
sonst. Publikationen	Artikelserie zur Drogenproblematik in: taz. Berlin (1991/92)

P 8	**Amstutz**, Gerhard Christian
	Mineralogisch-Petrographisches Institut, Universität Heidelberg Im Neuenheimer Feld 236 D-69120 Heidelberg <W-6900 Heidelberg 1> Tel: 49 (62 21) 56 28-12, -02 (Sekretariat) Fax: 49 (62 21) 56 28 05
Privat	Merianstr. 18 D-69151 Neckargemünd <W-6903 Neckargemünd>

Tel: 49 (62 23) 15 16

Geburtsdatum, -ort 27.11.1922, Bern/Schweiz

berufl. Werdegang 1949 Dipl.Ing.Geol., ETH; 1952 Dr.sc.nat., ETH; 1952-56 Grubengeologe, Cerro de Pasco Corp./Peru; 1956-64 Prof. of Geology, U of Missouri/USA; 1964-91 o.Prof. u. Direktor, U Heidelberg; 1977 Dr.h.c., U Autónoma de Madrid; 1991 emeritiert

wiss. Vereinigungen Mitglied, Ehrenmitglied, Korr. Mitglied v. 17 wiss. Gesellschaften

Sprachen Englisch, Spanisch, Französisch

Fachgebiet Geologie

themat. Schwerpunkte Lagerstättenkunde, Petrographie, Tektonik

geogr. Schwerpunkte Peru, Chile, Bolivien, Argentinien

Schriftenreihen Mithg. Publikationsreihe von lagerstättenkundl. Monographien; Gründer und Redakteur "Mineralium Deposita" (Springer)

Periodika Editorial u. Advisory Board versch. geowiss. Zeitschriften

Monographien Diverse Bücher und Zeitschriftenaufsätze (Liste erhältlich)

P 9 **Andrae**, Franz

Universität für Bodenkultur
Peter Jordan-Straße 70
A-1190 Wien
Tel: 43 (1) 34 25 00-6 46

Privat Kreisbachtal 1
A-3150 Wilhelmsburg
Tel: 43 (27 46) 8 04 22

Geburtsdatum, -ort 19.04.1942, Wilhelmsburg

berufl. Werdegang 1966 Studienabschluß Forstwirtschaft, U für Bodenkultur, Wien; 1976 Promotion; 1967-68 Forstl. Bundesversuchsanstalt, Wien; 1969-74 und 1976-79 U Federal Santa Maria, Brasilien; 1974-76 und seit 1979 UniAss. (forstl. Ertragslehre), U für Bodenkultur

wiss. Vereinigungen IUFRO

Sprachen Portugiesisch, Spanisch, Englisch (Französisch)

Fachgebiet Forstwissenschaft

themat. Schwerpunkte Holzmaßkunde, Forstliche Ertragskunde, Industrieholz, Waldwachstum (Zuwachs), Ländliche Entwicklung (forstl. Aspekte)

geogr. Schwerpunkte Brasilien, West- und Ostafrika

Aufsätze Diverse Publ. zu Themen der Holzversorgung, Holzverwendung, Forstwirtschaft in Entwicklungsländern; Feasibility-Studien; Div. Publ. zu holzmeßkundlichen und ertragskundlichen Fragen

P 10 **Andritzky**, Walter

Institut für medizinische Psychologie, Universität Düsseldorf
Universitätsstr. 1
D-40225 Düsseldorf <W-4000 Düsseldorf 1>
Tel: 49 (2 11) 3 11-30 14

Privat Kopernikusstr. 55
D-40225 Düsseldorf
Tel: 49 (2 11) 34 56 19

Geburtsdatum, -ort	16.09.1950, Gummersbach
berufl. Werdegang	1974 Dipl.Soz.; 1976 Dr.phil; ab 1976 WissMitarb., Inst. für Zukunftsforschung (IFZ), Berlin; 1980 Dipl.Psych.; ab 1988 WissMitarb., U Köln; ab 1990 Psychotherapeut Nervenklinik Remscheid; ab 1991 WissMitarb., U Düsseldorf
wiss. Vereinigungen	Internat. Inst. für Kulturvergl. Therapieforschung e.V. (IIKT); AGEM; AAA
Sprachen	Englisch, Spanisch
Fachgebiet	Psychologie / Ethnologie
themat. Schwerpunkte	Ethnomedizin, Kulturanthropologie, Ethnopsychiatrie, Drogen
geogr. Schwerpunkte	Andenländer, Oberes Amazonasgebiet, Peru
Periodika	"Jahrbuch für Transkulturelle Medizin und Psychotherapie" (Berlin: Aglaster)
Monographien	Schamanismus und rituelles Heilen im Alten Peru. Berlin: Zerling 1989, 2 Bde. 526 S.
Aufsätze	Ethnopsychologische Aspekte des Heilrituals mit ayahuasca (Banisteriopsis caapi Spp) unter besonderer Berücksichtigung der Piro (Ostperu), in: Anthropos (1989)84, S. 177-201 Kulturvergleichende Psychotherapieforschung. Inhalte, praktische Relevanz und Methodenprobleme einer künftigen psychologische Disziplin, in: Integrative Therapie (1989)15, S. 194-230 Konzepte für eine Kulturvergleichende Therapieforschung. Probleme der Effektivität, der Vergleichbarkeit und Übertragbarkeit ethnischer Heilmethoden, aus: ders. (Hg), Jb. für Transkulturelle Medizin und Psychotherapie 1990. Berlin 1991, S. 15-66 Psychosoziale Wirkfaktoren in magisch-religiösen Heilritualen: das mesa-Ritual (Nord-Peru), aus: N.J. Albrecht; B.J. Lüken; R. Wiedersheim (Hg.), Traditionelle Heilsysteme. Ihre Bedeutung für die Gesundheitsversorgung in Asien, Afrika und Lateinamerika. Saarbrücken 1991
sonst. Publikationen	ca. 40 populärwiss. Darst. der Ergebnisse von Projekten.

P 11 **Arellano Hoffmann**, Carmen

Linden-Museum, Staatliches Museum für Völkerkunde
Hegelplatz 1
D-70174 Stuttgart <W-7000 Stuttgart 1>
Tel: 49 (7 11) 1 23 12 48

Privat Ludwigsstr. 55-A
D-70176 Stuttgart
Tel: 49 (7 11) 6 15 93 31

Geburtsdatum, -ort	24.12.1952, Lima/Peru
berufl. Werdegang	bis 1974 Studium in Peru; 1987 Dr. phil., U Bonn; 1982-86 Lehrauftr., U Bonn 1982-86; 1989-91 Volont., Linden-Museum (Abteilung Amerika); seit 1991 freie Mitarb., Linden-Museum
wiss. Vereinigungen	Förderverein Bonner Amerikanistische Studien
Sprachen	Spanisch, Englisch (Quechua, Russisch, Französisch, Italienisch, Portugiesisch)
Fachgebiet	Archäologie / Ethnologie

themat. Schwerpunkte	Indianische Dorfgemeinschaft, Ernährung, Span. und inkaische Verwaltung
geogr. Schwerpunkte	Andenländer
Monographien	Apuntes históricos sobre la provincia de Tarma en la sierra central del Perú. El kuraka y los ayllus bajo la dominación colonial española. Bonn 1988
	Notas sobre el indígena en la Intendencia de Tarma: Una evaluación de la visita de 1786. Bonn 1984
	Hallazgos en Huaca Casa Rosada (loza, vidrio, cerámica vidriada) asociados al trabajo en el Archivo General de la Nación. Lima 1974 (zus. mit anderen)
Aufsätze	Zu Bedeutung und Gebrauch des Wortes "Ayllu". Neue Erkenntnisse über die innere Funktion eines "Ayllus" in der Kolonialzeit anhand eines Beispiels von einer "Parcialidad" von Tarma/Peru, aus: A. Meyers; M. Volland (Hg.), Beiträge zur Kulturgeschichte des westlichen Südamerika. Opladen 1990, S. 67-85
	Testamento de Don Pedro Milachami, un curaca cañari en la región de los Wanka, 1662, in: Revista española de Antropología Americana. Madrid (1988)18, S. 95-127
	Anotaciones sobre el clima, ganado y tenencia de pastos en la puna de Tarma, siglo XVIII, aus: F. Ochoa, Llamichos y pagocheros. Pastores de llamas y alpacas. Cusco 1988, S. 77-84
sonst. Publikationen	Mitwirkung an: Hartmann (Hg.), "Rimaykullayku". Unterrichtsmaterialien zum Quechua Ayacuchano. Berlin: Reimer 1985
	Llamas, pastores y tejedores de Don Cristóbal Luna Atoq, curaca gobernador de Chinchaycocha (Perú), 1599. 46. Internat. Amerikanisten-Kongreß Amsterdam 4.-8. Juli 1988 (Manuskript)

P 12	**Ashoff**, Guido
	Deutsches Institut für Entwicklungspolitik (DIE) Fraunhoferstr. 33-36 D-10587 Berlin <W-1000 Berlin 10> Tel: 49 (30) 3 41 80 71 Telex: 186 761 DIE D Fax: 49 (30) 3 41 16 95
Privat	Wilhelmstr. 1 D-13467 Berlin <W-1000 Berlin 28> Tel: 49 (30) 4 04 02 82
Geburtsdatum, -ort	27.03.1949, Trier
berufl. Werdegang	1975 Dipl.Pol., FU Berlin; 1976-77 Postgrad.Stud., DIE Berlin; seit 1977 DIE, Berlin; Dr.rer.pol., FU Berlin; WissMitarb.
Sprachen	Englisch, Spanisch, Portugiesisch, Französisch
Fachgebiet	Entwicklungspolitik
themat. Schwerpunkte	Entwicklungs-, Integrations- und Außenpolitik der EG; Entwicklungsprozesse in Lateinamerika
geogr. Schwerpunkte	Lateinamerika

Monographien	Industrielle Anpassung im Zuge außenwirtschaftlicher Liberalisierung in Venezuela am Beispiel ausgewählter Branchen. Berlin: DIE 1990 (zus. mit anderen) La cooperación para el desarrollo entre la Comunidad Europea y América Latina: Experiencias y perspectivas. Madrid 1989 Entwicklungs- und industriestrategische Optionen kleiner Länder der Dritten Welt. Ein Beitrag zur entwicklungstheoretischen Diskussion. Berlin: DIE 1988 Industrieentwicklung und Industriepolitik kleiner Entwicklungsländer. Erfahrungen und Optionen am Beispiel der Dominikanischen Republik. Berlin: DIE 1988 Argentina. Economic cooperation with the Federal Republic of Germany and the European Community. Problems and prospects. Berlin: DIE 1985 (zus. mit K. Eßer)
Aufsätze	Rent-seeking: A new concept in the economic theory of politics and the debate on development theory, in: Economics (1989)40 Consecuencias de la expansión meridional de la CEE para sus relaciones con América Latina, in: Boletín. CEMLA. México D.F. (1989)29 The Mediterranean policy of the EC. The case of industry, in: Intereconomics. Hamburg 18(1983)3

P 13	**Auer**, Gerhard
Dienst	Pockelsstr. 4 D-38106 Braunschweig <W-3300 Braunschweig>
Privat	Husarenstr. 33 D-38102 Braunschweig Tel: 49 (5 31) 33 08 66
Geburtsdatum, -ort	06.05.1938, Ludwigshafen
berufl. Werdegang	1965 Dipl.Architekt, TH Stuttgart; seit 1967 Architekt in Darmstadt; 1972-79 Ass. und Doz., TH Darmstadt; seit 1980 Prof., TU Braunschweig; Leiter Inst. für Grundlagen des Entwerfens; z.Z. DFG-Forschungsprojekt "Mathias Goeritz in Mexiko"
berufl. Stellung	Architekt; Professor, TU Braunschweig
Sprachen	Spanisch, Französisch, Englisch
Fachgebiet	Architektur / Städtebau
themat. Schwerpunkte	Bauwerk und Licht, Farbe, Entwurfstheorie
geogr. Schwerpunkte	Mexiko
Periodika	"Daidalos" (Bertelsmann)
Aufsätze	"Im Zwischenreich". Zur Architektur des Mathias Goeritz, Katalogbeitrag Akademie der Künste. Berlin 1991 "Farblust und Abstraktion". Zum Baukolorit Mexikos, in: Bauwelt (1991)45

P 14 **Augel**, Johannes

Instituto Nacional de Estudios e Pesquisa (INEP)
Caixa Postal 112, Bissau, Guinea-Bissau
Tel. und Fax: 0010-25 11 25

Geburtsdatum, -ort 16.03.1939, Adenau

berufl. Werdegang 1969 Dr.phil.; 1970-92 Forschungsschwerpunkt Entwicklungssoziologie, U Bielefeld; 1971-74 GastDoz. U Federal da Bahia/ Brasilien; seit Nov. 1992 INEP, Guinea-Bissau

wiss. Vereinigungen ADLAF

Sprachen Englisch, Portugiesisch, Französisch, Italienisch (Spanisch)

Fachgebiet Soziologie / Geschichte

themat. Schwerpunkte Entwicklungssoziologie; Sozial- und Wirtschaftsgeschichte

geogr. Schwerpunkte Brasilien

Monographien Leben in Armut. Überlebensstrategien in brasilianischen Elendsvierteln. Mettingen: Brasilienkunde Verlag 1985, 196 S.

Die verplante Wohnmisere. Urbane Entwicklung und "armutsorientierter" Wohnungsbau in Afrika und Lateinamerika. Saarbrücken/Fort Lauderdale: Breitenbach 1986, 334 S. (ASA-Studien. 7) (zus. mit P. Hillen; R. Ramalho)

(Hg.) Zentrum und Peripherie. Urbane Entwicklung und soziale Probleme einer brasilianischen Großstadt. Saarbrücken: Breitenbach 1991, 250 S. (ASA-Studien. 22)

Aufsätze Soziale Auswirkungen großflächiger Stauseen in Lateinamerika - Beispiel Brasilien, in: Umwelt, Kultur und Entwicklung in der Dritten Welt. Zum Problem des Umwelterhalts und der Umweltzerstörung in Afrika, Asien und Lateinamerika. 7. Tübinger Gespräche zu Entwicklungsfragen, 30./31. Mai 1986. Stuttgart: Institut für Auslandsbeziehungen 1986, S. 285-293

Religião e Poder, aus: U Estadual do Ceará, Centro de Cultura Popular de Canindé (Hg.), Fé, Saúde e Poder. Traumaturgos, Profetas, Curandeiros. Fortaleza/Ceará. n.d. (1987), S. 131-140

Economic considerations on the renovation of the historic centre of Salvador (Bahia), Brazil, aus: D. Drakakis-Smith (Hg.), Economic Growth and Urbanization in Developing Areas. London/New York: Routledge 1990, S. 251-262

Vor unseren Augen. Brasiliens Yanomami-Indianer sind akut von der Ausrottung bedroht, in: Der Überblick 26(1990)3, S. 60-63; Teilnachdr. in: Evangelische Information (1990)42, S. 22

sonst. Publikationen Schattenseiten. Wohnen in Armut. Bilder aus einer brasilianischen Großstadt. Bild-Text-Ausstellung, 36 Tafeln, Broschüre 18 S., 1986 (Thema: Wohn- und Sozialprobleme in Salvador, insbes. in der Altstadt) (zus. mit J. Barth; R. Engelhardt; R. Gebhardt; et al.)

P 15 **Bachmann**, Sybille

Lateinamerika-Institut (LAI), Universität Rostock
August-Bebel-Str. 28
D-18055 Rostock <O-2500 Rostock 1>
Tel: 49 (3 81) 3 79 24 60

Privat Louis-Pasteur-Str. 1
D-18059 Rostock <O-2500 Rostock 6>
Tel: 49 (3 81) 44 36 96

Geburtsdatum, -ort 01.02.1960, Rostock

berufl. Werdegang 1978-82 Studium (Lateinamerikawissenschaften), LAI Rostock; 1981-82 Teilstud. in La Habana; 1984-85 Zusatzstud. am LAI Moskau; 1984 Dipl.Lateinamerikawiss./Hist.; 1986 Dr.phil.; unbefristete WissAss.

Sprachen Spanisch, Englisch, Portugiesisch, Russisch

Fachgebiet Philosophie / Geschichte

themat. Schwerpunkte Allgemeine Philosophie- und Kirchengeschichte in Lateinamerika, Theologie der Befreiung, Kirchliche Basisgemeinden

geogr. Schwerpunkte Zentralamerika

Monographien Por los pobres. Cristianos de América Latina en las luchas actuales. Berlin: Akademie 1988, 96 S. (Hg. zus. mit Th. Buhl; H.-G. Stieler) (AAL, Special Issue. 20)

Aufsätze Kirchliche Basisgemeinden in Zentralamerika, in: AAL. Berlin 14(1986)6, S. 1071-1080

Erfahrungen der salvadorianischen Revolution. Einige Überlegungen, in: AAL. Berlin 15(1987)6, S. 1043-1055

Acerca de la problemática de las Comunidades Eclesiales de Base (CEB) en Centroamérica, in: Lateinamerika. Rostock 22(1987)1, S. 38-54

Die Kirche in Nikaragua auf der Suche nach Identität, in: AAL. Berlin 16(1988)2, S. 306-316

Lateinamerikanische katholische Theologie in den achtziger Jahren, in: AAL. Berlin 17(1989)4, S. 683-693

P 16 **Bahlburg**, Heinrich

Department of Geology, The Pennsylvania State University
221 Deike Building, University Park, PA 16802/USA
Tel: 1 (8 14) 8 65-70 42
Fax: 1 (8 14) 8 65-31 91

Geburtsdatum, -ort 24.05.1956, Hamburg

berufl. Werdegang 1984 Dipl.Geol.; 1986 Dr.rer.nat; 1990 Habil.; 1984-91 WissMitarb. Inst. Geologie, TU Berlin; seit 1991 Visiting Scientist, Penn-State U

Sprachen Englisch, Spanisch (Französisch)

Fachgebiet Geologie

themat. Schwerpunkte Computer-Modellierung geologisch-sedimentologischer Prozesse, Wechselwirkungen Klima-Sedimentationsvorgänge in Ozeanen, Plattentektonik

geogr. Schwerpunkte Argentinien, Chile

Monographien The southern Central Andes: contributions to structure and evolution of an active continental margin. Heidelberg: Springer 1988, 262 S. (zus. mit C. Breitkreuz; P. Giese)
The Ordovician basin in the northern Puna of Argentina and Chile: geodynamic evolution from back-arc to foreland basin. Stuttgart: Schweizerbart 1990, 107 S.

Aufsätze Sedimentology, petrology and geotectonic significance of the Paleozoic flysch in the Coastal Cordillera of northern Chile, in: N. Jb. Geol. Paläont. Mh. Stuttgart 1987, S. 527-559
The Ordovician sedimentary rocks in the northern Puna of Argentina and Chile: new stratigraphical data based on graptolites, in: Newsl. Stratigr., Stuttgart 23(1990), S. 69-89 (zus. mit C. Breitkreuz; J. Maletz; M.C. Moya; J.A. Salfity)
The Ordovician back-arc to foreland successor basin in the Argentinian-Chilean Puna: tectono-sedimentary trends and sea-level changes, aus: D.I.W. Macdonald (Hg.), Sedimentation, Tectonics and Eustasy. Oxford 1991, S. 465-484
Die Entwicklung mariner Sedimentbecken am paläozoischen Kontinentalrand Südamerikas im Bereich der südlichen Zentralanden (NW Argentinien, N Chile), in: Zeitschr. dt. geol. Ges. Hannover (1991)142, S. 131-148

P 17 **Bähr**, Jürgen

Institut für Geographie, Universität Kiel
Ludewig-Meyn-Str. 14
D-24118 Kiel <W-2300 Kiel>
Tel: 49 (4 31) 8 80 29 46
Fax: 49 (4 31) 8 80 46 58

Privat Altwittenbeker Str. 27
D-24214 Altwittenbek <W-2303 Altwittenbek>

Geburtsdatum, -ort 31.10.1940, Kassel

berufl. Werdegang 1961-67 Studium (Geographie, Mathematik) U Marburg; 1967 Staatsexamen für das höhere Lehramt; 1967 Dr.rer.nat.; 1967-75 WissAss. und AkR., U Bonn; 1973 Habil.; 1975-77 WissRat und Prof., U Mannheim; seit 1977 o.Prof., U Kiel

Sprachen Englisch, Spanisch

Fachgebiet Geographie

themat. Schwerpunkte Bevölkerungs- und Stadtgeographie

geogr. Schwerpunkte Außertropisches Südamerika

Schriftenreihen "Kieler Geographische Schriften"; "Kieler Arbeitspapiere zur Landeskunde und Raumordnung"

Periodika Mithg. "Geographische Rundschau"

Monographien Migration im Großen Norden Chiles. Bonn 1975, 286 S. (Bonner Geogr. Abhandlungen. 50)
Santiago de Chile. Eine faktorenanalytische Untersuchung zur inneren Differenzierung einer lateinamerikanischen Millionenstadt. Mannheim 1978, 106 S. (Mannheimer Geogr. Arbeiten. 4)
Chile. Stuttgart: Klett 1981 (2. Auflage), 204 S.

	Wohnen in lateinamerikanischen Städten. Kiel 1988, 299 S.
Aufsätze	Neuere Entwicklungstendenzen lateinamerikanischer Großstädte, in: Geogr. Rundschau. Braunschweig 28(1976), S. 125-133 Siedlungsentwicklung und Bevölkerungsdynamik an der Peripherie der chilenischen Metropole Groß-Santiago. Das Beispiel des Stadtteiles La Granja, in: Erdkunde. Bonn 30(1976), S. 126-143, (1 Kartenbeilage) Idealschema der sozialräumlichen Differenzierung lateinamerikanischer Großstädte, in: Geographische Zeitschrift. Wiesbaden (1981)69, S. 1-33 (zus. mit G. Mertins) Intra-urban migration of lower income groups and peripheral growth of Latin American metropolitan areas, in: Applied Geography and Development (1990)36, S. 7-30

P 18	**Bankmann**, Ulf
Privat	Ortwinstr. 15a D-13465 Berlin <W-1000 Berlin 28> Tel: 49 (30) 4 01 65 57
Geburtsdatum, -ort	18.04.1936, Berlin
berufl. Werdegang	Studium (Altamerikanistik), Berlin; Mitarb. an div. Grabungs-, Ausstellungs- und Publikationsprojekten; freiberufliche Tätigkeit
Sprachen	Englisch (Spanisch, Französisch)
Fachgebiet	Altamerikanistik / Archäologie
themat. Schwerpunkte	Kunst, Ikonographie, Indianische Bilddokumente, Sammlungs- und Forschungsgeschichte
geogr. Schwerpunkte	Peru, Mexiko
Monographien	Gerdt Kutscher: Nordperuanische Gefäßmalereien des Moche-Stils. Mit einer Einführung und Nachweisen von Ulf Bankmann. München: Beck 1983, 65 S. und 320 Abb. auf Tafeln Altmexikanische Skulpturen der Sammlung Lukas Vischer, Museum für Völkerkunde Basel. Basel: Wepf 1990, 197 S. mit zahlr. Abb. (zus. mit G. Baer) Steine und Orte. Altmexikanische Steinskulpturen und Plastiken der Gegenwart. Museum Morsbroich Leverkusen. Heidelberg: Braus 1991, 220 S. mit zahlr. Abb. (zus. mit R. Wedewer)
Aufsätze	Manuscripta Americana der Staatsbibliothek in Berlin, in: Verhandlungen des 38. Internationalen Amerikanistenkongresses, Stuttgart-München 1968, Bd. 2. München 1970, S. 127-138 Reservedekor auf Keramik südamerikanischer Indianer, in: Festschrift zum hundertjährigen Bestehen der Berliner Gesellschaft für Anthropologie, Ethnologie und Urgeschichte, 1869-1969. Berlin 1971, Heft 3, S. 298-302, Taf. XXXI-XXXVII Moche und Recuay, in: Baessler-Archiv. Beiträge zur Völkerkunde. Berlin NF 27(1979), S. 253-271 Ometochtecomatl. Ein altmexikanisches Pulquegefäß im Museum zu Basel, in: Verhandlungen der Naturforschenden Gesellschaft Basel. Basel 94(1984), S. 307-319

180 von insges. 357 Objektbeschreibungen, in: Glanz und Untergang des alten Mexiko. Die Azteken und ihre Vorläufer. Mainz: von Zabern 1986, 574 S. mit zahlr. Abb.

P 19 **Barth**, Friedrich G.

Institut für Zoologie, Universität Wien
Althanstr. 14
A-1090 Wien
Tel: 43 (1) 3 13 36-12 05
Fax: 43 (1) 3 13 36-7 00

Privat Graf-Starhemberggasse 21/19
A-1040 Wien
Tel: 43 (1) 5 05 09 86

Geburtsdatum, -ort 18.04.1940, München

berufl. Werdegang 1967 Dr.rer.nat., U München; 1971 Habil.; 1974 o.Prof., U Frankfurt; seit 1987 o.Prof., U Wien

wiss. Vereinigungen Dt. Zool. Ges.; Society for Experimental Biology; International Society for Neuroethnology; Österr. Akad. d. Wiss.; Wiss. Ges. U Frankfurt

Sprachen Englisch (Spanisch, Französisch)

Fachgebiet Zoologie / Biologie

themat. Schwerpunkte Neurobiologie, Biomechanik

geogr. Schwerpunkte Mittelamerika, Costa Rica, Mexiko

Periodika "Journal of Comparative Physiology"

Monographien Insects and flowers. The biology of a partnership. Princeton Univ. Press 1985, 1991
(Hg.) Neurobiology of arachnids. Berlin/Heidelberg/New York: Springer 1985

Aufsätze ca. 100 wissenschaftliche Arbeiten in Fachzeitschriften

P 20 **Barth**, Walter

Hessisches Landesamt für Bodenforschung
Leberberg 9
D-65193 Wiesbaden <W-6200 Wiesbaden>
Tel: 49 (6 11) 5 37-2 51

Privat Solmsstr. 14
D-65189 Wiesbaden
Tel: 49 (6 11) 30 14 91

Geburtsdatum, -ort 21.05.1937, München

berufl. Werdegang 1962 Dipl.Geol., U München; 1965 Dr.rer.nat., TU Berlin; 1966-1970 Gastdoz., U Sucre/Bolivien; 1970-72 Forschungsstipendiat der DFG, TU Berlin; 1972-73 Lagerstättenprospektion in Argentinien; seit 1974 Leiter des Dezernates Rohstoffgeologie, Hess. Landesamt für Bodenforschung

Sprachen Spanisch (Englisch)

Fachgebiet Geologie

themat. Schwerpunkte Lagerstätten, Stratigraphie
geogr. Schwerpunkte Bolivien
Aufsätze Das Permokarbon bei Zudánez (Bolivien) und eine Übersicht des Jungpaläozoikums im zentralen Teil der Anden, in: Geologische Rundschau. Stuttgart 61(1972)1, S. 249-270
Die geowissenschaftliche Literatur Boliviens in den Jahren 1960-1971. Ein Überblick, in: Zentralblatt für Geologie und Paläontologie. Stuttgart 1(1972)1/2, S. 100-130
Palecologic specimens from the Devonian of Bolivia, in: Neues Jahrbuch für Geologie und Paläontologie. Stuttgart 10(1972), S. 573-581 (zus. mit W. Barthel)
Zur Stratigraphie des Altpaläozoikums und der Kreide bei Tarabuco und Icla im Dpto. Chuquisaca, Bolivien, in: Münster. Forsch. Geol. Paläont. Münster (1973)31/32, S. 207-231

P 21 **Battilana**, Carlos

Institut für Angewandte Linguistik mit Sprachzentrum
Universität Erlangen-Nürnberg
Bismarckstr. 1
D-91054 Erlangen <W-8520 Erlangen>
Tel: 49 (91 31) 85 23 49
Privat Hundshaupten 24
D-91349 Egloffstein <W-8551 Egloffstein>
Tel: 49 (91 97) 14 54
Geburtsdatum, -ort 27.07.1944, Asunción/Paraguay
berufl. Werdegang 1976 Dr. phil., U Erlangen-Nürnberg; WissMitarb.
wiss. Vereinigungen DHV
Sprachen Englisch, Spanisch, Französisch
Fachgebiet Linguistik / Literatur
themat. Schwerpunkte Sprache, Landeskunde
geogr. Schwerpunkte Spanien, Lateinamerika
Monographien Reflexiones sobre 'Hijo de hombre' de Augusto Roa Bastos. Frankfurt/Bern/Las Vegas: Lang 1979, 120 S.
Aufsätze Ensayo de interpretación de dos de los primeros 'ejercicios de prosa narrativa' de Jorge Luis Borges, in: Rundbrief des Deutschen Spanischlehrerverbandes. Nürnberg (1978)18, S. 37-40
Identidad nacional literaria en el Paraguay, in: Rom GG. Hamburg 24(1989), S. 337-342

P 22 **Bauer**, Berthold

Geographisches Institut der Universität Wien
Universitätsstr. 7
A-1010 Wien
Tel: 43 (1) 4 01 03-25 71
Privat Kirchengasse 29
A-2122 Riedenthal
Tel: 43 (22 45) 49 94

Geburtsdatum, -ort	29.03.1939, Krems
berufl. Werdegang	Studium (Anglistik, Geographie), U Wien; Univ.Ass. für Geographie an der Wirtschafts-U; Ass. und Doz. für Geographie, U Wien; Ass.Prof., U Detroit (1969), California State U L.A. (1969), UCLA (1975); a. Professor, Geograph. Institut der U Wien
wiss. Vereinigungen	Österreichische Geographische Gesellschaft; Gesellschaft für Nordamerika-Studien
Sprachen	Englisch, Spanisch (Französisch)
Fachgebiet	Geographie
themat. Schwerpunkte	Ökologie, Geomorphologie, Physische Geographie
geogr. Schwerpunkte	Österreich, Nord- und Südamerika
Monographien	Geomorphologie. Bde. 1 und 3. Wien: Hirt
Aufsätze	Touristische Entwicklungschancen Zentralamerikas, in: Zeitschrift für Lateinamerika. Wien (1975)9 Guatemala. Entwicklungsland im Kampf gegen Naturkatastrophen, in: Lateinamerika Aspekte (1981)1 Natürliche Ressourcen und ihr Einfluß auf die Entwicklung, in: LAI-Informationen 2/3(1982) Ökologische Nachteile der Tropen, in: Zeitschrift für Lateinamerika. Wien (1989)36

P 23	**Baumann**, Max Peter
	Internationales Institut für Traditionelle Musik (IITM) Winklerstr. 20 D-14193 Berlin <W-1000 Berlin 33> Tel: 49 (30) 8 26 28 53 Telex: 182 875 iicms d Fax: 49 (30) 8 25 99 91
Privat	Meerscheidtstr. 7 D-14057 Berlin <W-1000 Berlin 19> Tel: 49 (30) 3 02 86 65
berufl. Werdegang	1974 Promotion (Musikwissenschaft), Bern; 1975 Ass., U Bern; 1976-82 Ass.Prof. für Vergl. Musikwiss., FU Berlin; 1982-87 Univ.Prof., U Bamberg; 1985/86 Visiting Associate Prof., Columbia U New York, Center for Studies of Ethnomusicology; seit 1987 Direktor des IITM, Berlin
wiss. Vereinigungen	International Council for Traditional Music; Society for Ethnomusicology; Lateinamerika-Forum, Berlin; European Seminar for Ethnomusicology, Internationales Institut für Kulturvergleichende Therapieforschung; DS Kultur
Sprachen	Englisch, Spanisch, Französisch
Fachgebiet	Musik / Musikwissenschaft
themat. Schwerpunkte	Ethnomusikologie, Anthropologie, Musiktraditionen Lateinamerikas, Feldforschung, Kulturpolitik
geogr. Schwerpunkte	Bolivien, Peru, Argentinien

Schriftenreihen Hg. "Intercultural Music Studies", "Musikbogen. Wege zum Verständnis fremder Musikkulturen"; Hg. der CD-Serien "Traditional Music of the World", "Living Musical Tradition"

Periodika Hg. "The World of Music" (erscheint dreimal jährlich)

Monographien Sojita Chunka Qheshwa Takis Bolivia LLajtamanta. Sesenta canciones del Quechua boliviano, recopilado y editado por M.P. Baumann. Cochabamba: Centro Pedagógico y Cultural de Portales 1983 (inkl. Musikkassette)

Aufsätze Music, Dance, and Song of the Chiapas (Bolivia), in: Latin American Music Review 2(1991)2, S. 171-222

Saiteninstrumente in Lateinamerika, aus: H. Stockmann (Hg.), Studia Instrumentorum Musicae Popularis VIII. Stockholm: Musikmuseets 1985, S. 157-67 (Musikhistor. Museets Skrifter. 10)

The Kantu Ensemble of the Kallawaya at Charanzani (Bolivia), in: Yearbook of Traditional Music 17(1985), S. 146-66

Musik, Verstehen und Struktur: das Ira-arka-Prinzip im symbolischen Dualismus andiner Musik, in: Beiträge zur Musikwissenschaft 32(1990)4, S. 274-283

Safeguarding of Musical Traditions: Towards the 'Rehabilitation of the Alien', aus: M.P. Baumann (Hg.), World Music - Musics of the World. Aspects of Documentation, Mass Media and Acculturation. Wilhelmshaven: Florian Noetzel 1992, S. 151-176

Musikwissenschaft, aus: N. Werz (Hg.), Hb. der deutschsprachigen Lateinamerikakunde. Freiburg: ABI 1992, S. 445-473

sonst. Publikationen Musik im Andenhochland/Bolivien; Music in the Andean Highland/Bolivia. Kommentar und Aufnahmen; Commentary and Recordings: M.P. Baumann. Berlin: Musikethnologische Abteilung, Museum für Völkerkunde Berlin, Staatliche Museen Preussischer Kulturbesitz 1982 (3.Aufl.) 1990, 40+40 S., 2 LP. (Museum Collection. 14)

P 24 **Baumer**, Jean-Max René

Volkswirtschaftliches Seminar, Hochschule St. Gallen
Tigerhof, Tigerbergstr. 2
CH-9000 St.Gallen
Tel: 41 (71) 30 25 90
Fax: 41 (71) 22 46 56

Privat Marktgasse 15
CH-9000 St. Gallen
Tel: 41 (71) 23 73 62

Geburtsdatum, -ort 03.08.1938, Arbon

berufl. Werdegang Studium (VWL), U St. Gallen und M.I.T. Cambridge/USA; seit 1970 Doz. an der HSG; 1972 PDoz. für VWL; seit 1976 Prof.; bis Ende 1992 Direktor des Instituts für Lateinamerika und Entwicklungsforschung

Sprachen Französisch, Englisch, Spanisch

Fachgebiet Entwicklungökonomie / Wirtschaft

themat. Schwerpunkte	Entwicklungstheorien, Wirtschaftspolitik, bes. Anpassungsstrategien; Beziehungen zwischen Industrie- u. Entwicklungsländern, Entwicklungszusammenarbeit, Außenhandelstheorie und Währungspolitik
geogr. Schwerpunkte	Lateinamerika, bes. Mexiko, Brasilien, Kolumbien
Schriftenreihen	Buchreihe des ILE (Verlag Ruegger, Grüsch)
Periodika	Lateinamerika Nachrichten (bis Ende 1992)
Monographien	Mexiko. Eine wirtschaftspolitische Analyse der Krise. Zürich: Vontobel 1987, 70 S.
	Europäisch-Lateinamerikanische Wirtschaftskooperation. Köln: Dt. Institutsverlag 1985, 300 S. (mit A. von Gleich, W. Hummer)
Aufsätze	Die Neunzigerjahre müssen gerettet werden!, aus: Lateinamerika Nachrichten. St. Gallen: Institut für Lateinamerika und Entwicklungsforschung (ILE) 1991, 30 S.
	Theorie der Dependenz oder der Vulnerabilität: die Optik der Ökonomie, aus: Lateinamerika vor der Entscheidung. Frankfurt/M.: Fischer 1984, 25 S.

P 25	**Baumgartner**, Jakob
Privat	CH-6405 Immensee Tel: 41 (81) 51 81
Geburtsdatum, -ort	18.11.1926, Montlingen/SG
berufl. Werdegang	Phil.-theol. Studien; 1968 Dr.theol; 1969-91 Prof. U Fribourg; seit 1991 Prof.em.
Sprachen	Französisch, Italienisch, Englisch (Spanisch, Portugiesisch)
Fachgebiet	Theologie
geogr. Schwerpunkte	Mexiko, Andenländer, Kolumbien, Peru
Periodika	Mitredaktion "Neue Zeitschr. für Missionswissenschaft" (NZM)
Monographien	Mission und Liturgie in Mexiko. Bd. I: Der Gottesdienst der jungen Kirche Neuspaniens; Bd. II: Die ersten liturgischen Bücher in der Neuen Welt. Schöneck-Beckenried: NZM 1971/72
Aufsätze	P. Alonso de Sandoval SJ und die Negersklaverei. Die Missionspastorale "De instauranda Aethiopium salute" von 1627, aus: J. Baumgartner (Hg.), Vermittlung zwischenkirchlicher Gemeinschaft. Schöneck-Beckenried 1971, S. 409-448
	Ein Vorläufer Las Casas': Der Konquistador Alvaro Núñez Cabeza de Vaca, in: NZM 37(1981), S. 172-188
	Das tridentinische Dekret "Tametsi" in der Zweitausgabe des mexikanischen Manuale Sacramentorum (1568), in: NZM 42(1986), S. 241-263
	"Das wichtigste Hilfsmittel zur Verkündigung der Frohbotschaft und zur Unterweisung im christlichen Leben". Die Sprachbemühungen der Ordensleute bei der Evangelisierung Lateinamerikas (1992)
	Evangelisation-Kirche-Theologie in Lateinamerika. Schweizer Veröffentlichungen seit 1945 (komment. Bibliographie) (1992)

P 26	**Bayer**, Ehrentraud
	Institut für Systematische Botanik, Universität München Menzinger Str. 67 D-80638 München <W-8000 München 19> Tel: 49 (89) 1 79 22 28 Fax: 49 (89) 1 78 22 74
Geburtsdatum, -ort	16.08.1953, München
berufl. Werdegang	1986 Dr.rer.nat.; ab 1986 WissAss., U München; AkR a.Z.
wiss. Vereinigungen	Verband deutscher Biologen (VdBiol.); Bayerische Botanische Gesellschaft (BBG)
Sprachen	Spanisch, Englisch (Französisch, Italienisch)
Fachgebiet	Botanik
themat. Schwerpunkte	Biosystematik, Cytologie, Monocotyledoneae
geogr. Schwerpunkte	Chile
Monographien	Die Gattung Alstroemeria L. in Chile
Aufsätze	Die Gattung Alstroemeria in Chile, in: Mitt. Bot. Staatssamml. München (1987)24, S. 1-362 Beitrag zur Cytologie der Alstroemeriaceae, in: Mitt. Bot. Staatssamml. München (1988)27, S. 1-6

P 27	**Bayer**, Osvaldo
	Arcos 2493, 1428 Buenos Aires/Argentinien Tel: 54 (1) 7 81 08 01
Privat	Im Wingert 26 D-53604 Bad Honnef <W-5340 Bad Honnef> Tel: 49 (22 24) 7 60 12
Geburtsdatum, -ort	18.02.1927, Santa Fé/Argentinien
berufl. Werdegang	Langjähriger Leiter der Abteilung Politik und Militärwesen der Zeitung "Clarín", Buenos Aires; 1976-83 Exil in der Bundesrepublik Deutschland; seit Oktober 1983 wieder in Buenos Aires
berufl. Stellung	Freier Schriftsteller; Tutor (Landeskunde Argentinien), DSE, Zentralstelle für Auslandskunde, Bad Honnef
Sprachen	Spanisch (Englisch, Italienisch, Portugiesisch)
Fachgebiet	Geschichte
themat. Schwerpunkte	Sozialgeschichte Argentiniens
geogr. Schwerpunkte	Argentinien
Monographien	Los anarquistas expropiadores, Simón Radowitzky y otros ensayos. Buenos Aires: Galerna 1975, 271 S. Los vengadores de la Patagonia trágica. Buenos Aires: Galerna 1972-1974, Bd. I: 224 S., Bd. II: 368 S.; Bd.III: 296 S., Bd. IV, Wuppertal: Hammer 1978, 456 S. Exilio. Buenos Aires: Legasa 1985, 112 S. (zus. mit J. Gelman) Fútbol Argentino. Buenos Aires: Sudamericana 1989, 110 S. Severino Di Giovanni, el idealista de la violencia. Buenos Aires: Legasa 1989, 445 S.
Aufsätze	Die Rolle des Militärs in der politischen Entwicklung Argentiniens, in: Berichte zur Entwicklung in Spanien, Portugal und Lateinamerika. München 3(1978)17, S. 19-27

Pequeño recordatorio para un país sin memoria, aus: Represión y reconstrucción de una cultura: el caso argentino. Buenos Aires: Eudeba 1988

P 28	**Becher**, Hans
Privat	Kaiserallee 8 D-30175 Hannover <W-3000 Hannover 1>
Geburtsdatum, -ort	14.08.1918, Berlin
berufl. Werdegang	1946-52 Studium (Amerikanistik, Völkerkunde, Volkskunde, Geographie), Hamburg und Valencia; 1952 Dr.phil., Hamburg; Volontär.-Ass. Hamburg. Mus. für Völkerkunde und Mus. für Hamburg. Geschichte; WissAss. Museu Paulista, São Paulo; Lehrbeauftr. (Amerikanistik), U Göttingen
wiss. Vereinigungen	Ethnologische Gesellschaft Hannover e.V. (1.Vors. 1967-1983); Associação Brasileira de Antropologia; Österreichische Ethnologische Gesellschaft; Société des Américanistes Suisse, Korresp. Mitgl.; Niederdeutscher Verband für Volks- und Altertumskunde
Sprachen	Englisch, Portugiesisch, Spanisch, Französisch
Fachgebiet	Ethnologie / Altamerikanistik
themat. Schwerpunkte	Religionsethnologie, Mythologie, Materielle Kultur, Ethnomedizin, Akkulturation
geogr. Schwerpunkte	Südamerika, Brasilien
Schriftenreihen	Hg. "Völkerkundliche Abhandlungen" (10 Bände, von 1964-1987)
Monographien	Die Surára und Pakidái. Zwei Yanomami-Stämme in Nordwest-Brasilien. Hamburg: Cram, de Gruyter & Co. 1960, 138 S., Karte und 50 Abb. Poré Perimbó. Einwirkungen der lunaren Mythologie auf den Lebensstil von drei Yanomami-Stämmen - Surára, Pakidái und Ironasitéri. Hannover: Münstermann-Druck KG 1974, 244 S., Karte, 83 Abb., 3 Tabellen, Graph. Darst. Georg Heinrich Freiherr von Langsdorff in Brasilien. Forschungen eines deutschen Gelehrten im 19. Jahrhundert. Berlin: Reimer 1987, 146 S., 4 Karten, 21 Abb. O Barão Georg Heinrich von Langsdorff. Pesquisas de um cientista alemão no século XIX. Tradução: Mário Nunes Jr., São Paulo: Edições diá, Brasília, DF: Ed. U de Brasília 1990
Aufsätze	Algumas notas sobre a religião e a mitologia dos índios Surára, in: Revista do Museu Paulista, N.S., XI, São Paulo (1959), S. 99-107 A lua e a reencarnação. A criação do homem na imaginação dos índios Surára, Noroeste do Brasil, in: Indiana, Berlin 2(1974), S. 227-238 Gegenwärtiger Kenntnisstand über die im Amazonastal siedelnden indianischen Gruppen, aus: G. Hartmann (Hg.), Amazonien im Umbruch. Symposium über aktuelle Probleme und deutsche Forschungen im größten Regenwaldgebiet der Erde. Berlin: Reimer 1989, S. 141-146,

Mitautor in: J. Wilbert; K. Simoneau (Hg.), Folk Literature of the Yanomami Indians. Los Angeles: UCLA Latin American Center of Publications 1990

P 29 **Beck**, Barbara

Lateinamerika-Institut (LAI), Freie Universität Berlin
Rüdesheimer Str. 54-56
D-14197 Berlin <W-1000 Berlin 33>
Tel: 49 (30) 8 38-30 72
Fax: 49 (30) 8 38-54 64

Privat Nehringstr. 16
D-14059 Berlin <W-1000 Berlin 19>
Tel: 49 (30) 3 22 37 79

Geburtsdatum, -ort 07.07.1949, Berlin

berufl. Werdegang Freiberufliche Tätigkeit als Autorin und Übersetzerin, Verlagsredakteurin; 1985 Dr.phil., Forschungsprojekt DFG; seit 1990 WissMitarb., LAI FU Berlin

Sprachen Englisch, Spanisch (Französisch, Italienisch)

Fachgebiet Politikwissenschaft

themat. Schwerpunkte Politisches System, Demokratisierung, Neue soziale Bewegungen, Großstadtkultur

geogr. Schwerpunkte Mexiko

Monographien Zapata. Bilder aus der Mexikanischen Revolution. Berlin: Wagenbach 1976, 157 S. (zus. mit H. Kurnitzky)
Mais und Zucker. Zur Geschichte eines mexikanischen Konflikts. Berlin: Reimer 1986, 192 S.

Aufsätze Ottomotor und Ozonpest. Mexikanische Erfahrungen mit einer älteren Technologie, in: Freibeuter. Berlin (1988)38, S. 77-81
Labyrinth und Maske, aus: dies. (Hg.), Lilli Engel. Píntame un árbol. Berlin: Querverlag 1990, S. 5-15
"Die Stadt gehört allen und wir werden sie erobern." Basisdemokratische Bewegungen in Mexiko-Stadt nach der Erdbebenkatastrophe 1985, aus: W. Reusch; A. Wiener (Hg.), Geschlecht - Klasse - Ethnie. Saarbrücken/Fort Lauderdale: Breitenbach 1991, S. 168-183
Mexiko: "Aus dem Schatten der Revolution treten". Auf der Suche nach dem Anschluß an den Norden, in: Lateinamerika. Analysen und Berichte. Hamburg/Münster (1991)15, S. 212-234 (zus. mit M. Braig)

P 30 **Beck**, Stephan

Instituto de Ecología, La Paz
Correo Central, Caj.Pos.10077, La Paz/Bolivien
Tel: 5 91 (2) 79-25 82, -24 16
Fax: 5 91 (2) 79-75 11

Geburtsdatum, -ort 18.09.1944, Landsberg/Lech

berufl. Werdegang Studium (Landwirtschaft, Ökologie, Botanik); UDoz. und Gutachter; Wiss. Berater und GastDoz. am Ökologie-Institut
wiss. Vereinigungen Organization for Flora Neotropica; GTÖ; Association for Tropical Biology
Sprachen Englisch, Spanisch, Französisch
Fachgebiet Botanik
themat. Schwerpunkte Neotrop. Flora und Vegetation, ihre Erhaltung und nachhaltige Nutzung
geogr. Schwerpunkte Andenraum: Bolivien, Peru; Amazonas
Periodika Mithg. "Ecología en Bolivia"
Monographien Vegetationsökologische Grundlagen der Viehwirtschaft in den Überschwemmungssavannen des Rio Yacuma (Departamento Beni, Bolivien). Hirschberg: Strauss und Cramer 1983, 186 S.
Möglichkeiten zur Nutzung der Tropenwaldressourcen in Nord- und Westbolivien unter Einbeziehung ökologischer Aspekte. Bonn: Weltforum 1985, 299 S. (zus. mit R. Stolz; G. Espig; W. Hannagarth; H. Roth)
Aufsätze Las regiones ecológicas y las unidades fitogeográficas de Bolivia, aus: C.B. Morales (Hg.), Manual de Ecología. La Paz: Instituto de Ecología, UMSA 1988, S. 233-271
Structure and composition of savanna vegetation in Northern Bolivia: a preliminary report, in: Brittonia 41(1989)1, S. 80-100 (zus. mit R. Haase)

P 31 **Becker**, Felix

Konrad-Adenauer-Stiftung (KAS), Wissenschaftliche Dienste
Rathausallee 12
D-53757 St. Augustin <W-5205 St. Augustin 1>
Tel: 49 (22 41) 2 46-2 44
Telex: 889 727 kas d
Fax: 49 (22 41) 2 46-4 90
Privat Breslauer Str. 46
D-50374 Erftstadt <W-5042 Erftstadt 1>
Tel: 49 (22 35) 4 17 35
Geburtsdatum, -ort 06.04.1948, Wiesbaden
berufl. Werdegang Studium (Geschichte, Romanistik), Mainz, Freiburg, Köln; 1979 Dr.phil., U Köln; bis März 1992 Hist. Sem., U Köln; seither KAS
Sprachen Französisch, Spanisch, Portugiesisch, Englisch
Fachgebiet Geschichte
themat. Schwerpunkte Kolonialgeschichte, Internationale Beziehungen 19. Jh.
geogr. Schwerpunkte Spanien, Portugal, Lateinamerika
Schriftenreihen Mithg. "Forum Ibero-Americanum". Köln/Wien: Böhlau (zus. mit Chr. Wentzlaff-Eggebert)
Monographien Die Hansestädte und Mexiko. Handelspolitik, Verträge und Handel, 1821-1867. Wiesbaden 1984, IX+126 S.
Un mito jesuítico. Nicolas I Rey del Paraguay. Aportación al estudio del ocaso del poderío de la Compañía de Jesús en el siglo XVIII. Asunción 1987, X+285 S.

(Hg.) América Latina en las ciencias sociales alemanas. Caracas 1988, 509 S.

Aufsätze Indianermission und Entwicklungsgedanke unter spanischer Kolonialherrschaft, aus: I. Buisson; M. Mols (Hg.), Entwicklungsstrategien in Lateinamerika in Vergangenheit und Gegenwart. Paderborn/München/Wien/Zürich 1983, S. 45-66

Los tratados de Amistad, Comercio y Navegación y la Integración de los Estados independientes americanos en el sistema internacional, aus: I. Buisson; G. Kahle; H.-J. König; H. Pietschmann (Hg.), Problemas de la Formación del Estado y de la Nación en Hispanoamérica. Köln/Wien 1985, S. 247-277 (Lateinamerikanische Forschungen. Beihefte JbLA. 13)

"Rassenbeziehungen" und Gesellschaftsordnung. Zur "Rassenfrage" im karibischen Experimentierfeld spanischer Kolonialherrschaft, aus: K. Kohut (Hg.), Rasse, Klasse und Kultur in der Karibik. Frankfurt/M. 1989, S. 21-34

P 32 **Bendel**, Petra

Institut für Iberoamerika-Kunde (IIK)
Alsterglacis 8
D-20354 Hamburg <W-2000 Hamburg 36>
Tel: 49(40) 41 47 82-31
Fax: 49 (40) 41 47 82-41

Privat Pfenningsbusch 23
D-22081 Hamburg <W-2000 Hamburg 76>
Tel: 49 (40) 2 38 44 43

Geburtsdatum, -ort 12.09.1965, Dorsten/Westfalen

berufl. Werdegang 1992 M.A., Heidelberg (Pol.Wiss, Romanistik, Anglistik); seit Aug. 1992 WissMitarb., IIK-Hamburg (Doktorandin)

Sprachen Englisch, Spanisch, Französisch

Fachgebiet Politikwissenschaft

themat. Schwerpunkte Vergleichende Analyse, Demokratisierung, Parteien

geogr. Schwerpunkte Mittelamerika

Monographien (Hg.) Zentralamerika: Demokratie, Frieden, Entwicklung? Politische und wirtschaftliche Perspektiven für die 90er Jahre. Hamburg: IIK 1993 (im Druck)

Aufsätze Länderbeiträge Honduras, Guatemala und Panama, aus: D. Nohlen (Hg.), Wahldatenhandbuch Lateinamerika und Karibik. Leverkusen 1992 (zus. mit M. Krennerich); (spanisch: Enciclopedia Electoral de América Latina y del Caribe. San José/Costa Rica 1992)

Struktur- und Entwicklungsprobleme Zentralamerikas, aus: D. Nohlen; F. Nuscheler (Hg.), Handbuch der Dritten Welt, Bd. 3. Bonn 1992; S. 14-49 (zus. mit D. Nohlen)

Länderbeiträge Honduras und Guatemala, aus: Hb. der Dritten Welt... (s.o.), S. 117-145; 146-168

Partidos políticos y sistemas de partidos en Centroamérica, aus: D. Nohlen (Hg.), Elecciones y sistemas de partidos en América Latina. San José/Costa Rica 1992
Die Entwicklung der Parteiensysteme in Honduras und Guatemala, aus: H. Barrios; D. Nohlen (Hg.), Strukturprobleme politischer Repräsentation in Lateinamerika. Opladen 1993

P 33 **Benecke**, Dieter W.

Inter Nationes e.V.
Kennedyallee 91-103
D-53175 Bonn <W-5300 Bonn 2>
Tel: 49 (2 28) 8 80-2 00
Telex: 17 228 308
Fax: 49 (2 28) 8 80-4 57

Privat Nordstr. 14
D-53757 St. Augustin <W-5205 St. Augustin 1>
Tel: 49(22 41) 33 41 60

Geburtsdatum, -ort 19.11.1938, Habelschwerdt

berufl. Werdegang Studium (VWL, Politikwissenschaft); Dr.rer.pol., U Münster; Prof., U Católica de Chile; Leiter der Grundsatzabteilung KAS

berufl. Stellung Vorstand Inter Nationes

wiss. Vereinigungen ADLAF; Verein für Sozialpolitik; Bundesfachausschuß Entwicklungspolitik

Sprachen Englisch, Spanisch, Schwedisch (Portugiesisch, Französisch, Italienisch)

Fachgebiet Entwicklungsökonomie / Kulturpolitik

themat. Schwerpunkte Genossenschaftswesen, Soziale Marktwirtschaft, Verschuldung, Demokratie, Entwicklungstheorie

geogr. Schwerpunkte Lateinamerika, USA

Monographien Kooperation und Wachstum in Entwicklungsländern. Tübingen: Mohr-Siebeck 1972
Las cooperativas en América Latina. São Leopoldo/Brasil: UNISINOS 1987, 710 S. (Hg. zus. mit R. Eschenburg)
Unternehmerförderung in Entwicklungsländern. Grundsätze und Leitlinien. St. Augustin 1984, 96 S.
(Mithg.) Desarrollo demográfico, migraciones y urbanización en América Latina. Regensburg 1987 (zus. mit K. Kohut u.a.)

Aufsätze Desarrollismo. ein überlegtes Konzept, aus: I. Buisson; M. Mols (Hg.), Entwicklungsstrategien in Lateinamerika in Vergangenheit und Gegenwart. Paderborn 1983, S. 197-206
Informations- und Kulturaustausch mit Lateinamerika, aus: A. Schrader (Hg.), Deutsche Beziehungen zu Lateinamerika, Münster 1991
Osteuropa - Integrationsanstoß für Lateinamerika, in: Außenpolitik - Zeitschrift für internationale Fragen. Hamburg (1991)4, S. 336

P 34 **Bennholdt-Thomsen**, Veronika

FSP Entwicklungssoziologie
Fakultät für Soziologie, Universität Bielefeld
Postfach 10 01 31
D-33501 Bielefeld <W-4800 Bielefeld 1>
Tel: 49 (5 21) 1 06-46 44

Privat Brandenburger Str. 21
D-33602 Bielefeld
Tel: 49 (5 21) 6 22 19
Fax: 49 (5 21) 17 87 72

Geburtsdatum, -ort 12.09.1944, Seefeld/ Tirol

berufl. Werdegang Dr.phil. (Völkerkunde); Habil. (Soziologie); 1983-88 Prof. a.Z. für Soziologie der Entwicklungsländer und LA-Forschung, U Bielefeld; Angest., DFG-Forschungsprojekt "Prozesse der Hausfrauisierung in Lateinamerika; z.Zt. PDoz, U Bielefeld

wiss. Vereinigungen ADLAF; DGS

Sprachen Englisch, Spanisch, Französisch

Fachgebiet Soziologie

themat. Schwerpunkte Frauen, Bauern, Subsistenztheorie

geogr. Schwerpunkte Mexiko, Lateinamerika

Monographien Bauern in Mexiko. Zwischen Subsistenz- und Warenproduktion. Frankfurt/M.: Campus 1982; spanisch: Campesinos: Entre producción de subsistencia y de mercado. México: UNAM/ CRIM 1998

Aufsätze Rd. 40 Aufsätze, u.a.:

Zweifel an den klassischen Thesen zum bäuerlichen Bewußtsein. Folgerungen einer Untersuchung in zwei Regionen Mexikos, aus: H.D. Evers; D. Senghaas; H. Wienholtz (Hg.), Auf dem Weg zu einer neuen Weltwirtschaftsordnung? Baden-Baden: Nomos 1983

Überleben in der Wirtschaftskrise und die Würde des Menschen. Zwei Beispiele aus Mexiko, in: Peripherie. Münster 8(1988)30/31, S. 132-155

Entwicklung der Landwirtschaft in Lateinamerika. Nachteil für Frauen, aus: Afro-Asiatisches Institut (Hg.), Frauen in Entwicklungsländern. Graz 1988, S. 93-113

Women's dignity is the wealth of Juchitán, in: Anthropology of Work Review 10(1989)1, S. 3-10

Die Würde der Frau ist der Reichtum von Juchitán. Kulturelle Barrieren gegen die Verarmung durch Entwicklung, aus: J. Möller (Hg.), Das Ei des Kolumbus? Lateinamerika und Europa im Unterricht. Perspektiven auf das Jahr 1992. Bielefeld: AJZ 1992

sonst. Publikationen Subsistenzproduktion und Akkumulation in Lateinamerika. Fallstudien aus städtischen und landwirtschaftlichen Sektoren. Abschlußbericht der Lehrforschung in Mexiko und Venezuela. Universität Bielefeld 1988, 261 S. (zus. m.a.)

P 35	**Berendsohn**, Walter G.
	Botanischer Garten und Botanisches Museum, Berlin-Dahlem (BGBM) Königin-Luise-Straße 6-8 D-14195 Berlin <W-1000 Berlin 33> Tel: 49 (30) 8 30 06-1 43 Telex: 1 83 798 sen d Fax: 49 (30) 8 30 06-2 18
Privat	Flankenschanze 9 D-13585 Berlin <W-1000 Berlin 20>
Geburtsdatum, -ort	27.09.1956, Hamburg
berufl. Werdegang	Dipl.Biol.; 1991 Dr.rer.nat.; 1987-90 Wiss. Direktor, Botanischer Garten El Salvador; seit 1990 WissAngest., BGBM (Oberkustos)
Sprachen	Englisch, Spanisch (Französisch, Portugiesisch)
Fachgebiet	Botanik / Information und Dokumentation
themat. Schwerpunkte	Floristik, Vegetationskunde, Naturschutz, Botanische Datenbanken
geogr. Schwerpunkte	Mittelamerika
Periodika	Hg. "Cuscatlania"
Monographien	The Arboreal Vegetation of the Laderas de La Laguna, a Neotropical Forest Fragment in El Salvador, C.A. Berlin/Stuttgart: Cramer 1991, 190 S.
Aufsätze	Listado Básico de la Flora Salvadorensis, in: Cuscatlania, Bd. I, San Salvador 1989-92

P 36	**Berg**, Walter Bruno
	Romanisches Seminar, Universität Freiburg Kollegiengebäude I Werthmannplatz 3 D-79098 Freiburg <W-7800 Freiburg i.Br.> Tel: 49 (7 61) 2 03-24 71 Fax: 49 (7 61) 49 08
Privat	Theodor-Fontane-Weg 1 D-79312 Emmendingen <W-7830 Emmendingen> Tel: 49 (76 41) 21 85
Geburtsdatum, -ort	29.08.1943, Bergisch Gladbach
berufl. Werdegang	1970 Staatsexamen; 1970-77 WissAss., U Heidelberg; 1974 Dr. phil.; 1977-89 AOR, U Mannheim; 1982-83 Forschungsstipendium Peru; seit 1989 Prof., U Freiburg
wiss. Vereinigungen	DRV; DHV; AIH; DGS; ADLAF
Sprachen	Spanisch, Französisch, Englisch, Portugiesisch (Italienisch, Latein)
Fachgebiet	Literatur
themat. Schwerpunkte	Julio Cortázar, Jorge Luis Borges, Ramón del Valle-Inclán, Oralität in der argentinischen Literatur des 20. Jh.
geogr. Schwerpunkte	Argentinien, Peru

Monographien	La americanidad de Julio Cortázar: Literatura, política, cultura, in: INTI. Hispanic Literary Magazine. Providence (1986)22-23, 430 S. (Hg. zus. mit R. Klöpfer)
	Grenz-Zeichen Cortázar. Leben und Werk eines argentinischen Schriftstellers der Gegenwart. Frankfurt: Vervuert 1991, 424 S.
Aufsätze	'Pedro Páramo' als Bildungsroman. Ein Versuch, Juan Rulfo europäisch zu verstehen, aus: R. Klöpfer (Hg.), Bildung und Ausbildung in der Romania, Bd. III: Iberische Halbinsel und Lateinamerika. München 1979, S. 301-317
	Der Realismus des Phantastischen. Untersuchungen zur Funktion der Darstellung in den Erzählungen von J.L. Borges, in: Iberoromania NF (1980)5; S. 49-81
	"Die Provokation Lezama Limas. Aspekte gegenwärtiger Rezeption / Schriften aus dem Nachlaß", in: Iberoamericana 11(1980), S. 29-49
	"Ernesto Cardenal: Dichtung und/als Revolution", in: Iberoromania NF (1982)15, S. 97-124
	Mythische Erfahrung und literarische Praxis in Lateinamerika (José María Arguedas und Mario Vargas Llosa im Vergleich), in: Romanistisches Jahrbuch (1989)40, S. 326-341
	Civilización hecha cenizas. La presencia de Sarmiento en la novela histórica contemporánea, aus: R. Spiller (Hg.), La novela argentina de los años 80. Frankfurt/M.: Vervuert 1991, S. 77-97

P 37	**Bernecker**, Walther L.
	Lehrstuhl Auslandswissenschaft. Romanischsprachige Kulturen Wirtschafts- und Sozialwissenschaftliche Fakultät Universität Erlangen-Nürnberg Findelgasse 9 D-90402 Nürnberg <W-8500 Nürnberg> Tel: 49 (9 11) 53 02-6 55 -6 56 Fax: 49 (9 11) 53 02-6 58
Privat	Lammsgasse 10 D-90403 Nürnberg Tel: 49 (9 11) 2 41 92 71
Geburtsdatum, -ort	17.07.1947, Dollnstein
berufl. Werdegang	1973 1. Staatsexamen (Geschichte, Germanistik, Hispanistik); 1976 Dr.phil.; 1973-77 WissMitarb., U Augsburg; 1977-79 Stud-Ref. (2. Staatsexamen); 1979 AkR., U Augsburg; 1988-92 o.Prof., U Bern; seit 1992 o.Prof., U Erlangen-Nürnberg
wiss. Vereinigungen	Verband der Historiker Deutschlands; AHILA; ADLAF; AGGS
Sprachen	Englisch, Spanisch (Französisch, Katalanisch, Italienisch)
Fachgebiet	Geschichte
themat. Schwerpunkte	Neuere und Neueste Geschichte; Zeitgeschichte
geogr. Schwerpunkte	Spanien, Deutschland, Lateinamerika (insbes. Mexiko)
Schriftenreihen	Mithg. "Forschungen zu Spanien" (Saarbrücken); "Editionen der Iberoamericana" (Frankfurt/M.)

Periodika	Mithg. "Ibero-Amerikanisches Archiv" (Berlin), "Iberian Studies" (Keele); "Historia Contemporánea" (Bilbao)
Monographien	Industrie und Außenhandel. Zur politischen Ökonomie Mexikos im 19. Jahrhundert. Saarbrücken 1987 Die Handelskonquistadoren. Europäische Interessen und mexikanischer Staat im 19. Jahrhundert. Stuttgart 1988 Schmuggel. Illegalität und Korruption im Mexiko des 19. Jahrhunderts. Frankfurt 1989 Unheimliche Geschäfte. Schweizer Rüstungsexporte nach Lateinamerika im 20. Jahrhundert. Zürich 1991 (Hg. zus. mit Th. Fischer) (Mithg.), Die Lateinamerikanistik in der Schweiz. Frankfurt: Vervuert 1993, 305 S. (zus. mit J.M. López de Abiada)
Aufsätze	Foreign Interests, Tariff Policy and Early Industrialization in Mexico 1821-1848, in: Ibero-Amerikanisches Archiv. Berlin 14(1988)1, S. 61-102 Wirtschaftsimperialismus und Neokolonialismus. Zur Diskussion über die "abhängige" Entwicklung Mexikos im 19. Jahrhundert, in: Geschichte und Gesellschaft 14(1988)2, S. 193-219 Los alemanes en el México decimonónico: cuantificación, estructura socio-profesional, posturas político-ideológicas, in: JbLA. Köln/Wien 25(1988), S. 385-414 Intolerancia religiosa e inmigración en México (siglo XIX), in: Cristianismo y Sociedad 27(1989)99, S. 7-23 El poder de los débiles. Acerca del debate sobre el desarrollo "dependiente" de México en el siglo XIX, in: Revista Mexicana de Sociología (1989)2, S. 377-411 Autoritarismus und oppositionelle Gewerkschaftsbewegung: Chile unter Pinochet, aus: T. Heydenreich (Hg.), Chile. Geschichte, Wirtschaft und Kultur der Gegenwart. Frankfurt/M. 1990, S. 83-101 Schweiz, aus: N. Werz (Hg.), Handbuch der deutschsprachigen Lateinamerikakunde. Freiburg: ABI 1992, S. 849-886
sonst. Publikationen	Zahlreiche Länderbeiträge in Nachschlagewerken

P 38	**Beurlen**, Hartmut
	Departamento de Engenharia de Minas Universidade Federal de Pernambuco (DEMI-UFPE) Cidade Universitaria - C.T. Av. Académico Hélio Ramos s.n. 50.000 Recife-Pe/Brasilien Tel: 55 (81) 2 71 82 45 Fax: 55 (81) 2 71 21 42
Privat	Av. Boa Viagem 1616 apt. 302, 51.011 Recife-Pe/Brasilien Tel: 55 (81) 3 25 41 57
Geburtsdatum, -ort	15.07.1943, München

berufl. Werdegang	1965 Geologe; 1973 Dr.rer.nat.; seit 1974 Univ.Prof.; z.Z. Professor Titular; Berater des CNPq/CAPES
wiss. Vereinigungen	Society for Geology Applied to Mineral Deps. (SGA); DGG; SBG
Sprachen	Portugiesisch, Englisch
Fachgebiet	Geologie
themat. Schwerpunkte	Lagerstättenkunde W/Pb-Zn/Ti
geogr. Schwerpunkte	Nordost-Brasilien
Aufsätze	The main mineral deposits of Brazil, in: K.Beurlen; H. Quade; Y. Hasui; ders (Hg.), The Geology of Brazil. Stuttgart: Bornträger C-type eclogites hosting unusual Cr-Ti ores at Fazenda Boa Esperança, Bodocó, Pernambuco, Northeast Brazil: a Proterozoic ophiolite?, in: Prec. Research, no. especial, IGCP progect 247 (1990) (zus. mit A.F. Da Silva Fo; I.P. Guimarâes; S.B. Brito) Bodocó and Floresta-PE: two atypical Fe-Ti occurences in Northeast Brazil. Anais do 7 Congr. Latino americano de Geologia, Belém/Brasil, Bd. 1, 1988, S. 185-200 (zus. mit R.B. Lira) Mapas previsionais: concepção e sugestão de sua aplicação na cartografia geológica básica no Brasil, in: Rev. Bras. Geociências (1987)17, S. 283-287 Petrografia de duas ocorrências de provável eclogito no embasamento Precambriano do Nordeste do Brasil, em Bodocó e Floresta-PE. Aceito para publicação, in: Rev. Bras. Geociências, vorauss. Bd. 19, Nr. 4 (zus. mit H.S. Villarroel) Estudos preliminares de inclusões fluidas nos tactitos scheelitíferos da Jazida Brejuí - Boca de Lage, Currais Novos, RN, Brasil. Trabalho aceito para apresentação e publicação nos resumos e Anais do 36 Congr. Brasileiro de Geologia, Natal. Anais, Bd. 3, 1990, S. 1205-1218 (zus. mit L.E.P. Borges) Evolução metamórfica dos eclogitos de Bodocó: uma margem continental ativa na borda do Grupo Salgueiro-Cachoeirinha, Pernambuco? Trabalho aceito para apresentação e publicação nos Resumos e Anais (tr. completo) do 36 Congr. Bras. de Geologia, Natal. Anais V. 4, 1990, S. 2025-2039 (zus. mit A.F. Da Silva Fo; I.P. Guimarâes; A.S. Sampaio) Unusual Masive Cr-Ti-Spinel ores hosted by C-Type eclogites at Bodocó, Pernambuco, Northeast Brazil. 28th Int. Geol. Congr., Washington DC. Abstracts V., 1989, S. 143-144 (zus. mit A.F. Da Silva Fo; I.P. Guimarâes; S.B. Brito) Novas considerações sobre a estratigrafia da regias a veste de Garanhuns, PE, in: Atas 13° simpósio de Geologia do Nordeste, SBG Fortalesa, 1989, S. 153-156 (zus. mit R.J.B. Lira; A.C. Santos; M.R.R. Silva)

P 39	**Beutler**, Gisela
	Institut für Romanische Philologie FB 17, WE 3, Freie Universität Berlin Habelschwerdter Allee 45 D-14195 Berlin <W-1000 Berlin 33>
Privat	Furtwänglerstr. 11 D-14193 Berlin
Geburtsdatum, -ort	20.12.1919, Hamburg
berufl. Werdegang	1951 Dr. phil.; 1971 Habil., Berlin; o.Prof. em.
Sprachen	Englisch, Spanisch (Französisch, Italienisch)
Fachgebiet	Literatur
themat. Schwerpunkte	Lateinamerikanische Literatur und Volksdichtung
geogr. Schwerpunkte	Kolumbien und Mexiko
Monographien	Estudios sobre el Romancero Español en Colombia, en su tradición escrita y oral desde la época de la Conquista hasta la actualidad. Traducido al castellano por Gerda Westendorp de Núñez. Bogotá 1977
	Adivinanzas españolas de la tradición popular actual de México, principalmente de las regiones de Puebla-Tlaxcala. Contribución al estado presente de la investigación de adivinanzas latinoamericanas. Wiesbaden: Steiner 1978, 104 S.
	La Historia de Fernando y Alamar. Beitrag zum Studium der Tanzspiele der Moros y Cristianos in Puebla (Mexico). Stuttgart: Steiner 1984, 342 S., Musikbeispiele, Zeichnungen, 1 Karte (Das Mexiko-Projekt der DFG. 19)
Aufsätze	Floripes, la princesa pagana en los bailes de 'Moros y Cristianos' de México: Algunas observaciones sobre las fuentes literarias, aus: H. v. Kügelgen-Kropfinger (Hg.), Erwin Walter Palm zum 70. Geburtstag. Köln/Wien: Böhlau 1983, S. 257-298
	Algunas observaciones sobre los textos de 'Moros y Cristianos' en México, aus: Actas del VIII Congreso de la Asociación Internacional de Hispanistas. 22.-27. de agosto de 1983. Brown University, Rhode Island. Madrid: USA Ediciones Istmo 1986, S. 221-233
	Vanguardismo y antipoesía en Nicanor Parra. Algunas consideraciones, aus: H. Wentzlaff-Eggebert (Hg.), Europäische Avantgarde im lateinamerikanischen Kontext. Akten des Internationalen Berliner Kolloquiums 1989. Frankfurt/M.: Vervuert 1991, S. 321-333
sonst. Publikationen	César Vallejo. Actas del Coloquio Internacional FU Berlin. 7.-9. Junio 1979. Tübingen: Niemeyer 1981, 150 S. (Hg. zus. mit A. Losada; K. Zimmermann)
	(Hg.) Sieh den Fluß der Sterne strömen. Hispano-amerikanische Lyrik der Gegenwart. Interpretationen. Wissenschaftliche Buchgesellschaft Darmstadt 1990, 341 S.

P 40 **Bieber**, León Enrique

Dpto. de Ciência Política e Relações Internacionais
Faculdade de Estudos Sociais Aplicados
Universidade de Brasília (UnB)
Asa Norte, 70.910 Brasília D.F./Brasilien
Caixa Postal 04561, 70.910 Brasília D.F./Brasilien
Tel: 55 (61) 3 47 68 53
Fax: 55 (61) 2 73 39 30

Privat SQN 202, Bloco E, Apto. 403, 70.832 Brasília D.F./Brasilien
Tel: 55 (61) 2 23 18 90

Geburtsdatum, -ort 09.01.1943, La Paz/Bolivien

berufl. Werdegang 1978 Dr.phil., FU Berlin; 1970-78 WissAss., LAI FU Berlin; 1979-80 Doz., PUC del Ecuador, FLACSO-Quito/Ecuador und UMSA La Paz/Bolivien; 1981-83 und 1987-88 WissAngest., IAI Berlin; 1988-89 WissAngest., IIK Hamburg; seit 1989 GastDoz., U de Brasília (bis Mitte 1993)

wiss. Vereinigungen ADLAF

Sprachen Englisch, Spanisch, Portugiesisch

Fachgebiet Politikwissenschaft

themat. Schwerpunkte Geschichte Spanisch-Amerikas im 19. und 20. Jh., Lateinamerikanische Integration, Außenpolitik EG-Lateinamerika

geogr. Schwerpunkte Bolivien, Ekuador, Argentinien; LA-Integrationsräume

Monographien Las relaciones económicas de Bolivia con Alemania 1880-1920. Berlin: Colloquium 1984, 137 S.

En torno al origen histórico e ideológico del ideario Nacionalista Populista Latinoamericano. Gestación, elaboración y vigencia de la concepción aprista de Haya de la Torre. Berlin: Colloquium 1982, 85 S.

Aufsätze Gesellschaftsstruktur, Entwicklung und Gegenwartskrise, aus: J.A. Friedl Zapata (Hg.), Argentinien. Natur-Gesellschaft-Geschichte-Kultur-Wirtschaft. Tübingen/Basel: Erdmann 1978, S. 201-216

Bolivia 1825-1850. Aislamiento internacional y economía nacional, aus: R. Liehr (Hg.): América Latina en la época de Simón Bolívar. La formación de las economías nacionales y los intereses económicos europeos 1800-1850. Berlin 1989, S. 341-360

Lucha antiimperialista y unidad latinoamericana. La experiencia revolucionaria Castro-Guevarista, aus: Nuestra América Latina. Libros Homines. Bd.6. San Juan de Puerto Rico 13(1989)1, S. 337-355

Sozialdemokraten übernehmen eine schwere Bürde, in: Lateinamerika. Analysen-Daten-Dokumentation. Hamburg 6(1989)10, S. 6-15

Aus "Großkolumbien" wurde Panama, in: Ila. Bonn (1991)142, S. 41-44

sonst. Publikationen Erfolgsaussichten und Grenzen der Demokratisierungsbestrebungen in Südamerika Ende der 70er Jahre. Der Fall Bolivien 1977-1980. Ebenhausen: SWP 1981, 134 S.

P 41	**Binder**, Wolfgang
	Institut für Anglistik und Amerikanistik Universität Erlangen-Nürnberg Bismarckstr. 1c D-91054 Erlangen <W-8520 Erlangen> Tel: 49 (91 31) 85 24-37, -38
Privat	Theaterplatz 4 D-91054 Erlangen
Geburtsdatum, -ort	03.07.1941, Esslingen/Neckar
berufl. Werdegang	Lehramt an Gymnasien (Englisch, Rom. Sprachen und Literatur); Studium in Frankreich, USA, Mexiko, Spanien; 1973 Dr.phil.; seit 1967 WissMitarb. (AkOR) am obigen Institut
wiss. Vereinigungen	Deutsche Gesellschaft für Amerikastudien; European Association for American Studies; Gesellschaft für Karibikstudien; Gesellschaft für Neue Literaturen in Englisch; DHV; Caribbean Studies Association; Society for the Studies of the Multi-Ethnic Literatures of the United States
Sprachen	Englisch, Spanisch, Französisch (Italienisch, Portugiesisch)
Fachgebiet	Literatur
themat. Schwerpunkte	Akkulturation, Migration, Roman, Drama, Lyrik
geogr. Schwerpunkte	USA (ethnische Minderheiten), Karibik (bes. anglophone und spanischspr. Länder), Mexiko
Schriftenreihen	Hg. "Studien zur Neuen Welt", Würzburg
Monographien	(Hg.) Entwicklungen im karibischen Raum, 1960-1985. Erlangen: Universitätsbund Erlangen-Nürnberg 1985, 272 S. (Hg.) Partial Autobiographies. Interviews with Twenty Chicano Poets. Erlangen: Palm & Enke 1985, XVII+263 S. (Hg.) Contemporary Chicano Poetry. An Anthology. Erlangen: Palm & Enke 1986, XLVI+238 S.
Aufsätze	René Marqués und Antonio S. Pedreira: Anmerkungen zum puertorikanisch-karibischen Selbstverständnis, aus: Lateinamerika-Studien. 11. München: Fink 1982, S. 361-385 Die Lyrik der Chicanos seit den sechziger Jahren. Sprache als soziokulturelle Bestandsaufnahme und emanzipatorisches Verfahren, aus: H. Wentzlaff-Eggebert (Hg.), Die Legitimation der Alltagssprache in der modernen Lyrik. Erlangen: Universitätsbund Erlangen-Nürnberg 1984, S. 85-112 "Forgive our desertions, you islands": Derek Walcott und die Frage des karibischen Selbstverständnisses, aus: ders. (Hg.), Entwicklungen im karibischen Raum ... (s.o.), S. 141-161 Haß, Nostalgie, Satire in Miami und New York: Exilkubaner und ihre Prosaliteratur in den USA (1960-1985), aus: Lateinamerika-Studien. 23. München: Fink 1987, S. 209-235 Aus der Karibik nach New York, Toronto und Montréal: Literarische Äußerungen karibischer (E-)Migration seit den 1950er Jahren, aus: H. Breinig (Hg.), Interamerikanische Beziehungen: Einfluß - Transfer. Frankfurt/M.: Vervuert 1990, S. 177-213 The Tropical Garden and the Mahanesque Resting-Place in the Caribbean. Remarks on the Early Incorporation of Puerto Rico

by the United States of America, aus: S. Ricard (Hg.), An American Empire: Expansionist Cultures and Policies, 1881-1917. Aix-en-Provence: Publications de L'Université 1990, S. 87-104

P 42 **Birle**, Peter

Institut für Politikwissenschaft, Universität Mainz
Colonel Kleinmann-Weg 2
D-55128 Mainz <W-6500 Mainz>
Tel: 49 (61 31) 39 59 47
Fax: 49 (61 31) 39 33 28
Privat Draiser Straße 136 B
D-55128 Mainz
Tel: 49 (61 31) 36 66 86

Geburtsdatum, -ort 23.12.1961, Trier
berufl. Stellung seit Februar 1989 WissMitarb., am obigen Institut, Abt. Politische Auslandsstudien und Entwicklungspolitik
Sprachen Englisch, Französisch, Spanisch, Portugiesisch
Fachgebiet Politikwissenschaft
themat. Schwerpunkte Entwicklungspolitik, Parteien, Wahlen, Interessengruppen
geogr. Schwerpunkte Lateinamerika, insbes. Argentinien und Cono Sur
Monographien Parteien, Parteiensysteme und Demokratie in Argentinien: Die neuere Entwicklung der Unión Cívica Radical und ihre Stellung innerhalb des argentinischen Parteiensystems. Mainz 1989
Entwicklungsdiskussion und Entwicklungspraxis in Lateinamerika, Südostasien und Indien. Münster 1991 (Hg. zus. mit M. Mols)
Aufsätze Demokratie und Politik in Argentinien. Eine Bilanz der Jahre 1983-1990, in: Jb. für Politik. Baden-Baden 1991, S. 41-75
Vom "Plan Bunge & Born" zum "Plan Cavallo". Argentiniens wirtschaftliche und politische Situation nach zwei Jahren peronistischer Regierung, in: Lateinamerika. Analysen, Daten, Dokumentation. Beiheft. 9. Hamburg 1991
Staat und Bürokratie in Lateinamerika. Die aktuelle Diskussion über Planung und Dezentralisierung, aus: M. Mols; P. Birle (Hg.), Entwicklungsdiskussion... (s.o.) Münster 1991, S. 57-95
Politikwissenschaft, aus: N. Werz (Hg.), Handbuch der deutschsprachigen Lateinamerikakunde. Freiburg: ABI 1992, S. 515-557 (zus. mit M. Mols)

P 43 **Bischof**, Henning

Völkerkundliche Sammlungen der Stadt Mannheim
Reiss-Museum, D 5
D-68159 Mannheim <W-6800 Mannheim>
Postfach 10 30 51
D-68030 Mannheim
Tel: 49 (6 21) 2 93-37 83, -22 37

Geburtsdatum, -ort 11.05.1936, Berlin

berufl. Werdegang	1958-62 Grabungsleiter in Peru, Ekuador, Kolumbien; 1956-58 und 1962-69 Studium, FU Berlin, U Bonn; 1969 Dr. phil.; 1971 GastDoz., U de los Andes, Bogotá; 1971-72 Mitarb. im Projekt "Archäologie von Palmar, Ekuador"; seit März 1972 Mannheim; WS 1975/76 Lehrstuhlvertr., U Heidelberg; seit 1979 Mitarb. im Projekt "Archäologie von Cerro Sechín, Peru"; Leiter der Völkerkundlichen Sammlungen der Stadt Mannheim
Sprachen	Englisch, Spanisch, Französisch (Portugiesisch)
Fachgebiet	Archäologie / Ethnologie
geogr. Schwerpunkte	Zentraler und Nördlicher Andenraum (Chile, Peru, Bolivien, Ekuador, Kolumbien, Venezuela)
Monographien	Volkstümliches Silber aus Peru und Bolivien. Mannheim 1977, 31 S., 32 Taf.
	Federschlange und Königsgeier. Altindianische Kunst aus Costa Rica. Mannheim 1982, 40 S., 32 Taf.
Aufsätze	La fase Engoroy, aus: U. Oberem (Hg.), Estudios sobre la arqueología del Ecuador. Bonn (1975)3, S. 11-38
	San Pedro und Valdivia - Frühe Keramikkomplexe an der Küste Südwest-Ekuadors, in: Beitr. zur Allg. und Vergl. Archäologie. München (1979)1, S. 335-389
	Indígenas y españoles en la Sierra Nevada de Santa Marta - siglo XVI, in: Revista Colombiana de antropología. Bogotá (1982/83)24, S. 75-124
	Zur Entstehung des Chavín-Stils in Alt-Peru, in: Beitr. zur Allg. und Vergl. Archäologie. München (1985)6, S. 355-452
	Los relieves de barro de Cerro Sechín - Evidencias de un culto marino en el Antiguo Perú, in: Boletín de Lima. Lima (1988)55, S. 59-68
	Nördliches Andengebiet (Ecuador, Kolumbien, West-Venezuela), aus: U. Köhler (Hg.), Altamerikanistik. Berlin 1990, S. 347-380

P 44	**Blum**, Volkmar F.E.
	Lateinamerika-Institut (LAI), Freie Universität Berlin Rüdesheimer Str. 54-56 D-14197 Berlin <W-1000 Berlin 33> Tel: 49 (30) 8 38-30 72; -30 93 Fax: 49 (30) 8 38-54 64
Privat	Arndtstr. 39 D-10965 Berlin <W-1000 Berlin 61> Tel: 49 (30) 6 91 47 17
Geburtsdatum, -ort	13.03.1953, Schweinfurt
berufl. Werdegang	1979 Mag. (Ethnologie); 1984-85 DAAD-Stip., 1989 Dr. phil.; 1985-87 Kurzzeitexperte für GTZ und Consultings in Peru, Dom. Rep. und Costa Rica; 1985-86 Lehrbeauftr., U Münster, seit 1987 WissMitarb., LAI-FU Berlin
wiss. Vereinigungen	ADLAF; Wiss. Vereinigung für Entwicklungstheorie und Entwicklungspolitik; FDCL

Sprachen	Spanisch, Englisch (Portugiesisch, Französisch, Quechua)
Fachgebiet	Soziologie / Entwicklungspolitik
themat. Schwerpunkte	Agrarbereich, Gesellschaft, Entwicklung
geogr. Schwerpunkte	Andenländer
Periodika	"Peripherie. Zeitschrift für Politik und Ökonomie in der Dritten Welt", seit 1980
Monographien	Zur Organisation kleinbäuerlichen Wirtschaftens. Erklärungsansätze, Entwicklungstendenzen und Fallstudien aus den östlichen Anden Südperus. Saarbrücken/Fort Lauderdale: Breitenbach 1989, 425 S.
Aufsätze	Kultur, Unterdrückung und Widerstand. Ein peruanischer Bauer erzählt, in: Peripherie. Münster 2(1982)8, S. 24-27 Spaten, Traktor, Keyboard. Bauern und Technologie in den Anden, in: Peripherie. Münster 10(1990)38, S. 51-73 Veränderungen kleinbäuerlichen Wirtschaftens in sozialen Krisensituationen. Beispiele aus den peruanischen Anden, in: Berliner Beiträge zur Agrarentwicklung. Berlin (1990)6, 13 S. Modernización y crisis. La economía campesina en el sur andino del Perú, aus: Agriculturas y campesinados en América Latina, Mutaciones y recomposiciones. Taller 1, Coloquio Internacional IPEALT/CNRS. Toulouse-le-Mirail 1990, S. 40-46 Krieg in den Anden, Krieg am Golf. Überlegungen zur Militarisierung nationaler Konflikte (Rezensionsartikel), in: Peripherie. Münster 11(1991)41, S. 99-103 Agrarreformen - wozu?, in: ILA, Zeitschrift der Informationsstelle Lateinamerika. Bonn (1991)145, S. 20-22

P 45	**Blum**, Winfried E.H.
	Universität für Bodenkultur Gregor-Mendel-Str. 33 A-1180 Wien Tel: 43 (1) 34 25 00 Fax: 43 (1) 3 10 60 27
Privat	Salmannsdorferstr. 39 A-1180 Wien Tel: 43 (1) 99 20 81
Geburtsdatum, -ort	15.06.1941, Freiburg
berufl. Werdegang	Studium, Freiburg, Göttingen, Nancy; Dipl.Ing und Dr.rer.nat; Habil., U Freiburg; Prof. für Bodenkunde, U Freiburg; 1975-79 GastProf. in Curitiba/Brasilien; seit 1979 Prof., U für Bodenkunde, Wien
wiss. Vereinigungen	Mitgliedschaft in ca. 25 nationalen und internationalen wissenschaftlichen Gesellschaften und Vereinigungen; Generalsekretär der Internationalen Bodenkundlichen Gesellschaft
Sprachen	Englisch, Französisch, Spanisch, Portugiesisch (Italienisch, Schwedisch)
Fachgebiet	Bodenkunde
themat. Schwerpunkte	Bodenökologie, Bodennutzung, Bodenschutz

geogr. Schwerpunkte	weltweit
Schriftenreihen	"Archiv für Acker- und Pflanzenbau und Bodenkunde" (Berlin); "Pflanzenernährung und Bodenkunde" (Weinheim)
Monographien	Bodenkunde in Stichworten
Aufsätze	ca. 140 Publikationen in wissenschaftlichen Zeitschriften und Monographien
sonst. Publikationen	ca. 80 Publikationen in 7 verschiedenen Sprachen

P 46	**Blume**, Helmut
	Geographisches Institut, Universität Tübingen Hölderlinstr. 12 D-72074 Tübingen <W-7400 Tübingen> Tel: 49 (70 71) 29 23 97
Privat	Wolfgang-Stock-Str. 19 D-72076 Tübingen Tel: 49 (70 71) 63 28 97
Geburtsdatum, -ort	18.03.1920, Köln
berufl. Werdegang	1941 Promotion Leipzig; 1948 Habil., U Marburg; 1954 apl.Prof. Kiel; 1963 o.Prof., U Tübingen; 1981 Hon.Dr.Sc. (Durham); 1985 emeritiert
wiss. Vereinigungen	Ges. für Erdkunde zu Berlin; GV
Sprachen	Englisch (Spanisch, Französisch)
Fachgebiet	Geographie
themat. Schwerpunkte	Geomorphologie, Agrargeographie
geogr. Schwerpunkte	Karibischer Raum
Monographien	Die Westindischen Inseln. Braunschweig: Westermann 1968, 2. Aufl. 1973, 352 S. The Caribbean Islands. London: Longman 1974, 2. Aufl. 1976, 464 S. Geography of Sugar Cane - Environmental, structural and economic aspects of sugar cane production. Berlin: Bartens 1985, 390 S. Das Relief der Erde - ein Bildatlas. Stuttgart: Enke 1991, 140 S.
Aufsätze	Die kulturräumliche und wirtschaftsgeographische Gliederung der Antillen. Wirtschafts- und Kulturräume der außereuropäischen Welt, aus: Festschrift für A. Kolb. Hamburg 1971, S. 335-347 Peculiarities of Cuesta landforms in Puerto Rico, aus: Memorias, VI Conferencia geológica del Caribe. Isla de Margarita 1971; Caracas 1972, S. 96-99 Kuba - Die karibische "Zuckerinsel", in: Geographische Rundschau. Braunschweig 37(1985) S. 286-294 Cuban Cane Sugar Production - Environmental Determinants and Yields, aus: Lateinamerika-Studien. 23. München 1987, S. 125-137

P 47 **Blümel**, Georg

Bundesanstalt für Geowissenschaften und Rohstoffe (BGR)
Stilleweg 3
D-30655 Hannover <W-3000 Hannover 51>
Tel: 49 (5 11) 6 43 24 10

Geburtsdatum, -ort 30.05.1935, Dachau

berufl. Werdegang 1962 Dipl.Geol.; Dr.rer.nat.; 1965 Lagerstättengeologe bei Stolberg Ingenieur-Beratung, Aachen; seit Ende 1965 bei BGR; Projektarbeiten in Brasilien; 1971-75 Erzprospektion, Peru; 1976-78 Bergbauberatung; Abteilungsleiter bei BGR (Technische Geologie, Umweltgeologie)

wiss. Vereinigungen DGG; GV; GDMB

Sprachen Englisch, Spanisch, Portugiesisch

Fachgebiet Geologie

geogr. Schwerpunkte Brasilien, Peru

Aufsätze Geologisch-geophysikalische Mineralprospektion in Minas Gerais (Brasilien), in: Echo aus Deutschland. Mainz 2(1974)4, S. 21-22

Der Bergbaustaat Minas Gerais - Mythos und Realität, in: Geol. Bl. NO-Bayern. Erlangen (1985)34/35, S. 735-754 (zus. mit L. Lahner)

Entwicklungstendenzen in Projekten der Technischen Zusammenarbeit der Bundesanstalt für Geowissenschaften und Rohstoffe (BGR), in: Geol. Jb. Hannover (1991)A 127, 11 S.

P 48 **Bodemer**, Klaus Friedrich

Institut für Politikwissenschaft, Universität Mainz
Colonel-Kleinmann-Weg 2
D-55128 Mainz <W-6500 Mainz>
Tel: 49 (61 31) 39-27 28, -59 56
Fax: 49 (61 31) 39 33 28

Privat Bonifatiusplatz 1a
D-55118 Mainz
Tel: 49 (61 31) 61 44 21

Geburtsdatum, -ort 08.05.1941, Mannheim

berufl. Werdegang Studium (Politikwissenschaft, Soziologie, Geschichte, Germanistik), Freiburg, Berlin, München; 1966/67 Staatsexamen, U Freiburg; 1970-75 WissAss. (Politikwissenschaft), Erziehungswiss. HS Rheinland-Pfalz und Lehrbeauftr., U Kaiserslautern; 1972 Dr.phil.; seit 1975 Inst. für Politikwissenschaft, U Mainz; seit 1988 AkDir.; 1991-93 Projektleiter der FES in Montevideo

wiss. Vereinigungen ADLAF, DVPW, AEI, Inst. für internationale Begegnungen

Sprachen Spanisch, Englisch (Portugiesisch, Französisch)

Fachgebiet Politikwissenschaft

themat. Schwerpunkte Internationale Beziehungen und Entwicklungspolitik; Nord-Süd- und Süd-Süd-Beziehungen, Beziehungen Europa- Lateinamerika, Innen- und Außenpolitik der Länder des Cono Sur

geogr. Schwerpunkte Lateinamerika, bes. Länder des Cono Sur; EG

Monographien	Entwicklungshilfe - Politik für wen? - Ideologie und Vergabepraxis der deutschen Entwicklungshilfe in der ersten Dekade. Weltforum 1974, 489 S. Erfolgskontrolle der deutschen Entwicklungshilfe - improvisiert oder systematisch? Meisenheim am Glan: Hain 1979, 247 S. Europa Occidental - América Latina. Experiencias y desafíos. Barcelona/Caracas: Alfa 1989, 309 S.
Aufsätze	La política de desarrollo de la Comunidad Europea hacia América Latina - una política simbólica?, in: EURAL (Hg.), La vulnerabilidad externa de América Latina y Europa. Buenos Aires 1985, S. 189-209 La Argentina entre el Primer y el Tercer Mundo, La política exterior del régimen democrático en busca de una mayor autonomía, in: E. Garzón Valdéz; M. Mols; A. Spitta (Hg.), La nueva democracia argentina (1983-1986). Buenos Aires 1989, S. 305-383 Der Wandel in Europa - seine Konsequenzen für Lateinamerika und das europäisch-lateinamerikanische Verhältnis, in: Nord-Süd-aktuell 2(1990), S. 224-231 Von Alfonsín zu Menem. Argentinische Wirtschaftspolitik im Wechselbad kontroverser Strategien, aus: D. Nolte (Hg.), Lateinamerika im Umbruch? Wirtschaftliche und politische Wandlungsprozesse an der Wende von den 80er zu den 90er Jahren. Hamburg: IIK 1990, S. 231-264 Demokratisierung der Außenpolitiken - Eine realistische Forderung für die neuen Demokratien Lateinamerikas?, aus: D. Nohlen; M. Fernández; A. van Klaveren (Hg.), Demokratie und Außenpolitik in Lateinamerika. Opladen 1991, S. 339-368

P 49	**Bodenstedt**, A. Andreas
	Institut für Agrarsoziologie und Beratungswesen Universität Gießen Bismarckstr. 4 D-35390 Gießen <W-6300 Gießen> Tel: 49 (6 41) 7 02 61 21 Fax: 49 (6 41) 7 02 61 20
Privat	Hopfenacker 35 D-35418 Buseck <W-6305 Alten Buseck> Tel: 49 (64 08) 27 27
Geburtsdatum, -ort	05.02.1934, Hannover
berufl. Werdegang	Studium (Philologie, Geschichte); 1960 1. Staatsexamen Höh. Lehramt, Hamburg; 1961-64 Deutsch-Lektor, U Pajajaran Bandung/Indonesien; 1964-66 Zweitstudium Soziologie, U Münster; 1967 Dr.phil.; 1966-71 WissMitarb. und Dir., Forschungsstelle für Agrarentwicklung Heidelberg; ab 1971 Prof. für Agrarsoziologie, U Gießen
Sprachen	Englisch, Spanisch, Französisch, Indonesisch
Fachgebiet	Landwirtschaft / Soziologie

themat. Schwerpunkte	Ländliche Entwicklung, Stadt-Land-Problematik, Tourismus, Ernährungsverhalten
geogr. Schwerpunkte	Andenländer, Südostasien, Ost- und Westafrika
Schriftenreihen	"Schriften zur Land- und Agrarsoziologie, Umwelt und Ernährungssoziologie". Gießen; Mithg. "Schriften des Zentrums für regionale Entwicklungsforschung der Justus-Liebig-Universität Gießen"; (bis 1971) "Publications of the Research Centre for International Agrarian Development". Heidelberg
Monographien	Einkommensverteilungs- und Beschäftigungseffekte ländlicher Selbsthilfeorganisationen am Beispiel der Sarvadaya-Shramadana-Bewegung in Sri Lanka und der Genossenschaft Trinidad in Costa Rica. Heidelberg 1974 (zus. mit W.D. Britsch; H.U. Freudendorff; J.E. Thiersch) Das Ernährungsverhalten ländlicher und städtischer Bevölkerung in Kolumbien. Eine empirische Untersuchung an Land-Stadt-Wanderern. 1979 Saarbrücken (zus. mit E. Bröschen; H.U. Freudendorff; G. Gómez-Arango; D. Paas) Industrialisiertes Agrartechnik-Modell regionaler ländlicher Entwicklung? Gießen 1977 Soziologie des Ernährungsverhaltens. Eine Literaturauswahl. Gießen 1991
Aufsätze	Aufsätze zu ländlicher Entwicklung, Genossenschaftswesen, Ernährungsverhalten, Umweltverhalten in versch. in- und ausländischen Zeitschriften
P 50	**Boeckh**, Andreas
	Institut für Politikwissenschaft, Universität Tübingen Melanchtonstr. 36 D-72074 Tübingen <W-7400 Tübingen> Tel: 49 (70 71) 29 59 07 Fax: 49 (70 71) 29 24 17
Privat	Albrecht-Dürer-Str. 24 D-72076 Tübingen Tel: 49 (70 71) 61 03 36
Geburtsdatum, -ort	17.04.1944, Tübingen
berufl. Werdegang	1965-1972 Studium (Politische Wissenschaft, Soziologie, Geschichte) Tübingen, Göttingen, Gainesville/USA; 1972 Promotion (Ph.D), U of Florida, Gainesville; 1973-75 Habil.Stipendiat DFG; 1975-89 Prof., U Essen-GHS; seit 1989 Prof., U Tübingen
wiss. Vereinigungen	DVPW; ADLAF
Sprachen	Englisch, Spanisch (Portugiesisch, Italienisch, Französisch)
Fachgebiet	Politikwissenschaft
themat. Schwerpunkte	Abhängigkeit, Entwicklungstheorie, Erdöl, Internationale Beziehungen, Nord-Süd-Beziehungen, Politisches System Strukturanpassung, Verschuldung
geogr. Schwerpunkte	Lateinamerika, Venezuela, Kolumbien, Peru, Argentinien
Schriftenreihen	Geschäftsführender Hg. "Forschungen zu Lateinamerika" (Breitenbach)

Monographien Interne Konsequenzen externer Abhängigkeit. Eine vergleichende empirische Analyse der Dependenz am Beispiel der Industriearbeiterschaft Venezuelas, Kolumbiens und Perus. Königstein/Ts.: Hain 1979, 532 S.

Aufsätze Grundrente und Staat. Argentinien und Venezuela im 19. und 20. Jahrhundert, aus: R. Hanisch; R. Tetzlaff (Hg.), Historische Konstitutionsbedingungen des Staates in Entwicklungsländern. Frankfurt: Metzner 1980, S. 47-98

Dependencia und kapitalistisches Weltsystem, oder: Die Grenzen globaler Entwicklungstheorien, aus: F. Nuscheler (Hg.), Dritte Welt-Forschung. Opladen 1985, S. 56-74 (PVS-Sonderheft 16/1985)

Die Schuldenkrise und die Krise des bürokratischen Entwicklungsstaates in Venezuela, in: Politische Vierteljahresschrift (PVS) 29(1988)4, S. 636-655

Entwicklungstheorien, Weltmarkt und das Problem der Gerechtigkeit, aus: P. Eicher; N. Mette (Hg.), Auf der Seite der Unterdrückten? Theologie der Befreiung im Kontext Europas. Düsseldorf: Patmos 1989, S. 90-111

Lateinamerika. Ein Kontinent in der Krise, aus: G. Kohlhepp (Hg.), Lateinamerika. Umwelt und Gesellschaft zwischen Krise und Hoffnung. Tübingen 1991, S. 81-105

P 51 **Bollinger**, Armin

Privat Hofwiesenstr. 296
CH-8050 Zürich
Tel: 41 (1) 3 11 93 49

Geburtsdatum /-ort 01.11.1913, Oerlikon/Schweiz

berufl. Werdegang Studium, Zürich und Rennes; Dr. phil.; Sekundar- und Mittelschullehrer (Geschichte, Germanistik, Französisch); ab Ende 40er Jahre längerer Brasilienaufenthalt und Lateinamerikareisen; Prof. für Allg. Geschichte, U Rio de Janeiro; ab 1961 Prof., HS St. Gallen; Leiter der Kulturabt. des ILE (HS St. Gallen); seit 1978 im Ruhestand

Sprachen Englisch, Spanisch, Portugiesisch, Französisch

Fachgebiet Geschichte / Ethnologie

themat. Schwerpunkte Altamerikanistik, Archäologie, Sozialgeschichte

geogr. Schwerpunkte Brasilien, Peru, Mexiko

Monographien Spielball der Mächtigen. Geschichte Lateinamerikas. 1972; So kleideten sich die Inka. 1982; Indios, Indios, Indios....1992

sonst. Publikationen Erzählungen: Die Botschaft des Quipo. 1965; Der Ruf des Kirima. 1966; Drei Körner von gelbem Mais. 1976; El Curandero. 1980; Die tanzenden Krokodile. 1983; Die Kette des Häuptlings. 1985; Der Königsmantel. 1988

P 52 **Bonetti**, Mario

Instituto de Investigaciones Socioeconómicas (INISE)
Facultad de Ciencias Sociales y Económicas
Universidad Autónoma de Santo Domingo
Santo Domingo/Dominikanische Republik
Tel: 1 (8 09) 5 32-47 45, -44 54
Fax: 1 (8 09) 5 33 11 06

Privat Arístides Fiallo Cabral 6, Caja Postal 1680
Santo Domingo/Dominikanische Republik
Tel: 1 (8 09) 6 87 87 69
Fax: 1 (8 09) 6 82 99 27

Geburtsdatum, -ort 14.11.1939, Santo Domingo/Dominikanische Republik

berufl. Werdegang 1967 M.A., Heidelberg; 1979 Dr.phil., Erlangen; 1968-71 Prof. für Lateinamerika-Soziologie, U Santiago; 1971-91 Prof., U Santo Domingo; 1976-80 Ass. Roman. Sem., U Erlangen-Nürnberg

berufl. Stellung Direktor des INISE, U Autónoma de Santo Domingo

Sprachen Spanisch (Englisch)

Fachgebiet Soziologie

themat. Schwerpunkte Lateinamerikasoziologie, Entwicklungsländersoziologie, Kultur- und Religionssoziologie

geogr. Schwerpunkte Lateinamerika, Karibischer Raum, Dominikanische Republik

Schriftenreihen Hg. der Schriftenreihe des INISE

Monographien Hacia una teoría del caudillismo dominicano. Dortmund: Cosal 1968; (2. Aufl. 1979, Santiago: UCMM)

El Desarrollo del Capital en Santo Domingo. Santo Domingo 1976, 253 S.

Staat und Gesellschaft im karibischen Raum im 16. Jahrhundert. München: Fink 1983, 668 S.

En torno a la leyenda de Jesucristo. Sto. Domingo 1989, 160 S.

Aufsätze La lógica científico-social de Max Weber, in: Anuario de la Academia de Ciencias de la Rep. Dominicana. Santo Domingo 1(1975), S. 673-696

El Estado Dominicano, elementos teóricos para su estudio, in: Anuario de la Academia ... Santo Domingo 2(1976), S. 371-398

Sklavenrebellion auf Santo Domingo, aus: Lateinamerika-Studien. 11. München 1982, S. 75-100

Zur Bedeutung und Wirkung des Machismo in verschiedenen Lebensbereichen Lateinamerikas anhand des dominikan. Beispiels, aus: Lateinamerika-Studien. München 1982, S. 387-425

P 53 **Borcherdt**, Christoph

Geographisches Institut, Universität Stuttgart
Silcherstr. 9
D-70176 Stuttgart <W-7000 Stuttgart 1>
Tel: 49 (7 11) 1 21-37 50

Geburtsdatum, -ort 25.12.1924, München

berufl. Werdegang 1949/50 Staatsexamen; 1950 Dr.rer.nat.; 1959 Habil.; o.Prof.

Sprachen Englisch, Spanisch

Fachgebiet Geographie
themat. Schwerpunkte Kulturgeographie
geogr. Schwerpunkte Süddeutschland, Lateinamerika, Venezuela
Periodika Mithg. "Stuttgarter Geographische Studien"
Aufsätze Das Problem der agraren Tragfähigkeit, mit Beispielen aus Venezuela, in: Stuttgarter Geographische Studien. Stuttgart 85(1973), S. 1-93 (zus. mit H.-P. Mahnke)
Typen landwirtschaftlicher Betriebsform in den lateinamerikanischen Tropen. Das Beispiel Venezuela, in: Innsbrucker Geographische Studien. Innsbruck 5(1979), S. 293-309
Probleme der Industrialisierung Venezuelas, in: Lateinamerika Studien. 7. München 1980, S. 217-241
Agrarkolonisation und Agrarreform in Venezuela, in: Stuttgarter Geogr. Studien (1985)103, S. 9-141 (zus. mit S. Schaer-Guhl)
Die Städte der venezolanischen Llanos, in: Stuttgarter Geogr. Studien (1985)103, S. 143-238 (zus. mit K. Kulinat; H.Schneider)
Die Industriebeschäftigten in Venezuela 1975 und 1982: Regionale Verteilung und räumliche Unterschiede der Entwicklung, in: Nachrichten der Deutsch-Venezolanischen Gesellschaft, München 3(1985)3/4, S. 155-159
Ciudad Guayana - Industrielles Zentrum am Orinoco, in: Nachrichten der DVG 6(1988)16, S. 41-48 und 7(1989)17, S. 39-48
Beobachtungen zum Wandlungsprozeß der Hacienda in Venezuela, aus: Räumliche Strukturen im Wandel. Festschrift für Wolf-Dieter Sick. Teil B: Beiträge zur Agrarwirtschaft der Tropen. Freiburger Geogr. Hefte (1990)30, S. 27-39
sonst. Publikationen El problema de la capacidad resistencial demográfica agraria con ejemplos de Venezuela. Stuttgart 1980, 92 S.(zus. mit H.-P. Mahnke)

P 54 **Boris**, Dieter

Institut für Soziologie, Universität Marburg
Wilhelm-Röpke-Straße 6, Block K
D-35039 Marburg <W-3550 Marburg/Lahn>
Tel: 49 (64 21) 28 43 97
Privat Friedhofstr. 27
D-35043 Marburg
Tel: 49 (64 21) 4 67 35
Geburtsdatum, -ort 27.05.1943, Bielitz
berufl. Werdegang 1969 Dr. phil.; WissAss.; 1972 o.Prof.
Beratung Gelegentliche Gutachtertätigkeit für die DFG
wiss. Vereinigungen ADLAF
Sprachen Englisch, Spanisch, Französisch (Portugiesisch)
Fachgebiet Soziologie
themat. Schwerpunkte Klassenstruktur und soziale Bewegung in Entwicklungsländern; Außenwirtschaftliche Entwicklung der BRD
geogr. Schwerpunkte Lateinamerika (bes. Chile, Argentinien, Mexiko, Zentralamerika)
Schriftenreihen Mithg. "Pocket Wissenschaft, Soziologie-Politologie" (München)

Monographien	Arbeiterbewegung in Lateinamerika. Marburg 1990, 388 S. Argentinien. Geschichte und politische Gegenwart. Köln 1978, 209 S. (zus. mit P. Hiedl) (Mithg.), Zentralamerika. Köln 1986, 405 S. (zus mit R. Rausch) Schuldenkrise und Dritte Welt. Stimmen aus der Peripherie. Köln 1987, 239 S. (Hg.zus.mit N.Biver; P.Imbusch; U.Kapmann)
Aufsätze	"Jakobinische Situationen" in der Dritten Welt. Eine Skizze, in: Institut für Marxistische Studien und Forschungen (Hg.), Marxistische Studien (Jahrbuch des IMFS). Frankfurt/M. 14(1988), S. 455-476 Der Beitrag Mariáteguis zum Marxismus in Lateinamerika, in: Marxistische Blätter. Frankfurt/M. 26(1988)3, S. 66-71 Die älteste "Demokratur" der Welt. Politik, Staat, Herrschaft. aus: R. Aehnelt (Hg.), Mexiko. Ein politisches Handbuch. Hamburg 1986, S. 189-196
sonst. Publikationen	(Hg.) Sozialstrukturveränderungen und Krise im Lateinamerika der 80er Jahre. Marburg: Institut für Soziologie 1991 (zus. mit P. Imbusch)
P 55	**Borner**, Silvio
	Institut für Volkswirtschaft, Wirtschaftswissenschaftliches Zentrum (WWZ), Universität Basel Petersgraben 51 CH-4003 Basel Tel: 41 (61) 2 67 31 11 Fax: 41 (61) 2 67 33 40
Privat	Nadelberg 16 CH-4051 Basel Tel: 41 (61) 2 61 82 44
Geburtsdatum, -ort	24.04.1941, Kleindietwil/Schweiz
berufl. Werdegang	1969 Dr.nat.oec.; 1973 Habil.; 1974-76 ao.Prof. (ab 1976 o.Prof.), HS St. Gallen; seit 1978 o.Prof., U Basel (Institutsleiter des Wirtschaftswissenschaftlichen Zentrums)
wiss. Vereinigungen	Swiss Economic Association, European Economic Association, American Economic Association, Verein für Socialpolitik
Sprachen	Englisch, Französisch (Spanisch)
Fachgebiet	Wirtschaft
themat. Schwerpunkte	Europ. Integration, Institutionelle Reformen in Lateinamerika
geogr. Schwerpunkte	Europa, Lateinamerika
Monographien	Institutional obstacles to Latin American growth. San Francisco: ICS Press 1992 (zus. mit A. Brunetti und B. Weder)
Aufsätze	Die Bedeutung der Institutionen für das wirtschaftliche Wachstum, aus: B. Gahlen, H. Hesse, H.J. Ramser u.a. (Hg.): Wachstumstheorie und Wachstumspolitik. Ein neuer Anlauf. Tübingen: Mohr 1991

P 56 **Bornhorst**, Bernd

Lateinamerika-Abteilung
Bischöfliches Hilfswerk Misereor e.V. (Misereor)
Mozartstr. 9
D-52064 Aachen <W-5100 Aachen>
Postfach 14 50
D-52015 Aachen
Tel: 49 (2 41) 44 20
Telex: 832370 misa d
Fax: 49 (2 41) 44 21 88

Privat Auenweg 46
D-52224 Stolberg <W-5190 Stolberg>
Tel: 49 (24 02) 7 16 30

Geburtsdatum, -ort 22.02.1962, Saterland-Sedelsberg

berufl. Werdegang Studium (Politikwissenschaft, Soziologie, Publizistik); 1987-89 Traineeprogramm der AGEH/Misereor; 1989 Dr.phil.; seit 1989 Länderreferent Misereor

Sprachen Spanisch, Englisch (Portugiesisch)

Fachgebiet Politikwissenschaft / Entwicklungspolitik

themat. Schwerpunkte Entwicklungspolitik, Politisches System, Soziale Bewegungen, Selbsthilfe, Staat und Entwicklung

geogr. Schwerpunkte Argentinien, Paraguay, Uruguay, Panama, Mexiko

Monographien Möglichkeiten und Grenzen nichtstaatlicher-kirchlicher Entwicklungszusammenarbeit. Dargestellt am Beispiel der Zusammenarbeit zwischen Misereor und INCUPO innerhalb eines multisektoralen Entwicklungsprogrammes in Nordargentinien. Münster: Lit 1989, 364 S.

Aufsätze Schweiz und Dritte Welt. Handel oder Hilfe, aus: J. Bellers (Hg.) Entwicklungshilfepolitik in Europa. Münster: Lit 1988, S. 73-94

Auf dem Weg zu einer Volksbewegung. "Educación popular" (Volkserziehung) in Nordargentinien, aus: ders. (Hg.) Entwicklungsarbeit auf dem Land: Beispiele aus 3 Kontinenten. Aachen 1990, S. 32-58

Paraguay: Kein Land in Sicht, in: Misereor-aktuell. Aachen (1991)3, S. 13/14

P 57 **Borsdorf**, Axel

Institut für Geographie, Universität Innsbruck
Innrain 52
A-6020 Innsbruck
Tel: 43 (5 12) 5 07-31 00
Fax: 43 (5 12) 5 07-31 32

Privat Gaisauweg 11
A-6401 Hatting
Tel: 43 (52 38) 8 81 77

Geburtsdatum, -ort 08.03.1948, Volmerdingsen

berufl. Werdegang 1974 Wiss. Prüfung für das Lehramt an Gymnasien; 1976 Dr. phil., 1984 Dr.phil.habil. und PDoz, U Tübingen; 1991 o.Prof. für

	Geographie, U Innsbruck
Beratung	GTZ, Kinderpatenschaften Lateinamerika
wiss. Vereinigungen	ADLAF; Grupo Trabajo CEISAL
Sprachen	Englisch, Spanisch, Französisch (Portugiesisch, Latein)
Fachgebiet	Geographie
themat. Schwerpunkte	Kulturgeographie, Stadtgeographie, Sozialgeographie, Entwicklungstheorien
geogr. Schwerpunkte	Chile, Andenländer, La-Plata-Länder
Schriftenreihen	Hg. "Kurswissen Geographie"
Monographien	Valdivia und Osorno. Strukturelle Disparitäten und Entwicklungsprobleme in chilenischen Mittelstädten. Tübingen: Selbstverlag des Geographischen Instituts 1976, 155 S. Die Städte Südamerikas. 2 Bände. Berlin/Stuttgart: Bornträger 1984 und 1985, 233 u. 486 S. (zus. mit H. Wilhelmy) Chile und die Osterinseln. Stuttgart: Kohlhammer 1987, 338 S. Grenzen und Möglichkeiten der räumlichen Entwicklung in Westpatagonien. Stuttgart: Steiner 1987, 190 S. Dritte Welt und Weltwirtschaft. Stuttgart: Klett 1988, 2. Aufl. 1989
Aufsätze	Die lateinamerikanische Großstadt. Zwischenbericht zur Diskussion um ein Modell, in: Geogr.Rundsch. 34(1982)11, S. 498-501 Urbanisierung, in: Pipers Wörterbuch zur Politik Bd. 6, München/Zürich: Piper 1987, S. 616-625 El modelo y la realidad. La discusión alemana hacia un modelo de la ciudad latinoamericana. in: Revista interamericana de planificación 22(1989)87/88, S. 21-29 Stadtkrise oder Kulturkrise? Reflexionen über die Bedeutung der Stadt für Kultur und Entwicklung in Lateinamerika. in: Tübinger Geographische Studien. Tübingen (1991)107, S. 133-156

P 58	**Braig**, Marianne
	Lateinamerika-Institut (LAI), Freie Universität Berlin Rüdesheimer Str. 54-56 D-14197 Berlin <W-1000 Berlin 33> Tel: 49 (30) 8 38-30 73
Privat	Bleibtreustr. 48 D-10623 Berlin <W-1000 Berlin 12> Tel: 49 (30) 8 83 22 10
Geburtsdatum, -ort	01.12.1953, Kirchheim/Neckar
berufl. Werdegang	1989 Dr.phil.; 1978-82 WissMitarb., Inst. für Soziologie, danach in verschiedenen Forschungsprojekten (DFG) tätig; seit 1989 Hochschulass., LAI FU Berlin
Beratung	Beratung entwicklungspolitischer Organisationen (GTZ, UNIDO) in Projekten der Beruflichen Bildung, bzw. im Bereich Frauenförderung
wiss. Vereinigungen	LASA
Sprachen	Spanisch, Englisch, Französisch (Portugiesisch)
Fachgebiet	Soziologie
themat. Schwerpunkte	Arbeitsmarkt, Familienstrukturen, Geschlechterverhältnis, Politi-

sche Kultur, Entwicklungszusammenarbeit

geogr. Schwerpunkte Mexiko

Monographien Familienstrukturen und Arbeitsmärkte. Eine geschlechtsspezifische Analyse des mexikanischen Entwicklungsprozesses. Köln: Böhlau 1992, 320 S.

Aufsätze Frauenarbeit im Entwicklungsprozeß: eine leise Revolution?, aus: I. Lenz; R. Rott (Hg.), Frauenarbeit im Entwicklungsprozeß. Saarbrücken/Fort Lauderdale: Breitenbach 1984, S. 51-83

Trabajo y situación social de las mujeres en profesiones femininas en el sector público en Guadalajara, in: Encuentro. Guadalajara 4(1986)13, S. 65-94

Frauenerwerbsarbeit in Mexiko: Zwischen Integration und Marginalisierung, in: Nord-Süd-Aktuell. 4(1990)3, S. 355-372

"Ich kann ja gehen". Dienstmädchen auf der Suche nach der besseren Herrin, aus: M. Kampmann; J. Koller-Tejero (Hg.), "Madre mía" Kontinent der Machos. Frauen in Lateinamerika. Berlin 1991, S. 70-77

Mexiko: "Aus dem Schatten der Revolution treten". Auf der Suche nach dem Anschluß an den Norden, aus: Lateinamerika. Analysen und Berichte. Hamburg/Münster: Lit (1992)15, S. 220-233 (zus. mit B. Beck)

P 59 **Brand**, Diana

Ifo Institut für Wirtschaftsforschung (ifo)
Poschingerstr. 5
D-81679 München <W-8000 München 80>
Tel: 49 (89) 92 24-4 08
Telex: 5-22 26 9
Fax: 49 (89) 98 53 69

Privat Erich-Kästner-Weg 5
D-85716 Unterschleißheim <W-8044 Unterschleißheim>
Tel: 49 (89) 3 17 28 91

Geburtsdatum, -ort 13.09.1962, Nürnberg

berufl. Werdegang 1986 Dipl.Volksw., WissMitarb., U Nürnberg; 1988 Dr.rer.pol.; seit 1989 WissRef., ifo Institut, Abt. Entwicklungsländer

wiss. Vereinigungen Verein für Socialpolitik

Sprachen Englisch, Französisch, Spanisch (Italienisch)

Fachgebiet Wirtschaft / Entwicklungspolitik

themat. Schwerpunkte Geld- und Währungstheorie und -politik, Strukturanpassung, Außenwirtschaftspolitik, reg. Integration

geogr. Schwerpunkte Lateinamerika

Monographien Kapitalexport und Kapitalflucht aus Entwicklungsländern - empirische und theoretische Analysen vor dem Hintergrund der Verschuldungsproblematik. München: Weltforum (als Diana Gemählich)

Aufsätze Der Finanzplatz Argentinien, in: Länderanalysen der FAZ-Informationsdienste, Argentinien, Juni 1991

Freihandel in Lateinamerika - Ein erfolgversprechender Weg aus

der Krise?, in: ifo Schnelldienst. München 44(1991)20
Libre échange en Amérique latine. Les perspectives de succès, in: Problèmes d'Amérique latine. Paris (im Druck)

P 60 **Bremen**, Volker von

Privat Dalfinger Str. 67
D-81929 München <W-8000 München 81>
Tel: 49 (89) 93 69 87

Geburtsdatum, -ort 01.04.1953, Marburg/Lahn

berufl. Werdegang Studium (Ethnologie); M.A., FU Berlin; Forschungs- und Koordinationstätigkeit im Rahmen der Entwicklungszusammenarbeit bei Indianern im Gran Chaco; Evaluierung von Indianerprojekten; Lehrauftrag, U Bern; Dr. phil., FU Berlin

berufl. Stellung freiberuflich

Sprachen Spanisch, Englisch (Portugiesisch, Französisch)

Fachgebiet Ethnologie

themat. Schwerpunkte Akkulturation, Entwicklungszusammenarbeit, Indio, Interethnische Beziehungen, Minderheitenschutz, Mission

geogr. Schwerpunkte Cono Sur, Argentinien, Bolivien, Paraguay

Monographien Zwischen Anpassung und Aneignung. Zur Problematik von Wildbeuter-Gesellschaften im modernen Weltsystem am Beispiel der Ayoréode. München: anacon 1991, 322 S.
Moderne Jagd- und Sammelgründe. Entwicklungshilfeprojekte unter Indianern des Gran Chaco (Argentinien, Bolivien, Paraguay) Frankfurt/M. 1987, 91 S.

Aufsätze Los Ayoréode Cazados, in: Suplemento Antropológico, Asunción 22(1987)1, S. 75-94
'Gefährliches' Selbstbestimmungsrecht, in: Entwicklungspolitische Korrespondenz. Hamburg 20(1988)5/6, S. 18-22

P 61 **Bremer**, Hanna

Geographisches Institut, Universität Köln
Albertus-Magnus-Platz
D-50931 Köln <W-5000 Köln 41>
Tel: 49 (2 21) 4 70 25 47

Privat Forstweg 12
D-69259 Wilhelmsfeld <W-6916 Wilhelmsfeld>
Tel: 49 (62 20) 81 70

Geburtsdatum, -ort 15.07.1928, Bremerhaven

berufl. Werdegang 1958 Dr.rer.nat., U Göttingen, 1966 Habil., U Heidelberg; o.Prof., Direktorin des Geographischen Instituts, U Köln

Sprachen Englisch (Spanisch, Portugiesisch)

Fachgebiet Geographie

themat. Schwerpunkte Geomorphologie der Tropen

Schriftenreihen Mithg. der Reihe "Kölner Geographische Arbeiten"

Periodika Hg. der "Zeitschrift für Geomorphologie"

Monographien Flüsse, Flächen- und Stufenbildung in den feuchten Tropen.

Würzburg 1971, 194 S.
Allgemeine Geomorphologie. Methodik - Grundvorstellungen - Ausblick auf den Landschaftshaushalt. Berlin 1989, 450 S.

Aufsätze Grundsatzfragen der tropischen Morphologie insbesondere der Flächenbildung, in: Festschrift E. Plewe, Beihefte. Geogr. Z. (1973), S. 116-130
Der Formungsmechanismus im tropischen Regenwald Amazoniens, in: Zeitschrift für Geomorphologie. Berlin/Stuttgart 17(1973) Suppl., S. 195-222
Inselberge - Beispiele für eine ökologische Geomorphologie, in: Geogr. Zeitschrift 69(1981), S. 199-216
Tropische Entwicklungsländer von der Natur benachteiligt?, in: Mitt. der Univ. zu Köln. 1981. Köln 1981, S. 28-32
Relief-, Bodenentwicklung und Vegetationsverbreitung in der Gran Sabana (Südost-Venezuela), in: Biogeographica (1984)19, S. 21-40 (zus. mit A.Schnütgen)
Die Entstehung von Decksanden im oberen Rio Negro-Gebiet. in: Zeitschrift für Geomorphologie. 56(1985) Suppl., S. 55-67 (zus. mit A.Schnütgen)
Das natürliche Potential im westlichen Amazonasgebiet und im südlichen Venezuela, aus: G. Hartmann (Hg.), Amazonien im Umbruch. Aktuelle Probleme und deutsche Forschungen im größten Regenwaldgebiet der Erde. Berlin 1989, S. 43-55

P 62 **Bremer**, Thomas

Institut für Romanische Philologie, Universität Gießen
Karl-Glöckner-Str. 21 G
D-35394 Gießen <W-6300 Gießen>
Tel: 49 (6 41) 7 02-55 78
Fax: 49 (6 41) 7 02-53 00

Privat Roonstr. 35
D-35390 Gießen
Postfach 11 02 64
D-35347 Gießen

berufl. Werdegang 1979 WissMitarb., U Gießen; seit 1984 Lehrbeauftr., U Gießen; 1990-91 Zentralinst. für Literaturgeschichte, Berlin; 1984-90 Vizepräsident AELSAL (Wien/Neuchâtel); seit 1989 Sekretariat Gesellschaft für Karibikforschung (Wien/Berlin); Dr. phil.

Sprachen Englisch, Spanisch, Französisch, Italienisch (Portugiesisch)

Fachgebiet Literatur

themat. Schwerpunkte Literaturgeschichte des 19. und 20. Jh., Ästhetik, Sozialgeschichte, Anthropologie, Europäisch-Lateinam. Kulturbeziehungen

geogr. Schwerpunkte Lateinamerika, Karibik, Cono Sur

Schriftenreihen "Hacia una Historia Social de las Literaturas Latinoamericanas" 1985 ff.

Monographien (Mithg.) Alternative cultures in the Caribbean. (zus. mit U. Fleischmann)

Aufsätze Die erzählte Stadt am Río de la Plata. Montevideo, Buenos Aires und der Ursprung des lateinamerikanischen Sozialromans, aus: T. Heydenreich; J. Schneider (Hg.), Argentinien und Uruguay. München 1983, S. 69-87

Historia social de la literatura e intertextualidad. Funciones de la lectura en las novelas latinoamericanas del siglo XIX, in: Revista de Crítica literaria latinoamericana. Lima 12(1986)24, S. 31-50

Haití como paradigma. Emancipación de los esclavos y literatura europea, in: Anales del Caribe. Habana 7/8(1988), S.108-125

Aspekte der Futurismus-Rezeption bei J. Parra del Riego (Peru/Uruguay) und M. Maples Arce (Mexiko) und der Übergang vom Modernismus, aus: H. Wentzlaff-Eggebert (Hg.), Europäische Avantgarde im lateinamerikanischen Kontext. Frankfurt 1991, S. 105-146

Columbus als heiliger Held des Historismus: Bernabé Demarías 'Colón. Poema Histórico' (Argentinien 1887). Ein Beitrag zur Gattungsgeschichte des Epos in Lateinamerika, aus: T. Heydenreich (Hg.), Columbus: Literarische und Künstlerische Wertungen aus fünf Jahrhunderten. Frankfurt: Vervuert 1992

P 63 **Breuer**, Bernd

Deutsche Stiftung für internationale Entwicklung (DSE)
Zentralstelle für Wirtschafts- und Sozialentwicklung
Reiherwerder
D-13505 Berlin <W-1000 Berlin 27>
Tel: 49 (30) 43 07 - 3 35

Privat Straße 30 Nr. 9
D-13469 Berlin <W-1000 Berlin 28>
Tel: 49 (30) 4 02 88 04

Geburtsdatum, -ort 07.05.1941, Berlin

berufl. Werdegang 1968 Dipl.Volksw., FU Berlin; DSE (Ref. Unterabt. 33 "Entwicklungsmanagement"); VHS-Doz.; Erfahrung als Projektleiter bei einem Sozialstrukturhilfeprojekt in Chile

Sprachen Englisch, Spanisch, Portugiesisch, Französisch

Fachgebiet Entwicklungspolitik

themat. Schwerpunkte Basisarbeit in Stadt und Land, Vermittlung von Kleinkrediten

geogr. Schwerpunkte Lateinamerika

Aufsätze Cambio social a través de programas habitacionales, aus: ders. (Hg.), Planificación, financiamiento y realización de programas de construccíon de viviendas en asentamientos marginales de América Latina. Berlin: DSE 1981, S. 1-19

Antecedentes del Seminario sobre "Alternativas de Crédito a Grupos Marginados", (Hg.): ders.; F. Osorio, DSE 1982, S. 1-14

Desarrollo por medio de proyectos integrados de asentamientos, aus: ders.; C. Worschitz (Hg.), Financiamiento del Habitat para sectores de bajos ingresos en América Latina 1984, 9-28

Desarrollo del Tercer Sector, aus: ders., C.Worschitz "El Fomento del Tercer....", DSE 1987, S. 48-49

Selbsthilfeförderung, aus: D.Schwefel (Hg.), Soziale Wirkungen von Projekten in der Dritten Welt. Baden: Nomos 1987, S. 83-109

P 64 **Brezinski**, Horst

FB Wirtschaftswissenschaften Freiberg, Bergakademie Freiberg
Gustav-Zeuner-Str. 8
D-09599 Freiberg <O-9200 Freiberg>
Tel: 49 (37 31) 51-20 32, -24 38
Fax: 49 (37 31) 51-43 89

Geburtsdatum, -ort 15.11.1947, Kiel

berufl. Werdegang 1973 Dipl.-Volksw.; 1978 Dr.rer.pol.; seit 1977 AkR, UGH Paderborn; 1992 Habil.; seit 1993 o.Prof. Bergakademie Freiberg

wiss. Vereinigungen Verein für Socialpolitik; European Association for Comparative Economic Systems; European Association for Evolutionary Political Economy; Association for Evolutionary Economics; Association for Comparative Economic Studies; Osteuropa-Gesellschaft; Gesellschaft für Deutschlandforschung; Society for Economic Anthropology; Fachgruppe Wirtschafts- und Sozialwissenschaften des Johann-Gottfried-Herder Institutes, Marburg

Sprachen Englisch, Französisch (Spanisch, Polnisch, Russisch)

Fachgebiet Wirtschaft

themat. Schwerpunkte Analyse und Vergleich von Wirtschaftssystemen, Internationale Wirtschaftsbeziehungen, Auslandsinvestitionen, Privatisierung, Systemtransformation, Schattenwirtschaft

geogr. Schwerpunkte Ost- und Westeuropa, Mongolei, Vietnam und Kuba

Monographien Internationale Wirtschaftsplanung im RWG. Paderborn: Schöningh 1978

Convergence and Systematic Change. London: Darmouth 1992 (zus. mit W. Andreff u. B. Dallago)

Aufsätze Structural Impacts of CMEA Integration on Cuba, Mongolia and Vietnam, aus: K. Wohlmuth (Hg.), Structural Adjustment in the World Economy and East-West-South Economic Cooperation. Bremen 1989, S. 437-479

Kuba und die Perestroika, in: Blätter des Informationszentrums Dritte Welt (1990)166, S. 39-41

Cuba's Economic Ties with the Soviet Union and the CMEA in the Mid-Eighties, in: Polish Studies on Asia, Africa and Latin America Affairs 1(1991)1-2, S. 93-112

Cuba at the Beginning of the Nineties - The End of a Development Model?, in: Lateinamerika-Nachrichten. St. Gallen (1992)2, S. 31-55

sonst. Publikationen Kubas mühseliges Verhältnis zum COMECON, in: Neue Zürcher Zeitung, 01.10.1988

P 65	**Brichta**, Arno
	Instituto de Geociências (IGEO), Universidade Federal da Bahia Rua Caetano Moura 123, Federação 40.120 Salvador - Bahia/Brasilien Tel: 55 (71) 2 47-05 61, -25 66 Fax: 55 (71) 2 47 30 04
Privat	Rua Helvecio Carneiro Ribeiro 277 40.120 Salvador - Bahia/Brasilien Tel: 55 (71) 2 47 43 35
Geburtsdatum, -ort	05.06.1946, São Paulo SP
berufl. Werdegang	1969 Dipl.-Geol., U São Paulo; 1977 Msc.Geol., U Bahia; 1981 Dr. rer.nat, U Freiburg; seit 1982 Prof., U Bahia/Brasilien; 1988-90 Geschäftsführer der Postgrad. Ausbildung, UFBA
wiss. Vereinigungen	SBG
Sprachen	Portugiesisch, Englisch, Spanisch, Französisch (Italienisch)
Fachgebiet	Geologie
themat. Schwerpunkte	Sedimentologie, Meeresgeologie, Ökologie
geogr. Schwerpunkte	Brasilien: Nordosten, Bahia
Monographien	A sedimentação na foz do rio Paraguaçu, Bahia 1977, 110 S. Zur Sedimentologie und Genese der Diamantführenden Konglomerate von Diamantina - Minas Gerais - Brasilien. Universität Freiburg 1981, 50 S.
Aufsätze	Die Gruta do Salitre bei Diamantina, Brasilien. Kein "Einsturzloch", in: Z. Geomorph. N.E. Berlin/Stuttgart 24(1980)2, S. 236-242 (zus. mit K. Paternoster; W. Scholl; F. Turinski) Paleogeografia do precambriano na Serra do Espinhaço, Minas Gerais, aus: W. Zeil (Hg.), Nuevos Resultados de la Investigación Geocientífica Alemana en Latino América. Boppard: Boldt 1980, S. 33-43 (zus. mit R. Pflug; A. Hoppe) Possibilidades interpretativas de estruturas tectono-sedimentares a partir de perfilagem eletro-acústica, in: I. Simpósio Nacional de Estudos Tectônicos. Resumos Salvador. Bahia (1987), S. 27-29 (zus. mit H.B. Pasenau) Descrição de processos sedimentares recentes na Baía de Todos os Santos a partir de perfis eletroacústicos, in: II Encontro Regional de Geofísica. Salvador-Bahia. Boletim de Resumos. (1987), S. 90 (zus. mit H.B. Pasenau; O.R. Leite) New results of nearshore geological investigations of the Brazilian Coast between Maceió and Ilhéus, in: Joint Oceanographic Assembly. México D.F./Mexiko (1988) (zus. mit H.B. Pasenau; O.R.Leite)

P 66 **Briesemeister**, Dietrich

Ibero-Amerikanisches Institut (IAI)
Potsdamer Str. 37
D-10785 Berlin <W-1000 Berlin 30>
Tel: 49 (30) 2 66 25 00

Privat Hildegardstr. 1
D-10715 Berlin <W-1000 Berlin 31>
Tel: 49 (30) 8 54 45 59

Geburtsdatum, -ort 12.05.1934, Altena

berufl. Werdegang 1958 Staatsexamen, U München; 1959 Dr.phil., U München; 1961 Prüfung für den höheren Dienst an wiss. Bibliotheken; 1966 Habil., München; bis 1971 Bayerische Staatsbibliothek, München, zuletzt als Bibliotheksdirektor; 1971-87 Lehrstuhl für Romanistik (Iberoromanische Sprachen und Kultur), U Mainz; seit 1987 Direktor, IAI und Prof., FU Berlin
Beratungs- und andere Lehrtätigkeit: Gutachtertätigkeit für die DFG, DAAD u.a.; GastProf.: 1981 U Federal do Rio de Janeiro/ Brasilien, U Valencia/Spanien, 1982 U de San Marcos, Lima/ Peru, 1985-86 U of Illinois, Urbana-Champaign/USA (Fulbright Professor), 1989 Brown U und Brown U Library, Providence, R.I./USA

wiss. Vereinigungen ADLAF

Sprachen Englisch, Spanisch, Portugiesisch, Französisch (Italienisch, Katalanisch u.a.)

Fachgebiet Literatur / Linguistik

geogr. Schwerpunkte Spanien, Portugal, Lateinamerika

Schriftenreihen Hg. "Bibliotheca Ibero-Americana" (Frankfurt: Vervuert)

Periodika Mithg. "Iberoromania", Zeitschrift für die iberoromanischen Sprachen und Literaturen in Europa und Amerika (Tübingen); "Portugiesische Forschungen" (Münster)

Monographien Buch- und Zeitschriftenveröffentlichungen (Liste erhältlich)

P 67 **Brock**, Lothar

FB Gesellschaftswissenschaften
Abteilung Internationale Beziehungen, Universität Frankfurt
Robert-Mayer-Str. 5
D-60325 Frankfurt <W-6000 Frankfurt 1>
Postfach 11 19 32
D-60054 Frankfurt
Tel: 49 (69) 55 84 81

Geburtsdatum, -ort 30.01.1939, Lauenburg/Pommern

berufl. Werdegang 1963 Dipl.Pol.; 1963-65 Volontär, OAS (3-monatiger Mexiko-Aufenthalt); 1965-74 FU Berlin; 1974 Dr.phil.; seit 1974 TU Braunschweig; 1978 Habil.; seit 1979 o. Prof., U Frankfurt

Beratung Kammer der EKD für kirchlichen Entwicklungsdienst (Vorsitz), Vorstand der Hessischen Stiftung Friedens- und Konfliktforschung und Forschungsgruppenleiter, Mitglied des Konvents

	der Evangelischen Akademie Arnoldshain
wiss. Vereinigungen	DVPW; International Peace Research Association
Sprachen	Englisch (Spanisch, Portugiesisch, Französisch)
Fachgebiet	Politikwissenschaft
themat. Schwerpunkte	Internationale Beziehungen, Interamerikanisches System, Entwicklungspolitik, Umwelt und Entwicklung
Monographien	Entwicklungsnationalismus und Kompradorenpolitik. Die Gründung der OAS und die Entwicklung der Abhängigkeit Lateinamerikas von den USA. Meisenheim/Glan: Hain 1975, 368 S. Die beiden deutschen Staaten in der Dritten Welt. Wiesbaden: Westdeutscher Verlag 1987, 420 S. (zus. mit A. Spranger) (Mitarbeit) Die ökologische Krise als Nord-Süd-Problem. Fallbeispiel Amazonien. Eine Studie der Kammer der EKG für kirchlichen Entwicklungsdienst. Gütersloh: Mohn 1991, 120 S.
Aufsätze	Entwicklung und Funktion der multilateralen Zusammenarbeit in Lateinamerika, aus: K. Lindenberg (Hg.), Politik in Lateinamerika. Hannover 1971, S. 145-159 Die Funktion der OAS für die Rechtfertigung der Lateinamerikapolitik der USA, in: Polit. Vierteljahresschrift. 19(1978)1, S. 3-22 Legitimationsfunktion und Legitimität internationaler Organisationen: Die Legitimierungsstrategien der USA und die Abstimmungsgefolgschaft der lateinamerikanischen Staaten in der OAS, in: Politische Vierteljahresschrift (1978)1 Intervention und Konfliktverschärfung. Die Lateinamerika-Politik (der USA), aus: E.-O. Czempiel (Hg.), Amerikanische Außenpolitik im Wandel. Stuttgart: Kohlhammer 1982, S. 145-167 Die Lateinamerika-Politik der USA, aus: W. Adam; u.a. (Hg.), Länderbericht USA II. Bonn: Bundeszentrale für politische Bildung 1991 (2. überarbeitete Aufl.) Die Dritte Welt im Internationalen System. Bedrohungsvorstellungen und Konfliktpotentiale im Nord-Süd-Verhältnis, aus: D. Nohlen; F. Nuscheler (Hg.), Handbuch Dritte Welt. Bonn: Dietz 1992 (3. Aufl.), S. 446-466 The Colonization of Amazonia. Constellation of Interests and Conflict Potentials, aus: M. Bothe; T. Kurzidemm; C. Schmidt (Hg.), Legal Aspects of the Preservation and Development of the last "Open Spaces". Dortrecht 1991 (zus. mit S. Hessler) The European Experience and Its Meaning for Central America, aus: E. Boulding; C. Brigagão; K. Clements (Hg.), Peace Culture and Society. Boulder: Westview 1991, S. 30-41

P 68	**Bröckelmann-Simon**, Martin
	Bischöfliches Hilfswerk Misereor e.V. (Misereor) Mozartstr. 9 D-52064 Aachen <W-5100 Aachen> Postfach 14 50 D-52015 Aachen Tel: 49 (2 41) 4 42-2 27 Telex: 832370 misa d Fax: 49 (2 41) 4 42-1 88
Privat	Försterstr. 18 D-52072 Aachen Tel: 49 (2 41) 15 61 03
Geburtsdatum, -ort	21.03.1957, Herzebrock
berufl. Werdegang	1980 Dipl.Soz.; 1981-83 Projektreferent südl. Afrika bei "Dienste in Übersee"; 1983-85 Projektreferent Lateinamerika/portug.-sprach. Afrika bei "Brot für die Welt"/Diakon. Werk; seit 1985 Projektreferent Lateinamerika bei "Misereor"
Sprachen	Portugiesisch, Spanisch, Englisch (Französisch)
Fachgebiet	Entwicklungspolitik / Soziologie
themat. Schwerpunkte	Agrarentwicklung, Soziale Bewegungen, Internationale Zusammenarbeit
geogr. Schwerpunkte	Brasilien, Paraguay, Chile
Aufsätze	A Barragem de Sobradinho na Bahia, Brasil. Desenvolvimento para quem? (Der Staudamm von Sobradinho in Bahia, Brasilien. Entwicklung für wen?), in: Reforma Agraria. Boletim da Associação Brasileira de Reforma Agraria. (1979)5, S. 6-15 Dritte Welt - kein Thema für Gewerkschafter?, in: Rückkehrer-Rundbrief. Bensheim (1982)7, S. 21-31 (Ländliche) Ausbildungsförderung - einige Aspekte und Überlegungen, in: Bericht über den AG-KED-Technik-Workshop vom 13.-15 Juni in Weinstadt Beutelsbach/Landgut Burg. Stuttgart: Planungs- und Grundsatzabteilung der AG-KED, S. 29-40 Landprobleme in Brasilien: Rechtswirklichkeit und Interessenvertretung der Betroffenen, in: Entwicklung + Ländlicher Raum. Frankfurt (1987)2, S. 14-18 Soziale Folgen des Verstädterungsprozesses in Brasilien, aus: Gemeindezentren in Brasilien: Raum für Hoffnung und Aktion. (Hg. zus. m.a.) Aachen 1989, S. 21-50
sonst. Publikationen	Die brasilianische Landlosenbewegung. Demokratisierungspotential und Entwicklungsperspektiven einer ländlichen sozialen Bewegung. Bielefeld: Universität Bielefeld, Fak. f. Soziologie, Forschungsschwerpunkt Entwicklungssoziologie 1991

P 69 **Brockmann**, Andreas

Lateinamerika-Zentrum (CeLA), Universität Münster
D-48151 Münster <W-4400 Münster>
Tel: 49 (2 51) 83-93 37
Telex: 892529 UNIMS d
Fax: 49 (2 51) 52 30 11

Privat Krummer Timpen 63
D-48143 Münster
Tel: 49 (2 51) 4 62 92

Geburtsdatum, -ort 13.09.1957, Bielefeld

berufl. Werdegang 1986 M.A. (Ethnologie), U Münster; 1990 Dr.rer.nat., U Freiburg; HochschAss. am / Geschäftsführer des CeLA, U Münster

wiss. Vereinigungen ADLAF; DGV

Sprachen Spanisch, Englisch, Tzotzil (Portugiesisch, Niederländisch)

Fachgebiet Ethnologie / Soziologie

themat. Schwerpunkte Wirtschafts- und Religionsethnologie, Ethnobotanik, Sozialindikatoren und -strukturen

geogr. Schwerpunkte Mexiko, Lateinamerika

Monographien Santa Marta - Untersuchungen zur Ethnographie einer Tzotzilgemeinde in Mexiko. Münster: Lit 1991
Pesca Indígena en México. México: UNAM (im Druck)

Aufsätze Formen des Hausbaus, aus: U. Köhler (Hg.), Zur Ethnographie der Tzotzil von Chenalhó. Münster 1990, S. 10-41 (zus. mit L. Raesfeld)
Ämtersystem, aus: Zur Ethnographie der Tzotzil..., S. 98-118 (zus. mit C. Kalka)

P 70 **Brugger**, Ernst A.

FUNDES – Stiftung zur Förderung von Kleinunternehmen in Lateinamerika
Haus Inseli
CH-8867 Niederurnen
Tel: 41 (58) 21 23 24
Telex: 87 61 15
Fax: 41 (58) 21 17 09

Privat Kännelstr. 18
CH-8753 Mollis
Tel: 41 (58 34) 46 34

Geburtsdatum, -ort 28.09.1947, Gossau/ZH

berufl. Werdegang 1975 Studium (Geographie), U Zürich; 1977 Promotion; 1975-77 WissMitarb. (später Leiter), Zentralstelle für regionale Wirtschaftsförderung des Bundes (BIGA), Bern; 1981 Habil., U Zürich; ab 1981 PDoz, U Zürich und U Bern; seit 1984 Wirtschaftsberater; seit 1986 Geschäftsführer von FUNDES; seit 1990 Geschäftsführer von ECOS, Management AG, Titularprof., U Zürich; Consultant

Sprachen Englisch, Spanisch, Französisch

Fachgebiet Geographie / Wirtschaft

themat. Schwerpunkte Entwicklungstheorie und -praxis
geogr. Schwerpunkte Lateinamerika
Aufsätze "Nachhaltige Entwicklung" - eine Herausforderung für die Land- und Forstwirtschaft Lateinamerikas, aus: W. Hein (Hg.), Umweltorientierte Entwicklungspolitik. Hamburg 1991, S. 379-389
Hacia nuevas reglas del juego. Una síntesis, aus: H. de Soto; St. Schmidheiny (Hg.), Las Nuevas Reglas del Juego. Santafé de Bogotá/Colombia: FUNDES/La Oveja Negra Ltda. 1991, S. 243-254 (zus. mit H. de Soto)
Sustainable development: A challenge for the business world, aus: J.O. Willums; U. Golüke (Hg.), Background Papers for the Second World Conference on Environmental Management: WICEM II. Rotterdam: ICC; UNEP; UNCED 1991, S. 33-57 (zus. mit R.G. Clémençon)
Die Förderung von Eigeninitiativen durch Verbesserung der Rahmenbedingungen, aus: H. Elsenhans (Hg.), Die verwaltete Armut. Konstanz: Universitäts-Verlag 1992
Entwicklungszusammenarbeit der Privatwirtschaft, aus: A. Riklin; H. Haug; R. Probst (Hg.), Neues Handbuch der schweizerischen Außenpolitik. Bern: Haupt 1992, Kap. 31/3

P 71 **Brummel**, Hans-Jürgen
Friedrich-Ebert-Stiftung (FES)
Apartado 1171
P-1005 Lisboa Codex
Tel: 3 51 (1) 57 33 75
Privat Rua São Rafael,14, Alto do Lagoal, Caxias
P-2780 Oeiras
Tel: 3 51 (1) 4 43 97 03
Geburtsdatum, -ort 05.05.1948, Hövelhof
berufl. Werdegang 1975 M.A. (Politikwissenschaft, Geschichte, Portugiesisch); 1979 Dr.phil., U Mainz; 1978-80 WissMitarb., Inst. für Politikwiss., U Mainz; seit 1980 FES, Bonn; Vertr. der FES Portugal
Sprachen Englisch, Spanisch, Portugiesisch, Französisch, Italienisch
Fachgebiet Entwicklungspolitik
themat. Schwerpunkte Internationale Politik, Entwicklungsländerforschung
geogr. Schwerpunkte Lateinamerika, Spanien, Portugal
Monographien Brasilien zwischen Abhängigkeit, Autonomie und Imperialismus. Die Grundlinien der brasilianischen Außenpolitik (1964-1978) unter besonderer Berücksichtigung der Beziehungen zu Lateinamerika. Frankfurt: Haag+Herchen 1980, 359 S. (Diss.)
Die brasilianische Lateinamerikapolitik der 70er Jahre. Zwischen Imperialismus und Kooperation. Bonn 1980, 39 S.
Aufsätze Brasilien und die USA, in: Berichte zur Entwicklung in Spanien, Portugal und Lateinamerika. München 3(1978)16, S. 46-55
Gewalt in den außenpolitischen Beziehungen Lateinamerikas am Beispiel der brasilianischen Sicherheits- und Expansionspolitik, in: JbLA. Köln/Wien 15(1978), S. 425-435

Brasilien und die lateinamerikanische Integration. Kooperation oder Imperialismus, aus: D. Benecke; M. Domitra; M. Mols (Hg.), Integration in Lateinamerika. München 1980, S. 185-193
Die brasilianische Entwicklung nach dem Zusammenbruch des Populismus. Versuch einer vorläufigen Bilanz, aus: I. Buisson; M. Mols.(Hg.), Entwicklungsstrategien in Lateinamerika

P 72 **Brun**, Ronald

Institut für Waldbau, Lehrstuhl II, Universität Göttingen
Büsgenweg 1
D-37077 Göttingen <W-3400 Göttingen>
Tel: 49 (5 51) 39 36 57

Geburtsdatum, -ort 15.05.1935, Valdivia/Chile
berufl. Werdegang 1963 Dipl.Forsting., Santiago; 1966 Weltforstwirtschaft-Prüfung, U Hamburg; 1969 Dr.rer.nat., U Freiburg; 1970 Doz. U Austral de Chile, Valdivia; 1971 Research Scientist, Forest Management Institute, Ottawa; seit 1972 WissAngest., Inst.für Waldbau, U Göttingen
Sprachen Englisch, Spanisch (Portugiesisch)
Fachgebiet Forstwissenschaft
themat. Schwerpunkte Waldbau, Ertragskunde, Waldinventur, insbes. in den Tropen und Subtropen
geogr. Schwerpunkte Argentinien, Bolivien, Chile, Dominikanische Republik, Guatemala, Venezuela, Paraguay, Peru, Kanada

P 73 **Brunner**, Markus

Institut für Geschichte, Universität Wien
Dr. Karl-Lueger-Ring
A-1010 Wien
Tel: 43 (1) 4 01 03-22 80

Privat Wüstenrotergasse 9
A-6200 Jenbach
Tel: 43 (53 44) 42 92

Geburtsdatum, -ort 11.01.1965
berufl. Werdegang 1984-91 Studium (Volkswirtschaft, Politikwiss.), U Innsbruck
berufl. Stellung Mitarbeiter des Forschungsprojektes "Österreichs Optionen in Zentralamerika"
Sprachen Englisch, Spanisch (Französisch)
Fachgebiet Wirtschaft
themat. Schwerpunkte Weltwirtschaft, Sozialer Wandel im Weltsystem, Globale und ökonomische Prozesse und Strukturen
geogr. Schwerpunkte Zentralamerika
Monographien (Mithg.) Projekt Guatemala. Vorder- und Hintergründe der österreichischen Wahrnehmung eines zentralamerikanischen Landes. Frankfurt: Brandes & Apsel 1993, 305 S. (zus. mit W. Dietrich und M. Kaller)
sonst. Publikationen Anti-Entwicklungsreader, Motto: Entwicklung stinkt (Mithg. der

Schwerpunktgruppe "Entwicklungsländer" am Institut für Politikwissenschaft, U Innsbruck). Innsbruck 1991
(Übersetzung und Hg.) Gustavo Esteva: Fiesta - jenseits Eurer Träume. Frankfurt: Brandes & Apsel / Wien: Südwind 1992
Zum Verhältnis von Land, ländlicher Bevölkerung und Staat in Guatemala seit 1970. Wien 1991 (unveröff. Dipl.-Arbeit)

P 74 **Brunotte**, Ernst

Geographisches Institut, Universität Köln
Albertus-Magnus-Platz
D-50931 Köln <W-5000 Köln 41>
Tel: 49 (2 21) 4 70 42 41
Fax: 49 (2 21) 4 70 51 51

Privat Zum Engelshof 25
D-50996 Köln <W-5000 Köln 50>
Tel: 49 (2 21) 35 23 91

Geburtsdatum, -ort 10.04.1943, Gronau b. Hannover

berufl. Werdegang 1978 Dr.rer.nat; 1985 Habil., WissAss. und PDoz., U Göttingen; Lehrstuhlvertretung, U Hannover; o.Prof., U Köln

wiss. Vereinigungen VGDH; Deutscher Arbeitskreis für Geomorphologie; Deutsche Bodenkundliche Gesellschaft; DEUQUA

Sprachen Englisch, Französisch (Spanisch)

Fachgebiet Geographie

themat. Schwerpunkte Geomorphologie, Geoökologie, Landschaftsgenese und Landschaftsentwicklung

geogr. Schwerpunkte Argentinien

Schriftenreihen "Kölner Geographische Arbeiten"

Monographien Zur Landschaftsgenese des Piedmont an Beispielen von Bolsonen der mendociner Kordilleren (Argentinien). Habil.-Schrift, Göttingen 1985

Aufsätze Zur allochtonen Formung quartärer Fußflächen in Bolsonen W-Argentiniens, in: Z. Geomorph. Stuttgart NF (1983) Suppl. 48, S. 203-212
Pediment-Typen im westlichen Argentinien, in: Z. Geomorph. Stuttgart (s.o.), S. 213-224 (zus. mit H. Stingl; K. Garleff)
Reliefentwicklung am Westrand der Laguna Llancanelo Argentinien, in: K. Garleff; H. Stingl (Hg.), Zbl. Geol. Paläontol. Teil I, Stuttgart (1984)11/12, S. 1571-1579
Geomorphologische Karte 1:100.000 Bahada Amarilla, Prov. Mendoza, Argentinien, in: GMK-Beiträge. Berlin 1987, S. 65-72 (zus. mit E.M. Abraham de Vazquez; K. Garleff; H. Stingl)
Aktuelle äolische und fluviale Morphodynamik im semiariden südmendociner Piedmont (Argentinien), in: Abh. Akad. Wiss. Göttingen (1988)41, S. 111-126
Der Effekt planierender Abtragung auf die Reliefspanne westargentinischer Bolsone. 11. Geowiss. Lateinamerika-Kolloquium (Kurzfassung der Vorträge). Hannover 1988
Anthropogene Beeinflussung der Morphodynamik im Bolson

von Fiambalá/Nordwestargentinien, in: Nachr. Akad. Wiss. Göttingen (1988)41, S. 307-327 (zus. mit K. Garlef; H. Stingl)

P 75 **Buchhofer**, Ekkehard

FB Geographie, Universität Marburg
Deutsches Haus, Deutschhausstraße 10
D-35037 Marburg <W-3550 Marburg>
Tel: 49 (64 21) 28-42 12

Privat Marbacher Weg
D-35037 Marburg
Tel: 49 (64 21) 6 41 30

Geburtsdatum, ort 22.10.1937, Gnojau/Danzig
berufl. Stellung Universitätsprofessor
wiss. Vereinigungen ADLAF
Sprachen Englisch, Spanisch, Polnisch (Französisch)
Fachgebiet Geographie
themat. Schwerpunkte Kulturgeographie, Raumplanung, Städte, Industrie, Infrastruktur
geogr. Schwerpunkte Lateinamerika, Ostmitteleuropa
Schriftenreihen (Mithg.) "Marburger Geographische Schriften"
Aufsätze Stadtexpansion in der Schuldenkrise. Der Fall Mexiko-Stadt, in: Geographische Zeitschrift 79(1991), S. 26-43 (mit G. Aguilar)
Zur räumlichen Organisation aktueller Siedlungsprozesse im tropischen Regenwald Ost-Ekuadors, in: Berliner Geographische Abhandlungen (1990)53, S. 205-218

P 76 **Bühler**, Dirk

Klin-Consult
D-86381 Krumbach <W-8908 Krumbach>
Tel: 49 (82 82) 9 40
Fax: 49 (82 82) 9 41 10

Privat Am Ängerle 9
D-86489 Oberbleichen <W-8909 Deisenhausen>

Geburtsdatum, -ort 27.08.1950, Stuttgart
berufl. Werdegang Architekturstudium, RWTH Aachen; 1977 Dipl.Ing.; 1990 Dr.ing.; 1979-81 INAH, México D.F.; 1984-85 U de Guanajuato; 1986-89 El Colegio de Puebla/Mexiko; 1990-91 U de las Américas, Puebla; Fachbereichsleiter im Fachbereich Hoch- und Gewerbebau, Kling-Consult
wiss. Vereinigungen ADLAF; Colegio de Arquitectura de Puebla; International Federation for Housing and Planning
Sprachen Spanisch, Englisch, Französisch (Italienisch, Latein)
Fachgebiet Architektur / Kunstgeschichte
themat. Schwerpunkte Bauforschung, Hausforschung, Stadtbaugeschichte
geogr. Schwerpunkte Zentralamerika, Mexiko
Monographien Das Bürgerhaus der Kolonialzeit in Puebla. Saarbrücken/Fort Lauderdale: Breitenbach 1990, 352+V. S. 4 historische Stadtpläne, 47 Abb., Tabellenteil und Gesamtinventar

Aufsätze	Un catálogo de arquitectura civil de la Colonia de Puebla y sus perspectivas para la rehabilitación de la vivienda, aus VII Symposium Internacional de Conservación del Patrimonio Monumental. Puebla: Icomos/UAP 1987, S. 99-107
	Del inventario al levantamiento, aus ders. (Hg.), La documentación de arquitectura histórica. Puebla: U de las Américas 1989, S. 44-57
	Stadterneuerung und Denkmalpflege in Puebla, in: Die alte Stadt. Vierteljahreszeitschrift für Stadtgeschichte, Stadtsoziologie und Denkmalpflege, hg. von O. Borst. Stuttgart (1990)4, S. 364-375
sonst. Publikationen	Die profanen Baudenkmäler der Kolonialzeit in Puebla. Mexiko-Stadt: Selbstverlag 1985, Einl., Bibliogr., ca. 800 Fotos und ca. 200 Zeichnungen auf Formblättern, Gesamtinventar, 350 S.
	Inventario de monumentos arquitectónicos del siglo XVI al XX en San Pedro y San Andrés Cholula. Puebla; U de las Américas 1990

P 77	**Buisson-Wolf**, Inge
Privat	Möwenstr. 1 D-22301 Hamburg <W-2000 Hamburg 60> Tel: 49 (40) 4 80 86 62
berufl. Werdegang	1954 Dr.phil.; 1967 Dr.habil.; seit 1970 UnivProf. (em.)
wiss. Vereinigungen	ADLAF
Sprachen	Englisch, Spanisch, Französisch (Portugiesisch)
Fachgebiet	Geschichte
themat. Schwerpunkte	Geschichte des 19. Jahrhunderts
geogr. Schwerpunkte	Mexiko und Bolivien
Monographien	Regierung und Verwaltung der kolonialspanischen Städte in Hochperu, 1538-1650. Köln: Böhlau 1970, 212 S.
	Die Unabhängigkeitsbewegungen in Lateinamerika, 1788-1826. Stuttgart; Klett-Cotta 1980, 166 S.
Aufsätze	Geschichtsverständnis und Nationalismus in der bolivianischen Revolution von 1952-1964, in: JbLA. Köln 4(1967), S. 726-746
	Gewalt und Gegengewalt in "Kastenkrieg" in Yucatán, in: JbLA. Köln 15(1978), S. 7-27
	Caminos, fines y resultados de la política liberal de desarrollo durante la Reforma en México, aus: América Latina en las letras y ciencias alemanas. Caracas: Monte Avila 1988, S. 173-197
	Die mexikanische Hacienda im Spiegel deutschsprachiger Veröffentlichungen des 19. Jahrhunderts, in: JbLA. Köln 25(1988), S. 789-805
	El ejército libertador y la formación del estado boliviano, 1825-28, aus: Problemas de la formación del estado y de la nación en Hispanoamérica. Köln/Wien: Böhlau 1984, S. 499-512
	Frauen in Hispanoamerika in Reiseberichten von Europäerinnen, 1830-1853, in: JbLA. Köln 27(1990)

P 78	**Bultmann**, Ingo
	Institut für Soziologie, Universität Hannover Schneiderberg 50 D-30167 Hannover <W-3000 Hannover 1> Tel: 49 (5 11) 7 62-52 11 Fax: 49 (5 11) 7 62-41 99
Privat	Isernhagener Str. 51 D-30163 Hannover Tel: 49 (5 11) 62 05 18
Geburtsdatum, -ort	18.02.1960, Hannover
berufl. Werdegang	M.A. (Geschichte, Soziologie); WissMitarb. Inst. für Soziologie
Sprachen	Englisch, Spanisch (Portugiesisch)
Fachgebiet	Soziologie / Geschichte
themat. Schwerpunkte	Soziale Bewegungen, Urbanisierung, politisches Denken, Demokratisierung
geogr. Schwerpunkte	Mexiko, Chile
Aufsätze	Mexiko: Auf dem Weg zur Schuldendienstökonomie, in: Lateinamerika. Analysen und Berichte. Hamburg 12(1987), S. 247-259 Mexikanische Politik heute. Autoritärer Populismus und Demokratie, aus: Hennke; Bultmann; Dettmer (Hg.), Mexiko. Rieden am Foggensee 1988, S. 95-109 Vom Wirtschaftswunder in die Krise, aus: Mexiko..., S. 110-126 Das 19. Jahrhundert: Unabhängigkeit - Liberalismus - Diktatur, aus: Mexiko..., S. 131-135 (zus. mit M. Dettmer) Halbzeitbilanz in Mexiko, in: ILA. Bonn (1991)149, S. 29-32

P 79	**Bünstorf**, Jürgen
	Institut für Didaktik der Geographie, Universität Münster Fliednerstr. 21 D-48149 Münster <W-4400 Münster> Tel: 49 (2 51) 83 93 45
Privat	Mersmannstiege 8 D-48341 Altenberge <W-4417 Altenberge> Tel: 49 (25 05) 17 93
Geburtsdatum, -ort	24.01.1936, Lüneburg
berufl. Werdegang	1965 Dr.phil., Göttingen; 1965-69 WissAss. PH Lüneburg; 1967-68 und 1978-91 Forschungs- und Lehraufenthalte in Argentinien; 1970-73 Doz./Prof. PH Esslingen; 1973-80 o.Prof. für Geographie und ihre Didaktik, PH Westfalen-Lippe; seit 1980 Univ.Prof., U Münster
wiss. Vereinigungen	ADLAF
Sprachen	Englisch, Spanisch (Portugiesisch, Französisch)
Fachgebiet	Geographie
themat. Schwerpunkte	Wirtschafts- und Sozialgeographie, Landerschließung
geogr. Schwerpunkte	Argentinien, speziell Nordargentinien
Aufsätze	Die Ackerbauzone im argentinischen Gran Chaco. Ein Beitrag zum Problem der Anbaugrenze in den wechselfeuchten Sub-

tropen, in: Geographische Rundschau. Braunschweig 4(1976), S. 144-154 und in: Applied Sciences and Development. Tübingen 8(1976), S. 112-126
Die Landerschließungs-Sukzessionen im argent. Gran Chaco, aus: H.-J. Nitz (Hg.), Landerschließung und Kulturlandschaftswandel an den Siedlungsgrenzen der Erde. Göttingen 1976
Tanningewinnung und Landerschließung im argentinischen Gran Chaco, aus: H.-W. Windhorst (Hg.), Beitr. zur Geographie der Wald- und Forstwirtschaft. Darmstadt: Wiss. Buchges. 1978
Indianer im argentinischen Gran Chaco. Integration oder Segregation? aus: D. Benecke; M. Domitra; M. Mols (Hg.), Integration in Lateinamerika. München: Fink 1980
Neue Entwicklungsprojekte in Nord-Argentinien. Planmäßige Regionalentwicklung oder geopolitische Akte? in: Geographische Rundschau. Braunschweig 11(1981)

sonst. Publikationen — Die Ausbildung kolonialer Strukturen in spät erschlossenen Binnenräumen. Beispiel argentinischer Gran Chaco, in: Eichstätter Beiträge 1991
Geographieunterricht und Lehrausbildung in Argentinien. Anmerkungen nach einem Arbeitsaufenthalt an der Nationaluniversität Tucumán (NW-Argentinien). In: Geographie im Dienste von Schule und Erziehung. Geographiedidakt. Forschungen 20(1991), S. 198-212

P 80 **Burgarth**, Jürgen

Deutsches Übersee-Institut (DÜI), Übersee-Dokumentation
Referat Lateinamerika
Neuer Jungfernstieg 21
D-20354 Hamburg <W-2000 Hamburg 36>
Tel: 49 (40) 35 62-5 83

Privat — Rotbuchenstieg 46
D-22279 Hamburg <W-2000 Hamburg 60>
Tel: 49 (40) 51 96 60

Geburtsdatum, -ort — 02.10.1939, Hamburg

berufl. Werdegang — 1959-64 Brasilienaufenthalt; 1964-72 Studium (Romanistik, Germanistik, Literaturwissenschaft); 1970-85 WissAngest., IIK; 1977 Dr.phil.; seit 1985 WissAngest., DÜI, Übersee-Dokumentation, Referat Lateinamerika

Sprachen — Englisch, Spanisch, Portugiesisch

Fachgebiet — Information und Dokumentation

themat. Schwerpunkte — Lateinamerika-Dokumentation

Monographien — Die Negation im Werk von Padre Antonio Vieira, Münster: Aschendorffsche Verlagsbuchh. 1977, 226 S. (Zsfg. port.) (Diss.)

sonst. Publikationen — (Bearb.) Erziehung und Entwicklung in Lateinamerika. Auswahlbibliographie. Hamburg 1980, 204 S. (zus. mit E. Kootz)

P 81 **Bussmann**, Claus

Fachbereich 1, Universität Duisburg
Lotharstr. 65
D-47057 Duisburg <W-4100 Duisburg 1>
Postfach 10 16 29
D-47015 Duisburg
Tel: 49 (2 03) 3 05-22 78, -22 52
Privat Orbroicher Str. 21 F
D-47906 Kempen <W-4152 Kempen 1>
Tel: 49 (21 52) 86 01

Geburtsdatum, -ort 29.09.1938, Gladbeck

berufl. Werdegang Studium (Philosophie, Theologie, Geschichte) Münster, München, Würzburg und Köln; 1961 Abschlußprüfung; Praxistätigkeit im kirchl. Dienst, WissAss.; 1971 Dr.theol.; seit 1973 AkR.; 1977 Forschungsaufenthalt in Mexiko, mehrere Studienreisen nach Lateinamerika; 1984 Habil.; 1986 Dr.phil.; apl.Prof.

Sprachen Englisch, Spanisch, Französisch (Portugiesisch, Hebräisch, Griechisch, Latein, Russisch)

Fachgebiet Geschichte / Theologie

themat. Schwerpunkte Christentum in Lateinamerika

Monographien Befreiung durch Jesus? Die Christologie der lateinamerikanischen Befreiungstheologie. München: Kösel 1980, 181 S.

Treu deutsch und evangelisch. Die Geschichte der Deutschen Evangelischen Gemeinde zu Asunción/ Paraguay von 1893-1963. Stuttgart: Steiner 1989

Aufsätze Theologie der Befreiung. Hoffnung für die Unterdrückten in Lateinamerika?, in: Katechetische Blätter. München 104(1979), S. 313-330

Die lateinamerikanische Theologie der Befreiung. Versuch einer Neuorientierung der kirchlichen Praxis in Lateinamerika, aus: C. Bussmann; F. Uehlein (Hg.), Pommersfeldener Beiträge, Bd. II. Frankfurt 1979

Befreiter und befreiender Umgang mit der Bibel als Anregung für Theologie und Verkündigung der ersten Welt, aus: H. Goldstein (Hg.), Befreiungstheologie als Herausforderung. Düsseldorf: Patmos 1981, S. 168-181

Das Verhältnis von Glaube und Politik am Beispiel des Bartolomé de las Casas, aus: Kreativität. Festschrift für U. Jaeschke. Neukirchen 1983, S. 158-164

Die Krise der Deutschen Evangelischen Gemeinde zu Asunción nach dem Ersten Weltkrieg, in: JbLA. Köln/Wien 25(1988), S. 495-510

Lukas - Augustinus - Gutiérrez. Die Antworten auf die Frage nach dem Verhältnis des Christentums zur Politik, aus: Der Treue Gottes trauen. Festschrift für G. Schneider. Freiburg: Herder 1991, S. 361-375

P 82	**Büttner**, Thomas Th.
Privat	Nibelungenstr. 11 D-68782 Brühl <W-6835 Brühl> Tel: 49 (62 02) 7 72 94
Geburtsdatum, -ort	01.01.1945, Karlburg/Main
berufl. Werdegang	1978 Dr.phil.; derz. Lehrbeauftragter
Sprachen	Spanisch, Englisch, Französisch (Italienisch, Aymara, Ashaninka (Campa))
Fachgebiet	Linguistik / Bildungswesen
themat. Schwerpunkte	Ethnizität und Sprache
Monographien	Las lenguas de los Andes centrales: Estudios de clasificación genética, areal y tipológica. Madrid 1983. (Diss.) Diccionario del aymara peruano. Lima 1984 (zus. mit D. Condori Cruz) (Hg.), Identidad. Lima 1989 (Amazonía Peruana. 17) Diccionario ashaninka. Lima (im Druck)
Aufsätze	Material educativo en lengua vernácula - Bases lingüísticas, in: Comunicación. La Revista del Profesor de Idiomas. Lima 4(1980)3, S. 7-9 Die Sprache/Dialekt-Unterscheidung in multinationalen Gesellschaften, aus: F.J. Oroz Arizcuren (Hg.), Navicula Tubigensis - Studia in honorem Antonii Tovar. Tübingen 1983, S. 63-71

P 83	**Calcagnotto**, Gilberto
	Institut für Iberoamerika-Kunde Alsterglacis 8 D-20354 Hamburg <W-2000 Hamburg 36> Tel: 49 (40) 41 47 82-34 Fax: 49 (40) 41 47 82-41
Privat	Papenmoorweg 72 D-25469 Halstenbek <W-2083 Halstenbek 4> Tel: 49 (41 01) 40 25 87
Geburtsdatum, -ort	28.12.1943, Caxias do Sul/Brasilien
berufl. Werdegang	1963 Licentia (Philosophie), Rom; 1967-72 Studium (Soziologie, Politologie, Sozialpsychologie), U Saarbrücken; 1972 M.A.; 1973-76 Gemeinderef., Kath. Hochschulgemeinde Tübingen; 1977-80 Übersetzungs- und Forschungsaufträge, u.a. für AGKED, Stuttgart; seit 1981 WissMitarb., IIK, Hamburg
Sprachen	Spanisch, Portugiesisch, Französisch, Italienisch (Engl., Latein)
Fachgebiet	Entwicklungspolitik / Soziologie
themat. Schwerpunkte	Wirtschaftlich-soziale Entwicklung
geogr. Schwerpunkte	Brasilien
Monographien	Brasilien 1974-81: Externe Schocks und Krisenadministration. Perspektiven eines neuen Sozialpakts. Hamburg 1983, 89 S.
Aufsätze	Agrarpolitik und Internationalisierung des brasilianischen Agrarsektors, in: Lateinamerika. Analysen-Daten-Dokumentation. Hamburg 2(1985)3, S. 7-14 Die Fabrikkommissionen in der brasilianischen Automobilindu-

strie - gewerkschaftliche Erneuerung von unten?, in: Lateinamerika... Hamburg 2(1985)5, S. 39-46
Brasilien, aus: R. Hanisch; C. Jakobeit (Hg.), Der Kakaoweltmarkt. Weltmarktintegrierte Entwicklung und nationale Steuerungspolitik der Produzentenländer. Hamburg 1991, S. 268-503
Collors Privatisierungsprogramm - ein entwicklungspolitischer Impuls?, in: Lateinamerika... Hamburg 8(1991)16, S. 79-86
Der Übergang zur Demokratie in Brasilien: Legitimationsgrundlagen, Schwächen des Parteiensystems und Klientelverhalten, aus: R. Tetzlaff (Hg.), Perspektiven der Demokratisierung in Entwicklungsländern. Hamburg 1992, S. 157-178
Die Präsidentschaftswahlen von 1989 in Brasilien. Ein Schritt zur Konsolidierung der Demokratie?, aus: D. Nolte (Hg.), Lateinamerika im Umbruch? Hamburg 1991, S. 265-282
Die Parlaments- und Gouverneurswahlen in Brasilien 1990. Ein weiterer Schritt zur Konsolidierung der Demokratie?, in: Lateinamerika. Hamburg 8(1991)17/18, S. 65-85
Das Dilemma der nachhaltigen Entwicklung in Amazonien, in: Lateinamerika... Hamburg 9(1992)19, S. 3-13

sonst. Publikationen Brasilien am Beginn der 80er Jahre. Wirtschaftspolitik und politische Öffnung im Überblick. Hamburg: 1981, 24 S. (als Ms. vervielf.)

P 84 **Campos-Hein**, Marta

Zentrum Portugiesischsprachige Welt (ZPW)
Institut an der Universität zu Köln
Albertus-Magnus-Platz
D-50931 Köln <W-5000 Köln 41>
Tel: 49 (2 21) 4 70-24 47
Fax: 49 (2 21) 4 70-51 51

Privat Stolberger Str. 94, D-50933 Köln
Tel: 49 (2 21) 54 11 62
Fax: 49 (2 21) 5 46 17 87

Geburtsdatum, -ort 05.01.1957, Fortaleza/Brasilien

berufl. Werdegang 1978 Lizentiatin (Portugiesisch, Englisch), U Federal do Ceará/Fortaleza; 1982 M.A. in Brasilianischer Literatur, U Católica do Rio de Janeiro; 1982-84 Doz., U Estadual do Ceará; 1989 Dr.phil., U Köln; WissMitarb./Lehrbeauftr., ZPW U Köln

wiss. Vereinigungen Gesellschaft für Wissenschaft, Kulturen und Wirtschaft der Länder Portugiesischer Sprache e.V., Köln

Sprachen Portugiesisch, Spanisch, Französisch, Englisch

Fachgebiet Literatur

themat. Schwerpunkte Modernismus, Literaturtheorie und -kritik

geogr. Schwerpunkte Brasilien

Monographien Colonialismo cultural interno: o caso Nordeste. Fortaleza: Banco do Nordeste 1983
O desejo e a morte nas "Memórias" de Pedro Nava. Fortaleza: Imprensa Universitária 1992

P 85	**Cañas Kirby**, Enrique Eduardo
	Arnold Bergstraesser Institut (ABI) Windausstr. 16 D-79110 Freiburg <W-7800 Freiburg/Br.> Tel: 49 (7 61) 8 50 91 Fax: 49 (7 61) 89 29 67
Privat	Sundgauallee 12, 024 D-79110 Freiburg Tel: 49 (7 61) 8 81 10 63
Geburtsdatum, -ort	06.10.1957, Santiago de Chile
berufl. Werdegang	M.A. Philosophie, U Católica de Chile; M.A. Politikwissenschaft, ILADES, Santiago de Chile, Louvain/Belgien; Doktorand Politikwissenschaft, U Freiburg und ABI
Sprachen	Französisch, Spanisch (Englisch, Portugiesisch, Italienisch)
Fachgebiet	Politikwissenschaft
themat. Schwerpunkte	Transition durch Verhandlung: Chile 1983-1990/1
geogr. Schwerpunkte	Chile, Brasilien, Spanien
Monographien	Autoritarismus, Freie Wahlen und Redemokratisierung in Chile. Bonn: Chile Gesellschaft e.V. 1990, 74 S. (zus. mit R. Friedmann)
Aufsätze	Consideraciones ontológicas de los derechos de la persona, in: Revista de Estudios Sociales. Santiago: CPU (1982)34 La Democracia Bajo un Estatuto de Análisis Funcional de las Ideas, in: Revista de Estudios Sociales. Santiago (1985)45 Los ministros del presidente, in: Revista Hoy. Santiago (1986)487 (zus. mit R. Friedmann) Eduardo Frei y el liberalismo político y económico: Continuidad de una crítica, in: Revista de Estudios Sociales. Santiago (1987)51 El perfil de los representantes en el Congreso Nacional y las elecciones del 14 de diciembre de 1989, in: La Epoca. 25.12.89 und Qué Pasa (1990)979 (zus. Mit R. Friedmann)

P 86	**Carreras de Bodemer**, Sandra Isabel
	Romanisches Seminar, Ruhr-Universität Bochum Universitätsstr. 150 D-44801 Bochum <W-4630 Bochum 1> Postfach 10 21 48 D-44721 Bochum Tel: 49 (2 34) 7 00 26 39
Privat	Bonifatiusplatz 1a D-55118 Mainz <W-6500 Mainz> Tel: 49 (61 31) 61 44 21
Geburtsdatum, -ort	03.08.1963, Buenos Aires/Argentinien
berufl. Werdegang	Studium (Geschichte) U Buenos Aires; 1986 Staatsexamen; 1986-87 Ass. für Geschichte und Erziehung, U Buenos Aires, U Luján; seit 1987 Postgrad.Stud. (Politikwissenschaft, Geschichte, Hispanistik), U Mainz; 1989-91 Lehrbeauftr., U Mainz; Lekt.

für Spanisch und Lateinamerikan. Landeskunde, U Bochum
Sprachen Spanisch, Englisch (Portugiesisch, Italienisch)
Fachgebiet Geschichte / Literatur
themat. Schwerpunkte Lateinamerikanische Geschichte, politische Entwicklung, Literatur und Politik
geogr. Schwerpunkte Länder des Cono Sur
Aufsätze Modernisierung. Zum Bedeutungs- und Realitätsgehalt eines Entwicklungsslogans in der neuen argentinischen Demokratie. aus: M. Mols; P. Birle (Hg.), Entwicklungsdiskussion und Entwicklungspraxis in Lateinamerika, Südostasien und Indien. Münster-Hamburg: LIT 1991
Del "reino del terror" al modelo de desarrollo autocentrado. Las diferentes interpretaciones de la figura histórica del Dr. José Gaspar Rodríguez de Francia", in: Iberoamericana. (1991)
Literatur und nationale Identität. Gauchos und Gringos in der argentinischen Literatur (1845-1910). Wiesbaden: WUS 1992

P 87 **Cipolletti**, María Susana

Institut für Völkerkunde, Universität Freiburg
Werderring 10
D-79098 Freiburg <W-7800 Freiburg>
Privat Alemannenstr. 1 B
D-79312 Emmendingen <W-7830 Wasser-Emmendingen>
berufl. Werdegang 1976 M.A. (Buenos Aires); 1982 Dr.phil., München; 1975-77 WissAss., U Buenos Aires; 1985-87 Humboldt-Stipendiatin; ab 1986 Lehrauftr. Bonn, Tübingen, Trier, Freiburg; 1988-89, Museum für Völkerkunde, Frankfurt; Lehrbeauftr., U Freiburg
wiss. Vereinigungen DGV
Sprachen Spanisch, Englisch, Italienisch (Französisch)
Fachgebiet Ethnologie / Religion
themat. Schwerpunkte Erzählforschung, Mythologie, orale Tradition
geogr. Schwerpunkte Ekuador, Kolumbien
Monographien Aipë koká: la palabra de los antiguos. Tradición oral secoya. Quito: Abya-Yala 1988, 286 S.
sonst. Publikationen Llamas y mulas, trueque y venta: el testimonio de un arriero puneño, in: Revista Andina. Cusco 2(1984)2, S. 513-538
The Visit of the Realm of the Dead in Amazonian Mythologies of Siona and Secoya, in: Latin American Indian Literatures Journal. Pennsylvania 3(1987)2, S. 127-156
Die mythische Zeit und ihre Protagonisten bei den Secoya Indianern Ost-Ekuadors, in: Münchner Beiträge zur Völkerkunde München (1988)1, S. 33-52
El tráfico de curare en la cuenca amazónica (siglos XVIII y XIX) in: Anthropos. St. Augustin (1988)83, S. 527-540
Lacrimabili Statu: Indianische Sklaven in Nordwest-Amazonien (17.-20.Jh.), aus: A. Meyers; M. Volland: Beiträge zur Kulturgeschichte des westlichen Südamerika. Opland 1990, S. 207-227
Schamanismus und die Reise ins Totenreich. Religiöse Vorstel-

lungen der Indianer des südamerikanischen Tieflands, aus: M. Eliade und I. P. Culianu: Geschichte der religiösen Ideen, III/2. Freiburg: Herder 1991, S. 265-290
Remeros y cazadores: La información etnográfica en los documentos de la Comisión de Límite al Amazonas (1779-1791), aus: M. Oostra; u.a., Ethnohistoria del Amazonas. Quito: Abya-Yala 1991, S. 83-101

P 88 **Collet**, Giancarlo

Institut für Missionswissenschaft, Universität Münster
Hüfferstift, Hüfferstr. 27
D-48149 Münster <W-4400 Münster>
Tel: 49 (2 51) 83 26 52

Privat Am Wittkamp 4
D-48351 Everswinkel <W-4416 Everswinkel>
Tel: 49 (25 82) 95 86

Geburtsdatum, -ort 21.01.1945, Brunnen/Schweiz

berufl. Werdegang 1983 Dr.theol.; 1983-85 Doz., Missiologisches Inst., U Intercontinental in Mexiko-Stadt; 1985-88 Projektleiter im Forschungsteam des missionarischen Bildungszentrums Romero-Haus, Luzern; seit 1988 Lehrstuhl für Missionswissenschaft, U Münster; o.Prof.; Leiter des Instituts für Missionswissenschaft

Sprachen Italienisch, Spanisch, Englisch, Französisch (Portugiesisch, Latein, Altgriechisch)

Fachgebiet Theologie

themat. Schwerpunkte Theologie der Dritten Welt, Grundfragen zur Theologie der Mission, Kirche und Theologie in Lateinamerika

Periodika Schriftleiter und Mithg. "Zeitschrift für Missionswissenschaft und Religionswissenschaft"

Monographien (Hg.) Der Christus der Armen. Das Christuszeugnis der lateinamerikanischen Befreiungstheologen. Freiburg: Herder 1988
(Hg.) Theologien der Dritten Welt. EATWOT als Herausforderung westlicher Theologie und Kirche. Immensee 1990

Aufsätze "Das Schicksal der Armen teilen." Zum Werdegang von Medellín, in: Neue Zeitschrift für Missionswissenschaft (NZM). Immensee 45(1989), S. 162-173
"Treu Gottes Willen folgen." Zum 10. Jahrestag der Ermordung von Oscar Arnulfo Romero, in: NZM. Immensee 46(1990),S. 1-9
Zur Theologiegeschichte Lateinamerikas, aus: G. Collet (Hg.), Theologien der Dritten Welt... (s.o.), S. 101-131
Zeugnis geben. Zum lateinamerikanischen Selbstverständnis der kirchlichen Sendung, aus: G. Collet; J. Rechsteiner (Hg.), Vergessen heißt verraten. Erinnerungen an Oscar A. Romero zum 10 Todestag. Wuppertal 1990, S. 94-105
Lateinamerikanische Theologie, in: Evangelisches Kirchenlexikon, Bd. 3. Göttingen 1990, Sp. 31-38

P 89	**Corrales**, Blas Andrés
	Wirtschaftsuniversität Wien Augasse 2-6 A-1090 Wien Tel: 43 (1) 3 13 36-47 28 Fax: 43 (1) 3 13 36-7 29
Privat	Meytengasse 29C-15 A-1130 Wien Tel: 43 (1) 32 61 62
Geburtsdatum, -ort	23.05.1946, Porto Sastre/Paraguay
berufl. Werdegang	1970-73 Studium (Internationales Recht und Diplomatie), U Católica Asunción/Paraguay; 1978-82 Politikwiss., U Wien; Lektor, Wirtschaftsuniversität Wien und U Wien; Forschungstätigkeit am ÖLAI Wien
Sprachen	Spanisch, Französisch (Englisch, Italienisch, Portugiesisch)
Fachgebiet	Politikwissenschaft / Entwicklungspolitik
themat. Schwerpunkte	Basisbewegungen, Basisgruppen, Kirche, Parteien, Demographie, Politik
geogr. Schwerpunkte	Cono Sur
Periodika	"Lateinamerika-Pressespiegel" (Wien)
Aufsätze	Soziale und politische Implikationen der Öffnung der Katholischen Kirchen Lateinamerikas, in: Zeitschrift für Lateinamerika. Wien (1983) Kirche und Staat in Lateinamerika, aus: Oberlechner; Karas (Hg.), Lebensraum Morgen. Wien 1984
sonst. Publikationen	Länder-Informationen für das ÖLAI: Argentinien (1985), Brasilien (1987), Paraguay (1989)

P 90	**Coy**, Martin
	Forschungsschwerpunkt Lateinamerika, Geographisches Institut (GISLA), Universität Tübingen Hölderlinstr. 12 D-72074 Tübingen <W-7400 Tübingen> Tel: 49 (70 71) 29 53 67
Privat	Scheefstr. 64 D-72074 Tübingen Tel: 49 (70 71) 2 10 87
Geburtsdatum, -ort	25.12.1954, Frankfurt/Main
berufl. Werdegang	1980 Dipl.Geogr., U Frankfurt; 1981 DEA Ethnologie und Sozialanthropologie, EHESS, Paris; 1987 Dr.phil., U Tübingen; Wiss-Angest., GISLA, U Tübingen
Sprachen	Französisch, Portugiesisch, Englisch (Spanisch)
Fachgebiet	Geographie
themat. Schwerpunkte	Wirtschafts- und Sozialgeographie, Entwicklungsplanung, Umweltprobleme
geogr. Schwerpunkte	Brasilien
Monographien	Regionalentwicklung und regionale Entwicklungsplanung an der

Peripherie in Amazonien. Probleme und Interessenkonflikte bei der Erschließung einer jungen Pionierfront am Beispiel des brasil. Bundesstaates Rondônia. Tübingen 1988, 535 S.

Aufsätze Regionalentwicklung in Rondônia (Brasilien). Integrierte ländliche Entwicklung und politische Rahmenbedingungen, in: Geographische Zeitschrift 74(1986)3, S. 177-185

Développement régional à la périphérie amazonienne. Organisation de l'éspace, conflits d'intérêts et programmes d'aménagement dans une région de "frontière": le cas de Rondônia, in: Cahiers de Sciences Humaines. Paris 22(1986)3/4, S. 371-388

Conflicts of interests and regional development planning in colonizing the Brazilian Amazon: The case of Rondônia, aus: J.M.G. Kleinpenning (Hg.), Competition for rural and urban space in Latin America. Its consequences for low income groups. Amsterdam 1986,S. 61-75 (zus. mit G. Kohlhepp)

Rondônia: frente pioneira e programa POLONOROESTE. O processo de diferenciação sócio-econômica na periferia e os limites do planejamento público, aus: G. Kohlhepp; A. Schrader (Hg.), Homem e Naturaleza na Amazonia. Tübingen 1987, S. 253-270

Relaçoes entre campo e cidade em áreas de colonização governamental e particular. Rondônia e o Norte de Mato Grosso, in: Actas Latinoamericanas de Varsovia. Warschau (1989)7, S. 169-208

Pionierfront und Stadtentwicklung. Sozial- und wirtschaftsräumliche Differenzierung der Pionierstädte in Nord-Mato Grosso (Brasilien), in: Geographische Zeitschrift 78(1990)2, S. 115-134

Sozio-ökonomischer Wandel und Umweltprobleme in der Pantanal-Region Mato Grossos (Brasilien), in: Geographische Rundschau 43(1991)3, S. 174-182

P 91 **Cuadra**, Manuel

Privat Rotlintstr. 22
D-60316 Frankfurt <W-6000 Frankfurt/M.>
Tel: 49 (69) 43 33 90

Geburtsdatum, -ort 05.07.1952, Lima/Peru

berufl. Werdegang Architekturstudium, Lima und Darmstadt; 1984-90 WissMitarb., TH Darmstadt; 1990 Dr.ing.; 1987-90 Lehrbeauftr., Kunsthist. Inst., U Heidelberg; freier Architekturschriftsteller

Sprache Spanisch, Französisch, Englisch

Fachgebiet Architektur

themat. Schwerpunkte Geschichte und Theorie der Architektur

geogr. Schwerpunkte Lateinamerika, Andenländer, Bolivien, Chile, Ekuador, Peru

Monographien Architektur in Lateinamerika: Die Andenstaaten im 19. und 20. Jahrhundert. Darmstadt: Häusser 1991

Aufsätze An introduction to the history of tall buildings in Latin America, aus: T. Peters (Hg.), History of tall buildings. Chicago 1986, S.

105-115
Architektur zwischen Elend und Glanz, in: Der Architekt (1988)6, S. 390-396
La arquitectura y el proceso de constitución nacional, in: Revista de Arquitectura. Santiago de Chile (1991)2, S. 12-63
Neue lateinamerikanische Stichwörter (Argentinien, Bolivien, Chile, Ecuador, Kolumbien, Peru; Mario Roberto Alvarez, Miguel Angel Roca), aus: Lexikon der Weltarchitektur. München 1992

sonst. Publikationen (Hg.) Buenos Aires: Eine Stadt und ihre Architektur im 20. Jahrhundert. Der Architekt (1990)10

P 92 **Dabrowski**, Martin
Institut für Genossenschaftswesen, Abteilung Lateinamerika
Universität Münster
Am Stadtgraben 9
D-48143 Münster <W-4400 Münster>
Tel: 49 (2 51) 83-28 98
Telex: 89 25 29 uni msd
Fax: 49 (2 51) 83-83 95

Privat Julius-Leber-Str. 16
D-48151 Münster
Tel: 49 (2 51) 79 44 94

Geburtsdatum, -ort 30.03.1965, Dortmund

berufl. Werdegang 1986-91 Studium (VWL), U Münster; seit 1991 WissMitarb., U Münster; 1992/93 Feldforschungsaufenthalt in Chile; WissMitarb. (Doktorand)

Beratung EDV-Schulungen

Sprachen Englisch, Spanisch, Portugiesisch

Fachgebiet Wirtschaft / Entwicklungstheorie

themat. Schwerpunkte Entwicklungstheorie, Industriepolitik, Wirtschaftspolitik, Wirtschaftsethik

geogr. Schwerpunkte Brasilien, Chile

P 93 **Daus**, Ronald
Institut für Romanische Philologie, Freie Universität Berlin
Habelschwerdter Allee 45
D-14195 Berlin <W-1000 Berlin 33>
Tel: 49 (30) 8 38-20 40

Privat Joseph-Haydn-Str.1
D-10557 Berlin <W-1000 Berlin 21>

Geburtsdatum, -ort 12.05.1943, Hannover

berufl. Werdegang Studium (Romanistik, Orientalistik) Tübingen, Hamburg, Lissabon, Rio de Janeiro; 1967 Dr.phil., U Kiel; 1970 Habil., Berlin; ab 1970/71 Univ.Prof. FU Berlin; 1971/73 GastProf. am Colegio de México; 1978/79 GastProf. am Institute for South East Asian

	Studies, Singapore; 1984/85 GastProf., Manila
wiss. Vereinigungen	ADLAF
Sprachen	Englisch, Spanisch, Portugiesisch, Französisch, Italienisch, Indonesisch (Latein, Arabisch und weitere)
Fachgebiet	Literatur
themat. Schwerpunkte	"Realität" und Literatur, Avantgardismus, Literatur und Kolonialismus, Großstadtliteratur, Kontakte zwischen romanischen Völkern und außereuropäischen Kulturen
geogr. Schwerpunkte	Lateinamerika, Iberische Halbinsel, "Neue Romania"
Periodika	Hg. "Neue Romania" (Berlin, ab 1984)
Monographien	Zorniges Lateinamerika. Selbstdarstellung eines Kontinents. Düsseldorf/Köln: Diederichs 1973
	Die Erfindung des Kolonialismus. Wuppertal: Hammer 1983
	(Hg.) "Großstadtliteratur": Colloquium über lateinamerikanische, afrikanische und asiatische Metropolen. Berlin: Iberoamerikanisches Institut 1991
Aufsätze	"Bilder vom wirklichen Leben". Konsumkunst für Intellektuelle (die neuste Literatur Lateinamerikas), in: Zeitschrift für Kulturaustausch. Stuttgart 33(1983)4, S. 464-471 (spanisch: La literatura novísima de América Latina, in: Eco. Bogotá (1984)267, S. 305-320)

P 94	**Deckers**, Daniel
	Moraltheologisches Institut, Universität Fribourg Miséricorde CH-1700 Fribourg Tel: 41 (37) 21 94 74-76
Privat	Lehmbacher Weg 61 D-51109 Köln <W-5000 Köln 1> Tel: 49 (2 21) 84 31 04
Geburtsdatum, -ort	17.07.1960, Düsseldorf
berufl. Werdegang	Studium (kath. Theologie); 1991 Dr.theol; seit 1991 Forschungsass., Moraltheologisches Inst., U Fribourg/Schweiz
wiss. Vereinigungen	AHILA
Sprachen	Englisch, Französisch, Spanisch (Italienisch, Niederländisch)
Fachgebiet	Theologie / Philosophie
themat. Schwerpunkte	Ethisch-juristische Rechtfertigung der Conquista, Missions- und Kirchengeschichte des 16. Jahrhunderts
geogr. Schwerpunkte	Mexiko
Monographien	Gerechtigkeit und Recht. Eine historisch-kritische Untersuchung der Gerechtigkeitslehre des Francisco de Vitoria. Freiburg i. Br: Universitätsverlag; Freiburg/Br.: Herder 1991, 428 S.

P 95 **Dedenbach-Salazar Sáenz**, Sabine

Seminar für Völkerkunde, Universität Bonn
Römerstr. 164
D-53111 Bonn <W-5300 Bonn 1>
Tel: 49 (2 28) 5 50-41 2
Telex: 88 66 57 unibo d
Fax: 49 (2 28) 73 55 79

Privat Dorotheenstr. 72
D-53111 Bonn
Tel: 49 (2 28) 65 18 25

Geburtsdatum, -ort 26.08.1955, Koblenz

berufl. Werdegang Studium (Alt-Amerikanistik, Anglistik, Allg. Sprachwissenschaften), Bonn und St. Andrews/Schottland; M.A. und Dr.phil., U Bonn; Lehrbeauftr. (Quechua/Aymara), Habil.-Stipend.

wiss. Vereinigungen Bonner Amerikanistische Studien

Sprachen Englisch, Spanisch (Französisch, Quechua, Aymara)

Fachgebiet Altamerikanistik / Kirche

themat. Schwerpunkte Sprachgeschichte, Aktuelle Indianersprachen, Ethnohistorie

geogr. Schwerpunkte Andenländer

Schriftenreihen Vorsitzende und Mithg. "Bonner Amerikanistische Studien"

Monographien Un Aporte a la Reconstrucción del Vocabulario Agrícola de la Época Incaica - Diccionarios y Textos Quechuas del Siglo XVI y Comienzos del XVII Usados como Fuentes Histórico-, Etnolingüísticas para el Vocabulario Agrícola. Bonn 1985, 219 S.

Inka Pachaq Llamana Willaynin - Uso y Crianza de los Camélidos en la Época Incaica. Estudio lingüístico y etnohistórico basado en las fuentes lexicográficas y textuales del primer siglo después de la conquista. Bonn 1990, 364 S.

Aufsätze Los sufijos en el quechua ayacuchano - esbozo de una sistemática didáctica y analítica, in: Indiana. Berlin 11(1987), S. 277-320, (zus. mit P. Masson)

El tema del pastor en la literatura andina: el pastor Acotapia y Chuquillanto, hija del Sol - una ficción de la crónica de Murúa (ca. 1600), in: 46 Congreso Internacional de Americanistas, 4-8 de junio de 1988, Amsterdam, Holanda. Coordinador: Jorge A. Flores Ochoa. Trabajos presentados al simposio "RUR6". El pastoreo altoandino: origen, desarrollo y situación actual." (CE-AC.) Cuzco 1990, S. 3-13

Quechua-Sprachmaterialien des 16. und 17. Jahrhunderts: bibliographisch-quellenkritischer Abriß... in: A. Meyers; M. Volland (Hg.), Beiträge zur Kulturgeschichte des westlichen Südamerika. Opladen: Westdeutscher Verlag 1990, S. 252-279

sonst. Publikationen "Rimaykullaki" - Unterrichtsmaterialien zum Quechua Ayacuchano, zusammengestellt nach: C. Soto Ruiz "Quechua - Manual de Enseñanza", Lima 1979, ergänzt von: dies.; U. von Gleich, R. Hartmann und P. Masson..., Hg. v. R. Hartmann... Universität Bonn. Berlin: Reimer 1985, (2.Aufl. 1987)

P 96 **Deelen**, Godfried

Lateinamerika-Abteilung
Bischöfliches Hilfswerk Misereor (Misereor)
Mozartstr. 9
D-52064 Aachen <W-5100 Aachen>
Postfach 14 50
D-52015 Aachen
Tel: 49 (2 41) 44 20
Telex: 83 23 70 MISA D
Fax: 49 (2 41) 44 21 88

Privat Gerbergaplantsoen 21
NL-6231 KL Meersen Z.L.
Tel: 31 (43) 64 74 81

Geburtsdatum, -ort 25.03.1931, Heeze/Niederlande

berufl. Werdegang Studium (Sozialwissenschaften), U Gregoriana, Rom; stellv. Abt.-Leiter der LA-Abt. bei Misereor

Sprachen Niederländisch, Portugiesisch, Spanisch, Französisch, Englisch

Fachgebiet Entwicklungspolitik

themat. Schwerpunkte Volkserziehung, Educación Popular

geogr. Schwerpunkte Brasilien

Monographien
Kirche auf dem Weg zum Volke: Soziologische Betrachtungen über kirchliche Basisgemeinden in Brasilien. Mettingen: Brasilienkunde Institut 1982 (2. Aufl.)
Das Leben teilen; Basisarbeit lateinamerikanischer Christen in Selbstzeugnissen, Reportagen und Interviews. Mainz: Grunewald-Kaiser 1987 (zus. mit H.P. Gohla)

Aufsätze
Die Kirche als Glaubensgemeinschaft und politische Bewegung, in: Lateinamerika Ploetz. Freiburg: Ploetz 1978 (1.Aufl.), S. 244-252
Basisgemeinden: ein Pastoralmodell der brasilianischen Kirche, in: Evangelisation in der Dritten Welt; Anstöße in Europa. Freiburg/Br.: Herder 1981, S. 62-83
Vom Sozialzentrum der Pfarrei zum Gemeindezentrum für Basisgemeinden, aus: Gemeindezentren in Brasilien. Aachen: Misereor Vertriebsgesellschaft 1989, S. 51-58
Landarbeiter in Brasilien: Moderne Sklaven, in : Contacts, Arbeitsgemeinschaft für Entwicklungshilfe 20(1985)1, S. 6-8
Die Brasilianische Bischofskonferenz und ihr Sozialprogramm, in: Zeitschrift für Missionswissenschaft und Religionswissenschaft 67(1983)1, S. 19-30 (Zfsg. in Englisch)
Politische Bildung in der brasilianischen Kirche, in: Zeitschrift für Missionswissenschaft und Religionswissenschaft 70(1986)1, S. 42-51

P 97	**Degen**, Peter
	GOPA - Consultants, Abt. Fischerei und Aquakultur Hindenburgring 18 D-61348 Bad Homburg <W-6380 Bad Homburg v.d.H.> Postfach 15 41 D-61285 Bad Homburg Tel: 49 (61 72) 3 00 41 33 Fax: 49 (61 72) 3 50 46
Privat	Mittelpfad 27 D-56626 Andernach <W-5470 Andernach> Tel: 49 (26 32) 13 07
Geburtsdatum, -ort	05.01.1958, Kelberg
berufl. Werdegang	1987 M.A., (Ethnologie, Agrarsoziologie); 1988 Fischereiforschungsprojekt der GTZ in Peru; seit 1989 Berater des peruanischen Fischereiministeriums für Kleinfischereiförderung
Beratung	Beratung von EG-geförderten Fischereiprojekten in Peru, Ekuador, Kolumbien sowie Zentralamerika
wiss. Vereinigungen	Bonner Amerikanistische Studien
Sprachen	Englisch, Spanisch (Französisch, Portugiesisch)
Fachgebiet	Ethnologie / Entwicklungspolitik
themat. Schwerpunkte	Kleinfischereientwicklung, Integrierte ländliche Entwicklung, Angepaßte Technologien, Organisationsstrukturen, Dokumentarfilme
geogr. Schwerpunkte	Ekuador, Peru, Pazifikküste Lateinamerikas
Monographien	Die Fischerei in den Mangrovensümpfen des Golfes von Guayaquil, Ecuador. Bonn: Holos 1988, 139 S. Fischfanggeräte und -techniken der Kleinfischerei an der Küste von Ecuador. Bonn: Holos 1990, 278 S. (zus. mit S. Thyssen; M. Volland; u.a.)
Aufsätze	Perfil comunal y pesquero de la caleta La Tortuga, Piura, aus: C. Wosnitza-Mendo; u.a. (Hg.), La pesquería artesanal en el Perú durante junio de 1986 a junio de 1988. Callao/Peru 1988, S. 105-120 Giftfischerei mit 'barbasco' in den Mangrovensümpfen des Golfes von Guayaquil, Ecuador, aus: Meyers; u.a. (Hg.); Beiträge zur Kulturgeschichte des westlichen Südamerika. Opladen 1990, S. 164-182 La pesquería artesanal en la caleta La Tortuga - Piura, aus: CPPS/FAO (Hg.), Informe del Seminario Regional sobre Evaluación de Recursos y Pesquerías Artesanales del Pacífico Sudeste, Callao, Peru del 15 al 19 Octubre de 1990. Santiago de Chile 1991, S. 65-67
sonst. Publikationen	Diverse Ausarbeitungen/interne Expertisen zu kleinfischereilichen Förderungsmaßnahmen; Erstellung von Filmen und Videos über fischereibezogene Themen in Ecuador und Peru

P 98 **Deimel**, Claus Ulrich

Völkerkunde-Abteilung
Niedersächsisches Landesmuseum Hannover
Am Maschpark 5
D-30169 Hannover <W-3000 Hannover 1>
Tel: 49 (5 11) 88 30-51,-52
Fax: 49 (5 11) 8 09 45 39

Geburtsdatum, -ort 1948, Hamburg

berufl. Werdegang 1979 Dr.phil.; 1980-84 WissAngest., Museum für Völkerkunde, Hamburg; 1985-87 Überseemuseum, Bremen; 1990-92 Detlefsenmuseum, Glückstadt; ab Sept. 1992 Kustos, Nieders. Landesmuseum Hannover

wiss. Vereinigungen AGEM; DGV

Sprachen Englisch, Spanisch, Rarámuri (utoaztekisch), Italienisch, Französisch (Portugiesisch)

Fachgebiet Ethnologie

themat. Schwerpunkte Ethnographie, -Botanik, -Medizin, Geschichte, Archäologie

geogr. Schwerpunkte Nordwestmexiko, Mesoamerika, Afroamerika, Canada, USA

Monographien Tarahumara. Indianer im Norden Mexikos. Frankfurt/M.: Syndikat 1980 (französisch: Les Tarahumara. Au Present et au Passé. Lyon: Fédérop 1980)

Aufsätze Pflanzennutzung und Ernährung der Tarahumara im nordwestmexikanischen Hochland, in: Amazoniana. Kiel 8(1983)1, S. 149-158

Die Peyoteheilung der Tarahumara, in: Schreibheft. Essen 25(1985), S. 155-163

Pflanzen zwischen den Kulturen. Tarahumaras und Mestizen der Sierra Madre im Noroeste de México. in: Curare. Zeitschrift für Ethnomedizin und transkulturelle Psychiatrie. Braunschweig 12(1989)1, S. 41-64

sonst. Publikationen Mexiko. Ausstellung Überseemuseum 1987

Tarahumaraland. Dokumentarfilm. Frankfurt: ARD-HR 1992

P 99 **Delhaes-Günther**, Dietrich von

Gesamthochschule-FB 5, Universität Essen
Universitätsstr. 12
D-45141 Essen <W-4300 Essen 1>

Privat Georg-Schumann-Platz 5
D-06110 Halle <O-4020 Halle>
Postfach 633
D-06001 Halle
Tel: 49 (3 45) 3 79 91
Fax: 49 (3 45) 2 96 49

Geburtsdatum, -ort 07.01.1941, Kreuzfelde (Posen)

berufl. Werdegang 1968 Dipl.Volksw., U Marburg; 1972 Dr.rer.pol., U Marburg; 1972 WissAss. FB Wirtschaftswissenschaften, U Essen; 1982 Habil.; 1983-85 Lehrstuhlvertreter; 1985-88 IHK Karlsruhe; 1987-91 Deutsch-Italienische Handelskammer Mailand; 1991

Geschäftsführer, Industrie-und Handelskammer Halle-Dessau

Sprachen Englisch, Spanisch, Portugiesisch, Französisch, Italienisch

Fachgebiet Wirtschaft

themat. Schwerpunkte Sozial- und Wirtschaftsgeschichte 19. Jh., Migrations- und Entwicklungstheorie

geogr. Schwerpunkte Lateinamerika, Italien

Monographien Industrialisierung in Südbrasilien. Die deutsche Einwanderung und die Anfänge der Industrialisierung in Rio Grande do Sul. Köln/Wien: Böhlau 1973, V+346 S.
Die europäische Kolonisation in Rio Grande do Sul 1824-1914. Erfolgsgründe und Grenzen. São Paulo 1973/74, Instituto Hans Staden (Hg.), Contributo alla storia della presenza italiana in Brasile. In occasione del primo centenario dell'emigrazione agrícola italiana nel Rio Grande do Sul. Rom 1975, 176 S. (zus. mit G. Massa; G. Rosoli u.a.)

Aufsätze La influencia de la inmigración en el desarrollo y composición étnica de la población de Rio Grande do Sul, in: JbLA. Köln/ Wien 13(1976), S. 420-433
Il centenario della emigrazione italiana in Brasile e la colonizzazione di Rio Grande do Sul, in: Annali della Fondazione Einaudi. Turin 8(1974), S. 317-334
La colonizzazione italiana ed tedesca nel Rio Grande do Sul, in: Studi Emigrazione. Rom (1975)38/39, S. 342-358
Akkulturation und ethnische Rivalität zu Beginn des 20. Jhs. in Südbrasilien, in: Lateinamerika-Studien. 4. 1979, S. 37-54
Entwicklungshindernisse und Erfolgsursachen der frühen italienischen Kolonisation in Südbrasilien, in: Staden Jahrbuch. São Paulo (1977)23/24, S. 117-130
Die Ortsnamenbildung der europäischen Einwanderer in Südbrasilien, aus: R. Schützeichel (Hg.), Beiträge zur Namensforschung NF, Beiheft 18, Erlanger Ortsnamen - Kolloquium. Heidelberg 1980, S. 151-164
Wirtschaftssystem und Existenzbedingungen im historischen Wandel - Beispiele aus der Wirtschaftsgeschichte Südamerikas, in: Jahrbuch für Regionalwissenschaft 7(1987), S. 109-128

P 100 **Deltgen**, Florian

Institut für Völkerkunde, Universität Köln
Albertus-Magnus-Platz
D-50931 Köln <W-5000 Köln 41>
Fax: 49 (2 21) 4 70 51 51

Privat 12 417 Macao Court, Herndon, Virginia 22 071/USA
Tel: 1 (7 03) 3 91-21 11
Fax: 1 (7 03) 4 50-81 60

Geburtsdatum, -ort 03.09.1940, Berlin

berufl. Werdegang 1969 Promotion; 1973-79 WissAss. am Institut für Völkerkunde, Köln; Feldforschung 1976-78 unter den Yebamasa-Indianern, Ostkolumbien; 1979-82 Vertriebsleiter Atomac KG; 1982-83

Geschäftsführer Posi-Seal GmbH; seit 1984 Präsident und CEO der Heckler & Koch, Inc., USA.; 1988 Habil., U Köln; PDoz., U Köln, GastDoz., George Mason U, Fairfax, Va./USA

Sprachen — Englisch, Spanisch, Italienisch, Französisch, Yebamasa (Russisch, Portugiesisch)

Fachgebiet — Psychologie / Ethnologie

themat. Schwerpunkte — Psychotrope Drogen, Schamanismus, Mythen, Transkulturelles Management

geogr. Schwerpunkte — Tukano-sprechende Indianer Südamerikas, Yebamasa Kolumbiens, Piraparana-Gebiet

Monographien — Mit Flinte und Blasrohr. Urwaldindianer in Kolumbien. Köln 1979

Die kulturelle Dimension der halluzinogenen Droge Caji der Yebamasa-Indianer des Piraparaná, Ost-Kolumbien. Stuttgart: Steiner 1991

Aufsätze — The Claudius case, in: Botanical Museum Leaflets. Harvard University, 23(1973)5, S. 213-244 (zus. mit H.G. Kauer)

Culture, drug, and personality. A preliminary report about the results of a field research among the Yebámasa Indians of Río Piraparaná in the Colombian Comisaría del Vaupés, in: Ethnomedizin. Hamburg 5(1978)1/2, S. 57-82 (zus. mit E. Potratz)

Sinnengebrauch und Kultur, aus: M. Putscher (Hg.), Die fünf Sinne. München 1978, S. 15-41

De la situación del indio en el derecho penal colombiano. Reflexiones con motivo de un dictamen jurídico etnológico. in: Anthropos (1981)76, S. 784-806

Discounting is a declaration of salesmanship bankrupcy. in: The Alliance Voice (1988) Juli, S. 13-15

The problem of our criminal justice system, in: The Alliance Voice (1990) Juli, S. 14-17, (zus. mit M. Wagner)

P 101 — **Demtschück**, Elke

Privat — Kohlstrunk 3
D-48565 Steinfurt <W-4430 Steinfurt>
Tel: 49 (25 51) 33 88

Geburtsdatum, -ort — 10.05.1957, Burgsteinfurt

berufl. Werdegang — 1985 Dipl.Geogr.; 1986 WissMitarb., U Nacional Costa Rica; 1987-90 WissMitarb., U Hamburg; 1990-92 Projektsachverständige bei UNIDO

Sprachen — Englisch, Spanisch (Portugiesisch, Französisch)

Fachgebiet — Geographie / Entwicklungszusammenarbeit

themat. Schwerpunkte — Regionale Integration, Industrieentwicklung, Technologiemanagement

geogr. Schwerpunkte — Zentralamerika, Costa Rica

Aufsätze — La información técnica: Elemento de la gestión tecnológica y de la competitividad empresarial, aus: ALTEC: IV seminario latinoamericano de gestión tecnológica. Caracas 1991, S. 237-246 (zus. mit C. Bermúdez)

Ansätze zur Konfliktregulierung und Restrukturierung im Zentral-

amerikanischen Gemeinsamen Markt, aus: Nuhn (Hg.), Zentralamerika. Ökonomische Integration und regionale Konflikte. Stuttgart 1991, S. 165-198
Restrukturierung des MCCA - Instrument zur Krisenüberwindung in Zentralamerika?, aus: Zentralamerika... (s.o.), S. 199-219
Entwicklung mit oder ohne regionale Kooperation - zur Problematik aktueller Strategien in Costa Rica, aus: Ellenberg/Bergemann (Hg.), Entwicklungsprobleme Costa Ricas. Saarbrücken 1990, S. 239-254

P 102 **Deutscher**, Eckhard

Zentralstelle für Erziehung, Wissenschaft und Dokumentation
Deutsche Stiftung für internationale Entwicklung (DSE-ZED)
Hans-Böckler-Str. 5
D-53225 Bonn <W-5300 Bonn 3>
Tel: 49 (2 28) 40 01-2 12
Telex: 88 67 10 dsebn d
Fax: 49 (2 28) 40 01-1 11

Privat Sandscheider Str.16
D-53639 Königswinter <W-5330 Königswinter 21>
Tel: 49 (22 44) 8 16 96

Geburtsdatum, -ort 18.03.1949, Kelkheim/Taunus

berufl. Werdegang Studium (Erziehungswissenschaften, Soziologie, Philosophie), U Frankfurt; 1976 Dr.phil.; WissMitarb. u. HochschulAss. U Frankfurt; 1986 habil.; Forschung und Lehre in Mexiko, Kolumbien, Peru; 1985-89 Projektleiter, CEDAL (FES/Costa Rica); seit 1991 Leiter der o.g. Zentralstelle

wiss. Vereinigungen ADLAF

Sprachen Spanisch, Englisch (Französisch, Portugiesisch)

Fachgebiet Entwicklungszusammenarbeit / Bildungswesen

themat. Schwerpunkte Politisches System, Bildungsplanung, Pädagogik, Erwachsenenbildung, Umwelterziehung

geogr. Schwerpunkte Zentralamerika, Mexiko, Chile, Peru, Kolumbien

Monographien Erziehung, Erziehungssystem und ländliche Entwicklung in Mexiko. Bonn 1984
Politik und Pädagogik im nachrevolutionären Mexiko 1920-1940. Frankfurt 1989, 261 S.
Manual de la capacitación política. San José/Costa Rica 1987

Aufsätze Vernunft - Zweckrationalität - Wandel. Bildungstheoretische Fragestellungen einer Pädagogik in der Dritten Welt, aus: E. Jouhy; G.Böhme (Hg.), Übergänge: Was soll Pädagogik in der Dritten Welt? Frankfurt/Bern/Las Vegas 1978
Zwischen staatlicher Hochschulplanung und universitärem Selbstverständnis. Aspekte des mexikanischen Hochschulsystems, in: Frankfurter Blätter zur Erziehung und Entwicklung. Frankfurt (1981)
Weiterbildung von ländlichen Promotoren. Bedingungen und

neuere Ansätze in der Erwachsenenbildung in Mexiko, aus: Jahrbuch Dritte Welt. Frankfurt 1983
La búsqueda de la identidad cultural en América Latina, in: Revista de Ciencias políticas y sociales. Universidad Nacional Autónoma de México. Mexiko 4(1989), S. 251-261
La función y el papel de los partidos políticos en el proceso de la paz en Centroamérica, in: Estudios Sociales centroamericanos. San José: CSUCA (1989)50

P 103 **Dieke**, Gerold

Deutsche Gesellschaft für Technische
Zusammenarbeit GmbH (GTZ)
Dag-Hammarskjöld-Weg 1-2
D-65760 Eschborn <W-6236 Eschborn 1>
Postfach 51 80
D-65726 Eschborn
Tel: 49 (61 96) 79 16 05
Telex: 407 501 - 0 gtz d
Fax: 49 (61 96) 79 71 22
Privat Oberhöchstädter Straße 25
D-61476 Kronberg <W-6242 Kronberg im Taunus>
Geburtsdatum, -ort 22.06.1943, Oldenburg
berufl. Werdegang 1968 Dipl.Kfm., U Hamburg; 1971-72 WissMitarb., IIK Hamburg; 1973-76 WissAss. Inst. für Genossenschaftswesen, U Münster; 1977-83 Abteilungsleiter, FNS Bonn; 1983-87 Leiter Abteilung Politik und Büro für Intern. Beziehungen, F.D.P. Bonn; seit 1987 Geschäftsführer der GTZ
Mitgl. Vereinigungen IAV, Hamburg; Deutsche Landwirtschaftsgesellschaft e.V. (DLG)
Sprachen Spanisch, Englisch (Französisch)
Fachgebiet Entwicklungspolitik
themat. Schwerpunkte Entwicklungspolitik, Entwicklungszusammenarbeit, Genossenschaften, Entwicklungsfinanzierung
geogr. Schwerpunkte Zentralamerika, Argentinien
Monographien Die Fallmethode in der genossenschaftlichen Ausbildung. Untersucht am Beispiel von Honduras. Bonn 1978, 123 S.
Aufsätze Lateinamerikanische Entwicklungsmodelle und die deutsche Selbsthilfeförderung, aus: B. Breuer; J. Landivar (Hg.), Für die Ärmsten der Armen. Basisarbeit in Lateinamerika. Bonn: Deutsche Welthungerhilfe 1976, S. 21-58
Entwicklungspolitik der Friedrich-Naumann-Stiftung: zum Beispiel in Honduras, in: Liberal. Bonn 19(1977) S. 861-873
Der lateinamerikanische Liberalismus: Krise und Perspektiven, in: Liberal. Bonn 24(1982)
Honduras, aus: D.Nohlen; F.Nuschler (Hg.), Handbuch der Dritten Welt. Bd. 3. Mittelamerika und Karibik. Hamburg 1982, S. 101-118
Technische Zusammenarbeit, aus: A.Schrader (Hg.), Deutsche Beziehungen zu Lateinamerika. Münster 1991, S. 41

P 104 **Dietrich**, Wolf

Linguistische Abteilung, Romanisches Seminar
Universität Münster
Bispinghof 3A
D-48143 Münster <W-4400 Münster>
Tel: 49 (2 51) 83-45 24, -45 21
Fax: 49 (2 51) 86 33 83

Privat Coesfeldweg 43
D-48161 Münster
Tel: 49 (2 51) 86 33 83

Geburtsdatum, -ort 09.10.1940, Mülheim/Ruhr

berufl. Werdegang 1971 Dr.phil.; 1971-73 WissAss., U Tübingen; 1973 Habil.; Gast-Prof. U de Navarra, Pamplona/Spanien; seit 1973 o.Prof. für Romanische Philologie (Sprachwissenschaft)

wiss. Vereinigungen Société de Linguistique Romane; DRV; DHV; AIL; Società di Linguistica Italiana (SLI); Society for the Study of the Indigenous Languages of the Americas (SSILA)

Sprachen Französisch, Spanisch, Portugiesisch, Italienisch, Rumänisch, Ungarisch, Englisch (Griechisch, Latein, Katalanisch, Occitanisch, Russisch, Guaraní)

Fachgebiet Linguistik

themat. Schwerpunkte Linguistik der Tupi-Guaraní-Sprachen; Grammatik, Wortbildung, Syntax, Semantik, historisch-vergleichende Sprachwissenschaft

Schriftenreihen Mithg. "Münstersche Beiträge zur Romanischen Philologie"

Monographien Bibliografia da língua portuguesa do Brasil. Tübingen: Narr 1980, 324 S.

El idioma chiriguano. Gramática, textos, vocabulario. Madrid: ICI 1986, 356 S.

More evidence for an Internal Classification of Tupí-Guaraní Languages (com um sumário em português). Berlin: Gebr. Mann 1990, 136 S.

Einführung in die spanische Sprachwissenschaft. Ein Lehr- und Arbeitsbuch. Berlin: Schmidt, 201 S. (zus. mit Horst Geckeler)

Aufsätze Las categorías verbales (partes de la oración) en tupí-guaraní, in: Indiana. Berlin 4(1977), S. 245-261

Ruiz de Montoyas Bedeutung für die Erforschung des Tupí - Guaraní, aus: F.J. Oroz Arizcuren (Hg.), Navicula Tubingensis. Studia in honorem a A. Tovar. Tübingen 1984, S. 89-101

Chiringuano and Guarayo Word Formation, aus: D.L. Payne, Amazonian Linguistics. Studies in Lowland South American Languages. Austin 1990, S. 293-320

Sprachwissenschaft, aus: N. Werz (Hg.), Handbuch der deutschsprachigen Lateinamerikakunde. Freiburg: ABI 1992, S. 637-676

P 105	**Dietrich**, Wolfgang
	Institut für Geschichte, Universität Wien Dr. Karl Lueger-Ring 1 A-1010 Wien Tel: 43 (1) 4 01 03-20 26
Privat	Eavelerweg 2 A-6424 Silz Tel: 43 (52 63) 66 58
Geburtsdatum, -ort	13.09.1956, Innsbruck/Österreich
berufl. Werdegang	1980 Dr.phil.; 1984 Dr.jur., U Innsbruck; Geschichte, Germanistik, Rechtswiss.; Studienaufenthalt in York/England; stipendiengeförderte Forschungsaufenthalte in Asien und Zentralamerika; seit 1990 Forschungsprojekt (Fonds der wiss. Forschung): "Optionen Österreichs in Zentralamerika"; Univ.Doz.
Sprachen	Spanisch, Englisch (Latein)
Fachgebiet	Politikwissenschaft / Geschichte
themat. Schwerpunkte	Menschenrechte, Entwicklungstheorie, Völkerrecht, Internationale Beziehungen
geogr. Schwerpunkte	Zentralamerika
Monographien	Nicaragua. Entstehung, Charakter und Hoffnung eines neuen Weges. Heidelberg 1988 Honduras. Ein Demokratisierungsversuch zwischen Repression, Revolution und Resignation. Heidelberg 1987 Dignidad. Menschenrechte und Meschenrechtsschutz in Zentralamerika. Fort Lauderdale/Saarbrücken 1988 Die Bemühungen um den Frieden in Zentralamerika von Contadora 1983 bis Tela 1989. Frankfurt: Campus 1990 (Habil.Schrift)
Aufsätze	Historisch-geographische Aspekte zur Sonderstellung Costa Ricas im zentralamerikanischen Raum, aus: A. Maislinger (Hg.), Costa Rica - Politik, Gesellschaft und Kultur eines Staates mit ständiger aktiver und unbewaffneter Neutralität. Innsbruck 1986, S. 35-44) Zur Situation der Flüchtlinge in Costa Rica, aus: Costa Rica... (s.o.), S. 339-341 Zum Problem der Informationsbeschaffung über staatliche und parastaatliche Gewalt am Beispiel Zentralamerikas, aus: P. Waldmann; H.W. Tobler (Hg.), Staatliche und parastaatliche Gewalt in Lateinamerika. Frankfurt: Vervuert 1991, S. 227-261
sonst. Publikationen	130 Dokumente zum Friedensprozeß in Zentralamerika Dokumentation zu einem Forschungsbericht an das Österreichische Bundesministerium für Wissenschaft und Forschung. Innsbruck 1989

P 106 **Dill**, Günter Wolfgang

Centro Interdisciplinario de Estudios sobre el Desarrollo Latinoamericano (CIEDLA)
Konrad-Adenauer-Stiftung
Av. Leandro N. Alem 690, Buenos Aires/Argentinien

Privat Weikertsblochstr. 61
D-63069 Offenbach <W-6050 Offenbach/M.>
Tel: 49 (69) 83 63 35

Geburtsdatum, -ort 15.10.1941, Frankfurt/M.

berufl. Werdegang Studium (Romanistik, Geschichte, Politikwissenschaft), U Frankfurt; Forschungsaufenthalte in Paris und Amsterdam (1965/66) Lateinamerika (1982/83, 1989, 1991); Lehrbeauftr., U Frankfurt (1979-85), U Mainz (ab 1980); z.Z. Direktor des CIEDLA, Buenos Aires/Argentinien

wiss. Vereinigungen DVPW; American Academy of Political and Social Sciences; International Peace Research Association; Société d'Etudes Jauresiennes, Paris; IPSA; LASA

Sprachen Englisch (Spanisch, Französisch, Italienisch)

Fachgebiet Politikwissenschaft

themat. Schwerpunkte Politische Theorie, Internationale Politik, Soziale Bewegungen, Entwicklungsländerforschung

geogr. Schwerpunkte Argentinien, Chile, Peru, Bolivien

Periodika Mithg. "Gesellschaft" (Frankfurt)

Aufsätze Westeuropa und die Krisenregion Zentralamerika, aus: H. Nuhn (Hg.), Krisengebiet Mittelamerika. Interne Probleme, weltpolitische Konflikte. Braunschweig 1985, (zus. mit H.W. Krumwiede)

P 107 **Dill**, Hans-Otto

Institut für Romanistik, Humboldt-Universität Berlin
Klara-Zetkin-Str. 1
D-10117 Berlin <O-1034 Berlin>
Tel: 49 (30) 20 93 29 03

Privat Pillauer Str. 5
D-10243 Berlin
Tel: 49 (30) 5 88 30 12

Geburtsdatum, -ort 04.07.1935, Berlin

berufl. Werdegang 1969 Dr.phil.; 1974 Dr.sc.phil. (=Dr.phil.habil.); 1975 Hochschuldoz.; 1975 Premio Casa de las Américas, Genre Essay; seit 1981 o.Prof. (Lateinamerikan. Literaturen), HU Berlin; 1990 GastProf., USP São Paulo/Brasilien

Ltg. (zus. mit K. Meyer-Minnemann, U Hamburg; u.a.) des Forschungsprojektes "Aneignung von Wirklichkeit im lateinamerikanischen Roman des 19. und 20. Jahrhunderts vor dem Hintergrund des Funktionswandels von Literatur", gefördert von der Volkswagen-Stiftung, Hannover (1990-93)

Sprachen Spanisch, Englisch, Französisch, Italienisch (Portugiesisch, Russisch, Rumänisch, Latein)

Fachgebiet Literatur

themat. Schwerpunkte Neuer Roman, Magischer Realismus, Real maravilloso, Barockliteratur

geogr. Schwerpunkte Karibik, Kuba, Vergleich AAL-Westeuropa (Frankreich)

Periodika Mithg. "Beiträge zur Romanischen Philologie", Berlin; Redaktionsmitgl. "Wiss. Zeitschrift der Humboldt-Universität zu Berlin"

Monographien El ideario literario y estético de José Martí. La Habana: Casa de las Americas 1975, 206 S.
Sieben Aufsätze zur lateinamerikanischen Literatur. Berlin/Weimar: Aufbau 1975, 300 S.
Literatur im Spannungsfeld von Kunst, Geschäft und Ideologie. Autor, Leser, Buch in Frankreich und Lateinamerika 1960-1980. Köln: Pahl-Rugenstein 1986, 362 S. (Hg., Einleitung, mehrere Kapitel)

Aufsätze Dante et Neruda - une étude comparée de la Comedie Divine et du Chant géneral, in: Beiträge zur Romanischen Philologie. Berlin 16(1978)1, S. 135-140
El criollo como personaje y personalidad en la obra de Carpentier, in: Anales de literatura hispanoamericana. Madrid: Universidad Complutense 12(1983), S. 51-68
Alejo Carpentier, teórico de la literatura latinoamericana, in: Escritura. Caracas 9(1984)17/18, S. 93-114
Teoría y praxis de lo real maravilloso carpenteriano, in: Beiträge zur Romanischen Philologie. Berlin 23(1984), S. 199-211
Hundert Jahre Einsamkeit oder die Faszination kreolischer Subjektivität, in: Weimarer Beiträge. Berlin 8(1984), S. 1335-1352

sonst. Publikationen Herausgabe und Kommentierung zahlreicher Editionen, Anthologien und Auswahlbände lateinamerikanischer Literatur im deutschen Sprachraum, z.B.: José Martí. Mit Feder und Machete. Gedichte Prosaschriften Tagebuchaufzeichnungen. Berlin: Ruetten & Loening 1986 (2. Aufl.), 496 S.
Alejo Carpentier, Essays. Berlin: Volk und Welt 1980, 242 S.; Nicolas Guillen, Sie gingen Gitarren jagen. Gedichte. Berlin: Volk und Welt 1977, 191 S.
Zahlreiche Nachdichtungen

P 108 **Dittmann Hube**, Alden L.

Ibero-Amerikanisches Institut Preußischer Kulturbesitz (IAI)
Potsdamer Str. 37
D-10785 Berlin <W-1000 Berlin 30>
Tel: 49 (30) 2 66 25 16

Privat Seepromenade 1C
D-14089 Berlin <W-1000 Berlin 22>
Tel: 49 (30) 3 65 24 75

Geburtsdatum, -ort 08.08.1930, Santiago de Chile

berufl. Werdegang 1949-53 Studium (Agronomie), PUC, Santiago de Chile; 1952-53 WissAss. (Phytopathologie, Phytogenetik), PUC, Santiago de Chile; 1953 Ing.Agr., PUC, Santiago de Chile; 1963 Dr.sc.agr., U Göttingen; seit 1964 WissMitarb., IAI Berlin; 1968 WissRat;

	1971 WissOberrat; 1964-88 Leiter der Abteilung Sondersammlungen (Phonotek, Bild- und Filmarchiv, Kartograph. Sondersammlung, Zeitungsausschnitt-Archiv, Volkskundl. Sammlung); seit 1990 Mitarbeit., wiss. Abteilung des IAI, Zeitschriftendokumentation
wiss. Vereinigungen	ADLAF
Sprachen	Englisch, Spanisch, Portugiesisch, Französisch, Italienisch
Fachgebiet	Information und Dokumentation
themat. Schwerpunkte	Ibero-amerikanische Musik, Volkskunst, Naturwissenschaften, Genealogie
geogr. Schwerpunkte	Iberoamerika
Monographien	(Mitarb.) E. Sielaff: Katalogisierung von Schallplatten und Tonbändern im Ibero-Amerikanischen Institut Preußischer Kulturbesitz. Teil I: Anleitung. Teil II: Beispiele. Berlin 1969, 15+66 S. Volkskundliche Sammlung. Die Volkskundliche Sammlung des Ibero-Amerikanischen Instituts Preußischer Kulturbesitz: Texte, Katalog, Register, Bibliographien. Berlin 1985, 172 S. Bio-bibliographische Dokumentation über die Forschungs- und Veröffentlichungstätigkeit der Mitarbeiter des Ibero-Amerikanischen Instituts Preußischer Kulturbesitz. Berlin 1992
Aufsätze	Ausgewählte Literatur, aus: R. Günther (Hg.), Die Musikkulturen Lateinamerikas im 19. Jahrhundert. Tendenzen und Perspektiven. Las culturas musicales de Latinoamérica en el siglo XIX. Regensburg 1982, S. 32-36
sonst. Publikationen	diverse Kataloge zu Ausstellungen im IAI

P 109	**Doleschal**, Reinhard
	Institut Arbeit und Technik Florastr. 26-28 D-45879 Gelsenkirchen <W-4650 Gelsenkirchen> Tel: 49 (2 09) 17 07-1 51, -1 38 Fax: 49 (2 09) 1 70 71 10
Geburtsdatum, -ort	05.01.1949
berufl. Werdegang	Werkzeugmacherlehre, Soziologiestudium; Abt.-Leiter am o.g. Institut, Doz., U Paderborn
Sprachen	Englisch, Portugiesisch
Fachgebiet	Soziologie / Industrie- und Arbeitssoziologie
geogr. Schwerpunkte	Brasilien
Monographien	Automobilproduktion und Industriearbeiter in Brasilien. Eine Untersuchung über Volkswagen do Brasil und die internationale Arbeitsteilung. Saarbrücken/Fort Lauderdale: Breitenbach 1987
Aufsätze	CUT pela base - Zwischen Unterdrückung und Widerstand, in: Express 12(1983) Personalpolitik in der brasilianischen Automobilindustrie, in: Informationen über multinationale Konzerne. Wien, Kammer für Arbeiter und Angestellte 1(1984); auch in: Die Mitbestimmung. Hans-Böckler Stiftung 2(1984)

Brasilien 1983. Länderbericht, in: Lateinamerika. Analysen und Berichte. Hamburg (1984)8 (zus. mit W. Würtele)
Neue Gewerkschaften in Brasilien - eine Hoffnung? in: Prokla 14(1984)55, S. 131-145
Arbeiten bei Volkswagen do Brasil, aus: U. Kubisch (Hg.), Der Volkswagen. Berlin 1986
Hochzeit mit 24.000 Opfern - Neue Strategien der Automultis in Brasilien, in: ila - Zeitschrift der Informationsstelle Lateinamerika (1988)16, S. 6-8

P 110 **Dombois**, Rainer

Wissenschaftliche Einrichtung "Arbeit und Region"
Universität Bremen
Postfach 33 04 40
D-28334 Bremen <W-2800 Bremen 33>
Tel: 49 (4 21) 2 18 32 90
Fax: 49 (4 21) 2 18 26 80

Geburtsdatum, -ort 23.12.1943, Königsberg
berufl. Werdegang 1971 Dipl.Soz.; seit 1974 WissAngest., U Bremen; 1979 Dr.rer.pol; 1987-93 GastProf., U Nacional de Colombia; ab Mitte 1993 WissMitarb., U Bremen
wiss. Vereinigungen DGS; International Sociological Association; Latin American Research Association; Arbeitskreis Sozialwissenschaftliche Arbeitsmarktforschung (SAMF); International Working Party on Labour Market Segmentation
Sprachen Englisch, Spanisch (Portugiesisch, Französisch)
Fachgebiet Soziologie / Industrie- und Arbeitssoziologie
themat. Schwerpunkte Arbeit und Technik, Arbeitsmarkt, Industrielle Beziehungen, Mobilität und Berufsverläufe, Menschenrechte, Drogenökonomie
geogr. Schwerpunkte Kolumbien, Mexiko, Deutschland
Schriftenreihen Hg. "Mehrwert"; Associate Editor "International Contributions to Labour Studies" (Cambridge/Notre Dame); Colaborador internacional "Trabajo" (Mexiko); Consejo Internacional Editorial de la "Revista Colombiana de Sociología"
Monographien Autoindustrie und Automobilarbeiter in Mexiko. Zur Entwicklung der Automobilindustrie und ihrer betrieblichen Arbeitsmärkte in einem Schwellenland. Berlin: Sigma 1988, 195 S.
(Mithg.) Modernización empresarial y trabajo. Experiencias en América Latina y Europa. Caracas: Nueva Sociedad 1993, 300 S. (zus. mit L. Pries)
(Mithg.) Cambio técnico, empleo y trabajo en Colombia. Bogotá: FESCOL 1993, 300 S. (zus. mit C.M. López)
Aufsätze Coca, Recht und Gewalt. Zur Kokaökonomie in Kolumbien, in: Mehrwert (1989)31, S. 56-93 (spanisch: Coca, derecho y violencia: Sobre la economía política de la coca en Colombia, in: Política y Sociedad. Revista de la Universidad Complutense. Madrid 1989)
Gewalt und Menschenrechte in Kolumbien, in: Vierteljahresbe-

richte. Bonn (1989)17, S. 255-266 (zus. mit C. Krauthausen)
Un grupo de empresas, una mano de obra? Para un análisis comparativo del aprovechamiento empresarial de la mano de obra dentro de un grupo: El ejemplo de las fábricas Volkswagen en la RFA y en México, in: Sociología del Trabajo. Madrid (1989)7, S. 63-77
Trayectorias laborales y estructura del mercado de trabajo. El caso de los obreros en la industria colombiana, aus: El Colegio de México (Hg.), Ajuste estructural, mercados laborales y TLC. México 1992, S. 33-58
Small firms and labour relations in the manufacturing industry in Colombia, aus: B. Späth (Hg.), Small firms and development in Latin America. The role of the institutional environment, human resources and industrial relations. Genf: International Institute of Labour Studies 1993 (im Erscheinen)

P 111 **Donges**, Juergen B.

Wirtschaftspolitisches Seminar, Universität Köln
Robert-Koch-Str. 41
D-50931 Köln <W-5000 Köln 41>
Tel: 49 (2 21) 4 70-34 48
Fax: 49 (2 21) 4 70-51 87

Geburtsdatum, -ort 24.10.1940, Sevilla/Spanien

berufl. Werdegang 1966 Dipl.Volksw., U Saarbrücken; 1969 Dr.rer.pol., U Saarbrücken; 1969-89 Wiss., IfW Kiel (ab 1973 Abteilungsleiter, ab 1978 Direktor und Prof., ab 1983 Vizepräsident); seit 1979 Hon-Prof. (Außenwirtschafts- und Entwicklungspolitik), U Kiel, seit 1989 o.Prof. für Wirtschaftliche Staatswissenschaften, U Köln

Beratung Mitgl. des Sachverständigenrats zur Begutachtung der gesamtwirtschaftlichen Entwicklung des Wiss. Beirats beim BMZ

wiss. Vereinigungen Gesellschaft für Wirtschafts- und Sozialwissenschaften; American Economic Association; European Economic Association; Royal Economic Society

Sprachen Englisch, Spanisch (Portugiesisch, Französisch, Italienisch)

Fachgebiet Wirtschaft

themat. Schwerpunkte Allg. Wirtschaftspolitik, Entwicklungstheorie und -politik, Industrialisierung, Außenwirtschaftspolitik

geogr. Schwerpunkte Lateinamerika

Schriftenreihen Mithg. "Untersuchungen zur Wirtschaftspolitik" (Köln)

Periodika Mithg. "Zeitschrift für Wirtschaftspolitik" (Köln)

Monographien (Mithg.) América Latina y la economía mundial. Comercio, empleo y distribución del ingreso. Buenos Aires: Instituto Torcuato di Tella 1979, 359 S.

Aufsätze Entwicklung, Struktur und internationale Verflechtung der argentinischen Wirtschaft, aus: J.A. Friedl Zapata (Hg.), Argentinien. Natur, Gesellschaft, Geschichte, Kultur, Wirtschaft. Tübingen/Basel: Erdmann 1978, S. 339-394
América Latina en la economía mundial. Problemas, perspecti-

	vas, opciones, in: Revista Internacional de Economía y Empresa. Madrid (1980)3, S. 53-82
sonst. Publikationen	¿Se puede sanear la economía argentina? Buenos Aires: FNS 1984

P 112	**Donner**, Wolf
Privat	Düsseldorfer Str. 58 D-51145 Köln <W-5000 Köln 90 (Porz)> Tel: 49 (22 03) 2 66 60
Geburtsdatum, -ort	27.01.1923, Berlin
berufl. Werdegang	1954 Dipl.Volksw.; 1959 Dr.rer.pol.; 1955-61 freier Journalist (Entwicklungsländer); 1961-66 Mitarb. am Forschungsinst. für Wirtschaftsfragen der Entwicklungsländer e.V., Bonn; 1966-78 Agricultural Planning Adviser bei FAO/UN, davon 1972-78 in Lateinamerika; seit 1978 selbständig als freier Sachbuchautor (Länderkunde) und Doz. in der Erwachsenenbildung
Sprachen	Englisch, Spanisch, Französisch, (Portugiesisch, Niederländ.)
Fachgebiet	Geographie / Entwicklungspolitik
themat. Schwerpunkte	Agrarentwicklung, Regionalplanung, Geopotential
geogr. Schwerpunkte	Karibischer Raum, Süd- und Südostasien
Monographien	Haiti. Naturraumpotential und Entwicklung. Tübingen: Erdmann 1980, 365 S.
Aufsätze	Siedeln am Amazonas, in: Neue Heimat. Hamburg 20(1973)10, S. 37-50 Entwicklungsland Haiti. Zur Verkehrssituation, in: Zeitschrift für Wirtschaftsgeographie. Hagen 18(1974)6, S. 182-187 Brasília. Vorbild für das dritte Jahrtausend?, in: Neue Heimat. Hamburg 21(1974)8, S. 35-50 Port-au-Prince und seine Metropolitan-Zone, in: Zeitschrift für Wirtschaftsgeographie. Hagen 21(1977)7, S. 209-214 Port-au-Prince. Spiegel der Struktur von Haiti, in: Neue Heimat. Hamburg 25(1978)1, S. 31-43 Im Nordwesten kämpft man gegen die physische Vernichtung Haitis, in: Zeitschr. für Wirtschaftsgeographie. Hagen 22(1978)7, S. 211-214
sonst. Publikationen	Les sept régions agricoles de développement comme instruments pour la planification agricole spatiale. Port-au-Prince: Unité de Programmation du DARNDR 1975, 99 S. Région Agricole du Nord-Ouest. Programme de développement rural. Port-au-Prince: Unité de Programmation du DARNDR 1977, 294 S. The reduced, action-oriented approach in regional agricultural programming under Haitian conditions. Port-au-Prince: Unité de Programmation du DARNDR 1977, 91 S.

P 113 **Drekonja**, Gerhard

Institut für Geschichte, Universität Wien
Dr. Karl-Lueger-Ring 1
A-1010 Wien
Tel: 43 (1) 4 01 03-0

Privat Wiesbadener Str. 3
A-9020 Klagenfurt

Geburtsdatum, -ort 26.06.1939, Kornat/Österreich

berufl. Werdegang 1964 Dr.phil., U Wien; Zusatzstudium (Sozialwissenschaften, Lateinamerikanistik); ab 1966 laufend Lateinamerikaaufenthalte, entwicklungspolitische und publizistische Tätigkeiten; Doz. Center for Latin American Studies, U of Pittsburgh; U de los Andes, Bogotá; o.UnivProf. (Außereuropäische Geschichte), U Wien

wiss. Vereinigungen ADLAF; LASA; AHILA; CSA

Sprachen Englisch, Spanisch, Portugiesisch (Franz., Latein, Griechisch)

Fachgebiet Geschichte

themat. Schwerpunkte Lateinamerika-Modernisierung, Außenpolitik, Dritte Welt

geogr. Schwerpunkte Andenländer

Periodika Chefredakteur der "Zeitschrift für Lateinamerika Wien"

Monographien (Hg.) Ecuador, hoy. México/Bogotá 1978 (2. Aufl. 1981)
Teoría y Práctica de la Política Exterior Latinoamericana. Bogotá: CEREC-CEI 1983 (Hg. zus. mit J. G. Tokatlian)
(Hg.) Mexikos Protest gegen den Anschluß. Wien: ÖLAI 1988
Retos de la Política Exterior Colombiana. Bogotá: CEREC 1983, 232 S.
Grundmuster lateinamerikanischer Außenpolitik. Wien: Braumüller 1986, 98 S.

Aufsätze Die Krise im großkaribischen Raum. Die Rolle der lateinamerikanischen Regionalmächte, in: Europa-Archiv, 38(1983)9, S. 287-294
The rise of Latin America's foreign policy , in: Latin American Research Review 21(1986)2, S. 238-245
Was will Österreich in Lateinamerika?, in: Zeitschrift für Lateinamerika. Wien (1988)35, S.13-24
Österreich, aus: N. Werz (Hg.), Handbuch der deutschsprachigen Lateinamerikakunde. Freiburg: ABI 1992, S. 825-848

P 114 **Dressendörfer**, Peter

Romanisches Seminar, Universität Bonn
Am Hof 1
D-53113 Bonn <W-5300 Bonn 1>
Tel: 49 (2 28) 73 73 63

Privat Baumschulallee 6
D-53115 Bonn
Tel: 49 (2 28) 63 38 74

Geburtsdatum, -ort 23.11.1942, Cilli

berufl. Werdegang 1970 Dr.phil. Giessen (Oriental.); Lehr- und Forschungstätigkeit in Lateinamerika und Europa

wiss. Vereinigungen DHV; AHILA
Sprachen Spanisch, Portugiesisch, Englisch (Arabisch)
Fachgebiet Geschichte
themat. Schwerpunkte Akkulturation, Missionsgeschichte, Inquisition, spanisches Mittelalter
geogr. Schwerpunkte Mexiko, Zentralamerika, Philippinen, Spanien
Aufsätze Criptomusulmanes en la Inquisición de la Nueva España, in: Actas del Coloquio Internacional sobre Literatura Aljamiada y Morisca. Madrid 1978, S. 475-494
Hacia una reconsideración del papel del clero en la Conquista Espiritual de América, in: JbLA. Köln/Wien (1985), S. 23-28
La época colonial en textos escolares mexicanos: Un problema de identidad nacional, aus: M. Riekenberg (Hg.), Latinoamérica: enseñanza de la historia, libros de texto y conciencia histórica. B.A. 1991, S. 54-59

P 115 **Duque**, Vilma

Zentrales Fremdspracheninstitut (ZFI), Universität Hamburg
Von-Melle-Park 5
D-20146 Hamburg <W-2000 Hamburg 13>
Tel: 49 (40) 41 23-59 73
Privat Karpfangerstr. 19
D-20459 Hamburg <W-2000 Hamburg 11>
Tel: 49 (40) 31 58 52
Geburtsdatum, -ort 17.08.1956, Guatemala
berufl. Werdegang Studium (Psychologie), Guatemala; 1981 Dipl.-Psych.; 1989 Dr. phil., FU Berlin; seit 1990 Lehrbeauftr., U Hamburg
Beratung ZOPP-Moderation
Sprachen Spanisch (Portugiesisch, Englisch)
Fachgebiet Psychologie
themat. Schwerpunkte Frauen und Kinder
geogr. Schwerpunkte Mittelamerika, bes. Guatemala
Monographien Kritik der psychologischen Praxis und Argumente für eine engagierte Psychologie in Guatemala. Hamburg 1990, 160 S.
Aufsätze Transgresión juvenil en Guatemala: Un problema social y su tratamiento psicológico, aus: H. Riquelme (Hg.), Mayorías presuntamente olvidables: Situación y perspectivas de niños y mujeres en América Latina. Caracas 1992, 15 S.
sonst. Publikationen Situación actual y perspectivas del trabajo psico-social en Guatemala. Guatemala: Secretaría de Bienestar Social 1986, 120 S.
Análisis de la situación actual del Proyecto Chicoj en Cobán, Alta Verapaz/Guatemala. Guatemala: Oficina Panamericana de Salud (OPS)/Instituto de Cooperación Social (ICS) 1990, 80 S.

P 116	**Dürr**, Ernst
	Volkswirtschaftliches Institut (VWI), WiSo Fakultät Universität Erlangen-Nürnberg Lange Gasse 20 D-90403 Nürnberg <W-8500 Nürnberg 1> Postfach 3931 D-90020 Nürnberg Tel: 49 (9 11) 53 02-2 32 Fax: 49 (9 11) 53 02-3 96
Privat	Buchenstr. 13 D-90537 Feucht <W-8501 Feucht> Tel: 49 (91 28) 44 90
Geburtsdatum, -ort	02.06.1927, Köln
berufl. Werdegang	1943-50 Versicherungskfm.; 1950-55 Studium (Wirtschaftswissenschaft), U Köln; 1955 Dr.oec., U Köln; 1955-63 Ass., Lehrstuhl für Volkswirtschaftslehre, U Köln; 1963 Habil. für das Fach Wirtschaftliche Staatswissenschaften, U Köln; 1963-65 PDoz., U Köln; seit 1965 o.Prof. für VWL, U Erlangen-Nürnberg; seit 1975 Mitglied des Wissenschaftlichen Beirats beim Bundesminister für Wirtschaft; 1984 Prof. Extraordinario, U Austral de Chile; 1987 Prof. Honorario, U Nacional de Asunción/Paraguay Vortragsreisen Spanien (1968-83) / Südamerika (seit 1984)
wiss. Vereinigungen	Ges. für Wirtschafts- und Sozialwissenschaften; List-Gesellschaft; Schweizerische Gesellschaft für Volkswirtschaft und Statistik; American Economic Association
Sprachen	Spanisch, Englisch
Fachgebiet	Wirtschaft
themat. Schwerpunkte	Wirtschaftsordnung und Wirtschaftspolitik in Entwicklungsländern
geogr. Schwerpunkte	Lateinamerika
Schriftenreihen	Mithg. "Handbücher der Wirtschaftswissenschaften"; Mithg. "Sozioökonomische Forschungen" (Bern/Stuttgart: Haupt)
Periodika	Mithg. "Volkswirtschaftliche Korrespondenz" der Adolf-Weber-Stiftung
Monographien	La economía social de mercado y la política económica de Chile. Valparaíso: U Frederico Santa María 1988, 114 S. Soziale Marktwirtschaft in Entwicklungs- und Schwellenländern. Bern/Stuttgart: Haupt 1991, 382 S. Política económica e introducción a los órdenes económicos. Asunción: Fundación Hanns Seidel 1992, 124 S. (zus. mit M. Escher)
Aufsätze	Militärregierungen und Marktwirtschaft in Lateinamerika, in: Zeitschrift für Wirtschaftspolitik. Köln 38(1989)3, S. 21-41 (zus. mit M. Escher)

P 117 **Dyckerhoff-Prem**, Ursula

Rautenstrauch-Joest-Museum
Ubierring 45
D-50678 Köln <W-5000 Köln 1>
Tel: 49 (2 21) 31 10-65,-66
Fax: 49 (2 21) 2 21-41 55
Privat Am Weidenstück 4
D-53229 Bonn <W-5300 Bonn>

Geburtsdatum, -ort 04.09.1930, Wiesbaden
berufl. Werdegang 1957 Dipl.Dolm., Heidelberg; 1969 Dr.phil., Hamburg; WissRef. (Amerika), Rautenstrauch-Joest-Museum
wiss. Vereinigungen ADLAF, DGV, ICOM
Sprachen Englisch, Spanisch (Französisch)
Fachgebiet Ethnologie
themat. Schwerpunkte Ethnohistorie
geogr. Schwerpunkte Mesoamerika
Monographien Die 'Crónica Mexicana' des Hernando Alvarado Tezozomoc. Quellenkritische Untersuchungen. Hamburg: Renner 1970, (Diss.)
Toponyme und Ethnonyme im Klassischen Aztekischen. Berlin: von Flemming 1990 (zus. mit H.J. Prem)
Aufsätze La estratificación social en Huexotzinco. Aspectos generales y regionales de la estratificación social, aus: P. Carrasco; J. Broda; u.a. (Hg.), Estratificación social en la Mesoamérica prehispánica. México: SEP, INAH 1976, S. 157-177
La región del Alto Atoyac en la Historia: La época prehispánica, aus: H.J. Prem (Hg.), Milpa y Hacienda. Tenencia de la tierra indígena y espanola en la cuenca del Alto Atoyac, Puebla, México (1520-1650). Wiesbaden: Steiner 1978, S. 18-34
Forged Village Documents from Huejotzingo and Calpan. Actes du XLII Congrès des Américanistes, Bd. 7. Paris 1979, S. 51-63
Colonial Indian corporate Landholding: A glimpse from the Valley of Puebla, in: A. Ouweneel; S. Miller (Hg.), The Indian Community of colonial Mexico. Amsterdam: CEDLA 1990, S. 40-59 (Reprint von Dyckerhoff 1988)
sonst. Publikationen (Hg. zus. mit H.J. Prem), Das Alte Mexiko. Geschichte und Kultur der Völker Mesoamerikas. München: Bertelsmann 1986; darin Beiträge: Die Azteken, S. 201-235; Handwerk und Techniken, S. 347-368

P 118 **Eberle**, Walther G.

Bundesanstalt für Geowissenschaften und Rohstoffe (BGR)
Stilleweg 3
D-30655 Hannover <W-3000 Hannover 51>
Postfach 51 01 53
D-30631 Hannover

Geburtsdatum, -ort 08.05.1940, Konstanz
berufl. Werdegang 1967 Dipl. Mineraloge, U Heidelberg; 1967-68 Geländearbeiten

in Brasilien; 1968-70 WissAss., Mineralog. Inst., U Heidelberg; 1970 Dr.rer.nat.; seit 1970 BGR; mehrjährige Einsätze u.a. in Brasilien und Dominikan. Republik; überwieg. Projektleitung; WissAngest. (Bereich Grundlagen der internationalen Zusammenarbeit); Beratungstätigkeit im Rahmen von Projektvorbereitung und -monitoring

wiss. Vereinigungen GV; DMG; Schweizerische Mineralogisch-Petrographische Gesellschaft; Sociedad Geológica Dominicana

Sprachen Englisch, Spanisch, Portugiesisch, Französisch (Italienisch)

Fachgebiet Geologie

themat. Schwerpunkte Prospektion und Exploration metallischer Rohstoffe, Planung, Durchführung und Monitoring geowissenschaftlicher Projekte

geogr. Schwerpunkte Lateinamerika; Südostasien

Aufsätze Petrographische und geologische Untersuchungen in der Umgebung von Diamantina (Espinhaço-Zone, Minas Gerais, Brasilien), in: Beiheft Geol. Jb., 121. Hannover 1971, S. 5-58

Radiometrische Altersbestimmungen an Gesteinen aus Minas Gerais und Espiritu Santo/Brasilien, in: Geol. Jb., Hannover 24(1977), S. 149-179 (zus. mit anderen)

The Geology of the Cordillera Septentrional (Dominican Republic), in: 9th Caribbean Geol.Conf., trans. vol. II. Santo Domingo 1980, S. 619-632 (zus. mit anderen)

sonst. Publikationen Mapa Geológico de la República Dominicana, 1:250.000. Hannover: Bundesanstalt für Geowissenschaften und Rohstoffe 1991 (zus. mit anderen)

Mapa de Yacimientos de la República Dominicana. Hannover: Bundesanstalt für Geowissenschaften und Rohstoffe (in Vorbereitung)

P 119 **Eisenblätter**, Bernd

Deutscher Entwicklungsdienst (DED)
Kladower Damm 299
D-14089 Berlin <W-1000 Berlin 22>
Tel: 49 (30) 36 50 91 54
Telex: 18 29 00 ded d
Fax: 49 (30) 36 50 92 71

Privat Kaiser-Friedrich-Str. 40
D-10627 Berlin <W-1000 Berlin 12>
Tel: 49 (30) 3 13 77 93

Geburtsdatum, -ort 16.08.1944, Georgenswalde

berufl. Werdegang Dr.phil.; Vertreter der KAS in Ägypten und Brasilien; z.Z. Leiter der Programmabteilung des DED

wiss. Vereinigungen ADLAF

Sprachen Englisch, Französisch, Portugiesisch (Spanisch)

Fachgebiet Politikwissenschaft / Recht

Schriftenreihen Mitarbeit in "epi" (Entwicklungspolitische Informationen)

Monographien Die Überparteilichkeit des Bundesverfassungsgerichts. Mainz 1976

	Ziele und Wege einer deutschen Entwicklungspolitik. St. Augustin 1983 (iafef-Texte. 1/83)
Aufsätze	Brasilien nach dem 15. November 1982, in: im Gespräch. Melle (1983)1, S. 29 ff.
	Demokratie und Entwicklung in Brasilien, in: Protokoll der Mitarbeiterkonferenz Lateinamerika 1983 Córdoba/Buenos Aires/ Argentinien. St. Augustin 1984, S. 47 ff.
	Großmacht Brasilien: Institutionalisierung des technokratisch-ökonomistischen Entwicklungsmodells?, in: IIS-Info. Auslandsinformationen der KAS. St. Augustin (1982)11, S. 1 ff.
	Überlegungen für eine neue deutsche Außenpolitik. Lateinamerika, bes. Brasilien, in: IIS-Info... St. Augustin (1983)7, S. 1 ff.
	Glanz und Elend monetaristischer Wirtschaftspolitik in Argentinien, Brasilien und Chile, in: IIS-Info... St. Augustin (1983)13, S. 20 ff.
	Die Krise des Militärs: Der Fall Brasilien, in: IIS-Info... St. Augustin (1984)19, S. 1 ff.

P 120	**Eisleb**, Dieter
Privat	Kaiserstuhlstr. 9 D-14129 Berlin <W-1000 Berlin 38> Tel: 49 (30) 8 01 33 96
Geburtsdatum, -ort	04.01.1932, Sülzhayn
berufl. Werdegang	1952-57 Studium (Ethnologie und Amerikanistik); 1957 Dr. phil.; seit 1959 Museum für Völkerkunde, Berlin (im Ruhestand)
wiss. Vereinigungen	Ordentliches Mitglied des DAI
Sprachen	Englisch (Spanisch)
Fachgebiet	Altamerikanistik
themat. Schwerpunkte	Keramik und Textilien
geogr. Schwerpunkte	Mexiko, Peru
Periodika	Mithg. "Baessler-Archiv"
Monographien	Westmexikanische Keramik. Berlin 1971.
	Hundert Jahre Museum für Völkerkunde Berlin, Abteilung Amerikanische Archäologie. Berlin 1973.
	Alt-Amerika. Führer durch die Ausstellung der Abteilung Amerikanische Archäologie, Museum für Völkerkunde Berlin. Berlin 1974, 2. Aufl. 1978
	Altperuanische Kulturen I, Abteilung Amerikanische Archäologie III. Berlin 1975.
	Altperuanische Kulturen II. Nazca, Abteilung Amerikanische Archäologie IV. Berlin 1977.
	Altperuanische Kulturen III. Tiahuanaco, Abteilung Amerikanische Archäologie V. Berlin 1980
	Altperuanische Kulturen IV. Recuay. Abteilung Amerikanische Archäologie VI. Berlin 1987

P 121 **Ellenberg**, Ludwig

Abt. 424, Naturschutz, Deutsche Gesellschaft für Technische Zusammenarbeit mbH. (GTZ)
D-65760 Eschborn <W-6236 Eschborn>
Postfach 51 80
D-65726 Eschborn
Tel: 49 (61 96) 79 12 05
Fax: 49 (61 96) 79 11 15

Geburtsdatum, -ort 21.08.1946, Stolzenau

berufl. Werdegang Studium (Geographie, Geologie), Göttingen und Zürich; 1972 Dr. rer.nat.; 1978 Habil.; seit 1980 C2-Professur an der TU Berlin; seit 1990 Senior-Fachplaner, GTZ (Naturschutzprojekte, die die GTZ in den Tropen unterstützt); apl.Prof. (Physische Geographie, TU Berlin; GastProf., U Nacional, Heredia/Costa Rica (1983-1986); GastProf. HU Berlin, (WS 1990/91); Beratung des BMZ; Beratung von Naturschutzorganisationen

wiss. Vereinigungen ADLAF; Deutscher Arbeitskreis für Geomorphologie; Arbeitskreis Geographie der Meere und Küsten; GfÖ

Sprachen Englisch, Spanisch, Französisch (Portugiesisch, Italienisch)

Fachgebiet Geographie / Ökologie

themat. Schwerpunkte Entwicklungszusammenarbeit, Fremdenverkehr, Geomorphologie, Marginalität, Naturschutz

geogr. Schwerpunkte Zentralamerika, Andenraum, Costa Rica, International

Periodika Mithg. "Petermanns Geographische Mitteilungen"

Monographien Morphologie venezolanischer Küsten. Berlin 1979
Geographie von Costa Rica in Bildern. San José 1986
Kliffs. Geomorphologie aktiver Steilküsten. Braunschweig 1986
Geografía de Costa Rica en fotografías. San José 1989
Gefährdung und Sicherung von Straßen in Costa Rica und Panamá. Berlin 1990
Entwicklungsprobleme Costa Ricas. Saarbrücken/Fort Lauderdale 1990 (ASA Studien. 18) (zus. mit A. Bergemann)

Aufsätze Zahlreiche Publikationen zu den Themen Geographie von Costa Rica, Naturschutz in Lateinamerika

P 122 **Ellies**, Achim

Instituto de Ingeniería Agraria y Suelos
Facultad de Ciencias Agrarias, Universidad Austral de Chile
Independencia 641, Casilla 567, Valdivia/Chile
Tel: 56 (63) 21 39 11 / 12 39 / 14 30
Telex: 27 10 35 UNAUS CL
Fax: 56 (63) 21 25 89

Privat Tornagaleones 10 51, Casilla 680, Valdivia/Chile
Tel: 56 (63) 21 67 71
Fax: 56 (63) 2 89 18

Geburtsdatum, -ort 05.05.1944, Breslau

berufl. Werdegang 1970 Landwirtschaftsdiplom; 1970-73 Doz. für Bodenphysik an der U Austral de Chile; 1975 Promotion, U Hannover; 1975-76

WissAss., Inst. für Bodenkunde, U Hannover; 1976 Prof. Asistente, 1980 Prof. Titular U Austral de Chile

wiss. Vereinigungen International Society of Soil Science; Deutsche Bodenkundliche Gesellschaft; Sociedad Agronómica de Chile; Sociedad Chilena de las Ciencias del Suelo; Sociedad Protección de Vida Silvestre

Sprachen Spanisch (Englisch)

Fachgebiet Bodenkunde

themat. Schwerpunkte Bodenwasserhaushalt, Bodenstruktur, Bodenmechanik, Erosion, Bodenbearbeitung, Bodensystematik

geogr. Schwerpunkte Andosole u. Vertisole im mittleren Süden Chiles

Aufsätze Die Wirkung von Bodenerhitzungen auf die Benetzungseigenschaften von einigen Böden Südchiles, in: Geoderma (1983)29, S. 129-138

Verdichtung von Proben eines Dystrandepts und Palehumults von Südchile, in: Geoderma (1984)3, S. 27-235

Economía del agua en el período estival para pradera, maíz forrajero y col forrajera en un Typic Dystrandept de Valdivia, in: Agro Sur. Valdivia 13(1984)1, S. 39-50 (zus. mit A. Alvarez)

Änderung der Schwerkraft eines vulkanischen Aschenbodens (Dystrandepts) und eines Rotlehms (Palehumult) bei verschiedenem Wassersättigungsgrad unter dem Einfluß unterschiedlicher Beweidungsintensität, in: Zs. für Kulturtechnik und Flurbereinigung (1986)27, S. 65-70 (zus. mit J. Gayoso)

Efecto de la consolidación mecánica sobre algunos suelos de Trumaos y Rojo Arcillosos del sur de Chile, in: Simiente. Santiago 57(1987)3, S. 106-112

Erfassung der Gefügeveränderungen von Böden von der Inkulturnahme des Sekundärwaldes in Südchile durch Multivarianzanalysen, in: Z. f. Kulturtechnik und Landentwicklung (1990)31, S. 380-388 (zus. mit K.H. Hartge)

Generación de estructura por efecto de enmiendas en un suelo Palehumult, in: Turrialba. San José 40(1990)3, S. 374-381

Wasserhaushalt und Bodenwasserverteilung bei einer Futtermaiskultur in Südchile, in: Zs. für Pflanzenernähr. Bodenkd. (1991)159, S. 9-12 (zus. mit A. Huber)

P 123 **Endlicher**, Wilfried

Fachbereich Geographie, Universität Marburg
Deutschhausstr. 10
D-35037 Marburg <W-3550 Marburg>
Tel: 49 (64 21) 28 42-66, -61

Privat Schongauerweg 27
D-79110 Freiburg <W-7800 Freiburg>
Tel: 49 (7 61) 8 69 68

Geburtsdatum, -ort 18.09.1947, Heidenheim a.d. Brenz

berufl. Werdegang Studium (Geographie, Romanistik), U Freiburg/Br.; 1979 Dr.rer.nat., U Freiburg; 1982-84 GastDoz., U Concepción /

Chile; 1985 Dr.rer.nat.habil., U Freiburg; 1985-86 U Erlangen; Heisenberg-Stipendiat der DFG; 1987-88 U Florida, Gainsville/ USA; seit 1988 U Marburg

Beratung BMFT Forschungsprojekt "Geoökologische Untersuchungen zur Landschaftsdegradation in Patagonien mit Hilfe von ERS-1-Radardaten" und DFG-Forschungsprojekt "Stadtklimatologische und stadtökologische Untersuchungen in Tucumán/Nordwest-argentinien"

wiss. Vereinigungen ADLAF; VGDH; Marburger Geographische Gesellschaft

Sprachen Französisch, Englisch, Spanisch (Portugiesisch)

Fachgebiet Geographie

themat. Schwerpunkte Physische Geographie, Geoökologie, Klimatologie, Fernerkundung

geogr. Schwerpunkte Chile, Argentinien, Peru

Schriftenreihen Mithg. "Marburger Geographische Hefte"

Monographien Fernerkundung und Raumanalyse. Karlsruhe 1986 (Hg. zus. mit H. Goßmann)

Geoökologische Untersuchungen zur Landschaftsdegradation im Küstenbergland von Concepción/Chile. Stuttgart 1988,239 S.

Der Einsatz von LANDSAT-TM-Daten beim Management von Kiefernaufforstungen in Mittelchile. Deutsche Forschungsanstalt für Luft- und Raumfahrt, Forschungsbericht 89-44, 1989, 58 S. (zus. mit W. Kirchhof)

(Hg. zus. mit H. Goßmann), Beiträge zur angewandten und regionalen Klimatologie. Festschrift zum 70. Geburtstag von W. Weischet. 1991, 228 S. (Freiburger Geographische Hefte. 32)

Aufsätze Landschaftsschäden in Zentralchile - ökologische Grundlagen, Quantifizierungsmöglichkeiten und Meliorationsansätze, in: Geowissenschaften in unserer Zeit 5(1987)6, S. 202-211

Geoökologische Studien in der andinen Vulkankordillere und der zentralen Längssenke von Chile bei Chillán, in: Erdkunde. Bonn (1988)42, S. 60-77 (zus. mit M. Mardones)

Die Niederschlagsverhältnisse in Nordperu während des El Nino-Southern Oscillation-Ereignisses 1983, in: Die Erde. Berlin (1989)120, S. 81-97 (DFG-138/4; Heisenberg-Stipendium) (zus. mit C. Caviedes)

Bodenerosion und Badlandbildung in den Winterregen-Subtropen Chiles, in: Geographische Rundschau (1991)43, S. 438-445

P 124 **Engl**, Lieselotte

Privat Sappelstr. 32
D-81369 München <W-8000 München 70>
Tel: 49 (89) 7 14 49 06

Geburtsdatum, -ort 12.04.1918, Köln

berufl. Werdegang Schulausbildung und soziale Berufe in Argentinien; Dolmetscherausbildung und Studium (Völkerkunde, Geschichte, Roman. Philologie), U Heidelberg, Florenz, Berlin, München; 1942-44 Tätigkeit am AA, Berlin; 1954 Dr.phil., U München;

	1960-1978 Lektorin für Spanisch, U München; 1978-1991 Lehrauftrag für lateinamerikanische Literatur am Institut für Romanische Philologie der U München
wiss. Vereinigungen	DGV (Münster); IfA (Stuttgart)
Sprachen	Spanisch, Italienisch (Englisch, Portugiesisch, Französisch)
Fachgebiet	Ethnologie / Literatur
themat. Schwerpunkte	Ethnohistorie des Andenraumes
geogr. Schwerpunkte	Peru
Aufsätze	Pishtaku oder Nakak. Kultur- und sozialkritische Fragen zu einem gespenstischen Phänomen in Peru, aus: Atti del XL Congresso Internazionale degli Americanista. Roma/Genova 3(1972), S. 119-126 (zus. mit Th. Engl) Das System der Zwangsumsiedlungen (Mitmac-Wesen) im Inkareich (ca. 1437-1532, nach Pedro Cieza de León), aus: E. Schmitt (Hg.), Dokumente zur Geschichte der europäischen Expansion, Bd. 1: Die mittelalterlichen Ursprünge der eur. Expansion. München 1986, S. 371-377 (zus. mit Th. Engl) Die Rolle der Andenvölker beim Untergang des Inkareiches: Zeugnisse aus den Jahren 1560/61, aus: Dokumente zur Geschichte..., Bd.2: Die großen Entdeckungen. München 1984, S. 435-436 (zus. mit W. Espinoza Soriano, Th. Engl; W. Demm) Modalitäten des "Gerechten Krieges" der Spanier gegen die Indios (1513), aus: Dokumente zur Geschichte..., Bd. 3: Der Aufbau der Kolonialreiche. München 1986, S. 471-475 (zus. mit Th. Engl) Die maßgebliche Theorie der Mission: Auszüge aus dem Missionshandbuch des José de Acosta (1588), aus: Dokumente zur Geschichte..., Bd.3. München 1986, S. 510-515 (zus. mit Th. Engl) Die Arbeitsverpflichtung der peruanischen Indios für den Silberbergbau in Potosí: Die kritische Darstellung des Jesuiten Antonio de Ayanz (1696), aus: Dokumente zur Geschichte..., Bd. 4: Wirtschaft und Handel der Kolonialreiche. München 1988, S. 430-441 (übersetzt zus. mit Th. Engl; W. Demm)
sonst. Publikationen	Glanz und Untergang des Inkareiches. Conquistadoren, Mönche, Vizekönige. München 1967, 2. überarb. und erw. Aufl. 1981, 242 S. (englisch: Twilight of ancient Peru. The glory and decline of the Inca empire. New York/Toronto/London/Sydney 1969; italienisch: Gli Incas. Splendore e declino. Mailand 1979) (zus. mit Th. Engl) (Hg.) Die Eroberung Perus in Augenzeugenberichten. München: dtv 1975, 2. Aufl. 1977 (hrsg. und kommentiert zus. mit Th. Engl); (= Lust an der Geschichte. München: Piper 1991,446 S.)

P 125 **Engler**, Erhard

Institut für Romanistik (IfR), Humboldt-Universität Berlin
Clara-Zetkin-Str. 1
D-10117 Berlin <O-1086 Berlin>
Tel: 49 (30) 20 93 29 02

Privat Orionstr. 27
D-12435 Berlin <O-1193 Berlin>
Tel: 49 (30) 2 72 49 88

Geburtsdatum, -ort 18.07.1938, Weichselburg

berufl. Werdegang Studium (Romanistik, Lateinamerikanistik), Rostock; Journalist; Lehrer im Hochschuldienst für Spanisch und brasilian. Portugiesisch; 1975 Dr.phil.; Literarischer Übersetzer; Herausgeber; seit 1981 o.HochschulDoz. (Brasilianistik, Lusitanistik), HU Berlin; seit 1983 Leiter der Fachgruppe Portugiesisch; 1991 GastProf., São Paulo/Brasilien

wiss. Vereinigungen AIL; DHV

Sprachen Portugiesisch, Spanisch, Französisch (Englisch, Russisch)

Fachgebiet Literatur / Geschichte

themat. Schwerpunkte Realismus und Regionalismus in der brasilianischen Literatur (Machado de Assis, Euclides da Cunha, Jorge Amado), Literatur des Widerstands in Brasilien, moderne brasilianische Erzähler

geogr. Schwerpunkte Brasilien, Angola, Moçambique

Monographien (Hg., Teilübers., Nachwort), Erkundungen - 38 brasilianische Erzähler. Berlin: Volk und Welt 1988, 324 S.

Lehrbuch des brasilianischen Portugiesisch. Leipzig: Verlag Enzyklopädie 1986, 338 S. (2. Aufl. 1988)

Aufsätze Der Bahia-Zyklus von Jorge Amado, in: Wissenschaftliche Zeitschrift der Universität Rostock 14(1965), S. 49-80

Euclides da Cunha - ein geistiger Vorkämpfer für die nationale Unabhängigkeit Brasiliens, in: Lateinamerika, Semesterbericht der Sektion Lateinamerikawissenschaften der Universität Rostock. Rostock (1974), S. 23-37

Jorge Amados 'Tieta do Agreste' - Anspruch und Wirklichkeit, in: Berichte der Humboldt-Universität zu Berlin (1987)2, S. 40-47

O Romance 'Zero' de Ignácio de Loyola Brandão, in: Ass. Internacional de Lusitanistas (Actas). Poitiers 1988, S. 459-465

Jorge Amado - Chronist, Erzähler, Unterhalter, aus: Romankunst in Lateinamerika. Berlin 1989, S. 200-218

Nationale Relevanz und Realitätsbeziehungen in der brasilianischen Literatur um die Jahrhundertwende, in: Wiss. Zeitschrift der Humboldt-Universität zu Berlin (1990)5, S. 451-453

P 126	**Erl**, Willi
	Deutscher Entwicklungsdienst (DED) Verwaltungsgebäude, Kladower Damm 299 D-14089 Berlin <W-1000 Berlin 22> Tel: 49 (30) 36 50 91 02 Telex: 182 900 ded d Fax: 49 (30) 36 50 92 71
Privat	Uhlandstr. 3 D-10623 Berlin <W-1000 Berlin 12> Tel: 49 (30) 3 13 41 96
Geburtsdatum, -ort	30.04.1933, Schweinfurt am Main
berufl. Werdegang	Studium (Theologie, Pädagogik, Soziologie); 1959 Examen in Diakoniewissenschaft, U Heidelberg; beruflich in der Sozialpädagogik und der Entwicklungszusammenarbeit tätig; 1970-73 Leiter der Evangelischen Schule für Heimerziehung/Evangelische Fachhochschule, Reutlingen; 1973-77 Aufbau des Zentrums Lateinamerikanischer Sozialarbeit (CELATS), Lima/Peru; nach Rückkehr leitende Positionen, KAS, St. Augustin; seit 1985 DED- Geschäftsführer, Berlin
Mitgl. Vereinigungen	SID; CDU-Bundesfachausschuß Entwicklungspolitik
Sprachen	Englisch, Spanisch
Fachgebiet	Entwicklungspolitik / Entwicklungszusammenarbeit
geogr. Schwerpunkte	Andenraum, Zentralamerika
Schriftenreihen	"Reflektierte Praxis: DED-Beiträge zur Entwicklungspolitik" (Hg. zus. mit H.-D. Pallmann)
Periodika	"DED-Brief", Zeitschrift des Entwicklungsdienstes (Hg. zus. mit H.-D. Pallmann)
Monographien	Handwerk für die Dritte Welt. Ein Arbeitsbuch zur Handwerksförderung in Entwicklungsländern. Köln: Internationales Kolpingwerk 1987, 128 S. (zus. mit I. Scholz)
Aufsätze	Von der Suppenküche zum Gemeindespeisesaal. Sozialarbeit in Lateinamerika, in: Die Americas. Politik, Wirtschaft, Kultur in Lateinamerika. Sachsenheim/Bonn (1987)1/2, S. 65-69 Familie in Lateinamerika. Vom Machismo zur Kernfamilie. Eine soziologische Betrachtung, in: Die Americas... Sachsenheim/ Bonn (1988)1. S. 67-71 Der Deutsche Entwicklungsdienst, aus: A. Schrader (Hg.), Deutsche Beziehungen zu Lateinamerika. Münster/Hamburg: Lit 1991, S. 79-97
P 127	**Ertler**, Klaus
	Institut für Romanistik, Universität Graz Johann-Joseph-Fux-Gasse 30 A-8010 Graz Tel: 43 (3 16) 3 80 25 00
Privat	Wittekweg 6 A-8010 Graz Tel: 43 (3 16) 34 70 92

Geburtsdatum, -ort 20.11.1954, Feldbach
berufl. Werdegang Lehrer am Polytechnikum; Studium (Romanistik: Französisch, Spanisch), Graz; Dr.phil.; UnivLektor; Forschungstätigkeit in Frankreich, Spanien, Kanada, Mexiko, Venezuela
Sprachen Englisch, Spanisch, Französisch, Portugiesisch
Fachgebiet Literatur
themat. Schwerpunkte Literaturwissenschaft bes. der 30er Jahre, Amerikanische Romania, Roman, Diskursanalyse
geogr. Schwerpunkte Venezuela, Argentinien, Quebéc/Kanada
Aufsätze Der Destino-Begriff in José Hernández Versepos "Martín Fierro", aus: Das Epos in der Romania. Festschrift zum 65. Geburtstag von D. Kremers. Tübingen 1986, S. 41-58
Natur- und Fortschrittsglaube im lateinamerikanischen Roman, in: Zeitschrift für Lateinamerika. Wien (1989)36, S. 7-20
Der Unabhängigkeitsdiskurs im Romanwerk Arturo Uslar Pietros, aus: E. Pfeiffer; H. Kubarth (Hg.), Cánticum Ibericum. Georg Rudolf Lind zum Gedenken. Frankfurt/M. 1991, S. 474-484

P 128 **Eschenburg**, Rolf

Institut für Genossenschaftswesen (IfG), Abt. Lateinamerika
Universität Münster
Am Stadtgraben 9
D-48143 Münster <W-4400 Münster>
Tel: 49 (2 51) 83-28 95
Privat Gronewegskamp 12
D-48159 Münster
Tel: 49 (2 51) 21 36 08
Geburtsdatum, -ort 23.09.1937, Lübeck
berufl. Werdegang 1965 Dipl.Volksw.; 1969 Dr.rer.pol.; 1976 Habil.; 1981 o.Prof. für VWL, U Münster (Leiter der LA-Abt. am IfG, z.Z. beurlaubt)
Sprachen Englisch, Spanisch
Fachgebiet Wirtschaft
themat. Schwerpunkte Genossenschaftstheorie und -politik, Wirtschaftspolitik, Entwicklungspolitik, Energiepolitik
geogr. Schwerpunkte Lateinamerika, bes. Chile
Monographien Teoría económica de la cooperación, Buenos Aires 1979

P 129 **Eßer**, Klaus

Deutsches Institut für Entwicklungspolitik (DIE)
Hallerstr. 3
D-10587 Berlin <W-1000 Berlin 10>
Tel: 49 (30) 3 90 73-80
Fax: 49 (30) 3 90 73-30
Geburtsdatum, -ort 14.11.1940, Mönchengladbach
berufl. Werdegang 1967 Dr.phil.; seit 1971 WissMitarb., DIE Berlin; 1978/79 Leitung der Abt. Europ. Integrations- und Entwicklungspolitik, seit

1979 Abt. Industrialisierung, fortgeschrittene Entwicklungsländer, Lateinamerika

Beratung Gutachten für nationale Regierungsstellen und internationale Institutionen

Sprachen Englisch, Spanisch, Portugiesisch (Französisch)

Fachgebiet Politikwissenschaft

themat. Schwerpunkte Entwicklungspolitik, Industrialisierung, Internationale Wettbewerbsfähigkeit in fortgeschrittenen Entwicklungsländern

geogr. Schwerpunkte Lateinamerika, Europa

Monographien Lateinamerika. Welt- und Regionalmarktorientierug. Empfehlungen zur region. Kooperation und Integration. Berlin 1990, 84 S.

Bundesrepublik Deutschland - Chile: Entwicklungspolitische Zusammenarbeit. Berlin 1990, 81 S.

Aufsätze Europäische Einflüsse in Lateinamerika und Formen der wirtschaftlichen Entwicklung. Zehn Thesen, in: Wirtschaft, Kultur und Entwicklung. Stuttgart: IfA (1987)

La inserción de América Latina en la economía mundial. Integración "pasiva" o "activa"?, in: Integración latinoamericana. Buenos Aires 12(1987)126; sowie aus: G. Martner (Hg.), América Latina en el mundo de mañana. Ambito internacional y regional. Caracas 1987

Cómo dinamizar las relaciones económicas internacionales de América Latina?, aus: América Latina en la economía mundial. Santiago de Chile: Comisión Económica para América Latina y el Caribe 1988

Perú. Una salida de la crisis, in: Renglones de Gestión del Desarrollo. Lima: (1989)9 (Hg. Fundación Friedrich Ebert)

Latin America: Some Comments on Economic and Political Transition, in: Economics (1991)43

P 130 **Ette**, Ottmar Reinhard

Romanisches Seminar und Zentralinstitut für
Lateinamerikastudien (ZILAS), Universität Eichstätt
Universitätsallee
D-85072 Eichstätt <W-8078 Eichstätt>
Tel: 49 (84 21) 20-5 41

Privat Fossilienweg 19
D-85072 Eichstätt
Tel: 49 (84 21) 78 67

Geburtsdatum, -ort 14.12.1956, Zell

berufl. Werdegang seit 1987 WissMitarb. und WissAss. in Eichstätt; 1990 Dr.phil., U Freiburg

wiss. Vereinigungen DRV; MLA

Sprachen Spanisch, Französisch, Englisch, Italienisch

Fachgebiet Literatur

themat. Schwerpunkte Literaturtheorie, Reiseberichte

geogr. Schwerpunkte Kuba, Karibik, Mexiko

Monographien José Martí. Teil I: Apostel - Dichter - Revolutionär. Eine Ge-

schichte seiner Rezeption. Niemeyer 1991, 467 S.
(Hg.) Alexander von Humboldt: Reise in die Äquinoktial-Gegenden des Neuen Kontinents. Mit Anmerkungen zum Text, einem Nachwort und zahlreichen zeitgenössischen Abbildungen sowie einem farbigen Bildteil. Frankfurt a.M./Leipzig: Insel 1991, 2 Bde., 1637 S.
(Hg.) La escritura de la memoria. Reinaldo Arenas: Textos, estudios y documentación. Frankfurt/M.: Vervuert 1992

Aufsätze "Cecilia Valdés" y "Lucía Jerez": cambios del espacio literario en dos novelas cubanas del siglo XIX, aus: D. Balderston (Hg.), The historical novel in Latin America. A symposium. Gaithersburgh: Hispamérica 1986, S. 85-96
Orest und Iphigenie in Mexiko. Exilsituation und Identitätssuche bei José Martís und Alfonso Reyes' Beschäftigung mit dem Mythos. in: Komparatistische Hefte. Bayreuth 14(1986) S. 77-90
Gedächtnis und Schrift. Über das Zyklische im Erzählwerk Reinaldo Arenas', aus: T. Heydenreich (Hg.): Kuba. Geschichte - Wirtschaft - Kultur. Referate des 8. interdisziplinären Kolloquiums der Sektion Lateinamerika des Zentralinstituts 06. München: Fink 1987, S. 279-324
"Partidos en dos": zum Verhältnis zwischen insel- und exilkubanischer Literatur. in: Romanistische Zeitschrift für Literaturgeschichte. Heidelberg 13(1989), S. 440-453
Funktionen von Mythen und Legenden in Texten des 16. und 17. Jahrhunderts über die neue Welt, aus: K. Kohut (Hg.), Der eroberte Kontinent. Historische Realität, Rechtfertigung und literarische Darstellung der Kolonisation Amerikas. Frankfurt/M.: Vervuert 1991, S. 161-182

P 131 **Evers,** Tilman

Evangelische Akademie Hofgeismar
Postfach 12 05
D-34369 Hofgeismar <W-3520 Hofgeismar>

Geburtsdatum, -ort 01.10.1942, Heidelberg

berufl. Werdegang 1965 1. jur. Staatsprüfung; 1967-69 Promotionsstipendiat in Argentinien; 1971 Dr.jur., U Hamburg; 1970-73 WissMitarb., SFB 14 (Lateinamerikaforschung), U Hamburg; 1973-80 Ass-Prof. für Soziologie, LAI, FU Berlin; 1978 Habil. (Polit. Wiss.; 1980 Soziologie); 1981-84 Heisenberg-Stipendiat der DFG; seit 1985 Studienleiter an der Evang. Akademie Hofgeismar

wiss. Vereinigungen DVPW

Sprachen Englisch, Spanisch, Portugiesisch, Französisch

Fachgebiet Politikwissenschaft / Soziologie

themat. Schwerpunkte Politische Entwicklung und Staat, Städtische Bewegungen, Industrialisierung, Internationale Beziehungen

geogr. Schwerpunkte Argentinien, Chile, Brasilien

Periodika Mithg. "Lateinamerika. Analysen und Berichte" (bis Bd. 16)

Monographien Militärregierung in Argentinien. Das politische System der "Ar-

	gentinischen Revolution". Hamburg/Frankfurt: Metzner 1972, 288 S.
Aufsätze	Demokratie ohne Demokraten. Politische Entwicklung und Wahlrecht in Argentinien, in: Verfassung und Recht in Übersee. Hamburg 5(1972)2, S. 117-144
	Dependencia: lateinamerikanische Beiträge zur Theorie der Unterentwicklung, in: Das Argument. Karlsruhe 15(1973)79, S. 404-454 (zus. mit P. von Wogau)
	Stadtteilbewegung und Staat. Kämpfe im Reproduktionsbereich in Lateinamerika, in: Lateinamerika. Analysen und Berichte. Berlin 3(1979), S. 118-170 (zus. mit C. Müller-Plantenberg, S. Spessart)
	Reproduktion der Arbeitskraft und städtische Bewegungen. Der Fall der illegalen Parzellierungen in São Paulo, in: Peripherie. Berlin (1980)2, S. 28-47
	Die westdeutsche Sozialdemokratie in Lateinamerika. Offensive oder Flucht nach vorne?, aus: Sozialdemokratie und Lateinamerika. Berlin: FDCL 1982

P 132	**Ewald**, Ursula
	Geographisches Institut, Universität Heidelberg Im Neuenheimer Feld 348 D-69120 Heidelberg <W-6900 Heidelberg> Tel: 49 (62 21) 56 45 86
Privat	Hirschbergerstr. 6 D-69198 Schriesheim Tel: 49 (62 03) 6 39 06
Geburtsdatum, -ort	29.07.1938, Ludwigshafen
berufl. Werdegang	1963 1. Staatsexamen (Geschichte, Geographie, Englisch); 1964 Dr. phil. (Geschichte), U Heidelberg; 1966 2. Staatsexamen; 1966-68 U of Southern Illinois/USA; 1968-70 Mexikoprojekt der DFG; 1970-74 WissAss. am Geographischen Inst., U Heidelberg; 1974 Habil.; GastProf. in Mexiko und den USA; o.Prof., U Heidelberg
wiss. Vereinigungen	ADLAF
Sprachen	Englisch, Spanisch, Französisch
Fachgebiet	Geographie
themat. Schwerpunkte	Wirtschafts- und Sozialgeographie, Historische Geographie
geogr. Schwerpunkte	Nord- und Lateinamerika (Mexiko und Venezuela), Britische Inseln
Monographien	Estudios sobre la hacienda colonial en México. Las propiedades rurales del Colegio Espiritu Santo en Puebla. Studien zur Entstehung, Wirtschafts- und Sozialstruktur der kolonialen Hacienda in Mexiko. Die landwirtschaftlichen Betriebe des Poblaner Jesuitenkollegiums Espíritu Santo, Wiesbaden 1976, 210 S.
	The Mexican salt industry, 1560-1980. A study in change. Stuttgart/New York: Fischer 1985, 480 S.
Aufsätze	The von Thünen principles and agricultural zonation in colonial

	Mexico, in: Journal of Historical Geography. 3(1977), S. 123-133 Trade and transport of salt in the Americas, aus: J-C. Hocquet; R. Palme (Hg.), Das Salz in der Rechts- und Handelsgeschichte. Innsbruck 1991, S. 203-212 Mensch und Umwelt, in: Handbuch der lateinamerikanischen Geschichte, Bd. I. Stuttgart: Klett-Cotta 1991

P 133	**Fabian**, Horst
	Centrum für Internationale Migration und Entwicklung (CIM) Bettinastr. 62 D-60325 Frankfurt/M <W-6000 Frankfurt/M. 1> Tel: 49 (69) 75 60 02-38 Fax: 49 (69) 75 60 02-69
Privat	Gagernstr. 12-14 D-60385 Frankfurt/M <W-6000 Frankfurt/M. 60> Tel: 49 (69) 4 90 90 25
Geburtsdatum, -ort	10.06.1947, Dortmund
berufl. Werdegang	Studium (Soziologie, Politikwissenschaft, VWL); 1981 Dr.phil., Frankfurt/M.; 1982-84 Lehrauftrag Internationale Politik, U Frankfurt/M.; 1985-90 Marktforschung; 1990-92 GTZ-Mitarb.; seit 1992 CIM, Regionalreferent u.a. für Brasilien und Peru
Sprachen	Englisch, Spanisch, Französisch (Italienisch)
Fachgebiet	Entwicklungszusammenarbeit / Politikwissenschaft
themat. Schwerpunkte	Vergleichende Analyse sozialer und politischer Systeme, Entwicklungstheorie
geogr. Schwerpunkte	Lateinamerika, Karibik, Maghreb, Osteuropa
Monographien	Der kubanische Entwicklungsweg. Ein Beitrag zum Konzept autozentrierter Entwicklung. Opladen 1981
Aufsätze	Ist Kuba der nächste Domino? Überlegungen zu den Möglichkeiten der Demokratisierung Kubas aus der Perspektive der Entwicklung in Osteuropa, (erscheint in einem Sammelband des Instituts für Wissenschaftliche Zusammenarbeit, Tübingen 1992) Wohin treibt Kuba? Szenarien der politischen Entwicklung, (erscheint in: Lateinamerika. Analysen-Daten-Dokumentation. Hamburg: IIK 9(1992) Analogies and differences in regimes, factors of change and political-economic scenarios, aus: C. Mesa-Lago (Hg.), Cuba in the post Cold War era: The Soviet Union, Eastern Europe and Latin America. Pittsburgh Univ. Pr. 1992 (mit C. Mesa-Lago)

P 134	**Fanger**, Ulrich
	Arnold-Bergstraesser-Institut für kulturwissenschaftliche Forschung (ABI) Windausstr. 16 D-79110 Freiburg/Br <W-7800 Freiburg/Br.> Tel: 49 (7 61) 8 50 91
Privat	Klarastr. 24 D-79106 Freiburg/Br

Geburtsdatum, -ort	1933, Braunschweig
berufl. Stellung	WissAngest., ABI Freiburg; Leiter der Abteilung Lateinamerika
Beratung	Projekterfahrung in Zentralamerika, Peru, Chile, Brasilien, Kolumbien und im Karibischen Raum; seit 1968 mehrfach Gutachtertätigkeit für BMZ, GTZ sowie Caritas-Verband
wiss. Vereinigungen	ADLAF
Sprachen	Englisch, Spanisch, Französisch, Portugiesisch (Italienisch, Russisch)
Fachgebiet	Politikwissenschaft / Soziologie
themat. Schwerpunkte	Sozialwissenschaften, Politikwissenschaft, Verwaltung, Internationale Beziehungen, Bildungswesen, Entwicklungssoziologie
geogr. Schwerpunkte	Zentralamerika, Karibischer Raum, Mexiko, Peru,
Monographien	Problems of Caribbean Development - International Relations, Regional Interaction, and the Constraints of Small Size. München 1982 (Hg. zus. mit anderen) (Hg.) Krisenherde in der Dritten Welt - eine Bedrohung des Weltfriedens? Freiburg 1986
Aufsätze	Öffentliche Verwaltung und Beamtenschaft in Kleinstaaten der Dritten Welt - Eine Betrachtung ihrer besonderen Probleme am Beispiel der karibischen Staatengruppe, in: Die Verwaltung 14(1981)1, S. 24-54 Administración educativa y Reforma curricular en el Paraguay, in: Revista Paraguaya de Sociología 21(1984)60, S. 49-92 Die Krisenzone des mittelamerikanisch-karibischen Raums, aus: K. Kaiser; H.-P. Schwarz (Hg.), Weltpolitik: Strukturen - Akteure - Perspektiven. Bonn 1985, S. 696-714 Die "Neuen Demokratien" Lateinamerikas - Schwierige Öffnung zur Demokratie, in: Jahrbuch für Internationale Politik 1985-1986. München 1988, S. 405-423 Soziale Aspekte und ethnische Faktoren als Durchführungs- und Wirkungsbedingungen der wirtschaftlichen Zusammenarbeit in Lateinamerika, aus: A. von Gleich; G. Kohlhepp; M. Mols (Hg.),Neue Konzepte in der Entwicklungszusammenarbeit mit Lateinamerika? Hamburg 1991, S. 136-143 Kubas Außenpolitik in der Auseinandersetzung um die internationale Krise des Sozialismus, in: Außenpolitik 42(1991)3

P 135 **Feest**, Christian

Museum für Völkerkunde
Neue Hofburg
A-1014 Wien
Tel: 43 (1) 5 21 77-5 16
Fax: 43 (1) 5 35 53 20

Privat Salztorgasse 7/21
A-1010 Wien

Geburtsdatum, -ort	20.07.1945, Braunau/CSFR
berufl. Werdegang	seit 1966 Kustos am Museum für Völkerkunde, Wien; 1969 Dr.phil., U Wien; 1972-73 Stipendiat, Smithsonian Institution,

	Wash.; 1975-80 Lehrbeauftr., U Wien; seit 1980 UDoz., U Wien; 1987-88 Ford Foundation Fellow, Newberry Library, Chicago
wiss. Vereinigungen	AAA; Association of American Historians; American Society for Ethnohistory; Anthropologische Gesellschaft Wien
Sprachen	Englisch (Spanisch, Französisch)
Fachgebiet	Ethnologie
themat. Schwerpunkte	Eingeborenen Bevölkerung, Kunst, Geschichte des Sammelns
geogr. Schwerpunkte	Nord- und Mittelamerika, Mexiko
Periodika	Hg. "European Review of Native American Studies"; Mithg. "Archiv für Völkerkunde"
Monographien	Das rote Amerika. Wien 1976; Native Arts of North America. London 1980; Gold und Macht: Spanien in der Neuen Welt (Hg. zus. mit P. Kann); (Hg.) Indians and Europe. Aachen 1987
Aufsätze	Über 100 Veröffentlichungen, darunter Vienna's Mexican Treasures, in: Archiv für Völkerkunde 45

P 136	**Feige**, Wolfgang
	Institut für Didaktik der Geographie, FB 19, Geowissenschaften Universität Münster (IfD) Fliednerstr. 21 D-48149 Münster <W-4400 Münster> Tel: 49 (2 51) 83-93 53
Privat	Schlesienstr. 36 D-48167 Münster Tel: 49 (2 51) 61 41 14
Geburtsdatum, -ort	19.11.1929, Porta Westfalica
berufl. Werdegang	1956-65 Lehramt an Gymnasien; 1959 Dr.phil; 1965 Dozent; 1966-80 Prof., PH Hamm und Münster; ab 1980 UnivProf., U Münster
wiss. Vereinigungen	ADLAF
Fachgebiet	Geographie (Physiogeographie, Entwicklungsländer)
geogr. Schwerpunkte	Peru, Bolivien
Aufsätze	Hilfe zur Selbsthilfe - Kleinprojekte künstlicher Bewässerung in Peru, in: Praxis Geographie (1985)4, S. 22-25 Bewässerungsprojekte im Andenhochland Perus aus: E. Köhler; N. Wein (Hg.), Natur- und Kulturräume. Ludwig Hempel zum 65. Geburtstag. Paderborn: Schöningh 1987, S. 391-406 Wo es keinen Doktor gibt - Armut als Ursache von Krankheit in Peru, in: Geographie heute - Thesen, Modelle, Materialien für die Unterrichtspraxis aller Schulstufen 10(1989)70, S. 20-25 Verantwortung für die Dritte Welt - Entwicklungsprojekte in den peruanischen Anden, aus: H. Flothkötter; B. Nake (Hg.), Verantwortung für die Zukunft. Münster 1989, S. 177-192 Irrigation Projects in the Andes Highlands of Peru, in: Applied Geography and Development. A Biannual Collection of Recent German Contributions. Bd. 34. Tübingen: Institut für Wissenschaftliche Zusammenarbeit 1989, S. 23-45 Ländliche Selbsthilfeprojekte am Beispiel der Provinz Puquio

(Peru), in: Geschichte und Kulturen - Münstersche Zeitschrift für Geschichte und Entwicklung in der Dritten Welt 4(1992)

P 137 **Feldmann**, Helmut

Zentrum Portugiesischsprachige Welt (ZPW), Universität Köln
Albertus-Magnus-Platz
D-50931 Köln <W-5000 Köln 41>
Tel: 49 (2 21) 4 70-24 47
Fax: 49 (2 21) 4 70-51 51

Privat Röntgenstr. 11
D-50259 Köln <W-5024 Pulheim 2>
Tel: 49 (22 34) 8 94 79
Fax: 49 (22 34) 8 94 79

Geburtsdatum, -ort 30.12.1934, Gelslingen/Westfalen

berufl. Werdegang 1964 Dr.phil.; 1965-69 WissAss., Roman. Seminar, U Bochum; 1969 Habil. (Roman. Philologie), U Köln; GastProf., U Rio de Janeiro, U João Pessoa, U Fortaleza, U São Paulo; o.Prof. (Direktor ZPW und Port.-Bras.Inst.), U Köln

wiss. Vereinigungen Gesellschaft für Wissenschaft, Kulturen und Wirtschaft der Länder Portugiesischer Sprache e.V., Köln

Sprachen Portugiesisch, Spanisch, Französisch, Italienisch Englisch

Fachgebiet Literatur

themat. Schwerpunkte Autobiographie und Memorialistik in Brasilien, Literatur der Zeit der Militärherrschaft (1964-1984), Literarische Zeugnisse zur Präsenz Portugals in Ostasien in Geschichte und Gegenwart

geogr. Schwerpunkte Brasilien

Schriftenreihen "Kölner Schriften zur Literatur und Gesellschaft der portugiesisch-sprachigen Länder";

Monographien Graciliano Ramos - eine Untersuchung zur Selbstdarstellung in seinem epischen Werk. Genf/Paris: Droz/Minard 1965

Aufsätze Aufsätze zu Antônio Callado, Clarice Lispector, José Lins do Rego, Autran Dourado und zum Indianer im brasilianischen Roman der Zeit der Militärherrschaft (1964-1984)

sonst. Publikationen (Mithg.) Literatura sem fronteiras. Fortaleza: Universidade Federal do Ceará 1990
(Mithg.) Brasilianische Literatur der Zeit der Militärherrschaft (1964-1984). Frankfurt/M.: Vervuert 1992

P 138 **Fischer**, Bernhard

HWWA-Institut für Wirtschaftsforschung Hamburg (HWWA)
Neuer Jungfernstieg 21
D-20354 Hamburg <W-2000 Hamburg 36>
Tel: 49 (40) 35 62-346
Telex: 211 458 hwwa d

Geburtsdatum, -ort 10.06.1951, Ulm/Donau

berufl. Werdegang 1982 Dr.rer.pol.; Lehrtätigkeit, U Regensburg; Forschung am IfW, Kiel; Abteilungsleiter bei OECD, Paris; Wiss. Direktor, Leiter

der Entwicklungsländer-Abteilung, HWWA
wiss. Vereinigungen Mitglied des Wissenschaftlichen Beirats beim BMZ
Sprachen Englisch, Französisch, Spanisch (Portugiesisch)
Fachgebiet Wirtschaft
themat. Schwerpunkte Entwicklungsstrategien und Sektorpolitiken, Finanz- und Kapitalmärkte, Stabilisierungs- und externe Anpassungspolitiken, Determinanten der internationalen Wettbewerbsfähigkeit
geogr. Schwerpunkte Argentinien, Brasilien, Mexiko, Peru u.a.
Monographien Growth, employment and trade in an industralising economy - A quantitative analysis of Mexican development policies. Tübingen 1982 (zus. mit E. Gerken; U. Hiemenz)
Argentina: The economic crisis in the 1980s. Tübingen 1985 (zus. mit U. Hiemenz; P. Trapp)
On the determinants of Brazil's manufactured exports: An empirical analysis. Tübingen 1987 (zus. mit U. Fasano-Filho; P. Nunnenkamp)
Capital intensive manufacturing industries in newly industrializing countries. The case of the Brazilian automobile and steel industry. Tübingen 1988 (zus. mit P. Nunnenkamp; u.a.)
Aufsätze Domestic capital formation, financial intermediation and economic development in Peru, in: Savings & Development. Mailand 12(1988)4, S. 321-342
Gegenwartsprobleme und Zukunftsaussichten der brasilianischen Wirtschaft in der internationalen Arbeitsteilung, in: Die Weltwirtschaft. Tübingen (1988)2, S. 89-104
Causes and consequences of inflationary policies in Latin American countries in the 1980s, in: Konjunkturpolitik. Berlin 36(1990)1, S. 43-62
Growth policies for Latin America, in: The OECD Observer. Paris (1991) 169, S. 24-27

P 139 **Fischer**, Klaus

Lehrstuhl für Physische Geographie
Mathematisch-Naturwissenschaftliche Fakultät
Universität Augsburg
Universitätsstr. 10
D-86159 Augsburg <W-8900 Augsburg>
Tel: 49 (8 21) 5 98-6 62
Fax: 49 (8 21) 5 98-55 05
Privat Oberschönenfelder Str. 23 1/2
D-86199 Augsburg <W-8900 Augsburg 28>
Tel: 49 (8 21) 99 13 23
Geburtsdatum, -ort 03.10.1937, Gablonz
berufl. Werdegang 1961 Dr.rer.nat., U München; 1969 Habil., U München; 1970 WissRat und Prof. Köln, 1974 o.Prof., U Augsburg
wiss. Vereinigungen Verband der Hochschullehrer der Geographie
Sprachen Englisch, Spanisch, Italienisch (Russisch)
Fachgebiet Geographie

themat. Schwerpunkte	Physische Geographie, insbesondere Geomorphologie
geogr. Schwerpunkte	Andenländer, Hochgebirge
Schriftenreihen	Hg. "Augsburger Geographische Hefte"
Periodika	Mithg. "Relief, Klima, Boden"
Aufsätze	Die pleistozäne Vergletscherung und die Frage der Landsenkung im Bereich des Chonos-Archipels/Südchile, in: Eiszeitalter und Gegenwart. Öhringen 25(1974), S. 126-131
	Zur Genese der transandinen Quertäler in Patagonien zwischen 41° und 49°, in: Die Erde. Berlin 106(1975), S. 78-89
	Vergleichende Untersuchungen zur Altrelief- und Talnetzentwicklung in den mittleren Südalpen, in den nördlichen Zentralpyrenäen und in den Patagonischen Anden, aus: Tagungsbericht und wiss. Abh. 40. Deutscher Geographertag Innsbruck 1975. Wiesbaden 1976, S. 739-749
	Untersuchungen zur Morphogenese der Patagonischen Anden zwischen 41° und 49°, in: Zeitschrift für Geomorphologie N.F. Berlin-Stuttgart 20(1976), S. 1-27
	Oberpliozäne-pleistozäne Talbildung auf der Westabdachung der mittleren Anden zwischen 18° und 27° südlicher Breite, in: Bamberger Geogr. Hefte. Bamberg (1991)11

P 140	**Fischer**, Manuela Maria
	Museum für Völkerkunde, Abt. Amerikanische Archäologie Staatliche Museen Preußischer Kulturbesitz Arnimallee 23-27 D-14195 Berlin <W-1000 Berlin 33> Tel: 49 (30) 8 30 12 75 Fax: 49 (30) 8 31 59 72
Privat	Ratiborstr. 9 D-10999 Berlin <W-1000 Berlin 36> Tel: 49 (30) 6 18 47 39
Geburtsdatum, -ort	23.09.1957, Mainz
berufl. Stellung	WissMitarb., Lehraufträge am LAI FU Berlin
Sprachen	Spanisch, Französisch, Englisch
Fachgebiet	Archäologie / Ethnologie
themat. Schwerpunkte	Ikonographie, Orale Tradition
geogr. Schwerpunkte	Andenraum, Kolumbien
Monographien	Mitos kogi. Quito: Abya Yala 1989
	Ordnungsprinzipien in den Mythen der Kágaba. Bonn 1990
Aufsätze	La vigencia de la tradición religiosa autóctona entre los Kagabá, in: Simposio "Las Religiones Amerindias. 500 años después". 46. Internationaler Amerikanistenkongreß, Amsterdam. Quito: Abya Yala 1988.
	El mito como código de ordenamiento entre los Kágaba. Sierra Nevada de Santa Marta, Colombia. in: T. Valiente (Hg.), Antropología Cultural. Lecturas I. Publicado por la Escuela de Postgrado "Educación y Lingüística Andina". Puno/Peru: Uni-

versidad Nacional del Altiplano-Puno 1988
Gaxabla, el "baile de la loma" de los Kágaba de la Sierra Nevada de Santa Marta, Colombia, in: Indiana. Berlin (1988)14

P 141 **Fischer**, Rudolf

Institut für Geologie und Paläontologie, Universität Hannover
Callinstr. 30
D-30167 Hannover <W-3000 Hannover 1>
Tel: 49 (5 11) 7 62 22 89

Geburtsdatum, -ort 06.11.1938, Erfurt
berufl. Werdegang 1962 Dipl.; 1966 Dr.rer.nat.; 1970 Habil.; o.Prof., U Hannover; GastProf., San José/Costa Rica; La Paz, Linares/Mexiko
wiss. Vereinigungen Paläont. Ges.; Soc. mex. Paleont.
Sprachen Englisch, Spanisch (Italienisch, Französisch)
Fachgebiet Paläontologie
themat. Schwerpunkte Paläontologie der Invertebraten, Mollusca, Paläoökologie
geogr. Schwerpunkte Mittelamerika
Aufsätze Recent tectonic movements of the Costa Rican Pacific coast, in: Tectonophysics. Amsterdam 70(1980), T25-T33, 4 Abb.
Bioerosion of basalt on the Costa Rican Pacific coast. in: Senckenbergiana marit. Frankfurt/M. 13(1981)1/3, S. 1-41, 1 Tab., 7 Abb., 4 Taf.,
Die Herausformung des mittelamerikanischen Isthmus im Miozän Costa Ricas, in: Zbl. Geol. Paläont. Stuttgart 1(1981)3/4, S. 210-221, 3 Abb.
La fauna de la Formación Turrúcares (Mioceno, Valle Central, Costa Rica) in: Geologica et Palaentologica. Marburg 19(1985), S. 191-225, 8 Abb., 4 Tab., 4 Taf.
Moluscos de la Formación Montzuma (Plioceno-Pleistoceno, Costa Rica) in: Geologica et Paleontologica. Marburg 20(1986), S. 209-241, 6 Abb., 1 Tab., 6 Taf. (zus. mit T. Aguilar)
Skeletal structure, growth and palaeocology of the patch reef-building polychaete worm Diplochaetetes mexicanus WILSON 1986 from the Oligocene of Baja California (Mexico), in: Geobios. Lyon 22(1989)5, S. 761-775, 2 Abb., 4 Taf.
Biogenetic and nonbiogenetically defined morphologies of the Costa Rican Pacific Coast, in: Z. Geomorph. NF Berlin/Stuttgart 34(1990)3, S. 313-321, 7 Abb., 2 Tab.
Significado paleoecológico y geológico de perforaciones fósiles de bivalvos, in: Bol.Soc.Mexic.Paleont. México D.F. 3(1990)1, S. 79-95, 4 Taf.
Paläontologie, aus: N. Werz (Hg.), Handbuch der deutschsprachigen Lateinamerikakunde. Freiburg: ABI 1992, S. 475-495

P 142	**Fischer**, Thomas
	Historisches Institut, Neueste Abteilung, Universität Bern Engehaldenstr. 4 CH-3012 Bern Tel: 41 (31) 65 80 95 Fax: 49 (31) 65 60 48
Privat	Jolimontstr. 14 CH-3006 Bern Tel: 41 (31) 44 39 46
Geburtsdatum, -ort	04.03.1959, St. Gallen
berufl. Werdegang	Studium (Neuere Allgemeine Geschichte, Schweizer Geschichte, Neuere Deutsche Sprache und Literatur, Medienwissenschaft), U Bern; 1988 Lizentiat; WissAss. Lehrstuhl für Neueste Geschichte, U Bern
wiss. Vereinigungen	AHILA
Sprachen	Spanisch, Französisch, Englisch
Fachgebiet	Geschichte
themat. Schwerpunkte	Wirtschaftliche Interessen Europas in Lateinamerika im 19. und 20. Jahrhundert
geogr. Schwerpunkte	Kolumbien
Monographien	Unheimliche Geschäfte: Schweizer Rüstungsexporte nach Lateinamerika im 20. Jahrhundert. Zürich 1991 (Hg. zus. mit W. L. Bernecker)
Aufsätze	Deutsche in Lateinamerika, aus: K.J. Bade (Hg.), Deutsche im Ausland - Fremde in Deutschland. München 1992, S. 197-214 (zus. mit W.L. Bernecker) El Salvador, in: H.W. Krumwiede; P. Waldmann (Hg.), Politisches Lexikon Lateinamerika. München 1992 (zus. mit W.L. Bernecker)

P 143	**Fittkau**, Ernst Josef
	Zoologische Staatssammlung Münchhausenstr. 21 D-81247 München <W-8000 München 60> Tel: 49 (89) 8 10 71 04 Fax: 49 (89) 8 10 73 00
Privat	Münchner Straße 9 D-82057 Icking <W-8021 Icking> Tel: 49 (81 78) 57 21
Geburtsdatum, -ort	22.07.1927, Neuhof/Ostpreußen
berufl. Werdegang	Studium (Biologie, Chemie, Physik), Göttingen, Freiburg, Kiel; 1959 Dr.rer.nat., Kiel; 1954-76 Mitarb., MPI für Limnologie, Plön; 1960-63 Leiter der Abt. Limnologie, Instituto Nacional de Pesquisas da Amazônia, (INPA), Manaus/Brasilien; 1965 Gastforscher am INPA; 1974 Habil., U Kiel; seit 1976 Zool. Staatssammlung, München; 1979 Habil.; 1985 apl. Prof. U München; Leiter der Zoologischen Staatsammlung, München
wiss. Vereinigungen	SIL; GTÖ; Gesellschaft für Verantwortung in der Wissenschaft;

GfÖ; The Association for Tropical Biology, St. Louis/USA; Sociedade Brasileira de Zoologia, Campinas/Brasilien; ADLAF

Sprachen Englisch, Portugiesisch (Spanisch)

Fachgebiet Zoologie / Ökologie

themat. Schwerpunkte Limnische Zoologie (Aquatische Insekten), Tropenökologie (Fließgewässer)

geogr. Schwerpunkte Südamerika (Amazonasgebiet)

Periodika Hg. "Spixiana", Zeitschrift für Zoologie
Hg. "Studies on Neotropical Fauna and Environment"

Monographien La fauna de Sudamérica. Concepción/Chile 1974, 31 S. (Sociedad de Biología de Concepción. Publ.esp.)

Aufsätze Remarks on Limnology of Central-Amazon Rain Forest Streams, in: Verh. int. Ver. Limnol. 15(1964), S. 1092-1096
Ökologische Gliederung des Amazonasgebietes auf geochemischer Grundlage, in: Münster Forsch. Geol. Paläont. 20/21(1971), S. 35-50
Filterfunktionen im Ökosystem des zentralamazonischen Regenwaldes, in: Mitteilgn. Dtsch. Bodenkundl. Gesellsch. 16(1972), S. 130-135 (zus. mit H. Klinge)
On biomass and tropic structure of the Centralamazonian Rain Forest ecosystem, in: Biotropica. 5(1973), S. 2-14 (zus. mit H. Klinge)
Zur ökologischen Gliederung Amazoniens 1. Die erdgeschichtliche Entwicklung Amazoniens, in: Amazoniana. Kiel 5(1974), S. 77-134
An ecological perspective of species diversity in an Amazonian context, in: Animal Research and Development. 3(1976), S. 64-85
Struktur, Funktion und Diversität zentralamazonischer Ökosysteme, in: Arch. Hydrobiol. 95(1982), S. 29-45
Flow of Nutrients in a Large Open System: The Basis of Life in Amazonia. in: The Environmentalist 3(1983), Suppl. 5, S. 41-49
Festschrift zu Ehren von Dr. Johann Baptist Ritter von Spix, in: Spixiana, Suppl. 9(1983), S. 1-441
Zoologie, aus: N. Werz (Hg.), Handbuch der deutschsprachigen Lateinamerikakunde. Freiburg: ABI 1992, S. 785-824

P 144 **Fleer**, Peter

Abteilung Neuere Geschichte, Historisches Institut
Universität Bern
Engehaldenstr. 4
CH-3012 Bern

Privat Balmstr. 84
CH-3860 Meiringen
Tel: 41 (36) 71 47 09

Geburtsdatum, -ort 07.01.1959, Meiringen

berufl. Werdegang Lehrerseminar; Lehrtätigkeit; Studium (Geschichte, Staatsrecht, Volkswirtschaft); 1990 lic. phil.hist.; Lehrer

Sprachen	Französisch, Englisch, Spanisch (Portugiesisch, Italienisch)
Fachgebiet	Geschichte
themat. Schwerpunkte	Ausprägungen des Kapitalismus, Modernisierung, Faktormärkte, Internationales Wirtschaftssystem, Herrschaft und Hegemonie in Gesellschaft und Staat
geogr. Schwerpunkte	Lateinamerika, Zentralamerika: Guatemala, Mexiko
Aufsätze	Das Kriegsmaterialembargo des Völkerbundes im Chacokrieg: Zum Kalkül schweizerischer Waffenausfuhr, aus: W.L. Bernekker; Th. Fischer (Hg.), Unheimliche Geschäfte. Schweizer Rüstungsexporte nach Lateinamerika im 20. Jahrhundert. Zürich 1991, S. 165-188 Akten zu Lateinamerika. Übersicht über den Bestand E 2001 1896-1965. Bern 1991 (zus. mit W.L. Bernecker; A. Sommavilla) Die Wirtschaftswissenschaftliche Forschung über Lateinamerika in der Schweiz, aus: W.L. Bernecker; J.M. López V. (Hg.), Die Lateinamerikanistik in der Schweiz. Frankfurt: Vervuert 1993
P 145	**Fleischmann**, Ulrich
	Lateinamerika-Institut (LAI), Freie Universität Berlin Rüdesheimer Str. 54-56 D-14197 Berlin <W-1000 Berlin 33> Tel: 49 (30) 8 38-30 72
Privat	Carmerstr. 17 D-10623 Berlin <W-1000 Berlin 12> Tel: 49 (30) 3 12 21 27
Geburtsdatum, -ort	20.06.1938, Rothenburg/o.T.
berufl. Werdegang	Studium (Romanistik, Soziologie, Ethnologie), München, Paris; 1967 Dr.phil., U München; 1970-73 Hochschullehrer, U Ibadan/Nigeria; 1973/74 U Warwick/England; 1974-77 DFG-Stipendiat; ab 1975 FU Berlin; 1980 Habil., FU Berlin; 1981/82 Lehrstuhl-Vertr., U Bayreuth; ab 1982 Prof., FU Berlin; GastDoz. in Brasilien, Mexiko und Costa Rica; publizistische Tätigkeit
wiss. Vereinigungen	ADLAF; Comité International des Etudes Créoles; Gesellschaft für Karibikforschung; AELSAL
Sprachen	Englisch, Spanisch, Portugiesisch, Französisch
Fachgebiet	Literatur / Soziologie
themat. Schwerpunkte	Literatur- und Sprachsoziologie, Kulturanthropologie, bes. Probleme des Kulturtransfers im Rahmen von Entwicklungspolitik, pädagogische Probleme der Dritten Welt, insbes. Alphabetisierungspolitik
geogr. Schwerpunkte	Karibischer Raum, Mittelamerika, Brasilien, Mexiko
Monographien	Ideologie und Wirklichkeit in der Literatur Haitis. Berlin: Colloquium 1969, 310 S. Aspekte der sozialen und politischen Entwicklung Haitis. Stuttgart 1971, 100 S. Das Französisch-Kreolische in der Karibik. Zur Funktion von Sprache im sozialen und geographischen Raum. Tübingen: Narr 1986, 326 S.

Aufsätze
Die Lust am Brasilianischen - Anthropologie und Literatur bei Gilberto Freyre und Darcy Ribeiro, in: Iberoamericana. Frankfurt/M., IX 25/26, S. 9-23
Canones contra Dios. Canudos y Tomochic como paradigmas textuales en las postrimerías del siglo XIX, in: Ibero-Amerikanisches Archiv, NF Bd. 13, H. 1, S. 29-47
Communication et langues de communication pendant l'esclavage aux Antilles, in: Etudes Créoles. Aix-en-Provence VI 1/2, S. 29-46
Language, Literacy and Underdevelopment, aus: G. Foster; A. Valdman (Hg.), Haiti - Today and Tomorrow. An Interdisciplinary Study. New York/London: Univ. Press 1984, S. 101-118
Von der Abhängigkeit zur Desintegration. Zur politischen Struktur des Karibischen Raumes, aus: H. Nuhn (Hg.), Krisengebiet Mittelamerika. Braunschweig: Westermann 1985, S. 222-233
El ambiguo amor por Choucoune, aus: Anales del Caribe. Havana: Casa de las Américas 1987/88, S. 240-256

P 146 **Fölster**, Horst

Institut für Bodenkunde und Waldernährung, Forstliche Fakultät
Universität Göttingen
Büsgenweg 2
D-37077 Göttingen <W-3400 Göttingen>
Tel: 49 (5 51) 39 35 11
Fax: 49 (5 51) 39 96 29
Privat Am Winterberg 68
D-37079 Göttingen

berufl. Werdegang Dipl.-Landw.; 1960 Promotion; 1970 Habil.; UnivProf.
Sprachen Englisch, Spanisch, Schwedisch (Französisch)
Fachgebiet Forstwissenschaften
themat. Schwerpunkte Forstliche Bodenkunde, ökologische Bodenkunde, Stoffhaushalt von Waldökosystemen
geogr. Schwerpunkte Lateinamerika, bes. Venezuela, Brasilien; Indonesien
Aufsätze
The influence of quarternary uplift on the altitude zonation of mountain soils on diabase and volcanic ash in humid parts of the Colombian Andes, in: Catena 3(1977), S. 233-263 (zus. mit H. v. Christen)
Late quarternary paleosols in the Western and Central Cordillera of Colombia, in: Palaeogeography, Palaeoclimatology, Palaeoecology. 21(1977), S. 245-264 (zus. mit H. Hetsch; E. Schrimpff)
A tropical evergreen forest site with perched water table, Magdalena valley, Colombia, in: Oecologia Plantarum. 11(1976), S. 197-320 (zus. mit G. de las Salas; P. Khanna)
Litter fall and mineralisation in three tropical evergreen forest stands, Colombia, in: Acta Científica Venezolana. 27(1976), S. 196-202 (zus. mit G. de las Salas)
Bioelement loss on clearing a tropical rain forest. Turrialba

(1976)26, S. 179-186
Interrelaciones suelos-vegetación en el area de Galipero, IFA. MARNR, Serie Informes Técnicos DGSIIA/IT/144. Caracas (1984), 260 S. (zus. mit O. Huber)
Proton consumption rates in holocene and present-day weathering of acid forest soils, aus: J.J. Drever (Hg.), The chemistry of Weathering. Reicher P.C. 1985, S. 197-209
Forest Savanna dynamics and desertification processes in the Gran Sabana, in: Interciencia 11(1986), S. 311-316

P 147 **Fornet-Betancourt**, Raúl

Missionswissenschaftliches Institut (MWI), Missio e.V. Aachen
Goethestr. 43
D-52064 Aachen <W-5100 Aachen>
Postfach 11 10
D-52012 Aachen
Tel: 49 (2 41) 75 07-3 46
Telex: 0 83 27 19 mira d
Fax: 49 (2 41) 7 50 73 35

Privat Kanonenwiese 5A
D-52070 Aachen

Geburtsdatum, -ort 22.04.1946, Holguín/Kuba

berufl. Werdegang 1977 Dr.phil.; 1978 Doctor en Filosofía y Letras; 1982-88 AkR, U Eichstätt; seit 1989 Wiss. Referent, MWI Aachen

Beratung Forschungsprojekt: Dialogprogramm zwischen Diskurs- und Befreiungsethik

wiss. Vereinigungen ADLAF; Société Philosophique de Louvain; Asociación Filosofía y Liberación

Sprachen Spanisch, Französisch, Portugiesisch, Italienisch, Englisch (Katalanisch)

Fachgebiet Philosophie

themat. Schwerpunkte Politische Philosophie, Theologie der Befreiung

geogr. Schwerpunkte Kuba, Mexiko, Argentinien

Schriftenreihen Reihe Monographien der Zeitschrift "Concordia. Internationale Zeitschrift für Philosophie"

Periodika Hg. "Concordia. Internationale Zeitschrift für Philosophie"

Monographien Philosophie und Theologie der Befreiung. Frankfurt/M.: Materialis 1988, 112 S.
(Hg.) Positionen Lateinamerikas. Frankfurt/M.: Materialis 1989, 146 S.
Problemas actuales de la filosofía en Hispanoamérica. Buenos Aires: FEPAI 1985, 173 S.
Lateinamerika-Forschung an deutschen Hochschulen. Aachen: Augustinus 1990, 171 S.
(Hg.) Verändert der Glaube die Wirtschaft? Ökonomie und Theologie aus lateinamerikanischer Sicht. Freiburg: Herder 1991, 210 S.

Aufsätze Hundert Jahre Marxismus in Lateinamerika. Anmerkungen zur

philosophischen Rezeption, in: Theologie und Philosophie. Frankfurt/M. 64(1989), S. 364-383
Einheit in der Pluralität oder Spaltung? Die katholische Kirche in Lateinamerika an der Schwelle zum dritten Jahrtausend, in: Stimmen der Zeit. 209(1991), S. 254-260
Philosophie, aus: N. Werz (Hg.), Handbuch der deutschsprachigen Lateinamerikakunde. Freiburg: ABI 1992, S. 497-514

sonst. Publikationen — Die "Vorrangige Option für die Armen" der katholischen Kirche in Lateinamerika. Zugänge zu ihrer Begründungsproblematik, Geschichte und Verwirklichung, Bd. 1: Begründungszusammenhänge. Eichstätt: Kaufmann 1991, 334 S. (zus. mit A.J. Bucher; H. Sing)

P 148 **Frahm**, Jan-Peter

Fachbereich 6, Botanik, Universität Duisburg
Postfach 10 15 03
D-47015 Duisburg <W-4100 Duisburg>
Tel: 49 (2 03) 3 79-27 12
Telex: 85 57 93 uni du d
Fax: 49 (2 03) 3 79-21 08

Privat — Hochend 64 a
W-47509 Rheurdt <W-4137 Rheurdt>
Tel: 49 (28 45) 6 92 23

Geburtsdatum, -ort — 14.02.1945, Hamburg

berufl. Werdegang — 1972 Dr.rer.nat., U Kiel; WissAss., U Duisburg; 1976 Habil.; 1978 UDoz.; UnivProf., U Duisburg

wiss. Vereinigungen — Int. Assoc. Bryologists; American Bryological Society; Brit. Bryological Society

Sprachen — Englisch (Spanisch)

Fachgebiet — Botanik

themat. Schwerpunkte — Moose tropischer Regenwälder

geogr. Schwerpunkte — tropisches Zentral- und Südamerika

Schriftenreihen — Hg. der Serie "Bryophytorum Bibliotheca"

Periodika — Hg. der Zeitschrift "Tropical Bryology"

Monographien — Campylopodioideae, Paraleucobryoideae. N.Y. 1991, 238 S.

Aufsätze — Die Campylopus-Arten Brasiliens, in: Revue Bryol. Lichenol. Paris 45(1979), S. 127-178
Struktur und Zusammensetzung der epiphytischen Moosvegetation in Regenwäldern NO-Perus, in: Nova Hedwigia.Berlin/Stuttgart, Beih. 88(1987), S. 115-141
Ökologische Studien über die epiphytische Moosvegetation in Regenwäldern NO-Perus, in: Nova Hedwigia. Berlin/Stuttgart (s.o.), S. 143-158
Die floristische Höhengliederung der Moose entlang des Bryotop Transekt in NO-Peru, in: Nova Hedwigia. Berlin/Stuttgart (s.o.), S. 105-114 (zus. mit S.R. Gradstein)
Zahlreiche Beiträge zur Taxonomie und Ökologie neotropischer Moose in Fachzeitschriften

P 149	**Frank**, Erwin H.
	Lateinamerika-Institut (LAI), Freie Universität Berlin Rüdesheimer Str. 54-56 D-14197 Berlin <W-1000 Berlin 33> Tel: 49 (30) 8 38-30 72
Privat	Gaspar de Villarroel 174 y Eloy Alfaro Quito/Ekuador Tel: 5 93 (2) 4 30-4 08
Geburtsdatum, -ort	23.05.1950, Antfeld/Sauerland
berufl. Werdegang	1979 M.A. Ethnologie, Bonn; 1983 Dr.phil., Bonn; 1990 Habil., Berlin; 1983-88 WissMitarb., LAI FU Berlin; 1989-91 GastProf. PUCE; 1991-92 GastProf., LAI FU Berlin
wiss. Vereinigungen	AAA; ADLAF
Sprachen	Englisch, Spanisch (Portugiesisch)
Fachgebiet	Ethnologie / Altamerikanistik
themat. Schwerpunkte	Kulturökologie, Ethnizität, Ethnohistorie Ost- Amazoniens
geogr. Schwerpunkte	Ekuador, Peru, Amazonien
Monographien	Ein Leben am Rande des Weltmarkts - Ökologie und Ökonomie der Comunidad Nativa de Santa Marta. Bonn 1983 '..y se lo comen.'- Kritische Studie der Schriftquellen zum Kannibalismus der panosprachigen Indianer Ost-Perus und Brasiliens. Bonn: Mundus/Holos 1987
Aufsätze	Mëcëcë - La función sicológica, social y económica de un complejo ritual de los Uni (Cashibo) de la Amazonía Peruana, in: Amazonia Peruana. Lima (1982)9, S. 63-78 Frühe spanische Kolonisationsunternehmungen im westlichen Amazonien, in: Saeculum 37(1986)3/4, S. 260-269 Kultur und die Diversität von Denkinhalten - Zur Kritik der mentalistischen Kulturkonzeption an einem ethnographischen Beispiel, in: Anthropos 83(1988), S. 511-526 (zus. mit C. Hess) Von der Zivilisierung der "schlechten Menschen". Eine Episode in der Akkulturationsgeschichte ostperuanischer Indianer, aus: A. Meyers; M. Volland (Hg.), Beiträge zur Kulturgeschichte des westlichen Südamerika. Opladen, S. 227-251 Movimiento Indígena, Identidad Etnica y el Levantamiento, aus: Indios. Quito, S. 499-527
P 150	**Franzbach**, Martin
	Fachbereich 10, Universität Bremen Bibliotheksstraße D-28359 Bremen <W-2800 Bremen 33> Tel: 49 (4 21) 2 18 30 32
Privat	Oderfelder Str. 14 D-20149 Hamburg <W-2000 Hamburg 13> Tel: 49 (40) 4 80 10 48
Geburtsdatum, -ort	29.11.1936
berufl. Werdegang	1962 Staatsexamen; 1963 Dr.phil.; 1972 Habil. (Roman. Philologie); 1963-74 WissAss., U Hamburg, Mainz, Bonn; seit 1974

	o.Prof., U Bremen
Sprachen	Englisch, Spanisch, Portugiesisch, Italienisch, Französisch
Fachgebiet	Literatur / Geschichte
themat. Schwerpunkte	Literatur- und Sozialgeschichte Spaniens und Lateinamerikas
geogr. Schwerpunkte	Kuba
Schriftenreihen	Hg. der Reihe "Studien zur Literatur- und Sozialgeschichte Spaniens und Lateinamerikas", Bonn
Periodika	Mithg. "Kritikon Litterarum" (Darmstadt); "Iberoamericana", (Frankfurt/M.)
Monographien	Kritische Arbeiten zur Literatur- und Sozialgeschichte Spaniens, Frankreichs und Lateinamerikas. Bonn: Bouvier/Grundmann 1975, 125 S. Plädoyer für eine kritische Hispanistik. Frankfurt/M.: Vervuert 1978, 197 S. Sociedad y literatura: Ensayos críticos sobre temas hispanoamericanos. Guadalajara/México: Universidad. Instituto de Estudios Sociales 1983, 72 S. Kuba: Die neue Welt der Literatur in der Karibik. Köln: Pahl Rugenstein 1984, 214 S.
Aufsätze	Das Transzendieren des Romans zum Epos - José Lezama Lima: "Paradiso", in: Weimarer Beiträge. Weimar (1987)6, S. 1029-1034 Neuere Tendenzen in der kubanischen Literatur der Gegenwart, in: Iberoamericana. Frankfurt/M. (1987)31/32, S.53-66
sonst. Publikationen	Kuba. Materialien zur Landeskunde. Frankfurt/M.: Vervuert 1988 (3. Aufl.), 136 S. Mexiko. Materialien zur Landeskunde. Frankfurt/M.: Vervuert 1987 (2.Aufl.), 138 S. (zus. mit Chr. Harjes-Römermann)

P 151	**Freitag-Rouanet**, Barbara
	Departamento de Sociología, Universidade de Brasília (SOL - UnB), ICC ("minhocão") "Campus Universitário" - L-2 Norte CEP 70.910 - Brasília D.F./Brasilien Tel: 55 (61) 3 48 27 95 Fax: 55 (61) 3 47 36 63
Privat	SQS 314, Bl. C, Ap. 102 CEP 70.383 Brasília D.F./Brasilien Tel: 55 (61) 2 45 77 07
Geburtsdatum,-ort	26.11.1941, Obernzell/Bayern
berufl. Werdegang	Dipl.-Soz., FU Berlin; Dr.phil., TU Berlin; Dr.habil., FU Berlin; Prof. Titular UnB-Brasília
wiss. Vereinigungen	LASA, USA; ARIC, Schweiz; SBS, Brasilien
Sprachen	Portugiesisch, Spanisch, Englisch, Französisch (Dänisch)
Fachgebiet	Soziologie / Bildungswesen
themat. Schwerpunkte	Entwicklungssoziologie, Entwicklungspsychologie, (Denken,

	Moral, Sprache), Theoriegeschichte
geogr. Schwerpunkte	Brasilien, Ekuador, Argentinien, Bolivien, Mexiko
Periodika	Mithg. der Zeitschrift "Estado e Sociedade"
Monographien	Die brasilianische Bildungspolitik. München 1975, 263 S. Escola, estado e sociedade. São Paulo 1986 (1975), 42 S. A teoria crítica: Ontem e hoje. São Paulo 1989 (1986), 185 S. Diário de uma alfabetizadora. Campinas 1988, 224 S. O livro didático em questão. São Paulo 1989, 159 S. (zus. mit W. Costa; V. Costa) Piaget e a filosofia. São Paulo 1991, 99 S. Itinerários de Antígona. A questão de moralidade. Campinas 1992, 308 S.
Aufsätze	Zahlreiche Aufsätze in deutscher, englischer, spanischer und portugiesischer Sprache (Liste erhältlich)

P 152	**Füchtner**, Hans
	Fachbereich Sozialwesen, Gesamthochschule Kassel Arnold-Bode-Str. 10 D-34127 Kassel <W-3500 Kassel> Tel: 49 (5 61) 8 04 29 63
Privat	An der Turnhalle 42 D-34134 Kassel
Geburtsdatum, -ort	19.12.1940, Ulm
berufl. Werdegang	1971 Dr. phil.; 1979 Habil. (Sozialpsychologie); UnivProf., GHS Kassel; Projekterfahrungen
Sprachen	Englisch, Portugiesisch, Französisch (Spanisch)
Fachgebiet	Psychologie
themat. Schwerpunkte	Psychoanalytische Sozialpsychologie, Sozialpädagogik, Psychoanalytische Pädagogik
geogr. Schwerpunkte	Deutschland, Brasilien
Monographien	Die brasilianischen Arbeitergewerkschaften, ihre Organisation und ihre politische Funktion. Frankfurt: Suhrkamp 1972, 278 S. Städtisches Massenelend in Brasilien. Mettingen: Brasilienkundeverlag 1991
Aufsätze	Zur psychoanalytischen Untersuchung afrobrasilianischer Kulte, in: Fragmente. Kassel (1989)29/30, S. 223-250 Brasilien von 1930 bis 1980. Vom Populismus in die Diktatur. (Nachwort zu F. Gabeira: Die Guerilleros sind müde. Aus dem Portugiesischen: O que e isso companheiro?). Frankfurt: Suhrkamp 1982, S. 189-202 Soziales Wohnen in der Stadt, in: Brasilien Dialog (1991)1/2

P 153 **Fuente**, Bienvenido de la

Romanisches Seminar, Universität Düsseldorf
Universitätsstr. 1
D-40225 Düsseldorf <W-4000 Düsseldorf 1>
Tel: 49 (2 11) 3 11 29 85

Privat Neuenhausstr. 26
D-40699 Erkrath <W-4006 Erkrath>
Tel: 49 (2 11) 25 35 79

Geburtsdatum, -ort 22.03.1939, Moral de Hornuez, Segovia/Sp.

berufl. Werdegang M.A. (Romanistik, Germanistik), U Mainz; Dr. phil., U Düsseldorf; 1970-78 Lektor für Spanisch, U Düsseldorf; seit 1978 WissAngest., U Düsseldorf

Sprachen Spanisch, Italienisch, Französisch

Fachgebiet Literatur

themat. Schwerpunkte Moderne spanische Lyrik; Moderner lateinamerikanischer und spanischer Roman; Theater des Siglo de Oro

geogr. Schwerpunkte Spanien, Lateinamerika

Aufsätze José Asunción Silva: "Taller moderno", aus: Porrata y Santana (Hg.) Antología comentada del modernismo. Explicación de textos literarios. Sacramento 3(1974)Anexo 1, S. 196-203
"La muerte de Artemio Cruz": Observaciones sobre la estructura y sentido de la narración en primera persona, in: Explicación de Textos Literarios. Sacramento 6(1978)2, S. 143-151.
El olfato en la captación de la otra realidad en algunos cuentos de Julio Cortázar, in: Revista Iberoamericana. Pittsburgh 45(1979)108/109, S. 573-582
Sobre la recepción de "Nieve" de Julián del Casal en España, aus: G. Schmidt; M. Tietz (Hg.), Stimmen der Romania (Festschrift W. Theodor Elwert). Wiesbaden 1980, S. 257-265.
"Axolotl" de Julio Cortázar, in: Explicación de Textos Literarios. Sacramento 15(1986/87)1, S. 47-57

P 154 **Fuhr**, Harald L.

Universität Konstanz, Fakultät für Verwaltungswissenschaft
Fachgruppe Politik- und Verwaltungswissenschaft
Universitätsstr. 10
D-78464 Konstanz <W-7750 Konstanz>
Postfach 55 60
D-78434 Konstanz
Tel: 49 (75 31) 88-29 33, -26 08
Telex: 0 733 359 univ d
Fax: 49 (75 31) 88-26 01

Privat Pfauengasse 1
D-78462 Konstanz
Tel: 49 (75 31) 2 57 40
Fax: 49 (75 31) 2 57 40

Geburtsdatum, -ort 22.03.1954, Bad Schwalbach

berufl. Werdegang 1972-78 Studium (Politikwissenschaft, Soziologie, VWL), U

Frankfurt/M., U Marburg; 1979 Dipl.Pol.; 1980-82 Stipendiat der FES; 1982-85 WissAng., U Konstanz; 1985 Dr.rer.soc., U Konstanz; 1986-92 WissAss., U Konstanz; 1992-93 GastProf., York U, Toronto/Kanada; 1993 Habil. (Politik- und Verwaltungswiss.), U Konstanz (i.V.); 1987-91 Beratungstätigkeiten im Rahmen der deutschen Entwicklungszusammenarbeit

wiss. Vereinigungen DVPW; APSA; IPSA; LASA

Sprachen Englisch, Spanisch (Französisch)

Fachgebiet Politikwissenschaft / Entwicklungspolitik

themat. Schwerpunkte Internationale Organisationen, Wirtschaftliche Zusammenarbeit mit Entwicklungsländern, Agrar- und Industriepolitik in EL, institutioneller und organisatorischer Wandel in Entwicklungsländern, Soziale Bewegungen in Entwicklungsländern

geogr. Schwerpunkte Bolivien, Brasilien, Ekuador, Mexiko, Peru, Venezuela; Taiwan, Korea

Monographien Agrarreform und Bauernbewegung in Peru. Frankfurt/New York: Campus, 1979, 190 S.

Bauern und Parteifunktionäre. Eine Untersuchung zur politischen Dynamik des peruanischen Agrarsektors 1969-1981. Saarbrücken/Ft. Lauderdale: Breitenbach 1987, 387 S.

Internationale Organisationen, Entwicklungsverwaltungen und Kleingewerbeförderung in der Dritten Welt. Baden-Baden: Nomos 1993, 333 S. (zus. mit P. Assunção und B. Späth)

(Mithg.) Subsidiarität in der Entwicklungspolitik. Dezentralisierung, Gemeinde- und Verwaltungsförderung. Baden-Baden: Nomos 1993, 443 S. (zus. mit K. Simon und A. Stockmayer)

Aufsätze Mobilizing local resources in Latin America. Decentralisation, institutional reforms and small-scale enterprises, aus: B. Späth (Hg.), Small firms and development in Latin America. The role of the institutional environment, human resources and industrial relations. Genf: ILO 1993, S. 89-114

Public administration and decentralisation in Latin America. Between structural adjustment and local developmental issues, aus: H.K. Asmeron; R. Hoppe; R.B. Jain (Hg.), Bureaucracy and developmental policies in the Third World. Amsterdam: VU University Press 1992, S. 116-137

Über die Schwierigkeiten von Stabilisierungs- und Anpassungspolitiken im Kontext gescheiterter populistischer Reformen und terroristischer Bedrohung, in: Lateinamerika, Analysen-Daten-Dokumentation. Hamburg 7(1990)13, S. 33-52

P 155 **Füllberg-Stolberg**, Claus

Historisches Seminar, Universität Hannover
Schneiderberg 50
D-30167 Hannover <W-3000 Hannover 1>
Tel: 49 (5 11) 7 62-38 87
Fax: 49 (5 11) 7 62-44 79

Privat Gehägestr. 11
D-30655 Hannover <W-3000 Hannover 51>
Tel: 49 (5 11) 6 96 68 84

Geburtsdatum, -ort 04.08.1948, Nordhausen

berufl. Werdegang 1974 Lehramt an Gymnasien; seit 1976 am Hist. Sem., U Hannover; 1978 Dr. phil.; 1987 Habil.; C2-Professor

Beratung UNESCO General History of the Caribbean

wiss. Vereinigungen Association of Caribbean Historians (ACH)

Sprachen Englisch, Spanisch

Fachgebiet Geschichte / Soziologie

themat. Schwerpunkte Wirtschafts- und Sozialgeschichte, Internationale Politik, Entwicklungssoziologie

geogr. Schwerpunkte Karibischer Raum

Monographien Plantagenökonomie und Landreform. Aspekte einer Wirtschafts- und Sozialgeschichte Jamaikas 1925-1940. (Habil.-Schrift) 1987
Jamaica 1938. The Living Conditions of the Urban and Rural Poor. Two Social Surveys. UWI-Kingston 1990
Plantation Economy, Peasantry and Land Reform in Historical Perspective. Jamaica 1838-1980. UWI-Kingston 1991

Aufsätze Der transatlantische Sklavenhandel, in: Journal für Geschichte 1(1979)3
Die politische und wirtschaftliche Entwicklung in der englischsprachigen Karibik 1980-1985, in: Lateinamerika. Analysen und Berichte. Hamburg 10(1986)
"The Slums of the Empire" - die soziale Lage der städtischen und ländlichen Unterschichten Jamaicas in den 1930er Jahren, in: Uni Hannover (1988)
British Colonial Policy and the Great Depression. The Example of Jamaica, in: The Journal of Caribbean History (1991)
Grenada nach der militärischen Intervention der USA, in: Lateinamerika. Analysen und Berichte 15(1991)

P 156 **Fürst**, Edgar

Maestría en Política Económica para Centroamérica y el Caribe, Universidad Nacional de Costa Rica
Apartado 555, 3000 Heredia/Costa Rica
Tel: 5 06 - 60 16 00 37 63 63 ext. 24 88
Fax: 5 06 - 37 68 68

Privat Apartado 555, 3000 Heredia/Costa Rica
Tel: 5 06 - 35 42 41

Geburtsdatum, -ort 27.06.1947, Grünstadt

berufl. Werdegang 1974 Dipl. Wirtsch-Ing.; 1980 Dr.rer.pol., FU Berlin; 1980-86 Experten-/ Gastdozententätigkeit in Costa Rica und Nikaragua; 1987-92 WissMitarb. LAI, FU Berlin; seit 1992 Wiss. Berater, U Nacional de Costa Rica

wiss. Vereinigungen ADLAF; ASERCCA; Wissenschaftliche Vereinigung für Entwicklungstheorie und -politik

Sprachen Spanisch, Englisch (Portugiesisch)

Fachgebiet Entwicklungsökonomie / Wirtschaft

themat. Schwerpunkte Strukturanpassung, Industriepolitik, Regionalintegration

geogr. Schwerpunkte Zentralamerika, bes. Costa Rica; Mexiko

Periodika Zeitschrift "Peripherie", (Redaktionsmitglied, Geschäftsführung)

Monographien Staat, Kapital und Regionalproblem in Peru 1968-1978. Saarbrücken/Fort Lauderdale: Breitenbach 1981

Nicaragua: Aufbruch in Abhängigkeiten: Zwei Jahre sandinistische Wirtschaftspolitik. Wuppertal: Nahua 1982; Neuauflage 1985: Fünf Jahre sandinistische Wirtschaftspolitik (zus. mit E. Hess; W. Jäger; S. Strubelt)

Krise, Schuldenmanagement und Stabilisierung in Mexiko und Costa Rica (1982-1988). Bilanzierender Rückblick von zwei kontrastiven Anpassungserfahrungen. Hamburg: IIK 1992, 73 S.

Aufsätze La crisis actual de la acumulación del capital en la industria costa-ricense, in: Estudios Sociales Centroamericanos. San José: CSUCA (1983)35

Industrialización y exportaciones no tradicionales: Opciones estratégicas para una nueva política industrial del Estado frente a la crisis económica en Centroamérica, in: Estudios Sociales Centroamericanos. San José: CSUCA (1984)37

Préstamos y políticas de ajuste estructural en América Latina: El caso particular de Costa Rica (1982-1987), in: Ciencias Económicas. San José: Instituto de Investigaciones en Ciencias Económicas/UCR 3(1988)2, S. 67-95

Politik der Strukturanpassung in Costa Rica 1982-1988, aus: L. Ellenberg; A. Bergemann (Hg.), Entwicklungsprobleme Costa Ricas. Saarbrücken/Fort Lauderdale: Breitenbach 1990, S. 171-190

sonst. Publikationen Estabilización versus industrialización: crisis económica, medidas de ajuste y políticas industriales durante la administración Carazo 1978-1982. Heredia/Costa Rica: DEUNA 1986

P 157 **Furtak**, Robert K.

Institut für Politikwissenschaft, Universität Koblenz-Landau
Abt. Landau
Im Fort 7
D-76829 Landau <W-6740 Landau>
Tel: 49 (63 41) 28 02 10 od. 28 01 90

Privat Ringstr. 9
D-79252 Stegen <W-7801 Stegen>
Tel: 49 (76 61) 6 12 34

Geburtsdatum, -ort 26.07.1930, Pilsen

berufl. Werdegang 1956 Dipl.Dolm.; 1961 1. jur. Staatsprüfung; 1965 Dr.rer.pol.; Professor für Politikwissenschaft

Beratung Mitglied des Ost-West-Arbeitskreises beim AA, Bonn

Sprachen Englisch, Spanisch, Russisch (Französisch, Portugiesisch, Tschechisch, Serbokroatisch)

Fachgebiet Politikwissenschaft

themat. Schwerpunkte	Vergleichende Systemlehre, Internationale Beziehungen, Kommunistische Bewegung
geogr. Schwerpunkte	Lateinamerika, Osteuropa, Dritte Welt
Monographien	Kuba und der Weltkommunismus. Köln/Opladen 1967, 194 S. El Partido de la Revolución y la estabilidad política en México. México D.F.: UNAM 1974, (2. Aufl. 1978) 228 S. Die kubanisch-sowjetische Partnerschaft. Entwicklung, aktueller Stand, Probleme. Köln: Bundesinstitut für ostwissenschaftliche und internationale Studien 1980, 74 S.
Aufsätze	Sozialstruktur und Kommunismus in Lateinamerika, in: Politik und Soziologie. 3(1972), S. 1-27 Probleme direkter Demokratie in Kuba, aus: U. Bermbach (Hg.), Theorie und Praxis der direkten Demokratie. Opladen: Westdeutscher Verlag 1973, S. 221-255 Elections in Cuba, aus: ders. (Hg.), Elections in Socialist States. New York: St. Martin's Press 1990, S. 161-181

P 158	**Gabbert**, Wolfgang
	Institut für Soziologie (IfS), Universität Hannover Schneiderberg 50 D-30167 Hannover <W-3000 Hannover 1> Tel: 49 (5 11) 7 62-45 73
Privat	Görresstr. 6 D-12161 Berlin <W-1000 Berlin 41>
Geburtsdatum, -ort	27.11.1957, Berlin
berufl. Werdegang	1985 Dipl.-Soz.; seit 1990 WissAngest. am IfS/U Hannover
Sprachen	Englisch, Spanisch (Französisch, Portugiesisch)
Fachgebiet	Soziologie / Ethnologie
themat. Schwerpunkte	Entwicklungssoziologie, Ethnologie, Ethnohistorie, Interethnische Beziehungen, Sozialgeschichte, Indianische Bevölkerung
geogr. Schwerpunkte	Mexiko, Zentralamerika
Periodika	Mithg. "Lateinamerika. Analysen und Berichte" (Bad Honnef: Horlemann)
Monographien	Die Atlantikküste Nicaraguas - fehlende nationalstaatliche Integration, Erbe von Kolonialismus und Bereicherungsdiktatur. Kassel: ladok 1985, 180 S. Creoles - Afroamerikaner im karibischen Tiefland von Nicaragua. Münster/Hamburg: Lit 1992, VI+392 S.
Aufsätze	Nicaragua: Ein Jahr Autonomie für die Atlantikküste, in: Lateinamerika Nachrichten. Berlin (1988)176, S. 13-19 Nicaragua: 1989 - 'Jahr der Entbehrungen', in: Lateinamerika Nachrichten. Berlin (1989)178, S. 22-27 Das "Königreich Mosquitia" - eine ethnohistorische Untersuchung zur politischen Organisation der Miskito, 1670-1821, in: Wiener Ethnohistorische Blätter. Wien (1990)35 Zur Problematik des Begriffs "Indianer", in: Lateinamerika Nachrichten. Berlin (1991)204, S. 23-31

P 159		**Gabriel**, Leo
		Österreichisches Lateinamerika-Institut (ÖLAI) Schmerlingplatz 8 A-1010 Wien Tel: 43 (1) 5 23 27 27
	Privat	Semperstr. 60 A-1180 Wien Tel: 43 (1) 5 97 02 77
	Geburtsdatum, -ort	27.07.1945, Neunkirchen
	berufl. Werdegang	1968 Dr.jur., U Wien; 1969 Sozialanthropologie, College de France, Paris; ab 1970 Prof. für polit. Wiss., U Mexiko; ab 1975 Prof. für politische Anthropologie, ENAM Mexiko; ab 1978 Nicaragua: Gründer und Direktor von APIA; ab 1985 zugleich Wiss-Leiter, ÖLAI Wien
	Beratung	für verschiedene NGOs in Österreich und Lateinamerika (Entwicklungshilfe)
	Sprachen	Englisch, Spanisch, Französisch (Portugiesisch, Italienisch)
	Fachgebiet	Politikwissenschaft
	themat. Schwerpunkte	Kulturanalyse in politischen Zusammenhängen Lateinamerikas, Sozialanthropologie
	geogr. Schwerpunkte	Zentralamerika
	Periodika	Hg. "Tierra Nuestra", México D.F.; Mithg. "Lateinamerika Anders Report", Wien
	Monographien	Aufstand der Kulturen, Hamburg: Hoffmann & Campe 1989 Im Schatten der Vulkane. Edition S 1988
	sonst. Publikationen	APIA-Nachrichtendienst 1988-92; zahlreiche Publikationen in "Profil" und "Südwind" ca. 40 Dokumentationsfilme über soziale Bewegungen und politische Konjunkturen, insbesondere in Zentralamerika
P 160		**Gaida**, Maria
		Museum für Völkerkunde Staatliche Museen Preußischer Kulturbesitz Arnimallee 23-27 D-14195 Berlin <W-1000 Berlin 33> Tel: 49 (30) 8 30 13 09 Fax: 49 (30) 8 31 59 72
	Privat	Pannierstr. 56 D-12047 Berlin <W-1000 Berlin 44> Tel: 49 (30) 6 23 95 56
	Geburtsdatum, -ort	11.11.1954, Würzburg
	berufl. Werdegang	1985-91 Lehrtätigkeit, Archäolog. Inst., U Hamburg und FU Berlin; 1983-87 Reise- und Forschungsstipendiatin des Dt. Archäolog. Inst.; 1985 Werkvertrag, KAVA, Bonn; seit 1989 wiss. Museumsassistentin, Berlin
	Sprachen	Englisch, Spanisch (Französisch)
	Fachgebiet	Altamerikanistik / Ethnologie
	themat. Schwerpunkte	Maya-Schrift, Andine Ethnographie, Indianer Amazoniens Mu-

	seologie
geogr. Schwerpunkte	Mesoamerika, Andenraum, Amazonien
Monographien	Die Inschrift von Naranjo, Petén, Guatemala. Hamburg: Hamburgisches Museum für Völkerkunde 1983
Aufsätze	Kalender, Numerologie und lunare Astronomie auf Copán-Monumenten, in: Beiträge zur Allgemeinen und Vergleichenden Archäologie. Bonn (1985)6, S. 309-354 (zus. mit D. Tear) Die Baktun-Hieroglyphe mit Doppelkoeffizient in Maya-Inschriften, in: Baessler Archiv. Berlin NF 38(1990)

P 161	**Galster**, Ingrid
Privat	Franz-Stößl-Str. 10 D-91804 Mörnsheim <W-8831 Mörnsheim> Tel: 49 (91 45) 63 43
Geburtsdatum, -ort	02.08.1944, Krefeld
berufl. Werdegang	Kaufm. Angest.; Licence; Erste Phil. Staatsprüfung; 1984 Dr. phil.; 1982-84 WissMitarb., 1985-90 HochschulAss., Kath. U Eichstätt; z.Z. Habilitandin (DFG)
wiss. Vereinigungen	DRV
Sprachen	Französisch, Spanisch, Englisch
Fachgebiet	Literatur
themat. Schwerpunkte	Die Verarbeitung der Konquista und Kolonisation - Amerikas in Chronistik, Historiographie und Literatur vom 16. Jh. bis zur Gegenwart
geogr. Schwerpunkte	Venezuela, Kolumbien, Peru
Aufsätze	Loco o libertador. Das Bild Lope de Aguirres in Geschichtsschreibung und Literatur: ein Forschungsprojekt, aus: K. Kohut (Hg.), Der eroberte Kontinent. Historische Realität, Rechtfertigung und literarische Darstellung der Kolonisation Amerikas. Frankfurt/M.: Vervuert 1991, S. 272-287

P 162	**Gans**, Paul
	Geographisches Institut, Universität Kiel Ludewig-Meyn-Straße 14 D-24118 Kiel <W-2300 Kiel 1> Tel: 49 (4 31) 8 80 24 38 Fax: 49 (4 31) 8 80 46 58
Privat	Hasseer Straße 77 D-24113 Kiel
Geburtsdatum, -ort	26.05.1951, Ludwigshafen/Rhein
berufl. Werdegang	1972-77 Studium (Mathematik, Geographie), U Mannheim; 1977 Erstes Staatsexamen für das Höhere Lehramt; 1978-80 Referendariat; 1979 Zweites Staatsexamen; 1980-83 WissMitarb., U Kiel; 1982 Dr. phil., U Mannheim; 1983-89 Hochschulass., U Kiel; 1989 Habil.; seit 1989 Oberass., U Kiel
Sprachen	Englisch, Spanisch (Französisch)
Fachgebiet	Geographie

themat. Schwerpunkte Stadt-, Wirtschafts- und Bevölkerungsgeographie

geogr. Schwerpunkte Außertropisches Südamerika

Schriftenreihen "Kieler Arbeitspapiere zur Landeskunde und Raumordnung"

Aufsätze Die Innenstädte von Buenos Aires und Montevideo: Dynamik der Nutzungsstruktur, Wohnbedingungen und informeller Sektor, in: Kieler Geographische Schriften. Kiel (1990)77

Informelle Aktivitäten in der Altstadt Montevideos, in: 45. Deutscher Geographentag Berlin 1985, Tagungsbericht und wissenschaftliche Abhandlungen. Stuttgart 1987, S. 508-513

Die Altstadt Montevideos. Bauliche und soziale Veränderungen im kolonialen Kern der uruguayischen Metropole, aus: G. Mertins (Hg.), Beiträge zur Stadtgeographie Montevideos. Marburger Geographische Schriften. Marburg (1987)108, S. 107-200

Hausbesetzungen in der Altstadt Montevideos als Reaktion auf die ökonomische Entwicklung Uruguays nach 1973, aus: J. Bähr (Hg.), Wohnen in lateinamerikanischen Städten. Kieler Geographische Schriften. Kiel(1988)68, S. 115-125

Wirtschaftspolitik und soziale Probleme in Argentinien. Aufgezeigt am Beispiel der Wohnsituation in Gran Buenos Aires, in: Geographische Rundschau 42(1990), S. 164-170

Wirtschaftliche Entwicklung und informeller Sektor in Lateinamerika. Das Beispiel des ambulanten Handels in Montevideo, in: Geographische Zeitschrift (1990)78, S. 48-63

Dynamik ausgewählter Nutzungen in der Innenstadt von Buenos Aires (1960-1980), in: Ibero-Amerikanisches Archiv, N. F., 16(1990), S. 461-486

Regionale Disparitäten in Argentinien: Ausmaß, Ursachen, Maßnahmen, in: Geographische Rundschau 43(1991), S. 152-157

P 163 **Gareis**, Iris Estafanía Ana

Institut für Völkerkunde und Afrikanistik, Universität München
Ludwigstr. 27/I
D-80539 München <W-8000 München 22>
Tel: 49 (89) 21 80-22 57
Fax: 49 (89) 21 80-23 22

Privat Nadisstr. 105 B
D-80809 München <W-8000 München 40>
Tel: 49 (89) 3 54 15 84

Geburtsdatum, -ort 09.01.1953, Comodoro Rivadavia/Arg.

berufl. Werdegang 1980 M.A.; 1987 Dr.phil.; 1988-90 Stipendiatin der DFG; 1990-91 WissMitarb., Inst. für Völkerkunde, U München; DFG-Stipendiatin, Lehrbeauftragte

wiss. Vereinigungen DGV

Sprachen Spanisch, Englisch, Französisch (Portugiesisch, Italienisch, Latein)

Fachgebiet Ethnologie

themat. Schwerpunkte Kulturwandel, Kolonialgeschichte, Religionsethnologie, Quellenkunde/ -kritik, Methoden *geogr. Schwerpunkte* Lateinamerika, Andenländer, Peru, Bolivien, Argentinien

Schriftenreihen Mithg. "Münchener Beiträge zur Amerikanistik"

Monographien Llama und Alpaca in der Religion der rezenten Bewohner des zentralen und südlichen Andengebietes. Hohenschäftlarn: K. Renner 1982, 241. S.

Religiöse Spezialisten des zentralen Andengebietes zur Zeit der Inka und während der spanischen Kolonialherrschaft. Hohenschäftlarn: Renner 1987, 517 S.

Aufsätze Extirpación de idolatrías e Inquisición en el virreinato del Peru, in: Boletín del Instituto Riva-Agüero. Lima 16(1989), S. 55-74

La "idolatría" andina y sus fuentes históricas: reflexiones en torno a "Cultura andina y represión" de Pierre Duviols, in: Revista de Indias. Madrid L 189 (1990), S. 607-626

"República de indios" - "República de españoles". Zur Relevanz kolonialzeitlicher Begriffe im heutigen Peru, in: Münchner Beiträge zur Völkerkunde. München 3(1990), S. 203-218

Transformaciones de los oficios religiosos andinos en la época colonial temprana/siglo XVI, aus: M.S. Ziólkowski (Hg.), El culto estatal del imperio inca. Warschau 1991, S. 113-126

"Hexen" und "Hexer" im alten Peru: Trugbild und Wirklichkeit in den historischen Quellen, in: Münchner Beiträge zur Völkerkunde. München 4(1991)

P 164 **Garleff**, Karsten

Lehrstuhl II für Geographie, Physische Geographie
Universität Bamberg
Am Kranen 1
D-96047 Bamberg <W-8600 Bamberg>
Tel: 49 (9 51) 8 63-4 97

Geburtsdatum, -ort 18.11.1934, Halle/Saale

berufl. Werdegang 1967 Dr.rer.nat., Göttingen; 1976 Habil., Göttingen; seit 1978 o.Prof. für Geographie, U Bamberg

Sprachen Englisch, Spanisch

Fachgebiet Geographie

themat. Schwerpunkte Landschaftskunde, Geomorphologie

geogr. Schwerpunkte Südliches Südamerika

Schriftenreihen Mithg. "Bamberger Geographische Schriften"

Monographien Höhenstufen der argentinischen Anden in Cuyo, Patagonien und Feuerland. Göttingen 1977, 150 S.

Südamerika. Geomorphologie und Paläoökologie des jüngeren Quartärs. Zentralbl. Geol. Paläontol., Teil I, Stuttgart (1984)11/12 (zus. mit H. Stingl)

Südamerika. Geomorphologie und Paläoökologie im jüngeren Quartär. Bamberg 1991 (zus. mit H. Stingl)

P 165 **Garscha**, Karsten

Institut für Romanische Sprachen und Literaturen
Universität Frankfurt
Gräfstr. 74-76
D-60486 Frankfurt/M <W-6000 Frankfurt/M. 11>
Postfach 11 19 32, D-60054 Frankfurt/M
Tel: 49 (69) 7 98-21 94 -21 93
Telex: 4 13 932 unif d
Fax: 49 (69) 7 98-83 83
Privat Bertha von Suttner-Ring 26 a
D-60598 Frankfurt/M <W-6000 Frankfurt/M. 70>
Tel: 49 (69) 68 55 31

Geburtsdatum, -ort 16.03.1938, Grossenhain

berufl. Werdegang 1959-65 Studium (Roman. und klass. Philologie) München, Lausanne, Frankfurt/M.; 1965-69 WissAss., U Frankfurt/M.; 1969-70 StudRef.; 1970 Dr.phil., U Frankfurt/M.; 1970-71 StudAss.; 1971-72 WissAss.; 1972 Prof. (Romanische Philologie), U Frankfurt; 1978 Dekan, FB Neuere Philologien

wiss. Vereinigungen ADLAF; DRV; DHV; AIH; DSV; Dt.-Katalan. Ges.

Sprachen Englisch, Spanisch, Französisch, Italienisch (Portugiesisch, Katalanisch)

Fachgebiet Literatur

themat. Schwerpunkte Literatur Lateinamerikas, Literatur Frankreichs, Frankophone Literatur Afrikas und der Karibik, Literatur Spaniens

geogr. Schwerpunkte Lateinamerika (bes. Peru, Bolivien, Ekuador), Europa (Frankreich, Spanien), Maghreb und Schwarzafrika

Schriftenreihen "Frankfurter Beiträge zur Lateinamerikanistik" (Tübingen)

Periodika Mithg. "Iberoamericana" (Frankfurt/M.)

Monographien Einführung in die Lateinamerikastudien am Beispiel Peru. Tübingen: Niemeyer 1979, 200 S. (zus. mit H.G. Klein)

(Hg.) Der Dichter ist kein verlorener Stein. Über Pablo Neruda. Darmstadt/Neuwied: Luchterhand 1981, 256 S.

(Hg.) Pablo Neruda. Das lyrische Werk. 3 Bde. Darmstadt und Neuwied: Luchterhand 1984-1986, 900 S., 1097 S., 874 S.

Aufsätze Abhängigkeit und Befreiung. Zur Geschichte der lateinamerikanischen Literatur, in: Iberoamericana. Frankfurt/M. (1977)1, S. 18-35; (1978)4, S. 18-37; (1979)5, S. 3-34

Augusto Roa Bastos, aus: W. Eitel (Hg.), Lateinamerikanische Literatur der Gegenwart. Stuttgart 1978, S. 436-451

Die spanische und hispanoamerikanische Literatur, aus: T. Koebner (Hg.), Neues Handbuch der Literaturwissenschaft. Bd. 20: Zwischen den Weltkriegen. Wiesbaden 1983, S. 391-416

Zum Phänomen der (fingierten) Mündlichkeit in der lateinamerikanischen Erzählliteratur, aus: B. Scharlau (Hg.), Bild-Wort-Schrift. Tübingen 1989, S. 121-130

El descubrimiento de Iberoamérica por el hispanismo en Alemania, in: C. Strosetzki; J.-F. Botrel; M. Tietz (Hg.), Actas del I Encuentro Franco-Alemán de Hispanistas. Frankfurt/M. 1991, S. 75-87

P 166	**Gärtner**, Eberhard
	Zentrum für Angewandte Sprachwissenschaft (ZAS) Technische Universität Dresden Mommsenstraße 13 D-01069 Dresden <O-8027 Dresden> Tel: 49 (3 51) 4 63 45 07
Privat	Berliner Straße 80 D-01067 Dresden <O-8010 Dresden>
Geburtsdatum, -ort	09.09.1942
berufl. Werdegang	1974 Dr.phil.; ab 1974 WissOberass., U Rostock; seit 1979 Lektor (Portugiesisch, Spanisch, Französisch), ZAS-TU Dresden
wiss. Vereinigungen	DSV; Dt.-Katalan. Ges.; Fachverband Moderne Fremdsprachen
Sprachen	Portugiesisch, Spanisch, Französisch, Englisch (Katalanisch, Italienisch, Russisch)
Fachgebiet	Linguistik
themat. Schwerpunkte	Grammatik; Sprachvarietäten
geogr. Schwerpunkte	Brasilien
Monographien	Portugiesische Aussprache. Brasilianisches Portugiesisch: eine Schallplatte mit Beiheft. Leipzig: Enzyklopädie 1980, 56 S. (zus. mit J.-Th.Jayme) Valenzabhängige Konjunktionalsätze im Portugiesischen. Dresden: Technische Universität 1988, 93 S.
Aufsätze	Sur l'origine et l'interprétation de parallélismes syntaxiques du portugais parlé en Angola, au Mozambique et au Brésil, aus: E. Bulot; Th. Bulot (Hg.), Sociolinguistique romane. Mont Saint Aignan 1986, S. 106-113 Predicados con argumentos proposicionales en español: problemas de una descripción basada en la teoría de valencias, aus: G. Wotjak; A. Veiga (Hg.), La descripción del verbo español. Santiago de Compostela 1990, S. 141-151 Probleme der valenztheoretischen Beschreibung propositionaler Argumente und ihrer syntaktischen Ausdrucksmöglichkeiten im Portugiesischen, aus: P. Koch; Th. Krefeld (Hg.), Connexiones romanicae: Dependenz und Valenz in romanischen Sprachen. Tübingen 1991, S. 237-251 Portugiesischer Syntax, aus: G. Holtus; M.Metzeltin; Ch.Schmitt (Hg.), Lexikon der Romanistischen Linguistik, Bd.6, Kapitel 427, Tübingen 1992

P 167	**Gärtner**, Peter-Mathias
	Institut für Politikwissenschaft, Universität Leipzig Augustusplatz 9 D-04109 Leipzig <O-7010 Leipzig> Tel: 49 (3 41) 719-32 42
Privat	Waldzieststr. 9 D-04329 Leipzig <O-7072 Leipzig>
Geburtsdatum, -ort	18.02.1957, Schkopau

berufl. Werdegang 1981-85 befrist. Ass.; seit 1985 WissMitarb., U Leipzig; 1987 Dr.phil.
wiss. Vereinigungen AHILA
Sprachen Englisch, Spanisch, Russisch (Portugiesisch)
Fachgebiet Politikwissenschaft
themat. Schwerpunkte Politisches System, Revolution, Demokratisierung, Agrarreform, Internationale Politik, Guerilla
geogr. Schwerpunkte Karibischer Raum, Guatemala, Mexiko, Peru
Aufsätze Bemerkungen zu den Wechselbeziehungen zwischen Hegemon und Triebkräften in der guatemaltekischen Revolution 19441954, in: Leipziger Beiträge zur Revolutionsforschung (LBR). Leipzig (1984) Lehrheft 9, S. 43-63
Der Kampf der guatemaltekischen Arbeiterklasse um die Herstellung ihrer Aktionseinheit in den siebziger und achtziger Jahren, in: AAL. Berlin (1986)4, S. 707-717
Bewaffneter Weg der Revolution und Bündnispolitik in Guatemala, in: LBR. Leipzig (1987) Lehrheft 20, S. 64-71
Zu einigen aktuellen Lehren und Erfahrungen der guatemaltekischen Revolution 1944-54, in: LBR. Leipzig (1988) Lehrheft 22, S. 67-74

P 168 **Garzón Valdés**, Ernesto

Institut für Politikwissenschaft (IfP), Universität Mainz
Colonel-Kleinmann-Weg 2
D-55128 Mainz <W-6500 Mainz>
Tel: 49 (61 31) 39-31 42
Telex: 4 187 467 uni d
Fax: 49 (61 31) 39-33 28
Privat Hohenzollernstr. 19
D-53173 Bonn <W-5300 Bonn 2>
Tel: 49 (2 28) 35 52 08
Geburtsdatum, -ort 17.01.1927, Córdoba/Argentinien
berufl. Werdegang Dr. jur.; 1965-73 Prof. für Rechtsphilosophie, U Córdoba, Buenos Aires, La Plata/Argentinien; ab 1976 Prof., IfP U Mainz
wiss. Vereinigungen ADLAF; IVR
Sprachen Spanisch, Englisch, Franzosisch, Italienisch, Portugiesisch
Fachgebiet Politikwissenschaft / Recht
themat. Schwerpunkte Analytische Rechtsphilosophie, Ethik, Politische Philosophie, Politische Theorie
geogr. Schwerpunkte Lateinamerika, Argentinien
Schriftenreihen 1953-1973 "Biblioteca de Filosofía del Derecho y Sociología" (Córdoba/Argentinien); Mithg. 1964 "Col. Estudios Alemanes" (Buenos Aires, jetzt Barcelona; Mithg. 1968-69 "Filosofía y Derecho" (Buenos Aires); seit 1985 Mithg. "Forschungen zu Lateinamerika" (Saarbrücken/Fort Lauderdale: Breitenbach); Mithg. 1988 "Rechts- und Sozialwissenschaften" (Freiburg/München)
Periodika "Agora" (Santiago de Compostela); "Análisis Filosófico" (Buenos Aires); "ARSP" (Wiesbaden); "Cuadernos de Etica" (Buenos Ai-

	res); "Dianoia" (México, D.F.); "DOXA" (Alicante); "Etica y Ciencia" (Buenos Aires); "Isegoría" (Madrid)
Monographien	Die Stabilität politischer Systeme. Analyse des Begriffs mit Fallbeispielen aus Lateinamerika. Freiburg/München 1988, 204 S.
Aufsätze	Caudillos und Diktatoren in Lateinamerika. Ein Klassifizierungsvorschlag, in: Iberoamericana. Frankfurt/M. 4(1980)11, S. 3-28 La paradoja de Johnson. Acerca del papel político-económico de las clases medias en América Latina, in: Sistema. Madrid (1983)56, S. 131-147 On justifying legal paternalism, in: Ratio Juris. Oxford 3(1990)1 bis, S. 173-184 Intervencionismo y paternalismo, in: Revista Latinoamericana de filosofía. Buenos Aires 16(1990)1, S. 3-24 Las relaciones entre el Estado y la Iglesia durante el gobierno de José Gaspar Rodríguez de Francia, aus: Consiglio Nazionale delle Ricerche. Progetto Italia-America Latina (Hg.), Pensiero e Azione del Dr. Francia. Aspetti di Diritto Pubblico. Rom 1991, S. 41-68 Rechtswissenschaft, aus: N. Werz (Hg.), Handb. der deutschsprachigen Lateinamerikakunde. Freiburg: ABI 1992, S. 591-608

P 169	**Geckeler**, Horst
	Romanisches Seminar, Universität Münster Bispinghof 3A D-48143 Münster <W-4400 Münster> Tel: 49 (2 51) 83 45 21
Privat	Westring 10 D-48329 Havixbeck <W-4409 Havixbeck 1> Tel: 49 (25 07) 76 07
Geburtsdatum, -ort	04.10.1935, Sulz/Neckar
berufl. Werdegang	1969 Dr.phil.; 1973 Habil. (alles U Tübingen, dort auch Ass.); 1970-71 GastProf., U Mérida/Venezuela; 1972 GastProf., U Pamplona/Spanien; 1973-74 Lehrstuhlvertr, U Göttingen, Tübingen, Münster; seit 1974 o.Prof., U Münster
wiss. Vereinigungen	Société de Linguistique Romane, Société Internationale de Linguisitque Fonctionelle; DRV; DHV; AIH; Dt.-Katalan. Ges.; Deutscher Italianistenverband; Deutscher Hochschulverband
Sprachen	Französisch, Spanisch, Italienisch, Englisch (Portugiesisch, Katalanisch)
Fachgebiet	Linguistik
themat. Schwerpunkte	Grammatik, Lexik, Dialektologie und Sprachgeographie, Typologie, Sprachgeschichte
geogr. Schwerpunkte	Hispanoamerika
Schriftenreihen	Mithg. "Münstersche Beiträge zur Romanischen Philologie"
Periodika	Mithg. "Iberoromania"
Monographien	Semántica estructural y teoría del campo léxico. Madrid: Gredos 1982, 389 S. Einführung in die spanische Sprachwissenschaft. Ein Lehr- und

Arbeitsbuch. Berlin: Schmidt 1990, 201 S.(zus. mit W. Dietrich)

Aufsätze La posición del habla andina de Venezuela en el marco de la dialectología hispanoamericana, in: Vox Romanica. Bern 32(1974), S. 66-94 (zus. mit J. Ocampo Marín)

Sprachwissenschaftliche Bemerkungen zu einigen Liedertexten aus Hispanoamerika, aus: Romania cantat. Gerhard Rohlfs zum 85. Geburtstag gewidmet, Bd. II: Interpretationen. Tübingen 1980, S. 257-267

Sprachtypologische Betrachtungen zum Spanischen, aus: D. Kremer (Hg.), Aspekte der Hispania im 19. und 20. Jahrhundert. Akten des deutschen Hispanistentages 1983. Hamburg 1983, S. 269-284

La place de l'espagnol dans la typologie des langues romanes (à propos de quelques études récentes relatives à la matière), aus: Homenaje a Alvaro Galmés de Fuentes, Bd. 3 Oviedo/ Madrid 1987, S. 99-120

P 170 **Gellert-Pinto**, Gisela

Universidad de San Carlos de Guatemala
Centro de Estudios Urbanos y Regionales (CEUR)
Edificio T-3, Ciudad Universitaria
01012 Guatemala-Ciudad/Guatemala
Tel: 5 02 (2) 76 09 85-86, Ext. 333

Privat 10. Avenida "A", 34-35, Zona 11
01011 Guatemala-Ciudad/Guatemala
Tel: 5 02 (2) 76 08 82

Geburtsdatum, -ort 25.07.1948, Oelsnitz/Vogtland

berufl. Werdegang 1977 Dipl.-Geographin, MLU Halle/Wittenberg; ab 1979 in Guatemala Mitarb./Leitung versch. Forschungsprojekte; ab 1985 Lehrtätigkeit an den Universitäten Guatemalas, auch im postgrad. Bereich (maestría)

Sprachen Spanisch (Englisch, Französisch, Russisch)

Fachgebiet Geographie / Städteplanung

themat. Schwerpunkte Stadtentwicklung, Urbanisierung, Metropolisierung, sozial-wirtschaftliche und politisch-administrative Strukturen, Ökologie, Katastrophenforschung

geogr. Schwerpunkte Guatemala

Monographien Ciudad de Guatemala: dos estudios sobre su evolución urbana (1524-1950). Guatemala: USAC/CEUR 1990, 80 S. (zus. mit J.C. Pinto Soria)

Aufsätze Desarrollo de la estructura especial en la ciudad de Guatemala: desde su fundación hasta la revolución de 1944, in: Anuario de Estudios Centroamericanos. San José 16(1990)1, S. 31-55

Area Metropolitana de Guatemala, aus: Centro Latinoamericano de Administración para el Desarrollo (Hg.), Informe final del proyecto de investigación sobre la Gestión de Areas Metropolitanas. Caracas 1990, S. 114-154

Ciudad de Guatemala: Crecimiento espacial y desarrollo de su

	estructura urbana, aus: Historia General de Guatemala. Guatemala 1992. Bd. IV: 1821-1898, Bd. V 1889-1944
sonst. Publikationen	En Guatemala, los terremotos son desastres. Pero podrían no serlo..., in: Terremotos... ¿Estamos preparados? Informe Especial de Prensa Libre. Guatemala 3. Februar 1991

P 171	**Gerhards**, Eva
	Museum für Völkerkunde, Städtische Museen Freiburg Gerberau 32 D-79098 Freiburg/Br. <W-7800 Freiburg/Br.> Tel: 49 (7 61) 2 16 33 23
Privat	Tivolistr. 30 D-79104 Freiburg/Br. Tel: 49 (7 61) 3 98 53
Geburtsdatum, -ort	05.07.1947, Garmisch-Partenkirchen
berufl. Werdegang	1975 M.A.; 1979 Dr.phil. (Ethnologie, Kunstgeschichte, Spanische Philologie); 1975-77 freie Mitarb., Museumspädagogisches Zentrum München; 1980-81 Wiss. Volontärin, 1982-1984 WissMitarb., Staatl. Mus. für Völkerkunde München; seit 1985 Direktorin, Museum für Völkerkunde Freiburg
wiss. Vereinigungen	DGV
Sprachen	Englisch, Spanisch (Französisch)
Fachgebiet	Ethnologie
themat. Schwerpunkte	Materielle Kultur, Museologie, Mythologie
geogr. Schwerpunkte	Außerandines Südamerika, vor allem Gran Chaco
Schriftenreihen	Hg. "Sammlungen aus dem Museum für Völkerkunde Freiburg"
Monographien	Mythen im Wandel. Veränderungen in der Mythologie verschiedener Ethnien des außerandinen Südamerika durch den Kontakt mit den Weißen. Hochschäftlarn 1981 Die Gran Chaco-Sammlung des Staatlichen Museums für Völkerkunde München (in Vorbereitung)
sonst. Publikationen	(Hg.) Umgarnte Mythen. Die Garnbilder der Huichol-Indianer Mexikos. Freiburg 1985

P 172	**German**, Christiano
	Zentralinstitut für Lateinamerika-Studien Katholische Universität Eichstätt (ZILAS) Ostenstr. 26-28 D-85072 Eichstätt <W-8078 Eichstätt> Tel: 49 (84 21) 20-4 03,-1 Fax: 49 (84 21) 20-47 4
Geburtsdatum, -ort	1951, Rio de Janeiro
berufl. Werdegang	Politikwissenschaftler; 1981 Dr.phil.; Lehrtätigkeit, U Freiburg, Tübingen, Valparaíso/Chile, Mainz und Eichstätt; WissAss.
wiss. Vereinigungen	ADLAF; DVPW
Sprachen	Englisch, Portugiesisch, Spanisch, Französisch
Fachgebiet	Politikwissenschaft

themat. Schwerpunkte	Politische Systeme, Internationale Politik, Politische Soziologie
geogr. Schwerpunkte	Brasilien, Chile, Argentinien, Uruguay
Monographien	Brasilien. Autoritarismus und Wahlen. München 1983, 327 S. Problemas fundamentales de la democracia en Latinoamérica. Tres casos: Argentina, Uruguay y Brasil. Valparaíso 1988, 51 S. Die katholische Kirche als demokratiefördernder Wandlungsträger in autoritären Regimen Lateinamerikas. Die Fälle Brasilien und Chile. ca. 600 S. (im Druck)
Aufsätze	"Meio Ambiente" als Problembereich der brasilianischen Innenpolitik, aus: G. Kohlhepp; A. Schrader (Hg.), Ökologische Probleme in Lateinamerika. Tübingen 1987, S. 279-292 Brasilien: Politik und katholische Kirche in der "Neuen Republik", in: Verfassung und Recht in Übersee 23(1990)1, S. 3-18 Brasilien: Militärherrschaft und Nachrichtendienste (1964-1985), aus: H.W.Tobler; P. Waldmann (Hg.), Staatliche und parastaatliche Gewalt in Lateinamerika. Frankfurt/M. 1991, S. 105-130 A Igreja Católica na "Nova República": Os conceitos políticos dos pensadores eclesiais, aus: K. Kohut (Hg.), Palavra e Poder. Os Intelectuais na Sociedade Brasileira. Frankfurt/M. 1991, S. 75-91
sonst. Publikationen	Mithg. Themenband "Lateinamerika zw. Demokratie und Militärherrschaft", in: Sozialwissenschaftliche Information (1988)1

P 173	**Gerold**, Gerhard
	Geographisches Institut, Abteilung Landschaftsökologie Universität Göttingen Goldschmidtstr. 5 D-37077 Göttingen <W-3400 Göttingen> Tel: 49 (5 51) 39 80 11
Privat	Nötelweg 12 D-30455 Hannover <W-3000 Hannover 91> Tel: 49 (5 11) 49 80 14
Geburtsdatum, -ort	03.03.1949, Großenstein
berufl. Werdegang	1972 Staatsexamen; 1975 WissAss. Geogr.Inst., U Hannover; 1978 Dr.rer.nat.; 1987 Habil. (Geographie); 1987 Prof. U Göttingen; 1988 Prof. TU Karlsruhe, Inst. für Geographie und Geoökologie; 1991 Prof. für Landschaftsökologie, U Göttingen
Sprachen	Englisch, Französisch, Spanisch, Italienisch
Fachgebiet	Geographie
themat. Schwerpunkte	Landschaftsökologie, Tropenökolgie, Wasserhaushalt, Bodenerosion, Bodenschutz
geogr. Schwerpunkte	Italien, Tunesien, Elfenbeinküste, Ekuador, Venezuela
Monographien	(Hg.) Lateinamerikaforschung. Jb. d. Geogr. Ges. zu Hannover (1988), 301 S. Vegetationsdegradation und fluviatile Bodenerosionsgefährdung in Südostbolivien. 1993, 404 S. und Anhang (Habil.Schr.)
Aufsätze	"Desertifikation" in Südbolivien. Untersuchungen im Badlandbereich des Andinen Beckens von Tarija, in: Würzburger Geogr.

Arb. (1981)53, S. 73-109
Untersuchungen zur Badlandentwicklung in den wechselfeuchten Waldgebieten Südboliviens, in: Geoökodynamik 6(1985), S. 35-70
Klimatische und pedologische Bodennutzungsprobleme im ostbolivianischen Tiefland von Santa Cruz, in: Jb. d. Geogr. Ges. zu Hannover 1985, (1986), S. 69-162
Untersuchungen zur Klima-, Vegetationshöhenstufung und Bodensequenz in SE-Bolivien (ein randtropisches Andenprofil vom Chaco bis zur Puna), in: Aach. Geogr. Arb. (1987)19, S. 1-70
Soil-degradation in relation with land-use impacts in different tropical forest-ecosystems (Bolivia), in: Tropical Ecosystems - Proceedings of the Conference on tropical ecosystems, 15.-18. June 1989. Saarbrücken (1989), 25 S.
Klimatische und pedologische Bodennutzungsprobleme in tropischen Waldgesellschaften (Bolivien), in: Göttinger Beiträge zur Land- und Forstwirtschaft in den Tropen und Subtropen (1990)60, S. 91-110

P 174 **Gerstenberg**, Birgit

Misión de Observadores de las Naciones Unidas en El Salvador, Dpto. Educación sobre Derechos Humanos (ONUSAL)
Torre VIP, Hotel El Salvador
87 Ave. Norte y 15 Calle Poniente, San Salvador/El Salvador
Tel: 5 03 - 98 00 44, ext. 244
Fax: 5 03 - 79 33 81

Privat 91 Ave. Norte y 13 Calle Poniente, San Salvador
Apartado 22 57, San Salvador/El Salvador
Tel: 5 03 - 98 21 87

Geburtsdatum, -ort 20.06.1958, Berlin

berufl. Werdegang 1982-91 WissAss., LAI, U Rostock; 1986 Dr.phil.; 1989-91 Auslandsdoz., UNAM Managua/Nikaragua; seit 8/1991 ONUSAL (Beaufragte für den Bereich Menschenrechtserziehung)

wiss. Vereinigungen ADLAF

Sprachen Spanisch, Englisch, Russisch (Portugiesisch)

Fachgebiet Philosophie

themat. Schwerpunkte Vorkolumbianisches Denken, Philosophiegeschichte der Kolonialzeit, Aufklärung in Lateinamerika, Philosophien der Befreiung, Identität, Menschenrechtsproblematik in Mittelamerika

geogr. Schwerpunkte Mexiko, Nikaragua, Kuba, Argentinien, Chile, z.Zt. Mittelamerika

Monographien Conferencias Introductorias sobre la Historia de la Filosofía en América Latina. Managua: UCA 1992

Aufsätze Philosophisches Denken im vorkolumbischen Mexiko und die Philosophie der Kolonialzeit in Lateinamerika, aus: Wie und warum entstand Philosophie in verschiedenen Regionen der Welt. Berlin 1988, S. 227-256
Acerca del "eclecticismo" filosófico de la Ilustración cubana, in: Lateinamerika. Rostock 20(1985)1, S. 101-111

Grundzüge der Aufklärung in Kuba, in: Deutsche Zeitschrift für Philosophie. Berlin (1986)10, S. 1023-1026

Philosophie in Nikaragua. Aufbruch zu neuen Horizonten. Interview mit Alejandro Serrano Caldera, in: Deutsche Zeitschrift für Philosophie. Berlin (1986)11, S. 347-351

Zu bürgerlich-humanistischen Traditionen der "Philosophie der Befreiung" im 19. Jahrhundert, in: Concordia. Internationale Zeitschrift für Philosophie. Frankfurt/M. 15(1989), S. 2-7

Las ideas políticas de Domingo Faustino Sarmiento. (Festbeitrag zu seinem 100. Todestag.) Humboldt-Universität zu Berlin, in: Lateinamerika. Rostock 24(1989)2, S. 21-33

Zur Bedeutung der Philosophiegeschichtsschreibung im Lichte heutiger Gesellschaftsentwicklung in Lateinamerika, in: AAL. Berlin 6(1989), S. 1050-1058

P 175 **Gessner**, Volkmar

Zentrum für Europäische Rechtspolitik, Universität Bremen
Universitätsallee, GW 1
D-28359 Bremen <W-2800 Bremen 33>
Tel: 49 (4 21) 2 18 22 47

Privat Kohlhökerstr. 6
D-28203 Bremen <W-2800 Bremen 1>
Tel: 49 (4 21) 7 29 22

Geburtsdatum, -ort 09.10.1937, München

berufl. Werdegang 1966 Assessor jur.; 1969 Dr.jur.; 1975 Dr.habil.; Prof. (Rechtssoziologie und Rechtsvergleichung), U Bremen

wiss. Vereinigungen ADLAF

Sprachen Englisch, Spanisch, Französisch

Fachgebiet Recht / Soziologie

geogr. Schwerpunkte Mexiko, Lateinamerika

Monographien Recht und Konflikt. Eine Soziologische Untersuchung privatrechtlicher Konflikte in Mexiko. Tübingen: Mohr 1976, 290 S.

Los conflictos sociales y la administración de justicia en México. México D.F.: UNAM 1984

Aufsätze Privatrecht in Mexiko. Anthropologische, soziologische und rechtstatsächliche Studien, in: Verfassung und Recht in Übersee. Hamburg 1977, S. 419-430

Vertragsehen in Brasilien, in: Rabels Zeitschrift für ausländisches und internationales Privatrecht. Tübingen 1972, S. 700-712 (zus. mit J. Samtleben)

P 176 **Gewecke**, Frauke

Romanisches Seminar, Universität Heidelberg
Seminarstr. 3
D-69117 Heidelberg <W-6900 Heidelberg>
Tel: 49 (62 21) 54-27 31
Fax: 49 (62 21) 54-31 53
Privat Hauptstr. 84
D-69117 Heidelberg
Tel: 49 (62 21) 16 15 99

Geburtsdatum, -ort 02.07.1943, Schaulen/ Litauen
berufl. Werdegang 1979 Dr.phil.: 1974-84 WissAss., U Köln; 1982 Habil. Romanische Philologie; seit 1984 Professorin, U Heidelberg
wiss. Vereinigungen ADLAF; DRV; DHV; Ges. für Karibikforschung
Sprachen Französisch, Spanisch, Portugiesisch, Italienisch, Englisch (Katalanisch)
Fachgebiet Literatur
themat. Schwerpunkte Literaturgeschichte, Literaturkritik, Interkulturelle Beziehungen, Ideengeschichte, Länderkunde
geogr. Schwerpunkte Lateinamerika einschl. Karibik (hispanophon und frankophon)
Schriftenreihen Mithg., "Editionen der Iberoamericana", Reihe III: Monographien und Aufsätze
Periodika Mithg. "Iberoamericana"
Monographien Die Karibik. Zur Geschichte, Politik und Kultur einer Region. Frankfurt/M.: Vervuert 1984, 165 S. (2. Aufl. 1988, 221 S.)
Wie die neue Welt in die alte kam. Stuttgart: Klett-Cotta 1986, 343 S.; München: dtv 1992
Aufsätze Magischer Realismus und Voudou. Zur Kategorie des "magischen Denkens" als Gestaltungsprinzip der neueren lateinamerikanischen Literatur, aus: J.M. López de Abiada; T. Heydenreich (Hg.), Iberoamérica. Historia, Sociedad, Literatura. Homenaje a Gustav Siebenmann. München: Fink 1983, Bd. I, S. 239-261; (spanisch: aus: F. Becker (Hg.), América Latina en las Letras y Ciencias Sociales Alemanas. Caracas: Monte Avila 1988)
Ariel versus Caliban? Lateinamerikanische Identitätssuche zwischen regressiver Utopie und emanzipatorischer Rebellion, in: Iberoamericana. Frankfurt/M. 2/3(1983)19/20, S. 43-68
Fremde und Verweigerung. Zur frühen Rezeption lateinamerikanischer Literatur im deutschen Sprachraum, in: JbLA. Köln 25(1988), S. 535-562
Nicolás Guillén: vom "sonero" zum "poeta nacional", aus: G. Beutler (Hg.), Sieh den Fluß der Sterne strömen. Hispanoamerikanische Lyrik der Gegenwart. Darmstadt: Wiss. Buchges. 1990, S. 157-179
Mythen als Begründungs- und Beglaubigungsrede. Das Beispiel der Kubanischen Revolution, in: Iberoamericana. Frankfurt/M. 2/3(1990)40/41, S. 74-95
Haitianische Literatur im Kontext kultureller Heterogenität, in: Iberoamericana 1(1991)42, S. 61-88

P 177	**Giebeler**, Cornelia
Privat	Zur Bülte 21 D-33739 Bielefeld <W-4800 Bielefeld 15> Tel: 49 (5 21) 8 62 07
Geburtsdatum, -ort	09.08.1955, Siegen
berufl. Werdegang	Ausbildung: Soziologin und Supervisorin; Dr.phil; Feldforschung Venezuela und Mexiko, Tätigkeiten in Forschung, Lehre und Projekten (Frauen und Bildung); WissMitarb., U Bielefeld
Beratung	Curriculumentwicklung, Frauenforschung und Organisationsleitung, Forschungsprojekt: Die Händlerinnen von Juchitán
wiss. Vereinigungen	DGS; Dt. Ges. für Supervision
Sprachen	Englisch, Französisch, Spanisch
Fachgebiet	Soziologie
themat. Schwerpunkte	Geschlechterverhältnisse, Frauenbewegung, Gruppendynamik
geogr. Schwerpunkte	Mexiko (Istmus), Venezuela, Indien
Monographien	Landbesetzung und Agrarreform. (Venezuela). Bielefeld 1979
Aufsätze	Ethnische Identität und Innere Kolonisierung, aus: J. Möller (Hg.), Das Ei des Kolumbus. Bielefeld: AJZ 1992 Juchitán. La ciudad de las mujeres. Identidad étnica y fuerza de las mujeres en una sociedad zapoteca, in: El Solar. Naturaleza y cultura de los pueblos del Sur. Juchitán (1992)3, 20 S. Concepción religiosa e identidad étnica. Casos empíricos de un cambio en la sociedad zapoteca de Juchitán. Sociedad Mexicana de Anthropología mexicana. Tuxtla Gutiérrez 1991, 18 S. El Arte de Bordar, in: El Solar. Juchitán/Mexiko (1991)1
sonst. Publikationen	Erfolg und Mißerfolg der sozialen Bewegung COCEI in der Frauengesellschaft Juchitáns. Tagung der Entwicklungssoz. und Sozialanthropologen. Bielefeld 22./23.05.1992, 23 S. (Ms.)

P 178	**Gierhake**, Klaus
Privat	Rodtgärten 11 D-35396 Gießen <W-6300 Gießen> Tel: 49 (6 41) 3 77 28 Fax: 49 (6 41) 3 31 74
Geburtsdatum, -ort	29.06.1958, Gießen
berufl. Werdegang	1977-82 Studium (Geographie, Germanistik, Geschichte), U Gießen; 1984-85 Projektbezog. Forschungsstipendium der FNS; 1987 Dr.rer.nat. (Geographie), U Marburg; seit 1987 selbständiger Gutachter/Berater
wiss. Vereinigungen	Marburger Geographische Gesellschaft; Marburg Consult
Sprachen	Spanisch, Englisch
Fachgebiet	Wirtschaftsgeographie / Regionalplanung
geogr. Schwerpunkte	Peru, Kolumbien, Bolivien, Dominikanische Republik
Monographien	Regionale Entwicklungskonzeptionen in Peru - Programme und Implementation. April 1988 (Diss.) Raumstrukturen und Entwicklungsplanung in der Region Cuzco. März 1989
Aufsätze	El papel de las inversiones publicas en el proceso de la planifi-

cación regional, in: Revista Interamericana de Planificación. Guatemala 22(1989)86, S. 50-67
Verwaltungsneugliederung als Voraussetzung einer erfolgversprechenden Entwicklungsplanung. Das Beispiel Peru, in: Ibero-Amerikanisches Archiv. Berlin 17(1991)2/3

P 179 **Gierloff-Emden**, Hans Günter

c/o Institut für Geographie, Universität München
Luisenstr. 37/ III
D-80333 München <W-8000 München 2>

Geburtsdatum, -ort 22.05.1923, Wilhelmshaven
berufl. Werdegang 1950 Dr.rer.nat., Hamburg; 1954-55 GastProf. in El Salvador, M.A.; 1958 Habil.; 1961-62 GastProf. in Berkeley/USA; 1964 GastProf. in Baton Rouge/USA; seit 1965 Lehrstuhl für Geographie, seit 1978 für Geographie und geograph. Fernerkundung; 1991 emeritiert; Beratung: DFG-Schwerpunkt Fernerkundung
wiss. Vereinigungen Deutsche Gesellschaft für Photogrammetrie und Fernerkundung; Deutsche Gesellschaft für Luft- und Raumfahrt
Sprachen Englisch, Spanisch, Französisch
Fachgebiet Geographie
themat. Schwerpunkte Fernerkundung (Luft- und Satellitenbildinterpretation), Meereskunde (Küsten), Länderkunde
geogr. Schwerpunkte Mittelamerika, Regional Mexiko, El Salvador
Schriftenreihen Mithg. "Münchener Geographische Abhandlungen"
Monographien Mexiko. Eine Landeskunde. Berlin: de Gruyter 1970, 634 S.
La Costa de El Salvador. San Salvador: MINED 1976
Fernerkundungskartographie mit Satellitenaufnahmen. Allgemeine Grundlagen und Anwendungen. Wien: Franz Deuticke 1988, 640 S.
Aufsätze Bildanalyse: Metric-Camera-Aufnahme "Chihuahua (Mexiko)", in Münchener Geographische Abhandlungen 33(1985), S. 129-139

P 180 **Gippelhauser**, Richard A.

Institut für Völkerkunde, Universität Wien
Universitätsstr. 7
A-1010 Wien

Privat Porzellangasse 44-46/15
A-1090 Wien
Geburtsdatum, -ort 11.11.1950, Wien
berufl. Werdegang Studium (Publizistik, Politologie, Ethnologie, Kunstgeschichte), U Wien; 1986 Dr.phil.; seit 1986 Lektor am Inst. für Völkerkunde; zahlr. Feldforschungen im peruan. Amazonasgebiet; Gestaltung völkerkundl. Ausstellungen; Lektor, Institut für Völkerkunde
Beratung GfbV; Lateinamerikahilfe; Lateinamerika-Institut, Wien
wiss. Vereinigungen AAA; EASA; Österr. Gesellschaft für Ur- und Frühgeschichte
Sprachen Englisch, Spanisch, Achuar, Quechua (Italienisch, Französisch, Portugiesisch)

Fachgebiet	Ethnologie
themat. Schwerpunkte	Ethnosoziologie, Wirtschaftsethnologie, Verwandtschaftsorganisationen
geogr. Schwerpunkte	Süd- und Mittelamerika, bes. Amazonas und Andenraum
Monographien	Die Achuara-Jivaro. Wirtschaftliche und soziale Organisationsformen am peruanischen Amazonas. Sitzungsberichte der historisch-philosophischen Klasse der österreichischen Akademie der Wissenschaften. Wien 1990
Aufsätze	Nuevas tendencias en la Economía Achuar, aus: M. Brown (Hg.), Relaciones Interétnicas y Adapción Cultural entre Shuar, Achuar, Aguaruna y Canelos Quichua. 1983
	Deine Gedanken sind gefangen in meiner Liebe. Zur Beziehung der Geschlechter bei den Achuara-Jivaro des oberen Amazonas, aus: Arbeitsgruppe Ethnologie Wien (Hg.), Von fremden Frauen. Frankfurt/M. 1989
	Die Provinz Maynas. Der obere Amazonas zur Zeit der jesuitischen Mission, in: Heilige Experimente. Indianer und Jesuiten in Südamerika. Zeitschr. für Lateinamerika. Wien (1989)34
	Die Reduktionen des Gran Chaco, in: Heilige Experimente (s.o.)
	Kinfolk or Trade Partners? Cultural Adaption to Economic Change on the Peruvian Amazon, aus: Kinship, Social Change and Evolution. Wien 1991

P 181	**Glatz**, Markus
	Historisches Institut, Universität Bern Engehaldestr. 4 CH-3012 Bern Tel: 41 (31) 65 80 91
Privat	Zähringerstr. 59, CH-3012 Bern Tel: 41 (31) 24 60 48
Geburtsdatum, -ort	08.05.1961, Bern
berufl. Werdegang	Studium (Neuere Allg. Geschichte, Geographie, Staatsrecht), Bern und Berlin; 1989 Lizentiat; Ass. für Neuere Allg. Geschichte, U Bern (Prof. W.L. Bernecker); Journalistische Tätigkeit; WissAss., Lehrstuhl für Neuere Allgemeine Geschichte
wiss. Vereinigungen	CEISAL (Arbeitsgruppe "migraciones")
Sprachen	Französisch, Spanisch, Englisch (Portugiesisch, Italienisch)
Fachgebiet	Geschichte
themat. Schwerpunkte	Sozilgeschichte, Wirtschaftsgeschichte, Bevölkerungswiss.
geogr. Schwerpunkte	Lateinamerika, Argentinien, Bahamas
Aufsätze	Die schweizerische Auswanderung nach Argentinien. Eine Projektskizze, in: Migraciones. Münster (1991)2
	Der Waffenhandel im "Handelskrieg" mit Argentinien, aus: Bernecker; Fischer (Hg.), Unheimliche Geschäfte. Schweizer Kriegsmaterial-Export nach Lateinamerika im 20. Jahrhundert. Zürich 1991
	Bahamas, aus: Waldmann; Krumwiede (Hg.), Politisches Lexikon Lateinamerika. München 1992 (zus. mit W.L. Bernecker)

Die historische Lateinamerikaforschung in der Schweiz, in: W. Bernecker; J.M. López (Hg.), Die Lateinamerika-Forschung in der Schweiz. Frankfurt/M.: Vervuert 1993

P 182 **von Gleich**, Albrecht

Institut für Iberoamerika-Kunde (IIK)
Alsterglacis 8
D-20354 Hamburg <W-2000 Hamburg 36>
Tel: 49 (40) 41 47 82-29
Fax: 49 (40) 41 47 82-41
Privat Oelsnerring 8
D-22609 Hamburg <W-2000 Hamburg 52>
Tel: 49 (40) 82 18 77

Geburtsdatum, -ort 09.12.1929, Schwäbisch Gmünd

berufl. Werdegang 1956 Dipl.Kfm., Hamburg; 1956-60 WissAss. am Sem. für Allg. Betriebswirtschaftslehre, U Hamburg; 1960 Dr.rer.pol.; 1960-62 Prof., U Nacional de Colombia, Facultad de Economía, Bogotá; 1963 Visiting Lecturer, Graduate School of Business Administration, U of Michigan, Ann Arbor/Mich.; seit 1963 WissMitarb., ab 1965 stellv. Direktor, seit 1971 Direktor des IIK

wiss. Vereinigungen ADLAF

Sprachen Englisch, Spanisch, Portugiesisch (Französisch)

Fachgebiet Wirtschaft

themat. Schwerpunkte Allg. Fragen der sozio-ökonomischen Entwicklung; Außenwirtschaft, Integration, Auslandsinvestitionen

geogr. Schwerpunkte Lateinamerika, insbes. Andenländer, Mexiko, Argentinien

Schriftenreihen Hg. "Private Auslandsinvestitionen in Lateinamerika. Las inversiones extranjeras privadas en América Latina" (Hamburg)

Periodika Mithg. "Lateinamerika Jahrbuch" (Frankfurt/M.: Vervuert)

Monographien Transnational corporations in Latin America. Interactions between nation states and transnational corporations. The case of German and Swiss firms operating in Colombia, Brazil and Mexico. Diessenhof/Schweiz 1982 (zus. mit J.M. Baumer)

Lateinamerika: Entwicklungsprozeß am Wendepunkt? Perspektiven für die deutsch-lateinamerikanischen Beziehungen. Hamburg 1984 (zus. mit K. Eßer)

Europäisch-lateinamerikanische Wirtschafts-Kooperation. Die Bundesrepublik Deutschland, Österreich und die Schweiz als Partner Lateinamerikas. Köln 1985 (zus. mit J.M. Baumer und W. Hummer)

(Hg.) Neue Konzepte in der Entwicklungszusammenarbeit mit Lateinamerika? Ein Dialog zwischen Entwicklungspolitik und Wissenschaft. Hamburg 1991 (mit G. Kohlhepp und M. Mols)

Aufsätze The economic relations between Germany and Latin America and the significance of the European Community, aus: J. Grunwald (Hg.), Latin America in a changing world economy. Beverly Hills, Calif.: Sage Publ. 1977

Policies toward Latin America in the Federal Republic of Germa-

ny, aus: Institut d'Etudes Européennes. Univ. Libre de Bruxelles (Hg.), La Communauté européenne et l'Amérique Latine. Bruxelles 1981
L'Europe occidentale et l'Amérique latine dans la perspective d'un nouvel ordre économique international, aus: M. Alvarez García; A.J.A. Martins (Hg.), Amérique latine. Coopération et ordre mondial. Bruxelles 1986
Prospects for MERCOSUR. Questions and observations, aus: IRELA (Hg.), Prospects for the processes of subregional integration in Central and South America. Madrid 1992
Wirtschaftswissenschaften, aus: N. Werz (Hg.), Handbuch der deutschsprachigen Lateinamerikakunde. Freiburg: ABI 1992, S. 749-783 (zus. mit K.-Chr. Göthner)

P 183 **von Gleich**, Utta Brigitte

c/o. Institut für Iberoamerika-Kunde (IIK)
Alsterglacis 8
D-20354 Hamburg <W-2000 Hamburg 36>
Tel: 49 (40) 41 47 82-28
Fax: 49 (40) 41 47 82 41

Privat Oelsnerring 8
D-22609 Hamburg <W-2000 Hamburg 52>
Tel: 49 (40) 82 18 77

Geburtsdatum, -ort 28.09.1940, Bonndorf/Schw.

berufl. Werdegang 1964 Dipl.-Übersetzerin (Spanisch, Französisch; Sachfach VWL) Dolm.-Inst., U Heidelberg; 1968-74 WissMitarb. und Leiterin des Sprachprogramms der ADLAF; 1975-80 Studium (allg. und vergl. Sprachwiss., Erziehungswiss., Hispanische Linguistik), U Hamburg; 1982 Dr.phil., U Hamburg; Lehrbeauftr., Sem. für Allg. Sprachwiss., U Hamburg; GTZ-Beraterin für Bildungsfragen

wiss. Vereinigungen ADLAF; Gesellschaft für Angewandte Linguistik; Deutsche Gesellschaft für Sprachwissenschaft

Sprachen Englisch, Spanisch, Französisch, Quechua (Portugiesisch)

Fachgebiet Linguistik / Bildungswesen

themat. Schwerpunkte Soziolinguistik, Bilinguismus, Mehrsprachige Erziehung

geogr. Schwerpunkte Andenländer, Europa

Monographien Die soziale und kommunikative Bedeutung des Quechua und Spanischen bei Zweisprachigen in Peru (1968-1978). Hamburg 1982 (Diss.)
"Rimaykullayki", Unterrichtsmaterialien zum Quechua Ayacuchano. Berlin: Reimer 1985, 244 S. (Hg. zus. mit S. Dedenbach-Salazar Sáenz; R. Hartmann; P. Masson)
Educación primaria bilingüe intercultural en América Latina. (Hg.: GTZ). Eschborn 1989, 452 S. (rev.u.erw. Fassg.von 1987)

Aufsätze The use of intensive interviews and participant observation in the description of language shift, aus: P.H. Nelde (Hg.), Plurilingua 5. Methoden der Kontaktlinguistik. Bonn 1985, S. 21-30

Sprachkonflikte bei Minderheiten in Lateinamerika, aus: P.H. Nelde (Hg.), Plurilingua 10. Bonn: Dümmler 1990, S. 79-95
Changes in the status and function of Quechua, aus: U. Ammon; M. Hellinger (Hg.), Status Change of languages. Berlin/-New York: de Gruyter 1992, S. 43-64
Language spread policy. The case of Quechua in the Andean Republics of Bolivia, Ecuador and Peru, in: U. Ammon (Hg.), IJSL. Language Spread Policy II: Languages of Former Colonies (im Druck)

P 184 **Goetze**, Dieter

Institut für Soziologie, Universität Regensburg
Universitätsstr. 31
D-93053 Regensburg <W-8400 Regensburg>
Tel: 49 (9 41) 9 43 35-29, -30
Telex: 06 56 58 unire d

Privat Maffeistr. 1
D-93059 Regensburg
Tel: 49 (9 41) 56 13 90

Geburtsdatum, -ort 29.10.1942, Barcelona

berufl. Werdegang 1969 Dr.phil., Heidelberg; 1975 Habil. (Soziologie), Augsburg; seit 1975 Prof. für Soziologie, U Regensburg

Beratung Derzeitig Arbeit an einem spanienbezogenen Forschungsprojekt

Sprachen Englisch, Spanisch, Italienisch (Französisch, Niederländisch)

Fachgebiet Soziologie

themat. Schwerpunkte Entwicklungssoziologie, Ethnosoziologie, Politische Soziologie, Agrarsoziologie, Soziologie der Geschlechterverhältnisse

geogr. Schwerpunkte Lateinamerika, Mittelmeerraum

Monographien Entwicklungspolitik 1: Soziokulturelle Grundfragen. Paderborn: Schöningh 1983
Ethnosoziologie. Stuttgart: Teubner 1984 (zus. mit C. Mühlfeld)

Aufsätze Charisma, Innovation und Traditionalismus. Der Fall Cuba, in: Die Dritte Welt. Meisenheim/Glan 2(1973), S.297-319
Marginality and marginalization as key concepts in a sociology of Latin America, in: Sociologia Ruralis. 16(1976), S. 56-74
Indigenismus und katholische Kirche zur soziokulturellen Integration Lateinamerikas: Ideologien und Modelle, aus: M. Mols (Hg.), Integration und Kooperation in Lateinamerika. Paderborn 1981, S. 121-174

P 185 **Gogolok ofm**, P.Osmar Erwin

Institut für Brasilienkunde e.V.
Sunderstr. 15-17
D-49497 Mettingen <W-4532 Mettingen>
Tel: 49 (54 52) 23 58
Fax: 49 (54 52) 43 57

Geburtsdatum, -ort 06.07.1933, Friedenshütte

berufl. Werdegang 1960-64 Studium (Philosophie, Theologie, Pädagogik, Germanistik, Geographie); Lehramt an Volks- und Realschulen (1967/69) und Gymnasien (1974); o.StudDir. und Institutsleiter; Mitgl. des Wiss. Beirates der Missionszentrale der Franziskaner

wiss. Vereinigungen ADLAF; Mitglied der "Academia de Letras" des Staates Alagoas und des "Instituto Histórico e Geográfico", Maceió

Sprachen Englisch, Portugiesisch (Spanisch, Französisch, Italienisch)

Fachgebiet Geographie / Theologie

themat. Schwerpunkte Theologische Ansätze in Lateinamerika

geogr. Schwerpunkte Stadtgeographie, unkontrollierte Siedlungsformen, NO-Brasilien

Schriftenreihen Mithg. "Seminar"; "Dokumentation"

Periodika Mithg. "Brasilien-Dialog"; "Serviço de Recortes"; "Noticias"

Monographien Die Favelas in nordostbrasilianischen Städten als stadtgeographisches Problem. Mettingen: Brasilienkunde-Verlag 1974, 111 S., 2. Aufl. 1979

Aufsätze Kirche und Indianerfragen, in: Herder-Korrespondenz. Freiburg 32. Jg., 2, S. 81-84

Die brasilianischen Bischöfe über Grundfragen politischer Ordnung, in: Herder-Korrespondenz. Freiburg 31.Jg., 4, S. 174-177

Brasilien: Kirchenkampf gegen öffentlichen Terror, in: Herder-Korrespondenz. Freiburg 31 . Jg., 2, S. 56-58

Urbanisierung der Favelas in der Stadt Rio de Janeiro, in: Brasilien-Dialog (1982)1, S. 11-15

Rechtliche Aspekte der Problematik von Grund und Boden im Verstädterungsprozeß Brasiliens, in: Brasilien-Dialog (1982)1, S. 17-20

Brasilien - Waffenschmiede der Dritten Welt, in: Brasilien-Dialog (1984)4, S. 27-31

Option für die Armen beendet? Ereignisse, Dokumente, Kommentare zur Lage der Kirche Brasiliens, in: Brasilien-Dialog (1989)3/4, S. 41-64

Rechtliche Aspekte im Verstädterungsprozeß Brasiliens, in: Brasilien-Dialog (1991)1/2, S. 103-108

Brasilien (Kultur/Religion VI), Stichwort in: Staatslexikon. Freiburg 1992

P 186 **Goldstein**, Horst

Missionszentrale der Franziskaner (MZF)
Wollankstr. 18/19
D-13187 Berlin <O-1100 Berlin-Pankow>

Geburtsdatum, -ort 18.11.1939, Rheine/Westfalen

berufl. Werdegang 1960-67 Studium (Theologie) in Olinda, Pernambuco und Salvador, Bahia/Brasilien, 1968-69 in Paris; 1973 Dr.theol.; seit 1973 Referent im Niels-Stensen-Haus, Lilienthal (bei Bremen); seit 1991 Leiter der Regionalstelle Berlin-Ost der MZF

Sprachen Englisch, Spanisch, Französisch, Portugiesisch (Niederlänisch, Latein, Griechisch)

Fachgebiet Theologie

themat. Schwerpunkte	Christentum und Gesellschaft; Theologie der Befreiung; Bibelwissenschaft
geogr. Schwerpunkte	Lateinamerika, bes. Brasilien
Schriftenreihen	Mithg. der dt. Ausgabe "Bibliothek Theologie der Befreiung"
Monographien	Befreiungstheologie als Herausforderung. Düsseldorf 1981 (3. Aufl. 1985) Brasilianische Christologie: Jesus, der Severino heißt. Mettingen 1982 (2. Aufl. 1985) Tage zwischen Tod und Auferstehung - Geistliches Jahrbuch aus Lateinamerika, Düsseldorf 1984 "Dank sei Gott und der Revolution". Christen in Nicaragua. Reinbek bei Hamburg: Rowohlt 1984 (Hg. zus. mit D. Sölle) Paulo Evaristo Arns - Kardinal der Ausgebeuteten. Olten/Freiburg i.Br. 1987 "Selig ihr Armen". Theologie der Befreiung in Lateinamerika...und in Europa? Darmstadt 1989 Schwestern über Kontinente. Aufbruch der Frauen: Theologie der Befreiung in Lateinamerika und feministische Theologie hierzulande. Düsseldorf 1991 (Hg. zus. mit Chr. Voß-Goldstein) Kleines Lexikon der Theologie der Befreiung. Düsseldorf 1991

P 187	**Golte**, Jürgen
	Lateinamerika-Institut (LAI), Freie Universität Berlin Rüdesheimer Str. 54-56 D-14197 Berlin <W-1000 Berlin 33> Tel: 49 (30) 8 38 30 72 Fax: 49 (30) 8 38-54 64
Geburtsdatum, -ort	03.09.1943, Danzig
berufl. Werdegang	1964-71 Studium, Bonn, Berlin, Lima; 1967 Abschluß UNMSM, Lima; 1972 Dr.phil., Berlin; 1978 Habil., Berlin
wiss. Vereinigungen	ADLAF
Sprachen	Englisch, Spanisch (Portugiesisch, Französisch, Italienisch)
Fachgebiet	Altamerikanistik
themat. Schwerpunkte	Staatsbildung im vorkolumbianischen Amerika, Agrargeschichte, Ethnizität und Urbanisierung
geogr. Schwerpunkte	Peru, Bolivien, Mexiko
Schriftenreihen	Mithg. der Reihe "Indiana"-Beihefte (Berlin)
Periodika	Mithg. des Jahrbuchs "Indiana" (Berlin)
Monographien	Warenverteilung und Bauernrebellion im Vizekönigreich Peru (1751-1783). Berlin 1977, 266 S. (spanisch: Repartos y rebelliones. Túpac Amaru y las contradicciones de la economía colonial. Lima: Instituto de Estudios Peruanos 1980, 256 S.) La racionalidad de la organización andina. Lima 1980, 128 S. El desafío de Huayopampa. Comuneros y empresarios. Lima 1982, 449 S. (zus. m.a.) Los caballos de Troya de los invasores. Estrategias campesinas en la conquista de la gran Lima. Lima 1987 (2. Aufl. 1990), 241 S. (zus. mit Norma Adams)

sonst. Publikationen Kirche und Indianer in Peru. (Vortrag), aus: Weltmission heute, Menschenrechte der Indianer. Hamburg 1978, S. 16-25

P 188 **Golte**, Winfried

Geographisches Institut, Universität Bonn
Meckenheimer Allee 166
D-53115 Bonn <W-5300 Bonn>
Tel: 49 (2 28) 73 78 95
Fax: 49 (2 28) 73 75 06

Privat Rheinhöhenweg 32
D-53424 Remagen <W-5480 Remagen-Oberwinter>
Tel: 49 (22 28) 77 38

Geburtsdatum, -ort 29.01.1940, Danzig

berufl. Werdegang 1971 Dr.phil.; 1972 AkR.; 1974 AkOR.; 1990 PDoz.

Sprachen Englisch, Spanisch (Portugiesisch, Französisch)

Fachgebiet Geographie

themat. Schwerpunkte Pflanzengeographie, Physische Geographie, Agrargeographie

geogr. Schwerpunkte Lateinamerika

Monographien Das südchilenische Seengebiet. Besiedlung und wirtschaftliche Erschließung seit dem 18. Jahrhundert. Bonn: Dümmler 1973 XI+183 S. (Diss.)
Araucaria. Verbreitung und Standortansprüche einer Coniferengattung in vergleichender Sicht. Stuttgart 1993

Aufsätze Die südandine und die südbrasilianische Araukarie. Ein ökologischer Vergleich, in: Erdkunde. Bonn 32(1978), S. 279-296
Grundwassernutzung bei den Küstenbewohnern des vorspanischen Perú, aus: R. Hartmann; U. Oberem (Hg.), Festschrift Hermann Trimborn. St. Augustin 1978, S. 182-193
Verbreitung und ökologische Grundlagen der laubwerfenden Nothofagus-Arten im südlichen Andenraum, aus: W. Lauer (Hg.): Beiträge zur Geoökologie von Gebirgsräumen in Südamerika und Eurasien. Wiesbaden 1983, S. 9-51 (Akad. d. Wiss. u.d. Lit., Mainz, Abh. d. Math.-Naturwiss. Kl., 1983, Nr. 2)
Die Anfänge der Bewässerungswirtschaft im vorspanischen Perú und das Chavín-Problem, aus: W. Eriksen (Hg.): Festschrift W. Lauer zum 60. Geburtstag. Bonn 1983, S. 243-271

P 189 **Görgen**, Hermann Matthias

Deutsch-Brasilianische Gesellschaft, Lateinamerika-Zentrum e.V.
Schumann-Str. 2 B
D-53113 Bonn <W-5300 Bonn 1>
Tel: 49 (2 28) 21 07 07, 21 07 88

Privat Rochusweg 47
D-53129 Bonn
Tel: 49 (2 28) 23 19 74

Geburtsdatum, -ort 23.12.1908, Wallerfangen/Saar

berufl. Werdegang 1933 Dr.phil., Bonn; Ass., Forschungsinst. für dt. Geistesgeschichte, Salzburg; Habil., Bonn (durch NS verhindert); 1938 o.Prof. Philos. Fak., Kath. U Salzburg; Flucht vor NS-Regime, während der Fluchtzeit Forts. wiss. Arbeiten; in Brasilien Prof. an der Volksw. Fak., Juiz de Fora (MG); 1955 Generaldirektor Saarländischer Rundfunk; 1957-61 MdB CDU/CSU; 1960 Gründung Dt.-Bras. Ges.; 1961 Gründung Lateinamerika-Zentrum

berufl. Stellung Präsident der Deutsch-Brasilianischen Gesellschaft e.V. und des Lateinamerika Zentrums e.V. (ehrenamtlich)

Beratung Berichterstatter für Lateinamerika im Beirat von MISEREOR (1958-1978); Berater der Hanns-Seidel-Stiftung für Brasilien

Sprachen Spanisch, Portugiesisch, Französisch, Englisch

Fachgebiet Politikwissenschaft / Entwicklungspolitik

themat. Schwerpunkte Entwicklungspolitik

geogr. Schwerpunkte Brasilien

Periodika Hg. "Deutsch-Brasilianische Hefte"

Monographien Bildband "Brasilien-Impressionen und Erlebnisse". Innsbruck: Pinguin; Frankfurt/M.: Umschau 1981, 160 S., 90 farbige Bilds.
Ensaios. Rio de Janeiro: Presença 1991, 141 S.
Amazonaswälder als ökologische Reserve, aus: Das Ende der grünen Hölle. Thomas Moor Akademie 1991

Aufsätze Die lateinamerikanische Kirche im Wandel, aus: H. Pfeil (Hg.), Unwandelbares im Wandel der Zeit, Bd. II. Aschaffenburg: Pattloch 1977, S. 480-519
Die Bevölkerungsprobleme Brasiliens, in: DBH (1989) S. 152 ff. und S. 288 f.; (1990), S. 78 ff.
Erzbischof D. Helder Câmara, in: DBH (1985), S. 64 ff.

P 190 **Gormsen**, Erdmann

Geographisches Institut, Universität Mainz
Saarstr. 21
D-55122 Mainz <W-6500 Mainz>
Postfach 39 80, D-55029 Mainz
Tel: 49 (61 31) 39 22 62
Fax: 49 (61 31) 39 43 72

Privat An der Schanze 20
D-55128 Mainz
Tel: 49 (61 31) 3 48 55

Geburtsdatum, -ort 08.10.1929, Königsfeld/Schwarzwald

berufl. Werdegang 1962 Dr.phil. (Geographie), Heidelberg; 1969 Habil., Heidelberg; 1960-66 WissAss., Heidelberg; 1966-69 Programme Specialist, UNESCO, Paris; 1969-71 UDoz., Heidelberg; seit 1971 o.Prof., Mainz; Forschungsaufenthalte: Venezuela 1959/60, 1971 ff.; Mexiko 1964/65 ff., 1972/73 Koord. des Mexiko-Proj. der DFG

wiss. Vereinigungen ADLAF; CEISAL; Sociedad Mexicana de Geografía y Estadística

Sprachen Englisch, Spanisch, Französisch (Portugiesisch)

Fachgebiet Geographie

themat. Schwerpunkte Wirtschafts- und Sozialgeographie: Stadtforschung, Regionalstrukturen, periodische Märkte, direkte und indirekte Einflüsse des Tourismus auf die Regionalstruktur, Migration, Länderkunde

geogr. Schwerpunkte Venezuela, Mexiko
Schriftenreihen Mithg. "Mainzer Geographische Studien"
Monographien (Hg.), Periodische Märkte in verschiedenen Kulturkreisen. Mainz 1982
(Hg.), The impact of tourism on regional development and cultural change. Papers of symposium MULT SY11, 44th International Congr. of Americanists in Manchester 1982. Mainz 1985
Aufsätze Der Flughafen als Standortfaktor für den Blumen-Anbau am Beispiel von Kolumbien, in: Erdkunde 40(1986), S. 305-317
Stadterneuerung und Denkmalpflege in Lateinamerika, in: Die alte Stadt 17(1990), S. 329-345.
Deutsche geographische Forschung in Lateinamerika. Ein Überblick über thematische und regionale Schwerpunkte der letzten drei Jahrzehnte, aus: ders.; K. Lenz (Hg.), Lateinamerika im Brennpunkt. Aktuelle Forschungen deutscher Geographen. Ein Symposium der Gesellschaft für Erdkunde zu Berlin. Berlin 1987, S. 25-64
Der Fremdenverkehr in Lateinamerika und seine Folgen für Regionalstruktur und kulturellen Wandel, aus: Lateinamerika im Brennpunkt..., S. 183-207
Der Tourismus und seine Folgen für Mensch und Umwelt in Lateinamerika, in: Tübinger Geogr. Stud. 96(1987), S. 241-252
Shopping malls in Latin America - a new indicator of metropolization, in: Münchener Geographische Hefte, Sonderband 1(1991) (zus. mit R. Klein-Lüpke)
Anthropogeographie, aus: N. Werz (Hg.), Handb. der deutschsprach. Lateinamerikakunde. Freiburg: ABI 1992, S. 171-212

P 191 **Göthner**, Karl-Christian

Privat Gerüstbauerring 20
D-18109 Rostock <O-2520 Rostock 27
Tel: 49 (3 81) 71 88 67
Geburtsdatum, -ort 11.11.1946, Leipzig
berufl. Werdegang 1966-73 Studium, U Rostock; 1974 Dr.oec.; 1983 Dr.oec.habil.; 1985-91 o.Prof. für Ökonomie Lateinamerikas, U Rostock; freiberufl. und Beratungstätigkeit; Lehrveranstaltungsreihen zu Wirtschafts- und Sozialproblemen Lateinamerikas
wiss. Vereinigungen ADLAF; CEISAL
Sprachen Spanisch, Portugiesisch, Englisch (Russisch)
Fachgebiet Wirtschaft
themat. Schwerpunkte Wirtschafts- und Sozialprobleme der Länder Lateinamerikas, Lateinamerika in der Weltwirtschaft, Staat und Wirtschaft in Lateinamerika, Schuldenkrise, Rüstungsproduktion, Wissenschaft und Technologie
geogr. Schwerpunkte Lateinamerika, Brasilien, Argentinien, Peru
Schriftenreihen 1985-90 Mitherausgabe der Schriftenreihe "Studien über Asien Afrika Lateinamerika" (Akademie-Verlag Berlin)
Periodika 1985-90 Hg., danach Mithg. "Lateinamerika" (U Rostock)

	Mithg. "N.E.W.S. Letter" (Lund, Schweden); "Boletín VIDESAL"
Monographien	Brasilien in der Welt von heute. Berlin: Staatsverl. 1986, 112 S. Entwicklungstendenzen des Außenhandels der DDR mit Lateinamerika in den vergangenen Jahren. Hamburg: Deutsch-Südamerikanische Bank 1990, 16 S.
Aufsätze	Zum Problem des staatsmonopolistischen Kapitalismus in Brasilien, in: Wirtschaftswissenschaft. Berlin 23(1975)9, S. 1356-1372 Research at G.D.R. universities on Latin America, in: Latin American Research Review. Albuquerque 18(1983)3, S. 165-178 Wirtschaftskrise und "heterodoxer Schock". Neue Aspekte in der Wirtschaftspolitik Argentiniens, Brasiliens und Perus, in: AAL. Berlin 15(1987)1, S. 122-133 Verschuldungskrise in Lateinamerika. Ursachen und Wege zu ihrer Lösung, aus: R. Frey; J. Bellers (Hg.), Lateinamerika-Westeuropa. Annäherung oder Distanzierung. Münster 1988, S. 233-250 La revolución científico-técnica, el cambio estructural y los procesos de crisis en América Latina, in: Cambios estructurales y crisis económica en los países en vías de desarrollo. Rostock: Universität Rostock 1989, S. 6-15 Nach einer "verlorenen Dekade". Herausforderungen an Brasiliens Wirtschaft in den 90er Jahren, in: Lateinamerika. Analysen Daten Dokumentation. Hamburg: IIK 8(1991)16, S. 20-50 Chiles Mikro- und Kleinunternehmen im wirtschaftlichen Anpassungsprozeß, in: AAL. Berlin 1992 Wirtschaftswissenschaften, aus: N. Werz (Hg.), Handbuch der deutschsprachigen Lateinamerikakunde. Freiburg: ABI 1992, S. 749-783 (zus. mit A. v. Gleich)

P 192	**Grabendorff**, Wolf
	Instituto de Relaciones Europeo-Latinoamericanas (IRELA) Pedro de Valdivia, 10-3, E-28006 Madrid Apdo. 26 00, E-28002 Madrid Tel: 34 (1) 5 61 72 00, 5 63 60 08 Fax: 34 (1) 5 64 49 83
Privat	Am Buchet 8, D-82057 Icking <W-8021 Icking> Tel: 49 (81 78) 54 55
Geburtsdatum, -ort	01.06.1940, Allenstein/Ostpr.
berufl. Werdegang	1965 Dipl.Pol., FU Berlin; 1966-67 Visiting Scholar, Inst. of Latin America Studies, Columbia U New York; 1972-74 ARD-Fernsehkorrespondent für Lateinamerika, Buenos Aires; 1975-84 Lateinamerika-Ref., SWP, Ebenhausen; 1980-81 Visiting Fellow, Center of Braz. Studies, School of Advanced International Studies, The Johns Hopkins U, Wash. D.C.; seit 1985 Direktor, IRELA
wiss. Vereinigungen	ADLAF; CEISAL; LASA; DGAP; ISA
Sprachen	Englisch, Spanisch (Portugiesisch)
Fachgebiet	Politikwissenschaft / Internationale Beziehungen

themat. Schwerpunkte	Politische Systeme Lateinamerikas, Integration in AAL, Außenpolitik lateinamerikanischer Staaten, interamerikanische Beziehungen, europäisch- lateinamerikanische Beziehungen
geogr. Schwerpunkte	Argentinien, Brasilien, Mexiko, Kuba, Zentralamerika
Schriftenreihen	"Foreign Relations of the Third World", Westview Press. Boulder
Monographien	Brasilien: Entwicklungsmodell und Außenpolitik. München: Fink 1977, 303 S. (zus. mit M. Nitsch) (Hg.) Political Change in Central America: Internal and External Dimensions. Boulder: Westview 1984, 312 S. (zus. mit H.-W. Krumwiede; J. Todt) (Hg.) Lateinamerika-Westeuropa-Vereinigte Staaten: Ein atlantisches Dreieck? Baden-Baden: Nomos 1985, 312 S. (zus. mit R. Roett)
Aufsätze	Die Deutschen und Lateinamerika, aus: Deutschland. Portrait einer Nation. Gütersloh: Bertelsmann 1986, S. 235-244 (Deutschland, Europa und die Welt. 19) Die Beziehungen der Europäischen Gemeinschaft zu Lateinamerika. Eine Politik ohne Illusionen, in: Europa-Archiv. Bonn 42(1987)22, S. 645-654 European integration. Implications for Latin America, aus: C.I. Bradford Jr. (Hg.), Strategic options for Latin America in the 1990s. Paris: OECD-DC/IDB 1992; deutsch: Die Europäische Integration. Kosten und Nutzen für Lateinamerika, in: Lateinamerika Jahrbuch 1992. Hamburg 1992, S. 55-85 Die Beziehungen zwischen der Europäischen Gemeinschaft und Kuba, in: Lateinamerika. Analysen-Daten-Dokumentation. Hamburg 9(1992)20

P 193	**Grasser**, Klaus Ottmar
	ARCO, Architekturbüro Grasser und Partner Horemansstr. 28 D-80636 München <W-8000 München 19> Tel: 49 (89) 18 94 27
Geburtsdatum, -ort	13.07.1948, Lindenberg
berufl. Werdegang	1974 Studium (Romanistik); 1975 Dipl.Ing. Architekt, TH Stuttgart; 1976 Dipl.Exportkfm., U Wien; Inh. eines Architektur- und Consultingbüros; Beratung: Studien über Bausysteme für Wohnungsbauten, Krankenhausbauten, Entwicklung neuer Baustoffe, Slumsanierungen, Selbsthilfebauweisen
Sprachen	Englisch, Spanisch, Portugiesisch, Französisch
Fachgebiet	Architektur
themat. Schwerpunkte	Erdbebensicheres Bauen, klimagerechte Wohnbauten, Low cost housing Bausysteme, Krankenhausbauten, Markthallen, etc.
geogr. Schwerpunkte	Zentralamerika, Karibik, nördl. Südamerika
sonst. Publikationen	Erdbebensichere Wohnbauten für El Salvador. Entwicklung, Forschung, Pilotbauten und Evaluierung. FSDVM - GTZ 1979 Baumaterialfabrikation aus lokalen Rohstoffen in El Salvador. Erforschung, Entwicklung, Testserien, Probeserien, Produk-

tionsanlagen. CIG - GTZ 1979
Leichtbaustoffe für Mexiko. Marktstudie über Wohnungsbaubedarf und Fertigteilproduktion. Kienbaum 1981
Baumaterialien aus Naturbimsstein für Nicaragua. Beratung des Wohnungsbauministeriums und Musterbauerstellung. MINVAH - GTZ 1984/85
Bau- und Beratungszentrum in Ecuador. Beratung des ecuadorianischen Ministeriums und Aufbau eines Bauzentrums für bauwillige Stadtbewohner mit Aufbau von Musterhäusern, Ausbildung von Bauhandwerkern etc. JNV - BEV. GTZ 1985-1987
Städtischer Wohnungsbau in Costa Rica. Studie über ein Projekt zur Finanzierung des städt. Wohnungsbaues. KFW 1987
Hospital Punta. Architektonischer Vorentwurf für 30 Betten-Krankenhaus. KFW 1987
Baumaterialproduktion in El Salvador. Studie über die Möglichkeiten lokaler Baustoffproduktion in Kleinbetrieben. FSDVM - GTZ 1988

P 194 **Grenz**, Wolfgang

Institut für Iberoamerika-Kunde (IIK)
Alsterglacis 8
D-20354 Hamburg <W-2000 Hamburg 36>
Tel: 49 (40) 41 47 82-35
Fax: 49 (40) 41 47 82-41

Privat Jägerlauf 15
D-22529 Hamburg <W-2000 Hamburg 54>
Tel: 49 (40) 5 53 16 40
Fax: 49 (40) 5 53 71 37

Geburtsdatum, -ort 10.07.1936, Hamburg
berufl. Werdegang 1965 Dipl.Hdl., U Hamburg; mit Unterbrechungen seit Okt. 1965 am IIK tätig; zahlreiche Lateinamerika-Aufenthalte
berufl. Stellung Wissenschaftlicher Angestellter; Schriftleiter
Beratung Gelegentliche Gutachter- und Referententätigkeit
Sprachen Englisch, Spanisch (Portugiesisch, Französisch)
Fachgebiet Länderkunde / Information und Dokumentation
themat. Schwerpunkte Sozialer Wandel, Migration, Lateinamerika-Dokumentation
geogr. Schwerpunkte Lateinamerika, Mexiko, Karibischer Raum
Periodika Mithg. "Lateinamerika Jahrbuch" (Frankfurt/M.: Vervuert)
Aufsätze Flüchtlingsströme in Zentralamerika, in: Lateinamerika. Analysen-Daten-Dokumentation. Hamburg 3(1986)6/7, S. 75-81
sonst. Publikationen Handbuch der deutschen Lateinamerika-Forschung. Institutionen, Wissenschaftler und Experten in der Bundesrepublik Deutschland und Berlin (West). Neuere Veröffentlichungen. Hamburg/Bonn 1980, XVII+483 S. (zus. mit R. Ferno). Ergänzung 1981, 127 S.
Manual para las relaciones europeo-latinoamericanas. Instituciones y organizaciones europeas y sus relaciones con América Latina y el Caribe = Handbook for European-Latin American

relations. European institutions and organizations and their relations with Latin America and the Caribbean. Madrid: IRELA 1987, 772 S. (zus. mit B. Farenholtz)

P 195 **Gretenkord**, Barbara

Privat Herderstr. 6
D-10625 Berlin <W-1000 Berlin 12>

Geburtsdatum, -ort 1950, Münster

berufl. Werdegang Studium (Architektur), Hochschule für Gestaltung, Bremen; Studium (freie Malerei, Bildhauerei), GHS Kassel; Studium (Ethnologie, Kunstgeschichte, Altamerikanistik), FU Berlin; WissMitarb., Hochschule der Künste Berlin im FB 1 (freie Kunst)

Sprachen Englisch, Spanisch, Quechua (Portugiesisch)

Fachgebiet Altamerikanistik / Kunstgeschichte

themat. Schwerpunkte Kunst der Kolonialepoche, Architektur der Kolonialzeit, Kunst, Kunsthandwerk und materielle Ausstattung der ind. Ethnien von den vorspanischen Kulturen bis zur aktuellen Situation

geogr. Schwerpunkte Andenländer, La-Plata-Region und Mittelamerika

Monographien Lexikon: Künstler der Kolonialzeit in Lateinamerika. Berlin: Akademie Verlag 1992

Aufsätze Geschichte des peruanischen Textilhandwerks in vorspanischer Zeit, aus: Weben der Indios. Textilhandwerk aus den Andenländern. Bonn: DVV 1985, S. 109-124

Azulejos Europeos de la Epoca del art nouveau en Sudamérica, in: Humboldt. Bonn 32(1991)103, S. 96-101

Indianischer Einfluß auf die andine Kunst der Kolonialepoche, in: Humboldt. Bonn 33(1992)104

P 196 **Groschup**, Helmut

Privat Roseggerstr. 11
A-6020 Innsbruck
Tel: 43 (5 12) 49 15 77

Geburtsdatum, -ort 1954

berufl. Werdegang Dr.phil., Berlin; 1985-88 ÖIE-Mitarb.; seit 1989 freiberuflich als Journalist tätig

berufl. Stellung Journalist, Cineast, Lehrtätigkeit am Institut für Publizistik in Salzburg

Sprachen Englisch, Spanisch (Italienisch, Portugiesisch)

Fachgebiet Medien

themat. Schwerpunkte Kulturinterdependenz, Emanzipationsbewegung, Film, Literatur, Pädagogik, Kulturaustausch, Politische Parteien

geogr. Schwerpunkte Zentralamerika, Kuba, Kolumbien, Brasilien, Argentinien

Schriftenreihen Hg. "Cinematograph" (Innsbruck)

Periodika Hg. "Machete" (Innsbruck)

Monographien Fernando Birri - Kino der Befreiung

Aufsätze regelmäßige Publikationen in: Dritte Welt. Monatsmagazin für

Internationale Politik, Wirtschaft und Kultur. Marburg

sonst. Publikationen Die Rezeption von Gabriel García Márquez in der überregionalen Presse der Bundesrepublik Deutschland. 1985 (ungedruckte Diss.)

P 197 **Grosjean**, Martin

Geographisches Institut, Universität Bern
Hallerstraße 12, CH-3012 Bern
Tel: 41 (31) 65 88 39
Fax: 41 (31) 65 85 11

Privat Sennweg 15, CH-3012 Bern
Tel: 41 (31) 23 56 87

Geburtsdatum, -ort 25.01.1962, Bern

berufl. Werdegang 1992 Dr.phil.; WissMitarb., Geogr. Inst., U Bern

Sprachen Englisch, Französisch, Spanisch, Kreol

Fachgebiet Geographie

themat. Schwerpunkte Klimageschichte, Klimatologie, Geomorphologie

geogr. Schwerpunkte Atacama, Nordchile

Aufsätze Climate Change and dynamics of natural resources in the Altiplano of Northern Chile during late glacial and holocene time. First synthesis, in: Mountain Research and Development. Tokyo: UNU (zus. m.a.) (im Druck)

Seenhochstände, Bodenbildung und Vergletscherung im Altiplano Nordchiles: Ein interdisziplinärer Beitrag zur Klimageschichte der Atacama, in: Bamberger geogr. Schr., Bamberg (1991)11, S. 99-108 (zus. mit B. Messerli; H. Schreier)

P 198 **Grube**, Nicolai

Seminar für Völkerkunde, Universität Bonn
Römerstr. 164
D-53117 Bonn <W-5300 Bonn 1>
Tel: 49 (2 28) 55 04 12
Fax: 49 (2 28) 55 04 40

Privat Helenenstr. 53
D-53225 Bonn <W-5300 Bonn 3>
Tel: 49 (2 28) 46 57 15

Geburtsdatum, -ort 06.06.1962, Bonn

berufl. Werdegang 1985 M.A. (Altamerikanistik, Völkerkunde, Indologie); 1989 Dr. phil.; 1986-90 Lehrbeauftr., Altamerikanistik; seit 1989 "Project Epigrapher" des Caracol Arch. Project der U of Central Florida, Orlando; seit 1990 WissMitarb., Sem. für Völkerkunde, U Bonn

Sprachen Spanisch, Englisch, yukatekisches Maya (klass. Maya, klass. Quiché, klass. Chol, Sanskrit, Hethitisch)

Fachgebiet Altamerikanistik

themat. Schwerpunkte Ethnohistorie, Linguistik, Archäologie

geogr. Schwerpunkte Mesoamerika

Monographien Die Entwicklung der Mayaschrift. Grundlagen zur Erforschung des Wandels der Mayaschrift von der Protoklassik bis zur spanischen Eroberung. Berlin: von Flemming 1990, 156 S.

Aufsätze Die Göttergestalten der Handschriften und ihre Hieroglyphen, aus: C. Rätsch (Hg.), Chactun, die Götter der Maya. Köln 1985, S. 29-106

Städtegründer und "Erste Herrscher" in Hieroglyphentexten der Klassischen Mayakultur, in: Archiv für Völkerkunde. Wien (1988)42, S. 69-90

The Primary Standard Sequence on Chocholá Style Ceramics, aus: J. Kerr (Hg.), The Maya Vase Book. Bd. 2, New York 1990, S. 231-241

An Investigation of the Primary Standard Sequence on Classic Maya Ceramics, aus: M. Greene Roberston (Hg.), Sixth Palenque Round Table. Norman 1990, S. 223-231

Die Kompanien des Heiligen Kreuzes - Militärbünde bei den Cruzoob-Maya von Quintana Roo, Mexiko, aus: G. Völger; K. von Welck (Hg.), Zur Rolle des Mannes im Kulturvergleich. Köln 1990. S. 259-266

Die Errichtung von Stelen: Entzifferung einer Verbhieroglyphe auf Monumenten der Klassischen Mayakultur, aus: B. Illius; M. Laubscher (Hg.), Circumpacifica. Festschrift zum 65. Geburtstag von Thomas S. Barthel. Frankfurt/M. 1990, S. 189-215

Three Terminal Classic Monuments from Caracol, Belize, in: Research Reports on Ancient Maya Writing. Washington, D.C. (1991)36, S. 1-18 (zus. mit A. Chase; D. Chase)

P 199 **Grünberg**, Georg

Institut für Internationale Zusammenarbeit (IIZ), Universität Wien
Wipplinger Straße 32
A-1010 Wien
Tel: 43 (1) 5 33 47 86

Privat Freyung 6/1
A-1010 Wien
Tel: 43 (1) 5 33 65 95

Geburtsdatum, -ort 20.12.1943, Wien

berufl. Werdegang Ethnologiestudium, U Wien; Programmberater für ländliche Entwicklung in Zentralamerika (IIZ - Guatemala); Lektor, U Wien

Sprachen Englisch, Spanisch, Portugiesisch, Guaraní

Fachgebiet Ethnologie

themat. Schwerpunkte Indianische Bewegungen, Ländliche Entwicklung, Praktische Ethnologie

geogr. Schwerpunkte Paraguay, Zentralamerika, Brasilien

Monographien Indios, Unterdrückung und Widerstand. 1984 (mit B. Dietschy)

Los Pai-Tavytera. Etnografía guaraní del Paraguay contemporáneo. 1976

La pacificación malograda: relaciones interétnicas de aniquila-

	miento en el Brasil y Paraguay. MS 1989
Aufsätze	Las nacionalidades de la costa atlántica de Nicaragua en la revolución sandinista, in: Revista Mexicana de Ciencias Políticas y Sociales (1982)103, S. 33-55 Basisgemeinden und Volksreligiosität, in: Verbum (1986)27, S. 67-84 Bildung und Bewegung über Grenzen hinweg, in: Dritte Welt im Unterricht. Schulpartnerschaften und Projektunterricht (1991)13 Indianische Denkweise im Vergleich zur Europäischen, aus: Gestalt einer Erde. 1991 (Festschrift zum 75. Geburtstag von Prof.Dr. Otto Winkler)

P 200	**Gründler**, Carola
	Ibero-amerikanisches Forschungsinstitut, Universität Hamburg Von-Melle-Park 6 D-20146 Hamburg <W-2000 Hamburg 13> Tel: 49 (40) 41 23-48 02
Privat	Helmholtzstr. 2 D-22765 Hamburg <W-2000 Hamburg 50> Tel: 49 (40) 3 90 32 63
Geburtsdatum, -ort	16.02.1962, Dresden
berufl. Werdegang	ab 1987 WissAss., Humboldt-U, Berlin; 1988 Dr.phil.; ab 1990 WissMitarb., Ibero-amerikan. Forschungsinstitut, U Hamburg
wiss. Vereinigungen	DHV
Sprachen	Englisch, Spanisch, Französisch (Portugiesisch)
Fachgebiet	Literatur
themat. Schwerpunkte	Lateinamerikanische Literatur
Aufsätze	La personalidad de los tlamatinime y su cosmovisión en "Tres de cuatro soles" de Miguel Angel Asturias, in: Anales de literatura hispanoamericana. Madrid (1988)17, S. 61-70 Mario Vargas Llosa: "Der Geschichtenerzähler", in: Weimarer Beiträge (1991)2, S. 297-302 Der Traumtropfen des Miguel Angel Asturias, aus: Ch. Links (Hg.), Lateinamerikanische Literaturen. Autoren, Werke, Strömungen. Berlin/Bern/Frankfurt a.M./New York/Paris 1992 Miguel Angel Asturias: "Hombres de maíz", aus: Wentzlaff-Eggebert; Roloff (Hg.), Der hispanoamerikanische Roman. Bd. I, Darmstadt 1992, S. 173-180

P 201	**Guggenberger**, Eva
	Institut für Romanistik, Universität Wien Schlickgasse 4, A-1090 Wien Tel: 43 (1) 31 61 46 Fax: 43 (1) 31 61 47
Privat	Theresiengasse 43/19, A-1180 Wien Tel: 43 (1) 4 32 03 92
Geburtsdatum, -ort	14.01.1960, Wien

berufl. Werdegang	Studium (Romanistik, Völkerkunde), U Wien; Studienaufenthalte in Peru; Lektorin (Linguistik und Spanisch) U Wien
Sprachen	Spanisch, Portugiesisch, Französisch, Quechua (Englisch)
Fachgebiet	Linguistik
themat. Schwerpunkte	Soziolinguistik, Sprachkonfliktforschung
geogr. Schwerpunkte	Lateinamerika, bes. Peru
Monographien	Migration und Sprachenwechsel in Peru am Beispiel eines Pueblo Joven in Arequipa. Eine Fallstudie zur Diglossie. Wien 1988
Aufsätze	Migración y desplazamiento linguístico en Arequipa, aus: R. Cerrón-Palomino; G. Solís Fonseca (Hg.), Temas de Linguística Amerindia. Lima 1981-91 Peru: Andine Kulturen zwischen Anpassung und Widerstand: Auf dem Weg zu einer neuen Identität?, aus: Gesellschaft für Bedrohte Völker (Hg.), 500 Jahre Kolonialismus und indianischer Widerstand. Wien 1991
sonst. Publikationen	Problemas de la codificación del quechua en su condición de lengua dominada, in: Akten des 1. Seminario Internacional sobre Planificación Linguística. Santiago de Compostela 1991

P 202	**Gunnesch**, Klaus Alfred
	Facultad de Ciencias de la Tierra Universidad Autónoma de Nuevo León (FCT/UANL) Hacienda de Guadelupe 67 700 Linares, N.L./Mexiko Apartado Postal 1 04, 67 700 Linares, N.L./Mexiko Tel: 52 (8 21) 2 43 02
Privat	Venustiano Carranza 300 OTE, 67 700 Linares N.L./Mexiko Apartado Postal 135, Linares, N.L./Mexiko
Geburtsdatum, -ort	23.09.1944, Hermannstadt/Rumänien
berufl. Werdegang	1967 Dipl.Geol.; 1981 Dr.rer.nat.; 1986 Dr.rer.nat.habil.; 1986-90 Univ.Prof., Heidelberg; seit Juni 1990 HochschulDoz. an der FCT/UANL
Beratung	1981-86 Mitarbeit an Forschungsprojekten der DFG: Petrologie/Lagerstättenbildung in Zentralperu
wiss. Vereinigungen	DMG
Sprachen	Englisch, Spanisch, Rumänisch (Französisch, Russisch)
Fachgebiet	Geologie
themat. Schwerpunkte	Petrologie, Geochemie, Lagerstättenkunde
geogr. Schwerpunkte	Peru, Mexiko
Aufsätze	Beiträge in: Tagungshefte der Lateinamerika-Kolloquien (1982 Göttingen; 1984 Marburg; 1986 Berlin) und in einschlägigen Fachzeitschriften (z.B. Economic Geology; Boletín de la Sociedad Geológica del Peru)

P 203 **Gursky**, Hans-Jürgen

Institut für Geologie und Paläontologie (IGP), Univers. Marburg
Lahnberge, Hans-Meerwein-Str.
D-35043 Marburg <W-3550 Marburg/Lahn>
Tel: 49 (64 21) 28 55 28
Fax: 49 (64 21) 28 58 31

Privat Hohlweg 1
D-35274 Kirchhain <W-3575 Kirchhain 1>
Tel: 49 (64 22) 71 41

Geburtsdatum, -ort 28.03.1952, Hagen/Westf.

berufl. Werdegang 1978 Dipl.-Geol.; 1984 Dr.rer.nat. (Geologie); 1983-84 Projekt-Ass., GTZ; 1985-88 Doz. für Geologie, U de Nuevo León, Mexiko (integr. Experte des CIM); seit 1988 WissAss., U Marburg

wiss. Vereinigungen DGG; Bundesverband Deutscher Geologen; Geological Society of America

Sprachen Englisch, Spanisch, Französisch

Fachgebiet Geologie

themat. Schwerpunkte Sedimentologie, Marine Sedimentbecken, Erdkrustenentwicklg.

geogr. Schwerpunkte Mitteleuropa; Mexiko, Costa Rica

Schriftenreihen Mithg. "Actas de la Facultad de Ciencias de la Tierra", Linares, Mexiko (1986-1988)

Monographien Gefüge, Zusammensetzung und Genese der Radiolarite im ophiolithischen Nicoya-Komplex (Costa Rica). Münster. Forsch. Geol. Paläont. Münster (1988)68, 189 S., 63 Abb., 4 Tab.
Aspectos geológicos del noreste de México. Actas Fac. Cienc. Tierra U.A.N.L. Linares (1986)1, 116 S. (Hg. mit J.M. Barbarin)
El Cretácico de México y América Central. Actas fac. Cienc. Tierra U.A.N.L. Linares (1987)2, 277 S. (Hg. zus. mit J.M. Barbarin; P. Meiburg)

Aufsätze Presencia y origen de rocas sedimentarias en el basamento ofiolítico de Costa Rica, in: Rev. geol. Amér. central. San José (1989)10, S. 19-66, 23 Abb., 2 Tab.
Thermal alteration of chert in the ophiolite basement of southern Central America, aus: J.R. Hein; J. Obradovic (Hg.), Siliceous deposits of the Tethys and Pacific regions. New York: Springer 1988, S. 217-233, 16 Abb. (zus. mit M.M. Gursky)
Radiolarian petrographic preservation types in Jurasic to Lower Tertiary cherts of Costa Rica, in: Mar. Micropaleont. Amsterdam (1990)15, S. 249-263, 1 Abb., 1 Tab., 4 Taf.
Karten zur Geologie von Nordwest-Costa Rica (Mittelamerika) mit Erläuterungen, in: Geologica et Palaeontologica. Marburg (1984)18, S. 173-182, 1 Abb., 1 Tab., 4 Ktn. (zus. mit M.M. Gursky; R. Schmidt-Effing; H. Wildberg)
Lower Permian turbidites in the northern Sierra Madre Oriental, Mexico, in: Zbl. Geol. Paläont. Teil I, Stuttgart (1989), S. 8-21-838, 5 Abb., 1 Tab.

P 204 **Gursky geb. Strebin**, Monika Maria

Privat Hohlweg 1
D-35274 Kirchhain <W-3575 Kirchhain 1>
Tel: 49 (64 22) 71 41

Geburtsdatum, -ort 09.01.1956, Vreden/Westf.

berufl. Werdegang 1979 Dipl.-Geologin, 1986 Dr.rer.nat. (Geologie)

wiss. Vereinigungen GV

Sprachen Englisch, Spanisch (Französisch)

Fachgebiet Geologie

themat. Schwerpunkte Strukturgeologie aktiver Kontinentalränder, Petrogeographie

geogr. Schwerpunkte Costa Rica

Monographien Tektonische und thermische Deformationen im ophiolithischen Nicoya-Komplex (Nicoya-Halbinsel, Costa Rica) und ihre Bedeutung für die geodynamische Entwicklung im südlichen Zentralamerika. Marburg 1986, 230 S. (Diss. Fachber. Geowiss. U Marburg)

Aufsätze Análisis tectónico de la Península de Nicoya (Costa Rica) y su significado para el desarrollo estructural-geodinámico de América Central meridional, in: Revista Geológica de América Central. San José/Costa Rica (1988)8, S. 19-75

Tectonics of the Nicoya Peninsula, Costa Rica, and implications for the geodynamic history of the Caribbean, in: Zbl. Geol. Paläont., Teil I. Stuttgart (1991), 15 S.

The ophiolite sequence in northwestern Costa Rica (Nicoya Complex): outlines of stratigraphical, geochemical, sedimentological and tectonical data, in: Actas 5° Congr. latinamer.Geol. Argentina. Buenos Aires (1982)3, S. 607-619, 3 Abb. 3 Tab. (zus. mit H.-J. Gursky; R. Schmidt-Effing;H. Wildberg)

P 205 **Gutberlet**, Jutta

Forschungsschwerpunkt Lateinamerika, Geographisches Institut (GISLA), Universität Tübingen
Hölderlinstr. 12
D-72074 Tübingen <W-7400 Tübingen>
Tel: 49 (70 71) 29-53 67
Fax: 49 (70 71) 29 53 18

Geburtsdatum, -ort 17.08.1958, Langen

berufl. Werdegang 1979-82 Studium (Biologie), U Est. de São Paulo, Bras.; 1983 und 1986-88 Forschungsaufenthalte, São Paulo/Brasilien; 1990 beigeordn. Sachverst. der FAO Rom, Quito/Ekuador; seit Juli 1992 WissAss., Projektkoordinatorin im GISLA (Patanal-Projekt)

wiss. Vereinigungen ADLAF; Greenpeace

Sprachen Portugiesisch, Spanisch, Englisch (Französisch)

Fachgebiet Ökologie / Geographie

themat. Schwerpunkte Umwelt- und Ressourcenschutz, Umweltverträglichkeit, Biomonitoring, -indikation und -akkumulation, Entwicklungszusammenarbeit mit Lateinamerika, Angepaßte Landnutzung, Integrierte ländliche Entwicklung *geogr. Schwerpunkte* Südamerika, insbesondere Brasilien

Monographien Wirtschaftsraum Cubatao/São Paulo (Brasilien). Eine Fallstudie zur Erfassung und Beurteilung ausgewählter sozio-ökonomischer und ökologischer Konflikte unter besonderer Berücksichtigung der atmosphärischen Schwermetallbelastung. Tübingen 1991, 336 S.

Aufsätze Evolution and dynamics of the environment in the peripheral region of São Paulo: Santo Amaro-Billings lake. 25 Congrès International de Geographie; Symposium 17 "Cartographie de l'Environment et de sa Dynamique", Caen/Frankreich, 20.-25.08.1984

Uso de Sphagnum recurvum P. Beauv. como biofiltro no monitoramento de poluicão aerea industrial de metais pesados, in: Anais do XXXIX Congr. Nal. de Botanica, Belém/Brasil 1988

Industrialisierung in der Dritten Welt im ökologisch-sozio-ökonomischen Spannungsfeld. Das Beispiel Cubatao (Brasilien). aus: G. Kohlhepp (Hg.), Brasilien: Beiträge zur regionalen Struktur und Entwicklungsforschung. Tübingen 1988, S. 143-174

P 206 **Haas**, Hans-Dieter

Institut für Wirtschaftsgeographie, Universität München
Ludwigstr. 28
D-80539 München <W-8000 München 22>
Tel: 49 (89) 21 80-22 31

Privat Zirler Str. 1
D-82194 Gröbenzell <W-8038 Gröbenzell>
Tel: 49 (81 42) 77 46

Geburtsdatum, -ort 04.10.1943, Wirsitz

berufl. Werdegang 1969 Dr.phil. (Geogr.); WissAss., Geogr. Inst., U Tübingen; 1972 AkR; 1976 Habil.; 1979 ao.Prof.; 1992 o.Prof., U München

wiss. Vereinigungen ADLAF

Sprachen Englisch, Französisch, Spanisch

Fachgebiet Geographie

themat. Schwerpunkte Wirtschafts- und Sozialgeographie, Raumplanung, Umweltmanagement

geogr. Schwerpunkte Karibischer Raum

Schriftenreihen Mithg."Münchner Studien zur Sozial- und Wirtschaftsgeographie"; "WGI - Berichte zur Regionalforschung"; "Jahrbuch für den Fremdenverkehr"

Monographien Karibische Klein- und Mikrostaaten. Wirtschaftliche Außenabhängigkeit und Integrationsbestrebungen. Tübingen 1985, 200 S. (zus. mit U. Bader; J. Grumptmann)

Der Bauxitbergbau als Entwicklungsfaktor - untersucht am Beispiel der lateinamerikanischen Rohstoffländer. München 1985, 144 S. (Münchner Studien zur Sozial- und Wirtschaftsgeographie. 28) (zus. mit G. Scherm)

Industrialisierungsbestrebungen auf den Westindischen Inseln

	unter besonderer Berücksichtigung von Jamaika und Trinidad. Habilitationsschrift, Tübingen 1976, 171 S. + 64 Karten
Aufsätze	Die Karibischen Staaten - Wirtschaftsentwicklung zwischen traditioneller Außenorientierung und Integrationsbestrebungen, in: Geographische Rundschau 37(1985)6, S. 276-285
	The effectiveness of the industrial estates concept in developing nations, taking the Caribbean countries as an example, in: Applied Geography and Development, Bd. 17 (1981), S. 17-28
	Die Bewässerungswirtschaft als Mittel einer wirtschaftlichen Inwertsetzung arider und semiarider Gebiete im Karibischen Raum, aus: H.K. Barth; H. Wilhelmy (Hg.), Trockengebiete. Festschrift für H. Blume. Tübingen 1980, S. 321-351
	Recycling als Entwicklungsansatz in Drittweltländern. Das Beispiel der Glassammlung in Santo Domingo, in: Geographische Rundschau (1990)6, S. 314-320 (zus. mit Th. Sagawe)
	Das Problem Müll in Großstädten der Dritten Welt: Beispiele aus Ecuador und der Dominikanischen Republik, in: Zs. für Wirtschaftsgeographie (1990)3/4, S. 137-150 (zus. mit R. Ernst)

P 207	**Haas**, Richard
	Museum für Völkerkunde, Staatliche Museen Preuß. Kulturbesitz Arnimallee 23/27 D-14195 Berlin <W-1000 Berlin 33> Tel: 49 (30) 8 30 12 54 Fax: 49 (30) 8 31 59 72
Privat	Schlüterstr. 71 D-10625 Berlin <W-1000 Berlin 12> Tel: 49 (30) 3 13 45 98
Geburtsdatum, -ort	20.02.1954, Konstanz
berufl. Werdegang	1978-79 WissMitarb., Rathgen-Forschungslabor SMPK, Berlin; 1983-85 WissMuseumsass., Museum für Völkerkunde Berlin; 1984-85 Lehrtätigkeit, LAI FU Berlin; 1985-87 Bibliotheksref. IAI Berlin; 1987-89 WissAngest., Museum für Völkerkunde Berlin
berufl. Stellung	Kustos; Leiter Abt. Amerikanische Naturvölker
Sprachen	Spanisch, Englisch (Portugiesisch, Französisch)
Fachgebiet	Altamerikanistik
themat. Schwerpunkte	Museologie
geogr. Schwerpunkte	Mexiko, Zentralamerika, Andenraum
Monographien	Keramikfunde aus Ancón, Peru. Die Tonobjekte der Sammlung Reiss und Stübel im Museum für Völkerkunde Berlin. Berlin: Gebr. Mann 1986, 404 S.
Aufsätze	Investigaciones analíticas en cerámica del Perú, in: Indiana. Berlin 5(1979), S. 329-330 (zus. mit E. Fensch und J. Riederer)
	Use of natural scientific methods in ceramic objects, in: Camak. Berlin. Beilage 1 zu: Mexicon 5(1983)1, S. 7-9
	Wilhelm Reiss und Alphons Stübel und die Sammlung aus dem Gräberfeld von Ancón, Peru, in: Baessler-Archiv. Berlin NF

33(1985), S. 77-101
Estudio de una colección de cerámicas precolombinas del Museo Etnográfico de Berlín, aus: A.-M. Hocquenghem; P. Tamási; Ch. Villain-Gandossi (Hg.), Pre-Columbian Collections in European Museums. Budapest 1987, S. 234-239
Zentralamerika, aus: U. Köhler (Hg.), Altamerikanistik. Eine Einführung in die Hochkulturen Mittel- und Südamerikas. Berlin 1990, S. 381-393

P 208 **Haase**, Rainer

Universidade Federal de Mato Grosso (UFMT)
C.C.B.S.
Avenida Fernando Correa s/n, 78.098 Cuiabá - MT/Brasilien
Tel: 55 (65) 3 15 82 10
Fax: 55 (65) 6 27 29 02

Privat Rua Nassau 194, Jardim das Américas III, 78.090 Cuiabá - MT
Tel: 55 (65) 6 27 29 02
Fax: 55 (65) 6 27 29 02

Geburtsdatum, -ort 03.07.1954, Lengerich/Westfalen

berufl. Werdegang 1978 Dipl.Biol.; 1981 Dipl.Geol.; 1983 Dr. rer.nat.; 1982-89 WissAngest., U Göttingen, Systematisch-Geobotanisches Inst.; seit 1990 WissAngest., MPI für Limnologie, Plön; dt. Projektleiter im BMFT-Gemeinschaftsprojekt "Ökologie des Pantanals" (Partner MPI, UFMT, SEMA/FEMA)

wiss. Vereinigungen GTÖ

Sprachen Englisch, Spanisch, Portugiesisch (Französisch)

Fachgebiet Botanik

themat. Schwerpunkte Vegetationskunde, Ökologie, Landnutzung

geogr. Schwerpunkte Überschwemmungssavannen Brasiliens: Pantanal, Mato Grosso; Ost-Bolivien

Aufsätze Beispiele natürlicher Weiden im tropischen Bolivien, in: Giessener Beiträge zur Entwicklungsforschung. Giessen, Reihe I, 17(1988), S. 87-94 (zus. mit H. Gunnemann)
Structure and composition of savanna vegetation in northern Bolivia: a preliminary report, in: Brittonia 41(1989) S. 80-100 (zus. mit S.G. Beck)
Plant communities of a savanna in northern Bolivia: I. Seasonally flooded grassland and gallery forest, in: Phytocoenologia 18(1989) S. 55-81
Relationships of community composition and soil properties in savanna vegetation of northern Bolivia, in: Journal of vegetation Science 1(1990), S. 345-352
Auswirkungen der Landnutzung im Pantanal (Mato Grosso, Brasilien) und seinem Einzugsgebiet, in: Göttinger Beiträge zur Land- und Forstwirtschaft in den Tropen und Subtropen, Göttingen (1991)60, S. 17-30
Physical and chemical properties of savanna soils in northern

Bolivia, in: Catena (im Druck)

sonst. Publikationen Studies of savanna vegetation in northern Bolivia. in: W. Greuter; B. Zimmer; H.-D. Behnke (Hg.), Abstracts of the XIV Botanical Congress, Berlin, July 24 to August 1, 1987. Berlin 1987
Plant communities of seasonally flooded savannas in northern Bolivia. Resumos, XL Congresso Nacional de Botanica, 22 a 28 de Janeiro de 1989. Cuibá/Mato Grosso 1989
Structure and composition of a Trachypogon-savanna in northern Bolivia. Resumos, XL Congresso Nacional de Botanica, 22 a 28 de Janeiro de 1989. Cuiabá/Mato Grosso 1989

P 209 **Haberland**, Wolfgang

Privat Timm Kröger Weg 9
D-22926 Ahrensburg <W-2070 Ahrensburg/Holst.>
Tel: 49 (41 02) 4 15 32

Geburtsdatum, -ort 29.08.1922, Hamburg

berufl. Werdegang 1952 Dr. phil., U Hamburg; 1955-84 Leiter der Amerika-Abteilung, Hamburgisches Museum für Völkerkunde (i.R.)

wiss. Vereinigungen Society for American Archeology; DAI

Sprachen Englisch, Spanisch

Fachgebiet Archäologie / Ethnologie

themat. Schwerpunkte Archäologie Zentralamerikas (Naturvölk. Kunst Nordamerikas)

geogr. Schwerpunkte Zentralamerika

Schriftenreihen Hg. "Acta Humboldtiana"

Monographien Ausgraben, z.B. Ometepe. Hamburg 1984
Culturas de la América Indígena. Mesoamérica y America Central. México D.F.: FCE (2. Aufl. 1988), 196 S.
Das gaben sie uns. Indianer und Eskimo als Erfinder und Entdecker. Hamburg 1989 (4. veränderte Aufl.)
Amerikanische Archäologie. Geschichte, Theorie, Kulturentwicklung. Darmstadt: Wissenschaftliche Buchgesellschaft 1991

Aufsätze Lower Central America, aus: R.E. Taylor; C.W. Meighan (Hg.), Chronologies in New World Archaeology. New York/San Francisco/London: Academic Press 1978, S. 395-430
To quench the thirst: Water and settlement in Central America and beyond, aus: E.Z. Vogt; R.M. Leventhal (Hg.), Prehistoric Settlement patterns. Essays in honor of Gordon R. Willey. Albuquerque, NM: University of New Mexico Press 1983, S. 79-88
The Valle de General and Panamenian Chiriquí: Temporal and regional differences, aus: Skirboll/Creamer (Hg.), Inter-Regional Ties in Costa Rica. Osney Mead/Oxford: BAR 1984, S. 261-276
Settlement patterns and cultural history of Ometepe Island, Nicaragua: A preliminary sketch, aus: F.W. Lange; L. Norr (Hg.), Prehistoric Settlement Patterns in Costa Rica. Urbana: IL 1986, S. 369-386

P 210 **Haensch**, Günther

Forschungsprojekt "Neues Wörterbuch des amerikanischen Spanisch", Universität Augsburg
Universitätsstr. 10
D-86159 Augsburg <W-8900 Augsburg>
Tel: 49 (8 21) 5 98-7 53
Telex: 53 830 uniaug d
Fax: 49 (8 21) 5 98-7 61

Privat Ulrich-Hofmaier-Str. 39
D-86159 Augsburg

Geburtsdatum, -ort 22.04.1923, München

berufl. Werdegang 1954 Dr.phil. (Romanistik); 1967 Habil.; 1968 o.Prof., U Erlangen-Nürnberg; ab 1973 o.Prof., U Augsburg; 1991 emeritiert

Sprachen Englisch, Spanisch, Französisch, Katalanisch, Italienisch (Portugiesisch, Niederländisch)

Fachgebiet Linguistik / Länderkunde

themat. Schwerpunkte Lexikographie, Gegenwartssprache, Landeskunde, Amerikanisches Spanisch

geogr. Schwerpunkte Hispanoamerika

Schriftenreihen Hg. "Einführungen in die Landeskunde" (München), "Diccionarios modernos Herder" (Barcelona)

Periodika Seit 1979 Mithg. "Lebende Sprachen"

Monographien Nuevo Diccionario de Americanismos. Bd. I: Nuevo Diccionario de Colombianismos. (im Druck)

Aufsätze El Nuevo Diccionario de Americanismos (NDA) y la problemática de la lexicografía del español de América. Separata de Anales del Instituto de Lingüística. Mendoza/Arg. 1983, S. 110-117

Neues Wörterbuch des Amerikanischen Spanisch und Neues Wörterbuch des Kolumbianischen Spanisch, in: Hispanorama. Nürnberg (1984)36, S. 167-176

El español de Colombia, in: Hispanorama (1989)52, S. 43-60

Das Amerikanische Spanisch - wenig bekannt, in: Der Hochschullehrer. Bonn (1990)1, S. 22-24

Miseria y esplendor de la lexicografía hispanoamericana. Actas del VII Congreso de la ALFAL. Homenaje a Pedro Henríquez Ureña. Bd. I

Der Wortschatz des amerikanischen Spanisch. Einheit und Verschiedenheit des europäisch-spanischen und hispanoamerikanischen Wortschatzes. Sonderdruck aus: Jahrbuch der Universität Augsburg 1990. Augsburg 1991, S. 255-283

La lexicografía del español de América en el umbral del siglo X, aus: El español de América hacia el siglo XXI. Encuentro internacional sobre el español de América. Bd. I. Bogotá: Instituto Caro y Cuervo 1991, S. 41-62

P 211	**Hakki**, Madjit Ismail
	Botanischer Garten und Botanisches Museum Berlin-Dahlem Königin-Luise-Str. 6-8 D-14195 Berlin <W-1000 Berlin 33> Tel: 49 (30) 83 00 61 21 Fax: 49 (30) 83 00 62 18
Privat	Britzer Str. 42 D-12109 Berlin <W-1000 Berlin 42> Tel: 49 (30) 7 03 52 59
Geburtsdatum, -ort	19.03.1934, Nikosia / Zypern
berufl. Werdegang	1971 Dr.rer.nat; 1972-75 WissAngest., U Bochum; seit 1977 WissAngest., BGBM
wiss. Vereinigungen	Gesellschaft Naturforschender Freunde zu Berlin; Berliner Botanischer Verein
Sprachen	Türkisch, Griechisch, Englisch (Japanisch)
Fachgebiet	Botanik
themat. Schwerpunkte	Bearbeitung der Eriocaulaceae für die Flora der Guayanas
geogr. Schwerpunkte	Bahamas, Französisch Guayana, Guayana, Surinam
Aufsätze	Embryologische und Morphologische Untersuchungen an Pflanzen aus Westindien, 1. Zur Embryologie von Capraria biflora L. (Scrophulariaceae), in: Botanische Jahrbücher für Systematik, Pflanzengeschichte und Pflanzengeographie, Bd. 96. Stuttgart 1975, S. 125-153 Embryologische und morphologische Untersuchungen an Pflanzen aus Westindien, 2. Zur Embryologie von Eustoma exaltatum (genetianaceae), mit einer Bemerkung zum Phänomen der "instant pollen tubes", in: Willdenowia, Bd. 9, Berlin 1979, S. 131-147 (zus. mit U. Drexler) Studies on West Indian Plants. 3. On floral morphology, anatomy and relationship of Picrodendron baccatum (L.) Krug & Urban (Euphorbiacae), in: Botanische Jahrbücher für Systematik, Pflanzengeschichte und Pflanzengeographie, Bd. 107, Stuttgart 1985, S. 379-394
P 212	**Harms**, Hans
	Arbeitsbereich Städtebau und Wohnungswesen Technische Universität Hamburg-Harburg (FSP 1-07/AB III) Schwarzenbergstr. 93 c, III OG D-21073 Hamburg <W-2100 Hamburg 90> Postfach 90 10 52 D-21050 Hamburg Tel: 49 (40) 77 18-30 11 oder -32 11 Telex: 4 03 696-tuhh Fax: 49 (40) 77 18-22 88
Privat	Dorotheenstr. 161 D-22299 Hamburg <W-2000 Hamburg 60> Tel: 49 (40) 2 70 36 70
Geburtsdatum, -ort	10.05.1931, Neuenbrook/Oldenburg

berufl. Werdegang Studium (Architektur); Postgrad.Stud. (Stadt- und Regionalplanung); Praxis als Architekt und Stadtplaner: 1968-74 AssProf., MIT, Cambridge; 1974-81 Seniorlecturer und Leiter des "Housing Studies Programms", Graduate School der Architectural Assoc., London; 1978-81 Prof. für soz. Wohnungsbau, TH Eindhoven; ab 1981 Prof., TU Hamburg-Harburg

wiss. Vereinigungen Vereinigung der Stadt-, Regional- und Landesplaner (SRL); Verein zur Förderung von Planen und Bauen in Entwicklungsländern (TRIALOG); Wohnbund

Sprachen Englisch, Spanisch, (Französisch, Niederländisch)

Fachgebiet Architektur / Städtebau

themat. Schwerpunkte Selbsthilfe, Staatliche Wohnungsbauprogramme, Innerstädtische Mietquartiere, Stadtrandsiedlungen

geogr. Schwerpunkte Peru, Venezuela, Cuba, Brasilien

Periodika Mitbegründer und Redaktionsarbeit, "Trialog"

Aufsätze User and Community Involvement in Housing and its Effects on Professionalism, aus: J.F.C. Turner; R. Fichter (Hg.), Freedom to Build. New York: Macmillan 1972, S. 176-199

Historical Perspectives on the Practice and Politics of Self-Help Housing, aus: P.M. Ward (Hg.), Self-Help Housing, a Critique. Oxford: Mansell 1982, S. 17-53

Zur Geschichte der Selbsthilfe. Praxis und Ideologie, in: Trialog 1(1983), S. 9-13

Stadterneuerung in Lateinamerika. Eine neue Herausforderung für Forschung, Planung und Entwicklungszusammenarbeit, aus: Arbeitskreis Stadterneuerung / Institut für Stadt- und Regionalplanung der TU Berlin (Hg.), Jahrbuch Stadterneuerung 1990/91. Berlin: TU 1991, S. 251-266 (zus. mit P. Pfeiffer)

Self-help housing in developed and Third World countries, aus: K. Mathéy (Hg.), Beyond self-help housing. London 1992, S. 330-352

P 213 **Hartge**, Karl-Heinrich

Institut für Bodenkunde, Universität Hannover
Herrenhäuser Str. 2
D-30419 Hannover <W-3000 Hannover 21>
Tel: 49 (5 11) 7 62 26 25

Privat Kurt-Schumacher-Str. 16
D-30823 Garbsen <W-3011 Garbsen>
Tel: 49 (51 37) 7 11 17

Geburtsdatum, -ort 18.03.1926, Dorpat

berufl. Werdegang Studium (Gartenbau); 1955 Dipl.; 1958 Dr.rer.hort.; 1963 Habil.; Universitätsprofessor i.R. (Betreuung von Doktoranden)

Sprachen Englisch (Spanisch)

Fachgebiet Bodenkunde

Aufsätze Arbeiten in Chile. Valdivia (zus. mit A. Ellies)

Erfassung der Gefügeveränderung infolge von Inkulturnahme von Böden des Sekundärwaldes in Südchile durch Multivarianz-

	analyse. in: Z. Kult.& Landentw. (1990)31, S. 380-388
	Gefügeveränderungen bei Andosolen Südchiles als Folge der Nutzung seit der Rodung. in: Z. Pflanzenern. & Bodenkd. (1990)153, S. 389-394)
	Modificaciones en la estructura del suelo por efecto de su uso. VI Congreso Nac. de las Ciencias del Suelo, Proc., S. 233-237
sonst. Publikationen	Physikalische Untersuchung von Böden. Stuttgart: Enke 1989 (2. Aufl.), 175 S. (zus. mit Horn)
	Einführung in die Bodenphysik. Stuttgart: Enke 1991 (2.Aufl.), 267 S. (zus. mit Horn)

P 214	**Hartmann**, Günther
Privat	Bahnhofstr.38 D-12207 Berlin <W-1000 Berlin 45>
Geburtsdatum, -ort	13.01.1924, Berlin
berufl. Werdegang	1958 Dr.phil., FU Berlin; 1962-69 WissMitarb.; 1969 Kustos; 1970 Oberkustos, Lehrbeauftr. FU Berlin; seit 1982 HonProf., FU Berlin
Sprachen	Englisch, Spanisch (Portugiesisch)
Fachgebiet	Ethnologie
themat. Schwerpunkte	Naturvölker Südamerikas
Monographien	Litjoko. Puppen der Karaja, Brasilien. Berlin 1973, 133 S. (Veröffentlichungen des Museums für Völkerkunde Berlin. NF 23) Silberschmuck der Araukaner, Chile. Berlin 1974, 115 S. Molakana. Volkskunst der Cuna, Panama. Berlin 1980, 111 S., 231 Abb. (Veröffentl. Mus. für Völkerkunde Berlin. NF 37) Xingu. Unter Indianern in Zentral-Brasilien. Berlin 1986, 323 S. Keramik des Alto Xingu, Zentral Brasilien. Berlin 1986, 154 S.
Aufsätze	zahlreiche Aufsätze (Liste erhältlich)

P 215	**Hartmann**, Roswith
	Seminar für Völkerkunde, Universität Bonn Römerstr. 164 D-53117 Bonn <W-5300 Bonn 1> Tel: 49 (2 28) 5 50-4 12 Telex: 88 66 57 unibo d Fax: 49 (2 28) 73 55 79
Privat	Augustinusstr. 43 D-53123 Bonn Tel: 49 (2 28) 61 44 54
Geburtsdatum, -ort	14.04.1933, Seligenstadt/Main
berufl. Werdegang	Studium am Dolmetscher-Inst., U Heidelberg; 1955 Akad. gepr. Übersetzerin; 1956 Dipl.-Übersetzerin für Spanisch; Studium (Völkerkunde, Vor- und Frühgeschichte, Hispanistik), U Bonn; 1967 Dr.phil.; 1966-68 WissMitarb. am "Proyecto Ecuador"; 1969 WissAss.; 1972-1974 AkR; AkOR, U Bonn
wiss. Vereinigungen	DGV; Gesellschaft für Erd- und Völkerkunde, Bonn; korresp.

	Mitgl. Academia Nacional de Historia, Quito/Ekuador; Ehrenmitgl. Instituto Azuayo de Folklore, Cuenca/Ekuador
Sprachen	Englisch, Spanisch, Französisch, Quechua (Portugiesisch)
Fachgebiet	Altamerikanistik
themat. Schwerpunkte	Quechuastudien, Ethnohistorie, Ethnographie, Archäologie
geogr. Schwerpunkte	Andenraum
Schriftenreihen	Hg. von "Bonner Amerikanistische Studien/Estudios Americanistas de Bonn" (Nr. 15, 16, 17 sowie der Sondernr.)
Aufsätze	Bemerkungen zum heutigen Stand der Quechua-Forschung, aus: Gedenkschrift Gerd Kutscher, I. Berlin 1984 , S. 351-366 Achikee, Chificha y Mama Huaca en la tradición oral andina, in: América Indígena. México 44(1984)4, S. 649-662 Narraciones quechuas recogidas por Max Uhle a principios del siglo XX, in: Indiana. Berlin 11(1987), S. 321-385 Aufgaben, Rollen und Räume von Mann und Frau bei Inka und Azteken, aus: J.Martin; R.Zoepffel (Hg.), Aufgaben, Rollen und Räume von Mann und Frau. Freiburg 1989, S.183-238 Indianisches Erzählgut im andinen Bereich, aus: C. Wentzlaff-Eggebert (Hg.), Realität und Mythos in der lateinamerikanischen Literatur. Köln/Wien 1989, S. 133-163 Pictografías de tipo religioso-cristiano del área andina - dos ejemplos, aus: A. Anderle (Hg.), Iglesia, Religión y sociedad en la historia latinoamericana (1492-1945). Szeged 1989,S.169-188 Zur Überlieferung indianischer Oraltraditionen aus dem Kolonialzeitlichen Peru: das Huarochirí-Manuskript, aus: B. Illius, M. Laubscher (Hg.), Circumpacifica - Festschrift für Thomas S. Barthel, I. Frankfurt/Bern/New York/Paris 1990, S. 543-561 Einmal ging der Ekeko auf Reisen. Zur Geschichte der Archäologisch-Ethnographischen Lehr- und Studiensammlung des Seminars für Völkerkunde der Univ. Bonn, aus: V. Harms, A.Kelm, H. Prem, M. Taureg, R. Vossen (Hg.), Völkerkunde Museen 1990. Lübeck 1990, S. 225-233 (Festschr. Helga Rammow)

P 216	**Haufe**, Hans
	Kunsthistorisches Institut, Universität Heidelberg Seminarstr. 4 D-69117 Heidelberg <W-6900 Heidelberg> Tel: 49 (62 21) 54 23 46
Privat	Rummerweg 5 D-69121 Heidelberg Tel: 49 (62 21) 47 24 82
Geburtsdatum, -ort	19.07.1943, Radebeul/Dresden
berufl. Werdegang	1969 Dipl.Kunsthist.; Wiss. Redakteur; ab 1972 Aufbaustud., U Heidelberg; 1973-74 Mexiko; 1977 Dr.phil.; ab 1978 erneuter Mexiko-Aufenthalt (DFG-Stipendiat, Puebla-Tlaxcala-Projekt); 1980 Lehrauftrag Kunsthistor. Inst., U Heidelberg; 1981-87 Hochschulass., U Heidelberg; 1989 Profesor Especial, U Nacional, Bogotá; 1990 Habil.; PDoz., U Heidelberg
Sprachen	Spanisch (Englisch, Russisch)

Fachgebiet	Kunstgeschichte
themat. Schwerpunkte	Mexikanische Malerei und Architektur des 19. und 20. Jahrhunderts, Kolonialkunst, Urbanismus, Denkmalpflegeforschung
geogr. Schwerpunkte	Lateinamerika, insbes. Mexiko und Kolumbien
Monographien	Funktion und Wandel christlicher Themen in der mexikanischen Malerei des 20. Jhs. Berlin: Colloquium 1978, 227 S.
Aufsätze	Orozco und Beckmann: Die Last der Geschichte, aus: Katalog José Clemente Orozco. Berlin 1981, S. 97-105
	Diego Riviera, la historia y los mitos, in: Diego Riviera hoy. México 1986, S. 117-124
	Politische Kunst in Lateinamerika, aus: Piepers Wörterbuch zur Politik 6, Dritte Welt. München 1987, S. 409-420
	Der Muralismo, eine Kunst der Selbstbegründung, aus: Imagen de México. Der Beitrag Mexikos zur Kunst des 20. Jh. Frankfurt/M. 1987, S. 91-103
	Mompox und die Architektur der Karibik: Die Begegnung der Kulturen am Rio Magdalena, aus: Rasse, Klasse und Kultur in der Karibik. Frankfurt/M.: Vervuert 1989, S. 153-182
	Stadterneuerung in Kolumbien: Modelle und Strategien, aus: O. Borst (Hg.), Die alte Stadt. 17 Jh., Stuttgart 1990, S. 346-363
	Gegen die Metaphysik der Leere. Transzendenz und Religion bei Mathias Goeritz, aus: Mathias Goeritz. Berlin: Akademie der Künste 1992
	Weitere Beiträge für "Lexikon der Kunst", "Meyers Enzyklopädisches Lexikon", "Herders Große Enzyklopädie der Malerei", "Propyläen-Kunstgeschichte des 20. Jahrhunderts"
	Kunstgeschichte, aus: N. Werz (Hg.), Handbuch der deutschsprachigen Lateinamerikakunde. Freiburg: ABI 1992, S. 371-388

P 217	**Hausberger**, Bernd
	Institut für Geschichte, Universität Wien Dr. Karl-Lueger-Ring A-1010 Wien
Privat	Koppstr. 80/221 A-1160 Wien Tel: 43 (1) 9 21 96 73
Geburtsdatum, -ort	07.01.1960, Amstetten
berufl. Werdegang	bis 1984 Studium (Klassische Philologie, Geschichte, Hispanistik); 1987-88 Tätigkeit im Lehramt; 1990 Dr.phil (Geschichte); UnivAss., U Wien
Sprachen	Englisch, Spanisch (Französisch, Italienisch)
Fachgebiet	Geschichte
themat. Schwerpunkte	Kolonialgeschichte, Bergbau, Mission, Regionalgeschichte
geogr. Schwerpunkte	Mexiko
Monographien	Nueva España a mediados del siglo XVIII. Un estudio cuantitativo sobre los años de 1761 a 1767. (im Druck)
Aufsätze	Abbau und Verhüttung von Silbererzen im kolonialen Mexiko, in: Mitteilungen der Österreichischen Gesellschaft für Geschich-

te der Naturwissenschaften 9(1989), S. 19-52
Mission und Bergbau im kolonialen Sonora, in: Zeitschrift für Lateinamerika. Wien (1991)
Die spanische Kolonisation Mexikos, in: Beiträge zu historischen Sozialkunde 1(1991), S. 9-16

P 218 **Hein**, Wolfgang

Institut für Allgemeine Übersee-Forschung
Deutsches Übersee-Institut (DÜI)
Neuer Jungfernstieg 21
D-20354 Hamburg <W-2000 Hamburg 36>
Tel: 49 (40) 3 56 25 41

Privat Tarfenbööm 26
D-22419 Hamburg <W-2000 Hamburg 62>
Tel: 49 (40) 5 20 62 61

Geburtsdatum, -ort 09.01.1949, Bremerhaven

berufl. Werdegang 1974 M.A. (Geschichte, Soziologie, Politische Wissenschaft), U Konstanz; Aufbaustud. (Politische Wissenschaft), Konstanz; 1976-78 DAAD-Stipendiat am Institute of Development Studies, Brighton/England; 1983 Dr.rer.soc., U Konstanz; 1978-88, LAI FU Berlin; seit 1988, WissMitarb., DÜI Hamburg

Beratung Mitarbeit an Forschungsprojekten, Studie für "Brot und die Welt" über ökologische Probleme in Costa Rica und Nikaragua

wiss. Vereinigungen GEB; DVPW

Sprachen Englisch, Spanisch, Französisch (Portugiesisch)

Fachgebiet Politische Ökonomie / Wirtschaft

themat. Schwerpunkte Abhängigkeit und nationale Entwicklung in Ländern der Dritten Welt, Umwelt, Entwicklungsstrategien

geogr. Schwerpunkte Costa Rica

Periodika Mithg. "Peripherie"; "Zeitschrift für Politik und Ökonomie in der Dritten Welt" (Berlin), "Nord-Süd aktuell" (Hamburg)

Monographien Venezuela: Weltmarktabhängigkeit und Entwicklung in einem Ölland 1958-1978. Stuttgart 1983, 245 S.
Drei Welten - eine Umwelt. Materialien einer Tagung über Ökologie und Dritte Welt. Saarbrücken 1984, 320 S. (zus. mit J. Freiberg, T. Hurtienne, T. Mutter)
El desafío económico de Costa Rica. Desarrollo agroindustrial autocentrado como alternativa. San José/Costa Rica 1990, 393 S. (zus. mit T. Altenburg, J. Weller)
(Hg.) Umweltorientierte Entwicklungspolitik. Hamburg 1991, 448

Aufsätze Konstitutionsbedingungen einer kritischen Entwicklungstheorie - Globale kapitalistische Expansion, räumliche Strukturen gesellschaftlicher Entwicklung und der schwindende Einfluß nationalstaatlicher Strategien, aus: F.Nuscheler (Hg.), Dritte Welt-Forschung. Entwicklungstheorie und Entwicklungspolitik. Opladen 1985, S. 27-55
Umwelt und Entwicklungstheorie. Ökologische Grenzen der Entwicklung in der Dritten Welt?, in: Nord-Süd aktuell (1990)1,

S. 37-52
"Autozentrierte agroindustrielle Entwicklung" als Entwicklungsmodell für Costa Rica: Ansätze und Perspektiven, aus: L.Ellenberg; A.Bergemann (Hg.), Entwicklungsprobleme Costa Ricas. Saarbrücken 1990, S. 215-237

P 219 **Heine**, Klaus

Geographisches Institut, Universität Regensburg
Universitätsstr. 31
D-93053 Regensburg <W-8400 Regensburg>
Tel: 49 (9 41) 9 43-36 05, -36 06
Telex: 65 658 unire d
Fax: 49 (9 41) 9 43 23 05

Privat Mittelweg 4
D-93170 Bernhardswald <W-8411 Bernhardswald>
Tel: 49 (94 07) 31 40

Geburtsdatum, -ort 07.05.1940, Wuppertal

berufl. Werdegang 1968 Dr.rer.nat.; 1969 Dipl.Geogr.; 1973 Habil., U Bonn; 1973 WissRat und Prof., U Bonn; 1980 Univ.Prof., U Saarbrücken; 1983 Univ.Prof., U Regensburg

wiss. Vereinigungen DEUQUA; GV; Naturwiss. Vereinigung Rheinland und Westfalen, Bonn; Verband dt. Hochschullehrer der Geographie; Ges. für Erdkunde, Berlin; SASQUA; Hochschullehrerverband; Ges. für wiss. Entwicklung, Swakopmund/Namibia; International Mountain Society, USA; British Quarternary Research Ass., U.K.; Naturwiss. Verein, Regensburg; Southern African Ass. of Geomorphologists

Sprachen Englisch, Spanisch (Portugiesisch, Französisch)

Fachgebiet Geographie

themat. Schwerpunkte Geomorphologie, Eiszeitforschung

geogr. Schwerpunkte Bundesrepublik Deutschland, Ecuador, Bolivien, Mexiko, Südl. Afrika

Schriftenreihen Mithg. "Relief - Boden - Paläoklima"; "Regensburger Geographische Schriften"

Periodika Hg. "Palaeoecology of Africa" (Rotterdam: Baskema)

Monographien Studien zur jungquartären Glazialmorphologie mexikanischer Vulkane. Mit einem Ausblick auf die Klimaentwicklung. Wiesbaden: Steiner 1975, VIII, 178 S.

Aufsätze Schneegrenzdepressionen, Klimaentwicklung, Bodenerosion und Mensch im zentralmexikanischen Hochland im jüngeren Pleistozän und Holozän, in: Zeitschrift für Geomorphologie. Stuttgart, Suppl. 24(1976), S. 160-176
Zur morphologischen Bedeutung des Kammeises in der subnivalen Zone randtropischer und semihumider Hochgebirge. Beobachtungen aus Mexiko in den Jahren 1971-1975, in: Zeitschrift für Geomorphologie. Stuttgart 21(1977), S. 57-78
Bodenabtrag in Mexiko: Messungen - Extrapolationen - geomorphologisch-sedimentologische Befunde, in: Geogr. Ztschr.

Wiesbaden 71(1983), S. 28-40
The classical late Weichselian climatic fluctuations in Mexico, aus: N.-A. Mörner; W. Karlén, Climatic changes on a yearly to millenial basis. Dordrecht 1984, S. 95-115
Anthropogenic Sedimentological Changes during the Holocene in Mexico and Central America, in: Striae. Uppsala 26(1987), S. 51-83
Klimagang, Geomorphodynamik und Kulturentwicklung in Zentralmexiko, in: Jb. Geogr. Ges. Hannover. (1988), S. 189-211
Late quaternary glacial chronology of the Mexican volcanoes, in: Die Geowissenschaften. Weinheim 6(1988), S.197-205

P 220 **Heinz**, Wolfgang S.

Fachbereich Politische Wissenschaft (OSI)
Freie Universität Berlin
Harnackstr. 1
D-14195 Berlin <W-1000 Berlin 33>
Tel: 49 (30) 8 38 23 47
Privat Brandenburgische Str. 28
D-10707 Berlin <W-1000 Berlin 15>
Tel: 49 (30) 8 81 24 97
Fax: 49 (30) 8 81 24 97
Geburtsdatum, -ort 21.06.1953, Berlin
berufl. Werdegang Dipl.Psych.; Dipl.Pol.; Dr.phil.; Lehrbeauftr., FU Berlin
Sprachen Englisch, Spanisch, Portugiesisch (Französisch)
Fachgebiet Politikwissenschaft
themat. Schwerpunkte Politische Gewalt, Staat, Menschenrechte, Militär, Demokratisierung
geogr. Schwerpunkte Argentinien, Brasilien, Chile, Uruguay, Kolumbien, Peru
Monographien Ursachen und Folgen von Menschenrechtsverletzungen in der Dritten Welt. Mit Fallstudien zu Afghanistan, Äquatorialguinea, Äthiopien, Chile, Guatemala, Indonesien, den Philippinen, Uganda und Uruguay. Saarbrücken: Breitenbach 1986, 634 S.
Guerrillas, Friedensprozeß und politische Gewalt in Kolumbien (1980-1988). Hamburg: IIK 1989, 114 S.
Aufsätze Menschenrechte und Justiz unter der Regierung Barco, in: Lateinamerika. Analysen-Daten-Dokumentation. Hamburg (1989)11/12, S. 7-18
Der Kampf um die Menschenrechte in der Dritten Welt, aus: Deutsches Übersee-Institut (Hg.), Jahrbuch Dritte Welt 1990. München 1989, S. 106-118
Kolumbien und der Kokainhandel. Nationale und internationale Aspekte, aus: Europa-Archiv. Bonn 44(1989)15/16, S. 487-496
Guerrillas, Political Violence and the Peace Process in Colombia, in: LARR. Albuquerque, NM 24(1989)3, S. 249-258
Konsequenzen der Demokratisierung für die Streitkräfte in Argentinien, Brasilien und Uruguay, aus: Tobler; Waldmann (Hg.), Staatliche und parastaatliche Gewalt in Lateinamerika. Frank-

furt/M. 1991, S. 265-316
Menschenrechte und Nord-Süd-Konflikt, in: Aus Politik und Zeitgeschichte. Bonn (1991) B25-26, S. 29-38

P 221 **Hell**, Jürgen

Privat Zur Nachtheide 141
D-12557 Berlin <O-1170 Berlin>
Geburtsdatum, -ort 22.03.1935
berufl. Werdegang 1960-65 WissAss. Romanisches Inst., U Rostock; 1966 Dr.phil.; 1970-91 WissMitarb. Inst. für Allgemeine Geschichte der Akademie der Wissenschaften, Berlin; Forscher im Wissenschaftler--Integrationsprogramm d. KAJ
Sprachen Spanisch, Englisch (Portugiesisch, Französisch)
Fachgebiet Geschichte
themat. Schwerpunkte Politik des Deutschen Reiches in Lateinamerika vor 1914, Nationalgeschichte Brasiliens und Kubas, Sozialgeschichte der Negersklaverei in Amerika
geogr. Schwerpunkte Kuba, Brasilien, Antillen
Monographien Sklavenmanufaktur und Sklavenemanzipation in Brasilien (1500-1888). Berlin: Akademie-Verlag 1986, 288 S.
Geschichte Cubas (1492-1986). Berlin: Verlag der Wissenschaften 1989, 280 S.

P 222 **Hellmann**, Michaela

Institut für Soziologie, Universität Hannover
Schneiderberg 50
D-30167 Hannover <W-3000 Hannover 1>
Tel: 49 (5 11) 7 62-55 12
Fax: 49 (5 11) 7 62-41 99
Privat Jacobsstr. 11
D-30449 Hannover <W-3000 Hannover 91>
Tel: 49 (5 11) 45 73 94
Geburtsdatum, -ort 28.11.1961, Hildesheim
berufl. Werdegang 1987 Tutorin im "Advanced Training Programme in Educational Administration for Technical and Vocational Education", DSE; 1990 Dipl.Soz.; seit 1991 WissMitarb., Inst. f. Soz., U Hannover
wiss. Vereinigungen Sektion Frauenforschung, Dt. Ges. für Soziologie
Sprachen Portugiesisch, Englisch, Spanisch (Französisch)
Fachgebiet Soziologie
themat. Schwerpunkte Internationale Politik, Entwicklungspolitik, Staat und Entwicklung, Demokratisierung, Geschlechterverhältnisse, Rassismus
geogr. Schwerpunkte Brasilien, Mexiko, (Chile)
Monographien "Der Blick des Anderen ist der Tod Deiner Möglichkeiten?" Stigmatisierung und kollektive Überlebensstrategien von Frauen in einem Armutsviertel in Brasilien. Frankfurt/M.: Verlag für Inter-

	kulturelle Kommunikation 1991, 236 S.
Aufsätze	Familienstruktur und Frauenarbeit, aus: J. Augel (Hg.), Zentrum und Peripherie. Urbane Entwicklung und soziale Probleme einer brasilianischen Großstadt. Saarbrücken 1991, S. 73-85 (ASA-Studien. 22) (zus. mit S. Gottschalk) Stigmatisierung und Sozialisation der "Marginalisierten", aus: Zentrum und Peripherie..., S. 127-147 Überlebenskünstlerinnen zwischen kollektiven Sicherungsformen und traditionellen Weiblichkeitsbildern, in: Brasilien Nachrichten. Osnabrück (1988)101, S. 14-24
sonst. Publikationen	Zum Zusammenhang von Familienstrukturen und sozio-ökonomischen Bedingungen - die Arbeit der Frauen in einem Haus im Maciel, aus: J. Augel (Hg.), Soziale Folgen der Sanierungsmaßnahmen im historischen Stadtzentrum von Salvador/Bahia (Brasilien). Forschungsvorhaben und Lehrforschung. Abschlußbericht. Bielefeld 1988, S. 93-129 (zus. mit Gottschalk) Gender Relations and Women's Movements in Brazil (im Druck)

P 223	**Henkel**, Karl
	Geographisches Institut, Universität Tübingen Hölderlinstr. 12 D-72074 Tübingen <W-7400 Tübingen> Tel: 49 (70 71) 6 33 65
Privat	Hausserstraße 93 D-72076 Tübingen Tel: 49 (70 71) 6 33 65
Geburtsdatum, -ort	07.07.1955, Lieser
berufl. Werdegang	Studium (Geographie, Politikwissenschaft); Feldforschungsaufenthalt Brasilien; Dr.rer.nat.; WissAngest., U Tübingen
Sprachen	Englisch, Portugiesisch
Fachgebiet	Geographie / Regionalplanung
themat. Schwerpunkte	Regionalplanung
geogr. Schwerpunkte	Brasilien, Amazonas-Region
Monographien	Agrarstrukturwandel und Migration im östlichen Amazonien (Pará, Brasilien). Tübinger Geographische Studien 1992, 452 S.
Aufsätze	Agrarräumliche Entwicklungen im östlichen Pará (Amazonien), unter besonderer Berücksichtigung kleinbäuerlicher Landwirtschaft, aus: G. Kohlhepp (Hg.), Brasilien. Beiträge zur regionalen Struktur- und Entwicklungsforschung. Tübingen 1987, S. 255-274
sonst. Publikationen	Agrarkolonisation in Pará, Amazonien. Empirische Untersuchung eines peripheren Agrarraumes unter besonderer Berücksichtigung kleinbäuerlicher Strukturen. Tübingen 1986 (Dipl.-Arbeit)

P 224	**Hentschke**, Jens
Privat	Dierkower Höhe 42 D-18146 Rostock <O-2450 Rostock 40>
Geburtsdatum, -ort	24.06.1958, Zittau/Sachsen
berufl. Werdegang	1985 Dipl.Lateinamerikawissenschaftler/Historiker; ab 1985 WissAss., U Rostock; 1987 Dr.phil.
wiss. Vereinigungen	AHILA; ADLAF; Dt.-Bras. Gesellschaft; SLAS/GB; AHA/USA
Sprachen	Englisch, Spanisch, Portugiesisch, Russisch (Französisch)
Fachgebiet	Geschichte / Politikwissenschaft
themat. Schwerpunkte	Wirtschaftsgeschichte, Geistesgeschichte, soziale Bewegungen, politisches System, Revolution, Nationalismus, Regionalismus, Verfassung, Regenwald
geogr. Schwerpunkte	Brasilien, USA, Europa
Monographien	(Hg.) Da Monarquia escravocrata à República paulista. Brasil 1889/ Conferências proferidas no colóquio solene por ocasião do centenário do estabelecimento da República no Brasil, realizado pelo Instituto Latino-Americano da Universidade de Rostock e pelo Comitê de Amizade RDA-Brasil em 31 de outubro de 1989 em Rostock, com um supl. ao Colóquio "Alternativas Sociais na América Latina no Passado e na Época Atual" realizado em maio de 1989 em Rostock e um texto sobre a Inconfidência Mineira. Rostock: U de Rostock 1990, 63 S.
Aufsätze	Der "Grito de Ipiranga" - Eine Betrachtung zur brasilianischen Unabhängigkeit, in : Leipziger Beiträge zur Revolutionsforschung. Leipzig (1986)14, S. 64-77 Abolition der Sklaverei und Errichtung der Republik in Brasilien 1888/89 - Zäsur im brasilianischen bürgerlichen Revolutionszyklus, in: Lateinamerika. Rostock 23(1988)1, S. 9-29 Herausbildung und Entwicklung des brasilianischen Liberalismus im 19. Jahrhundert, in: AAL. Berlin 16(1988)2, S. 327-338 La independencia de Brasil. 1817-22, aus: Historia del ciclo de las revoluciones de España y América Latina. La Habana 1990, S. 41-45 A luta abolicionista-republicana no Brasil e a Grande Revoluçao Francesa, aus: Da Monarquia escravocrata à República paulista. Brasil 1889..., Rostock 1990, S. 13-25 Die brasilianische Verfassung von 1891 - Realität und Fiktion, in: Zeitschrift für Geschichtswissenschaft. Berlin 38(1990)12, S. 1081-1087 Die Menschheit am ethischen Scheideweg. Gedanken zur Umweltphilosophie und den Prämissen praktischen Handelns José Lutzenbergers, in: Reflexiones. Rostock 2(1991)2, S. 72-77

P 225	**Herlinghaus**, Hermann
	Zentrum für Literaturforschung Prenzlauer Promenade 149-152 D-13189 Berlin <O-1100 Berlin> Tel: 49 (30) 4 79 71 89
Privat	Planckstr. 20 D-10117 Berlin <O-1080 Berlin>
Geburtsdatum, -ort	04.10.1954, Berlin
berufl. Werdegang	1985 Dr.phil.; 1986-91 Zentralinst. für Literaturgeschichte der ehem. Akademie der Wissenschaften der DDR; WissMitarb.
Sprachen	Spanisch, Portugiesisch, Englisch (Italienisch, Russisch)
Fachgebiet	Literatur / Medien
themat. Schwerpunkte	Wechselbeziehungen zwischen den Medien, Lateinamerikanische Kulturtheorien
geogr. Schwerpunkte	Lateinamerika, Cono Sur
Monographien	(Hg.) Romankunst in Lateinamerika. Berlin 1989, 384 S. Alejo Carpentier. Persönliche Geschichte eines literarischen Moderneprojekts. München 1991, 188 S.
Aufsätze	Fünfundzwanzig Jahre 'neuer lateinamerikanischer Film', in: Beiträge zur Film- und Fernsehwissenschaft. Berlin 27(1986)2, S. 159-179 (unter Pseudonym: Gerry H.-Araya) Auskünfte über Fernando Birri I und II, in: Beiträge zur Film- und Fernsehwissenschaft. Berlin 28(1987)28/29, S. 102-123/ S. 4-32 (unter Pseudonym: Gerry H.-Araya) Soziale Existenzbedingungen der chilenischen Literatur unter dem Faschismus, in: Weimarer Beiträge. Berlin 34(1988)9, S. 1425-1445 Jorge Luis Borges oder die periphere Perspektive, aus: R. Weimann; H.U. Gumbrecht: Postmoderne. Globale Differenz. Frankfurt/M. 1991, S. 354-357 Zwischen Exil, Widerstand und Avantgarde. Der Film ORG (1967/1978) von Fernando Birri, aus: H. Groschup: Fernando Birri - Kino der Befreiung. Salzburg/Innsbruck/Wien 1991, S. 49-56

P 226	**Hess**, Rainer
	Romanisches Seminar, Universität Freiburg Werthmannplatz, KG 1 D-79098 Freiburg/Br <W-7800 Freiburg/Br.> Tel: 49 (7 61) 2 03-36 37
Privat	Im Grün 5 D-79252 Stegen <W-7801 Stegen> Tel: 49 (76 61) 6 12 18
Geburtsdatum, -ort	15.04.1936, Karlsruhe
berufl. Werdegang	1955-61 Studium (Romanistik, Anglistik), Freiburg/Br., Heidelberg, Berlin, Madrid; 1961 Dr.phil.; 1962-67 DAAD-Lektor Lissabon und Paris; 1967-70 WissAss., Roman. Sem. U Erlangen; 1969 Habil., U Erlangen; 1970 o.Prof. Roman. Phil., U Freiburg

wiss. Vereinigungen DRV; Deutsche Gesellschaft für Vergleichende und Allgemeine Literaturwissenschaft (auch ICLA); DHV; Deutscher Spanischlehrerverband; AIL

Sprachen Englisch, Spanisch, Portugiesisch, Französisch, Italienisch (Griechisch, Latein, Rumänisch, Katalanisch, Galizisch, Niederländisch)

Fachgebiet Literatur

themat. Schwerpunkte Romanisches Theater des Mittelalters, romanische Barockliteratur, portugiesische Literatur, moderne Erzählung in der Romania

geogr. Schwerpunkte Portugal, Spanien, Frankreich, Brasilien

Schriftenreihen Hg. "Freiburger Schriften zur romanischen Philologie"; Hg. des Bandes "Theater" für den Grundriß der romanischen Literaturen des Mittelalters

Periodika Mithg. "Iberoromania" (1980)12; "Aufsätze zur portugiesischen Kulturgeschichte" (Münster 1983, Bd. 18)

Monographien (Hg.) Internationales Repertorium der Lusitanistik und Brasilianistik. Freiburg: Romanisches Seminar 1978

Das romanisch geistliche Schauspiel als profane und religiöse Komödie (15. und 16. Jahrhundert). München 1965 (spanische Übersetzung: Madrid: Gredos 1976)

Die Anfänge moderner Lyrik in Portugal (1865-1890). München 1978

Literaturwissenschaftliches Wörterbuch für Romanisten. Tübingen 1989, 3. Aufl. (zus. mit M. Frauenrath; G. Siebenmann; T. Stegmann)

Aufsätze Zahlreiche Aufsätze in in- und ausländischen Zeitschriften und mehreren Sammelbänden

P 227 **Heuveldop**, Jochen

Ordinariat für Weltforstwirtschaft, Universität Hamburg
Leuschnerstr. 91
D-21031 Hamburg <W-2050 Hamburg 80>
Postfach 80 02 10
D-21002 Hamburg
Tel: 49 (40 72 52-28 35, 7 39 62-1
Fax: 49 (40) 7 39 62-4 80

Privat Elsterkamp 20
D-21244 Buchholz <W-2110 Buchholz>
Tel: 49 (41 81) 39 83 34

Geburtsdatum, -ort 07.07.1940, Hamburg

berufl. Werdegang 1967 Forstliches Hauptdiplom, Forstl. Fak., U Freiburg; 1967-72 WissAss., Inst. f. forstl. Ertragskunde, Freiburg; 1971 Promotion, Freiburg; 1972-75 WissMitarb., Inst. für Weltforstwirtschaft, BFH Hamburg; 1975 WissRat; 1978 WissOR. 1980-86 Auslandsmitarbeiter GTZ, CATIE, Costa Rica; 1986-89 Senior Fachplaner, GTZ, Zentrale Forstabteilung; 1989-92 Auslandsmitarbeiter, Sabah/Malaysia; seit 1992 BFH Hamburg (Leiter des Instituts für Weltforstwirtschaft und UnivProf.)

Sprachen Englisch, Spanisch, Schwedisch (Portugiesisch)

Fachgebiet Forstwirtschaft

themat. Schwerpunkte Waldbau, Forstökologie, Mikroklimatologie

geogr. Schwerpunkte u.a. Tropischer Regenwald Südamerika

Aufsätze Die amazonische Caatinga bei San Carlos de Río Negro, Südvenezuela. Relative Beleuchtungsstärken im Bestand, in: Forstarchiv. Hannover 48 (1977) 8, S. 148-154

Bioklima von San Carlos de Rio Negro, Venezuela, in: Amazoniana. Brasilien 7(1980)1, S. 7-17

Structure and functions of a rainforest in the International Amazon Ecosystem Project: Preliminary data on growth rates and natural regeneration from a pilot study, in: Turrialba. Costa Rica 33(1983)1, S. 25-38 (zus. mit M. Neumann)

The water budget of an amazonian rain forest, in: Acta Amazonica. Brazil 11(1981)1, S. 87-92 (zus. mit C.F. Jordan)

Agroclimatologia tropical. San José/Costa Rica: UNED 1986, 394 S. (zus. mit J. Pardo; S. Quiros; L. Espinoza)

Characterization and evaluation of agroforestry systems: The case of Acosta-Puriscal, Costa Rica. Agroforestry systems 1: (1983), S. 101-115 (zus. mit J. Lagemann)

sonst. Publikationen Dependence of productivity and stability on structure in natural and modified ecosystems in the tropical rainforest zone: preliminary conclusion from MAB-pilot project at San Carlos de Río Negro for the design of optimal agrosilvicultural and silvicultural systems, in: Mitt. Bundesforschungsanst. für Forst-Holzwirtschaft, Hamburg-Reinbek (1979)124, S. 42-50 (zus. mit E.F. Brünig; T.W. Schneider)

Seminar on advances in Agroforestry Research, CATIE, Turrialba/ Costa Rica, 1.9.-11.9.1985, 1987, 379 S. (Hg. zus. mit J. Beer; H.W. Fassbender)

El Componente Arboreo en Acosta y Puriscal, Costa Rica. CATIE, Turrialba/Costa Rica: CATIE 1983, 122 S. (Hg. zus. mit L. Espinoza)

P 228 **Hiepko**, Paul

Botanischer Garten und Botanisches Museum
Berlin Dahlem (BGBM)
Königin-Luise-Str. 6-8
D-14195 Berlin <W-1000 Berlin 33>
Tel: 49 (30) 8 30 06-1 52
Fax: 49 (30) 83 00 62 18

Privat Plantagenstr. 17
D-12169 Berlin <W-1000 Berlin 41>

Geburtsdatum, -ort 16.12.1932, Quedlingburg

berufl. Werdegang 1962-65 WissAss., FU Berlin; 1964 Dr.rer.nat.; 1965-72 WissAngest., BGBM; 1972-75 Oberkustos am BGBM; seit 1975 Direktor am BGBM und Professor

Sprachen Englisch (Französisch, Spanisch)
Fachgebiet Botanik
themat. Schwerpunkte Systematische Botanik, Flora der Guayanaländer
geogr. Schwerpunkte Lateinamerika, bes. Guayana, Surinam, Französisch Guayana
Schriftenreihen Mithg. "Bibliotheca Botanica"; Advisory Board der "Flora of the Guianas"
Periodika Mithg. "Botanische Jahrbücher"
Monographien Olacaceae und Opiliaceae in "Flora of the Guianas". Königstein 1992
Aufsätze Zahlreiche Beiträge in versch. botanischen Zeitschriften

P 229 **Hillebrandt**, Axel von

Institut für Geologie und Paläontologie
Technische Universität Berlin
Straße des 17. Juni 145
D-10623 Berlin <W-1000 Berlin 12>
Tel: 49 (30) 3 14 36 51
Telex: 18 42 62 tubln-d
Fax: 49 (30) 3 14-2 11 07
Privat Neuwerker Weg 32 a
D-14167 Berlin <W-1000 Berlin 37>
Tel: 49 (30) 8 17 68 15
Geburtsdatum, -ort 12.04.1933, Tilsit
berufl. Werdegang 1957 Dipl.Geol., TH München; 1960 Dr.rer.nat., U München; 1965 Habil. (Lehrgebiet Paläontologie), TU Berlin; 1969 o.Prof., TU Berlin
wiss. Vereinigungen Paläontolog. Ges.; GV; Schweizer Geolog. Ges.
Sprachen Englisch, Spanisch, Französisch
Fachgebiet Paläontologie / Geologie
themat. Schwerpunkte Mikropaläontologie (speziell Alttertiär), Paläontologie, Biostratigraphie, Paläobiogeographie und Paläogeographie des Jura in Südamerika
geogr. Schwerpunkte Argentinien, Chile und Peru
Monographien Sobre la bioestratigrafía y la fauna de amonites del Jurásio de América del Sur (especialmente de Chile). Chile 1972 (Depart.Geol.Univ.Chile. 39)
Aufsätze Ammoniten aus dem Toarcium (Jura) von Chile (Südamerika). Die Arten der Gattungen Dactylioceras, Nodicoeloceras, Peronoceras und Collina, in: Zitteliana. München 6(1981), 74 S., 26 Abb., 8 Taf., (zus. mit R. Schmidt-Effing)
Kontinentalverschiebung und die paläozoogeographischen Beziehungen des südamerikanischen Lias, in: Geol. Rundschau. Stuttgart 70(1981)2, S. 570-582, 7 Abb.
Faunas de amonites del Liásico inferior y medio (Hettangiano hasta Pliensbachiano) de América del Sur (excluyendo Argentina), in: Cuencas sedimentarias del Jurásico y Cretácico de América del Sur. Buenos Aires 2(1981), 10 Taf.
Trias und Jura in der mittleren Cordillera Domeyko von Chile

(23°30'-24°30'), in: N. Jb. Geol. Paläont. Abh. Stuttgart 170(1985)2, S. 129-166 (zus. mit M. Gröschke)
Liassic ammonite zones of South America and correlations with other provinces. Bioestratigrafía de los sistemas regionales del jurásico y cretácico de América del Sur. Mendoza 1987, S. 111-157
The triassic/jurassic boundary in Northern Chile, in: Cahiers Univ. Catho. Lyon, ser. Sci. Lyon 3(1990), S. 27-53
Aalenian (jurassic) ammonite faunas and zones of the Southern Andes, in: Zitteliana. München 12(1985), S. 3-55 (zus. mit G.E.G. Westermann)

P 230 **Hinterhäuser**, Hans

Institut für Romanistik, Universität Wien
Schwarzspanierstr. 4/8
A-1090 Wien
Tel: 43 (1) 43 44 56
Privat Peter-Jordan-Str. 145
A-1180 Wien
Tel: 43 (1) 4 75 69 44
Geburtsdatum, -ort 12.02.1919, Alzenau/Unterfranken
berufl. Werdegang 1946-49 Studium (Romanistik, Germanistik), Würzburg und Heidelberg; 1949-53 Lektor für Deutsch an der Ca'Foscari, Venedig; 1957-58 Lektor für Deutsch, U Madrid; 1960-62 Doz. (Romanistik), U Bonn; o.Prof. (Romanistik), U Kiel (1962-68), Bonn (1968-72) und Wien (seit 1972); seit 1988 emeritiert
wiss. Vereinigungen Österr. Akad.d. Wiss.; Real Academia Española (korresp. Mitgl.)
Sprachen Englisch, Spanisch, Französisch, Italienisch (Portugiesisch)
Fachgebiet Literatur
themat. Schwerpunkte Romanische Literaturen, Vergl. Literaturwiss. Frankreich 18. Jh., Spanien 19. Jh., Italien 20. Jh., Lateinamerika 19. und 20. Jh.
geogr. Schwerpunkte gesamte Romania
Schriftenreihen "Junge Wiener Romanistik"
Periodika "Italienische Studien"
Aufsätze Verschiedene Aufsätze über lateinamerikanische Literatur des 19. und 20. Jahrhunderts und einschlägige Kapitel in Büchern, zuletzt in ders. (Hg.), Streifzüge durch die romanische Welt. Wien 1989
sonst. Publikationen Übersetzungen aus den drei romanischen Hauptsprachen, Essay und Lyrik

P 231	**Hinz**, Eike
	Archäologisches Institut, Arbeitsbereich VII, Altamerikanische Sprachen und Kulturen, Universität Hamburg Johnsallee 35 D-20148 Hamburg <W-2000 Hamburg 13> Tel: 49 (40) 41 23-40 74
Privat	Grindelhof 17 D-20146 Hamburg Tel: 49 (40) 44 94 03
Geburtsdatum, -ort	26.01.1945, Goslar/Harz
berufl. Werdegang	1969 Dr.phil.; 1970-77 WissAss., U Hamburg; 1973-74 Visiting Scholar, School of Social Sciences, U of California at Irvine; 1975 Habil., U Hamburg; seit 1977 o.Prof. (Altamerikanische Sprachen und Kulturen), U Hamburg
Sprachen	Englisch, Spanisch (Nahuatl, Kanjobal-Maya, Französisch)
Fachgebiet	Ethnologie / Altamerikanistik
themat. Schwerpunkte	Belief Systems (Kognitive Anthropologie), Dynamik/Evolution sozialer Systeme, Sozialisation
geogr. Schwerpunkte	Mesoamerika, insbes. Mexiko und Guatemala
Schriftenreihen	Hg. "Altamerikanische Sprachen und Kulturen - Mitteilung"
Monographien	Analyse aztekischer Gedankensysteme. Wahrsageglaube und Erziehungsnormen als Alltagstheorie sozialen Handelns. Auf Grund des 4. und 6. Buches der "Historia general" Fray Bernadino de Sahagúns aus der Mitte des 16. Jhs. 1978, 224 S. Die Wirklichkeitsdeutung eines indianischen Kalenderpriesters. Interview mit einem traditionellen Ixil-Maya (Entwurf und Dokumentation). 1978, 64 S. The future of Zinacantán. A system-analytic study (Preliminary Report). 1978, 62 S. (zus. mit H. Lang) Aztekischer Zensus. Zur indianischen Wirtschaft und Gesellschaft im Marquesado um 1540. Hannover: Verlag für Ethnologie 1983, Bd. I: LXI+140 S., Bd. II VIII+137 S., 56 Taf. (zus. mit C. Hartau; M.L. Heimann-Koenen) Discursos en Mexicano. Alltagsleben am Hof von Tetzcoco in vorspanischer und frühkolonialer Zeit / La vida cotidiana en la corte de Tetzcoco antes y después de la conquista española. Berlin: Flemming 1987, 160 S., 16 Taf. (Aztekisch, Dt., Span.) Mißtrauen führt zum Tod. Die psychotherapeutischen Beratungsgespräche eines Ratgebers der Kanjobal-Maya, Bd. I: Deutsch; Bd. II: Kanjobal. Hamburg: Wayasbah 1991, (2 Bde.) XL+204 S. (3 Farbtafeln) und 178 S.
Aufsätze	Cognitive structures and processes in verbal magic, in: Sociologus. Berlin 2(1978) Aspectos sociales del calendario de 260 dias en Mesoamérica: información de procedencia mexicana, siglo XVI, in: Estudios de Cultura Nahuatl, Bd. 14, S. 203-224 Kanjobal Maya Divination. An Outline of a Native Psycho-Sociotherapy, in: Sociologus. Berlin (1984), S. 162-184

P 232 **Hirdes**, Wolfgang

Bundesanstalt für Geowissenschaften und Rohstoffe (BGR)
Stilleweg 2
D-30655 Hannover <W-3000 Hannover 51>
Postfach 51 01 53
D-30631 Hannover
Tel: 49 (5 11) 6 43-0

Privat Waldstr. 26
D-31303 Burgdorf <W-3167 Ehlershausen>
Tel: 49 (50 85) 4 91

Geburtsdatum, -ort 28.12.1949, Oberhausen

berufl. Werdegang 1973/74 Mitarb. DFG-Forschungsprojekt Zentralperu; 1975 Dipl. Mineraloge, Heidelberg; 1976-78 Research Officer, Chamber of Mines of South Africa, Johannesburg; 1979 Dr.rer.nat., U Heidelberg; seit 1979 WissAngest. bei BGR (Lagerstättenforschung) und Mitarb. der DGA, Dominikan. Rep., Sudan, Ghana

Sprachen Englisch, Spanisch (Französisch)

Fachgebiet Geologie

themat. Schwerpunkte Schichtgebundene Lagerstätten (Pb-Zn), präkambrische Gold/-Uranseifen, primäre Goldlagerstätten, Prospektion und Exploration metallische Rohstoffe, proterozoische Krustenentwicklung in West Afrika, primäre Goldlagerstätten

geogr. Schwerpunkte Peru, Dominikanische Republik, Südafrika, Sudan, Ghana

Aufsätze Geologische und metallogenetische Untersuchungen im nördlichen Atacocha-Distrikt/Zentralperu am Beispiel der Blei-Zink--Grube Machcán, in: Geol. Jahrbuch 28/D. Stuttgart 1978, 55 S. (zus. mit G.C. Amstutz)

The geology of the Cordillera Septentrional (Dominican Republic), aus: Transactions of the 9th Caribbean Geological Conference, Santo Domingo 1980, S. 619-632 (mit W. Eberle u.a.)

Machcán mine: a Pb-Zn ore deposit in Pucará sediments of the Atacocha District/Central Peru, aus: Fontbonté et al. (Hg.), Stratabound ore deposits in the Andes. Berlin/Heidelberg: Springer 1990, S. 293-303

P 233 **Hirsch-Weber**, Blanca

Privat Am Großen Wald 4
D-69251 Gaiberg <W-6901 Gaiberg>
Tel: 49 (62 23) 4 06 02

Geburtsdatum, -ort 10.01.1952, Nva. Santa Rosa/Guatemala

berufl. Werdegang 1973-77 B.A./M.A. U Montreal/Canada; 1984 Dr. 3ème cycle, U Paris X; seit 1987 Lehrauftr., Fak. für Sprach- und Literaturwiss., U Mannheim; 1988 Lehrauftrag, Facultad de Humanidades, U San Carlos/Guatemala

Sprachen Spanisch, Englisch, Französisch

Fachgebiet Literatur

themat. Schwerpunkte Spanische Lexikographie und Literatur Lateinamerikas und

Spaniens

geogr. Schwerpunkte Mittelamerika

Aufsätze El ámbito mítico-mágico del cuento Barritetes de Ricardo Estrada, aus: Paradigmenwechsel in der Romanistik. Festschrift Rupprecht Rohr. Wiesbaden: Steiner 1992

P 234 **Hirsch-Weber**, Wolfgang

Fakultät für Sozialwissenschaften, Universität Mannheim
A 5,6
D-68159 Mannheim <W-6800 Mannheim 1>
Tel: 49 (6 21) 2 92 52 90

Privat Am Großen Wald 4
D-69251 Gaiberg <W-6901 Gaiberg>
Tel: 49 (62 23) 4 06 02

Geburtsdatum, -ort 02.07.1920, Mannheim

berufl. Werdegang 1956 Promotion; 1968 Habil.; 1955-65 Abteilungsleiter am IPW Berlin; 1965-70 Abteilungsleiter des LAI FU Berlin; 1966-68 Direktor des Instituto de Investigaciones Sociales und GastProf., U de Chile, Santiago; 1969-71 Prof., FU Berlin; seit 1972 o. Prof., U Mannheim; seit 1988 Emeritus

wiss. Vereinigungen DGS; DGfP; DVPW; korresp. Mitgl. Academia Chilena de Ciencias Sociales; Asociación Argentina de Derecho Constitucional; Asociación Argentina de Ciencias Políticas

Sprachen Englisch, Spanisch, (Portugiesisch, Französisch)

Fachgebiet Politikwissenschaft

themat. Schwerpunkte Politische Theorie und Ideengeschichte, komparative Politik, Interessengruppen, internationale Politik

geogr. Schwerpunkte Lateinamerika, USA, Großbritannien

Monographien Lateinamerika. Abhängigkeit und Selbstbestimmung. Opladen: Leske 1972, 170 S.

Aufsätze Gesellschaftliche Konflikte in einigen Ländern Südamerikas, in: Moderne Welt. Düsseldorf/Wien 6(1965)4, S. 341-375

Aufstand der Massen? Wahlkampf und Stimmenthaltung in Chile 1915-1921, in: Iberoamerikanisches Archiv. Berlin NF 8(1982), S. 5-83

Grundbesitz und Herrschaft im vorindustriellen Chile, in: Iberoamerikanisches Archiv. Berlin NF 13(1987)4, S. 455-543

Chiles Salpetermonopol in seiner Bedeutung für Gesellschaft und Staat, in: Iberoamerikanisches Archiv. Berlin NF 16(1990)2, S. 274-330

P 235 **Hödl**, Walter

Institut für Zoologie, Universität Wien
Althanstr. 14
A-1090 Wien
Tel: 43 (1) 3 13 36-13 18
Fax: 43 (1) 3 13 36-7 00
Privat Balderichgasse 1/8
A-1170 Wien

Geburtsdatum, -ort 16.06.1948, Zell am See

berufl. Werdegang 1972-75 Mittelschulprofessor; 1975-78 Forschungsaufenthalte in Brasilien; ab 1978 Univ.Ass.

wiss. Vereinigungen mehrere herpetologische Vereinigungen (USA, Holland, Österreich); GTÖ; Deutsche Gesellschaft für Zoologie

Sprachen Englisch, Portugiesisch (Spanisch, Französisch)

Fachgebiet Biologie / Zoologie

themat. Schwerpunkte Tropenbiologie, Bioakustik, Wissenschaftlicher Film, Tierwelt Amazoniens (insbes. Amphibien)

geogr. Schwerpunkte Brasilien, Peru, Französisch Guyana

Periodika im "Alytes" (Editorial Board), Internat. Zeitschr. für Batrachologie (Paris)

Aufsätze Die Entwicklung der spektralen Empfindlichkeit der Netzhaut von Bombina, Hyla, Pelobates und Rana, in: Zool. Jb. Physiol. 79, S. 173-203

Call differences and calling site segregation in Anuran species from Central Amazonian floating meadows, in: Oecologia. Berlin 28, S. 351-363

Schreckrufe von Ciman crocodylus (Alligatoridae), in: Ann. Nat. Hist. Mus. Wien (1981), S. 305-306

Indian agriculture as exemplified by a Secoya village on the Rio Yubineto in Peru, in: Appl.Geogr.Dev. 20, S. 20-31 (zus. mit J. Gasche)

A tadpole from a Bombina hybrid population - a hopeless monster, in: Amphibia-Reptilia 7, S. 11-21 (zus. mit W.E. Kerr; C.M. Schlichting)

Reproductive diversity in Amazonian lowland frogs, in: Fortschritte der Zoologie 38, S. 41-60

sonst. Publikationen zahlreiche Kongreßberichte, wissenschaftliche Filme

P 236 **Hoener**, Dieter

Departamento de Vida Silvestre, Subsecretario de Estado de Recursos Naturales, Secretaría de Estado de Agricultura (DVS)
Pedro Henríquez Ureña No.5 (Serv.Alemán)
761-2 Feria (Servicio Alemán)
Santo Domingo/Dominikanische Republik
Tel: 1 (8 09) 5 33 00 49
Fax: 1 (8 09) 8 82 22 90
Privat Larimar 23
Santo Domingo/Dominikanische Republik

	Tel: 1 (8 09) 5 33 29 47 Fax: 1 (8 09) 5 35 81 09
Geburtsdatum, -ort	16.09.1957, Bielefeld
berufl. Werdegang	1984-88 WissMitarb., DFG-Projekt; 1989-91 WissAngest., BGBM; Dr.rer.nat; Projektberater im Landwirtschaftsministerium; Naturschutzberatung und Ausbildung von StudentInnen bei botanisch/ökologischen Geländearbeiten
wiss. Vereinigungen	O.P.T.I.M.A.
Sprachen	Englisch, Spanisch, Griechisch (Italienisch)
Fachgebiet	Botanik
themat. Schwerpunkte	Vegetationskunde, Geobotanik, Populationsökologie

P 237	**Hofbauer**, Andreas
	CID Universidade de São Paulo BL.F. AP. 604, 05508 São Paulo, S.P./Brasilien Tel: 55 (11) 2 11 00 11, ext. 23 70
Privat	Endresstr. 58/5/2 A-1238 Wien Tel: 43 (1) 88 13 69
Geburtsdatum, -ort	20.03.1959, Wien
berufl. Werdegang	Studium (Ethnologie) in Wien; 1986 Dr.phil.; während des Studiums (1983-84) Forschungsreisen nach Lissabon und Salvador de Bahía; 1987-90, und 1991-92 Forschungsauftr. in São Paulo
Beratung	Studiengruppe "Schwarze Identität" an der Psychologischen Fakultät der USP, unter Leitung von Prof.Dr. Iray Carone
Sprachen	Englisch, Portugiesisch, Französisch (Spanisch, Russisch)
Fachgebiet	Ethnologie
themat. Schwerpunkte	Afro-Brasilianische Anthropologie, Rassismus, Sklaverei und Sklavenwiderstand, Afro-Brasilianische Religionen, insbes. Candomblé, Ethnische Identität
geogr. Schwerpunkte	Brasilien
Monographien	Afro-Brasilien: Vom Quilombo zum Quilombismo. Vom Kampf gegen die Sklaverei zur Suche nach einer neuen kulturellen Identität. Frankfurt/M.: Verlag Interkult. Zusammenarbeit 1989
Aufsätze	Das Schutzpatronfest der schwarzen religiösen Bruderschaften in Brasilien, in: Wiener Ethnohistorische Blätter (1987)31/32 Zahlreiche journalistische Artikel zur Thematik "Brasilien" in österreichischen und deutschen Zeitungen und Zeitschriften: Entwicklungspolitische Nachrichten, Wiener Zeitung, Volksstimme, Brasiliennachrichten, Blätter des iz3w
sonst. Publikationen	Videofilm über Candomblé. "Somos Filhos de Orixas", Associacão Brasileira de Video no Movimiento Popular, São Paulo 1989. Dia-Ton Show: Candomblé - Gelebte Afro-Brasilianische Kultur heute. Wien 1990

P 238 **Höfer**, Hubert

Staatliches Museum für Naturkunde Karlsruhe, Abt. Zoologie
Erbprinzenstr. 13
D-76133 Karlsruhe <W-7500 Karlsruhe 1>
Postfach 62 09
D-76050 Karlsruhe
Tel: 49 (7 21) 1 75-1 75
Fax: 49 (7 21) 1 75-1 10

Privat Melanchtonstr. 2
D-76131 Karlsruhe

Geburtsdatum, -ort 30.09.1959, Schwäb. Gmünd

berufl. Werdegang Dipl.Biol.; 1991 Dr.rer.nat.; WissMitarb.; Beratungs- und Lehrtätigkeit, INPA Manaus/Brasilien

wiss. Vereinigungen GTÖ

Sprachen Englisch, Portugiesisch, Französisch (Spanisch)

Fachgebiet Tropenökologie / Zoologie

themat. Schwerpunkte Ökologie von Tiergemeinschaften, Arachnologie

geogr. Schwerpunkte Amazonien, Südamerika

Aufsätze The spider community (Araneae) of Central Amazonian blackwater inundation forests (igapó), in: Acta Zool. Fennica, Helsinki 190(1990), S. 173-179

Überlebensstrategien bodenlebender Spinnen in Zentralamazonischen Überschwemmungswäldern, in: Mitt. Dtsch. Ges. Allg. Angew. Ent.,Giessen (1990)7, 4-6, S. 626-628

P 238 A **Hoffmann**, Bert

Institut für Iberoamerika-Kunde (IIK)
Alsterglacis 8
D-20354 Hamburg <W-2000 Hamburg 36>
Tel: 49 (40) 41 47 82-31
Fax: 49 (40) 41 47 82 41

Privat Friedrichstr. 31
D-10969 Berlin <W-1000 Berlin 61>
Tel: 49 (30) 2 51 30 48
Fax: 49 (30) 2 51 12 93

Geburtsdatum, -ort 06.02.1966, Berlin (West)

berufl. Werdegang Dipl.Pol., FU Berlin; freier Journalist; Doz., LAI FU Berlin; seit Mai 1993 WissMitarb., IIK Hamburg

wiss. Vereinigungen FDCL Berlin

Sprachen Englisch, Spanisch, Französisch

Fachgebiet Politikwissenschaft / Entwicklungssoziologie

themat. Schwerpunkte Politische und soziale Entwicklung in Kuba, Kubanisches Exil, Politische Entwicklung in Nikaragua

Periodika Mithg. des Jahrbuchs "Lateinamerika. Analysen und Berichte" (Bad Honnef: Horlemann)

Aufsätze Kubanische Ausweglosigkeiten, in: Lateinamerika. Analysen und Berichte. Münster 16(1992)

Kuba: Von der Schwierigkeit, das Trojanische Pferd zu füttern, ohne von ihm gefressen zu werden, in: Lateinamerika. Analysen und Berichte. Bad Honnef 1993

sonst. Publikationen — Zahlreiche Artikel in Zeitungen und Zeitschriften (u.a. Lateinamerika Nachrichten, TAZ, Freitag)

P 239 **Hoffmann**, Karl-Dieter

Zentralinstitut für Lateinamerika-Studien (ZILAS)
Katholische Universität Eichstätt
Ostenstraße 26-28
D-85072 Eichstätt <W-8078 Eichstätt>
Tel: 49 (84 21) 2 04 04

Geburtsdatum, -ort — 08.08.1950, Weißenthurm/Rh.

berufl. Werdegang — Bankkfm.; Studium (Sozialwiss.); 1985 Dr.sc.pol.; seit 1986 Geschäftsführer des ZILAS (AkOR)

wiss. Vereinigungen — DVPW; ADLAF

Sprachen — Englisch, Spanisch (Französisch)

Fachgebiet — Politikwissenschaft

themat. Schwerpunkte — Politische Krisen und Konflikte, Militär und Militärherrschaft, Entwicklungstheorie, Beziehungen Lateinamerika-USA, Koka und Kokain im Andengebiet

geogr. Schwerpunkte — Ekuador, Panama

Monographien — Militärherrschaft und Entwicklung in Lateinamerika. Der Fall Ecuador 1972-1979, Saarbrücken: Breitenbach 1985, 670 S.

Haiti 1986-1988. Anatomie des politischen Verfalls, Bonn: FES 1988, 61 S.

Aufsätze — Offiziere als Politiker: Streitkräfte und Militärherrschaft in Lateinamerika, in: SOWI 17(1988)1, S. 12-19

Panama: Politik im Schatten des Kanals, aus: D.Nolte (Hg.), Lateinamerika im Umbruch. Hamburg 1991, S. 133-170

Militarisierte Sozialkonflikte im Vorhof der USA: Die Zentralamerika-Krise 1979-1990, in: SOWI 20(1991)1, S. 25-33

Koka, Kokain und Unterentwicklung in Südamerika, in: Der Überblick. Hamburg, 26(1990)1, S. 59-64

Inflation und/oder Repression: Ökonomische Determinanten staatlichen Gewalthandelns, aus: Tobler; Waldmann (Hg.), Staatliche und parastaatliche Gewalt in Lateinamerika. Frankfurt/M. 1991, S. 193-216

Die südamerikanische Kokainhydra und die Antidrogenpolitik der USA, aus: Grözinger (Hg.), Recht auf Sucht? Drogen - Markt - Gesetze. Berlin 1991, S. 125-191

Ecuador, aus: D. Nohlen; F. Nuscheler (Hg.), Handbuch der Dritten Welt. Bd. 2: Südamerika. Bonn 1992, S. 347-379

P 240	**Hoffmann**, Rainer
	Bundesanstalt für Geowissenschaften und Rohstoffe Stilleweg 3 D-30655 Hannover <W-3000 Hannover 51> Postfach 51 01 53 W-3000 Hannover 51 Tel: 49 (5 11) 6 43 28 43 Telex: 923 730 BGRHA D Fax: 49 (5 11) 6 43 23 04
Privat	Imkerstieg 3 D-29323 Wietze <W-3109 Wietze> Tel: 49 (51 46) 83 10
Geburtsdatum, -ort	27.07.1948, Lüneburg
berufl. Werdegang	Studium (Agrar- und Gartenbauwissenschaft), TU Berlin; 1972 Dipl.; 1976 Dr.rer.nat., Berlin; seit 1977 WissAngest., BGR
wiss. Vereinigungen	Deutsche Bodenkundliche Gesellschaft; Internationale Bodenkundliche Gesellschaft
Sprachen	Englisch, Indonesisch (Spanisch)
Fachgebiet	Bodenkunde
themat. Schwerpunkte	Erfassung, Bewertung und Empfehlungen zum Schutz des Naturraumpotentials der Westregion Paraguays
geogr. Schwerpunkte	Paraguay

P 241	**Hohmann**, Hasso
	Internationales Städteforum Graz Hauptplatz 3, III A-8010 Graz Tel: 43 (3 16) 82 53 95 / 82 41 93
Privat	Johann-Loserthgasse 16 A-8010 Graz Tel: 43 (3 16) 47 25 82
Geburtsdatum, -ort	20.10.1943, Ettlingen
berufl. Werdegang	Studium (Architektur, Ethnologie), TU bzw. U Graz; Dipl.Ing. und Dr. der technischen Wissenschaften; mehrere geförderte Forschungsprojekte bzgl. Maya-Architektur; Tätigkeit beim Magistrat Graz; Mitgl. Grazer Altstadt-Sachverständigenkommission und Ständige Jury "Kunst am Bau"; Architekt
wiss. Vereinigungen	Humanistische Gesellschaft für Steiermark (Vorstand); Archäologische Gesellschaft Steiermark (Vizepräsident); Internationales Städteforum Graz (Vorstand); Zentralvereinigung der Architekten; Lateinamerikainstitut Graz
Sprachen	Englisch (Spanisch, Russisch)
Fachgebiet	Architektur
themat. Schwerpunkte	Architektur-Forschung, Maya-Architektur bzw. Architektur des präkolumbischen Amerika
geogr. Schwerpunkte	Mesoamerika, Copán/Honduras, Becán/Mexiko
Periodika	Consejo editorial bei "Cuadernos de Arquitectura Mesoamericana" (Facultad de Arquitectura, UNAM, México D.F.); Mithg.

	"ISG-Nachrichten" (Graz)
Monographien	Die Bauwerke von Copán. TU Graz 1978 (Diss.) Die Architektur von Copán. Profanarchitektur in der Sepulturas-Region. Bd. III. Graz 1990 Becán-Structure IV. Documentation and Analysis. Graz 1992
Aufsätze	Das Krötenheiligtum von Copán, in: Antike Welt. Feldmeilen/ Schweiz, Bd. 9, Nr. 1, S. 59-60 verschiedene Aufsätze zu Copán Gewölbekonstruktionen in der Maya-Architektur, in: Mexicon. Berlin 1(1979)3 Representation of litters which are copies of buildings or of seating-accomodation, in: Archiv für Völkerkunde. Wien (1984) 43, S. 89-100 Hängematten und Hängebrücken im Präkolumbischen Mesoamerika?, in: Archiv für Völkerkunde. Wien (1984)38, S. 1-5 Becán, Bauwerk IV - Beschreibung, Rekonstruktion und Deutung einer klassischen Maya-Architektur in Campeche, Mexiko. Wien: Vienna Centre, European Coordination Centre for Research and Documentation in Social Sciences 1987

P 242	**Hohmann-Vogrin**, Annegrete
	Institut für Städtebau, Technische Universität Graz Rechbauerstr. 12 A-8010 Graz Tel: 43 (3 16) 8 73 62 88
Privat	Johann-Loserthgasse 16 A-8010 Graz Tel: 43 (3 16) 47 25 82
Geburtsdatum, -ort	04.06.1946, Feldkirchen
berufl. Werdegang	Studium (Architektur, Völkerkunde), TU Graz bzw. U Graz; 1973 Dipl.Ing.; 1979 Dr.tech.; seit 1979 Inst. für Städtebau der TU; Mitarb. an Forschungsauftr. des Forschungsförderungsfonds; UnivAss.
wiss. Vereinigungen	Archäolog. Ges. Graz; Zentralvereinigung der Architekten
Sprachen	Englisch, Spanisch
Fachgebiet	Architektur
themat. Schwerpunkte	Architektur der mesoamerikanischen Hochkulturen, Maya
geogr. Schwerpunkte	Guatemala, Honduras, Mexiko
Monographien	Die Architektur von Copán. Graz: ADEVA 1982 (zus. mit H. Hohmann)
Aufsätze	Zur Astronomischen Ausrichtung der Stele I bei Copán, in: Mexicon. Berlin 1(1979)3, S. 29-30 The Astronomical Orientation of Stele I at Copán, in: Archaeoastronomy. Maryland 2(1979)4, S. 10-11 The spatial relationships of monuments at Copán and Quiriquá, in: Memorias del Segundo Coloquio Internacional de Mayaistas, 17-21 del agosto de 1987, Bd. 1. México: UNAM 1989 Entdeckung eines bisher unbekannten Inschriftenblocks in Co-

pán - Honduras, in: Ethnologia Americana. Düsseldorf 14(1977)82, S. 798 (zus. mit H. Hohmann)
Architekturforschung in Mesoamerika. Kulturgut, Dokumentation und Forschung, aus: R. Kost; H. Lichtenegger; A. Reithofer (Hg.), Mitteilungen der Geodätischen Institute der TU Graz, F. 69. Graz 1990, S. 97-111 (zus. mit H. Hohmann)

sonst. Publikationen Das räumliche Konzept in der Architektur von Copán (Honduras). Graz 1978 (Diss.)
Maya-Architektur der Klassik, Textilien der Gegenwart, in: G. Wacha (Hg.), Katalog zur Ausstellung im Linzer Stadtmuseum im Nórdico. Linz 1984

P 243 **Hohnerlein**, Eva Maria

Max-Planck-Institut für ausländisches und internationales Sozialrecht
Leopoldstr. 24
D-80802 München <W-8000 München 40>
Tel: 49 (89) 3 86 02-3 20
Fax: 49 (89) 39 97 95

Privat Bereiter Anger 9
D-81541 München <W-8000 München 90>
Tel: 49 (89) 65 93 64

Geburtsdatum, -ort 23.11.1954, Memmingen

berufl. Werdegang 1980 zweites jurist. Staatsexamen; 1981-85 LehrstuhlAss., Europa-Institut, U des Saarlandes; seit 1986 WissRef., MPI Sozialrecht München; 1989 Dr.jur.

wiss. Vereinigungen Argentinisch-Deutsche Juristenvereinigung

Sprachen Englisch, Französisch, Spanisch, Italienisch (Portugiesisch)

Fachgebiet Recht

themat. Schwerpunkte Sozialrecht, Familienrecht

geogr. Schwerpunkte neben anderen: Lateinamerika, Argentinien, Andenländer

Aufsätze Eine neue Konvention zum Schutz von Adoptivkindern. Das Interamerikanische Übereinkommen über das auf die Minderjährigenadoption anwendbare Recht vom 24.5.1984, in StAZ (1984), S. 124 ff.
Zu den Schwächen einer peruanischen Volladoption, in: IPRax (1990), S. 312 ff.
Einkommenssicherung bei Verlust des Arbeitsplatzes in Lateinamerika. Eine rechtsvergleichende Skizze, in: Zeitschrift für ausländisches und internationales Arbeits- und Sozialrecht (1988), S. 139-156

P 244 **Holtz**, Uwe

Bundeshaus
D-53113 Bonn <W-5300 Bonn>
Tel: 49 (2 28) 16-33 02
Telex: 228 88236=BUNDEST

Fax: 49 (2 28) 16-38 81

Geburtsdatum, -ort Graudenz, 19.03.1944

berufl. Werdegang 1967 Staatsexamen; 1969 Dr.phil.; 1969-72 WissAss. f. Neuere Geschichte, U Kiel; seit 1972 MdB; seit 1973 Mitgl. Parlamentar. Versammlung des Europarates; seit 1974 Vors. des Bundestagsausschusses für wirtschaftliche Zusammenarbeit; seit 1975 Lehrbeauftr. (Politikwiss.); seit 1987 HonProf., U Bonn

Sprachen Englisch, Französisch, Spanisch (Portugiesisch, Italienisch)

Fachgebiet Politikwissenschaft / Geschichte

themat. Schwerpunkte Internationale Beziehungen, Entwicklungspolitik

geogr. Schwerpunkte Lateinamerika, Brasilien

Monographien (Hg.) Verschuldungskrise der Entwicklungsländer. Anhörung im Deutschen Bundestag. Positionen der Fraktionen. Baden-Baden 1988

(Hg.) Entwicklung und Rüstung. Öffentliche Anhörung des Ausschusses für wirtschaftliche Zusammenarbeit des Deutschen Bundestages. Baden-Baden 1984

North-South-Policy in the Eigthies. Bonn 1982

Brasilien - eine historisch-politische Landeskunde. Quellen und Anmerkungen. Paderborn 1981

Aufsätze Literaturbericht: Modernes Lateinamerika, in: Geschichte in Wissenschaft und Unterricht 28(1977), S. 42-64; 33(1982), S. 712-726, S. 774-790; 39(1988), S. 107-128, S. 170-192

Impresiones de un Viaje a Cuba, in: D+C (1990)3, S. 32 f.

1492-1992: Hochzeitszeremonie unangebracht...aber Anlaß zum Neubeginn, in: epd-Entwicklungspolitik (1992)3, S. 22-27

P 245 **Hönsch**, Fritz

Privat Alte Salzstr. 106
D-04209 Leipzig <O-7062 Leipzig>
Tel: 49 (3 41) 47 28 03

Geburtsdatum, -ort 12.05.1938

berufl. Werdegang 1968 Dr.phil.; 1981 Dr.sc.nat; 1978-91 WissMitarb. und Forschungsgruppenleiter am IGG Leipzig; 1987 Prof. für Wirtschaftsgeographie

wiss. Vereinigungen VGDH

Sprachen Englisch, Spanisch, Russisch (Tschechisch)

Fachgebiet Geographie

themat. Schwerpunkte Wirtschafts- und Sozialgeographie, Regionale Geographie, Regionale Entwicklung und Planung

Periodika "Geographischen Berichte" (bis Ende 1991 Vors. d. Red.)

Monographien Bürgerliche Konzeptionen der Regionalen Entwicklung. Gotha: Haack 1986, 148 S. (zus. mit S. Lavrov; G. Sdasjuk)

Kuba - Zuckerinsel der Karibik. Gotha: Haack 1988, 112 S.

Kuba. Geographische Landeskunde. Heidelberg: Springer 1992 (zus. mit I. Hönsch)

Aufsätze Zur Darstellung von Monopolisierungsprozessen in der Zuckerwirtschaft Kubas, aus: ders.; Propin (Hg.), Strukturen und Funk-

tionen bei der territorialen Organisation der Gesellschaft. Leipzig 1986, S. 19-39 (zus. mit A. Luna; R. Thürmer)
Zur Darstellung von Relationen der Zuckerwirtschaft im neuen Nationalatlas Kubas, aus: Strukturen und Funktionen... (s.o.), S. 39-50 (zus. mit K. Breitfeld; S. Interian; I. Jesche; F. Leistner)
Die Küstenschiffahrt in Kuba und ihre kartographische Darstellung, aus: Strukturen und Funktionen... (s.o.), S. 83-92 (zus. mit S. Interian; J. Echemendía)
Herausbildung, Probleme und Tendenzen der Zuckerwirtschaft Kubas, in: Geographische Berichte. Gotha 31(1986), S. 107-123
México D.F. - Wachstum ohne Grenzen?, in Zeitschrift f. d. Erdkundeunterricht. Berlin 41(1988)1, S. 40-47

sonst. Publikationen Konsultative und eigenverantwortliche Mitwirkung am Nuevo Atlas Nacional de Cuba. La Habana 1989

P 246 **Hoppe**, Andreas

Geologisches Institut, Universität Freiburg
Albertstr. 23 b
D-79104 Freiburg/Br <W-7800 Freiburg/Br.>
Tel: 49 (7 61) 2 03-24 11
Fax: 49 (7 61) 2 03-24 63

Geburtsdatum, -ort 04.08.1948, Guben

berufl. Werdegang 1975 Dipl.Geol.; 1978 Dr.rer.nat.; 1991 Habil., U Freiburg; AkRat und PDoz.; Kurzzeitdozenturen, U Belo Horizonte (1982/1983) und U Salvador/Brasilien (1985)

Sprachen Englisch, Portugiesisch (Spanisch, Französisch)

Fachgebiet Geologie

themat. Schwerpunkte Geologie des Präkambriums, Geologie/Ökologie Amazoniens

geogr. Schwerpunkte Minas Gerais, Brasilien

Schriftenreihen Hg. "Freiburger Geowissenschaftliche Beiträge"

Monographien (Hg.) Amazonien. Versuch einer interdisziplinären Annäherung. Freiburg 1990, 264 S.

Aufsätze Geology and petrography of the Middle Precambrian in the southern Serra do Espinhaço, Minas Gerais, Brazil, in: Precambrian Research. Amsterdam 13(1980), S. 275-296
Lokale Becken- und Schwellenbildung im Minas-Schelf (Mittleres Präkambrium, Minas Gerais, Brasilien), in: Münster. Forsch. Geol. Paläont. Münster 51(1980), S. 199-222
Precambrian iron formations in Brazil, aus: P. Apple; G. La Berge (Hg.), The Precambrian iron formations. Athen: Teophrastus 1987, S. 347-390 (zus. mit C. Schobbenhaus; D. Walde)
Arenitos de cuarzo en el proterozóico inferior, in: Actas Fac. Cienc. Tierra Univ. Auton. Nuevo León. 3(1988), S. 137-159
Late proterozoic glaciation in central-eastern Brazil: synthesis and model, in: Palaeogeogr. Palaeoclimatol. Palaeoecol. Amsterdam 65(1988), S. 1-21 (zus. mit J. Karfunkel)
Amazonien. Spannungsfeld zwischen Ökologie und Ökonomie. Geologie und Bodenschätze, in: Die Geowissenschaften. Wein-

heim, 8(1990), S. 151-160
Late proterozoic aragonitic cement crusts, Bambuí Group, Minas Gerais, Brazil, in: Sedimentology. Oxford 37(1990), S. 279-286 (zus. mit T. Peryt u.a.)
Geologie und Bodenschätze Amazoniens, in: Zbl. Geol. Paläont. Teil I., Stuttgart 1990 (1991), S. 1787-1837 (zus. mit C. Schobbenhaus)

P 247 **Horl Groenewold**, Sabine

Europäische Verlagsanstalt GmbH
Parkallee 2
D-20144 Hamburg <W-2000 Hamburg 13>
Tel: 49 (40) 44 72 83

Privat Am Weiher 12
D-20255 Hamburg <W-2000 Hamburg 20>
Tel: 49 (40) 40 77 62

Geburtsdatum, -ort 18.10.1940, Hamburg

berufl. Werdegang 1969 Dr.phil., Hamburg; 1969-73 AssProf. State U of New York, Stony Brook/USA; 1973-77 Vertr. WissOR-Stelle/1977-85 Lehrbeauftr., IAF, U Hamburg; 1985-87 Vertr. C-3 Prof., U Kassel; Verlegerin

Sprachen Englisch, Spanisch, Portugiesisch (Französisch, Italienisch)

Fachgebiet Literatur

themat. Schwerpunkte Roman und Essay in Lateinamerika, Essay als Gattung/Entwicklung und Abgrenzung gegenüber europäischen Formen, Roman: Motivuntersuchungen, kulturelle und politische Identität, Utopieforschung

Aufsätze La forma como portador de significación. Acerca de 'Contar un cuento' de Augusto Roa Bastos, aus: L. Schrader (Hg.), Actas del Coloquio Franco-Alemán sobre Augusto Roa Bastos. Düsseldorf, 1-3 Junio 1982. Tübingen 1984, S. 69-76
Puerto Rico: Identidad cultural y lingüística (Emilio Día Valcárcel: 'Mi mamá me ama' de 1981), aus: D.W. Benecke; K. Kohut u.a. (Hg.), Desarrollo demográfico, migraciones y urbanización en América Latina. Regensburg 1986, S. 243-253
Amerika als Identität. Utopisches Denken im hispanoamerikanischen Essay (1900-1935), aus: T. Heydenreich (Hg.), Der Umgang mit Fremden. Beiträge zur Literatur aus und über Lateinamerika. München 1986, S. 47-64
Se me cree hija desnaturalizada del país a quien tanto debo. Zu Gertrudis Gómez de Avellanedas Roman 'Sab' von 1841, aus: K. Kohut (Hg.), Rasse, Klasse und Kultur in der Karibik. Frankfurt: Vervuert 1989, S. 75-84 (Akten der Tagung "Rassenbeziehungen und Rassenbegegnungen in der Karibik", 15.-16.5.1987 an der Kath. U Eichstätt)
Europäische Juden in Argentinien. Bild und Selbstbild, aus: A. Schrader; K.H. Rengsdorf (Hg.), Europäische Juden in Latein-

amerika. St. Ingbert: Röhrig 1989, S. 198-212. (spanisch in: Estudios Migratorios Latinoamericanos. 4(1989)11, S. 85-96)
Alfonsina Storni: Voy a dormir (Sterben-schlafen-vielleicht auch träumen? Alfonsina Storni), aus: G. Beutler (Hg.), "Sieh den Fluß der Sterne strömen." Hispanoamerikanische Lyrik der Gegenwart. Darmstadt: Wiss. Buchges. 1990, S. 42-61
Selbstbild. Amerika als Utopie und Gegenutopie im 20. Jahrhundert, aus: K. Kohut (Hg.), Der eroberte Kontinent. Historische Realität, Rechtfertigungen und literarische Darstellung der Kolonialisierung Amerikas. Frankfurt: Vervuert 1991, S. 312-325
Bildnisse. Der Mann, der Christoph Columbus war. (spanisch in: Humboldt (1991)104

sonst. Publikationen Zahlreiche Beiträge in: Brockhaus Enzyklopädie (Ergänzungsbände) 22/23(1975)

P 248 **Hörmann**, Marion

Institut für Politikwissenschaft (IfP), Universität Tübingen
Melanchthonstr. 36
D-72074 Tübingen <W-7400 Tübingen>
Tel: 49 (70 71) 29 59 08

Privat Neckar-Alb-Str. 5
D-72127 Kusterdingen <W-7408 Mähringen>
Tel: 49 (70 71) 3 61 76

Geburtsdatum, -ort 06.06.1959, Stuttgart

berufl. Werdegang 1978-86 Studium (Politikwissenschaft, Soziologie und Empirische Kulturwissenschaft), U Tübingen und Ann Arbor/USA; 1986 M.A. (Politikwissenschaft); 1986-88 Forschungsaufenthalt in Peru; 1988/89 GastForsch. und Lehrbeauftr., Caracas/Venezuela; seit 1990 WissAngest., IfP U Tübingen

wiss. Vereinigungen DVPW

Sprachen Englisch, Spanisch, Französisch (Portugiesisch)

Fachgebiet Politikwissenschaft

themat. Schwerpunkte Internationale Politik, Entwicklungszusammenarbeit, Staat und Entwicklung, Politisches System und Herrschaftsstrukturen in Entwicklungsländern, Verschuldung und Strukturanpassung

geogr. Schwerpunkte Peru, Venezuela

Aufsätze Peruanischer Weg aus der Schuldenkrise? Erfolgsaussichten einer Schuldenregelung als Teil heterodoxer Wirtschaftspolitik, in: Nord-Süd aktuell. Hamburg, 2(1988)3, S. 322-334
Venezuela: Volkszorn gegen IWF, in: blätter des iz3w. Freiburg/B., (1989)157, S. 7-10
Estado e intervención: Burocracia estatal como clase?, in: Cuadernos del CENDES. Caracas (1989)11, S. 85-99
Peru: Zwischen "Libanisierung" und letzter Hoffnung?, in: Jahrbuch Dritte Welt. München 1991, S. 196-205
Strukturanpassung in Venezuela: Eine Chance zu mehr sozialer Gerechtigkeit?, in: TU Berlin International. (1991)12/13, S. 55-57

Länderbeitrag Venezuela, aus: P. Waldmann (Hg.), Politisches Lexikon Lateinamerika. München 1992 (zus. mit A. Boeckh)
Länderbeitrag Peru, aus: D. Nohlen; F. Nuscheler (Hg.), Handbuch der Dritten Welt, 2. Bd.: Südamerika. Bonn: Dietz 1992 (zus. mit H. Fuhr)

P 249	**Horn**, Hans-Rudolf
	Staatskanzlei Rheinland-Pfalz Peter-Altmeier-Allee 1 D-55116 Mainz <W-6500 Mainz> Postfach 38 80 D-55028 Mainz Tel: 49 (61 31) 16 47 78 Telex: 04 187 852 Fax: 49 (61 31) 16 46 69
Privat	Lessingweg 5 D-65205 Wiesbaden <W-6200 Wiesbaden> Tel: 49 (61 22) 1 53 23
Geburtsdatum, -ort	11.10.1932, Wiesbaden
berufl. Werdegang	1959 1. jur. Staatsexamen; 1962 Dr.jur.; 1963 2. jur. Staatsexamen; WissAss., U Mainz; zahlreiche Arbeits- und Forschungsaufenthalte in Mexiko; bis 1970 Justizdienst Hessen; seit 1970 Landesregierung Rheinland-Pfalz (MinRat)
wiss. Vereinigungen	Korresp. Mitgl. Instituto de Investigaciones Jurídicas, UNAM, México D.F.; Internationale Vereinigung für Rechts- und Sozialphilosophie (IVR); Gesellschaft für Rechtsvergleichung; Deutsch-Mexikanische Juristenvereinigung
Sprachen	Englisch, Spanisch (Französisch)
Fachgebiet	Recht / Verfassung
themat. Schwerpunkte	Öffentliches Recht, Sozialrecht, Verfassung, Politisches System, Parteien, Revolution
geogr. Schwerpunkte	Lateinamerika, Mexiko
Monographien	Legitimation und Grenzen der Exekutive. Vergleichende Betrachtungen zur gegenwärtigen Verfassungsentwicklung in Mexiko und der Bundesrepublik Deutschland. Berlin: Duncker & Humblot 1979
Aufsätze	Staatsrechtsdenken und Verfassungsvergleichung in Mexiko, in: Verfassung und Recht in Übersee. Hamburg 10(1977)3, S. 461-479 Legitimación y límites del poder ejecutivo. Reflexiones actuales sobre problemas político-constitucionales de los Estados Unidos Mexicanos y de la República Federal de Alemania, in: Bol. Mexicano de Der. Comparado. México D.F. (1980)37, S. 53-111 Grundzüge des mexikanischen Verfassungsrechts. Soziale Grundrechte, Verfassungsbeschwerde, Präsidialismus, in: Jahrbuch des Öffentlichen Rechts der Gegenwart. Tübingen NF 29(1980), S. 479-526.

Rechtsphilosophische Aspekte der Verfassungsvergleichung, aus: Memoria del X Congr. Mundial Ordinario de Filosofía del Derecho y Filosofía Social, Bd. 2. México D.F. 1981, S. 123-133
Justicia constitucional y consenso básico. Reflexiones comparativas sobre desarrollos constitucionales mexicanos y alemanes, in: Estudios en homenaje al doctor Héctor Fix-Zamudio, Bd. II. México D.F.: UNAM 1988, S. 1053-1085
Politische und soziale Grundrechte in Lateinamerika, aus: H.-R. Horn; A. Weber (Hg.), Richterliche Verfassungskontrolle in Lateinamerika, Spanien und Portugal. Baden-Baden: Nomos 1989, S. 105-128

P 250 **Freiherr von Houwald**, Götz

Privat
Am Büchel 51 a
D-53173 Bonn <W-5300 Bonn 2>
Tel: 49 (2 28) 35 18 60

Geburtsdatum, -ort 13.05.1913, Posen

berufl. Werdegang 1939 1.jur. Staatsprüfung; 1939 GerichtsRef.; 1940 RegRef.; 1943 RegAss.; 1949 Zeitungsredakteur; 1949-52 Bundesmin. f. d. Marshallplan; 1951 RegR.; 1952-75 AA, Auslandsposten: Lima, Buenos Aires, Dublin, Bangui (Zentralafrika), Managua; 1966-75 Botschafter; 1975 Ruhestand; 1975-78 Universitätsstudium (Alt-Amerikanistik, Ethnologie, Hispanistik); zeitw. Lehrauftr., U Bonn und Manchester College St.Paul/USA

Sprachen Englisch, Spanisch, Französisch (Arabisch)

Fachgebiet Altamerikanistik

themat. Schwerpunkte Indianer Mittelamerikas

geogr. Schwerpunkte Mittelamerika, insbes. Nikaragua und Honduras

Monographien
Los alemanes en Nicaragua. Managua 1975, 479 S.
Deutsches Leben in Nicaragua, Auswanderer-Schicksale, Bonn: Nicaragua-Gesellschaft e.V. 1986, 422 S., Bildanhang
Nicolas de Valenzuela: Conquista del Lavandón y Conquista del Chol, Texto y Comentario. Berlin: Colloquium 1979, 502+199 S.
Mayangua= Wir. Zur Geschichte der Sumu-Indianer in Mittelamerika. Hamburg 1990, 572 S.
Mayangua Yulmina Kulna Balna. Bonn, 213 S. (dreisprachig) (zus. mit F. Rener)

Aufsätze
Cerro Mokó. Ein heiliger Sumu-Indianer?, in: Baessler-Archiv. Berlin NF 23(1975), S. 365-377
Mito y realidad en la conciencia histórica de los actuales indios Sumu de Nicaragua, aus: Festschr. für Walter Lehmann. Berlin 1979
Mapa y descripción de la montaña del Petén e Ytzá. Interpretación de un documento fechado poco después de la conquista de Tayasal, in: Beihefte zu "Indiana" Nr.9 (Festschrift für Prof. Dr. Gerdt Kutscher) Berlin 1980

P 251	**Huber**, Ludwig
Privat	Muskauerstr. 10 D-10997 Berlin <W-1000 Berlin 36> Tel: 49 (30) 6 11 53 93
Geburtsdatum, -ort	18.07.1949, Neumarkt (Oberpfalz)
berufl. Werdegang	Industriekaufmann; Programmierer; Studium (Altamerikanistik und Ethnologie); 1991 Dr.phil.; Lehrbeauftr.
Sprachen	Englisch, Spanisch (Französisch)
Fachgebiet	Altamerikanistik / Ethnologie
themat. Schwerpunkte	Soziale Organisation, Bauernbewegungen
geogr. Schwerpunkte	Peru
Aufsätze	Crisis del estado y organización campesina: Las rondas campesinas de Piura, in: Ponencias CIPCA al III Seminario de Investigaciones Sociales en la Región Norte. CIPCA, Piura 1990 (zus. mit K. Apel) Comunidades y rondas campesinas en Piura, in: Boletín del Instituto Francés de Estudios Andinos 19(1990)1, S. 165-182 (zus. mit K. Apel)

P 252	**Huhle**, Rainer
Privat	Eichendorffstr. 20 D-90491 Nürnberg <W-8500 Nürnberg 20> Tel: 49 (9 11) 59 36 44
Geburtsdatum, -ort	27.02.1946, Regensburg
berufl. Werdegang	1973-75 WissAss., U Erlangen; 1978 Dr.phil.; div. Forschungsprojekte; seit 1982 WissAngest. im Kulturreferat der Stadt Nürnberg; 1986-89 Berater in peruan. Menschenrechtsorganisation
Sprachen	Spanisch, Englisch (Französisch, Portugiesisch, Italienisch)
Fachgebiet	Politikwissenschaft / Geschichte
themat. Schwerpunkte	Menschenrechte; politische Systeme und soziale Bewegungen; Kulturgeschichte der Conquista
geogr. Schwerpunkte	Peru, Andenländer
Periodika	Mithg. "Memoria" - Boletín Informativo del Centro de Documentación e Información sobre Derechos Humanos en América Latina; Lateinamerikaredakteur von "Hispanorama"
Monographien	Menschenrechte ohne Gerechtigkeit. epd-Entwicklungspolitik Materialien II/91. Frankfurt 1991, 80 S. (zus. mit O. Böhm; S. Herbst) El Encontronazo. Schwerpunkt von Hispanorama zum V Centenario. Nürnberg 1991, 85 S.
Aufsätze	Sistema Alimentario Mexicano (SAM), aus: Lateinamerika-Studien. 19. München 1985, S. 315-330 Menschenrechtsverletzungen in Peru, in: Lateinamerika. Analysen, Daten, Dokumentation. Hamburg (1989)11/12, S. 19-31 "Du schreibst wohl deine Autobiographie...?" Pistaco: Begegnungen mit einem unerfreulichen Spiegelbild in den Anden, in: Kea - Zeitschrift für Kulturwiss. Nürnberg (1990)1, S. 113-120 Pistaco - Der Herr des Fettes. Funktion und Wandel des Bildes

vom fremden Herrn bei den "indios" in den Zentralanden, in: Iberoamericana. Frankfurt 14(1990)40/41, S. 96-125
Demokratisierung mit Menschenrechtsverbrechern? Die Debatte um die Sanktion von Menschenrechtsverletzungen in den lateinamerikanischen Demokratien, aus: D. Nolte (Hg.), Lateinamerika im Umbruch? Hamburg: IIK 1991, S. 75-108
Das ständige Tribunal der Völker gegen die Straflosigkeit von Menschenrechtsverbrechen in Lateinamerika, in: Nord-Süd Aktuell.Hamburg 5(1991)2, S. 232-237
Felipe Guamán Poma de Ayalas Verhältnis zu Schrift und Buch, in: Hispanorama. Nürnberg (1991)59, S. 48-52

sonst. Publikationen Zahlreiche Beiträge (insbes. Rezensionen) in Hispanorama, Nürnberg und in Blätter des iz3w, Freiburg.

P 253 **Hummer**, Waldemar

Institut für Völkerrecht und Internationale Beziehungen
Universität Innsbruck
Innrain 52
A-6020 Innsbruck
Tel: 43 (5 12) 5 07-26 30
Fax: 43 (5 12) 5 07-27 78

Privat Mieders 120
A-6142 Mieders
Tel: 43 (5 12) 42 20

Geburtsdatum, -ort 03.07.1942, Steyr

berufl. Werdegang 1964 Dr.jur., U Wien; 1967 Dr.rer.pol., U Wien; 1974 Dr.phil., U Salzburg; 1977-78 Habil.; 1984 o.Prof., Rechtswiss. Fak., Inst. für Völkerrecht und Internat. Bez., U Innsbruck

wiss. Vereinigungen ÖLAI, Wien; ÖGAP; CEISAL; ILA; ADLAF; DGVR u.a.

Sprachen Englisch, Spanisch

Fachgebiet Recht / Internationale Beziehungen

themat. Schwerpunkte Integration in Lateinamerika, Außenbeziehungen der einzelnen lateinamerikanischen Staaten untereinander, Beziehungen Lateinamerikas zu den USA und zu Europa

geogr. Schwerpunkte Mittel- und Südamerika, Karibischer Raum

Monographien Rechtsfragen der Wirtschaftsintegration zwischen Entwicklungsländern, dargestellt am Beispiel Lateinamerikas und der Karibik. 1986
Revindikation von historischen Gebietstiteln in Lateinamerika - Die Forderung Boliviens auf Zugang zum Meer. Graz 1983
Argentinien. Mainz: Deutsche Bank 1987 (zus. mit J. Bünstorf)

Aufsätze Der Amazonaspakt in rechtlicher und politischer Hinsicht, in: Jahrbuch des öffentlichen Rechts der Gegenwart. Tübingen 1980, S. 552-563
Regionale technische Kooperation und Transfer von Technologie am Beispiel Zentral- und Südamerikas sowie der Karibik, in: German Yearbook of International Law. Berlin (1981)24, S. 377-418

Die wirtschaftlichen Beziehungen zwischen Österreich und Lateinamerika, aus: IIK (Hg.), Europäisch-Lateinamerikanische Wirtschaftskooperation. Köln 1985, S. 157-206, S. 387-396
Sozioökonomische Grundstrukturen Costa Ricas unter bes. Berücksichtigung außenwirtschaftlicher Verflechtungen, aus: A. Maislinger (Hg.), Costa Rica. Innsbruck 1986, S. 377-383
Las relaciones económicas y políticas entre las Comunidades Europeas y América Latina, in: Cursos de Derecho Internacional de Vitoria Gasteiz. Vitoria 1990, S. 483-542
Competencias y responsabilidades de los parlamentos comunitarios y sus relaciones interinstitucionales, aus: J.M. Vacchino (Hg.), La dimensión parlamentaria de los procesos de integración regional. Buenos Aires 1990, S. 69-104

P 254 **Hünermann**, Peter

Lehrstuhl für Dogmatik, Katholisch-theologische Fakultät
Universität Tübingen
Hölderlinstr. 19
D-72074 Tübingen <W-7400 Tübingen>
Tel: 49 (70 71) 29 52 50
Fax: 49 (70 71) 29 42 07

Privat Engewiesenstr. 14
D-72108 Rottenburg <W-7407 Rottenburg 19>
Tel: 49 (70 73) 37 25

Geburtsdatum, -ort 08.03.1929, Berlin

berufl. Werdegang 1955 Priesterweihe im Collegium Germanicum in Rom; 1958 Dr. theol.; 1967 Habil., U Freiburg; 1971 Lehrstuhl für Dogmatik der Kath.-theol. Fakultät, U Münster; 1982 o.Prof. für Dogmatik II der Kath.-theol. Fakultät, U Tübingen

Beratung Präsident des KAAD; Leiter des Stipendienwerkes Lateinamerika-Deutschland e.V.; Mitgl. Wiss. Beirat, Missionswiss. Inst., Aachen; Mitgl. Wiss. Arbeitsgruppe für weltkirchl. Aufgaben der Deutschen Bischofskonferenz; HonProf., Cochabamba/Bolivien

wiss. Vereinigungen Europäische Gesellschaft für katholische Theologie

Sprachen Englisch, Französisch, Italienisch, Spanisch, Portugiesisch (Latein, Griechisch, Hebräisch)

Fachgebiet Religion

themat. Schwerpunkte Christologie, Ekklesiologie, Katholische Soziallehre

Schriftenreihen Mithg. "Tübinger Studien zur Theologie und Philosophie", (Mainz: Grünewald); "Die Antwort der Weltreligionen" (Freiburg/Br.: Herder); "Intercambio" (Jahrbuch des Stipendienwerkes Lateinamerika-Deutschland)

Periodika "Bulletin der europäischen Gesellschaft für Theologie"; "Theologische Quartalschrift"; "Arete" (Lima/Peru)

Aufsätze Sociedad técnica e Iglesia, aus: ders. (Hg.), Racionalidad técnica y cultura latinoamericana. Ponencias y comunicaciones del tercer seminario internacional interdisciplinario del Intercambio Cultural Alemán-Latinoamericano, Santiago de Chile 23.07.1981

- 29.07.1981, Masch. Rottenburg 1982, S. 453-495
Lateinamerikas Staatsklasse und die Armen. Der gesellschaftliche "Ort" der Befreiungstheologie, in: Herder-Korrespondenz. Freiburg/Br. 38(1984), S. 475-480
(Hg.) En búsqueda de un diálogo. Primer encuentro entre economistas y teólogos latinoamericanos y alemanes, Tübingen 25 de febrero - 9 de marzo de 1985, Masch., Bonn 1986
Ethos - Iglesia. El ethos moderno y la iglesia católica, aus: ders. (Hg.), Sociedad y ethos. IV Seminario Interdisciplinario del Intercambio Cultural Alemán-Latinoamericano, Quito/Ekuador 1985, Masch., Tübingen 1987, S. 39-65
Kirche - Gesellschaft - Kultur. Zur Theorie katholischer Soziallehre, aus: ders.; M. Eckholt (Hg.), Katholische Soziallehre - Wirtschaft - Demokratie. Ein lateinamerikanisch-deutsches Dialogprogramm I. Mainz/München: Grünewald, 1989, S. 9-48
Iglesia - sociedad - cultura. Para una teoría de la Doctrina Social Católica, aus: ders. (Hg.), Enseñanza social de la Iglesia en América Latina, Frankfurt: Vervuert 1991, S. 81-116

P 255 **Hurtienne**, Thomas

Lateinamerika-Institut (LAI), Freie Universität Berlin
Rüdesheimerstr. 54-56
D-14197 Berlin <W-1000 Berlin 33>
Tel: 49(30) 838 30-72, -73, -92
Fax: 49 (30) 8 38 54 64

Privat Odenwaldstr. 3
D-12167 Berlin <W-1000 Berlin 41>
Tel: 49 (30) 8 51 79 02

Geburtsdatum, -ort 17.12.1943, Friedeberg/Neum.

berufl. Werdegang 1974 Dipl.Soz.; 1984 Dr.rer.pol. (VWL); 1989 Habil. (Soziologie); 1975-80 WissAss. für Soziologie; 1983-89 Hochschulass. für Soziologie; Oberassistent C2

wiss. Vereinigungen Sektion Entwicklungssoziologie; Peripherie; Prokla

Sprachen Englisch, Spanisch, Portugiesisch, Französisch (Italienisch)

Fachgebiet Soziologie / Politische Ökonomie

themat. Schwerpunkte Entwicklungstheorien, Staat u. Entwicklung, Alternativen der Wirtschafts- u. Sozialpolitik in Lateinamerika, Regulationstheorie und ihre Anwendung auf halbindustrialisierte Länder, Ökologie und Entwicklung

geogr. Schwerpunkte Brasilien, Mexiko, Argentinien, Südkorea

Periodika Mitarb. Red. "Peripherie"; früher "Prokla"

Monographien Proalcool. Analyse und Evaluierung des brasilianischen Biotreibstoffprogramms. Saarbrücken/Fort Lauderdale: Breitenbach 1984, 226 S. (portugiesisch 1988), (zus. mit U. Borges; H. Freitag; M. Nitsch)

Aufsätze Zur Ideologiekritik der lateinamerikanischen Theorien der Unterentwicklung und Abhängigkeit, in: Prokla. Berlin (1974)14/15, S. 213-283

Zur Entstehungsgeschichte, Struktur und Krise des brasilianischen Akkumulationsmodells, aus: Bennholdt-Thomsen; u.a. (Hg.), Lateinamerika. Analysen und Berichte. Berlin 1(1977), S. 70-97(englisch in: Latin American Perspectives. Riverside, Cal. 10(1983)2/3)
Peripherer Kapitalismus und autozentrierte Entwicklung, in: Prokla. Berlin (1981)44, S. 105-138
Das Beispiel Brasilien. Anmerkungen zur Entwicklungstheorie von Dieter Senghaas, aus: R. Steinweg (Hg.): Medienmacht im Nord-Süd-Konflikt: Die Neue Internationale Informationsordnung. Frankfurt/M. 1984, S. 349-391
Fordismus, Entwicklungstheorie und Dritte Welt, in: Peripherie. Münster (1986)22/23, S. 60-110 (engl. in: W.Väth (Hg.), Political regulation in the 'Great Crisis'. Berlin: Sigma 1989, S.191-236
Armut der Nationen bei Reichtum ungenutzter Entwicklungsmöglichkeiten: gibt es für den verschuldeten Kapitalismus einen Weg aus der Krise?, aus: E. Altvater; u.a. (Hg.), Die Armut der Nationen. Berlin 1987, S. 128-150 (englisch aus: E. Altvater; u.a. (Hg.), The Poverty of Nations. London/New Jersey: Zed Books 1991, S. 105-124)

P 256 **Ilg**, Karl Franz Josef

Universität Innsbruck
Innrain 52
A-6020 Innsbruck
Tel: 43 (5 12) 5 07-34 04

Privat Claudiaplatz 3
A-6020 Innsbruck
Tel: 43 (5 12) 71 03 35

Geburtsdatum, -ort 23.12.1918, Dornbirn

berufl. Werdegang Studium (Geschichte, Geographie, Volkskunde), U Innsbruck; 1937 Dr.phil.; Wiss. Hilfskraft für Geographie in Rom; Ass. am Alemannischen Inst., Freiburg/Br.; 1946 Habil.; 1949-85 Vorstand des Inst. für Volkskunde; em. Universitätsprofessor

wiss. Vereinigungen Ehrenmitglied und Gründer der Österreichischen Fachschaft für Volkskunde der deutsch-argent. Gesellschaft in Buenos Aires

Sprachen Spanisch, Französisch, Portugiesisch, Italienisch

Fachgebiet Länderkunde

themat. Schwerpunkte Volkskunde der Alpenlandschaften und der deutschen Sprachinseln in Südamerika

geogr. Schwerpunkte Tirol, Vorarlberg, Südamerika

Monographien Das Deutschtum in Brasilien. Wien 1978
Pioniere in Argentinien, Chile, Paraguay und Venezuela. Innsbruck 1976
Südamerika - Brasilien und Peru. Leistung und Schicksal deutschsprachiger Siedler. Innsbruck 1982

Aufsätze ca. 150 Publikationen in österreichischen und deutschen Zeitschriften für Volkskunde

P 257	**Illius**, Bruno
	Institut für Völkerkunde, Universität Freiburg Werderring 10 D-79098 Freiburg/Br <W-7800 Freiburg/Br.> Tel: 49 (7 61) 2 03-44 91 Fax: 49 (7 61) 2 03-44 61
Privat	Rotlaubstr. 22 D-79106 Freiburg/Br <W-7800 Freiburg/Br.> Tel: 49 (7 61) 28 61 98
Geburtsdatum, -ort	1956, Lampertheim
berufl. Stellung	Wissenschaftlicher Assistent
wiss. Vereinigungen	DGV
Sprachen	Englisch, Spanisch, Französisch, Chinesisch, Shipibo (Portug.)
Fachgebiet	Ethnologie
themat. Schwerpunkte	Religionsethnologie, Ethnolinguistik, Diskursanalyse
geogr. Schwerpunkte	Außerandines Südamerika
Monographien	Ani shinan. Schamanismus bei den Shipibo-Conikbo. 2. Aufl., Münster: Lit 1990, 429 S.
Aufsätze	Erschließung von oraler Literatur der Shipibo-Conibo: Transkription, Interlinearübersetzung, Glossar, in: Literacy and Linguistic Computing. Oxford 3(1988)1, S. 47-50 Präkolumbische Goldschmiedekunst, aus: U. Köhler (Hg.), Altamerikanistik. Berlin 1990, S. 573-583 (mit I.v.Schuler-Schömig) Eine Grammatik des Shipibo-Conibo mit Textbeispiel, aus: B. Illius; M. Laubscher (Hg.), Circumpacifica. Frankfurt/M. 1990, Bd. 1, S. 563-587 Traditionelle und kommerzielle Kunst: Die Shipibo-Conibo, aus: C. Luna (Hg.), Volkskunst aus Peru. Freiburg 1992, S. 32-43 The concept of »Nihue« among the Shipibo-Conibo of Eastern Peru, aus: J. Langdon; G. Baerl (Hg.), Portals of power: Shamanism in South America. Albuquerque 1992, S. 63-77 Ethnologie, aus: N. Werz (Hg.), Handbuch der deutschsprachigen Lateinamerikakunde. Freiburg/Br. 1992, S. 105-139

P 258	**Illy**, Hans Ferdinand
	Arnold-Bergstraesser-Institut (ABI) Windausstr. 16 D-79110 Freiburg/Br <W-7800 Freiburg/Br.> Tel: 49 (7 61) 8 50 91 Fax: 49 (7 61) 89 29 67
Privat	Im Laimacker 64 D-79249 Merzhausen <W-7802 Merzhausen b. Freiburg/Br.> Tel: 49 (7 61) 40 67 10
Geburtsdatum, -ort	16.04.1940, Bingen/Rh.
berufl. Werdegang	1962 Akad. gepr. Auslandskorrespondent, Mainz/Germersheim; 1965 Dipl.Kfm., Mannheim; 1965-67 Referent in der gesellschaftspolitischen Bildungshilfe für Entwicklungsländer; 1967-70 Doz. und Sektionsleiter am Institut Panafricain pour le Dévelop-

pement in Douala, Kamerun; seit 1971 WissMitarb., ABI Freiburg; 1978-82 stellvertretender Abteilungsleiter; 1975 Dr.phil., Freiburg; 1982-88 Prof. für Entwicklungsverwaltung an der Hochschule für Verwaltungswissenschaften, Speyer; 1989-91 Lehrstuhlvertreter, U Freiburg/Br.; ab 1991 wieder ABI und freier entwicklungspol. Gutachter (u.a. BMZ, GTZ, Weltbank); Gastprofessuren in Übersee

Sprachen Englisch, Spanisch, Französisch

Fachgebiet Entwicklungspolitik / Entwicklungstheorie

themat. Schwerpunkte Vergleichende Regierungs- und Verwaltungsforschung

geogr. Schwerpunkte Karibischer Raum, Afrika (frankophones Westafrika, Kenia), Philippinen

Schriftenreihen Mithg. "Beiträge zur Kommunalwissenschaft" (München)

Monographien (Hg.) Politics, Public administration and rural development in the Caribbean. München 1984
Gutachterberichte zu Haiti, Honduras, El Salvador

Aufsätze Social control instead of social change. The administration of land reform in the Dominican Republic, in: Verfassung und Recht in Übersee. Hamburg 11(1978)2, S. 167-186
Entwicklungsprobleme eines zentralamerikanischen Liliputs: Belize an der Schwelle zur Unabhängigkeit, in: Entwicklung und Zusammenarbeit. Bonn (1978)4, S. 19-20
Plantage, Kleinstaat, Dependenz- Strukturprobleme karibischer Länder, in: Lateinamerika-Berichte. München (1979)21, S. 13-20
Beitrag Belize, aus: D. Nohlen; F. Nuscheler (Hg.), Handbuch der Dritten Welt. Hamburg 1982 (2.Aufl.)
Entwicklung und Verwaltung in der Karibik-Kleinstaaten und ihre administrativen Probleme, aus: D. Oberndörfer (Hg.), Verwaltung und Politik in der Dritten Welt. Berlin 1981, S. 235-272 (zus. mit U. Fanger)
Seit Jahrhunderten auf der Suche nach Religionsfreiheit. Deutschsprachige Mennoniten in Belize, in: Lateinamerika-Studien. 11. München 1982, S. 161-179
Verschiedene Beiträge mit kontinentübergreifenden Bezügen

P 259 **Imbusch**, Peter

Institut für Politikwissenschaft (IfP), Universität Mainz
Colonel-Kleinmann-Weg 2
D-55128 Mainz <W-6500 Mainz>
Tel: 49 (61 31) 39 54 59
Fax: 49 (61 31) 39 33 28

Privat Kurfürsten Str. 38
D-55118 Mainz
Tel: 49 (61 31) 67 88 08

Geburtsdatum, -ort 08.04.1960, Vechta/Oldb.

berufl. Werdegang Studium (Politikwissenschaft, Soziologie, Sozial- und Wirtschaftsgeschichte, Volkswirtschaft), U Marburg; Forschungsaufenthalte in Mexiko, Argentinien, Chile; 1991 Dr.phil. (Politikwissenschaft), Marburg; seit 1991 WissMitarb. IfP U Mainz (stellv. Projektleiter "Unternehmerverbände im Cono Sur")

Sprachen Englisch, Spanisch, Französisch (Portugiesisch)

Fachgebiet Politikwissenschaft / Entwicklungsökonomie

themat. Schwerpunkte Internationale Politik, Entwicklungsländersoziologie, Politische Theorie, Sozialstrukturanalyse, Staat und Gesellschaft

geogr. Schwerpunkte Chile, Argentinien, Mexiko, Karibik

Monographien Mexiko. Entwicklungsstrategische Alternativen. Marburg 1988

Klassenstrukturen in Lateinamerika. Eine komparative Studie zu den soziokulturellen Folgen der Wirtschaftskrise der 80er Jahre in Argentinien und Mexiko. Münster 1991

Aufsätze Vom Wirtschaftswunder zum Desaster, aus: R. Aehnelt (Hg.), Mexiko. Ein politisches Reisebuch. Hamburg 1986

The Debt Crisis in the Caribbean, in: Europe and the Crisis in Central America and the Caribbean. Proceedings of the ASERCCA Annual Conference held at the University of Marburg, September 1986. Marburg 1987

sonst. Publikationen (Hg.) Sozialstrukturveränderungen und Krise im Lateinamerika der 80er Jahre. Marburg: Institut für Soziologie 1991 (zus. mit D. Boris)

P 260 **Irion**, Georg

Senckenberg-Institut, Abt. für Meeresgeologie und -biologie
Schleusenstr. 39
D-26382 Wilhelmshaven <W-2940 Wilhelmshaven>
Tel: 49 (44 21) 4 40 81

Privat Langewerther Landstr. 18
D-26389 Wilhelmshaven
Tel: 49 (44 21) 7 03 15

Geburtsdatum, -ort 21.02.1942, Schwäbisch-Hall

berufl. Werdegang Studium (Mineralogie, Geologie), Tübingen; 1968 Dipl.Mineraloge, U Heidelberg; 1970 Dr.rer.nat. (Mineralogie), U Heidelberg; 1970-72 Stipendiat der DFG und des DAAD; 1972-75 WissMitarb., MPI für Limnologie, Abt. Tropenökologie; seit 1975 am Senckenberg-Inst.; 1987 Habil., U Heidelberg; Sektionsleiter, Sektion für Sedimentpetrographie

Sprachen Englisch, Portugiesisch, Französisch

Fachgebiet Bodenkunde

themat. Schwerpunkte Böden und Sediment des Amazonasgebietes, Quartärgeologie des Amazonas und Klimaverlauf; Sedimente der südlichen Nordsee, Sedimente und Böden in Papua-Neu-Guinea

geogr. Schwerpunkte Amazonas, Nordsee, Papua-Neu Guinea

Monographien Die Tonmineralvergesellschaftung in Flußsedimenten der Feuchten Tropen (Amazonas-Becken, West-Papua Neuguinea) als Ausdruck der Verwitterung im Einzugsgebiet. Universität Heidelberg 1987, 268 S. (Habilschrift)

Aufsätze Mineralogisch-geochemische Untersuchungen an der pelithischen Fraktion amazonischer Überböden und Sedimente, in:

Biogeographica. Den Haag 7(1976), S. 7-25
Sedimentation and sediments of Amazon rivers and evolution of the Amazon landscape since Pliocene times, aus: H. Sioli (Hg.), The Amazon - Limnology and landscape ecology of a mighty tropical river and its basin. Den Haag/Boston/Lancaster: 1984, S. 201-214 (zus. mit W. Junk)
Clay minerals of Amazon soils, aus: The Amazon..., S. 537-579 (zus. mit W. Junk)
Quarternary Geology of Amazonian Lowlands, aus: Proceedings of the 1st Symposium on the Humid Tropics. Belém/Brasilien 1986, S. 143-151
Geologische Studien an einem Küstenstreifen NE Brasiliens (Ceará), in: Natur und Museum (1989)119, S. 158-166 (zus. mit J. Onofre de Morais; F. Wunderlich)
Quarternary geological history of the Amazon lowlands, aus: Tropical forests. Academic Press 1989, S. 23-34
Minerals in Rivers, aus: E. Degens; S. Kempe; J.E. Richey (Hg.), Biogeochemistry of Major World Rivers. Chichester u.a.: Wiley 1990, S. 265-281

P 261 **Irmler**, Ulrich

Forschungsstelle für Ökosystemforschung und Ökotechnik
Universität Kiel
Ohlshausenstr. 40
D-24118 Kiel <W-2300 Kiel 1>
Tel: 49 (4 31) 8 80-43 11

Privat Rodomstorstr. 110, D-24306 Plön <W-2320 Plön>
Tel: 49 (45 22) 48 33

Geburtsdatum, -ort 21.12.1946, Gelsenkirchen
berufl. Werdegang 1974 Dr.rer.nat.; 1975 Dipl.Biol.; WissMitarb., U Kiel
Sprachen Englisch, Portugiesisch, Französisch
Fachgebiet Limnologie / Tropenökologie
themat. Schwerpunkte Brasilien (insbesondere Amazonien)
Aufsätze Considerations on structure and function of the ecosystem "Central-Amazonian inundation forest" with particular emphasis on selcted soil invertebrates, in: Oecologia 43(1979), S. 1-18
Description of new neotropical Holotrochus and a key to the species of the genus (Coleoptera: Staphylinidae), in: Col. Bull. 35(1981), S. 379-397
Überlebensstrategien von Tieren im saisonal überfluteten amazonischen Überschwemmungswald, in: Zool. Anz. Jena 206(1981), S. 26-35
Litterfall and nitrogen turnover in an Amazonian blackwater inundation forest, aus: G.P. Robertson; R. Herrea; T. Rosswall (Hg.), Nitrogen cycling in ecosystems of Latin America and the Caribbean. Den Haag: W. Junk 1982, S. 355-358
Neue Arten der Gattungen Aneucamptus und Thoracophorus (Col., Staphylinidae) aus der Neotropis, in: Ent.Bl. (1985)81, S.

41-58
Temperature dependent generationcycle for the cicindelid beetle Pentacomia egregia CHAUD. (Coleoptera, Carabidae, Cicindelinae) of the Amazon valley, in: Amazoniana (1985)9, S. 431-439
New neotropical species of the genus Holotrochus and the new genus Mimotrochus (Coleoptera, Saphylinidae), in: Ent. Arb. Mus. Frey (1987)35/36, S. 81-109
Die Fauna der zentralamazonischen Überschwemmungswälder: Verbreitung, Anpassung und Bedeutung, aus: G. Hartmann (Hg.), Amazonien im Umbruch. Aktuelle Probleme und deutsche Forschung im größten Regenwaldgebiet der Erde. Berlin: Reimer 1989, S. 227-243
Population-ecology and migration of Dero multibranchiata Stieren, 1892 (Naididae, Oigochaeta) in the Central Amazon inundation forest, in: Amazoniana (1989)11, S. 31-52
Weight, energy and nutrient changes during the decomposition of leaves in the emersion phase of Central-Amazonian inundation forests, in: Pedobiologia (1980)20, S.118-131 (mit K.Furch)

P 262 **Jaeger**, Wilhelm

Institut für Genossenschaftswesen (IfG)
Lateinamerika-Abteilung, Universität Münster
Am Stadtgraben 9
D-48143 Münster <W-4400 Münster>
Tel: 49 (2 51) 83 28 01
Telex: 892 529 uni msd
Fax: 49 (2 51) 83 83 95

Privat Lärchenweg 1
D-48165 Münster
Tel: 49 (25 01) 33 88

Geburtsdatum, -ort 02.02.1931, Wesel/Rhein

berufl. Werdegang 1950-54 Studium (VWL), U Münster; seit 1954 WissMitarb.; 1959 Dr.rer.pol.; AkDir., Geschäftsführer des IfG U Münster

wiss. Vereinigungen AG Genossenschaftswiss. Institute; Forschungsgesellschaft für Agrarpolitik und Agrarsoziologie

Sprachen Englisch (Spanisch, Französisch)

Fachgebiet Entwicklungsökonomie

themat. Schwerpunkte Mitgliederdemokratie, Legitimation des Führungshandelns in kooperativen Organisationen, Neue Institutionenökonomik

geogr. Schwerpunkte Deutschland, EG, Lateinamerika

Schriftenreihen "Schriften zur Kooperationsforschung" und "Kooperations- und Genossenschaftswissenschaftliche Beiträge" (Schriftleitung)

Periodika "Zeitschrift für das gesamte Genossenschaftswesen" (Mitarb.)

Aufsätze Democracia cooperativa y federación de auditoría, aus: Problemas actuales del cooperativismo. Münster 1988
Die brasilianischen Genossenschaften im Lichte der modernen Kooperationstheorie. Marburg 1992

P 263 **Janik**, Dieter

Romanisches Seminar, FB Philologie III, Universität Mainz
Jakob-Welder-Weg 18
D-55128 Mainz <W-6500 Mainz>
Postfach 39 80
D-55029 Mainz
Tel: 49 (61 31) 39 44 45
Fax: 49 (61 31) 39 33 46

Geburtsdatum, -ort 31.07.1939, Neudek/Sudetenland

berufl. Werdegang Studium (Romanistik, Latinistik, Philosophie), U Tübingen, U Freiburg/Br., U Wien; 1966 Dr.phil., Tübingen; 1968-70 Prof. Adjunto de Alemán, U de Concepción/Chile; WissAss., U Tübingen; 1973 Dr.h.c. U Católica de Córdoba/Argentina; 1974 Habil.; seit 1975 o.Prof. für Romanische Philologie in Mainz

wiss. Vereinigungen ADLAF; DRV; DHV u.a.

Sprachen Englisch, Spanisch, Portugiesisch, Französisch (Italienisch)

Fachgebiet Literatur

themat. Schwerpunkte Französische, hispanoamerikanische und spanische Literatur

geogr. Schwerpunkte Chile, Argentinien, Andenstaaten

Monographien Magische Wirklichkeitsauffassung im hispanoamerikanischen Roman des 20. Jahrhunderts. Geschichtliches Erbe und kulturelle Tendenz. Tübingen: Niemeyer 1976, 185 S.

Die spanische Eroberung Amerikas: Akteure, Autoren, Texte. Eine kommentierte Anthologie von Originalzeugnissen. Frankfurt/M.: Vervuert 1989, 241 S. (zus. mit W. Lustig)

Aufsätze Drei Zentralmotive der dichterischen Einbildungskraft des Erzählers Gabriel García Márquez: La casa - El huracán - La muerte, aus: J.M. López de Abiada; T. Heydenreich (Hg.), Iberoamérica. Historia - Sociedad - Literatura. Homenaje a Gustav Siebenmann, Bd. 1. München: Fink 1983, S. 369-387

Civilización y Barbarie. Die Entwicklungsproblematik in der kulturkritischen Literatur Spanischamerikas im 19. und 20. Jahrhundert, aus: F.J. Oroz Arizcuren (Hg.), Navicula Tubingensis. Studia in honorem Antonii Tovar. Tübingen 1984, S. 221-232

"Momotombo" ou la dimension mythique de Victor Hugo dans la poésie hispanoamericaine au XIXe, in: Arcadia. Zeitschrift für Vergleichende Literaturwissenschaft, 21(1986)3, S. 233-244

Das Kains-Motiv in spanischamerikanischen Romanen des 20. Jahrhunderts, aus: F. Link (Hg.), Paradigmata. Literarische Typologie des Alten Testaments. 2. Teil: 20. Jahrhundert. Berlin: Duncker & Humblot 1989, S. 577-589

La valoración multiple del indio en "La Araucana" de A. de Ercilla, aus: La imagen del indio en la Europa moderna. Sevilla 1990

El perfil "romántico" de la literatura hispanoamericana en la época de su florecimiento (1945-1975), aus: Chr. Strosetzki; J.-F. Botrel; M. Tietz (Hg.), Actas del I Encuentro Franco-Alemán de Hispanistas (Mainz 9.-12.3. 1989). Frankfurt/M.: Vervuert 1991, S. 180-186

P 264 **Jordan**, Ekkehard

Geographisches Institut
Heinrich-Heine-Universität Düsseldorf
Universitätsstr. 1
D-40225 Düsseldorf <W-4000 Düsseldorf 1>
Tel: 49 (2 11) 3 11-20 45
Fax: 49 (2 11) 34 22 29

Geburtsdatum, -ort 01.08.1941, Braunschweig

berufl. Werdegang 1968 Staatsexamen, Hannover; bis 1970 IfLTU, Braunschweig; danach WissAss., Geogr. Inst., TU Hannover, 1974 Dr.rer.nat. (Geographie, Bodenkunde, Botanik); 1978-81 GastDoz., La Paz/Bolivien (GTZ-Projekt Ökologie); 1981-85 OAss U Hannover, Habil. 1985; 1985-89 Univ.Prof. U Osnabrück, Abt. Vechta; 1990-93 ISPA U Vechta; seit SS 1993 o.Prof., Geogr.Inst., U Düsseldorf

wiss. Vereinigungen ADLAF; Ges. für Ökologie; Internationale Vereinigung für Vegetationskunde; DEUQUA; Dt. Bodenkundl. Ges.; International Glaciological Soc.; Geologische Vereinigung; Flor.-soz. Arbeitsgemeinschaft; Geomorph. Arbeitskreis; GTÖ; Int. Soc. f. Photogrammetry and Remote Sensing (ISPRS); Dt. Ges. f. Photogrammetrie und Fernerkundung (DGPF); Remote Sensing Society; Dt. Kakteen Ges.; GÖK

Sprachen Englisch, Spanisch, Französisch

Fachgebiet Geographie / Ökologie

themat. Schwerpunkte Ökologie, Hydrogeographie, Bodenkunde, Glaziologie, Physische Geographie Photogrammetrie und -interpretation, Vegetationsgeographie, Klimageographie

geogr. Schwerpunkte trop. Andenländer, bes. Bolivien, Ecuador, Kolumbien

Schriftenreihen (Mithg.) "Düsseldorfer Geogrpahische Schriften"

Aufsätze Grundsätzliches zum Unterschied zwischen tropischem und außertropischem Gletscherhaushalt unter besonderer Berücksichtigung der Gletscher Boliviens, in: Erdkunde 33(1979)4, S. 297-309

Die Vergletscherung des Cotopaxi/Ecuador, in: Zeitschr. für Gletscherkunde und Glazialgeologie 9(1983)1, S. 73-102

Los arenales recientes de Bolivia en su multiple diferenciación, in: Ecología en Bolivia (Sonderband 3). La Paz/Bolivia 1983, 90 S., 16 Abb., 13 Luftb., 46 Photos, 2 Tab., farbige Kartenbeilage

Die Verbreitung von Polylepsis-Beständen in der Westkordillere Boliviens, aus: Ellenberg-Festschrift. Göttingen 1983, Tuexenia 3, S. 101-116 + Kartenbeilage

Die Gletscher der bolivianischen Anden - eine photogrammetrisch-kartographische Bestandsaufnahme der Gletscher Boliviens als Grundlage für klimatische Deutungen und Potential für die wirtschaftliche Nutzung. Habilschrift, Hannover 1985, 393 S. zuzügl. Karten- und Bildband (33 Tab., 17 Karten, 108 Abb.) + Materialanhang mit 120 Profilen, div. Listen der Gletscherparameter und Computerauszügen der Aerotriangulationskoordinatenberechnungen. Stuttgart 1991, 405 S. + Kartenanhang

Die Vulkangletscherkatastrophe am Nevado del Ruiz/Kolumbien - geowissenschaftliche Zusammenhänge, Ablauf und kulturlandschaftliche Auswirkungen, in: Geoökodynamik 8(1987)2/3, S. 223-244 (zus. mit kolumbianischen Mitautoren)
Die Mangrove Ecuadors, in: Geograph. Rundschau (1991)11

P 265 **Jung**, Winfried

	Konrad-Adenauer-Stiftung Arbeitsbereich Internationale Zusammenarbeit (KAS-IZ) Rathausallee 12 D-53757 St. Augustin <W-5205 St. Augustin 1> Tel: 49 (22 41) 2 46-3 77 Telex: 889 727 kas d Fax: 49 (22 41) 24 65 08
Privat	Orchideenweg 7 D-53123 Bonn <W-5300 Bonn 1> Tel: 49 (2 28) 64 97 99
Geburtsdatum, -ort	13.10.1948, Essen
berufl. Werdegang	1967 Abitur; 1969-74 Studium (VWL, BWL); 1974 Dipl.Volksw.; 1975 Dipl.Kfm; 1974-77 WissAss., FB Wirtschaftswiss./Rechtswiss., GH Duisburg; 1979-87 KAS-Auslandsmitarb. (Venezuela, Uruguay, Argentinien); Leiter der Grundsatzabteilung KAS-IZ
wiss. Vereinigungen	Verein für Socialpolitik
Sprachen	Englisch, Spanisch (Französisch)
Fachgebiet	Wirtschaft / Entwicklungspolitik
themat. Schwerpunkte	Wirtschaftsordnung, Außenwirtschaft, Wirtschaftliche Integration, Entwicklungspolitik
geogr. Schwerpunkte	Lateinamerika
Aufsätze	Der Amazonaspakt, in: IIS-Info. Auslandsinformationen der KAS (1980)5, S. 1-16 Krisenstimmung in Venezuela: Nach drei Jahren wirtschaftlicher Stagnation macht sich Ernüchterung breit, in: Die Dritte Welt 9(1981)3/4, S. 354-363 Uruguays demokratische Öffnung nimmt allmählich Gestalt an, in: IIS-Info (1982)22, S. 1-12 Bolivien vor dem wirtschaftlichen Abgrund, in: IIS-Auslandsinformationen (1983)13, S. 13-19 Christlich-Demokratische Parteien in Lateinamerika, aus: S. Krieger (Hg.), Partner für den demokratischen Weg. St. Augustin 1983, S. 35-63 Problemas económicos y problemas de la política económica en América Latina, in: Contribuciones (1984)2, S. 29-38 Argentinien: Ergebnis der Wahlen vom 6. September 1987, in: KAS-Auslandsinformationen (1987)10, S. 25-38

P 266 **Junk**, Wolfgang J.

Max-Planck-Institut für Limnologie (MPI), AG Tropenökologie
August-Thienemann-Str. 2
D-24306 Plön <W-2320 Plön>
Postfach 1 65
D-24302 Plön
Tel: 49 (45 22) 8 02-1
Fax: 49 (45 22) 8 02-281

Privat Stadtheide 8a
D-24306 Plön
Tel: 49 (45 22) 90 08

Geburtsdatum, -ort 24.06.1942, Merseburg

berufl. Werdegang 1968-70 Stipendiat der MPG; 1970 Dr.rer.nat; ab 1970 WissMitarb. am MPI Plön; 1975-79 Leiter der Abt. Hydrobiologie und Binnenfischerei am INPA, Manaus/Brasilien; seit 1980 Leiter der selbständigen Arbeitsgruppe Tropenökologie am MPI Plön; 1990 Habilitation; Leiter der AG Tropenökologie am MPI Plön

wiss. Vereinigungen GTÖ; DGL; IVL/SIL; GfÖ; SBL; World Wetlands Partnership; The Aquatic Plant Management Society

Sprachen Portugiesisch, Englisch, Französisch (Spanisch)

Fachgebiet Limnologie / Tropenökologie

themat. Schwerpunkte Ökologie von Überschwemmungsgebieten

geogr. Schwerpunkte Tropisches Südamerika, Brasilien

Periodika "Amazoniana"

Aufsätze

A ecologia das aguas da Amazônia, aus: E.J.G. Ferreira (Hg.), Anais III Congresso Brasileiro de Engenharia de Pesca (II CONBEP). Manaus 1983, S. 37-59

Ecology of the Várzea, floodplain of Amazonian whitewater rivers, aus: H. Sioli (Hg.), The Amazon. Limnology and landscape ecology of a mighty tropical river and its basin. Den Haag 1984, S. 216-243

The physical and chemical properties of Amazonian waters and their relationships with the Biota. Key environments Amazonia, aus: G.T. Prance; T.E. Lovejoy (Hg.), Amazonia. Pergamon Press 1985, S. 3-17 (zus. mit K. Furch)

Aquatic plants of the Amazon system, aus: B.R. Davies; K.F. Walker (Hg.), The ecology of river systems. Dordrecht 1986, S. 319-337

Flood tolerance and tree distribution in central Amazonian floodplains, aus: L.B. Holm-Nielsen; I.C. Nielsen; H. Balslev (Hg.), Tropical forests: Botanical dynamics, speciation and diversity. London u.a.: Academic Press 1989, S. 47-64

The flood pulse-concept in river floodplain systems, aus: D.P. Dodge (Hg.), Proceedings of the International Large River Symposium (LARS) Can. Spec. Publ. Fish. Aquat. Sci. 106 1989, S. 110-127 (zus. mit P.B. Bayley; R.E. Sparks)

Floodplants, aus: B.C. Patten et.al. (Hg.), Wetland and shallow continental water bodies. Bd. 1. Den Haag/NL: SPB Academic Publishing bv 1990, S. 491-524 (zus. mit C. Welcomme)

	Weitere 70 Arbeiten zu diesem Themenkreis Tropenökologie, aus: N. Werz (Hg.), Handbuch der deutschsprachigen Lateinamerikakunde. Freiburg: ABI 1992, S. 701-747
P 267	**Jurt**, Joseph
	Romanisches Seminar, Universität Freiburg Werthmannplatz 3 D-79198 Freiburg/Br <W-7800 Freiburg/Br>
Privat	Im Gärtle 11 D-79104 Freiburg/Br Tel: 49 (7 61) 55 13 87
Geburtsdatum, -ort	10.03.1940, Willisau-Land/Schweiz
berufl. Werdegang	1962-66 Studium (Romanistik, Geschichte, Philosophie) Fribourg, Paris; 1966 Dr. phil., U Fribourg; 1966-70 SemProf., Lehrerseminar Hitzkirch; 1970-73 Forschungsstipendiat in Paris, Studium (Literatursoziologie), École Pratique des Hautes Études; 1974-76 WissAss.; 1976-80 AkR.; 1978 Habil.; 1980 Prof., U Regensburg; seit 1981 o. Prof., U Freiburg
Sprachen	Spanisch, Französisch, Italienisch (Portugiesisch)
Fachgebiet	Literatur
themat. Schwerpunkte	Rezeptionsforschung, Literatursoziologie, Literatur und Politik in Frankreich (20. Jh.), Kolonialliteratur, Literatur und Identitätsproblematik in Lateinamerika
geogr. Schwerpunkte	Frankreich; Schwarzafrika; Brasilien, Andenländer
Monographien	Vargas Llosa y Flaubert. "La Casa verde" y "La Educación sentimental": una lectura paralela. Salamanca: Colegio de España 1985, 31 S.
Aufsätze	Jorge Amado, aus: W. Eitel (Hg.), Lateinamerikanische Literatur der Gegenwart in Einzeldarstellungen. Stuttgart 1978,S. 108-133 Akkulturation und Literatur in Brasilien, aus: R. Kloepfer (Hg.), Bildung und Ausbildung in der Romania. Bd. 3 München 1979, S. 337-349 "La casa verde" und "L'Education sentimentale" - Berührungspunkte und Analogien, aus: J. M. López de Abiada; T. Heidenreich (Hg.), Iberoamérica. Historia - Sociedad - Literatura. Homenaje a Gustav Siebenmann. München 1983, S. 389-415 Literatur und Identitätsfindung in Lateinamerika: J. E. Rodó: "Ariel", in: Romanistische Zeitschrift für Literaturgeschichte. Heidelberg, 7. Jg., Nr. 1/2, S. 68-95 Entstehung und Entwicklung der LATEINamerika-Idee, in: Lendemains. Köln, 7. Jg., Nr. 27, S. 17-26

P 268 **Kahle**, Günter

Iberische und Lateinamerikanische Abteilung
Historisches Seminar, Universität Köln
Albertus-Magnus-Platz 1-3
D-50931 Köln <W-5000 Köln 41>
Tel: 49 (2 21) 4 70 24 46

Geburtsdatum, -ort 11.07.1927, Berlin

berufl. Werdegang 1956-62 Studium (Mittlere und Neuere Geschichte, Völkerkunde, Amerikanistik), U Köln; 1959-60 Archivarbeiten in Südamerika; 1962 Dr.phil., Köln; 1962-66 WissAss., U Köln; 1964-65 Archivarbeiten in Mexiko und Mittelamerika; 1966 Habil., Köln; ab 1968 o.Prof.; 1967-92 Direktor der Iberischen und Lateinamerikanischen Abt. des Histor. Sem., U Köln; em. UnivProf.

Sprachen Englisch, Spanisch, Russisch (Portugiesisch, Französisch)

Fachgebiet Geschichte

themat. Schwerpunkte Politische Geschichte und Sozialgeschichte

geogr. Schwerpunkte La-Plata-Staaten, Mexiko, Mittelamerika, Brasilien

Schriftenreihen Mithg. "Lateinamerikanische Forschungen" (Köln/Wien); "Kölner Historische Abhandlungen" (Köln/Wien); "Forum Ibero-Americanum" (Köln/Wien)

Periodika Mithg. "Jahrbuch für Geschichte von Staat, Wirtschaft und Gesellschaft Lateinamerikas" (Köln/Wien)

Monographien Grundlagen und Anfänge des paraguayischen Nationalbewußtseins. Köln 1962, 362 S.
Bartolomé de las Casas. Köln/Opladen 1968, 48 S.
Militär und Staatsbildung in den Anfängen der Unabhängigkeit Mexikos. Köln/Wien 1969, XIV/267 S.
Simón Bolívar und die Deutschen. Berlin 1980, 115 S. (spanisch: Simón Bolívar y los alemanes. Bonn 1980 (1. und 2. Auflage), 109 S.)
Die Rolle der politischen Doktrinen in den Beziehungen zwischen den USA und Lateinamerika 1823-1933. Graz 1980, 22 S.
Diktatur und Militärherrschaft in Lateinamerika. Wien 1981, 56 S. (Zeitschrift für Lateinamerika Wien. 19)
Simón Bolívar in zeitgenössischen deutschen Berichten, 1811-1831. Berlin 1983, 174 S.
Der Wiener Schiedsspruch von 1881. Eine Dokumentation zur Schlichtung des Konfliktes zwischen Großbritannien und Nicaragua um Mosquitia. Köln/Wien 1983, XCVII+276 S.

Aufsätze Iberoamerika.Ausgewählte Aufsätze. Köln/Wien 1987, X+390 S.

P 269 **Kahleyss**, Margot

Museum für Völkerkunde Berlin
Arnimallee 27
D-14195 Berlin <W-1000 Berlin 33>
Tel: 49 (30) 83 01-4 11

Privat Clayallee 70
D-14195 Berlin
Tel: 49 (30) 8 31 23 18

Geburtsdatum, -ort 12.08.1957, Berlin

berufl. Werdegang Studium (Ethnologie, Lateinamerikanistik, Publizistik), FU Berlin; 1983 M.A.; 1987 Lehrauftr. U Nacional San Agustín, Arequipa/ Peru; 1991 Dr.phil.; WissMitarb., Museum für Völkerkunde Berlin; 1988-91 Lehrbeauftr., LAI FU Berlin

wiss. Vereinigungen DGV

Sprachen Spanisch, Englisch, Französisch

Fachgebiet Ethnologie

themat. Schwerpunkte Migration, Entwicklungsethnologie, Beziehungen Lateinamerika-Europa, Visuelle Anthropologie, urbane Anthropologie

geogr. Schwerpunkte Andenraum, Peru

Monographien "Dort oben in der Sierra sind wir blind". Soziokulturelle Transformationsprozesse und die Bedeutung von Entwicklungsprojekten und Fördermaßnahmen. Holos 1991

sonst. Publikationen Seit 1980 verschiedene Rundfunkbeiträge (SFB, SDR, RIAS) zu Lateinamerika; Zeitungsartikel (NZZ, El Correo)

P 270 **Kaiser**, Wilfried

Forschungsschwerpunkt Lateinamerika, Geographisches Institut Universität Tübingen (GISLA)
Hölderlinstr. 12
D-72074 Tübingen <W-7400 Tübingen>
Tel: 49 (70 71) 29-53 12
Fax: 49 (70 71) 29-53 18

Privat Stauffenbergstr. 103
D-72074 Tübingen
Tel: 49 (70 71) 5 12 65

Geburtsdatum, -ort 11.04.1960, Frankfurt

berufl. Werdegang seit 1990 WissAngest., GISLA, U Tübingen

Sprachen Englisch, Portugiesisch (Spanisch, Französisch)

Fachgebiet Geographie

themat. Schwerpunkte Wirtschafts- und Sozialgeographie, Stadt- und Regionalplanung

geogr. Schwerpunkte Brasilien

Monographien Laufende Diss.: Brasília zwischen Anspruch und Wirklichkeit: Planungsintentionen, Entwicklungsverlauf und Gegenwartsprobleme einer neuen Hauptstadt der Dritten Welt

Aufsätze Städtische Entwicklung und räumlich-soziale Segregation im Bundesdistrikt von Brasília (Distrito Federal), in: G.Kohlhepp (Hg.), Brasilien: Beiträge zur regionalen Struktur- und Entwicklungsforschung. Tübingen 1987, S. 175-197

P 271	**Kaller**, Martina
	Institut für Geschichte, Universität Wien Dr. Karl Lueger-Ring 1 A-1010 Wien Tel: 43 (1) 4 01 03-22 80
Privat	Eichendorffgasse 4-6/1/2 A-1190 Wien
Geburtsdatum, -ort	24.11.1963, Bad-Aussee/Österreich
berufl. Werdegang	1988 Dr. phil., U Wien; Philosophie und Geschichte; Posgrado in Lateinamerikanistik an der UNAM Mexiko; seit 1980 regelmäßig Lateinamerika-Aufenthalte (Stipendien); seit 1990 Univ.Ass., Inst. für Geschichte, U Wien; seit 1990 Forschungsprojekt
wiss. Vereinigungen	AGÖLAF
Sprachen	Spanisch, Englisch, Französisch (Portugiesisch, Italienisch, Latein)
Fachgebiet	Geschichte / Philosophie
themat. Schwerpunkte	Geschichte Lateinamerikas im 19. Jh. (Nation, Staat, Ethnie), Begriffsgeschichte, historische Ideologiekritik, Geschichtsphilosophie, Entwicklungs- und Modernisierungstheorie und -debatte
geogr. Schwerpunkte	Mexiko, Zentralamerika (bes. Guatemala)
Aufsätze	Lateinamerika. Eine Definition, in: Conceptus. Zeitschrift für Philosophie "Nord-Süd-Dialog in der Philosophie", Wien 22(1988)59, S. 119-124 Zur Philosophie in Lateinamerika, in: International. Zeitschrift für Internationale Politik. "Lateinamerika". Wien (1989)3-4, S. 60-62 La filosofía en América Latina a partir de su Historia, in: Cuadernos Americanos. México D.F. Nueva Epoca. 4(1990)22, S. 149-154
sonst. Publikationen	Identität und Geschichte als Problem des aktuellen mexikanischen Selbstverständnisses. Eine philosophie-historische Analyse. Wien 1988 (Diss.) (Buchedition und Übersetzung) Gustavo Esteva: Fiesta - jenseits Eurer Träume. Frankfurt/M.: Brander + Apsel; Wien: Südwind (zus. mit W. Dietrich; M. Schirmer)

P 272	**Kann**, Peter
	Museum für Völkerkunde Neue Hofburg A-1014 Wien Tel: 43 (1) 5 21 77-5 14 Fax: 43 (1) 5 35 53 20
Privat	Lechthaler Gasse 9 A-1235 Wien
Geburtsdatum, -ort	17.2.1944, Znaim (CSFR)
berufl. Werdegang	Studium (Ethnologie, Anthropologie), U Wien; 1972 Dr.phil.; seit 1970 Kustos für Südamerika im Museum für Völkerkunde, Wien
wiss. Vereinigungen	Österreichische Ethnologische Gesellschaft
Sprachen	Spanisch, Englisch (Portugiesisch, Französisch, Schwedisch)

Fachgebiet	Ethnologie
themat. Schwerpunkte	Textilien, Kleidung, Trachten
geogr. Schwerpunkte	Andenhochland
Aufsätze	Trachten bolivianischer Hochlandindianer in: Archiv für Völkerkunde 36(1982); 40(1986) Webkunst und Trachten im Hochland von Bolivien, in: Textilkunst (1988)1
sonst. Publikationen	Zahlreiche Kataloge zu verschiedenen Ausstellungen

P 273	**Kapp**, Gerald B.
	Institut für Waldbau, Universität Freiburg Bertoldstr. 17 D-79098 Freiburg/Br <W-7800 Freiburg/Br.> Tel: 49 (7 61) 2 03 37 41 Fax: 49 (7 61) 2 03 37 38
Privat	Sickingenstr. 40 D-79117 Freiburg/Br Tel: 49 (7 61) 6 77 29
Geburtsdatum, -ort	12.03.1956, Freiburg/Br.
berufl. Werdegang	1980 Dipl. Forstwirt; 1981-83 Agroforstwirtschaftliche Arbeiten mit DED in Obervolta; 1986 Dr. rer.nat.; 1987-91 Agroforstwissenschaftler und Dozent am CATIE in Costa Rica; ab 1992 WissMitarb. am Waldbauinstitut der U Freiburg
wiss. Vereinigungen	Deutscher Forstverein - Ausschuß für internationale forst- und holzwirtschaftliche Zusammenarbeit; International Society of Tropical Foresters; IFURO Working Group P 1.15-00 on Agroforestry
Sprachen	Englisch, Französisch, Spanisch (Portugiesisch)
Fachgebiet	Forstwissenschaft
themat. Schwerpunkte	Pflanzenbau, Bäuerliche Forstwirtschaft, Naturwaldbau
geogr. Schwerpunkte	Zentralamerika, Costa Rica, Panama
Monographien	Perfil Ambiental de la Zona Baja de Talamanca, Costa Rica. Proyecto Agroforestal CATIE-GTZ. Turrialba/Costa Rica 1989, 101 S. Sistemas agroforestales en el Paraguay. Cooperación Técnica Paraguayo Alemana. GTZ. Proyecto de Cooperación Forestal. Asunción/Paraguay 1989, 44 S. (zus. mit anderen)
Aufsätze	Manejo sostenido de Bosquetes en Fincas Privadas de los Trópicos Húmedos. Un Estudio en la Zona de Changuinola (Panamá) y Talamanca (Costa Rica), in: El Chasqui, CATIE. Turrialba/Costa Rica (1991)26, S. 5-25 (zus. mit K. Kremkau) La agroforestería como alternativa de reforestación en la zona atlántica de Costa Rica, in: El Chasqui, CATIE. Turrialba/Costa Rica (1989)21, S. 5-16

P 274 **Karnofsky**, Eva

Ibero-Lateinamerika-Programm, Deutsche Welle (DW)
Apostelnstr. 13
D-50667 Köln <W-5000 Köln>
Postfach 10 04 44
D-50444 Köln
Tel: 49 (2 21) 3 89-48 51, -48 52
Fax: 49 (2 21) 3 89 48 99

Privat Am Boeselagerhof 5
D-53111 Bonn <W-5300 Bonn 1>
Tel: 49 (2 28) 63 76 49
Fax: 49 (2 28) 63 81 09

Geburtsdatum, -ort 08.02.1955, Wesel
berufl. Stellung Leiterin des Ibero-Lateinamerika-Programms, DW, Köln
Sprachen Spanisch, Englisch (Portugiesisch, Französisch)
Fachgebiet Politikwissenschaft / Medien
Monographien (Mithg.) Weißbuch Lateinamerika. Eigenes und Fremdes. Wuppertal: Hammer 1991, 173 S. (mit K.-L. Hübener; P. Lozano)

P 275 **Kaufmann**, Reinhard

Zentrum für regionale Entwicklungsforschung
Universität Gießen
Diezstr. 15
D-35390 Gießen <W-6300 Gießen>
Tel: 49 (6 41) 7 02 84 15

Privat Nonnenweg 3
D-35394 Gießen
Tel: 49 (6 41) 4 56 51

Geburtsdatum, -ort 07.06.1937, Hirschberg/Saale
berufl. Werdegang 1956-64 Studium (Zoologie, Botanik, Geologie), Gießen; 1964 Dr. rer.nat.; 1964-72 Aufbau und Leitung einer Forschungsstation der U Gießen in Santa Marta/Kolumbien; seit 1976 WissMitarb. (Akad. Direktor), Zentrum für reg. Entwicklungsforschung
wiss. Vereinigungen Mitglied der International Working Group on Integrated Rural Regional Development
Sprachen Englisch, Spanisch (Portugiesisch, Schwedisch)
Fachgebiet Entwicklungspolitik / Regionalplanung
themat. Schwerpunkte Regionalplanung und ländliche Entwicklung in Entwicklungsländern, Fragen der Umweltsicherung bei Regionalentwicklung in Tropen und Subtropen
geogr. Schwerpunkte Kolumbien, übrige Nordanden-Länder Südamerikas
Aufsätze Regionale Entwicklungskörperschaften als Instrument der Einkommensübertragung aus der Stadt in den ländlichen Raum (Beispiel Bogotá/Kolumbien), in: Schriften des Zentrums für regionale Entwicklungsforschung. Saarbrücken 17(1981), S. 59-77

Erosionskontrolle und Sicherung von kleinbäuerlichen Betrieben in Hochgebirgsregionen der Ostkordillere Kolumbiens, in: Gie-

ßener Beiträge zur Entwicklungsforschung, Reihe I, Bd 8: Tropische Gebirge: Ökologie und Agrarwirtschaft. Gießen (1982), S. 207-216
Das Entwicklungspotential des Verwaltungsgebietes Caquetá (Kolumbien), aus: H. Spitzer; et. al. (Hg.), Das räumliche Potential als entwicklungspolitische Basis. Saarbrücken 21(1982), S. 394-431

sonst. Publikationen The integrated rural development project Guanare-Masparro (Venezuela). Report on the Seminar at Barinas. August 6-11, 1980, 58 S.
Spontaneous, semidirected and directed settlement in tropical forest areas of Colombia, aus: Proceedings of the International Symposium on integrated Rural Regional Development for Areas of New Settlement, September 20-26th, 1981, Rehovot/Israel

P 276 **Kelm**, Antje Maria

Museumspädagogischer Dienst Hamburg (MPD)
Imstedt 18
D-22083 Hamburg <W-2000 Hamburg 76>
Tel: 49 (40) 2 91 88-41 53
Fax: 49 (40) 2 91 88-39 00

Privat Sportzenstieg 9
D-22359 Hamburg <W-2000 Hamburg 67>
Tel: 49 (40) 6 03 69 07

Geburtsdatum, -ort 01.03.1937, Dresden

berufl. Werdegang 1963 Dr.phil.; 1964-68 Referentin für Lateinamerika DSE; 1969-75 Stipendiatin DFG; 1979-88 Museumspädagogin, Hamburgisches Museum für Völkerkunde; seit 1988 Leiterin des MPD Hamburg

wiss. Vereinigungen DGV; ICOM

Sprachen Englisch, Spanisch (Französisch, Portugiesisch)

Fachgebiet Ethnologie / Altamerikanistik

themat. Schwerpunkte Religionsethnologie, Erzählgutforschung, Entwicklungspolitik

geogr. Schwerpunkte Peru, Bolivien

Aufsätze Grundzüge der Religionen des zentralen Andenraumes, aus: U. Köhler (Hg.), Altamerikanistik. Eine Einführung in die Hochkulturen Mittel- und Südamerikas. Berlin 1990, S. 519-533
Inka, aus: R.W. Brednich, et.al. (Hg.), Enzyklopädie des Märchens. Bd. 7. Berlin/New York 1991, S. 188-193

sonst. Publikationen Was geht uns ihre Armut an? Indianerschicksale im Hochland von Bolivien. Hg. vom Museumspädagischen Dienst. Hamburg 1985, 118 S. (zus. mit H. Rammow)

P 277	**Kerbusch**, Ernst-J.
	Friedrich-Ebert-Stiftung (FES) Godesberger Allee 149 D-53175 Bonn <W-5300 Bonn 2> Tel: 49 (2 28) 8 83-5 22
Privat	Auf dem Essig 10 D-53127 Bonn <W-5300 Bonn 1> Tel: 49 (2 28) 28 39 97
Geburtsdatum, -ort	22.05.1943, Rheydt/Rhld.
berufl. Werdegang	1967 Dipl.Volksw., Köln; 1968-72 WissAss., Inst. für Pol. Wiss., U Köln; Postgrad.-Stipendium, Montevideo/Uruguay und Pennsylvania State U/USA; 1971 Dr.rer.pol., Köln; 1972-77 Vertreter der FES in Peru; seit 1977 FES Bonn (Leiter der Abteilung Internationale Zusammenarbeit)
wiss. Vereinigungen	ADLAF
Sprachen	Englisch, Spanisch
Fachgebiet	Entwicklungspolitik / Internationale Beziehungen
Monographien	(Hg.) Cambios estructurales en el Perú 1968-1975. Lima: ILDIS 1976 Das uruguayische Regierungssystem. Der Zweite Colegiado 1952-1967. Köln: Heymann 1971 Peru. Gewerkschaften zwischen Tradition und Reform. Bonn/Bad Godesberg 1976
Aufsätze	Die zweite Phase der peruanischen Revolution, in: Aus Politik und Zeitgeschichte. (1976)48, S. 18-39 Gewerkschaften in Peru, in: Die Neue Gesellschaft. Bonn-Bad Godesberg (1975)5, S. 418-422 (zus. mit A.Uhlenbrock) Kolumbien vor dem Ende eines "Regierungssystems auf Zeit", in: Zeitschrift für Politik. Köln 19(1972)2, S. 130-149 Die Wahlen vom 28. November 1971 in Uruguay, in: Verfassung und Recht in Übersee. Hamburg (1972)4, S. 387-398

P 278	**Kessler**, Albrecht
	Meteorologisches Institut, Universität Freiburg Werderring 10 D-79098 Freiburg/Br <W-7800 Freiburg> Tel: 49 (7 61) 2 03 44 82
Privat	Heubuck 37 D-79289 Horben <W-7801 Horben> Tel: 49 (7 61) 2 95 20
Geburtsdatum, -ort	01.10.1930, Berthelsdorf/OL
berufl. Werdegang	1959 Promotion; 1961 Staatsexamen (HL); 1968 Habil.; 1969 Doz., TH Hannover; 1969 Prof., U Bonn; ab 1972 o.Prof., U Freiburg; Direktor des Meteorologischen Instituts
wiss. Vereinigungen	ADLAF
Sprachen	Englisch, Spanisch
Fachgebiet	Geographie
themat. Schwerpunkte	Geoökologie, Klimatologie

geogr. Schwerpunkte	Peru, Bolivien
Monographien	Puno am Titicacasee. Beiträge zur Landeskunde von Peru und Bolivien. Wiesbaden: Steiner 1968, 33 S.
Aufsätze	Über Klima und Wasserhaushalt des Altiplano (Bolivien, Peru) während des Hochstandes der letzten Vereisung, in: Erdkunde, Arch.f.wiss.Geogr. 17(1963), S. 165-173 Junge Laufänderungen des Desaguadero und die Entstehung des Uru-Uru-Sees (Bolivianischer Altiplano), in: Erdkunde, Arch.f.wiss.Geogr. 20(1966), S. 194-204 Der Wasserhaushalt des Titicacasees nach neueren Meßergebnissen, in: Erdkunde, Arch.f.wiss.Geogr. 22(1968), S. 275-282 (zus. mit F. Monheim) Über den Jahresgang der potentiellen Verdunstung im Titicacabecken, in: Arch.f.Meteorologie, Geophysik und Bioklimatologie, Serie B, 18(1970), S. 239-252 Atmosphärische Zirkulationsanomalien und Spiegelschwankungen des Titicacasees, in: Bonner Meteorologische Abhandl. (1974)17, S. 361-372 Zur Rekonstruktion von spätglazialem Klima und Wasserhaushalt auf dem peruanisch-bolivianischen Altiplano, in: Zeitschr.f.-Gletscherkunde und Glazialgeologie, 21(1985), S. 107-114 Investigation of level changes of Lake Titicaca by maximum entropy spectral analysis, in: Arch.f.Meteorology, Geophysics, Bioclimatology, Serie B, 36(1986), S. 219-227 (mit F. Künzel) Das El Niño-Phänomen und der Titicacaseepegel, in: Mainzer Geographische Studien (1990)34, S. 91-100

P 279	**Kiehn**, Michael
	Institut für Botanik, Universität Wien Rennweg 14 A-1030 Wien Tel: 43 (1) 78 71 01-1 57
Privat	Rennweg 68 / 8 A-1030 Wien Tel: 43 (1) 7 81 26 64
Geburtsdatum, -ort	11.04.1958, Dillingen/Saar
berufl. Werdegang	Studium (Biologie, Botanik), U Saarbrücken, Kaiserslautern und Wien, 1986 Dr. phil.; seit 1986 Vertragsass. am Inst. für Botanik, U Wien; Kustos des Botanischen Gartens, Wien
wiss. Vereinigungen	Zoologisch-Botan. Ges. Österreich; Delattinia (Saarbrücken)
Sprachen	Englisch, Spanisch, Französisch (Italienisch)
Fachgebiet	Botanik
themat. Schwerpunkte	Kargosystematik und Evolution verschiedener tropischer Pflanzenfamilien, Hawaii Rubiceae, Gesneriaceae, Flora Hawaiis Praktika (Methoden von Chromosomenuntersuchungen)
geogr. Schwerpunkte	Mittelamerika (bes. Costa Rica)
Aufsätze	Chromosomes, aus: Weber (Hg.), Family position and conjectural affinities of Chadrophila capensis Marloth. 1989, S. 101 (=

Botanisches Jahrbuch, Syst. 111)

Chromosomenverhältnisse bei Podophyllum versipelle und in der Gattung Podophyllum, aus: E. Graf; B. Ulbrich (Hg.), Abschlußbericht 1985-1988: Pflanzliche Zellkulturen (PZK) zur Auffindung neuer, therapeutisch relevanter Naturstoffe und derer Gewinnung durch Fermentationsprozesse. Köln 1990, Bd. 1: S. 95-105; Bd. 2: S. 112-135

Chromosome numbers of and karyological notes on Paederia L. (Rubiceae-Paederieae), aus: Puff (Hg.), The genus Paederia L.: A multidisciplinary study. 1991, S. 125-132

sonst. Publikationen Kurzfassung der Beiträge zum 4. Österreichischen Botaniker-Treffen, 15.-17. Mai 1987. Wien 1987 (mit M.A.Fischer; E.Vitke)

The Gesneriaceae Working Group in Vienna. Geseriaceae Workshop, Montreal 1990, in: Jard. Bot. Montreal 1990

Karyologische Untersuchungen und DNA - Messungen an Rubiaceae und ihre Bedeutung für die Systematik dieser Familie. Wien 1986 (Diss.)

P 280 **Kilian**, Rolf

Institut für Mineralogie, Petrographie und Geochemie
Geowissenschaftlicher Fachbereich, Universität Tübingen
Wilhelmstr. 56
D-72074 Tübingen <W-7400 Tübingen>
Tel: 49 (70 71) 29 26 03
Fax: 49 (70 71) 29 68 70

Privat Daimlerstr. 17
D-72074 Tübingen
Tel: 49 (70 71) 8 73 66

Geburtsdatum, -ort 09.12.1956, Valdivia/Chile

berufl. Werdegang Dipl. in Mineralogie-Petrologie; Dr.rer.nat.; DFG-Postdoktorandenstipendium; freier wissenschaftlicher Forscher

wiss. Vereinigungen GV; DMG

Sprachen Spanisch, Englisch

Fachgebiet Geologie

themat. Schwerpunkte Die geologische und geochemisch-petrologische Entwicklung großer Vulkankomplexe, Vulkanologie, Stratigraphie Geomorphologie, Glaziologie, Mineralogie, Petrologie und Geochemie von känozoischen Vulkanen der Anden

geogr. Schwerpunkte Ekuador, Chile, Andenraum

Aufsätze The development of the Chimborazo (6319 m), Carihuairazo (5106 m) and other volcanoes of Ecuador, in: Zbl. Geol. Paläont. Teil 1. Stuttgart (1987)7/8, S. 955-965

Die jungquartäre Vergletscherung des Chimborazo Vulkans (Ekuador), in: Zs. für Gletscherkunde und Glaziologie. Innsbruck 24(1989)1, S. 41-54

Volcanismo Cuaternario en los Andes Patagónicos (41-55°S): Aspectos geológicos, petrográficos y geoquímicos, in: Medio Ambiente. Valdivia/Chile. 10(1989)2, S. 92-106 (zus. mit L. Lo-

pez-Escobar)
Petrology of the southern Southandean Volcanic Zone (41-46°S) with emphasis on the Michinmahuida-Chaitén Complex "43°S), in: Zbl. Geol. Paläont. Teil 1. Stuttgart (1991), 12 S. (zus. mit L. Lopez-Escobar)
Quaternary volcanism of the Austral Volcanic Zone of the Andes (49-52°S): Geochemistry and Petrology, in: Zbl. Geol. Paläont. Teil I. (1991), 10 S. (zus. mit L. Lopez-Escobar; J. Labato)
El Chimborazo de Humboldt y el desarrollo de otros volcanes grandes en el Ecuador, aus: Investigaciones alemanes recientes en Latinamérica: Geología. Proyectos de la DFG. Bonn/Tübingen 1987, S. 25-34 (zus. mit H. Pichler)
The Northandean Volcanic Zone, in: Zbl. Geol. Paläont. Teil I Stuttgart (1989)5/6, S. 1075-1085 (zus. mit H. Pichler)
The Life history of a giant amongst volcanoes - The development of the Chimborazo, in: German Research. Weinheim (1990)1, S. 4-7

P 281 **Klaus**, Dieter

Geographisches Institut, Universität Bonn
Meckenheimer Allee 166
D-53115 Bonn <W-5300 Bonn 1>
Tel: 49 (2 28) 73 53 94

Privat
Clausiusstr. 15
D-53113 Bonn
Tel: 49 (2 28) 21 09 97

Geburtsdatum, -ort
08.07.1938, Köln

berufl. Werdegang
1966 1. Staatsexamen (Geographie, Mathematik); 1968 2. Staatsexamen; bis 1969 Studienrat; 1969-70 Mitarb. beim Mexiko-Projekt der DFG; ab 1971 WissAss.; 1972 Promotion; 1976 StProf.; 1978 Ernennung zum Professor

Sprachen
Englisch, Spanisch (Portugiesisch, Französisch, Holländisch)

Fachgebiet
Geographie

themat. Schwerpunkte
Klimatologie

geogr. Schwerpunkte
Mexiko, Sahelstaaten

Monographien
Klimafluktuationen in Mexiko seit dem Beginn der meteorologischen Beobachtungsperioden. Studien über Klimaschwankungen und Vegetationsdynamik in Mexiko. Wiesbaden: Steiner 1977, 84 S.
Schadstoffbelastung und Stadtklima in Mexiko-Stadt. Stuttgart: Steiner 1989, 44 S. (zus. mit W. Lauer; E. Jáuregui)

Aufsätze
Die eiszeitlichen und nacheiszeitlichen Klimaschwankungen im zentralmexikanischen Hochland und ihre Ursachen, in: Erdkunde. Bonn 27(1973)3, S. 180-191
Las invasiones de aire frío en los trópicos a sotavento de las montañas rocallosas, in: Geofísica Internacional. 13/2, S.98-143
Variaciones seculares de la circulación general y su relación con la sequía del norte de México, in: Recursos Hidráulicos.

México 12(1976)1, S. 500-597 (zus. mit E. Jáuregui)
Geoecological investigations on the timberline of Pice de Orizaba Mexico, in: Arctic and Alpine Research. 7(1975)4, S. 315-330 (zus. mit W. Lauer)
On the estimation of potential evaporation and evapotranspiration in Central Mexico, in: Colloqu. Geographicum. 13(1978), S. 163-190 (zus. mit E. Jáuregui; W. Lauer)

sonst. Publikationen Atlas climatológico de la region Puebla-Tlaxcala. 118 Karten, 96 Diagramme, 173 S. (als Manuskript vervielfältigt)

P 282 **Klein**, Horst G.

Institut für Romanische Sprachen und Literaturen
Universität Frankfurt
Gräfstr. 76
D-60486 Frankfurt/M <W-6000 Frankfurt/Main>
Postfach 11 19 32
D-60054 Frankfurt/M
Tel: 49 (6 11) 7 98 21 96

Privat In den Unterwiesen 1
D-65830 Kriftel <W-6239 Kriftel/Ts.>
Tel: 49 (61 92) 4 34 00

Geburtsdatum, -ort 26.05.1944, Sodow

berufl. Werdegang 1969 Dr.phil.; 1972 Prof. für Romanische Philologie, U Frankfurt

Beratung Zusammenarbeit mit Goethe-Instituten; verschiedene Projekttätigkeiten

Sprachen Englisch, Spanisch, Portugiesisch, Französisch, Rumänisch, Russisch, Italienisch, Ungarisch

Fachgebiet Linguistik

themat. Schwerpunkte Linguistik, Lateinamerikastudien, Frankophonie, Sprachplanung in der Dritten Welt

geogr. Schwerpunkte Lateinamerika, frankophones Afrika

Monographien Einführung in die Lateinamerikastudien, Tübingen 1979 (zus. mit K. Garscha)

Aufsätze Sprachpolitik in Lateinamerika, in: Studien Linguistik. 3(1977), S. 20-27

P 283 **Klein-Lüpke**, Rainer

Geographisches Institut, Universität Mainz
Saarstr. 21
D-55122 Mainz <W-6500 Mainz 1>
Tel: 49 (60 31) 39 22 62

Privat Feldbergstr. 9a
D-55118 Mainz
Tel: 49 (61 31) 67 52 54

Geburtsdatum, -ort 14.09.1953, Völklingen

berufl. Werdegang 1982 Dipl.Geogr.; 1988 Dr. phil.; seit 1992 WissMitarb. im Projekt "Neue städtische Ballungsräume in Mexiko" (VW-Stiftung)

Sprachen Englisch, Spanisch, Französisch
Fachgebiet Geographie (Stadtgeographie, Verkehrsgeographie)
geogr. Schwerpunkte Mexiko
Aufsätze Stadterneuerung - ein weltweites Problem. Geographische Forschungen in Spanien, Portugal und Lateinamerika, in: Forschungsmagazin der Johannes-Gutenberg-Universität Mainz. Mainz (1988)2, S. 47-57 (zus. mit E. Gormsen; W. Wöll)
La rehabilitación de centros históricos en ciudades de América Latina y de la Península Ibérica, in: Revista Interamericana de Planificación. Guatemala (1988)87/88, S. 233-252 (zus. mit E. Gormsen; W. Wöll)
La Plaza Comercial en América Latina - Un nuevo indicador de metropolización, in: Grandes Metrópolis de Africa y de América Latina, Taller II: Consumo Urbano de productos culturales. Coloquio Internacional, Toulouse, Nov. 1991, S. 140-151 (zus. mit E. Gormsen)
Schnellwachsende Mittelstädte - Dynamisierender Faktor des mexikanischen Städtesystems, in: Trialog (1991)31, S. 38-39

P 284 **Klengel**, Susanne

Lateinamerika-Institut (LAI), Freie Universität Berlin
Rüdesheimerstr. 54-56
D-14197 Berlin <W-1000 Berlin 33>
Tel: 49 (30) 8 38-30 72
Privat Pallasstr. 14
D-10781 Berlin <W-1000 Berlin 30>
Tel: 49 (30) 2 16 19 90
Geburtsdatum, -ort 13.04.1960, München
berufl. Werdegang seit 1990 WissMitarb., LAI FU Berlin; 1993 Dr. phil.
Sprachen Französisch, Spanisch, Englisch (Portugiesisch, Italienisch)
Fachgebiet Literatur
themat. Schwerpunkte Literatur des 20. Jh., Literatur- und Kulturtheorie, Komparatistik
geogr. Schwerpunkte Mexiko, Karibischer Raum
Aufsätze Maíra de Darcy Ribeiro. La búsqueda de lo auténtico, aus: J. Morales Sarvia (Hg.), Homenaje a Alejandro Losada. Lima/ Berlin: Latinoamericana Editores 1986, S. 207-220

P 285 **Knoblich**, Klaus

Institut für Angewandte Geowissenschaften
Angewandte Geologie, Universität Gießen
Diezstr. 15
D-35390 Gießen <W-6300 Gießen>
Tel: 49 (6 41) 7 02 82 45
Geburtsdatum, -ort 20.10.1936, Tübingen
berufl. Werdegang 1961 Dipl.Geol.; 1964 Dr.rer.nat.; 1969 Habil.; o.Prof.
Beratung Gutachten über Wassererschließung, Bauwerksgründungen und Talsperren

Sprachen Englisch, Spanisch, Französisch
Fachgebiet Geologie
themat. Schwerpunkte Hydrogeologie, Ingenieurgeologie, Umweltgeologie
geogr. Schwerpunkte Deutschland, Mittel-und Südamerika, Naher Osten, Afrika
Schriftenreihen Mithg. der "Gießener Geologischen Schriften" (zus. mit G. Strübel)
Periodika Mithg. der "Zeitschrift für Angewandte Geowissenschaften" (zus. mit R. Rammner; G. Martin)
Monographien Geologie des Hochbeckens von Puebla-Tlaxcala und seiner Umgebung. Erläuterungen zu einer geologischen Karte. Wiesbaden: Steiner 1977, 133 S. (zus. mit A.v. Erffa; W. Hilger; R. Weyl; mit ergänz. Beitr. von F. Bonet; E.-W. Hörmann u.a.)
Aufsätze Wasserversorgungsprobleme auf der Guajira Halbinsel (Kolumbien), in: Wasser und Boden. Hamburg 4(1975), S. 83-85 (zus. mit F. Ortíz)

Rutschungen im Bereich der Cordillera Central und Cordillera de Talamanca de Costa Rica, in: Gießener Geologische Schriften. Gießen (1977)12, S. 175-198 (mit span. Zsfg.) (zus. mit J. Zirfas; C. Torres)

Water supply problems in the Guajira Península (Colombia), in: Natural Resources and Development. Tübingen 5(1977), S. 95-101 (zus. mit F. Ortíz)

Hydrologische Untersuchungen im Rahmen des Talsperrenprojektes San Jacinto (Tarija/Bolivien), in: Zeitschrift für Angewandte Geowissenschaften. (1978)3 (mit span. Zsfg.) (zus. mit G. Kaiser; K. Faber)

Versuch einer Wasserbilanz für das Hochbecken von El Seco-Oriental (Mexiko), in: Z. Angew. Geowiss. (1980)4, S. 1-27

Genese und Lösungsinhalt mineralisierter Grundwässer im Zentralmexikanischen Hochland, in: Ibero-Amerikanisches Archiv. NF 7(1981)1/2, S. 34-44

Grundwasserneubildung und Grundwassererschließungsmöglichkeiten im Raum Puebla-Tlaxcala, in: JbLA. Köln/Wien Bd. 20 (1983) S. 133-149

Mineralbestand und Bodenmechanisches Verhalten von verwitterten Vulkaniten aus dem Bereich der Interamerikanischen Straße in Costa Rica, in: Geotechnik. Essen (1984)3, (zus. mit W. Lenz; C. Torres)

P 286 **Köhler**, Ulrich

Institut für Völkerkunde, Universität Freiburg
Werderring 10
D-79098 Freiburg/Br <W-7800 Freiburg/Br.>
Tel: 49 (7 61) 2 03 44 60

Geburtsdatum, -ort 03.05.1937, Budapest
berufl. Werdegang 1962 Dipl.Volksw.; 1968 Dr.phil.; 1976 Habil. (Ethnologie, Altamerikanistik); 1977 apl.Prof.; 1980 Prof., U Münster; seit 1987 o.Prof. (Völkerkunde), U Freiburg

Sprachen Englisch, Spanisch, Tzotzil, Französisch (Portugiesisch, Tzeltal)
Fachgebiet Ethnologie / Altamerikanistik
themat. Schwerpunkte Kulturgeschichte, Kulturwandel, Kosmologie/Religion, Wirtschaft
geogr. Schwerpunkte Mesoamerika, Andenraum
Schriftenreihen Hg. "Ethnologische Studien" (Münster: Lit); Mithg. "Acta Mesoamericana" (Berlin: von Flemming)
Periodika Mithg. "Zeitschrift für Ethnologie"
Monographien Gelenkter Kulturwandel im Hochland von Chiapas. Eine Studie zur angewandten Ethnologie in Mexiko. Bielefeld: Bertelsmann Universitätsverlag 1969, 295 S.
Chonbilal chulelal. Grundformen mesoamerikanischer Kosmologie und Religion in einem Gebetstext auf Maya-Tzotzil. Wiesbaden: Steiner 1977, 172 S.
(Hg.) Altamerikanistik. Eine Einführung in die Hochkulturen Mittel- und Südamerikas. Berlin: Reimer 1990, 664 S.
(Hg.) Zur Ethnographie der Tzotzil von Chenalhó. Ergebnisse und Methoden einer Feldforschungsübung in Mexiko. Münster: Lit 1990, 191 S.
Aufsätze Huitzilopochtli und die präkolumbische Einteilung des Kosmos in links und rechts. Eine Kritik gängiger Lehrmeinungen, in: Atti del XL Congresso Internationale degli Americanisti. 2(1974), S. 257-271
Das Modell des Kosmos im zeremoniellen Leben der Tzotzil von San Pablo, in: Gedenkschrift für Gerdt Kutscher. Teil 1. Berlin 1984, S. 283-303
Olmeken und Jaguare. Zur Deutung von Mischwesen in der präklassischen Kunst Mesoamerikas, in: Anthropos 80(1985), S. 15-52
Schamanismus in Mesoamerika?, aus: B. Illius; M. Laubscher (Hg.), Circumpacifica. Festschrift für Thomas S. Barthel. Teil 1. Frankfurt: P. Lang 1990, S. 257-275
Alt-Amerikanistik, aus: N. Werz (Hg.), Handbuch der deutschsprachigen Lateinamerikakunde. Freiburg: ABI 1992, S. 17-49

P 287 **Kohlhepp**, Gerd

Forschungsschwerpunkt Lateinamerika
Geographisches Institut (GISLA), Universität Tübingen
Hölderlinstr. 12
D-72074 Tübingen <W-7400 Tübingen>
Tel: 49 (70 71) 29-43 72, -23 97
Telex: 7262 867 UTNA D
Fax: 49 (70 71) 29 53 18
Privat Im Kleeacker 12, D-72072 Tübingen
Tel: 49 (70 71) 7 39 85
Geburtsdatum, -ort 21.03.1940, Mannheim
berufl. Werdegang 1958-62 Studium (Geographie, Geologie, Geschichte, VWL); 1962 M.A.; 1967 Dr.phil.; 1972 Habil. (jeweils: U Heidelberg); 1972 o.Prof. (Kulturgeographie), U Frankfurt; seit 1978 o.Prof.,

U Tübingen; Direktor des Geographischen Instituts, U Tübingen

Beratung Gutachter- und Beratungstätigkeit für BMZ, GTZ, KfW u.a., Enquete-Kommission des Dt. Bundestages "Vorsorge zum Schutz der Erdatmosphäre", "Schutz tropischer Regenwälder"

wiss. Vereinigungen ADLAF

Sprachen Portugiesisch, Englisch, Spanisch, Französisch

Fachgebiet Geographie / Wirtschaftsgeographie

themat. Schwerpunkte Agrargeographie, Sozialraumwandel, Ländlicher Raum, Landerschließung, Raumordnung, Raumplanung, Regionale Struktur- und Entwicklungsforschung in Entwicklungsländern, Migration, Umweltschutz (tropische Regenwälder)

geogr. Schwerpunkte Lateinamerika, bes. Brasilien, Amazonas-Region, Paraguay

Schriftenreihen Hg. "Tübinger Beiträge zur Geographischen Lateinamerikaforschung" (TBGL); "Erdkundliches Wissen"; Mithg. "Forschungen zu Lateinamerika"; "Tübinger Geographische Studien"

Periodika Mithg. "Geographische Zeitschrift"; "Applied Geography and Development"; "Diálogo Científico"

Monographien Industriegeographie des nordöstlichen Santa Catarina (Südbrasilien). Ein Beitrag zur Geographie eines deutsch-brasilianischen Siedlungsgebiets. Heidelberg: Selbstverlag d. Geogr. Inst. 1968, 402 S.+31 Karten, 2 Fig.

Agrarkolonisation in Nord-Paraná. Wirtschafts- und sozialgeographische Entwicklungsprozesse einer randtropischen Pionierzone Brasiliens unter dem Einfluß des Kaffeeanbaus. Wiesbaden: Steiner 1975, 258 S.+60 Karten, 15 Fig.

Amazonien. Regionalentwicklung im Spannungsfeld ökonomischer Interessen sowie sozialer und ökologischer Notwendigkeiten. Köln: Aulis 1987, 68 S. + 27 Abb.

Itaipú. Basic geopolitical and energy situation, socio-economic and ecological consequences of the Itaipú dam and reservoir on the Rio Paraná (Brazil/Paraguay). Braunschweig/Wiesbaden: Vieweg 1987, 100 S.+17 Fig.

Homem e natureza na Amazônia. Hombre y Naturaleza en la Amazonía. Tübingen: Selbstverlag Geogr. Inst. 1987, 507 S.+ 51 Fig. (Hg. zus. mit A. Schrader)

(Hg.) Lateinamerika. Umwelt und Gesellschaft zwischen Krise und Hoffnung. Tübingen: GISLA 1991, 238 S.+18 Abb

Aufsätze Wirtschafts- und sozialräumliche Auswirkungen der Weltmarktintegration Ost-Amazoniens. Zur Bewertung der regionalen Entwicklungsplanung im Grande Carajás-Programm in Pará und Maranhão, aus: ders. (Hg.), Brasilien. Beiträge zur regionalen Struktur- und Entwicklungsforschung. Tübingen 1987, S. 213-254

Das Thema "Tropische Regenwälder". Testfall für den umweltpolitischen Dialog. Realisierungschancen einer angepaßten Regionalentwicklung. Am Beispiel des brasilianischen Amazonasgebiets, aus: A. v. Gleich; G. Kohlhepp; M. Mols (Hg.), Neue Konzepte in der Entwicklungszusammenarbeit mit Lateinamerika? Ein Dialog zwischen Entwicklungspolitik und Wissenschaft. Hamburg 1991, S. 43-62

P 288 **Kohut**, Karl

Zentralinstitut für Lateinamerika-Studien (ZILAS)
Sprach- und Literaturwissenschaftliche Fakultät
Katholische Universität Eichstätt
Universitätsallee
D-85072 Eichstätt <W-8078 Eichstätt>
Tel: 49 (84 21) 2 03 50 oder 2 04 02
Fax: 49 (84 21) 2 04 74

Privat Richard-Strauss-Str. 53
D-85072 Eichstätt
Tel: 49 (84 21) 32 50

Geburtsdatum, -ort 14.09.1936, Olmütz

berufl. Werdegang 1957-65 Studium (Anglistik, Romanistik, Wiss. Politik), Mainz, Marburg; 1965 Dr.phil. (Romanistik); 1965-72 WissAss., Marburg; 1972 Prof., Marburg; 1974 o.Prof., GHS Duisburg; 1982 o.Prof. Eichstätt; 1985 Sprecher, 1990 Direktor des ZILAS

wiss. Vereinigungen ADLAF; DRV; DHV; AIH; DSV; American Association of Teachers of Spanisch and Portuguese

Sprachen Spanisch, Portugiesisch, Englisch, Französisch (Katalanisch, Italienisch, Latein)

Fachgebiet Literatur

themat. Schwerpunkte Humanismus in Spanien, Portugal und Lateinamerika; Koloniallitteratur des 16. und 17. Jahrhunderts; Literatur des 20 Jahrhunderts in Spanien und Lateinamerika

geogr. Schwerpunkte Iberische Halbinsel, Lateinamerika

Schriftenreihen Hg. "americana eystettensia"

Monographien Escribir en Paris. Entrevistas con Fernando Arrabal, Adelaide Blásquez, José Corrales Egea, Julio Cortázar, Agustín Gómez Arcos, Juan Goytisolo, Augusto Roa Bastos, Severo Sarduy, Jorge Semprún. Frankfurt/M.: Vervuert; Barcelona: Hogar del Libro 1983, 286 S.

Un universo cargado de violencia. Presentación, aproximación y documentación de la obra de Mempo Giardinelli. Frankfurt/-M.: Vervuert 1990, 226 S.

(Hg.) Die Metropolen in Lateinamerika - Hoffnung und Bedrohung für den Menschen. Regensburg: Pustet 1986, 446 S.

Literatura argentina hoy. De la dictadura a la democracia. Frankfurt/M.: Vervuert 1989, 297 S. (zus. mit A. Pagni)

Der eroberte Kontinent. Historische Realität, Rechtfertigung und literarische Darstellung der Kolonisation Amerikas. Frankfurt/M.: Vervuert 1991, 389 S. (zus. mit J. Bähr; E. Garzón-Valdés; S. Horl Groenewold; H. Pietschmann)

Palavra e poder. Os intelectuais na sociedade brasileira. Frankfurt/M.: Vervuert 1991, 163 S.

Literatura mexicana hoy. Del 68 al ocaso de la revolución. Frankfurt/M.: Vervuert 1991, 269 S.

Aufsätze Literaturwissenschaft, aus: N. Werz (Hg.), Handbuch der deutschsprachigen Lateinamerikakunde. Freiburg: ABI 1992, S. 389-427 / Zahlr. Aufsätze zu den thematischen Schwerpunkten

P 289 **Kokott**, Juliane

Max-Planck-Institut für ausländisches öffentliches
Recht und Völkerrecht (MPI)
Berliner Str. 48
D-69120 Heidelberg <W-6900 Heidelberg>
Tel: 49 (62 21) 4 82-1
Fax: 49 (62 21) 4 82-2 88

Geburtsdatum, -ort	18.06.1957, Frankfurt/Main
berufl. Werdegang	Referentin am MPI; Forschungs- und Lehrtätigkeit an deutschen und US-amerikanischen Universitäten; WissRef., MPI; Lehrtätigkeit: U Mannheim, Heidelberg; UCLA, Boalt Hall School of Law, Berkeley; Institut International des Droits de l'Homme/Strasbourg; Académie International de Droit Constitutionel/Tunis
wiss. Vereinigungen	American Society of International Law; International Law Association
Sprachen	Französisch, Englisch (Spanisch)
Fachgebiet	Recht
Periodika	"International Advisory Board"; "The American University Journal of International Law and Policy"
Monographien	Das Interamerikanische System zum Schutz der Menschenrechte. The Inter-American System for the Protection of Human Rights. Beiträge zum ausländischen öffentlichen Recht und Völkerrecht. Berlin/Heidelberg/New York u.a 1986, 166 S.
Aufsätze	Völkerrechtliche Beurteilung des argentinischen Gesetzes Nr. 23.521 über die Gehorsamspflicht (obediencia debida) - Summary: The Argentine Due Obedience Law, in: ZaÖRV. Stuttgart/Berlin/Köln u.a. 47(1987), S. 506-536 The Argentine Due Obedience Law - La Ley Argentina de Obediencia Debida, Summary of an Expert Opinion, in: Revista Instituto Interamericano de Derechos Humanos. San José/Costa Rica Enero/Junio 1987, S. 178-182 Der Interamerikanische Gerichtshof für Menschenrechte und seine bisherige Praxis - Summary: The Practice of the Inter-American Court of Human Rights, in: ZaÖRV. Stuttgart/Berlin/Köln u.a. 44(1984), S. 806-839 Inter-American Commission on Human Rights refers three cases v. Honduras to the Inter-American Court of Human Rights. Introduction, in: HRLJ 7(1986), S. 423-429 (=IAKMR bringt das Problem der "Verschwundenen" mit drei Fällen gegen Honduras vor den IAGMR. Drei Resolutionen der IAKMR mit Einleitung, in: EuGRZ 14(1987), S. 37-40)

P 290	**König**, Hans-Joachim
	Lehrstuhl für Geschichte Lateinamerikas Katholische Universität Eichstätt Ostenstr. 26-28 D-85072 Eichstätt <W-8078 Eichstätt> Tel: 49 (84 21) 20-4 99, -5 00 Fax: 49 (84 21) 20-3 65
Privat	Schlüterstr. 89 D-85057 Ingolstadt <W-8070 Ingolstadt> Tel: 49 (8 41) 4 60 52
Geburtsdatum, -ort	11.02.1941, Herford
berufl. Werdegang	Studium (Geschichte, Romanistik, Altphilologie), Münster, Hamburg; 1967 1. Staatsexamen; 1969 Promotion; 1973 2. Staatsexamen; seit 1969 zahlreiche Studienaufenthalte in Kolumbien; 1973-83 WissAngest. am Historischen Seminar der U Hamburg; 1984 Habil. in Hamburg; 1983-88 AkOR und PD, U Bamberg; 1988 o.Prof., Kath. U Eichstätt
wiss. Vereinigungen	ADLAF; AHILA
Sprachen	Englisch, Spanisch, Französisch (Portugiesisch)
Fachgebiet	Geschichte
themat. Schwerpunkte	Nationalismus, Staat- und Nationbildung, Sozialer Wandel, Beziehungen Deutschland - Lateinamerika, Europäische Expansion und ihre Auswirkungen, Didaktik "Dritte Welt", Probleme historischer und nationaler Identität
geogr. Schwerpunkte	Andenländer, bes. Kolumbien
Monographien	Simón Bolívar. Reden und Schriften zu Politik, Wirtschaft und Gesellschaft. Hamburg/Obertshausen: VWK-Ryborsch GmbH 1984, 136 S. Auf dem Wege zur Nation. Nationalismus im Prozeß der Staat- und Nationbildung Neu-Granadas 1750-1856. Stuttgart: Steiner 1988, 332 S. Lateinamerika: Zum Problem einer eigenen Identität. Regensburg: Pustet 1991, 27 S. Die Entdeckung und Eroberung Amerikas 1492-1550. Freiburg/Würzburg: Ploetz 1992, 284 S. Carl Richard, Briefe aus Columbien an seine Freunde von einem hannoeverischen Officier. Geschrieben in dem Jahre 1820. 1992, 129 S.
Aufsätze	Nationale Befreiung und sozialer Wandel. Unabhängigkeit - Unterentwicklung - Agrarreform in Lateinamerika, aus: I. Geiss; R. Tamchina (Hg.), Ansichten einer künftigen Geschichtswissenschaft. Revolution. Ein historischer Längsschnitt. München: Hanser 1974, S. 176 -201 Lateinamerika in der Krise: Das Beispiel Kolumbien, aus: D. Rothermund (Hg.), Die Peripherie in der Weltwirtschaftskrise: Afrika, Asien und Lateinamerika 1919-1939. Paderborn 1983, S. 245-284 El Intervencionismo Norteamericano en Iberoamérica, aus: M. Lucena Salmoral (Hg.), Historia de Iberoamérica. Tomo III.

Historia Contemporánea. Madrid: Ediciones Cátedra 1988, S. 405-478
Barbar oder Symbol der Freiheit? Unmündiger oder Staatsbürger? Indiobild und Indianerpolitik in Hispanoamerika, aus: ders.; W. Reinhard; R. Wendt (Hg.), Der europäische Beobachter außereuropäischer Kulturen. Zum Problem der Wirklichkeitswahrnehmung. Berlin: Duncker & Humblot 1989, S. 97-118
Los "caballeros andantes del patriotismo". La actitud de la Academia Nacional de la Historia Colombiana frente a los procesos del cambio social, aus: M. Riekenberg (Hg.), Latinoamérica: Enseñanza de la historia, libros de textos y conciencia histórica. Buenos Aires: Alianza Editorial S.A. 1991, S. 135-154
La visión alemana del indio americano en los siglos XVI y XVII, aus: Consejo Superior de Investigaciones. La Imagen del Indio en la Europa Moderna. Madrid 1990, S. 127-156
Das Lateinamerika-Bild in der deutschen Historiographie, aus: G. Siebenmann; ders. (Hg.), Das Bild Lateinamerikas im deutschen Sprachraum. Tübingen: Niemeyer 1992, S. 209-229

P 291 **König,** Viola

Übersee-Museum
Bahnhofsplatz 13
D-28195 Bremen <W-2800 Bremen>
Tel: 49 (4 21) 3 97 83 57
Fax: 49 (4 21) 3 97 80 72

Geburtsdatum, -ort 02.03.1952, Duisburg
berufl. Werdegang Volont. Museum für Völkerkunde Hamburg; Museums-Päd. Köln; Abt.-Leit. Völkerkunde, Nds. Landesmuseum Hannover; Museums-Direktorin, Übersee-Museum Bremen
wiss. Vereinigungen DGV; Deutscher Museumsbund
Sprachen Englisch, Spanisch, Französisch (Portugiesisch)
Fachgebiet Altamerikanistik / Ethnologie
themat. Schwerpunkte Ethnohistorie, Museologie, Materielle Kultur, Kunstethnologie
geogr. Schwerpunkte Mexiko (Oaxaca), Andenraum (Peru), Nordamerika (Alaska)
Schriftenreihen Bde. X, XI Völkerkdl. Abhandlungen, Hannover
Monographien Inhaltliche Analyse und Interpretation von Codex Egerton. Hamburg 1979, 216 S. (Diss.)
Mexiko - Volkskunst, Volksglaube, Volksfeste. Katalog zur gleichnamigen Ausstellung. Rautenstrauch-Joest-Museum. Köln 1982, 80 S.
Don Luys II. Neue Erkenntnisse über die indomestizische Malerei im Vizekönigreich Peru erläutert am Beispiel des Bildnis eines Inka-Nachkommen im Nds. Landesmuseum Hannover. Berlin 1992, ca. 100 S.
Aufsätze Der Lienzo Seler II und seine Stellung innerhalb der Coixtlahuaca-Gruppe, in: Baessler Archiv. Beiträge zur Völkerkunde. Bd. XXXII. Berlin (1984), S. 229-320
Kultur und Religion der Azteken. I. Hauptgottheiten. IV. Schrift

und Literatur, in: Glanz und Untergang des Alten Mexiko. Katalog zur gleichnamigen Ausstellung im Roemer- und Pelizaeus-Museum Hildesheim. Mainz: von. Zabern 1986, S. 120-125 und S. 140-154

II.a.1. Bilderhandschriften. II.b.3. Die Conquista und Indianer unter spanischer Herrschaft, aus: U. Köhler (Hg.), Alt-Amerikanistik. Eine Einführung in die Hochkulturen Mittel- und Südamerikas. Berlin: Reimer 1990, S. 133-143; S. 207-219

P 292 **König**, Wolfgang

Volkswirtschaftliches Seminar, Universität Göttingen
Platz der Göttinger Sieben 3
D-37073 Göttingen <W-3400 Göttingen>
Tel: 49 (5 51) 39 71 61

Privat Am Steinbruch 6
D-37574 Einbeck <W-3352 Einbeck>
Tel: 49 (55 61) 63 53

Geburtsdatum, -ort 10.07.1938, Nordhausen

berufl. Werdegang 1963 Dipl., FU Berlin; 1965 Master of Science, London; 1965-67 DAAD-Stipendiat Mexiko; 1968 Dr.rer.pol., Berlin; 1968-72 Ass-Prof. of Economics, The Catholic U of America, Washington D.C.; 1972/73 UN Economic Commission for Latin America; seit 1973 VWL Seminar, U Göttingen; seit 1986 o.Prof., Direktor des Seminars für Handwerkswesen, U Göttingen

Beratung Kurzfristige Tätigkeiten für UNCTAD, BID, CEPAL, ILPES, GTZ, BMZ und UNIDO

wiss. Vereinigungen ADLAF; Verein für Socialpolitik; SID

Sprachen Englisch, Spanisch (Portugiesisch)

Fachgebiet Wirtschaft

themat. Schwerpunkte Entwicklungstheorie und -politik

geogr. Schwerpunkte Lateinamerika

Schriftenreihen Hg."International Small Business Series". Institute of Small Business, Universität Göttingen

Monographien External Financing of Small-Scale Enterprises in Developing Countries. Göttingen 1990 (zus. mit M. Koch; F. May)

Industrial Cooperation Prospects Between the Northeast of Brazil and Europe. Recife 1987 (zus. mit K. Billand und Expedito Fonseca, Ministry of Interior, Superintendency for the Development of the Brazilian Northeast (SUDENE))

Betriebliche Kooperation mit den Entwicklungsländern. Tübingen: Mohr 1987 (Hg. zus. mit J. Peters; W. Ullrich)

Problems of Caribbean Development. München: Fink 1982 (Hg. zus. mit U. Fanger u.a.)

Aufsätze Las relaciones económicas entre el Pacto Andino y la Comunidad Económica Europea bajo la consideración particular de la policía comercial, in: Foro Internacional 29(1988)1, S. 65-84 (zus. mit J. Peters)

Die Förderung kommunaler Sparkassen in der Dominikanischen

Republik, in: Sparkasse 104(1987)3, S.115-117 (mit F. May)
Situation und Förderungspotential des Handwerks im informellen Sektor Lateinamerikas, in: Internationales Gewerbearchiv 33(1985)2, S. 124-135 (zus. mit J. Peters)
Zur Förderung der Betrieblichen Kooperation mit Unternehmen in Lateinamerika, in: Politische Studien 33(1984) September/Oktober, S. 512-522
Zum Verhältnis von Theorie, Strategie und Praxis der wirtschaftlichen Entwicklung Lateinamerikas, aus: I. Buisson; M. Mols (Hg.), Entwicklungsstrategien in Lateinamerika in Vergangenheit und Gegenwart. Paderborn: Schöningh 1983, S. 207-215

P 293 **Koop**, Ingrid Ingeborg

Privat Heidelberger Str. 13
D-28203 Bremen <W-2800 Bremen 1>
Tel: 49 (4 21) 70 55 01

Geburtsdatum, -ort 07.08.1954, Alsenborn/Pfalz

berufl. Werdegang 1973-79 Studium (Psychologie, Publizistik) U Trier und Münster; 1980-86 Erziehungsberaterin; seit 1987 Psychotherapeutin und Lehrbeauftr. für Transkulturelle Psychologie, U Bremen; 1989-91 freie Beratungsstelle; 1986-87 Arbeits- und Forschungsaufenthalt als Dipl.Psych., U Centroamericana Managua/Nikaragua und am Frauenrechtshilfebüro Managua/Nikaragua; Studienaufenthalte in Nikaragua sowie im östl. und südlichen Afrika; Dipl.Psych., Psychotherapeutin; Lehrbeauftr., U Bremen

wiss. Vereinigungen Bund Deutscher PsychologInnen; Fritz-Perls-Institut, Bremen

Sprachen Spanisch, Englisch, Französisch

Fachgebiet Psychologie

geogr. Schwerpunkte Lateinamerika, Zentralamerika, Nikaragua, Ostafrika

Schriftenreihen Rundbrief "Psychologie in Nicaragua", U Bremen

Aufsätze Nicaragua: Klinische Psychologie in der Praxis, aus: Riquelme (Hg.), Kultur und psychosoziale Situation in Lateinamerika. Bd. 2, Erkundungen zu Lateinamerika. Frankfurt 1990, S. 240-246
Psychologische Auswirkungen von Krieg und Gewalt auf die Menschen in Nicaragua, aus: Kempf (Hg.), Verdeckte Gewalt. Psychosoziale Folgen der Kriegsführung niedriger Intensität in Zentralamerika. Berlin/Hamburg: Argument 1991, S. 102-108
Das Frauenrechtshilfebüro in Nicaragua, in: Rundbrief Psychologie in Nicaragua. Universität Bremen (1986)1, S. 32-33
La Psicología por la paz y la vida. 1. Psychologiekongreß in Nicaragua, in: Rundbrief Psychologie in Nicaragua. Universität Bremen (1987)2, S. 5-8
Angst in Nicaragua. Interview mit Jaime Whitford, in: Rundbrief Psychologie in Nicaragua. Universität Bremen (1987)2, S. 19-26
Gewalt gegen Frauen in Nicaragua, in: Rundbrief Psychologie in Nicaragua. Universität Bremen (1988)3, S. 51-58
Trabajo clínico en Nicaragua, in: Reflexión N. 106. Revista de CINTRAS. Santiago de Chile 1989

	Praxis de la psicología clínica en Nicaragua, aus: Riquelme (Hg.), Buscando América Latina - Identidad y participación psicosocial. Caracas 1990
P 294	**Koopmann**, Georg
	HWWA-Institut für Wirtschaftsforschung Neuer Jungfernstieg 21 D-20354 Hamburg <W-2000 Hamburg 36> Tel: 49 (40) 3 56 23 02
Privat	Riemenschneiderstieg 11 D-22607 Hamburg <W-2000 Hamburg 52> Tel: 49 (40) 8 90 12 88
Geburtsdatum, -ort	14.10.1945, Werlte
berufl. Werdegang	1965-71 Studium (VWL, Soziologie), U Köln, U Hamburg; 1971 Dipl.Volksw.; seitdem im HWWA (Forschungsgruppenleiter)
Sprachen	Englisch, Spanisch (Portugiesisch, Französisch)
Fachgebiet	Wirtschaft
themat. Schwerpunkte	Internationale Wettbewerbsfähigkeit, Multinationale Unternehmen, Regionale Integration
geogr. Schwerpunkte	Amerika
Monographien	Multinationale Unternehmen in Kolumbien. Hamburg: Weltarchiv 1978, 293 S.
Aufsätze	EG und Lateinamerika. Suche nach neuen Kooperationsformen, aus: H. Hasenpflug (Hg.), Die EG-Außenbeziehungen. Stand und Perspektiven. Hamburg: Weltarchiv 1979 (mit K. Matthies) Ten years Andean Pact: A reexamination, in: Intereconomics. Hamburg (1979)3 Technological dependence and technology policy. The Brazilian conception, aus: D. Ernst (Hg.), The new international division of labour, technology and underdevelopment. Frankfurt/New York: Campus 1980 Die brasilianische Automobilindustrie im internationalen Wettbewerb, in: Lateinamerika-Nachrichten (1987)1 Regionalisierung, Globalisierung und die Uruguay-Runde des GATT, in: Hamburger Jahrbuch für Wirtschafts- und Gesellschaftspolitik 36(1991) (zus. mit H. Großmann)
P 295	**Körner**, Karl-Hermann
	Seminar für Romanistik, TU Braunschweig Wendenring 1, V/VI D-38114 Braunschweig <W-3300 Braunschweig> Tel: 49 (5 31) 3 91 31 40, -31 43
Privat	An der Paulikirche 1 D-38102 Braunschweig
Geburtsdatum, -ort	08.03.1941, Rothkosteletz
berufl. Werdegang	1961-67 Studium (Romanistik); 1967 Dr. phil.; 1967 WissAss., IAF Hamburg; 1968 WissRat ebenda; 1969 Geschäftsführer des

SFB 14 der DFG (Lateinamerika); 1970-72 GastProf. für Hispanistik am "Institut d'Études Ibériques et Ibéro-américaines" der U Bordeaux; 1972/73 GastProf. Hispanistik in Groningen/Niederlande; 1973/76 Lehrstuhlvertr. in Iberoromanistik, U Stockholm; o.Prof. für Romanistik an der TU Braunschweig

Sprachen Englisch, Spanisch, Portugiesisch, Italienisch, Französisch

Fachgebiet Linguistik

themat. Schwerpunkte Moderne Literatur, Linguistik

geogr. Schwerpunkte Lateinamerika (La-Plata-Länder), Spanien, Portugal

Periodika Hg. der Zeitschrift "Spanische Forschungen der Goerres-Gesellschaft"

Monographien (Hg.) Studia iberica. Festschrift für Hans Flasche. Bern u.a.: Francke 1973, 712 S. (zus. mit K. Rühl)

Aufsätze Der kubanische Roman und die Revolution, in: Civitas. Jb. für Sozialwissenschaften. 10(1971) Jubiläumsband, S. 84-101

Zum Verbum dicendi und zur Sprachkunst von Vargas Llosa in "Pantaleón y las visitadores", aus: Homenaje a H.-K. Schneider. Romanistik in Geschichte und Gegenwart. Hamburg 1975, S. 141-154

"Uruguay", in: Enzyklopädie der Weltliteratur. (Niederländisch), Gent 1975, S. 73-80 (Darstellung der Literatur Uruguays)

Hat das lateinamerikanische Spanisch eine eigene Grammatik?, aus: ders (Hg.), Korrelative Sprachtypologie. Wiesbaden/Stuttgart: Steiner 1987, S. 110-120

Horacio Quiroga, in: Bulletin Hispanique (1985)87, S. 388-409

P 296 **Koschützke**, Albrecht

Friedrich-Ebert-Stiftung (FES), Abteilung Industrieländer, Referat Politikanalyse
Godesberger Allee 149
D-53175 Bonn <W-5300 Bonn>
Tel: 49 (2 28) 88 30
Fax: 49 (2 28) 88 35 38

Privat Hülchratherstr. 7
D-50670 Köln <W-5000 Köln 1>
Tel: 49 (2 21) 72 36 93

Geburtsdatum, -ort 07.07.1947, Münster

berufl. Werdegang 1970-72 Lektor Wissenverlag, 1972-75 Verlagsleiter, Geschäftsführer Jourpart-Verlag, beide Stuttgart; seit 1970 freier Mitarb. bei Rundfunk, Zeitungen, Zeitschriften; 1974 Dipl.Pol., FU Berlin; 1975-80 freie Gutachtertätigkeit in Lima/Peru und Köln; seit 1980 WissMitarb., FES Bonn; 1980-82 Leiter des Inst. für Regionale Kooperation ICOR, Caracas; 1983-92 "Nueva Sociedad", Caracas (Hg. und Direktor des gleichnamigen Buchverlages); seit 1993 WissMitarb., FES Bonn, Referat Politikanalyse

wiss. Vereinigungen DVPW; LASA

Sprachen Spanisch, Englisch (Portugiesisch)

Fachgebiet Entwicklungspolitik

themat. Schwerpunkte Internationale Beziehungen, Regionale Kooperation, Parteien, Soziale Bewegungen, Entwicklungs-Strategien

geogr. Schwerpunkte Lateinamerika

Periodika Mithg. des Jahrbuchs "Lateinamerika. Analysen und Berichte" (Bad Honnef: Horlemann); Redaktionsmitglied "Vierteljahresberichte. Problems of International Cooperation" (Bonn)

Monographien (Hg.) Y hasta cuando esperaremos.., mujer y poder en América Latina. Caracas: Ed. Nueva Sociedad 1989, 320 S.

Aufsätze Internationaler Währungsfonds und soziale Bewegung in Peru, in: Lateinamerika. Analysen und Berichte. Berlin 2(1978), S. 141-164 (zus. mit E. Fürst und Chr. Gebhardt)

Konsolidierung der Massenbewegung. Peru nach den Wahlen, in: 3. Welt-Magazin. Bonn 9(1978), S. 67 (mit Chr. Gebhardt)

Bolivia: Giro a la izquierda?, in: Amauta. Lima 201(1978)

Krisen, Streiks, Wahlen. Peru im Jahr 1978, in: Lateinamerika, Analysen und Berichte. Berlin 3(1979), S. 304-315 (zus. mit Chr. Gebhardt)

Destabilisierende Stabilisierung: Die Politik des IWF in Peru, aus: Ellwein, Thomas (Hg.), Politikfeld-Analysen 1979, Opladen 1980, S. 418-435

P 297 **Kossek**, Brigitte

ARGE für Rechtsanthropologie, Institut für Kirchenrecht
Universität Wien
Freyung 6/II
A-1010 Wien
Tel: 43 (1) 63 98 61-14

Privat Stumpergasse 9/24
A-1060 Wien
Tel: 43 (1) 5 97 28 88

Geburtsdatum, -ort 31.1.1955, Radkersburg

berufl. Werdegang Studium (Völkerkunde und Politikwissenschaft); 1987 Dr.phil.; ForschungsAss. (Projekt Familienrecht/indigene Gesellschaften)

Sprachen Englisch (Italienisch)

Fachgebiet Ethnologie

themat. Schwerpunkte Gender-Studien, Sklaverei, Frauenkultur und -arbeit, Ökonomie, Rassismus, Sexismus

geogr. Schwerpunkte englischspr. Karibik: Grenada, Dominica, Jamaica

Aufsätze Gewinne aus Unterschieden: Profitproduktion in Vergangenheit und Gegenwart auf der Karibikinsel Grenada und ihre Konsequenzen für die Frauen, aus: dies.; Langer; Seiser (Hg.), Verkehren der Geschlechter. Wien 1989

Nenn mich nicht Schwester. Zur Kritik Afro-amerikanischer Feministinnen, in: Frauensolidarität (1990)32

Jamaica, in: Frauensolidarität (1990)32

Yuh want it, so yuh haffi tek it. Politisches Theater der SISTREN aus Jamaika, in: Ila. Bonn (1990) 140

Teens in Action. Jamaikanische Mädchen gegen sexuelle Ge-

	walt, in: Frauensolidarität (1991)36
	Revolution is all about Construction, in: Falter. 23 Nov. 1983
	Ausschnitte aus der sozialen, wirtschaftlichen und politischen Problematik Lateinamerikas, in: Zeitschrift für Lateinamerika (1989)34 (Sondernummer) (zus. mit M. Kopeinig)
sonst. Publikationen	Female Slaves and Rebels in Grenada, British Plantation Politics. Paper presented to the Kolloquium "Alternative Cultures in the Caribbean" in Berlin, Juli 1988. Frankfurt: Vervuert 1991/92
P 298	**Kossok**, Manfred
	* 18.05.1930, Breslau - gest. 27.02.1993, Leipzig
berufl. Werdegang	1950-54 Studium (Geschichte, Literatur, Philosophie), U Leipzig; 1954-57 WissAss., U Leipzig; 1959 Doz., 1963 Prof. mit Lehrauftrag, 1969 o.Prof für Allgemeine Geschichte, U Leipzig; 1976-90 Leiter des Interdisziplinären Zentrums für Revolutionsforschung, Leipzig; 1990-92 Direktor des damaligen Inst. für Universal- und Kulturgeschichte, U Leipzig
Monographien	El Virreynato Río de la Plata. Su estructura económico-social. Buenos Aires 1959 (3.Aufl. 1988)
	Im Schatten der Heiligen Allianz. Deutschland und Lateinamerika 1815-1830. Berlin 1964
	L'Espagne et son empire d'Amérique. Histoire des structures politiques, économiques et sociales 1520-1824. Etude. Paris 1972 (zus. mit W. Markor)
	(Hg.) Revolutionen der Neuzeit. Berlin 1982 (darin: Die Unabhängigkeitsrevolution Spanisch-Amerikas 1810-1826, S.161-182)
	Simón Bolívar und das historische Schicksal Spanisch-Amerikas. Berlin 1983 (Sitzungsberichte der Akademie der Wissenschaften. 12 G 1983)
	La Revolución en la historia de América Latina. Estudios comparativos. Habana 1989
	Das Jahr 1492. Europa und die Welt an der Schwelle zur Neuzeit. Leipzig 1992
Aufsätze	Alternativen gesellschaftlicher Transformation in Lateinamerika: Die Unabhängigkeitsrevolution von 1790 bis 1830. Eine Problemskizze, in: Jahrbuch für Geschichte von Staat, Wirtschaft und Gesellschaft Lateinamerikas (1991), S. 1-26
P 299	**Köster**, Gerrit
	Leitstelle "Älter werden in Aachen", Stadt Aachen Postfach 12 10 D-52013 Aachen <W-5100 Aachen> Tel: 49 (2 41) 4 32-56 17 Fax: 49 (2 41) 4 32-28 74
Privat	Am Beverbach 14 D-52066 Aachen Tel: 49 (2 41) 57 36 83
Geburtsdatum, -ort	12.01.1950, Aachen

berufl. Werdegang	1970 Diplôme Universitaire des Études Littéraires (Duel); 1977 1. philolog. Staatsprüfung; 1977 Dr.phil.; 1990 Habil. (Geographie); Abteilungsleiter, Stadt Aachen
wiss. Vereinigungen	Verband Deutscher Hochschulgeographen
Sprachen	Englisch, Spanisch, Französisch
Fachgebiet	Geographie
themat. Schwerpunkte	Stadtgeographie, Bevölkerungsgeographie (Migration), Sozialplanung, Ältere Menschen
geogr. Schwerpunkte	Bolivien, Argentinien
Monographien	Santa Cruz de la Sierra (Bolivien). Entwicklung, Struktur und Funktion einer tropischen Tieflandstadt. Aachen 1978, 272 S. (spanisch: Santa Cruz de la Sierra. Desarrollo, estructura interna y funciones de una ciudad en los llanos tropicales. Instituto de Ecología (La Paz), Centro Portales (Cochabamba), 204 S.) Plan indicativo para la Zona Norte de la Ciudad de Santo Domingo (República Dominicana). Aspectos Poblacionales. Santo Domingo: GTZ-INVI 1987, 60 S. (zus. mit R. Jaquez) Partizipation und Selbsthilfe bei Einfachwohnungsbau und Stadtviertelentwicklung. Eschborn 1989, 148 S. (spanische: Participación y autoayuda en la construcción de viviendas populares y el desarrollo barrial. Eschborn 1985, 185 S.)
Aufsätze	Die wirtschaftliche Erschließung des Departements Santa Cruz (Bolivien) seit der Mitte des 20. Jahrhunderts, in: Erdkundliches Wissen. Wiesbaden (1981)56, S. 84-123 (zus. mit F. Monheim) Modelle innerstädtischer Migration, aus: J. Bähr (Hg.), Wohnen in lateinamerikanischen Städten. Housing in Latin American Cities. Kiel 1988, S. 61-77 Aspectos de la migración interregional de miembros de las capas sociales media y alta hacia una pequeña capital latinoamericana: El ejemplo de La Paz, Bolivia, aus: P. Van Lindert; O. Verkoren (Hg.), Ciudades intermedias y pequeñas, relaciones rural-urbanas y desarrollo regional en América Latina. Revista Interamericana de Planificación (1990), No especial, 20 S. Integrationsmechanismen der Mittel- und Oberschicht in den Wohnungsmarkt von La Paz, in: Iberoamerikanisches Archiv. Berlin NF 16(1990)3, S. 421-439 (auch in: Verhandlungsband des 47. Deutschen Geographentages 1989 in Saarbrücken,4 S.)

P 300	**Kotowski-Ziss**, Joanna
	SUM Consult Dambachtal 9 D-65193 Wiesbaden <W-6200 Wiesbaden> Tel: 49 (6 11) 52 22 25 Fax: 49 (6 11) 5 92 11
Geburtsdatum, -ort	11.03.1955, Szczecin/Polen
berufl. Werdegang	1982 Dipl.Ing.Arch.; 1982-83 Architekturbüro Over+Partner, Wuppertal; 1983-84 WissMitarb., BUGH Wuppertal; 1984-88 Freischaffende Architektin; seit 1988 Mitarb. von SUM Consult

wiss. Vereinigungen TRIALOG, Vereinigung zur wissenschaftlichen Erforschung des Planens und Bauens in Entwicklungsländern e.V.
Sprachen Polnisch, Englisch, Spanisch, Französisch (Russisch)
Fachgebiet Städteplanung
themat. Schwerpunkte Stadtplanung, Stadtentwicklung, Frauenspezifische Siedlungsplanung
geogr. Schwerpunkte Dominikanische Republik, Mexiko, Paraguay, Uruguay, Polen
Monographien Baumaterialien und Selbsthilfe - Probleme des Wohnungsbaus in mexikanischen Mittelstädten. Saarbrücken: Breitenbach 1986, 319 S. (zus. mit R. Ziss)
Aufsätze Squatter consolidation in Mexican intermediate cities, in: Open House International. Newcastle upon Tyne 10(1985)4, S. 14-23 (zus. mit R. Ziss)

P 301 **Kraft**, Lothar

Konrad-Adenauer-Stiftung (KAS)
Rathausallee 12
D-53757 St. Augustin <W-5205 St. Augustin 1>
Postfach 12 60
D-53757 St. Augustin
Tel: 49 (22 41) 2 46-4 30

Geburtsdatum, -ort 18.10.1935, Wasserburg
berufl. Werdegang Dr. phil, U Bonn; 1962-64 WissAss. (Soziologie); 1964-65 Referent CDU; 1966-69 Generalsekretär Junge Union; 1969-74 Vertreter der KAS in Brasilien; 1974-84 Leiter des Instituts für Internationale Solidarität; seit 1984 Hauptgeschäftsführer KAS
wiss. Vereinigungen ADLAF
Sprachen Englisch, Portugiesisch (Spanisch)
Fachgebiet Entwicklungspolitik / Politik
themat. Schwerpunkte Parteien, Medien, Bildungspolitik, Kultur
geogr. Schwerpunkte Lateinamerika, insbes. Brasilien

P 302 **Krakau**, Knud

John F. Kennedy-Institut für Nordamerikastudien
Freie Universität Berlin
Lansstr. 5-9
D-14195 Berlin <W-1000 Berlin 33>
Tel: 49 (30) 8 38-24 74

Geburtsdatum, -ort 25.06.1934, Stettin
berufl. Werdegang 1957 1.jur. Staatsexamen; 1959 M.P.A. Harvard; 1967 Dr.jur.; 1968 2.jur. Staatsexamen; 1972 Habil. (Internationales und ausländisches öffentl. Recht/Politikwiss.); seit 1974 o.Prof. für nordamerikanische Geschichte, FU Berlin
wiss. Vereinigungen Dt. Ges. für Amerikastudien; AHA; Organisation of Am. Historians; Society of Historians of Am. Foreign Relations; DVPW
Sprachen Englisch, Französisch (Spanisch, Portugiesisch)
Fachgebiet Geschichte / Politikwissenschaft

themat. Schwerpunkte US-Lateinamerikanische Beziehungen, OAS

Monographien Lateinamerika und Nordamerika im historischen Vergleich. Frankfurt/New York: Campus 1992, 230 S.

Aufsätze Lateinamerikanische Doktrinen zur Realisierung staatlicher Unabhängigkeit und Souveränität, in: Verfassung und Recht in Übersee (VRÜ). Hamburg 8(1975), S. 117-144

Das Verhältnis der Vereinigten Staaten zu Lateinamerika, in: VRÜ. Hamburg 10(1977), S. 555-571

Die Lateinamerika-Politik der USA, in: Aus Politik und Zeitgeschichte. Beilage zur Wochenzeitung Das Parlament. Bonn B 9(1986), S. 31-42

P 303 **Krämer**, Raimund

FB Sozialwissenschaften, Universität Potsdam
August-Bebel-Str. 89
D-14482 Potsdam <O-1590 Potsdam>
Tel: 49 (3 31) 7 67 01
Fax: 49 (3 31) 7 67 01-3 00

Privat Uhlandstr. 11
D-14482 Potsdam
Tel: 49 (3 31) 48 22 91

Geburtsdatum, -ort 25.03.1952, Simmerath

berufl. Werdegang 1977 Dipl.Staatswissenschaftler; 1981 Dr.rer.pol., Inst. für Internationale Beziehungen; 1985 Dr.habil.; 1985-89 diplomat. Dienst der DDR (Nikaragua, Kuba); Mai-Dez. 1990 Dir. der Sektion Polit. Wiss. und Internationale Beziehungen, HS für Recht und Verwaltung Potsdam-Babelsberg; seit 1991 WissMitarb., Brandenburgische Landeshochschule/U Potsdam

Sprachen Spanisch, Englisch (Russisch)

Fachgebiet Politikwissenschaft / Internationale Beziehungen

themat. Schwerpunkte Politische Systeme, Staat und Demokratie, Lateinamerika in den Internationalen Beziehungen, interamerikanische Beziehungen

geogr. Schwerpunkte Kuba, Mittelamerika, Mexiko, Peru

Monographien Mittelamerika: Revolution, Intervention, Dialog. Berlin: Staatsverlag 1987

Aufsätze Zur neuen Verfassung der Republik Peru, in: Staat und Recht. Berlin (1980)2

Der peruanische Reformprozeß und die Politik der Militärs in der zweiten Hälfte der 70er Jahre, in: AAL. Berlin (1981)5

Das außenpolitische Konzept und die Regionalpolitik der peruanischen Militärs in den 70er Jahren, in: AAL. Berlin (1983)2

Regionalartikel zu Lateinamerika und Länderartikel zu Nikaragua und Mexiko, in: Jb. für internat. Politik und Wirtschaft. Berlin

Kuba: Das Ende des "karibischen Sozialismus", in: Aus Politik und Zeitgeschichte. Beilage zu: Das Parlament B 39(1991)

Der alte Mann und die Insel. Kuba auf dem Wege zu einem spätsozialistischen Caudillo-Regime, in: Berliner Debatte. Berlin (1993)2, S. 57-66

P 304	**Krapfenbauer**, Anton
	Institut für Forstökologie, Universität für Bodenkultur Peter-Jordan-Str. 82/II/207 A-1190 Wien Tel: 43 (1) 34 25 00 Fax: 43 (1) 3 10 51 77
Privat	Bauernfeldgasse 9 A-1190 Wien Tel: 43 (1) 3 65 07 34
Geburtsdatum, -ort	19.04.1924, Schafberg bei Zwettel
berufl. Werdegang	Hilfsarbeiter; 1946-51 Aufbaumittelschule; 1951-55 Studium (Bodenkultur); 1957 Doktorat; 1961 Habil.; 1967 o.Prof.; zahlr. Entwicklungshilfeeinsätze und Gastprofessuren in der UdSSR und Brasilien; o.Prof., U für Bodenkultur
Beratung	Umweltbelastung, In- und Ausland
Sprachen	Englisch, Portugiesisch (Russisch, Französisch)
Fachgebiet	Bodenkunde
themat. Schwerpunkte	Allgemeine und spezielle Ökologie, Umweltwissenschaften, Global Warming, Ozon
geogr. Schwerpunkte	Brasilien, Österreich
Monographien	Luftverschmutzung - Photooxidantien (zus. mit J. Gasch; O. Davias) insges. 240 fachwissenschaftliche Veröffentlichungen

P 305	**Krause**, Gernot
	Iberoamerikanisches Institut Preußischer Kulturbesitz Berlin (IAI) Potsdamer Str. 37 D-10785 Berlin <W-1000 Berlin 30> Tel: 49 (30) 2 66-5
Privat	Wilhelm-Hauff-Str. 5 D-12159 Berlin <W-1000 Berlin 41> Tel: 49 (30) 8 51 87 86
Geburtsdatum, -ort	04.12.1947, Wusterhausen/Dosse
berufl. Werdegang	1977 Dr.phil.; wiss. Reiseleiter; 1980 WissAss. Museum für Völkerkunde Berlin; 1982 Volontär Abt. Völkerk. Nieders. Landesmus. Hannover; 1985-87 DFG-Stipendium für ethnol. Feldforsch. in NW-Argentinien und NO-Chile; 1988 Ausbild. zum Organisationsprogrammierer; seit 1990 WissMitarb., IAI Berlin
Sprachen	Englisch, Spanisch, Portugiesisch (Französisch)
Fachgebiet	Ethnologie / Archäologie
themat. Schwerpunkte	Wirtschaftsethnologie, Entwicklungssoziologie, Kulturwandel
geogr. Schwerpunkte	Argentinien, Chile, Peru
Monographien	Der Sonntagsmarkt von Huancayo und die sozioökonomische Struktur des Mantaro-Tals in Peru. Berlin: Mann 1977, 182 S. Soziokultureller Wandel als Folge marktwirtschaftlicher Expansion in Andengebieten und die Anwendbarkeit ethnoökonomischer Modelle. Sozioökonomische Entwicklungsfaktoren in der Puna de Atacama. Berlin 1987, 240 S.

Aufsätze	Die indianische Restbevölkerung der Puna de Atacama, in: Zeitschrift für Ethnologie. Berlin 111(1986)2, S. 271-279 Warum orientierte sich die Entwicklungspolitik nicht stärker an der Ethnologie?, in: Zeitschrift für Ethnologie. Berlin 110(1985)2, S. 287-294

P 306	**Kremnitz**, Georg
	Institut für Romanistik, Universität Wien Schlickgasse 4/2 A-1090 Wien Tel: 43 (1) 31 61 46
Privat	Großbauerstr. 9 A-1210 Wien Tel: 43 (1) 3 90 13 77
Geburtsdatum, -ort	03.06.1945, Ellwangen
berufl. Werdegang	1971-73 Univ.Lektor, Bordeaux; 1973-74 StRef., Ludwigsburg; 1974-86 AkR./AkOR., U Münster; 1980 Habil., U Osnabrück; GastProf., Hannover, Wuppertal, Paris; UnivProf., U Wien
wiss. Vereinigungen	Societé de Linguistique Romane; DHV
Sprachen	Englisch, Französisch, Okzitanisch, Spanisch, Katalanisch (Portugiesisch, Rumänisch, Niederländisch)
Fachgebiet	Linguistik
themat. Schwerpunkte	Sprachsoziologie, Sprachgeschichte, Sprachkontakte, Sprachkonflikte
geogr. Schwerpunkte	Romania
Schriftenreihen	Hg. "Wiener Romanistische Arbeiten"
Monographien	Français et créole: ce qu'en pensent les enseignants. Le conflit linguistique à la Martinique. Hamburg: Buske 1983 Gesellschaftliche Mehrsprachigkeit. Wien: Braumüller 1990
Aufsätze	Le créole aux Antilles françaises. Son emploi administratif et public, in: Llengua i Dret. Barcelona (1984)4, S. 11-29

P 307	**Krempin**, Michael
	Institut für Soziologie, Universität Hannover Schneiderberg 50 D-30167 Hannover <W-3000 Hannover 1> Tel: 49 (5 11) 7 62-46 95
Privat	Comeniusstr. 35 D-38102 Braunschweig <W-3300 Braunschweig> Tel: 49 (5 31) 79 58 16
Geburtsdatum, -ort	14.06.1953, Bremen
berufl. Werdegang	1986 Dr.phil.; 1986-88 Postdoktoranden-Stipendium der DFG; ab 1989 Artikel/Studien für das IIK Hamburg; seit 1990 Politologe beim Deutsch-Nicaraguanischen Freundschaftsverein in Braunschweig und Lehrbeauftragter am Inst. für Soziologie/U Hannover
wiss. Vereinigungen	ADLAF

Sprachen Spanisch, Englisch
Fachgebiet Politikwissenschaft / Entwicklungsökonomie
themat. Schwerpunkte Internationale Politik, Politische Systeme, Demokratisierung, Soziale Bewegungen, Wirtschaftspolitik, Drogenökonomie
geogr. Schwerpunkte Bolivien, Nikaragua, Peru, Kolumbien, El Salvador
Monographien Bauernbewegung in Bolivien. Die Entwicklung der sozioökonomischen Lage sowie der politischen Haltung und Organisationsformen der ländlichen Bevölkerung in Bolivien unter besonderer Berücksichtigung der Bauernbewegung seit 1969. Frankfurt/M.: Haag + Herchen 1986, 315 S.
Keine Zukunft für Bolivien? Bedingungen und Ursachen für das Scheitern der Regierung Siles Zuazo sowie Schlußfolgerungen im Hinblick auf die ökonomischen, sozialen und politischen Perspektiven Boliviens. Saarbrücken/Fort Lauderdale: Breitenbach 1989, 166 S.
Krise als Chance? Neoliberale Wirtschaftspolitik und Gewerkschaftsbewegung in Bolivien. Hamburg: IIK 1990, 77 S.
Aufsätze Der VII. Nationale Kongreß der COB, in: Bolivia. Berlin (1987)66, S. 6-21
Bolivien: Eine Epoche geht zu Ende, aus: Lateinamerika. Analysen und Berichte. 12. Hamburg 1988, S. 138-148
Keine Zukunft für Bolivien? Bedingungen und Ursachen für das Scheitern der Regierung Siles Zuazo (1982-1985), aus: H. Elsenhans u.a. (Hg.), Frankreich - Europa - Weltpolitik. Festschrift für Gilbert Ziebura. Opladen 1989, S. 458-468
Hort der Stabilität? Das Ende des Akkumulationsmodells der 1952er Revolution in Bolivien, in: ila-Info. Zeitschrift der Informationsstelle Lateinamerika. Bonn (1989)128, S. 33-35
Wahlen in Bolivien: Seltsame Allianz zwischen einstigen Feinden, in: Lateinamerika: Analysen-Daten-Dokumentation. Hamburg 7(1990)13, S. 53-62

P 308 **Kroeger**, Axel

Institut für Tropenhygiene und öffentliches
Gesundheitswesen (HÖG), Universität Heidelberg
Im Neuenheimer Feld 324
D-69120 Heidelberg <W-6900 Heidelberg>
Tel: 49 (62 21) 56 33 94
Fax: 49 (62 21) 56 31 11
Privat Alemannenweg 17
D-69190 Walldorf <W-6909 Walldorf>
Geburtsdatum, -ort 24.01.1943, Breslau
berufl. Stellung Hochschullehrer, U Heidelberg
wiss. Vereinigungen AGEM; Dtsch. Tropenmedizin Gesellschaft
Sprachen Spanisch, Englisch (Portugiesisch)
Fachgebiet Medizin
themat. Schwerpunkte Gesundheitssystemforschung
geogr. Schwerpunkte Lateinamerika

Monographien
Cambio cultural y salud. Quito/Ecuador: Edición Abya-Yala 1984, 120 S. (zus. mit F. Barbira-Freedmann)
Atención Primaria de Salud. Principios y métodos. PAHO/WHO 1987, 642 S. (2. Auflage 1992) (Hg. zus. mit R. Luna)
Superación de la enfermedad en las alturas de los Andes del Perú. Quito/Ecuador; Cusco/Peru: Editorial Abya-Yala y Centro de Medicina Andina 1986, 213 S. (zus. mit A. Hahold)
Conceptos y tratamientos populares de algunas enfermedades en Latinoamérica. Cusco/Peru: Editorial Centro de Medicina Andina 1988, 229 S. (Hg. zus. mit W. Ruiz Cano)
La lucha por la salud en los Andes y el Alto Amazonas. Quito/Ecuador: Abya-Yala 1992 (zus. mit F. Barbira-Freedman)

Aufsätze
Housing and health in the process of cultural adaptation: a case study among jungle and highland Indians from Ecuador, in: J. Trop. Med. Hyg. (1980)83, S. 53-69
Southamerican Indians between traditional and modern health services in rural Ecuador, in: Bulletin of the Pan American Health Organization (1982)16, S. 242-254
Conceptos populares sobre Leishmaniasis cutánea en Colombia y su aplicabilidad en programas de control, in: Bol. Of Sanit. Panam. (1991)110, S. 402-415 (zus. mit M.L. Vázquez; R. Lipowsky; A. Alzate)
Medizin, aus: N. Werz (Hg.), Handbuch der deutschsprachigen Lateinamerikakunde. Freiburg: ABI 1992, S. 429-444

P 309 **Krosigk**, Friedrich von

Institut für Politische Wissenschaft
Universität Erlangen-Nürnberg
Kochstr. 4
D-91054 Erlangen <W-8520 Erlangen>
Tel: 49 (91 31) 85 23 70
Fax: 49 (91 31) 85 21 31

Privat
Johannesstr. 7
D-91088 Bubenreuth <W-8526 Bubenreuth>
Tel: 49 (91 31) 20 76 96

Geburtsdatum, -ort 26.12.1939, Profen

berufl. Werdegang 1969 Dr.phil; 1976 Habil.; seit 1977 IPW U Erlangen (Internationale Beziehungen)

Sprachen Englisch, Französisch, Spanisch (Italienisch)

Fachgebiet Politikwissenschaft

themat. Schwerpunkte Formation von Gegenmacht

geogr. Schwerpunkte Panama, Karibik

Aufsätze
Entwicklungsprobleme und Überlebensperspektiven kleiner Staaten: Karibik und Südpazifik im Vergleich, aus: W. Binder (Hg.), Entwicklungen im karibischen Raum 1960-1985. Erlangen 1985, S. 237-257
Frankreich in der Karibik: Von der Revolution zur Integration, aus: H. Breinig (Hg.), Interamerikanische Beziehungen. Einfluß -

Transfer - Interkulturalität. Ein Erlanger Kolloquium. Frankfurt 1990, S. 37-49 (zus. mit Jadin)
Panama and the limits of American hegemony. Reflections on the concept of counter power. Veröffentlichung im Rahmen der EEAS Conference, Sevilla 3.-7.4.1992
Interamerikanische Beziehungen im Zeichen turbulenter Interdependenz, in: APuZ. Bonn B 28/92, 3.7.1992

P 310 **Kroß**, Eberhard

Geographisches Institut, Universität Bochum
Universitätsstr. 150, Gebäude NA
D-44801 Bochum <W-4630 Bochum 1>
Postfach 10 21 48
D-44721 Bochum
Tel: 49 (2 34) 7 00 48 48

Privat Neulingsiepen 26
D-44795 Bochum
Tel: 49 (2 34) 47 09 70

Geburtsdatum, -ort 24.07.1938, Königsberg/Neumark

berufl. Werdegang 1965 1. Staatsexamen; 1968 Dr.phil.; 1970 2. Staatsexamen; Universitätsprofessor

Sprachen Englisch, Spanisch

Fachgebiet Geographie

themat. Schwerpunkte Geographiedidaktik, Stadtgeographie, Fremdenverkehrsgeogr.

geogr. Schwerpunkte Lateinamerika, England, Norddeutschland

Monographien Indios in Peru. Menschen am Rande der Gesellschaft. Stuttgart: Klett 1977 (zus. mit H. Müller)
Die Barriadas von Lima. Stadtentwicklungsprozesse in einer lateinamerikanischen Metropole. Bochum 1991

Aufsätze Mar del Plata. Ein südamerikanisches Seebad, aus: Hans-Poser-Festschrift. Göttingen 1972, S. 549-571
Lateinamerika, aus: H.H. Blotevogel; H. Heinberg (Hg.), Bibliographie zum Geographiestudium, Teil 4. Paderborn 1981, S. 269-329 (zus. mit anderen)

P 311 **Kruck**, Wolfgang

Bundesanstalt für Geowissenschaften und Rohstoffe
Stilleweg 2
D-30655 Hannover <W-3000 Hannover 51>
Postfach 51 01 53
D-30631 Hannover
Tel: 49 (5 11) 6 43 30 00
Fax: 49 (5 11) 6 43 23 04

Privat Ginsterweg 16
D-29323 Wietze <W-3109 Wietze>

Geburtsdatum, -ort 10.01.1939, Elbing

berufl. Werdegang Studium (Geologie), Mainz, Hamburg; 1968 Dipl.Geol., U Hamburg; 1971 Dr.rer.nat., Hamburg; seit 1971 BGR; 1971-73 Mitarb. der hydrogeolog. Mission in Argentinien; Geologieoberrat; Lehrbeauftragter U Tübingen

wiss. Vereinigungen DGG

Sprachen Englisch, Spanisch (Französisch)

Fachgebiet Geologie

themat. Schwerpunkte Erfassung, Bewertung und Empfehlungen zum Schutz des Naturpotentials der Westregion Paraguays (Projektbeginn 03.02.92; 1. Phase bis 02.02.94)

geogr. Schwerpunkte Paraguay

Aufsätze Hydrogeological investigations in the Argentine Pampa using satelite imagery, in: Geologisches Jahrbuch. Hannover A 33 (1976), S. 145-159 (Zsfg. deutsch, franz., russisch)

P 312 **Krumwiede**, Heinrich Wilhelm

Stiftung Wissenschaft und Politik (SWP)
Haus Eggenberg
D-82067 Ebenhausen <W-8026 Ebenhausen>
Tel: 49 (81 78) 7 03 94
Fax: 49 (81 78) 70-3 12

Privat Karwendelstr. 17a
D-81369 München <W-8000 München 70>
Tel: 49 (89) 77 38 37

Geburtsdatum, -ort 20.02.1943, Hannover

berufl. Werdegang 1968 Dipl.Pol., FU Berlin; 1969-71 Lateinamerika-Stipendiat der FES in Kolumbien; 1971-86 WissAss., U Mannheim; 1978 Dr. phil.; 1987 Habil.; seit 1986 WissMitarb., SWP; seit 1989 PDoz., U Augsburg

wiss. Vereinigungen ADLAF

Sprachen Englisch, Spanisch

Fachgebiet Politikwissenschaft

themat. Schwerpunkte Politische Systeme, politische Entwicklung, internationale Politik

geogr. Schwerpunkte Zentralamerika (Nikaragua, El Salvador), Kolumbien, Chile

Periodika Mithg. "Lateinamerika Jahrbuch" (Frankfurt/M.: Vervuert)

Monographien Politik und katholische Kirche im gesellschaftlichen Modernisierungsprozeß. Tradition und Entwicklung in Kolumbien. Hamburg: Hoffmann & Campe 1980, 309 S.

Political Change in Central America: Internal and External Dimensions. Boulder, Col./London: Westview 1984, 312 S. (Hg. zus. mit W. Grabendorff; J. Todt)

Chile: Auf dem Rückweg zur Demokratie? Baden-Baden: Nomos 1988, 149 S. (zus. mit D. Nolte)

Politisches Lexikon Lateinamerika, 3. neubearb. Aufl., München: Beck 1992, 404 S. (Hg. zus. mit P. Waldmann)

Revolution, Revolutionstheorie, Konfliktregulierung und westliche Politik: Zentralamerika. Baden-Baden: Nomos 1993

Aufsätze Zur vergleichenden Analyse sozialrevolutionärer Prozesse: Zentralamerika, in: Ibero-Amerikanisches Archiv. Berlin 10(1984)4,

S. 449-512
Die zentralamerikanische Konfliktkonstellation: Relative Autonomie trotz Supermachtdominanz und Abhängigkeit, aus: D. Senghaas (Hg.), Regionalkonflikte in der Dritten Welt: Autonomie und Fremdbestimmung. Baden-Baden: Nomos 1989, S. 31-55
Wahlen als Mittel der Konfliktregulierung: die Wahlen vom 25. Februar 1990 in Nikaragua, aus: D. Nolte (Hg.), Lateinamerika im Umbruch? Wirtschaftliche und politische Wandlungsprozesse an der Wende von den 80er zu den 90er Jahren. Hamburg: IIK 1991, S. 109-132

P 313 **Kubarth**, Hugo

Institut für Romanistik, Universität Graz
Johann-Josef-Fux-Gasse 30
A-8010 Graz
Tel: 43 (3 16) 3 80 25 00
Privat Martingasse 16
A-8020 Graz
Tel: 43 (3 16) 91 40 27
Geburtsdatum, -ort 11.06.1955, Graz
berufl. Werdegang 1979-89 Univ.Ass. Romanistik, U Graz; seither AssProf.
Sprachen Englisch, Französisch, Italienisch, Spanisch (Katalanisch, Portugiesisch)
Fachgebiet Linguistik
geogr. Schwerpunkte Spanien, Lateinamerika
Monographien Das lateinamerikanische Spanisch. Ein Handbuch. München: Hueber 1987
Aufsätze El papel de la música en la obra de Alejo Carpentier, in: Cuadernos de Investigación Hispanística 1(1981), S. 85-105
Probleme und Perspektiven der Dialektologie Lateinamerikas, in: Iberoromania 16(1982), S. 23-37
Das Spanische in Buenos Aires. Hierarchie in Sprache und Gesellschaft, in: Beiträge zur romanischen Philologie 34(1985)1, S. 127-134
El idioma como juego social. La conciencia sociolingüística del porteño, in: Thesaurus 44(1986)
Conscience de la langue et variation sociolinguistique illustrées par l'example de l'Argentine, aus: D. Kremers (Hg.), Actes du XVIIIe Congrès International de Linguistique et de Philologie Romanes. Tübingen 1988, S. 344-352
sonst. Publikationen Canticum Ibericum. Neuere spanische, portugiesische und lateinamerikanische Literatur im Spiegel von Interpretation und Übersetzung. Frankfurt/M.: Vervuert 1990, 510 S. (Hg. zus. mit E. Pfeiffer)

P 314 **Kügelgen Kropfinger**, Helga von

Privat
Hewaldstr. 10
D-10825 Berlin <W-1000 Berlin 62>
Tel: 49 (30) 7 82 00 48

berufl. Werdegang
Studium (Kunstgeschichte, klassische Archäologie, Völkerkunde, Altamerikanistik, Romanistik, Philosophie), Bonn, Freiburg, México D.F., Florenz; 1967 Dr. phil. (Kunstgeschichte, klassische Archäologie, Völkerkunde), Bonn; Independent Scholar

Sprachen
Englisch, Spanisch, Französisch, Italienisch (Portugiesisch, Holländisch, Katalanisch, Latein)

Fachgebiet
Kunstgeschichte

themat. Schwerpunkte
16.-20. Jahrhundert, Rezeption, Ikonologie

geogr. Schwerpunkte
Mexiko, Südamerika, Europa

Monographien
Europäische Bücher in Neuspanien zu Ende des 16. Jahrhunderts. Ein Beitrag zur Kulturstratigraphie. Wiesbaden: Steiner 1977, VIII+145 S. (zus. mit E. Castro Morales; J. Specker)
Erwin Walter Palm, Heimkehr ins Exil. Schriften zu Kunst und Literatur. Köln/Wien: Böhlau 1992 (Forum Ibero-Americanum) (zus. mit A. Rothau)

Aufsätze
Problemas de aculturación en la iconología franciscana de Tecamachalco (Puebla), in: Comunicaciones (Proyecto Puebla-Tlaxcala). Puebla 7(1973), S. 113-116
Aspectos iconológicos en los murales de la Casa del Deán en Puebla, aus: Actes du XLIIe Congrés International des Américanistes, 10(1979); ebenfalls in: Comunicaciones. Puebla 16(1979)
El frontispicio de François Gérard para la obra de viaje de Humboldt y Bonpland, in: JbLA. Köln 20(1983), S. 575-616
The way of mexican Identity, aus: I. Lavin (Hg.), World Art: Themes of Unity in Diversity. Acts of the XXVIth International Congress of the History of Art, Washington 1986. Washington D.C. 1989, S. 709-720
El indio: ¿bárbaro y/o buen salvaje?, in: La imagen del indio en la Europa moderna (Simposio Internacional CSIC,ESF, 1.-4. abril 1987) Sevilla 1990, S. 457-487
Texte zu Erdteil-Allegorien, aus H.-J. König; G. Siebenmann (Hg.), Das Lateinamerikabild im deutschen Sprachraum. Tübingen: Niemeyer 1992

P 315 **Kulinat**, Klaus

Geographisches Institut, Universität Stuttgart
Silcherstr. 9
D-70176 Stuttgart <W-7000 Stuttgart 1>
Tel: 49 (7 11) 1 21-37 53
Fax: 49 (7 11) 1 21-37 59

Geburtsdatum, -ort
17.12.1935, Berlin

berufl. Werdegang
1962 Staatsexamen (Geographie, Mathematik), TU Hannover; 1967 Dr.phil. (Geographie), U Göttingen; AkORat, U Stuttgart

Sprachen
Englisch, Spanisch (Französisch)

Fachgebiet Geographie
themat. Schwerpunkte Freizeitgeographie, Industriegeographie
geogr. Schwerpunkte Bundesrepublik Deutschland, Spanien, Venezuela
Aufsätze Die industriegeographische Struktur der wirtschaftlichen Kernregion Venezuelas, in: Lateinamerika Studien. München: Finck 1980, S. 243-258
Venezuela. Industrialisierung als problemlose Strategie für kapitalreiche Entwicklungsländer?, in: Geographische Rundschau. Braunschweig 35(1983), S. 333-339
Die Standortverteilung einiger nicht-traditioneller Industriebranchen in Venezuela 1975 und 1982, in: Nachrichten der Dt.-Venezolanischen Gesellschaft. München 3(1985)3/4, S. 138-143
Die Städte der venezolanischen Llanos, aus: Ch. Borcherdt (Hg.), Untersuchungen in Venezuela, Bd. II. Stuttgart: Geographisches Institut der Universität Stuttgart 1985, S. 143-238 (zus. mit Ch. Borcherdt; H. Schneider)
Regionale Wirtschaftsentwicklung in Venezuela: Resultate und Möglichkeiten der Dezentralisierung in einem OPEC-Land, aus: R. Sevilla (Hg.), Venezuela. Kultur- und Entwicklungsprobleme eines OPEC-Landes in Südamerika. Tübingen: Institut für Wissenschaftliche Zusammenarbeit; München: DVG 1988, S. 39-74
Umfang und räumliche Differenzierung des Freizeit- und Fremdenverkehrs in Venezuela, aus: W. Meckelein; Ch. Borcherdt (Hg.), Geographie in Stuttgart. Stuttgart: Geographisches Institut der Universität Stuttgart 1989, S. 263-296

P 316 **Kummels**, Ingrid

Lateinamerika Institut (LAI), Freie Universität Berlin
Rüdesheimerstr. 54-56
D-14197 Berlin <W-1000 Berlin 33>
Tel: 49 (30) 8 38-54 63
Fax: 49 (30) 8 38-54 64
Privat Pascalstr. 18
D-10587 Berlin <W-1000 Berlin 10>
Geburtsdatum, -ort 18.06.1956, Santa Monica
berufl. Werdegang 1982 M.A.; 1987 Dr.phil.; seit 1989 WissMitarb., LAI FU Berlin
wiss. Vereinigungen DGV
Sprachen Spanisch, Englisch, Französisch
Fachgebiet Ethnologie / Altamerikanistik
themat. Schwerpunkte Indianerpolitik, Erziehungspolitik, Ethnizität, Audiovisuelle Anthropologie,
geogr. Schwerpunkte Mexiko, Peru
Monographien Die Indianerpolitik des Instituto Nacional Indigenista in Mexiko: Gegenüberstellung von theoretischem Anspruch und Praxis. München 1982 (Magisterarbeit)
Schulerziehung für oder gegen indianische Ethnien? Die Rarámuri von Kabórachi und die Erziehungspolitik der mexikani-

	schen Regierung. Weilbach: Selbstverlag 1988, 348 S.
Aufsätze	"Nur durch das Blut dringt der Buchstabe ein". Mexikos zweisprachige Schulerziehung, in: Pogrom (1985)112, S. 29-31
	Schulerziehung für Indianer oder von Indianern? Mittler-Rarámuri und Erziehungsstrategien in Kabórachi (Nordmexiko), in: Mitteilungen der Berliner Gesellschaft für Anthropologie, Ethnologie und Urgeschichte 9(1989), S. 27-36
sonst. Publikationen	Wir sind Rarámuri. Eine Dokumentation von und über Rarámuri (Nordmexiko). Ausstellung + Katalog. Weilbach: Selbstverlag 1988, 41 S. (Hg. zus. mit M. Schäfer)
	Im Grünen Himmel. Dokumentarfilm. Köln: WDR 3 1989, 60 Min. (zus. mit M. Schäfer)
	Im Spiegel des Schamanen. Dokumentarfilm. Köln: WDR 3 1989, 45 Min. (zus. mit M. Schäfer)
	Santería - Von Menschen und Heiligen auf Kuba. Dokumentarfilm. Köln: WDR 3 1991, 45 Min. (zus. mit M. Schäfer)

P 317	**Kuppe**, René
	Freyung 6/2 A-1010 Wien Tel: 43 (1) 63 38 61
Privat	Schönbrunnerstr. 238/3/1/6 A-1120 Wien Tel: 43 (1) 8 33 05 85
Geburtsdatum, -ort	20.09.1955, Wien
berufl. Werdegang	1982 Dr.jur.; Studium (Völkerkunde); berufliche Aufenthalte in Venezuela, USA, Australien, Kanada; UnivAss., Rechtswiss. Fak., U Wien; Rechtsberatung für Indianerorganisationen Venezuelas (Conive, Acipy)
wiss. Vereinigungen	Commission on Folk Law and Legal Pluralism
Sprachen	Englisch, Spanisch (Portugiesisch)
Fachgebiet	Recht
themat. Schwerpunkte	Rechtssituation indigener Völker, Religionsfreiheit, Schutz geistigen Eigentums für indigene Völker
geogr. Schwerpunkte	Venezuela
Periodika	"Law and Anthropologie" (Wien) VWGÖ-Verlag
Aufsätze	zahlreiche Beiträge zur Rechtslage indigener Völker in "Law and Anthropology"
	Beiträge in "Proceedings of the VIth International Symposium on Folk Law und Legal Pluralism". Ottawa 1990.
	Das Gesetz des Dschungels, aus: Chr. Kobau (Hg.), Amazonas. Graz: Leykam 1989

P 318	**Kurtenbach**, Sabine
	Institut für Iberoamerika-Kunde (IIK) Alsterglacis 8 D-20354 Hamburg <W-2000 Hamburg 36> Tel: 49 (40) 41 47 82-31 Fax: 49 (40) 41 47 82-41
Privat	Goetheallee 28 D-22765 Hamburg <W-2000 Hamburg 50> Tel: 49 (40) 3 89 82 85
Geburtsdatum, -ort	23.04.1961, Erlangen
berufl. Werdegang	1987 Dipl.Pol.; 1991 Dr.phil.; 1991-92 WissMitarb. Inst. für Pol. Wiss., U Hamburg; seit 1993 WissMitarb. IIK, Hamburg
wiss. Vereinigungen	ADLAF
Sprachen	Englisch, Spanisch (Französisch)
Fachgebiet	Politikwissenschaft
themat. Schwerpunkte	Staat und politische Herrschaft, Entwicklungsprozesse, Kriegsursachenforschung, militante Konflikte
geogr. Schwerpunkte	Lateinamerika, Kolumbien, Guatemala, Chile
Monographien	Staatliche Organisation und Krieg. Ein historisch-struktureller Vergleich der Entwicklung in Kolumbien und Chile. Münster/Hamburg: Lit 1991
Aufsätze	Friedenssuche in Zentralamerika. Von der Contadora-Initiative über den Arias-Plan zum Abkommen von Guatemala, in: Lateinamerika. Analysen-Daten-Dokumentation. Beiheft 3(1987) Zentralamerika: Frieden in Sicht?, in: Jahrbuch Dritte Welt 1989. (1988), S. 187-206 Kolumbiens stabile Instabilität: Demokratische Kontinuität, Klientelismus und politische Gewalt, aus: D. Nolte (Hg.), Lateinamerika im Umbruch. Hamburg: IIK 1991, S. 189-208 Lateinamerika: 500 Jahre Gewalt - und kein Ende?, in: Jahrbuch Frieden 1992. (1991), S. 99-108 Bürgerkrieg und Ethnizität in Guatemala, aus: J. Siegelberg (Hg.), Die Kriege zwischen 1985 und 1990. Münster/Hamburg: Lit 1991, S. 489-501 Der Krieg zwischen den USA und Panama, aus: J. Siegelberg (Hg.), Die Kriege..., S. 535-545 Die Guerillakriege in Kolumbien, aus: J. Siegelberg (Hg.), Die Kriege..., S. 545-559

P 319 **Kürzinger-Wiemann**, Edith

Deutsches Institut für Entwicklungspolitik (DIE)
Fraunhoferstr. 33-36
D-10587 Berlin <W-1000 Berlin 10>
Tel: 49 (30) 3 41 80 71
Telex: 1 86 761 die d
Fax: 49 (30) 3 41 16 95

Privat Murellenweg 27
D-14052 Berlin <W-1000 Berlin 19>
Tel: 49 (30) 3 05 37 07

Geburtsdatum, -ort 29.06.1953, Geisenfeld

berufl. Werdegang Studium (Wirtschafts- und Sozialwiss.); 1978 Dipl. oec. VWL, U Augsburg; Promotionsstipendium FES in Mexiko; 1983 Dr.rer. pol., U Augsburg; seit 1983 WissMitarb. im DIE, Berlin

Beratung Gutachter-/Beratungstätigkeit

wiss. Vereinigungen ADLAF, SID

Sprachen Spanisch, Englisch, Französisch, Portugiesisch (Italienisch)

Fachgebiet Wirtschaft / Politische Ökonomie

themat. Schwerpunkte Entwicklungspolitik, Umweltpolitik, Wirtschafts-, Industrie- und Technologiepolitik, Entwicklungszusammenarbeit der BRD

geogr. Schwerpunkte Argentinien, Mexiko

Monographien
Umweltpolitik in Mexiko. Die Rolle der Nicht-Regierungsorganisationen. Berlin: DIE 1990, 201 S. (zus. mit H. Lingnau; H. Mercker et al.)
Argentinien. Die blockierte Entwicklung. Berlin: DIE 1988, 113 S.
Argentinien. De-Industrialisierung und Ansätze zu ihrer Überwindung. Berlin: DIE 1985, 171 S.
Bilaterale Entwicklungszusammenarbeit mit ausgewählten Schwellenländern Lateinamerikas. Berlin: DIE 1987, 111 S.
Industrialisierung und Regionalentwicklung in Argentinien. Fallstudie Tucumán. Berlin: DIE 1985, 139 S. (zus. mit U. Weihert; M. Brömmelmeier)

Aufsätze
Umweltbewegung und Entwicklungspolitik, aus: W. Hein (Hg.), Umweltorientierte Entwicklungspolitik. Hamburg 1991, S. 165-182 (zus. mit D. Ullrich)
Macht und Ohnmacht von Umweltbewegungen in Entwicklungs- und Schwellenländern. Das Beispiel Mexiko, in: Forum für Interdisziplinäre Forschung (Zeitschrift der STEIG e.V.). Würzburg 3(1990)2, S. 62-69
América Latina y la Comunidad Europea. Repercusiones de los cambios en la economía mundial, in: Integración Latinoamericana. Buenos Aires 12(1987)120
Die Rolle Europas in der Lateinamerikanischen Entwicklungsdebatte, in: Zeitschrift für Lateinamerika. Wien (1986)30/31

sonst. Publikationen
Deutscher Technologietransfer als Instrument der argentinischen Industriepolitik, in: Deutsch-argentinische Industrie- und Handelskammer (Hg.), Festschrift zum 75jährigen Bestehen. Buenos Aires 1991

P 320	**Lamberg**, Robert Felix
	Neue Zürcher Zeitung Falkenstr. 11 CH-8021 Zürich Tel: 41 (1) 2 58-11 11
Privat	Castex 3448 - 8° 1425 Buenos Aires Argentinien Tel: 54 (1) 8 01-55 83
Geburtsdatum, -ort	23.10.1929, Reichenberg
berufl. Werdegang	1952 Dr.jur., U Prag; GastProf., Centro de Estudios Internacionales, El Colegio de México; LA-Korrespondent der NZZ
Sprachen	Englisch, Spanisch, Portugiesisch (weitere 7 Sprachen)
Fachgebiet	Medien
themat. Schwerpunkte	Lateinamerikanische Zeitgeschichte und Politik; Wirtschaft Lateinamerikas (Makroökonomie)
Monographien	Die Guerilla in Lateinamerika. Theorie und Praxis eines revolutionären Modells. München: dtv 1972 (2. Aufl.), 235 S. Nicaragua von Somoza zu Ortega. Der hürdenreiche Aufbau einer tropischen "Volksrepublik". Zürich: Verlag Neue Zürcher Zeitung 1985, 176 S.
Aufsätze	Argentinien - Pandämonium des Terrors, aus: Blutspur der Gewalt. Bilanz eines Jahrzehnts des Terrorismus. Zürich: Verlag Neue Zürcher Zeitung 1980, S. 32-39 Der städtische Terrorismus in Brasilien. Uruguay und Argentinien, aus: K. Kohut (Hg.), Die Metropolen in Lateinamerika - Hoffnung und Bedrohung für den Menschen. Regensburg: Pustet 1986, S. 333-352. (Eichstätter Beiträge. 18) Das facettenreiche Panorama des lateinamerikanischen Sozialismus. Wurzeln-Entwicklungen-Aspekte, aus: H. Giger; W. Linder (Hg.), Sozialismus - Ende einer Illusion. Zerfallserscheinungen im Lichte der Wissenschaften. Zürich: Verlag Neue Zürcher Zeitung; Köln: Kölner Universitätsverlag 1988, S. 143-177 Lateinamerikas ambivalente Haltung zur Marktwirtschaft, aus: informedia-Stiftung (Hg.), Demokratie und Marktwirtschaft - ein Kuppelprodukt? Köln: informedia-Stiftung 1989, S. 93-106 Zahlreiche weitere wiss. Aufsätze mit Lateinamerikas-Bezug in div. Fachzeitschriften
P 321	**Larricq**, Marcelo Oscar
	Lateinamerika Institut (LAI), Freie Universität Berlin Rüdesheimersstr. 54-56 D-14197 Berlin <W-1000 Berlin 33> Tel: 49 (30) 8 38-0 72 Fax: 49 (30) 8 38-4 64
Privat	Weser Str. 208 D-12047 Berlin <W-1000 Berlin 44> Tel: 49 (30) 6 24 93 81

Geburtsdatum, -ort 15.06.1960, Posadas, Provinz Misiones/Argentinien
berufl. Werdegang Journalist; Teilnehmer bzw. Forscher in verschiedenen Forschungen und Projekten mit Indios und Bauern; 1989 Lizentiat; seit 1990 Lehrbeauftr. für Guaraní, LAI FU Berlin; Tutor (ASA)
Sprachen Englisch, Spanisch, Portugiesisch, Guaraní (Französisch)
Fachgebiet Ethnologie
themat. Schwerpunkte Ethnizität, Ethnische Identität, Ethnische Erziehung, Interethnischer Kontakt
geogr. Schwerpunkte Argentinien, Paraguay, Brasilien
Monographien Taller del Pasado. Relevamiento de la construcción de objetos tradicionales Mbya-Guaraní. Posadas: Facultad de Humanidades y Ciencias Sociales 1988, 65 S.
Ipytûma. Aproximación a la construcción de la persona social Mbya. Posadas 1993, 120 S.
Aufsätze Anthropologie: eine anmaßende Übersetzung, in: Cargo. Berlin (1987)10, S. 80-85

P 322 **Lauer**, Wilhelm

Geographisches Institut, Universität Bonn
Meckenheimer Allee 166
D-53115 Bonn <W-5300 Bonn 1>
Tel: 49 (2 28) 73 73 83
Geburtsdatum, -ort 01.02.1923, Oberwesel/Rh.
berufl. Werdegang 1950 Dr.rer.nat., U Bonn; 1955 Habil., U Kiel; 1956-58 Catedrático, U Austral Valdivia/Chile; 1962 o.Prof. (Inst.-Dir.), Marburg/Lahn; 1966 o.Prof. (Inst.-Dir.), Bonn; 1968-78 Koordinator des Mexiko-Projektes der DFG; em. Universitätsprofessor
wiss. Vereinigungen ADLAF; Akad. d. Wiss. u.d. Lit. Mainz; Bayer. Akad. d. Wiss.; Dt. Akad. d. Naturforsch. Leopoldina, Halle
Sprachen Englisch, Spanisch, Französisch (Portugiesisch)
Fachgebiet Geographie
themat. Schwerpunkte Klimatologie, Paläoklimaforschung, Geoökologie, Biogeographie, Agrargeographie
geogr. Schwerpunkte Lateinamerika, Andenländer, Mexiko, Mittelamerika, Tropen
Schriftenreihen Hg. "Das Mexiko-Projekt der Deutschen Forschungsgemeinschaft"; "Bonner Geographische Abhandlungen"; "Colloquium Geographicum"; "Erdwissenschaftliche Forschung" (Akademie der Wissenschaften und der Literatur, Mainz)
Periodika Mithg. "Ibero-Amerikanisches Archiv" (Berlin); "Erdkunde - Archiv für Wissenschaftliche Geographie" (Bonn)
Monographien Klimawandel und Menschheitsgeschichte auf dem mexikanischen Hochland. Abh. d. Math.-Nat. Kl. Mainz: Akd. d. Wiss. u.d. Lit. (1981)2; Wiesbaden 1981, 49 S., Anh./Kartenbeilage
(Hg.) Natural environment and man in tropical mountain ecosystems. Stuttgart: Steiner 1984, 354 S.
Aufsätze Vom Wesen der Tropen. Klimaökologische Studien zum Inhalt und zur Abgrenzung eines irdischen Landschaftsgürtels. Abh. d. Math.-Nat. Kl. Akad. d. Wiss. u. Lit. Mainz (1975)3; Wiesba-

den 1975, S. 5-52
Verstädterung in Chile, in: Ibero-Amerikanisches Archiv. Berlin 1(1975)1, S. 3-38 (zus. mit J. Bähr; W. Golte)
Deutsche Lateinamerikaforschung, in: Jahrbuch Stiftung Preußischer Kulturbesitz. XII - 1974/75. Berlin 1976, S. 71-86
Humanökologische Aspekte der Vorspanischen Besiedlungsgeschichte, Bevölkerungsentwicklung und Gesellschaftsstruktur im Mexikanischen Hochland, in: Jahrbuch für Geschichte von Staat, Wirtschaft und Gesellschaft Lateinamerikas. Köln/Wien: Böhlau 20(1983), S. 85-120 (zus. mit D. Klaus)
Mensch und Umwelt. Interdisziplinäre Forschung in Lateinamerika unter besonderer Mitwirkung der Geographie., aus: E. Gormsen; K. Lenz (Hg.), Aktuelle Forschungen deutscher Geographen, ein Symposium der Ges.f.Erdk. zu Berlin zum 125. Todestag Alexander von Humboldts. Berlin: Reimer 1978, S. 65-96
Zum Wandel der Vegetationszonierung in den Lateinamerikanischen Tropen seit dem Höhepunkt der letzten Eiszeit, in: Jahrbuch d. Geogr. Ges. zu Hannover. Hannover (1988), S. 1-45
Climate and Weather, aus: H. Lieth; M.J.A. Werger (Hg.), Tropical Rain Forest Ecosystem. Amsterdam: Elsevier Science Publishers 1989, S. 7-53
Physische Geographie, aus: N. Werz (Hg.), Handbuch der deutschsprachigen Lateinamerikakunde. Freiburg: ABI 1992, S. 213-255

sonst. Publikationen (Hg.) Bibliographie/Bibliografía (1964-1976). Wiesbaden: Steiner 1976, XII+51 S. (enthält die Titel aller Veröff. über die wiss. Arbeit im Rahmen des Mexiko-Projektes der DFG)

P 323 **Lauth**, Hans-Joachim

Institut für Politikwissenschaft, FB Sozialwissenschaften
Universität Mainz
Colonel Kleinmannn-Weg 2
D-55128 Mainz <W-6500 Mainz>
Tel: 49 (61 31) 39 59 56
Fax: 49 (61 31) 39 33 28

Privat An der Steige 1
D-55126 Mainz <W-6500 Mainz-Finthen>
Tel: 49 (61 31) 47 24 18

Geburtsdatum, -ort 28.10.1957, Mannheim

berufl. Werdegang Studium (Politikwiss., Kath. Theologie, Pädagogik), Mainz und Bremen; Staatsexamen, U Mainz 1984-85; Stipendiat der FES; 1986-87 Forschungsaufenthalt in Mexiko; ab WS 1988 Lehrbeauftragter des Inst. für Politikwiss., seit SS 1991 WissAngest. und Doz., Inst. für Politikwiss., U Mainz

Beratung Referententätigkeit für Carl-Duisberg-Gesellschaft/Rheinland--Pfalz und Fridtjof-Nansen-Akademie/Ingelheim, Projektmitarbeit bei Friedrich-Ebert-Stiftung

wiss. Vereinigungen ADLAF; DVPW

Sprachen Spanisch, Englisch (Französisch)
Fachgebiet Politikwissenschaft
themat. Schwerpunkte Staatstheorie, Entwicklungstheorien und -politik, Gewerkschaften, Anpassungsstrategien, Wahlen, internationale Politik (Nord-Süd-Beziehungen), internationale Wirtschaftsbeziehungen
geogr. Schwerpunkte Lateinamerika, bes. Mexiko
Monographien Der Staat in Lateinamerika. Die Staatskonzeption von Guillermo O'Donnell. Saarbrücken/Fort Lauderdale 1985, 163 S.
Mexiko zwischen traditioneller Herrschaft und Modernisierung. Die Gewerkschaften im Wandel von Politik und Wirtschaft (1964-1988). Münster 1991, 824 S.
Aufsätze Konflikt- und Bündnisstrategien innerhalb des offiziellen Gewerkschaftenblocks - eine Chronologie 1986/87, aus: Kernbach/-Lauth, Zur Situation der mexikanischen Gewerkschaften am Ende des "sexenio" Miguel de la Madrid. Mainz 1987, S. 7-63
Die mexikanischen Präsidentschaftswahlen 1988. Eine Analyse der Ereignisse, ihre Bedeutung für das politische System und Perspektiven des Modernisierungsprojektes von Carlos Salinas de Gortari. Mainz 1989, 82 S. (zus. mit Chr. Wagner)
Politische Lage und Perspektiven der Demokratisierung in Lateinamerika, aus: v.Gleich; Kohlhepp; Mols (Hg.): Neue Konzepte in der Entwicklungszusammenarbeit mit Lateinamerika? Ein Dialog zwischen Entwicklungspolitik und Wissenschaft. Hamburg 1991, S. 29-35

P 324 **Lehmann**, Bernd

Institut für Angewandte Geologie, Freie Universität Berlin
Wichernstr. 16
D-14195 Berlin <W-1000 Berlin 33>
Tel: 49 (30) 8 38 21 58
Fax: 49 (30) 8 38 44 80
Geburtsdatum, -ort 29.04.1950, Nossen
berufl. Werdegang 1968-75 Studium (Geologie, Mineralogie), Heidelberg, Berlin; 1975 Dipl.Geol., Berlin; 1975-76 DAAD-Forschungsstipendium in Bolivien; 1976-79 WissAngest. am Hahn-Meitner-Institut, Berlin; 1979 Dr.rer.nat., FU Berlin; 1979-81 Research Associate, Harvard U; 1981-85 Explorationsgeologe in Burundi (BGR Hannover); 1986-89 DFG Habil.Stipendium, FU Berlin; 1989 Habil., FU Berlin; 1989-91 Vakanzprof., FU Berlin
Sprachen Englisch, Spanisch, Französisch
Fachgebiet Geologie
themat. Schwerpunkte Lagerstättenforschung, Geochemie, Petrographie
geogr. Schwerpunkte Bolivien, Zentralafrika, SE-Asien
Monographien Metallogeny of tin. Berlin/Heidelberg/NY: Springer 1990, 211 S.
Aufsätze A Precambrian core sample from the Altiplano/Bolivia, in: Geologische Rundschau. Stuttgart 67(1978)1, S. 270-278
Schichtgebundene Sn-Lagerstätten in der Cordillera Real, Bolivien. Berliner geowiss. Abh. A 14, (1979), S. 1-135

Tin distribution in mid-Andean volcanic rocks, in: Mineral. Deposita (1980)15, S. 35-39 (zus. mit H. Pichler)
Distribución de la plata en rocas volcánicas del Sur del Perú, in: Bol. Soc. Geol., Peru (1980)66, S. 51-54
Formation of the strata-bound Kellhuani tin deposits, Bolivia, in: Mineral. Deposita (1985)20, S. 169-176
The Bolivian tin province and regional tin distribution in the central Andes: a reassessment, in: Econ. Geol. (1990)85, S. 1044-1058 (zus. mit S. Ishihara; H. Michel; J. Miller; A. Sánchez; M.Tistl; L. Winkelmann)
The magmatic evolution of the central Andean tin belt, aus: M. Pagel; J.L. Leroy (Hg.), Source, transport and deposition of metals. Proceedings 25 Years SGA Anniv. Meeting. Rotterdam-Brookfield: Balkema 1991, S. 763-766

P 325 **Lehmann**, Günter

Fachrichtung Ernährungs- und Haushaltswissenschaft
Universität des Saarlandes und Zentrum für Umweltforschung
D-66123 Saarbrücken <W-6600 Saarbrücken>
Tel: 49 (6 81) 30-25 27

Privat Fasanenweg 8
D-66129 Saarbrücken <W-6601 Saarbrücken-Bübingen>
Tel: 49 (68 05) 30 77

Geburtsdatum, -ort 28.10.1920, Brandenburg/Havel

berufl. Werdegang 1958 Dr.rer.nat., 1969 Habil.; o.Prof. em. (früher: Leiter der o.g. Fachrichtung)

Beratung Beratungs- und Lehrtätigkeit (Ekuador, Costa Rica)

Sprachen Englisch, Spanisch (Portugiesisch, Französisch)

Fachgebiet Ernährungswissenschaft

themat. Schwerpunkte Weizenmehlsubstitution, Notstandsnahrung, Lebensmittelüberwachung, Superkritisches CO2 zur LM-Konservierung

geogr. Schwerpunkte Peru, Ekuador, Bolivien, Costa Rica

Monographien über 60 Publikationen mit LA-Bezug

P 326 **Lehner**, Oskar

Institut für Österreichische und Deutsche Rechtsgeschichte
Universität Linz
Altenbergerstr. 69
A-4040 Linz
Tel: 43 (7 32) 24 68-3 76, -3 79
Fax: 43 (7 32) 24 68 10

Privat Schumpeterstr. 9
A-4040 Linz
Tel: 43 (7 32) 24 30 57

Geburtsdatum, -ort 21.10.1955, Linz

berufl. Werdegang 1974-78 Studium (Jura); seit 1978 Ass. am Inst. für Österreichische und Deutsche Rechtsgeschichte, U Linz; 1987 Habil.

(Neuere Österreichische Rechtsgeschichte); AssProf., U Linz

Sprachen	Spanisch, Englisch, Französisch
Fachgebiet	Politikwissenschaft
themat. Schwerpunkte	Zeitgeschichte Lateinamerikas, Politische Entwicklung
geogr. Schwerpunkte	Zentralamerika, Karibischer Raum
Monographien	Costa Rica - USA: Droht eine Honduranisierung?, aus: A. Maislinger (Hg.), Costa Rica. Innsbruck 1986 Die Suche nach dem eigenen Weg. Nicaraguas unvergleichbares politisches System, aus: I. Seibert; H. Irnberger (Hg.), Nicaragua: Menschen, Landschaft. Berlin 1989
Aufsätze	zahlreiche Zeitungsartikel zw. 1979-91 zu lateinamerikanischen Themen, Schwerpunkt Zentralamerika

P 327 **Lehr**, Volker-Georg

Fundación Friedrich Naumann
Cerro del Tigre 58, Col. Romero de Terreros
Coyoacán, 04310 México D.F./Mexiko
Apartado Postal 21-561, 04000 México D.F./Mexiko
Tel: 52 (5) 658 19 60
Fax: 52 (5) 554 01 53

Geburtsdatum, -ort	21.12.1951, Bonn
berufl. Werdegang	Studium (Polit.Wiss., Soziologie, Psychologie, Alt-Amerikanistik), 1974 M.A., U Bonn; 1976-78 Forschungsaufenthalt Mexiko; 1981 Dr.phil., U Bonn; 1981-87 Prof. Titular, UNAM-Acatlán (integrierte DAAD-Fachkraft); 1987-89 Projektberater der FNS in Kolumbien; 1989-93 Projektleiter der FNS in Costa Rica, seit 1993 in Mexiko
wiss. Vereinigungen	ADLAF
Sprachen	Englisch, Spanisch (Portugiesisch)
Fachgebiet	Politikwissenschaft
themat. Schwerpunkte	Politische Systeme Lateinamerikas, Lateinamerikanische Außenpolitik, interamerikanische Beziehungen
geogr. Schwerpunkte	Mexiko, Zentralamerika, Karibik
Schriftenreihen	"Perfiles Liberales" (Bogotá/Kolumbien)
Monographien	Der mexikanische Autoritarismus. Parteien, Wahlen, Herrschaftssicherung und Krisenpotential. München 1981, 375 S. Manual Biográfico del Congreso de la Union. LII Legislatura. (Dirección). Mexiko: UNAM-ENEP Acatlán 1984, 704 S. Autoritarismo y Desarrollo. Mexiko: UNAM-Coordinación de Humanidades 1986, 45 S.
Aufsätze	Organisation Amerikanischer Staaten, aus: U. Andersen; W. Woyke (Hg.), Handwörterbuch Internationale Organisationen. Opladen 1985 Modernización y Movilización Electoral 1964-1976. Un Estudio Ecológico, in: Estudios Políticos, n.e. 4(1985)1, S. 54-61 Conceptualización y Problemática de Seguridad Nacional en el Hemisferio Occidental, in: Cuadernos de Investigación de la UNAM-ENEP. Acatlán/Mexiko (1986)8

Die Situation des Postgraduiertenstudiums in Mexiko. Ein Überblick, in: DAAD (Hg.), Hochschulpolitik und Hochschulen im Ausland 1986. Schwerpunkt: Aufbaustudiengänge. Bonn: DAAD 1987, S. 81-96
Autoritarismo, in: IIDH-CAPEL (Hg.), Diccionario Electoral. San José/Costa Rica 1989, S. 40-51

P 328 **Lettner**, Karl Georg

Institut für Sprachwissenschaft, Universität Wien
Berggasse 11
A-1090 Wien
Tel: 43 (1) 3 10 38 86
Privat Liechtensteinstr. 13/E/1
A-1090 Wien
Tel: 43 (1) 3 44 74 13

Geburtsdatum, -ort 31.07.1939, Buenos Aires/Argentinien

berufl. Werdegang 1957-65 Lehrer; 1964-67 Stipendiat in Buenos Aires; 1969-71, 1973 Ass. für anthropolog. Wiss., Buenos Aires; 1973-78, 1982 GastForsch., U Provence, Aix-en-Provence; 1982 Dr.phil. (allg. Sprachwiss.), U Provence; 1978/79-81 Prof., U Oran/Algerien für Spanisch, Franz., und Anthropolog. Wiss., allg. Sprachwiss.; seit 1985 o.Prof., U Wien; Feldforschungen in Argentinien

wiss. Vereinigungen Sociedad Argentina de Antropología; Société des Américanistes; Association d'Ethnologie amérindienne, Paris u.a.

Sprachen Spanisch, Englisch, Französisch, Italienisch, Matako, Esperanto (Portugiesisch, Latein, Altgriechisch, Russisch)

Fachgebiet Linguistik

themat. Schwerpunkte Sprachtheorie und allgemeine Sprachwissenschaft, Methodologie der Geisteswissenschaften, Anthropolog. Linguistik: Sprache, Kultur und Mythologie ethnograph.- archaischer amerikanischer Naturvölker

geogr. Schwerpunkte Gran Chaco, Pilcomayo-Fluß-Gebiet, NW-Argentinien, SW- Paraguay, Bolivien

Monographien La escritura de la Isla de Pascua. Análisis morfológico de una comunidad "folk".
El tiempo originario y la "caída" en el horizonte mítico mataco.
La religión en las sociedades arcaicas de América a en la América precolombina. Buenos Aires 1977

Aufsätze Las escrituras americanas: Descripción, relaciones y problemas "etnosemiológicos de fundamentación", in: Anuario Indigenista. Mexiko 23(1973)
La nostalgia edénica en el horizonte mítico mataco, in: América Indígena (1974/75)
Zahlreiche Aufsätze über die Matako
Un yacimiento prehistórico epiprotólico de la Nordpatagonia. Geomorfología, Tipología. Mundo y vida de los pobladores, aus: Relaciones. La religión de las sociedades arcaicas de América y en la América precolombina. Buenos Aires 1977

P 329 **Leuenberger**, Beat Ernst

Botanischer Garten und Botanisches Museum
Berlin-Dahlem (BGBM)
Königin-Luise-Str. 6-8
D-14195 Berlin <W-1000 Berlin 33>
Tel: 49 (30) 83 00 61 38
Fax: 49 (30) 83 00 62 18

Privat Albrechtstr. 115
D-12167 Berlin <W-1000 Berlin 41>
Tel: 49 (30) 7 92 21 49

Geburtsdatum, -ort 27.08.1946, Burgdorf/Schweiz

berufl. Werdegang 1975 Dr.rer.nat.; 1975 WissAss., U Bern; seit 1976 WissAngest., BGBM Berlin-Dahlem

wiss. Vereinigungen Internationale Organisation für Sukkulentenforschung

Sprachen Englisch, Spanisch (Französisch)

Fachgebiet Botanik

themat. Schwerpunkte Höhere Pflanzen, Cactaceae, taxonomische Revisionen

geogr. Schwerpunkte Lateinamerika

Monographien Pereskia (Cactaceae). Mem. New York Bot. Gard. 1986. 141 S.
Die Pollenmorphologie der Cactaceae und ihre Bedeutung für die Systematik. Mit Beiträgen zur Methodik rasterelektronenmiskroskopischer Pollenuntersuchungen und mit EDV-unterstützten Korrelationsanalysen. Vaduz: Cramer 1976, 321 S.

Aufsätze Zur Geschichte der Taxonomie von Pereskia lychnidiflora DC., P. zinniiflora DC: (Catacеae) und ihrer Synonyme. Beitr. Biol. Pflanzen (1988)63, S. 179-198
In memoriam: Hernando Sánchez-Mejorada, in: Kakteen u. a. Sukkulenten 39(1988)10, S. 229
Leaf morphology and taxonomic history of Luzuriaga (Philesiaceae), in: Willdenowia 17(1988), S. 159-172 (zus. mit S.C. Arroyo)
A preliminary list of Cactaceae from the Guianas and recommendations for future collecting and preparation of specimens, in: Willdenowia 16(1987), S. 497-510
Lectotypification of Cereus hexagonus (L.) Miller (Cactaceae) and taxonomic notes on related taxa from South America, in: Bot. Jahrb. Syst. 111(1989), S. 145-164
Interpretation and typification of Cactus ficus-indica Linnaeus and Opuntia ficus-indica (Linnaeus) Miller (Cactaceae), in: Taxon 40(1991), S. 621-627

P 330 **Lieberg**, Albert

Privat Bergwerksstraße 8
D-44795 Bochum <W-4630 Bochum>
Tel: 49 (2 34) 47 61 68

Geburtsdatum, -ort 21.11.1963, Mailand/Italien

berufl. Werdegang 1988-89 beigeord. Sachverst. FAO-Projekt in Jamaika; 1989-90 beigeord. Sachverst., FAO-Zentrale Rom; seit 1991 freiberufl.

	Beratungstätigkeit für Entwicklungsprojekte der FAO, Weltbank, BMZ
Sprachen	Englisch, Französisch, Spanisch, Italienisch (Portugiesisch)
Fachgebiet	Entwicklungspolitik / Landwirtschaft
themat. Schwerpunkte	Agrarpolitik, Entwicklungssoziologie, Projektplanung
geogr. Schwerpunkte	Entwicklungsländer
Monographien	Brasiliens Sojawirtschaft. Konfliktfelder einer exportorientierten Agrarindustrialisierung. Hamburg: IIK 1988, 140 S.
sonst. Publikationen	A concept for programme adjustment policies and income stability in small-scale hillside agriculture of the humid tropics giving special consideration to the careful utilization of natural resources-farming systems analysis and development in the Clarendon Uplands of Jamaica. (Diss. 1993)

P 331	**Liehr**, Reinhard
	Lateinamerika-Institut (LAI), Freie Universität Berlin Rüdesheimer Str. 54-56 D-14197 Berlin <W-1000 Berlin 33> Tel: 49 (30) 8 38 66 14
Privat	Huttenstr. 16 D-13465 Berlin <W-1000 Berlin 28>
Geburtsdatum, -ort	31.08.1939, Altstadt/ Kr. Namslau
berufl. Werdegang	Studium (Geschichtswiss., Polit. Wiss., Philosophie, Germanistik), U Köln; 1969 Dr.phil., U Köln; 1970-77 WissAss., Fak. f. Geschichtswiss., U Bielefeld; 1977 Habil., U Bielefeld; 1977-79 UDoz., U Bielefeld; 1979-87 wiss. Direktor, IAI Berlin und PDoz.; seit 1987 o.Prof., FB Geschichtswissenschaften und Lateinamerika-Institut, FU Berlin
Sprachen	Englisch, Spanisch (Portugiesisch, Französisch, Italienisch)
Fachgebiet	Geschichte
themat. Schwerpunkte	Wirtschafts- und Sozialgeschichte
geogr. Schwerpunkte	Mexiko, Zentralamerika, Kolumbien, Ekuador, Venezuela, Brasilien
Monographien	Stadtrat und städtische Oberschicht von Puebla am Ende der Kolonialzeit (1787-1810). Das Mexiko-Projekt der deutschen Forschungsgemeinschaft, Bd. 3. Wiesbaden 1971, VIII+233 S. Sozialgeschichte spanischer Adelskorporationen. Die Maestranzas de Caballería (1670-1808). Wiesbaden 1981, X+380 S. (Hg.) América Latina en la época de Simón Bolívar. La formación de las economías nacionales y los intereses económicos europeos 1800-1850. Berlin 1989 Einführende Bibliographie zur Geschichte Lateinamerikas. Berlin 1989 (Arbeitsmaterialien des Lateinamerika-Instituts der FU Berlin) (zus. mit M. Röhrig-Assunção)
Aufsätze	Die soziale Stellung der Indianer von Puebla während der zweiten Hälfte des 18. Jahrhunderts, aus: Jahrbuch für Geschichte von Staat, Wirtschaft und Gesellschaft Lateinamerikas. Köln 8(1971), S. 74-125

Entstehung, Entwicklung und sozialökonomische Struktur der hispanoamerikanischen Hacienda, aus: H.-J. Puhle (Hg.), Lateinamerika. Historische Realität und Dependencia-Theorien. Hamburg 1977, S. 105-146
Staatsverschuldung und Privatkredit. Die "Consolidación de Vales Reales" in Hispanoamerika, in: Ibero-Amerikanisches Archiv. Berlin NF 6(1980), S. 149-185
La deuda exterior de México y los 'merchant bankers' británicos 1821-1860, in: Ibero-Amerikanisches Archiv. Berlin NF 9(1983) 3-4, S. 415-439
Ämterkäuflichkeit und Ämterhandel im kolonialen Hispanoamerika, aus: I. Mieck (Hg.), Ämterhandel im Spätmittelalter und im 16. Jahrhundert. Berlin 1984, S. 159-180, (Einzelveröffentlichungen der Historischen Kommission zu Berlin. 45)
Die Phasen der Auslandsverschuldung Mexikos und Kolumbiens 1820-1920, in: Geschichte und Gesellschaft. Göttingen 14(1988)2, S. 153-177

P 332 **Lienhard**, Martin

Romanisches Seminar, Universität Zürich
Plattenstraße 32
CH-8028 Zürich
Tel: 41 (1) 2 57 36 16
Fax: 41 (1) 2 62 08 66

Privat Freiestrasse 119
CH-8032 Zürich

Geburtsdatum, -ort 02.07.1946, Basel

berufl. Werdegang 1972 Licence ès lettres, U Genf; 1976-81 Ass. für hispanische Literaturen, U Genf; 1976-81 Doctorat ès lettres, U Genf; 1982--83 und 1984-85 Lehrbeauftragter, U Zürich; 1985-86 GastProf., LAI FU Berlin; 1986-89 Prof., U Göttingen; seit 1989 Prof., U Zürich, 1991-92 auch U Neuchâtel

wiss. Vereinigungen Société Suisse de Américanistes, etc.

Sprachen Französisch, Spanisch, Italienisch, Portugiesisch, Englisch (Quechua, etc.)

Fachgebiet Literatur

themat. Schwerpunkte Texte der Kolonialzeit, in archaischen Kulturen verwurzelte "moderne" Texte, indianische Texte (bes. Quechua), schriftliche und verschriftete Texte marginaler in Lateinamerika u.a.

geogr. Schwerpunkte Zentralanden (bes. Quechua-Kultur), Mesoamerika, Paraguay

Periodika Im deutschen Sprachraum: Sondernummer der Iberoamericana über indianische Texte. Sonst: Revista de crítica literaria latinoamericana (Lima) u.a.

Monographien Cultura andina y forma novelesca. Zorros y danzantes en la última novela de Arguedas (1981), epílogo de William Rowe, Luis Millones, José Cerna Bazán. Lima: Horizonte/ Tarea (2da. ed. ampliada) 1990, 242 S.
Titu Cusi Yupanki. Die Erschütterung der Welt (hrsg., einge-

führt, kommentiert und übersetzt von M. Lienhard). Olten/Freiburg i.Br. 1985, 175 S.
La voz y su huella. Escritura y conflicto étnico-social en América Latina 1492-1988, Premio Casa de las Américas 1989, La Habana: Casa de las Américas 1990, 413 S.; Hanover (USA) 1991 , 1a. ed. (2a. ed. corregida), La Serie Rama 1991; Lima, Horizonte, 3ra. ed. revisada y ampliada, 1991

Aufsätze La andinización del vanguardismo urbano, aus: J.M. Arguedas, El zorro de arriba y el zorro de abajo, ed. crítica coord. por Eve Marie Fell. Paris: UNESCO-CNRS-BNP ("Archives") 1990, S. 321-332
Die Utopie der mündlichen Gesellschaft in der Ethnofiktion, aus: B. Scharlau, Bild-Wort-Schrift. Tübingen: Narr 1989, S. 131-140
Die Geschichte der Welt und der Menschheit im erzählenden Bewußtsein der Andenbevölkerung, aus: M. Münzel (Hg.), Ursprung. Vortragszyklus 1986/87 über die Entstehung der Menschen und der Welt in den Mythen der Völker. Frankfurt: Museum für Völkerkunde, Interim 6, 1987, S. 81-91
Arte oral quechua e historigrafía literaria en el Perú, in: Bull. de la Société Suisse des Américanistes. Genève (1988)52, S. 47-56
Spielarten und Bedeutung des Umgangs mit mündlichem Wissen in der lateinamerikanischen Erzählkunst, aus: P.Goetsch (Hg.), Mündliches Wissen in neuzeitlicher Literatur. Tübingen: Narr 1990, S. 273-288
Roa Bastos y la literatura del 'área tupí-guaraní', in: Escritura. Caracas (1990)30 (Número monográfico dedicado a la obra de A.Roa Bastos), S. 321-341

P 333 **Lingnau**, Hildegard

Deutsches Institut für Entwicklungspolitik (DIE)
Fraunhoferstr. 33-36
D-10587 Berlin <W-1000 Berlin 10>
Tel: 49 (30) 3 41 80 71
Telex: 1 86 761 die d
Fax: 49 (30) 3 41 16 95

Privat Belzigerstr. 75
D-10823 Berlin <W-1000 Berlin 62>
Tel: 49 (30) 7 81 46 75

Geburtsdatum, -ort 12.08.1964, Emsdetten

berufl. Werdegang Studium (Politikwiss.), FU Berlin und IEP Paris; 1988 Dipl.Pol. FU Berlin; Aufbaustudium Verwaltungswiss. HfV Speyer; Traineeprogramm am DIE Berlin; seit 1990 WissMitarb. des DIE Berlin

wiss. Vereinigungen DVWP; SID

Sprachen Französisch, Englisch, Spanisch

Fachgebiet Entwicklungspolitik

themat. Schwerpunkte Entwicklungspolitik der EG

Monographien Umweltpolitik in Mexiko. Die Rolle der Nicht-Regierungsorganisationen. Berlin: DIE 1990, 201 S., (zus. mit E. Kürzinger, u.a.)

Aufsätze LOME IV: New Elements in the European Community's Development Cooperation with the ACP States, aus: M. Schulz (Hg.), ACP-EEC: Partnership in Cooperation. Saarbrücken 1991, S. 27-48

P 334 **Lock**, Hans Peter

Berghof Institut für Friedens- und Konfliktforschung
Freie Universität Berlin
Altensteinstraße 48 A
D-14195 Berlin <W-1000 Berlin 33>
Tel: 49 (30) 8 31 80-90, -99
Fax: 49 (30) 8 31 59 85

Geburtsdatum, -ort 23.05.1941, Witten

berufl. Werdegang Studium (Soziologie, Volkswirtschaft, Statistik), U Frankfurt/M., in den USA, FU Berlin; 1969 Dipl.; 1972-75 WissMitarb. an der Forschungsstelle der VDW, Schwerpunkt Auswirkung von Rüstung u. Militär auf den Entwicklungsprozeß; seit 1976 Wiss-Ass., U Hamburg (Intern. Politik); Forschungstätigkeit,Forschungsstelle Kriege, Rüstung und Entwicklung, U Hamburg (Schwerpunkt u.a. Brasilien, Ekuador); seit 1990 Forschungskoordinator im Berghof Institut

Beratung Rundfunkbeiträge, Lehrerfortbildung, Beratertätigkeit bei UNESCO, UNSC

wiss. Vereinigungen ADLAF

Sprachen Englisch, Spanisch, Französisch (Portugiesisch, Russisch)

Fachgebiet Politikwissenschaft / Internationale Beziehungen

themat. Schwerpunkte Entwicklungstheorie Militär und Rüstung, Entwicklung des ländlichen Raums

geogr. Schwerpunkte Lateinamerika, Osteuropa

Schriftenreihen Mithg. "Militärpolitik-Dokumentation" (Frankfurt/M.)

Monographien Rüstungsprozesse und Weltmarktintegration. Frankfurt/M. 1987

Aufsätze Industrielle Entwicklung durch Rüstung? Über die Rolle der Rüstungsproduktion im Prozeß nachholender Industrialisierung in Ländern der Dritten Welt, aus: W. Vogt (Hg.), Angst vorm Frieden? Darmstadt 1989, S. 196-228

Brazil, arms for export, aus: M. Broska, Th. Ohlson (Hg.), Arms Production in the Third World. Stockholm: SIPRI, S. 79-104

P 335	**Löffler**, Heinz
	Biozentrum Althanstr. 14 A-1090 Wien Tel: 43 (1) 3 13 36-12 50 Fax: 43 (1) 3 13 36-7 00
Privat	Anastasius Grüngasse 48 A-1180 Wien Tel: 43 (1) 31 12 67
Geburtsdatum, -ort	17.03.1927, Wien
berufl. Werdegang	1952 Dr.phil.; 1954 Univ.Ass. am Zoologischen Inst.; ab 1968 ao.Prof.; ab 1971 o.Prof; Gastprof. USA (1962) und Kanada (1974); Vorstand des Zoologischen Instituts der U Wien
wiss. Vereinigungen	Internationaler Limnologischer Verein; Österreichische Akademie der Wissenschaften (w.M.); ILEC; Österreichische UNESCO-Kommission, Fachausschuß Naturwissenschaften
Sprachen	Englisch, Schwedisch (Spanisch, Französisch)
Fachgebiet	Limnologie
themat. Schwerpunkte	Paläolimnologie, Binnensalzgewässer, Tropische Hochgebirgsseen
geogr. Schwerpunkte	u.a. trop. Hochgebirge Lateinamerikas, Afrikas, Asiens (Himalaya, Kinabalu)
Schriftenreihen	"Guidelines of Lake Management" (Japan) ILEC
Periodika	Mithg. "Hydrobiologia"; "J. Paleolimnology"
Aufsätze	über 160 Publikationen über Gewässer in Mexiko, Guatemala, Costa Rica, Kolumbien, Ekuador, Peru und Chile

P 336	**Lorenz**, Günter W.
	Lateinamerika-Referat, Institut für Auslandsbeziehungen (IfA) Charlottenplatz 17 D-70173 Stuttgart <W-7000 Stuttgart 1> Tel: 49 (7 11) 22 25-1 15
Privat	Postfach D-77871 Renchen <W-7592 Renchen im Schwarzwald> Tel: 49 (78 43) 3 78
Geburtsdatum, -ort	19.09.1932, Nejdec/CSR
berufl. Werdegang	Studium (Zeitungs-, Theaterwissenschaften, Geschichte, Hispanistik/Lusitanistik) Madrid, Lissabon, México D.F.; 11 Jahre Auslandskorrespondent; freier Journalist und Schriftsteller, Literaturkritiker; seit 1972 im IfA (Leiter des Lateinamerika-Referats); freier Journalist und Schriftsteller
Beratung	Organisation und Durchführung der "Lateinamerika-Colloquien" des Instituts für Auslandsbeziehungen; Gutachter und Berater für deutschsprachige Verlage; Vortragstätigkeit bei Volkshochschulen; Literarische Übersetzungen; Literaturkritiker für Presse und Rundfunk; Buchautor; Redaktionsmitglied der "Zeitschrift für Kulturaustausch"
Sprachen	Englisch, Spanisch, Portugiesisch, Französisch (Italienisch)

Fachgebiet	Literatur / Kulturaustausch
themat. Schwerpunkte	Zeitgenössische lateinamerikanische Literatur; Erziehungspolitik in Lateinamerika
geogr. Schwerpunkte	Lateinamerika
Monographien	(Hg.) Lateinamerika. Stimmen eines Kontinents. Prosa-Lyrik-Theater-Essay. Tübingen: Erdmann 1974, 514 S. Dialog mit Lateinamerika. Panorama einer Literatur der Zukunft. Tübingen: Erdmann 1970, 618 S. Diálogo con América Latina. Panorama de una literatura del futuro. Barcelona/Santiago de Chile: Pomaire/Ediciones Universitarias 1972, 426 S. (2. Aufl. 1975) Diálogo com a América Latina. Panorama de uma literatura do futuro. São Paulo: Editora Pedagóg. e Universit. 1973, 405 S. (Hg.) Literatur in Lateinamerika. München/St. Gallen: Nesyo/Galerie 1976, 158 S. Die zeitgenössische Literatur in Lateinamerika. Chronik einer Wirklichkeit. Tübingen: Erdmann 1971, 298 S. (Hg.) Mythen, Märchen, Moritaten. Orale und traditionelle Literatur in Brasilien. Stuttgart: 1983, 136 S. (2.Aufl. 1983)

P 337	**Lorenz**, Walter
	Bundesanstalt für Geowissenschaften und Rohstoffe (BGR) Stilleweg 2 D-30655 Hannover <W-3000 Hannover 1> Tel: 49 (5 11) 6 43 23 46
Privat	Kiefernweg 3 D-29308 Winsen <W-3108 Thören> Tel: 49 (51 46) 16 05
Geburtsdatum, -ort	30.03.1940, Hamburg
berufl. Werdegang	1966 Dipl.Geol.; 1970 Dr.rer.nat.; seit 1970 bei BGR; 1970/71 Mitarb. der Deutschen Geologischen Mission in El Salvador; 1971-75 Innenarbeiten BGR; 1975-77 Leiter der Dt. Geol. Beratergruppe El Salvador; Leiter des Referates 1.23 "Industrieminerale, Steine und Erden"
Sprachen	Englisch, Spanisch
Fachgebiet	Geologie
themat. Schwerpunkte	Nichtmetall-Rohstoffe
geogr. Schwerpunkte	Lateinamerika
Aufsätze	Posibilidad de la producción de cemento puzlánico en El Salvador, in: ASIA (Asociación Salvadoreña de Ingenieros y Arquitectos). San Salvador 41(1976), S. 15-20 Perlitas de El Salvador. Un nuevo material para la construcción. in: ASIA... San Salvador 43(1977), S. 22-31 (zus. mit U. Kissenkoetter) Importancia económica y geológica de los minerales no metálicos, in: UNIVERSITAS. Stuttgart XXVI(1988)1, S. 31-36 Valoración geológica-minera de depósitos de minerales no metálicos, in: Boletín Minero. Santiago de Chile CIII(1988)25, S.

35-45
Industrieminerale, Steine und Erden in der Republik El Salvador, Mittelamerika, in: Geologisches Jahrbuch. Hannover, Reihe D (1986)76, S. 1-90
Criteria for the Assessment of Non-Metallic Mineral Deposits, in: Geologisches Jahrbuch. Hannover R. A (1991)127, S. 299-326

P 338 **Löschner**, Renate

Ibero-Amerikanisches Institut (IAI)
D-10785 Berlin <W-1000 Berlin 30>
Postfach 12 47
W-1000 Berlin 30
Tel: 49 (30) 2 66 25 14

berufl. Werdegang 1975 Dr.phil.; WissMitarb., IAI Berlin
Sprachen Englisch, Spanisch, Italienisch (Portugiesisch)
Fachgebiet Kunstgeschichte
themat. Schwerpunkte Alexander von Humboldt, Künstlerische Darstellung Lateinamerikas im 19. Jh., Geschichte der Malerei in Lateinamerika, Moderne Kunst in Lateinamerika, Spanien und Portugal
geogr. Schwerpunkte Mexiko und Südamerika
Aufsätze Die naturhistorischen Illustrationen von Maximilian Prinz zu Wied-Neuwied, in: Brasilien-Bibliothek der Robert Bosch GmbH. Katalog Bd. II. Nachlaß des Prinzen Maximilian zu Wied-Neuwied. Teil 2: Briefwechsel und Zeichnungen zu den naturhistorischen Werken. Stuttgart 1991, S. 175-185
El México luminoso de Rugendas. Edición Privada de Cartón y Papel de México. S.A. de C.V., México 1985
Die Reisen des Malers in Argentinien, Uruguay, Chile und Brasilien 1854-1857. Mit einer Dokumentensammlung. Ibero-Amerikanisches Institut Preußischer Kulturbesitz in Berlin: Berlin 1987 (zus. mit O. Grashof)
Illustrationen zur Reise von Prinz Maximilian zu Wied 1815-1817 in Brasilien, in: Brasilien-Bibliothek der Robert Bosch GmbH. Katalog Bd. II. Nachlaß des Prinzen Maximilian zu Wied-Neuwied. Teil 1: Illustrationen zur Reise 1815 bis 1817 in Brasilien. Bearb.v. R. Löschner u. B. Kirschstein-Gamber. Mit e. Einf. v. R. Löschner. Stuttgart 1988, S. 9-55
Johann Moritz Rugendas. Malerische Reise in den Jahren 1831-1834. Ausstellung des IAI-PK in Berlin. 13.12.1984 - 23.02.1985, Berlin 1984
Alexander von Humboldts Bedeutung für die Altamerikanistik, aus: W.-H. Hein (Hg.), Alexander von Humboldt. Leben und Werk. Ingelheim am Rhein 1985, S. 249-262 (span. Ausgabe 1987, engl. Ausgabe 1987)
Alexander von Humboldt und die mexikanischen Bilderschriften, aus: Alexander von Humboldt... (s.o.), S. 263-272
Die Amerikaillustration unter dem Einfluß von Alexander von Humboldt, aus: Alexander von Humboldt... (s.o.), S. 282-300

P 339 **Lubienski**, Johann

Höhere Technische Bundeslehranstalt (HTB) Graz/Gösting
Ibererstr. 15-21
A-8051 Graz
Tel: 43 (3 16) 5 15 53-37

Privat Leonhardstr. 49/II
A-8010 Graz
Tel: 43 (3 16) 31 89 25

Geburtsdatum, -ort 09.09.1955, Cochabamba/Bolivien

berufl. Werdegang 1974-83 Studium (Geschichte, Amerikanistik, Anglistik), U Graz; 1983 Dr.phil. AHS/BHS-Lehrer an der HTBLu VA (BULME) Gösting/Graz; Lehrbeauftr., (Geschichte Lateinamerikas), U Graz

Sprachen Englisch, Spanisch, Französisch (Portugiesisch, Italienisch)

Fachgebiet Geschichte

themat. Schwerpunkte Lateinamerika (Prä- und Postkolumbistik)

geogr. Schwerpunkte Andenraum, Mexiko, Karibischer Raum

Monographien Der Maximilianische Staat, Mexiko 1861-1861, Verfassungs, Verwaltungs- und Ideengeschichte. Wien/Köln/Graz 1988

Aufsätze Maximilian und die Indianer, aus: Hardegg - 700 Jahre Stadt. Jubiläumsschrift anläßlich der ersten urkundlichen Erwähnung als "Stadt". Hardegg 1990, S. 247-265

P 340 **Lücke**, Matthias

Institut für Weltwirtschaft, Universität Kiel
Düsternbrooker Weg 120-122
D-24105 Kiel <W-2300 Kiel>
Postfach 43 09
D-24042 Kiel <W-2300 Kiel>
Tel: 49 (4 31) 8 84-2 12
Telex: 29 24 79
Fax: 49 (4 31) 8 58 53

Geburtsdatum, -ort 27.07.1960, Marl

berufl. Werdegang 1985 Dipl.-Volksw.; WissAngest., IfW Kiel

Sprachen Englisch (Spanisch, Portugiesisch)

Fachgebiet Wirtschaft

themat. Schwerpunkte Technischer Fortschritt, Industrialisierung, Außenhandel

geogr. Schwerpunkte Entwicklungs- und Schwellenländer (u.a.) Brasilien

Monographien Capital-Intensive Industries in Newly Industrializing Countries - The Case of the Brazilian Automobile and Steel Industries. Tübingen 1988 (zus. mit B. Fischer; J.-C. Herken-Krauer; P. Nunnenkamp)

Traditional Labour-Intensive Industries in Newly Industrializing Countries - The Case of Brazil. Tübingen 1990

Technischer Fortschritt und die Arbeitsteilung zwischen Industrie- und Entwicklungsländern - eine empirische Analyse (in Vorbereitung)

Aufsätze Economies of Scale in Protected Manufacturing Industries in Developing Countries - the Case of the Brazilian Passenger Car

Industry, in: Industry and Development. (Hg.) United Nations Industrial Development Organization. Wien (1988)24, S. 35-56
Die brasilianische Volkswirtschaft an der Schwelle der neunziger Jahre - wirtschaftspolitischer Neubeginn oder weiteres "Durchwursteln"?, in: Die Weltwirtschaft (1990)1, S. 226-239

sonst. Publikationen Neue Formen der Schuldenkonversion in Lateinamerika: Chancen und Risiken von Brasiliens Reformprogramm im Jahr 1988. Referat zur Jahrestagung des Vereins für Socialpolitik, Würzburg, 3.-5.10.1990 (zus. mit Friedrich L. Sell)

P 341 **Lücker**, Reinhold J.

Geographisches Institut, Universität Tübingen (GISLA)
Hölderlinstr. 12
D-72074 Tübingen <W-7400 Tübingen 1>
Tel: 49 (70 71) 29-64 62
Fax: 49 (70 71) 29-53 18

Privat Eichenweg 7
D-72076 Tübingen <W-7400 Tübingen 1>
Tel: 49 (70 71) 6 16 73

Geburtsdatum, -ort 10.06.1951, Klosterkumbd

berufl. Werdegang 1977 wiss. Prüfung für das Lehramt an Gymnasien (Geographie und Romanistik); 1985 Dr.phil. (Geographie); seit 1985 Hochschulass.

wiss. Vereinigungen ADLAF; VDAG

Sprachen Englisch, Spanisch, Portugiesisch, Französisch (Italienisch)

Fachgebiet Geographie

themat. Schwerpunkte Wirtschafts- und Sozialgeographie

geogr. Schwerpunkte Brasilien, Lateinamerika

Monographien Agrarräumliche Entwicklungsprozesse im Alto-Uruguai-Gebiet (Südbrasilien). Analyse eines randtropischen Neusiedlungsgebietes unter Berücksichtigung von Diffusionsprozessen im Rahmen modernisierender Entwicklung. Tübingen 1986, 278 S.
Der brasilianische Mittelwesten. Wirtschafts- und sozialgeographischer Wandel eines peripheren Agrarraumes.
Tübingen 1991, 230 S. (zus. mit M. Coy)

Aufsätze Agrarer Strukturwandel unter dem Einfluß des Sojabohnenweltmarktes. Das Alto-Uruguai-Gebiet (Südbrasilien) als Beispiel, in: Geographische Rundsch. Braunschweig 34(1982)8, S. 368-373
Desenvolvimento social, económico e regional em zonas pioneiras. Uma comparação do Alto-Uruguai (RS) e Sul de Goiás, Brazil, in: Actas Latinoamericanas de Varsovia. Warschau T 7,(1989), S. 69-86
Räumlicher Wandel europäischer Kolonisationsgebiete in Südbrasilien. Innovation und Dynamik durch ethnische Gruppen?, aus: K. Rother (Hg.), Europäische Ethnien im ländlichen Raum der neuen Welt. Passau 1989, S. 47-60
Steuerungsfaktoren des Urbanisierungsprozesses in ländlichen Räumen. Dargestellt an der Entwicklung von Regionalzentren im

brasilianischen Mittelwesten, in: Ibero-Amerikanisches Archiv Hamburg 16(1990)3, S. 399-420
Reasons and Consequences of Incorporating Modernization in the Brazilian Midwest Region, in: Nijmegen Studies in Development and Cultural Change. Saarbrücken 1991, 15 S.

P 342 **Lücking**, Robert

Abt. Spezielle Botanik (Biologie V)
Fakultät für Naturwissenschaften, Universität Ulm
Oberer Eselsberg, M 25
D-89081 Ulm <W-7900 Ulm>
Postfach 4066
D-89030 Ulm <W-7900 Ulm>
Tel: 49 (7 31) 5 02-27 00 -26 94
Fax: 49 (7 31) 5 02-20 39
Privat Böfingerstr. 22
D-89073 Ulm <W-7900 Ulm>
Tel: 49 (7 31) 9 21 71 94

berufl. Werdegang Studium (Biologie), U Ulm; 1987-88 Auslandsstudium in Costa Rica im Rahmen des IAS-Programms des DAAD; 1990 Dipl.-Biol., U Ulm; 1991-92 Auslandsaufenthalt in Costa Rica für Feldstudien im Rahmen der geplanten Diss.; Mitgestaltung und Mitarbeit an Kursen der Abteilungen Spezielle Botanik (Biologie V) und Allgemeine Biologie (Biologie I), U Ulm (Immissionsökologie, Pflanzenphysiologie, Tropenökologie), Mitarbeit an Exkursionen (Flechten, Phanerogamen im Winterzustand)

wiss. Vereinigungen GTÖ

Sprachen Englisch, Spanisch

Fachgebiet Biologie / Botanik

themat. Schwerpunkte Lichenologie, Blattbewohnende Flechten (Taxonomie, Systematik, Ökologie, Lichengeographie)

geogr. Schwerpunkte Zentralamerika

Monographien Foliicolus Lichens - A Contribution to the Knowledge of the Lichen Flora of Costa Rica, Central America. Berlin/Stuttgart 1992, 179 S. (Beihefte zur Nova Hedwigia. 104)

Aufsätze Neue Arten foliikoler Flechten aus Costa Rica, Zentralamerika, in: Nova Hedwigia. Stuttgart 52(1991)3/4, S. 267-304
Zur Verbreitungsökologie foliikoler Flechten in Costa Rica, Zentralamerika, Teil 1, in: Nova Hedwigia. Stuttgart 54(1992)3/4, S. 309-353
Zur Verbreitungsökologie foliikoler Flechten in Costa Rica, Zentralamerika, Teil 2, in: Herzogia 9(1992), S. 181-212
Líquenes foliicolos de Guatemala. Un estudio taxonómico preliminar, in: Cryptogamie, Bryologie, Lichenologie. Paris 13(1992)4, S. 297-317 (zus. mit R. Barillas)
Vergesellschaftungen foliikoler Flechten im Biotopo del Quetzal, Guatemala, in: Cryptogamie... Paris (zus. mit R. Barillas; S. Winkler) (im Druck)

P 343 **Lüdtke**, Jens

Institut für Romanische Philologie, Freie Universität Berlin
Habelschwerdter Allee 45
D-14195 Berlin <W-1000 Berlin 33>
Tel: 49 (30) 8 38-20 33

Privat Deidesheimer Str. 6
D-14197 Berlin <W-1000 Berlin 33>
Tel: 49 (30) 8 21 97 42

Geburtsdatum, -ort 08.10.1941, Stettin

berufl. Werdegang 1970-72 Verwalter WissAss., U Tübingen; 1972-75 Lektor, U Florenz; 1975 Dr.phil.; 1975-83 WissAss., U Tübingen; 1983 Habil., U Tübingen; 1983-87 Prof. für Romanische Philologie, U Bonn; seit 1987 o.Prof. für Romanische, insb. Iberoromanische Philologie (Sprachwissenschaft)

wiss. Vereinigungen Asociación de Historia de la Lengua Española; DHV; DRV; Deutscher Italienistenverband; Deutsch-Katalanische Gesellschaft; Hochschulverband; Institutum Canarium, Sociedad Española de Lingüística; Asociación de Lingüística y Filología de la América Latina

Sprachen Französisch, Spanisch, Englisch, Italienisch, Katalanisch, Portugiesisch (romanische Standardsprachen, skandinav. Sprachen, Niederländisch)

Fachgebiet Linguistik

themat. Schwerpunkte Romanische Sprachwissenschaft

Aufsätze Zum Forschungsprojekt Geschichte des Spanischen in Übersee: Proyecto de una historia del español ultramarino, aus: M. Ariza, et. al. (Hg.), Actas del I Congreso Internacional de Historia de la Lengua Española, Bd. 2. Madrid 1988, S. 1511-1515
Estudio lingüístico de la Información de los Jerónimos (1517), aus: Actas del III Congreso Internacional de "El español en América" (im Druck)
Fuentes de la historia de la lengua española: Pedro Mártir de Anglería, aus : Actas del II Congreso Internacional de Historia de la Lengua Española (im Druck)

P 344 **Lühr**, Volker

Lateinamerika-Institut, (Zentralinstitut 3)
Freie Universität Berlin
Rüdesheimer Str. 54-56
D-14197 Berlin <W-1000 Berlin 33>
Tel: 49 (30) 8 38-30 72, 8 38-55 75

Geburtsdatum, -ort 03.05.1937, Zwickau

berufl. Werdegang 1962 Dipl. Kfm; 1968 Dr.phil. (Soziologie); 1976 Habil. (Soziologie); o.Prof., FU Berlin

wiss. Vereinigungen ADLAF

Sprachen Englisch, Spanisch (Portugiesisch)

Fachgebiet Soziologie / Entwicklungspolitik

themat. Schwerpunkte Entwicklungssoziologie

geogr. Schwerpunkte Mittelamerika, Brasilien, Andenländer

Schriftenreihen Mithg. "Spektrum, Berliner Reihe zu Gesellschaft, Wirtschaft, und Politik in Entwicklungsländern" (Saarbrücken, 1984 ff.)

Monographien Chile: Legalität, Legitimität und Bürgerkrieg. Zur Durchsetzbarkeit sozialistischer Reformpolitik in einer parlamentarischen Demokratie. Darmstadt: Luchterhand 1973

Aufsätze Brasilien: Ein Fall ohne Beispiel, aus: H.D. Evers; D. Senghaas; H. Wienholtz (Hg.), Auf dem Weg zu einer Neuen Weltwirtschaftsordnung? Bedingungen und Grenzen für eine eigenständige Entwicklung. Baden-Baden: Nomos 1983, S. 207-222

Gesellschaftliche Implikationen von Bildungsprojekten - ein Vexierbild, aus: D. Schwefel (Hg.), Soziale Wirkungen von Projekten in der Dritten Welt. Baden-Baden 1987, S.399-416

Erwachsenenbildung als Politikum, in: Erwachsenenbildung in Lateinamerika. Internationales Jahrbuch der Erwachsenenbildung, Bd. 15. Köln/Wien: Böhlau 1987, S. 1-18

Globale Gefährdungen - ein Blick auf Lateinamerika, aus: H.P. Dreitzel; H. Stenger (Hg.): Ungewollte Selbstzerstörung. Reflexionen über den Umgang mit katastrophalen Entwicklungen. Frankfurt/Main: Campus 1990, S. 106-123

Isla, enclave, utopía. Reflexiones sociológicas y literarias sobre la reconstrucción de una memoria colectiva latinoamericana, aus: A. Dembicz (Hg.), Actas Latinoamericanas de Varsovia. Varsovia 1990, S. 93-118

P 345 **Lütjen**, Heiko

Seminar für Landwirtschaftliche Entwicklung (SLE)
Technische Universität Berlin
Podbielskiallee 66
D-14195 Berlin <W-1000 Berlin 33>
Tel: 49 (30) 3 14-7 13 34
Telex: 18 42 62 tubln-d
Fax: 49 (30) 3 14-7 14 09

Privat Wittekindstr. 10
D-30449 Hannover <W-3000 Hannover 91>
Tel: 49 (5 11) 45 52 94

Geburtsdatum, -ort 04.08.1962, Hannover
berufl. Werdegang 1991 Dipl-Geogr.; 1992 Teilnehmer am SLE TU Berlin
Sprachen Englisch, Spanisch (Französisch)
Fachgebiet Geographie / Landwirtschaft
themat. Schwerpunkte Landwirtschaft, Agrarvermarktung, Selbsthilfe-Organisation, Strukturanpassung, Ökologie
geogr. Schwerpunkte Costa Rica, Guatemala
sonst. Publikationen Wege aus der "Entwicklungshilfekrise", aus: Koschatzky (Hg.), Entwicklungspolitik der BR Deutschland. Wende - Ende - Hoffnung. Studentische AG Entwicklungspolitik im Selbstverlag. Hannover 1986, S. 131-157 (zus. mit H. Müller)

Die Agrarpolitik Costa Ricas nach 1986. Auswirkungen auf die

Situation der Kleinbauern - dargestellt am Beispiel des Cantons Sarapiquí, Auswertungsbericht eines Studienvorhabens des ASA-Programms der CDG, Berlin 1989, 70 S.

P 346 **Mader**, Elke

Institut für Völkerkunde, Universität Wien
Universitätsstr. 7
A-1010 Wien

Privat Währingerstr. 53/8
A-1090 Wien

Geburtsdatum, -ort 02.05.1954, Salzburg

berufl. Werdegang ab 1973 Studium (Ethnologie, Kunstgeschichte), U Wien; Studienaufenthalte in den USA (U of California); seit 1983 Vortragstätigkeit; 1986 Dr.phil, U Wien; 1989-90 Tätigkeit am Österreichischen Lateinamerikainstitut; Mitarbeit an wiss. Projekten; Feldforschungen bei den Achuara-Jivaro des Rio Huasaga, Peru und Ekuador; UnivLektorin, U Wien

wiss. Vereinigungen ÖLAI; Österr. Anthropolog. Ges.; EASA

Fachgebiet Ethnologie

themat. Schwerpunkte Ethnosoziologie, Ethnologie des Amazonasraumes, Wirtschaftsethnologie Südamerikas, Mythologie und Weltbild der Ethnien Amazoniens

geogr. Schwerpunkte Amazonasgebiet, Brasilien, Peru

Aufsätze Nuevas tendencias en la economía Achuara, aus: M. Brown (Hg.), Relaciones interétnicas y adapción cultural entre Shuar, Achuar, Aguaruna y Canelos Quichua. 1983, S. 146-158
Frauenarbeit in autochtonen Wirtschaftssystemen: Geschlechtliche Arbeitsteilung bei den Achuara - Indianern des oberen Amazonas, in: Lateinamerika Aspekte (1986)7, S. 23-38
Die Missionsprovinz Mojos in Nordostbolivien, in: Zeitschrift für Lateinamerika (1989)34 (Sondernummer), S. 26-31
Deine Gedanken sind gefangen in meiner Liebe: Zur Geschlechterbeziehung bei den Achuara-Jivaro, aus: Arbeitsgruppe Ethnologie Wien (Hg.), Von fremden Frauen. Frankfurt/M. 1989, S. 216-252 (zus. mit R. Gippelshauser)
Die Achuara-Jivaro: Wirtschaftliche und soziale Organisationsformen am peruanischen Amazonas. Wien, S. 123 ff. (zus. mit R. Gippelshauser)
Kinfolks or Tradepartners? Cultural Adaption to Economic Change on the Peruvian Amazon, aus: A.S. Gingrich; S. Haas; G. Paleczek (Hg.), Kinship, Social Change and Evolution. Proceedings of a Symposium held on the Occasion of W. Dostal's 60th Birthday (im Druck)

sonst. Publikationen Subsistenz und Arbeitsorganisation der Achuara des peruanischen Amazonas. Wien 1985 (Diss.)

P 347	**Madlener**, Kurt
	Max-Planck-Institut für ausländisches und internationales Strafrecht Günterstalstr. 73 D-79100 Freiburg <W-7800 Freiburg/Br.> Tel: 49 (7 61) 70 81-1, -2 27 Fax: 49 (7 61) 70 81-2 94
Geburtsdatum, -ort	20.02.1933, Mannheim
berufl. Werdegang	1956 Gradué de l'Institut de Criminologie, Paris; 1957 Diplomé de l'Institut de Droit comparé, Paris; 1957 1 . jur. Staatsprüfung, Freiburg; 1959 Master of Comparative Law, Columbia U, New York; 1966 2. jur. Staatsprüfung, Freiburg, Stuttgart; 1965 Dr. jur., U Freiburg; 1970 Lic. en Derecho, U Madrid; seit 1966 WissRef. am MPI Strafrecht und Rechtsanwalt in Freiburg; Gast-Doz., Madrid, Puerto Rico, São Paulo/Brasilien
wiss. Vereinigungen	Deutsch-Brasilianische Juristenvereinigung e.V.; Deutsche Sektion der Internationalen Juristenkomission; Gesellschaft für Rechtsvergleichung; Association International de Droit Pénal; Gesellschaft für afrikanisches Recht e.V.
Sprachen	Englisch, Spanisch, Französisch, Portugiesisch
Fachgebiet	Recht
themat. Schwerpunkte	Strafverfahren, Strafrechtspflege, Schutz der Menschenrechte, Anwaltsrecht
geogr. Schwerpunkte	Spanien, Lateinamerika, Philippinen, Afrika, Hispanoamerikanische Länder und Haiti
Periodika	Hg. "Jb. für Afrikanisches Recht/Annuaire de Droit Africain/ Yearbook of African Law"
Monographien	The Philipines: Human Rights after Martial Law. Genf 1984, 123 S. (zus. mit Leary und Ellis)
Aufsätze	Zahlreiche Beiträge in: H.-H. Jescheck; K.H.A. Löffler (Hg.), Quellen und Schrifttum des Strafrechts. Bd. 2, Lfg. 4: Lateinamerika. München: Beck 1980: Überregionale Literatur und Textsammlungen, S. 546-554 (zus. mit Th. Volkmann-Schluck); Bolivien, S. 613-616 (zus. mit P. Göhringer); Chile, S. 636-646 (zus. mit M. Maurer); Haiti, S. 683-686 (zus. mit G. Seiter; S. Baedeker); Honduras, S. 687-691 (zus. mit R. Suazo Lagos); Panama, S. 756-761 (zus. mit M. Maurer); Peru, S. 766-773 (zus. mit Th. Volkmann-Schluck); Einführung zur deutschen Übersetzung des Strafgesetzbuchs der Republik Chile, aus: Sammlung außerdeutscher Strafgesetzbücher in deutscher Übersetzung, Bd. 104, Berlin 1988, S. 1-7 El redescubrimiento de la víctima por las ciencias penales, in: Cuadernos del Instituto de Investigaciones Científicas. Mexiko (1989) 10, S. 47-66. Übersichtsbericht Hispano-Amerika (Argentinien, Chile, Costa Rica, Ecuador, Mexiko, Peru, Uruguay), aus: Eser; Koch (Hg.), Schwangerschaftsabbruch im internationalen Vergleich. Baden-Baden 1989, S. 1187-1296 Menschenrechtsprobleme in Brasilien nach der Rückkehr zur

Demokratie, aus: Deutsche Sektion der Internationalen Juristenkomission (Hg.), Menschenrechtsprobleme in Lateinamerika. Heidelberg 1991, S. 85-116
The Past and Present State of Victim's Compensation in Brazilian Law and the Need for Reform, aus: Kaiser; Kury; Albrecht, Victims and Criminal Justice. Legal Protection, Restitution and Support. Freiburg 1991, S. 305-355, (mit Silma M. Madlener)
A reparação do dano como medida de política criminal na Parte Especial do Código Penal Brasileiro, in: Livro-homenagem a Heleno Cláudio Fragoso. Rio de Janeiro 1992, S. 377-396
Die Entwicklung des kubanischen Strafrechts nach der Revolution, in: R. Sevilla; C. Rode (Hg.), Kuba. Die isolierte Revolution? Bad Honnef: Horlemann 1993, S. 278-303

P 348 **Maihold**, Günther

Friedrich-Ebert-Stiftung (FES), Vertretung in Costa Rica
Casa Nr. 86, Esquina Calle 32 y Avenida 2
Apartado 874, 1000 San José/Costa Rica
Tel: 5 06 - 22 62 69, 57 13 43
Fax: 5 06 - 57 13 34
Privat Rica Country Club 150m al sur, Escazú
Apartado 874, 1000 San José/Costa Rica
Tel: 5 06 - 28 55 67
Fax: 5 06 - 57 13 34

Geburtsdatum, -ort 18.07.1957, Regensburg
berufl. Werdegang Studium (Soziologie, Politikwiss.), U Regensburg; 1987 Dr.phil.; bis Juli 1988 wiss. Hilfskraft und AkR. auf Zeit, U Regensburg; seitdem FES-Vertreter in Mexiko, Nikaragua und Costa Rica
wiss. Vereinigungen ADLAF; SSIP; DVPW
Sprachen Spanisch, Englisch, Französisch (Italienisch, Portugiesisch)
Fachgebiet Politikwissenschaft / Soziologie
themat. Schwerpunkte Internationale Politik, Demokratisierung, Dezentralisierung, Gewerkschaften, Umweltpolitik
geogr. Schwerpunkte Mexiko, Zentralamerika
Monographien Identitätssuche in Lateinamerika. Das indigenistische Denken in Mexiko. Saarbrücken/Fort Lauderdale: 1986, 235 S.
José Carlos Mariateguí: Nationales Projekt und Indio-Problem. Zur Entwicklung der indigenistischen Bewegung in Peru. Frankfurt: Athenäum 1988, 549 S.
Aufsätze Das Verhältnis von Innen- und Außenpolitik in Entwicklungsländern: Der Fall Mexiko, in: Verfassung und Recht in Übersee. Hamburg 3(1987)8, S. 219-233
Atenor Orrego: Derroteros del proceso cultural latinaoamericano, in: Socialismo y Participación. Lima (1988)43, S. 83-92
El Krausismo en América Latina: ¿Aventura o Ejercicio Intelectual?, aus: M. Rodríguez Lapuente; H. Cerutti (Hg.), Arturo Andrés Roig. Filósofo e historiador de las ideas. Guadalajara/Mexiko 1989, S. 392-413

Umweltprobleme als Thema der Außenpolitik: Mexiko-USA, in: Verfassung u. Recht in Übersee. Hamburg (1989)22, S. 392-413
Demokratie und Partizipation in Lateinamerika, in: Lateinamerika. Analysen-Daten-Dokum. Hamburg: IIK 7(1990)13, S. 6-18
La viabilidad del desarrollo sostenible en América Latina, aus: G. Maihold; V. L. Urquidi (Hg.), Diálogo con Nuestro Futuro Común. Perspectivas latinoamericanas del Informe Brundtland. Caracas: Nueva Sociedad 1990, S. 165-178
Demokratie mit erhobenen Händen? Militär und demokratischer Wandel in Lateinamerika, in: Aus Politik und Zeitgeschichte. Bonn B 34/90, S. 263-283
La decentralización y el desarrollo municipal en Nicaragua, aus: L.-A. Tercero S. (Hg.); Descentralización del servicio de agua: La experiencia nicaragüense. Managua 1992, S. 51-85

P 349 **Mainzer-Heyers**, Barbara

Deutscher Entwicklungsdienst (DED)
Kladower Damm 299
D-14089 Berlin <W-1000 Berlin 22>

Privat: Joaquim Nabuco, 155
Caixa Postal 14, 55920 Itambé - PE/Brasilien

Geburtsdatum, -ort: 18.12.1950, Solingen

berufl. Werdegang: 1971 Krankenschwesternexamen; 1981 M.A. (Altamerikanistik), U Berlin; 1987 Dr.phil.; seit 1988 DED/Brasilien

Sprachen: Portugiesisch, Spanisch, Englisch (Französisch, Quechua)

Fachgebiet: Altamerikanistik / Entwicklungszusammenarbeit

themat. Schwerpunkte: Ethnomedizin

geogr. Schwerpunkte: Brasilien, Peru, Mexiko

Monographien: Zapotekische Reliefdarstellungen und ihre Chronologie. Berlin 1981 (M.A.-Arbeit
Krankheit und Gesundheit in Achoma. Eine ethnomedizinische Fallstudie zu Theorie und Praxis traditioneller Heilkunde und medizinischer Versorgung am Beispiel einer Dorfgemeinschaft im Departement Arequipa, Peru. Bonn 1987, 253 S.

Aufsätze: Enfermedades tradicionales en San Pedro de Moya (Peru), Kongreßpapier "Shamanism in South America", XIth Internat. Congr. of Anthrop. and Ethn. Sc., Phase 2, Vancouver 1983
Die traditionellen Krankheiten und ihre Therapie in San Pedro de Moya, Huancavelica, in: Curare-Sonderband 2. Braunschweig/Wiesbaden 1984, S. 193-196
Kleidung im Inka-Imperium, in: Materialienband 25 "Weben der Indios - Textilhandwerk aus den Andenländern". Bonn 1985, S. 125-139
Wesen und Wandel des Curanderismus in einem Pueblo Joven in Lima, in: Salix 1, Heft 2. Würzburg 1985, S. 76-84 (zus. mit Enrique Valiente Gatter)
Alternativas y dependencias en los molinos de viento de Miramar, in: Bol. de Lima 9(1987)51,S.72-74 (zus. m. E. Valiente C.)

P 350 **Maislinger**, Andreas

Institut für Politikwissenschaft, Universität Salzburg
Innrain 100
A-6020 Innsbruck
Tel: 43 (5 12) 5 07-27 12
Fax: 43 (1) 5 07-27 77

Geburtsdatum, -ort 26.02.1955, St. Georgen bei Salzburg

berufl. Werdegang 1974 Studium (Rechtswissenschaften, Germanistik, Philosophie und Politikwiss.), U Salzburg; 1977 Studium (Politikwiss., Osteuropäische Geschichte, Völkerrecht), U Wien; 1978 Studium (Soziologie, Osteuropäische Geschichte), U Frankfurt/M.; 1979 Studien an den U Berlin, Oslo und Salzburg; 1980 Dr.phil., Salzburg; seit 1983 Vertragsass., Inst. für Politikwiss. U Innsbruck; 1987 Visiting AssProf., U New Orleans/USA

themat. Schwerpunkte Medienberichterstattung, Gesellschaft und Kultur in Costa Rica, Verteidigungspolitik

geogr. Schwerpunkte Costa Rica

Monographien (Hg.) Costa Rica. Politik, Gesellschaft und Kultur eines Staates mit ständiger aktiver und unbewaffneter Neutralität. Innsbruck 1986

P 351 **Mansilla**, H.C.Felipe

Casilla 2049, La Paz/Bolivien

Geburtsdatum, -ort 17.11.1942, Buenos Aires/Argentinien

berufl. Werdegang 1962-68 Studium (Politikwiss.), FU Berlin; 1968 Dipl., FU Berlin; 1973 Dr.phil, FU Berlin; 1972-76 Habil.Stipendium (DFG); 1976 PDoz. für Politikwiss./1979-82 Doz. für politische Soziologie, U La Paz/Bolivien; Mitbegr./seit 1989 VizeDir., CEBEM, La Paz

wiss. Vereinigungen Academia Real Española (korresp. Mitglied)

Sprachen Englisch, Spanisch, Italienisch (Französisch)

Fachgebiet Politikwissenschaft

themat. Schwerpunkte Entwicklungstheorie, Politische Systeme, Politische Soziologie

geogr. Schwerpunkte Lateinamerika, Argentinien, Bolivien, Peru, Kolumbien

Monographien Nationale Identität, gesellschaftliche Wahrnehmung natürlicher Ressourcen und ökologische Probleme in Bolivien. München: Fink 1984

Ausdehnung staatlicher Funktionen und Bürokratisierungstendenzen in Bolivien. Eine Studie über die politische Kultur des Autoritarismus. Saarbrücken/Fort Lauderdale: Breitenbach 1987

La cultura del autoritarismo ante los desafíos del presente. Ensayos sobre una teoría crítica de la modernización. La Paz/Bolivien: CEBEM 1991

Desarrollo y progreso como ideologías de modernización tecnocrática. La Paz/Bolivien: HISBOL 1989

Ursachen und Folgen politischer Gewalt in Kolumbien und Peru. Frankfurt: Vervuert 1992 (im Druck)

Aufsätze Über 50 Aufsätze in deutsch-, englisch-, italienisch- und spanischsprachigen Zeitschriften

P 352 **Maresch**, Walter V.

Institut für Mineralogie, Universität Münster
Corrensstr. 24
D-48149 Münster <W-4400 Münster>
Tel: 49 (2 51) 83 30 47
Telex: 892529 uni ms d
Fax: 49 (2 51) 83 83 97

Privat Rüllerstr. 15
D-59387 Ascheberg <W-4715 Ascheberg>
Tel: 49 (25 93) 69 16

Geburtsdatum, -ort 01.07.1944, München

berufl. Werdegang 1966 Bachelor of Science (Honours Geology), U Toronto; 1969 M.A. (Geological & Geophysical Sciences), Princeton U; 1972 Ph.D., Princeton U; 1986 Habil., U Bochum; o.Prof., U Münster

wiss. Vereinigungen Geological Society of America; American Geophysical Union; Mineralogical Society of America; Geological Association of Canada; DMG; European Union of Geosciences

Sprachen Englisch (Spanisch, Französisch)

Fachgebiet Geologie

themat. Schwerpunkte Petrologie der metamorphen Gesteine, Experimentelle Petrologie und Mineralogie

geogr. Schwerpunkte Venezuela, Karibischer Raum

Schriftenreihen Associate Editor des "Journal of Petrology"; Chief Editor des "European Journal of Mineralogy"

Aufsätze

Metamorfismo y estructura de Margarita nororiental, Venezuela, in: Bol. Geología. Caracas 7(1973)22, S. 3-172

Implications of a mesozoic to early tertiary collision-type plate-tectonic model in northern Venezuela for the southern Caribbean region, aus: Trans. VII Carib. Geol. Conf., Saint-François (Guadeloupe) 1974, 1976, S. 485-491

Petrography, mineralogy and metamorphoric evolution of an eclogite from the Islands of Margarita, Venezuela, in: Jour. Petrology 22(1981), S. 337-362, (zus. mit K. Abraham)

Magmatic rock series and high-pressure metamorphism as constraints on the tectonic history of the southern Caribbean, in: Geol.Soc.America Memoir 162(1984), S. 95-130 (mit D.J. Beets; G.Klaver; A.Mottana; R.Bocchio; F.F.Beunk; H.P.Monen)

The ecologite-bearing metabasaltic sequence of Isla Margarita, Venezuela: A geochemical study, in: Chem.Geol. 50(1985), S. 351-368, (zus.m. A. Mottana; R. Bocchio; G. Liborio; L. Morton)

The ecologite-bearing series of Isla Margarita, Venezuela: geochemistry of metabasic lithologies in the La Rinconada and Juan Griego Groups, in: Lithos, Bd. 25 (1990), S. 55-69 (zus. mit R. Bocchio; L. de Capitani; G. Liborio; A. Mottana)

P 353 **Mariscotti de Görlitz**, Ana María

Privat Gustav Freytag-Str. 7a
D-35039 Marburg <W-3550 Marburg>
Tel: 49 (64 21) 2 66 55

Geburtsdatum, -ort 08.05.1931, Buenos Aires

berufl. Werdegang Studium (Religionswissenschaft, Völkerkunde, Volkskunde, Vorgeschichte); 1962 Lizentiatur-Examen in Buenos Aires; 1965 Mitarb. im Instituto de Antropología und Lehrbeauftragte, U Buenos Aires; 1975 Promotion, Marburg; 1972-74 und 1978-91 Fachreferentin für Religionswissenschaft, Theologie, Orientalistik und Archäologie/Vorgeschichte an der UB Marburg

wiss. Vereinigungen Deutsche Vereinigung für Religionsgeschichte; DGV

Sprachen Englisch, Spanisch, Französisch (Portugiesisch, Italienisch)

Fachgebiet Religion / Altamerikanistik

themat. Schwerpunkte Religion der Inka, heutige Religiosität der zentralandinen Völker

geogr. Schwerpunkte Peru, Bolivien, Nordwestargentinien

Monographien Pachamama Santa Tierra. Contribución al estudio de la religión autóctona en los Andes centro-meridionales. Berlin: Gebr. Mann 1978, 430 S. (Diss.) (Indiana. Beiheft 8)

Aufsätze Autochthone Religion und katholischer Volksglaube. Kontinuität und Wandel religiöser Vorstellungen in den Zentralanden, aus: G. Stephenson (Hg.), Der Religionswandel unserer Zeit im Spiegel der Religionswissenschaft. Darmstadt: Wissenschaftliche Buchgesellschaft 1976, S. 67-79
Der Kult der Pachamama und die autochthone Religiosität in den Zentral- und nördlichen Süd-Anden, in: Zeitschrift für Missionswissenschaft und Religionswissenschaft. Münster 62(1978)2, S. 81-100 (Deutsche Zsfg. der Diss.) Los Curi y el rayo, aus: Actes du Congrès International des Américanistes (Paris 1976). Paris 4(1978), S. 365-376

P 354 **Mármora**, Leopoldo

Forschungsstätte der Evangelischen Studiengemeinschaft (FESt)
Schmeilweg 5
D-69118 Heidelberg <W-6900 Heidelberg>
Tel: 49 (62 21) 91 22-0
Fax: 49 (62 21) 16 72 57

Privat Auguste-Viktoria-Str. 33
D-13467 Berlin <W-1000 Berlin 28>
Tel: 49 (30) 4 04 11 60

Geburtsdatum, -ort 28.01.1945, Buenos Aires

berufl. Werdegang 1974 M.A.; ab 1974 Leiter des Servicio Europeo de Universitarios Latinoamericanos in Brüssel; 1982 Dr.rer.pol.; ab 1985 WissMitarb., LAI FU Berlin; seit 1990 PDoz., OSI FU Berlin; ab 1991 wiss. Referent an der FESt

Beratung Forschungsprojekt über aktive Weltmarktintegration von Chile und Argentinien im Vergleich.

wiss. Vereinigungen	Wissenschaftliche Vereinigung für Entwicklungspolitik und Entwicklungstheorie, Münster; ADLAF; Institut für Internationale Politik, Wuppertal; SID, Berlin; WUS, Wiesbaden
Sprachen	Spanisch, Englisch, Französisch, Italienisch (Portugiesisch)
Fachgebiet	Politikwissenschaft / Entwicklungstheorie
themat. Schwerpunkte	Nation- und Staatstheorie, Gewerkschaften, Internationale Politik, Entwicklungspolitik, Demokratisierung, Weltwirtschaft, Regionale Integration, Süd-Beziehungen der EG, Ökologie
geogr. Schwerpunkte	Argentinien, Brasilien, Chile
Monographien	Nation und Internationalismus. Probleme und Perspektiven eines sozialistischen Nationbegriffs. Bremen: CON 1983, 194 S. Jenseits von Etatismus und Neoliberalismus. Zur aktuellen Steuerungsdiskussion am Beispiel Argentinien und Südkorea. Hamburg: IIK 1992, 61 S. (Arbeitsunterlagen. 29) (mit D. Messner)
Aufsätze	La integración de Argentina, Brasil y Uruguay: concepciones, objetivos, resultados, in: Comercio exterior. Mexiko 41(1991)2, S. 155-166 (zus. mit D. Messner) Theorieruinen der Entwicklungsforschung: Überlegungen am Vergleich Argentinien-Südkorea, in: Blätter für Deutsche u. Internationale Politik (1989)10, S. 1206-1220 (zus. mit D. Messner) Chile im lateinamerikanischen Kontext. Ein Modell für Demokratisierung und Entwicklung der gesamten Region?, aus: J. Ensignia; D. Nolte (Hg.), Modellfall Chile? Hamburg 1991, S. 43-71 (zus. mit D. Messner) Marginalisierung aus der Weltwirtschaft - Keine Chance für regionale Integration. Das Beispiel Brasilien - Argentinien, aus: D. Nohlen; et. al. (Hg.), Demokratie und Außenpolitik in Lateinamerika. Opladen 1991, S. 229-247 Was haben Demokratisierung und Außenverschuldung miteinander zu tun? Das Beispiel Argentiniens, in: Peripherie Münster (1988)34/35, S. 93-116 Von S. Bolivar bis J.C. Mariátegui: Nation und Geschichtsschreibung in Lateinamerika, in: Vierteljahresberichte. Bonn (1984)95, S. 57-71

P 355	**Martius**, Christopher
	II. Zoologisches Institut, Universität Göttingen Berliner Str. 28 D-37073 Göttingen <W-3400 Göttingen> Fax: 49 (5 51) 39 54 48
Privat	Instituto Nacional de Pesquisas da Amazônia (INPA) Caixa postal 478, 69.011 Manaus, AM/Brasilien
Geburtsdatum, -ort	18.12.1955, Göttingen
berufl. Werdegang	1981 Dipl.Biol.; 1989 Dr.rer.nat., U Göttingen; ab 1985 Mitarb., MPI für Limnologie, Arbeitsgruppe Tropenökologie, Plön; seit 1992 WissMitarb., Zoologisches Inst., U Göttingen
wiss. Vereinigungen	GTÖ; Sociedade Brasileira para o Progreso da Ciência (SBPC); Internat. Union for the Study of Social Insects (IUSSI)

Sprachen Englisch, Portugiesisch, Spanisch, Französisch (Italienisch)
Fachgebiet Ökologie / Zoologie
themat. Schwerpunkte Tropenökologie, Ökosystemforschung, Diversität, Biologie und Ökologie von Termiten (Recycling von Nährstoffen, Bedeutung für die Bodenbildung in Land- und Forstwirtschaft, Einbindung in biol. Kreisläufe)
geogr. Schwerpunkte Lateinamerika, Brasilien, Amazonien
Monographien Untersuchungen zur Ökologie des Holzabbaus durch Termiten (Isoptera) in zentralamazonischen Überschwemmungswäldern (Várzea). Frankfurt/M. 1989, 285 S.
Aufsätze The adaptation of termites to Amazonian inundation forests, aus: Eder; Rembold (Hg.), Chemistry and Biology of Social Insects. München 1986, S. 609-610
The influence of geophagous termites on soils of inundation forests in Amazonia - first results, aus: Vereesh; Mallik; Viraktamath (Hg.), Social Insects and the Environment. New Delhi 1990, S. 209-210
Methane emission from wood-feeding termites in rain forests of Amazonia - Emissão de metano de cupins xilófagos em florestas de terra firme da Amazônia, aus: Abstracts 3rd International Environmental Chemistry Congress in Brazil. Salvador 1991, S. 78-79 (zus. mit anderen)
sonst. Publikationen Amazonas-Regenwald: Der Trügerische Überfluß, in: Merian. Hamburg 11(1988)
Amazonien - paradiesische grüne Hölle., in: Bucher's Fernreisen Amazonas/Pantanal. München 1991, S. 8-20 u. 48-54

P 356 **Maslankowski**, Willi

Bundesministerium für Bildung und Wissenschaft
Heinemannstr. 2
D-53175 Bonn <W-5300 Bonn 2>
Tel: 49 (2 28) 5 70
Privat Kuckucksweg 12
D-53639 Königswinter <W-5330 Königswinter 21>
Tel: 49 (22 44) 42 13
Geburtsdatum, -ort 05.06.1936, Siegburg
berufl. Werdegang 1954 Facharbeiterprüfung (Werkzeugmacher); 1956 Fachschul-Reifeprüfung; 1958 Ing.grad. (allg. Maschinenbau); 1964 1. Staatsprüfung für Gewerbelehrer; 1972 ORR BMWi (Ref. Ordnung der beruflichen Bildung); 1976 RegDir. BMBW (Ref. Berufsbildungsforschung, berufsbildende Modellversuche); mehrjährige Tätigkeit als Experte der Technischen Hilfe (gewerbliches Bildungswesen) in Peru und Kolumbien; 1980 Dr.phil, U Frankfurt; 1981-89 Regierungsdirektor im Bundesministerium für Bildung und Wissenschaft, Abt. Berufliche Bildung, Referat Personal in der Beruflichen Aus- und Weiterbildung; 1984-86 Lehrbeauftr. U Dortmund; seit 1989 RegDir., BMBW, Abt. Berufl. Bildung, Referat Berufsbildungsprogramme mit anderen Staaten

wiss. Vereinigungen ADLAF; Deutsche Gesellschaft für Erziehungswissenschaft
Sprachen Spanisch, Englisch
Fachgebiet Entwicklungspolitik / Bildungswesen
geogr. Schwerpunkte Deutschland, Lateinamerika
Monographien Die peruanische Bildungsreform von 1972 und die berufliche Bildung für die Industrie. Frankfurt/M. 1980, 270 S., 39 Anlagen
Grundsätze zur Berufsausbildung in der Entwicklungszusammenarbeit 1956-1970. Bonn: Bundesminister für Bildung und Wissenschaft 1986, 143 S. (zus. mit G. Pätzold)
Aufsätze Berufsbildung in Entwicklungsländern - Das Problem der Mitbestimmung aus hiesiger und lateinamerikanischer Sicht, in: Anuario. Jahrbuch für Bildung Gesellschaft und Politik in Lateinamerika. Münster 1983, S. 5-112
Die Rolle von CINTERFOR in der Vereinheitlichung und Verrechtlichung der beruflichen Bildung in Lateinamerika, in: Zeitschrift für erziehungs- und sozialwissenschaftliche Forschung. Frankfurt/M. (1985)2, S. 371-380; (auch in: Duale Berufsbildung in Lateinamerika. Bonn: DSE 1986, mit. span. Übers.)
Ohne Betriebe geht es nicht, aus: Berufliche Bildung und Entwicklung in den Ländern der Dritten Welt. Baden-Baden: Deutschen Institut für Internationale Pädagogische Forschung 1989, S. 141-151

P 357 **Masson**, Peter
Ibero-Amerikanisches Institut (IAI)
Potsdamer Str. 37
D-10785 Berlin <W-1000 Berlin 30>
Tel: 49 (30) 2 66 25 11
Privat Hauptstr. 108
D-10827 Berlin <W-1000 Berlin 62>
Tel: 49 (30) 7 84 72 41
Geburtsdatum, -ort 13.11.1945, Bonn-Bad Godesberg
berufl. Werdegang 1973 Dr.phil. (Völkerkunde, Allgemeine Sprachwissenschaft, Vergleichende Religionswissenschaft), Bonn; 1973-74 sprachsoziologisch-quechuistische und sprachlich-ethnographische Feldforschung im Hochland Süd-Ekuadors (DFG-Projekt); 1977 WissMitarb. am Völkerkundlichen Seminar, U Marburg; seit 1977 WissAss. (Romanistik), U-Gesamthochschule-Siegen; 1984-85 WissAngest./seit 1985 WissRat., IAI Berlin
wiss. Vereinigungen DGV; Society for the Study of Indigenous Languages of the Americas (SSILA); DRV
Sprachen Spanisch, Englisch, Portugiesisch, Quechua-Sprachen Ecuadors und Perus (Französisch, Aymar)
Fachgebiet Ethnologie / Linguistik
themat. Schwerpunkte Sprachsoziologie und Ethnolinguistik, Interkulturelle Kommunikation, Interethnische Beziehungen, Orale Traditionen, Religionsethnologie und -soziologie, Methodik ethnographischer Feldforschung

geogr. Schwerpunkte Andenländer, bes. Ekuador

Schriftenreihen Hg. verschiedener Reihen des IAI Berlin

Periodika Hg. "Indiana" (IAI-PK, Berlin)

Monographien Traditionelle soziale Werte der Tukuna und das 'Verstehen'. Zur diachronischen Sekundäranalyse normativer Kultur. Bonn 1978, 408 S. (Bonner Amerikanistische Studien. 7)

'rimaykullayki' - Unterrichtsmaterialien zum Quechua Ayacuchano (Peru), zusammengestellt nach: Clodoaldo Soto Ruiz 'Quechua - Manual de Enseñanza'. Hg. von R. Hartmann et al. Berlin 1985 (zus. mit S. Dedenbach-Salazar Sáenz; U. von Gleich; R. Hartmann; u.a.)

Aufsätze Gruß- und Wohlbefindensformeln im Quichua von Saraguro (Ecuador), aus: J. Knuf; H.W. Schmitz (Hg.), Ritualisierte Kommunikation und Sozialstruktur. Hamburg 1981, S. 249-294

'Huambra': Dimensões sociais de conteúdo de um termo tipificante para pessoas na comunicação cotidiana e na poesia popular da região andina do Equador, in: Th. Hartmann; V. Penteado Coelho (Hg.), Contribuições à Antropología. Homenagem a Egon Schaden. São Paulo/Brasilien: Museu Paulista, São Paulo 1981, S. 135-156

Interpretative Probleme in Prozessen interkultureller Verständigung, in: W. Schmied-Kowarzik; J. Stagl (Hg.), Grundfragen der Ethnologie. Beiträge zur gegenwärtigen Theoriediskussion. Berlin: Reimer 1981, S. 125-149

Aspectos de 'cognición' y 'enculturación' en el habla interétnica: términos de referencia y tratamiento interétnicos en Saraguro, Ecuador, in: Ibero-Amerikanisches Archiv, N.F. Berlin 9(1983)1, S. 73-129

Los sufijos en el quechua ayacuchano. Esbozo de una sistemática didáctica y analítica, in: Indiana. Berlin (1987)11, S. 277-320 (zus. mit S. Dedenbach-Salazar Sáenz)

Los malignos espíritus de los incestuosos: Acerca de algunas manifestaciones demoníacas de relaciones sociales en la religiosidad popular de tres regiones andinas (Perú y Ecuador), in: K. Kohut; A. Meyers (Hg.), Religiosidad popular en América Latina. Frankfurt/M. 1988, S. 237-279, (zus. mit T. Valiente; E. Vokral; S. Hernán Aguilar)

Ethnographische Daten und historische Kulturbeschreibung als Quellen altamerikanischer Forschung, in: U. Köhler (Hg.), Altamerikanistik - Eine Einführung in die Hochkulturen Mittel- und Südamerikas. Berlin 1990, S. 605-613

P 358 **Mathéy**, Kosta

TRIALOG
Hofangerstr. 21
D-81735 München <W-8000 München 83>
Tel: 49 (89) 40 07 15
Fax: 49 (89) 40 62 97

Geburtsdatum, -ort	11.06.1946, Oberkirch/Baden
berufl. Werdegang	1975 Dipl.-Ing. (Architektur und Städtebau); 1978 Dip. Grad. Hons (AA), London; 1979-80 Architekt in London; 1981 AA/ ARCUK Registered Architect (UK); 1981-85 WissMitarb., TH Darmstadt, Fachgebiete Entwerfen/Planen und Bauen in Entwicklungsländern; 1983 Planer Stadtverwaltung Managua/Nikaragua; 1985 GastDoz, U of Ife/Nigeria; Lehrauftr. FH Darmstadt; 1987-89 WissMitarb./1988 Lehrauftr. GHK Kassel; GastDoz. UCA, Managua/Nikaragua; 1991 Lehrauftr. HS für Architektur und Bauwesen, Weimar; GTZ Consultant in Nikaragua; 1992 Dr.rer.pol. GHK; GastProf., Havanna/Kuba; Beratertätigkeit: GTZ, KfW, ILO, Goethe Institut
wiss. Vereinigungen	Vereinigung zur wiss. Erforschung des Planens und Bauens in Entwicklungsländern; European Network for Housing Research, Working Group for Housing in the Developing World; SID; Internat. Sociol. Ass./Research Comm. on Housing and the Built Environment, Research Comm. on Urban and Reg. Planning
Sprachen	Englisch, Spanisch, Französisch
Fachgebiet	Architektur / Städteplanung
themat. Schwerpunkte	Wohnungswesen, Partizipation, Stadtökologie, Angepaßte Technologien, Selbsthilfe
geogr. Schwerpunkte	Kuba, Nikaragua, Venezuela
Periodika	"TRIALOG. Zeitschrift für das Planen und Bauen in der Dritten Welt" (Kiel)
Monographien	(Hg.) Beyond self-help housing: Participation, self-help housing, and devolution policies in different social formations. London/-New York: Mansell; und München: Profil 1992, 408 S. Kann Selbsthilfe-Wohnungsbau sozial sein? Erfahrungen in Cuba. Kassel 1992 (Diss.) (Hg.) Sustainable Architecture. Planning handbook for ecology, society and the built environment (in Vorb., ca. 500 S.)
Aufsätze	Behausungsformen in Südamerika, in: Bauwelt (1977)9 The rehabilitation program of Alagados squatter settlement, Brazil, in: Ekistics. Athen/New York (1978)270 Basis and methodology for the design of an integrated development project for Ciudad Sandino, Nicaragua, aus: Bruno; Körte; ders. (Hg.), Umgang mit städtischen Wohnquartieren unterer Einkommensgruppen in Entwicklungsländern. Darmstadt 1984 Microbrigadas: A collective form of self-help housing, in: The Netherlands Journal of Housing and Environment Research. Rotterdam 4(1989)1, S. 67-84 Nicaragua (Analyses of the Housing Provision System), aus: ders. (Hg.), Housing policies in the Socialist Third World. München: Profil 1990, S. 71-95 Self-help housing policies and practices in Cuba, aus: ders. (Hg.), Beyond self-help housing ... (s. 511), S. 1-14; S. 181-216 Architektur und Städtebau, aus: N. Werz (Hg.), Handbuch der deutschsprachigen Lateinamerikakunde. Freiburg: ABI 1992, S. 51-80 (zus. mit E. Ribbeck)

P 359	**Matthäi**, Hildegard
	Seminar für Völkerkunde, Universität Bonn Römerstr. 164 D-53117 Bonn <W-5300 Bonn 1> Tel: 49 (2 28) 55 04 12
Privat	Blumenstr. 23 D-85630 Grasbrunn <W-8011 Harthausen> Tel: 49 (81 06) 15 48
Geburtsdatum, -ort	24.10.1936, Heideck
berufl. Werdegang	1977 Dr.phil. (Ethnologie, Archäologie, Romanistik); Stipendiatin der DFG; 1981-84 WissAngest., U München, 1985-87 U Göttingen, seit 1990 WissAngest., U Bonn
Sprachen	Spanisch, Englisch, Französisch (Portugiesisch, Italienisch, Latein)
Fachgebiet	Ethnologie / Länderkunde
themat. Schwerpunkte	Ethnohistorie, Altamerikanistik, Religionsethnologie, Kulturgeographie, Akkulturation, Tourismus
geogr. Schwerpunkte	Lateinamerika, USA, Polynesien
Monographien	Die Rolle der Greifvögel bei außerandinen Indianern Südamerikas. Hohenschäftlarn: Renner 1977 Greifvögel in Altperu - Untersuchungen aufgrund archäologischer Befunde und zeitgenössischer Berichte. Hohenschäftlarn: Renner 1985
Aufsätze	Aves de rapiña en el antiguo Peru, aus: J.F. Person (Hg.), Flora and Fauna Imagery in Precolumbian Cultures - Iconography and function. Oxford 1983, S. 11-27 (Proceedings 44th International Congress of Americanists Manchester 1982 - B.A.R. International Series. 171)
sonst. Publikationen	Die Anden. Luzern: Reich 1991, 200 S.
P 360	**Maurer**, Markus
	Bundesministerium für Wirtschaft Villemomblerstr. 76 D-53123 Bonn <W-5300 Bonn 1> Postfach 14 02 60 W-5300 Bonn 1 Tel: 49 (2 28) 6 15-43 47
Privat	Fahrenheitstr. 50 D-53125 Bonn <W-5300 Bonn 1> Tel: 49 (2 28) 25 04 36
Geburtsdatum, -ort	22.11.1946, Schramberg
berufl. Werdegang	1973 1.jur. Staatsprüfung; 1975 2.jur. Staatsprüfung; 1980 Dr. jur., U Freiburg; seit 1980 beim Bundesministerium für Wirtschaft; 1986-90 Zweiter Geschäftsführer Deutsch-Mexikanische Industrie- und Handelskammer, Mexiko-Stadt
Sprachen	Englisch, Spanisch, Französisch
Fachgebiet	Wirtschaft / Recht
themat. Schwerpunkte	Strafprozeßrecht, Gerichtsverfassungsrecht, Wirtschaftspolitik,

	Außenwirtschaft, Auslandsinvestitionen
geogr. Schwerpunkte	Lateinamerika, bes. Kolumbien, Kuba, Mexiko
Periodika	"Cooperación", Mitgliederzeitschrift der Deutsch-Mexikanischen Industrie- u. Handelskammer (spanischsprachig); "Cooperación", Wirtschaftsnotizen aus Mexiko, Deutsch-Mexikanische Industrie- u. Handelskammer, Mexiko-Stadt zwischen 12/1986 und 8/1990
Monographien	Organisations- und Verfahrensstrukturen in der Strafrechtspflege Kolumbiens. Frankfurt: Lang 1980, VII+323 S. Das kubanische Strafverfahrensgesetz. Berlin: De Gruyter 1980 (Sammlung außerdeutscher Strafgesetzbücher in deutscher Übersetzung) (zus. mit H. M. Semon)
Aufsätze	Zahlreiche Artikel zur Wirtschaftslage, Wirtschaftsentwicklung, -politik, Entwicklung des Außenhandels und der Zahlungsbilanz Mexikos, in: Cooperación. México D.F.

P 361	**Mayer**, Karl Herbert
	Conrad von Hötzendorfstr. 8 A-8010 Graz
Privat	Raffaltweg 11 A-8047 Graz
Geburtsdatum, -ort	12.09.1944, Graz
berufl. Stellung	Angestellter
wiss. Vereinigungen	Internationale Gesellschaft für Mesoamerika-Forschung e.V., Berlin (Vorsitzender)
Sprachen	Englisch, Spanisch (Französisch)
Fachgebiet	Ethnologie / Archäologie
themat. Schwerpunkte	Monumental-Kunst, Maya-Hieroglyphen
geogr. Schwerpunkte	Maya-Gebiet: Mexiko, Belize, Guatemala, Honduras
Periodika	Mithg. "Mexicon" (Berlin); "Cuadernos de Arquitectura Mesoamericana" (UNAM, México D.F.)
Monographien	The mushroom stones of Mesoamérica. Ramona 1977, 46 S. Maya Monuments. Sculptures of unknown provenance in Europe. Ramona: Acoma 1978, 44 S., 55 Taf. Maya monuments. Sculptures of unknown provenance in the United States. Ramona: Acoma Books 1980, 86 S., 84 Taf. El libro de Chilam Balam de Tizimín. Einführung. Graz: Akademische Druck- u. Verlagsanstalt 1980 Classic Maya relief columns. Ramona 1981, 33 S., 16 Taf. Maya monuments. Sculptures of unknown provenance in Middle America. Berlin: von Fleming 1984 The Stelae and Inscriptions of Sacul, Guatemala. Berlin: von Flemming 1990
Aufsätze	Die Pilzsteine Mesoamerikas, in: Archiv für Völkerkunde. Wien 29(1976), S. 37-73 Pilzsteine und Pilzkulte Mesoamerikas, in: Das Altertum. Berlin (Ost) 25(1979), S. 40-48 Unveröffentlichte Maya Skulpturen in San Salvador, in: Mexicon.

Berlin 1(1979), S. 30-32

sonst. Publikationen Zahlreiche Artikel über Ethnologie und Archäologie Mesoamerikas in populärwissenschaftlichen Zeitschriften

P 362 **Meding**, Holger Michael

Iberische und Lateinamerikanische Abteilung
Historisches Seminar, Universität Köln
Albertus-Magnus-Platz
D-50931 Köln <W-5000 Köln 41>
Tel: 49 (2 21) 4 70-24 46

Privat Siegstr. 65
D-53721 Siegburg <W-5200 Siegburg>

Geburtsdatum, -ort 12.05.1962, Essen-Werden

berufl. Werdegang 1988 M.A.; 1992 Dr.phil.; WissMitarb., Iber. und Lateinamerikan. Abt., U Köln

Sprachen Englisch, Spanisch (Französisch, Portugiesisch, Latein)

Fachgebiet Geschichte

themat. Schwerpunkte Internationale Beziehungen, historische Migrationsforschung, Deutsche in Lateinamerika

geogr. Schwerpunkte La-Plata-Raum, ehem. spanische Gebiete der USA

Monographien Flucht vor Nürnberg? Deutsche und österreichische Einwanderung in Argentinien, 1945-1955. Köln/Weimar/Wien: Böhlau 1992, 311 S. (JbLA, Beiheft 19)

Aufsätze German emigration to Argentina and the illegal brain drain to the Plate, 1945-55, in: JbLA 29(1992), S. 397-419

P 363 **Meffert**, Karin

Privat Ringstr. 13
D-56379 Steinsberg <W-5409 Steinsberg>
Tel: 49 (64 39) 10 92

Geburtsdatum, -ort 29.12.1959

berufl. Werdegang Lehramt an Gymnasien; 1986 "Diplôme d'Etudes Approfondies" am Lateinamerika-Institut, Toulouse; 1992 Dr.phil., U Heidelberg

Beratungstätigkeit Beratung in Entwicklungszusammenarb. und Öffentlichkeitsarb.

Sprachen Spanisch, Französisch, Englisch (Portugiesisch)

Fachgebiet Politikwissenschaft

themat. Schwerpunkte Soziale Bewegungen, Selbsthilfe, Demokratisierung

geogr. Schwerpunkte Mexiko

Monographien Die städtische Bewegung in Mexiko-Stadt. Bestimmungsfaktoren einer sozialen Bewegung in der Dritten Welt. Hamburg/ Münster: Lit 1993, 350 S. (im Druck)

Aufsätze Die Stadtteilbewegung in Mexiko, in: Trialog. Darmstadt 22(1989), S. 35-40

Mexiko: Stadt der Massen - Stadt der Bürger, in: Lateinamerika. Analysen und Berichte. Hamburg 14(1990), S. 56-84

Zwischen Staat und Stadt, in: Forschungsjournal Neue Soziale Bewegungen (1990)4, S. 73-78

	Co-operative self-help housing. The case of El Molino in Mexico City, aus: K. Mathéy (Hg.), Beyond self-help housing. London/ New York: Mansell 1992, S. 323-341 Superbarrio et la fictionnalisation de la révolte dans les temps postmoderns, aus: L. Panabiere; G. Schneier (Hg.), Grandes métropoles en Afrique et en Amérique latine. Paris: Karthala 1993 (im Druck)
P 364	**Meiburg,** Peter H. E.
	FB 9: Bio- und Geowissenschaften, Universität (GH) Essen Universitätsstr. 5 D-45141 Essen <W-4300 Essen 1> Postfach 10 37 64 D-45037 Essen Tel: 49 (2 01) 1 83-31 01, -31 00 Telex: 8 579 091 unie d Fax: 49 (2 01) 1 83-25 29
Privat	Dornenkamp 5 D-45481 Mülheim <W-4330 Mülheim/Ruhr> Tel: 49 (2 08) 46 07 94
Geburtsdatum, -ort	16.08.1938, Stendal
berufl. Werdegang	1966 Dipl.Geol., U Münster; 1969 Dr.rer.nat., U Münster; 1969-71 Seismologe, Erdöl-Geologe, Royal Dutch Shell, Den Haag/Niederlande; 1971-73 WissAss, U Heidelberg; 1973-79 UDoz., Prof. a.Z., TH Darmstadt; 1979-80 Prof. i.V., U Essen; 1980 Dr.rer.nat.habil., PDoz., TH Darmstadt; 1980-81 Prof. i.V., U Karlsruhe; 1981-91 Teamleiter (GTZ) des deutsch-mexikan. Kooperationsprojektes "geowiss. fak. UANL, Linares/Mexiko"; Prof. für Geologie, UANL; apl.Prof., TH Darmstadt; 1989 Dr. h.c., UANL, Monterrey/Mexiko; ab 1991 Prof., U Essen
wiss. Vereinigungen	DGG; GV; Comité Nacional de Ciencias Geológicas; Mexiko; Sociedad Geológica Mexicana; International Association of Sedimentologists; Bund Deutscher Geologen, Mineralogen und Geophysiker; Oberrheinischer Geologischer Verein; Verein der Freunde der Mineralogie und Geologie; Stratigraphische Kommission, Subkommission Perm/Trias; Geologische Gesellschaft Essen; Deutscher Hochschulverband
Sprachen	Englisch, Spanisch, (Holländisch, Russisch)
Fachgebiet	Geologie
themat. Schwerpunkte	Tektonik, Sedimentologie, Stratigraphie, Regionale Geologie
geogr. Schwerpunkte	Deutschland, Mexiko, Spanien
Schriftenreihen	Mithg. "Actas Fac. Ciencias Tierras"
Periodika	Contribuciones al Cretácico de México y América Central I, II; Actas 4, 5 (1990/1991)
Aufsätze	El basamento precretácico de Aramberri - estructura clave para comprender el decollement de la cubierta jurásica/cretácica de la Sierra Madre Oriental, México?, in: Actas Fac. Ciencias Tierra UANL Linares/Mexiko (1987)2, S. 15-22, 2 Abb. (zus. m.a.)

P 365 **Meier**, Johannes

Lehrstuhl für Kirchengeschichte
Katholisch-Theologische Fakultät, Ruhr-Universität Bochum
Universitätsstr. 150 - GA 6/143
D-44801 Bochum <W-4630 Bochum 1>
Postfach 10 21 48
D-44721 Bochum
Tel: 49 (2 34) 7 00 31 09
Fax: 49 (2 34) 7 09 42 57

Privat Neustr. 11
D-44787 Bochum
Tel: 49 (2 34) 1 62 88

Geburtsdatum, -ort 31.05.1948, Neubeckum

berufl. Werdegang 1975 Dr.theol; 1976-79 Vikar im Erzbistum Paderborn; 1980-83 Studienaufenthalte in Mexiko, Brasilien und Spanien; 1984-92 WissMitarb., Katholisch-theologische Fakultät U Würzburg; 1989 Habil.; seit 1992 o.Prof. für Kirchengeschichte des Mittelalters und der Neuzeit, U Bochum

Sprachen Spanisch, Englisch, Portugiesisch, Italienisch (Französisch, Latein, Altgriechisch, Hebräisch)

Fachgebiet Kirche / Geschichte

Monographien Selig, die hungern nach Gerechtigkeit. Aus dem Leben der Kirche in Mittelamerika. Würzburg: Echter 1981, 112 S. (Portugiesisch: Bemaventurados os que têm fome de justiça. A vida da Igreja na América Central. São Paulo: Paulinas 1985, 144 S.)

Oscar Arnulfo Romero. Die notwendige Revolution. Mit einem Beitrag von Jon Sobrino über den Märtyrer der Befreiung. Mainz: Grünewald 1992 (2.Aufl.)

Zeuge einer befreienden Kirche: Bartolomé de Las Casas. Leutesdorf: Johannes 1988, 58 S.

Die Anfänge der Kirche auf den Karibischen Inseln. Die Geschichte der Bistümer Santo Domingo, Concepción de la Vega, San Juan de Puerto Rico und Santiago de Cuba von ihrer Entstehung (1511/1512) bis zur Mitte des 17. Jahrhunderts. Supplementa der Neuen Zeitschrift für Missionswissenschaft. Band 38. Immensee/Schweiz 1991, XXXIII+313 S. + 11 Bildtafeln

Bartolomé de Las Casas. Der Mann, das Werk, die Wirkung. Mit einer Auswahl von Texten Las Casas' und einem Interview mit Gustavo Gutiérrez. Frankfurt/M.: Knecht 1992, 191 S. (zus. mit A. Langenhorst)

Aufsätze Die kirchlichen Basisgemeinden in Brasilien, in: E. Klinger; R. Zerfaß (Hg.), Die Basisgemeinden, ein Schritt auf dem Weg zur Kirche des Konzils. Würzburg: Echter 1984, S. 11-31 (zus. mit E. Dussel)

Die Kirche in Amerika zur Zeit der spanischen Kolonialherrschaft, in: Zur Geschichte des Christentums in Lateinamerika: Schriftenreihe der Katholischen Akademie der Erzdiözese Freiburg. München/Zürich: Schnell & Steiner 1988, S. 40-55

Die Missionen der Jesuiten bei den Guaraní-Völkern in Para-

guay - eine unterdrückte Alternative im Kolonialsystem, in: Wem gehört Lateinamerika? Die Antwort der Opfer: Schriftenreihe der Katholischen Akademie der Erzdiözese Freiburg. München/ Zürich: Schnell & Steiner 1988, S. 59-79
Theologie, aus: N. Werz (Hg.), Handbuch der deutschsprachigen Lateinamerikakunde. Freiburg: ABI 1992, S. 677-700

P 366 **Meier**, Max

SUR - Verein für internationalen Kulturaustausch e.V.
Görlitzer Str. 50
D-10997 Berlin <W-1000 Berlin 36>
Tel: 49 (30) 6 11 86 29

Privat Görlitzer Str. 50
D-10997 Berlin
Tel: 49 (30) 6 11 50 71

Geburtsdatum, -ort 02.05.1963

berufl. Werdegang Studium (Lateinamerikanistik, Altamerikanistik), Berlin; M.A.; 1983-84 Forschungsaufenthalte in Peru, Bolivien, Ekuador und Kuba; seither Tätigkeit im Bereich Kulturvermittlung; Organisation versch. Theatertourneen, Lesungen, Konzerte lateinamerikan. Künstler; Mitorganisation Symposium "Das lateinamerikanische Theater im Blick der deutschen Forschung" (1991) und als Übersetzer (u.a. für das "Internationale Forum des jungen Films", Berlin, und das Goethe-Institut, München; Publizist

wiss. Vereinigungen Sur - Verein für internationalen Kulturaustausch e.V. (Vors.); Vorstandsmitglied der "Theater- und Mediengesellschaft Lateinamerika e.V." (Stuttgart); AELSAL (Neuchâtel)

Sprachen Spanisch, Englisch, Portugiesisch, Französisch (Italienisch)

Fachgebiet Literatur / Kulturaustausch

themat. Schwerpunkte Traditionelle und moderne Formen des lateinamerikanischen Theaters, Kulturtheorie, Kulturaustausch

geogr. Schwerpunkte Andenländer, Kuba

Aufsätze Volkstheater und neue Dramaturgie - Zur Arbeitsweise 'freier' Gruppen in Peru, in: Theaterzeitschrift (TZS). Berlin (1988)23, S. 38-49
"Was, ein einheimischer Autor?" Theaterformen und Publikationsstrukturen in Ecuador, Peru und Bolivien, in: TZS (1988)24, S. 93-103
Auf dem Weg zu einem paraguayischen Theater, in: TZS (1988)25, S. 93-100 (zus. mit H. Kage)
Bericht vom ersten Treffen zur lateinamerikanischen Theaterwissenschaft in Paris v. 18.-21.05.88, in: TZS (1988)25, S. 110-111
Hablan los güijes... - Impresiones machurrucutenses, in: Conjunto. Teatro latinoamericano. La Habana 82(1990), S. 12-13
Die Vereinigten Theaterstaaten von Lateinamerika - das erste Treffen der "Internationalen Lateinamerikanischen-Karibischen Theaterschule" (EITALC) in Kuba und Brasilien, in: IKA. Wiesbaden 40(1990), S. 33-35

Das Theater Limas: Start in die neunziger Jahre, in: Iberoamerikanisches Archiv. Berlin 17(1991)4

P 367 **Meißner**, Jochen

Historisches Seminar, Universität Hamburg
Von-Melle-Park 6
D-20146 Hamburg <W-2000 Hamburg 13>
Tel: 49 (40) 41 23-48 41
Privat Lutterothstr. 50
D-20255 Hamburg <W-2000 Hamburg 20>
Tel: 49 (40) 4 91 01 41

Geburtsdatum, -ort 18.11.1962, Gevelsberg
berufl. Werdegang Studium (Geschichte, Sozialwiss.), U Bochum, Hagen, Köln, Hamburg und Sevilla; 1991 Dr.phil., Hamburg; HochschulAss. (Vertr.), Hist. Sem., U Hamburg
wiss. Vereinigungen AHILA
Sprachen Englisch, Spanisch, Portugiesisch (Französisch, Italienisch)
Fachgebiet Geschichte
themat. Schwerpunkte Sozialgeschichte, Lateinamerika zwischen 1750-1850
geogr. Schwerpunkte Mexiko und Zentralamerika
Schriftenreihen Redakt. Betreuung der Bände I und II (1. Hälfte), "Handbuch der Geschichte Lateinamerikas" (Stuttgart: Klett-Cotta)
Monographien Eine Elite im Umbruch. Der Stadtrat von Mexiko 1761-1821. Stuttgart/Wiesbaden: Steiner 1993
Aufsätze Paraguay, aus: H.-W. Tobler; W.L. Bernecker (Hg.), Handbuch der Geschichte Lateinamerikas. Stuttgart: Klett-Cotta (im Druck)
sonst. Publikationen Kolonisationserfahrung Mexiko: Der "Spanier" und der "Indio" zwischen Kulturvernichtung und Kulturverschmelzung. Hagen 1993 (Fernuniversität Hagen. Studienbrief)

P 368 **Melcher**, Dorothea

Departamento de Economía, Facultad de Ciencias Económicas y Sociales, Universidad de Los Andes
Núcleo La Hechicera, Mérida 5101/Venezuela
Tel: 58 (74) 40 11 11
Fax: 58 (74) 40 27 15
Privat Urbanización La Arboleda
Apartado 576, Mérida 5101/Venezuela

Geburtsdatum, -ort 18.08.1941, Solingen
berufl. Werdegang 1969 Staatsexamen (Geschichte, Politikwissenschaft, Geographie); 1977 Dr.rer.pol., Tübingen
berufl. Stellung Professorin für Wirtschafts- und Sozialgeschichte
wiss. Vereinigungen LASA; Asociación Venezolana para el Avance de la Ciencia (AsoVAC); Fundación para el Estudio de las Regiones Americanas (FUNDAR), Mérida
Sprachen Spanisch, Englisch, Französisch (Portugiesisch, Niederländisch)
Fachgebiet Geschichte / Entwicklungspolitik

themat. Schwerpunkte Politische Parteien, Gewerkschaften, Informeller Sektor, Frauen, Ideengeschichte, Industrialisierung
geogr. Schwerpunkte Lateinamerika, Venezuela
Monographien El Estado Venezolano y la industria petrolera. Santiago: ILDIS 1971; 2. Aufl. Caracas: UCV 1974, 83 S.
Venezuela 1936-1948. Parteien und Gewerkschaften in einem Petroleumland. Tübingen 1976 (Diss.)
El Estado y el movimiento obrero en Venezuela. Represión e Integración hasta 1948. Caracas: ANH 1991
Aufsätze Mérida kommt nicht zur Ruhe. Die Unruhen in Mérida von März bis Juni 1987, in: Lateinamerika-Nachrichten 15(1988)161/162, S. 65-77; auch: Venezuela, Monate des Kampfes in Mérida, in: Kommune. Forum für Politik, Ökonomie und Kultur 5(1987)8; auch in: Alternative Kommunalpolitik (1987)6
La Solidaridad Internacional con Sandino 1928-1930. Un estudio sobre relaciones internacionales informales, in: Iberoamericana. Hamburg 13(1989)1 (36), S. 20-40; auch in: Boletín de la Academia Nacional de la Hist. Caracas 72(1989)287, S.219-242
Schwangerschaftsabbruch in Venezuela: Gesetz und Wirklichkeit, in: pro Familia Magazin (1991)1, S. 10-12
El sector informal en el Area Metropolitana de Mérida. Instituto de Investigaciones Económicas y Sociales der FACES, ULA (zus. mit M. Mattié D'Jesús)
La industrialización en Venezuela. Beitrag zum Sammelband der Universidad de Las Américas. Puebla/Mexiko 1991

P 369 **Menzel**, Mario

Botanischer Garten und Botanisches Museum
Berlin-Dahlem (BGBM)
Königin-Luise-Str. 6-8
D-14195 Berlin <W-1000 Berlin 33>
Tel: 49 (30) 83 00 60
Fax: 49 (30) 83 00 62 18
Privat Finsterwalder Str. 84
D-13435 Berlin <W-1000 Berlin 26>
Tel: 49 (30) 4 03 48 30
Geburtsdatum, -ort 16.02.1957, Berlin
berufl. Werdegang 1982 Wiss. Staatsexamen (Biologie, Chemie); 1982-91 WissMitarb. in DFG-Drittmittelprojekten am BGBM; z.Z. Doktorand
wiss. Vereinigungen International Association of Bryologists (IAB)
Sprachen Englisch (Französisch)
Fachgebiet Botanik
themat. Schwerpunkte Systematik, Taxonomie, Nomenklatur, Geographie, Floren
geogr. Schwerpunkte Lateinamerika, Peru
Aufsätze Katalog der Lebermoose von Peru, in: Willdenowia. Berlin 14(1985)2, S. 473-523
Beitrag zur andinen Laubmoosflora von Peru, in: Willdenowia 15(1986)2, S. 529-555

Studies on Peruvian Bryophytes I. A recent collection of mosses and some general distributional notes, in: Willdenowia 16(1986)1, S. 259-268
The genus Pogonatum P. Beauv. (Polytrichales, Musci) in Latin America 1., 2., 3., in: Lindbergia. Kopenhagen 11(1986), S. 134-140; 12(1986), S. 43-46; 13(1987), S. 75-78
Die Laubmoosflora/Lebermoosflora im BRYOTROP-Transekt von Peru, in: Beihefte zur Nova Hedwigia. Stuttgart 88(1987), S. 9-104 (zus. mit W. Schultze-Motel)
Studies on Peruvian Bryophytes II. The mosses collected by Antonio Raimondi between the years 1886 and 1879, in: Willdenowia. Berlin 16(1987)2, S. 511-525 (mit W. Schultze-Motel)
Studies on Peruvian Bryophytes III. Phytogeographic analysis of the distribution patterns of Musci, in: Memoirs of the New York Botanical Garden. New York 45(1987), S. 371-387 (zus. mit W. Schultze-Motel)
Preliminary checklist of the mosses of Peru (Studies on Peruvian Bryophytes IV.), in: Journal of the Hattori Botanical Laboratory. Nichinan 71(1992), S. 175-254

P 370 **Merkt**, Hans

Klinik für Andrologie und Besamung der Haustiere
Tierärztliche Hochschule Hannover
Bünteweg 15
D-30559 Hannover <W-3000 Hannover 1>
Tel: 49 (5 11) 9 53 85 00

Privat Im Gehäge 2
D-30916 Isernhagen <W-3004 Isernhagen>
Tel: 49 (5 11) 73 36 26

Geburtsdatum, -ort 03.10.1923, Koblenz

berufl. Werdegang 1947 Tierarzt; 1948 Dr.med.vet.; 1958 PDoz.; 1959 WissRat; 1963 apl.Prof.; 1965 o.Prof.; 1958-60 Catedrático Contratado, Escola de Agronomia e Veterinaria Faculdade de Medicina Veterinaria, U Federal do RGS, Porto Alegre/Brasilien; 1975 Prof. h.c., U Federal do RGS; Direktor der o.g. Klinik, Tierärztliche Hochschule Hannover; Mitgl. AG "Tropenveterinärmedizin"; Fachtierarzt für Tropenveterinärmedizin

Sprachen Englisch, Spanisch, Portugiesisch, Französisch

Fachgebiet Veterinärmedizin

themat. Schwerpunkte Hitzetoleranz von Besamungsbullen, u.a. tropenbezogene Fortpflanzungsprobleme der Haustiere

geogr. Schwerpunkte Europa, Lateinamerika

Periodika Mithg. "Zuchthygiene" (Hamburg/Berlin: Parey)

sonst. Publikationen 302 Publikationen

P 371 **Mertins**, Günter

Fachbereich Geographie, Philipps-Universität Marburg
Deutschhausstr. 10
D-35037 Marburg <W-3550 Marburg>
Tel: 49 (64 21) 28 42 67
Fax: 49 (64 21) 28 67 27

Privat
Krokelstr. 30
D-35435 Wettenberg <W-6301 Krofdorf-Gleiberg>
Tel: 49 (6 41) 8 24 13

Geburtsdatum, -ort
20.06.1936, Mülheim/Ruhr

berufl. Werdegang
Studium (Geographie, Geschichte, Politik, Pädagogik), Köln, Gießen; 1964 Dr.rer.nat., Gießen; 1973 Habil., Gießen; 1972 o. Prof., Gießen; seit 1974 in Marburg

wiss. Vereinigungen
ADLAF

Sprachen
Englisch, Spanisch, Portugiesisch

Fachgebiet
Geographie

themat. Schwerpunkte
Agrarstruktur (bes. Entwicklung ländlicher Regionen), Wanderungsbewegungen (bes. interurbane Wanderungen), Stadtgeographie und -planung (bes. Altstadterneuerung) Probleme unterer Sozialschichten, Regionalplanung

geogr. Schwerpunkte
Kolumbien, Ekuador, Peru, Nordost-Brasilien, Kuba, Chile, Guatemala, Argentinien

Schriftenreihen
"Marburger Geographische Schriften"

Aufsätze
Idealschema der sozialräumlichen Differenzierung lateinamerikanischer Großstädte, in: Geographische Zeitschrift. Wiesbaden (1981)69, S. 1-33 (zus. mit J. Bähr)
Wohnraumversorgung und Wohnbauprogramme für untere Sozialschichten in den Metropolen Lateinamerikas, in: Eichstätter Beiträge, Abteilung Lateinamerika. Regensburg 2(1986)18, S. 227-244
Einfachhaus-Siedlungen in Groß-Recife/Nordostbrasilien - zwei Fallstudien über Zielgruppen, bevölkerungs- und baustrukturelle Veränderungen, in: Kieler Geographische Schriften 68(1988), S. 193-222 (zus. mit J. Bähr)
Phasen der Agrar"reform" in Kolumbien, 1961-198, in: Erdkundliches Wissen. Stuttgart (1988)90, S. 296-313
Regionalpolitik und -entwicklung in Kuba 1959-1989, in:Geogr. Rundschau. Braunschweig (1989)41, S. 4-13 (zus. mit J. Bähr)
Täter und Opfer - Ursachen und Hintergründe der Regenwaldrodungen, in: Deutsch-Bras. Hefte. Bonn (1990)29, S. 164-178
Die Koka-Wirtschaft. Ausgewählte Aspekte räumlicher Auswirkungen am Beispiel Kolumbiens, in: Geogr. Rundschau. Braunschweig (1991)43, S. 158-166
Contribuciones al modelo de diferenciación socio-espacial de ciudades intermedias de América Latina: ejemplos colombianos, in: Revista Interamericana de Planificación. Guatemala 24(1991)93, S. 172-194

sonst. Publikationen
Agrar- und Sozialstruktur sowie interne Abhängigkeiten in naturräumlich wie sozioökonomisch unterschiedlichen Regionen

NE-Brasiliens (Bundesstaat Pernambuco). Zur Diskussion der dissoziativ-autozentrierten Entwicklungstheorie/-strategie. Bonn 1981 (DGFK-PP. 34)

P 372 **Meschkat**, Klaus

Institut für Soziologie, Universität Hannover
Schneiderberg 50
D-30167 Hannover <W-3000 Hannover 1>
Tel: 49 (5 11) 7 62 56 04

Geburtsdatum, -ort 29.10.1935, Berlin

berufl. Werdegang 1965 Dr.phil.; seit 1975 WissRat und Prof., TU Hannover, Sozialwiss. Seminar

Sprachen Englisch, Spanisch (Portugiesisch, Russisch)

Fachgebiet Entwicklungssoziologie

themat. Schwerpunkte Klassenstrukturen, Arbeiterbewegung, Staat in Lateinamerika

geogr. Schwerpunkte Kolumbien

Periodika Mithg. "Lateinamerika. Analysen und Berichte" (Bad Honnef)

Monographien Kolumbien. Geschichte und Gegenwart eines Landes im Ausnahmezustand. Berlin: Wagenbach 1980, 190 S. (zus. mit P. Rohde; B. Töpper)

Aufsätze Neue Organisationsformen der chilenischen Arbeiterklasse während der Unidad Popular, in: PROKLA. Berlin (1974)14/15

Kredite statt Land. Das Kleinbauernprogramm der Weltbank in Kolumbien, in: Lateinamerika. Analysen und Berichte. Berlin 4(1980), S. 97-119

Weltbank, Nationalstaat und Kleinbauern. Zu den ökonomischen, sozialen und politischen Zielen des Programms integrierter ländlicher Entwicklung (DRI) in Kolumbien, in: R. Hanisch; R. Tetzlaff (Hg.), Staat und Entwicklung. Frankfurt/New York: Campus 1981, S. 514-534

sonst. Publikationen Marxismus in Kolumbien. Zum Verhältnis von Revolutionstheorie und sozialer Bewegung. Hannover 1980: SozWiss. Sein. 1980, 111+307 S. (als Ms. vervielf.)

P 373 **Messner**, Dieter

Institut für Romanistik, Universität Salzburg
Akademiestraße 24
A-5020 Salzburg
Tel: 43 (6 62) 80 44-44 53
Fax: 43 (6 62) 80 44-4 01

Privat Klausenburgerstraße 6
A-5020 Salzburg-Gneis
Tel: 43 (6 62) 82 35 23

Geburtsdatum, -ort 19.10.1942, Oppeln

berufl. Werdegang 1967 Dr.phil., U Wien; ab 1979 Ass., U Salzburg; 1974 Doz.; 1981 o.Prof. (Leiter der iberoroman. Abt.), U Salzburg *wiss. Vereinigungen* Société de Linguistique Romane; Deutsch-Katalanische Gesellschaft; Österr. Spanischlehrerverband; Deutscher Spanischlehrerverband u.a.

Sprachen Spanisch, Portugiesisch, Französisch, Italienisch, Englisch (Galizisch, Katalanisch, Rumänisch, Russisch)

Fachgebiet Linguistik

themat. Schwerpunkte Historische Lexikologie

geogr. Schwerpunkte Lateinamerika, Iberoromania

Schriftenreihen "Salzburger Romanistische Schriften"; "Studien zur rumänischen Sprache und Literatur"; "Studien zum romanischen Volksbuch"

Monographien Geschichte des spanischen Wortschatzes. Heidelberg 1979

História do léxico português. Heidelberg: Winter 1990

Aufsätze A diffusão de palavras portuguesas, in: Linguistica 27(1987), S. 87-98

Die Verbreitung von Indoamerikanismen als Folge der Entdeckung Amerikas, aus: Jb. der U Salzburg 1987-89. S. 229-235

La imagen de Austria en la literatura hispano-hablante, in: Schriftenreihe zur Lehrerbildung im berufsbildenden Schulwesen (1991)131, S. 151-163

P 374 **Messner**, Dirk

Deutsches Institut für Entwicklungspolitik (DIE)
Hallerstr. 3
D-10587 Berlin <W-1000 Berlin 10>
Tel: 49 (30) 3 90 73-84
Telex: 186 761 die d
Fax: 49 (30) 3 90 73-30

Privat Merseburger Str. 6
D-10823 Berlin <W-1000 Berlin 62>
Tel: 49 (30) 7 84 78 61

Geburtsdatum, -ort 23.04.1962, Bünde

berufl. Werdegang Seit 1989 WissMitarb. am DIE

Beratungsstätigkeit Im Rahmen der Arbeit am DIE Beratung von BMZ, GTZ, KfW

Sprachen Englisch, Spanisch

Fachgebiet Politikwissenschaft / Entwicklungsökonomie

themat. Schwerpunkte Wirtschafts- und Industriepolitik in Lateinamerika,

geogr. Schwerpunkte Cono Sur

Monographien Von der Importsubstitution zur weltmarktorientierten Spezialisierung. Optionen für den Industriesektor Uruguays. Berlin: DIE 1990, ca. 180 S. (spanisch: Uruguay: El sector industrial ante la apertura externa. Berlin: DIE 1990)

La segunda fase del modelo exportador de la industria chilena de la madera: Limitantes, desafíos y perspectivas. Santiago 1991, 100 S. (SchrR. des Instituto Forestal) (zus. m.a.)

Jenseits von Etatismus und Neoliberalismus. Zur aktuellen Steuerungsdiskussion am Beispiel Argentinien und Südkorea. Hamburg: IIK 1992, 61 S. (Arbeitsunterlagen. 29) (mit L. Mármora)

Aufsätze Old Development Theories - New Concepts of Internationalism.

A Comparison of Argentina and South Korea, aus: W. Väth (Hg.), Political Regulation in the "Great Crisis". Berlin 1989, S. 131-173 (zus. mit L. Mármora)
Regionenbildung in der Dritten Welt: Entwicklungssackgasse oder Sprungbrett zum Weltmarkt? - Überlegungen am Beispiel Argentinien, Brasilien, Uruguay, in: Nord-Süd aktuell (1990)4, S. 511-527 (zus. mit L. Mármora)
Los escombros teóricos de la investigación del desarrollo. Una comparación entre Argentina y Corea del Sur, in: Nueva Sociedad. Caracas (1990)110, S. 13-23 (zus. mit L. Mármora)
Zur Kritik eindimensionaler Entwicklungskonzepte - Die Entwicklungsländer im Spannungsverhältnis zwischen aktiver Weltmarktintegration und globaler Umweltkrise, in: PROKLA. Berlin (1991)82, S. 90-112 (zus. mit L. Mármora)
La integración de Argentina, Brasil y Uruguay: concepciones, objectivos, resultados, in: Comercio Exterior. Mexiko 41(1991)2, S. 155-167 (zus. mit L. Mármora)

P 375 **Meyer-Clason**, Curt

Privat
Lucile-Grahn-Str. 48
D-81675 München <W-8000 München 80>
Tel: 49 (89) 47 29 31

Geburtsdatum, -ort
19.09.1910, Ludwigsburg/Württ.

berufl. Werdegang
Kaufm. Ausbildung in Bremen; 1937-54 Aufenthalt in Brasilien und Argentinien; seit 1955 freier Schriftsteller und Übersetzer; 1969-76 Leiter der Doz. und Zweigstelle des Goethe-Instituts, Lissabon/Portugal; freier Schriftsteller und literar. Übersetzer; literarischer Gutachter, Vortragsreisen für das Goethe-Institut durch Lateinamerika, Vorträge an deutschen Universitäten

wiss. Vereinigungen
Mitglied des PEN (BRD); korresp. Mitglied der Academia Brasileira de Letras, Rio de Janeiro/Brasilien

Sprachen
Englisch, Spanisch, Portugiesisch, Französisch, Italienisch

Fachgebiet
Literatur

themat. Schwerpunkte
Prosa, Lyrik, Essay, Hörspiel, Theater

geogr. Schwerpunkte
Brasilien, Argentinien, Kolumbien, Peru, Chile, Uruguay Paraguay

Monographien
Erstens die Freiheit... Tagebuch einer Reise durch Argentinien und Brasilien. Wuppertal: Peter Hammer 1978
Übersetzungen: die große Prosa und Poesie Ibero-Amerikas (Pablo Neruda, Jorge Luis Borges, Juan Carlos Onetti, Augusto Roa Bastos, Gabriel García Márquez, José Lezama Lima, João Guimarâes Rosa, Carlos Drummond de Andrade, Jorge Amado, João Cabral de Melo Neto u.v.a.)

Aufsätze
Über den lateinamerikanischen Diktatorenroman, in: L 76. Köln 9(1978), S. 48-57
Gabriel García Márquez und sein Werk, in: Merkur. Stuttgart (1973)11, S. 1007-1016
Möglichkeiten und Grenzen der Vermittlung lateinamerikani-

	scher Kultur in Deutschland, in: Zeitschrift für Kulturaustausch. Tübingen 24(1974)4
	Formalismus und Engagement in der Literatur Brasiliens, in: Lateinamerika-Berichte. München 4(1979)21, S. 39-48
sonst. Publikationen	Reisenotizen, Tagebuch, Schriftsteller-Porträts
P 376	**Meyer-Minnemann**, Klaus
	Ibero-amerikanisches Forschungsinstitut, Universität Hamburg Von-Melle-Park 6, VI D-20146 Hamburg <W-2000 Hamburg 13> Tel: 49 (40) 41 23-47 94
Privat	Missundestr. 22 D-22769 Hamburg <W-2000 Hamburg 50> Tel: 49 (40) 43 56 36
Geburtsdatum, -ort	13.07.1940, Hamburg
berufl. Werdegang	1967 Dr.phil.; 1967 WissAss., U Hamburg; 1968 Staatsexamen; 1969-71 Lektor, México D.F.; 1976 Habil. (Romanische Philologie); 1976-78 Abteilungsvorsteher und Prof., U Trier; seit SS 1978 o.Prof., U Hamburg
wiss. Vereinigungen	ADLAF
Sprachen	Englisch, Spanisch, Portugiesisch, Französisch, Italienisch
Fachgebiet	Literatur
themat. Schwerpunkte	Novela picaresca, Spanischamerikanische Literatur des 19. und 20. Jahrhunderts
geogr. Schwerpunkte	Spanischamerika
Schriftenreihen	Mithg. "Editionen der Iberoamericana"
Periodika	Mithg. "Iberoamericana" (Frankfurt)
Monographien	Der spanischamerikanische Roman des Fin de siècle. Tübingen: Max Niemeyer 1979, 318 S., (span.: La novela hispanoamericana de fin de siglo. México: FCE 1991) Avantgarde und Revolution. Mexikanische Lyrik von López Velarde bis Octavio Paz. Frankfurt: Vervuert 1987
Aufsätze	Sinngebung, Erzählweise und die geschichtliche Wirklichkeit bei Eugenio Cambaceres, aus: J.M. Navarro u.a. (Hg.), Homenaje al profesor H.-K. Schneider. Hamburg: Buske 1975, S. 465-495 Tiempo cíclico e historia en "La muerte de Artemio Cruz" de Carlos Fuentes, in: Iberoromania. Tübingen NF 7(1978), S. 88-105 Narración homodiegética y "segunda persona": "Cambio de piel" de Carlos Fuentes, in: Acta Literaria Concepción 9(1984), S. 5-27 Lo moderno del Modernismo, in: Ibero-Amerikanisches Archiv. Berlin 13(1987), S. 77-91 Octavio Paz in den dreißiger Jahren: Rekonstruktion einer mexikanischen Avantgarde, in: K. Hölz (Hg.), Literarische Vermittlungen: Geschichte und Identität in der mexikanischen Literatur. Tübingen: Niemeyer 1988, S. 121-136 Formas de escritura ideográfica en "Li-Po y otros poemas" de

José Juan Tablada, in: Nueva Revista de Filología Hispánica. México D.F. 36(1988), S. 433-453
La revista "Mandrágora": vanguardismo y contexto chileno en 1938, in: Acta Literaria Concepción 15(1990), S. 51-69 (zus. mit S. Vergara Alarcón)

P 377 **Meyer-Stamer**, Jörg

Deutsches Institut für Entwicklungspolitik (DIE)
Hallerstr. 3
D-10587 Berlin <W-1000 Berlin 10>
Tel: 49 (30) 3 90 73-85
Telex: 186 761 die d
Fax: 49 (30) 3 90 73-30

Privat Havelberger Str. 5
D-10559 Berlin <W-1000 Berlin 21>
Tel: 49 (30) 3 96 37 56

Geburtsdatum, -ort 30.10.1958, Delmenhorst

berufl. Werdegang 1979-86 Studium (Politikwiss., VWL, Geschichte); 1987-88 WissMitarb., Informatik, U Hamburg; seit 1988 WissMitarb. DIE

Sprachen Englisch, Portugiesisch (Spanisch, Niederländisch)

Fachgebiet Politikwissenschaft / Wirtschaft

themat. Schwerpunkte Nationales System der Innovation, Auswirkungen von und Gestaltungsmöglichkeiten bei technologisch-organisatorischen Innovationen in der Industrie, Technologietransfer, Ausländische Direktinvestitionen

geogr. Schwerpunkte Brasilien, Lateinamerika

Monographien Informatik in Brasilien. Politische Hintergründe, ökonomische Rationalität und Perspektiven im lateinamerikanischen Kontext. Hamburg: IIK 1989
Von der Importsubstitution zur Weltmarktfähigkeit. Probleme und Perspektiven der Informatikindustrie in Brasilien. Berlin: DIE 1990

Aufsätze Die Differenzierung der Abhängigkeit: Mikroelektronik und Dritte Welt, in: Aus Politik und Zeitgeschichte. B 35, S. 15-27
An der Schwelle zur Medienmacht: Fernsehen in Mexiko und Brasilien, in: Media Perspektiven. 10
Technologie und Dritte Welt, in: Jb. Dritte Welt 1989, S. 101-109
Mit Mikroelektronik zum "best practice"? Radikaler technologischer Wandel, neue Produktionskonzepte und Perspektiven der Industrialisierung in der Dritten Welt, in: Peripherie. 38, S. 30-50
Sibirien statt São Paulo? Thesen zur Wahrscheinlichkeit von Verschiebungen im internationalen Strom von Direktinvestitionen nach dem Zusammenbruch des RGW, in: Ost-Konkurrenz für Süd-Politik - Geht der Süden leer aus? Düsseldorf: DGB-Bildungswerk, Nord-Süd-Netz
"Perestroiquinha": Neuorientierungen in der brasilianischen Industriepolitik, aus: Lateinamerika. Analysen-Daten-Dokumentation. Hamburg 8(1991)16

P 378	**Meyers**, Albert
	Seminar für Völkerkunde, Universität Bonn Römerstr. 164 D-53117 Bonn <W-5300 Bonn 1> Tel: 49 (2 28) 5 50-4 12, -4 46
Privat	Friedrichallee 14 D-53173 Bonn <W-5300 Bonn 2> Tel: 49 (2 28) 35 83 75
Geburtsdatum, -ort	21.10.1943, Steinborn/Eifel
berufl. Werdegang	Studium (Völkerkunde, Altamerikanistik), Göttingen, Wien, Hamburg, Bonn; 1973 Dr.phil., Bonn; 1975-83 Geschäftsführer des USP Lateinamerika, U Bielefeld; WissAngest., U Bonn
wiss. Vereinigungen	ADLAF; Institute of Andean Studies, Berkeley/USA
Sprachen	Englisch, Spanisch, Französisch (Portugiesisch)
Fachgebiet	Ethnologie
themat. Schwerpunkte	Altamerikanistik
geogr. Schwerpunkte	Ekuador, Peru, Bolivien
Schriftenreihen	Mithg. "Bonner Amerikanistische Studien"
Monographien	Die Inka in Ekuador. Untersuchungen anhand ihrer materiellen Hinterlassenschaft. Bonn 1976 Las Cofradías en el Peru. Frankfurt 1981 (zus. mit O. Celestino) Manipulating the Saints. Religious Brotherhoods in Postconquest Latin America. Hamburg 1988 (zus. mit D.E. Hopkins) Beiträge zur Kulturgeschichte des westlichen Südamerika. Opladen 1990 (zus. mit M. Volland)
Aufsätze	Ethnizität und ethnische Transformation in einer Kolonialgesellschaft. Die Wanka in Zentralperu, in: Meyers; Volland 1990, S. 34-66

P 379	**Michalzik**, Dieter
	Institut für Geologie und Paläontologie, Universität Hannover Callinstr. 30 D-30167 Hannover <W-3000 Hannover 1> Tel: 49 (5 11) 7 62 36 73
Privat	Birkenweg 51c D-30827 Garbsen <W-3008 Garbsen 4> Tel: 49 (51 31) 78 18
Geburtsdatum, -ort	01.12.1954, Goslar
berufl. Werdegang	1983 Stipendiat DAAD, Fac. Cienc. Tierra, UANL, Linares/Mexiko; 1985 WissMitarb., Linares/Mexiko; 1988 Dr.rer.nat., TH Darmstadt; 1988 CIM-Experte, Linares/Mexiko; seit 1989 Wiss-Ass., U Hannover
wiss. Vereinigungen	DGG; SEPM; IAS
Sprachen	Spanisch, Englisch (Französisch)
Fachgebiet	Geologie
themat. Schwerpunkte	Sedimentologie, Stratigraphie
geogr. Schwerpunkte	Mexiko
Aufsätze	Stratigraphy and paleogeography of the northeastern Sierra

Madre Oriental, Mexico (Triassic-Lowermost Cretaceous), in: Zbl. Geol. Paläont Teil I. Stuttgart (1985)9/10, S. 1161-1170
Procedencia y parámetros ambientales de los lechos rojos Huizachal en el área de Galeana, Nuevo León, México, in: Actas Fac. Cienc. Tierra UANL. Linares (1986)1, S. 23-41
Sedimentación y sucesión de facies en un margen continental pasivo - del Triásico al Cretácico temprano del noreste de la Sierra Madre Oriental, México, in: Actas Fac. Cienc. Tierra UANL. Linares (1987)2, S. 27-31
Lower Permian turbidities in the northern Sierra Madre Oriental, Mexico, in: Zbl. Geol. Paläont. Teil I. Stuttgart (1989)5/6, S. 821-838 (zus. mit H.-J. Gursky)
Facies sequence of Triassic-Jurassic red beds in the Sierra Madre Oriental (NE Mexico) and its relation to the early opening of the Gulf of Mexico, in: Sediment. Geol. Amsterdam (1991)71, S. 243-259
Modelos de facies sedimentarias (Triásico-Cretácico temprano) en las Sierra Madre Oriental septentrional, Mexico, in: Actas Fac. Cienc. Tierra UANL. Linares (1991)5, S. 111-193
Stratigraphic relations and facies sequences of an Upper Jurassic evaporatic ramp in the Sierra Madre Oriental, Mexico, in: Zbl. Geol. Paläont. Teil I. Stuttgart (1991)6 (zus. mit M. Götte)

P 380 **Miehlich**, Günter

FB Geowissenschaften, Institut für Bodenkunde
Universität Hamburg
Allendeplatz 2
D-20146 Hamburg <W-2000 Hamburg 13>
Tel: 49 (40) 41 23-20 17
Fax: 49 (40) 41 23-20 24

Geburtsdatum, -ort 23.03.1939, Wolfen

berufl. Werdegang 1965/66 1. Staatsexamen f.d. Lehramt an Gymnasien (Biologie, Chemie, Geographie); 1968 Ass. Ord. für Bodenkunde, Hamburg-Reinbek; 1970 Dr.rer.nat.; 1977 WissRat und Prof., U Hamburg; 1988 o.Prof., U Hamburg

Sprachen Englisch, Spanisch

Fachgebiet Bodenkunde

themat. Schwerpunkte Bodenentwicklung in Vulkanaschen, Ökosystemanalyse

geogr. Schwerpunkte Mexiko, Deutschland

Monographien Consequences of Volcanic Ash Soils. 1991, 207 S.

Aufsätze Der Einfluß mehrhundertjährigen Ackerbaus auf Eigenschaften eines Vulkanaschebodens der Sierra Nevada de México, in: Mitteilungen der Deutschen Bodenkundlichen Gesellschaft 20(1974), S. 261-273
Eigenschaften und Genese von Verhärtungslagen in Zentralmexiko ("Tepetate"), in: Münster. Forsch. Geol. Paläont. Münster (1978)44/45, S.27-41
Fisiografía de las faldas orientales de la Sierra Nevada de Méxi-

co, aus: H.J. Prem (Hg.), Milpa y hacienda. Wiesbaden: Steiner 1978, S. 8-18

Andosoles de la Sierra Nevada, aus: G. Werner (Hg.), Los suelos de la cuenca alta de Puebla-Tlaxcala y sus alrededores. Puebla 1978, S. 48-58 (Comunicaciones. Supl. 6)

P 381 **Mikus**, Werner

Geographisches Institut, Universität Heidelberg
Im Neuenheimer Feld 348
D-69120 Heidelberg <W-6900 Heidelberg>
Tel: 49 (62 21) 56 45 74

Geburtsdatum, -ort 19.11.1937, Lorenzsdorf

berufl. Werdegang 1966 Dr.rer.nat., Freiburg/Br.; 1972 Habil., Bochum; 1973 Prof., Heidelberg

wiss. Vereinigungen ADLAF

Sprachen Englisch, Spanisch, Französisch

Fachgebiet Geographie

themat. Schwerpunkte Wirtschafts-, Sozial-, Siedlungsgeographie, Bevölkerung, Beschäftigung, Entwicklungspolitik, Regionalplanung, Geographie, Länderkunde, Politik, Internationale Beziehungen, Wirtschaft, Industrie

geogr. Schwerpunkte Andenraum, bes. Peru; Brasilien, Chile, Mexiko, Paraguay, EG

Schriftenreihen Mithg. "Heidelberger Dritte Welt Studien"

Monographien Peru. Raumstrukturen und Entwicklungen in einem Andenland. Stuttgart: Klett 1988 (Länderprofile)

Industrielle Kooperation zwischen EG- und Andenpakt-Ländern. Hamburg: DÜI 1991

Aufsätze Arbeitsmarktstruktur Lateinamerikas unter besonderer Berücksichtigung von Peru, in: Geogr. Zeitschrift. Wiesbaden 71(1983)2, S. 87-106

Problems resulting from misinterpretations of natural resources and natural hazards in tropical countries. The example of Peru, in: GeoJournal, 11.01.1985, S. 103-109

Grenzüberschreitende Verflechtungen im tertiären Sektor zwischen USA und Mexiko - das Beispiel Kaliforniens, in: Geographica Helvetica. Zürich 41(1986)4, S. 207-217

Direkte Auslandsinvestitionen in Lateinamerika unter besonderer Berücksichtigung ostasiatischer Länder, in: Zeitschrift für Wirtschaftsgeographie. Frankfurt 34(1990)2, S. 86-100

sonst. Publikationen Industrial systems and change in the economics of border regions: cross cultural comparisons, aus: F.E.I. Hamilton (Hg.), Industrialization in developing and peripheral regions. Beckenham 1986, S. 59-84

La explosión demográfica y el desarrollo sectorial del mercado de trabajo: el ejemplo del Perú, aus: D.W. Benecke; K. Kohut; G. Mertins u.a. (Hg.), Desarrollo demográfico, migraciones y urbanización en América Latina. Regensburg 1986, S. 77-98

Vergleichende Projektevaluierung und Regierungsberatung.

Eine Aufgabe praxisorientierter Wissenschaft, aus: W. Mikus; B. Knall; V. Lenhart; D. Nohlen (Hg.), Der Praxisbezug der Entwicklungsländerforschung: Grundsätze und Beispiele aus Asien, Afrika und Lateinamerika. Heidelberg 1988, S. 103-112

P 382 **Miller**, Hubert

Fakultät für Geowissenschaften, Institut für Allgemeine und Angewandte Geologie, Universität München
Luisenstr. 37
D-80333 München <W-8000 München 2>
Tel: 49 (89) 5 20 32 10
Fax: 49 (89) 5 20 32 86

Privat: Am Waldhang 3
D-82205 Gilching <W-8031 Gilching>
Tel: 49 (81 05) 52 11

Geburtsdatum, -ort: 03.04.1936, München

berufl. Werdegang: 1960 Dipl.Geol., München; 1962 Dr.rer.nat., München; 1963-65 UDoz., Santiago de Chile; 1966-70 WissAss., U München; 1968 Habil., U München; 1970-71 UDoz., München; 1971-73 Prof. und Dir. des Inst. für Geologie und Geographie, U Valdivia/ Chile; 1973-74 Vertr. o.Prof. für Regionale und Historische Geologie, U Münster; 1974 o.Prof., U Münster; 1986 o.Prof., U München

wiss. Vereinigungen: DGG; GV; Sociedad Geológica de Chile; Asociación Geológica Argentina u.a.

Sprachen: Englisch, Spanisch (Französisch, Italienisch)

Fachgebiet: Geologie

themat. Schwerpunkte: Geologie der Orogene

geogr. Schwerpunkte: Südteil von Südamerika (Argentinien, Chile), Alpen, Antarktis

Schriftenreihen: Mithg. "Symposia on Latin-American Geosciences. Zentralblatt für Geologie und Paläontologie" (Teil I. Schweizerbart, alle zwei Jahre); Mithg. "Serie Correlación Geológica" (Instituto Superior de Correlación Geológica, U Nacional de Tucumán)

Aufsätze: Geochemical features of an Upper Precambrian-Lower Precambrian greywacke/pelite sequence (Puncoviscana trough) from the basement of the NW-Argentine Andes, in: N. Jb. Geol. Paläont. Mh. Stuttgart 1985, S. 498-512 (zus. mit A. P. Willner; P. Jezek)

The Sierra de Ancasti as an example of the structurally controlled magmatic evolution in the Lower Paleozoic basement of the NW-Argentine Andes, in: Zbl. Geol. Paläont. Teil I. Stuttgart 1985, S. 1269-1281 (zus. mit U.S. Lottner)

Die Förderung geowissenschaftlicher Forschung in Lateinamerika durch die Deutsche Forschungsgemeinschaft, aus: Geowiss. 16. Weinheim 1987, S. 26-40 (zus. mit H.-D. Maronde)

Early Paleozoic structural development in the NW-Argentine basement of the Andes and its implication for geodynamic reconstructions, aus: G.D. McKenzie; G. Six (Hg.), Structure,

Tectonics and Geophysics. Washington, D.C. 1987, S. 229-239 (zus. mit A.P. Willner; U.S. Lottner)
Petrology and facies analysis of turbiditic sedimentary rocks of the Puncoviscana trough (Upper Precambrian - Lower Cambrian) in the basement of the NW-Argentine Andes, aus: Structure, Tectonics... (s.o.), S. 287-293 (zus. mit P. Jezek)
The Puncoviscana formation (Late Precambrian - Early Precambrian). Sedimentology, tectonometamorphic history and age of the oldest rocks of NW-Argentina, aus: H. Bahlburg; C. Breitkreuz; P. Giese (Hg.), The southern central Andes: contributions to structure and evolution of an active continental margin. Heidelberg 1988, S. 25-38 (zus. mit F.G. Acenolaza; A.J. Toselli)
U-Pb zircon and monazite ages of the La Angostura granite and the orogenic history of the northwest Argentine basement, in: J. South Amer. Earth Sci. Oxford 2(1989)2, S. 147-153 (zus. mit A. Lork; U. Kramm)
New K-Ar ages on the metamorphic history of the Puncoviscana Formation and equivalents, NW Argentina, in: Zbl. Geol. Paläont Teil I. Stuttgart (1989)5/6, S. 987-997
Geologie, aus: N. Werz (Hg.), Handbuch der deutschsprachigen Lateinamerikakunde. Freiburg: ABI 1992, S. 257-295

P 383 **Minkner-Bünjer**, Mechthild G.

Fundación Friedrich Naumann (FNS)
Hernando de Aguirre 1890
Casilla 16.963, Santiago de Chile 9/Chile
Tel: 56 (2) 2 35 12 63
Fax: 56 (2) 2 23 36 84

Privat Paraná 8431, Santiago/Chile

Geburtsdatum, -ort 09.04.1939, Blankenburg/Harz

berufl. Werdegang 1965 Dipl.Hdl. und Dipl.Kfm., U Hamburg; 1965-67 Deutsche Überseeische Bank (Volksw.Abt.), Hamburg; 1967-69 Forschungsaufenthalte in Peru, Kolumbien und Ekuador; 1970-73 Mitarb. SFB 14 (Lateinamerika-Forschung); 1985-86 Forschungsaufenthalt und Lehrtätigkeit, USA (Florida International U Miami) und Honduras; seit 1974 WissMitarb., IIK Hamburg; seit 1990 beurlaubt zur FNS; Projektleiterin in Chile; Lehrtätigkeit: Florida Internat. U Miami 1985-86; U Hamburg 1987/88, 1989); Beratung: Gutachtertätigkeit für pol. Stiftungen, GTZ und Misereor; Grundlagenuntersuchungen für BMZ; ZOPP-Moderation; Managementplanung

Sprachen Englisch, Spanisch (Portugiesisch, Französisch, Russisch)

Fachgebiet Wirtschaft / Entwicklungszusammenarbeit

themat. Schwerpunkte Industrialisierung, Industriepolitik (Klein- und Mittelbetriebe), Unternehmensverfassung, Selbsthilfe, Regionalplanung, Strukturanpassung, Umweltschutz, Regionale Kooperation

geogr. Schwerpunkte Bolivien, Chile, Peru, Zentralamerika

Monographien Kleinindustrie in Peru. Entwicklungsprobleme und -perspektiven. Tübingen: Erdmann 1976, 281+IX S.
Wirtschaftsentwicklung in Bolivien unter der Regierung Banzer (1971-1978). Hamburg: IIK 1981, 154 S., Anh. 43 S.
Costa Rica. Entwicklungsmodell in der Krise. Hamburg: IIK 1982, 60 S.
Verschuldung in Zentralamerika. Zur Problematik kleiner Schuldnerländer. Hamburg: IIK 1987, 152 S.
The Experience of Development Assistance of the Federal Republic of Germany. An Overview with Special Reference to Latin America. Miami: FIU 1986, 33 S.

Aufsätze Propiedad social. The Peruvian model for worker's self-management, aus: Law and State. Tübingen 14(1976), S. 117-141
Zentralamerika. Verschuldung und internationale Finanzbeziehungen, in: Verfassung und Recht in Übersee. Hamburg 21(1988)3, S. 278-289
Central American Integration. Evolution, Experiences and Perspectives, aus: German Yearbook of International Law. Berlin 32(1989), S. 195-240
Guatemala 2000. Traditionelles Entwicklungsmodell in neuem Gewand?, in: Lateinamerika. Analysen-Daten-Dokumentation. Hamburg 7(1990)14, S. 19-24

P 384 **Mires**, Fernando

Institut für Politikwissenschaft 11, Universität Oldenburg
Ammerländer Heerstr. 67-69
D-26129 Oldenburg <W-2900 Oldenburg>
Tel: 49 (4 41) 5 36 17

Geburtsdatum, -ort 23.02.1943, Santiago de Chile

berufl. Werdegang 1964 Dipl.Hist.; 1969 Prof. (Politik, Sozialwissenschaften), U Concepción/Chile; 1978 Dr.rer.pol. (Wirtschaft, Sozialwissenschaften), U Oldenburg; 1981 Habil., U Oldenburg; 1992 apl. Prof., U Oldenburg

Sprachen Englisch, Spanisch (Portugiesisch)

Fachgebiet Politikwissenschaft / Geschichte

themat. Schwerpunkte Internationale Politik, Entwicklungspolitik, Politisches System, Demokratisierung, Sozialgeschichte, Kirchengeschichte, Ethnohistorie

geogr. Schwerpunkte Bolivien, Chile, Mexiko

Monographien Im Namen des Kreuzes. Fribourg/Luzern: Exodus 1989, 255 S.
La Rebelión Permanente. México: Siglo XXI 1989, 454 S.
Die Kolonisierung der Seele. Fribourg/Luzern 1991, 265 S.
El Discurso de la Naturaleza. San José de Costa Rica/Santiago de Chile: DEI 1990, 230 S.
El Discurso de la Indianidad. San José de Costa Rica/Quito-Ecuador: DEI 1991, 169 S.

Aufsätze Jenseits (oder diesseits?) der Utopie, in: Lateinamerika, Analysen und Berichte. Berlin 1(1989), S. 64-83

Para una teoría de la miseria, aus: Pobreza, partizipación y desarrollo regional. Bogotá/Kolumbien: Universidad de Los Andes 1986, S. 39-56
Der Kampf um die Menschenrechte der Indios. Zum Protest des christlichen Gewissens und zur Tradition des Widerstandes in Lateinamerika, in: J. Meier (Hg.), Zur Geschichte des Christentums in Lateinamerika. Freiburg 1988, S. 56-64
Lateinamerika und die Revolution in Osteuropa, in: Sch. Ravasani (Hg.), Beginnt eine neue Ära der Weltgeschichte? Oldenburg 1991, S. 147-157
Ecología y Desarrollo en América Latina, in: ALAI. Quito/Ecuador, Dezember 1992, S. 1-4

P 385 **Mohr**, Bernhard

Institut für Kulturgeographie, Universität Freiburg
Werderring 4
D-79098 Freiburg/Br <W-7800 Freiburg/Br.>
Tel: 49 (7 61) 2 03 44 62
Fax: 49 (7 61) 2 03 44 61
Privat Andreasstr. 26
D-79252 Stegen <W-7801 Stegen>
Tel: 49 (76 61) 67 44

Geburtsdatum, -ort 22.07.1938, Lauda
berufl. Werdegang 1964 Staatsexamen; 1968 Promotion; AkOR, U Freiburg
Sprachen Englisch, Spanisch (Französisch)
Fachgebiet Geographie
themat. Schwerpunkte Wirtschaftsgeographie
geogr. Schwerpunkte Kolumbien, Südwestdeutschland, Schweiz
Aufsätze Bodennutzung, Ernährungsprobleme und Bevölkerungsdruck in Minifundienregionen der Ostkordillere Kolumbiens, aus: E. Wirth; G. Heinritz (Hg.), Tagungsbericht und wissenschaftliche Abhandlungen. 41. Deutscher Geographentag, Mainz 1977. Wiesbaden: Steiner 1978, S. 299-310
Grundbesitzverfassung und räumliches Nutzungsgefüge ländlicher Siedlungen im Bereich der Sierra Nevada del Cocuy/Kolumbien, aus: W. Kreisel; W.D. Sick; J. Stadelbauer (Hg.), Siedlungsgeographische Studien. Berlin/New York 1979, S. 197-212
Betriebs- und Bodennutzungssysteme in Minifundiengebieten Kolumbiens, erläutert an Beispielen aus der Ostkordillere, aus: P. Aumüller; G. Fasching (Hg.), Länderkunde und Entwicklungsländer. Festschrift für J. Schramm. Salzburg 1981, S. 155-184
Mittel- und Südamerika (Lateinamerika), aus: H. Ott; H. Schäfer (Hg.), Wirtschafts-Ploetz. Freiburg/Würzburg 1984, S. 458-463

P 386 **Mohr**, Hermann Josef

Hoechst AG
Brüningstr. 50
D-65926 Frankfurt <W-6230 Frankfurt/M. 80>
Tel: 49 (69) 3 05 28 11
Fax: 49 (69) 31 53 69
Privat Am See 28
D-65795 Hattersheim <W-6234 Hattersheim 3>
Tel: 49 (61 90) 7 31 82

Geburtsdatum, -ort 27.08.1935, Bad Mergentheim

berufl. Werdegang 1957 Dipl.Volksw., München; 1961 Dr.oec.publ.; 1961-65 Direktionsass. Allianz-Versicherungs-AG; 1965/66-1974 Doz. und Genossenschaftsberater in Kolumbien; seit 1975 Hoechst AG; (Zentrale Direktionsabteilung)

Sprachen Englisch, Spanisch, Französisch (Portugiesisch)

Fachgebiet Wirtschaft

themat. Schwerpunkte Beobachtung der chemischen Industrie weltweit, insbes. Wettbewerbsanalyse; Aufgaben im Rahmen der mittel- und längerfristigen Unternehmensplanung

geogr. Schwerpunkte Lateinamerika

Monographien Economía colombiana. Una estructura en crisis. Análisis del proceso reciente y perspectivas. Bogotá: Ediciones Tercer Mundo 1972, 315 S.
Estrategia de desarrollo para América Latina. Bogotá: Ed. América Latina 1975, 330 S.
Entwicklungsstrategien in Lateinamerika. Bensheim: Kübel-Stiftung 1975, 264 S.

Aufsätze Consejo Episcopal Latinoamericano (CELAM), aus: P. Waldmann; U. Zelinsky (Hg.), América Latina. Síntesis Histórica, Política, Económica y Cultural. Barcelona: Herder 1984, S. 335-337

P 387 **Moll**, Wolfgang

Wiss. Zentrum Tropeninstitut, Abteilung Bodenkunde
Universität Gießen
Schottstr. 2
D-35390 Gießen <W-6300 Gießen>
Tel: 49 (6 41) 7 02 26 86
Fax: 49 (6 41) 7 02 26 84

Geburtsdatum, -ort 08.02.1928, Köln

berufl. Werdegang 1958 Promotion; 1966 Habil.; 1973 apl.Prof.; 1978 o.Prof. Lehrstuhl für Bodenkunde, U Gießen

Beratung 1969-73 Leitung des Instituts für Bodenkunde der Forstl. Fakultät der U Austral in Valdivia/Chile (GTZ-Projekt); seit 1972 Forschungsarbeiten in Brasilien (Paraná) in Zus.arb. mit dem Inst. für Bodenkunde der Faculdade de Florestas, U Federal do Paraná, Curitiba/Brasilien

Sprachen Englisch, Spanisch, Portugiesisch

Fachgebiet	Bodenkunde
themat. Schwerpunkte	Böden der Tropen und Subtropen, Forstdüngung und Melioration
geogr. Schwerpunkte	Bolivien, Brasilien, Chile, Mexiko, Ostafrika
Schriftenreihen	Mithg. "Gießener Bodenkundliche Abhandlungen" (Selbstverlag Institut für Bodenkunde); "Gießener Beiträge zur Entwicklungsforschung" (Selbstverl. Tropenzentrum)
Monographien	Situación y manejo de los viveros chilenos de Pino insigne (Pinus radiata D. Don). Valdivia/Chile 1973, 26 S. Die Böden des Staates Tlaxcala im zentralen Hochland von Mexiko. Stuttgart: Steiner 1988, 207 S. (zus. mit G. Werner; G. Miehlich)
Aufsätze	Das Institut für Forstökologie und Forstliche Bodenkunde (Forschungsbericht), aus: Forstliche Fakultät Valdivia/Chile. Eschborn 1975, S. 69-74 Composición y dinámica regenerativa de un bosque virgen mixto de Rauli y Coigüe, in: Bosque. 1(1976), S. 55-74 (zus. mit P. Burschel; C. Gallegos)

P 388 **Möller**, Alois

Equipo de Consultoría Regional – Pan para el Mundo
Apto. 339, 2050 San Pedro - San José/Costa Rica
Tel: 5 06 - 53-91 24
Telex: 3472 ADEI CR
Fax: 5 06 - 53-15 41

Geburtsdatum, -ort	20.08.1948, Wetter/Ruhr
berufl. Werdegang	1972 Dipl.-Sozialwirt, Göttingen; 1977 Dr.sc.pol.; beigeord. ILO-Sachverst.; LA-Referent EZE; Experte Planungsministerium, Costa Rica; Regionalberater Brot für die Welt für Mittelamerika
wiss. Vereinigungen	GEB
Sprachen	Englisch, Spanisch (Portugiesisch, Französisch)
Fachgebiet	Entwicklungszusammenarbeit
themat. Schwerpunkte	Beschäftigungspolitik, NRO, Projektmanagement
geogr. Schwerpunkte	Mittelamerika, Andenländer
Monographien	Städtische Marginalität und Militärregierung in Peru. Göttingen: Eichhorn 1977, 507 S. Comercio informal en una comuna de Santiago. Santiago: PREALC 1978, 75 S. Migraciones internas y mercado de trabajo en San José, Costa Rica. Santiago: PREALC 1987
Aufsätze	Los vendedores ambulantes en Lima, aus: Klein; Tokman (Hg.), El subempleo en América Latina. Buenos Aires 1979,S. 415-471 Las ciencias económicas y las alternativas de desarrollo, in: Nueva Sociedad (1986)82, S. 73-82 Organización popular y clientelismo internacional, in: Pasos. San José (1990)32

P 389 **Mols**, Manfred

Institut für Politikwissenschaft (IfP), Universität Mainz
Colonel-Kleinmann-Weg 2
D-55128 Mainz <W-6500 Mainz 1>
Tel: 49 (61 31) 39 27 28
Fax: 49 (61 31) 39 33 28

Privat Im Rheinblick 17
D-55413 Weiler <W-6531 Weiler>
Tel: 49 (67 21) 3 28 78

Geburtsdatum, -ort 27.02.1935, Bochum

berufl. Werdegang Studium (Wiss. Politik, Geschichte, Philosophie, Öffentl. Recht), U Freiburg, München, Glasgow; 1966 Dr.phil., U Freiburg; Wiss-Mitarb., U Freiburg und ABI, Freiburg; Visiting Scholar, U Stanford/California; 1969-71 Forschungsaufenthalt in Mexiko; 1971-72 U Freiburg; seit 1973 o.Prof., U Mainz; zw. 1975 und 1991 Forschungsaufenthalte in allen lateinamerikanischen Ländern sowie in Südostasien und in Indien; Direktor des IfP

Beratung Mitarb. an Projekten der KAS und von IRELA; Gutachtertätigkeit

wiss. Vereinigungen Mitglied des Vorstandes der ADLAF; Mitglied der Versammlung von IRELA; ferner: DGfP; DGAP; Dt. Ges. für Asienkunde

Sprachen Englisch, Spanisch (Französisch)

Fachgebiet Politikwissenschaft

themat. Schwerpunkte Lateinamerika in der internationalen Politik, insbes. Europa/Deutschland - Lateinamerika, Lateinamerikanische Integration, Staat und Demokratie in Lateinamerika, Lateinamerikanische Entwicklungsvorstellungen

geogr. Schwerpunkte Cono Sur, Mexiko, Zentralamerika, Cuba

Schriftenreihen Mithg. "Internationale Gegenwart" (Paderborn); "Politikwissenschaftliche Perspektiven" (Münster)

Periodika Mithg. "Estudios Sociales" (Chile); "Revista Paraguaya de Estudios Internacionales" (Paraguay); "Jahrbuch für Politik"

Monographien
Integration und Kooperation in Lateinamerika. Paderborn 1981
Mexiko im 20. Jahrhundert. Stuttgart 1983
Demokratie in Lateinamerika. Paderborn u.a. 1985
El marco internacional de América Latina. Barcelona 1985
(Mithg.) Entwicklungsdiskussion und Entwicklungspraxis in Lateinamerika, Südostasien und Indien. Hamburg/Münster 1991 (zus. mit P. Birle)

Aufsätze
Staat und Demokratie in Lateinamerika, aus: P. Hünermann; M. Eckholt (Hg.), Katholische Soziallehre - Wirtschaft - Demokratie. Ein lateinamerikanisch-deutsches Dialogprogramm I. Mainz/München 1989, S. 197-255
El regionalismo en América Latina y el Sudeste Asiático: aspectos comunes y diferencias, aus: L. Tomassini (Hg.), Nuevas formas de concertación regional en América Latina. Buenos Aires 1990, S. 91-115
Deutsche Lateinamerikaforschung, in: N. Werz (Hg.), Handbuch deutscher Lateinamerikaforschg. Bd. 2, 1992 (zus. mit P. Birle)
Regionale Gruppierungen und Organisationen, aus: H. Krum-

wiede; P. Waldmann (Hg.), Politisches Lexikon Lateinamerika. München 1991 (zus. mit M. Emmes)
Politikwissenschaft, aus: N. Werz (Hg.), Handbuch der deutschsprachigen Lateinamerikakunde. Freiburg: ABI 1992, S. 515-557 (zus. mit P. Birle)

P 390 **Moltmann**, Bernhard

Evangelische Akademie Arnoldshain
D-61389 Schmitten <W-6384 Schmitten 1>
Tel: 49 (60 84) 40 32

Privat Habsburger Allee 87
D-60385 Frankfurt/M <W-6000 Frankfurt/M 60>
Tel: 49 (69) 43 10 87

Geburtsdatum, -ort 31.07.1945, Bern/Schweiz

berufl. Werdegang Studium (Politikwissenschaft, Geschichte); 1972 Dipl.Pol.; 1973/74 Forschungsaufenthalt in Brasilien (Rio de Janeiro und Porto Alegre); 1976 Dr.phil.; 1976-90 wiss. Referent der Forschungsstätte der Ev. Studiengemeinschaft, Lehrtätigkeiten an der U Tübingen und U Stuttgart; seit 1991 Akademiedirektor

Sprachen Englisch, Portugiesisch (Spanisch)

Fachgebiet Politikwissenschaft / Geschichte

themat. Schwerpunkte Militär und Politik, Militärpolitik, regionale Sicherheitspolitik

geogr. Schwerpunkte Brasilien, Argentinien

Monographien Die bewaffneten Technokraten. Militär und Politik in Lateinamerika. Hannover 1975, 198 S. (zus. mit K. Eßer; I. Sotelo)
Die brasilianischen Streitkräfte 1880-1910. Innermilitärische Voraussetzungen für politisches Handeln. Berlin 1979 (Diss.)

Aufsätze "Nationale Sicherheit". Eine politische Konzeption und ihre Wirklichkeit. Das Beispiel Lateinamerika, aus: Zum Zusammenhang von Militärstrategie und Sicherheit. Heidelberg: FESt 1979, S. 49-88
Die brasilianischen Streitkräfte 1880-1910. Versuch einer politischen und sozialen Standortbestimmung, in: JbLA 16(1979), S. 341-364
Konstitutionsbedingungen des Staates in Brasilien des 19. Jahrhunderts, aus: R. Hanisch; R. Tetzlaff (Hg.), Historische Konstitutionsbedingungen des Staates in Entwicklungsländern. Frankfurt/M.: Metzner 1980, S. 99-117
Südamerikanische Militärregime in der Krise - systematisierende Beobachtungen, in: Zeitschr. für Kulturaustausch. Stuttgart 33(1983)3, S. 325-335
Nuklearpolitik in Argentinien und Brasilien, aus: D. Nohlen; M.F. Baeza; O. Bareiro (Hg.), Kooperation und Konflikt im La-Plata-Becken. Saarbrücken: Breitenbach 1986, S. 335-351
Militär zwischen politischer Einmischung und Profession. Zur Demilitarisierung der Politik in Argentinien und Brasilien, Militärpolitik. Dokumentation 1. (1987)58 (zus. mit P. Lock, Bearb.)
Militärregime und Entwicklungspolitik. Frankfurt: Suhrkamp

1989; (zus. mit R. Steinweg, Red.)
Brasilien: Zwanzig Jahre Militärherrschaft (u.a. Beiträge), aus:; Militärregime und Entwicklungspolitik... (s.o.)
Militär in Brasilien: Die selbsternannten Hüter der Nation, in: Ila. Bonn (1989)129, S. 20-22

P 391 **Morales-Saravia**, José

Sprach- und Literaturwissenschaftliche Fakultät
Katholische Universität Eichstätt
Ostenstr. 26-28
D-85072 Eichstätt <W-8078 Eichstätt>
Tel: 49 (84 21) 20-2 31
Fax: 49 (84 21) 2 05 99

Privat Gottesackergasse 6
D-85072 Eichstätt
Tel: 49 (84 21) 25 82

Geburtsdatum, -ort 30.08.1954, Lima

berufl. Werdegang 1977 M.A.; 1986 Dr.phil.; 1984-89 Lehrbeauftragter am LAI FU Berlin; seit 1988 WissMitarb., Kath. U Eichstätt

Sprachen Spanisch, Französisch (Englisch, Portugiesisch)

Fachgebiet Literatur

geogr. Schwerpunkte Cono Sur, Andenregion, Kolumbien, Mexiko

Monographien (Hg.) Literatura y sociedad en América Latina. Lima 1989,230 S.
El discurso argentinista en los años treinta: Scalabrini Ortiz, Martínez Estrada y Maella. Darmstadt 1986, 412 S.
(Hg.) La literatura en la sociedad de América Latina. Homenaje a Alejandro Losada. Lima: Latinoamericana Editores, 270 S.

Aufsätze Lima en la poesía de los años 70: el grupo "Hora Zero", in: Iberoamerikanisches Archiv. Berlin (1991)
Pablo Nerudas "Sabor". Die vergilbte Subjektivität, aus: G. Beutler (Hg.), Hispanoamerikanische Lyrik der Gegenwart. Darmstadt 1990, S. 180-197
Mínimo marco teórico común para una historia social de las literaturas latinoamericanas, in: Revista de crítica literaria latinoamericana. Lima (1989)30, S. 141-182
César Vallejo y la internacionalización, in: Revista de crítica literaria latinoamericana. Lima (1984)20, S. 55-77

P 392 **Morawetz**, Wilfried

Institut für Botanik, Universität Wien
Rennweg 14
A-1030 Wien
Tel: 43 (1) 78 71 01-1 63
Fax: 43 (1) 78 71 94

Geburtsdatum, -ort 17.11.1951, Leoben

berufl. Werdegang 1971-80 Studium (Botanik, Zoologie, Paläontologie), U Wien; 1974-75 Studienaufenthalt in São Paulo/Brasilien; 1980 Promotion; 1981-86 Lektor; 1986 Habil., U Wien /Lehrbefugnis für Botanik, Tropenbiologie); seit 1989 AssProf., Leiter der Arbeitsgruppe "Pflanzensystematik der Neotropen" am Inst. für Botanik

wiss. Vereinigungen Flora Neotropica Organisation

Sprachen Spanisch, Englisch, Portugiesisch (Französisch, Italienisch)

Fachgebiet Botanik

themat. Schwerpunkte Tropenbiologie, Evolution tropischer Gehölze

geogr. Schwerpunkte Südamerika, Peru, Brasilien, Venezuela

Aufsätze Aluminium in leaves of Jacaranda (Bignoniaceae) in relation to habitats, aus: Resumos dos trabalhos II. Congr. Lat. Americano de Bot. 1978, S. 194-195 (zus. mit Schleeweiss; Spörl)

Aechmea itapoana, a new species from Bahia (Brazil): Taxonomy and ecology, in: Plant Syst. Evol. (1981)138, S. 147-151 (zus. mit Till)

Dispersal and succession in an extreme tropical habitat: coastal sands and woodlands in Bahia (Brasil), aus: Kubitzki (Hg.), Dispersal and Distribution. An International Symposium. 1983, S. 359-380

Morphologisch-ökologische Differenzierung, Biologie, Systematik und Evolution der neotropischen Gattung Jacaranda (Bignoniaceae), aus: Österr. Akad Wissensch. (Hg.), Denkschriften, 123. Wien 1982, S. 184 ff.

Die Pflanzenwelt des Amazonas, aus: Trupp (Hg.), Amazonas. Wien/München 1983, S. 46-62

How stable are genomes of tropical woody plants? Heterozygosity of C-banded karotypes of Porcelia as compared with Annona (Annonaceae) and Drimys (Winteraceae), in: Plant Syst. Evol. (1984)145, S. 29-39

Systematische und ökologische Bedeutung des Riesenstrauchwuchses von Guatteria obovata (Annonaceae) in den Überschwemmungswäldern Amazoniens, in: Anzeiger Österr. Akad. Wissensch. (1984), S. 59-62

Floristic, Structural and phytogeographical analysis of the savannas of Humaitá (Amazonas), in: Flora 178, S. 41-71 (zus. mit Gottsberger)

CHLOROL und STATCHO, zwei neue Computerprogramme zur Darstellung und vergleichenden Analyse von chorologischen Daten in den Neotropen, in: Flora (1989)182, S. 419-434

Kommission für Tropenbiologie, Tätigkeitsbericht 1988-1989. 1990, S. 164-170 (Hg. Ehrendorfer)

Vegetation and habitats, aus: Bernard (Hg.), Wildlife insight guides. Amazonia. APA Publications. Singapore 1992

P 393	**Moßbrucker**, Harald
	Lateinamerika-Institut (LAI), Freie Universität Berlin Rüdesheimer Str. 54-56 D-14197 Berlin <W-1000 Berlin 33> Tel: 49 (30) 8 38-30 72
Privat	Suderoder Str. 44 a D-12347 Berlin <W-1000 Berlin 47>
Geburtsdatum, -ort	19.12.1957, Heiligenberg
berufl. Werdegang	Bankkaufmann; 1990 Dr.phil.; 1991 DFG-Projekt
Sprachen	Spanisch, Englisch (Französisch, Maya)
Fachgebiet	Altamerikanistik / Ethnologie
themat. Schwerpunkte	Peasant-Forschung, Migration, Ethnizität, Urbane Anthropologie
geogr. Schwerpunkte	Peru, Mexiko
Monographien	Quinches. Zur Diskussion über dörfliche Wirtschaft und "comunidad" in den Anden. Bonn: Holos 1987, 227 S. Dorfstruktur und Migration in Peru. Eine vergleichende Fallstudie aus dem Departement Lima. Saarbrücken/Fort Lauderdale: Breitenbach 1991, 346 S. La economía campesina y el concepto "comunidad": un enfoque crítico. Lima: IEP 1990, 115 S.
Aufsätze	The "Comunidad Andina": A Critical Examination, in: Anthropos 84(1989), S. 385-404 Bauern und Migranten. Über den Zusammenhang zwischen sozioökonomischer Organisation andiner Dörfer und Stadtmigration in Peru, in: Zeitschrift für Soziologie 20(1991)1, S. 50-63 Sharecropping: Traditional Economy, Class Relation or Social System? Towards a Re-evalution, in: Anthropos 87(1992)
P 394	**Mothes**, Jürgen
	Seminar für neueste Geschichte, Fachbereich Geschichte Universität Leipzig Universitätshochhaus 25-4 Augustusplatz 9 D-04109 Leipzig <O-7010 Leipzig> Tel: 49 (3 41) 7 19-33 55, -33 71
Privat	Könneritzstr. 112 D-04229 Leipzig <O-7031 Leipzig> Tel: 49 (3 41) 4 01 19 84
Geburtsdatum, -ort	02.11.1945, Rüssen
berufl. Werdegang	1964-68 Studium (Geschichte, Philosophie und Politikwissenschaften), Leipzig; 1976 Dr.phil.; 1980-81 Zusatzstudium an Lomonossow-Universität und am Lateinamerika-Institut der Akademie der Wissenschaften in Moskau; 1985-86 GastDoz., U Havanna; 1990 Habil. in Leipzig; 1991 Bundesstipendiat der ESKAS und GastDoz., U Bern; PDoz., WissORat
wiss. Vereinigungen	AHILA
Sprachen	Spanisch, Russisch (Englisch, Französisch)
Fachgebiet	Geschichte

themat. Schwerpunkte Frühgeschichte lateinamerikanischer Arbeiterbewegungen, Kommunismus im Lateinamerika der zwanziger Jahre, Liga Anti-Imperialista de las Américas, Stalinisierung des lateinamerikanischen Kommunismus

geogr. Schwerpunkte Argentinien, Chile, Kuba, Mexiko, Peru, Uruguay

Aufsätze Zur Geschichte des Secretariado Sudamericano de la Internacional Comunista. Ein Beitrag zu einem noch wenig bekannten Führungsorgan der kommunistischen Bewegung, in: Lateinamerika, Semesterbericht, Frühjahrssem. 1982, S. 35-71

Die Anfänge der Antiimperialistischen Liga in Lateinamerika, in: AAL. Berlin 13(1985)3, S. 502-513

Die Liga und der antiimperialistische Kampf in Lateinamerika, in: Die Liga gegen Imperialismus und für nationale Unabhängigkeit 1927 bis 1937. Leipzig 1987, S. 120-128

Los comunistas en el movimiento revolucionario latinoamericano en los años veinte y treinta, in: La clase obrera y los regímenes de la orientación progresista en los países de América Latina y el Caribe. Problemy Soudobeho Vyoje Latinske Ameriky. Prag 1987, S. 56-109

El VII° congreso de la Internacional Comunista y el movimiento revolucionario latinoamericano, in: Cuadernos de la orientación socialista (Organ der Auslandsleitung der SP Chiles).(West-) Berlin (1987)26, S. 39-54

Zu den Anfängen des marxistisch-leninistischen Denkens in Lateinamerika, aus: Die Durchsetzung des Leninismus in der deutschen und internationalen kommunistischen Bewegung. Leipzig 1988, S. 144-153

"Luis" gegen Mariátegui? Zur Rolle von Jules Humbert-Droz bei der Entwicklung der Lateinamerikapolitik der Kommunistischen Internationale. Beitrag zum Colloque Jules Humbert-Droz der JHD-Stiftung in La Chaux-de-Fonds, September 1991, 27 S.

P 395 **Müller**, Anton P.

Institut für Staatswissenschaft, Universität Erlangen-Nürnberg
Kochstr. 4/V
D-91054 Erlangen <W-8520 Erlangen>
Tel: 49 (91 31) 85 23 76

Privat Bauerngasse 7
D-91353 Hausen <W-8551 Hausen>
Tel: 49 (91 91) 3 21 23

Geburtsdatum, -ort 22.02.1948, Forchheim

berufl. Werdegang 1982 Dr.phil., AkR.; seit 1989 PDoz.; 1989-90 Fulbright Scholar-in-Residence und Associate Prof., Radford University, Virginia/USA; PDoz. und AkOR

wiss. Vereinigungen Council for International Business Risk Management; International Trade and Finance Association

Sprachen Englisch, Französisch, Spanisch, Portugiesisch

Fachgebiet Wirtschaft / Politik

themat. Schwerpunkte	Auslandsverschuldung, Geld und Kredit, Wettbewerbsfähigkeit
geogr. Schwerpunkte	Lateinamerika, USA, Spanien, Portugal
Aufsätze	Zwischen Schuldenerlaß und Staatsbankrott. Brasilien in der permanenten Zahlungskrise, in: Aus Politik und Zeitgeschichte. Beilage zur Wochenzeitung "Das Parlament". B 39/91, 20. September 1991, S. 29-38 The creditworthiness and international payment ability of sovereign states, in: Intereconomics. March/April 1991, S. 74-81 Internationale Zahlungsfähigkeit souveräner Staaten, in: Zeitschrift für das gesamte Kreditwesen 43(1990)23, S. 1160-1163 Kapitalflucht aus Lateinamerika in die Vereinigten Staaten, aus: H. Breinig (Hg.), Interamerikanische Beziehungen. Einfluß, Transfer, Interkulturität. Frankfurt 1990, S. 51-69 Internationale Determinanten der Geldpolitik, in: Kredit und Kapital (1988)2, S. 34-44

P 396	**Müller**, Bernhard
	Institut für Landesplanung und Raumforschung (IRL) Universität Hannover Herrenhäuserstr. 2 D-30419 Hannover <W-3000 Hannover> Tel: 49 (5 11) 7 62 26 60 Fax: 49 (5 11) 7 62 52 19
Privat	Stolzestr. 43 D-30171 Hannover
Geburtsdatum, -ort	18.03.1952, Saarbrücken
berufl. Werdegang	1983 Dr.rer.nat; 1979-83 WissMitarb. am ILR; seit 1987 HochschulAss., FB Landschaftsarchitektur und Umweltentwicklung, U Hannover; 1988-92 Teamleiter und Berater für Stadtentwicklungspolitik bei GTZ
wiss. Vereinigungen	u.a. VGDH; Deutscher Verband für Angewandte Geographie; Deutsch-Mexikanische Gesellschaft
Sprachen	Englisch, Spanisch (Französisch)
Fachgebiet	Geographie
themat. Schwerpunkte	Stadt- und Regionalplanung, Tourismus, Sozio-ökonomische Entwicklung, Politisch-administrative Systeme, Institutionen
geogr. Schwerpunkte	Mexiko
Monographien	Fremdenverkehr und Entwicklungspolitik zwischen Wachstum und Ausgleich: Folgen für die Stadt- und Regionalentwicklung in peripheren Räumen. Beispiele von der Mexikanischen Pazifikküste. Mainz 1983
Aufsätze	Tourism paving the way for an integrated development in peripheral regions? A case study of the Pacific coast in Mexiko, aus: E. Gormsen (Hg.), The impact of tourism on regional development and cultural change. Mainz 1985

P 397 **Müller**, Hans Joachim

Institut für Romanistik, Universität Innsbruck
Innrain 52
A-6020 Innsbruck
Tel: 43 (5 12) 5 07-36 37

Privat Schöpferstr. 3
A-6020 Innsbruck

berufl. Stellung Universitätsprofessor

Sprachen Spanisch, Französisch, Portugiesisch

Fachgebiet Literatur

themat. Schwerpunkte Kulturkunde, Literatur des Barock, Literatur des 19. 20. Jahrhunderts in Spanien, Literatur des 20. Jahrhunderts in Lateinamerika

geogr. Schwerpunkte Spanien, Mexiko, Argentinien, Kolumbien

Aufsätze Die Verarbeitung der Geschichte Argentiniens in "Sobre Héroes y tumbas" von Ernesto Sábato, in: Lateinamerika-Studien (1983)12, S. 307-317
Der Machismo als Rezeptionsgrundlage von Juan Rulfos "Pedro Páramo", in: Lateinamerika-Studien (1983)13, S. 611-630
Rómulo Gallegos oder der vergebliche Versuch eines Ausbruchs aus dem "descuidado infortunio propio" Venezuelas, in: Nachrichten der DVG (1984)4, S. 181-186
Zur Frauenmetaphorik in "Hijo de hombre" von A. Roa Bastos. Beitrag zum Paraguay-Kolloquium des Zentralinstituts für Fränkische Landeskunde. Sektion Lateinamerika, in: Lateinamerika-Studien (1984)14, S. 301-315
Die Vorschläge Manuel Puigs zur Verbesserung des argentinischen Nationalcharakters in "El beso de la mujer araña", in: Lateinamerika-Studien. 19. 1985, S. 447-458
Isabel Allende zwischen Frauen- und Exilliteratur, in: Lateinamerika-Studien. 22 1986, S. 211-221
A paixão segundo G.H. von Clarice Lispector oder Spinoza im zerbrochenen Spiegel des Narziß, aus: E. Pfeiffer; H. Kubarth (Hg.), Canticum Ibericum. Georg Rudolf Lind zum Gedenken. Frankfurt/M. 1991

P 398 **Müller**, Paul

Institut für Biogeographie, Universität des Saarlandes
D-66123 Saarbrücken <W-6600 Saarbrücken>
Tel: 49 (68 97) 7 98-1 00, -1 50
Fax: 49 (68 97) 7 98-1 55

Privat Birkenstr. 22
D-66129 Saarbrücken <W-6601 Saarbrücken-Bübingen>
Tel: 49 (68 05) 78 19

Geburtsdatum, -ort 11.10.1940, Gersweiler

berufl. Werdegang 1967 Dr.rer.nat.; Habil.; 1971 o.Prof. (Biogeographie), U Saarbrücken; Ehrenpromotionen, U Yokohama und Chiangmai

Beratung Mitarbeit an Forschungsprojekten in Brasilien, Afrika, Südost-

	asien, Japan, Europa und USA; Gutachtertätigkeit
Sprachen	Englisch, Portugiesisch, Französisch (Spanisch)
Fachgebiet	Ökologie / Zoologie
themat. Schwerpunkte	Biogeographie, Angewandte Ökologie
geogr. Schwerpunkte	Brasilien, Kolumbien, Venezuela
Schriftenreihen	Mithg. "Biogeographica"; "Journal of Biogeography" (Oxford)
sonst. Publikationen	Über 80 Publikationen mit Lateinamerika-Bezug

P 399	**Müller-Bochat**, Eberhard
	Arbeitskreis Spanien, Portugal, Lateinamerika Philosophische Fakultät, Universität Köln Albertus-Magnus-Platz D-50931 Köln <W-5000 Köln 41> Tel: 49 (2 21) 4 70-28 33 Fax: 49 (2 21) 4 70-51 51
Geburtsdatum, -ort	16.07.1928, Düsseldorf
berufl. Werdegang	seit 1964 o.Prof. für Romanische Philologie, U Köln
Sprachen	Englisch, Spanisch, Portugiesisch, Französisch, Italienisch (Latein)
Fachgebiet	Literatur
themat. Schwerpunkte	Literatur, Sprachpolitik in der romanischsprachigen Welt
geogr. Schwerpunkte	Brasilien, Antillen

P 400	**Müller-Plantenberg**, Clarita
	FB Angewandte Sozialwissenschaften/Rechtswissenschaft Gesamthochschule-Universität Kassel Nora-Platiel-Str. 5 D-34127 Kassel <W-3500 Kassel> Tel: 49 (5 61) 8 04-31 27, -31 25 Fax: 49 (5 61) 8 04-23 30
Privat	Cosimaplatz 8 D-12159 Berlin <W-1000 Berlin 41> Tel: 49 (30) 8 51 43 91
Geburtsdatum, -ort	09.11.1943, Imshausen/Bebra
berufl. Werdegang	1968 Dipl.Soz.; 1971 Dr.phil; 1978 Habil.; o.Prof., GHS Kassel
Beratung	Forschung: Sozialpolitik gegenüber den Armen in den Städten; Ökologie und Entwicklung; nachhaltige Wirtschaftsweisen im tropischen Regenwald; soziale und ökologische Auswirkungen von Großprojekten
wiss. Vereinigungen	ADLAF; ATZAF; DGS
Sprachen	Englisch, Spanisch, Französisch, Portugiesisch
Fachgebiet	Soziologie / Ökologie
themat. Schwerpunkte	Soziale Bewegungen in den Städten Lateinamerikas, Klassenanalyse, Indianergebiete und Großprojekte, Entwicklungsperspektiven in tropischen Wassereinzugsgebieten
geogr. Schwerpunkte	Lateinamerika, bes. Chile, Kolumbien und Brasilien
Schriftenreihen	Hg. "Entwicklungsperspektiven" (Kassel); "Kontroversen" (Ham-

burg/Münster: Lit)

Periodika Mithg. "Lateinamerika. Analysen und Berichte (Bad Honnef)

Monographien Frauen und Familie im gesellschaftlichen Befreiungsprozeß. Drei Analysen zur chilenische Situation zwischen 1964 und 1982. Frankfurt 1983

Überlebenskampf und Selbstbestimmung. Zur Arbeiter- und Volksbewegung in kolumbianischen Städten. Frankfurt 1983

Aufsätze Die andere Ökonomie: Nachhaltiges Wirtschaften in Amazonien, in: Lateinamerika. Analysen und Berichte Hamburg: Junius 13(1989), S. 110-143

Die Bedeutung des Schutzes nachhaltiger Produktionsweisen in Amazonien, räumliche und zeitliche Dimension der Planung im tropischen Regenwald, aus: C. Niemitz (Hg.), Das Regenwaldbuch. Berlin: Parey 1990

Schattenseiten der Aluminiumproduktion heute - und morgen? Fragen an unseren zukünftigen Konsum und die Außenbeziehungen der Bundesrepublik Deutschland, in: Lateinamerika. Analysen und Berichte. Hamburg/Münster: Lit 15(1991)

sonst. Publikationen (Hg.) Indianergebiete und Großprojekte in Brasilien - Begleitband zum Kartenwerk. Kassel 1988

P 401 **Müller-Plantenberg**, Urs

Lateinamerika-Institut (LAI), Freie Universität Berlin
Rüdesheimer Str. 54-56
D-14197 Berlin <W-1000 Berlin 33>
Tel: 49 (30) 8 38 30 95

Privat Cosimaplatz 8
D-12159 Berlin <W-1000 Berlin 41>

Geburtsdatum, -ort 28.02.1937, Marienburg/Westpr.

berufl. Werdegang 1964 Staatsexamen (Geschichte, Mathematik), Berlin; 1970 Dr.phil. (Geschichte), Berlin; seit 1971 WissAngest., LAI FU Berlin; 1972/73 GastProf., U Católica, Santiago de Chile; 1981 Habil., FU Berlin

wiss. Vereinigungen ADLAF; GEB

Sprachen Englisch, Spanisch (Portugiesisch, Französisch)

Fachgebiet Politikwissenschaft

themat. Schwerpunkte Soziologie Lateinamerikas

geogr. Schwerpunkte Chile, Brasilien

Periodika Mithg. des Jahrbuchs "Lateinamerika. Analysen und Berichte" (Bad Honnef: Harlemann)

Aufsätze Grundzüge und Ergebnisse der Bündnispolitik der chilenischen Linken 1970-1973, aus: H. Elsenhans; M. Jänicke (Hg.), Innere Systemkrisen der Gegenwart. Reinbek: Rowohlt 1975

Qualifikation der Arbeitskraft und Industrialisierungsprozeß in Ländern der Dritten Welt am Beispiel Lateinamerikas, aus: TU Berlin (Hg.), Grundprobleme der Entwicklungsländer und der Entwicklungspolitik (II). Berlin 1978

Das ganze Ausmaß der Wirtschaftskrise 1983. Ein Überblick, in:

Lateinamerika. Analysen und Berichte. Hamburg 8(1984)
Ein Leben für den geregelten Mittelabfluß. Zur Soziopsychologie des Stiftungsfunktionärs in Lateinamerika, in: Lateinamerika. Analysen und Berichte. Hamburg 11(1987) (mit H.-K. Friedrichs)
Ungeheure Städte. Das Ausmaß der Verstädterung in Lateinamerika, in: Lateinamerika. Hamburg 14(1990)
Marktwirtschaft und Demokratie in Lateinamerika, in: Prokla. Berlin (1991)82
Die real existierende Marktwirtschaft in Lateinamerika, in: Lateinamerika. Analysen und Berichte. Hamburg/Münster 15(1991)
Globale Vergesellschaftung und lokale Kulturen, aus: V. Blum u.a. (Hg.), Globale Vergesellschaftung und lokale Kulturen. Frankfurt 1992 (zus. mit V. Blum)

P 402 **Münzel**, Mark
FB 03 - Fachgebiet Völkerkunde, Universität Marburg
Kugelhaus
Kugelgasse 10
D-35037 Marburg <W-3550 Marburg>
Tel: 49 (64 21) 28 37 49

Geburtsdatum, -ort 29.03.1943, Potsdam

berufl. Werdegang 1966-68 Feldforschung bei brasilianischen Indianern; 1970 Dr. phil., Frankfurt/M.; 1971-72 Feldforschung in Paraguay, 1972 peruan. Sierra, 1975 Ost-Ekuador; 1972-89 Mitarb. am Museum für Völkerkunde in Frankfurt; seit 1990 o.Prof., U Marburg

Sprachen Englisch, Spanisch, Portugiesisch, Französisch (Italienisch)

Fachgebiet Ethnologie

themat. Schwerpunkte Integration, Interethnische Friktion, Mythologie

geogr. Schwerpunkte Tieflandindianer Südamerikas

Schriftenreihen Mithg. "Frankfurter Beiträge zur Lateinamerikanistik" (seit 1989)

Monographien (Hg.) Die indianische Verweigerung. Lateinamerikas Ureinwohner zwischen Ausrottung und Selbstbestimmung. Reinbek bei Hamburg: Rowohlt 1978, 237 S.
La agonía de los Aché-Guayakí. Historia y cantos. Asunción/Paraguay: Centro de Estudios Antropológicos de la U Católica 1973, 166 S. (zus.m. B. Melía S. J.; L. Miraglia; C. Münzel)
Schrumpfkopfmacher? Jíbaro-Indianer in Südamerika. Frankfurt/M. 1977
Die Indianer, 2: Mittel- und Südamerika. München 1985, 331 S. (Neuaufl. von W. Lindig; M. Münzel (Hg.), Indianer. Kulturen und Geschichte)
(Hg.) Qellquay. Mündliche Kultur und Schriftkultur bei Indianern Lateinamerikas. Frankfurt/N.Y. 1986, 294 S.(mit B. Scharlau)
(Hg.) Die Mythen sehen. Bilder und Zeichen vom Amazonas. Frankfurt 1988, 2 Bde., zus. 763 S.

Aufsätze Indianische Mythen und europäischer Indigenismo. Zur Frage der oralen indianischen Literatur in Lateinamerika, in: Iberoamericana. Frankfurt 2(1978)2, S. 3-17

Das Erbe der Conquistadoren. Lateinamerika im Kinder- und Jugendbuch, aus: J. Becker; R. Rauter (Hg.), Die Dritte Welt im Kinderbuch. Wiesbaden: Akad. Verlagsanstalt 1978, S. 154-176

"Identitätskrise" und mythisches Bewußtsein. Die Weißen in einem Erzählmotiv brasilianischer Indianer, in: J. Becker; Ch. Oberfeld; D. Röth (Hg.), Märchen in der Dritten Welt. Kassel 1987, S. 125-138

sonst. Publikationen Bearb. und Hg. zahlreicher Ausstellungskataloge

P 403 **Mutter**, Theo

Privat Finkenhof
D-34323 Malsfeld <W-3509 Sipperhausen>
Tel: 49 (56 85) 56 4

Geburtsdatum, -ort 03.05.1945, Säckingen

berufl. Werdegang Studium (Volkswirtschaft, Politologie), München; 1971 Dipl.-Volksw.; Berufsschullehrer; 1973-75 Forschungsaufenthalt in Bolivien; 1976-77 ForschungsAss. und Dokumentar, U College of Botswana; WissAss., Redakteur; freie Beratungstätigkeit von Entwicklungsprojekten und Evaluierungen, Genossenschaftsberatung; 1990-93 DED-Projektleiter in NO-Brasilien

wiss. Vereinigungen ADLAF; GEB; Wiss. Vereinigung für Entwicklungstheorie und Entwicklungspolitik e.V.

Sprachen Englisch, Spanisch, Französisch, Portugiesisch (Holländisch, Italienisch)

Fachgebiet Entwicklungspolitik / Entwicklungszusammenarbeit

themat. Schwerpunkte Internationale Wirtschaft, Entwicklungspolitik, Rohstoffproblematik, Regionalplanung, Ökologie, Entwicklungszusammenarbeit

geogr. Schwerpunkte Andenländer, bes. Bolivien, Brasilien; Afrika

Periodika Mithg. "Peripherie" (Münster)

Aufsätze Die Zinnhütte in Vinto. Grundstein der bolivianischen Metallurgiepolitik, in: Boletín. Vierteljahreszeitschrift der Deutsch-bolivianischen Industrie- und Handelskammer. La Paz (1973)4

Der Technologietransfer für die bolivianische Zinnproduktion, in: Berichte zur Entwicklung in Spanien, Portugal und Lateinamerika. München 1(1976)5

Die neue Weltwirtschaftsordnung in der Diskussion, aus: P. Opitz (Hg.), UNO aktuell. München: Bayrische Landeszentrale für politische Bildungsarbeit 1976 (Reihe A 51)

Länderkunde Bolivien, in: Lateinamerika. Analysen und Berichte. Berlin 4(1980) und 5(1981)

Rohstoffabkommen - ein zweischneidiges Schwert, in: Peripherie. 4(1984)15/16

Rohstoffreichtum - Entwicklungsbasis oder Sackgasse, aus: P. Opitz (Hg.): Dritte-Welt-Probleme. München 1991

Volltreffer oder Schuß ins Leere; die Wirtschaftspolitik der neuen Präsidenten, in: Blätter des iz3w. Freiburg (1990)166

Fehlt es nur an Wasser ? Zur Agrarpolitik im semi-ariden Sertão im brasilianischen Nordosten, in: Nord-Süd aktuell (1991)3

P 404	**Navarro de Adriaensens**, José María
	FB 7, Universität Bremen Bibliothekstr. D-28359 Bremen <W-2800 Bremen 33> Tel: 49 (4 21) 2 18 31 90
Privat	Sierichstr. 162 D-22299 Hamburg <W-2000 Hamburg 60> Tel: 49 (40) 46 15 62
Geburtsdatum, -ort	05.11.1929, Madrid
berufl. Werdegang	1952 Mag.Päd.; 1956 Lic.Filosofía y Letras; 1958 Lektor für Spanisch, Ibero-amerikan. Forschungsinst., U Hamburg; 1961 Dr.phil., Hamburg; seit 1975 Prof., U Bremen
Beratung	Projektauftr. der Academia Nal. de la Historia, Caracas: La Crónica de la Conquista de Venezuela de Fray Pedro de Aguado
Sprachen	Englisch, Spanisch, Portugiesisch, Katalanisch, Italien., Franz.
Fachgebiet	Literatur
themat. Schwerpunkte	Allg. Sprachwissenschaft und Theorie des Fremdsprachenerwerbs (Schwerpunkt Spanisch und Katalanisch)
geogr. Schwerpunkte	Spanien, Katalonien, Lateinamerika
Monographien	Temas lingüísticos y literarios. Caracas: Biblioteca de la Academia Nacional de la Historia 1990, 374 S. (Estudios, monografías y ensayos. 135) Thematischer Grund- und Aufbauwortschatz. Stuttgart: Klett 1991, 440 S.
Aufsätze	Aproximación al léxico juvenil chileno. Creación y pervivencia, aus: J.M. Navarro; M. Studemund; H.J. Niederehe; H. Haarmann (Hg.), Filología y didáctica hispánica. Homenaje al Profesor H.-K. Schneider. Hamburg: Buske 1975, S. 203-241 Aproximación al tirano desde "El Otoño del Patriarca", aus: S. Horl; J.M. Navarro; H.-K. Schneider (Hg.), Homenaje a Rodolfo Grossmann. Frankfurt/Bern/Las Vegas: Lang 1977, S. 469-496 El lenguaje escolar en los países hispanohablantes, aus: F. Rodríguez González (Hg.), Comunicación y lenguaje juvenil. Madrid 1989, S. 293-303 "Spanglish" in Puerto Rico, aus: K.-H. Wagner; W. Wildgen: Studien zum Sprachkontakt. Bd. 1. Bremen 1988, S. 83-90 Sprachbewußtsein und Sprachtheorie in Juan Luis Vives, Vorläufer der Pragmalinguistik, aus: K.-H. Wagner; W. Wildgen: Studien zum Sprachkontakt. Bd. 2. Bremen 1990, S. 37-46

P 405	**Nebel**, Richard Karl
	Katholische Universität Eichstätt Ostenstraße 26-28 D-85072 Eichstätt <W-8078 Eichstätt>
Privat	Hundingstr. 22 D-95445 Bayreuth <W-8580 Bayreuth> Tel: 49 (9 21) 1 32 47
Geburtsdatum, -ort	05.07.1946, Markt Triefenstein-Trennfeld
berufl. Werdegang	1977-79 Lehrtätigkeit in Bamberg; 1979-81 Barcelona; 1981-89 Bayreuth; 1982 Dr.theol., U Würzburg; 1991 Dr.habil., U Würzburg; 1989-92 Forschungsprojekt Mexiko; GastProf., U Eichstätt
Beratung	Forschungsprojekt: Inkulturation des Christentums in Mexiko
wiss. Vereinigungen	Deutsche Vereinigung für Religionsgeschichte (DVRG); Internationales Institut für Missionswissenschaftliche Forschungen (IIMF); ADLAF; AHILA; Sociedad de Historiadores Mexicanistas (SOHIME); Görres-Gesellschaft; Förderkreis Forschungsstiftung für Vergleichende Überseegeschichte
Sprachen	Spanisch, Englisch, Französisch (Portugiesisch, Italienisch, Katalanisch, Náhuatl, Latein, Griechisch)
Fachgebiet	Theologie / Religion
themat. Schwerpunkte	Kulturen, Religionen, Gesellschaft, Kirche
geogr. Schwerpunkte	Mexiko, Andenraum, Kanada
Monographien	Altmexikanische Religion und christliche Heilsbotschaft. Mexiko zwischen Quetzalcoátl und Christus. Immensee/Schweiz: Paulusdruckerei Fribourg 1983, 2. Aufl. 1990, XXXVII+393 S. Santa María Tonantzín Virgen de Guadalupe. Religiöse Kontinuität und Transformation in Mexiko. Immensee/Schweiz: Paulusdruckerei Fribourg 1992, 400 S. Die Huronenmission in Kanada nach den 'Relation des Jésuites de la Nouvelle-France (1632-1673)'. Bamberg: Forschungsstiftung für vergl. europäische Überseegeschichte 1991, 25 S.
Aufsätze	Die amerikanischen Hochkulturen vor Kolumbus, aus: E. Schmitt u.a. (Hg.), Die mittelalterlichen Ursprünge der europäischen Expansion. München: Beck 1986, S. 311-332 (zus. mit W. Reinhard; Ch. Verlinden) Las concepciones teológicas y filosóficas de los Tlamatinime en la cultura náhuatl, in: Logos. México D.F. 42(1986), S. 41-61 Aspectos cristológicos en la religiosidad popular antiguo mexicana-cristiana en el México de hoy, aus: K. Kohut; A. Meyers (Hg.), Religiosidad Popular en América Latina. Frankfurt/M.: Vervuert 1988, S. 178-190 Der Alltag auf einer Zuckerhacienda des Jesuitenordens in Neuspanien (1664), aus: E. Schmitt u.a. (Hg.), Wirtschaft und Handel der Kolonialreiche. München: Beck 1988, S. 536-544 (zus. mit Th. Schleich) Aspectos cristológicos y mariológicos de la religiosidad popular mexicana: continuidad y transformación, aus: América: Encuentro y Asimilación. Granada/Spanien: Imprenta Provincial 1989, S. 125-142 (Actas de las Segundas Jornadas de Historiadores

Americanistas, Santa Fé, Granada 7 y 12 octubre de 1988)
Kindererziehung in Altmexiko, aus: R. Beck (Hg.), 1492. Die Welt zur Zeit des Kolumbus. München: Beck 1992, S. 118-125

P 406 **Neugebauer**, Bernd

Trees for People (TfP) – Institut für ökologische Landnutzung in Entwicklungsgebieten
Graf-Dürckheim-Weg 7
D-79682 Todtmoos <W-7865 Todtmoos>
Tel: 49 (76 74) 88 06
Fax: 49 (76 74) 88 07

Geburtsdatum, -ort 13.09.1951, Hamburg

berufl. Werdegang Studium (Forstwiss.); Promotion; siebenjährige Forschungs- u. Entwicklungsarbeit in Yucatán/Mexiko; fünf Jahre Geschäftsführung einer Forstbaumschule; Gründung und Geschäftsführung von Schwarzwälder Forstsamen, Beerntung und Handel mit forstlichem Saatgut; Gründung und Geschäftsführung des o.g. Instituts; Leitung von Projekten, Forschungsvorhaben und Beratungsaufgaben in Lateinamerika; Lehrbeauftr., U Freiburg

Sprachen Spanisch, Englisch, Französisch, (Portugiesisch)

Fachgebiet Forstwirtschaft / Landwirtschaft

themat. Schwerpunkte Beratungsmethodik, Entwicklungspolitik, Agroforstwirtschaft, Ökologischer Landbau, Ökologischer Waldbau

geogr. Schwerpunkte Mittel- und Südamerika

Schriftenreihen Hg. "Estrategias Campesinas" (ab 1992)

Periodika Mitglied im Editorial Board von "Agroforesty Systems"

Monographien Statusbericht zum Stand der Zerstörung des tropischen Regenwaldes in Mexiko. BMZ/GTZ intern 1978, 80 S.
Der Wandel kleinbäuerlicher Landnutzung in Oxkutzcab, Yucatán. Freiburg 1986, 281 S. (Diss.)
Foliar nutrient levels of some forest trees in the Yucatán: Conclusions for reforestation. Turrialba 1990 (zus. mit W. Zech)
Estrategias hacia una agricultura ecológicamente apropiada. DSE 1992, 200 S.

Aufsätze Watershed management by the Maya civilization of Central Yucatán/Mexico, aus: B. Glaeser; K.D. Phillips Howard (Hg.), Clean Water for Third World Development. 1983, S. 395-409 (Vierteljahresberichte FES. Bonn. 94)
Mexiko - von der Milpa zur Baumgartenwirtschaft, in: Blätter des iz3w (1986)133, S. 28-34
Agricultural Development in Central Yucatán and its Implications for the Promotion of Intensive Diversified Land-use Systems, aus: P. Allen; B. van Dusen (Hg.), Global Perspectives on Agroecology and Sustainable Agricultural Systems. Santa Cruz: University of California: 1988, S. 297-306
Programas Comunales: Conclusiones para la Investigación, aus: Agricultura sostenible en las Laderas Centroamericanas. Costa Rica: CIAT, IICA 1991, S. 465-480

P 407	**Neumeister**, Sebastian
	Institut für Romanische Philologie (FB 17) Freie Universität Berlin Habelschwerdter Allee 45 D-14195 Berlin <W-1000 Berlin 33> Tel: 49 (30) 8 38-21 91 Fax: 49 (30) 8 38-67 49
Geburtsdatum, -ort	05.04.1938, Chemnitz
berufl. Werdegang	1965 1. Staatsexamen; 1966 Dr.phil.; 1974 Habil.; Professor C4 GHS Siegen
wiss. Vereinigungen	DHV; AIH; AISO
Sprachen	Englisch, Spanisch, Französisch, Italienisch (Portug., Latein)
Fachgebiet	Literatur
themat. Schwerpunkte	Barockforschung, Vergl. Literaturwissenschaft, Mediävistik
geogr. Schwerpunkte	Europa, Lateinamerika
Periodika	Mithg. "LiLi. Zeitschrift für Literaturwissenschaft und Linguistik"; "Germanisch-Romanische Monatsschrift"
Monographien	(Hg.) Actas del IX Congreso de la Asociación Internacional de Hispanistas. Frankfurt: Vervuert 1989, 700 und 749 S. (2 Bde.)
Aufsätze	Borges und der deutsche Geist. Die Erzählung "Deutsches Requiem", in: Iberoromania. (1975)3, S. 125-140 Die Aufhebung der Geschichte im Fest. Fortschritt und Gegenwart im Denken des mexikanischen Dichters Octavio Paz (Los hijos del limo, 1974), aus: K.W. Bonfig; H. Kreuzer (Hg.), Entwicklungen der 70er Jahre. Gerabronn 1978, S. 301-310 Der Schriftsteller und der Schreiber. Mario Vargas Llosas Annäherung an die Wirklichkeit, in: LiLi. Zeitschrift für Literaturwissenschaft und Linguistik. (1979)35, S. 103-117 Die Auflösung der Phantastik. Epistemologische Anmerkungen zu Gabriel García Márquez' Roman "Cien años de soledad", aus: J.M. Fischer; Ch.W. Thomsen (Hg.), Phantastik in Literatur und Kunst. Darmstadt 1980, S. 369-384 Anatomie der Liebe. Tradition und Emanzipation in einem Gedicht der mexikanischen Nonne Sor Juana Inés de la Cruz, aus: J.M. López Abiada; T. Heydenreich (Hg.), Iberoamérica (Homenaje a Gustav Siebenmann). München 1983, S. 631-644 Spanische Sprache und Literatur in Deutschland / Lengua y Literatura Hispánicas en Alemania. Katalog Ausstellung Berlin 1986. Berlin: Iberoamerikanisches Institut 1986, 64 S. Krieg und Ideologie in Mario Vargas Llosas Roman "La guerra del fin del mundo", in: Wissenschaftliche Zeitschrift der Humboldt Universität zu Berlin 39(1990), S. 493-497

P 408 **Nickel**, Herbert J.

Lehrstuhl Regionale Entwicklungsforschung. Univers. Bayreuth
Postfach 10 12 51
D-95412 Bayreuth <W-8580 Bayreuth>
Tel: 49 (9 21) 55 22 78

Geburtsdatum, -ort 1935, Würzburg

berufl. Werdegang 1970 Dr.phil. (Soziologie); 1977 Habil. (Geographie); 1980 o. Prof., U Bayreuth

Sprachen Englisch, Spanisch (Französisch)

Fachgebiet Entwicklungssoziologie / Geschichte

themat. Schwerpunkte Agrarverfassung, Arbeitsverhältnisse in Haciendas, Agrarreform, Informal-sector-economy

geogr. Schwerpunkte Dritte Welt, Mittelamerika (bes. Mexiko)

Periodika Mithg. "Ibero-Amerikanisches Archiv", (Berlin)

Monographien Soziale Morphologie der mexikanischen Hacienda. Wiesbaden: Steiner 1978, XVIII+432 S.
Relaciones de trabajo en las haciendas de Puebla y Tlaxcala (1740-1914). México D.F.: Universidad Iberoamericana 1987
Morfología social de la hacienda mexicana. México D.F.: Fondo de Cultura Económica 1988
Schuldknechtschaft in mexikanische Haciendas. Interpretationen, Quellen und Befunde zur Peonaje. Stuttgart: Steiner 1991
(Hg.) Paternalismo y economía moral en las haciendas mexicanas del porfiriato, México D.F.: U Iberoamericana 1989

Aufsätze The food supply of hacienda labourers in Puebla-Tlaxcala during the Porfiriato: A first approximation, in: R Buve (Hg.), Haciendas in central Mexico from late colonial times to the revolution. Amsterdam 1984, S. 113-159
Elemente der "moral economy" in den Arbeitsverhältnissen mexikanischer Haciendas, in: Ibero-Amerikanisches Archiv. NF 14(1988)3, S. 357-400
Agricultural laborers in the Mexican revolution (1910-40): Some hypotheses and facts about participation and restraint in the highlands of Puebla-Tlaxcala, in: F. Katz (Hg.), Riot, rebellion and revolution. Rural social conflict in Mexico. Princeton/N.J.: Princeton University Press, S. 376-416

P 409 **Niess**, Frank

Süddeutscher Rundfunk (SDR), Wissenschaftsredaktion
Schloß, Wolfsbrunnenweg 33
D-69118 Heidelberg <W-6900 Heidelberg>
Postfach 10 53 09
D-69043 Heidelberg
Tel: 49 (62 21) 91 41 22
Fax: 49 (62 21) 91 42 25

Privat An der Neckarspitze 15
D-69115 Heidelberg
Tel: 49 (62 21) 16 66 15

Geburtsdatum, -ort	21.01.1942, Blankenfelde/Teltow
berufl. Werdegang	1972 M.A. Heidelberg; 1972-76 WissAss., Inst. für Politikwiss., U Stuttgart; 1977-78 freier Autor; Mitarb.in Lateinamerikakomitees; 1978-87 freier Mitarb., Wissenschaftsredaktion des Süddeutschen Rundfunks; seit 1987 Redakteur beim SDR
wiss. Vereinigungen	DVPW
Sprachen	Englisch, Spanisch (Französisch)
Fachgebiet	Politikwissenschaft / Länderkunde
themat. Schwerpunkte	Lateinamerikapolitik der USA; Geschichte, Politik und Ökonomie Kubas und Nicaraguas; Politisches System und Ökonomie Lateinamerikas
geogr. Schwerpunkte	Mittelamerika und Karibik: Nikaragua und Kuba
Monographien	Der Koloß im Norden. Geschichte der Lateinamerikapolitik der USA. Köln: Pahl-Rugenstein 1986 (2. Aufl.), 398 S.
	Das Erbe der Conquista. Geschichte Nicaraguas. Köln: Pahl-Rugenstein 1989 (2. Aufl.), 498 S.
	20mal Kuba. München: Piper 1991, 413 S.
	Am Anfang war Kolumbus: Geschichte einer Unterentwicklung. Lateinamerika 1492 bis heute. München 1992 (2.Aufl.), 208 S.
	A Hemisphere to itself. A history of US-Latin American Relations. London/New Jersey: Zed Books 1990, 229 S.
Aufsätze	Zwischen kaltem und heißem Krieg in Mittelamerika: Reagans Karibik-Politik, in: Blätter für Deutsche und Internationale Politik. Köln 26(1984)5, S. 587-600
	Die ungleichen Nachbarn. Recht, Ideologie und Gewalt in der Lateinamerikapolitik der USA, in: Lateinamerika. Analysen und Berichte. Hamburg 9(1985), S. 55-70
	Der Hinterhof der USA. Zur Geschichte der US-Lateinamerikapolitik, in: Blätter für dt. und internat. Politik. Köln 26(1981)8
	Die drei Blockaden Kubas, in: Blätter für dt. und internat. Politik. Bonn 37(1992)8, s. 954-966

P 410	**Nitsch**, Manfred
	Lateinamerika-Institut (LAI), Freie Universität Berlin Rüdesheimer Str. 54-56 D-14197 Berlin <W-1000 Berlin 33> Tel: 49 (30) 8 38-30 72, -30 73, -30 92 Fax: 49 (30) 8 38-54 64
Privat	Am Sandwerder 8c D-14109 Berlin <W-1000 Berlin 39> Tel: 49 (30) 8 03 75 51
Geburtsdatum, -ort	11.02.1940, Gernrode
berufl. Werdegang	1965 Dipl.Hdl., U München; 1967-70 WissAss., München; 1968 Dr.oec.publ. (Volkswirtschaft), München; 1970-71 WissMitarb. am MPI für ausländisches und internationales Patent- und Wettbewerbsrecht, München; 1972-77 WissMitarb. bei der Stiftung Wissenschaft und Politik, Ebenhausen; seit 1977 Prof. für Politische Ökonomie Lateinamerikas, LAI FU Berlin

Sprachen	Englisch, Spanisch, Französisch, Portugiesisch (Italienisch)
Fachgebiet	Wirtschaft / Politische Ökonomie
themat. Schwerpunkte	Internationale Wirtschaftsbeziehungen, Entwicklungstheorie und -politik, Geld- und Finanzwesen, Bäuerliche Wirtschaft
geogr. Schwerpunkte	Brasilien, Amazonien, Kolumbien
Monographien	Brasilien: Entwicklungsmodell und Außenpolitik. München: Fink 1977, 304 S. (zus. mit W. Grabendorff) PROALCOOL. Evaluierung und Analyse des brasilianischen Biotreibstoffprogramms. Saarbrücken: Breitenbach 1984, 226 S. (zus. mit U. Borges; H. Freitag; Th. Hurtienne) (aktualisierte portugiesische Übersetzung: Aracaju 1988)
Aufsätze	"Tödliche Hilfe?". Zur Modifikation der Außenwirtschafts- und Entwicklungstheorie durch die Einbeziehung des Verhaltens von Entwicklungsbürokratien, aus: Th. Schmid-Schönbein u.a. (Hg.), Entwicklungsländer und Weltmarkt. Frankfurt/M.: Campus 1986, S. 69-111 Die Fruchtbarkeit des Dependencia-Ansatzes für die Analyse von Entwicklung und Unterentwicklung, aus: U.E. Simonis (Hg.), Entwicklungstheorie - Entwicklungspraxis. Eine kritische Bilanzierung. Berlin: Duncker & Humblot 1986, S. 229-263 (engl.: Assessing the usefulness of the dependency approach, in: Economics. Tübingen 33(1986), S. 68-97) Vom Nutzen des institutionalistischen Ansatzes für die Entwicklungsökonomie, aus: H. Körner (Hg.), Zur Analyse von Institutionen im Entwicklungsprozeß und in der internationalen Zusammenarbeit. Berlin: Duncker & Humblot 1989, S. 37-50 (engl.: Reflections on the usefulness of the institutionalist approach to development economics, in: Economics. Tübingen Bd. 42, S. 106-118) Die Rolle der internen politisch-administrativen Strukturen und der externen Geldgeber bei der Zerstörung tropischer Wälder. Der Fall des brasilianischen Amazoniens, aus: J. Bähr; Chr. Corves; W. Noodt (Hg.), Die Bedrohung tropischer Wälder. Ursachen, Auswirkungen, Schutzkonzepte. Kiel: Selbstverlag des Geographischen Instituts der Universität Kiel 1989, S. 63-85 (Portugiesische Übersetzung in Vorbereitung) Economic theory and Latin American debt, aus: R. Liehr (Hg.), La deuda pública en América Latina en perspectiva histórica. Public debt in Latin America in historical perspective. Frankfurt: Vervuert 1992; (Preprint als Diskussionspapier des LAI FU Berlin 1991; portug. Übers. in Vorbereitung)

P 411 **Noack**, Detlef M.

Hochschule der Künste Berlin (HdK Berlin)
Hardenbergstr. 33
D-10623 Berlin <W-1000 Berlin 12>
Postfach 12 67 20
D-10595 Berlin
Tel: 49 (30) 31 85-22 44
Telex: 30 80 66
Fax: 49 (30) 31 85-26 81

Privat Matterhornstr. 88
D-14129 Berlin <W-1000 Berlin 38>
Tel: 49 (30) 8 03 87 86

Geburtsdatum, -ort 15.11.1925, Berlin

berufl. Werdegang ab 1947 Studium der Malerei, HfbK Berlin; ab 1949 der Kunstgeschichte, Archäologie und Philosophie an der FU Berlin und Sorbonne Paris; 1956 Dr.phil.; 1957-59 WissMitarb. am Kunsthist. Inst. der FU, 1959-63 am DAI in Madrid; 1963-67 Leiter der Zweigstelle des Goethe-Instituts in São Paulo/Brasilien; 1967-75 o.Prof; ab 1969 Rektor der HfbK Kassel; ab 1975 o.Prof. für Kunst und Kulturgeschichte, HdK Berlin (bis 1977 gleichz. Gründungspräsident); ab 1992 Emeritus

wiss. Vereinigungen Verband deutscher Kunsthistoriker

Sprachen Französisch, Spanisch, Portugiesisch (Englisch)

Fachgebiet Kunstgeschichte

themat. Schwerpunkte Fotografische Bautendokumentation (Archivbestand: 1991 ca. 6500 Aufnahmen, ohne Mexiko)

geogr. Schwerpunkte Bolivien, Argentinien, Chile, Peru

P 412 **Nohlen**, Dieter

Institut für Politische Wissenschaft, Universität Heidelberg
Marstallstr. 6
D-69117 Heidelberg <W-6900 Heidelberg>
Tel: 49 (62 21) 54-28 85, -28 86
Telex: 461 515 uni hd d
Fax: 49 (62 21) 54-28 97

Privat Wilhelmsfelder Str. 18/1
D-69118 Heidelberg
Tel: 49 (62 21) 80 30 63

Geburtsdatum, -ort 06.11.1939, Oberhausen

berufl. Werdegang Studium (Politische Wissenschaft, Geschichte, Romanistik); 1967 Dr.phil., Heidelberg; 1969-72 Forschungsaufenthalt in Lateinamerika; 1973 Habil., Tübingen; seit 1974 o.Prof. für Politische Wissenschaft, U Heidelberg; 1989 Ruf nach Tübingen, abgelehnt; 1991 Max-Planck-Forschungspreis

Beratung Seit 1967 Leiter des DFG-Forschungsprojektes "Wahl der Parlamente" (Wahlen und politischer Wandel in Amerika); Leiter des Forschungsprojektes "Kooperation und Konflikt im La-PlataBekken"; Vorbereitung "Dritte Welt-Lexikon" (zus. mit anderen)

Sprachen	Englisch, Spanisch, Französisch (Portugiesisch, Italienisch)
Fachgebiet	Politikwissenschaft
themat. Schwerpunkte	Vergleichende Analyse politischer Systeme (insbes. Wahlen), Konsolidierung der Demokratie, Entwicklungstheorie und Entwicklungsländer
geogr. Schwerpunkte	Iberische Halbinsel, Lateinamerika
Schriftenreihen	u.a. Mithg. "Handbuch der Dritten Welt"; "Forschungen zu Lateinamerika"; "Iberoamerikanisches Archiv. Zs. für Sozialwiss. und Geschichte"
Monographien	Über 40 Buchpublikationen (Verfasser, Hg./Mithg.), u.a.: Chile. Das sozialistische Experiment. Hamburg: Hoffmann & Campe 1973, 432 S. Feuer unter der Asche. Chiles gescheiterte Revolution. Baden-Baden: Signal 1974, 179 S. (Hg.) Reforma política y consolidación democrática. Europa y América Latina. Caracas: Nueva Sociedad 1988, 382 S. (zus. mit A. Solari) (Hg.) Demokratie und Außenpolitik in Lateinamerika. Opladen: Leske 1991, 451 S. (zus. mit M. Fernández; A. van Klaveren) (Hg.) Descentralización política y consolidación democrática. Europa-América del Sur. Caracas: Nueva Sociedad 1991,386 S. (Hg.) Reforma política y cambio político. Buenos Aires: CEDES/ Legasa 1991, 360 S. (zus. mit L. de Riz) (Hg.) Presidencialismo versus parlamentarismo. América Latina. Caracas: Nueva Sociedad 1991, 201 S. (Hg.) Handbuch der Dritten Welt, Bd. 2.: Südamerika, Bd. 3: Mittelamerika und Karibik. Bonn: Dietz 1992 (3. Aufl.) (zus. mit Franz Nuscheler) (Hg.) Enciclopedia electoral de América Latina y del Caribe. San José: CAPEL 1992 Sistemas electorales y partidos políticos. San José 1992 Los sistemas electorales de América Latina y el debate sobre reforma electoral. Madrid: Inst. Univ. Ortega y Gasset 1992
Aufsätze	Weit über 100 wiss. Aufsätze und Länderbeiträge in Handbüchern, Lexika, Sammelbänden und Zeitschriften (Liste erhältlich)

P 413	**Nolte**, Detlef
	Institut für Iberoamerika-Kunde Alsterglacis 8 D-20354 Hamburg <W-2000 Hamburg 36> Tel: 49 (40) 41 47 82-32, -01 Fax: 49 (40) 41 47 82-41
Privat	Marienburgerstr. 11 D-25421 Pinneberg <W-2080 Pinneberg> Tel: 49 (41 01) 2 26 95
Geburtsdatum, -ort	23.11.1952, Ludwigshafen/Rhein
berufl. Werdegang	1972-78 Studium (Polit. Wiss., Geschichte, Germanistik), U Mannheim, Staatsexamen; 1978-89 WissMitarb. und Hochschul-

	Ass., U Mannheim; 1986 Dr.phil; seit 1989 WissMitarb., IIK, Hamburg (stellv. Direktor); Lehrbeauftr., LASt U Hamburg
Beratung	Wahlbeobachter für die Vereinten Nationen in Nicaragua 1990
wiss. Vereinigungen	ADLAF
Sprachen	Spanisch, Englisch (Französisch, Portugiesisch)
Fachgebiet	Politikwissenschaft / Geschichte
themat. Schwerpunkte	Regimewandel, Demokratie, Staatsreform, Dezentralisierung, Interessengruppen. Parteien, Wahlen, Beziehungen BRD-Lateinamerika, Menschenrechte,
geogr. Schwerpunkte	Chile, Argentinien, Uruguay, Paraguay, Nicaragua
Periodika	Mithg. "Lateinamerika Jahrbuch" (Frankfurt/M.: Vervuert)
Monographien	Zwischen Rebellion und Integration. Gewerkschaften in der chilenischen Politik. Saarbrücken: Breitenbach 1986, 659 S. Chile: Auf dem Rückweg zur Demokratie? Baden-Baden:Nomos 1988, 194 S. (zus. mit H.-W. Krumwiede) (Hg.) Lateinamerika im Umbruch? Wirtschaftliche und politische Veränderungen an der Wende von den 80er zu den 90er Jahren. Hamburg: IIK 1991, 292 S. (Mithg.) Modellfall Chile? Ein Jahr nach dem demokratischen Neuanfang. Hamburg: IIK 1991, 208 S. (zus. mit J. Ensignia)
Aufsätze	Zur sozialen Basis konterrevolutionärer Massenbewegungen: "el paro de octubre" in Chile 1972, in: Ibero-Amerikanisches Archiv. Berlin 10(1984), S. 393-448 Das chilenische Parteiensystem: Rückblick und Ausblick, in: Ibero-Amerikanisches Archiv. Berlin 15(1989), S. 233-296 Una democracia sitiada? Chancen und Gefahren für die Demokratie in Lateinamerika, in: Lateinamerika. Analysen-Daten-Dokumentation. Hamburg 7(1990)13, S. 19-23 Procesos de descentralización en América Latina: un enfoque comparativo, in: D. Nohlen (Hg.), Descentralización política y consolidación democrática: Europa y América del Sur. Caracas: Nueva Sociedad 1991, S. 73-85 Nikaragua: Warum verloren die Sandinisten? in: Lateinamerika. Analysen-Daten-Dokumentation. Hamburg 8(1991)17/18, S. 25-30

P 414	**Nolte**, Ulrike
	Universidade Federal de Mato Grosso (UFMT) Biología/Zoología Avenida Fernando Correa s/n, 78.098 Cuiabá, MT/Brasilien Tel: 55 (65) 3 15 88 22 Fax: 55 (65) 3 16 11 19
Privat	Rua Nassau 194, Jardim das Américas III 78.090 Cuiabá, MT/Brasilien Tel: 55 (65) 6 27 29 02 Fax: 55 (65) 6 27 29 02
Geburtsdatum, -ort	29.04.1955, Braunschweig
berufl. Stellung	Professora visitante (Gast-Dozentin)

wiss. Vereinigungen	SIL; GTÖ
Sprachen	Englisch, Portugiesisch (Spanisch)
Fachgebiet	Limnologie / Zoologie
themat. Schwerpunkte	Limno-Entomologie, Chironomidae
geogr. Schwerpunkte	Überschwemmungs-Savannen Brasiliens (Patanal, Mato Grosso), Ost-Bolivien
Periodika	Hg. "Chironumus. Newsletter of chironomid research" (Bergen)
Aufsätze	Small water colonization in pulse stable (várzea) and constant (terra firme) biotopes in the Neotropics, in: Archiv für Hydrobiologie. Stuttgart 113(1988), S. 541-550 Observations on neotropical rainpools (Bolivia) with emphasis on Chironomidae (Diptera), in: Studies on the Neotropical Fauna and Environment. Lisse 24(1989), S. 105-120 Chironomid biomass determination from larval shape, in: Freshwater Biology. Oxford 24(1990), S. 443-451 Short life in cold water: Diamesa incallida (Chironomidae), in: Holarctic Ecology. Lund 13(1991), S. 81-89 Seasonal dynamics of moss-dwelling chironomid communities, in: Hydrobiologia. Dordrecht (im Druck) Life cycle of Pseudodiamesa branickii (Chironomidae) a small upland stream, in: Hyrobiological Bulletin. Dordrecht (im Druck)

P 415	**Novy**, Andreas
	Interdisziplinäres Institut für Raumordnung, Stadt- und Regionalentwicklung, Wirtschaftsuniversität Wien Augasse 2-6 A-1090 Wien Tel: 43 (1) 3 13 36-47 77 Fax: 43 (1) 3 13 36-7 05
Privat	Gentzgasse 14/10/2 A-1180 Wien Tel: 43 (1) 3 19 96 53
Geburtsdatum, -ort	19.12.1962, Wien
berufl. Werdegang	seit 1991 Univ.Ass. am Institut für Raumordnung, WU Wien
berufl. Stellung	Universitäts-Assistent am Institut für Raumordnung
wiss. Vereinigungen	Lateinamerikainstitut; Mattersburger Kreis
Sprachen	Englisch, Portugiesisch (Spanisch, Französisch)
Fachgebiet	Städteplanung / Regionalplanung
themat. Schwerpunkte	Lokalentwicklung (Bürgerbewegungen, informeller Sektor) Regulierungsmodelle, Ökologie
geogr. Schwerpunkte	Brasilien
Aufsätze	Die Armen müssen Maßstab sein: Theorie und Praxis der Kirchlichen Basisgemeinden in Brasilien, in: Journal für Entwicklungspolitik. Wien 4(1988)1, S. 57-76 Der Schein trügt. Über Brasiliens postmoderne Modernisierung, die Zerstörung des Modernen und den Rückfall ins Traditionelle, in: Journal für Entwicklungspolitik. Wien 8(1992)1, S. 55-80

P 416 **Nuhn**, Helmut

Fachbereich Geographie, Universität Marburg
Deutschhausstr. 10
D-35037 Marburg <W-3550 Marburg>
Tel: 49 (64 21) 28 42 11
Fax: 49 (64 21) 28 67 27

Privat Uferstr. 6
D-35037 Marburg <W-3550 Marburg>
Tel: 49 (64 21) 6 35 07

Geburtsdatum, -ort 22.12.1936, Marburg/Lahn

berufl. Werdegang 1965 Dr.rer.nat., Kiel; 1965-67 Berater beim Instituto de Tierras y Colonización, San José/Costa Rica; 1967 Forschungen in Zentralamerika mit Unterstützung der DFG; 1968 Assistent Wirtschaftsgeographischen Abt., U Hamburg; 1969 WissRat; 1976/77 Habil.; 1977 Prof., U Hamburg; 1989 Prof., U Marburg

Beratung Projekte zur angewandten Entwicklungsländerforschung, insbes. zur Regionalentwicklung in Mittelamerika

Sprachen Englisch, Spanisch (Französisch)

Fachgebiet Geographie

themat. Schwerpunkte Geographische Regionalanalyse, Raumordnung und Regionalplanung, Industriegeographie

geogr. Schwerpunkte Zentralamerika, Karibischer Raum, Europa

Schriftenreihen Mithg. "Regionalforschung in Lateinamerika"; "Wirtschaftsgeographie"; "Marburger Geographische Schriften"

Monographien Zentralamerika. Karten zur Bevölkerungs- und Wirtschaftsstruktur. Hamburg 1975, XV+179 S., 10 Faltkarten im Anhang

Regionalisierung und Entwicklungsplanung in Costa Rica. Ein Beitrag zur Angewandten Geographie und Raumplanung unter Einsatz von EDV. Hamburg 1978, XIV+193 S.

Krisengebiet Mittelamerika. Interne Probleme, weltpolitische Konflikte. Braunschweig 1985, 288 S.

Polarisierte Siedlungsentwicklung und Dezentralisierungspolitik in Zentralamerika, Teil I: Regionalstruktur und Effekte von Planungsmaßnahmen in Costa Rica, Panama und Belize. Hamburg 1987, VI+328 S.; Teil II: Traditionelle Regionalpolitik und Ansätze für eigenständige Entwicklung. Hamburg 1988,VII+208 S.

Zentralamerika. Ökonomische Integration und regionale Konflikte. Hamburg 1991, XV+219 S.

Aufsätze Struktur und Entwicklung des Städtesystems in den Kleinstaaten Zentralamerikas und ihre Bedeutung für den regionalen Entwicklungsprozeß, in: Erdkunde 36(1981), S. 303-320

The evolution of transport systems and socio-economic integration in the small states of Central America, in: Economics 26(1982), S. 87-108

P 417 **Nungesser**, Michael

Privat
Hohenzollerndamm 14
D-10717 Berlin <W-1000 Berlin 31>
Tel: 49 (30) 8 61 24 17

Geburtsdatum, -ort 12.04.1950, Darmstadt

berufl. Werdegang Studium (Kunstgeschichte), Frankfurt/M. und West-Berlin; 1977 M.A.; seitdem freiberufl. Kunstwissenschaftler; Forschungsauftrag der Thyssen-Stiftung für die Kunstbibliothek SPK Berlin

wiss. Vereinigungen Carl Justi-Vereinigung zur Förderung der kunstwissenschaftlichen Zusammenarbeit mit Spanien und Portugal (München)

Sprachen Spanisch, Englisch (Französisch, Katalanisch, Italienisch)

Fachgebiet Kunst

themat. Schwerpunkte Kunst des 19. und 20. Jahrhunderts, Wandmalerei, Exil

geogr. Schwerpunkte Mexiko, Argentinien, Chile

Monographien
Geburt der mexikanischen Wandmalereibewegung in den frühen zwanziger Jahren. Vom Schöpfungsmythos zur revolutionären Dreieinigkeit. Berlin 1984, 166 S. (zus. mit. O. Münzberg)
(Mithg. + Beiträge) José Clemente Orozco 1883-1949. Berlin: Leibniz Gesellschaft für kulturellen Austausch 1981, 358 S.
(Mithg. + Beiträge) Diego Riviera 1886-1957. Berlin: Neue Gesellschaft für bildende Kunst/Staatl. Kunsthalle 1987, 222 S.

Aufsätze
Mexiko, das republikanische Spanien und die Künstler, in: Ausst. Katalog Für Spanien. Museum Bochum 1986
Ein anderer Weg. Tamayos Werk in der Rezeption, in: Ausst. Katalog Rufino Tamayo 1990. Staatliche Kunsthalle Berlin 1990, S. 113-131
Walter Reuter als Fotograf in Mexiko, in: Ausst. Kat. Walter Reuter. Berlin/Madrid/Mexiko. 60 Jahre Fotografie und Film 1930-1990. Neue Ges. für bildende Kunst. Berlin 1990, S. 48-59
Intermediario entre artes y continentes. El camino de Mathias Goeritz, in: Humboldt 31(1990)101, S. 48-51
Entwürfe einer neuen Gesellschaft. Sowjetische Revolutionskunst, revolutionäre Kunst in Mexiko, aus: M. Wagner (Hg.), Moderne Kunst 2. Das Funkkolleg zum Verständnis der Gegenwartskunst. Reinbek bei Hamburg: Rowohlt 1991, S. 372-400

P 418 **Oberndörfer**, Dieter

Arnold-Bergstraesser-Institut (ABI)
Windausstr. 16
D-79110 Freiburg/Br <W-7800 Freiburg/Br>
Tel: 49 (7 61) 8 50 91

Privat
Alemannenstr. 5
D-79299 Wittnau <W-7801 Wittnau>
Tel: 49 (7 61) 40 50 12

Geburtsdatum, -ort 05.11.1929, Nürnberg

berufl. Werdegang 1955 Dr.phil., Erlangen; 1960 Habil. (Politik, Soziologie), Freiburg/Br.; 1963 ao.Prof., Freiburg/Br.; 1964 o.Prof. (Politik, Soziologie), Freiburg/Br.; 1969/70 Dekan der Phil. Fakultät

	Freiburg/Br.; seit 1963 Direktor des ABI
wiss. Vereinigungen	ADLAF
Sprachen	Englisch, Spanisch, (Malayisch, Französisch, Russisch)
Fachgebiet	Soziologie / Entwicklungspolitik
themat. Schwerpunkte	Polit. Theorie, Entwicklungspolitik, Verwaltungssysteme 3. Welt
geogr. Schwerpunkte	Zentralamerika, Mexiko, Chile, Amazonien
Schriftenreihen	Hg. "Ordo Politicus" (Berlin); "Materialien des Arnold-Bergstraesser-Instituts"; "Freiburger Studien zu Politik und Gesellschaft überseeischer Länder"; Mithg. "Studien zu Entwicklung und Politik" (München); "Materialien zu Entwicklung und Politik" (München); "Sozialwissenschaftliche Beiträge zur Entwicklungsforschung"; "Freiburger Studien zu Entwicklung und Politik"; "Freiburger Schriften zur Politikwissenschaft"
Periodika	Mithg. "Zeitschrift für Politik" (München)
Monographien	Kommunalverwaltung in Mittelamerika. Eine Studie über die Hauptstädte Guatemalas und El Salvadors. Freiburg: ABI 1975, (Hg. zus. mit H. Avenarius; E. Schmitz u.a.)
	Steuersystem und Finanzverwaltung in Costa Rica und Guatemala. Bd. 1: Costa Rica; Bd. 2: Guatemala; Bd. 3: Zusammenfassende Darstellung und Empfehlungen. Freiburg: ABI 1973, 80, 99, 34 S., (Hg. zus. mit H. Avenarius; U. Fanger; J.H. Wolff)
	Wirkungsbeobachtung deutscher sozialstruktureller Entwicklungshilfe in Brasilien und Chile. Bd. 1: Chile. Freiburg o.J., 758 S. (zus. mit U. Fanger; F.-W. Heimer)
	Die deutsche Beratungshilfe bei der Reorganisation der peruanischen Zollverwaltung, Freiburg/Bonn 1980 (zus. mit U. Fanger; G.D. Gotschlich; H. Weidner)
	Schutz der tropischen Regenwälder durch Entschuldung. München 1989
Aufsätze	Probleme der Stadtentwicklung (in San Salvador), in: D. Oberndörfer (Hg.), Kommunalverwaltung in Mittelamerika. Mainz 1977, S. 213-228
	Probleme, Voraussetzungen und Möglichkeiten der Stadtentwicklungsplanung (in Guatemala-Stadt), in: Kommunalverwaltung in Mittelamerika (s.o.), S. 111-113
	Schutz der tropischen Regenwälder (Feuchtwälder) durch ökonomische Kompensation, in: Freiburger Universitätsblätter 28(1989)105, S. 91-117

P 419	**Oertzen**, Eleonore von
	Institut für Soziologie, Universität Hannover Schneiderberg 50 D-30167 Hannover <W-3000 Hannover 1> Tel: 49 (5 11) 7 62 45 73
Privat	Roesebeckstr. 16 A D-30449 Hannover <W-3000 Hannover 91> Tel: 49 (5 11) 44 27 59
Geburtsdatum, -ort	29.01.1952, Göttingen

berufl. Werdegang Staatsexamen (HL); 1984-90 WissMitarb. am Inst. für Soziologie, U Hannover; 1990 Dr.phil.; Habilitandin
wiss. Vereinigungen GEB
Sprachen Englisch, Spanisch (Französisch, Italienisch, Portugiesisch)
Fachgebiet Soziologie
themat. Schwerpunkte Ethnische Beziehungen, Soziale Bewegungen, Geschlechterverhältnis
geogr. Schwerpunkte Peru, Nikaragua
Periodika Mithg. "Lateinamerika Analysen und Berichte" (Bad Honnef)
Monographien Peru. Eine Länderkunde. München: Beck 1988, 216 S.
Aufsätze Indianer am Rande des britischen Empire. Kolonialismus in der Mosquitia 1635-1860, aus: K. Meschkat; dies.; E. Richter; L. Rossbach; V. Wünderich (Hg.), Mosquitia. Die andere Hälfte Nicaraguas. Hamburg 1987, S. 25-63
Die ethnische Hierarchie an der Atlantikküste Nicaraguas, aus: P. Waldmann; G. Elwert (Hg.), Ethnizität im Wandel. Saarbrükken/Fort Lauderdale 1989, S. 155-168
sonst. Publikationen (Hg., Übers. und Einleitung) José Carlos Mariátegui - Revolution und peruanische Wirklichkeit. Frankfurt/M.: ISP 1986, 169 S.
The Nicaraguan Mosquitia in Historical Documents 1844-1927. The Dynamics of Ethnic and Regional History. Berlin: Reimer 1990, 486 S. (Hg. zus. mit. L. Rossbach; V. Wünderich)

P 420 **Ohly**, Jörg Johannes

Max-Planck-Institut für Limnologie, AG Tropenökologie
August-Thienemann-Straße 2
D-24306 Plön <W-2320 Plön>
Postfach 1 65
D-24302 Plön
Tel: 49 (45 22) 8 02-1
Fax: 49 (45 22) 8 02-2 81
Privat Moraltstr. 18
D-81477 München <W-8000 München 71>
Tel: 49 (89) 65 57 02
Geburtsdatum, -ort 09.11.1948, Starnberg
berufl. Werdegang 1979-81 ProjektAss. GTZ in Itajai, Santa Catarina/Brasilien (kleinbäuerl. Milchviehwirtschaft); 1981-82 GTZ-Experte für Saatgutwirtschaft in Peradenya/Sri Lanka; 1984-87 Stipendiat der MPG, Manaus/Bras. (Weidewirtschaft auf Überschwemmungsgebieten); 1988-90 GTZ-Experte, Alor Setar/Malaysia (Tierernährung); seit 1991 INPA, Manaus/Bras. (ökonom. und ökolog. Untersuchungen zur Landnutzung der Überschwemmungsgebiete am mittleren Amazonas
wiss. Vereinigungen GTÖ
Sprachen Englisch, Portugiesisch, Spanisch, Neugriechisch (Französisch)
Fachgebiet Landwirtschaft / Entwicklungszusammenarbeit
themat. Schwerpunkte Weidenutzung, Futterwert nativer Weidepflanzen, Tierhaltung

(Rinder, Wasserbüffel), Landnutzungssysteme, Landnutzung von tropischen Feuchtgebieten

geogr. Schwerpunkte Amazonasgebiet (Brasilien), Südostasien

Aufsätze Untersuchungen über die Eignung der natürlichen Pflanzenbestände auf den Überschwemmungsgebieten (várzea) am mittleren Amazonas, Brasilien, als Weide für den Wasserbüffel (bubalus bubalis) während der terrestrischen Phase des Ökosystems, in: Göttinger Beiträge zur Land- und Forstwirtschaft in den Tropen und Subtropen (1987)24, S. 199

Die Wasserbüffelwirtschaft am mittleren Amazonas aus der Sicht der jüngsten Entwicklungen, in: Amazoniana 9(1985)3, S. 441-457

P 421 **Ohngemach**, Dieter

Gymnasium Kronwerk
Eckernförder Str.
D-24768 Rendsburg <W-2370 Rendsburg>

Privat Nierott 41
D-24214 Gettorf <W-2303 Gettorf>
Tel: 49 (43 46) 72 89

Geburtsdatum, -ort 22.06.1936, Heilbronn

berufl. Werdegang 1965 1. Staatsexamen (Lehramt an Gymnasien); 1967 2. Staatsexamen; 1970 Dr.rer.nat.; 1971-1977 Mexiko-Projekt der DFG; seit 1977 Gymnasium (Oberstudienrat)

Sprachen Englisch, Französisch (Spanisch)

Fachgebiet Botanik

themat. Schwerpunkte Vegetationsgeschichte Mexikos

geogr. Schwerpunkte Hochland von Mexiko

Monographien Beiträge zur Vegetations- und Klimageschichte im Gebiet von Puebla-Tlaxcala. Pollenanalysen im Mexiko-Projekt (Resumen en español). Mit einem Anhang von W. Lauer: Synopse der spät- und postglazialen Landschaftsentwicklung im zentralmexikanischen Hochland. Wiesbaden: Steiner 1983, 165 S. (zus. mit H. Straka)

Aufsätze Análisis polínico de los sedimentos del pleistoceno reciente y del holoceno en la region Puebla-Tlaxcala, in: Comunicaciones (Proyecto Puebla-Tlaxcala). Puebla 7(1973), S. 47-49

Pollen sequence of the Tlaloqua Crater (La Malinche volcano, Tlaxcala/México), in: Bol.Soc.Botan. México 36(1977) S. 33-40

Die Pleistozän/Holozän-Grenze in Mexiko, in: Münster.Forsch. Geol.Paläont. (1976)38/39, S.229-251 (zus. mit K. Heine)

Late Quarternary vegetation history of the Mexican highland, in: Pl. Syst. Evol. (1989)162, S. 115-132 (zus. mit H. Straka)

sonst. Publikationen Erläuterung zu einer geologischen Karte, aus: R. Weyl (Hg.), Geologie des Hochbeckens von Puebla-Tlaxcala und seiner Umgebung, Wiesbaden: Steiner 1977, XII+133 S.

P 422	**Oliveira Pinto**, Tiago de
	Internationales Institut für Traditionelle Musik (IITM) Winklerstr. 20 D-12623 Berlin <W-1000 Berlin 33> Tel: 49 (30) 8 26 28 53 Telex: 18 28 75 iicms d Fax: 49 (30) 8 25 99 91
Privat	Holsteiner Ufer 34 D-10557 Berlin <W-1000 Berlin 21>
Geburtsdatum, -ort	10.12.1957, São Paulo
berufl. Werdegang	1989 Dr.phil.; Lehraufträge FU Berlin und USP São Paulo; Wiss-Angest., IITM Berlin
wiss. Vereinigungen	Associação Brasileira de Antropologia; International Council for Traditional Music; Ordem Brasileira dos Trovadores; Society for Ethnomusicology etc.
Sprachen	Portugiesisch, Spanisch, Englisch, Italienisch, Holländisch (Französisch)
Fachgebiet	Musik / Ethnologie
themat. Schwerpunkte	Populäre und traditionelle Musikformen Lateinamerikas, Musik und Religion, Machtstrukturen, Karneval, Tanz, Kommerz etc.
geogr. Schwerpunkte	Brasilien, Karibik
Schriftenreihen	Mithg. der CD-Reihe "Traditional Music of the World", IITM
Periodika	"Boletim da Sociedade Brasileira de Musicologia" (Jge. 1983, 1984)
Monographien	(Hg.) Brasilien. Einführung in Musiktraditionen Brasiliens. Mainz u.a.: Schott 1986, 224 S. Capoeira, Samba, Candomblé. Afro-brasilianische Musik im Recôncavo, Bahia. Berlin: Reimer 1991, 264 S. Sambas und Sambistas in Brasilien. Musikbogen: Wege zum Verständnis fremder Musikkulturen 2. Wilhelmshaven: Florian Noetzel Books (zus. mit D. Tucci) (im Druck)
Aufsätze	Historische afro-brasilianische Siedlungsformen zwischen Auflösung und Anpassung in Brasiliens gegenwärtiger sozio-ökonomischer Entwicklung, in: Review of Ethnology. Wien 10(1987)1-13, S. 83-95 Breves anotações sobre as músicas de culto afro-brasileiras, aus: K. Kohut; A. Meyers (Hg.), Religiosidad Popular en América Latina. Frankfurt/M.: Vervuert 1988, S. 315-330 Making Ritual Drama: Dance, Music and Representation in Brazilian Candomblé and Umbanda, in: The World of Music. Wilhelmshaven 33(1991)1, S. 70-88
sonst. Publikationen	Berimbau & Capoeira, (LP und Kommentar), Instituto Nacional do Folclore, Rio de Janeiro: Funarte 1988 Capoeira, Samba, Candomblé. Bahia/Brasil (CD und englischer Kommentar). Berlin: Mus. für Völkerkunde 1990 Vou-me embora pra Bahia, Video (33 min.), Internationales Institut für vergleichende Musikstudien und Dokumentation, Berlin 1987/88 (zus. mit M.P. Baumann)

P 423 **Ostleitner**, Elena

Institut für Musiksoziologie
Schubertring 14
A-1010 Wien
Tel: 43 (1) 5 13 76 00-22

Privat Skraupstr. 24/23
A-1210 Wien
Tel: 43 (1) 3 96 22 13

Geburtsdatum, -ort 15.06.1947, Caracas
berufl. Werdegang Studium (Musik, Soziologie); AssProf., U Wien und Salzburg
Beratung Lateinamerika-Institut, Bundesmin. für Unterricht und Kunst
wiss. Vereinigungen ÖLAI
Sprachen Englisch, Spanisch (Französisch, Italienisch)
Fachgebiet Soziologie
themat. Schwerpunkte Lateinamerikanische E- und U-Musik, Frau und Musik
geogr. Schwerpunkte Lateinamerika
Schriftenreihen "Frauentöne", Musikschriftenreihe
Aufsätze "La música popular venezolana" soziologisch gesehen, dargestellt am Beispiel der Protestlieder Ali Primeras, aus: Lateinamerika-Studien: Venezuela, Kolumbien, Ekuador. München 1980
Musikalische Ausdrucksformen im Karibischen Raum. Soziale Hintergründe, aus: Lateinamerika-Studien: Argentinien, Uruguay. München 1983
Musikalische Folklore und Fremdenverkehr, in: Zeitschrift für Lateinamerika. Wien 32(1988)
sonst. Publikationen Das Musikleben Argentiniens am Beispiel ausgewählter Komponisten und Interpreten (D. Zipoli, A. Ginastera, M. Sosa, A. Yupanqui) (Unveröffentl. Manuskript. Wien 1989)
Europas Musik zwischen Mambo und Tango: Musikalische Einflüsse Lateinamerikas auf Europa (Unveröff. Ms. Wien 1992)

P 424 **Paas**, Dieter

Privat Col. Ampliación Tepepan, Del. Xochimilco
México, D.F./Mexiko
Tel: 52 (5) 6 76 65 25

Geburtsdatum, -ort 01.07.1940, Bruchsal
berufl. Werdegang 1959-65 Studium, Heidelberg, Berlin; 1965 M.A. (Soziologie), Heidelberg; 1967-79 WissAngest. und WissAss. am Inst. für Soziologie, Heidelberg; 1972 Dr.phil. (Soziologie); 1973-74 Doz. für Soziologie, U Católica Santiago de Chile; 1979-1992 Projektleiter für die Friedrich-Naumann-Stiftung in Mexiko
Beratung Mitarbeit am DFG-Forschungsprojekt "Migration und Ernährung in Kolumbien" (abgeschlossen); Beratung und Fortbildung für Genossenschaften und Organisationen der Erwachsenenbildung in Mexiko, Zentralamerika und der Karibik
Sprachen Englisch, Spanisch, Französisch, Italienisch
Fachgebiet Soziologie / Entwicklungspolitik
themat. Schwerpunkte Soziologie der Entwicklungsländer, Agrarsoziologie, Politische

	Soziologie, Selbsthilfeorganisationen und Genossenschaften, Erwachsenenbildung und soziale Promotion
geogr. Schwerpunkte	Lateinamerika, Südeuropa
Monographien	Participación y democracia cooperativa en los países de desarrollo. Santiago: UC de Chile, Centro de Estudios Cooperativos 1974, 59 S.
	Lehrer und Landgemeinde in Kolumbien. Bonn 1980, 226 S.
	La cuestión económica en las organizaciones autogestivas. Mexiko: Praxis 1990, 197 S. (Hg. zus. mit B. Mata; R. Nuñez)
	El sector informal en América Latina. Una selección de perspectivas analíticas. Mexiko: CIDE 1991, 359 S. (Hg. zus. mit J. Schatan; A. Orsatti)
	Municipio y democracia. Participación de las organizaciones de la sociedad civil en la política municipal. Mexiko: Praxis 1991, 189 S. (Hg. zus. mit D. Prieto; J. Moguel; A. Sanginés)
	Ecología, municipio y sociedad civil. Mexiko: Praxis 1992, 224 S. (Hg. zus. mit D. Prieto; J. Moguel)
Aufsätze	Das "Entwicklungsmodell" des chilenischen Militärregimes. Anspruch und Wirklichkeit, in: Blätter für deutsche und internationale Politik. Köln (1976)12, S. 1388-1401
P 425	**Pachner**, Heinrich
	Geographisches Institut, Universität Tübingen Hölderlinstr. 12 D-72074 Tübingen <W-7400 Tübingen> Tel: 49 (70 71) 29 60 84 Fax: 49 (70 71) 29 53 18
Privat	Paul-Lincke-Str. 27 D-70195 Stuttgart <W-7000 Stuttgart 1> Tel: 49 (7 11) 69 61 44
Geburtsdatum, -ort	23.12.1945, Putschen
berufl. Werdegang	1971 1. Staatsexamen (Geographie, Mathematik, Physik); 1972 Diplomexamen (Geographie, Volkswirtschaftslehre, Soziologie); 1976 2. Staatsexamen als Lehrer an Gymnasien; 1981 Promotion in Geographie; 1990 Habil.; UnivProf. U Tübingen
Sprachen	Englisch, Spanisch
Fachgebiet	Geographie
themat. Schwerpunkte	Urbanisierung in Hütten- und Hochhausvierteln, Sozial- und Wirtschaftsgeographie, Struktur- und Prozeßanalyse im ländlichen Raum, Zentralitätsforschung
geogr. Schwerpunkte	Nördliches Südamerika, Argentinien, Süddeutschland
Monographien	Hüttenviertel und Hochhausquartiere als Typen neuer Siedlungszellen der venezolanischen Stadt. Sozialgeographische Studien zur Urbanisierung in Lateinamerika als Entwicklungsprozeß von der Marginalität zur Urbanität. Stuttgart 1981
Aufsätze	Der städtische Vorort Baruta. Sozialgeographische Untersuchungen am Stadtrand von Caracas, in: Stuttgarter Geogr. Studien. Stuttgart (1973)85, S. 95-197

Randliches Wachstum und zunehmende innere Differenzierung venezolanischer Städte. Ein regionaler Beitrag zum Phänomen der Urbanisierung in Lateinamerika, in: Marburger Geographische Schriften. Marburg (1978)77, S. 169-202
Entwicklung randstädtischer "Elendsviertel" in Venezuela. Analyse von raumwirksamen Einflußfaktoren im Rahmen entwicklungstheoretischer Ansätze, aus: Tagungsber. und wiss. Abh., 42. Dt. Geographentag. Wiesbaden: Steiner 1980, S. 506-509
Ländliche Siedlungen Venezuelas im Spannungsfeld zwischen Stadt und Land, aus: Lateinamerika-Studien 7. München 1980, S. 317-336
Bevölkerungsentwicklungen und räumliche Kontraste in Venezuela, in: Nachrichten der DVG 3(1985)3/4, S. 132-137
Shack quarters and high-rise quarters - spontaneous and planned settlements in Venezuela, in: Applied Geography and Development. Tübingen 28(1986), S. 96-127
Eigendynamik bei der Entwicklung von Spontansiedlungen am Rand venezolanischer Städte, in: Prozesse der Entstehung und Veränderung ungeplanter Siedlungen. II. Kolloquium des Sonderforschungsbereichs 230. Stuttgart 1986, S. 183-202 (Konzepte SFB 230. 25)
Barrios periféricos y urbanizaciones de edificios como asentamientos espontáneos y planificados en Venezuela, in: Cuadernos. (Hg. Instituto Latino Americano de Investigaciones Sociales) Caracas 1987, 39 S.

P 426 **Pade**, Werner

Privat Schiffbauerring 35
D-18109 Rostock <O-2520 Rostock 27>

Geburtsdatum, -ort 15.09.1940, Rostock

berufl. Werdegang Studium HU Berlin; 1962 Dipl.-Historiker; Staatsexamen als Oberstufenlehrer für Russisch und Geschichte; seit 1966 U Rostock; 1971 Dr.phil.; 1981 Habil.; 1983 Dozentur; 1987-91 o.Prof. für Neuere Geschichte Lateinamerikas; Studienaufenthalte, Vortrags- bzw. Lehrtätigkeit: Kuba, Nikaragua, Peru, Uruguay, Argentinien

wiss. Vereinigungen AHILA

Sprachen Spanisch, Russisch (Englisch, Französisch, Portugiesisch, Italienisch, Niederländisch)

Fachgebiet Geschichte

themat. Schwerpunkte Geschichte der deutsch-lateinamerikanischen Beziehungen speziell 1918-1933, Neuere und neueste Geschichte Kubas

geogr. Schwerpunkte Kuba, Argentinien/La Plata-Länder

Periodika Redaktionskollegium "Asien. Afrika. Lateinamerika" (Berlin, bis 1990); "Lateinamerika" (Rostock, seit 1986)

Monographien (Hg.) Sozialismus in Kuba: Vorraussetzungen. Resultate. Erfahrungen. Berlin 1988, 254 S.

Aufsätze Algunas consideraciones acerca de la teoría y la práctica del socialismo jamaicano" de Michael Manley, aus: Concepciones burguesas y pequeño-burguesas acerca del desarrollo social y el proceso revolucionario en América Latina en la actualidad. Rostock 1985, S. 41-46

Democratic and humanistic points of departure for social changes during the first stage of the Cuban revolution of 1959, in: AAL. Special Issue. 25. Berlin 1989, S. 111-120

Relaciones alemanas con América Latina: algunas consideraciones acerca de los resultados y las tareas de su investigación en el ejemplo de la República de Weimar, in: LA 2(1990), S. 77-91

Überlegungen zum Zusammenhang von Reform, Revolution und Konterrevolution in der Geschichte Kubas 1933-1958, in: LA 23 (1988)2, S. 9-29

sonst. Publikationen Krisenprozesse in Lateinamerika. Kolloquiumsmaterialien. Rostock 1983, 132 S. (Zusammenstellung, wiss. Redaktion zus. mit W. Reuter)

Experiencias de la realización de alternativas revolucionarias en América Latina: siglo XX: Protocolo del Grupo de Trabajo 2 del Coloquio Internacional "Alternativas sociales en América Latina: pasado y actualidad", 24-26 mayo 1989. Rostock 1990, 254 S.

Möglichkeiten und Grenzen der Zusammenarbeit von Regierungskräften der USA und ausgewählter Länder Lateinamerikas. Studie. Rostock 1990, 62 S. (unter Mitarb. von B. Martienssen; S. Zwjatkow)

P 427 **Parente Augel**, Moema

Instituto Nacional de Estudios e Pesquisa (INEP) - Bissau
Caixa Postal 112, Bissau/Guiné-Bissau
Tel: 10 - 25 11 25
Fax: 10 - 25 11 25

Geburtsdatum, -ort 09.07.1939, Ilhéus, Bahia/Brasilien

berufl. Werdegang 1961 Lic. em Letras Neolatinas, U Federal da Bahia; 1965 Mestre em Ciências Humanas, U Federal da Bahia; 1965-69 Lektorin für Portugiesisch-Brasilianisch, U Bonn und U Köln; seit 1974 Lehrbeauftragte, U Bielefeld

wiss. Vereinigungen DHV; AIL

Sprachen Portugiesisch, Spanisch, Französisch, Italienisch (Englisch)

Fachgebiet Literatur / Linguistik

themat. Schwerpunkte Portugiesisch als Fremdsprache, Reiseliteratur, Afrobrasilianische Literatur und Afrobrasilianische Kultur

geogr. Schwerpunkte Brasilien

Monographien Ludwig Riedel, viajante alemão no Brasil. Salvador: Fundação Cultural do Estado da Bahia 1979, 90 S.

Visitantes estrangeiros na Bahia oitocentista. São Paulo: Cultrix 1980, 269 S.

(Hg. und Einl.) Schwarze Poesie. Poesia Negra. Afrobrasilianische Dichtung der Gegenwart. Portugiesisch-Deutsch, aus dem bras. Portug. von J. Augel. St. Gallen/Köln: diá 1988 (2. Aufl.), 184 S.

Aufsätze — Infame Vergangenheit - Stolze Helden. Ein Aspekt der afrobrasilianischen Dichtung, in: Brasilien Nachrichten. Osnabrück (1988)98, S. 12-18

Angústia, revolta, agressão e denúncia: A Poesia negra de Oswaldo de Camargo e de Cuti, aus: T. Bremer; J. Penate Rivero (Hg.), Literaturas más allá de la marginalidad. Gießen/ Neuchâtel: Asociación de Estudios de Literaturas y Sociedades de América Latina 1988, S. 130-148

O conto negro contemporâneo entre a ficção e a realidade. O exemplo de Oswaldo de Carmargo, in: Wissenschaftliche Zeitschrift der Humboldt-Universität zu Berlin, Reihe Gesellschaftswissenschaften 39(1990)5, S. 421-428

sonst. Publikationen — Português do Brasil. Material de Trabalho. Mettingen: Brasilienkunde-Verlag, Bd. I 1984, 4. Aufl. 1988, 136 S. + Sprachkassette und Übungsheft, 64 S.; Bd. II 1985, 2. Aufl. 1987, 152 S. + Sprachkassette und Übungsheft, 68 S.

Transatlantik. Begegnung zwischen Afrika und Brasilien. Bremen: Informationszentrum Afrika 1991, 78 S. (Neubearbeitung des 1989 herausgegebenen Begleitheftes zur gleichnamigen Ausstellung) (zus. mit C. Walger)

P 428 — **Pater**, Siegfried

Privat — Postfach 15 01 06
D-53040 Bonn <W-5300 Bonn 1>
Tel: 49 (2 28) 23 64 84
Fax: 49 (2 28) 23 76 67

Geburtsdatum, -ort — 26.02.1945, Thum/Erzgeb.

berufl. Werdegang — 1967 Dipl.Ing. für Vermessungstechnik; 1967-69 Entwicklungshelfer in Brasilien; Mitglied des Verwaltungsrates des DED; DSE-Tutor; geschäftsführendes Vorstandsmitglied der Heinrich-Böll-Stiftung.; freiberufl. Publizist, Buchautor und Filmemacher; Projekterfahrung, Erarbeitung von didaktischem Material zum Thema Entwicklungspolitik, Reintegration von ehemaligen Entwicklungshelfern, Mitarbeit in verschiedenen Dritte-Welt-Aktionsgruppen, Referententätigkeit

Sprachen — Englisch, Portugiesisch

Fachgebiet — Entwicklungspolitik

themat. Schwerpunkte — Ursachen der Unterentwicklung, Strategien zur Überwindung, Wirtschaftspolitik

geogr. Schwerpunkte — Lateinamerika, insbes. Brasilien

Monographien — Zum Beispiel Entwicklungshelfer. Göttingen: Lamuv 1987,128 S.

Geld für die Welt. Bundesdeutsche Banken und Dritte Welt. Göttingen: Lamuv 1987, 175 S.

Zum Beispiel Staudämme. Göttingen: Lamuv 1989, 128 S. (zus. mit E. Schmidt-Kallert)

Das grüne Gewissen Brasiliens: José Lutzemberger. Göttingen:

Lamuv 1989, 1990, 189 S.
Stichwort: Wende, Konservative Entwicklungspolitik seit den Achtzigern. Bad Honnef: Horlemann 1990, 196 S.
Organhandel - Ersatzteile aus der Dritten Welt. Göttingen: Lamuv 1991, 128 S. (zus. mit A. Raman)
Hungern für den Weltmarkt. Unterrichtseinheit über das "Neue brasilianische Kalifornien". Bad Honnef: Horlemann 1992, 52 S. (zus. mit Th. Hax)
Der Bischof der Geknechteten: Dom José Rodrigues. Göttingen: Lamuv 1992, 192 S.

P 429 **Paufler**, Hans-Dieter

Institut für Romanistik, FB Fremdsprachliche Philologien
Humboldt Universität zu Berlin
Unter den Linden 6
D-10117 Berlin <O-1086 Berlin>
Tel: 49 (30) 20 93 29 02

Privat Alt-Kaulsdorf 101
D-12621 Berlin <O-1144 Berlin>
Tel: 49 (30) 5 27 53 2

Geburtsdatum, -ort 14.02.1935, Dresden

berufl. Werdegang 1953-58 Studium (Romanistik), Berlin; 1958 Diplom; seit 1958 WissAss. und Oberass. am Romanischen Inst., HU Berlin; 1964 Dr.phil. (Romanistik); 1968 Habil. (Romanische Philologie); 1969 HochschulDoz. (Spanische und französische Sprache); seit 1974 o.Prof. (Spanische Sprache)

wiss. Vereinigungen DHV

Sprachen Spanisch, Französisch, Englisch (andere romanische Sprachen, Russisch)

Fachgebiet Linguistik

themat. Schwerpunkte Spanisch in Amerika)

geogr. Schwerpunkte Lateinamerika

Monographien Lateinamerikanisches Spanisch. Phonetisch-phonologische und morphologisch-syntaktische Fragen. Leipzig: Verlag Enzyklopädie Leipzig 1977, 159 S.

Aufsätze Zahlreiche Zeitschriftenaufsätze zur spanischen Sprache in Lateinamerika in sprachwissenschaftlichen Fachzeitschriften

P 430 **Perl**, Matthias

Sektion Theoretische und Angewandte Sprachwissenschaft - Romanistik, Universität Leipzig
Augustusplatz 9
D-04109 Leipzig <O-7010 Leipzig>
Tel: 49 (3 41) 7 19 29 17

Privat Ecksteinstr. 56
D-04277 Leipzig <O-7030 Leipzig>
Tel: 49 (3 41) 32 62 72

Geburtsdatum, -ort	16.04.1948, Leipzig
berufl. Werdegang	1973 Dr.phil.; 1982 Habil.; 1973-85 WissAss., bzw. OberAss., U Leipzig; 1972 postgrad. Stud. Havanna; seit 1985 o.UDoz. (vergleichbar C3-Prof.); 1976-80 und seit 1984 Wissenschaftsbereichsleiter, U Leipzig
Beratung	Forschungsprojekt: Prinzipien des Sprachwandels (VW-Stiftung)
wiss. Vereinigungen	Society for Pidgin and Creole Linguistics; DHV (2. stellv. Vorsitzender)
Sprachen	Englisch, Spanisch, Portugiesisch (Französisch, Katalanisch, Italienisch, Russisch, Niederländisch, u.a)
Fachgebiet	Linguistik
themat. Schwerpunkte	Kreolistik, Varietätenlinguistik, Interferenzforschung, Neue Romania
Periodika	Mithg. "Papia. Revista de Criollos de Base Ibérica" (Brasilia); wiss. Beirat "Anuario de Lingüística Hispánica (Valladolid); wiss. Beirat. "Journal of Pidgin and Creole Languages" (Amsterdam / Philadelphia); wiss. Beirat "Lusorama" (Frankfurt/M.)
Monographien	Studien zur Herausbildung der kubanischen Variante der spanischen Sprache. Leipzig: Universität 1980, 175 S.
Aufsätze	La influencia del francés y del francés criollo en el español del Caribe, in ISLAS. Santa Clara (1981)68, S. 163-176 En torno a la presencia de indoamericanismos del caribe en el español cubano, aus: ders. (Hg.), Estudios sobre el léxico del español en América. Leipzig 1982, S. 102-119 Las estructuras de comunicación de los esclavos negros en Cuba en el siglo XIX, aus: ders.; J. García González (Hg.), Estudios sobre la formación y caracteristicas del español de Cuba, in: ISLAS (1984)77, número especial, S. 43-59 El fenómeno de descriollización del "habla bozal" y el lenguaje coloquial de la variante cubana del español, in: Anuario de Lingüística Hispánica. Valladolid 1(1985), S. 191-201 El español hablado en Cuba: situación actual y algunas tareas para su investigación, in: Anuario de Artes y Letras de la Universidad de Oriente. Santiago de Cuba 1987, S. 239-247 Zur Präsenz des kreolisierten Portugiesisch in der Karibik - ein Beitrag zur Dialektologie des karibischen Spanisch, in: Beiträge zur romanischen Philologie. Berlin 1(1989), S. 133-150 El "habla bozal" - una lengua criolla de base española, in: Anuario de Lingüística Hispánica. Valladolid 5(1989), S. 205-220
sonst. Publikationen	(Hg.) Beiträge zur Afrolusitanistik und Kreolistik. Bochum: Brockmeyer 1989, 162 S.

P 431 **Petersen**, Hans J.

Deutsches Institut für Wirtschaftsforschung/Berlin (DIW)
Königin-Luise-Str. 5
D-14195 Berlin <W-1000 Berlin 33>
Tel: 49 (30) 8 29 91-2 41
Fax: 49 (30) 8 29 91-2 00

Geburtsdatum, -ort	16.01.1936, Rendsburg
berufl. Werdegang	Studium (Soziologie), Nürnberg, (Makroökonomie), Berlin und (Entwicklungspolitik), Bochum; 1962 Dipl.-Volksw.; 1975 Dr.rer. oec.; seit 1962 im DIW mit zweimaliger Beurlaubung: 1977-81 Mitarb./Leiter des ILDIS, Quito/Ekuador, 1984-88 DED-Beauftragter in Peru; Wissenschaftlicher Referent
Beratung	Gutachtertätigkeit (insbes. für BMZ, Deutsche Welthungerhilfe)
wiss. Vereinigungen	Arbeitskreis Europäische Integration e.V. (AEI)
Sprachen	Englisch, Spanisch, Französisch
Fachgebiet	Entwicklungsökonomie / Entwicklungszusammenarbeit
themat. Schwerpunkte	Entwicklungshilfe, Außenwirtschaft, Verschuldung
geogr. Schwerpunkte	Südamerika, insbes. Andenländer (Ekuador, Peru, Bolivien)
Monographien	Verteilung von Entwicklungshilfe nach Empfängerländern: Probleme der Formulierung operationaler entwicklungsheterogener Strategien. Berlin: Duncker & Humblot 1975, 131 S. Wirtschaftliche, soziale und politische Bedingungen der Entwicklung. Ein Beitrag zur Klärung von Entwicklungserfolgen in Ländern der Dritten Welt. Köln: Weltforum 1985, 310 S. (zus. mit H. Wilkens, S. Schultz; D. Schumacher)
Aufsätze	Die Europäische Gemeinschaft und Lateinamerika. Versuch einer Synopse, aus: ders. (Hg.), Die Beziehungen zwischen der Europäischen Gemeinschaft und Lateinamerika - Bestandsaufnahme und Perspektiven. Baden-Baden: Nomos 1983, S. 9-23 Förderung regionaler Kooperation: Erfahrungen und Perspektiven, aus: A. von Gleich; G. Kohlhepp; M. Mols (Hg.), Neue Konzepte in der Entwicklungszusammenarbeit mit Lateinamerika? Hamburg: IIK 1991, S. 107-112 Verschuldung, aus: P. Opitz (Hg.), Grundprobleme der Entwicklungsländer. München: Beck 1991, S. 194-210 Die Politik der Gemeinschaft gegenüber Lateinamerika, aus: F. Nuscheler; O. Schmuck (Hg.), Die Südpolitik der EG. Europas entwicklungspolitische Verantwortung in der veränderten Weltordnung. Köln: Europa Union 1992
sonst. Publikationen	The imports of industrial products from overseas. Study prepared on the occasion of the 27th Overseas Import Fair "Partners of Progress". Berlin: AMK 1989, 65 S. (zus. mit U. Möbius) The political and economic relations between Europe and Latin America in view of the southern enlargement of the European Community due to the entry of Spain and Portugal. Hamburg: IIK 1983, 202 S. (zus. mit A.v. Gleich; M. Ehrke; P. Hrubesch)

P 432 **Pfeiffer**, Dietmar K.

FB Erziehungswissenschaft, Universität Münster
Georgskommende 33
D-48143 Münster <W-4400 Münster>
Tel: 49 (2 51) 83 42 30

Privat Kanonengraben 3 A
D-48151 Münster <W-4400 Münster>

Geburtsdatum, -ort 06.10.1944, Konstanz

berufl. Werdegang 1969 Dipl.Soz., U Münster; 1972 Dr.sc.pol., U Münster; AkOR.; 1979-83 Doz., U Federal da Paraíba/Brasilien; seit 1991 beurlaubt (Educational Expert/GTZ, UACH/Chile)

wiss. Vereinigungen ADLAF; DGS; AERA

Sprachen Englisch, Portugiesisch (Spanisch, Französisch)

Fachgebiet Bildungswesen / Entwicklungszusammenarbeit

themat. Schwerpunkte Arbeit, Bildungswesen, Entwicklungssoziologie, Erziehung, Modernisierung, Statistik

geogr. Schwerpunkte Brasilien, Chile

Aufsätze
Disparidades de Desenvolvimento no Brasil, in: Revista Brasileira de Estatística. Rio de Janeiro 41(1980)164, S. 559-576
Alienação no Lugar de Trabalho, in: Revista Brasileira da Administração da Educação 1(1983), S. 110-120
Kinder und Jugendliche im brasilianischen Erziehungssystem, in: Brasilien Nachrichten (1985)87, S. 10-15
Was bringt die neue Verfassung für das Erziehungswesen in Brasilien?, in: Deutsch-Brasilianische Hefte (1987)26, S. 408-412
Europa im Spiegel brasilianischer Medien und Schulbücher, in: Internationale Schulbuchforschung (1988)10, S. 147-152
Bildungsexpansion und soziale Selektion: Der Fall Brasilien, in: Empirische Pädagogik (1989)3, S. 143-159
Lateinamerikaforschung in Deutschland, in: Tranvia (1991)22, S. 59-62

P 433 **Pfeiffer**, Erna

Institut für Romanistik, Universität Wien
Johann-Fux-Gasse 30
A-8010 Graz
Tel: 43 (3 16) 3 80-25 00
Fax: 43 (3 16) 38 21 30

Privat Kainbach 214
A-8301 Lassnitzhöhe
Tel: 43 (3 16) 49 16 11

Geburtsdatum, -ort 10.05.1953, Graz

berufl. Werdegang 1971-75 Dolmetschstudium: Doktoratsstudium Romanistik/Slavistik; 1975-79 Studienassistentin; seit 1983 Vertragsassistentin

wiss. Vereinigungen ILCH, Kalifornien; AEPE, Madrid; DSV, Nürnberg; LAI, Wien

Sprachen Englisch, Spanisch (Französisch, Portugiesisch,)

Fachgebiet Literatur

themat. Schwerpunkte Fachdidaktik, Frauenliteratur

geogr. Schwerpunkte	Kolumbien, Mexiko
Monographien	Literarische Struktur und Realitätsbezug im kolumbianischen Violencia-Roman. Peter Lang 1984 Canticum Ibericum. Neuere spanische, portugiesische und lateinamerikanische Literatur im Spiegel von Interpretation und Übersetzung. Frankfurt/M. 1991 (Hg. zus mit H. Kubarth)
Aufsätze	La condición femenina: Weiblicher Lebenszusammenhang unter den Bedingungen des lateinamerikanischen Machismo, aus: B. Frakele; E. List; G. Pauritsch (Hg.), Über Frauenleben, Männerwelt und Wissenschaft. Österreichische Texte zur Frauenforschung. Wien 1987, S. 191-290 Geburtenkontrolle: Der neue Malthusianismus in der Dritten Welt am Beispiel Lateinamerikas, in: G. Pauritsch; B. Frakele; E. List (Hg.), Kinder machen. Strategien der Kontrolle weiblicher Fruchtbarkeit. Wien 1988, S. 209-232 Entwicklungspolitische Aspekte im Romanwerk von María Luisa Puga (Mexiko), in: Journal für Entwicklungspolitik 6(1990), S. 59-68

P 434	**Pfeiffer**, Peter
	Arbeitsfeld Planen und Bauen in Entwicklungsländern Forschungsschwerpunkt 1-07: Städtebau und Wohnungswesen Technische Universität Hamburg-Harburg Schwarzenbergstr. 93 c D-21073 Hamburg <W-2100 Hamburg 90> Tel: 49 (40) 77 18-26 59 Telex: 40 36 93 = tuhh Fax: 49 (40) 77 18-22 88
Privat	Karpfangerstr. 19 D-20459 Hamburg <W-2000 Hamburg 11> Tel: 49 (40) 31 58 52
Geburtsdatum, -ort	13.12.1952, Ewattingen
berufl. Werdegang	Studium (Entwicklungssoziologie), FU Berlin; 1980 Dipl.-Soz.; 1986 Dr.phil.; seit 1989 WissMitarb., TU Hamburg-Harburg
Beratung	Gutachtertätigkeit; ZOPP-Moderation; Moderatoren-Training
Sprachen	Portugiesisch, Spanisch, Englisch (Französisch)
Fachgebiet	Entwicklungssoziologie / Städteplanung
themat. Schwerpunkte	Stadtplanung, Projektplanung, Wohnungsversorgung,
geogr. Schwerpunkte	Brasilien, Peru, Kuba, Guatemala
Monographien	Urbanização Sim, Remoção Nunca! Politische, sozio-ökonomische und urbanistische Aspekte der Favelas und ihre soziale Organisation in Rio de Janeiro: Entwicklung - Tendenzen - Perspektiven. Berlin 1987, 275 S. (Diss.)
Aufsätze	Política e Favela: Comportamento Político dos Favelados no Rio de Janeiro, aus: D.W. Benecke u.a. (Hg.), Desarrollo demográfico, migraciones y urbanización en América Latina. Regensburg: Pustet 1986, S. 383-397 Stadterneuerung in Lateinamerika - eine neue Herausforderung

für Forschung, Planung und Entwicklungszusammenarbeit, aus: Arbeitskreis Stadterneuerung und Institut für Stadt- und Regionalplanung der Technischen Universität Berlin (Hg.), Jahrbuch Stadterneuerung 1990/91. Berlin: TU 1991, S. 251-266
Soziale Denkmalspflege: ein Pilotprojekt, aus: J. Augel (Hg.), Zentrum und Peripherie. Urbane Entwicklung und soziale Probleme einer brasilianischen Großstadt. Saarbrücken: Breitenbach 1991, S. 167-172 (ASA-Studien. 22)
Der Zentrumsbereich von Rio de Janeiro. Zwischen Verslumung und Gentrification, aus: Arbeitskreis Stadterneuerung und Institut für Stadt- und Regionalplanung der Technischen Universität Berlin (Hg.), Jb. Stadterneuerung 1991/92. Berlin: TU 1992

sonst. Publikationen: Projeto Piloto. Erfahrungen eines Pilotprojektes zur Stadterneuerung im Historischen Zentrum von Salvador/Bahia, Brasilien. Hamburg 1989, 72 S.
Introducción a la Moderación. Curso Básico. Leitfaden zur Einführung in die Moderationstechnik. Hamburg 1991, 70 S.

P 435 **Pflug**, Reinhard

Geologisches Institut, Universität Freiburg
Albertstr. 23 B
D-79104 Freiburg <W-7800 Freiburg/Br.>
Tel: 49 (7 61) 2 03 24 06
Fax: 49 (7 61) 2 03 24 63

Geburtsdatum, -ort: 01.04.1932, Schwerte/Ruhr

berufl. Werdegang: 1958 Dr.rer.nat., Bonn; 1960-64 Doz., U Rio de Janeiro; 1964 Habil., U Heidelberg; 1964-70 Doz., U Heidelberg; seit 1970 o. Prof., Freiburg (Geologie und Paläontologie); Institutsdirektor

Beratung: Kooperation mit Centro de Geologia, Eschwege, Diamantina, M.G., Brasilien

Sprachen: Englisch, Spanisch, Portugiesisch

Fachgebiet: Geologie

themat. Schwerpunkte: Geologie des Präkambriums, Geologische Datenverarbeitung

geogr. Schwerpunkte: Serra do Espinhaço, Minas Gerais (Brasilien)

Aufsätze: A geologia da parte meridional da Serra do Espinhaço e zonas adjacentes, Minas Gerais, in: D.N.P.M., Div. Geol. Min.. Rio de Janeiro 226(1965), 55 S.
Estratigrafia e evoluçao geológica do Craton Sanfranciscano, aus: Anais do XXVII Congr. Bras. Geol. Aracaju (1973), S. 5-19 (zus. mit F. Renger)
Proterozoic glaciations in eastern Brazil. A review, in: Geolog. Rundschau. Stuttgart 64(1975), S. 287-299 (mit W.U. Schöll)
The thrust belt of the Southern Serra do Espinhaço, Minas Gerais Brazil, in: Zbl. Geol. Paläont. Teil I. Stuttgart (1985), S. 1405-1414 (zus. mit G. Herrgesell)

P 436 **Phaf-Rheinberger**, Ineke

Department of Spanish and Portuguese, Latin American Studies Center, University of Maryland
Jiménez Hall, Room 2215, College Park, MD 20742/USA
Tel: 1 (3 01) 4 05 64 41
Fax: 1 (3 01) 3 14 97 52

Privat Deidesheimerstr. 27 IV
W-1000 Berlin 33
Tel: 49 (30) 8 21 34 31

Geburtsdatum, -ort 10.09.1946, Schiedam/NL

berufl. Werdegang Studium (Hispanistik, Lateinamerikanistik, Philosophie), Reichs U Leiden/Niederlande und FU Berlin; 1973 M.A., FU Berlin; Studium (Soziologie, Lateinamerikanistik, Französische Literatur), Gemeinde U Amsterdam/Niederlande und FU Berlin; 1982-85 Forschungsstipendium VW-Stiftung; 1984 Dr.phil., FU Berlin; seit 1991 Associate Professor, Dept. of Spanisch and Portuguese, U of Maryland/USA

wiss. Vereinigungen ADLAF; LASA; AIH; African Studies Organisation (ASA); CSA, Puerto Rico

Sprachen Spanisch, Französisch, Holländisch (Portugiesisch, Papiamentu, Sranan, Creole)

Fachgebiet Literatur

themat. Schwerpunkte Literatursoziologische Methoden

geogr. Schwerpunkte Karibische Region im Vergleich mit anderen amerikanischen Literaturen

Monographien Havanna als Fiktion. Standortgebundenheit und städtische Perspektive im kubanischen Roman 1959-1980. München: Wilhelm Fink 1986 (span.: Novelando la Habana. Madrid 1990)

El Caribe y América Latina/The Caribbean and Latin America. Frankfurt/M.: Vervuert 1987 (zus. mit U. Fleischmann)

Drei mal drei Lektüren von Terra Nostra. Berlin: Ibero-Amerikanisches Archiv, Ibero-Amerikanisches Institut des Preussischen Kulturbesitzes (zus. mit H.-A. Steger)

Aufsätze Cuatro Lecturas de la literatura del Caribe, in: Iberoamericana. Frankfurt/M. 10(1987)28/29, S. 18-37

Caribbean Imagination and Nation Building in Antillean and Surinamese Literature, in: Callaloo. A Journal of Afro-American and African Arts and Letters. Winter 11, 1, Johns Hopkins University Press 1988, S. 148-171

La deconstrucción de la nación en la imaginación del Caribe: 'Palabra kla' de Frank Martinus Arion, in: Iberoamericana. Frankfurt/M. 13(1989)37/38, S. 71-92

'Ah que tú escapes'. Poetische Katzenspiele bei José Lezama Lima, aus: G. Beutler (Hg.), Sieh den Fluß der Sterne strömen. Hispanoamerikanische Lyrik der Gegenwart. Darmstadt: Wissenschaftliche Buchgemeinschaft 1990, S. 246-268

Actualizando el viaje de Stedman: El retorno imprevisto del 'matrimonio surinamés', aus: Dispositio (Crossing the Atlantic). Massachusetts (im Druck)

P 437	**Pichler**, Hans
	Mineralogisch-Petrographisches Institut, Universität Tübingen Wilhelmstr. 56 D-72074 Tübingen <W-7400 Tübingen> Tel: 49 (70 71) 29 29 30
Privat	Tilsiter Weg 1 D-72116 Mössingen <W-7406 Mössingen> Tel: 49 (74 73) 2 36 22
Geburtsdatum, -ort	24.03.1931, Oberhohenelbe/CSFR
berufl. Werdegang	1950-57 Studium (Erdwissenschaften), München; 1955 Dipl. Geol.; 1957 Dr.rer.nat.; 1961-63 Forschungsstipendium Instituto Internaz. di Vulcanologia, Catania/Sizilia; 1970 Habil., Tübingen; 1974 apl.Prof., 1978 ao.Prof., U Tübingen
Sprachen	Englisch, Italienisch (Spanisch, Französisch)
Fachgebiet	Geologie
themat. Schwerpunkte	Vulkanologie, Magmatologie, Datenverarbeitung in Petrologie
geogr. Schwerpunkte	Kolumbien, Ekuador, Bolivien, Chile
Aufsätze	First petrologic data on young volcanic rocks of SW-Bolivia, in: Tschermaks Mineralogische und Petrographische Mitteilungen. Wien 19(1973), S. 149-172 (zus. mit A. Fernández C.; P.K. Hörmann; S. Kussmaul; J. Meave; T. Subieta) Basischer Magmatismus und Krustenbau im südlichen Mittelamerika, Kolumbien und Ecuador, in: Neues Jahrbuch für Geologie und Paläontologie. Stuttgart 1974, S. 102-126 (zus. mit F.R. Stibane; R. Weyl) Quarternary alkaline volcanic rocks in Eastern Mexico and Central America, in: Münst. Forsch. Geol. Paläont. Münster (1976)38/39, S. 159-178 (zus. mit R. Weyl) Geochemistry, petrology and origin of the Cenozoic volcanic rocks of the northern Andes in Ecuador. in: Volcanol. Geotherm. Res. (1982)12, S. 259-282 (zus. mit P.K. Hörmann) Cenozoic alkalibasaltic to ultrabasic volcanism in the uppermost Magdalena Valley, Southern Huila Department, Colombia, in: Geología Norandina. Bogotá (1982)5, S. 19-26 (zus. mit S.B. Kroonenberg) K-Ar Ages of Rocks from the Eastern Cordillera of Ecuador, in: Z. dt. geol. Ges. Hannover (1983)134, S. 483-493, 1 Fig., 2 Tab. (zus. mit H.-J. Herbert) Cenocoic ignimbrites of the central Andes: a new genetic model, in: Lecture Notes in Earth Sciences, 17. (H. Bahlburg; Ch, Breitkreuz; P. Giese (Hg.), The Southern Central Andes), S. 183-197, 7 Fig., 3 Tab. Berlin: Springer 1988 (zus. mit C. Schmidt-Riegraf) The Northandean Volcanic Zone. in: Zbl. Geol. Paläont., I, Stuttgart (1989)5/6, S. 1075-1085 (zus. mit R. Kilian) El Chimborazo desde la perspectiva de la actual investigación geológica, in: Universitas. Stuttgart (1990)27, S. 185-190, 1 Abb. (zus. mit R. Kilian)

P 438 **Pieper**, Renate

Historisches Seminar, Universität Hamburg
Von-Melle-Park 6
D-20146 Hamburg <W-2000 Hamburg 13>
Tel: 49 (40) 41 23-48 41

Privat Jahnstraße 48
D-24558 Henstedt-Ulzburg <W-2000 Henstedt-Ulzburg>
Tel: 49 (41 93) 9 32 78

Geburtsdatum, -ort 21.12.1956, Geseke

berufl. Werdegang Studium (Geschichte, Wirtschaftswissenschaften), U Köln; 1987 Dr.phil., U Köln; HochschulAss., U Hamburg

wiss. Vereinigungen AHILA; DHV; SSPHS; Asociación de Historia Económica

Sprachen Englisch, Spanisch, Französisch (Latein, Portug., Italienisch)

Fachgebiet Geschichte

themat. Schwerpunkte Schwerpunkt Kolonialzeit, Wirtschaftsgeschichte des 16. und 18. Jahrhunderts, Rezeptionsgeschichte

geogr. Schwerpunkte Spanien, Mexiko

Aufsätze The volume of African and American exports of precious metals and its effects in Europe, 1500-1800, aus: H. Pohl (Hg.), The European discovery of the world and its economic effects on pre-industrial society, 1500-1800. Stuttgart 1990, S. 97-117
La aportación a la Real Hacienda española en la segunda mitad del siglo XVIII, in: Estudios de Historia Social y Económica de América VI (1990), S. 69-76

P 439 **Pietschmann**, Horst

Historisches Seminar, Universität Hamburg
Von-Melle-Park 6
D-20146 Hamburg <W-2000 Hamburg 13>
Tel: 49 (40) 41 23-48 39, -48 41

Privat Mommsenstr. 27
D-50935 Köln <W-5000 Köln 41>
Tel: 49 (2 21) 43 62 53

Geburtsdatum, -ort 30.09.1940, Bremen

berufl. Werdegang 1960-64 Studium (Romanistik, Geschichte, Philosophie), Köln; 1964-66 als DAAD-Stipendiat in Mexiko und Sevilla; 1969 Dr. phil.; seit 1969 WissAss.; 1977 Habil.; Professor (C4)

Beratung Mitarb. Mexiko-Projekt der DFG; Mitarb. interdisziplinär. Projekt "Integration in Lateinamerika"; Schriftleitung "Jahrbuch für Geschichte von Staat, Wirtschaft und Gesellschaft Lateinamerikas" (JbLA); Generalsekretär der AHILA (1980-87); Vorstandsmitglied IIK seit 1987

wiss. Vereinigungen ADLAF; korresp. Mitglied Academia Chilena de Historia; Academia Nacional de Historia, Argentinien; Academia Mexicana de la Historia; Instituto de Investigaciones de Historia del Derecho, Buenos Aires; 1987-93 Vizepräsident der AHILA

Sprachen Englisch, Spanisch, Französisch (Portugiesisch)

Fachgebiet Geschichte

themat. Schwerpunkte Rechts-, Wirtschafts- und Sozialgeschichte, insbes. des kolonialen Lateinamerika

geogr. Schwerpunkte Mexiko und Mittelamerika

Periodika Mithg. "JbLA"; Comité de redacción "Anuario de Estudios Americanos" (Sevilla); "Periplus. Jb. für Außereuropäische Geschichte"

Monographien Die Einführung des Intendantensystems in Neu-Spanien im Rahmen der allgemeinen Verwaltungsreform der spanischen Monarchie im 18. Jahrhundert. Köln/Wien: Böhlau 1972, VI+328 S. (Lateinam. Forschungen. Beihefte JbLA. 5) (Diss.)

Staat und staatliche Entwicklung am Beginn der spanischen Kolonisation Amerikas. Münster 1980, 197 S.+1 Falttafel (Habil.-Schrift)

Die staatliche Organisation des kolonialen Iberoamerika.- Teilveröffentlichung des Handbuch der Lateinamerikanischen Geschichte. Stuttgart: Klett 1980, 188 S.

El estado y su evolución al principio de la colonización española de América. México: FCE 1989, 247 S. (Teilweise inhaltlich veränderte Übersetzung o.a. Titels)

(Mithg.) Handbuch der lateinamerikanischen Geschichte

Aufsätze Alcaldes mayores, Corregidores und Subdelegados. Zum Problem der Distriktsbeamtenschaft im Vizekönigreich Neuspanien, in: JbLA. Köln/Wien 9(1972), S. 173-270

Integration und Bürokratie in Lateinamerika aus historischer Sicht, aus: M. Mols (Hg.), Integration und Kooperation in Lateinamerika. Paderborn/München/Wien/Zürich: Schöningh 1981, S. 53-99 (Internationale Gegenwart. 1)

Burocracia y corrupción en Hispanoamérica colonial. Una aproximación tentativa, in: Nova Americana. Turin (1982)5, S. 11-37

Lateinamerikanische Geschichte als historische Teildisziplin. Versuch einer Standortbestimmung, in: Historische Zeitschrift, 248(1989), S. 305-342

El desarrollo de la historiografía sobre la colonización española en América desde la Segunda Guerra Mundial, in: V. Vázquez de Prada; I. Olabarri (Hg.), Balance de la Historiografía sobre Iberoamérica (1945-1988). Actas de las IV Conversaciones Internacionales de Historia, Universidad de Navarra, Pamplona, 10-12 marzo 1988. Pamplona 1989, S. 81-112

Geschichte, aus: N. Werz (Hg.), Handbuch der deutschsprachigen Lateinamerikakunde. Freiburg: ABI 1992, S. 297-331

P 440 **Pohl**, Hans

Historisches Seminar, Abt. Verfassungs-, Sozial-, und Wirtschaftsgeschichte, Universität Bonn
Konviktstr. 11
D-53113 Bonn <W-5300 Bonn>
Tel: 49 (2 28) 73 51 72

Geburtsdatum, -ort 27.03.1935, Bärdorf

berufl. Werdegang 1961 Dr.phil., Köln; 1963 WissAss., U Köln; 1966 Kustos, U Köln; 1968 Venia legendi für Wirtschafts- und Sozialgeschichte, Köln; 1969 o.Prof. für Verfassungs-, Sozial- und Wirtschaftsgeschichte, U Bonn; Direktor des Hist. Sem., U Bonn

Beratung Mitarbeit am Mexiko-Projekt der DFG

Sprachen Englisch, Spanisch (Portugiesisch, Niederländisch, Französisch)

Fachgebiet Geschichte / Verfassung

themat. Schwerpunkte Deutsche und westeuropäische, spanische und lateinamerikanische Wirtschafts- und Sozialgeschichte der Neuzeit

Schriftenreihen Mithg. "Wissenschaftliche Paperbacks zur Sozial- und Wirtschaftsgeschichte"; "Lateinamerikanische Forschungen"

Periodika Mithg. "Jahrbuch für Geschichte von Staat, Wirtschaft und Gesellschaft Lateinamerikas" (JbLA); "Vierteljahresschrift für Sozial- und Wirtschaftsgeschichte"; "Zeitschrift für Unternehmensgeschichte"; "Ibero-Amerikanisches Archiv" (bis 1991)

Monographien Studien zur Wirtschaftsgeschichte Lateinamerikas. Wiesbaden: Steiner 1976, 287 S.

Aufsätze Zur Vorgeschichte des ersten deutschen Überseekabels nach Südamerika, in: JbLA. Köln/Wien 11(1974), S. 238-308

Grundzüge der industriellen Entwicklung Mexikos im 19. Jahrhundert, in: Vierteljahreszeitschrift für Sozial- und Wirtschaftsgeschichte. Wiesbaden 61(1974)4, S. 458-504 (zus. mit W. Müller)

Die Entwicklung der mexikanischen Landwirtschaft während des Porfiriats, in: Ibero-Amerikanisches Archiv. Berlin 1(1975)1, S. 61-103 (zus. mit H.-G. Mertens)

Aspectos sociales del desarrollo de los obrajes textiles en Puebla colonial, in: Comunicaciones (Proyecto Puebla-Tlaxcala). Puebla 15(1978), S. 41-45 (zus. mit J. Haenisch; W. Loske)

Zur Geschichte des Schmuggels im Atlantikhandel, in: R. Hartmann; U. Oberem (Hg.), Amerikanistische Studien. St. Augustin (1979)2, S. 160-165

Edelmetallproduktion und Preisentwicklung in Mexiko (ca. 1820-1850), aus: H.-A. Steger; J. Schneider (Hg.), Wirtschaft und gesellschaftliches Bewußtsein in Mexiko seit der Kolonialzeit. München: Fink 1980, S. 301-315.

Das Kreditwesen im kolonialen Hispanoamerika, in: VSWG 75(1988), S. 188-216

Felten & Guilleaume in Argentinien. Ein Beitrag zu den deutsch-südamerikanischen Wirtschaftsbeziehungen zwischen dem Ersten und Zweiten Weltkrieg, in: JbLA 25(1988), S. 241-258

P 441 **Polakiewicz**, Jörg Gerhard

Max-Planck-Institut für ausländisches und öffentliches Recht und Völkerrecht (MPI)
Berliner Str. 48
D-69120 Heidelberg <W-6900 Heidelberg>
Tel: 49 (62 21) 4 82-1
Fax: 49 (62 21) 4 82-2 88

Privat Humboldtstr. 10
D-69120 Heidelberg

Geburtsdatum, -ort 08.07.1961, Berlin

berufl. Werdegang 1986 1.jur. Staatsprüfung; 1989 2.jur. Staatsprüfung; seit 1990 WissRef., MPI Heidelberg

wiss. Vereinigungen Deutsch-Lusitanische Juristenvereinigung e.V.

Sprachen Englisch, Französisch, Portugiesisch, Spanisch

Fachgebiet Recht

themat. Schwerpunkte Grund- und Menschenrechte, Umweltrecht, Region. Integration

geogr. Schwerpunkte Argentinien, Brasilien

Aufsätze Verfassungswidrigkeit des Scheidungsverbots in Argentinien - Anmerkung zu dem Urteil des Obersten Gerichtshofs (Buenos Aires) vom 27.11.1986, in: Europäische Grundrechte Zeitschrift, 14(1987), S. 324-326

P 442 **Pollmann**, Leo

Institut für Romanistik, Universität Regensburg
Universitätsstr. 31
D-93053 Regensburg <W-8400 Regensburg>
Tel: 49 (9 41) 9 43 33 72

Geburtsdatum, -ort 03.05.1930, Bocholt

berufl. Werdegang 1955 Dr.phil.; 1956 Staatsexamen (Französisch, Englisch, Latein); 1965 Habil.; seit 1966 o.Prof., U Regensburg

Sprachen Englisch, Spanisch, Französisch (Portugiesisch, Italienisch, Provenzalisch)

Fachgebiet Literatur

themat. Schwerpunkte Der lateinamerikanische Roman

geogr. Schwerpunkte Argentinien, Chile

Monographien Geschichte des Lateinamerikanischen Romans. 2 Bde., Berlin 1982-84
Argentinische Lyrik im lateinamerikanischen Kontext. Der Fall Roberto Juarroz. Heidelberg 1987

Aufsätze 0 espelho. Zur Erzählkunst von Machado de Assis und Guimarâes Rosa, aus: Studia Iberica. Festschrift für Hans Flasche. Bern/München 1973, S. 467-477
Función del cuento latinoamericano, in: Ibérica. Les Cahiers 1, Literaturas iberoamericanas del siglo XX. Paris-Sorbonne 1983, S. 9-17
Orden y amor en "Bestiario" de Cortázar, in: Iberoamerikanisches Archiv. Berlin NF 13(1987)1, S. 105-116
Literariedad y americanidad en los cuentos de Horacio Quiro-

ga, in: Techniques narratives et représentations du monde dans le conte latinoaméricain, in: Cahiers du CRICCAL 2. Paris: Université de la Sorbonne Nouvelle 1987, S. 131-154
Compromiso implícito en la poesía de Raul Gustavo Aguirre, ECO 250, 1982, S. 439-448
La nueva novela hispanoamericana. Un balance definitorio, in: Revista chilena de literatura (1989)34, S. 77-93

P 443 **Potthast-Jutkeit**, Barbara

Iberische und Lateinamerikanische Abteilung
Historisches Seminar, Universität Köln
Albertus-Magnus-Platz
D-50931 Köln <W-5000 Köln 41>
Tel: 49 (2 21) 4 70-24 46

Privat Bleifelder Str. 49
D-51503 Rösrath <W-5064 Rösrath 1>
Tel: 49 (22 05) 70 77

Geburtsdatum, -ort 17.06.1956, Gadderbaum/Bielefeld

berufl. Werdegang 1982 1. Staatsexamen für Lehramt, Sekundarstufe II; 1986 Dr.phil., U Köln; 1992 Habil.; WissMitarb., PDoz.

wiss. Vereinigungen AHILA; Verband der Historiker Deutschlands

Sprachen Englisch, Spanisch, Portugiesisch, Französisch (Italienisch)

Fachgebiet Geschichte

themat. Schwerpunkte Frauengeschichte, Familien- und Bevölkerungsgeschichte, Sozialgeschichte allgemein, "Internationale Beziehungen" in AAL während der Kolonialzeit und im 19. Jahrhundert

geogr. Schwerpunkte Mittelamerika, Karibischer Raum, La-Plata-Region, bes. Paraguay

Schriftenreihen Mithg. "Forum Iberoamericanum"

Monographien Die Mosquitoküste im Spannungsfeld britischer und spanischer Politik 1502-1821 . Köln/Wien 1988 (Lateinamerikanische Forschungen, Beihefte JbLA. 16)

Aufsätze Some strong reservations: A critique of Vera Blinn Reber's "Demographics of Paraguay: A war, 1864-70", in: Hispanic American Historical Review 70(1990)4, S. 665-675 (zus. mit T. Whigham)
The Ass of the Mare and other scandals... Marriage and extramarital relations in 19th century Paraguay, in: Journal of Family History Bd. 16, Nr. 3, S. 215-239
Die Rolle der Frau in Konquista und Kolonisation, in: Neue Welten - Neue Wirklichkeiten: Katalog zur Ausstellung der Stiftung Preußischer Kulturbesitz zum fünfhundertsten Jahrestag der Entdeckung Amerikas durch Kolumbus. Berlin 1992

sonst. Publikationen "Paradies Mohammeds" oder "Land der Frauen"? Zur Rolle der Frau und der Familie in der paraguayischen Gesellschaft im 19. Jh. (Habil.-Schrift)

P 444	**Prem**, Hanns J.
	Seminar für Völkerkunde, Universität Bonn Römerstr. 164 D-53117 Bonn <W-5300 Bonn> Tel: 49 (2 28) 55 04 12 Telex: 88 66 57 Fax: 49 (2 28) 73 55 79
Privat	Am Weidenstück 4 D-53229 Bonn <W-5300 Bonn 3> Tel: 49 (2 28) 43 04 51
Geburtsdatum, -ort	18.01.1941, Wien
berufl. Werdegang	1967 Dr.phil., Hamburg; 1977 Habil., U München; 1980 Prof., U München; 1983 Prof., U Göttingen; seit 1988 Prof., U Bonn
wiss. Vereinigungen	ADLAF; Internationale Gesellschaft für Mesoamerikaforschung e.V., Berlin; DGV
Sprachen	Englisch, Spanisch
Fachgebiet	Altamerikanistik / Ethnohistorie
geogr. Schwerpunkte	Mesoamerika
Monographien	Matrícula de Huexotzinco. Edition - Kommentar - Hieroglyphenglossar. Graz: Akademische Druck- und Verlagsanstalt 1974, 718 S. (mit einem Vorwort von P. Carrasco) Milpa y hacienda. Tenencia de la tierra indígena y española en la cuenca del Alto Atoyac, Puebla, México (1520-1650). Wiesbaden: Steiner 1978, 324 S. (Beitr. U. Dyckerhoff und G. Miehlich) Das Alte Mexiko. München: Bertelsmann 1986, 420 S. (Hg. zus mit U. Dyckerhoff) (spanisch: Esplugues de Llobregat: Plaza & Janés; französisch: Paris: Bordas) Altamerika. München: Oldenbourg 1989, 284 S. Ethnonyme und Toponyme im Klassischen Aztekischen. Berlin: Flemming 1990, 102 S. (zus. mit U. Dyckerhoff)
Aufsätze	Das Chronologieproblem in der autochtonen Tradition Zentralmexikos, in: Zeitschr. für Ethnologie. Berlin (1983)108,S.133-161 Calendrical traditions in the writing of Sahagun, aus: J. Klor de Alva et al. (Hg.), The life and work of Bernardino de Sahagún; pioneer ethnographer of sixteenth-century Aztec Mexico (Homenaje a Wigberto Jiménez Moreno). Albany, N.Y.: Institute for Mesoamerican Studies 1987, S. 135-149

P 445	**Pretzsch**, Jürgen
	Institut für Forsteinrichtung und Forstliche Betriebswirtschaftslehre, Universität Freiburg Alte Universität Bertoldstr. 17 D-79098 Freiburg <W-7800 Freiburg> Tel: 49 (7 61) 2 03 22 89 Fax: 49 (7 61) 2 03 37 38
Geburtsdatum, -ort	04.10.1954, Düsseldorf
berufl. Werdegang	Studium (Forstwissenschaft, VWL); 1980 Dipl. Forstwirtschaft;

1987 Promotion Forstwirtschaft; GTZ-Mitarbeiter im Hochschulprojekt Paraguay bis 1990; HochschulAss.

Beratung Beraterverträge für GTZ, BMZ und NGO's
Sprachen Englisch, Spanisch, Französisch
Fachgebiet Forstwirtschaft
themat. Schwerpunkte Partizipative Ansätze, Strategische Planung in Entwicklungsprojekten, Sektorplanung
geogr. Schwerpunkte Westafrika, südliches Südamerika, Mexiko
Aufsätze Der tropische Feuchtwald in der internationalen Forstpolitik, in: Holzzentralblatt (1984)138 (zus. mit H. Steinlin)
Enriquecimiento del bosque nativo degradado: Una alternativa para el Paraguay, in: Revista Forestal de la Universidad Nacional de Asunción 5(1989)2, S. 20-28 (zus. mit P.J. Molas)
Aprovechamiento forestal y transformación de la madera en el Paraguay, in: Revista Forestal de la Universidad Nacional de Asunción 6(1990)1, S. 18-25
Einfluß der Waldnutzung auf die menschliche Umwelt: negative Realitäten, in: Landnutzung und Umwelt in den Tropen. Symposium 25.-26. Oktober 1990. Göttinger Beiträge zur Land- und Forstwirtschaft in den Tropen und Subtropen. Göttingen (1991)60, S. 3-16

P 446 **Preusse**, Heinz Gert

Ibero-Amerika Institut für Wirtschaftsforschung
Gosslerstr. 1b
D-37073 Göttingen <W-3400 Göttingen>
Tel: 49 (5 51) 39-81 74
Privat Am Oberen Felde 22
D-37120 Bovenden <W-3406 Bovenden 1>
Tel: 49 (55 94) 14 81
Geburtsdatum, -ort 20.02.1944, Jena
berufl. Werdegang 1971 Dipl.Kfm., Frankfurt/M.; 1977 Dr.rer.pol., Frankfurt/M.; seit 1979 Leiter des Forschungsschwerpunkts "Außenhandel und Entwicklung", Ibero-Amerika Institut für Wirtschaftsforschung, Göttingen; seit 1991 PDoz., Göttingen
Beratung UNIDO, Wien
wiss. Vereinigungen Verein für Socialpolitik
Sprachen Englisch, Spanisch
Fachgebiet Wirtschaft
themat. Schwerpunkte Außenhandel und Entwicklung, Industrialisierung der Produktion
geogr. Schwerpunkte Lateinamerika
Monographien La evolución de la economía peruana de 1967 hasta 1977. Estudios sobre la economía iberoamericana. Bilbao 1980
Internationale Interdependenzen im weltwirtschaftlichen Entwicklungsprozeß. Göttingen: Schwartz 1985 (zus. mit H. Hesse; H. Keppler)
Industrial restructuring in Peru: Policies for growth and development. UNIDO/IS. 614, Feb. 1986 (mit E. Paus, in Zus.arb.

mit der UNIDO, Regional and Country Studies Branch)

Aufsätze — The indirect approach to trade liberalization. Dynamic considerations on liberalization-cum-stabilization policies in Latin America, in: World Development 16(1988)8, S. 883-897
Latin American foreign debt and the international monetary system, aus: J.K. de Vree; P. Coffey; R.H. Lauwaars (Hg.), Towards a European foreign policy. Dordrecht/Boston/Lancaster 1987, S. 309-336

sonst. Publikationen — Hg. zus. mit R. Schinke; V.L. Urquidi, Ansätze zur Lösung der Schuldenkrise Lateinamerikas: Urquidi-Plan, Debt Equity Swaps, Direktinvestitionen. Göttingen 1989

P 447 **Prien**, Hans-Jürgen

Iberische und Lateinamerikanische Abteilung
Historisches Seminar, Universität Köln
Albertus-Magnus-Platz 1-3
D-50931 Köln <W-5000 Köln 41>
Tel: 49 (2 21) 4 70-24 46
Fax: 49 (2 21) 4 70-49 96

Privat — Friedrich-Offermann-Str. 51
D-51429 Bensberg <W-5060 Bensberg>

Geburtsdatum, -ort — 17.05.1935, Hamburg

berufl. Werdegang — 1956 Kaufmannsgehilfenprüfung; 1958-61 Dir. einer Exportniederlassung in El Salvador; 1961-67 Studium (Theologie, Geschichte, Altamerikanistik); 1967 Dr.theol.; 1967 1. Theol. Examen; 1969 2. Theol. Examen und Ordination zum Pastor der Ev.-luth. Kirche im Hamburgischen Staate; 1969-73 Lehrstuhl für Kirchen- und Dogmengeschichte an der Theol. Fakultät São Leopoldo/Brasilien; 1979 Habil. (Kirchen- und Dogmengeschichte), U Hamburg; 1980 Lehrbeauftr., Kirchen-und Dogmengeschichtl. Sem., U Hamburg; seit 1986 Prof. für Kirchengeschichte, U Marburg; seit 1992/93 Prof. für Iberische und Lateinamerikanische Geschichte, U Köln

Beratung — Mitglied des ökumenischen Ausschusses für Indianerfragen in Amerika (ÖAI) und des Lateinamerika-Beratungsausschusses des Kirchenamts der EKD, Hannover

wiss. Vereinigungen — ADLAF; Wiss. Ges. für Theologie; Verband der Historiker Deutschlands; Deutsche Gesellschaft für Missionswissenschaft

Sprachen — Englisch, Spanisch, Portugiesisch, Französisch (Latein, Griechisch, Hebräisch)

Fachgebiet — Geschichte / Kirche

themat. Schwerpunkte — Politische und soziale Geschichte, Geschichte des Christentums vom 16.-20 Jahrhundert, Indianische Bewegungen

geogr. Schwerpunkte — Spanien, Lateinamerika

Schriftenreihen — "Evangelisches Kirchenlexikon. Internationale theologische Enzyklopädie" (Göttingen: Vandenhoeck & Ruprecht 1986 ff.)
Mithg. ab 1993/94 "Jahrbuch für Geschichte von Staat, Wirtschaft und Gesellschaft Lateinamerikas" (Köln/Wien: Böhlau)

Monographien
Die Geschichte des Christentums in Lateinamerika. Göttingen: Vandenhoeck & Ruprecht 1978, 1302 S.
La historia del Cristianismo en América Latina. Salamanca: Ediciones Sígueme 1985, 1236 S. (verbesserte Neuauflage)
(Hg.) Lateinamerika. Gesellschaft, Kirche, Theologie. Göttingen: Vandenhoeck & Ruprecht 1981, Bd. 1 : Aufbruch und Auseinandersetzung (Beiträge von E.D. Dussel, O. Noggler, H.-J. Prien), 364 S.; Bd. 2: Der Streit um die Theologie der Befreiung (Beiträge von J. Comblin, J. S. Croatto, H.-J. Prien), 254 S.
Evangelische Kirchwerdung in Brasilien. Von den deutsch-evangelischen Einwanderergemeinden zur Evangelischen Kirche Lutherischen Bekenntnisses in Brasilien. Gütersloh 1989, 640 S.
Luthers Wirtschaftsethik. Göttingen 1992, 266 S.

Aufsätze
Kirchengeschichte Lateinamerikas. Ein Forschungsbericht, in: Theologische Literaturzeitung 111(1986), Sp. 785-799
Heiligenverehrung in Lateinamerika und lateinamerikanische Heilige, aus: G.L. Müller (Hg.), Heiligenverehrung - ihr Sitz im Leben des Glaubens und ihre Aktualität im ökumenischen Gespräch. München/Zürich 1986, S. 79-101

sonst. Publikationen
Verzeichnis der Veröffentlichungen zur Iberischen Halbinsel und Lateinamerika. Münster/Hamburg: Lit 1990, 91 S.
Utopie und Wirklichkeit. Lateinamerikanische Wege ins 21. Jh. Münster/Hamburg: Lit 1991, 54 S.
Amazonien. Mensch - Natur - Entwicklung. Münster/Hamburg: Lit 1992, 79 S.
1492 und die Folgen. Münster/Hamburg: Lit 1992, 140 S.

P 448 **Pries**, Ludger

El Colegio de Puebla A.C.
4 Poniente N° 719, 72 000 Puebla, Pue/Mexiko
Tel: 52 (22) 32 69 81
Fax: 52 (22) 32 69 81

Privat
22 Oriente 2003, Puebla
Apdo. Postal 1383, Puebla, Pue/Mexiko
Tel. und Fax: 52 (22) 35 45 61

berufl. Werdegang
Ausbildung zum und Tätigkeit als Maschinenbauer; Studium (Sozialwissenschaften); seit 1985 Forschungs- und Lehrtätigkeit in Dortmund, Erlangen, Mexiko und Puebla/Mexiko; 1989 Dr.phil.; Profesor Visitante

Sprachen
Englisch, Spanisch (Portugiesisch, Französisch)

Fachgebiet
Soziologie

themat. Schwerpunkte
Industrielle Produktionsmodernisierung, Neue Technologien, Industrielle Beziehungen, Industrialisierungs- und Entwicklungsmodelle, Erwerbs- und Lebensverläufe, International vergl. Forschung

geogr. Schwerpunkte
Spanien, Mexiko

Monographien
Die unabhängige Betriebsgewerkschaft von Volkswagen de México. "Nuevo Sindicalismo" oder "Nuevo Charrismo"? Eine

Fallstudie. (Vorwort: Prof.Dr. F. Fürstenberg). Bochum: Institut für Entwicklungsländerforschung und Entwicklungspolitik der Ruhr-Universität Bochum 1985, 248 S.
(Mithg.) Modernización empresarial y trabajo. Experiencias en América Latina y Europa. Caracas: Nueva Sociedad 1993, 300 S. (zus. mit R. Dombois)

sonst. Publikationen La modernización empresarial y cambios en las relaciones industriales. Consideraciones iniciales e hipótesis. (Introducción a la conferencia internacional en La Vega/Colombia, Abril 1991) (zus. mit R. Dombois)
Del 'Mercado de Trabajo' y del 'Sector Informal' hacia una 'Sociología del Empleo'. Trabajo asalariado y por propia cuenta en la ciudad de Puebla (Ponencia presentada en la conferencia del Colegio de México sobre 'Mercados de trabajo', Octubre 1991)

P 449 **Probst**, Heinz Jürgen

Arbeitsbereich für Altamerikanische Sprachen und Kulturen
Universität Hamburg
Johnsallee 35
D-20148 Hamburg <W-2000 Hamburg 13>
Tel: 49 (40) 41 23-59 00

Privat Friedensweg 4a
D-22609 Hamburg <W-2000 Hamburg 52>
Tel: 49 (40) 82 77 07

Geburtsdatum, -ort 11.11.1950, Marktheidenfeld/Main

berufl. Werdegang 1972-78 Versicherungsangestellter; 1977 Abitur; 1978-87 Buchhändler; 1977-85 Studium (Altamerikanische Sprachen und Kulturen, Völkerkunde, Wirtschafts- und Sozialgeschichte, Deutsche Volks- und Altertumskunde, Vor- und Frühgeschichte, Informatik); 1985 Dr.phil.; 1987-89 WissMitarb., U Hamburg, Wirtschaftsgeographie; seit 1985 Lehrbeauftragter, U Hamburg; Feldforschungen in Mexiko (1980 Quitana Roo, 1981 Yucatán, 1991 Michoacán); Lehrbeauftragter U Hamburg; Verleger

Sprachen Englisch, Spanisch (Portugiesisch, Italienisch, Latein, div. Indianersprachen)

Fachgebiet Ethnologie / Wirtschaftsgeographie

themat. Schwerpunkte Entwicklung und Entwicklungsstrategien, Tourismus, Ökologie, Forschungsplanung, Projektentwicklung, Computer-Simulation

geogr. Schwerpunkte Mexiko, Guatemala, Belize

Monographien Pfeile, Netze & Tortillas. Dynamisches Modell zur Ökologie einer bäuerlichen Maya-Gesellschaft in Quintana Roo, Mexiko. Hamburg 1986
(Hg.) Eine Beschreibung des Landes Yucatán nach den Relaciones Geográficos von 1577. Hamburg 1989
Polarization and capital relocation in Belize. Hamburg 1990 (Hg. zus. mit H. Nuhn)
J.M. Manje: Itinerarios de las tres entradas a Sonora, Arizona y

	California en los años 1699 y 1701. Hamburg 1990 (Hg. zus. mit B. Reyeros-Bienert)
Aufsätze	zahlreiche Beiträge in Sammelbänden und Zeitschriften (Ethnologia Americana, Indiana, Mexicon, Soziologus, Unter dem Pflaster liegt der Strand, Zeitschrift für Sexualmedizin)
P 450	**Promper**, Werner
Privat	Josefstr. 2 D-48151 Münster <W-4400 Münster> Tel: 49 (2 51) 52 33 43
Geburtsdatum, -ort	24.05.1918, Aachen
berufl. Werdegang	1940-46 Studium (Philosophie, Pädagogik, Theologie) in Belgien; 1946 Theologisches Abschlußexamen und Priesterweihe in Lüttich/Belgien; 1946-55 Religionslehrer in Belgien; 1955-61 Generalsekretär des Latein-Amerika-Instituts der U Löwen (Belgien); 1965 Dr.theol., Münster; 1964 WissAss.; 1969-74 Lektor, Katholieke Universiteit Leuven; 1964-1984 am Inst. für Missionswissenschaft, U Münster; im Ruhestand
Sprachen	Englisch, Spanisch, Portugiesisch, Französisch, Niederländisch, Italienisch, Latein
Fachgebiet	Theologie
themat. Schwerpunkte	Missionsgeschichte und kirchliche Problematik
geogr. Schwerpunkte	Lateinamerika
Periodika	Mithg. der "Zeitschrift für Missionswissenschaft und Religionswissenschaft" (Münster), 1964-1971
Monographien	Priesternot in Lateinamerika. Leuven: Lateinamerika-Kolleg der Universität 1965, 317 S. Posiciones actuales sobre la actividad misionera. Burgos 1977 (zus. mit J. Dörmann)
Aufsätze	Chronique "Amérique latine" in Eglise Vivante (Louvain), 12(1960), S. 314-326; 13(1961), S. 286-297; 17(1965), S. 466-468; 18(1966), S. 328-338; 19(1967), S. 314-324; 20(1986), S. 292-303; 21(1969), S. 306-317; 22(1970), S. 365-374 Die Kirche in Lateinamerika, in: Priester und Mission. Aachen (1959), S. 95-120 Lateinamerika, in: Lexikon für Theologie und Kirche, Bd. VI. Freiburg 1961, Sp. 810-812 Evangélisation et cultures en Amérique latine, aus: Atti del Congresso Internazionale Scientifico di Missiologia, Roma, 5-12 ott. 1975. Rom 3(1976), S. 343-349 Christen in Lateinamerika, aus: Weltmission in der Weltkrise. Vortragsreihe zum Monat der Weltmission in Münster, Oktober 1978. St. Augustin: Steyler 1979, S. 81-90
sonst. Publikationen	Zahlreiche Buchbesprechungen, in: Zeitschrift für Missionswissenschaft und Religionswissenschaft (Münster) 1956-1972; Theologische Revue (Münster) seit 1967

P 451	**Prümers**, Heiko
	Seminar für Völkerkunde, Universität Bonn Römerstr. 164 D-53117 Bonn <W-5300 Bonn 1> Tel: 49 (2 28) 55 04 12
Privat	Schumannstr. 9 D-53113 Bonn
Geburtsdatum, -ort	03.01.1958, Marburg
berufl. Werdegang	1990 Dr.phil.; 1991 WissMitarb., U Bonn
Fachgebiet	Altamerikanistik / Archäologie
geogr. Schwerpunkte	Andenraum
Monographien	Noticias de Salango. Ein Beitrag zur Kenntnis der Fischfangtechniken von Salango (Prov. Manabi/Ecuador). Bonn 1988 Der Fundort "El Castillo" im Huarmeytal, Peru. Ein Beitrag zum Problem des Moche-Huari Textilstils. Bonn 1990
Aufsätze	Textilien, aus: Alt-Peru. Auf den Spuren der Zivilisation. Hildesheim: Roemer-Museum 1986, S. 104-110 Tejidos del Horizonte Medio del Valle de Huarmey, aus: R.M. Czwarno; F.M. Meddens; A. Morgan (Hg.), The Nature of Wari. A Reapraisal of the Middle Horizon Period in Peru, in: British Annual Review, Internat. Series 525. Oxford (1989), S. 188-213 Textilkunst, aus: H. Schindler (Hg.), Bauern und Reiterkrieger. Die Mapuche-Indianer im Süden Amerikas. 1990, S. 126-133 Zum Problem des 'Axtgeldes' im alten Peru, aus: A. Meyers; M. Volland (Hg.), Beiträge zur Kulturgeschichte des westlichen Südamerika. Opladen 1990, S. 11-33

P 452	**Prutsch**, Ursula
Privat	Unterneuberg 111 A-8225 Pöllau Tel: 43 (33 35) 27 60
Geburtsdatum, -ort	03.05.1965, Graz
berufl. Werdegang	1983-89 Studium (Geschichte und Spanisch), U Graz; seit 1989 Doktoratsstudium Geschichte; zeitw. WissMitarb., ÖLAI Wien
wiss. Vereinigungen	ÖLAI
Sprachen	Spanisch, Englisch, Portugiesisch (Französisch)
Fachgebiet	Geschichte
themat. Schwerpunkte	Beziehungen Lateinamerika - Österreich (19. und 20.Jh.) Akkulturationsprozesse, Emigration - Immigration
geogr. Schwerpunkte	Brasilien, Argentinien
Aufsätze	Estudios sobre Latino-América en Austria, in: REDIAL (Revista europea de información sobre América Latina) (1992)1, S. 7-24 (zus. mit G. Drekonja)
sonst. Publikationen	Die Auswanderung aus den im Reichsrat vertretenen Königreichen und Ländern aus der Monarchie nach Lateinamerika (1875-1914) anhand verschiedener Quellen. (Ungedr. Dipl.-Arbeit) Graz 1989

"Samba si, Trabajo no", aus: Ausstellungskatalog einer Ausstellung des Stadtmusuems Graz zum Thema "Amerika hin und zurück", Folgen einer Entdeckung. 1992, S. 158-163
"Auswanderung", aus: Ausstellungskatalog... (s.o.), S. 19-23
Österreicherische Hochschulschriften zu Lateinamerika, Spanien und Portugal 1970-1990/91. Wien 1991 (zus.m. E.Gugenberger)

P 453 **Ptak-Wiesauer**, Eva

Institut für Völkerkunde, Universität Wien
Universitätsstr. 7
A-1070 Wien
Tel: 43 (1) 4 01 03-0
Privat Burggasse 100 A/9
A-1070 Wien
Tel: 43 (1) 9 33 05 13

Geburtsdatum, -ort 04.06.1951, Innsbruck

berufl. Werdegang Studium (Ethnologie, Psychologie), U Wien; Doktorat; Übersetzerstudium Spanisch und Portugiesisch; Studienreiseleiterin; Ausbildung zur Psychoanalytikerin und Psychotherapeutin; seit 1985 Lektorin der U Wien

Sprachen Spanisch, Englisch, Portugiesisch (Französisch, Italienisch)

Fachgebiet Ethnologie / Psychologie

themat. Schwerpunkte Ethno-Psychoanalyse, Umgang mit dem "Fremden", Mythenanalyse (Mythos-Ritus-Realität), Tourismus

geogr. Schwerpunkte Amazonas, Andenraum

Monographien Runa Shimi. Grammatik und Wörterbuch des Ketschua von Ecuador. Wien 1984

Aufsätze Kunsthandwerk in Lateinamerika, in: LAI-Information des Österreichischen Lateinamerikainstitutes (ÖLAI). Wien (1981)3/4
Peru. Länderheft ÖLAI. Wien (1983)1
Ecuador. Länderheft ÖLAI. Wien (1983)2
Wer Flöten hat, hat die Macht. Matriarchatsmythen südamerikanischer Indianer, aus: Kossek; Langer; Seiser (Hg.), Verkehren der Geschlechter. Reflexionen und Analysen von Ethnologinnen. Wien 1989
Die Samburufrauen als soziale Akteure. Ein Beitrag zur ethnohistorischen Frauenforschung anhand der Berichte Ludwig Ritter von Höhnels, in: Wiener Ethnohistorische Blätter. Wien (1989)34
Tiergötter und Menschenfresser - Tiere in primitiven Gesellschaften, in: Tiere helfen Menschen. Linz 3(1990)5
Männer-Menstruation bei Indianern des Oberen Amazonas. Kultureller Kontext und symbolische Bedeutung, in: "Texte" Psychoanalyse-Ästhetik-Kulturkritik. Innsbruck (1991)2

P 454 **Puhle**, Hans-Jürgen

FB Gesellschaftswissenschaften WBE III, Universität Frankfurt
Senckenberganlage 15
D-60325 Frankfurt <W-6000 Frankfurt/M.>
Postfach 11 19 32
D-60054 Frankfurt
Tel: 49 (69) 7 98-24 96, -85 21
Fax: 49 (69) 25 36 63

Privat Marbachweg 305
D-60320 Frankfurt
Tel: 49 (69) 5 60 11 77

Geburtsdatum, -ort 08.10.1940, Neumarkt/Schlesien

berufl. Werdegang 1960-65 Studium (Geschichte, Politikwissenschaft, Soziologie, Philosophie), Tübingen, Marburg, Berlin; 1965 Dr.phil.; 1973 Habil. (Neuere Geschichte, Politikwissenschaft), U Münster; 1966-68 Co-director ILDIS, Santiago de Chile; 1970-71 J.F. Kennedy Memorial Fellow Harvard University; 1973 Doz., U Münster; 1976 Prof.; 1979-90 Prof. für Allgemeine Geschichte, U Bielefeld; seit 1990 Prof. für Politikwiss., U Frankfurt; GastProf. in Cornell, Oxford, Stanford, Tel Aviv, Buenos Aires

Beratung Gutachtertätigkeit; Mitglied des 'Joint Committee on Latin American Studies', 'Social Science Research Council' und 'American Council of Learned Societies'

wiss. Vereinigungen ADLAF

Sprachen Englisch, Spanisch, Französisch (Portugiesisch, Katalanisch, Italienisch)

Fachgebiet Geschichte

themat. Schwerpunkte Entwicklungsprobleme, Politische und soziale Prozesse im Vergleich, Eliten, Soziale Schichtung, Modernisierungsprozesse und Entwicklungshindernisse,

geogr. Schwerpunkte Bolivien, Chile, La-Plata-Länder, Zentralamerika, Mexiko

Schriftenreihen Hg. "Historische Perspektiven"

Periodika Hg. "Geschichte und Gesellschaft"; Mithg. "Statistical Abstract for Latin America"

Monographien Politik in Uruguay. Hannover: Neue Gesellschaft 1968, 87 S.

Tradición y política de reformas en Bolivia. Economía, sociedad y política en un país sudamericano en desarrollo. Santiago: ILDIS 1973, 146 S.

(Hg.) Revolution und Reformen in Lateinamerika. Göttingen: Vandenhoeck und Ruprecht 1976, 140 S.

(Hg.) Lateinamerika. Historische Realität und Dependencia-Theorien. Hamburg: Hoffmann & Campe 1977, 240 S.

The Economies of Mexico and Peru During the Late Colonial Period 1760-1810. Berlin: Colloquium 1986

Aufsätze Nationalismus in Lateinamerika, aus: W. Grabendorff (Hg.), Lateinamerika. Kontinent in der Krise. Hamburg: Hoffmann & Campe 1973, S. 48-77; ders. Aufsatz aus: H.A. Winkler (Hg.), Nationalismus (NWB 100). Königstein: Hain 1978, S. 265-286

Sehnsucht nach Revolution, aus: K. Lindenberg (Hg.), Politik in

Lateinamerika. Hannover: Neue Gesellschaft 1971, S. 13-32
Was ist Populismus?, aus: H. Dubiel (Hg.), Populismus und Aufklärung. Frankfurt: Suhrkamp 1986, S. 12-32
Lateinamerika: Probleme des Übergangs von der Agrarwirtschaft zum modernen Industriestaat, aus: K. Krakau (Hg.), Lateinamerika und Nordamerika. Frankfurt: Campus 1991

P 455 **Putzer**, Hannfrit

Privat Rimpaustr. 9
D-30173 Hannover <W-3000 Hannover>
Tel: 49 (5 11) 81 37 03

Geburtsdatum, -ort 18.05.1913, Lägerdorf

berufl. Werdegang 1937 Dr.rer.nat. (Geologie); 1942 Habil.; 1968 Prof., TU Hannover; Direktor der Bundesanstalt für Geowissenschaften und Rohstoffe a.D.

Sprachen Englisch, Spanisch, Portugiesisch, Französisch

Fachgebiet Geologie

themat. Schwerpunkte Lagerstätten mineral. Rohstoffe

geogr. Schwerpunkte Lateinamerika

Monographien Mineralmacht Brasilien. São Paulo: Deutsch-Brasilianische Handelskammer 1956, 136 S.
Geologie von Paraguay. Regionale Geol. Erde Bd. 2. Stuttgart: Borntraeger 1962, 182 S.
Metallogenetische Provinzen in Südamerika. Stuttgart 1976, 316

Aufsätze Das Itabirit-Revier "Serra dos Carajás", Pará, Brasilien, in: Erzmetall. Stuttgart 24(1971)1, S. 7-11
Tectonics, historic geology and mineral resources of Paraguay, in: Encyclopedia of World Regional Geology, Bd. I, Western Hemisphere. Stroundsburg/USA (1975), S. 419-425
Trinkwasser für 150 000 Menschen (Bahia), in: Deutsch-Brasilianische Hefte. Bonn 13(1974)1, S. 30-33
The Brazilian hard coal deposits and optimal methods of exploitation, in: Natural Resources and Development. Tübingen 4(1976), S. 112-126
Zwischen Ökologie und Exploration, in: Zt. Die Americas. Sachsenheim (1987)3, S. 70-74
The geological evolution of the Amazon Basin and its mineral resources, in: The Amazon. Dordrecht (1984), S. 15-46
Tierdarstellungen in der präkolumbischen Kunst. Hannover: Tierärztl. Hochsch. Stud. Generale 1989, S. 1-21

P 456	**Quade**, Horst
	Abteilung "Geologie außereuropäischer Länder", Institut für Geologie und Paläontologie, Technische Universität Clausthal Leibnizstr. 10 D-38678 Clausthal-Zellerfeld <W-3392 Clausthal-Zellerfeld> Tel: 49 (53 23) 72 21 45 Telex: 953 828 tu clz d Fax: 49 (53 23) 72 36 77
Geburtsdatum, -ort	29.09.1935, Husum (Krs. Hameln)
berufl. Werdegang	1961 Dipl.-Geol., Gießen; 1963 Dr.rer.nat., Gießen; 1968 Habil., TU Clausthal; 1973 apl.Prof./1978 pl.Prof., TU Clausthal
Beratung	Lehr- und Forschungsprogramm im Rahmen des Postgraduierten-Kurses "Geologia Estructural", U Federal de Ouro Preto
wiss. Vereinigungen	DGG; GV; Gesellschaft für Geologische Wissenschaften; SBG
Sprachen	Englisch, Portugiesisch, Französisch (Spanisch)
Fachgebiet	Geologie
themat. Schwerpunkte	Strukturgeologie, Stratigraphie des deutschen Devons und Unterkarbons, Erz- und Gesteinstexturen, Tektonik von Erzlagerstätten, Geologie von Präkambriumsgebieten Brasiliens, Paläovulkanismus
geogr. Schwerpunkte	Minas Gerais und São Paulo/Brasilien, Deutsches Variszikum
Monographien	Geology of Brazil (Hg. zus. mit K. Beurlen; Y. Hasui)
Aufsätze	Aspectos geológicos da megantiforma da Serra do Cadeado, PR, in: Anais XXXIII Congr. Brasil. Geol. Rio de Janeiro (1984), S. 2380-2393 (zus. mit H.D. Ebert; Y. Hasui) Revisão estratigráfica do Grupo Bambuí (bloco oriental) em Minas Gerais, in: Anais III. Simp. geol. MG. Belo Horizonte (1985), S. 68-83 (zus. mit J.H. Grossi Sad) Economic and structural geology of the Itabira Iron District, Minas Gerais, Brazil, in: Zbl. Geol. Paläont. Stuttgart (1987)7/8, S. 743-752 (zus. mit F. Chemale Jr., F.S. Carbonari) Das eiserne Viereck Brasiliens - Strukturelle Entwicklungen eines intrakratonen Beckens im Präkambrium, in: Tagungsh. 11. Geowiss. Lateinamer. Koll. Hannover (1988), S. 120
P 457	**Queisser**, Monika
	Ifo Institut für Wirtschaftsforschung Poschingerstr. 5 D-81679 München <W-8000 München 80> Tel: 49 (89) 92 24-4 08 Telex: 5-22 269 Fax: 49 (89) 98 53 69
Privat	Herzogstr. 89 D-80796 München <W-8000 München 40> Tel: 49 (89) 30 46 34
Geburtsdatum, -ort	16.07.1963, Palo Alto, CA/USA
berufl. Werdegang	1988 Dipl.-Journ.; 1989 Dipl.-Volksw.; seit 1990 WissRef., Ifo Institut, Abt. Entwicklungsländer

Sprachen	Englisch, Französisch, Spanisch (Italienisch)
Fachgebiet	Wirtschaft / Politische Ökonomie
themat. Schwerpunkte	Entwicklungspolitik, Strukturanpassung, Sozialpolitik, Soziale Sicherungssysteme, Gesundheitsversorgung, Ausbildung
geogr. Schwerpunkte	Lateinamerika, Südostasien
Periodika	Redakteurin "ifo Studien" - Zs. für empir. Wirtschaftsforschung
Aufsätze	Wirtschaftskrise und Stabilisierungsversuche in Argentinien, in: ifo Schnelldienst (1991)8/9 Chile. Wirtschaftspolitische Herausforderungen für die junge Demokratie, in: ifo Schnelldienst (1992)9, S. 31-36 Die Privatisierung des Gesundheitswesens in Chile. Patentrezept oder tödliche Arznei?, in: Nord-Süd-Aktuell. Hamburg 6(1992)3, S. 449-453

P 458	**Queitsch**, Jürgen Gustav
	Departamento de Economía Agrícola, Posgrado Universidad Autónoma de Chapingo (UACH) Carretera México-Texcoco Km 38.5 65230 Chapingo Edo. de México/Mexiko Tel: 52 (5 95) 4 22 00-50 38 Telex: 52 (5 95) 4 09 84 Fax: 52 (5 95) 4 05 16
Privat	Pablo Cidosa S/N, 56178 Texcoco, Edo. de México/Mexiko Tel: 52 (5 95) 5 18 28
Geburtsdatum, -ort	22.09.1940, Kunnersdorf
berufl. Werdegang	1964 Dipl.-Landw.; 1977 Dr.agr.; 1981 Dr.sc.; 1982-87 Gast-Doz., UACH/Mexiko; bis Sept. 1991 Doz. an der Fakultät für Landwirtschaft und Gartenbau, HU Berlin; seit 1991 Hochschullehrer in der Abt. Agrarökonomie der UACH/Mexiko
Sprachen	Spanisch (Englisch, Russisch)
Fachgebiet	Landwirtschaft
themat. Schwerpunkte	Agrarökonomie, Agrarpolitik, Ländl. Entwicklung, Ökonomie der Landwirtschaftsbetriebe, Umweltökonomie in der Landwirtschaft
geogr. Schwerpunkte	Lateinamerika, Mittelamerika, Mexiko
Periodika	Mithg. "Información de Postgrado" der UACH
Monographien	Die Landwirtschaft in den Vereinigten Mexikanischen Staaten. Berlin: AdL 1990, 48 S.
Aufsätze	Condiciones económicas y organizativas para la aplicación del Progreso Tecnológico en empresas agropecuarias colectivas en México, aus: Memorial del 1er Seminario Internacional sobre el Progreso Tecnológico en la agricultura en países en vía de desarrollo. Chapingo 1986, S. 192-209 (deutsch: Berlin: HUB 1986, S. 60-73) Förderung des technologischen Fortschritts in der Landwirtschaft der Entwicklungsländer durch internationale Agrarforschungszentren, dargestellt am Beispiel des CIMMYT, in: Berichte des 2. Internationalen Forschungsseminars über ökonomische, soziale und ökologische Implikationen des technologi-

schen Fortschritts im Agrar- und Ernährungsbereich der Entwicklungsländer, Heft 2. Berlin 1989, S. 71-83 (spanisch: Chapingo: UACH 1991, S. 64-76)
Betrachtungen zum effektiven Energieeinsatz in der mexikan. Landwirtschaft, in: Ber. zur Tagung über den effektiven Energieeinsatz in der Landwirtschaft. Berlin 1991, S. 71-82
Consideraciones sobre los ejidos colectivos en México en el contexto de los cambios sociales en Europa Oriental. Información de Postgrado. Chapingo (1992)2, S. 5-20

P 459 **Rabeneick**, Manfred

Konrad-Adenauer-Stiftung
Arbeitsbereich Internationale Zusammenarbeit (KAS-IZ)
Rathausallee 12
D-53757 St. Augustin <W-5205 St. Augustin 1>
Postfach 14 20
D-53732 St. Augustin
Tel: 49 (22 41) 2 46-3 66
Telex: 889 727 kas d
Fax: 49 (22 41) 2 46-65 08

Privat Am Park 87
D-53757 St. Augustin
Tel: 49 (22 41) 33 36 63

Geburtsdatum, -ort 05.10.1939, Mannheim

berufl. Werdegang 1967-70 als Berater der politischen Bildungsarbeit für die KAS in Venezuela; 1971-82 empirische Sozialforschung und politische Beratung im Forschungsinst. der KAS; 1977 Dr.rer.pol.; seit 1982 Ref. für politische Beratung der Projekte der politischen Bildung, der öff. Verwaltung und der Förderung der Rechtstaatlichkeit in der 3. Welt im Internationalen Institut der KAS

Beratung Organisationsberatung

wiss. Vereinigungen ADLAF; IPSA

Sprachen Spanisch, Englisch (Französisch)

Fachgebiet Politik / Entwicklungspolitik

themat. Schwerpunkte Wahlforschung, Wählerverhalten, Wahlrecht, Wahlsysteme, Parteiorganisation, Parteiprogrammatik, Öffentliche Verwaltung, Polit. Erwachsenenbildung, Demokratisierung, Menschenrechte

geogr. Schwerpunkte Venezuela, Costa Rica, Kolumbien, Peru

P 460 **Raddatz**, Corinna

Hamburgisches Museum für Völkerkunde
Binderstr. 14
D-20148 Hamburg <W-2000 Hamburg 13>
Tel: 49 (40) 44 19 55 17

Geburtsdatum, -ort 13.10.1944, Prenzlau/Uckermark

berufl. Werdegang 1973 Dr.phil.; WissMitarb., Übersee-Museum Bremen; Oberkustodin, Hamburg. Museum für Völkerkunde (Amerika-Abteilung)

Sprachen Englisch, Spanisch (Französisch, Italienisch)
Fachgebiet Ethnologie
themat. Schwerpunkte Materielle Kultur, Indianisches Handwerk im Wandel, Technologie, speziell Metallverarbeitung und Textilherstellung, Fotografie in Lateinamerika, Kulturgeschichte Mexikos im 19. Jhd.
Monographien Kleidung und Schmuck im vorkolumbischen Esmeraldas. Bremen 1975 (Diss.)
Der kolumbianische Goldschatz des Übersee-Museums, Bremen. Wiesbaden 1980
(Hg.) Tairona-Goldschmiede der Sierra Nevada de Santa Marta, Kolumbien. Hamburg 1986
(Hg.) Fotodokumente aus Nordperu/Documentos fotográficos del Norte del Perú, Hans Heinrich Brüning (1848-1928). Hamburg 1990
In Vorbereitung: Emil August Mühlenpfordt "Mejicanische Bilder", Reiseabenteuer, Gegenden, Menschen und Sitten, geschildert von Eduard Mühlenpfordt (1891-1853)

P 461 **Ratter**, Beate M.W.

Geographisches Institut, Arbeitsbereich Wirtschaftsgeographie
Universität Hamburg
Bundesstr. 55
D-20146 Hamburg <W-2000 Hamburg 13>
Tel: 49 (40) 41 23-52 17
Telex: Uni HH 214 732
Fax: 49 (40) 41 23-52 70
Privat Hohe Weide 28
D-20259 Hamburg <W-2000 Hamburg 20>
Tel: 49 (40) 4 90 01 80
Geburtsdatum, -ort 19.10.1962, Heidenheim
berufl. Werdegang 1987 Dipl. Geographin; 1991 Dr.rer.nat.; seit 1987 WissMitarb. am Geographischen Institut, U Hamburg
Beratung Forschungsprojekt: Karibische Territorialkonflikte im Meeresraum
wiss. Vereinigungen ADLAF; DVAG; Gesellschaft für Karibikforschung
Sprachen Englisch, Spanisch, Französisch
Fachgebiet Geographie
themat. Schwerpunkte Politische Geographie, Entwicklungspolitik, Seerecht, Fischerei, Insularität
geogr. Schwerpunkte Karibischer Raum: Große Antillen, brit. Kolonien; Mittelamerika, Kolumbien
Monographien Karibische Netze. San Andrés y Providencia und die Cayman Islands zwischen weltwirtschaftlicher Integration und regionalkultureller Autonomie. Hamburg: Wayasbah 1992, 262 S. + 41 Abb.
Aufsätze Die Rolle der Raumperzeption in der nationalen Seerechtspolitik - Das Beispiel der Großen Antillen, in: Geographische Zeitschrift. Hamburg 76(1988)4, S. 225-238

Der Einfluß des neuen Seerechts auf die Meereszonen und die Fischereipolitik Kubas, in: Verfassung und Recht in Übersee. Hamburg 22(1989)1, S. 38-51
Die Guano-Inseln der Karibik - "Schatzinseln" zwischen Abenteuerromantik und internationalem Seerecht, aus: B. Ratter; K. Horx (Hg.), Konfliktfeld Weltmeer. Hamburg 12(1989)73-75, S. 138-150
Topographical problem areas in the delimitation of maritime boundaries and their political relevance: Case studies from the Western Caribbean, in: Ocean & Shoreline Management. Essex 15(1991)4, S. 289-308
S.O.S. - Political Resistance against selective attempts at cultural destruction. San Andrés and Providence between Colombian Central Government and Caribbean heritage, in: II Interdisziplinäre Tagung der Gesellschaft für Karibikforschung, Wien 1990
Der Drogenkomplex als integrierendes und desintegrierendes Element in Wirtschaft und Gesellschaft Lateinamerikas, in: Jahrestagung der ADLAF. Berlin 1990

P 462 **Ratz**, Konrad

Forschungsförderungsfonds der Gewerblichen Wirtschaft
Kärtnerstr. 21-23
A-1015 Wien
Tel: 43 (1) 5 12 45 84-21
Fax: 43 (1) 5 12 45 84-41
Privat Untere Weißgerberstr. 61/4
A-1030 Wien
Tel: 43 (1) 7 52 78 53
Geburtsdatum, -ort 20.12.1931, Wien
berufl. Werdegang 1958-60 Tätigkeit in der spanischen Kfz-Industrie; 1961-72 Fachverband der Maschinen-Stahlindustrie; seit 1972 Geschäftsf. des Forschungsförderungsfonds für die Gewerbliche Wirtschaft Wien; Lektor, U Graz (Zoologie, Abteilungsleiter für Morphologie und Ökologie); Lehrbeauftr., Wirtschafts-U Wien
Sprachen Englisch, Spanisch, Französisch, Italienisch (Portugiesisch)
Fachgebiet Geschichte
themat. Schwerpunkte Maximilian I von Mexiko
geogr. Schwerpunkte Mexiko, bes. Querétaro
Monographien Das Militärgerichtsverfahren gegen Maximilian von Mexiko. Hardegg 1985
Maximilian in Querétaro. Bilddokumentation über das Ende des zweiten Mexikanischen Kaiserreiches. Graz 1991
Aufsätze Maximilians Querétaro und seine Augenzeugen, aus: 700 Jahre Hardegg. Hardegg 1990
sonst. Publikationen Maximilian in Querétaro. Fotodokumentation aus einem österreichisch-mexikanischen Forschungsprojekt. Wien 1990
Begleitbroschüre zur gleichnamigen Wanderausstellung 1990/91 (Museum für Völkerkunde)

P 463 **Raus**, Thomas

Botanischer Garten und Botanisches Museum, Berlin Dahlem
Königin-Luise-Str. 6-8
D-14195 Berlin <W-1000 Berlin 33>
Tel: 49 (30) 83 00 61 28
Fax: 49 (30) 83 00 62 18

Geburtsdatum, -ort 18.05.1949, Soest/Westfalen
berufl. Werdegang 1977 Dr.rer.nat.; seit 1980 Oberkustos am BGBM Berlin Dahlem
Beratung Forschungsprojekt: "Flora of the Guianas" (Caprifoliaceae, Cuscutaceae, Pedaliaceae, Plantaginaceae, Punicaceae, Rafflesiaceae, Ranunculaceae, Thymelaeaceae)
Sprachen Englisch, Neugriechisch (Spanisch, Italienisch, Französisch, Portugiesisch)
Fachgebiet Botanik
themat. Schwerpunkte Höhere Pflanzen
geogr. Schwerpunkte Guyana, Surinam, Französisch Guyana, Mittelmeergebiet

P 464 **Rausch**, Renata

Institut für Soziologie, FB Gesellschaftswissenschaften und Philosophie, Philipps-Universität Marburg
Wilhelm-Röpke-Str. 6, Block K
D-35039 Marburg <W-3550 Marburg>
Tel: 49 (64 21) 28 47 20/21
Fax: 49 (64 21) 28 70 50

Privat Savignystr. 11
D-35037 Marburg <W-3550 Marburg>
Tel: 49 (64 21) 16 17 69

Geburtsdatum, -ort 05.03.1940, Berlin
berufl. Werdegang Promotion in Soziologie, U Hamburg; WissMitarb. Sozialforschungsstelle Dortmund; Leiterin des Forschungsprojekts Massenmedien, Erwachsenenbildung und Bewußtseinsstrukturen in Zentralamerika, ICECU, San José/Costa Rica; 1966-74 Prof. für Soziologie, U de Costa Rica; seit 1975 o.Prof. für Soziologie, U Marburg
Beratung 1988 Doktorandenseminar am CENDES, Caracas/Venezuela; 1989 Graduiertenseminar an der Facultad de Ciencias Económicas y Sociales, U Central de Venezuela, Caracas
wiss. Vereinigungen ASERCCA; ADLAF
Sprachen Spanisch, Englisch (Portugiesisch, Französisch)
Fachgebiet Soziologie
themat. Schwerpunkte Methoden der empirisch-soziologischen Forschung, Sozialstrukturanalyse, Frauenforschung, Feministische Soziologie, Gesellschaftliche Entwicklung
geogr. Schwerpunkte Europa, Zentralamerika, Venezuela, Dominikan. Republik, Kuba
Monographien Zentralamerika, Köln: Pahl-Rugenstein 1983 (Hg. mit D. Boris)
Aufsätze Gemeinsamkeiten und Unterschiede in der historischen Entwicklung Zentralamerikas, aus: Zentralamerika (s.o.), S. 9-30
Costa Rica, aus: Zentralamerika (s.o.), S. 347-405 (mit P. Hiedl)

El Pacto Andino - un acuerdo de integración subregional. Logros, fracasos y esfuerzos de reactivación (1969-87), in: Homines. Puerto Rico 13(1989)2
Subsistenzproduktion als Perspektive für Frauen in der ersten und dritten Welt? 6 irrtümliche Thesen des Bielefelder Ansatzes, aus: Frauenforschung an der U Marburg, Kommission für Frauenförderung und Frauenforschung. Marburg 1990, S. 214-225
Imperialismo cultural, resistencia y culturas populares, in: Annales des pays d'Amérique Centrale et des Caraïbes. Aix-en-Provence (1990)10, S. 321-333
Die Bourgeoisie in Venezuela, aus: D. Boris; P. Imbusch (Hg.), Sozialstrukturveränderungen und Krise im Lateinamerika der 80er Jahre. Marburg: Institut für Soziologie 1991, S. 41-50
Der Kulturschock der Indios, aus: H.-J. Prien (Hg.), 1942 und die Folgen. Münster: Lit 1992, S. 18-32
Frauen im Kampf gegen patriarchalische Strukturen und für Demokratie in Lateinamerika, aus: Frauen, Sexualität und Mutterschaft in der Ersten und Dritten Welt, Interdisziplinäre Arbeitsgruppe Frauenforschung, Phillipps-Universität Marburg. Marburg 1993, S. 6-17

P 465 **Reichardt**, Dieter

Ibero-amerikanisches Forschungsinstitut, Universität Hamburg
Von-Melle-Park 6
D-20146 Hamburg <W-2000 Hamburg 13>
Tel: 49 (40) 41 23-48 04

Privat Landesstr. 6
D-27404 Rhade <W-2730 Rhadereistedt>
Tel: 49 (42 85) 10 86

Geburtsdatum, -ort 23.03.1938, Weimar
berufl. Werdegang 1968 Dr.phil. (Romanistik, Germanistik); UnivProf., U Hamburg
Sprachen Englisch, Spanisch, Französisch (Portugiesisch)
Fachgebiet Literatur
themat. Schwerpunkte Literaturgeschichte /-soziologie Spaniens und Lateinamerikas
geogr. Schwerpunkte Argentinien, Uruguay
Periodika Mithg. "Iberoamericana" (Frankfurt: Vervuert)
Monographien Tango - Verweigerung und Trauer. Kontexte und Texte. Frankfurt: Vervuert 1981, 270 S.
Autorenlexikon Lateinamerika. Frankfurt: Suhrkamp Verlag 1992, 738 S.
Aufsätze 'El señor presidente': die negierte Revolution, in: Iberoamericana 9, 4(1980)1, S. 23-33
Enrique González Tuñon: 'El tirano' (1932). Ein unbekannter Diktatorenroman, aus: M.López de Abiada; T.Heydenreich (Hg.) Homenaje a Gustav Siebenmann. München 1983, S. 749-761
La lectura nacional de 'El otro cielo' y 'Libro de Manuel', in: INTI (1986)22/23, S. 205-215
La imagen de la literatura en la revista 'Pájaro de fuego' (1977-

1980), aus: K. Kohut; A. Pagni (Hg.), Literatura argentina hoy. Frankfurt 1989, S. 77-85
Engagierte Literatur und Avantgarde in Argentinien, in: Iberoamericana 13(1989)37/38, S. 51-69
Macedonio Fernández y Omar Viñole: dos caras del vanguardismo en Argentina, aus: H. Wentzlaff-Eggebert (Hg.), Europäische Avantgarde im lateinamerikanischen Kontext. Frankfurt: Vervuert 1991, S. 213-228
Gombrowicz und die argentinische Literatur, aus: W. Gombrowicz (Hg.), Argentinische Streifzüge. München 1991, S. 185-210

P 466 **Reinberg**, Stefanie

Österreichisches Lateinamerika-Institut (ÖLAI)
Schmerlingplatz 8
A-1010 Wien
Tel: 43 (1) 5 23 27 27, 5 23 33 15-12
Fax: 43 (1) 5 23 27 27-9

Privat Schönborngasse 18/12 a
A-1080 Wien
Tel: 43 (1) 4 38 76 82

Geburtsdatum, -ort 02.05.1955, Saarlouis

berufl. Werdegang Studium (Germanistik, Romanistik), Freiburg/Br., Syracuse/USA und Wien; Lehramtsprüfung; Referendariat/Teaching Assistant, USA; Akademikertraining beim ÖLAI; WissRef. (Wissenschaftsabteilung des ÖLAI

Sprachen Englisch, Spanisch, Französisch

Fachgebiet Entwicklungspolitik / Bildungswesen

themat. Schwerpunkte Sprachsoziologie, Interkulturelle Erziehung

geogr. Schwerpunkte Zentralamerika, bes. Guatemala

Schriftenreihen "LAI-Information" (Redaktion)

P 467 **Reindel**, Markus

Seminar für Völkerkunde, Universität Bonn
Römerstr. 164
D-53117 Bonn <W-5300 Bonn>
Tel: 49 (2 28) 55 04 12

Privat Prinz-Albert-Str. 93
D-53113 Bonn
Tel: 49 (2 28) 22 05 08

Geburtsdatum, -ort 03.05.1960, Karlsruhe

berufl. Werdegang Studium (Altamerikanistik, Ethnologie, Geographie, Spanisch) in Freiburg, Madrid, Bonn; 1987 M.A. in Bonn; 1987, 1988, 1989 Studien- und Forschungsaufenthalte in Peru; 1992 Dr.phil. in Bonn; wissenschaftliche Fachberatung SWF-Fernsehen

Sprachen Englisch, Spanisch (Französisch)

Fachgebiet Altamerikanistik

themat. Schwerpunkte Archäologie, Baugeschichte, Textilkunde, Museumskunde

geogr. Schwerpunkte	Andenraum, Peru, Ekuador
Monographien	Monumentale Lehmarchitektur an der Nordküste Perus. Eine repräsentative Untersuchung nach-formativer Großbauten vom Lambayeque-Gebiet bis zum Virú-Tal (im Druck)
Aufsätze	Arquitectura Monumental del Intermedio Temprano en la costa norte del Perú, in: Revista del Museo de Arqueología. Trujillo (1990)1 S. 119-143
P 468	**Reinhard**, Wolfgang
	Lehrstuhl für Neuere Geschichte Historisches Seminar, Universität Freiburg KG II, Werthmannplatz D-79098 Freiburg <W-7800 Freiburg> Tel: 49 (7 61) 2 03-38 10, -20 74, -20 65 Fax: 49 (7 61) 2 03-43 69
Privat	Sundgauallee 68 D-79110 Freiburg Tel: 49 (7 61) 80 04 19
Geburtsdatum, -ort	10.04.1937, Pforzheim
berufl. Werdegang	1963 Dr.phil.; Schuldienst; 1966-73 Forschungsstipendiat u.a. in Rom; 1973 Habil. neuere und neueste Geschichte; 1973-77 Doz. in Freiburg; 1977-86 Lehrstuhl für Geschichte der frühen Neuzeit, 1986-90 für neuere und außereuropäische Geschichte in Augsburg; 1990 o.Prof. (neuere Geschichte), U Freiburg
Sprachen	Englisch, Französisch, Italienisch, Spanisch (Latein, Portug.)
Fachgebiet	Geschichte
themat. Schwerpunkte	Europäische Frühneuzeit; Europäische Expansion
Periodika	"Periplus. Jahrbuch für außereuropäische Geschichte"
Monographien	Geschichte der europäischen Expansion, 4 Bde. Stuttgart: Kohlhammer 1983-1990 Nord und Süd in Amerika: Gemeinsamkeiten, Gegensätze und der europäische Hintergrund. Freiburg: Rombach 1992 (Hg. zus. mit P. Waldmann)
Aufsätze	Gelenkter Kulturwandel im siebzehnten Jahrhundert. Akkulturation in den Jesuitenmissionen als universalhistorisches Problem, in: Historische Zeitschrift 223(1976), S. 529-590 The West: Economic change in the Atlantic triangle, aus: H. Pohl (Hg.), The European discovery of the world and its economic effects on the pre-industrial society, 1500-1800. Stuttgart: Steiner 1990, S. 24-42 (Vierteljahresschrift für Sozial- und Wirtschaftsgeschichte. Beiheft 89)
sonst. Publikationen	Deutsche Ausgabe der Briefe des Pedro de Valdivia

P 469 **Renner**, Egon A.E.

Lateinamerika-Institut (LAI), Freie Universität Berlin
Rüdesheimer Str. 54-56
D-14197 Berlin <W-1000 Berlin 33>

Privat Sybel-Str. 23
D-10629 Berlin <W-1000 Berlin 12>
Tel: 49 (30) 3 23 89 79

Geburtsdatum, -ort 13.01.1935, Offenbach-Hundheim

berufl. Werdegang 1960 Kunstdiplom, Kunsterzieher (nach italienischem Recht); 1978 Dr.phil.; 1978-80 Museumsassistent, Museum für Völkerkunde Berlin, Stiftung Preußischer Kulturbesitz; 1980-86 HochschulAss. (C1), Inst. für Ethnologie, U Hamburg; 1981-91 Redakteur, Zeitschrift für Ethnologie; seit 1988 Lehrbeauftragter, LAI, FU-Berlin; 1988-90 Archivar, Evangelisches Zentralinstitut Berlin; seit 1990 Forschungsaufträge

Sprachen Englisch, Spanisch, Italienisch (Französisch, Portugiesisch, mehrere Indianersprachen)

Fachgebiet Ethnologie / Linguistik

themat. Schwerpunkte Kognitive Anthropologie, Kulturtheorien, Wissenschaftstheorie, Ethnohistorie, Weltbild und Wertsysteme, Fachgeschichte der genannten Disziplinen, Integrative Humanforschung

geogr. Schwerpunkte Mesoamerika, Nordmexiko, Nordamerika nördlich des Rio Grande

Monographien Die Kognitive Anthropologie: Aufbau und Grundlagen eines ethnologisch-linguistischen Paradigmas. Berlin 1980
Kognitive Anthropologie versus ethnologischer Historismus: Zur Situation der deutschen Ethnologie und ihrer Ausbrecher. Nortorf 1988
Fallstudien zum Fachverständnis deutscher Ethnologen I: Der Umgang mit der Interdisziplinären Evolutionstheorie der amerikanischen Ethnologie. Nortorf 1990

Aufsätze 40 Aufsätze und Artikel in verschiedenen deutsch- und englischsprachigen Zeitschriften und Sammelbänden regionaler Art über Amerika (u.a. kritische Untersuchungen zu Handbüchern, Analyse von Reiseberichten) und theoretischer Art (u.a. auf folgenden Gebieten: Kognitive Anthropologie, Kulturtheorien)

P 470 **Rescher**, Hubertus J.

Institut für Brasilienkunde e.V.
Sunderstr. 15-17
D-49497 Mettingen <W-4532 Mettingen>
Postfach 11 29
D-49493 Mettingen
Tel: 49 (54 52) 23 58
Fax: 49 (54 52) 43 57

Privat Kolpingstr. 4, D-49497 Mettingen
Postfach 12 46, D-49494 Mettingen

	Tel: 49 (54 52) 26 40
Geburtsdatum, -ort	22.06.1947, Heinrichsthal
berufl. Werdegang	1971-78 Studium (Geschichte, Soziologie/Ethnosoziologie, Portugiesisch), Marburg; 1978 Dr.phil. (Theologie); 1971-73 Marburg, 1979-83 Münster; seit 1975 Forschungsaufenthalte in Brasilien und Portugal; seit 1985 Zusammenarbeit mit dem Forschungsschwerpunkt Entwicklungssoziologie der U Bielefeld; Lehrer für Geschichte, Soziologie, Portugiesisch
Beratung	Gutachtertätigkeit, Übersetzungen aus dem Portugiesischen, Sprachunterricht für Basisgruppen, Vorbereitung und Begleitung internationaler Begegnungen von Gewerkschaftsgruppen
wiss. Vereinigungen	ADLAF
Sprachen	Portugiesisch, Englisch, Schwedisch (Spanisch)
Fachgebiet	Soziologie / Geschichte
themat. Schwerpunkte	Soziale Bewegungen in Brasilien, Bilaterale und multilaterale Beziehungen gewerkschaftlicher Basisorganisationen (Brasilien, Deutschland, Schweden), Situation ethnischer Minderheiten Brasilien und weltweit
geogr. Schwerpunkte	Brasilien
Schriftenreihen	Mithg. "Aspekte der Brasilienkunde" (Mettingen)
Periodika	Mithg. "Brasilien Nachrichten" (Osnabrück)
Monographien	Handbuch des entwicklungspolitischen Films. Bonn: AGG 1976, 320 S. (zus. m.a.)
	Die deutschsprachige Literatur zu Brasilien von 1789 bis 1850. Widerspiegelung brasilianischer Sozial- und Wirtschaftsstrukturen von 1789 bis 1850 in der deutschsprachigen Literatur desselben Zeitraums. Frankfurt/M.: Lang 1979, 350 S.
	Die Dritte Welt in Schule und Jugendarbeit... Frankfurt/M.: Haag + Herchen 1980, 140 S. (zus. m.a.)
	Machen wir uns auf den Weg. Schritte zur internationalen Solidarität von brasilianischen und deutschen Gewerkschaftern... Mettingen: bkv 1987, 200 S. (zus. mit A. Hidding; C. Stucke; R. Doleschal u.a.)
Aufsätze	Überwiegend im Elend. Zur sozialen Situation der Mehrheit des brasilianischen Volkes, in: Brasilien Nachrichten. Osnabrück (1983)79, S. 2-18
	Geschichte der brasilianischen Arbeiterbewegung, in: Brasilien Nachrichten. Osnabrück (1984)85, S. 47-55
	Brasiliens Gewerkschaften 1987..., in: Brasilien Dialog. Mettingen (1987)2/3, S. 74-79
	Brasiliens offene Adern, aus: K. Hart; L. Ramalho (Hg.), Brasilien. Hamburg 1989, S. 36-48

P 471	**Ribbeck**, Eckhart
	Städtebauliches Institut, Fakultät Architektur und Stadtplanung Universität Stuttgart (SI/P+B in EL) K I Keplerstr. 11 D-70174 Stuttgart <W-7000 Stuttgart 1> Tel: 49 (7 11) 1 21-33 70, -33 50 Fax: 49 (7 11) 1 21-32 25, -35 00
Privat	Mombertplatz 23 D-69126 Heidelberg <W-6900 Heidelberg> Tel: 49 (62 21) 38 49 64
Geburtsdatum, -ort	16.11.1942, Berlin
berufl. Werdegang	1971 Dipl.-Ing. Architekt; Beratung und Forschung u.a. in Peru, Guyana (4 Jahre), Brasilien (2 Jahre), Mexiko (2 Jahre); Forschung und Lehre, TH Darmstadt und U Karlsruhe; 1985 Dissertation; 1991 o.Prof., U Stuttgart
Beratung	Hochschulkooperation und Forschung mit Universitäten in Lateinamerika u.a. Regionen
wiss. Vereinigungen	Trialog - Vereinigung zur wissenschaftlichen Erforschung des Planens und Bauens in Entwicklungsländern e.V.
Sprachen	Englisch, Spanisch, Französisch, Portugiesisch
Fachgebiet	Architektur / Städteplanung
themat. Schwerpunkte	Stadtentwicklung und Wohnungsbau in Asien, Afrika, Lateinamerika
geogr. Schwerpunkte	Mexiko, Brasilien, Peru
Schriftenreihen	"Schriftenreihe des städtebaulichen Instituts (SI)" (Universität Stuttgart)
Periodika	"Trialog - Zeitschrift für das Planen und Bauen in der Dritten Welt" (Darmstadt)
Aufsätze	Metropolen von morgen - schnellwachsende Mittelstädte in Mexiko, in: Trialog. Darmstadt (1991)31, S. 40-45 (zus. mit M. Einsele) Straßenhandel in Mexiko-Stadt, in: Trialog. Darmstadt (s.o.), S. 33-37 (zus. mit K. Teschner) Architektur und Städtebau, aus: N. Werz (Hg.), Handbuch der deutschsprachigen Lateinamerikakunde. Freiburg: ABI 1992, S. 51-80 (zus. mit K. Mathéy)
sonst. Publikationen	Planung und Planungsförderung in brasilianischen Mittelstädten. U Karlsruhe 1985, 257 S. (Diss.) Planung und Planungsförderung in lateinamerikanischen Mittelstädten, U Karlsruhe/UNAM Mexiko (Forschungsbericht, in Bearbeitung) Neue städtische Ballungsräume in Mexiko. U Karlsruhe/U Stuttgart/UNAM Mexiko (Forschungsbericht, in Bearbeitung)

P 472 **Richter**, Michael

Institut für Geographie, Universität Erlangen-Nürnberg
Kochstr. 4
D-91054 Erlangen <W-8520 Erlangen>
Tel: 49 (91 31) 85 26 36
Fax: 49 (91 31) 85 26 34

Privat Eichenring 48
D-91341 Röttenbach <W-8551 Röttenbach>
Tel: 49 (91 51) 66 67

Geburtsdatum, -ort 22.09.1946, Bonn

berufl. Werdegang 1978 Dr.rer.nat.; seit 1978 WissAss., TH Aachen; seit 1987 Prof. für physische Geographie, U Erlangen

Beratung DFG-Forschungsprojekt: Klimaökologie Atacama; Kooperation: Agrarökonomische Probleme und Planung in Chiapas/Südmexiko (zus. mit CIES = Centro de Investigaciones Ecológicas del Sureste); Kooperation: Geoökologische Grundlagen Hochatacama (zus. mit Dep. Geología Universidad del Norte, Antofagasta und Inst. Antropología Gustavo Peige, San Pedro de Atacama)

Sprachen Englisch, Italienisch, Spanisch, Französisch (Holländisch)

Fachgebiet Geographie

themat. Schwerpunkte Klimaökologie, Vegetationsgeographie, Agrarökologie

geogr. Schwerpunkte Mexiko, Chile, Costa Rica, Bolivien, Maghrebländer, Italien

Schriftenreihen Mithg. "Mitteilungen der Fränkischen Geographischen Gesellschaft" (FGG)

Monographien Natürliche Grundlagen und agrarökologische Probleme im Soconusco und im Motozintla-Tal, Südmex. Stuttgart 1986, 111 S.

Aufsätze Klimagegensätze in Südperu und ihre Auswirkungen auf die Vegetation, in: Erdkunde. Bonn 35(1980), S. 12-30

Ökologische Auswirkungen unzweckmäßiger Anbauverfahren im Soconusco/Südmexiko, in: Tübinger Geographische Studien. Tübingen (1986)96, S. 123-141

Pflanzenmorphologische Merkmale der hygrischen Klimavielfalt in der Ost-Kordillere Boliviens, in: Aachener Geographische Arbeiten. Aachen (1987)19, S. 71-108 (zus. mit W. Lauer)

Gilbert - Kennwerte des stürmischsten Tages im karibischen "Jahrhundert-Hurrikan", 13.9.1988, in: Praxis Geographie. Braunschweig 18(1988)12, S. 57-59

Die ökologische Problematik exportorientierter cash crops in Mexico und Zentralamerika, in: Lateinamerika-Studien. 27. Frankfurt 1990, S. 69-101

Methoden der Klimaindikation durch pflanzenmorphologische Merkmale in den Kordilleren der Neotropis, in: Die Erde. Berlin 122(1991)4, S. 267-289

Auswirkungen und Häufigkeiten von Hurrikanen im Nordatlantik. - Wird die "Klima-Katastrophe" in jedem Fall katastrophal?, in Geographische Rundschau. Braunschweig 44(1992)2, S. 116-120 (zus. mit J. v. Seggern)

P 473 **Rieckenberg**, Michael

Georg-Eckert-Institut
Celler Str. 3
D-38114 Braunschweig <W-3300 Braunschweig>
Tel: 49 (5 31) 5 90 99 99-0

Geburtsdatum, -ort 30.11.1953, Hannover
berufl. Werdegang 1984 Dr.phil.; 1987-88 Lehrbeauftr., U Hannover; 1989 Gast-Doz., U Buenos Aires; 1991-92 U Braunschweig; WissMitarb.
wiss. Vereinigungen AHILA; ADLAF
Sprachen Spanisch, Englisch (Französisch)
Fachgebiet Geschichte
themat. Schwerpunkte Sozialgeschichte, Nationsbildungsproblematik, Mentalitätsgeschichte, Funktionen des Geschichtsbewußtseins
geogr. Schwerpunkte Argentinien, Zentralamerika
Monographien Zum Wandel von Herrschaft und Mentalität in Guatemala. Ein Beitrag zur Sozialgeschichte Lateinamerikas. Köln/Wien 1990
Latinoamérica: Enseñanza de la historia, libros de texto y conciencia histórica. Buenos Aires/Madrid: Alianza Editorial 1991
Aufsätze Die Chronik der Quiché und die kreolische Historiographie, in: Geschichte, Politik und ihre Didaktik (1989)3/4
Caudillos y caudillismo. La presentación del tema en los libros escolares de historia latinoamericana, in: Boletín del Instituto de Historia Argentina y Americana Dr. Emilio Ravignani 3(1991)

P 474 **Riede**, Klaus

Institut für Zoologie, Universität Freiburg
Albertstr. 21a
D-79104 Freiburg <W-7800 Freiburg/Br.>
Tel: 49 (7 61) 2 03-24 80
Fax: 49 (7 61) 2 03-24 96
Privat Alemannenstr. 1B
D-79312 Emmendingen <W-7830 Wasser-Emmendingen>
Tel: 49 (76 41) 4 25 78

Geburtsdatum, -ort 04.03.1953, Köthen/Anhalt
berufl. Werdegang 1982 Dr.rer.nat.; 1982-85 Feldarbeit in Argentinien und Ekuador (Amazonastiefland) über neotropische Heuschrecken; ab 1986 Forschung und Lehre U Tübingen, mehrere Aufenthalte in Ekuador und Kolumbien; seit 1989 WissMitarb. am Zoologischen Inst., U Freiburg
wiss. Vereinigungen GTÖ; INTECOL
Sprachen Englisch, Spanisch (Französisch)
Fachgebiet Zoologie / Tropenökologie
themat. Schwerpunkte Artenvielfalt tropischer Insekten, Insekten-Pflanzen- Beziehungen, Ethnobiologie
geogr. Schwerpunkte Argentinien, Ekuador
Aufsätze Behavioural studies on neotropical grasshoppers: implications for taxonomy, aus: B.M. Baccetti (Hg.), Evolutionary Biology of Orthopteroid Insects. Chichester 1987, S. 450-455

	A comparative study of mating behaviour in some neotropical grasshoppers (Acridoidea), in: Ethology 76, S. 265-296
	Die amazonischen Regenwälder als Labor der Evolution, aus: A. Hoppe (Hg.), Amazonien: Versuch einer interdisziplinären Annäherung. Freiburg/Br. 1989, S. 93-117
onst. Publikationen	Es wird weitergeholzt, in: Die Zeit. Hamburg (1987)7, S. 66
	Lebensräume und Verhaltensstrategien südamerikanischer Heuschrecken: ein Plädoyer für Forschung in den Tropen, in: Max-Planck-Jahrbuch. Göttingen 1987, S. 428-431
	Ecuador '88 - eine biologische Exkursion nach Südamerika, in: Tübinger Universitätszeitung 37(1989), S. 4-6
	Artentod im Regenwald - Ausmaß und Tempo des Artenschwundes, in: Ökozidmagazin 1(1990), S. 2-11

P 475	**Riese**, Berthold
	Seminar für Völkerkunde, Universität Bonn Römerstr. 164 D-53117 Bonn <W-5300 Bonn 1> Tel: 49 (2 28) 5 50-4 12 Telex: 886 657 unibo d Fax: 49 (2 28) 73-55 79
Privat	Endenicher Allee 27 D-53121 Bonn <W-5300 Bonn 1> Tel: 49 (2 28) 61 68 13
Geburtsdatum, -ort	30.03.1944, Waldshut
berufl. Werdegang	1963-71 Studium (Ethnologie, Prähistorie, Altamerikanistik); 1971 Dr.phil.; 1971-72 WissAngest. im SFB 14, Hamburg; 1972-76 U Hamburg; 1976-77 Privatgelehrter, 1978-79 Archäologe, Honduras; 1983 Habil., U Freiburg; 1983-89 Prof., FU Berlin; seit 1989 U Bonn
Beratung	Gutachter für das "Endowment for the Humanities", Washington, D.C.; Leiter des Biographischen Archivs zur Anthropologie
wiss. Vereinigungen	DGV; Berliner Gesellschaft für Anthropologie, Ethnologie und Urgeschichte; Deutscher Hochschulverband
Sprachen	Englisch, Spanisch, Französisch (Portugiesisch, Lateinisch, Aztekisch, Cahuilla)
Fachgebiet	Ethnologie / Archäologie
themat. Schwerpunkte	Schriftsysteme, Ikonographie, Ethnohistorie, Sozialgeschichte, Forschungsgeschichte
geogr. Schwerpunkte	Mexiko, Guatemala, Belize, Honduras, Kalifornien
Schriftenreihen	Hg. "Materialien der Maya-Inschriften Dokumentation"; "Mitteilungen der Berliner Gesellschaft für Anthropologie, Ethnologie und Urgeschichte"; "Acta Mesoamericana"
Monographien	Geschichte der Maya. Stuttgart: Kohlhammer 1972, 132 S.
	Ethnographische Dokumente aus Neuspanien. 1986
	Literatur zur historischen Richtung der Interpretation der Mayainschriften. Hamburg 1976
	Yaxchilán (Menché Tinamit). Dokumentation der Inschriften.

	München: Renner 1977, 149 S.
	Wissenschaftstheorie für die ethnologische Praxis. Berlin: Reimer 1981 (zus. mit H. Lang; G. Gerdsmeier; Th. Schweizer)
Aufsätze	Kulturelle Aspekte indianischer Gewalt im Kastenkrieg in Yukatan, in: Jahrbuch für Geschichte von Staat, Wirtschaft und Gesellschaft Lateinamerikas. Köln/Wien 15(1978), S. 29-41
	Katun-Altersangaben in klassischen Maya-Inschriften, in: Baessler-Archiv. Berlin NF 28(1980), S. 155-180
	Lopán, Structure 11, in Baessler-Archiv. Berlin NF 39(1992)
sonst. Publikationen	Kalender der Alexander-von-Humboldt-Stiftung 1991

P 476	**Riester**, Jürgen
Privat	Casilla 42 13 Santa Cruz de la Sierra/Bolivien Fax: 5 91 (3) 42 00 97
Geburtsdatum, -ort	20.05.1941, Koblenz
berufl. Werdegang	Studium (Völkerkunde, Amerikanistik), Bonn; Feldforschungen in Ostbolivien: 1963-66; 1970-72; 1973; 1974; 1976-78; 1978-79 Doz., Centro de Antropología de la Amazonia y Aplicación Práctica, PUC Lima; Leiter der interdisziplinären Forschung (DFG) "Indianische kulturelle Identität am Beispiel der Guaraní-sprechenden Chiriguano"
Sprachen	Englisch, Spanisch, Französisch, Chiquito, Guaraní (Portugies.)
Fachgebiet	Ethnologie
themat. Schwerpunkte	Ideologie, Überbauprobleme, Wirtschaft
geogr. Schwerpunkte	Ostbolivien, Ostperu, Grenzgebiete von Paraguay und Argentinien zu Bolivien
Schriftenreihen	Mithg. "Antropologia" (Lima); "Ensayos Antropológicos" (Lima)
Periodika	Mithg. "Revista de la Amazonia" (Lima)
Monographien	Die Pauserna-Guarasug'we. Monographie eines Tupí-Guaraní-Volkes in Ostbolivien. St. Augustin/Bonn 1972
	En busca de la Loma Santa. La situación actual de los indígenas en el Oriente Boliviano. Cochabamba/La Paz 1976, 376 S.
	Identidad Cultural y Lengua: la experiencia de los guaraníes de Bolivia. Santa Cruz/Quito 1989 (zus. mit G. Zolezzi)
	Canción y Producción en la vida de un pueblo. Los Chimane del Oriente Boliviano. Cochabamba/La Paz 1978
Aufsätze	CIDOB'S role in the self-determination of the eastern Bolivian indians, aus: Th. MacDonalds Jr. (Hg.), Native peoples and economic development, six case studies from Latin America. Cambridge/USA 1985, S. 55-74
	El derecho de las nacionalidades, aus: C.F. Toronzo Roca (Hg.), Integración y democracia, descentralización y reforma constitucional. Santa Cruz de la Sierra 1988, S. 257-270

P 477	**Ring**, Ano
Privat	Karlstr. 50 D-18055 Rostock <O-2500 Rostock 1>
Geburtsdatum, -ort	27.06.1960, Zwickau
berufl. Werdegang	1986-91 WissAss., U Rostock; 1990 Dr.phil.
Sprachen	Englisch, Spanisch, Portugiesisch (Französisch, Russisch)
Fachgebiet	Literatur
themat. Schwerpunkte	Prosa des 20. Jahrhunderts
geogr. Schwerpunkte	Brasilien, Paraguay, Chile, Nikaragua
Aufsätze	"Yo el Supremo" - die Ästhetik einer Revolution, in: Lateinamerika. Rostock 22(1987)2, S. 68-84 "A Hora da Estrela" - Schrei der Stimmlosen und Sternstunde Lispectorscher Prosa, in: Lateinam. Rostock 23(1988)1,S. 35-44 Clarice Lispector - weibliche Impulse für die brasilianische Prosa, aus: Links (Hg.), Zeitgenössische lateinamerikanische Prosa (Manuskript) La narrativa brasileña después de 1964 - escribir como alternativa, in: Lateinamerika. Rostock 25(1990)2, S. 72-76 Algumas anotações acerca da prosa narrativa brasileira contemporânea, aus: Hentschke (Hg.), Da Monarquia escravocata à República paulista. Brasil 1889. Rostock 1990, S. 38-40 "Historia Interrompida" - eine frühe Erzählung von Clarice Lispector, in: Lateinamerika. Rostock 26(1991)1

P 478	**Riquelme U.**, Horacio
	Seminar für transkulturelle Psychiatrie Fachbereich Medizin, UKE-Universität Hamburg Martinistr. 52 D-20251 Hamburg <W-2000 Hamburg 20> Tel: 49 (40) 4 68 42 37 Fax: 49 (40) 4 68 51 23
Geburtsdatum, -ort	27.04.1951, Temuco
berufl. Werdegang	Studium (Medizin, Philosophie); 1976 mediz. Staatsexamen; 1980 Dr.med., Hamburg; seit 1980 Feldforschungen und Lehrtätigkeit über Themen der Sozialmedizin, Medizinanthropologie und transkulturellen Psychiatrie in Lateinamerika (Argentinien, Brasilien, Venezuela, Nicaragua, Kuba, Mexiko), Kanada und Europa (Spanien, Italien, England); Leiter des Seminars für transkulturelle Psychiatrie; HochschulAss.
wiss. Vereinigungen	AGEM; Interkultureller Arbeitskreis Migration und Psychische Gesundheit (IKAM); Psychiatrie und Sozialwissenschaften; International Commission of Health Professionals (ICHP), Genf
Sprachen	Spanisch (Englisch, Italienisch, Französisch, Portugiesisch)
Fachgebiet	Medizin
geogr. Schwerpunkte	Argentinien, Brasilien, Chile, Mexiko; Mittelamerika
Monographien	Ensayos psicoculturales sobre América Latina. Buenos Aires: Editorial Búsqueda 1987, 191 S. Aus dem Gedächtnis des Windes. Psychokulturelle Studien zu

Lateinamerika. Frankfurt/M.: Vervuert 1989, 191 S.
(Hg.) Era de Nieblas. Derechos humanos, terrorismo de estado y salud psicosocial en América Latina. Caracas: Editorial Nueva Sociedad 1990, 190 S.
(Hg.) Zeitlandschaft im Nebel. Menschenrechte, Staatsterrorismus und psychosoziale Gesundheit in Südamerika. Frankfurt/M.: Vervuert 1990, 220 S.
(Hg.) Buscando América Latina. Identidad y participación psicosocial. Caracas: Editorial Nueva Sociedad 1990, 22 S.
(Hg.) Erkundungen zu Lateinamerika. Identität und psychosoziale Partizipation. Frankfurt/M.: Vervuert 1990, 276 S.

P 479 **Ritter**, Ulrich Peter

Professur für Hochschuldidaktik der Wirtschaftswissenschaften
Fachbereich Wirtschaftswissenschaften, Universität Frankfurt
Institut für Markt und Plan
Schumannstr. 60
D-60325 Frankfurt <W-6000 Frankfurt 11>
Postfach 11 19 32
D-60054 Frankfurt
Tel: 49 (69) 7 98-38 13
Fax: 49 (69) 7 98-83 83

Privat Guaitastr. 6
D-61476 Kronberg <W-6242 Kronberg>
Tel: 49 (61 73) 48 55

Geburtsdatum, -ort 29.01.1935, Essen

berufl. Werdegang 1959 Dipl.-Volksw., U Göttingen; 1969 Dr.rer.pol., Göttingen; 1961-62 Forschungsstipendium in Peru; ab 1962 Ass., Volkswirtschaftliches Seminar, U Göttingen; 1964-65 Geschäftsführer, Ibero-Amerika-Institut für Wirtschaftsforschung an der U Göttingen; 1969 Habil. für Volkswirtschaftslehre; 1973 apl.Prof.; seit 1974 Prof. für Hochschuldidaktik der Wirtschaftswissenschaften

wiss. Vereinigungen Korresp. Mitglied Akademie für Raumforschung und Landesplanung, Hannover; List Gesellschaft; Ausschuß "Entwicklungsländer"; Verein für Socialpolitik

Sprachen Englisch, Französisch, Spanisch, Portugiesisch (Italienisch, Russisch)

Fachgebiet Wirtschaft / Entwicklungspolitik

themat. Schwerpunkte Wirtschaftspolitische Reformen, Transformation von Wirtschaftssystemen, -reformen und -politik im internationalen Vergleich, die Situation älterer und alter Menschen im System-, Politik-, und Kulturvergleich

geogr. Schwerpunkte Argentinien, Brasilien, Chile, Ekuador

Monographien Comunidades Indígenas y Cooperativismo en el Perú. Bilbao 1965
Siedlungsstruktur und wirtschaftliche Entwicklung. Der Verstädterungsprozeß als entwicklungsrelevantes Problem in den Ländern der Dritten Welt - vorwiegend exemplifiziert an Lateinameri-

ka. Berlin 1972 (Habilschr.)
Vergleichende Volkswirtschaftslehre. Theorie - Methodik - Praxis. München: Oldenbourg 1992

Aufsätze
Hochschuldidaktische Seminare in der Dritten Welt und die Gemeinsamkeiten der Rekonstruktion von Realität durch Hochschullehrer und Hochschullehrerinnen unterschiedlicher Kulturkreise, in: M. Schratz (Hg.), Lehren, Lernen und Forschen im Ausland. Zeitschrift für Hochschuldidaktik 14(1990)1, S. 68-78
Überlegungen zu einer Theorie wirtschaftspolitischer Reformen anhand ausgewählter Beispiele, aus: H. Sautter (Hg.), Wirtschaftspolitische Reformen in Entwicklungsländern. Berlin: Duncker & Humblot 1991

sonst. Publikationen
De hacienda semifeudal a comunidad de aldea, in: Vicos, Economía y Agricultura. Lima 3(1967)9, S. 56-69
Siedlungsstruktur - Wirtschaftliche Grundlagen, aus: Handwörterbuch der Raumforschung und Raumordnung. Hannover 1970 (2. Aufl.), Bd. 111. Sp. 2895-2900
Siedlungsstruktur und regionale Entwicklung in Peru, aus: Regionalanalyse und Regionalpolitik im Ibero-Amerikanischen Raum. Göttingen 1970, S. 1-28

P 480 **Rogmann**, Horst

Romanisches Seminar, Universität Bonn
Am Hof
D-53113 Bonn <W-5300 Bonn 1>
Tel: 49 (2 28) 73-74 20, -73 63

Privat
Tannenweg 20
D-53757 St. Augustin <W-5205 St. Augustin 2>
Tel: 49 (22 41) 33 75 02

Geburtsdatum, -ort 08.06.1937, Donauwörth/Bayern

berufl. Werdegang 1963 Licenciatura, Santiago de Chile; 1965 Dr.phil., München; 1974 Habil., Bonn; Professor (Romanistik, insbes. Hispanistik)

Sprachen Englisch, Spanisch, Französisch (Portugiesisch, Italienisch)

Fachgebiet Literatur

themat. Schwerpunkte Lateinamerikanische und spanische Literatur

geogr. Schwerpunkte Lateinamerika, Spanien

Monographien
Narrative Strukturen und 'magischer Realismus' in den ersten Romanen von Miguel Angel Asturias. Frankfurt/Bern/Las Vegas: Lang 1978, 283 S.

Aufsätze
Mario Vargas Llosa: La Casa Verde. Ein moderner südamerikanischer "Abenteuerroman", in: Romanistisches Jahrbuch. Hamburg 18(1970), S. 346-354
Grundmotive des kriollistischen Romans im spanischen Amerika, in: Archiv für neuere Sprachen. Braunschweig 6(1970)206, S. 401-422
José Lezama Lima: Paradiso, in: Iberoromania. München, 1(1970) S. 78-96
José Lezama Lima, aus: W. Eitel (Hg.), Lateinamerikanische

Literatur der Gegenwart in Einzeldarstellungen. Stuttgart 1987, S. 251-264
Miguel Angel Asturias. Dios maya, in: Escritura. Caracas 5/6(1978), S. 11-24
Anotaciones a los modelos populares de la poesía de Nicolás Guillén, in: Coloquio sobre Nicolás Guillén. Leiden: Rijksuniversiteit te Leiden 1983, S. 65-75
Bauern in lateinamerikanischer Literatur: Beispiel Puerto Rico, aus: W. Hirdt (Hg.), Der Bauer im Wandel der Zeit. Bonn 1986, S. 251-263
Luis Palés Matos, aus: W.-D. Lange (Hg.), Kritisches Lexikon der romanischen Gegenwartsliteraturen. Tübingen 1984, 6+F S.

P 481 **Röhrig Assunção**, Matthias

Lateinamerika-Institut (LAI), Freie Universität Berlin
Rüdesheimer Str. 54-56
D-14197 Berlin <W-1000 Berlin 33>
Tel: 49 (30) 8 38 30 93
Fax: 49 (30) 8 38 54 64

Privat Landhausstr. 37
D-10717 Berlin <W-1000 Berlin 31>

Geburtsdatum, -ort 01.05.1955, Istanbul

berufl. Werdegang 1979 Maitrise d'Histoire; 1990 Dr.phil.; seit 1985 WissMitarb. am LAI FU Berlin

wiss. Vereinigungen AHILA

Sprachen Französisch, Portugiesisch, Spanisch, Englisch

Fachgebiet Geschichte

themat. Schwerpunkte Sozialgeschichte, Agrargeschichte, Politische Geschichte, Regionalgeschichte, Ethnohistorie, Sklaverei

geogr. Schwerpunkte Brasilien: Nordosten, Amazonien

Monographien A Guerra dos Bem-te-vis. A Balaiada na memória oral. São Luís/Brasilien. SIOGE 1988, 250 S.
Pflanzer, Sklaven und Bauern in der brasilianischen Provinz Maranhão, Brasilien, 1800-1850. Frankfurt: Vervuert 1992

Aufsätze Die Tupinambá. Realität und Fiktion in den Chroniken des 16. Jahrhunderts, aus: G. Elwert; P. Waldmann (Hg.), Ethnizität im Wandel. Soziologische und ethnologische Beiträge zu Problemen ethnischer Identität in Europa und der Dritten Welt. Saarbrücken/Fort Lauderdale: Breitenbach 1989, S. 95-117 (zus. mit U. Fleischmann; Z. Ziebell-Wendt)
L'adhésion populaire aux projets révolutionnaires dans les sociétés esclavagistes: le cas du Venezuela et du Brésil (1780-1840), in: Caravelle. Cahiers du Monde Hispanique et Luso-Brésilien. Toulouse (1990)54, S. 291-313
Auch die Conquista war ein gerechter Krieg, in: Peripherie. Berlin (1991)43/44 (zus. mit J. Ströbele-Gregor)

sonst. Publikationen (Hg.) Einführende Bibliographie zur Geschichte Lateinamerikas. Berlin: LAI FU Berlin 1989 (zus. mit R. Liehr)

P 482	**Rojas Hernández**, Jorge
	Institut für Soziologie, Universität Hannover Schneiderberg 50 D-30167 Hannover <W-3000 Hannover 1> Tel: 49 (5 11) 7 62-52 11 Fax: 49 (5 11) 7 62-41 99
Privat	Stresemannallee 12 D-30173 Hannover Tel: 49 (5 11) 80 14 98
Geburtsdatum, -ort	11.05.1944, La Cruz/Chile
berufl. Werdegang	Studium (Philosophie, Erziehungswissenschaft), Valparaíso/Chile; M.A. der Soziologie und Politikwissenschaft, U Hannover; Dr.phil., U Hannover; Lehrtätigkeiten in Hannover, Paderborn und Gießen; Aufbau der Dokumentationsleitstelle Lateinamerika am Inst. für Soziologie, U Hannover; WissMitarb. (VW-Projekt)
Sprachen	Spanisch (Englisch, Französisch, Portugiesisch)
Fachgebiet	Politikwissenschaft / Soziologie
themat. Schwerpunkte	Entwicklungspolitik, Soziale Bewegungen, Politische Systeme, Demokratisierung, Autoritarismus, Internationale Politik, Verschuldung, Ökologie, Ethnische Minderheiten
geogr. Schwerpunkte	Chile, Mexiko, Argentinien, Brasilien, GUS, Deutschland, USA
Schriftenreihen	"Perspectiva", Santiago de Chile
Monographien	Die chilenische Gewerkschaftsbewegung 1973-1984. Frankfurt/New York: Campus 1986. Desafíos estructurales del movimiento sindical chileno en el proceso de transición a la democracia. Hannover: Institut für Soziologie der Universität 1991 Gesellschaft und Umwelt in Chile. Hannover: Institut für Soziologie der Universität 1991. Añoranzas, Sueños, Realidades. Dirigentes sindicales hablan de la transición. Santiago: Ediciones SUR 1992
Aufsätze	Der Konsum oder die Kommerzialisierung der Gesellschaft - Ein Kommentar, aus: Evers u.a. (Hg.), Lateinamerika. Analysen und Berichte. Berlin 6(1982) Egoismus wird zum Grundwert aller Chilenen, in: Frankfurter Rundschau. Frankfurt/M. Dokumentation, Teil I: 25.03.1987, Teil II: 26.03.1987
sonst. Publikationen	Mapuche in Chile. Geschichte, Kultur und soziale Realität eines bedrohten Volkes, hg. am Institut für Soziologie der Universität Hannover in Zusammenarbeit mit einer studentischen Arbeitsgruppe. Hannover 1988

P 483 **Römpczyk**, Elmar

Friedrich Ebert Stiftung (FES)
Godesberger Allee 149
D-53175 Bonn <W-5300 Bonn 2>
Tel: 49 (2 28) 8 83-0

Privat Neckarstr. 7
D-53175 Bonn
Tel: 49 (22 21) 37 45 81

Geburtsdatum, -ort 17.11.1943, Gössnitz/Thüringen

berufl. Werdegang 1967-72 Studium (Sozialwiss., Romanistik), U Bochum und U Bielefeld; 1970 Forschungsaufenthalt in Venezuela (Erwachsenen-Bildung); 1972 Dipl.Soz.; 1972-73 WissHilfskr., Inst. für Entwicklungspolitik, U Bochum; 1973-74 Unesco Associate Expert, Peru; 1975-76 Post-grad. Studium, U Bielefeld; 1978 Dr. soz., U Bielefeld; 1977-79 LA-Ref., Evang. Zentralstelle für Entwicklungshilfe, Bonn; 1979-81 DED-Landesbeauftragter für Peru; 1981 EG-Consultant in Haiti; 1982-89 FES, Bonn (Lat.Am. Referent); 1990-92 FES Santiago de Chile; seit 1992 FES Bonn

Sprachen Englisch, Spanisch (Portugiesisch, Französisch)

Fachgebiet Entwicklungszusammenarbeit / Ökologie

themat. Schwerpunkte Kommunalpolitik in Entwicklungsländern, Agrarentwicklung, Erwachsenenbildung, Nord-Süd-Politik, Umweltpolitik

geogr. Schwerpunkte Andenländer, Cono Sur

Monographien Erwachsenenbildung als Faktor sozialen Aufbruchs. Länderstudie Venezuela. Wentorf b. Hamburg 1973, 174 S.
Internationale Umweltpolitik und Nord-Süd-Beziehungen. München 1979, 300 S.
Ökologische Marktwirtschaft und Instrumente der Umweltpolitik. Erfahrungen aus Deutschland und Chile. Bonn: FES 1992
Política Ecológica. Institucionalización e Instrumentos. Santiago: FES 1992

Aufsätze Wende in Peru?, in: Jahrbuch Dritte Welt 1986. München 1986
Diálogo horizontal ambiental. La defensa de nuestro "oikos", in: Nueva Sociedad. Caracas/Venezuela (1990)110, S. 35-39
Perú: Amenazas al Proceso de Desarrollo Post-Velasquista, in: Lateinamerika-Studien. 18. Frankfurt/M. 1991, S. 295-307
Der neue West-Ost-Dialog bietet den Süden auch neue Chancen: z.B. Impulse für umweltverträgliche Entwicklung, aus: W. Hein (Hg.),Umweltorientierte Entwicklungspolitik. Hamburg 1991
Chile will Modell-Land bleiben, aus: J. Ensignia; D. Nolte (Hg.), Modellfall Chile? Hamburg 1991, S. 71-86

sonst. Publikationen (Hg.) Pensando la Política Económica Socialista. Santiago/Chile: FES 1992
(Hg.) Crecimiento o Desarrollo. FES/CEPAUR Santiago 1991

P 484 **Rönick**, Volker

Institut für Geographie, Universität Münster
Privat Fernholzstr. 25
D-48159 Münster <W-4400 Münster>
Tel: 49 (2 51) 21 32 49
Geburtsdatum, -ort 09.03.1943, Bad Langensalza
berufl. Werdegang Dr.rer.nat.; apl.Prof.
Beratung Projekte der Deutschen Technischen Hilfe, Brasilien, 1970-73; Experte für digitale Auswertung von Satellitenbildern und Ecological Monitoring in Argentinien 1990-92
Sprachen Englisch, Portugiesisch, Spanisch, Französisch, Niederländisch
Fachgebiet Geographie / Ökologie
themat. Schwerpunkte Naturpotential, Geoökologie, Wirtschaftsgeographie
geogr. Schwerpunkte Brasilien, Argentinien

P 485 **Rosenfeld**, Ulrich

Geologisch-Paläontologisches Institut und Museum
Universität Münster
Corrensstr. 24
D-48149 Münster <W-4400 Münster>
Tel: 49 (2 15) 83-39 35
Fax: 49 (2 51) 83-39 68
Geburtsdatum, -ort 15.12.1930, Münster
berufl. Werdegang 1953-57 Studium (Geologie, Paläontologie, Geophysik, Mineralogie); 1957 Dr.rer.nat.; 1966 venia legendi für Geologie; 195863 WissAss.; 1963-69 Kustos, AKOR.; 1970 WissRat und Prof., U Münster
Sprachen Englisch, Spanisch (Französisch, Niederländisch, Italienisch)
Fachgebiet Geologie
themat. Schwerpunkte Sedimentgeologie, Saxonische Tektonik
geogr. Schwerpunkte Argentinien, Westfalen
Periodika Mithg. "Neues Jahrbuch für Geologie und Paläontologie"; "Zentralblatt für Geologie und Paläontologie"
Aufsätze Beitrag zur Paläogeographie des Mesozoikums in Westfalen, in: N.Jb.Geol.Paläont.Abh. Stuttgart 156(1978), S. 132-155, 9 Abb.
Jurassic Turbidites in Central Western Argentina (Neuquén Basin), in: Proc. V. Intern. Gondwana-Symposium, Wellington/ Neuseeland, 11.-16. February 1980. Rotterdam 1980, S. 155-160, 2 Abb. (zus. mit W. Volkheimer)
Das Südende der Anden-Geosynklinale, in: Zbl. Geol. Paläont. I. Stuttgart (1981)3/4, S. 333-343, 1 Abb.
Beobachtungen und Gedanken zur Osning-Tektonik, in: N. Jb.geol. Paläont. Abh. Stuttgart 166(1983)1, S. 34-49, 1. Abb.
Classification of Triasic and pretransgressiv Jurassic in western Argentina: An attempt, in: Zbl. Geol. Paläont.I. Stuttgart (1985)9/10, S. 1309-1315, 1 Abb (zus. mit W. Volkheimer)
La Cuenca de Neuquén. Análisis de una cuenca sedimentaria mesozoica en el sector austral de Sudamérica 1975-1985, aus:

H. Miller (Hg.), Investigaciones Alemanas Recientes en Latinoamérica: Geología. Weinheim 1987, S. 70-78, 5 Abb.
Tempestitas en el Jurásico de la Cuenca Neuquina (Argentina), in: 10. Congr. Geol. Argent. San Miguel de Tucumán/Argentina (1987) Actas II, S. 55-58, 1 Abb.

sonst. Publikationen 11. Symposium on Latin-American Geosciences, Hannover 1988, in: Zbl. Geol. Paläont. I. Stuttgart: Schweizerbart (1989)5/6, XV+416 S., 126. Abb., 3 Taf., 33 Tab (Hg. zus. mit H. Miller; K. Weber-Diefenbach)

P 486 **Rössner**, Michael

Institut für Romanische Philologie, Universität München
Ludwigstr. 25
D-80539 München <W-8000 München 22>
Tel: 49 (89) 21 80-35 33

Privat Amalienstr. 29 a
A-1130 Wien
Tel: 43 (1) 82 64 97

Geburtsdatum, -ort 28.08.1953, Wien

berufl. Werdegang Studium (Romanistik, Geschichte, Dolmetsch., Jura), Wien; 1978/79 Dr.phil.; 1978-87 UnivAss. in Wien; 1987-88 Doz.; 1988-91 AssProf. in Wien; seit 1991 Univ.Prof. in München

wiss. Vereinigungen DHU; DRU; DA; Pirandello-Zentrum; DIV; AÖLF

Sprachen Englisch, Spanisch, Französisch, Italienisch, Portugiesisch (Russisch, Neugriechisch, Katalanisch, Okzitanisch)

Fachgebiet Literatur

themat. Schwerpunkte Literatur der lateinamerikanischen Moderne (1900-1965)

geogr. Schwerpunkte Mexiko, Cono Sur (Argentinien)

Schriftenreihen "Studia literaria" (Eichstätt)

Periodika "Ibero-Romania" (seit 1992)

Monographien Auf der Suche nach dem verlorenen Paradies. Frankfurt 1988
Pirandello Mythenstürze. Wien 1980
Aufstieg und Krise der Vernunft. Wien 1984

Aufsätze Der französische Surrealismus und die indianisch-mythische Welt in der lateinamerikanischen Literatur, in: Zeitschrift für Lateinamerika (1985)29, S. 54-64
Mythos und Magie als poetische Kategorie in einigen Erzählungen von Borges und Cortázar, in: Lateinamerika-Studien. 19. 1985 S. 427-445
La fable du Mexique oder vom Zusammenbruch der Utopien. Über die Konfrontation europäischer Paradiesvorstellungen mit dem Selbstverständnis des "indigenen" Mexiko in den 20er und 30er Jahren, aus: K. Hölz (Hg.), Literarische Vermittlungen, Geschichte und Identität in der mexikanischen Literatur. Tübingen 1988, S. 47-60 (Beihefte zur Iberoromania. 6)
Europäische Avantgarde und Ethnologie im Kontext der Suche nach nationaler Identität: Gedanken zum frühen Asturias und zum frühen Carpentier, Ibero-americana (1988)31/32, S. 23-38

Realismo loco o lo real maravilloso europeo. A propósito de "Noticias del Imperio" de Fernando del Paso, in: Sábado, Suplemento de unomasuno. México (1990)1/2

Literatura Fantástica in Brasilien? Die phantastische Kurzerzählung bei João Guimarães Rosa, aus: E. Pfeiffer; H. Kubarth (Hg.), Canticum Ibericum. Gedächtnisschrift für G. R. Lind. Frankfurt 1991, S. 244-256

sonst. Publikationen Von der Schwierigkeit, einen Essay über Jorge Luis Borges zu schreiben, in: Wiener Journal (1981)5, S. 24-25 und Argentinisches Tageblatt. Buenos Aires, 23.08.1981

Ein literarischer Naturbursche: Gabriel García Márquez oder Die große Desillusion, in: Wiener Journal (1982/83)37

Poeta ludens: Zum Tode Julio Cortázars, in: Wiener Journal (1991)19/20

P 487 **Roth**, Wolfgang

Romanisches Seminar, Fakultät für Philologie
Ruhr-Universität Bochum
Universitätsstr. 150
D-44801 Bochum <W-4630 Bochum 1>
Postfach 10 21 48
D-44721 Bochum
Tel: 49 (2 34) 7 00-0
Telex: 0 825 860
Fax: 49 (2 34) 7 00-20 01

Privat Hustadtring 145
D-44801 Bochum
Tel: 49 (2 34) 70 26 46

Geburtsdatum, -ort 11.06.1934, Wilhelmshaven

berufl. Werdegang 1965 Dr.phil., U Bonn; 1967-68 GastDoz. (Roman. Philologie), U Brasilia; 1965-67 und 1968-72 Lektor für romanische Sprachen, U Bonn und U Bochum; 1972-74 AkR. und Lektor, LAI FU Berlin; seit 1974 StProf., U Bochum; 1981 Habil., U Osnabrück; div. Studienreisen nach Lateinamerika (Brasilien, Bolivien)

berufl. Stellung Studienprofessor, U Bochum und apl.Professor, U Osnabrück

wiss. Vereinigungen ADLAF

Sprachen Spanisch, Portugiesisch, Französisch (Englisch, Italienisch)

Fachgebiet Literatur / Linguistik

themat. Schwerpunkte Historische Sprachwissenschaft, Brasilianische Literatur

geogr. Schwerpunkte u.a. Lateinamerika, insbes. Brasilien

Aufsätze Portugiesisch oder Brasilianisch? Zur Sprache Brasiliens als sprach- und literaturwissenschaftliches Problem, in: Iberoamericana. Frankfurt/M. (1979)6, S. 16-41

Zum Verhältnis von Kulturideologie und Literaturwissenschaft in Brasilien, in: Iberoromania. Tübingen NF (1980)12, S. 130-144

La problemática de la historiografía de la lengua y el español de América, in: Actas del II Congreso Internacional sobre el español de América. Mexiko 1986, S. 265-272

Zur Nominalkomposition im modernen brasilianischen Portugiesisch, aus: Grammatik und Wortbildung romanischer Sprachen. Tübingen 1987, S. 211-222
Die Amazonasthematik in der gegenwärtigen brasilianischen Literatur, aus: H. Feldmann; S. Santiago (Hg.), Brasilianische Literatur der Zeit der Militärdiktatur (1964-1984)

P 488 **Rother**, Klaus

European Business Programme (EBP)
Fachbereich Wirtschaft, Fachhochschule Münster
Correnstr. 25
D-48149 Münster <W-4400 Münster>
Postfach 30 20
D-48016 Münster
Tel: 49 (2 51) 83 56 18

Geburtsdatum, -ort 27.12.1937, Liebthal (Oberschlesien)

berufl. Werdegang 1966 Dipl.Hdl., Hamburg; 1966-70 Ausbildungsleiter in Venezuela; seit 1971 Fachhochschullehrer; 1972 Dr.rer.pol. und Prof.; 1974-76 Experte der UN in Venezuela; 1979-80 Experte der UN in Mexiko; Fachhochschullehrer, Koordinator für den Kooperations-Vertrag FH Münster - U Metropolitana in Caracas/Venezuela

Beratung Gelegentliche Gutachtertätigkeit und Seminare über Export in Lateinamerika

Sprachen Spanisch, Englisch, Französisch

Fachgebiet Wirtschaft

themat. Schwerpunkte Außenhandel und Wirtschaftsspanisch

geogr. Schwerpunkte Lateinamerika, Venezuela

Monographien Wirtschaft und Berufserziehung in Venezuela. Berlin: Colloquium 1972, 200 S.
Técnicas de exportación Bd. 1: Incentivos y mercadeo, Bd. 2: Transporte y mercado andino (mit Beitrag von J. Chaparro Alfonzo). Caracas: Fundación Instituto Venezolano de Productividad 1976, 430 S.

Aufsätze La cadena voluntaria, aus: Formas Cooperativas en América Latina y Europa. Münster: IDECUM 1988

sonst. Publikationen Oportunidades de Exportación. Caracas/Bogotá/Guayaquil/Quito 1990, 100 S.
Cómo exportar con éxito a la Comunidad Económica Europea. Caracas u.a. 1991, 150 S.

P 489 **Rott**, Renate

Lateinamerika-Institut (LAI), Freie Universität Berlin
Rüdesheimer Str. 54-56
D-14197 Berlin <W-1000 Berlin 33>
Tel: 49 (30) 8 38-30 73, -30 20
Fax: 49 (30) 8 53 58 55

Privat Bundesplatz 4
D-10715 Berlin <W-1000 Berlin 31>
Tel: 49 (30) 8 53 58 55

Geburtsdatum, -ort 01.08.1937, Altrohlau/Krs. Karlsbad

berufl. Werdegang 1968 Dipl.Soz.; 1973 Dr.phil. (Soziologie); 1968-74 WissAss., FU Berlin; 1975-76 Habil.-Stipendiatin der DFG; 1977-78 WissMitarb., Forschungsprojekt über Agrarentwicklung in Mexiko; 1978 Habil., GastProf., U Bielefeld; 1979 Gastprof., U Federal do Ceará, Fortaleza/Brasilien; seit 1981 o.Prof., LAI FU Berlin

wiss. Vereinigungen ADLAF; DGfS; Vereinigung Ehemaliger und Freunde des DAAD

Sprachen Englisch, Spanisch, Portugiesisch

Fachgebiet Soziologie

themat. Schwerpunkte Arbeitsmarkt- und Beschäftigungsprobleme, Gewerkschaftsbewegung, Arbeitsmigration, Frauenarbeit

geogr. Schwerpunkte Mexiko, Kolumbien, Ekuador, Brasilien

Schriftenreihen Mithg. "Berliner Beiträge zur Agrarforschung"; "Ergebnisse der Frauenforschung" (Weinheim/Basel: Beltz, seit 1985, Bd. 1-24)

Monographien Die mexikanische Gewerkschaftsbewegung. Eine Untersuchung über Entstehung und Entwicklung unter besonderer Berücksichtigung der abhängigen Industrialisierung. Kronberg: Scriptor 1975, 387 S. (Diss.)

Kleinbauern im Transformationsprozeß des Agrarsektors. Das mexikanische Beispiel. Saarbrücken: Breitenbach 1978, 43 S. (Publ. in Spanisch 1981)

Industrialisierung und Arbeitsmarkt. Aspekte der sozioökonomischen Entwicklung, der Arbeits- und Gewerkschaftspolitik in Kolumbien und Mexiko. Königstein: Hain 1979, 592 S. (Transfines. 15)

Der brasilianische Nordosten, 1964-1980. O Pau-de-Arara. Heidelberg: Esprint 1981, 95 S.

Aufsätze The once forgotten minority: Mexican Americans in the United States. Research report and bibliography, in: Amerikastudien. Stuttgart 20(1975)2, S. 320-335

Frauen im Entwicklungsprozeß, aus: D. Schwefel (Hg.), Soziale Wirkung von Projekten in der Dritten Welt. Baden-Baden: Nomos 1987, S. 53-82

Bevölkerungskontrolle, Familienplanung und Geschlechterpolitik, in: Peripherie. Berlin (1989)36, S. 7-24

P 490	**Ruhnau**, Elke
	Museum für Völkerkunde SMPK Arnimallee 23-27 D-14195 Berlin <W-1000 Berlin 33> Tel: 49 (30) 8 30 12 69 Fax: 49 (30) 8 31 59 72
Privat	Wilmersdorferstr. 45 D-10627 Berlin <W-1000 Berlin 12> Tel: 49 (30) 3 12 98 35
Geburtsdatum, -ort	19.12.1953, Bad Godesberg
berufl. Werdegang	1982-84 WissAngest. am Inst. für Völkerkunde der U München im Rahmen eines DFG-Projektes; 1985-87 AB-Mitarbeiterin am Hamburgischen Museum für Völkerkunde; 1988-89 Volontariat/ seit 1989 WissMitarb. a.Z., Museum für Völkerkunde SMPK
wiss. Vereinigungen	DGV
Sprachen	Englisch, Spanisch, Französisch (Italienisch, Portugiesisch, Latein, Klassisches Aztekisch und Quiche)
Fachgebiet	Ethnologie / Altamerikanistik
themat. Schwerpunkte	Politische Anthropologie, Religionsethnologie, Ethnohistorie, Aztekische Philologie
geogr. Schwerpunkte	Zentralmexiko
Monographien	Die politische Organisation im vorspanischen Chalco. Eine Untersuchung anhand von Werken des Domingo Munon de Chimalpahin Quauhtlehuanitzin. Hamburg: Renner 1988, 186 S.
Aufsätze	Umfrage unter Lehrerinnen und Lehrern zur Verwertbarkeit der Ausstellung im Unterricht, aus: A. Kelm; H. Rammow (Hg.), Dritte Welt im Museum. Hamburg 1988, S. 29-38
sonst. Publikationen	Das Reich der Azteken bis zum Vorabend der Spanischen Eroberung. Beitrag im Katalog zur Ausstellung "Neue Welten/ Neue Wirklichkeiten. Amerika 1492-1992". Berlin 1992

P 491	**Ruthsatz**, Barbara
	Fachbereich IV / Geobotanik, Universität Trier D-54296 Trier <W-5500 Trier> Postfach 38 25 D-54228 Trier Tel: 49 (6 51) 2 01 21 08 Fax: 49 (6 51) 2 01 39 15
Geburtsdatum, -ort	20.08.1939, Osnabrück
berufl. Werdegang	1965 Dr.rer.nat. (Biologie, Chemie); 1971-75 Wiss.Mitarb. am Instituto de Botánica, Fac. de Agronomía, U de Buenos Aires/ Argentinien; 1977 Habil. (Botanik, Vegetationskunde); 1977-80 UDoz. am Lehrstuhl für Landschaftsökologie, TU München; seit 1980 o.Prof. für Geobotanik, U Trier
Sprachen	Englisch, Spanisch, Französisch
Fachgebiet	Botanik / Ökologie
themat. Schwerpunkte	Anthropogene Vegetation, Moore, Naturschutz, Gebirgsvegetation, Bioindikation

geogr. Schwerpunkte Lateinamerika (Argentinien, Bolivien, Chile, Andenraum) Europa
Monographien Relevamiento de las estepas andinas del Noroeste de la Provincia de Jujuy, República Argentina. Buenos Aires 1975, 127 S. (zus. mit C. Movia)
Aufsätze Los arbustos de las estepas andinas del Noroeste Argentino y su uso actual, in: Bol. de la Soc. Argentina de Botánica. 16(1974)1/2, S. 27-45
Pflanzengesellschaften und ihre Lebensbedingungen in den Andinen Halbwüsten Nordwest-Argentiniens, in: Dissertationes Botanicae. Vaduz (1977)39
Las plantas en cojín de los semi-desiertos del Noroeste Argentino: Distribución en la región estudiada y características de sus ambientes físicos, in: Darwiniana. Buenos Aires (1979)
Environment, human settlement and agriculture in the Puna de Jujuy, Argentina. A case study of landuse change, in: Mountain Research and Development (1982)2, S. 111-126
Der Einfluß des Menschen auf die Vegetation semiarider bis arider tropischer Hochgebirge am Beispiel der Hochanden, in: Ber. Dtsche. Botan. Ges. Stuttgart (1983)96, S. 535-576
The utilization of natural resources by a small community on the highlands of Bolivia and its effects on vegetation cover and site conditions, in: Erdwiss. Forsch. Mainz 18(1984), S. 211-234 (zus. mit U. Fisel)
Die Verbreitung von C4-Pflanzen in den semiariden Anden NW-Argentiniens, in: Phytocoenologia. (1984)12, S. 219-249

P 492 **Sachsen Gessaphe**, Karl August Prinz von

Institut für Internationales Recht - Rechtsvergleichung
Universität München
Veterinärstr. 5
D-80539 München <W-8000 München 22>
Tel: 49 (89) 21 80-27 22
Fax: 49 (89) 21 80 37 96
Privat Knöbelstr. 28
D-80538 München
Geburtsdatum, -ort 01.01.1958, México, D.F.
berufl. Werdegang 1986 Dr.jur.; 1985-86 WissMitarb., U München; 1986 AkR, U München
wiss. Vereinigungen Präsident der Deutsch-Mexikanischen Juristenvereinigung e.V.
Sprachen Spanisch, Französisch, Englisch, Italienisch (Portugiesisch)
Fachgebiet Recht
themat. Schwerpunkte Familienrecht, Internationales Privatrecht, Internationales Zivilprozeßrecht, Rechtsvergleichung, Mexikanisches und spanisches Recht
geogr. Schwerpunkte Mexiko
Periodika Mithg. "El Mensajero", Mitteilungsblatt der Deutsch-Mexikanischen Juristenvereinigung e.V.; Mitarb. in Redaktion von "Derecho de Familia", Buenos Aires/Arg.

Monographien Das mexikanische internationale Erbrecht und seine Bedeutung für deutsch-mexikanische Nachlaßfälle. München 1987, 303 S.
Das Konkubinat in den mexikanischen Zivilrechtsordnungen. Eine angemessene Antwort auf eine soziale Herausforderung? Tübingen: J.C.B. Mohr 1990, 82 S.

Aufsätze Conflictos de leyes entre la República Federal de Alemania y los Estados Unidos Mexicanos, in: Revista de Investigaciones Jurídicas. México 8(1984), S. 819-832
El Derecho conflictual mexicano en materia de sucesiones y sus posibles reformas, in: Revista Mexicana de Justicia. México 5(1987)1, S. 209-223
Neues IPR in Mexiko, aus: Praxis des internationalen Privat- und Verfahrensrechts. Bielefeld 1989, S. 111-119
Zur Ausländersicherheit für Mexikaner (§ 110 II Z.1 ZPO), in: IPRax. Bielefeld 1990, S. 88-90
Reformas opuestas en materia de indemnización por daños personales, in: El Mensajero. München 3(1990), S. 35-37

P 493 **Sagawe**, Thorsten

Ayuntamiento Municipal San Pedro de Macorís
Calle Anacaona Moscoso 1, San Pedro de Macorís
Apartado Postal 678, Santo Domingo / Dominikan. Republik
Tel: 1 (8 09) 5 29 78 15 (priv.) 6 82 15 89

Privat Dr.-Paul-Weinhart-Str. 13
D-83209 Prien <W-8210 Prien>
Tel: 49 (80 51) 51 21

Geburtsdatum, -ort 27.09.1957, Langeoog

berufl. Werdegang 1983 Dipl.Geogr.; 1986 Dr.oec.publ.; seit 1987 Integrierte Fachkraft in der Dominikanischen Republik; Lehrbeauftragter, U München; Integrierte Fachkraft, Berater von Stadtverwaltungen in der Dominikanischen Republik (Stadt- und Abfallwirtschaft)

Beratung Bevölkerungsgeographischer Atlas Dominikanische Republik mit UCMM (Katholische U Santiago/Dominikanische Republik)

wiss. Vereinigungen Association of American Geographers (AAG); Conference of Latin American Geographers (CLAG)

Sprachen Englisch, Spanisch

Fachgebiet Wirtschaftsgeographie

themat. Schwerpunkte Entwicklungspolitik, Kommunalentwicklung, Stadtgeographie, Regionalplanung

geogr. Schwerpunkte Mexiko, Venezuela, Dominikanische Republik, Karibischer Raum

Monographien Die industrieräumliche Entwicklung der Dominikanischen Republik unter besonderer Berücksichtigung des informellen Sektors und der Möglichkeiten von angepaßten Technologien. München: Fink 1987, 280 S.

Aufsätze Die Fischereiwirtschaft der karibischen Inselstaaten. Das Beispiel der Dominikanischen Republik, in: Mitteilungen der Geograph. Gesellschaft in München. München 73(1988), S. 85-97
Mining as an agent for regional development: the case of the

Dominican Republic, in: Geography. London 74(1989), S. 69-71
Drogenphänomene als stadtgeographische Fragestellung am Beispiel von Santo Domingo, in: Geographische Zeitschrift. Stuttgart 77(1989)3, S. 168-179
Recycling als Entwicklungsansatz in Drittweltländern. Das Beispiel der Glassammlung in Santo Domingo, in: Geogr. Rundschau. Braunschweig 42(1990)6, S. 314-320 (mit H.-D. Haas)
Algunos aspectos sobre el municipio en República Dominicana, in: EME-EME Estudios Dominicanos. Santiago de los Caballeros 16(1990)85, S. 59-70
Brückenkopf nationaler Übel. Leistungsdefizite und Verwaltungsschwächen lateinamerikanischer Gemeinden, in: Der Städtetag. Stuttgart 44(1991)10, S. 695-698
Deforestation and the Behaviour of Households in the Dominican Republic, in: Geography. London 76(1991), S. 304-314

P 494 **Sahr**, Wolf-Dietrich

Forschungsschwerpunkt Lateinamerika (GISLA)
Geographisches Institut, Universität Tübingen
Hölderlinstr. 12
D-72074 Tübingen <W-7400 Tübingen>
Tel: 49 (70 71) 29 53 12
Fax: 49 (70 71) 29 53 18
Privat Im Schönblick 15
D-72076 Tübingen
Tel: 49 (70 71) 61 06 36
Geburtsdatum, -ort 15.04.1957, Konstanz
berufl. Werdegang Dipl.Geogr.; 1986 Relief Delegate des Internationalen Komitees des Roten Kreuzes Angola; 1987 Promotionsstipendiat der FES in der Ostkaribik; 1990 WissMitarb., Geogr. Inst. Hamburg; 1991 WissMitarb., Geogr. Inst. Tübingen
wiss. Vereinigungen ADLAF; Gesellschaft für Karibikforschung
Sprachen Englisch, Französisch, Portugiesisch, Creole (Niederländisch, Spanisch, Italienisch)
Fachgebiet Geographie
themat. Schwerpunkte Politische Geographie, Agrar-, Stadt- und Sozialgeographie, Soziolinguistik, Ideengeschichte
geogr. Schwerpunkte Karibischer Raum, Brasilien
Monographien Agroecosystems of Small Farmers and their Socio-economic Impact. A Case Study from Tête Chemin, St. Lucia, W.I. Saarbrücken/Fort Lauderdale: Breitenbach 1987
Aufsätze Wilson Harris - Der Palast der Pfauen, in: Proposition, Zeitschrift für Literatur. Tübingen (1989)3, S. 86-87
Die Löwensteiner Jäger. Auszüge aus einem Kapitel deutsch-karibischer Geschichte, in: Wertheimer Jahrbuch 1988/89. Wertheim (1990), S. 279-307
The French Antilles between European Incorporation and Caribbean Integration: Sea Law Affairs as an Example, aus: Klein-

penning (Hg.), The Incorporative Drive. Examples from Latin America. Saarbrücken/Fort Lauderdale 1991
St. Lucia, Dominica, Grenada, aus: P. Waldmann (Hg.), Politisches Lexikon Lateinamerika. München: Beck 1991

P 495 **Saint-Paul**, Ulrich

Max-Planck-Institut für Limnologie, AG für Tropenökologie
August-Thienemann-Str.
D-24306 Plön <W-2320 Plön>
Postfach 1 65
D-24302 Plön
Tel: 49 (45 22) 80 21
Fax: 49 (45 22) 80 22 81
Privat Dorfstr. 21
D-22955 Hoisdorf <W-2071 Hoisdorf>
Tel: 49 (41 07) 53 09

Geburtsdatum, -ort 17.12.1948, Elmshorn

berufl. Werdegang 1976 Dipl.Biol. (Hydrobiologie, Fischereiwissenschaften), Hamburg; 1976-80 Koordinator der Aquakulturabteilung am INPA, Manaus; 1982 Dr.rer.nat., U Hamburg; 1982-88 Hochschulass., U Hamburg; 1989 Habil. für das Fach Hydrobiologie und Fischereiwissenschaft; seit 1989 Mitarb. am MPI für Limnologie (verantw. für die Arbeitsgruppe für Tropenökologie des MPI am INPA in Manaus/Brasilien und Leiter eines multidisziplinären fischereiökologischen Forschungsprojektes)

Beratung Kurzzeitexperte für GTZ; Berater der International Science Foundation (IFS)

wiss. Vereinigungen Arbeitsgemeinschaft der Deutschen Fischerei-Verwaltungsbeamten und Fischereiwissenschaftler; ATB; DGL; GTÖ; DZG; European Aquaculture Society (EAS), Deutscher Vertreter 1984-90; Gesellschaft für Verantwortung in der Wissenschaft; SIL; Verband Deutscher Biologen (VDB); World Aquaculture Society (WAS)

Sprachen Englisch, Portugiesisch, Spanisch, Französisch

Fachgebiet Biologie / Tropenökologie

themat. Schwerpunkte Ökologie von Überschwemmungsgebieten, Aquakultur

geogr. Schwerpunkte Tropen

Monographien Aquaculture in Latin America. Bibliography. Bredene/Belgien 1990, 350 S. (EAS Special Publication. 13)

Aufsätze Fischereiforschung im zentralen Amazonasgebiet, in: Unihh. Forschung (1988)12, S. 34-37 (zus. mit E. Braum)
Behavioural and ecomorphological responses of the neotropical pacu "Piaractus mesopotamicus" (Teleostei, Serrasalmidae) to oxygen-deficient waters, in: Exp. Biol. (1988)48, S. 19-26 (zus. mit G. Bernardinho)
Ecomorphological adaption to oxygen deficiency in Amazon floodplains by serrasalmid fish of the genus "Mylossoma", in: J. Fish Biol. (1988)32, S. 231-236 (zus. mit G.M. Soares)

Diurnal routine O_2 consumption at different O_2 concentrations by "Colossoma macropomum" and "Colossoma brachypomum" (Teleostei, Serrasalmidae), in: Comp. Biochem. Physiol. (1988)89A, S. 675-682
Acclimation effects on routine oxygen consumption of the Antarctic fish "Pogonophyrne scotti" (Artedidraconidae), in: Polar Biol. (1988)9, S. 125-128 (zus. mit G. Hubold; W. Ekau)
Increase in the oxygen concentration in Amazon waters resulting from the root exudation of two notorious water plants, "Eichhornia crassipes" (Pontederiaceae) and "Pistia stratiotes" (Araceae), in Amazoniana (1989)11, S. 53-69 (zus. mit A. Jedikke; B. Furch; U.-B. Schlüter)
Aquaculture in Latin America. Indigenous species promise increased yields, in: NAGA, the ICLARM quarterly (1989)1, S. 3-5
Hypoxia tolerance of neotropical fish-culture candidates, aus: N. De Prawn; E. Jaspers; H. Ackefors; N. Wilkins (Hg.), Aquaculture - A Biotechnology in Progress. Bredene/Belgien: European Aquaculture Society 1989, S. 907-912

P 496 **Samtleben**, Jürgen

Max-Planck-Institut für ausländisches und internationales Privatrecht
Mittelweg 187
D-20148 Hamburg <W-2000 Hamburg 13>
Tel: 49 (40) 41 27-2 38
Telex: 212893 mpip d
Fax: 49 (40) 2 12 72 88

Privat Windfeld 28
D-22559 Hamburg <W-2000 Hamburg 56>
Tel: 49 (40) 81 77 82

Geburtsdatum, -ort 19.01.1937, Hamburg

berufl. Werdegang 1964 Staatsexamen (Jura); 1965-66 post-graduate-course, U de São Paulo; 1971 2. Staatsexamen (Jura), Hamburg; seit 1971 RA in Hamburg und Iberoamerika-Referent am MPI; 1977 Forschungsaufenthalt in Mexiko; 1978 Dr.jur.; 1979-89 Beobachter der Bundesrepublik auf OAS-Konferenzen in Uruguay und Bolivien; Vortragsreisen in Argentinien, Brasilien, Mexiko; 1982-88 Vorstandsmitgl., Dt.-Bras. Juristenvereinigung; 1987 Mitgl. Untersuchungskommission von Amnesty International (Venezuela)

wiss. Vereinigungen ADLAF; Asociación Jurídica Argentino-Germana (AJAG); Deutsch-Brasilianische Juristenvereinigung (DBJV); Deutsch-Mexikanische Juristenvereinigung (DMJV)

Sprachen Englisch, Spanisch, Portugiesisch (Französisch, Italienisch)

Fachgebiet Recht

themat. Schwerpunkte Privatrecht, Internationales Privatrecht

geogr. Schwerpunkte Lateinamerika, Brasilien

Schriftenreihen Mithg. "Schriften der Deutsch-Brasilianischen Juristenvereinigung", Frankfurt/M. u.a.: Lang

Monographien Derecho Internacional Privado en América Latina. Teoría y práctica del Código Bustamante. Bd. 1: Parte general. Traducido del alemán por Carlos Bueno-Guzmán. Edición autorizada, actualizada y aumentada. Buenos Aires: Depalma 1983, XXX+399 S.

Aufsätze La relación entre Derecho internacional público y privado en Andrés Bello, in: Revista de la Facultad de Derecho, Universidad Católica Andrés Bello. Caracas 30(1980/81), S. 319-331 (=Revista Española de Derecho Internacional. Madrid 34(1982), S. 399-408)

Arbitragem no Brasil, in: Revista da Faculdade de Direito, Universidade de São Paulo. São Paulo 77(1982), S. 185-210

Schiedsgerichtsbarkeit in den Andenpaktstaaten, in: Recht der internationalen Wirtschaft. Heidelberg 30(1984), S. 600-604; S. 860-874

Menschheitsglück und Gesetzgebungsexport. Zu Jeremy Benthams Wirkung in Lateinamerika, in: Rabels Zeitschrift für ausländisches und internationales Privatrecht. Tübingen 50(1986), S. 451-482

Cláusulas de jurisdicción y legislación en los contratos de endeudamiento externo de los Estados latinoamericanos, in: Verfassung und Recht in Übersee. Baden-Baden 21(1988), S. 305-326 (=Revista del Derecho Industrial. Buenos Aires 11(1989), S. 363-390; =Comparative Juridical Review. Coral Gables 27(1990), S. 43-64 (mit engl. Übersetzung, S. 65-86))

Der Südamerikanische Gemeinsame Markt. Eine rechtliche Analyse des MERCOSUR, in: Wertpapiermitteilungen. Zeitschrift für Wirtschafts- und Bankrecht. Frankfurt/M. 46(1992), S. 1345-1352; S. 1385-1392 (zus. mit C. Salomão Filho)

sonst. Publikationen (Hg.) Erbfolge, Güterrecht und Steuer in deutsch-brasilianischen Fällen. Beiträge zur 3. Jahrestagung 1984 der DBJV von João Baptista Villela, José Lamartine Corrêa de Oliveira, Hans-Joachim Dölemeyer, Jürgen Samtleben, mit ausgew. Gutachten des Max-Planck-Instituts für ausländisches und internationales Privatrecht. Frankfurt/Bern/New York: Lang 1986 XI, 279 S.

P 497 **Sander**, Hans-Jörg

Seminar für Geographie und Didaktik, Universität Köln
Gronewaldstr. 2
D-50931 Köln <W-5000 Köln 41>
Tel: 49 (2 28) 55 04 12-4 1

Privat Kitschburger Str. 28
D-53639 Königswinter <W-5330 Königswinter 21>
Tel: 49 (22 44) 43 90

Geburtsdatum, -ort 25.06.1941, Cuxhaven

berufl. Werdegang 1968 Staatsexamen Höheres Lehramt Bonn; 1970 Promotion; 1976 Habil., Bonn; apl. Professor

wiss. Vereinigungen ADLAF

Sprachen	Englisch, Spanisch (Portugiesisch, Französisch)
Fachgebiet	Geographie
themat. Schwerpunkte	Wandlungen der Agrar- und Agrarsozialstruktur, Tragfähigkeit, Metropolisierung, Stadt- und Regionalplanung, Bildungswesen
geogr. Schwerpunkte	Mexiko
Monographien	Sozialökonomische Klassifikation der kleinbäuerlichen Bevölkerung im Gebiet von Puebla-Tlaxcala. Bonn 1977, 169 S. Mexiko-Stadt. Köln: Aulis 1983
Aufsätze	Beziehungen zwischen Tourismus, Kunsthandwerk und Agrarstruktur in einigen Dörfern Zentralmexikos, in: Erdkunde. Bonn (1981)3, S. 201-209 Ökologische Sanierung im Texcoco-Becken von Mexiko-Stadt. Aktueller Entwicklungsstand, in: Tübinger Geographische Studien (1987)96, S. 109-119 Europa aus mexikanischer Sicht, in: Internationale Schulbuchforschung. Zs. des Georg-Eckert-Instituts 10(1988)2, S. 153-162 El desarrollo del Potencial Rural en la Meseta Central de México, in: Geografía y Desarrollo. Revista del Colegio Mexicano de Geografos Posgraduados A.C.. México D.F. 1(1988)1, S. 18-26 Umweltprobleme im Hochtal von Mexiko, in: Geographische Rundschau, (1990)6, S. 328-333 Konzentration und Dezentralisierung in Mexiko-Stadt, in: Ibero-Amerikanisches Archiv, 16(1990), S. 487-506

P 498	**Sandner**, Gerhard
	Institut für Geographie, Arbeitsbereich Wirtschaftsgeographie Universität Hamburg Bundesstr. 55 D-20146 Hamburg <W-2000 Hamburg 13> Tel: 49 (40) 41 23-52 13 Fax: 49 (40) 41 23-52 70
Privat	Im Wiesengrund 15 D-25474 Ellerbek <W-2087 Ellerbek> Tel: 49 (41 01) 3 21 74
Geburtsdatum, -ort	19.03.1929, Keetmanshoop/Namibia
berufl. Werdegang	1955 Dr.rer.nat., Marburg; 1962 Habil., Kiel; 1965 o.Prof. (Wirtschaftsgeographie), U Hamburg
wiss. Vereinigungen	ADLAF
Sprachen	Englisch, Spanisch
Fachgebiet	Wirtschaftsgeographie
themat. Schwerpunkte	Politische Geographie
geogr. Schwerpunkte	Zentralamerika, Karibik
Schriftenreihen	Mithg. "Geographische Studien"; "Beiträge zur Geographischen Regionalforschung in Lateinamerika"
Periodika	Hg. "Geographische Zeitschrift"
Monographien	(Hg.) Lateinamerika. Frankfurt/M.: Fischer 1973, 5. Aufl. 1978, 443 S. (Fischer Länderkunde. 7) (zus. mit H.-A. Steger) Zentralamerika und der Ferne Karibische Westen. Konjunkturen,

	Krisen und Konflikte 1503-1984. Stuttgart: Steiner 1985, 409 S.
Aufsätze	Wachstumspole und regionale Polarisierung der Entwicklung im Wirtschaftsraum. Ein Bericht über lateinamerikanische Erfahrungen, aus: Der Wirtschaftsraum. Festschrift für Erich Otremba zu seinem 65. Geburtstag. Wiesbaden 1975, S. 78-90
	Antillen, Westindien, Karibischer Raum. Begriffe, Abgrenzungen, inhaltliche Definition, aus: W. Grenz; M. Rauls (Hg.), Der Karibische Raum. Selbstbestimmung und Außenabhängigkeit. Hamburg: LADOK 1980, S. 41-60
	Seerechtsprobleme, Grenzkonflikte und geopolitische Verflechtungen im Karibischen Raum, in: Nachrichten der Deutsch-Venezolanischen Gesellschaft. Percha (1986)3, S. 129-135
	Junge Wandlungen in den Grenzräumen Costa Ricas unter geopolitischen Einflüssen, aus: L. Ellenberg; A. Bergmann (Hg.), Entwicklungsprobleme Costa Ricas. Saarbrücken 1990, S. 255-272
	El problema ambiental. Discusión y soluciones más allá de los estados soberanos, aus: E. Guhl (Hg.), Desarrollo y medio ambiente. Bogotá 1990, S. 17-35
	Geopolitische Verflechtungen im zentralamerikanisch-karibischen Konfliktraum, aus: G. Kohlhepp (Hg.), Lateinamerika, Umwelt und Gesellschaft zwischen Krise und Hoffnung. Tübingen 1991

P 499	**Sangmeister**, Hartmut
	Institut für international vergleichende Wirtschafts- und Sozialstatistik, Universität Heidelberg Grabengasse 14 D-69117 Heidelberg <W-6900 Heidelberg> Tel: 49 (62 21) 54 29 25 Fax: 49 (62 21) 54 29 14
Privat	Reinhard-Hoppe-Str. 11 D-69118 Heidelberg Tel: 49 (62 21) 80 26 44
Geburtsdatum, -ort	01.09.1945, Fulda
berufl. Werdegang	Dipl.-Volkswirt; Dr.rer.pol.habil.; PDoz.
Beratung	Gutachter-/Beratertätigkeit
wiss. Vereinigungen	ADLAF
Sprachen	Portugiesisch, Englisch (Spanisch)
Fachgebiet	Wirtschaft / Entwicklungsökonomie
themat. Schwerpunkte	Wirtschaftspolitik in Entwicklungsländern
geogr. Schwerpunkte	Brasilien
Periodika	Mithg. "Lateinamerika Jahrbuch" (Frankfurt/M.: Vervuert)
Monographien	Europäische Wirtschaftskunde. Frankfurt 1977, 276 S.
Aufsätze	Brasilien: Internationale Integration und nationale Desintegration, in: Aus Politik und Zeitgeschichte (Beilage zur Wochenzeitung "Das Parlament") (1982)B 46, S. 21-32
	Demokratisierung "made in Brazil": Probleme des Übergangs

und der Konsolidierung der Demokratie in Brasilien, in: Ibero-Amerikanisches Archiv. Berlin NF 13(1987), S. 307-324
Zwischen Exportabhängigkeit und Binnenmarkterschließung: Brasilien in der Schuldenfalle, in: Vierteljahresberichte - Probleme der internationalen Zusammenarbeit (1988)111, S. 47-58
Wirtschaftliche und politische Dimensionen der brasilianischen Verschuldungskrise: Gewinner, Verlierer und Opfer, in: Ibero-Amerikanisches Archiv. Berlin NF 15(1989), S. 297-318
Sklavenbefreiung und Rassenprobleme in Brasilien, in: Zeitschrift für Lateinamerika. Wien 38/39(1990), S. 57-81
Planificación del desarrollo regional en Brasil: problemas, experiencias, perspectivas, aus: D. Nohlen (Hg.), Descentralización política y consolidación democrática. Madrid: Síntesis / Caracas: Editorial Nueva Sociedad 1991, S. 269-276
Reformpolitik in Lateinamerika: Chancen und Risiken des wirtschaftspolitischen Paradigmenwechsels, in: Aus Politik und Zeitgeschichte (Beilage zur Wochenzeitschrift "Das Parlament"), (1991)B 39, S. 3-39
Lateinamerika in der Schuldenkrise: Die blockierte Entwicklung, aus: G. Kohlhepp (Hg.), Lateinamerika - Umwelt und Gesellschaft zwischen Krise und Hoffnung. Tübingen: Geographisches Institut 1991, S. 107-132

P 500 **Sassenfeld**, Heinrich

Fundación Friedrich Ebert (FES)
Los Leones 1122
Casilla 14 580, Santiago de Chile/Chile
Tel: 56 (2) 2 31-74 00, -65 19
Fax: 56 (2) 2 31 13 32

Geburtsdatum, -ort 25.02.1948, Viersen

berufl. Werdegang 1971 Dipl.Volksw., U Bonn; 1972-74 Projektleiter FES, Chile; 1974-75 WissMitarb., FES Bonn; 1976 Dr.rer.pol., U Bonn; 1977-84 Projektleiter und Koordinator FES, Peru und Chile; Leiter des Lateinamerika-Referats, FES Bonn; seit 1992 Repräsentant der FES in Chile

wiss. Vereinigungen ADLAF

Sprachen Englisch, Spanisch, Französisch (Portugiesisch)

Fachgebiet Entwicklungspolitik / Entwicklungszusammenarbeit

themat. Schwerpunkte Anpassungsstrategien, Beschäftigung, Entwicklungspolitik, Entwicklungszusammenarbeit, Finanzwirtschaft, Neoliberalismus, Raumplanung, Regionalplanung, etc.

geogr. Schwerpunkte Lateinamerika, Chile, Peru, Kolumbien

Monographien Analyse der sozio-ökonomischen Verhältnisse Chiles. Entwicklungspolitische Probleme und Strategien. Bonn-Bad Godesberg: FES 1974, XI+440 S. (zus. mit P. Muñoz-Serrano; A. Pfaller)
Chile. Erfahrungen mit Entwicklungsstrategien. Bonn-Bad Godesberg: FES 1974, 35 S.
Entwicklungsprobleme aus regionalpolitischer Sicht. Kausalfak-

toren räumlich differenzierter Entwicklung und regionalpolitische Lösungsansätze am Beispiel Chiles, 1964-73. Bonn-Bad Godesberg: Neue Gesellschaft 1977

Aufsätze Experiencias en el ámbito de la política y la planificación regionales, in: Revista Interamericana de Planificación. 12(1978)46, S. 117-124

Beziehungen der politischen Parteien und Stiftungen, aus: A. Schrader (Hg.), Deutsche Beziehungen zu Lateinamerika. Münster: Lit 1991, S. 99 ff.

P 501 **Sauerwald**, Gregor

AG Soziale Arbeit und Internationale Entwicklung
Fachbereich Sozialwesen, Fachhochschule Münster
Hüfferstift, Hüfferstr. 27
D-48149 Münster <W-4400 Münster>
Tel: 49 (2 51) 83 96 85
Fax: 49 (2 51) 83 97 39

Privat Am Diekamp 17
D-48157 Münster
Tel: 49 (2 51) 32 50 59

Geburtsdatum, -ort 17.11.1935, Münster/Westf.

berufl. Werdegang 1962-63 Teaching Assistant, Harvard/USA; 1964-66 Lektorat am Instituto de Idiomas de la U de Valladolid/Spanien; 1967-69 Lehramt an Gymnasien; 1969-74 WissAss. bzw. Akad. Oberrat an der PH Westfalen-Lippe; 1972 Dr.phil. in Philosophie; seit 1974 Prof. für Praktische Philosophie an der FH Münster, FB Sozialwesen; 1979-82 AssProf. bzw. o.Prof. (catedrático) für Philosophie an der U de la República Oriental del Uruguay (beurl. als Integr. Experte); Prof. Philosophie, FH Münster

wiss. Vereinigungen Allgemeine Gesellschaft für Philosophie in Deutschland e.V.; ADLAF; FIELAC; CeLA (Korresp. Mitglied); Centro de Estudios Latinoamericanos de la PUC Ecuador/Quito (Assoz. Mitglied)

Sprachen Englisch, Französisch, Spanisch (Portugiesisch)

Fachgebiet Philosophie

themat. Schwerpunkte Eine-Welt-Sozialphilosophie, Lateinamerikanische Befreiungstheorien

geogr. Schwerpunkte Lateinamerika, Uruguay

Monographien (Hg.) Entwicklung in Partnerschaft - Nord-Süd-Dialog - Eine Herausforderung für Soziale Arbeit. Münster: Lit 1992, 350 S.

Aufsätze Es América el eco del viejo mundo y el reflejo de vida ajena? in: Cultura. Quito, Bd. 5, Nr. 14, S. 33-66 (deutsch: Zur Rezeption und Überwindung Hegels in lateinamerikanischer Philosophie der Befreiung, in: Hegel-Studien. Bonn 20(1985), S. 221-245)

Civilización y Barbarie - Algunas reflexiones crítico-culturales en torno a los conceptos Identidad y Pluralidad, in: Ponencias (III Congreso Internacional de Filosofía Latinoamericana). Bogotá 1984, S. 225-264

La religiosidad en la teoría de la Argentina contemporanea - El ejemplo de Juan Carlos Scannone - O si la sabiduría ya no necesita de la ciencia, aus: K. Kohut; A. Meyers (Hg.), Religiosidad popular en América Latina. Frankfurt/M. 1988, S. 55-74

Lateinamerikanische Befreiungstheologie und europäische Aufklärung-Zweifrontenkampf des uruguayischen Jesuiten Juan Luis Segundo, in: Wort und Antwort, 30. Jg., H. 2, S. 86-90

Leopold Zea und die Philosophie der Befreiung - Zur Einführung in den Streit lateinamerikanischer Philosophen, in: L. Zea (Hg.), Signale aus dem Abseits - Eine lateinamerikanische Philosophie der Geschichte (übersetzt und eingeleitet). München 1989, S. 165-186; 190-191

Arturo Andrés Roig, Leopold Zea, aus: J.-F. Mattéi (Hg.), Les oeuvres philosophiques. Encyclopédie philosophique universelle, Bd. 3, Paris 1992

P 502 **Sautter**, Hermann

Ibero-Amerika Institut für Wirtschaftsforschung (AIAW)
Universität Göttingen
Gosslerstr. 1b
D-37073 Göttingen <W-3400 Göttingen>
Tel: 49 (5 51) 39 81 72
Fax: 49 (5 51

Geburtsdatum, -ort 04.01.1938, Giengen

berufl. Werdegang 1964 Dipl.Volksw.; 1968-69 Auslandsstipendiat in Argentinien; 1970 Dr.rer.pol., Hamburg; WissMitarb., IAIW, U Göttingen; Prof., U Frankfurt; seit 1992 Direktor des IAIW

Sprachen Englisch, Spanisch

Fachgebiet Wirtschaft

themat. Schwerpunkte Außenwirtschaft, Ökonomie der Entwicklungsländer

geogr. Schwerpunkte Lateinamerika

Monographien Consecuencias de la política agraria de los países industrializados de Europa sobre la Argentina. Bilbao: Deusto 1975, 188 S.

Entwicklungstheorie und -politik, Band 1: Entwicklungstheorie. Tübingen: Mohr/Siebeck 1977, 200 S. (zus. mit H. Hesse)

Regionalisierung und komparative Vorteile im internationalen Handel. Tübingen 1983, 353 S.

Aufsätze Unterentwicklung und Abhängigkeit als Ergebnisse außenwirtschaftlicher Verflechtung. Zum ökonomischen Aussagewert der "dependencia"-Theorie, aus: H.J. Puhle (Hg.), Lateinamerika. Historische Realität und Dependencia-Theorien, Hamburg: Hoffmann & Campe 1977, S. 61-104

Industriepolitik und Kleinindustrie in Peru, in: Gans; Evers (Hg.), Handbuch der volkswirtschaftlichen Beratung. Baden-Baden 1990, Anlage 3 (Industrieplanung), S. 32-67 (zus. mit R. Gómez)

P 503	**Schaal**, Peter
	Fachhochschule Düsseldorf, 23.32 Universitätsstr. 1 D-40225 Düsseldorf <W-4000 Düsseldorf> Tel: 49 (2 11) 3 11-43 73 Fax: 49 (2 11) 3 11-53 03
Privat	Ransberg 12 D-41751 Viersen <W-4060 Viersen 11> Tel: 49 (21 62) 5 38 08
Geburtsdatum, -ort	31.08.1935, Gleiwitz
berufl. Werdegang	1959 Dipl.-Kfm.; 1961 Dr.rer.pol.; 1961-71 Industrietätigkeiten (Marktforschung, Export); 1971 FH Düsseldorf; Professor für Volkswirtschaftslehre; Dekan des Fachbereichs Wirtschaft
Beratung	U of Alabama (USA); U Iberoamericana (México, D.F.); U de León (Spanien); Hautes Etudes Commerciales de Liège
wiss. Vereinigungen	Ges. für Wirtschafts- und Sozialwiss.; Verein für Socialpolitik; List-Ges.; Omicron Delta Epsilon Honor Society in Economics
Sprachen	Englisch, Spanisch, Französisch
Fachgebiet	Wirtschaft
themat. Schwerpunkte	Wirtschaftspolitik, Geld- und Währungspolitik, Internationale Wirtschaftsbeziehungen, Wirtschaftsintegration, Geldpolitik
geogr. Schwerpunkte	EG, Lateinamerika, USA
Aufsätze	Lateinamerikanische Verschuldungskrise. Ursachen, Auswirkung und Konsequenzen für den deutschen Außenhandel, in: Übersee-Rundschau (1985)1, S. 39-40 Mexiko - Schwellenland in Wirtschafts- und Verschuldungskrise, in: List-Forum 13(1985)1, S. 20-44 Die Auswirkungen des Nord-Süd-Konflikts: Verschuldungskrise und politische Stabilität, in: List-Forum 13(1986)6, S. 371-400 Causes of the Latin American Debt Crisis and Strategies to overcome it, aus: J.E. Navarrete; J. Lacarte Muro; H.-J. Elshorst; ders. (Hg.), Latin American Debt: A Gordian Knot? National and International Repercussions and Perspectives. Bonn 1986, 19 S. La integración latinoamericana. Desarrollo y Perspectivas, in: Contribuciones para el debate. Centro Interdisciplinario de Estudios sobre el Desarrollo Latinoamericano. Buenos Aires (1991)1, S. 7-39
P 504	**Schäbitz**, Frank
	Lehrstuhl für Physische Geographie, Universität Bamberg Am Kranen 1 D-96047 Bamberg <W-8600 Bamberg> Tel: 49 (9 51) 8 63-4 99
Privat	Viktor-von-Scheffelstr. 33 D-96049 Bamberg Tel: 49 (9 51) 5 69 70
Geburtsdatum, -ort	02.09.1956, Voldagsen/Niedersachsen

berufl. Werdegang	Studium (Biologie, Geographie); 1982 1. Staatsexamen für das Lehramt an Gymnasien; 1984 2. Staatsexamen für das Lehramt an Gymnasien; 1988 Dr.rer.nat. (Geographie, Botanik); seit 1984 WissMitarb. am Lehrstuhl für Physische Geographie, U Bamberg
Sprachen	Englisch, Französisch, Spanisch
Fachgebiet	Geographie
themat. Schwerpunkte	Paläoökologie, Palynologie, Geomorphologie
geogr. Schwerpunkte	südl. Südamerika (Argentinien), Zentralalpen
Monographien	Untersuchungen zum aktuellen Pollenniederschlag und zur holozänen Klima- und Vegetationsentwicklung in den Anden Nord-Neuquéns, Argentinien. Bamberg 1989
Aufsätze	Pollenanalysis for the generation of environmental hypothesis, in: Grana (1990)29, S. 295-300 (zus. mit H.L. D'Antoni) Holocene vegetation and climate in southern Santa Cruz, Argentina, in: Bamberger Geographische Schriften, Bd. 11 Paleoecological studies of the "Bajos sin salida" of northern Patagonia (Laguna Indio Muerto), Argentina (Preliminary results), in: Bamberger Geographische Schriften, Bd. 11

P 505 **Schacht**, Siegfried R.

Geographisches Institut, RWTH Aachen
Templergraben 55
D-52062 Aachen <W-5100 Aachen>
Tel: 49 (2 41) 80 60 54
Privat Am Weißenberg 2
D-52074 Aachen
Tel: 49 (2 41) 8 48 68

Geburtsdatum, -ort	13.04.1939, Osterwitt (Ostpr.)
berufl. Werdegang	Lehramt an Realschulen; 1969 Dr.rer.nat; 1969-80 WissMitarb., PH Rheinland, Abt. Aachen; seit 1980 WissMitarb., RWTH
Sprachen	Englisch, Spanisch, Portugiesisch (Französisch)
Fachgebiet	Geographie / Landwirtschaft
themat. Schwerpunkte	Agrargeographie, Kartographie
geogr. Schwerpunkte	Brasilien, Iberische Halbinsel
Aufsätze	Agrarkolonisation in der Zona da Mata Nordostbrasiliens am Beispiel der Kolonie Pindroma, in: Geographische Zeitschrift. Wiesbaden 68(1980), S. 54-76 Agricultural Colonization of the Zona da Mata of North-East Brazil - The Example of Pindorama, in: Applied Geography and Development. Tübingen 17(1981), S. 71-90 Pindorama. Hilfe für die Armen auf dem Lande im Nordosten Brasiliens, in: Praxis Geographie. Braunschweig (1983)9, S. 12-18 Brasilien. Potential und Disparitäten, in: Praxis Geographie. Braunschweig (1986)9, S. 6-12

P 506 **Schäfer**, Heinrich

Ökumenisches Institut
Fakultät für Evangelische Theologie, Universität Bochum
GA 8, Universitätsstr. 150
D-44801 Bochum <W-4630 Bochum>
Tel: 49 (2 34) 7 00 47 93

Privat Römerstr. 66
D-45772 Marl <W-4370 Marl>
Tel: 49 (23 65) 4 42 73

Geburtsdatum, -ort 02.08.1955, Paderborn

berufl. Werdegang 1976-82 Studium (ev. Theol.); 1983 Projektkoordination in Nikaragua; ab 1984 Forschungsprojekt Protestantismus in Zentralamerika; ab 1989 kirchlicher Dienst; 1991 Dr.theol.; Lehrbeauftragter, Ev. Theol. Fak. Bochum

wiss. Vereinigungen ADLAF; Arbeitsgemeinschaft Ökumenische Forschung

Sprachen Spanisch, Englisch (Portugiesisch, Französisch)

Fachgebiet Theologie

themat. Schwerpunkte Protestantismus in Zentralamerika, ganz Lateinamerika und USA; Missionswissenschaft; interkulturelle Hermeneutik; Religionssoziologie; Theologie der Befreiung; Kirchengeschichte

geogr. Schwerpunkte Zentralamerika, bes. Guatemala und Nikaragua

Monographien Befreiung vom Fundamentalismus. Entstehung einer neuen kirchlichen Praxis im Protestantismus Guatemalas. Münster: Liberación 1988 (engl.: Church Identity Between Repression and Liberation: The Presbytarian Church in Guatemala. Geneva: World Alliance of Reformed Churches 1991)

Aufsätze Religión dualista causada por antagonismos sociales. Trasfondos sociales del protestantismo en Centroamérica, in: Boletín de Estudios Latinoamericanos y del Caribe (A Journal of Latin American and Caribbean Studies). Amsterdam 45(1988), S. 69 ff., (Übersetzung von : Dualistische Religion...)

Dualistische Religion aus gesellschaftlichen Gegensätzen. Gesellschaftliche Krise und religiöse Nachfrage im Protestantismus Mittelamerikas, in: Wege zum Menschen 41(1989)2, S. 52 ff.

Das Reich der Freiheit. Überlegungen zur Funktion millenaristischer Eschatologie in den gesellschaftlichen Konflikten Mittelamerikas, in: Zeitschrift für Missionswissenschaft und Religionswissenschaft. Münster 73(1989)2, S. 138 ff.

Una tipología del protestantismo en Centroamérica, in: Pasos. San José/Costa Rica (1989)24, S. 10 ff.

"... und erlöse uns von dem Bösen." Zur politischen Funktion des Fundamentalismus in Mittelamerika, aus: U. Birnstein (Hg.), Gottes einzige Antwort. Wuppertal: Hammer 1990

sonst. Publikationen Proyecto de publicación de fuentes orales del protestantismo en América Central. Concepto de edición. Bochum: Ruhr-Universität, Ev.-Theol. Fakultät, Ökumenisches Institut 1988

Theologie aus dem Kontext. Zur Methode (inter-)kultureller Hermeneutik am Beispiel des enthusiastischen Christentums in Mittelamerika. Bochum: Ruhr-Universität, Ev.-Theol. Fakultät,

Ökumenisches Institut 1991 (Hg. von K. Raiser, Maschinenschr. vervielf.)

P 507 **Schäfer**, Manfred

Pascalstr. 18
D-10587 Berlin <W-1000 Berlin 33>
Tel: 49 (30) 3 92 69 96

Privat Hauptstr. 107
D-63937 Weilbach <W-8761 Weilbach>
Tel: 49 (93 73) 38 27

Geburtsdatum, -ort 04.12.1949, Amorbach

berufl. Werdegang 1976 Dipl.-Ing. (Fotoingenieurwesen), 1982 M.A., 1987 Dr.phil.; freiberuflich tätig

wiss. Vereinigungen DGV

Sprachen Spanisch, Englisch

Fachgebiet Ethnologie

themat. Schwerpunkte Wirtschaftsethnologie, Minderheitenrechte

geogr. Schwerpunkte Mexiko, Peru

Monographien Indianisches Wirtschaften in einem Asháninca/Matsiguenga-Dorf in der peruanischen Montaña. München 1982 (Magisterarbeit)
Weil wir in Wirklichkeit vergessen sind. München: 1982, 131 S.
Ayompari, Amigos und die Peitsche. Die Verflechtung der ökonomischen Beziehungen der Ashéninga in der Gesellschaft des Gran Pajonal/Ostperu. Weilbach: Selbstverlag 1988, 295 S.

Aufsätze Asháninca: Imagen y Realidad, in: Lima Kurier (1980)17, S. 1-3
Fortschritt ins Elend, in: Natur. München (1983)1

sonst. Publikationen Wir sind Rarámuri. Eine Dokumentation von und über Rarámuri (Nordmexiko). Ausstellung + Katalog. Weilbach: Selbstverlag 1988, 41 S. (Hg. zus. mit I. Kummels)
Im Grünen Himmel. Dokumentarfilm. Köln: WDR 3 1989, 60 Min. (zus. mit I. Kummels und Asháninca vom Río Ene)
Im Spiegel des Schamanen. Dokumentarfilm. Köln: WDR 3 1989, 45 Min. (zus. mit I. Kummels)
Santería - Von Menschen und Heiligen auf Kuba. Dokumentarfilm. Köln: WDR 3 1991, 45 Min. (zus. mit I. Kummels)

P 508 **Schaller**, Friedrich

Institut für Zoologie, Universität Wien
Althanstr. 14
A-1090 Wien
Tel: 43 (1) 3 13 36

Privat Rebenweg 1/14/3
A-1170 Wien
Tel: 43 (1) 4 68 71 82

Geburtsdatum, -ort 30.08.1920, Gleismuthhausen

berufl. Werdegang 1944 Promotion in Wien; 1946-57 Ass., Doz. und apl.Prof. in

	Mainz; 1958-88 o.Prof. und Institutsvorstand, Wien (em.)
wiss. Vereinigungen	Akademie der Wissenschaften; Kommission für Tropenbiologie; GTÖ; Deutsche Gesellschaft für Zoologie; Deutsche Gesellschaft für Ethnologie; Österreichische Gesellschaft für Entomologie
Sprachen	Spanisch, Portugiesisch (Französisch, Englisch)
Fachgebiet	Biologie
themat. Schwerpunkte	Ökologie, Bodenbiologie, Tropenbiologie, Sexualbiologie
geogr. Schwerpunkte	Südamerika (Amazonas)
Schriftenreihen	Mithg. "Zoologica"
Periodika	Mithg. "Zoologischer Anzeiger"; "Oecologia"
Aufsätze	150 Aufsatzpublikationen (Liste erhältlich)

P 509	**Scharlau**, Birgit
	Institut für Romanische Sprachen und Literaturen Universität Frankfurt Gräfstr. 76 D-60486 Frankfurt <W-6000 Frankfurt/M. 11> Postfach 11 19 32 D-60054 Frankfurt Tel: 49 (6 11) 7 98-1
berufl. Werdegang	Studium und Postgraduation in Romanistik, U Frankfurt; 1970-72 und 1974-76 Lehr- und Forschungsaufenthalte in Lateinamerika, UCV/Caracas, El Colegio de México, UNAM/México (GastProf.), FLACSO Buenos Aires/Argentinien, UnivProf.
Beratung	Gesellschaft für entwicklungspolitische Bildung (GEB)
Sprachen	Spanisch, Französisch, Englisch (Portugiesisch, Russisch)
Fachgebiet	Literatur
themat. Schwerpunkte	Kulturtheorie, Kulturgeschichte, Kulturkritik (mit Bezug auf Lateinamerika)
geogr. Schwerpunkte	Mittelamerika, Andenraum
Schriftenreihen	Mithg. "Frankfurter Beiträge zur Lateinamerikanistik" (Tübingen: Narr)
Monographien	Qellqay. Mündliche Kultur und Schrifttradition bei Indianern Lateinamerikas. Frankfurt/New York: Campus 1986, 294 S. (zus. mit M. Münzel) Bild-Wort-Schrift. Tübingen: Narr 1989, 185 S.
Aufsätze	Beschreiben und Beherrschen. Die Informationspolitik der spanischen Krone im 15. und 16. Jahrhundert, aus: K.H. Kohl (Hg.), Mythen der neuen Welt. Berlin 1982, S. 92-100 Tigersemantik. Gonzalo Fernández de Oviedo und die Sprachprobleme in Las Indias, in: Iberoamericana (1983)18, S. 51-69 Die Sprache in der Sprache. Quechua und Spanisch in den Romanen von José María Arguedas, in: P. Goetsch (Hg.), Dialekte und Fremdsprachen in der Literatur. Tübingen 1987, S. 114-132 Nuevas Tendencias en los Estudios de Crónicas y Documentos del Período Colonial Latinoamericano, in: Revista de Crítica

Literaria Latinoamericana. Lima (1990)31/32, S. 365-375
Zahlreiche Beiträge über Lateinamerika-Chroniken in: Kindlers Neues Literaturlexikon. München 1990-92

sonst. Publikationen (Mithg.), Bibliographie zur Kulturellen Heterogenität in Lateinamerika. Tübingen (1991/92), 275 S.

P 510 **Schelsky**, Detlev

Privat Pilotystr. 60
D-90408 Nürnberg <W-8500 Nürnberg 10>
Tel: 49 (9 11) 36 27 08

Geburtsdatum, -ort 25.02.1952, Hamburg

berufl. Werdegang Dipl.Volksw.; 1989 Dr.phil.; freiberuflicher Dozent

Sprachen Portugiesisch, Englisch (Spanisch)

Fachgebiet Soziologie / Wirtschaft

themat. Schwerpunkte Kultursoziologie, Musiksoziologie, Demographie

geogr. Schwerpunkte Brasilien

Monographien Kultur auf Wanderschaft. Die Música Nordestina in Brasilien. Frankfurt/Bern: Lang, 335 S.

P 511 **Schimpf-Herken**, Ilse

Institut für Sozialwissenschaften in Erziehung und Ausbildung
Technische Universität Berlin - FB 22
Franklinstr. 28/29
D-10587 Berlin <W-1000 Berlin 10>
Tel: 49 (30) 3 14-7 31 66
Telex: 184 262 tubln
Fax: 49 (30) 3 14-2 32 22

Privat Wasgenstr. 7
D-14129 Berlin <W-1000 Berlin 38>
Tel: 49 (30) 8 03 89 65

Geburtsdatum, -ort 04.09.1946, Friesische Wehde

berufl. Werdegang Studium (Sozialwiss., Erziehungswiss., Lateinamerikanistik); 1978 Dr.phil.; 1980-87 Projektkoordinatorin (integr. ländl. Entwicklungsproj.), Cabo Verde; 1987-90 Leitg. Lateinamerika-Ref., AG Solidarische Welt, Berlin; seit 1990 Vertretung des Lehrstuhls von Prof.Dr. Manfred Liebel, TU Berlin; Mitarb. GEB

Sprachen Englisch, Spanisch, Französisch, Portugiesisch

Fachgebiet Bildungswesen

themat. Schwerpunkte Agrarsoziologie, Feminismus, Erziehungswissenschaft, Menschenrechtspolitik, Rassismus, Pädagogik 3. Welt

geogr. Schwerpunkte Chile, Peru

Aufsätze Von der Fragwürdigkeit der Bildungshilfe in die Dritte Welt. Eine Kritik eurozentristischer Machtstrategien, in: Peripherie (1982)4
Erziehung heute wozu?, aus: Dabisch/Schulze (Hg.), Befreiung und Menschlichkeit. Texte zu Paulo Freire. München 1991

sonst. Publikationen Frauenförderung-Frauenforderungen. Gutachten zur Mitarbeit des Deutschen Entwicklungsdienstes in Ländern Lateinamerikas, Afrikas und Asiens. Berlin 1989, 2 Bde., 120 S.

P 512 **Schindler**, Helmut

Staatliches Museum für Völkerkunde
Maximilianstr. 42
D-80538 München <W-8000 München 22>
Tel: 49 (89) 22 48 44, 2 28 55 06
Privat Johannes-Neuhäusler-Str. 14
D-81929 München <W-8000 München 81>
Tel: 49 (89) 9 57 07 20

Geburtsdatum, -ort 14.06.1940, Wien

berufl. Werdegang 1966 Dr.phil., Wien; 1966-69 DFG-Stipendium, Argentinien; 1970-71 Völkerkundl. Feldforschg. bei den Guayabero und Karihona im Tiefland Kolumbiens; 1971-73 DFG-Stipendium, Kolumbien; seit Ende 1973 Mitarb. Abt. Humanethnologie, MPI für Verhaltensphysiologie, Percha/Starnberg; 1974 Anschlußfeldforschung bei den Karihona; 1982-83 Feldforschung bei den Mapuche, Chile; 1985 Feldforschg. über Heiler und Arzneihandel in SW-Kolumbien; seit 1980 Leiter der Lateinamerika-Abteilung am staatlichen Museum für Völkerkunde München

Sprachen Englisch, Spanisch (Portugiesisch, Französisch)

Fachgebiet Ethnologie

themat. Schwerpunkte Kulturhistorie, Religionsethnologie

geogr. Schwerpunkte Außerandines Südamerika, Amazonas-Region, Südkegel, Kolumbien

Aufsätze Warum kann man den Itutari mit dem Gwaruma erschlagen?, in: Zeitschrift für Ethnologie. Braunschweig 98(1973)2

Carijona and Manakini. An opposition in the mythology of a Carib Tribe, aus: E.B. Basso (Hg.), Carib-speaking Indians - Culture, Society and Language. Tucson: Univ. of Arizona Press 1977

Karihona-Erzählungen aus Manacaro. St. Augustin: Anthropos-Institut 1979

Language, Alliance and Descent, in: Anthropos. 77(1982)

Die Reiterstämme des Gran Chaco, aus: H. Becher (Hg.), Völkerkundliche Abhandlungen V. VIII. Berlin: Reimer 1983

La Población Cazadora de las Pampas hacia 1750, in: Paleoetnológica. Buenos Aires: Centro Argentino de Etnología Americana (1988)4

...con reverencia nombreys al Pillan y Huecuvoe, in: Revindi 1(1989); in: M. Califano (Hg.), Scripta Ethnologica, Supplementa Vol. IX, Buenos Aires: Centro Argentino de Etnología Americana 1989; in: H. Carrasco M. et al. (Hg.), Actas de lengua y Literatura Mapuche. Bd.3. Temuco/Chile: U de la Frontera 1989

Bauern und Reiterkrieger. Die Mapuche-Indianer im Süden Amerikas. Katalog zur gleichnamigen Ausstellung im Staatl. Museum für Völkerkunde in München 1990
Interethnische Lehrbeziehungen der Heiler Südwest-Kolumbiens, aus: B. Illius; M. Laubscher; P. Lang (Hg.), Festschrift für Thomas S. Barthel. Frankfurt/M. u.a. 1990 (zus. mit F. Faust)

P 513 **Schinke**, Rolf

Ibero-Amerika Institut für Wirtschaftsforschung (IAW)
Universität Göttingen
Goßlerstr. 1 b
D-37073 Göttingen <W-3400 Göttingen>
Tel: 49 (5 51) 39 81 72
Fax: 49 (5 51) 39 81 73
Privat Marstall 31, D-37120 Bovenden <W-3406 Bovenden>
Tel: 49 (55 94) 6 10

Geburtsdatum, -ort 11.02.1939, Hannover
berufl. Werdegang 1966 Dipl.-Volksw.; 1972 Dr.rer.pol.; seit 1975 Leiter des Forschungsschwerpunkts "Wohlfahrtsmessung"
wiss. Vereinigungen ADLAF; Gesellschaft für Wirtschafts- und Sozialwissenschaften; Verein für Socialpolitik (Ausschuß Entwicklungsländer)
Sprachen Englisch, Spanisch, Französisch
Fachgebiet Wirtschaft / Entwicklungstheorie
themat. Schwerpunkte Internationale Wohlfahrtsvergleiche, Schuldenprobleme, Außenhandel
geogr. Schwerpunkte Lateinamerika
Monographien Der Zahlungsbilanzausgleich im Gemeinsamen Markt Zentralamerikas. Ein Diskussionsbeitrag zur monetären Integration von Entwicklungsländern. Göttingen: Schwartz 1974, 168 S.
Devisenersparnis im poolclearing. Das Beispiel der zentralamerikanischen Clearingstelle. Göttingen 1976, 54 S.
Ansätze zur Lösung der Schuldenkrise Lateinamerikas: Urquidi-Plan - Debt Equity Swaps - Direktinvestitionen. Göttingen: Schwartz 1989, 92 S. (zus. mit H.G. Preuße; L. Victor)
Aufsätze Der Beitrag von Debt Equity Swaps zur Lösung der Schuldenkrise, dargestellt am Beispiel Chiles, aus: J. Siebke (Hg.), Monetäre Konfliktfelder der Weltwirtschaft. Berlin 1991, S. 225-242
Debt equity swaps, investment, and creditworthiness: the Chilean example, aus: M. Borchert; R. Schinke (Hg.), International Indebtedness. London/New York: Routledge 1990, S. 51-75,
Debt-equity swaps, foreign direct investment, and the Brazilian debt crisis, aus: P. Coffey; L. Aranha Corrêa do Lago (Hg.), The EEC and Brazil: Trade, Capital Investment and the Debt Problem. London/New York 1988, S. 148-170 (mit H.G. Preuße)
Foreign debt, direct investment, and economic development in the Andean Pact, aus: W. Lachmann (Hg.), Andenpakt und Europäische Gemeinschaft. Frankfurt/M. 1990, S. 117-155 (zus. mit H.G. Preusse)

P 514 **Schirm**, Stefan A.

Geschwister-Scholl-Institut für Politische Wissenschaft
Universität München (GSI)
Ludwigstr. 10
D-80539 München <W-8000 München 22>
Tel: 49 (89) 21 80-30 24

Privat Schraudolphstr. 9
D-80799 München <W-8000 München 40>
Tel: 49 (89) 2 71 83 12

Geburtsdatum, -ort 12.09.1963, Mannheim

berufl. Werdegang 1989 M.A.; seit 1984 freier Journalist (Lateinamerika/Brasilien); seit 1986 freier Doz.; seit 1990 Promotion; seit 1991 Lehrbeauftr. (Polit. Wiss.), GSI; vorauss. Mitte 1993 Abschluß der Promotion

Sprachen Englisch, Portugiesisch, Spanisch (Französisch)

Fachgebiet Politikwissenschaft / Internationale Beziehungen

themat. Schwerpunkte Internationale Beziehungen: Außenpolitik, Wirtschaft und Sicherheit, Nord-Süd-Beziehungen (bes. USA-Mexiko), Verschuldung, Entwicklung, "Schwellenländer", Theorie der internationalen Beziehungen

geogr. Schwerpunkte Brasilien, Mexiko, Argentinien

Monographien Brasilien: Regionalmacht zwischen Autonomie und Dependenz. Außenpolitik, Wirtschaft und Sicherheit im internationalen und lateinamerikanischen Kontext 1979-1988. Hamburg/Münster: Lit 1990, 186 S.

sonst. Publikationen Mexiko und die USA. Von konfliktiver Distanz zu freundschaftlicher Kooperation. München: GSI 1993, 255 S.
Zahlreiche journalistische Veröffentlichungen über Lateinamerika (bes. Brasilien) u.a. bei epd, Die Zeit, ZDF

P 515 **Schlatter**, Sybille E.

Max-Planck-Institut für ausländisches und
internationales Patent-, Urheber und Wettbewerbsrecht (MPI)
Siebertstr. 3
D-81675 München <W-8000 München 80>
Tel: 49 (89) 92 46-4 04
Telex: 05 23 965 mapat d
Fax: 49 (89) 92 46-2 47

Privat Holbeinstr. 14
D-81679 München
Tel: 49 (89) 47 89 09

Geburtsdatum, -ort 14.04.1949, Heidelberg

berufl. Werdegang 1974 1.jur. Staatsprüfung, Heidelberg; 1977 2.jur. Staatsprüfung; seit 1977 RA, bis 1979 in Berlin, bis 1981 in Heidelberg, seit 1982 in München; 1982 WissMitarb.; seit 1989 WissRef., MPI (Leiterin Länderreferat Spanien, Portugal, Lateinamerika)

wiss. Vereinigungen Deutsche Vereinigung für gewerblichen Rechtsschutz und Urheberrecht; Association littéraire et artistique internationale

Sprachen Englisch, Französisch, Spanisch (Portugiesisch, Italienisch)
Fachgebiet Recht
themat. Schwerpunkte Ausländisches und internationales Urheberrecht und gewerblicher Rechtsschutz
geogr. Schwerpunkte Spanien, Portugal, Lateinamerikanische Länder

P 516 **Schlüter**, Heinz

Lateinamerika-Zentrum (CeLA), Universität Münster
Scharnhorststr. 121
D-48151 Münster <W-4400 Münster>
Tel: 49 (2 51) 83-93 37
Fax: 49 (2 51) 52 30 11
Privat Adolf-Reichwein-Str. 24
D-48159 Münster
Tel: 49 (2 51) 26 12 00
Geburtsdatum, -ort 26.10.1941, Paderborn
berufl. Werdegang Studium (Rechts-, Staats- und Sozialwiss., Roman. Philologie und Geschichte); Assessor (jur.), M.A., Dolmetscher und bevollm. Übers. (Spanisch); WissAngest., CeLA
wiss. Vereinigungen ADLAF
Sprachen Spanisch, Englisch, Französisch (Portugiesisch)
Fachgebiet Geschichte / Ökologie
themat. Schwerpunkte Verfassungsrecht und politisches System (Parteien, Wahlen), Ökologie und Umweltrecht, Literatur und Gesellschaft, Wirtschafts- und Sozialgeschichte
geogr. Schwerpunkte Hispanoamerika, Chile, Costa Rica
Monographien (Mithg.) Bevölkerungsentwicklung, Bevölkerungswanderung und Urbanisierung in Lateinamerika. 2 Themenbände zur ADLAF-Tagung, Münster 1984/1985, 354 S. (Anuario. 13) und 265 S. (Anuario. 15) (zus. mit A. Schrader)
A. Meyers (Hg.); ders. (Übers.), Volksreligiosität in Lateinamerika. Münster 1985, 238 S. (Anuario. 14)
(Mithg.) Ökologie-Diskussion in Lateinamerika. Sozialwissenschaftliche Beiträge. 2. Aufl., Münster 1987, 300 S. (zus. mit A. Schrader)
Aufsätze Zum 200. Geburtstag von Andrés Bello (1781-1865), in: Iberoamericana. Frankfurt 5(1981)13/14, S. 142-145
(Übers.), Pedro Demo, Intellektuelle oder "Schlitzohren"? in: Anuario. Münster (1984)12, S. 23-86
Umweltrecht in Lateinamerika. Ein erster Überblick, aus: G. Kohlhepp; A. Schrader (Hg.), Ökologische Probleme in Lateinamerika, Wissenschaftliche Tagung Tübingen (ADLAF) 1986, S. 293-305
Costa Rica: Die Zerstörung des Waldes - eine Herausforderung für Recht und Verwaltung, aus L. Ellenberg; A. Bergemann (Hg.), Entwicklungsprobleme Costa Ricas. Saarbrücken/Fort Lauderdale: Breitenbach 1990, S. 91-109 (ASA-Studien. 18)

P 517	**Schmelz**, Bernd
	Fachgebiet Völkerkunde, Universität Marburg Kugelgasse D-35037 Marburg <W-3550 Marburg>
Privat	Baumgartenweg 69 D-97737 Gemünden <W-8780 Gemünden/Main>
Geburtsdatum, -ort	11.01.1959, Bamberg
berufl. Werdegang	1987 M.A. Alt-Amerikanistik, U Bonn; 1988 Hamburgisches Museum für Völkerkunde; 1989-90 Historisch-ethnographische Feldforschung in Peru; 1990 Wiss. Werkvertrag, U Frankfurt
Sprachen	Spanisch, Englisch (Quechua, Latein, Französisch, Portug.)
Fachgebiet	Ethnologie / Geschichte
themat. Schwerpunkte	Volksreligiosität, Ethnographie, Ethnohistorie, Missionsgeschichte, Entdeckungsgeschichte, Linguistik
geogr. Schwerpunkte	Anden- und Amazonasgebiet
Monographien	Lope de Atienza - Missionar und Ethnograph. Sein Werk "Compendio Historial del Estado de los Indios del Perú" (1572-75) als ethnohistorische Quelle. Bonn: Mundus 1987, 110 S.
Aufsätze	Pizarros letztes Schachspiel - Zu den Anfängen des Schachs im spanischen Südamerika, in: Europa-Rochade (1988)6, S. 20 Laureano de la Cruz O.F.M. - Eine biographische Einführung, aus: B. Schmelz; E.H. Frank (Hg.), Laureano de la Cruz, Nuevo descubrimiento del Río de Marañon (1653). Bonn 1989, S. XXI-XXVI Die Fruchtbezeichnungen jugua und vandui bei Lope de Atienza (1572-1575), in: Zeitschrift für Romanische Philologie. Tübingen 106(1990), S. 143-145 Thematische Zusammenstellung Brüningscher Photographien, aus: C. Raddatz (Hg.), Fotodokumente aus Nordperu von Hans Heinrich Brüning (1848-1928). Hamburg 1990, S. 21-24 Cristóbal de Acuña S.J. (1567-1670), aus: B. Schmelz; E.W. Frank (Hg.), P. Christoval de Acuña, Nuevo descubrimiento del gran río de las Amazonas. Bonn 1991 Relaciones y conflictos en torno a la fiesta religiosa de la Cruz de Chalpón de Motupe, in: Alternativa. Revista de Análisis del Norte. Chiclayo (1991)15, S. 165-169
P 518	**Schmidt**, Peer
	Lehrstuhl Geschichte Lateinamerikas, Geschichts- und Gesellschaftswissenschaftliche Fakultät, Kathol. Universität Eichstätt Ostenstr. 26-28 D-85072 Eichstätt <W-8078 Eichstätt> Tel: 49 (84 21) 20-5 13, 20-4 99 Fax: 49 (84 21) 2 04 74
Privat	Albert-Schweitzer-Str. 2 D-85049 Ingolstadt <W-8070 Ingolstadt> Tel: 49 (8 41) 3 49 83
Geburtsdatum, -ort	29.04.1958, Plöckendorf

berufl. Werdegang	Studium (Geschichte, Politikwissenschaft, Romanistik) Erlangen-Nürnberg, Sevilla, Köln, Hamburg; 1986 M.A., U Köln; 1989 Dr.phil., U Hamburg; 1987-88 WissMitarb., U Hamburg; 1989-90 WissMitarb., U Eichstätt; 1991 GastDoz., Colegio Mexiquense, Toluca (Edo. de México)
wiss. Vereinigungen	Verband der Historiker Deutschlands; AHILA
Sprachen	Englisch, Französisch, Spanisch (Portugiesisch, Italienisch)
Fachgebiet	Geschichte
themat. Schwerpunkte	Rechts-, Wirtschafts- und Sozialgeschichte, Ideengeschichte, Beziehungen Lateinamerika-Europa, Spanische Geschichte
geogr. Schwerpunkte	Mexiko und Zentralamerika, Spanien
Monographien	Desarmortisationspolitik und staatliche Schuldentilgung am Ende der Kolonialzeit in Hispanoamerika. Zum Problem Staat und neue Besitzideologie in der iberischen Welt. Saarbrücken/ Fort Lauderdale 1988, 148 S.
Aufsätze	Bibliografía sobre el desarrollo de la historiografía sobre la colonización española en América desde la segunda guerra mundial, aus: V. Vázquez de Prada; I. Olabarri (Hg.), Balance de la historiografía sobre Iberoamérica 1945-1988. Pamplona 1989, S. 113-165 (zus. mit H. Pietschmann) Bibliografía, aus: Escuela de Estudios Hispanoamericanos y Fundación Europea de la Ciencia (Hg.), La imagen del indio en la Europa Moderna. Sevilla 1990, S. 489-514 Die permanente politische Instabilität: Lateinamerika zwischen Diktatur und Demokratie, aus: Zentralinstitut für Lateinamerika-Studien der Kath. U Eichstätt/Akademie für Lehrerfortbildung Dillingen. Akademiebericht Nr. 190. Dillingen 1991, S. 97-116 Agricultura y medio ambiente en la Nueva España del siglo XVI. La introducción de plantas y animales euroasiáticos en América, aus: Europa e Iberoamérica: Cinco siglos de intercambios. Actas del 10° Congreso de la Asociación de Historiadores Latinoamericanistas Europeos. Sevilla 1992 Zentralamerika 1760-1821, aus: J.Fischer; R. Buve (Hg.), Handbuch der lateinamerikan. Geschichte. Bd. 2. Stuttgart 1992 Amerikanische Nutzpflanzen in Europa, aus: Universitätsbibliothek Eichstätt (Hg.), Americana in Eichstätter Bibliotheken. 1992 Der Anbau amerikanischer Nahrungspflanzen in Europa (16-19. Jh.), aus: H. Pietschmann (Hg.), Der Einfluß Iberoamerikas auf die materielle Kultur des frühneuzeitlichen Europa. Wolfenbüttel 1993

P 519 **Schmidt-Effing**, Reinhard

Institut für Geologie und Paläontologie
FB Geowissenschaften, Universität Marburg
Lahnberge
D-35043 Marburg <W-3550 Marburg>
Tel: 49 (64 21) 28 34 49
Fax: 49 (64 21) 28 58 31

Privat	Pfarracker 4 D-35043 Marburg <W-3550 Marburg-Bauerbach> Tel: 49 (64 21) 2 17 68
Geburtsdatum, -ort	25.05.1943, Fechingen/Saar
berufl. Werdegang	1969 Dipl.Geol., Tübingen; 1972 Dr.rer.nat., Münster; 1977 Habil., U Münster; o.Prof., U Marburg
Sprachen	Englisch, Spanisch
Fachgebiet	Geologie / Paläontologie
themat. Schwerpunkte	Regionale Geologie, Biostratigraphie, Geotektonik, Paläogeographie
geogr. Schwerpunkte	Mexiko und Zentralamerika (insbes. Costa Rica und Panama)
Aufsätze	Zur stratigraphisch-tektonischen Entwicklung der Halbinsel Nicoya (Costa Rica) in der Zeit von Ober-Kreide bis Unter-Tertiär, in: Gießener Geol. Schriften. (Festschrift Richard Weyl). Gießen 12(1977), S. 315-358 (zus. mit F.R. Stibane; R. Madrigal) Alter und Genese des Nicoya-Komplexes einer ozeanischen Paläokruste (Oberjura bis Eozän) im südlichen Zentralamerika, in: Geologische Rundschau. Stuttgart 68(1979)2 Ammoniten aus dem Toracium (Jura) von Chile (Südamerika), in: Zitteliana. München (1981)6 (zus. mit A. Hillebrandt) The Huayacocotla aulacogen in Mexico (Lower Jurassic) and the origin of the Gulf of Mexico, in: Proceedings Gulf/Atlantic Conference. Baton Rouge/Louisiana (1980), S. 79-86 Geowissenschaftliches Lateinamerika-Colloquium 1984, Tagungsheft. Marburg, S. 1-230 (als Herausgeber) Geodynamic history of oceanic crusts in southern Central America, in: Mem. IV Congr. latinoamer. Geol. Bd.I. Arima (Trinidad and Tobago) 1985, S. 25-35

P 520	**Schmitt-Riegraf**, Cornelia
	Institut für Mineralogie, Universität Münster Corrensstr. 24 D-48149 Münster <W-4400 Münster> Tel: 49 (2 51) 83 34 04 Telex: 892 529 Fax: 49 (2 51) 83 83 97
Privat	Hollandtstr. 55 D-48161 Münster Tel: 49 (2 51) 86 68 70
Geburtsdatum, -ort	10.07.1956, Darmstadt
berufl. Werdegang	1980 Dipl.-Min., 1983 Dr.rer.nat.; 1983-88 WissMitarb., U Tübingen, HMI Berlin, U Münster; 1988-91 WissAss., U Münster; ab 1991 AkR., U Münster
wiss. Vereinigungen	DMG; GV; Computer-Orientierte Geologische Gesellschaft
Sprachen	Englisch, Französisch (Spanisch)
Fachgebiet	Geologie
themat. Schwerpunkte	Magmengenese, Magmenentwicklung, Känozoischer Kontinentalrandvulkanismus

geogr. Schwerpunkte Zentrale Anden (SW-Bolivien, Nord-Chile, NW-Argentinien), Nord-Ekuador, Süd-Kolumbien

Monographien Petrologische Untersuchungen an ecuadorischen Bimssteinen. Tübingen 1980, 131 S., 77 Abb., 20 Tab. (Diplomarb.)
Petrologische Untersuchungen junger Vulkanite in Südkolumbien. Tübingen 1983, 207 S., 124 Abb., 10 Tab. (Diss.)

Aufsätze Petrologische Untersuchungen känozoischer Bimsstein-Lagen in Ecuador, in: Zbl. Geol. Paläont. Stuttgart (1981)1, S. 260-267
Young alkalibasaltic to nephelinitic volcanism in the southern Colombian Andes - Origin by subduction of a spreading rift?, in: Zbl. Geol. Paläont. Stuttgart (1987)1, S. 919-936 (zus. mit S. Kroonenberg; H. Pichler)
Petrogenesis and evolution of the Cenozoic "Ignimbrite" and "Andesite"-Formation of the central Andes as indicated by their trace and major element data, in: Zbl. Geol. Paläont. Stuttgart (1987)1, S. 937-953 (zus. mit H. Pichler)
Cenozoic ignimbrites of the Central Andes: A new genetic model, aus: H. Bahlburg; C. Breitkreuz ; P. Giese (Hg.), The Southern Central Andes: Contributions to structure and evolution of an active continental margin. Berlin: Springer 1988, 261 S. (Lecture Notes in Earth Sciences. 17) (zus. mit H. Pichler)
Mineralogie, Geochemie und Magmengenese kalkalkaliner und alkaliner känozoischer Vulkanite in Süd-Kolumbien, in: Zbl. Geol. Paläont. Stuttgart (1989)1, S. 1087-1103
Magma genesis and evolution of cenozoic volcanic rocks of the Central Andes: new evidence by geothermometry, REE analysis, and isotopic geochemistry, in: Zbl. Geol. Paläontol. Teil I. Stuttgart (1991) (zus. mit H. Pichler)

P 521 **Schnelle**, Christel

FB Romanische Literaturen
Sektion Germanistik/Literaturwissenschaft, Universität Leipzig
Hochhaus 10/5, Augustusplatz 9
D-04109 Leipzig <O-7010 Leipzig>
Tel: 49 (3 41) 7 19 30 06
Telex: 03 41 / 20 93 25

Privat Karl-Liebknecht-Str. 151
D-04277 Leipzig <O-7030 Leipzig>
Tel: 49 (3 41) 32 32 67

Geburtsdatum, -ort 08.04.1936, Neubrandenburg

berufl. Werdegang WissAspirantin mit Lehrauftrag; WissAss.; 1975 Dr.phil.; seit 1976 WissOberass.; 1980 Facultas docendi

wiss. Vereinigungen DHV

Sprachen Spanisch, Französisch, Rumänisch (Italienisch, Portugiesisch, Russisch)

Fachgebiet Literatur

themat. Schwerpunkte Poesie und Prosa der Moderne

Monographien Pablo Neruda. Dichtungen (Anthologie). Berlin: Volk und Welt 1978, 559 S.

Aufsätze Alejandro de Humboldt y algunos problemas del desarrollo de la literatura en América Latina, in: Beiträge zur Romanischen Philologie. Berlin (1971)1, S. 174-178

Zur Theorie und Praxis der Volksdichtung in Chile, in: Beiträge zur Romanischen Philologie. Berlin (1977)1, S. 181-186

La presencia de los escritores latinoamericanos en el II Congreso Internacional de escritores por la Defensa de la Cultura, in: Islas. Santa Clara (1981)68, S. 71-86

Augusto Roa Bastos, Ich der Allmächtige, in: Weimarer Beiträge. Berlin (1983)1, S. 161-169

Der Roman "Cecilia Valdés" von Cirilio Valverde, ein Spiegelbild der kubanischen Gesellschaft in der ersten Hälfte des 19. Jahrhunderts, in: Beiträge zur Romanischen Philologie. Berlin (1983)1, S. 21-30

Pablo Neruda und Spanien, in: Beiträge zur Romanischen Philologie. Berlin (1984)2, S. 219-227

P 522 **Schnelle**, Kurt

FB Romanische Literaturen, Universität Leipzig
Hochhaus 10/5, Augustusplatz 9
D-04109 Leipzig <O-7010 Leipzig>
Tel: 49 (3 41) 7 19-30 06

Privat Karl-Liebknecht-Str. 151
D-04277 Leipzig <O-7030 Leipzig>
Tel: 49 (3 41) 32 32 67

Geburtsdatum, -ort 20.09.1923, Leipzig

berufl. Werdegang 1953 WissAspirant u. Lehrbeauftragter; 1958 Dr.phil; 1961 Dr. phil.habil; 1964 Univ.Prof.; 1965 Direktor des Romanischen Instituts; 1969 Leiter des FB Romanische Literaturen; 1989 emeritiert

wiss. Vereinigungen AIH; DHV

Sprachen Französisch, Spanisch, Englisch, Italienisch (Rumänisch, Portugiesisch, Katalanisch)

Fachgebiet Literatur

themat. Schwerpunkte Literaturentwicklung und Geschichtsdenken

Monographien Reise zum Ursprung. Kubanische Erzählungen (Anthologie), Nachwort: Wege der kubanischen Erzählung, S. 321-355. Leipzig: Reclam 1973, 359 S.

José Martí. Apostel des freien Amerika. Leipzig/Jena/Berlin (Ost): Urania 1981, 128 S.; id.: Köln 1981

Aufsätze José Martí. Leben und Dichtung, in: Sinn und Form. Berlin 3(1962), S. 332-370

Alejo Carpentier und die Suche nach einem Geschichtsbewußtsein, aus: Alejo Carpentier, Explosion in der Kathedrale. Berlin 1966, S. 413-437

Acerca del problema de la novela latinoamericana, aus: El ensayo y la crítica literaria en Iberoamérica. Toronto 1970, S. 161-166
Jorge Zalamea oder die Verteidigung des Wortes, in: BrPh. Berlin 12(1973)1, S. 127-154
Pablo Neruda y los elementos de la poesía popular en los "Versos del Capitán", in: BrPh. 17(1979)1, S. 141-146
Zur Antikekritik bei Mme de Staël und Simón Bolívar. Zur Theorie und Praxis der Geschichtsbewältigung im 19. Jh., aus: Zum Problem der Geschichtlichkeit ästhetischer Normen. Sitzungsberichte der AdW der DDR. Berlin 1 G(1986), S. 231-248
Queremos tanto a Julio - Annäherungen an Cortázar, in: Weimarer Beiträge. Berlin 9(1988), S. 1484-1504

P 523 **Schnütgen**, Achim Reiner

Geographisches Institut, Universität Köln
Albertus-Magnus-Platz
D-50931 Köln <W-5000 Köln 41>
Tel: 49 (2 21) 4 70 34 72

Privat Nesselrodeweg 6
D-50354 Hürth <W-5030 Hürth 1>
Tel: 49 (22 33) 7 75 06

Geburtsdatum, -ort 08.10.1936, Neuwied a. Rhein
berufl. Werdegang Dr.rer.nat; 1973 WissAss.; bis Ende März 1974 am Lehrstuhl für Eiszeitenforschung, Köln; seit April 1974 AkOR, U Köln
wiss. Vereinigungen GV; Senckenberg-Ges.
Sprachen Englisch (Spanisch)
Fachgebiet Geologie / Bodenkunde
themat. Schwerpunkte Mikromorphologie, Verwitterung, Flußdynamik
geogr. Schwerpunkte Bolivien, Brasilien, Venezuela
Aufsätze Der Aufbau der Sedimente des oberen Rio Negro am Beispiel eines Profils bei San Carlos (Venezuela), in: Sonderveröffentlichungen des Geol. Inst. Univ. Köln (1981)41 (Brunnacker-Festschrift), S. 331-339
Mikromorphologische Sprengung von Quarzkörnern durch Eisenverbindungen in tropischen Böden, in: Zeitschrift für Geomorphologie. Berlin/Stuttgart NF, Suppl.-Bd. 48 (1983), S. 17-34 (zus. mit H. Späth)
Relief-, Bodenentwicklung und Vegetationsverbreitung in der Gran Sabana (Südost-Venezuela), in: Biogeographica. Saarbrücken (1984)19, S. 21-40 (zus. mit H. Bremer)
Die Entstehung von Decksanden im oberen Rio Negro-Gebiet, in: Zeitschrift für Geomorphologie. Berlin/Stuttgart NF, Suppl.-Bd. 56, S. 55-67 (zus. mit H. Bremer)
Gesteinsverwitterung und Aufbau fluviatiler Sedimente in den feuchten Tropen Südamerikas im Vergleich mit Sedimenten aus dem Alttertiär (Vallendar-Fazies) des Rheinischen Schiefergebir-

ges, in: Sonderveröffentlichungen des Geol. Inst. Köln (1991)70 (JUX-Festschrift)

P 524 **Schoenborn**, Ulrich

Fachbereich Theologie, Philipps-Universität Marburg
Lahntor 3
D-35037 Marburg <W-3550 Marburg>
Tel: 49 (64 21) 28 24 41

Privat Berliner Str. 5
D-34626 Neukirchen <W-3579 Neukirchen 1>
Tel: 49 (66 94) 4 34

Geburtsdatum, -ort 26.04.1942, Dinslaken

berufl. Werdegang 1972 Dr.theol.; Pfarrer; ab 1976 Doz. Brasilien; ab 1981 HochschulAss., U Marburg; ab 1987 Doz. Argentinien; 1988 Dr. theol.habil.; 1991 PDoz., U Marburg

Sprachen Englisch, Französisch, Portugiesisch, Spanisch (Hebräisch, Griechisch, Koptisch)

Fachgebiet Theologie

themat. Schwerpunkte Neues Testament, Spätantike Religionsgeschichte, Kontextuelle Theologie

geogr. Schwerpunkte Brasilien, Argentinien, La Plata-Staaten

Monographien Fé entre história e experiência - migalhas exegéticas. São Leopoldo 1982, 229 S.

Gekreuzigt im Leiden der Armen. Beiträge zur Kontextuellen Theologie in Brasilien. Mettingen 1989, 203 S.

(Hg.) Evangelisch-Lutherische Kirche in Brasilien. Nachfolge Jesu - Wege der Befreiung. Mettingen 1989, 286 S.

Con Irreverencia y Gratitud. El "Padrenuestro" en América Latina. Buenos Aires 1990, 130 S.

Aufsätze Übersetzungen a.d. Port., in: A. Reiser; P.G. Schoenborn (Hg.), Sehnsucht nach dem Fest der freien Menschen. Gebete in Lateinamerika. Wuppertal 1982

Art. Argentinien VI: Kultur, Religion, Bildung, in: P. Mikat u.a. (Hg.), Staatslexikon 7. Aufl.

P 524A **Schöne**, Verena

Lateinamerika-Institut (LAI), Universität Rostock
August-Bebel-Str. 28
D-18055 Rostock <O-2500 Rostock>
Tel: 49 (3 81) 3 79 24 60
Fax: 49 (3 81) 3 42 87

Privat Waldweg 2
D-18182 Rövershagen <O-2551 Rövershagen>

wiss. Vereinigungen Hanseat. Institut für entwicklungspolitische Studien, Auslandsinformation und angepaßte Technologien e.V. (HISAAT)

Geburtsdatum, -ort 14.10.1947, Oberlichtenau

berufl. Werdegang	1966-70 Studium (Lateinamerikawissenschaften), U Rostock; 1970-72 Dolm. an der damaligen Handelsvertretung der DDR in Mexiko; 1972-75 Forschungsstudium, LAI; 1977 Dr.oec.; 1975-80 WissAss./1980-85 OberAss.; 1984 Dr.rer.oec.habil.; seit 1985 Dozentin für Ökonomie Lateinamerikas, U Rostock
Fachgebiet	Wirtschaft / Entwicklungsökonomie
themat. Schwerpunkte	Rolle des Staates in der Wirtschaft der Länder Lateinamerikas, Industrialisierungspolitik, Wirtschaftskrisen und ihre Überwindung, Wirtschaftsgeschichte
geogr. Schwerpunkte	Mexiko, Ekuador, Venezuela
Aufsätze	Zur Funktion des mexikanischen Staates in der gegenwärtigen Wirtschaftsentwicklung und seine Einflußnahme auf die Verwertungsbedingungen des Kapitals, in: AAL. Berlin (1978)6 Algunas consideraciones sobre el desarrollo del capitalismo monopolista de Estado en los países latinoamericanos, in: Problemas del Desarrollo. México D.F. (1985)60 The emergence and importance of finance capital in Mexico, in: Economic Quarterly. Berlin (1986)4 Acerca de los cambios en las condiciones internacionales de reproducción del capital y su influencia sobre el desarrollo económico de los países de América Latina, aus: Cambios estructurales y crisis económica en los países en vías de desarrollo. Rostock 1989 Die Internationalisierung des Kapitals und die Entwicklung der Widerspruchsproblematik in Lateinamerika, aus: Ökonomisch-soziale Unterentwicklung. Wesen, Wirkungen und Überwindungsmöglichkeiten. Leipzig 1989
sonst. Publikationen	Die Herausbildung von Monopolen und ihr Zusammenwirken mit dem Staat in Mexiko. Rostock 1984 (Diss. B - Habil.Schrift)

P 525	**Schoop**, Wolfgang
	Bischöfliches Hilfswerk e.V. (Misereor) Mozartstr. 9 D-52064 Aachen <W-5100 Aachen> Tel: 49 (2 41) 44 20
Privat	Damaschkestr. 25 D-52066 Aachen Tel: 49 (2 41) 6 34 68
Geburtsdatum, -ort	04.06.1940, Aachen
berufl. Werdegang	1966 1. Staatsexamen (Geographie, Mathematik), RWTH-Aachen; 1970 Dr.rer.nat.; 1977 Habil.; 1981 apl.Prof., RWTH Aachen; Abteilungsleiter bei Misereor
Sprachen	Englisch, Spanisch, Französisch
Fachgebiet	Geographie / Entwicklungspolitik
themat. Schwerpunkte	Stadtentwicklung und Migration in Lateinamerika, Nichtstaatliche Entwicklungspolitik, Integrale ländliche Entwicklung (Landfragen, ökologische Maßnahmen)
geogr. Schwerpunkte	Andenländer, Entwicklungsländer (allgemein)

Monographien Vergleichende Untersuchungen zur Agrarkolonisation der Hochlandindianer am Andenabfall und im Tiefland Ostboliviens. Wiesbaden 1970, 298 S.
Die bolivianische Departementszentren im Verstädterungsprozeß des Landes. Wiesbaden 1980, 319 S.

Aufsätze Die wirtschaftliche, soziale und politische Situation in Lateinamerika als Hintergrund der Theologie der Befreiung, aus: J.B. Metz (Hg.), Die Theologie der Befreiung: Hoffnung oder Gefahr für die Kirche? Düsseldorf: Patmos 1986, S. 29-45
Wohnbauförderung in La Paz. Zur Berücksichtigung traditioneller Wohnbereichsstrukturen bei lokalen Wohnbauinitiativen, aus: K. Kohut (Hg.), Die Metropolen in Lateinamerika - Hoffnung und Bedrohung für die Menschen. Regensburg: 1986, S. 245-258
Entwicklungshilfe als Faktor der Unterentwicklung, aus: P. Eicher; N. Mette (Hg.), Theologie zur Zeit (6). Auf der Seite der Unterdrückten. Düsseldorf: Patmos 1989, S. 193-210
Mut zu kleinen Schritten. Ländliche Entwicklung - Ein Schwerpunkt kirchlicher Entwicklungsarbeit, in: Misereor-Dialog. Entwicklungsarbeit auf dem Land. Aachen: Misereor-Vertriebsgesellschaft (1990)7, S. 14-31
Umwelt- und Ressourcensicherung in der Entwicklungsarbeit von Misereor. Partnerschaft und Selbsthilfe in der Öko-Entwicklung, in: Forum für interdisziplinäre Forschung. Würzburg, Steig e.V., 2(1990), S. 53-61

P 526 **Schrader**, Achim

Lateinamerika-Zentrum (CeLA), Universität Münster
Scharnhorststr. 121
D-48151 Münster <W-4400 Münster>
Tel: 49 (2 51) 83-93 37
Telex: 892 529 unims d
Fax: 49 (2 51) 52 30 11

Privat Hiltruper Str. 93
D-48167 Münster
Tel: 49 (25 06) 75 72

Geburtsdatum, -ort 12.08.1934, Hamburg
berufl. Werdegang 1958 Dipl.-Volksw.; 1965 Dr.sc.pol.; 1971 Habil. (Soziologie); UnivProf., geschäftsführender Direktor des CeLA, U Münster
wiss. Vereinigungen ADLAF; DGS; SSIP
Sprachen Englisch, Portugiesisch, Spanisch
Fachgebiet Soziologie
themat. Schwerpunkte Soziale Indikatoren, Wirtschaft, Bildungswesen, Migration
geogr. Schwerpunkte Brasilien, Ekuador, Chile
Monographien Landschule in Brasilien. Frankfurt: Athenäum 1972 (zus. mit M. Berger; B. Schrader); (portugiesisch: Procura e Oferta Educacional. Pesquisa Realizada no Interior do Rio Grande do Sul. Porto Alegre: URGS 1973)

Landschule in Ecuador. eine Sozialkunde des Primarschulwesens. Eschborn: GTZ 1978 (Bildungsreport. 8)
Introdução a Pesquisa Social Empírica. Um Guia para o Planejamento, a Execução e a Avaliação de Projetos de Pesquisas Não-Experimentais. Porto Alegre: Globo 1974, 2. Aufl. 1978
Das brasilianische Bildungssystem in der Reformphase nach 1971. Eine bildungssoziologische Deutung, in: Anuario. Münster 11(1983)
(Mithg.), Bevölkerungsentwicklung, Bevölkerungswanderung und Urbanisierung in Lateinamerika. 2 Bde. (Anuario) Münster (1984)13 und (1985)15 (zus. mit H. Schlüter)
(Mithg.) Ökologie-Diskussion in Lateinamerika. Münster 1986, 2. Aufl. 1987 (zus. mit H. Schlüter)
(Mithg.) Europäische Juden in Lateinamerika. St. Ingbert: Röhrig 1989 (zus. mit K.H. Rengstorf)
(Hg.) Deutsche Beziehungen zu Lateinamerika. Münster 1991

Aufsätze Soziologie, aus: N. Werz (Hg.), Handbuch der deutschsprachigen Lateinamerikakunde. Freiburg: ABI 1992, S. 609-636

P 527 **Schrader**, Ludwig

Romanisches Seminar, Universität Düsseldorf
Universitätsstr. 1
D-40225 Düsseldorf <W-4000 Düsseldorf>
Tel: 49 (2 11) 3 11-29 73
Telex: 08 587 348 uni d
Fax: 49 (2 11) 34 22 29

Privat Gleiwitzer Str. 20
D-41564 Kaarst <W-4044 Kaarst 2>
Tel: 49 (21 31) 60 23 91

Geburtsdatum, -ort 11.03.1932, Dresden

berufl. Werdegang 1958 Dr.phil., Bonn; 1967 Habil., FU Berlin; UnivProf. U Düsseldorf (Literaturwissenschaft)

wiss. Vereinigungen DRV; DHV; AIH; Inst. Internacional de Literatura Iberoamericana

Sprachen Spanisch, Französisch, Italienisch, Englisch

Fachgebiet Literatur

themat. Schwerpunkte Mythologie, Kulturelles Selbstverständnis

geogr. Schwerpunkte Zentralamerika

Schriftenreihen Mithg. "Grundlagen der Romanistik"; "Studienreihe Romania"; "Studia Humaniora"

Periodika Mithg. "Antike und Abendland" (Berlin); Mithg. "Les Lettres Romanes" (Lourain-la-Neuve)

Monographien Sinne und Sinnesverknüpfungen... Heidelberg 1969 (spanisch: Sensación y sinestesia..., versión española de Juan Conde, Madrid 1975)

Aufsätze Fray Luis de León, Ausgewählte Gedichte. Spanisch und deutsch. Übertragung von Ernst-Edmund Keil. Mit einer Einführung und Anmerkungen von L.S., Düsseldorf 1989

Die Kunst und die alten Götter bei Asturias. Zur Deutung von "Clarivigilia primaveral", in: Interpretation und Vergleich. Festschrift für Walter Pabst. Berlin 1972, S. 267-301
Moderne Totendialoge oder der Mythos von der pervertierten Kommunikation. Zu Juan Rulfos "Pedro Páramo", in: Literatur für Leser 3(1978), S. 165-187
Mitología moderna: Temas y estructuras míticas en la literatura latinoamericana del siglo XX, in: Ibero-Amerikanisches Archiv, NF 12(1986), S. 181-209
Octavio Paz und Sor Juana Inés de la Cruz..., in: Texte - Kontexte - Strukturen... Festschrift Karl Blüher. Tübingen 1987, S. 425-433
Octavio Paz: "Noche en claro". Zu den Bezügen zwischen Surréalisme und moderner lateinamerikanischer Lyrik, aus: G. Beutler (Hg.), Sieh den Fluss der Sterne strömen. Hispanoamerikanische Lyrik der Gegenwart. Darmstadt 1990, S. 291-308

sonst. Publikationen Fray Luis de Leon, Ausgewählte Gedichte. Übertrag. von E.E. Keil. Mit einer Einführung und Anmerkungen von L.S., 1989

P 528 **Schrimpff**, Ernst

Abt. Standortkunde, Fachbereich Landespflege
Fachhochschule Weihenstephan (FHW-LP)
Weihenstephaner Berg, Am Löwentor
D-85354 Freising <W-8050 Freising>
Tel: 49 (81 61) 71 38 43
Fax: 49 (81 61) 71 42 07

Privat Graf-Moy-Str. 7
D-85356 Freising
Tel: 49 (81 61) 8 13 54

Geburtsdatum, -ort 30.09.1939, Bogotá/Kolumbien

berufl. Werdegang 1966-68 CVM - Planeación Parques Nacionales, Sta. Marta/ Bogotá; 1969-72 CVC (Manejo de cuencas hidrográficas), Cali/Kolumbien; 1973-76 WissAngest. Geogr. Institut, U Köln; 1975 Dr.rer.nat; 1977-83 WissAss. Lehrstuhl für Hydrologie, U Bayreuth; seit 1984 Prof. am FB Landespflege, FH Weihenstephan

Sprachen Spanisch, Englisch (Italienisch, Französisch)

Fachgebiet Geologie / Bodenkunde

themat. Schwerpunkte Standortkunde, Umweltschutz, Solarenergie-Nutzung, Watershed Management

geogr. Schwerpunkte Kolumbien, Deutschland

Monographien Ein mathematisches Modell zur Vorhersage von Abfluß-Ereignissen im Bereich der Anden Kolumbiens/Südamerika. Köln: Math. Nat.Fak. U Köln, 1975, 120 S. (Diss.)
Räumliche Verteilung von Schwermetall-Niederschlägen, angezeigt durch Epiphyten im Cauca-Tal/Kolumbien - zur Schwermetallbelastung eines tropischen Raumes. Fortschr.-Ber. VDI-Z. R.15, (1981)16, 68 S.

Aufsätze Late quaternary paleosols in the western and central Cordillera of Colombia, in: Palaeogeogr. Pal.clim. Pal.ecol. Amsterdam 21(1977), S. 245-264 (zus. mit H. Fölster; W. Hetsch)
Un modelo simple y práctico para pronosticar sitios inestables y estables en Carreteras de Colombia/S.A.. Proc. 3er Simposio Nal. de Geotécnica, Bogotá 1979, 32 S. (zus. mit H. Neuland)
Air Pollution Patterns in two Cities of Colombia/S.A., according to trace Substances Content of an Epiphety (Tillandsia recurvata L.), in: Water Air and Soil Pollution. 21(1984), S. 279-315
Pleniglaziale und rezente Bodenbildung auf vulkanischen Aschen und Diabasen in der Zentral-und Westkordillere Kolumbiens, in: Zbl. Geol. Paläont. Stuttgart (1984)11/12, S. 1555-1557

P 529 **Schröter**, Bernd

Fachbereich Geschichte, Universität Leipzig
Augustusplatz 9
D-04109 Leipzig <O-7010 Leipzig>
Postfach 9 20
D-04009 Leipzig
Tel: 49 (3 41) 7 19-33 34, -33 26

Privat Arthur-Hoffmann-Str. 125
D-04275 Leipzig <O-7030 Leipzig>

Geburtsdatum, -ort 20.10.1954, Leipzig

berufl. Werdegang seit 1984 WissMitarb. am FB Geschichte der U Leipzig; 1985 Dr.phil.

wiss. Vereinigungen AHILA; Karl-Lamprecht-Gesellschaft Leipzig e.V.

Sprachen Spanisch (Englisch, Französisch, Russisch)

Fachgebiet Geschichte

themat. Schwerpunkte Soziale und politische Bewegungen, 18. u. 19. Jh; Gesellschaftliche Transformationsprozesse, 18. u. 19. Jh; das Problem der "Grenze" in Spanisch-Amerika; Beziehungsgeschichte dt. Staaten zu Lateinamerika

geogr. Schwerpunkte Neu-Spanien, Paraguay, Uruguay (Banda Oriental)

Periodika Mithg. "Apuntes". Revista universitaria para problemas de la cultura y la historia iberoamericana

Aufsätze Nationwerdung im Widerstreit von Zentralismus und Föderalismus. Zu Wurzeln und Wirkung des Artiguismus am Río de la Plata, in: Leipziger Beiträge zur Revolutionsforschung. Leipzig (1986)14, S. 47 ff.
Die Unabhängigkeitsrevolution in der Banda Oriental (Uruguay) 1811-1820, in: AAL. Berlin (1988)6, S. 1078 ff.
Paraguay im Spiegel preußischer Nachrichten aus Südamerika 1817-1846, in: Lateinamerika. Rostock (1989)24/1, S. 88 ff.
The Great French Revolution as perceived by the conflicting parties in the Independencia in New Spain, in: AAL. Special Issue 25. Berlin 1989, S. 19 ff.

Movimiento popular y Guerra Santa en la Independencia de Nueva España, in: Iglesia, Religión y Sociedad en la Historia latinoamericana (1492-1945). Congreso VIII de Asociación de Historiadores Latinoamericanistas de Europa, Bd. III. Szeged 1989, S. 1 ff.
José Gervasio Artigas. Vom Schmuggler zum Revolutionsführer, in: AAL (1990)3, S. 527 ff.
Die Banda Oriental zwischen Independencia und europäischer Großmachtpolitik 1816-1820. Positionen und Probleme, in: AAL (1991)4, S. 744 ff.
Das "Gesetz der Franzosen" gegen "Frei und nicht französisch" - Wirtschaftsregionen, Volksbewegungen und radikale Hegemonie in der Independencia Spanisch-Amerikas. Überlegungen zum außereuropäischen Jakobinismus, aus: Jakobinismus und Volksbewegung zur Zeit der Französischen Revolution. Dem Wirken Walter Markovs gewidmet. Berlin 1991, S. 157 ff. (zus. mit M. Zeuske)

P 530 **Schuchard**, Barbara

Romanisches Seminar, Universität Bonn
Am Hof 1
D-53113 Bonn <W-5300 Bonn>
Tel: 49 (2 28) 73 73 63

Privat Friedrichstr. 40
D-53757 St. Augustin <W-5205 St. Augustin 2>
Tel: 49 (22 41) 20 40 57

Geburtsdatum, -ort 26.05.1936, Essen

berufl. Werdegang Lehramt an Gymnasien; 1970 Dr.phil.; akad. Laufbahn; Stud-Prof., U Bonn

wiss. Vereinigungen DHV; AIH; DRV; DSV

Sprachen Spanisch, Französisch, Englisch, Portug. (Guaraní, Italienisch)

Fachgebiet Literatur / Linguistik

themat. Schwerpunkte Soziokulturelle Aspekte der Literatur

geogr. Schwerpunkte Bolivien, Peru, Paraguay

Monographien Ñande Ñë. Gramática guaraní para castellano hablantes. Introducción por B. y J. Riester, B. Schuchard, B. Simon. Santa Cruz de la Sierra 1979, XL+184 S. (= Ñande Ñë - Karai Iñë 1)
I sold myself - I was bought. A socioeconomic analysis based on interviews with sugar-cane harvesters in Santa Cruz de la Sierra, Bolivia. Kopenhagen 1980, 150 S. (zus. mit B. Simon; B. u. J. Riester)

Aufsätze Des Glaubens neue Kleider. Zweisprachige Missionierung in Lateinamerika, aus: H.D. Bork; A. Greive; D. Woll (Hg.), Romanica Europaea et Americana. Festschrift f. Harri Meier 8.1.1980. Bonn 1980, S. 542-552
The Chaco War: an account from a Bolivian Guaraní, in: Latin American Indian Literatures. U of Pittsburgh 5(1981), S. 47-58

Ethnien und Nationalstaaten im Chaco-Krieg. Zur kolonialen Identitätsproblematik in Hispano-Amerika, aus: J. v. Stackelberg (Hg.), Probleme der Dekolonisation (Afrique francophone - Amérique Latine). Sondernummer der Romanist. Zeitschrift f. Literaturgeschichte/Cahiers d'Histoire des Litteratures Romanes 6(1982)1/2, S. 45-67

Formules dans le discours espagnol de "campesinos" boliviens (Indiens du Sud-Est de la Bolivie), aus: W. Hirdt (Hg.), Der Bauer im Wandel der Zeit. Bonn 1986, S. 265-283

Oralkultur - Schriftkultur: Wendepunkt im Leben eines Volkes?, aus: B. Scharlau (Hg.), Bild - Wort - Schrift. Beiträge zur Lateinamerika-Sektion des Freiburger Romanistentages. Tübingen: Narr 1989, S. 83-92

Sugerencias para la unificación del alfabeto guaraní, aus: J. Riester; G. Zolezzi (APCOB), Identidad cultural y lengua. La experiencia guaraní en Bolivia. Santa Cruz de la Sierra: Abya-Yala 1989, S. 240-250

P 531 **Schüller**, Karin

Iberische und Lateinamerikanische Abteilung
Historisches Seminar, Universität Köln
Albertus-Magnus-Platz
D-50931 Köln <W-5000 Köln 40>
Tel: 49 (2 21) 4 70 24 46

Geburtsdatum, -ort 10.12.1962, Köln

berufl. Werdegang 1988 M.A.; 1992 Dr.phil.; seit 1988 WissMitarb., Iberische und Lateinamerikanische Abteilung, U Köln

Sprachen Englisch, Spanisch (Französisch)

Fachgebiet Geschichte

themat. Schwerpunkte Geistesgeschichte, Epoche der lateinamerikanischen Unabhängigkeit, Rezeption lateinamerikan. Geschichte in Deutschland

geogr. Schwerpunkte Mexiko, Haiti

Periodika zeitweilig Redakteurin "Jahrbuch für Geschichte von Staat, Wirtschaft und Gesellschaft Lateinamerikas" (JbLA)

Monographien Die deutsche Rezeption haitianischer Geschichte in der ersten Hälfte des 19. Jahrhunderts. Ein Beitrag zum deutschen Bild vom Schwarzen. Köln/Wien/Weimar 1992

Aufsätze Aufklärung und Inquisition im kolonialen Mexiko, in: Die Americas. Bonn 2(1988), S. 70-75

Die Haitianer deutscher Herkunft, in: JbLA. Köln/Wien 28(1991), S. 227-284

Sklavenaufstand, Revolution, Unabhängigkeit: Haiti, der erste unabhängige Staat Lateinamerikas, aus: Lateinamerika Studien. München 1991

sonst. Publikationen Simón Bolívar und seine Zeit, aus: Gabriel García Márquez, Der General in seinem Labyrinth. Köln 1989

P 532	**Schultze**, Rainer-Olaf
	Lehrstuhl für Politikwissenschaft, Universität Augsburg Universitätsstr. 2 D-86159 Augsburg <W-8900 Augsburg> Tel: 49 (8 21) 5 98-51 77, -52 63
Privat	Garmischer Str. 48 D-86163 Augsburg Tel: 49 (8 21) 66 49 37
Geburtsdatum, -ort	06.10.1945, Göttingen
berufl. Werdegang	1975 Dr.phil., Heidelberg (Polit. Wiss.); 1984 Dr.habil., PDoz., Bochum (Polit. Wiss.); Professor für Politikwissenschaft
Sprachen	Englisch, Französisch (Spanisch)
Fachgebiet	Politikwissenschaft
themat. Schwerpunkte	Vergleichende Politik in Entwicklungsgesellschaften und Industriesystemen
geogr. Schwerpunkte	Westeuropa, Nordamerika, Lateinamerika
Aufsätze	Länderbeiträge: Bahamas, Barbados, Trinidad und Tobago, aus: D. Nohlen; F. Nuscheler (Hg.), Handbuch der Dritten Welt, Bd. 3: Unterentwicklung und Entwicklung in Lateinamerika. Bonn: Dietz 1992 Länderbeiträge: Antigua, Belize, Saint Lucia, Saint Vincent, von Großbritannien abhängige Territorien, aus: P. Waldmann (Hg.), Politisches Lexikon Lateinamerika. München: Beck, 3. Aufl. 1992

P 533	**Schulz-Buschhaus**, Ulrich
	Institut für Romanistik, Universität Graz Johann-Fux-Gasse 30 A-8010 Graz
Privat	Doblergasse 3 A-8010 Graz Tel: 43 (3 16) 95 80 53
Geburtsdatum, -ort	16.06.1941, Plettenberg
berufl. Werdegang	1968 Dr.phil. in Hamburg; 1973 Professur in Trier; ab 1976 o. Univ.Prof. in Klagenfurt; ab 1989 o.Univ.Prof., U Graz
wiss. Vereinigungen	DRV; DHV; Italianistenverband; Deutsche Dante-Gesellschaft
Sprachen	Spanisch, Englisch, Französisch, Italienisch (Portugiesisch, Katalanisch)
Fachgebiet	Literatur
themat. Schwerpunkte	Romanistische Literaturwissenschaft
geogr. Schwerpunkte	Peru, Argentinien, Mexiko
Aufsätze	Notizen über Borges und die Gnosis, aus: Iberoamérica. Homenaje a G. Siebenmann. München 1983, S. 849-868 Borges und die Decadencia, in: Romanische Forschungen (1984)96, S. 90-100 Das System und der Zufall. Zur Parodie des Detektivromans bei José Luís Borges, aus: Canticum Ibericum. Frankfurt 1991, S. 382-396

Ansichten vom Ende der Avantgarde - Octavio Paz, aus: H. Wentzlaff-Eggebert (Hg.), Europäische Avantgarde im lateinamerikanischen Kontext. Frankfurt: Vervuert 1991, S. 473490

P 534 **Schumann**, Peter B.

Lateinamerika-Institut (LAI), Freie Universität Berlin
Rüdesheimer Str. 54-56
D-14197 Berlin <W-1000 Berlin 33>
Tel: 49 (30) 8 38-30 72

Privat Emser Str. 104
W-1000 Berlin 44

Geburtsdatum, -ort 17.05.1941, Erfurt

berufl. Werdegang 1961-65 Studium (Politologie, Germanistik, Theaterwissenschaft, Publizistik), Freiburg, Berlin; seither freischaffender Publizist; 1973-79 Doz. LAI, Lehraufträge in Bremen und Braunschweig; freischaffender Publizist

Beratung Mitglied des Organisations- und Auswahlkomitees des Internationalen Forums des Jungen Films Berlin; Berater des Hauses der Kulturen der Welt

Sprachen Spanisch, Englisch, Französisch (Portugiesisch)

Fachgebiet Medien

themat. Schwerpunkte Massenmedien in Lateinamerika, bes. Film; Kulturpolitik

geogr. Schwerpunkte Brasilien, Chile, Kuba

Monographien Film und Revolution in Lateinamerika. Oberhausen: Laufen 1971, 172 S.
Kino und Kampf in Lateinamerika. Zur Theorie und Praxis des politischen Kinos. München/Wien: Hanser 1976, 264 S.
Kino in Cuba 1959-1979. Frankfurt: Vervuert 1980, ca. 411 S.
Handbuch des lateinamerikanischen Films. Frankfurt: Vervuert 1982, 324 S.
Historia del cine latinoamericano. Buenos Aires 1987, 362 S.
Handbuch des brasilianischen Films. Frankfurt 1988, 160 S.

P 535 **Schuster**, Reinhart

Institut für Zoologie, Universität Graz
Unversitätsplatz 2
A-8010 Graz
Tel: 43 (3 16) 3 80-55 95
Fax: 43 (3 16) 38 12 55

Privat Erzherzog-Johann-Str. 6
A-8043 Graz
Tel: 43 (3 16) 38 39 44

Geburtsdatum, -ort 24.08.1930, Graz

berufl. Werdegang 1954 Dr.rer.nat., U Graz; 1962 Habil. in Zoologie in Graz; 1962-67 Diätendozent, TU Braunschweig; 1967-71 Ordinarius für Zoologie, U Kiel; seit 1971 o.Prof., U Graz (Abteilungsleiter für Morphologie und Ökologie)

Beratung	Erstellung fachwissenschaftlicher Gutachten u.a. für die Deutsche Zoologische Gesellschaft, "Acarología" (Paris) und "International Journal of Acarology" (Michigan/USA)
Sprachen	Englisch, Portugiesisch (Französisch)
Fachgebiet	Zoologie
themat. Schwerpunkte	Morphologie, Ökologie und Tiergeographie, Bodenzoologie, Wirbellose Tiere
geogr. Schwerpunkte	Mittel- und Südamerika, tropische Küsten
Monographien	The Acari. Reproduction, development and life history strategies. Nottingham 1991 (Hg. zus. mit Murphy)
Aufsätze	Zur Verbreitung und Ökologie der Ameronothriden (Acari, Oribatei) in terrestrischen, limnischen und marinen Lebensräumen, in: Veröff. Inst. Meeresforsch. Bremerhaven (1975)15, S. 359-385 (zus. mit G. Schulte; H. Schubart) Die Selenoribatidae, eine thalassobionte Familie der Hornmilben (Oribatei), in: Acarologia 19(1977), S. 155-160 Two new species of mites of the family Hyadesiidae (Acari, Astigmata) from Costa Rican and Brazilian coasts, in: Acarologia 25(1984), S. 271-279 (zus. mit A. Fain) Erythraeus ghilarovi n.sp., a new soil mite from South America (Acari, Trombidiformes), in: Biol. Fertil Soils 3(1987), S. 3-15 (zus. mit R. Turk) Transoceanic distribution of air-breathing littoral mites, in: Progress in Acarology. 2(1989), S. 355-362

P 536	**Schütz**, Günther
Privat	Kulmbacher Str. 12 D-91056 Erlangen <W-8520 Erlangen> Tel: 49 (91 31) 4 26 19
Geburtsdatum, -ort	15.04.1926, Mainz
berufl. Werdegang	1958 Dr.phil., Mainz; 1959-61 Prof. titular, U Central, Kuba; 1961-63 Visiting Lecturer (Dt. Sprache), Rice U., Houston/USA; 1964 Diplom (Lat.-am. Lit, u. Kult.), Instituto Caro y Cuervo, Bogotá; 1964-69 Prof. Asociado (Dt. Sprache und Lit.), U Nal., Bogotá; 1964-67 Kommiss. (1967-69 stellvertr.) Leiter, Deutsch-Kolumbian. Kulturinstitut, Bogotá; 1964-72 Prof. titular und Prof. Investigador, Inst. Caro y Cuervo, Bogotá; 1973-88 Leiter der Abt. Romanistik II (ibero- und ostromanische Sprachen), Sprachenzentrum, U Erlangen-Nürnberg (im Ruhestand)
Beratung	Mitarb. DSV (Hochschulfragen, Kolumbien)
Sprachen	Englisch, Spanisch, Französisch, Italienisch (Portugiesisch)
Fachgebiet	Linguistik
themat. Schwerpunkte	Sprachpraxis, Landeskunde und Wissenschaftsgeschichte Lateinamerika
geogr. Schwerpunkte	Lateinamerika, insbes. Kolumbien
Monographien	Epistolario de Rufino José Cuervo con filólogos de Alemania, Austria y Suiza y noticias de las demás relaciones de Cuervo

con estos países y sus representantes. Bogotá 1976, Bd.1: XI+788 S., 36 Abb; Bd.2: VIII+546 S., 18 Abb.
Uricoechea en Gotinga. Bogotá 1990, 76 S.

Aufsätze
Tiempo y temporalidad en la "Hojarasca" de Gabriel García Márquez, in: Iberoromania (1970)2, S. 314-325
Rufino José Cuervo editor de "Cinco novelas exemplares", in: Thesaurus. Bogotá 27(1972), S. 474-503
Sobre la interrupción del "Diccionario de construcción y régimen", aus: Instituto Caro y Cuervo. Homenaje a Fernando Antonio Martínez. Bogotá 1979, S. 553-622
Romanzen, Décimas und die kubanische Volksdichtung, aus: J.M. López de Abiada; T. Heydenreich (Hg.), Iberoamérica. Historia-sociedad-literatura (Homenaje a Gustav Siebenmann) München 1983, Bd.II, S. 831-848
Deutsch in Kolumbien. Umgangssprachliche Entlehnungen aus dem Spanischen, aus: G. Holtus; E. Radtke (Hg.), Umgangssprache in der Romania (Festschrift für Heinz Kröll). Tübingen 1984, S. 367-381
Cuervos Wörterbuch als herausragendes Werk der hispanischen Lexikographie, aus: F.-J. Hausmann; O. Reichmann; H.E. Wiegand; L. Zgusta (Hg.), Wörterbücher. Ein Internationales Handbuch zur Lexikographie. Berlin/New York: de Gruyter 1990, S. 1767-1769

sonst. Publikationen
Zahlreiche Buchbesprechungen in div. Fachzeitschriften

P 537 **Schwab**, Klaus

Institut für Geologie und Paläontologie
FB Geowissenschaften, Technische Universität Clausthal
Leibnizstr. 10
D-38678 Clausthal-Zellerfeld <W-3392 Clausthal-Zellerfeld>
Tel: 49 (53 23) 72 22 30
Fax: 49 (53 23) 72 36 77

Privat
Berliner Straße 119
D-38678 Clausthal-Zellerfeld
Tel: 49 (53 23) 56 09

Geburtsdatum, -ort
20.05.1933, Kirchheimbolanden

berufl. Werdegang
1958 Dipl.Geol., Mainz; 1963 Dr.rer.nat., Mainz; 1966-68 Kartierung in den nordwestargentinischen Anden i.A. des Instituto Nacional de Geología y Minería in Buenos Aires; 1972 Habil., Mainz; 1973 WissRat und Prof., Mainz; 1979 Berufung auf eine C4-Professorenstelle für Allgemeine und Historische Geologie a. d. TU Clausthal

wiss. Vereinigungen
GV; DGG; Oberrhein. Geol. Verein., Assoc. Géol. Luxembourg; Assoc. Geol. Argentina

Sprachen
Englisch, Spanisch (Italienisch, Französisch)

Fachgebiet
Geologie

themat. Schwerpunkte
Strukturgeologie und Petrographie von Magmatiten

geogr. Schwerpunkte
Saar-Nahe-Gebiet, Nordwestargentinische Anden

Monographien Die Stratigraphie in der Umgebung des Salar de Cauchari/NW-Argentinien. Ein Beitrag zur erdgeschichtlichen Entwicklung der Puna. Stuttgart 1973, 168 S.

Aufsätze Sedimentation und Tektonik im mittleren Abschnitt des Río Toro in der Ostkordillere NW-Argentiniens, in: Geologische Rundschau. Stuttgart 65(1976), S. 175-194 (zus. mit A. Schäfer)

Plegamiento sinsedimentario en la Formación Puncoviscana (Precambrico-Cambrico inferior) en el Noroeste de la Argentina, in: V. Congr. Latinoamericano de Geología, Argentina 1982, Actas I, S. 555-564

Contribución al Conocimiento del sector occidental de la cuenca sedimentaria del Grupo Salta (Cretacio-Eogenico) en el Noroeste Argentino, in: IX Congr. Geológico Argentino, S.C. Bariloche 1984, Actas I, S. 586-604

Basin formation in a thickening crust - the intermontane basins in the Puna and the Eastern Cordillera of NW-Argentina (Central Andes), in: IV. Congr. Geológico Chileno, Bd. 1. Antofagasta 1985, S. 2-158

Geochemistry of Quarternary shoshonitic lavas related to the Calama-Olacapato-El Toro-Lineament, NW-Argentina, in: J. of South America Earth Sciences 4(1991)1/2, S. 73-85 (zus. mit U. Schreiber)

P 538 **Schwab**, Roland Gottlieb

Institut für Geologie und Mineralogie, Univ. Erlangen-Nürnberg
Schloßgarten 5
D-91054 Erlangen <W-8520 Erlangen>
Tel: 49 (91 31) 85 39 85

Privat Talblick 6
D-90513 Zirndorf <W-8502 Weiherhof>
Tel: 49 (9 11) 60 46 56
Fax: 49 (9 11) 60 93 97

Geburtsdatum, -ort 27.12.1938, Altenberg/Nbg.

berufl. Werdegang 1964 Dipl.Chemiker; 1966 Dr.rer.nat.; 1969 Habil. (Mineralogie, Petrologie, Geochemie); 1972 WissRat; 1975 apl. Prof.; 1978 Prof. (Extraordinarius)

Beratung Projektleiter eines Forschungsprojektes an der UFPa in Belém do Pará/Brasilien

wiss. Vereinigungen Hochschulverband; GDCh; DMG; AEG; SBG

Sprachen Englisch, Portugiesisch, Spanisch

Fachgebiet Geologie

themat. Schwerpunkte In Lateinamerika: Geochemie und Lagerstättenforschung in der Lateritischen Verwitterungszone

geogr. Schwerpunkte Amazonien (Staat Pará und Maranhão/Brasilien)

Aufsätze About the formation of bauxites and phosphate-laterites in the Gurupi Region (Northern Brazil), in: Zbl. Geol. Paläont. Teil I (1983)3/4, S. 563-580 (zus. mit M.L. da Costa; N.P. de Oliveira)

The nickel-laterites of Serra dos Carajás (Area do Vermelho) - a geochemical study, in: Zbl. Geol. Paläont. Teil I (1985)9/10, S. 1551-1563 (zus. mit N.P. de Oliveira; S.L.A. Correa)
Geochemical distribution patterns of magmatites from the Archipelago of Fernando de Noronha, in: Zbl. Geol. Paläont (s.o.), S. 1477-1483 (zus. mit W. Bloch)
The formation of aluminous phosphates through lateritic weathering of rocks, in: Weathering Vol. II, Products, Deposits. Theophrastus, Athens (1989), S. 369-386 (zus. mit H. Herold; M.L. da Costa; N.P. de Oliveira)
Compounds of the crandallite type: Synthesis and properties of pure goyazite, gorceixite and plumbogummite, in: N. Jb. Miner. Mh. (1990), S. 113-126 (zus. mit H. Herold; Ch. Götz; N.P. de Oliveira)
Compounds on the crandallite type: Synthesis and properties of pure rare earth element-phosphates, in: N. Jb. Miner. Mh. (s.o.), S. 241-254 (zus. mit H. Herold; Ch. Götz; N.P. de Oliveira)
Geochemical mobilities of Na, Ca, Sr, Ba, Pb., REE, P and As in lateritic soils, in: Intern. Symp. Geochem. Prosp. Ext. Abstr. (1990), S. 208 (zus. mit H. Herold; Ch. Götz; N.P. de Oliveira)

P 539 **Schwamborn**, Ingrid

Privat Avenida Henrique Dumont, 25 - Cob.
22.410 Rio de Janeiro/Brasilien
Tel: 55 (21) 2 39 36 31

Geburtsdatum, -ort 13.05.1940, Berlin

berufl. Werdegang 1968 M.A., U Bonn; 1969-78 Ortskraft des DAAD in Brasilien (Fortaleza u. Rio de Janeiro); 1984-88 WissMitarb. am Rom. Sem., U Köln; 1986 Dr.phil. (Romanistik), U Bonn; seit 1980 WissAngest. am Studienkolleg Bonn; seit 1989 beurlaubt

Sprachen Englisch, Französisch, Portugiesisch (Spanisch, Italienisch)

Fachgebiet Literatur

themat. Schwerpunkte Brasilianistik

geogr. Schwerpunkte Brasilien

Monographien Die brasilianischen Indianerromane 'O Guarani', 'Iracema', 'Ubirajara' von José de Alencar. Frankfurt/Bern/New York/Paris: Lang 1987
A recepção dos romances indianistas de José de Alencar. Fortaleza 1990
In Vorbereitung: Stefan Zweig und Brasilien

Aufsätze Schachmatt im brasilianischen Paradies: Die Entstehungsgeschichte von Stefan Zweigs Schachnovelle; in: GermanischRomanische Monatsschrift. N.F., 34(1984)4, S. 404-430

sonst. Publikationen Brasilien - Land der Extreme. Auswahl und Übersetzung von Texten brasilianischer Autoren mit einem Aufsatz "Brasilien - 500 Jahre Geschichte und Kultur". Photographien von A. Sperber und W. Schleicher. Dortmund 1990

P 540 **Schweppe**, Cornelia

Institut für Erziehungswissenschaften, Universität Marburg
Wilhelm-Röpke-Straße 6
D-35039 Marburg <W-3550 Marburg>
Tel: 49 (64 21) 28-47 36
Fax: 49 (64 21) 28-70 50
Privat Fichtenweg 4
D-35043 Marburg
Tel: 49 (64 21) 1 49 23

Geburtsdatum, -ort 13.08.1955, Bochum

berufl. Werdegang Studium (Pädagogik, 'social work' und Psychologie) in Berlin, Montpellier/Frankreich und Chicago (Fulbright-Stipendiatin); 1981 M.A.; 1982 Dipl.Päd.; 1990 Dr.phil.; 1983-90 Beraterin sozialer Projekte in Lateinamerika, bes. Peru; seit 1990 Wiss-Ass., U Marburg

wiss. Vereinigungen Deutsche Gesellschaft für Erziehungswissenschaften (DGfE); Zentrum für Iberisch-Lateinamerikanische Studien (i.A.)

Sprachen Englisch, Spanisch, Französisch (Portugiesisch, Italienisch)

Fachgebiet Bildungswesen

themat. Schwerpunkte Sozialpädagogik/Sozialarbeit, Soziale Bewegungen, Basisorganisationen, Selbstorganisation, Frauen, Indianer, Volkserziehung, Städtische Armutsviertel, Informeller Sektor, Gewerkschaften, Migration

geogr. Schwerpunkte Lateinamerika, bes. Peru und Andenregion

Monographien Überleben und verändern - Volksküchen in Lima: Frauen der Armutsviertel organisieren sich. Frankfurt/New York/Basel 1991

Aufsätze "... y las niñas se comportan más como señoritas...". La imagen sexual en las niñas, in: Acción Crítica. Lima, August 1985, S. 65-74

Sozialarbeit in Lateinamerika, in: Neue Praxis (1986)4, S. 291-310

Frauen organisieren sich gemeinsam gegen den Hunger - Gemeinschaftsküchen in Lima, in: Entwicklung und Zusammenarbeit, Januar 1987, S. 13-14

Mujeres se organizan contra el hambre, in: Desarrollo y Cooperación (1987)5, S. 20-21

Sozialarbeit in Lateinamerika: Eine Alternative, in: Sozialmagazin, Juli-August 1987, S. 54-59

Armutsviertel in Lima und Selbsthilfe, in: KAS-Informationen, 4(1989)2, S. 65-75

"... damit wir überleben..." - Ein Tag im Leben von Rosa - Bewohnerin eines Armutsviertels von Lima, in: Zeitschrift für Pädagogik (1991)4, S. 507-522

P 541	**Seele**, Enno
	Fachgebiet Geographie, Universität Osnabrück, Standort Vechta Driverstr. 22 D-49377 Vechta <W-2848 Vechta> Postfach 15 53 D-49364 Vechta Tel: 49 (44 41) 15-1, -3 50 Telex: 94 48 87 Fax: 49 (44 41) 1 54 44
Privat	Fr.-Kenkel-Str. 2 D-49377 Vechta Tel. und Fax: 49 (44 41) 60 80
Geburtsdatum, -ort	19.09.1931, Minden/Westfalen
berufl. Werdegang	1961 Dr.rer.nat. (Geographie), U Hamburg; 1974 Habil. in Geographie, U Erlangen-Nürnberg; o.Prof., Vechta
Beratung	ehem. Mexiko-Projekt der DFG, laufende Forschungsprojekte in Mexiko
wiss. Vereinigungen	ADLAF; DHV; Deutsch-Mexikanische Gesellschaft; Universitätsbund Erlangen; VGDH
Sprachen	Englisch, Spanisch
Fachgebiet	Geographie
themat. Schwerpunkte	Kulturgeographie, Agrargeographie, Geomorphologie
geogr. Schwerpunkte	Mexiko
Monographien	Mercados semanales en la región de Puebla-Tlaxcala/México. Puebla 1983, 313 S. (zus. mit K. Tyrakowski; F. Wolf) Cuescomate y Zencal en la región Puebla-Tlaxcala/México. Puebla 1985, 54 S. (zus. mit K. Tyrakowski) Bibliografía - El Proyecto México de la Fundación Alemana para la Investigación Científica. Puebla 1988, 92 S.
Aufsätze	Agrarstrukturen im Hochland von Mexiko, in: Frankfurter Beiträge zur Didaktik der Geographie. Frankfurt 5(1989), S. 217-230 Wasserschöpfrad "NORIA" bei Tecomatlán/Pue., in: Encyclopedia Cinematographica, Sektion Ethnologie, Serie 12/1, E 2367. Göttingen (1982), S. 1-13 Geographische Beobachtungen zu einer frühen Besiedlung in Quintana Roo/Mexiko, in: Tribus. Stuttgart (1984)33, S. 133-142 (zus. mit W. Lauer) Strukturwandlungen in der Agrarwirtschaft im Tal von Tehuacán/Pue. (Mexiko), in: Erdkunde 40(1986)4, S. 283-293 Geomorphologische Prozesse und ihre Auswirkungen auf die Umwelt der Maya in Quintana Roo/Mexiko, in: 12. Geowiss. Lateinamerika-Kolloquium, (Abstracts) München 1990

P 542	**Seibert**, Paul
Privat	Höslstr. 9 D-81927 München <W-8000 München 81> Tel: 49 (89) 91 12 38
Geburtsdatum, -ort	18.02.1921, Dorsten
berufl. Werdegang	1943-50 Studium (Forstwissenschaft) und Referendarzeit; 1949 Dr.rer.nat.; 1950-54 WissAss., Bundesanstalt für Vegetationskartierung, Stolzenau/Weser; 1954-69 Ref. für Landschaftspflege und Vegetationskunde, Bayer. Landesstelle für Gewässerkunde, München; 1963 Habil., U München; seit 1969 o. Prof., Forstwiss. und Biolog. Fak., U München; 1986 emeritiert
wiss. Vereinigungen	Internationale Vereinigung für Vegetationskunde; GTÖ
Sprachen	Spanisch (Englisch, Französisch)
Fachgebiet	Botanik
themat. Schwerpunkte	Theoretische und angewandte Vegetationskunde, Ökosystemforschung (interdisziplinär)
geogr. Schwerpunkte	Argentinien, Bolivien, Brasilien, Chile, Paraguay
Monographien	Vegetationskarte von Südamerika. Stuttgart 1972, 2. Aufl. 1981 (zus. mit K. Hueck) Die Vegetationskarte des Gebietes von El Bolsón, Prov. Río Negro, und ihre Anwendung in der Landnutzungsplanung. Bonn 1979 Reportaje y consultoria al proyecto: cobertura vegetal y uso actual de la región occidental (Chaco) del Paraguay. Asunción 1989, 36 S.
Aufsätze	Ökosystemforschung in den bolivianischen Anden, in: Naturwiss. Rundschau. Stuttgart (1982)35, S. 147-157 Human impact on landscape and vegetation in the Central High Andes, aus: W. Holzner; M.J.A. Werger; J. Ikusima (Hg.), Man's impact on vegetation. Den Haag u.a. 1983, S. 261-276 Ordenamiento fitogeográfico y evaluación territorial, aus: O. Boelcke; D.M. Moore; F.A. Roig (Hg.), Transecta botánica de la Patagonia Austral. Buenos Aires 1985, S. 520-540 Vegetación, clima y uso de la tierra en el area habitada por los indios Callawaya (Andes bolivianos), in: Parodiana. Buenos Aires (1986)4, S. 359-380 Die Vegetation des Wohngebietes der Kallawaya und des Hochlandes von Ulla-Ulla in den bolivianischen Anden, in: Phytocoenologia (1991)20 (zus. mit X. Menhofer)
P 543	**Seifert**, Horst S.H.
	Institut für Pflanzenbau und Tierhygiene (IPT) Fachbereich Agrarwissenschaften, Universität Göttingen Kellnerweg 6 D-37077 Göttingen <W-3400 Göttingen> Tel: 49 (5 51) 39 33-96,-98 Telex: 96703 unigoe Fax: 49 (5 51) 39 34 08

Privat Heinrich-Deppe-Ring 28
D-37120 Bovenden <W-3406 Bovenden 1>
Tel: 49 (55 94) 3 28

Geburtsdatum, -ort 09.12.1930, Stadtilm

berufl. Werdegang 1954 Med.vet., Tierärztliche Hochschule Hannover; 1955 Dr. med.vet., Tierärztliche Hochschule Hannover; 1955-69 Dir., División Ganadera, Empresa Agrícola Chicama Ltda., Trujillo/ Peru; 1968 Prof., U Agraria La Molina, Lima/Peru; 1969 Dr. sc.agr.habil. U Göttingen; 1972 apl.Prof. für Tierhygiene in den Tropen, U Göttingen; 1982 Direktor Inst. für Pflanzenbau und Tierhygiene in den Tropen und Subtropen

Beratung Consulting und Organisation von eigenen (IPT) Projekten zur Vakzineproduktion in den Tropen

wiss. Vereinigungen Deutsche Vet. Med. Ges.; Deutsche Tropenmed. Ges.

Sprachen Englisch, Spanisch, Französisch

Fachgebiet Veterinärmedizin

themat. Schwerpunkte Diagnose tropischer Tierseuchen, Entwicklung von Vakzinen zur Immunprophylaxe von tropischen Tierseuchen

geogr. Schwerpunkte Lateinamerika, Argentinien, Mexiko

Schriftenreihen "Animal Research and Development"

Monographien Lehrbuch der Tropentierhygiene. Fischer 1992

Aufsätze Biotechnologie - ein Beitrag zur Sicherung der Versorgung der Dritten Welt mit tierischem Eiweiß, in: Bio Engineering (1988)3, S. 168-172
Vorteile moderner biotechnischer Vakzineproduktion in Entwicklungsländern, in: Dtsch. tierärztl. Wschr. (1988)95, S. 266-268 (zus. mit H. Böhnel)
Alternativen zur Bekämpfung von Vektoren tropischer Seuchen, in: Landnutzung und Umwelt in den Tropen. 1991, S. 133-145

P 544 **Seligmann**, Michael

Aktionsgemeinschaft Humane Welt e.V.
Kugeltimpen 1-5
D-48431 Rheine <W-4440 Rheine/Westf.>
Tel: 49 (59 71) 1 52 79, 1 51 21
Fax: 49 (59 71) 2 04 00

Privat Mondstr. 96
D-48155 Münster <W-4400 Münster>
Tel: 49 (2 51) 31 55 86

Geburtsdatum, -ort 25.06.1958, Oberhausen/Rhld.

berufl. Werdegang 1988 Dr.phil.: 1988-89 WissMitarb., U Münster; seit 1991 WissMitarb. im Projekt 1992 der Aktionsgemeinschaft Humane Welt Rheine; 1991-92 Lehrauftrag LAI FU Berlin

Beratung Erwachsenenbildung, Unterrichtsprojekte an Schulen

Sprachen Spanisch, Englisch (Französisch, Portugiesisch)

Fachgebiet Geschichte

themat. Schwerpunkte Deutsch-Lateinamerikanische Beziehungen, Soziale Bewegungen

geogr. Schwerpunkte	Cono Sur, Kolumbien, Venezuela
Aufsätze	Fugger, Gildemeister, Schacht und Krupp. Über den Anteil der deutschen Wirtschaft an der Eroberung und Ausbeutung Lateinamerikas 1492-1992, in: Lateinamerika. Analysen und Berichte. Münster 15 (1992), S. 17-54 Keine Amnestie für Folterer. Vergangenheitsbewältigung in Uruguay, aus: W. Reusch; A. Wiener (Hg.), Geschlecht - Klasse - Ethnie. Alte Konflikte und neue soziale Bewegungen in Lateinamerika. Saarbrücken 1991, S. 123-150 Uruguay: Volksbewegung und Parlamentarismus, in: Lateinamerika. Analysen und Berichte. Hamburg 14(1990), S. 269-281

P 545	**Siebenmann**, Gustav
Privat	Hompelistr. 12a CH-9008 St. Gallen Tel: 41 (71) 25 95 21
Geburtsdatum, -ort	21.10.1923, Aarau
berufl. Werdegang	1943 Matura in Aarau; 1949 Dr.phil., Zürich; 1965 Habil., Zürich; 1966 Ordinarius für Romanische Philologie (Literaturwissenschaft), U Erlangen-Nürnberg; 1976-89 Ordinarius für spanische und portugiesische Sprache und Literatur, Hochschule St. Gallen (em.)
wiss. Vereinigungen	AIH; DHV; SSEH
Sprachen	Englisch, Spanisch, Portugiesisch, Italienisch, Französisch (Katalanisch, Räto-Romanisch)
Fachgebiet	Literatur
themat. Schwerpunkte	Literaturwissenschaft, Kulturgeschichte, Kulturtransfer Rezeption
geogr. Schwerpunkte	Spanien, Portugal, Lateinamerika
Periodika	Mithg. "Iberoromania." Zeitschrift für die iberoromanischen Sprachen und Literaturen in Europa und Amerika (Tübingen); "Lateinamerika-Studien" (Frankfurt/M.)
Monographien	Bibliographie der aus dem Spanischen, Portugiesischen und Katalanischen ins Deutsche übersetzten Literatur (1945-1983). Tübingen 1985, 190 S. (zus. mit D. Casetti) Sammelband: Ensayos de literatura hispanoamericana. Madrid: Taurus 1988, 243 S. (Hg.) La poesía nueva en el mundo hispánico y luso-brasileiro. Tübingen: Niemeyer 1991, 182 S. (Mithg.) Das Bild Lateinamerikas im deutschen Sprachraum. Tübingen: Niemeyer 1992 (zus. mit H.-J. König)
Aufsätze	Sprache und Literatur, aus: W. Stegmann (Hg.), Deutsche Iberoamerika-Forschung in den Jahren 1930-1980. Forschungsbericht über ausgewählte Fachgebiete. Berlin: Colloquium 1987, S. 9-14 Das Lateinamerikabild der Deutschen. Quellen, Raster, Wandlungen, in: Colloquium Helveticum. Bern (1988)7, S. 57-82

Die lateinamerikanische Literatur im deutschen Sprachraum, aus: D. Briesemeister u.a.(Hg.), Begegnungen-Bindungen-Bilder. Lateinamerika in Deutschland 1492-1992. Berlin 1992

P 546 **Sievernich**, Michael

Seminar für Prakt. Theologie
Phil.-Theol. Hochschule 'Sankt Georgen' Frankfurt/M.
Offenbacher Landstr. 224
D-60599 Frankfurt <W-6000 Frankfurt/M. 70>
Tel: 49 (69) 60 61-0
Fax: 49 (69) 60 61-3 30

Privat Offenbacher Landstr. 224
D-60599 Frankfurt
Tel: 49 (69) 60 61-2 87

Geburtsdatum, -ort 22.02.1945, Arnsburg (Hessen)

berufl. Werdegang WissAss.; 1982 Dr.theol.; 1987 Habil., seit 1988 Lehrstuhl für Pastoraltheologie

wiss. Vereinigungen ADLAF; Europäische Gesellschaft für Kath. Theologie

Sprachen Englisch, Spanisch (Französisch, Italienisch)

Fachgebiet Theologie

themat. Schwerpunkte Inkulturation, Mission, Kontextuelle Theologie

Monographien (Hg.) Impulse der Befreiungstheologie für Europa. München/Mainz: Kaiser/Grünewald 1988, 195 S.
(Hg.) Conquista und Evangelisation. Mainz: Grünewald 1992

Aufsätze "Theologie der Befreiung" im interkulturellen Gespräch, in: Philosophie und Theologie (1986)61, S. 336-358
Inkulturation und Begegnung der Religionen im 16. Jahrhundert. Bernardino de Sahagúns Beitrag in Mexiko, in: Zeitschrift für Missions- und Religionswissenschaft (1987)71, S. 181-199
Theologie der Befreiung, in: Görresgesellschaft (Hg.), Staatslexikon, Bd. 5. Freiburg u.a.: Herder 1989 (7. Aufl.), S. 457-460
"Avaritia Christianorum Indorum vocatio". Eine theologische Sicht der "Neuen Welt" im späten 16. Jahrhundert, aus: K. Kohut (Hg.), Der eroberte Kontinent. Historische Realität, Rechtfertigung und literarische Darstellung der Kolonisation Amerikas. Frankfurt: Vervuert 1991, S. 103-118

P 547 **Siles Ruiz**, Jaime

Kulturwissenschaftliche Abteilung, Hochschule St. Gallen (HSG)
Gatterstr. 1
CH-9010 St. Gallen
Tel: 41 (71) 30 25 66
Fax: 41 (71) 22 83 55

Privat Dufourstr. 41
CH-9010 St. Gallen
Tel: 41 (71) 24 95 72

Geburtsdatum, -ort 16.04.1951, Valencia

berufl. Werdegang	1976-80 Interimsprofessor für Lateinische Philologie, U Salamanca; 1980-82 o.Prof. für Lateinische Sprache und Literatur, U Alcalá de Henares; 1982-83 o.Prof für Lateinische Sprache und Literatur, U La Laguna/Tenerifa; 1983-89 Direktor des Spanischen Kulturinstituts in Wien; seit 1984 Honorarprof., U Wien; 1985 GastProf., U Graz; 1986 GastProf., U Salzburg, seit 1989 o.Prof. für Spanische Sprache und Literatur, U St. Gallen; 1989 GastProf., U Madison-Wisconsin; 1990 GastProf., U Bergamo
wiss. Vereinigungen	Korresp. Mitglied der Real Academia Valenciana de Cultura; Mitglied des Collegium Romanicum der Schweiz; Ehrenmitglied des Centre de Créations et d'échangees artistiques avec le monde hispanique von Wépion (Belgien)
Sprachen	Spanisch, Englisch, Französisch (Portugiesisch, Italienisch, Katalanisch)
Fachgebiet	Literatur / Linguistik
themat. Schwerpunkte	Spanische und Lateinamerikanische Dichtung und Essay, Vorlateinische Sprachen und Schriften der Iberischen Halbinsel
geogr. Schwerpunkte	Lateinamerika, Spanien
Schriftenreihen	"Canente"; "Versantes"
Periodika	Literaturkritik in "ABC Literario"
Monographien	Diversificaciones. Valencia: Torres 1982, 144 S. Introducción a la lengua y la literatura latina. Madrid: Istmo 1983, 319 S.
Aufsätze	Verbalaspekt und poematische Struktur, aus: Romania cantat. Gerhard Rohlfs zum 85. Geburtstag gewidmet vom Romanischen Seminar der Universität Tübingen, Bd. II. Tübingen 1980, S. 247-255 (spanisch: Diversificaciones, S. 83-96) Los novísimos: la tradición como ruptura, la ruptura como tradición, in: Hispanorama. Mitteilungen des Deutschen Spanischlehrerverbandes (1988)48, S. 122-130

P 548	**Simon de Souza**, Brigitte
	Inter Nationes (IN) Kennedy Allee 91-103 D-53175 Bonn <W-5300 Bonn 1> Postfach 20 07 D-53010 Bonn Tel: 49 (2 28) 8 80-3 50 Telex: 17 228 308 Fax: 49 (2 28) 8 80-4 57
Privat	Frankenstr. 9 D-53175 Bonn Tel: 49 (2 28) 37 53 18
Geburtsdatum, -ort	09.09.1945, Erfurt
berufl. Werdegang	1976-86 Feldforschung und entwicklungspolitische Arbeit in Bolivien; 1988 Dr.phil.; ab 1989 WissAngest. am Seminar für Völkerkunde, U Bonn; ab 1989 IN, Bonn

Sprachen Spanisch, Französisch, Englisch (Portugiesisch, Guaraní)
Fachgebiet Literatur / Entwicklungspolitik
themat. Schwerpunkte Orale Literatur, Religion, Geschichte, Kulturelle Identität, Entwicklung
geogr. Schwerpunkte Lateinamerika, Bolivien
Periodika Verantwortliche Redakteurin für "Humboldt"
Monographien Me vendí - me compraron. Análisis socio-económico de la zafra de caña en Sta. Cruz de la Sierra. Sta Cruz 1979 (zus. mit B. und J. Riester; B. Schuchard) (englisch (erw. Aufl.): I sold myself - I was bought. A socio-economic analysis based on interviews with sugar-cane harvesters in Santa Cruz de la Sierra, Bolivia. Kopenhagen 1980)
Don Patron. Das Bild der Weißen in der oralen Literatur bolivianischer Indianer. Erzählungen, Lebensberichte, Reden. Frankfurt 1987
Aufsätze Los Chiriguano, in: Suplemento Antropológico 14(1979), S. 259-304 (zus. mit B. und J. Riester; B. Schuchard)
La literatura oral guaraní, aus: J. Riester; G. Solezzi (Hg.) Identidad cultural y lengua. Sta. Cruz 1989
sonst. Publikationen Me vendí - me compraron. Fotodocumentación de la zafra de caña en Sta. Cruz. Sta. Cruz 1979 (zus. mit B. und J. Riester; B. Schuchard)
Konflikt, Konfliktlösungen, Lösungsstrategien in mündlichen Texten (in Vorb., IAI, Preussischer Kulturbesitz Berlin)

P 549 **Sioli**, Harald F.L.

Max-Planck-Institut für Limnologie, Abt. Tropenökologie
August-Thienemann-Str. 2
D-24306 Plön <W-2320 Plön>
Postfach 1 65
D-24302 Plön
Tel: 49 (45 22) 8 02-1
Privat Rautenbergstr. 56
D-24306 Plön
Tel: 49 (45 22) 8 02-2 04
Geburtsdatum, -ort 25.08.1910, Köthen
berufl. Werdegang 1934 Dr.phil., U Kiel; 1958 HonProf., U Kiel; 1945-53 WissAss., Leiter der Abt. für Limnologie, Inst. Agron. do Norte, Belém, Pará/Brasilien; 1954 Serviço Especial de Saúde Pública, Belo Horizonte/Brasilien; 1955-57 Leiter der Abt. für Limnologie, Inst. Nac. de Pesquisas da Amazônia, Manaus/Brasilien; 1957-66 Abt.-Leiter und geschäftsführender Dir., Hydrobiolog. Anstalt der Max-Planck-Gesellschaft, Plön; 1966 Dir. der Abt. Tropenökologie, MPI Limnologie, Plön; 1978 Emeritus
Sprachen Englisch, Portugiesisch (Spanisch, Französisch)
Fachgebiet Limnologie / Tropenökologie
themat. Schwerpunkte Der Fluß als Organ der Landschaft, Geochem. Grundlagen der Landschaft, Geschichte der Menschl. Kulturen in Lateinamerika

geogr. Schwerpunkte	Amazonas-Region
Monographien	Amazonien - Grundlagen der Ökologie des größten tropischen Waldlandes. Stuttgart: Wissenschaftl. Verlagsges. 1983, 64 S. The Amazon - Limnology and landscape ecology of a mighty tropical river and its basin. Dordrecht/Boston/Lancaster: Junk 1984, 763 S.
Aufsätze	Über Natur und Mensch im brasilianischen Amazonasgebiet, in: Erdkunde (1956)10, S. 89-109 Foreseeable consequences of actual development schemes and alternative ideas, aus: F. Barbira-Scazzocchio (Hg.), Land, people and planning in contemporary Amazonia. Centre of Latin American Studies. Cambridge: Cambridge University Press 1980, S. 257-268 A Ecologia Paisagista da Amazônia e as Perspectivas de uma Utilização Racional dos Recursos, aus: 1° Simpósio do Trópico Umido, Anais vol. VI. Brasília 1986, S. 31-41 Indianer und Europäer - Gedanken zum Zusammentreffen zweier Kulturen, aus: G. Hartmann (Hg.), Amazonien im Umbruch. Berlin 1989, S. 325-377 Natur und Mensch in Lateinamerika, in: Arbeitshefte des Lateinamerika-Zentrums. Münster (1991)1, S. 1-12

P 550	**Sipmann**, Harrie
	Botanischer Garten und Botanisches Museum Berlin Dahlem (BGBM) Königin-Luise-Str. 6-8 D-14195 Berlin <W-1000 Berlin 33> Tel: 49 (30) 83 00 61 49 Fax: 49 (30) 83 00 62 18
Privat	Friedrich-Wilhelm-Str. 54 D-12103 Berlin <W-1000 Berlin 42>
Geburtsdatum, -ort	02.01.1945, Sittard/Niederlande
berufl. Werdegang	1972-83 Mitarb. Inst.f. Syst. Botanik, U Utrecht; 1983 Dr.rer.nat.; ab 1983 Betreuung Flechtenherbarium BGBM; WissAngest.
wiss. Vereinigungen	Int. Ass. F. Lichenology; British Lichen Soc.; Bryologisch-Lichenologische Arbeitsgemeinschaft f. Mitteleuropa
Sprachen	Englisch, Spanisch, Niederländisch (Französisch)
Fachgebiet	Botanik
themat. Schwerpunkte	Systematik und Floristik der Lichenes des nördl. Südamerikas
Periodika	Redaktion "International Lichenological Newsletter"; Advisory Board "Annales Botanici Fennici"
Monographien	A monograph of the lichen family Megalosporaceae. Vaduz 1983, 241 S.
Aufsätze	Studies on Colombian Cryptograms X. The genus Everniastrum Hale and related taxa (Lichenes), in: Proceed. Kon. Ned. Akad. Wetensch. Serie C, 83(1980), S. 333-354

Contribución al conocimiento de los líquenes de Colombia - I. Clave genérica para los líquenes foliosos y fruticosos de los páramos colombianos, in: Caldasia 13(1982)64, S. 603-634 (zus. mit J. Aguirre C.)
Studies on Colombian cryptograms XXI. The lichen genus Baeomyces in Colombia and Venezuela, in: Proceed. Kon. Net. Akad. Wetensch. Serie C, 87(1984)2, S. 235-246 (zus. mit B.G. de Vries)
The lichens reported from the Guianas before 1987, in: Willdenowia 17(1988), S. 193-228 (zus. mit W.H.A. Hekking)
Lichens, aus: H. Lieth; M.J.A. Werger (Hg.), Tropical Rain Forest Ecosystems. Amsterdam 1989, S. 303-309 (zus. mit R.C. Harris)
Lichen zonation in the Parque Los Nevados transect, in: Studies on tropical andean ecosystems 3(1989), S. 461-483
Notes on the lichen flora of the Guianas, a neotropical lowland area, aus: D.J. Galloway (Hg.), Tropical lichens. Their systematics, conservation, and ecology. Oxford 1991, S. 135-150

P 551 **Smailus**, Ortwin

Archäologisches Institut, Arbeitsbereich VII
Altamerikanische Sprachen und Kulturen, Universität Hamburg
Johnsallee 35
D-20148 Hamburg <W-2000 Hamburg 13>
Tel: 49 (40) 41 23-40 75

Geburtsdatum, -ort 19.10.1941, Wünschensuhl/Eisenach
berufl. Werdegang 1969 Dr.phil.; 1984 Habil.; o.Prof., U Hamburg
Beratung Verschiedene Projekte aus Linguistik und Philologie des Maya-Raumes: 1. Bearbeitung und Herausgabe kolonialzeitlicher Wörterbücher des Quiché und des Cakchiquel, 2. Grammatik des kolonialzeitlichen Yukatekisch, 3. Dialektologie der Yucatec-Gruppe
Sprachen Englisch, Spanisch, Portugiesisch (Yukatekisches Maya, Quiché, Cakchiquel)
Fachgebiet Altamerikanistik
themat. Schwerpunkte Linguistik, Philologie, Ethnohistorie
geogr. Schwerpunkte Mesoamerika, insbes. Mayaraum
Monographien Das Maya-Contal von Acalan. Sprachanalyse eines Dokumentes aus den Jahren 1610/12. Hamburg 1973 (spanisch: El Maya Chontal de Acalan. Análisis linguístico de un documento de los años 1610/12. México: Centro de Estudios Mayas 1975)
Textos Mayas de Belice y Quintana Roo. Berlin 1975 (Indiana. Beiheft 3)
Vocabulario en lengua castellana y guatemalteca que se llama cakchiquel chi. Hamburg: Wayasbah 1989 (3 Bde.)
Gramática del Maya Yucateco colonial. Hamburg 1989

Aufsätze	The Social and sociolinguistic situation in Belize (British Honduras), aus: XL Intern. Amerikanistenkongreß, Rom 1972, S. 339--348 Günter Zimmermann (1914-1972), in: Indiana. Berlin 2(1975), S. 273-223 El concepto de los espiritus del monte (aluxoob) en la mitología de los mayas modernos, aus: XLI Intern. Amerikanistenkongreß México D.F. 1976, S. 217-223 Die ethnolinguistische Gliederung Zentralamerikas, aus: H. Nuhn; P. Krieg; W. Schlick (Hg.), Zentralamerika. Karten zur Bevölkerungs- und Wirtschaftsstruktur. Hamburg 1975 (zus. mit H. Nuhn)
P 552	**Speck**, Bruno Wilhelm
	Arnold-Bergstraesser-Institut für kulturwiss. Forschung (ABI) Windausstr. 16 D-79110 Freiburg <W-7800 Freiburg> Tel: 49 (7 61) 8 50 91 Fax: 49 (7 61) 89 29 67
Privat	Turnseestr. 51 D-79102 Freiburg Tel: 49 (7 61) 70 92 67
Geburtsdatum, -ort	04.10.1960, Tuttlingen/Baden-Württemberg
berufl. Werdegang	1981-89 Studium, Freiburg und Rio de Janeiro; seit 1984 freier Mitarb. ABI; seit 1990 Lehrbeauftr., Katholische FHS Freiburg
Beratung	Ländertutor der Deutschen Stiftung für Internationale Entwicklung im Rahmen der Landeskunde der Auslandsvorbreitung
Sprachen	Portugiesisch, Englisch (Spanisch, Französisch)
Fachgebiet	Politikwissenschaft
themat. Schwerpunkte	Ideengeschichte, Kulturgeschichte, Demokratisierung, Internationale Politik, Entwicklungspolitik
geogr. Schwerpunkte	Brasilien
Aufsätze	Brasilien: Politik, Wirtschaft, Soziales und Kultur, in: Internationales Handbuch - Länder aktuell, Loseblattsammlung, hg. vom Munzinger Archiv, Archiv für publizistische Arbeit. Ravensburg. Lieferung 12/90 (1990) Erste Antwort auf Collors Sanierungskonzept, in: Blätter des IZ3W. Freiburg (1990/91)170, S. 6-10 "Es ist verboten zu verbieten". Die brasilianische Arbeiterpartei PT auf neuem Kurs, in: Blätter des IZ3W (1990)177, S. 8-11 Bibliographie zur Liberalismus-Forschung, Brasilien seit 1983, in: Jahrbuch zur Liberalismus-Forschung. Baden-Baden: Nomos 3(1991)
sonst. Publikationen	Alemanha de novo dividida, in: Jornal do Brasil. Rio de Janeiro, (1991)92, Caderno Idéias, S. 4-6

P 553 **Spielmann**, Hans O.

Institut für Geographie, Arbeitsbereich Wirtschaftsgeographie
Universität Hamburg
Bundesstr. 55
D-20146 Hamburg <W-2000 Hamburg 13>
Tel: 49 (40) 41 23-52 08

Geburtsdatum, -ort 18.09.1938, Freiburg/Br.

berufl. Werdegang Studium in Köln und Kansas/USA; Hochschullehrertätigkeit in Oregon/USA und Hamburg; seit 1977 Prof. am Geographischen Inst., U Hamburg

Beratung Mehrjährige Forschungserfahrung in LA; Mitarbeit am ADLAF-Projekt "Industrialisierung, Urbanisierung und Regionalentwicklung außerhalb der großen Ballungsgebiete in Lateinamerika"

Sprachen Englisch, Spanisch (Portugiesisch, Französisch)

Fachgebiet Geographie

themat. Schwerpunkte Wirtschaftsgeographie

geogr. Schwerpunkte Zentralamerika

Schriftenreihen Mithg. "Beiträge zur Geographischen Regionalforschung in Lateinamerika"

Monographien Ursachen, Merkmale und Bedeutung der Bevölkerungsverschiebungen in Guatemala. Hamburg: Hirt 1973, 76 S.
El Sistema de lugares centrales en Guatemala. Guatemala: Instituto Geográfico Nacional 1977, 50 S., 3 Faltkt.
Comercio y servicios en el proceso de desarrollo urbano-rural de Guatemala Occidental. Hamburg 1984, 158 S.

Aufsätze La expansión ganadera en Costa Rica. Problemas de desarrollo agropecuario, in: Revista Geográfica 77(1972), S. 57-84
Formen der Rinderhaltung in Costa Rica, in: Zeitschrift für Ausländische Landwirtschaft. Frankfurt 12(1973), S. 40-59 Problems of agricultural development in Costa Rica, in: Applied Sciences and Development 4(1974), S. 97-118

P 554 **Spiller**, Roland

Zentralinstitut 06, Sektion Lateinamerika
Institut für Romanistik, Universität Erlangen-Nürnberg
Bismarckstr. 1
D-91054 Erlangen <W-8520 Erlangen>
Tel: 49 (91 31) 85-24 28

Privat Bucherstr. 54
D-90408 Nürnberg <W-8500 Nürnberg>

Geburtsdatum, -ort 29.05.1959

berufl. Werdegang 1981-87 Studium (Iberoroman. Philologie, Islamwiss., Italoroman. Phil.) in Erlangen u. Granada/Spanien; 1988 Promotionsstipendium in Buenos Aires (DAAD); 1989 Wiss. Hilfskraft, Zentralinstitut (06) Sektion Lateinamerika; 1990 WissAss. am Inst. für Romanistik, Erlangen; 1991 Dr.phil.

wiss. Vereinigungen DRV; Centre d'études des littératures et des civilisations du rio de la plata (CELCIRP)

Sprachen	Spanisch, Französisch, Englisch, Arabisch, Italienisch (Portug.)
Fachgebiet	Literatur
themat. Schwerpunkte	Literatur des 20. Jahrhunderts und Gegenwartsliteratur, Interamerikanische Beziehungen
geogr. Schwerpunkte	Argentinien, Chile, Uruguay
Monographien	La novela argentina de los años 80. Frankfurt/M.: Vervuert 1991, 324 S.
Aufsätze	Das Spiel der Indentität bei Julio Cortázar, in: Hispanorama. Nürnberg (1989)53, S. 70-77
	Conversación con Abel Posse, in: Iberoamericana. Frankfurt 13(1989)2/3, S. 106-114

P 555	**Spranz**, Bodo
Privat	Hansastr. 21 D-79104 Freiburg <W-7800 Freiburg> Tel: 49 (7 61) 3 24 76
Geburtsdatum, -ort	01.01.1920, Nordhausen/Harz
berufl. Werdegang	1958 Dr.phil., Hamburg; 1969 Habil., Freiburg; o.Prof., Leiter des städt. Museums für Völkerkunde, Freiburg; seit 1985 em.
Sprachen	Englisch, Spanisch
Fachgebiet	Altamerikanistik
themat. Schwerpunkte	Mesoamerika, Peru
geogr. Schwerpunkte	Mexiko, Guatemala, Belize, Honduras, Peru, Bolivien
Monographien	Los dioses en los códices mexicanos del Grupo Borgia. México D.F.: FCE 1973
	Die Pyramiden vom Cerro Xochitecatl, Tlaxcala (Mexiko). Wiesbaden: Steiner 1978,109 S. (zus. mit D.E. Dumond; P.P. Hilbert)
	Die Pyramiden von Totimehuacan, Puebla (Mexiko) und ihre Einordnung in die Entwicklung des präklassischen Pyramidenbaus in Mesoamerika. Wiesbaden: Steiner 1970
Aufsätze	Late classic figurines from Tlaxcala/Mexico, and their possible relation to the Codex Borgia Group, aus: Mesoamerican Writing Syst. A Conference at Dumbarton Oaks/Washington D.C. 1974
	Untersuchungen zur vorspanischen Geschichte von Puebla und Tlaxcala (México). Arbeiten des Mexiko-Projekts der Deutschen Forschungsgemeinschaft, in: JbLA. Köln/Wien 11(1974)

P 556	**Stadel**, Christoph
	Geography Department, Brandon University Brandon, Manitoba R7 A6 A9/Kanada Tel: 1 (2 04) 7 27-97 72 Fax: 1 (2 04) 7 26-45 73
Privat	226 - 21st Street Brandon, Manitoba R7B ING/Kanada Tel: 1 (2 04) 7 27-17 93
Geburtsdatum, -ort	06.06.1938, Donaueschingen

berufl. Werdegang	1964 Dr.phil., Fribourg/Schweiz; 1964-67 Gymnasiallehrer, Le Rosey/Schweiz; 1967-68 Gymnasiallehrer, Hillfield College, Hamilton/Kanada; 1968-69 Lecturer, Brandon U, Brandon/Kanada; 1969-74 AssProf.; 1974-75, 1981-81, 1990 GastProf. am Geographischen Inst. Salzburg/Österreich; 1974-82 Associate Prof., Brandon U; 1976-81 Chairman, Geography Department, Brandon U; seit 1982 Full Professor, Brandon U; GastProf. am Geogr. Inst. Bern/Schweiz; ab 1992 Ordinarius am Geogr. Inst., U Salzburg/Österreich
Beratung	1971, 1974, 1978 World University Service of Canada, Professor für internationale Sommerseminare; 1981-81; 1990 Gastvorträge für österreichisches Lateinamerika Institut, Wien
wiss. Vereinigungen	Canadian Association of Geographers; Conference of Latin Americanist Geographers, Board Member; Swiss Geographical Society; Austrian Geographical Society; International Mountain Society, Founding Member; International Geographical Union, Commission on Geoecology of High Mountains, Corresponding Member; Culture and Agriculture; Rural-Urban Fringe Study Group, Canadian Association of Geographers; Environmental Impact Study Group, Canadian Association of Geographers; Sociedad de Ciencias Geográficas del Ecuador (Honorary Corresponding Member)
Sprachen	Englisch, Spanisch, Französisch
Fachgebiet	Geographie
themat. Schwerpunkte	Hochgebirgsgeographie, Agrargeographie, Periodische Märkte, Entwicklungsprojekte
geogr. Schwerpunkte	Andenraum
Aufsätze	Colombia, aus: R. Jones (Hg.), Essays on world urbanization. London: Philipp 1975, S. 238-262
	Environmental stress and human activities in the tropical Andes (Ecuador), aus: E. Grötzbach; G. Rinschede (Hg.), Beiträge zur vergleichenden Geographie der Hochgebirge. Regensburg: Pustet 1984, S. 235-263
	Development and under-development in the rural Andes. A Case study from the Eastern Cordillera of Ecuador, aus: T.V. Singh; J. Kaur (Hg.), Integrated mountain development. New Delhi: Himalaya Books 1984, S. 193-207
	Del Valle al Monte: Altitudinal patterns of agricultural activities in the Patate-Pelileo area of Ecuador, in: Mountain Research and Development 6(1986)1, S. 53-64
	The perception of stress by Campesinos: a profile from the Ecuadorian Sierra, in: Mountain Research and Development 9(1989)1, S. 35-49
	Plazas and Ferias of Ambato, Ecuador. in: Conference of Latin Americanist Geographers. Yearbook 1988, 14(1989) S. 43-50
	Environmental stress and sustainable development in the Tropical Andes, in: Mountain Research and Development 11(1991)3, S. 213-223
	The structure of squatter settlements in Medellín/Colombia. in: Area. 7(1975)4, S. 249-254

P 557	**Stahl**, Karin
	Arbeitsgemeinschaft Kirchlicher Entwicklungsdienst Planungs- und Grundsatzabteilung (AG KED) Kniebisstr. 29 D-70188 Stuttgart <W-7000 Stuttgart 1> Tel: 49 (7 11) 28 20 21 Fax: 49 (7 11) 26 74 16
Privat	Rohrbacherstr. 77 D-69115 Heidelberg <W-6900 Heidelberg> Tel: 49 (62 21) 2 77 93
Geburtsdatum, -ort	13.03.1953, Haiger
berufl. Werdegang	Studium (Politikwissenschaft, Germanistik), U Stuttgart, U Heidelberg; 1987 Dr.phil. (Politikwissenschaft); 1987-90 WissMitarb. der Forschungsstätte der Evangelischen Studiengemeinschaft (FEST); seit 1991 Referentin für Lateinamerika der AG KED; GastDoz. FLACSO/Buenos Aires (DAAD) März/April 1992
wiss. Vereinigungen	ADLAF; GEB
Sprachen	Spanisch, Englisch (Portugiesisch, Französisch, Italienisch)
Fachgebiet	Politikwissenschaft
themat. Schwerpunkte	Internationale Politik, Entwicklungspolitik, Sozialistische Entwicklungsländer, Technologiepolitik, Nukleare Proliferation, Regionale Integration, Ökologie und Entwicklung, Strukturanpassung
geogr. Schwerpunkte	Kuba, Zentralamerika, Cono Sur (Argentinien, Brasilien)
Monographien	Kuba - eine neue Klassengesellschaft? Heidelberg: Heidelberger Verlagsanstalt 1987, 320 S. Nuklearhandel zwischen Entwicklungsländern. Argentinien, Brasilien und Indien als neue Exportstaaten von Kerntechnologie. Saarbrücken/Fort Lauderdale: Breitenbach 1990, 407 S.
Aufsätze	Technologie- und Wachstumsfetischismus und Ökologie in Kuba, aus: Freiberg; Hein; Hurtienne; Mutter (Hg.), Drei Welten - eine Umwelt. Saarbrücken 1984, S. 273-301 Die nukleare Kooperation zwischen Argentinien und Brasilien, aus: D.Nohlen; M.Fernández; A.van Klaveren (Hg.), Demokratie und Außenpolitik in Lateinamerika. Opladen 1991, S. 247-273 "Sicherheit und Entwicklung": Die entwicklungspolitische Bedeutung der brasilianischen Doktrin der nationalen Sicherheit, aus: Diefenbacher; Moltmann (Hg.), Zum Verhältnis von Frieden und Sicherheit. Heidelberg: FEST 1991, S. 165-177 'Sustainable Development' als öko-soziale Entwicklungsalternative? aus: Hein (Hg.), Umweltorientierte Entwicklungspolitik. Hamburg: DÜI 1992 (2. erw. Aufl.)

P 558	**Stähle**, Vera-Dagny
	Seminar für Völkerkunde, Universität Bonn Römerstr. 164 D-53117 Bonn <W-5300 Bonn 1>
Privat	Bach-Str. 37 D-53115 Bonn

Geburtsdatum, -ort	23.12.1940, Stuttgart
berufl. Werdegang	1969 Dr.phil., Frankfurt; 1969-70 profesora-investigadora de tiempo completo, Departamento de Antropología U de los Andes, Bogotá; 1971-72 LA-Referentin Seminarzentrum für Wirtschafts- und Sozialentwicklung, DSE, Berlin; 1972-73 Leiterin des Förderungswerkes für Fachkräfte der Entwicklungshilfe der deutschen Entwicklungsdienste, Kübel-Stiftung, Bensheim; 1973-80 DFG-Stipendiatin, Feldstudien bei indianischen und kreolischen Bevölkerungsgruppen in Kolumbien und Venezuela; seit 1980 WissAngest. am Seminar für Völkerkunde, U Bonn
wiss. Vereinigungen	ADLAF
Sprachen	Englisch, Portugiesisch, Spanisch, Französisch (Italienisch, Niederländisch, Norwegisch)
Fachgebiet	Ethnologie
themat. Schwerpunkte	Religionsethnologie, Ethnosoziologie, Wirtschaftsethnologie, Angewandte Anthropologie, Visuelle Anthropologie, Interethnische und intertribale Beziehungen im nationalen und internationalen Kontext
geogr. Schwerpunkte	Lateinamerika, insbes. nördl. Südamerika und Zentralbrasilien (Orinoquia, Amazonien, Mato Grosso)
Monographien	Klotzrennen brasilianischer Indianer (ethnohistorische Einordnung, religiöse Bedeutung und soziale Funktion ritueller Stafettenläufe). Frankfurt/M. 1969, 443 S.
	Indianer, Colonos, Campesinos und Hacendados - Zu Geschichte und Anthropologie der Kolonisierung im Kolumbianischen Oriente. Teil I: Das Gebiet der Llanos Orientales und Orinoquia. Teil II: Kreolische Kolonisierung in traditionellen Wohngebieten indianischer Bevölkerungsgruppen. Teil III: Die Situation der Indianerbevölkerung der Kolumbianischen und der Venezolanischen Llanos und Orinoquia im nationalen und internationalen Kontext. (in Vorb.)
Aufsätze	Medien des Sozialen Wandels bei Tikuna-Indianern im Kolumbianischen Amazonasgebiet - Schule, Landfunk und Tourismus, aus: Atti del Congresso internazionale degli Americanisti. Bd. II Rom/Genua 1973, S. 399-411
	Übersetzung und Analyse ethnographischer, religionsethnologischer und ethnolinguistischer Texte und Anmerkungen aus Feldstudienskripten von K. Hissink (1953) für Edition durch A. Hahn. Liedertexte publiziert in: K. Hissink; A. Hahn (Hg.), Die Tacana, Bd. II. Daten zur Kulturgeschichte. Ergebnisse der Frobenius-Expedition nach Bolivien 1952-1954. Wiesbaden 1984, S. 227-229
	Frauenarbeit, Migration und Kolonisierung im kolumbianischen Oriente, in: Die Rolle der Frauen in den Kulturen der "Dritten Welt". Zeitschrift für Kulturaustausch. Stuttgart 40(1990)1, S. 105-112
sonst. Publikationen	Zwischenbericht: Porvenir und Umgebung - Anthropologische Untersuchungen zu interethnischen und intertribalen Beziehungen im Kolumbianischen Llanosgebiet. 1974, 100 S.

P 559	**Staib**, Bruno
	Romanisches Seminar, Universität Münster Bispinghof 3A D-48143 Münster <W-4400 Münster> Tel: 49 (2 51) 83-45 25 Telex: 8 92 529 UNIMS d Fax: 49 (2 51) 83-48 31
Privat	Mausbachstr. 29 D-48149 Münster Tel: 49 (2 51) 8 16 44
Geburtsdatum, -ort	27.08.1948, Ebingen
berufl. Werdegang	1975 WissAss., U Münster; 1980 Dr.phil., U Tübingen; 1986 Habil. in Romanischer Philologie; 1987 Univ.Prof., Romanisches Seminar U Münster
wiss. Vereinigungen	DRV; DHV
Sprachen	Französisch, Spanisch, Englisch (Italienisch, Rumänisch)
Fachgebiet	Linguistik
themat. Schwerpunkte	Lexikalische Semantik, Wortbildungslehre, Dialektologie,
geogr. Schwerpunkte	Frankreich, Spanien, Argentinien, Uruguay, Chile
Aufsätze	Typisierung und Hierarchisierung der sprachlichen Transposition, in: Romanistisches Jahrbuch. Hamburg 40(1989), S. 15-25 Der sprachnormative Diskurs in Hispanoamerika im 19. und 20. Jahrhundert. Tübingen 1992 (Beitr. zum 22. Romanistentag) Synkretismus und Konvergenz als Probleme einer synchronen Sprachanalyse, aus: S. Beckmann (Hg.), Semantik. Münster 1992, S. 75-88

P 560	**Steckbauer**, Sonja M.
Privat	Schießstattstr. 7/14 A-5020 Salzburg Tel: 43 (6 62) 43 49 19
Geburtsdatum, -ort	22.09.1961, Braunau/Inn
berufl. Werdegang	Lehramt für Spanisch, Französisch, Englisch, U Salzburg; 1990 Dr.phil.; Aufenthalte und Forschungsarbeiten in Lima/Peru und Guadalajara/Mexiko; Lektorin, U Salzburg, WIFI, VHS; Landessekretärin des LAI Salzburg
wiss. Vereinigungen	LAI; Verbund der Akademikerinnen Österreichs
Sprachen	Englisch, Spanisch, Französisch (Portugiesisch, Quechua)
Fachgebiet	Linguistik
themat. Schwerpunkte	Soziolinguistik, Sprachliche Situation bei den Huichol-Indianern in Jalisco und Nayarit/Mexiko, Zweisprachigkeit und Unterricht, Indianersprachen
geogr. Schwerpunkte	Peru, Amazonas, Mexiko
Aufsätze	Bilingüísmo quechua-español y educación en el Perú, II Coloquio Mauricio Swadersh. UNAM, Mexiko Bilingüísmo huichol-español en la Sierra de Jalisco y Nayarit, Veracruz

sonst. Publikationen — Die Auswirkung der Conquista Amerikas auf den Wortschatz im Spanischen und den anderer romanischer Sprachen. Salzburg 1985 (ungedr. Dipl.-Arbeit)
Bilingüismo y educación en el Perú. Unterricht und Zweisprachigkeit in Peru. Salzburg 1990 (ungedr. Diss.)

P 561 — **Steger**, Hanns-Albert

Lehrstuhl für Auslandswissenschaft (Romanische Sprachen)
Universität Erlangen-Nürnberg
Findelgasse 9
D-90402 Nürnberg <W-8500 Nürnberg>
Tel: 49 (9 11) 5 30 26 86
Fax: 49 (9 11) 5 30 26 58

Privat — Spardorfer Str. 55
D-91054 Erlangen <W-8520 Erlangen>
Tel: 49 (91 31) 2 66 62
Fax: 49 (91 31) 2 96 60

Geburtsdatum, -ort — 30.03.1923, Brunndöbra/Vogtland

berufl. Werdegang — Studium in Halle-Wittenberg, Heidelberg, Aix-en-Provence, Tübingen, Madrid; 1954-63 WissMitarb., DAAD, Dt. Studentenwerk, WRK, Bonn; 1965 PDoz., Münster; 1969 WissRat und Prof., Bielefeld; 1974-1991 o.Prof., Erlangen-Nürnberg; em.

Beratung — Präsident des "Consejo Europeo de Investigaciones Sociales de América Latina" (CEISAL, Wien); interdisziplinäre Feldforschung; Projektplanung; UNESCO-Berater für Hochschulplanung (Lateinamerika)

wiss. Vereinigungen — ADLAF; CEISAL

Sprachen — Englisch, Spanisch, Französisch (Portugiesisch, Italienisch)

Fachgebiet — Soziologie

themat. Schwerpunkte — Kultur-, Erziehungs- und Religionssoziologie, Historische Kulturanthropologie

geogr. Schwerpunkte — Mexiko, Kolumbien, Venezuela, Karibischer Raum

Schriftenreihen — Hg. "Beiträge zur Soziologie und Sozialkunde Lateinamerikas" (Frankfurt: Vervuert); Mithg. "Lateinamerika-Studien" (München)

Periodika — Mitglied des Editorial Board "Interamerican Studies and World Affairs" (Miami/USA) (1974-1988); Hg. der "Arbeitsunterlagen zur Lateinamerikaforschung" (Heft 1-50, 1965-72 abgeschl.)

Monographien — (Hg.) Lateinamerika. Frankfurt/M.: Fischer 1973, 5. Aufl. 1978, 443 S. (Fischer Länderkunde. 7) (zus. mit G. Sandner)
(Hg.) La concepción de tiempo y espacio en el mundo andino, Frankfurt/M.: Vervuert 1991, 332 S.
Universidad e industrialización, Mexico, D.F.: UNAM 1992, 125 S. (Cuadernos del CESU. 27)

Aufsätze — Sobre la sociología de los sistemas universitarios del occidente de Europa y de Latinoamérica en los siglos XIX y XX, aus: A.E. Solari (Hg.), Poder y desarrollo. América Latina. Estudios so-

ciológicos en homenaje a José Medina Echavarría. México D.F.: FCE 1977, S. 312-356
Hochschulplanung im Metropolitanbereich von Mexico, in: Lateinamerika-Studien. München 1(1976)
Mehrere Aufsätze über Probleme der Hochschulplanung, Feldforschung und des Technologie-Transfers, in: Zeitschrift für Lateinamerika. Wien
Kultur - Kulturtransfer - Gesellschaft. Anmerkungen zur Problematik kooperativer Entwicklung, aus: K. Lindenberg (Hg.), Lateinamerika. Herrschaft Gewalt und internationale Abhängigkeit. Bonn 1981
Tiempo e imperio, aus: ders. (Hg.) La concepción de tiempo y espacio en el mundo andino, Frankfurt 1991, S. 17-42
Estructuras indígenas del tiempo y del espacio en la cultura actual de México, in: Arqueoastronomía y etnoastronomía en Mesoamérica, México, D.F.: UNAM 1991, S. 3-11
Hat Lateinamerika eine Zukunft?, in: Lateinamerika. Tübingen (Geograf. Studien) 1991, S. 223-238
Historische Kulturanthropologie, aus: N. Werz (Hg.), Handbuch der deutschsprachigen Lateinamerikakunde. Freiburg: ABI 1992, S. 333-370

sonst. Publikationen Adolf Reichweins politische Landeskunde "Mexiko erwacht" 1930, in: Adolf Reichwein, Paderborn 1981, S. 209-229

P 562 **Stehmann**, Matthias

Institut für Seefischerei der BFA Fischerei am Zool. Institut und Zool. Museum der Universität Hamburg
Martin-Luther-King-Platz 3
D-20146 Hamburg <W-2000 Hamburg 13>
Tel: 49 (40) 41 23-56 45
Fax: 49 (40) 41 23-39 37

Privat Hildesheimer Weg 13
D-22459 Hamburg <W-2000 Hamburg 61>

Geburtsdatum, -ort 11.06.1943, Berlin-Steglitz

berufl. Werdegang 1962-69 Studium (Biologie, Meeresbiologie, Fischereibiologie), Kiel; 1969 Dr.rer.nat. (Meereskunde, Zoologie, Limnologie); seit 1969 Forschungswissenschaftler am Inst. für Seefischerei der BFA für Fischerei in Hamburg im Fachgebiet Ichthyologie; seit 1977 WissRat; seit 1982 WissOR. (Ichtyologie)

Sprachen Englisch (Spanisch, Portugiesisch, Franz., Italien., Russisch)

Fachgebiet Zoologie

themat. Schwerpunkte Knorpelfische (Haie, Rochen, Chimären) weltweit, Tiefseeformen; Taxonomie, Zoogeographie, Evolution und Phylogenie dieser Fischgruppe; Knochenfischfauna der Kontinentalabhänge und Tiefsee

geogr. Schwerpunkte Atlantik vom nördl. Polarmeer bis zur Antarktis, langfristiger Schwerpunkt: Südwestatlantik

Schriftenreihen	Hg. "Contributions to the study of the comparative morphology of teeth and other relevant ichtyodorulites in living supraspecific taxa of chondrichtyans". Seit 1987 fortlaufend in Bull. Inst. r. Sci. nat. Belg. (Biol.) Bisher 5 Folgen erschienen.
Monographien	Illustrated field guide to abundant marine fish species in Argentine waters. Hamburg 1978, 114 S.+rev. Nachdruck 1979, 152 S.
Aufsätze	Ergebnisse der Forschungsreisen des FFS "Walther Herwig" nach Südamerika. XXVI. Systematik und Verbreitung der Artengruppe - Seriolella punctata (Schneider, 1801), S. porosa (Guichenot, 1848), S. dobula (Günther, 1869) - sowie taxonomische Bemerkungen zu Hyperoglyphe (Günther, 1859) und Schedophilus (Cocco, 1839) (Osteichthes, Stromateoidei, Centrolophidae), in: Archiv für Fischereiwissenschaft. Berlin 23(1973)3, S. 179-201 (zus. mit W. Lenz)
	Ergebnisse der Forschungsreisen des FFS "Walther Herwig" nach Südamerika. XXXIII. Raja (Rajella) sadowskii spec. nov. (Chondrichthyes, Batoidei, Rajidae), ein weiterer neuer Roche vom südwestatlantischen Kontinentalabhang, in: Archiv für Fischereiwissenschaft. Berlin 25(1974) Bh. 1 , S. 33-50 (zus. mit G. Krefft)
	Ergebnisse der Forschungsreisen des FFS "Walther Herwig" nach Südamerika. XXXVI. Raja (Dipturus) leptocauda und Raja (Dipturus) trachyderma spec. nov. (Chondrichthyes, Batoidei, Rajidae), zwei weitere neue Rochenarten aus dem Südwestatlantik, in: Archiv für Fischereiwissenschaft. Berlin 25(1975)3, S. 77-97 (zus. mit G. Krefft)
	Ergebnisse der Forschungsreisen des FFS "Walther Herwig" nach Südamerika. LXIV. Bathyraja papilionofera sp.n. (Pisces, Batoidea, Rajidae), eine weitere neue Rochenart aus dem Südwestatlantik vom nordargentinischen Kontinentalabhang, in: Archiv für Fischereiwissenschaft. Berlin 36(1985)1/2, S. 195-211
	First records of Raja (Dipturus) trachyderma Krefft & Stehmann, 1975 from the Southeastern Pacific off Chile, with first descriptions of the clasper characters and additional skeletal and morphological details (Pisces, Rajiformes, Rajidae), in: Studies on Neotropical Fauna and Environment, Lisse 22(1987)4, S. 169-188 (zus. mit M.D. Leible)
	New taxa and records of marine fishes added to the subantarctic Argentine Patagonian fauna by German expeditions from 1966 to 1978, aus: J. Puigdefabregas et al. (Hg.), The Natural Systems of Tierra del Fuego and their occupation by man. Proc. of CSIC y CONICET seminario 11-14 Dec. 1990, Madrid/Spanien, Secc. Biogeográfico y Biología Marinas

P 563 **Steinhauf**, Andreas

Privat Sanderstraße 9
D-12047 Berlin <W-1000 Berlin 44>
Tel: 49 (30) 6 92 28 21

Geburtsdatum, -ort 24.04.1958, Frankfurt/M.

berufl. Werdegang 1987 M.A.; 1988-90 Forschungsprojekt IEP; 1991 Dr.phil.; freier wissenschaftlicher Mitarbeiter

Sprachen Englisch, Spanisch (Französisch)

Fachgebiet Ethnologie

themat. Schwerpunkte Migration, Informeller Sektor, Netzwerke, Urbanisierungsprozeß, Stadt-Land-Beziehung

geogr. Schwerpunkte Peru, Bolivien, Ekuador

Aufsätze Diferenciación étnica y redes de larga distancia entre migrantes andinos: El caso de Sanka y Colcha, in: Bull. Inst. fr. études andines. Lima 20(1991)1, S. 93-114

sonst. Publikationen Diferenciación de comunidades y diferenciación de colonia de migrantes: el caso de Quinches. Vortrag beim 46. Internationalen Amerikanistenkongreß. Amsterdam 1988

P 564 **Steinlin**, Hansjürg

Privat Eichhalde 68
D-79104 Freiburg <W-7800 Freiburg/Br.>
Tel: 49 (7 61)5 27-27, -28

Geburtsdatum, -ort 09.04.1921, St. Gallen

berufl. Werdegang Doz. ETH Zürich; o.Prof. U Freiburg; Director, Forest Resource Division, FAO Rome; em. Universitätsprofessor

Sprachen Englisch, Spanisch, Französisch, Italienisch

Fachgebiet Forstwissenschaft / Entwicklungspolitik

themat. Schwerpunkte Forstpolitik, Forstökonomie

geogr. Schwerpunkte u.a. Lateinamerika

Aufsätze "Forst- und Holzwissenschaften", aus: N. Werz (Hg.), Handbuch der deutschsprachigen Lateinamerikakunde. Freiburg/Br.: ABI 1992, S. 141-212

P 564A **Stimmer**, Gernot

Österreichisches Lateinamerika-Institut (ÖLAI)
Scherlingplatz 8
A-1010 Wien
Tel: 43 (1) 5 23-27 27, -33 15
Fax: 43 (1) 5 23 27 27-9

Privat Neustiftgasse 66/1/28
A-1070 Wien
Tel: 43 (1) 93 13 73

Geburtsdatum, -ort 31.03.1941, Wien

berufl. Werdegang Projektarbeit (Thyssenstiftung); Bank (Fremdsprachenkorrespondent); Erwachsenenbildung (Organisation); Bundessekretär des Verbandes Österreichischer Bildungswerke; Univ.Lektor, Inst. für Politikwiss., U Wien; seit 1993 Direktor des ÖLAI

wiss. Vereinigungen Österreichische Gesellschaft für Politikwissenschaft
Sprachen Spanisch, Englisch, Französisch, Portugiesisch
Fachgebiet Politikwissenschaft / Recht
themat. Schwerpunkte Elitenforschung, Autonomiebewegungen, Föderalismus
geogr. Schwerpunkte Österreich, Spanien, Lateinamerika

P 565 **Stingl**, Helmut

Lehrstuhl für Geomorphologie, Universität Bayreuth
Postfach 10 12 51
D-95412 Bayreuth <W-8580 Bayreuth>
Tel: 49 (9 21) 55-22 65

Privat Am Sommeracker 10
D-95367 Trebgast <W-8651 Trebgast>
Tel: 49 (92 27) 44 94

Geburtsdatum, -ort 06.06.1936, Bad Königswart/CSR

berufl. Werdegang 1968 Dr.rer.nat., Göttingen; WissAss., U Göttingen, Köln, Erlangen; 1977 Habil., U Erlangen; 1977-79 WissRat und Prof. für Geomorphologie, U Bayreuth; 1979-83 o.Prof. (Phys. Geogr.), Kath. U Eichstätt; 1980-81 Dekan der Mathem.-Geogr. Fak.; 1983 o.Prof. Lehrstuhl für Geomorphologie, U Bayreuth

wiss. Vereinigungen Deutscher Arbeitskreis für Geomorphologie
Sprachen Englisch, Spanisch (Französisch)
Fachgebiet Geographie / Ökologie
themat. Schwerpunkte Trockengebiete, Hochgebirge, Strukturformenrelief, Quartärforschung
geogr. Schwerpunkte Südamerika (Argentinien, Chile), Island, Alpen, Deutschland
Schriftenreihen Mithg. "Bayreuther Geowissenschaftliche Arbeiten"; "Südamerika. Geomorphologie und Paläoökologie des jüngeren Quartärs"

Monographien Strukturformen und Fußflächen im westl. Argentinien. Erlangen 1979, 130 S.

Aufsätze Gletscherschwankungen in den subtropischen-semiariden Hochanden Argentiniens, in: Z. Geomorph. NF Suppl. 30(1978), S. 115-131 (zus. mit K. Garleff)

Pedimenttypen im westl. Argentinien, in: Z. Geomorph. NF Suppl. 48(1983), S. 213-224 (zus. mit K. Garleff; E. Brunotte)

Spätglaziale und holozäne Gletscher- und Klimaschwankungen in den argentinischen Anden, in: Zbl. Geol. Paläont. 1(1984)11/12, S. 1667-1677 (zus. mit K. Garleff)

Anthropogene Beeinflussung d. Morphodynamik im Bolsón von Fiambla, NW-Argentinien, in: Abh. d. Akad. d. Wiss. in Göttingen, Math.-Physik. Kl. 41(1988)3, S. 307-327 (zus. mit K. Garleff; E. Brunotte)

Tektonisch geprägte Reliefentwicklung am argentinischen Andenrand, in: Bayreuther Geowiss. Arb. (1989)14, S. 125-133 (zus. mit K. Garleff)

Geomorphologische Aspekte aktuellen und vorzeitlichen Permafrosts in Argentinien, in: Zbl. Geol. Paläont 1(1985)9/10, S. 1367-1374 (zus. mit K. Garleff)

P 566 **Stinnesbeck**, Wolfgang

Facultad de Ciencias de la Tierra (FCT)
Universidad Autónoma de Nuevo León (UANL)
Apartado Postal 104, 67700 Linares, N.L./Mexiko
Tel: 52 (8 21) 2 43 02
Fax: 52 (8 21) 2 03 41

Privat Libertad 400 S
Apartado Postal 104, 67700 Linares, N.L./Mexiko

Geburtsdatum, -ort 23.09.1955, Troisdorf/NRW

berufl. Werdegang Studium und Promotion, U Bonn; 1981-86 WissMitarb. Paläont. Inst., U Bonn; 1986-87 WissMitarb. Geol.-Paläont. Inst. TH Aachen; seit 1987 Dozent für Paläontologie an der FCT, UANL., Mexiko

wiss. Vereinigungen DGG; Deutsche Paläontologische Gesellschaft; Sociedad Mexicana de Paleontología

Sprachen Englisch, Spanisch, Französisch (Portugiesisch)

Fachgebiet Geologie / Paläontologie

themat. Schwerpunkte Stratigraphie, Palökologie, Global Events

geogr. Schwerpunkte Chile, Brasilien, Mexiko

Aufsätze Zu den faunistischen und palökologischen Verhältnissen in der Quiriquina Formation Zentral-Chiles, in: Palaeontographics, Abt. A 194. Stuttgart (1986), S. 99-237

El límite Cretácico - Terciario en Chile Central, in: Actas Fac. Ciencias Tierra. Linares/Mexiko: U.A.N.L. 1987, S. 154-157

Fauna y microflora en el límite Cretácico - terciario en el estado de Pernambuco, Noreste de Brasil, in: Contr. Simp. Cretácico de Am.- Lat. Buenos Aires 1989, S. 215-230

Ammonites de la Formación Cuesta del Cura (Albiano Superior - Cenomaniano Inferior) en el área de Galeana, Nuevo León, in: Bol. Soc. Mex. Paleont., 3. México D.F. (im Druck)

P 567 **Stockmann**, Reinhard

Lehrstuhl für Methoden der empirischen Sozialforschung
Universität Mannheim
A 5
D-68159 Mannheim <W-6800 Mannheim>
Tel: 49 (6 21) 2 92-52 95
Fax: 49 (6 21) 2 92 50 07

Privat Wingertsfeldstr. 13
D-68642 Bürstadt <W-6842 Bürstadt>
Tel: 49 (62 06) 7 91 98

Geburtsdatum, -ort 25.04.1955, Bürstadt

berufl. Werdegang 1986 Dr.phil., U Mannheim; 1986/87 Ref. im BMZ, Bonn; seit 1987 WissMitarb., U Mannheim
Beratung Gutachtertätigkeit für BMZ, GTZ, DEH (Schweiz)
wiss. Vereinigungen IAFEF
Sprachen Englisch, Spanisch
Fachgebiet Soziologie / Entwicklungspolitik
themat. Schwerpunkte Entwicklungsländerforschung, Organisations- und Bildungssoziologie, Sozialstrukturanalyse, Wirkungsanalyse von Entwicklungsprojekten, Berufsbildung, Länderstudien
geogr. Schwerpunkte Lateinamerika, Südostasien
Monographien Die Nachhaltigkeit von Entwicklungsprojekten. Eine Methode zur Evaluierung am Beispiel von Berufsbildungsprojekten. Opladen 1992
Aufsätze Gesellschaftliche Zerrüttung trotz wirtschaftlicher Prosperität. Kolumbiens Rechts- und Gesellschaftsordnung droht zu zerbrechen, in: Jahrbuch Dritte Welt. München: Beck 1988
Die neue Violencia. Kolumbien in der Tradition der Gewalt, in: Ibero-Amerikanisches Archiv. Berlin 15(1989)3
Die Nachhaltigkeit von Entwicklungsprojekten der beruflichen Bildung in Ekuador, Guatemala, Honduras, Kolumbien, Mexiko ... (u.a.). 9 Fallstudien. Mannheim 1990-91 (zus. mit A. Resch)
Kolumbien, in: D. Nohlen; F. Nuscheler (Hg.), Handbuch der Dritten Welt. Bonn: Dietz 1992

P 568 **Stöger**, Peter

Pädagogische Akademie der Diözese Innsbruck
Klostergasse 8
A-6511 Zams
Privat Innstraße 39
A-6020 Innsbruck
Tel: 43 (5 12) 28 84 13
Geburtsdatum, -ort 18.05.1946, Innsbruck
berufl. Werdegang Pflichtschullehrer; seit 1982 Didaktiklehrer und Lehrender an der Pädagogischen Akademie; Habil.; seit 1985 UDoz.
wiss. Vereinigungen Ehrenmitglied der Akademie für Tiefenpsychologie, Buenos Aires
Sprachen Englisch, Spanisch
Fachgebiet Bildungswesen
themat. Schwerpunkte Pädagogik, Pädagogische Anthropologie u. bes. Berücksichtigung der Ethnopädagogik
geogr. Schwerpunkte Lateinamerika
Monographien Personalsituation bei Igor Caruso. Die Psychoanalyse als Instrument der Befreiung. Mit einem Vorwort von Erwin Ringel. Wien/Freiburg/Basel 1987
Aufsätze Nachruf auf Igor Caruso, in: Entwicklungspolitische Nachrichten. Wien (1981)8, S. 17-18

Bildung als Dialog. Die Methode Freire, in: Entwicklungspolitische Nachrichten. Wien (1982)9/10, S. 37-38
Das Ich und die Kultur. Aspekte bei Caruso, in: Kontakte. Zams 1(1983)1, S. 87-93
Aspekte der lateinamerikanischen und der mexikanischen Bildungssituation, in: Zeitschrift für Lateinamerika. Wien (1983)23, S. 34-43
Dialogverständnis bei Paulo Freire - pädagogische und anthropologische Anmerkungen, aus: H.-A. Herchen (Hg.), Aspekte der Sozialpädagogik. Reader. Frankfurt/M. 1983, S. 159-186
Macht, Personalsituation und Bildung (Paulo Freire und Igor A. Caruso), aus: G.F. Zeillinger (Hg.), Psychoanalyse und Macht. Wien 1986, S. 59-88
Dritte Welt - eine psychische Instanz?, in: Kontakte. Zams 4(1988)2, S. 133-150

P 569 **Stöhr**, Walter

Internationales Institut für Raumordnung, Stadt- und Regionalentwicklung, Wirtschaftsuniversität Wien
Augasse 2-6
A-1090 Wien
Tel: 43 (1) 3 13 36-47 76
Fax: 43 (1) 3 13 36-7 05
Privat Bockkellerstr. 8/2/16
A-1190 Wien
Tel: 43 (1) 37 26 72
Geburtsdatum, -ort 20.08.1928, Wien
berufl. Werdegang 1964-69 Berater beim Chilenischen Planungsbüro (ODEPLAN): 1967-68 GastProf., U C, Santiago de Chile (CIDU); 1969-73 Prof. an der MacMaster U, Hamilton/Kanada; 1973 GastProf., U Federal, Rio de Janeiro; 1973 o.Univ.Prof. am Int. Inst. für Raumordnung, Stadt- und Regionalentwicklung, WU Wien
Beratung diverse Internationale Organisationen
Sprachen Englisch, Spanisch (Portugiesisch, Französisch)
Fachgebiet Städteplanung / Regionalplanung
themat. Schwerpunkte Stadt- und Regionalentwicklung
geogr. Schwerpunkte u.a. Lateinamerika (Chile, Brasilien)
Schriftenreihen Diskussionspapiere des Instituts für Raumordnung, Stadt- und Regionalentwicklung an der WU Wien
Monographien Development from above or below? The dialects of regional planning in developing countries. Chichester: Wiley & Sons Ltd. 1981 (Hg. zus. mit D.R.F. Taylor)
Regional development in Latin America. Experiences and prospects. Den Haag: Muoton 1975

P 569A	**Strauch**, Wolfhard
	Lateinamerika-Institut (LAI), Universität Rostock August-Bebel-Str. 28 D-18055 Rostock <O-2500 Rostock> Tel: 49 (3 81) 3 79 24 60 Fax: 49 (3 81) 3 42 87
Privat	Albrecht-Tischbein-Str. 19 D-18109 Rostock <O-2520 Rostock>
Geburtsdatum, -ort	16.06.1942, Wittenberg
berufl. Werdegang	1962-68 Studium (Lateinamerikawissenschaften, Geschichte), U Rostock; 1968-83 WissAss., LAI; 1973 Dr.sc.; 1982 Habil.; seit 1983 HochschulDoz., LAI U Rostock
Sprachen	Spanisch (Englisch, Französisch, Portugiesisch, Russisch)
Fachgebiet	Geschichte
themat. Schwerpunkte	Geschichte der Arbeiterbewegung
geogr. Schwerpunkte	Lateinamerika
Aufsätze	Struktur und Organisation der Arbeiterklasse in Chile (1930-1970), in: Lateinamerika. Semesterbericht. Rostock, Frühjahr 1972, S. 5-37 Staat und Gewerkschaften in Mexiko 1917-1980, in: Lateinamerika. Semesterbericht, Frühjahr 1983, S. 123-143 Zur Einflußnahme des Staates auf die mexikanische Gewerkschaftsbewegung während der Präsidentschaft von Lázaro Cárdenas (1934-1940), in: AAL. Berlin 12(1984)1, S. 145-155 Die Haltung des Proletariats in der mexikanischen Revolution von 1910 bis 1917, in: AAL. Berlin 15(1987)3, S. 515-524

P 570	**Ströbele-Gregor**, Juliana
	Lateinamerika-Institut (LAI), Freie Universität Berlin Rüdesheimerstr. 54-56 D-14197 Berlin <W-1000 Berlin 33> Tel: 49 (30) 8 38-30 73 Fax: 49 (30) 8 38 54 64
Privat	Auguste-Viktoria-Str. 96 D-14193 Berlin Tel: 49 (30) 8 25 46 77 Fax: 49 (30) 3 91 60 52
Geburtsdatum, -ort	13.01.1943, Berlin
berufl. Werdegang	Schauspielerin; Medien-Arbeit und sozialpädagogische Arbeit mit Randgruppenjugend; Lehramt an Haupt- und Gesamtschule; Studium (Altamerikanistik, Ethnologie); 1988 Dr.phil.; Freiberufl. Gutachterin; seit 1989 WissMitarb., LAI FU Berlin
wiss. Vereinigungen	ADLAF
Sprachen	Spanisch, Englisch (Portugiesisch, Französisch)
Fachgebiet	Altamerikanistik / Ethnologie
themat. Schwerpunkte	Politische Ethnologie; Kulturanthropologie; Ethnohistorie; Sekten; Religiöse, soziale, indianische Bewegungen; Nationalismus - Ethnizität - Identität; Migration

geogr. Schwerpunkte Andenraum, Brasilien, Guatemala

Periodika Mithg. "Lateinamerika. Analysen und Berichte" (Bad Honnef)

Monographien Dialektik der Gegenaufklärung. Zur Problematik fundamentalistischer und evangelikaler Missionierung bei den urbanen aymara in La Paz (Bolivien). Bonn: Holos 1988, 369 S. (spanisch: Indios de piel blanca. La Paz: Hisbol 1989)

Aufsätze Länderbericht Guatemala, in: Lateinamerika. Analysen und Berichte. Hamburg 7(1983), S. 189-198 (zus. mit R. Mintz)
Länderbericht Guatemala, in: Lateinamerika. Analysen und Berichte. Hamburg 8(1984), S. 271-282 (zus. mit R. Mintz)
Bolivien: Die vertane Chance, in: Lateinamerika. Analysen und Berichte. Hamburg 9(1985), S. 202-214
"Wir sind die Indios mit der weißen Haut", in: Wege zum Menschen. Göttingen 41(1989)2, S. 70-86
Fundamentalistische und evangelikale Religionsgemeinschaften in Bolivien, in: Peripherie. Berlin (1989)35, S. 57-79
El Alto - Stadt der Zukunft, in: Lateinamerika. Analysen und Berichte. Hamburg 14(1990), S. 84-107
Verführt? Frauen in evangelikalen fundamentalistischen Religionsgemeinschaften, aus: Reusch; Wiener (Hg.), Geschlecht, Klasse, Ethnie. Alte Konflikte, neue soziale Bewegungen in Lateinamerika. Saarbrücken/Fort Lauderdale: Breitenbach 1991

P 571 **Struck**, Ernst

Lehrstuhl für Geographie, Universität Passau
Schustergasse 21
D-94032 Passau <W-8390 Passau>
Tel: 49 (8 51) 50 96 43
Fax: 49 (8 51) 50 91 30

Privat Am Seidenhof 2 c
D-94034 Passau
Tel: 49 (8 51) 4 52 10

Geburtsdatum, -ort 14.08.1951, Mülheim/Ruhr

berufl. Werdegang ab 1982 WissMitarb., U Passau; 1984 Dr.phil., U Düsseldorf; ab 1991 OberAss., U Passau; 1991 Dr.phil.habil., PDoz., U Passau

Sprachen Englisch, Türkisch (Portugiesisch)

Fachgebiet Geographie

themat. Schwerpunkte Siedlungsgeographie, Stadtgeographie, Zentralitätsforschung

geogr. Schwerpunkte Brasilien

Monographien Die Mittelpunktsiedlungen in Brasilien. Entwicklung und Struktur in drei Siedlungsräumen Espirito Santos. Passau 1991

Aufsätze Mittelpunktsiedlungen im deutschen Kolonisationsgebiet von Espirito Santo (Brasilien), aus: K. Rother (Hg.), Europäische Ethnien im ländlichen Raum der Neuen Welt. Passau 1989, S. 61-74
Die Kulturlandschaftsentwicklung im südost-brasilianischen Bundesstaat Espirito Santo, in: Nachrichten und Berichte. Passau (1988)54, S. 14-18

P 572	**Stubbe**, Hannes
	Departamento de Psicologia, Pontifícia Universidade Católica Rua Marquês de São Vicente 22453 Rio de Janeiro/Brasilien Caixa Postal 38032, 22452 Rio de Janeiro/Brasilien Tel: 55 (21) 2 74-99 22
Privat	Caixa Postal 38032, 22452 Rio de Janeiro/Brasilien
Geburtsdatum, -ort	10.10.1941, Heide/Holst.
berufl. Werdegang	1975 Dr.phil., Freiburg/Br.; 1975-80 Zentralinstitut für Seelische Gesundheit, Mannheim; 1976-80 U Heidelberg; 1981 DFG-Stipendiat (Brasilien); 1982 GastProf. in Rio de Janeiro; seit 1983 Prof.associado in Rio de Janeiro
wiss. Vereinigungen	ADLAF
Sprachen	Portugiesisch, Spanisch, Englisch (Französisch)
Fachgebiet	Psychologie / Ethnologie
themat. Schwerpunkte	Dritte Welt Psychologie, Kulturanthropologie, Wissenschaftsgeschichte in Lateinamerika, Psychotherapie, Sozialpsychologie
geogr. Schwerpunkte	Lateinamerika, insbes. Brasilien, Mexiko, Peru, Argentinien
Periodika	Hg. "Archivo Latinoamericano de Historia de la Psicología y Ciencias Afines" (Rio de Janeiro); "Journal of African Psychologie. South of Sahara, the Caribbean and Afro-Latinamerica" (Enugu); Mithg. "Psicología y Sociedad" (Lima)
Monographien	Geschichte der Psychologie in Brasilien. Von den indianischen und afrobrasilianischen Kulturen bis in die Gegenwart. Berlin: Reimer 1987 (portugiesisch: História da psicologia no Brasil. Rio de Janeiro: PUC 1988) (zus. mit M.Langenbach)
Aufsätze	Zur psychotherapeutischen Funktion des südamerikanischen Medizinmannes, in: Confinia Psychiatrica (1976)19, S. 68-79 Zur Ethnopsychiatrie in Brasilien, in: Social Psychiatry (1979)14, S. 187-195 Suizide und Suizidversuche in Brasilien, in: Medizin, Mensch und Gesellschaft (1982)7, S. 98-105 Verwitwung und Trauerreaktionen in Brasilien, in: Z. f. Psychosomat. Med. (1989)35, S. 277-288 Kulturanthropologische Aspekte der Trauer südamerikanischer Indianer, in: Sociologus (1990)40, S. 54-86 (zus. mit Santos-Stubbe) Moleques. Gesundheitliche und psychosoziale Situation brasilianischer Straßenkinder, aus: Lateinamerika-Studien. Wien 1992 Sobre la recepción de la psicología europea en América Latina, in: Arch. Latinoamer. Hist. Psicol. 1(1988)1, S. 51-62 Psychologie, aus: N. Werz (Hg.), Handbuch der deutschsprachigen Lateinamerikakunde. Freiburg: ABI 1992, S. 559-590

P 573 **Suess**, Paulo

Faculdade de Teologia, Departamento Missiologia
Av. Nazaré, 993 - Ipiranga, 04263 São Paulo, S.P./Brasilien
Tel: 55 (11) 5 78-86 00

Privat Caixa Postal 46-023, 04199 São Paulo, S.P./Brasilien
Tel: 55 (11) 5 78-48 13
Fax: 55 (11) 3 64-2 76

Geburtsdatum, -ort 02.04.1938

berufl. Werdegang Studium München u. Münster; Promotion; seit 1966 Brasilien

berufl. Stellung Leiter des Fachbereichs Missionswissenschaft; Fortbildungskurse in den verschiedensten Ländern Lateinamerikas; Berater des Indiomissionsrates der Brasilianischen Bischofskonferenz

Sprachen Portugiesisch, Spanisch, Französisch

Fachgebiet Theologie / Geschichte

themat. Schwerpunkte Indioproblematik, Kolonialgeschichte, Inkulturation

geogr. Schwerpunkte Lateinamerika, Brasilien

Monographien Volkskatholizismus in Brasilien. Zur Typologie und Strategie gelebter Religiosität. Mainz/München: Grünewald/Kaiser 1978, 198 S.

Cálice e cuia. Crônicas de pastoral e política indigenista. Petrópolis: Vozes 1989, 109 S. (Col. Teologia Orgânica. 21)

La nueva evangelización. Desafíos históricos y pautas culturales. Quito: Abya Yala 1991, 237 S.

Aufsätze Glaubensfreiheit und Zwangsarbeit. Spanische Missionare, Theologen und Juristen des 16. Jahrhunderts zur Rechtslage der Indios, in: Zeitschrift für Missionswissenschaft und Religionswissenschaft. Münster 71(1987)4, S. 292-315

Companheiro-peregrino na terra dos pobres, hóspedeirmão na cas dos outros. Desafios para uma missiologia a partir da América Latina, in: REB 48(1988)191, S. 645-671

Inculturação, aus: I. Ellacuria; J. Sobrino (Hg.), Mysterium liberationis. Conceptos fundamentales de la Teología de la Liberación, Vol. II. Madrid: Trotta 1990, S. 377-422

500 Jahre Christentum in Lateinamerika. Herausforderung einer nachkolonialen Evangelisierung, in: Orientierung 55(1991)19, S. 207-211

P 574 **Suter**, Christian

Soziologisches Institut, Universität Zürich
Rämistr. 69
CH-8001 Zürich
Tel: 41 (1) 2 57 21 61
Fax: 41 (1) 2 52 10 54

Privat Grüzenstr. 16
CH-8400 Winterthur
Tel: 41 (52) 28 27 29

Geburtsdatum, -ort 26.12.1956, Winterthur

berufl. Werdegang	1982 Lic.phil.; 1988 Dr.phil.; WissMitarb., U Zürich
Sprachen	Englisch, Französisch (Spanisch)
Fachgebiet	Politische Ökonomie / Entwicklungssoziologie
themat. Schwerpunkte	Auslandsverschuldung, Entwicklungsfinanzierung, Staat und Politik, Politisches System, Populismus, Sozialer Wandel
geogr. Schwerpunkte	Peru, Argentinien
Monographien	Schuldenzyklen in der Dritten Welt: Kreditaufnahme, Zahlungskrisen und Schuldenregelungen peripherer Länder im Weltsystem von 1820 bis 1986. Frankfurt/M.: Hain 1990, 333 S.
	Debt Cycles in the World-Economy. Boulder: Westview 1992, 227 S.
Aufsätze	Politische Regimes und Staatsentwicklung in der Dritten Welt: Peru seit den 1950er Jahren, in: Schweizerische Zeitschrift für Soziologie 17(1991)2 (zus. mit U. Pfister)
	Lecciones del pasado: Las crisis internacionales de la deuda y sus soluciones, 1820-1990, in: Problemas del Desarrollo. Mexiko 1992 (zus. mit H. Stamm; U. Pfister)

P 575	**Tangermann**, Klaus-Dieter
Privat	Paul-Lincke-Ufer 44 D-10999 Berlin <W-1000 Berlin 36> Tel: 49 (30) 6 18 18 04
Geburtsdatum, -ort	14.04.1947, Walsrode
berufl. Werdegang	1975 Dipl.Pol.; 1979 Mitbegründer "Die Tageszeitung"; 1979-85 Redakteur und Lateinamerikakorrespondent; 1989-91 Redakteur "Prokla"; 1991-92 LAI, FU Berlin
Sprachen	Spanisch, Englisch, Französisch (Portugiesisch, Italienisch)
Fachgebiet	Politikwissenschaft / Soziologie
themat. Schwerpunkte	Soziologie politischer Systeme, Entwicklungspolitik, Demokratisierung
geogr. Schwerpunkte	Mittelamerika
Aufsätze	Der Aufbau der "sandinistischen Demokratie" in Nicaragua, in: Lateinamerika. Analysen und Berichte. Berlin 5(1981)
	An der Nordgrenze Nicaraguas, aus: Pulverfaß Zentralamerika. Wuppertal: P. Hammer 1983
	Avantgarde und Massen in Mittelamerika. Die Fortschritte der Guerrillatheorie seit Ché Guevara, in: Prokla, 81. Berlin 20(1990)4 (Rotbuch)
	Die radikale Linke und ihr Verhältnis zu den Massen, aus: S. Armbrust; H. Dietrich; H. Zickgraf (Hg.), Sieger und Besiegte im 500-jährigen Reich. Bonn: Pahl-Rugenstein 1991
sonst. Publikationen	Ein Vulkan. Zentralamerika. taz-Journal. Berlin (1980)2

P 576 **Tausch**, Arno

Institut für Politikwissenschaft, Universität Innsbruck
Innrain 52/III
A-6020 Innsbruck
Tel: 43 (5 12) 5 07-25 93
Fax: 43 (5 12) 7 48 40 36

Privat Kranewitterallee 148/III/116
A-6020 Innsbruck
Tel: 43 (5 12) 89 35 63

Geburtsdatum, -ort 11.02.1951, Salzburg

berufl. Werdegang ab 1969 Studium (Politikwissenschaft, Massenkommunikationsforschung, Philosophie, Spanisch, Portugiesisch) in Salzburg; 1976 Dr.phil.; 1988 Habil.; Univ.Ass. in Politikwissenschaft; seit 1988 UDoz.; Associate Visiting Prof. (Politikwissenschaft), U of Hawaii

wiss. Vereinigungen APSA, Washington; ÖGPW; LASA; ISA; EADI

Sprachen Englisch, Spanisch, Portugiesisch (Französisch, Italienisch)

Fachgebiet Politikwissenschaft

themat. Schwerpunkte Gesellschaftstheorie, Kommunikationswissenschaften

geogr. Schwerpunkte Lateinamerika

Monographien Armut und Abhängigkeit. Politik und Ökonomie im peripheren Kapitalismus. Wien 1979

Jenseits der Weltgesellschaftstheorien. Sozialtransformationen und der Paradigmenwechsel in der Entwicklungsforschung. München 1987

Aufsätze Zur Analyse politischer Systeme in Lateinamerika, in: Zeitschrift für Lateinamerika. Wien 5(1973), S. 40-56

Rüstung und peripherer Kapitalismus, aus: K. Raffer; M. Kopeinig (Hg.), Aktuelle Beiträge zur Entwicklungspolitik. Österreichischer Informationsdienst für Entwicklungspolitik. Wien (1980), S. 73-120.

Rüstung und Lebensbedingungen in der Dritten Welt, aus: Ph. Sonntag (Hg.). Frankfurt: Haag/Herchen 1982, S. 176-186

Zur kubanischen Entwicklungseffizienz, in: Zeitschrift für Lateinamerika. Wien (1984)25, S. 33-44

Was bleibt von der Dependenztheorie?, in: Journal für Entwicklungspolitik (1986)3, S. 84-90

Armas socialistas, subdesarrollo y violencia estructural en el Tercer Mundo, in: Revista Internacional de Sociología. Madrid (1989)47, S. 583-716

P 577 **Tellenbach**, Michael

Seminar für Völkerkunde, Universität Bonn
Römerstr.
D-53117 Bonn <W-5300 Bonn 1>
Tel: 49 (2 28) 55 04 14

Privat Joachimstr. 19
D-53113 Bonn

Tel: 49 (2 28) 22 11 92

Geburtsdatum, -ort 20.10.1950, München

berufl. Werdegang 1980 Dr.phil.; 1980-85 Mitarbeiter Komm. Allgem. Vergl. Arch. d. Deut. Arch. Inst; 1986-88 Mitarb. LAI; 1989 Mitarb. Sem für Völkerkunde, U Bonn

Sprachen Spanisch, Englisch (Französisch, Rumänisch, Italienisch)

Fachgebiet Archäologie / Altamerikanistik

themat. Schwerpunkte Formativzeit, Relative Chronologien, Religionsgeschichte, Siedlungsgeschichte

geogr. Schwerpunkte Peru, Ekuador, Mexiko, Bolivien

Monographien Die Ausgrabungen in der formativzeitlichen Siedlung Montegrande, Jequetepeque-Tal, Nordperu. München 1986, 302 S.

Das Fürstengrab von Sipán. Entdeckung und Restaurierung. Mainz: Verlag des Römisch-Gemanischen Zentralmuseums 1989, 31 S. (zus. mit W. Alva Alva; M. Fecht; P. Schauer)

Aufsätze Algunas consideraciones sobre la "Estela C" y su complemento, la "Estela Covarrubias", de Tres Zapotes, Veracruz, in: Indiana. Berlin (1977)4, S. 63-67

Dritter Vorbericht über die Ausgrabungen im Jequetepeque-Tal, Nordperu, in: Beiträge zur Allgemeinen und Vergleichenden Archäologie. München (1986)6, S. 483-555

Fouilles dans la vallée du Jequetepeque (Pérou du Nord). Contribution a l'archéologie de l'habitat dans les Andes, in: L'Anthropologie. Paris 91(1987)4, S. 905-916

Chavín und der Ofrendas-Fund, in: Jahrbuch des Römisch-Germanischen Zentralmuseums. Mainz, ca. 150 S. (im Druck)

P 578 **Thesing**, Josef

Konrad-Adenauer-Stiftung, Internationale Zusammenarbeit
Rathausallee 12
D-53757 St. Augustin <W-5205 St. Augustin>
Postfach 12 60
D-53730 St. Augustin
Tel: 49 (22 41) 2 46-3 30
Telex: 889 727 kas d
Fax: 49 (22 41) 2 46-5 08

Privat Kantering 52
D-53639 Königswinter <W-5330 Königswinter 41>
Tel: 49 (22 23) 2 32 31

Geburtsdatum, -ort 07.06.1937, Alstätte

berufl. Werdegang Studium (Pol. Wiss.), München, Freiburg; 1966-73 Tätigkeit in Lateinamerika für die KAS, als Berater und Doz. in Guatemala und Kolumbien; Prof.e.h., Dr.h.c. (GCA); Leiter des Arbeitsbereichs Internationale Zusammenarbeit; Lehrbeauftragter, U Köln

Sprachen Englisch, Spanisch (Portugiesisch)

Fachgebiet Politikwissenschaft / Entwicklungspolitik

themat. Schwerpunkte Politik und Kultur in Lateinamerika, vor allem in Guatemala; Parteien und Parteiensysteme in Lateinamerika, vor allem christlich-demokratische Parteien; Menschenrechte; Politische Systeme in LA

geogr. Schwerpunkte Mittelamerika (Guatemala, El Salvador), Kolumbien, Venezuela

Periodika Hg. der "KAS-Auslandsinformationen"

Monographien (Hg.) Politik und Entwicklung in Lateinamerika. Mainz 1976, 328 S. (spanisch: Política y desarrollo en América Latina. Buenos Aires 1976, 360 S.)

(Hg.) Kultur und Entwicklung in Lateinamerika. St. Augustin 1989, 142 S.

(Hg.) Lateinamerika: Tradition und Modernität. Mainz 1991 (spanisch: América Latina: Tradición y Modernidad. Mainz 1989)

Aufsätze Zentralamerika im Umbruch, in: Aus Politik und Zeitgeschichte. Beilage zu "Das Parlament". Bonn (1982)B 46, S. 3-20

Wandel im karibischen Raum, in: Aus Politik und Zeitgeschichte (1984)B 13, S. 37-54

Guatemala, aus: J. Aretz; R. May (Hg.): Zentralamerika in der Krise. München 1985, S. 197-239

Ciencia política y democracia en América Latina: Aporte de la ciencia a la construcción de un sistema democrático, in Estudios Sociales. Santiago de Chile 1(1987)51, S. 107-117

El fortalecimiento y la credibilidad en las instituciones políticas, in: Asies. Guatemala (1989)5, S. 7-14

P 579 **Thiemer-Sachse**, Ursula

Lateinamerika-Institut (LAI), Freie Universität Berlin
Rüdesheimer Str. 54-56
D-14197 Berlin <W-1000 Berlin 33>
Tel: 49 (30) 8 38-30 72

Privat Giesensdorferstr. 32
D-12207 Berlin <W-1000 Berlin 45>
Tel: 49 (30) 7 72 64 33

Geburtsdatum, -ort 20.05.1941, Berlin

berufl. Werdegang 1963 Diplom; WissAss. am LAI der U Rostock, 1968 Dr.phil.; 1983 Dr.phil.habil.; 1984 HochschulDoz. am LAI der U Rostock; 1989 Forschungsgruppenleiterin am Zentralinstitut f. Alte Geschichte u. Archäologie der Akademie der Wissenschaften, Berlin; 1989 Honorarprof., U Rostock; Wissenschaftlerin im Eingliederungsprogramm

wiss. Vereinigungen Sociedad Mexicana da Antropología; AHILA; Berliner Gesellschaft für Anthropologie, Ethnologie und Urgeschichte; DGV; Gesellschaft für Ethnographie

Sprachen Spanisch, Englisch (Russisch, Portugiesisch, Französisch, Nahuatl, Mayathan, Ketschua)

Fachgebiet Altamerikanistik / Ethnologie

themat. Schwerpunkte Ethnohistorie, Tradition. Volkskultur, Wissenschaftsgeschichte

geogr. Schwerpunkte	Mexiko
Periodika	Mitarbeit im Redaktionsbeirat d. Zeitschrift "Das Altertum"; Mitglied des Redaktionskollegiums d. Zeitschrift "Lateinamerika" (Rostock)
Aufsätze	Salzgewinnung und Salzhandel bei den Zapoteca Südmexikos in vorspanischer Zeit. in: EAZ. Ethnographisch-Archäologische Zeitschrift. Berlin 28(1987)4, S. 565-574 Zur Problematik der sog. Auflösung theokratischer Kulturen in Altmexiko, aus: J. Herrmann; J. Köhn (Hg.), Familie, Staat und Gesellschaftsformation. Berlin 1988, S. 404-411 Las relaciones socioeconómicas entre los Zapotecas en la época de la conquista española de México. (Aporte al análisis de la primera formación social caracterizada por la división de clases en América), in: Ibero-Americana Pragensia. Prag 19(1985), S. 133-146 Derecho de los indígenas a utilizar el agua de riego, aus: W. Kapsoli (Hg.), Peruanistas contemporáneos. II (Temas, métodos, avances) Lima 1989, S. 67-81 Zu sprachlichen Ausdrucksmitteln bei Felipe Guamán Poma de Ayala, dem indianischen Bilderchronisten Perus in der frühen Kolonialzeit, in: Lehr- und Arbeitshefte zur Lusitanistik/Hispanistik der Wilhelm-Pieck-Universität Rostock VI. Rostock 1989, S. 78-85 El sincretismo y el mesianismo de los Zapotecas de México del Sur en tiempos de la colonia, aus: Iglesia, religión y sociedad en la historia latinoamericana 1492-1945. Congreso VIII de Asociación de Historiadores Latinoamericanistas de Europa. Bd. 2. Szeged 1989, S. 273-281 La insurrección de Tetiquipa - Río Hondo en 1547, México del Sur, in: Lateinamerika. Rostock 25(1990)1, S. 34-48 Ehe, Familie und Hauswirtschaft bei den gemeinfreien Zapoteca Südmexikos in vorspanischer Zeit, in: Abhandlungen und Berichte des Staatlichen Museums für Völkerkunde Dresden. Berlin 44(1990), S. 353-361

P 580	**Thiery**, Peter
	Institut für Politikwissenschaft (IfP), Universität Mainz Colonel-Kleinmann-Weg 2 D-55128 Mainz <W-6500 Mainz> Tel: 49 (61 31) 39 33 89 Fax: 49 (61 31) 39 33 28
Privat	Hindenburgstr. 20 D-55118 Mainz <W-6500 Mainz> Tel: 49 (61 31) 63 28 93
Geburtsdatum, -ort	24.04.1959, Speyer
berufl. Stellung	seit Februar 1990 WissMitarb., IfP, U Mainz
Sprachen	Englisch, Spanisch (Französisch, Portugiesisch)

Fachgebiet	Politikwissenschaft
themat. Schwerpunkte	Entwicklungspolitik, Entwicklungstheorie, Staat, Zivile Gesellschaft, Polit. Transition
geogr. Schwerpunkte	Lateinamerika, insb. Chile, Peru; (Spanien, Baskenland)
Aufsätze	Entwicklungsvorstellungen in Lateinamerika: Eine Neuauflage des CEPALISMO?, aus: M. Mols; P. Birle (Hg.), Entwicklungsdiskussion und Entwicklungspraxis in Lateinamerika, Südostasien und Indien. Münster 1991, S. 5-56 Leitlinien der Entwicklung in Südostasien und Lateinamerika, in: Außenpolitik. Hamburg 42(1991)4, S. 353-362 (mit J. Gardill)

P 581	**Thimm**, Andreas
	Universität Mainz, Studium Generale Saarstr. 21 D-55122 Mainz <W-6500 Mainz 1> Postfach 39 80 D-55029 Mainz Tel: 49 (61 31) 39-21 41, -26 60 Telex: 4 187 476 uni d Fax: 49 (61 31) 39-31 68
Privat	An der Klosterhecke 55 D-55130 Mainz <W-6500 Mainz 43> Tel: 49 (61 31) 88 11 75
Geburtsdatum, -ort	14.05.1944, Danzig
berufl. Werdegang	1966 WissMitarb. am ABI; 1970 M.A., Freiburg/Br.; 1972 Berater der FNS in Peru; seit 1974 WissAngest., U Mainz
wiss. Vereinigungen	ADLAF
Sprachen	Englisch, Spanisch (Portugiesisch, Französisch)
Fachgebiet	Politikwissenschaft
themat. Schwerpunkte	Politische Entwicklung, Partizipation, Politische Voraussetzungen wirtschaftlicher Integration, Menschenrechte, Grundbedürfnisse
geogr. Schwerpunkte	Andenländer
Schriftenreihen	(Hg.) "Veröffentlichungen des Interdisziplinären Arbeitskreises Dritte Welt der Universität Mainz" (zus. mit E. Gormsen)
Aufsätze	Menschenrechte und Grundbedürfnisse, aus: E. Gormsen; ders. (Hg.), Armut und Armutsbekämpfung in der Dritten Welt. Mainz 1990, S. 9-28, (spanisch: Necesidades básicas y derechos humanos, in: Doxa - Cuadernos de filosofía del derecho. Alicante (1990)7, S. 83-98

P 582 **Tichy**, Franz
Institut für Geographie, Zentralinstitut 06, Sektion Lateinamerika
Universität Erlangen-Nürnberg
Kochstr. 4
D-91054 Erlangen <W-8520 Erlangen>

Privat Spardorfer Str. 51
D-91054 Erlangen
Tel: 49 (91 31) 2 37 95

Geburtsdatum, -ort 16.07.1921, Marburg/Lahn

berufl. Werdegang 1951 Dr.phil., U Marburg; 1960 Habil., U Heidelberg; 1964 o. Prof. (Geographie), U Erlangen; 1986 emeritiert

wiss. Vereinigungen ADLAF

Sprachen Spanisch, Italienisch (Englisch, Französisch)

Fachgebiet Geographie / Länderkunde

themat. Schwerpunkte Kulturlandschaftsgeschichte

geogr. Schwerpunkte Mexiko, Italien

Schriftenreihen Mithg. "Lateinamerika-Studien" (Frankfurt)

Monographien Die geordnete Welt indianischer Völker. Ein Beispiel von Raumordnung und Zeitordnung im vorkolumbischen Mexiko. Mit einem Beitrag von J. Broda. Stuttgart: Steiner 1991, 228 S.

Aufsätze Die Umweltgestaltung im Hochbecken von Mexiko in der Sicht Alexander von Humboldts und die Umweltprobleme der Gegenwart, aus: E. Meynen (Hg.), Geographie heute. Einheit und Vielfalt. Festschrift Ernst Plewe. Wiesbaden 1973, S. 334-351

Siedlung und Bevölkerung im Raum Puebla-Tlaxcala am Ende des 18. Jahrhunderts dargestellt im Kartenbild, in: JbLA. Köln, Wien 10(1973), S. 207-235

Genetische Analyse eines Altsiedellandes im Hochland von Mexiko. Das Becken von Puebla-Tlaxcala, aus: J. Hövermann; H.-J. Nitz (Hg.), Gefügemuster der Erdoberfläche von Relief und Siedlungsräumen. Festschrift zum 42. Deutschen Geographentag. Göttingen 1979, S. 339-373

Politischer Umsturz im Spiegel der Ortsnamen im zentralmexikanischen Hochland, aus: Erlanger Ortsnamen-Kolloquium 1977. Heidelberg 1980, S. 139-149

Der Fuß zur Längenmessung in Mesoamerika, die Hand zur Winkelangabe, aus: B. Illius; M. Laubscher (Hg.) Circumpacifica. Festschrift für Thomas S. Bartel. Frankfurt 1990, S. 437-454

P 583 **Till**, Walter
Institut für Botanik, Universität Wien
Rennweg 14
A-1030 Wien
Tel: 43 (1) 78 71 01-2 32

Privat Kapellengasse 5/1/8
A-2514 Traiskirchen
Tel: 43 (22 52) 53 34 73

Geburtsdatum, -ort 12.01.1956, Attersee

berufl. Werdegang 1976-84 Studium (Biologie), U Wien; 1980-82 Projektmitarbeit; 1982 Studienreise nach Bolivien und Peru; 1984 Dr.rer.nat.; 1986, 1987, 1990, 1991 Studienreisen nach Südamerika (Peru, Bolivien, Argentinien, Paraguay); seit 1989 WissAss., U Wien

Sprachen Englisch, Spanisch

Fachgebiet Botanik

themat. Schwerpunkte Systematik und Evolution, Bromeliaceae, Coctaceae: Gymnocalycium

geogr. Schwerpunkte Südamerika

Aufsätze Aechmea itapoana, a new species from Bahia (Brazil): Taxonomy and Ecology. in: Pl.Syst.Evol. (1981)138, S. 147-151 (zus. mit W. Morawetz)
Eine neue Tillandsia-Art aus Südmexiko: T. kolbii (Bromeliaceae, in: Pl.Syst.Evol. (1981)138, 259-262 (zus. mit S. Schatzl)
Tillandsie marconae, eine neue Art aus der peruanischen Küstenwüste. in: Pl.Syst.Evol. (1985)149, S. 143-147
Tillandsia yuncharaensis, a new species from Bolivia. in: Bromel.Soc. (1990)40, S. 214-216
Eine neue Dyckia aus Pernambuco, Brasilien: Dyckia rupestirs, in: Die Bromelie (1990)3, S. 66-68 (zus. mit W. Morawetz)
und zahlreiche weitere Publikationen zu Tillandsia.

sonst. Publikationen Sippendifferenzierung innerhalb Tillandsia subgenus Diaphoranthema in Südamerika mit besonderer Berücksichtigung des Andenostrandes und der angrenzenden Gebiete. Wien 1984 (Diss.)

P 584 **Tillmann**, Hermann Josef

Institut für Agrarsoziologie, landwirtsch. Beratung und angewandte Psychologie, Universität Hohenheim (UH 430)
Geb. 04-15
D-70599 Stuttgart <W-7000 Stuttgart 70>
Postfach 70 05 62
D-70574 Stuttgart
Tel: 49 (7 11) 4 59-30 26
Fax: 49 (7 11) 4 59-26 52

Geburtsdatum, -ort 25.12.1949, Dabringhausen-Grunewald (NRW)

berufl. Werdegang 1974 MA in Ethnologie, FU Berlin; 1975-76 Lehrkraft in UNCP, Peru; 1976-79 Gründer und Mitarb. Instituto de Estudios Andinos (Huancayo); 1980-84 Hg. der Bauernzeitschrift "Minka" und Koordinator der Comisión Coordinadora de Tecnología Andina in Huancayo; seit 1985 WissMitarb. am Inst. 430, U Hohenheim; 1991 Dr.phil.

Beratung DSE, GTZ, Universidad de Huamanga/Peru

wiss. Vereinigungen DGV; AGEE; ESRS; AGRECOL

Sprachen Spanisch, Englisch, Französisch (Portugiesisch, Italienisch)

Fachgebiet Ethnologie / Landwirtschaft

themat. Schwerpunkte	Indigenous Knowledge Systems, Ökologischer und einheimischer Landbau, Landwirtschaftliche Beratung und Kommunikation, Partizipative Aktionsforschung, Partizipative Erwachsenenbildung und Seminarmethodik
geogr. Schwerpunkte	Peru, Dominikanische Republik, China
Monographien	Primer Curso Taller de Agricultura Andina. Cajamarca: CCTA 1983 Campesinos y Medio Ambiente en Cajamarca. Lima: Mosca Azul 1988 (zus. mit A. Kohler)
Aufsätze	Acerca de la metodología en programas de tecnología popular, aus: Primer Seminario Nacional sobre Tecnologías Adecuadas. Ayacucho 1978 Die Problematik der Bergregionenentwicklung am Beispiel Perus, in: Entwicklung und Ländlicher Raum. Frankfurt (1984) La quinua en Yanamarka, Prov. de Jauja, in: Boletín de Lima. Lima (1984) (zus. mit H. Orellana) Naturkenntnisse und Landnutzung im Mantarotal, Peru, in: 7. Tübinger Gespräch "Umwelt, Kultur und Entwicklung in der Dritten Welt", Tübingen 1986 Der Agrarfilm in der ländlichen Entwicklung, in: Entwicklung und ländlicher Raum. Frankfurt 21(1987)4 Die Problematik der Anwendung eurozentrischer Methodenansätze in der Planung und Förderung von Entwicklungsprojekten im peruanischen Hochland, aus: Neuere Forschungskonzepte und -methoden in den Wirtschafts- und Sozialwissenschaften des Landbaus. Münster-Hiltrup: Landwirtschaftsverlag 1989 Was sollte bei Ausbildung und Beratung bedacht werden? Beispiel: Überlegungen zu Ausbildungsprogrammen für Kleinbauern in Peru, in: Entwicklung und ländlicher Raum. Frankfurt (1989)5 (zus. mit M.A. Salas) Traditionelles Wissen und Ökologie in den Peruanischen Anden. Berlin 1991 Andean agriculture - a development path for Peru? in: ILEIA Newsletter (1990)1

P 585	**Tistl**, Michael Bundesanstalt für Geowissenschaften und Rohstoffe Stilleweg 2 D-30655 Hannover <W-3000 Hannover 51> Postfach 51 01 53 D-30631 Hannover Tel: 49 (5 11) 6 43 27 18 Fax: 49 (5 11) 6 43 23 04
Privat	Ostpreußendamm 182 b D-12207 Berlin <W-1000 Berlin 45>
Geburtsdatum, -ort	16.08.1955, Unterkirchberg bei Ulm

berufl. Werdegang	1976-81 Studium (Geologie/Paläontologie), FU Berlin; 1981-82 DAAD-Auslandsstipendium in Bolivien; 1985 Dr.rer.nat.; seit 1987 WissMitarb. bei der Bundesanstalt für Geowissenschaften und Rohstoffe im TZ-Projekt "Unterstützung des INGEOMINAS-Regionalbüros Medellín"; seit 1988 Leitung des Projektes
Beratung	Ausbildung im Rahmen von TZ, Organisation von Seminaren
wiss. Vereinigungen	Gesellschaft Deutscher Metallhütten- und Bergleute (GDMB); GV; DGG
Sprachen	Spanisch, Englisch, Französisch (Italienisch, Ungarisch)
Fachgebiet	Geologie
themat. Schwerpunkte	Goldlagerstätten, Kupferporphyrlagerstätten, Platinlagerstätten, Prospektion
geogr. Schwerpunkte	Kolumbien, Bolivien
Aufsätze	Primäres und sekundäres Gold in den N-bolivianischen Anden, in: Edelmetalle, Exploration und Gewinnung. Weinheim: GDMB 1985, S. 83-98 The Variscan Thermometamorphism and its Relations to Gold-Quartz Mineralizations in the NE Cordillera Real, Bolivia, in: Zbl. Geol. Paläontol. Stuttgart 1(1985)9/10, S. 1579-1589 (zus. mit H.-J. Schneider) Characteristics of Fluid Inclusions in the Porphyry Copper Deposits of La Granja/Peru, in: Chem. Geol. Amsterdam 61(1987), S. 183-192 (zus. mit U.F. Hein) Die Goldlagerstätten der Cordillera Real/Bolivien und ihr geologischer Rahmen, in: Berl.Geowiss.Abh., Berlin (1985)65, 30 S. Los filones "hipotermales" de Yani: un caso de herencia volcano-sedimentaria? in: Khrysos. La Paz 1990, S. 5-6; 15-21 Alaskan-Type Intrusions and Koamatiitic Basalts at Condoto (Chocó, Colombia), in: Zbl. Geol. Paläontol. Stuttgart (im Druck) (zus. mit R. Salinas)

P 586	**Tobler**, Hans Werner
	Institut für Geschichte, Eidgenössische Technische Hochschule Zürich, ETH Zentrum CH-8092 Zürich Tel: 41 (1) 2 56 40 11
Privat	Torlen 24 CH-8713 Uerikon Tel: 41 (1) 9 26 14 35
Geburtsdatum, -ort	01.08.1941, Zürich
berufl. Werdegang	1966 Dr.phil; 1967-70 Ass. U Zürich; 1970-71 Investigador visitante, El Colegio de México; seit 1973 Prof. für Geschichte an der Eidg. TH Zürich
wiss. Vereinigungen	AHILA
Sprachen	Französisch, Englisch, Spanisch, Italienisch (Portugiesisch)
Fachgebiet	Geschichte
themat. Schwerpunkte	Neuere Geschichte, Sozial- u. Wirtschaftsgeschichte

geogr. Schwerpunkte Lateinamerika, insb. Mexiko

Schriftenreihen Mithg. "Forschungen zu Lateinamerika" (Saarbrücken)

Monographien Mexiko: Die Institutionalisierte Revolution. Köln/Wien: Böhlau 1976, 235 S. (zus. mit M. Mols)

Die mexikanische Revolution: Gesellschaftlicher Wandel und politischer Umbruch, 1876-1940. Frankfurt:Suhrkamp 1984, 655

(Mithg.) Staatliche und parastaatliche Gewalt in Lateinamerika. Frankfurt: Vervuert 1991, 357 S. (zus. mit P. Waldmann)

Aufsätze Las paradojas del Ejército revolucionario - su papel social en la reforma agraria mexicana, 1920-1935, in: Historia Mexicana 21(1971)1, S. 38-79

German colonies in South America: A new Germany in the Cono Sur?, in: Journal of Interamerican Studies and World Affairs (1980)2, S. 227-245 (zus. mit P. Waldmann)

Peasants and the shaping of the revolutionary state, 1910-1940, aus: F. Katz (Hg.), Riot, rebellion and revolution. Rural social conflict in Mexico. Princeton Univ. Press 1988, S. 487-518

La Revolución mexicana: algunas particularidades desde un punto de vista comparativo, in: Revista Mexicana de Sociología 2(1989), S. 151-159

"Depressionsdiktaturen" in Zentralamerika? Einige Bemerkungen zu einem historischen Begriff, in: H.W. Tobler; P. Waldmann (Hg.), Staatliche und parastaatliche Gewalt in Lateinamerika. Frankfurt: Vervuert 1991, S. 217-226

P 587 **Töpper**, Barbara

Lateinamerika-Institut (LAI), Freie Universität Berlin
Rüdesheimerstr. 54-56
D-14197 Berlin <W-1000 Berlin 33>
Tel: 49 (30) 8 38-30 72

Privat Glockenstr. 6
D-14163 Berlin <W-1000 Berlin 37>

Geburtsdatum, -ort 03.05.1949, Hamburg

berufl. Werdegang Lehramt an Gymnasien; 1984 Dr.phil; seit 1984 WissMitarb., LAI FU Berlin

Sprachen Englisch, Spanisch (Französisch)

Fachgebiet Politikwissenschaft / Politische Ökonomie

themat. Schwerpunkte Internationale Politik, Entwicklungspolitik, Staat und Entwicklung, Politisches System, Demokratisierung

geogr. Schwerpunkte Argentinien, Chile, Kolumbien

Periodika Redaktionsmitarbeit bei "Peripherie"

Monographien Kolumbien. Geschichte und Gegenwart eines Landes im Ausnahmezustand. Westberlin: Wagenbach 1980, 190 S. (zus. mit K. Meschkat; P. Rohde)

Kapitalakkumulation und politische Herrschaft in Kolumbien. Die Rolle des Staates bei der industriellen Entwicklung des Landes. Baden-Baden: Nomos 1985, 740 S.

Aufsätze	Schuldnerland Argentinien: Enteignung durch das internationale Finanzkapital oder hausgemachte Misere?, in: Prokla 71(1988) Argentinien: Perspektiven der Demokratie, in: Lateinamerika. Analysen und Berichte. Hamburg 12(1988) (zus. mit F. Ossoni) Verschuldung, externe Intervention, nationale Souveränität und Demokratie: Das Beispiel Argentinien, in: Peripherie (1988)33/34, S. 93-127 Argentinien - Ist die Demokratie am Ende?, in: International (1989)3/4 Die Frage der Demokratie in der Entwicklungstheorie. Kritisches Resümee von 40 Jahren Theoriegeschichte, in: Peripherie (1990)39/40

P 588	**Trautmann**, Wolfgang
	Geographisches Institut, Universität Essen Universitätsstr. 5 D-45141 Essen <W-4300 Essen 1> Tel: 49 (2 01) 1 83 31 04
Privat	Brigittastr. 42 D-45130 Essen
Geburtsdatum, -ort	26.11.1940, Königsberg
berufl. Werdegang	1961-68 Studium (Philosophie, Germanistik, Geographie, Ethnologie, Altamerikanistik), Bonn, Hamburg; 1967 1. Staatsexamen (Geographie, Germanistik); 1968 Dr.phil. (Altamerikanistik); 1969-74 Mitarb. am Mexiko-Projekt der DFG; seit 1974 Wiss-Ass., Geogr.Inst. der U Essen; 1978 Habil. (Geographie); apl. Prof. und AkR; Mitarb. am ehem. Mexiko-Projekt der DFG
Sprachen	Englisch, Spanisch, Französisch
Fachgebiet	Geographie
themat. Schwerpunkte	Ethnohistorie, Histor. Geographie, Siedlungsgeographie, Wirtschafts- und Sozialgeographie
geogr. Schwerpunkte	Mexiko (Valle de México, Tlaxcala, Yucatán)
Monographien	Las transformaciones en el paisaje cultural de Tlaxcala durante la época colonial. Una contribución a la historia de México bajo especial consideración de aspectos geográfico-económicos y sociales. Wiesbaden 1981, 279. S.
Aufsätze	Probleme der Kulturlandschaftsgeschichte im zentralmexikanischen Hochland, in: Geographische Zeitschrift. Wiesbaden 60(1972)1, S. 40-52 Die Agrarregionen Mexikos vor der Conquista, in: Baessler-Archiv. Berlin NF 20(1972), S. 173-189 Formen der Landnutzung im präkolonialen Mexico, in: JbLA. Köln/Wien 10(1973), S. 1-15 Ergebnisse der Wüstungsforschung in Tlaxcala (Mexiko), in: Erdkunde. Bonn 28(1974), S. 115-124

Agrarstruktur und rezente Wandlungen in der Henequén-Landschaft Yucatáns, in: Zeitschrift für Wirtschafts-, Angewandte und Sozialgeographie. (1975)6, S. 172-181
Kolonialzeitliche Einflüsse von Staat und Gesellschaft auf die Agrarlandschaft des mexikanischen Hochlandes, aus: Tagungsberichte und wissenschaftliche Abhandlungen des 40. Deutschen Geographentages Innsbruck 1975. Wiesbaden 1976, S. 372-378
Geographical aspects of Hispanic colonization on northern frontier of New Spain, in: Erdkunde 40(1986), S. 241-250

P 589 **Tschohl**, Peter

Institut für Völkerkunde, Universität Köln
Albertus-Magnus-Platz
D-50931 Köln <W-5000 Köln 41>
Tel: 49 (2 21) 4 70 22 78
Privat Solothurner-Weg 20
D-51063 Köln <W-5000 Köln 80>
Tel: 49 (2 21) 64 25 20
Geburtsdatum, -ort 03.04.1935, München
berufl. Werdegang 1962 Dr.phil.; 1972 Dr.habil.; 1962-73 Stipendiat, DFG (Mitarb. am ehem. Mexiko-Projekt); 1974 Doz.; 1975 apl.Prof.; 1980 Univ.Prof.
wiss. Vereinigungen DGV
Sprachen Englisch, Spanisch, Französisch (Portugiesisch, Italienisch, Holländisch)
Fachgebiet Ethnologie
themat. Schwerpunkte Archäologie, Ethnohistorie, Systematische und theoretische Völkerkunde
geogr. Schwerpunkte Mesoamerika
Monographien Catálogo arqueológico y etnohistórico de Puebla-Tlaxcala/México. Bd.1 (A-C): Köln/Freiburg 1972, 573 S. (zus. mit H.J. Nikkel); Bd.2 (CH-S): Köln 1977, 676 S. (zus. mit F. Gewecke; H.J. Nickel; K.-G. Scheffer)
Systematische Anthropologie. München: Fink 1977, 367 S. (zus. mit W. Rudolph)
Aufsätze 4 Beiträge in S. Künsting; A. Bruck; ders. (Hg.), Mit Theorien arbeiten. Untersuchen in der Kulturanthropologie. Münster: Lit 1987, 2. Aufl. 1990, 234 S.
Das Ende der Leyenda de los Soles und die Übermittlungsprobleme des Códice Chimalpopoca, in: Baessler-Archiv. Berlin. NF 37(1989), S. 201-279
Die wortschriftlichen Quellen zum Aztekenreich, aus: U. Köhler (Hg.), Altamerikanistik. Eine Einführung in die Hochkulturen Mittel- und Südamerikas. Berlin 1990, S. 145-159
Dokumentarische Ethnohistorik: eine allgemeine Anleitung, aus: U. Köhler (Hg.), Altamerikanistik..., S. 161-171

P 590	**Tyrakowski**, Konrad
	Katholische Universität Eichstätt Ostenstr. 26 D-85072 Eichstätt <W-8078 Eichstätt> Tel: 49 (84 21) 2 03 78
Privat	Westenstr. 115 D-85072 Eichstätt
Geburtsdatum, -ort	01.01.1945, Brandenburg/Havel
berufl. Werdegang	1967-71 Studium (Geographie, Germanistik, Sozialkunde), Erlangen, Würzburg; 1971-73 und 1977-79 WissMitarb. am ehem. Mexiko-Projekt der DFG; 1974 Dr.rer.nat., Erlangen; 1976 päd. Prüfung für HL, Würzburg; 1979-80 WissAss., Geogr. Inst., U Würzburg; 1980-86 Hochschul.Ass., U Eichstätt; 1986 Dr.rer.nat.habil.; seit 1989 PDoz., U Eichstätt; Lehrer am Gymnasium
Sprachen	Spanisch (Englisch)
Fachgebiet	Geographie
themat. Schwerpunkte	Stadtgeographie, Ökologie, Historische Geographie, Wirtschaftsgeographie, Geographie des Fremdenverkehrs
geogr. Schwerpunkte	Mexiko, Spanien, Süddeutschland
Monographien	Mercados semanales en la región de Puebla-Tlaxcala/México. Puebla 1983 (zus. mit E. Seele; F. Wolf) Cuescomate y zencal en la región de Puebla-Tlaxcala/México. Puebla/México 1985 (zus. mit E. Seele)
Aufsätze	Zur Entwicklung des einheimischen Fremdenverkehrs in Mexiko, dargestellt am Beispiel des Staates Tlaxcala, in: Erdkunde 40(1986), S. 293-305 Die Rolle der Marktorte bei der Urbanisierung des ländlichen Raumes. Das Beispiel des Staates Puebla/Mexiko, aus: K. Kohut (Hg.), Die Metropolen in Lateinamerika. Hoffnung und Bedrohung für den Menschen. Regensburg 1986, S. 117-140 Turismo en la periferia: El caso del Estado de Tlaxcala, in: Geografía y Desarrollo. Bd. 3. México D.F. (1989)3, S. 40-48 Autochtone regelmäßige Netze vorspanischer Siedlungen im mexikanischen Hochland. Ein Beitrag zur Erforschung der Raumordnung der antiken Siedler zwischen Puebla und Tlaxcala, in: Geographische Zeitschrift 77(1989), S. 107-123 Zur ökologischen Situation der Stadt Mexiko, in: Geoökodynamik. Bensheim 12(1991)1/2, S. 139-160 Geographiedidaktik in einem Entwicklungsland. Das Beispiel der mexikanischen Preparatoria, in: Internationale Schulbuchforschung. Braunschweig 1991

P 591 **Ulbert**, Cornelius

Seminar für Völkerkunde, Universität Bonn
Römerstr. 164
D-53117 Bonn <W-5300 Bonn 1>
Tel: 49 (2 28) 55 04 12
Privat Schumannstr. 9
D-53113 Bonn

Geburtsdatum, -ort 28.09.1958, Kempfenhausen
berufl. Werdegang 1987 M.A.; 1992 Dr.phil.
Sprachen Englisch, Spanisch (Französisch, Quechua)
Fachgebiet Altamerikanistik / Archäologie
geogr. Schwerpunkte Andenstaaten
Monographien Die Keramik der formativen Siedlung Montegrande, Jequetepequetal, Nord-Peru (in Arbeit)
Aufsätze Vorbericht über die Untersuchungen der formativzeitlichen Anlage Kuntur Wasi am Oberlauf des Jequetepeque, in: Beiträge zur Allgemeinen und Vergleichenden Archäologie. München 6(1984), S. 559-572 (zus. mit K. Eibl)
Physical study of precolumbian ceramics from the Andes, aus: W. Bauer (Hg.), Archäologie in Peru - Archäometrie. Stuttgart 1987, S. 167-184 (zus. mit anderen)
Recent ceramic finds from Montegrande, Peru. Studied by physical methods, in: Akten zum 46. Internationalen Amerikanistenkongreß in Amsterdam 1988 (zus. mit anderen)

P 592 **Ulshöfer**, Petra

Oficina Regional de la OIT - Lima
Apartado Postal 36 38, Lima/Peru
Tel: 51 (14) 41 98 00
Telex: 36 25474
Fax: 51 (14) 70 49 54

Geburtsdatum, -ort 06.07.1948, Backnang/Württemberg
berufl. Werdegang Studium (Völkerkunde, Altamerikanistik, Soziologie, Agrarsoziologie, Entwicklungsplanung und Entwicklungssoziologie) in Freiburg, Bonn, TU Berlin, Bielefeld; 1974 M.A.; 1981-82 Wiss-Angest., U Bielefeld PSP Entwicklungsplanung; 1982-89 Projektleiterin ILO-Projekte in Mittelamerika und Karibik; Frauenbeauftragte der ILO für Lateinamerika und Karibik (Consejera Regional para Mujeres Trabajadoras)
Sprachen Spanisch, Englisch, Französisch
Fachgebiet Entwicklungspolitik / Entwicklungszusammenarbeit
themat. Schwerpunkte Frauen in Lateinamerika, Internationale Organisationen, Entwicklungszusammenarbeit und -projekte
geogr. Schwerpunkte Lateinamerika und Karibik
Aufsätze Household and enterprise: Towards a new model of the plantation. Evidence from the Guatemalan plantation system, in: Review. Binghamton 7(1983)2, S. 181-213

	La estabilidad del sistema de plantaciones en Guatemala, in: Homines. San Juan/Puerto Rico (Universidad Interamericana) 7(1983)1/2, S. 119-128
	La mujer frente al trabajo y el empleo, in: Informa. Lima (OIT) 4(1990)November
sonst. Publikationen	La igualdad de oportunidades y trato para la mujer trabajadora: Ideología o prioridad para la acción?, in: Crítica y Comunicación. Lima (OIT) 1991, 32 S.

P 593 **Valle**, Miguel

	Fremdspracheninstitut der Landeshauptstadt München Amalienstr. 36 D-80799 München <W-8000 München 40> Tel: 49 (89) 28 17 05
Privat	Alzstr. 9 D-81549 München <W-8000 München 90> Tel: 49 (89) 6 90 60 30
Geburtsdatum, -ort	16.05.1940, Lima/Peru
berufl. Werdegang	1969 Licencia en Filosofía, Rom; 1970 Profesor de Educación Secundaria, Lima; 1973 Doctorado en Filosofía, Lima; 1982 Staatl. gepr. Übers. für Spanisch, München; Doz.
wiss. Vereinigungen	DSV; Fachverband Moderne Fremdsprachen
Sprachen	Spanisch, Italienisch (Französisch, Portugiesisch, Englisch)
Fachgebiet	Philosophie / Literatur
themat. Schwerpunkte	Peruanische Literatur (insbes. Roman)
geogr. Schwerpunkte	Peru
Aufsätze	Ironía e identidad en Mario Vargas Llosa, in: Ibero-Amerikanisches Archiv. Berlin NF 4(1978)3, S. 237-242 Los recursos del humorismo en "Pantaleón y las Visitadoras", in: Studi di letteratura Ispano-americana 9(1979), S. 45-61 La evolución de las figuras religiosas en la novela peruana, in: Ibero-Amerikanisches Archiv. Berlin NF 5(1979), S. 309-313 Novela peruana de dualismo y dualidad, in: Thesaurus 23(1978), S. 306-309

P 594 **Veit**, Heinz

	Lehrstuhl für Geomorphologie, Universität Bayreuth Postfach 10 12 51 D-95412 Bayreuth <W-8580 Bayreuth> Tel: 49 (9 21) 55-22 67 Fax: 49 (9 21) 55 23 51
Privat	Bahnhofstr. 122 D-95460 Bad Berneck <W-8582 Bad Berneck> Tel: 49 (92 73) 52 81
Geburtsdatum, -ort	06.09.1956, Rüdesheim

berufl. Werdegang 1981 Forschungsaufenthalt in Brasilien; 1983 Dipl.Geogr.; seit 1983 WissMitarb., U Bayreuth; 1987 Dr.rer.nat.; 1988-91 Lehr- und Forschungsaufenthalt, U La Serena/Chile; AkRat a.Z.

wiss. Vereinigungen AK Geomorphologie; Deutsche Bodenkundliche Gesellschaft (DBG); DEUQUA

Sprachen Englisch, Spanisch (Portugiesisch, Französisch)

Fachgebiet Geographie

themat. Schwerpunkte Geomorphologie, Bodenkunde, Geoökologie, Paläoklimatologie des Quartärs

geogr. Schwerpunkte Chile, Argentinien, Brasilien

Monographien Relief, Gestein und Boden im Gebiet von Conceição dos Correiros (S-Brasilien). Frankfurt 1985, 98 S. (zus. mit H. Veit)

Aufsätze Some aspects of the genesis of cover sediments and soils in the "Ançungui-Mountains" Northwest of Curitiba (Southern Brazil), in: Zentralbl.Geol.Paläont. I. Stuttgart (1987)7/8, S. 853-861

Investigaciones geomorfológicas y pedológicas sobre el Cuaternario superior en la Cordillera del Valle de Elqui (Chile; 30°S), in: XII congreso nacional de geografía y III jornada de cartografía temática. La Serena 1990 (Tagungsband), S. 104-106

Jungquartäre Relief- und Bodenentwicklung in der Hochkordillere im Einzugsgebiet des Río Elqui (Nordchile, 30°S), in: Bamberger Geogr. Schriften (1991)11, S. 81-97

Landschafts- und Klimageschichte der Ariden Diagonale im Bereich von 27°-33°S, unter besonderer Berücksichtigung geomorphologischer und bodenkundlicher Befunde, aus: K. Garleff; K.& F. Schäbitz; H. Stingl; H. Veit (Hg.), Jungquartäre Landschaftsentwicklung und Klimageschichte beiderseits der Ariden Diagonale Südamerikas. Bamberg 1991, S. 359-394 (zus. mit H. Stingl)

Geomorphologisch-tektonische Differenzierung der West- und Ostseite der subtropischen Anden im Bereich von 27°-33°S., aus: Jungquartäre Landschaftsentwicklung... (s.o.)(zus. mit H. Stingl)

Upper Quarternary landscape and climate evolution in the "Norte Chico" (Northern Chile): An overview, in: Mountain Research and Development

Jungquartäre Landschafts- und Bodenentwicklung im chilenischen Andenvorland zwischen 27°-33° S., in: Bonner Geogr. Arbeiten

P 595 **Volland**, Martin

Seminar für Völkerkunde, Universität Bonn
Römerstr. 164
D-53117 Bonn <W-5300 Bonn 1>
Tel: 49 (2 28) 5 50-1 12
Fax: 49 (2 28) 73 55 79

Privat Im Uferfeld 5
D-53757 St. Augustin <W-5205 St. Augustin 3>

	Tel: 49 (22 41) 31 32 39
Geburtsdatum, -ort	25.01.1956, Berlin
berufl. Werdegang	1983 M.A.; seit 1983 WissMitarb. am Seminar für Völkerkunde, U Bonn
wiss. Vereinigungen	DGV
Sprachen	Englisch, Spanisch, Französisch (Portugiesisch, Italienisch, Quechua)
Fachgebiet	Altamerikanistik / Ethnologie
themat. Schwerpunkte	Ethnohistorie, Archäologie, Fischerei, Akkulturation
geogr. Schwerpunkte	Andenländer: Ekuador, La-Plata-Länder
Monographien	Fischfanggeräte und -techniken der Kleinfischerei an der Küste von Ecuador. Bonn: Holos 1990, 278 S. (zus. mit S. Thyssen)
	Beiträge zur Kulturgeschichte des westlichen Südamerika. Opladen: Westdeutscher Verlag 1990, 279 S. (zus. mit A. Meyers)
Aufsätze	Algunas noticias acerca de los caciques de Daule durante el siglo XVII - Estudio preliminar, aus: S.E. Moreno Y. (Hg.), Memorias del primer simposio europeo sobre antropología del Ecuador. Quito: Abya-Yala 1985, S. 189-200 (zus. mit B. Lenz-Volland)
	Ostras, perlas y púrpura. Su uso durante la época colonial hasta comienzos de la independencia en el Ecuador occidental, in: Miscelánea Antropológica Ecuatoriana. Guayaquil (1986)6, S. 49-70 (zus. mit B. Lenz-Volland)
	Los Punaes: Una jefatura del período tardío de integración, aus: J.F. Bouchard; M. Guinea (Hg.), Relaciones interculturales en el área ecuatorial del Pacífico durante la época precolombina. Oxford: BAR 1989, S. 247-258 (Proceedings of the 46th Internat. Congr. of Americanists)
	Indianische Meersalzproduktion im kolonialzeitlichen Ecuador, aus: A. Meyers; M. Volland (Hg.), Beiträge zur Kulturgeschichte des westlichen Südamerika, S. 86-112 (mit B. Lenz-Volland)

P 596	**Vollmer**, Günter
	Ibero-Amerikanisches Institut (IAI) Potsdamer Str. 37 D-10785 Berlin <W-1000 Berlin 30> Tel: 49 (30) 2 66 25 13
Privat	Düppelstr. 34 D-12163 Berlin <W-1000 Berlin 41> Tel: 49 (30) 7 92 78 24
Geburtsdatum, -ort	07.02.1937, Sundern
berufl. Werdegang	1965 Dr.phil., Köln; 1965-73 Mitarbeit am DFG-Projekt Puebla-Tlaxcala; WissMitarb., IAI Berlin
Sprachen	Englisch, Spanisch
Fachgebiet	Geschichte
themat. Schwerpunkte	Historisch-statistische Probleme (Bevölkerungsgeschichte, Wirtschaftsgeschichte, historische Geographie)

geogr. Schwerpunkte Mexiko

Periodika Schriftleitung "Ibero-Amerikanisches Archiv" (Frankfurt: Vervuert)

Aufsätze Mexikanische Regionalbezeichnungen im 16. Jahrhundert, in: JbLA. Köln, Wien 9(1972), S. 40-101

La evolución cuantitativa de la población indígena en la región de Puebla, 1570-1810, in: Historia Mexicana. México 23(1973), S. 43-51

El perfil demográfico de Huejotzingo. Realidades de la base documental e imponderables de la reconstrucción, in: Comunicaciones (Proyecto Puebla-Tlaxcala) 16(1979), S. 169-202

"Hispaniae Novae vera descriptio. 1579." Zur Wirklichkeitstreue einer Mexiko-Karte im Atlas des Abraham Ortelius, in: Ibero-Amerikanisches Archiv. Berlin 7(1981), S. 169-202

Esopo para mexicanos o el intento de enseñar a indígenas una vida prudente, aus: América. Encuentro y asimilación. Granada 1989, S. 97-108

Institutionen und Verfahrensweisen der spanischen Kolonialherrschaft, aus: U. Köhler (Hg.), Altamerikanistik. Berlin 1990, S. 617-646

P 597 **Vornefeld**, Ruth Maria

Lehrstuhl Wirtschafts-, Sozial-, Unternehmensgeschichte, Sozialwissenschaftliches Institut (SWI), Universität Erlangen-Nürnberg
Findelgasse 7
D-90402 Nürnberg <W-8500 Nürnberg 1>
Tel: 49 (9 11) 53 02-6 28, -6 08
Fax: 49 (9 11) 53 02-6 16

Privat Pferseer Str. 7b
D-86150 Augsburg <W-8900 Augsburg>
Tel: 49 (8 21) 15 78 71

Geburtsdatum, -ort 11.08.1964, Krefeld

berufl. Werdegang 1988 M.A.; 1991 Dr.phil., seit 1991 WissMitarb. am SWI, U Erlangen-Nürnberg

Sprachen Englisch, Französisch, Spanisch (Portugiesisch)

Fachgebiet Geschichte / Wirtschaft

themat. Schwerpunkte Kolonialzeit, Geldgeschichte, Technikgeschichte

geogr. Schwerpunkte Hispanoamerika

Monographien Spanische Geldpolitik in Hispanoamerika, 1750-1880. Stuttgart: Steiner 1992 (VSWG-Beiheft. 102)

Aufsätze The "export" of European knowledge and European products and its significance for the economic development and the structure of mining and business in overseas territories, aus: H. Pohl (Hg.), The European discovery of the world and its economic effects on pre-industrial society, 1500-1800. Stuttgart: Steiner 1990, S. 223-236

P 598 **Wagner**, Christoph

Institut für Politikwissenschaft (IfP), Universität Mainz
Colonel-Kleinmann-Weg 2
D-55128 Mainz <W-6500 Mainz>
Tel: 49 (61 31) 39 27 28
Fax: 49 (61 31) 39 33 28

Privat Bonifatius Platz 1a
D-55118 Mainz
Tel: 49 (61 31) 61 44 21

Geburtsdatum, -ort 17.01.1964, Hochheim/Ts

berufl. Werdegang 1990 M.A. (Politikwissenschaft, Publizistik, Pädagogik), U Mainz; Forschungsaufenthalte in Uruguay; seit 1991 WissMitarb. (Projekt "Unternehmerverbände im Cono Sur"); Referententätigkeit für die Fridtjof Nansen-Akademie, Ingelheim

wiss. Vereinigungen ADLAF

Sprachen Englisch, Spanisch

Fachgebiet Politikwissenschaft

themat. Schwerpunkte Entwicklungstheorie, Unternehmerforschung, Transitionsforschung, Wahlen, Internationale Politik, Politische Theorie

geogr. Schwerpunkte Lateinamerika (Uruguay, Chile, Argentinien)

Monographien Politik in Uruguay 1984-1990. Probleme der demokratischen Konsolidierung. Münster/Hamburg 1991

sonst. Publikationen Die mexikanischen Präsidentschaftswahlen 1988. Eine Analyse der Ereignisse, ihre Bedeutung für das politische System und Perspektiven des Modernisierungsprojekts von Carlos Salinas de Gortari. Mainz: IfP 1989, 82 S. (zus. mit H.-J. Lauth)

P 599 **Wahl**, Detlev

Lateinamerika-Institut (LAI), Universität Rostock
August-Bebel-Str. 28
D-18055 Rostock <O-2500 Rostock>
Tel: 49 (3 81) 3 79 24 60

Privat Neustrelitzer Str. 52 a
D-18109 Rostock
Tel: 49 (3 81) 71 97 53

berufl. Werdegang 1966-70 Studium (Ethnologie und Soziologie), Leipzig; 1970-71 Zusatzstudium Lateinamerikawissenschaften in Rostock; 1971 WissAss. an damaliger Sektion Lateinamerikawissenschaften; 1979 Dr.phil.; 1986 Habil.; 1986 und 1988 GastDoz., Kolumbien und Argentinien; seit 1986 Doz. für Soziologie Lateinamerikas, U Rostock; seit 1991 Sprecher des LAI U Rostock

Beratung Forschungsprojekt "Sozialreport Lateinamerika"; Forschungsprojekt "Der informelle Sektor in Lateinamerika und in den ehemaligen sozialistischen Ländern"

wiss. Vereinigungen VIDESAL (Untergruppe von CEISAL)

Sprachen Spanisch, Englisch (Russisch)

Fachgebiet Soziologie

themat. Schwerpunkte	Soziale Strukturen, Entwicklung der Lohnarbeit in Lateinamerika, Militär und Rüstung in Lateinamerika
geogr. Schwerpunkte	Argentinien, Mittelamerika, Karibik
Periodika	Mithg. "Lateinamerika"; "Jahrbuch Asien-Afrika-Lateinamerika"; "Dialog. Beiträge zur Entwicklungssoziologie"
Monographien	Mittelamerika im Aufbruch. Berlin 1981 Mittelamerika. Bewaffnete Befreiungskämpfe in Nikaragua, El Salvador und Guatemala. Berlin 1988 (zus. mit M. Letz) (Hg.) Demokratie und sozialer Fortschritt in Lateinamerika. Rostock 1988
Aufsätze	Sozialökonomischer und politischer Hintergrund der Ausrottung der argentinischen Pampa-Indianer im Wüstenkrieg, in: Zeitschrift für Militärgeschichte. Berlin (1984)3, S. 219-224 Soziale Auswirkungen der Krisenprozesse in Lateinamerika während der 80er Jahre, aus: Jb. AAL. Berlin 1988, S. 228-235 Landwirtschaft und "Campesino" im gegenwärtigen Lateinamerika, in: Lateinamerika. Rostock 24(1989)1, S. 28-51 (zus. mit M. Zeuske)

P 600	**Waldmann**, Peter
	Institut für Spanien- und Lateinamerikastudien Universität Augsburg Universitätsstraße 10 D-86159 Augsburg <W-8900 Augsburg> Tel: 49 (8 21) 5 98-55 78, -55 69 Fax: 49 (8 21) 5 98-55 04
Privat	Leustr. 15c D-86179 Augsburg Tel: 49 (8 21) 34 39 68
Geburtsdatum, -ort	22.03.1937, Meiningen/Thüringen
berufl. Werdegang	1956-63 Studium (Rechts- und Sozialwissenschaften), München, Paris; 1963 1.jur. Staatsexamen; 1967 2.jur. Staatsexamen; 1966 Dr.jur.; 1966-72 Ass. am Soziologischen Inst., U Saarbrükken; 1973 Habil. (Soziologie); 1973 WissRat und Prof., jetzt o.Prof. (Soziologie und Sozialkunde), U Augsburg
wiss. Vereinigungen	ADLAF
Sprachen	Englisch, Spanisch, Französisch
Fachgebiet	Soziologie
themat. Schwerpunkte	Organisationssoziologie, Soziologie der Entwicklungsländer (insbes. Lateinamerika), Kriminalsoziologie, Politische Soziologie
geogr. Schwerpunkte	Argentinien, Anden, Spanien
Schriftenreihen	Mithg. "Forschungen zu Lateinamerika" (Saarbrücken: Breitenbach); "Forschungen zu Spanien" (Saarbrücken: Breitenbach); "Internationale Gegenwart" (Paderborn: Schöningh)
Monographien	Der Peronismus 1943-1955. Hamburg: Hoffmann & Campe 1974, 326 S. (Diss.) (span.: El peronismo. 1943-1955. Buenos Aires: Ed. Sudamericana 1981, 257 S.)

Ensayos sobre política y sociedad en América Latina. Barcelona 1983
Lateinamerika. Geschichte, Wirtschaft, Gesellschaft. Bonn 1990 (zus. mit M. Wöhlcke) (Information zur polit. Bildung, 1/90)
(Hg.) Gewalt in Lateinamerika. JbLA. Köln/Wien 15(1978)
(Mithg.) El poder militar en la Argentina (1976-81). Frankfurt 1982 (Nachdr. Buenos Aires 1983) (zus. mit E. Garzón Valdés)
(Mithg.) El impacto de la inflación. En la sociedad y la política. Buenos Aires 1988 (zus. mit N.R. Botana)
(Mithg.) Staatliche und parastaatliche Gewalt in Lateinamerika. Frankfurt 1991 (zus. mit H.W. Tobler)
(Mithg.) Politisches Lexikon Lateinamerika, 3. neubearb. Aufl., München: Beck 1992, 404 S. (zus. mit H.-W. Krumwiede)

P 601 **Walger**, Christian

Dokumentations- und Beratungsstelle für Afrika-, Asien- und Lateinamerikaforschung
Fakultät für Soziologie, Universität Bielefeld
Universitätsstr. 25
D-33615 Bielefeld <W-4800 Bielefeld 1>
Tel: 49 (5 21) 1 06-42 33
Fax: 49 (5 21) 1 06-58 44

Privat Altenberndstr. 3
D-33615 Bielefeld
Tel: 49 (5 21) 88 28 95

Geburtsdatum, -ort 21.05.1960, Lüdenscheid

berufl. Werdegang Studium (Soziologie); 1989/90 Dipl.Soz.; seit 1991 WissAngest., U Bielefeld

Sprachen Portugiesisch, Englisch (Spanisch)

Fachgebiet Entwicklungssoziologie

themat. Schwerpunkte Wohnungsbau-Selbsthilfe, Städt. soziale Bewegungen, Sozialer Wandel, Kultur, Dokumentation, Deutsche entwicklungspolitische Nichtregierungsorganisationen

geogr. Schwerpunkte Brasilien

Monographien Deutsche Veröffentlichungen zu Brasilien 1979-1988. Bielefeld: Universität 1989, 248 S.; Neubearbeitung 1990, 212 S. (zus. mit R. Engelhardt)
Schwarzes Licht. Afrobrasilianische Kunst von Ronaldo Martins. Katalog zur Ausstellung. Mettingen: Brasilienkunde 1991, 38 S. (zus. mit M. Parente Augel)

Aufsätze Transatlantik. Ausstellung zu Brasilien und Afrika. Ein Beitrag zu Toleranz und Völkerverständigung, in: Brasilien Nachrichten. Osnabrück 15(1990)107, S. 49-60 (zus. mit M. Parente Augel)
Zauberformel Selbsthilfe. Überwindung urbaner Wohnungsnot zwischen Ideologie und Praxis, aus: S. Isbrand; G. Lübke; E. Mock-Bieber (Hg.), Selbstbestimmt und solidarisch. Fallstudien

über Selbsthilfe in der Dritten Welt. Saarbrücken/Fort Lauderdale: Breitenbach 1990, S. 203-226 (ASA-Studien. 21)
Zur Situation der Straßenkinder in Brasilien. Das Beispiel Salvador, in: Zeitschrift für internationale erziehungs- und sozialwissenschaftliche Forschung. Frankfurt/M. 8(1991)2
Wohnungsnot und Selbsthilfe im Maciel, aus: J. Augel (Hg.), Zentrum und Peripherie. Urbane Entwicklung und soziale Probleme einer brasilianischen Großstadt. Saarbrücken/Fort Lauderdale: Breitenbach 1991, S. 149-166 (ASA-Studien. 22)

sonst. Publikationen Faszination und Macht: Rundfunk und Fernsehen in Brasilien. Kultursoziologische Voraussetzungen und Auswirkungen auf Seiten des Hörfunk- und Fernsehpublikums. RIAS Berlin - Funkuniversität, Reihe "Medien in Lateinamerika", 19. März 1990 (nachgedruckt in: Brasilien Nachrichten. Osnabrück 14(1989)105, S. 2-14) (zus. mit J. Augel)

P 602 **Walter**, Monika

Forschungsschwerpunkt Literatur
Förderungsgesellschaft Wissenschaftl. Neuvorhaben m.b.H
Prenzlauer Promenade 149-152
D-13189 Berlin <O-1055 Berlin>
Tel: 49 (30) 4 79 71 89

Privat Isländische Str. 5
D-10439 Berlin <O-1071 Berlin>

Geburtsdatum, -ort 12.09.1942, Berlin

berufl. Werdegang WissMitarb., Zentralinst. f. Literaturgeschichte; 1973 Dr.phil.; 1988 Dr.sc.phil.; WissMitarb. Forschungsschwerpunkt Literatur

Sprachen Spanisch, Französisch (Portugiesisch, Russisch, Englisch)

Fachgebiet Literatur

themat. Schwerpunkte Romanpoetik, Beziehung Literatur und audiovisuelle Medien, Kultursemiotik

geogr. Schwerpunkte Kuba, Chile, Uruguay

Aufsätze Nuevo estilo rebelde? La novela "Soñé que la nieve ardía" de Antonio Skármeta, in: Casa de las Américas. La Habana 12(1981)131, S. 75-88
Das Werk des Omar Saavedra Santis im chilenischen Exilroman der achtziger Jahre, aus: Chile. Frankfurt/M. 1990, S. 262-277
Pablo Neruda's "Residencia en la tierra" in der Sicht Maria Zambranos. Ein verschollenes Kapitel seiner Wirkungsgeschichte, aus: H. Wentzlaff-Eggebert (Hg.), Europäische Avantgarde im lateinamerikanischen Kontext. Akten des internationalen Berliner Kolloquiums 1989. Frankfurt/M. 1991, S. 287-300
El Cimarrón en una cimarronada. Nuevos motivos para rechazar un texto y de la forma como éste se nos impone, in: Revista de crítica literaria latinoamericana. Lima 18(1992)36, S. 201-205

P 603 **Walter**, Rolf

Lehrstuhl für Wirtschafts- und Sozialgeschichte
Wirtschaftswissenschaftliche Fakultät, Universität Jena
Carl-Zeiss-Str. 1
D-07743 Jena <O-6900 Jena>

Geburtsdatum, -ort 14.02.1953, Kirchheim/Teck

berufl. Werdegang Studium (Wirtschafts- und Sozialwiss.), Erlangen-Nürnberg; 1978 Dipl.Hdl.; 1982 Dr.rer.pol.; 1988 Dr.rer.pol.habil; 1989 PDoz.; 1991 o.Prof. (Wirtschafts- und Sozialgeschichte), U Jena

Sprachen Englisch, Spanisch (Französisch, Italienisch)

Fachgebiet Geschichte

themat. Schwerpunkte Überseegeschichte 16.-20. Jahrhundert, Wirtschaftsbeziehungen, Akkulturation

geogr. Schwerpunkte Venezuela, Karibischer Raum, Brasilien

Periodika Mithg. "Nachrichten der Deutsch-Venezolanischen Gesellschaft" (München); "Encuentros" (Caracas)

Monographien Venezuela und Deutschland (1815-70). Wiesbaden 1983, 406 S. (Beiträge zur Wirtschafts- und Sozialgeschichte. 22) (Diss.)
Los alemanes en Venezuela. Bd. 1: Desde Colón hasta Guzmán Blanco. Caracas 1985, 283 S.; Bd. 2: 1870-1914. Caracas 1991, 260 S.

Aufsätze Rolle, Einfluß und Bedeutung der USA bei den Konflikten in Venezuela um die Jahrhundertwende, aus: H. Breinig (Hg.), Interamerikanische Beziehungen. Einfluß - Transfer - Interkulturalität. Ein Erlanger Kolloquium. Frankfurt/M. 1990, S. 25-36
German and U.S. American Commercial Relations with Venezuela, 1810-1830, aus: R. Liehr (Hg.), América Latina en la época de Simón Bolívar. La formación de las economías nacionales y los intereses económicos europeos 1800-1850. Berlin 1989, S. 439-452
Panorámica de las investigaciones sobre Venezuela realizadas por científicos alemanes después de Alexander von Humboldt (siglo XIX), aus: F. Becker (Hg.), América Latina en las letras y ciencias sociales alemanas. Caracas 1988, S. 479-494
Welser-Geschäfte in Venezuela: der Asiento aus dem Jahr 1528, aus: E. Schmitt (Hg.), Wirtschaft und Handel der Kolonialreiche. Dokumente zur Geschichte der europäischen Expansion, Bd. 4. München 1988, S. 37-47
Deutsche Reisende in Venezuela vom 16. Jahrhundert bis zur Gegenwart, aus: Venezuela. Kultur und Entwicklungsprobleme eines Opec-Landes. München 1988, S. 97-110 (Länderseminar IWZE Tübingen, 20.-21. November 1987)

sonst. Publikationen Preussen und Venezuela. Edition preussischer Konsularbericht über Venezuela 1842-1850. Frankfurt/M.: Vervuert 1991
Historische Überarbeitung, Einleitung und Mitherausgabe des zweisprachigen Werkes (deutsch und spanisch) von Elisabeth Gross: Vida alemana en la lejanía. Deutsches Leben in der Ferne. Caracas 1989, 218 S.

P 604	**Weischet**, Wolfgang
	Institut für Physische Geographie, Universität Freiburg Werderring 4 D-79098 Freiburg <W-7800 Freiburg/Br.> Tel: 49 (7 61) 2 03-44 42 Fax: 49 (7 61) 2 03-44 64
Privat	Kastelbergstr. 14 D-79189 Bad Krozingen <W-7812 Bad Krozingen> Tel: 49 (76 33) 37 85
Geburtsdatum, -ort	12.01.1921, Solingen
berufl. Werdegang	1942 Dipl.-Meteorologe; 1948 Dr.rer.nat.; 1954 Habil. (Geographie); 1948-59 WissAss. und Oberass.; 1959-61 Prof., seit 1961 o.Prof. (Geographie), U Freiburg; 1989 Emeritierung
Beratung	Stadtklimatologie, Ökologie Amazoniens
wiss. Vereinigungen	Deutsche Akademie der Naturforscher Leopoldina
Sprachen	Spanisch, Englisch (Französisch)
Fachgebiet	Geographie
themat. Schwerpunkte	Klimatologie, Geoökologie, Länderkunde
geogr. Schwerpunkte	Andenländer, Tropen
Monographien	Chile. Seine länderkundliche Struktur und Individualität. Darmstadt: Wiss. Buchges. 1970, 618 S.
Aufsätze	Das Klima Amazoniens und seine ökologischen Konsequenzen, aus: A. Hoppe (Hg.), Amazonien: Versuch einer interdisziplinären Annäherung. Freiburg 1990, S. 59-91 Naturgeographische Rahmenbedingungen südamerikanischer Lebensräume, aus: G. Kohlhepp: (Hg.), Lateinamerika, Umwelt und Gesellschaft zwischen Krise und Hoffnung. Tübingen 1991, S. 27-52 Climatic constraints for the development of the far South of Latin America, in: Geo Journal. Dordrecht 11(1985), S. 79-87 Die Andenländer, in: Länder, Völker, Kontinente. Bd. II. Gütersloh: Bertelsmann 1991, S. 280-309

P 605	**Weiß**, Holger
	Institut für Geologie und Paläontologie, Abteilung "Geologie Außereuropäischer Länder", Technische Universität Clausthal Leibnizstr. 10 D-38678 Clausthal-Zellerfeld <W-3392 Clausthal-Zellerfeld> Tel: 49 (53 23) 72 23 69 Telex: 953 828 tu clz d Fax: 49 (53 23) 72 36 77
Geburtsdatum, -ort	13.11.1958, Oelde
berufl. Werdegang	1986 Dipl.-Geol.; 1990 Dr.rer.nat., Clausthal; AkR a.Z.
wiss. Vereinigungen	DGG; Gesellschaft für Geologische Wissenschaften; SBG
Sprachen	Englisch, Portugiesisch, Spanisch (Italienisch)
Fachgebiet	Geologie

themat. Schwerpunkte	Strukturgeologie, Erz- und Gesteinstexturen, Tektonik präkambrischer Eisenerzlagerstätten, Geologie präkambrischer Becken Brasiliens, Stratigraphie des Devons im Rhenoherzynikum
geogr. Schwerpunkte	Minas Gerais/Brasilien, Rhenoherzynikum
Aufsätze	Tektonometamorphe und supergene Reicherze am SW-Rand des Eisernen Vierecks, Minas Gerais, Brasilien, in: Tagungsh. 12. Geowiss. Lateinamer. Koll. München 1990 (zus. mit M. Pradel; H. Quade) The fluvial facies of the Minas Supergroup at the SW border of the Iron Quadrangle, Brazil, in: Tagungsh. 11. Geowiss. Lateinamer. Koll., Hannover 1988, S. 121 (zus. mit H. Quade)
sonst. Publikationen	Sedimentologische, lithostratigraphische und tektonische Untersuchungen im Bereich der Santo Antônia-Fazies, SW Rand des Eisernen Vierecks, Minas Gerais, Brasilien. Clausthal-Zellerfeld 1990, 160 S. (Diss.)

P 606	**Weller**, Jürgen
	Programa Regional del Empleo para América Latina/Caribe (PREALC), Punto Focal para América Central y Panamá (OIT) Apartado 63 14, Panamá 5 / Panama Tel: 5 07 - 64 63 45 Fax: 5 07 - 23 59 02
Privat	Apartado 63 14, Panamá/Panama
Geburtsdatum, -ort	17.07.1957, Celle
berufl. Werdegang	1987-89 WissMitarb. LAI, FU Berlin; 1990-92 Beigeordneter Sachverständiger PREALC
Sprachen	Spanisch, Englisch
Fachgebiet	Politikwissenschaft
themat. Schwerpunkte	Landwirtschaft, Beschäftigungspolitik, Genossenschaften Außenwirtschaftspolitik
geogr. Schwerpunkte	Zentralamerika
Monographien	El desafío económico de Costa Rica. Desarrollo agroindustrial autocentrado como alternativa. San José: DEI 1990, 393 S. (zus. mit T. Altenburg; W. Hein)
Aufsätze	Genossenschaftskonzepte und Partizipationsmodelle in unterschiedlichen Wirtschafts- und Gesellschaftsordnungen - am Beispiel von Chile und Tansania, aus: G.-J. Gläßner (Hg.), Vertrauen auf die eigene Kraft. Selbsthilfeprojekte und Kooperativen in der Dritten Welt. Berlin 1984 Genossenschaften in Costa Rica: Integration oder Veränderung? aus: M. Ernst; S. Schmidt (Hg.), Demokratie in Costa Rica. Ein zentralamerikanischer Anachronismus? Berlin: 1986 Costa Rica paßt sich an - Ökonomische und politische Strukturveränderungen in der Regierungszeit Monge, in: Istmo. Studien zu Zentralamerika. Münster (1986)11 S., 6-30 El desarrollo del cooperativismo y la sociedad costarricense, in: Anuario de Estudios Centroamericanos. San José 13(1987)1, S. 127-148

Politische Konflikte um die Wirtschafts- und Entwicklungsstrategie der achtziger Jahre: Die Auseinandersetzung um die Zukunft der Granos Básicos in den ersten Jahren der Administration Arias, aus: L. Ellenberg; A. Bergemann (Hg.), Entwicklungsprobleme Costa Ricas. Saarbrücken/Fort Lauderdale 1990, S. 195-213

P 607 **Wentzlaff-Eggebert**, Christian

Romanisches Seminar, Universität Köln
Albertus-Magnus-Platz
D-50931 Köln <W-5000 Köln 41>
Tel: 49 (2 21) 4 70-42 63
Telex: 8882291 unik d
Fax: 49 (2 21) 4 70-51 51

Privat Ernst-Lehmann-Str. 15
D-88079 Kressbronn <W-7993 Kressbronn>
Tel: 49 (75 43) 86 90
Fax: 49 (75 43) 54 70

Geburtsdatum, -ort 06.03.1936, Berlin

berufl. Werdegang 1967 Dr.phil. (Roman. Philologie), U München; 1972 Habil. (Roman. Philologie, U Köln; 1973 UDoz.; 1974 Stud.Prof., 1982 o.Prof. (C3), U Köln; 1988 Vertr. einer Professur (C4), U Köln; GastProf in Frankreich und Argentinien; Gutachtertätigkeit für DAAD, Studienstiftung, AvH-Stiftung, EG-Kommiss. und EP; Initiator des IAS-Programms, San Miguel de Tucumán/Argentinien

wiss. Vereinigungen AK Spanien-Portugal-Lateinamerika (Vors.); Sociedad Argentina de Historiadores (korresp. Mitgl.); AIH; DRV; DHV

Sprachen Spanisch, Französisch, Italienisch, Englisch (Katalanisch, Portugiesisch, Rumänisch, Latein)

Fachgebiet Literatur

themat. Schwerpunkte Spanische und lateinamerikanische Literatur

geogr. Schwerpunkte Spanien, Lateinamerika, Argentinien, Chile

Schriftenreihen Mithg. "Forum Ibero-Americanum"

Monographien (Hg.) Realität und Mythos in der lateinamerikanischen Literatur. Köln/Wien 1989, 392 S.

(Hg.) Europäische Avantgarde im lateinamerikanischen Kontext. Frankfurt/M.: Vervuert 1991

Las literaturas hispánicas de vanguardia. Orientación bibliográfica. Frankfurt/M: Vervuert 1991

Aufsätze Literatura americana o literatura nacional: Problemas de la legitimación después de la Independencia, aus: I. Buisson; G. Kahle; H.-J. König; H. Pietschmann (Hg.), Problemas de la formación del estado y de la nación en Hispanoamérica. Köln/Wien 1984, S. 279-287

'La Araucana' como poema épico, aus: F. Gewecke (Hg.), Estudios de literatura española y francesa - Siglos XVI y XVII. Homenaje a Horst Baader. Frankfurt 1984, S. 219-236

Costumbrismo e identidad nacional, aus: F. Becker (Hg.), América Latina en las letras y ciencias sociales alemanas. Caracas 1988, S. 401-418; auch aus: Realität und Mythos...(s.o.), S. 373-390
Borges 1925, aus: ders. (Hg.), Europäische Avantgarde ... (s.o.), S. 183-200
La técnica de lo fantástico en algunos cuentos argentinos, aus: Festschrift für David Lagmanovich. 19 S. (erscheint in den USA)
Una obra hispanoamericana entre ilustración y costrumbrismo: El Lazarillo de ciegos caminantes de Alonso Carrió de la Vandera, aus: E. Caldera (Hg.), Atti del V Congresso sul Romanticismo spagnolo e ispanoamericano. Bordighera 1990
Pablo Neruda ante la literatura rumana, aus: S. Zanetti (Hg.), Actas del Congreso José Martí. La Plata 1991

P 608 **Wenzens**, Gerd

Geographisches Institut, Universität Düsseldorf
Universitätsstr. 1
D-40225 Düsseldorf <W-4000 Düsseldorf>
Tel: 49 (2 11) 3 11 20 48

Geburtsdatum, -ort 20.03.1941, Darmstadt
berufl. Werdegang 1969 Dr.rer.nat.; 1969-74 Ass., Geographisches Inst.; 1974 Habil.; 1974 Dozent; 1975 WissRat und Prof.; 1980 Univ.-Prof.
wiss. Vereinigungen DEQUA; VGDH
Sprachen Englisch, Spanisch (Französisch)
Fachgebiet Geographie
themat. Schwerpunkte Geomorphologie, Physische Geographie
geogr. Schwerpunkte Mittelamerika
Schriftenreihen Mithg. "Düsseldorfer Geographische Schriften"
Monographien Morphologische Entwicklung ausgewählter Regionen Nordmexikos unter besonderer Berücksichtigung des Kalkkrusten-, Pediment- und Poljeproblems. Düsseldorf 1974, 330 S.
Aufsätze Morphologische Entwicklung der Basin-Ranges in der Sierra Madre Oriental (Nordmexiko), in: Zeitschrift für Geomorphologie. Stuttgart 15(1972), Suppl. S. 39-52
Wirtschaftliche Veränderungen in der Comarca Lagunera (Nordmexiko) unter besonderer Berücksichtigung der Industrialisierung, in: Geographische Rundschau. Braunschweig 25(1973), S. 12-17
Fossile und rezente Karstformen im semiariden Bereich der Sierra Madre Oriental, Nordmexiko, in: Geographische Zeitschrift. Beih. Erdkundl. Wissen. Wiesbaden 32(1973), S. 54-71
Junge Wandlungen in der Agrarlandschaft der Comarca Lagunera (Nordmexiko), in: Mitteilungen der Österreichischen Geographischen Gesellschaft. Wien 16(1974), S. 22-38
Synsedimentär entstandene Kalkkrusten als morphologische Zeugen quartärer Kaltzeiten in Nordmexiko und ihre Bedeutung

für die Datierung der Pedimente, in: Würzburger Geographische Arbeiten. Würzburg (1975)43, S. 164-173
Die Bedeutung von korrosiven und nicht-korrosiven Prozessen für die Genese von Polje und Kegelkarst, in: Abhandlungen zur Karst- und Höhlenkunde. Reihe A: Speläologie. München (1977)15, S. 159-172

P 609 **Werlhof**, Claudia von

Institut für Politikwissenschaft, Sozial- und Wirtschaftswissenschaftliche Fakultät, Universität Innsbruck
Innrain 36
A-6020 Innsbruck
Tel: 43 (5 12) 5 07 25 93
Privat Eichberg 4
A-6176 Völs
Tel: 43 (5 12) 30 34 43
Geburtsdatum, -ort 17.05.1943, Zehrensdorf/Teltow
berufl. Werdegang 1968 Dipl.-Volksw., Köln; 1974 Dr.rer.pol. Köln; 1984 PDoz., Frankfurt/M.; o.Prof., U Innsbruck
Sprachen Englisch, Spanisch (Französisch)
Fachgebiet Politikwissenschaft / Entwicklungstheorie
themat. Schwerpunkte Agrar, Frauen, Technik
geogr. Schwerpunkte Venezuela, Mittelamerika
Monographien Prozesse der Unter-Entwicklung in El Salvador und Costa Rica. Saarbrücken: Breitenbach 1975, 245 S. (Diss.)
Wenn die Bauern wiederkommen... Frauen, Arbeit und Agrobusiness in Venezuela. Bd. 1. Bremen: Periferia/Edition CON 1985, 349 S. (Habil. Schrift)
Aufsätze The Combination of Different Production Relations on the Basis of Non-Proletarianization. Agrarian Production in Yaracuy, Venezuela, in: Latin American Perspectives. Social Classes. Riverside (1982)34, S. 79-103 (zus. mit H.-P.Neuhoff)
Unidas como una bandada de áquilas furiosas, aus: Luchas femininas y machismo en América Latina y el Caribe, Bd. III. Bogotá/Kolumbien 1982, S. 239-260; sowie in: El Gallo Ilustrado Nr. 1210. Mexiko 1985, S. 2-10
Neue Formen der Warenproduktion ohne Lohnarbeit. Die Organisation ländlicher Kollektivgenossenschaften in Venezuela nach dem Muster von Kleinfamilie und Vertragsproduktion: das Großprojekt Quibor, aus: H.-D. Evers; D. Senghaas; H. Wienholtz (Hg.), Auf dem Weg zu einer neuen Weltwirtschaftsordnung? Bedingungen und Grenzen für eine eigenständige Entwicklung. Baden-Baden: Nomos 1983, S. 307-325
Production Relation without Wage Labor and Labor division by Sex: Collective Cooperatives in New Irrigated Farming Systems in Venezuela, in: Review (Ferdinand Braudel Center). New York 7(1983)2: The Household and the Large Agriculture Unit, S. 315-359

New agricultural cooperatives on the basis of sexual polarization induced by the State. The "Model" collective cooperative "Cumaripa", Venezuela, in: Boletín de Estudios Latinoamericanos y del Caribe. Amsterdam (1983)35, S. 39-50
Vía Campesina en Venezuela: La teoría y la práctica de un nuevo movimiento social en las zonas rurales de un país petrolero, in: El Gallo Ilustrado (Wochenbeilage der Tageszeitung "El Día"), Nr. 1220. Mexiko 10.11.1985, S. 7-10
El desarrollo agroindustrial y el nuevo movimiento campesino en Venezuela, in: Boletín de Estudios Latinoamericanos y del Caribe. Amsterdam (1985)39

P 610 **Werner**, Reinhold

Lehrstuhl für Angewandte Sprachwissenschaft
(Romanistik) / Sprachenzentrum, Universität Augsburg
Universitätsstr. 10
D-86159 Augsburg <W-8900 Augsburg>
Tel: 49 (8 21) 59 87 61

Privat Jägerbachstr. 12
D-86179 Augsburg <W-8900 Augsburg 21>
Tel: 49 (8 21) 8 28 23

Geburtsdatum, -ort 29.03.1947, Regen

berufl. Werdegang seit 1973 WissMitarb.; 1975 Dr.phil.; seit 1975 WissAss.; seit 1982 Geschäftsführer des Sprachenzentrums der U Erlangen-Nürnberg; seit 1991 o.Prof.; Leiter des Sprachenzentrums; Mitarb. am "Wörterbuch des amerikanischen Spanisch"

Sprachen Englisch, Spanisch, Portugiesisch, Rumänisch (Katalanisch, Französisch, Italienisch, Ukrainisch, Bulgarisch, etc.)

Fachgebiet Linguistik

Aufsätze Nachfolger der 'pliegos de cordel' in Kolumbien, aus: F. Karlinger; D. Messner (Hg.), Berichte im Auftrag der Internationalen Arbeitsgemeinschaft für Forschung zum romanischen Volksbuch 4. Seekirchen 1977, S. 118-129
Zur Lexikographie des amerikanischen Spanisch. Vorschläge für ein neues Amerikanismenwörterbuch, aus: G. Haensch; R. Werner (Hg.), Referate der 1. wissenschaftlichen Tagung des Deutschen Hispanistenverbands in Augsburg 25.6.1977. Augsburg 1978, S. 132-157
Consideraciones sobre la elaboración de diccionarios de regionalismos (especialmente del español de América), in: Boletín de Filología. Santiago de Chile 29(1978), S. 351-363
Nichtspanische Sprachelemente magischer Formeln in volkstümlicher kolumbianischer Literatur, aus: Europäische Volksliteratur. Festschrift für Felix Karlinger. Wien 1980, S. 194-207
Die Amerikanismen im Diccionario de Autoridades, aus: J.M. López Abiada; T. Heydenreich (Hg.), Iberoamérica. Historia - sociedad - literatura. Homenaje a G. Siebenmann. München: Fink 1983, S. 1075-1082

Die Amerikanismen im Handwörterbuch der Real Academia Española, in Spanien und Lateinamerika, aus: C. Segoviano; J.M. Navarro (Hg.) Beiträge zu Sprache, Literatur, Kultur. Homenaje a Anton Bemmerlein [e] Inge Emmerlein, Bd. II. Nürnberg 1984, S. 530-551
Zum Stand der zweisprachigen Lexikographie Deutsch-Spanisch, Spanisch-Deutsch, in: Lexikographica 2(1986), S.127-155
Principios diferenciales y contrastivas en la lexicografía del español americano, in: Encuentro internacional sobre el español de América. Presencia y destino. El español de América hacia el siglo XXI, tomo I. Santafé de Bogotá 1991, S. 229-271

P 611 **Wernhart**, Karl R.

Institut für Völkerkunde, Universität Wien
Universitätsstraße 7
A-1010 Wien
Tel: 43 (1) 4 01 03-25 44
Fax: 43 (1) 4 02 05 33

Privat Klostergasse 16/10
A-1180 Wien
Tel: 43 (1) 47 14 94

Geburtsdatum, -ort 14.08.1941, Wien

berufl. Werdegang 1967 Dr.phil.; ab 1968 Ass., Inst. für Völkerkunde; 1975-80 UnivDoz., U Innsbruck; ab 1980 o.Prof., U Wien; 1985-89 Dekan der GRUWI-Fakultät; 1989-91 Rektor, U Wien

Sprachen Englisch, Spanisch, Französisch, Italienisch (Portugiesisch)

Fachgebiet Ethnologie

themat. Schwerpunkte Kulturgeschichte, Ethnohistorie, Dialog mit Nachbarfächern der Ethnologie (Archäologie, Geschichte)

geogr. Schwerpunkte West-Indies, Karibischer Raum, Afro-Asiatische Kulturen

Schriftenreihen "Wiener Beiträge zur Ethnologie und Anthropologie"

Periodika "Wiener Ethnohistorische Blätter"

P 612 **Werz**, Nikolaus

Arnold-Bergstraesser-Institut für kulturwissenschaftliche Forschung (ABI)
Windausstr. 16
D-79110 Freiburg <W-7800 Freiburg/Br.>
Tel: 49 (7 61) 8 50 91

Privat Turnseestr. 34
D-79102 Freiburg

Geburtsdatum, -ort 15.07.1952, Bonn

berufl. Werdegang 1977 Staatsexamen (Germanistik, Geschichte); 1980/81 Investigador asociado am CENDES-Institut, Caracas; seit 1981 Wiss-Angest., ABI Freiburg; 1983 Dr.phil.; 1991 Habil.

Beratung Gelegentl. Gutachtertätigkeit (GTZ, Caritas)

Sprachen Englisch, Spanisch, Französisch (Portugiesisch, Italienisch)

Fachgebiet Politikwissenschaft / Geschichte
themat. Schwerpunkte Geschichte, Demokratisierung, Herrschaftsform, Partei, Politisches System
geogr. Schwerpunkte Lateinamerika, Venezuela, Argentinien
Monographien Parteien, Staat und Entwicklung in Venezuela. München: Weltforum 1983, 354 S.
Von Deutschland lernen? Ein Meinungsbild von Fach-und Führungskräften aus Indien, Indonesien, Kenia, Mexiko, Peru. Baden-Baden: Nomos 1986, 159 S., (zus. mit G. Braun; R. Hampel; B. Krupp)
Venezuela: Wahlen und Politik zum Ausgang der 80er Jahre, Freiburg 1990, 130 S. (zus. mit F. Welsch)
Das neuere politische und sozialwissenschaftliche Denken in Lateinamerika. Freiburg: ABI 1991, XI+424 S.
(Hg.) Handbuch der deutschsprachigen Lateinamerikaforschung. Freiburg: ABI 1992, XIII+890 S.
Aufsätze Parties and party systems in Latin America, aus: M.J. Holler (Hg.), The logic of multiparty systems. Dordrecht 1987, S. 223-243
La era moderna asincrónica. Reflecciones comparadas sobre el debate en torno al progreso y a la modernización en Alemania y Venezuela, in: Encuentros 1(1987)1, S. 35-49
Democracy and Forms of Government in South America, in: Law and State 39(1989)1, S. 99-131
Internationale Parteienföderationen und Lateinamerika, in: Lateinamerika Jahrb. 1991. Frankfurt: Vervuert 1992, S. 100-126

P 613 **Westphal**, Wilfried
Privat Wichterichstr. 9
D-53177 Bonn <W-5300 Bonn 2>
Tel: 49 (2 28) 31 03 33
Geburtsdatum, -ort 06.08.1941, Goslar
berufl. Werdegang Studium (Amerikanistik), Hamburg, USA, Lateinamerika; 1973 Dr.phil.; wiederholt tätig in praktischer Entwicklungspolitik; Lehrauftrag, U Bonn; freier Schriftsteller
Sprachen Englisch, Spanisch (Portugiesisch, Französisch)
Fachgebiet Entwicklungspolitik
themat. Schwerpunkte Kolonialgeschichte und Entwicklungspolitik
geogr. Schwerpunkte Lateinamerika, Ägypten, Südasien
Periodika Hg. "Maya News" (Organ von Maya International, Gesellschaft zur Förderung der Selbstbestimmung der Mayas e.V.)
Monographien Exogener soziokultureller Wandel bei den Lakandonen (Mexiko). München: Renner 1973, 379 S.
Die Maya. Volk im Schatten seiner Väter. München: Bertelsmann 1977, 404 S.
Krisenherd Mittelamerika. Versklavung und Befreiung. Berlin: Ullstein 1982, 351 S.

Unter den Schwingen des Kondor. Das Reich der Inka gestern und heute. München: Bertelsmann 1985, 376 S.
Der Adler auf dem Kaktus. Eine Geschichte der Azteken von den Anfängen bis zur Gegenwart. Braunschweig: Westermann 1990, 413 S.
Die Mayaforschung. Geschichte, Methoden, Ergebnisse. Frankfurt/M.: Vervuert 1991, 309 S.
Das letzte Paradies: Countdown am Amazonas. Braunschweig: Westermann 1991, 370 S.

P 614 **Westphalen**, Jürgen

Deutsch-Südamerikanische Bank AG
Neuer Jungfernstieg 16
D-20354 Hamburg <W-2000 Hamburg 36>
Tel: 49 (40) 34 10 70
Telex: 214 236-0 ds d
Fax: 49 (40) 34 10 73 14

Privat Henseweg 23 f
D-22359 Hamburg <W-2000 Hamburg 67>
Tel: 49 (40) 6 04 09 37

Geburtsdatum, -ort 05.03.1930, Flensburg

berufl. Werdegang 1952 Kaufmannsgehilfenprüfung (Industriekaufmann); 1956 Dipl. Volkswirt, Hamburg; 1957 Industrie- und Handelskammer Flensburg; 1958-60 Cámara de Comercio e Industria Boliviano-Alemana, La Paz; 1960 Dr.rer.pol., U Kiel; 1961-71 IAV, Hamburg; 1971-93 Direktor, Deutsch-Südamerikanische Bank AG (i.R.)

Sprachen Englisch, Spanisch (Portugiesisch)

Fachgebiet Wirtschaft / Entwicklungsökonomie

themat. Schwerpunkte Wirtschaftsentwicklung und wirtschaftliche Entwicklungsprobleme Lateinamerikas

geogr. Schwerpunkte Lateinamerika

Aufsätze Latin America. Economic Growth or Redistribution?, in: Intereconomics. Hamburg (1976)6, S. 168 ff.
Grenzen der Exportförderung in Lateinamerika, in: Zeitschrift für Lateinamerika. Wien (1976)10, S. 12-20
Die Auslandsverschuldung Lateinamerikas, in: Zeitschrift für das gesamte Kreditwesen. Frankfurt/M. 30(1977)13, S. 618-622
Regionale Entwicklungsbanken in Lateinamerika, in: Die Bank. Hg. vom Bundesverband deutscher Banken. (1979)2, S. 75-80
Friedman contra Keynes in Lateinamerika, in: Monatsblätter für freiheitliche Politik 28(1982), S. 67-75
Schuldenkrise und soziale Probleme in Lateinamerika, in: Europa-Archiv. Zeitschrift für internationale Politik 41(1986)23, S. 679-686
Lehren aus der lateinamerikanischen Schuldenkrise, in: Verfassung und Recht in Übersee 21(1988), 3. Quartal, S. 290-304
Lateinamerika und der EG-Binnenmarkt, in: Europa-Archiv. Zeitschrift für internationale Politik 45(1990)3, S. 97-104

P 615 **Wiedmann**, Jost

Geologisch-Paläontologisches Institut, Universität Tübingen
Sigwartstr. 10
D-72076 Tübingen <W-7400 Tübingen 1>
Tel: 49 (70 71) 29 24 88

Geburtsdatum, -ort 31.03.1931, Breslau

berufl. Werdegang Studium, Berlin, Tübingen; 1960 Dr.rer.nat., Tübingen; 1965 Habil., Tübingen; GastProf. in Gießen und Frankfurt/M.; 1971 apl.Prof.; seit 1975 o.Prof.

Sprachen Englisch, Spanisch, Französisch

Fachgebiet Geologie / Paläontologie

themat. Schwerpunkte Stratigraphie, Invertebraten-Paläontologie

geogr. Schwerpunkte Westmediterrangebiet (Spanien, Marokko, Sardinien), Alpen, Südamerika, Himalaya

Aufsätze
Ammonites from the Curaçao Lava Formation, Curaçao, Caribbean, in: Geol. en Mijnbouw. Amsterdam 57(1978)2, S. 361-364
El límite jurásico-cretácico. Problemas y soluciones, aus: Actas II Congr. argent. Paleontol. y Bioestratigr. y I Congr. latinoamer. Paleontol. Bd. 5., S. 103-120. Buenos Aires 1980
Stratigraphische und paläogeographische Probleme der Jura/Kreide-Grenze Südamerikas, in: Münster. Forsch. Geol. Paläont. 6. geowiss. Lateinamerika-Koll. Bd. 51, Stuttgart 1978, S. 27-61; Münster 1980
Ammoniten des Valangien und Hauterive (Unterkreide) von Neuquén und Mendoza, Argentinien, in: Eclogae geol. Helv. Basel 73(1980), S. 941-965 (zus. mit H.A. Leanza)
Sobre el límite Jurásico-Cretácico en los alrededores de Villa de Leiva, aus: Actas II Congr. colomb. Geol. Bogotá 1978; Geol. colombiana. Bogotá (1987)15, S. 81-92 (zus. mit K. Huber)
Nuevos ammonites del Berriasiano/Valanginiano (Cretácico inferior) de Neuquén, Argentina, aus: J. Wiedmann (Hg.), Cretaceous of the Western Tethys. Stuttgart: Schweizerbart 1989, S. 793-810 (zus. mit H.A. Leanza)
Cretaceous ammonites from Jamaica and their stratigraphic and paleographic implications, in: AAPG Mem. 1991 (im Druck)
Nuevos Holcodiscidae (Cephalopoda-Ammonoidea) del Barremiano de la Cuenca neuquina, Argentina, y su significado estratigráfico, in: N. Jb. Geol. Paläont. 1992

P 616 **Wilhelms**, Christian

HWWA-Institut für Wirtschaftsforschung - Hamburg
Neuer Jungfernstieg 21
D-20354 Hamburg <W-2000 Hamburg 36>
Tel: 49 (40) 3 56 23 11
Telex: 211458 hwwa d
Fax: 49 (40) 35 19 00

Privat
Kellinghusenstr. 27
D-20249 Hamburg <W-2000 Hamburg 20>

	Tel: 49 (40) 48 10 26
Geburtsdatum, -ort	1930, Hamburg
berufl. Werdegang	1950-59 Kaufm. Ausbildung/Tätigkeit (Lateinamerikahandel); 1953 Prüfung Handelskammer Hamburg; 1954-58 Studium (Wirtschaftswissenschaften, austronesische Sprachen und Kulturen), Hamburg, Frankfurt/M.; 1958 Diplom; 1969 Dr.rer.pol., Hamburg; seit 1959 WissMitarb., HWWA (Leiter der Forschungsgruppe Außenwirtschaftliche Beziehungen von und mit Entwicklungsländern)
Sprachen	Englisch, Spanisch, Portugiesisch, Französisch (Niederländisch, Indonesisch)
Fachgebiet	Wirtschaft
themat. Schwerpunkte	Entwicklungspolitik, Außenwirtschaft, Exportförderung, Diversifizierung, Marketing, Industrieförderung, Industriekooperation
geogr. Schwerpunkte	Lateinamerika (insbes. Brasilien, Bolivien, Mexiko, Paraguay), Spanien, Portugal, z.T. Südostasien
Monographien	Exportdiversifizierung als Instrument der Entwicklungspolitik, dargestellt am Beispiel Lateinamerikas. Hamburg 1970, 302 S. (Diss.)
Aufsätze	Brasiliens Industrie soll exportieren, in: Wirtschaftsdienst, Hamburg 43(1963), S. 430-434
	Conditions for the Success of Import Substitution and Export Diversification as a Development Strategy in Latin America, aus: H. Giersch, Institut für Weltwirtschaft Kiel (Hg.), The International Division of Labour. Problems and Perspectives. International Symposium. Tübingen 1974, S. 237-262 (zus. mit D. Kebschull)
	Japan - bedeutender Investor in Brasilien, in: Übersee-Rundschau. Hamburg 30(1978), S. 30-33
	Die wirtschaftliche Situation Paraguays, in: KAS Auslandsinformationen. Sankt Augustin 3(1987), S. 39-54
	Posibilidades de exportación de México a la República federal de Alemania y los países del Mercado Común Europeo: aspectos de producción e institucionales, aus: El Colegio de la Frontera Norte - Fundación Friedrich Ebert (Hg.), Las Maquiladoras: Ajuste estructural y desarrollo regional. Tijuana, B.C./Mexiko 1989, S. 267-282

P 617	**Wimmer**, Franz Martin
	Institut für Philosophie, Universität Wien Währingerstraße 17/3 A-1090 Wien Tel: 43 (1) 43 61 41-61 Fax: 43 (1) 4 02 85 25
Privat	Windmühlgasse 16/5 A-1060 Wien Tel: 43 (1) 5 67 04 34
Geburtsdatum, -ort	14.11.1942, St. Martin bei Lofer

berufl. Werdegang	Landarbeiter, Aufbaumittelschule, Jesuit, Studium (Philosophie, Politologie) in Salzburg; 1975-82 Assistent und Lektor in Salzburg; seit 1982 Vertragsassistent und Lektor, U Wien, seit 1990 Doz.; seit 1991 außerdem Mitarb. des Unterrichtsministeriums
wiss. Vereinigungen	Österreichische Gesellschaft für Philosophie
Sprachen	Englisch, Französisch, Italienisch (Spanisch, Russisch, Griechisch)
Fachgebiet	Philosophie
themat. Schwerpunkte	Interkulturelle Probleme, Geschichts- und Kulturphilosophie
Monographien	Interkulturelle Philosophie. 1990
Aufsätze	Barbaren, Exoten und Heiden - zur Wahrnehmung der Anderen, in: Zeitschrift für Lateinamerika. Wien (1985)29, S.45-53 Lateinamerikanische Philosophie vom deutschen Sprachraum aus betrachtet, aus: Briesemeister u.a. (Hg.), Deutschland und Lateinamerika (im Erscheinen) Was heißt es von Exoten zu lernen?, Beitrag zum Kongreß "Interkulturalität" (Deutsche Gesellschaft für Phänomenologie), Wuppertal vom 22.- 25.5.1991, 25 S.
sonst. Publikationen	Das Lateinamerikabild bei deutschen Philosophen. Auf Einladung der Herzog-August-Bibliothek, Wolfenbüttel, geschrieben. (1990) (Hg.) Vier Fragen zur Philosophie in Afrika, Asien, Lateinamerika. Wien: Passagen 1988 Wörterbuchartikel, Rezensionen, Übersetzungen

P 618	**Wittelsbürger**, Helmut
	Fundação Konrad Adenauer (KAS) Av. Cidade Jardim, 400, 18.° andar (Edifício Dacon) 01454-902 São Paulo, SP/Brasilien Tel: 55 (11) 2 12-47 39, -75 73 Fax: 55 (11) 8 14-26 56
Geburtsdatum, -ort	09.05.1948, Düsseldorf
berufl. Werdegang	Studium (Wirtschafts- und Sozialwiss.); 1975 Dr.rer.pol.; Ref. für Außenwirtschaftsfragen, BDI Köln; Senior-economist, Conference Board in Europe, Brüssel; Gründungsdirektor und langjähriger Leiter des CIEDLA, Buenos Aires; seit 1992 Landesbeauftr. der KAS in Brasilien, Leiter des neugegr. KAS-Forschungs- und Beratungszentrum in São Paulo
Sprachen	Englisch, Spanisch, Portugiesisch, Französisch
Fachgebiet	Wirtschaft
themat. Schwerpunkte	Wirtschaftspolitik, Außenpolitik, Demokratiepolitik
geogr. Schwerpunkte	Lateinamerika
Schriftenreihen	Hg. aller Ciedla Veröffentlichungen bis 01.06.1992
Periodika	"Contribuciones" von 1/84 - 4/91
Aufsätze	interne Veröffentlichungen der KAS

P 619	**Wittschier**, Heinz Willi
	Ibero-amerikanisches Forschungsinstitut, Universität Hamburg Von-Melle-Park 6 D-20146 Hamburg <W-2000 Hamburg 13> Tel: 49 (40) 41 23-48 03
Privat	Hochallee 121 D-20149 Hamburg
Geburtsdatum, -ort	05.05.1942, Köln
berufl. Werdegang	1967 Dr.phil., Köln; seit 1967 WissAss. am Romanischen Sem., U Hamburg; 1972 Habil. (Romanistik, Lusitanistik), Hamburg; 1975 WissRat (Lusitanistik), Ibero-amerikan. Forschungsinst., U Hamburg; seit 1977 o.Prof., U Hamburg (Lusitanistik, Brasilianistik, Wirtschaftsportugiesisch und -brasilianisch)
Sprachen	Englisch, Spanisch, Portugiesisch, Französisch, Italienisch (Niederländisch)
Fachgebiet	Literatur
themat. Schwerpunkte	Der brasilianische Roman
geogr. Schwerpunkte	Nordosten Brasiliens
Monographien	António Vieiras Pestpredigt. Kritischer Text und Kommentar. Münster: Aschendorff 1973, 176 S. (Habilschrift) Brasilien und sein Roman im 20. Jahrhundert. Rheinfelden: Schäuble 1984, 198 S.

P 620	**Wöhlcke**, Manfred
	Stiftung Wissenschaft und Politik (SWP) Eggenberg D-82067 Ebenhausen <W-8026 Ebenhausen> Tel: 49 (81 78) 70-3 91
Privat	Max-Rüttgers-Str. 4 D-82067 Ebenhausen Tel: 49 (81 78) 47 19
Geburtsdatum, -ort	15.11.1942, Berlin
berufl. Werdegang	1969 Dr.phil., Erlangen-Nürnberg; 1971-74 WissMitarb., IIK, Hamburg; seit 1978 WissRef., Fachgruppe Lateinamerika, SWP; 1979 Habil. (bis 1981 PDoz., FU Berlin)
wiss. Vereinigungen	ADLAF
Sprachen	Englisch, Spanisch, Portugiesisch (Französisch, Italienisch)
Fachgebiet	Entwicklungssoziologie / Ökologie
themat. Schwerpunkte	Internationale Entwicklungs- und Umweltproblematik
geogr. Schwerpunkte	Entwicklungsländer allgemein, Lateinamerika, Brasilien, Karibik
Monographien	Brasilien: Anatomie eines Riesen. München: Beck 1985 (3. Aufl. 1991), 171 S. Brasilien als Produzent und Exporteur von Rüstungsgütern. Baden-Baden: Nomos 1987, 176 S. Umweltzerstörung in der Dritten Welt. München 1987, 123 S. Der Fall Lateinamerika. Die Kosten des Fortschritts. München: Beck 1989, 151 S.

Die Karibik im Konflikt entwicklungspolitischer und hegemonialer Interessen. Baden-Baden: Nomos 1982, 197 S.

Aufsätze — Die argentinische und brasilianische Nuklearpolitik vor dem Hintergrund vermeintlicher Rivalität und angestrebter Integration, aus: D. Senghaas (Hg.), Regionalkonflikte in der Dritten Welt. Anatomie und Fremdbestimmung. Baden-Baden 1989, S. 297-308

Die Ursachen der anhaltenden Unterentwicklung, in: Aus Politik und Zeitgeschichte, B 46/91, 8.11.1991, S. 15-22

sonst. Publikationen — Die selbstverschuldete Krankheit. Lateinamerikas Eliten müssen in eigener Verantwortung die drohenden sozialen und ökologischen Katastrophen abwenden, in: Die Zeit, 13.05.1988, S. 34 f.; nachgedruckt in: Informationen der Internationalen Treuhand AG. Basel/Genf/Zürich (1988)80, S. 14-22

P 621 **Wolff**, Jürgen H.

Zentrales Sozialwissenschaftliches Seminar, Universität Bochum
Universitätsstr. 150
D-44801 Bochum <W-4630 Bochum>
Postfach 10 21 48
D-44721 Bochum
Tel: 49 (2 34) 7 00-54 11

Geburtsdatum, -ort — 1940, Mönchengladbach

berufl. Werdegang — 1965 Dipl.Volksw., Freiburg; 1968 Dr.phil., Freiburg; 1970-71 ILO-Experte in Gabun; 1976-78 DFG-Stipendiat in Kolumbien; 1981 Habil. (Wiss.Politik), U Freiburg; o.Prof. U Bochum

Beratung — Gutachtertätigkeit (GTZ: Förderung der Gemeindeentwicklung in verschiedenen lateinamerikanischen Ländern)

wiss. Vereinigungen — ADLAF; DGfP

Sprachen — Englisch, Spanisch, Französisch, Afrikaans (Portugiesisch, Italienisch, Holländisch)

Fachgebiet — Verwaltung

themat. Schwerpunkte — Planung, Öffentliche Verwaltung, Haushaltskontrolle, Budget-Politik, Erziehungswesen

geogr. Schwerpunkte — Guatemala, El Salvador, Costa Rica, Kolumbien, Paraguay, Dominikanische Republik

Schriftenreihen — Mithg. "Bochumer Materialien zur Entwicklungsforschung und Entwicklungspolitik"; "Materialien und kleine Schriften" (Institut für Entwicklungsforschung und Entwicklungspolitik, Ruhr-Universität Bochum)

Monographien — Bürokratische Politik: Der Fall Kolumbien. Berlin 1984, 450 S.

Aufsätze — Bürokratie, Planung und Entwicklung in Kolumbien: Pluralistischer Inkrementalismus als Entwicklungspolitik eines schwachen Staates, aus: I. Buisson; M. Mols (Hg.), Entwicklungsstrategien in Lateinamerika in Vergangenheit und Gegenwart. Paderborn u.a. 1983, S. 153-174

Entwicklung durch Verwaltung? Unterschiedliche Ansätze und ihre Bedeutung für die Entwicklungshilfe, aus: D. Oberndörfer;

T. Hanf (Hg.) Entwicklungspolitik, Stuttgart u.a. 1986, S.140-152 (ursprünglich in: Der Bürger im Staat, 1985)
El problema representa la solución? Algunas consideraciones en cuanto al manejo político-administrativo de zonas de alto densidad de población, basadas sobre material de la ciudad de Bogotá, aus: D.W. Benecke; K. Kohut; G. Mertins; J. Schneider; A. Schrader (Hg.), Desarrollo demográfico, Migraciones y Urbanización en América Latina. Regensburg 1986, S. 417-432
Die Gemeinden Paraguays: Eine Untersuchung ihrer finanziellen und personellen Leistungsfähigkeit, in: Verfassung und Recht in Übersee, 19(1986)2, S. 149-167
Bogotá: Metropolenwachstum und Investitionsplanung im Zwiespalt technischer Rationalität und politischer Zwänge, aus: K. Kohut (Hg.), Die Metropolen in Lateinamerika - Hoffnung und Bedrohung für den Menschen. Regensburg 1986, S. 433-446
Entwicklungspolitik und Eigeninteresse. Zur Kritik der offiziellen Entwicklungshilfeideologie, in: Annali di Sociologia/Soziologisches Jahrbuch (1987)3, S. 129-145 (in italienischer Übersetzung u.d.T. Politica dello sviluppo ed interesse nazionale. Per una critica dell'ideologia ufficiale degli aiuti ai paesi in via di sviluppi, ebenda, S. 146-163)
Gemeinden und Gemeindeverbände in der Dominikanischen Republik: Verfassung und Verfassungswirklichkeit in einem zentralisierten politischen System, in: Verfassung und Recht in Übersee 23(1990)2, S. 121-151

P 622 **Woll**, Dieter

Institut für Romanische Philologie, Universität Marburg
Wilhelm-Röpke-Str. 6 D
D-35039 Marburg <W-3550 Marburg>
Tel: 49 (64 21) 28-47 78, -45 70
Telex: 482 372 umr d
Fax: 49 (64 21) 28-25 00
Privat Am Richtsberg 1
D-35039 Marburg
Tel: 49 (64 21) 4 69 57
Geburtsdatum, -ort 27.04.1933, Aachen
berufl. Werdegang 1958 Dr.phil.; 1970 Habil.; 1971 apl.Prof.; 1977 WissRat u. Prof.
wiss. Vereinigungen AIL; Associação Portuguesa de Linguística; DHV; DRV; Société de Linguistique Romane
Sprachen Englisch, Spanisch, Portugiesisch, Französisch, Italienisch (Katalanisch, Rumänisch, Latein, Altgriechisch)
Fachgebiet Literatur
themat. Schwerpunkte Romanische, insbes. portugiesische Sprachwissenschaft, Portugiesische und brasilianische Literatur des 19. u. 20. Jahrhunderts, Volkskunde Portugals und Brasiliens
geogr. Schwerpunkte Portugal und Brasilien

Monographien Machado de Assis. Die Entwicklung seines erzählerischen Werkes. Braunschweig 1972

Aufsätze Die Ideen Nietzsches und Schopenhauers in Graça Aranhas "Canaâ", aus: Die Deutschen im brasilianischen Schrifttum. Beiträge von J. Roche, D. Woll und H. Bayer. Bonn 1968

O simbolismo das cores em "O Caçador de Esmeraldas" de Olavo Bilac, in: Revista de cultura "Vozes". Petropolis/Rio de Janeiro (1973)67, S. 375-380

Fernando Sabino, "Piscina". Uma tentativa de aplicação da linguística textual, in: Romanist. Jahrbuch 40(1989), S. 342-356

Die Eigenentwicklung des brasilianischen Portugiesisch: Der Artikelgebrauch, in: Roman. Forschungen 94(1982), S. 67-83

Portugiesische Lexikographie, aus: F.J. Hausmann et. al.(Hg.), Wörterbücher / Dictionaries / Dictionnaires. Ein internationales Handbuch zur Lexikographie. Bd. 2. Berlin/New York 1990, S. 1723-1735

Kommentar zu sechs brasilianischen Volksliedern, aus: F.J. Oroz Arizcuren (Hg.), Romania Cantat. Lieder in alten und neuen Chorsätzen mit sprachlichen, literarischen und musikalischen Interpretationen. Gerhard Rohlfs zum 85. Geburtstag gewidmet. Band II: Interpretationen. Tübingen 1980, S. 211-221

Ideia e expressão da totalidade em Fernando Pessoa e Ronald de Carvalho, aus: Canticum Ibericum. Neuere spanische, portugiesische und lateinamerikanische Literatur im Spiegel von Interpretation und Übersetzung. Georg Rudolf Lind zum Gedenken. Frankfurt 1991, S. 164-174

P 623 **Wünderich**, Volker

Historisches Seminar/Inst. für Soziologie, Universität Hannover
Schneiderberg 50
D-30167 Hannover <W-3000 Hannover 1>
Tel: 49 (5 11) 7 62-42 60, -38 87
Fax: 49 (5 11) 7 62-44 79

Privat Annenstr. 11
D-30167 Hannover
Tel: 49 (5 11) 85 13 63

Geburtsdatum, -ort 04.06.1947, Eickelborn/Kr. Soest

berufl. Werdegang 1973 Staatsexamen und M.A.; 1977-82 WissAss. am LAI FU Berlin; 1979 Dr.phil.; 1980 GastDoz. in Costa Rica; 1984-86 Forschungsprojekt, U Hannover; 1991 Habil.; PDoz. (Vertr. C-3 Professur)

Beratung Ausbildung von Entwicklungsexperten; Länderkunde; Dritte-Welt-Bildungsarbeit

wiss. Vereinigungen ADLAF; ASERCCA

Sprachen Englisch, Spanisch, Französisch (Portugiesisch)

Fachgebiet Geschichte / Soziologie

themat. Schwerpunkte Sozialgeschichte, Entwicklungssoziologie, Ethnohistorie, Regionalgeschichte, Deutsch-lateinamerikanische Beziehungen, Europäische Expansion

geogr. Schwerpunkte Zentralamerika, Mexiko

Periodika Mithg. "Lateinamerika. Analysen und Berichte" (1980-88)

Monographien Mosquitia. Die andere Hälfte Nicaraguas. Über Geschichte und Gegenwart der Atlantikküste. Hamburg: Junius 1987, 317 S. (Hg. u. Autor zus. mit Meschkat; v. Oertzen; Richter; Rossbach)

Sandino en la Costa: de las Segovias al Litoral Atlántico, Managua: Nueva Nicaragua 1989, 167 S.

The Nicaraguan Mosquitia in Historical Documents 1844-1927. The Dynamics of ethnic and regional history. Berlin: Reimer 1990, 486 S. (Hg. u. Autor zus. mit E. v. Oertzen; L. Rossbach)

Aufsätze Indianische Vertragsrechte und nicaraguanischer Nationalstaat: Die Miskito-Konvention von 1894, in: Peripherie (1985)20, S. 65-93 (zus. mit L. Rossbach)

Agrarreform in Nicaragua 1979-1984, aus: H. Nuhn (Hg.), Krisengebiet Mittelamerika. Interne Probleme, weltpolitische Konflikte. Braunschweig: Westermann 1985, S. 165-182

"Dios hablará por el indio de las Segovias". Las Bases Sociales de la lucha de Sandino por la liberación nacional, in: Revista de Historia. Univ. de Costa Rica/San José (1988)17, S. 13-32

Der Kaffeekonsum in Europa und die Transformation Guatemalas im Zeitalter der Liberalen Reform. Überlegungen zur Sozialgeschichte des Kaffees, in: Peripherie (1992)43/44, S. 147-159

P 624 **Wurster**, Wolfgang W.

Deutsches Archäologisches Institut
Kommission für Allgemeine und Vergleichende Archäologie
Endenicher Str. 41
D-53115 Bonn <W-5300 Bonn 1>
Tel: 49 (2 28) 69 20 27
Fax: 49 (2 28) 65 63 06

Geburtsdatum, -ort 07.07.1937, Aalen

berufl. Werdegang 1963 Dipl.Ing. (TU München); Ausgrabungstätigkeit in Ekuador, Peru, Italien, Griechenland; WissAss., TU München; 1971 Dr.Ing.; Forschungsprojekte u.a. in Ekuador, Peru, Guatemala; seit 1980 am DAI-KAVA, Bonn (Wiss. Direktor)

Beratung Gutachter der VW-Stiftung; gelegentl. Gutachten für DFG und DAAD, AA, BMZ, und KfW

wiss. Vereinigungen Deutscher Archäologenverband; Koldewey-Gesellschaft (Vereinigung für baugeschichtliche Forschung); ord. Mitgl. Deutsches Archäologisches Institut; korresp. Mitgl. Academia Nacional de Historia, Quito/Ekuador

Sprachen Englisch, Spanisch, Neugriechisch (Italienisch, Französisch)

Fachgebiet Archäologie

themat. Schwerpunkte Architektur des klassischen Griechenland, Antike Urbanistik im Mittelmeerbereich, Präkolumbische Archäologie und Urbanistik Altamerikas, Koloniale Baukunst in Iberoamerika

geogr. Schwerpunkte z.Z. Lateinamerika, Andenländer, Zentralamerika

Monographien Die Schatzgräber. Archäologische Expeditionen durch die Hochkulturen Südamerikas. Hamburg:Gruner+Jahr 1991,350 S.
(Mithg.) Excavaciones en Choasquí, Ecuador, 1964-1965. v. Zabern. Mainz 1989, 264 S. (zus. mit U. Oberem)

Aufsätze Kolonialer Städtebau in Iberoamerika, in: Architectura. Zeitschrift für Geschichte der Architektur 12(1982), S. 1-19
Archäologie und Geschichtsbewußtsein in Lateinamerika, in: Saeculum. Jahrbuch für Universalgeschichte 35(1984), S. 86-96
Vorspanische Städte in Südperu; Bericht über ein neues Forschungsprojekt der KAVA des DAI, in: Architectura. Zeitschrift für Geschichte der Baukunst 17(1987), S. 1-31
Desarrollo y situación de la arqueología en Iberoamérica, in: Humboldt 94(1988), S. 86-95
Cuzco, inkaische Hauptstadt und spanische Kolonialstadt, in: Architectura, Zeitschrift für Geschichte der Baukunst 20(1990), S. 160-215
Die Entdeckung der andinen Kulturen, aus: Pörtner; Niemeyer (Hg.), Die großen Abenteuer der Archäologie. 8. Salzburg: Andreas u. Andreas 1986, S. 2982-3121

P 625 **Würtele**, Werner

Deutscher Entwicklungsdienst Gemeinnützige Ges. mbH (DED)
Kladower Damm 299
D-14089 Berlin <W-1000 Berlin 22>
Postfach 22 00 35
D-14061 Berlin
Tel: 49 (30) 3 65 09-2 38
Fax: 49 (30) 3 65 09-2 71

Geburtsdatum, -ort 14.10.1946, Waiblingen

berufl. Werdegang 1973 Staatsexamen für das höhere Lehramt (Pol.Wiss., Geographie, Sportpädagogik); 1980 Dr.rer.pol.; Vorbereitungsreferent für Lateinamerika beim DED Berlin

wiss. Vereinigungen GEB

Sprachen Spanisch, Portugiesisch, Englisch

Fachgebiet Politikwissenschaft / Entwicklungspolitik

themat. Schwerpunkte Gewerkschaften, Multinationale Konzerne, Entwicklungspolitik, Erwachsenenbildung

geogr. Schwerpunkte Lateinamerika, bes. Brasilien, Argentinien, Bolivien, Peru Ekuador, Nikaragua, Dominikanische Republik

Aufsätze Peronistische Gewerkschaftsführung und Staat in Argentinien (1973-1976), in: Lateinamerika. Analysen und Berichte. Berlin 1(1977), S. 128-171
Determinanten gewerkschaftlicher Macht in Argentinien. Das wirtschaftliche und organisatorische Potential der argentinischen

Arbeiterorganisationen, in: Vierteljahresberichte. Bonn-Bad Godesberg 69(1977), S. 185-199
VW do Brasil: "Wir sind multinational, darüber freuen sich Millionen.", in: Lateinamerika. Berichte und Analysen. Berlin 2(1978), S. 103-140
Internationale 'Zusammenarbeit' der Gewerkschaften. Das Beispiel VW do Brasil, aus: W. Olle (Hg.), Einführung in die internationale Gewerkschaftspolitik. Ansatzpunkte gewerkschaftlicher Internationalisierung. Bd. 1 . Berlin: Olle & Wolter 1978, S. 58-64
Gewerkschaften im abhängigen Kapitalismus Lateinamerikas, aus: W. Olle (Hg.), Einführung in die internationale Gewerkschaftspolitik. Bd. 2. Berlin: Olle & Wolter 1978, S. 190-227
Die brasilianischen Gewerkschaften in der "Neuen Republik", in: Brasilien Dialog. Mettingen (1987)2/3, S. 45-73
Brasilien, aus: S. Mielke (Hg.), Internationales Gewerkschaftshandbuch. Opladen 1983, S. 270-285 (zus. mit D. Belau)
Länderberichte zu Brasilien, in: Lateinamerika. Analysen und Berichte. Münster/Hamburg 7(1983), 14(1990), 15(1991)

sonst. Publikationen Grenzen und Chancen der Entwicklung unabhängiger, starker und demokratischer Gewerkschaften in Brasilien (Diss.)

P 626 **Zalles-Flossbach**, Carlos

Privat Richardstr. 106
D-12043 Berlin <W-1000 Berlin 44>
Tel: 49 (30) 6 81 73 06

Geburtsdatum, -ort 26.03.1952, La Paz/Bolivien
berufl. Werdegang 1979 M.A.; Lehrbeauftr., U Bonn, U Heidelberg und FU Berlin
wiss. Vereinigungen Förderverein Bonner Amerikanistische Studien
Sprachen Englisch, Spanisch, Französisch, Italienisch (Portugiesisch)
Fachgebiet Altamerikanistik / Archäologie
themat. Schwerpunkte Entstehung der Hochkulturen, deren Kunst und Weltbild; Textilien
geogr. Schwerpunkte Ekuador, Peru, Bolivien
Schriftenreihen Redaktion der "Bonner Amerikanistische Studien" 3(1975)
Monographien Excavaciones en Cochasqui, Ecuador 1964-1965. Mainz: KAVA 1989 (Hg. zus. mit U. Oberem; W. Wurster)
Aufsätze Los artefactos líticos de Cochasqui, Ecuador, aus: U. Oberem (Hg.), Cochasqui. Estudios Arqueológicos. Otando 1981

P 627 **Zeil**, Werner

Institut für Geologie und Paläontologie
Technische Universität Berlin
Ernst-Reuter-Platz 1
D-10587 Berlin <W-1000 Berlin 12>
Tel: 49 (30) 31 42 22 50

Privat Bergstr. 7
D-82131 Gauting <W-8035 Gauting>

	Tel: 49 (89) 8 50 13 41
Geburtsdatum, -ort	19.11.1919, Darmstadt
berufl. Werdegang	1951 Dr.rer.nat.; 1960 o.Prof. (Geologie, Paläontologie), TU Berlin
Sprachen	Spanisch (Englisch, Französisch)
Fachgebiet	Geologie / Paläontologie
themat. Schwerpunkte	Regionale Geologie, Tektonik, Vulkanismus, Magmatische Gesteine
geogr. Schwerpunkte	Alpen, Andines Südamerika
Monographien	Geologie von Chile. Berlin: Borntraeger 1964, 233 S.
	The Andes. A geological review. Stuttgart: Borntraeger, Schweizerbart 1979, 300 S.
	(Hg.) Nuevos resultados de la investigación geocientífica alemana en Latinoamérica. Proyectos de la Deutsche Forschungsgemeinschaft. Grupo de trabajo "Investigación Geocientífica en Latinoamérica". Tübingen: Institut für wissenschaftliche Zusammenarbeit 1980, 145 S.
	Südamerika. Stuttgart: Enke 1986, 160 S.

P 628	**Zeuske**, Michael
	Lehrstuhl für Vergleichende Geschichtswissenschaft (Ibero-Amerika), FB Geschichte, Universität Leipzig Augustusplatz 10 D-04109 Leipzig <O-7010 Leipzig> Postfach 9 20 D-04009 Leipzig Tel: 49 (3 41) 7 19 33 34 Fax: 49 (3 41) 20 93 25
Privat	An der Märchenwiese 6 D-04277 Leipzig <O-7030 Leipzig>
Geburtsdatum, -ort	06.07.1952, Halle/Saale
berufl. Werdegang	1976-81 Studium (Geschichte, Philosophie), U Leipzig; 1981 Diplom; 1981-84 Forschungsstudium; 1984 Dr.phil.; 1991 Habil.; seit 1992 o.Prof., U Leipzig
wiss. Vereinigungen	AHILA
Sprachen	Spanisch, Russisch (Französisch, Portugiesisch, Latein)
Fachgebiet	Geschichte
themat. Schwerpunkte	Unabhängigkeitsbewegung, Bourbonische Reformen, Biographien S. Bolívar/F. Miranda, Geschichte Kubas, Deutscher Handel in Westindien, Sklaverei und Widerstand, Politische Kultur
geogr. Schwerpunkte	Nördliches Südamerika, Karibik, Amerika-Europa, Kuba, Venezuela
Periodika	Mithg. "Comparativ". Leipziger Beiträge zur Universalgeschichte und zur vergleichenden Gesellschaftsforschung; "Apuntes. Nueva Serie"
Monographien	Revista universitaria para problemas de Francisco de Miranda. (Biographie). Berlin 1992

	Legitimität gegen Revolution. Zur Politik der Heiligen Allianz gegenüber der Unabhängigkeitsrevolution Mittel- und Südamerikas 1810-1830. Berlin 1987 (zus. mit M. Kossok)
	(Hg.) Lateinamerika: Vom Reformkolonialismus zur Unabhängigkeit (Comparativ (1991)2)
	(Hg.) Debatten um die Conquista. Probleme, Perspektiven und Kontroversen. Leipzig, 280 S. (Comparativ (1993)1-2)
Aufsätze	Die "Memorias del General O'Leary" und der Bolívarkult. Politik und Geschichte am Beispiel der Bolívarquellen, in: Asien Afrika Lateinamerika (AAL). Berlin 15(1987)6, S. 1076-1081
	Kolonialpolitik und Revolution: Kuba und die Unabhängigkeit der Costa Firme 1808-1821, in: JbLA. Köln/Wien 27(1990), S. 149-198
	Grundzüge des Bolívarbildes in der DDR 1949-1989, in: A. Filippi (Hg.), Bolívar y Europa. Bd. 2. Caracas 1992
	Black Slavery, Class Struggle, Fear and Revolution in St. Domingue and Cuba 1785-1795, in: The Journal of Negro History. Atlanta/Georgia 1991
	"Kommentare im Falsett": Medien, Nachrichten und Revolution am Beispiel der Independencia Venezuelas, in: Comparativ. Leipziger Beiträge zur Universalgeschichte und zur vergleichenden Gesellschaftsforschung. Leipzig (1991)3, S. 48-61
sonst. Publikationen	Mitarbeit an Lexika und Chronologien, zahlreiche Rezensionen und Zeitungsartikel

P 629	**Ziegler**, Béatrice
Privat	Falkenriedweg 23 CH-3032 Hinterkappelen Tel: 41 (31) 9 01 03 69
Geburtsdatum, -ort	1951
berufl. Werdegang	1977 lic. phil.I (Geschichte, Wirtschaftsgeschichte, Portugiesisch), U Zürich; 1981 Dr.phil.I, U Zürich; Projekt Schweiz. Nationalfonds zur Förderung der wissenschaftlichen Forschung im Bereich Schweiz. Frauengeschichte
wiss. Vereinigungen	AHILA; AGGS; Verein Feminist. Wissenschaft Schweiz
Sprachen	Französisch, Englisch, Portugiesisch, Spanisch (Italienisch)
Fachgebiet	Geschichte
themat. Schwerpunkte	Wanderungsgeschichte, Schweizerische und brasilianische Sozialgeschichte des 19. und 20. Jahrhunderts, Frauengeschichte, Feministische Theorie
geogr. Schwerpunkte	Schweiz, Brasilien
Monographien	Schweizer statt Sklaven. Schweizerische Auswanderer in den Kaffeeplantagen von São Paulo (1852-1866). Stuttgart 1985 (Beiträge zur Kolonial- und Überseegeschichte. 29), 466 S.
	Emigration suisse en Amérique latine (1815-1939). Essai bibliographique. Chevenez 1975 (zus. mit M. Nicoulin)
Aufsätze	Schweizerische Kolonisten und die liberale Entwicklungsideologie in Brasilien, aus: P. Hablützel; H.W. Tobler; A. Wirz (Hg.),

Historische Prägung und politische Herausforderung. Festschrift zum 60. Geburtstag von Rudolf von Albertini. Wiesbaden 1983, S. 173-194
Schaffhauser Auswanderer in Joinville, Brasilien, in: Schaffhauser Beiträge für Geschichte (1983)60, S. 138-168
Die Rolle der Frau im schweizerischen Auswanderungsprozeß, in: Schweizerische Zeitschrift für Geschichte (1984)34,S.363-369
Schweizerische Auswanderer und Auswanderungspolitik im 19. Jahrhundert: Die Kolonie Moniz in Bahia 1873, in: Vierteljahrschrift für Sozial- und Wirtschaftsgeschichte (1986)73,S.216-232
Zu Stand und Aufgaben schweizerischer historischer Wanderungsforschung, in: Schweizerische Zeitschrift für Geschichte (1987)37, S. 303-332 (zus. mit anderen)
Schweizerische Kaufleute in Brasilien im 19. Jahrhundert, in: JbLA. Köln/Wien (1988)25, S. 141-167
Auf der Suche nach Brot und Freiheit: Die Auswanderung aus Deutschland, Österreich und der Schweiz (bis 1933), aus D. Briesemeister et.al. (Hg.), Begegnungen, Beziehungen, Bilder. Lateinamerika in Deutschland 1492-1992. 2 Bde. Frankfurt 1992

P 630 **Zimmerling**, Ruth

FB 3 - Gesellschaftswissenschaften
WBE Internationale Beziehungen, Universität Frankfurt
Robert-Mayer-Str. 5
D-60325 Frankfurt/M <W-6000 Frankfurt/M.>
Postfach 11 19 32
D-60054 Frankfurt/M
Tel: 49 (69) 7 98-28 77
Fax: 49 (69) 7 98-84 60

Privat Am Gonsenheimer Spieß 8
D-55122 Mainz <W-6500 Mainz>
Tel: 49 (61 31) 47 61 53

Geburtsdatum, -ort 21.03.1953, Niederlahnstein

berufl. Werdegang Dr.phil; 1984-89 WissMitarb.; 1989-92 WissAngest. am Inst. für Politikwissenschaft, Mainz; Lehrbeauftr., U Köln, U Bamberg; 1992/93 Lehrstuhlvertr., U Frankfurt

wiss. Vereinigungen ADLAF

Sprachen Spanisch, Englisch, Französisch (Portugiesisch, Italienisch, Arabisch, Türkisch)

Fachgebiet Politikwissenschaft

themat. Schwerpunkte Politische Theorie, Internationale Beziehungen

geogr. Schwerpunkte Lateinamerika

Schriftenreihen "Rechts- und Sozialwissenschaft" (Freiburg/München: Alber)

Monographien Externe Einflüsse auf die Integration von Staaten. Zur politikwissenschaftlichen Theorie regionaler Zusammenschlüsse. Freiburg/München: Alber 1991, 271 S.

Externe Einflüsse auf regionale Integrationsprozesse: Zentralamerika und Andenpakt. Saarbrücken/Fort Lauderdale: Breitenbach 1991, 316 S.

Aufsätze
Der Kern der cepalinischen Entwicklungsdoktrin, in: Zeitschrift für Lateinamerika. Wien (1986)30/31, S. 27-44
La pregunta del Tonto y la repuesta de Gauthier, in: DOXA. Alicante (1989)6, S. 49-76
Ethischer Relativismus und Grundbedürfnisse, in: Rechtstheorie. Berlin 21(1990)2, S. 217-232
Comparación del modelo de integración Argentina-Brasil con el de la Comunidad Europea, aus: A. Frambes-Buxeda (Hg.), Confederación Latinoamericana. Edificación de un Proyecto para el futuro. Hato Rey/Puerto Rico 1990, S. 177-189
Alemanha: Parlamentarismo e o fantasma de Weimar, in: Lua Nova. São Paulo (1991)24, S. 73-84
Sobre algunas consecuencias ético-políticas de la diversidad cultural, in: Cuadernos de la Facultad de Derecho. Universidad de las Islas Baleares. Palma de Mallorca (1991)

P 631 **Zimmermann**, Klaus

Ibero-Amerikanisches Institut (IAI)
Potsdamerstr. 37
D-10785 Berlin <W-1000 Berlin 30>
Tel: 49 (30) 2 66-25 10
Telex: 18 31 60 Staab d
Fax: 49 (30) 2 66-25 03

Privat Weddigenweg 60
D-12205 Berlin <W-1000 Berlin 45>
Tel: 49 (30) 8 33 65 77

Geburtsdatum, -ort 23.09.1947, Wertheim
berufl. Werdegang 1976 Dr.phil.; 1990 Habil.; Wiss. Direktor; PDoz., FU Berlin
wiss. Vereinigungen ADLAF; DHV; IPrA; DRV
Sprachen Spanisch, Französisch, Englisch (Portugiesisch)
Fachgebiet Linguistik / Literatur
themat. Schwerpunkte Soziolinguistik, Lateinamerikanische Sprache und Literatur
geogr. Schwerpunkte Lateinamerika, Mexiko, Peru
Periodika "Iberoamericana"; "Estudios de Lingüística Aplicada" (Mexiko)

Monographien
Sprachkontakt, ethnische Identität und Identitätsbeschädigung. Aspekte der Assimilation der Otomí-Indianer an die hispanophone mexikanische Kultur. Frankfurt/M.: Vervuert 1992
(Mithg.) César Vallejo. Tübingen: Niemeyer 1981 (zus. mit G. Beutler; A. Losada)
Mexiko heute. Frankfurt: Vervuert 1992 (Hg. zus. mit D. Briesemeister)

Aufsätze
Mario Vargas Llosa, aus: W. Eitel (Hg.), Lateinamerikanische Literatur der Gegenwart. Stuttgart: Kröner 1978, S. 469-493 (zus. mit R. Kloepfer)

	Grammatisch bedeutsame Entlehnungen aus dem Spanischen im Otomí. Ein Beitrag zur Theorie des Sprachkontaktes, in: Neue Romania 5(1987), S. 20-59; Spanisch: Préstamos gramaticalmente relevantes del español al otomí. Una aportación a la teoría del contacto entre lenguas, in: Anuario de Lingüística Hispánica 3(1987), S. 223-253
	Perspektiven einer Soziolinguistik der Stadt Mexiko, in: Iberoromania 30(1989), S. 101-127
	La deteriorización de la identidad en el encuentro cotidiano de la cultura hispanohablante urbana con la cultura amerindia rural en México. Un acercamiento sociolingüístico, aus: H.O. Dill (Hg.), 500 Jahre Dialog und Konflikt der Kulturen Europas und Lateinamerikas. Von Kolumbus bis Humboldt und in die Gegenwart. Frankfurt/M.: Vervuert 1992 (Internationaler Kongreß vom 11.-14. Dezember 1990 in Gosen)
	Sprachsituation in Mexiko, aus: ders.; D. Briesemeister (Hg.), Mexiko heute. Frankfurt/M.: Vervuert 1992
	Zur Sprache der afrohispanischen Bevölkerung im Mexiko der Kolonialzeit, in: Iberoamericana 48(1992)
sonst. Publikationen	Zahlreiche Rezensionen zu Nachschlagewerken

P 632	**Zips**, Werner
	Institut für Völkerkunde, Universität Wien Universitätsstraße 7 A-1010 Wien Tel: 43 (1) 4 01 03-20 80
Privat	Schöffelgasse 42 A-1180 Wien Tel: 43 (1) 47 25 73
Geburtsdatum, -ort	15.08.1958, Wien
berufl. Werdegang	1981 Dr.jur.; 1988 Dr.phil; seit 1990 Univ.Ass., Inst. für Völkerkunde, Wien
wiss. Vereinigungen	Gesellschaft für Karibikforschung, Anthropologische Gesellschaft
Sprachen	Englisch, Französisch, Jamaikanisch
Fachgebiet	Ethnologie
themat. Schwerpunkte	Rechtsethnologie, Historische Ethnologie, Widerstand in der "Neuen Welt"
geogr. Schwerpunkte	Jamaika, USA, Afrika (Tansania), Kuba, Karibik
Monographien	Accompong: Schwarze Rebellen in Jamaica. (in Vorbereitung)
Aufsätze	They were children in the forest, but we were children of the forest, in: Mitteilungen der Anthropologischen Gesellschaft. Wien 1987
	Eine afrikanische Gegenmacht in der Karibik, in: Zeitschrift für Lateinamerika. Wien 1991
	To make war with words, in: Sammelband der Gesellschaft für Karibikforschung. Wien 1991
sonst. Publikationen	Jamaika. Wien 1990 (LAI-Information, Länderheft ÖLAI. 2/2e)

Schwarze Rebellen. Marronage, Guerillakrieg und kultureller Widerstand in Jamaica. Wien 1988 (Diss.)
Widerstand in Jamaica - Filmprojekt Accompong, Begleitveröffentlichungen zu den wissenschaftlichen Filmen C 2281/1-11 des ÖWF, Wien 1991; 11 wissenschaftliche Filme

P 633 **Ziss**, Roland

SUM Consult
Dambachtal 9
D-65193 Wiesbaden <W-6200 Wiesbaden>
Tel: 49 (6 11) 52 22 25
Fax: 49 (6 11) 5 92 11

Geburtsdatum, -ort 16.03.1950, Breithardt

berufl. Werdegang 1976 Dipl.Wirtsch.-Ing.; 1976-84 WissMitarb., TH Darmstadt, El Colegio de México und BUGH Wuppertal; 1984-88 Freischaffender Entwicklungsberater; seit 1988 Partner von SUM Consult (geschäftsführender Gesellschafter); Beratung: Stadtverwaltungen, Ministerien und internationale Entwicklungsorganisationen

wiss. Vereinigungen TRIALOG, Vereinigung zur wissenschaftlichen Erforschung des Planens und Bauens in Entwicklungsländern e.V.

Sprachen Englisch, Französisch, Spanisch, Portugiesisch

Fachgebiet Entwicklungspolitik / Städteplanung

themat. Schwerpunkte Wohnungsfinanzierung, Stadtteilsanierung, Bauindustrie, Bewohnerbeteiligung und Selbsthilfe

geogr. Schwerpunkte Cono Sur, Dominikanische Republik, El Salvador, Honduras, Kolumbien, Mexiko, Paraguay

Monographien Política y gestión del mejoramiento urbano en América Latina. Rossdorf: TZ-Verlagsgesellschaft 1987, 127 S. (GTZ-Sonderpublikation. 200) (zus. mit G Aristizábal; A.C. Lewin u.a.)
Baumaterialien und Selbsthilfe - Probleme des Wohnungsbaus in mexikanischen Mittelstädten. Saarbrücken: Breitenbach 1986, 319 S. (zus. mit J. Kotowski-Ziss)
La vivienda popular en el Ecuador - Efectos económicos. Quito: ILDIS 1980, 219 S. (zus. mit J. Hemer)

Aufsätze Sanierung statt Abriß - Verbreitung eines erprobten Projekttyps, in: GTZ info. Eschborn (1987)6, S. 20-21
Settlement Upgrading in Latin America and the Leverage of Technical Cooperation, in: Trialog. Darmstadt (1987)13, S. 7-8
Kosten, Kontrolle, Anpassung - die politischen Probleme des Technologietransfers, in: Lateinamerika-Studien. 19. München, S. 119-184
Squatter consolidation in Mexican intermediate cities, in: Open House International. Newcastle upon Tyne 10(1985)4, S. 14-23 (zus. mit J. Kotowski-Ziss)
Transferencia de tecnología en la industria mexicana del cemento, in: Demografía y Economía. Mexiko 15(1981)1, S. 1-26

P 634	**Zoller**, Rüdiger
Privat	Badstraße 7 D-91052 Erlangen <W-8520 Erlangen> Tel: 49 (91 31) 3 13 27
Geburtsdatum, -ort	06.07.1952, Erlangen
berufl. Werdegang	1986 M.A. (Politische Wissenschaft), U Erlangen-Nürnberg; Doktorand
wiss. Vereinigungen	ADLAF; AHILA
Sprachen	Englisch, Spanisch, Portugiesisch (Französisch)
Fachgebiet	Geschichte / Entwicklungspolitik
themat. Schwerpunkte	Prozesse wirtschaftlicher Entwicklung
geogr. Schwerpunkte	Argentinien/Cono Sur, Brasilien, Mexiko
Monographien	Verschuldung und Entwicklung. Der Fall Brasilien. München: Fink 1986, 136 S.
Aufsätze	Direktinvestitionen und wirtschaftliche Entwicklung. Zur Rolle der Auslandsinvestitionen in Brasilien, aus: H.-A. Steger; J. Schneider (Hg.), Aktuelle Perspektiven Brasiliens. München 1979, S. 97-122 Argentinien und der Weltmarkt. Zum Einfluß von Außenhandel und Auslandskapital auf die argentinische Wirtschaftsentwicklung, aus: Lateinamerika Studien. 12. 1983, S. 155-191
sonst. Publikationen	Hg. von zwei Bänden der Lateinamerika Studien, Arbeitstitel: "Sklaverei in Lateinamerika"; "Brasilien" (zus. mit D. Schelsky); Frankfurt/M: Vervuert 1993

Teil III Anhänge

Parte III Apéndices / Apêndices

Anschriften von Institutionen und Organisationen

Direcciones de Instituciones y Organizaciones

AACHEN

A1/1
MISEREOR - Aktion gegen Hunger und Krankheit in der Welt
Bischhöfliches Hilfswerk Misereor e.V.
MISEREOR-Acción contra el Hambre y la Enfermedad en el Mundo. Obra Episcopal de Ayuda Misereor

Mozartstr. 9
D-52064 Aachen
Postfach 14 50
D-52015 Aachen
Tel: 49 (2 41) 4 42-0
Telex: 832 370
Fax: 49 (2 41) 44 21 88
Lateinamerika-Referent: Heinzbernd Krauskopf

A1/2
Zentralstelle für Entwicklungshilfe e.V.
Oficina Central para la Cooperación al Desarrollo

Mozartstr. 9
D-52064 Aachen
Postfach 14 50
D-52015 Aachen
Tel: 49 (2 41) 4 42-0
Telex: 832 370
Fax: 49 (2 41) 44 21 88
Lateinamerika-Referent: Godfried J. Deelen

BAD HONNEF

A1/3
Deutsche Stiftung für internationale Entwicklung
Zentralstelle für Auslandskunde (DSE-ZA)
Fundación Alemana para el Desarrollo Internacional
Centro de Orientación Regional

Lohfelder Str. 128
D-53604 Bad Honnef
Tel: 49 (22 24) 1 82-0
Telex: 885 481
Fax: 49 (22 24) 1 82-1 51
Leiter: Dr. Günther Oldenbruch; Thomas Loeb

BERLIN

A1/4
Carl-Duisberg-Gesellschaft e.V. (CDG)
ASA-Programm

Lützowufer 6-9
D-10785 Berlin
Tel: 49 (30) 2 54 82-0
Fax: 49 (30) 2 54 82-1 05
Leiter: Dr. Peter Müller-Rockstroh

A1/5
Deutsche Stiftung für Internationale Entwicklung
Zentralabteilung (DSE-ZA)
Fundación Alemana para el Desarrollo Internacional

Rauchstr. 25
D-10787 Berlin
Tel: 49 (30) 26 06-3 21
Telex: 181 615
Fax: 49 (30) 26 06-3 83
Leiter: Eberhard Neugaertner

A1/6
Deutsche Stiftung für internationale Entwicklung
Entwicklungspolitisches Forum (DSE-EF)
Fundación Alemana para el Desarrollo Internacional. Foro de Política de Desarrollo

Villa Borsig
Reiherwerder
D-13505 Berlin
Tel: 49 (30) 43 07-1
Telex: 181 405
Fax: 49 (30) 43 07-2 30
Kommissarischer Leiter: Dr. Götz Link

A1/7
Deutsche Stiftung für internationale Entwicklung
Zentralstelle für Wirtschafts- und Sozialentwicklung (DSE-ZWS)
Fundación Alemana para el Desarrollo Internacional
Centro de Desarrollo Económico y Social

Villa Borsig
Reiherwerder
D-13505 Berlin
Tel: 49 (30) 43 07-1
Telex: 181 405
Fax: 49 (30) 43 07-2 30
Kommissarischer Leiter: Toni Ihlau

BERLIN (Forts.)

A1/8
Deutsche Stiftung für internationale Entwicklung Zentralstelle für öffentl. Verwaltung (DSE-ZÖV)
Fundación Alemana para el Desarrollo Internacional
Centro de Promoción de la Administración Pública

Rauchstr. 22
D-10787 Berlin
Tel: 49 (30) 26 06-1
Telex: 181 615
Fax: 49 (30) 26 06-3 80
Leiter: Joachim Krell

A1/9
Deutscher Entwicklungsdienst (DED)
Servicio Alemán de Cooperación Social-Técnica
Kladower Damm 299
D-14089 Berlin
Tel: 49 (30) 3 65 09-0
Telex: 182 900
Fax: 49 (30) 3 65 09-2 71
Lateinamerika-Referat: Reinhard Schmidt; Willi Erl

A1/10
Forschungs- und Dokumentationszentrum Chile-Lateinamerika e. V. (FDCL)
Centro de Investigación y Documentación Chile-América Latina

Im Mehringhof, Gneisenaustr. 2
D-10961 Berlin
Tel: 49 (30) 6 93 40 29
Fax: 49 (30) 6 92 65 90
Vorsitzende: Petra Schlagenhauf

A1/11
Missionszentrale der Franziskaner Regionalstelle Berlin

Wollankstr. 18
D-13187 Berlin
Tel: 49 (30) 4 83 81 48
Fax: 49 (30) 4 82 51 57
Leiter: Horst Goldstein

BONN

A1/12
Alasei - Europa-Büro der Agencia Latinoamericana de Servicios Especiales de Información (Mexiko)
Initiative pro Kulturdialog Lateinamerika e.V.

Frankenstr. 7
D-53175 Bonn
Tel: 49 (2 28) 37 39 97
Fax: 49 (2 28) 38 40 16
Leiter: Gunter Weller

A1/13
Alexander von Humboldt-Stiftung (AvH)
Fundación Alexander von Humboldt

Jean-Paul-Str. 12
D-53173 Bonn
Tel: 49 (2 28) 8 33-0
Telex: 885 627
Fax: 49 (2 28) 8 33-1 99
Lateinamerika-Referentin: Gisela Janetzke

A1/14
Amnesty International (AI). Sektion der Bundesrepublik Deutschland e.V. - Länderabteilung
Amnistía Internacional

Heerstr. 178
D-53111 Bonn
Tel: 49 (2 28) 65 09 81

A1/15
Arbeitsgruppe tropische und subtropische Agrarforschung e.V. (ATSAF)

Hans-Böckler-Str. 5
D-53225 Bonn
Tel: 49 (2 28) 40 01-3 13
Fax: 49 (2 28) 40 01-3 11
Geschäftsführer: Dr. Ulrich von Poschinger-Camphausen

BONN (Forts.)

A1/16
Auswärtiges Amt (AA)
Der Beauftragte für Lateinamerikapolitik
(Unterabteilung 33, Referat 330 und 331)
Ministerio de Asuntos Exteriores
El Comisionado para Política de América Latina
(Subdirección 33, Sección 330/331)

Adenauer-Allee 99-103
D-53113 Bonn
Postfach 11 48, D-53001 Bonn
Tel: 49 (2 28) 17-32 84
Telex: 886 591
Fax: 49 (2 28) 17-34 02, -30 42
Leiter: Dr. Gerhard Henze

A1/17
Bundesministerium für Ernährung, Landwirtschaft und Forsten (BML)
Unterabteilung 72, Referat 726
Ministerio Federal de Alimentación, Agricultura y Bosques, Subdivisión 72, Sección 726

Rochusstr. 1
D-53123 Bonn
Tel: 49 (2 28) 5 29-0
Telex: 886 844
Fax: 49 (2 28) 5 29-42 62
Leiter: MinR Hellmut Altpeter

A1/18
Bundesministerium für Forschung und Technologie (BMFT), Referat 225
Ministerio Federal de Investigación y Tecnología
Heinemannstr. 2-12
D-53175 Bonn
Tel: 49 (2 28) 5 93-1 05
Telex: 885 674
Fax: 49 (2 28) 5 93-6 01
Leiter: Dr. Günter Markus

A1/19
Bundesministerium für Wirtschaft (BMWi)
Referat Lateinamerika und Karibischer Raum
Ministerio Federal de Economía Departamento de América Latina y del Caribe

Villemombler Str. 76
D-53123 Bonn
Postfach 14 02 60, D-53057 Bonn
Tel: 49 (2 28) 6 15-0
Telex: 886 747
Fax: 49 (2 28) 6 15 44 36
Leiter: Dr. Klaus-Dieter von Horn

BONN (Forts.)

A1/20
Bundesministerium für wirtschaftliche Zusammenarbeit und Entwicklung (BMZ)
Unterabt. 13, Referat 133 (Lateinamerika Ost; Regionale Entwicklungspolitik für Lateinamerika)
Ministerio Federal de Cooperación Económica y Desarrollo / Subdirección 13, Sección 133

Friedrich-Ebert-Allee 114-116
D-53113 Bonn
Postfach 12 03 22, D-53045 Bonn
Tel: 49 (2 28) 5 35-0
Fax: 49 (2 28) 5 35-2 02
Leiter: MinR Guido Osterhaus

A1/21
Bundesministerium für wirtschaftliche Zusammenarbeit und Entwicklung (BMZ)
Unterabt. 13, Referat 134 (Lateinamerika West)
Ministerio Federal de Cooperación Económica y Desarrollo / Subdirección 13, Sección 134

Friedrich-Ebert-Allee 114-116
D-53113 Bonn
Postfach 12 03 22, D-53045 Bonn
Tel: 49 (2 28) 5 35-0
Fax: 49 (2 28) 5 35-2 02
Leiter: MinR Josef Hansen

A1/22
Bundesministerium für wirtschaftliche Zusammenarbeit und Entwicklung (BMZ)
Unterabt. 13, Referat 135 Mittelamerika, Karibik
Ministerio Federal de Cooperación Económica y Desarrollo / Subdirección 13, Sección 135

Friedrich-Ebert-Allee 114-116
D-53113 Bonn
Postfach 12 03 22, D-53045 Bonn
Tel: 49 (2 28) 5 35-0
Fax: 49 (2 28) 5 35-2 02
Leiter: MinR Dr. Friedrich Kalff

A1/23
Bündnis 90/Die Grünen
Arbeitskreis Außen- und Sicherheitspolitik

Deutscher Bundestag
Bundeshaus
Görrestraße 15
D-53179 Bonn
Tel: 49 (2 28) 16-76 22
Telex: 49 (2 28) 16-8 66 62
Kontakt: Christel Zgaga

BONN (Forts.)

A1/24
CDU/CSU-Fraktion des Deutschen Bundestages
Büro für Auswärtige Beziehungen
Fracción CDU/CSU del Parlamento Alemán Federal
Oficina de Relaciones Internacionales

Walter-Flex-Str. 3
D-53113 Bonn
Tel: 49 (2 28) 16 55-52, -25
Telex: 86 804
Fax: 49 (2 28) 1 68 51-28, -29
Leiter: Bernd Fischer

A1/25
Deutsche Forschungsgemeinschaft (DFG)
Asociación Alemana de Investigaciones Científicas

Kennedyallee 40
D-53175 Bonn
Tel: 49 (2 28) 88 5-1
Telex: 17 22 83 12dfg
Fax: 49 (2 28) 8 85-22 10
Lateinamerika-Referent: Frank Grünhagen

A1/26
Deutsche Stiftung für internationale Entwicklung
Zentralstelle für Erziehung, Wissenschaft und Dokumentation (DSE-ZED)
Fundación Alemana para el Desarrollo Internacional
Centro de Educación, Ciencia y Documentación

Hans-Böckler-Str. 5
D-53225 Bonn
Tel: 49 (2 28) 40 01-2 12
Telex: 886 710
Fax: 49 (2 28) 40 01-1 11
Leiter: Dr. Eckhard Deutscher

A1/27
Deutsche Welthungerhilfe e.V. (DW)
Agro Acción Alemana

Adenauerallee 134
D-53113 Bonn
Postfach 12 05 09
D-53047 Bonn
Tel: 49 (2 28) 7 22 88-0
Telex: 8 869 697
Fax: 49 (2 28) 22 07 10
Generalsekretär: Bernd Hoffmann

BONN (Forts.)

A1/28
Deutscher Akademischer Austauschdienst (DAAD)
Servicio Alemán de Intercambio Académico

Kennedyallee 50
D-53175 Bonn
Tel: 49 (2 28) 8 82-1
Telex: daad bgo 885 515
Fax: 49 (2 28) 8 82-4 44
Lateinamerika-Referenten: Dr. Eckhardt Schmidt (LA Nord); Volker Geller (LA Süd)

A1/29
Deutscher Volkshochschul-Verband (DVV)
Fachstelle für Internationale Zusammenarbeit
Asociación Alemana para Educación de Adultos
División para Cooperación Internacional

Rheinallee 1
D-53173 Bonn
Tel: 49 (2 28) 8 20 95-0
Telex: 228 321 dvvbon
Fax: 49 (2 28) 8 20 95-50
Leiter: Dr. Heribert Hintzen

A1/30
Evangelische Zentralstelle für Entwicklungshilfe e.V. (EZE)
Agencia Evangélica de Cooperación para el Desarrollo. Departamento América Latina

Mittelstr. 32
D-53175 Bonn
Tel: 49 (2 28) 81 01-0
Telex: 8 861 133
Fax: 49 (2 28) 81 01-1 60
Lateinamerika-Referent: Dr. Erwin Damaschke

A1/31
Freie Demokratische Partei (F.D.P.)
Politik und Internationale Beziehungen
Partido Liberal Alemán

Baunscheidtstr. 15
D-53113 Bonn
Tel: 49 (2 28) 54 7-0
Telex: 886 580
Fax: 49 (2 28) 54 72 98
Leiter: Christoph Liedtke

BONN (Forts.)

A1/32
Friedrich-Ebert-Stiftung (FES)
Abteilung Entwicklungsländerforschung
Fundación Friedrich Ebert. Departamento de Investigaciones sobre Países en Desarrollo

Godesberger Allee 149
D-53175 Bonn
Tel: 49 (2 28) 8 83-6 93, -6 94
Fax: 49 (2 28) 8 83-5 38
Lateinamerika-Referent: Peter Hengstenberg

A1/33
Ibero-Club Bonn e.V.
Instituto de Relaciones Culturales

Ibero-Amerika-Haus
Adenauerallee 132a
D-53113 Bonn
Tel: 49 (2 28) 21 31 87
Präsident: Botsch. a.D. Johannes Marré

A1/34
Informationsstelle El Salvador e.V.

Oscar-Romero-Haus, Heerstr. 205
D-53111 Bonn
Tel: 49 (2 28) 69 45 62
Fax: 49 (2 28) 63 12 26
Kontakt: Inga Kreuzer

A1/35
Inter Nationes e.V. (IN)

Kennedyallee 91-103
D-53175 Bonn
Postfach 20 03 49
D-53133 Bonn
Tel: 49 (2 28) 8 80-0
Fax: 49 (2 28) 8 80-4 57
Vorstand: Dr. Dieter W. Benecke

A1/36
Lateinamerika-Zentrum e.V. (LAZ)
Centro América Latina

Schumannstr. 28
D-53113 Bonn
Tel: 49 (2 28) 21 07-88, -07
Direktor: Prof. Hermann M. Görgen

BONN (Forts.)

A1/37
Missionszentrale der Franziskaner
Lateinamerika-Referat
Central Misionera de los Franciscanos

Albertus-Magnus-Str. 39
D-53177 Bonn
Tel: 49 (2 28) 95 35 30; 9 53 54 40
Fax: 49 (2 28) 9 53 54 41
Leiter: P. Nelson Mueller ofm

A1/38
Presse- und Informationsamt der Bundesregierung (BPA). Lateinamerika Referat (IV B 2)
Secretaría de Información y Prensa del Gobierno Federal Departamento América Latina

Welckerstr. 11
D-53113 Bonn
Tel: 49 (2 28) 2 08-4 02
Telex: 886 741
Fax: 49 (2 28) 2 08-5 05
Leiter: MinRat Günter Schütze

A1/39
Sozialdemokratische Partei Deutschlands (SPD)
Internationale Politik
Partido Social Demócrata de Alemania
Secretaría Internacional

Ollenhauerstr. 1
D-53113 Bonn
Tel: 49 (2 28) 5 32-2 21
Telex: 886 306
Fax: 49 (2 28) 5 32-3 16
Leiter: Wolfgang Weege

DÜSSELDORF

A1/40
Deutsch-Mexikanische Gesellschaft e.V.
Breite Straße 13 III
D-40213 Düsseldorf
Tel: 49 (2 11) 82 52 20; 82 55 62
Fax: 49 (2 11) 82 55 00
Präsident: Dr. Hans Singer
Geschäftsführerin: Reinhild Gräfin Hardenberg

EICHSTÄTT

A1/41
Arbeitsgemeinschaft Deutsche Lateinamerika-Forschung (ADLAF)
Asociación Alemana de Investigación sobre América Latina

c/o Zentralinstitut für Lateinamerika-Studien
Katholische Universität Eichstätt
Universitätsallee
D-85072 Eichstätt
Tel: 49 (84 21) 20-4 03, -3 50
Fax: 49 (84 21) 2 05 99
Vorsitzender: Prof.Dr. Karl Kohut

ESCHBORN

A1/42
Deutsche Gesellschaft für Technische Zusammenarbeit GmbH (GTZ)
Sociedad Alemana de Cooperación Técnica

Dag-Hammarskjöld-Weg 1+2
D-65760 Eschborn
Postfach 51 80
D-65726 Eschborn
Tel: 49 (61 96) 79-0
Telex: 415 230
Fax: 49 (61 96) 79-11 15
Geschäftsführer: u.a. Gerold Dieke

ESSEN

A1/43
ADVENIAT - Bischöfliche Aktion. Hilfe der deutschen Katholiken für die Kirche in Lateinamerika
ADVENIAT - Acción Episcopal
Solidaridad de los Católicos Alemanes con la Iglesia en América Latina

Bernestr. 5
D-45127 Essen
Postfach 10 01 52
D-45001 Essen
Tel: 49 (2 01) 22 04-3 78
Telex: 201 441
Fax: 49 (2 01) 22 04-5 12
Geschäftsführer: Msgr. Dieter Spelthahn

FELDAFING

A1/44
Deutsche Stiftung für internationale Entwicklung Zentralstelle für Ernährung und Landwirtschaft (DSE-ZEL)
Fundación Alemana para el Desarrollo Internacional Centro de Fomento de la Alimentación y la Agricultura

Wielinger Str. 52
D-82340 Feldafing
Tel: 49 (81 57) 38-0
Telex: 526 436
Fax: 49 (81 57) 38-2 27
Leiter: Dr. Erhard Krüsken

FRANKFURT

A1/45
Centrum für Internationale Migration und Entwicklung (CIM)
Centro para Migración Internacional y Desarrollo

Bettinastr. 62
D-60325 Frankfurt
Tel: 49 (69) 75 60 02-0
Telex: 416 915
Fax: 49 (61 96) 79 11 15, oder via GTZ
Lateinamerika-Referent: Dr. Horst Fabian

A1/46
Deutsch-Brasilianische Juristenvereinigung e.V.
Asociación Germano-Brasileña de Juristas

Sekretariat
Dr. Werner Müller
Bethmannstr. 50-54
D-60311 Frankfurt
Tel: 49 (69) 2 99 08-0
Telex: 414 239
Fax: 49 (69) 2 99 08-10, 28 36 65
Vorsitzender: Dr. Peter Schindler

A1/47
Deutsch-Ibero-Amerikanische Gesellschaft e.V.

Gräfstraße 83
D-60486 Frankfurt
Tel: 49 (69) 77 93 95
Geschäftsführerin: Herrat Zeinecke

FRANKFURT (Forts.)

A1/48
Gesellschaft zur Förderung der Literatur aus Afrika, Asien und Lateinamerika e.V.
Sociedad para la Extensión de la Literatura de África, Asia y América Latina

Reineckstraße 3
D-60313 Frankfurt
Postfach 10 01 16
D-60001 Frankfurt
Tel: 49 (69) 21 02-2 47, -2 50
Telex: 416 265 buchm d
Geschäftsführer: Peter Ripken

A1/49
Kreditanstalt für Wiederaufbau. Länderabteilung Lateinamerika und Karibik (KfW/LIb)
Instituto de Crédito para la Reconstrucción
Sección de América Latina y el Caribe

Palmengartenstraße 5-9
D-60325 Frankfurt
Postfach 11 11 41, D-60046 Frankfurt
Tel: 49 (69) 74 31-0
Telex: 411 352
Fax: 49 (69) 74 31 29 44
Leiter: Wolfdieter Wabnitz

A1/50
Medico International e.V. (MI)

Obermainanlage 7
D-60314 Frankfurt
Tel: 49 (69) 24 43 80
Telex: 416 153
Mittelamerika-Referent: Thomas Gebauer

FREIBURG

A1/51
Deutscher Caritasverband Freiburg e.V. Auslandsabteilung (DCV)
Asociación Cáritas Alemana. Departamento Exterior

Karlstraße 40
D-79104 Freiburg
Postfach 4 20
D-79004 Freiburg
Tel: 49 (7 61) 2 00-1
Telex: 772 475
Fax: 49 (7 61) 2 00-5 72, -5 83
Referatsleiter: Martin Salm

GEESTHACHT

A1/52
GKSS-Forschungszentrum Geesthacht GmbH

Max-Planck-Str.
D-21502 Geesthacht
Postfach 11 60
D-21494 Geesthacht
Tel: 49 (41 52) 87-0
Fax: 49 (41 52) 87-16 18
Internationales Büro: Dipl.Ing. Helmut K. Bianchi

GÖTTINGEN

A1/53
Forschungs- und Studienzentrum der Agrar- und Forstwissenschaften der Tropen und Subtropen Universität Göttingen

Am Vogelsang 6
D-37075 Göttingen
Tel: 49 (5 51) 39-39 08, -39 09
Fax: 49 (5 51) 39-60 34
Vorstand: Prof.DDDr.hc Frithjof Kuhnen

A1/54
Gesellschaft für bedrohte Völker (GfbV)
Asociación para la Defensa de Pueblos Amenazados

Düstere Str. 20 a
D-37073 Göttingen
Postfach 20 24
D-37010 Göttingen
Tel: 49 (5 51) 4 99 06-0
Fax: 49 (5 51) 5 80 28
Lateinamerika-Referent: Theodor Rathgeber

GÜTERSLOH

A1/55
Argentinisch-Deutsche Juristenvereinigung
Asociación Jurídica Argentino-Germana

Hochstr. 19
D-33332 Gütersloh
Tel: 49 (52 41) 5 88 86
Fax: 49 (52 41) 5 88 81
Vorsitzender: Dr. Burghard Piltz

HAMBURG

A1/56
Bernhard-Nocht-Institut für Schiffs- und Tropenkrankheiten (BNI)
Instituto Bernhard Nocht de Enfermedades Tropicales y Marítimas

Bernhard-Nocht-Str. 74
D-20359 Hamburg
Tel: 49 (40) 3 11 82-0
Telex: 2 163 853
Direktor: Prof.Dr. Hans-J. Müller-Eberhard

A1/57
Bundeskongreß entwicklungspolitischer Aktionsgruppen (BUKO). Koordinationsausschuß
Congreso Federal Alemán de Grupos de Acción para el Desarrollo / Comité de Coordinación

Nernstweg 32-34
D-22765 Hamburg
Tel: 49 (40) 39 31 56
Fax: 49 (40) 3 90 75 20
Geschäftsführerin: Pia Wortmann

A1/58
Deutsche Ibero-Amerika Stiftung (DIASt)
Fundación Alemana Ibero-Americana

Alsterglacis 8
D-20354 Hamburg
Tel: 49 (40) 41 47 82-16
Telex: 215 693
Fax: 49 (40) 45 79 60
Geschäftsführer: Dr. Peter Knappertsbusch

A1/59
Ibero-Amerika Verein e.V. (IAV)
Deutsch-Lateinamerikan. Wirtschaftsvereinigung
Asociación Ibero-América. Asociación Alemana-Latinoamericana de Industria y Comercio

Alsterglacis 8
D-20354 Hamburg
Tel: 49 (40) 41 47 82-02
Fax: 49 (40) 45 79 60
Geschäftsf. Vorstandsmitglied:
Dr. Peter Knappertsbusch

HAMBURG (Forts.)

A1/60
Kommission für Bildungsaustausch e.V.
Comisión de Intercambio Educativo (COINED)

Wrangelstr. 122
D-20253 Hamburg
Tel: 49 (40) 5 60 18 85
Fax: 49 (40) 5 60 24 94
Leiter: Wolfgang Nein

A1/61
Technische Universität Hamburg-Harburg
Forschungsschwerpunkt 6/Stadterneuerung
Arbeitsfeld: Planen und Bauen in Entwicklungsländern
Universidad Técnica de Hamburg-Harburg. Centro de Investigaciones sobre Renovación Urbana

Schwarzenbergstr. 93c
D-21073 Hamburg
Tel: 49 (40) 77 18-26 70, -8 68
Telex: 2 627-403 696
Fax: 49 (40) 77 18-22 88
Leiter: Prof.Dr. Hans Harms

HANNOVER

A1/62
Lateinamerika-Beratungsausschuß (LABA) beim Kirchenamt der Evangelischen Kirche in Deutschland (Kirchliches Außenamt)
Comité Asesomariento sobre América Latina en la Oficina Central de la Iglesia Evangélica en Alemania

Herrenhäuser Straße 12
D-30419 Hannover
Postfach 21 02 20
D-30402 Hannover
Tel: 49 (5 11) 71 11-4 25
Telex: 923 445
Fax: 49 (5 11) 71 11-7 07
Leiter: Reinhold Mauritz

HEIDELBERG

A1/63
BDKJ-Perubüro
Bahnhofstr. 53
D-69115 Heidelberg
Tel: 49 (62 21) 2 34 17
Kontakt: Christoph Dietz

KÖLN

A1/64
Bundesstelle für Außenhandelsinformation
Oficina Federal de Información para el Comercio Exterior
Agrippastr. 87-93
D-50676 Köln
Postfach 10 05 22
D-50445 Köln
Tel: 49 (2 21) 20 57-0
Fax: 49 (2 21) 20 57-2 12; -2 75

A1/65
Carl-Duisberg-Gesellschaft e.V. (CDG)
Fundación Carl Duisberg-Gesellschaft
Hohenstaufenring 30-32
D-50674 Köln
Postfach 26 01 20
D-50514 Köln
Tel: 49 (2 21) 20 98-0
Telex: 8 881 762
Fax: 49 (2 21) 20 98-1 11
Lateinamerika-Referent: Pedro Muñoz Serrano

A1/66
Deutsche Entwicklungshilfe für soziales Wohnungs- und Siedlungswesen e.V. (DESWOS)
Asociación Alemana de Ayuda al Desorrollo para la Vivienda Social
Bismarckstraße 7
D-50672 Köln
Tel: 49 (2 21) 5 79 89 30
Telex: 8 881 842
Fax: 49 (2 21) 5 79 89 99
Generalsekretär: Dr. Dieter Baldeaux

KÖLN (Forts.)

A1/67
Deutsche Investitions- und Entwicklungsgesellschaft mbH (DEG) - Abt. L3
Sociedad Financiera Alemana para Inversiones en Países en Desarrollo - Sección L5
Belvederestraße 40
D-50933 Köln
Postfach 45 03 40, D-50878 Köln
Tel: 49 (2 21) 49 86-1
Telex: 8 881 949, 8 883 470
Fax: 49 (2 21) 49 86-2 90
Leiter: O. Frhr. von Gagern

A1/68
Kulturhaus Lateinamerika e.V.
Venloer Str. 389
D-50825 Köln
Tel: 49 (2 21) 54 24 16
Fax: 49 (2 21) 61 36 60
Geschäftsführerin: Gritta Rösing

KÖNIGSWINTER

A1/69
Friedrich-Naumann-Stiftung Hauptabteilung Ausland (FNS)
Fundación Friedrich Naumann
Margaretenhof
Königswinterer Straße
D-53639 Königswinter
Tel: 49 (22 23) 7 01-0
Telex: 8 869 997
Fax: 49 (22 23) 7 01 88
Leiter: Gottfried Wüst; Uwe Johannen

MANNHEIM

A1/70
Deutsche Stiftung für internationale Entwicklung Zentralstelle für gewerbliche Berufsförderung (DSE-ZGB)
Fundación Alemana para el Desarrollo Internacional
Centro de Fomento de las Profesiones Industriales y Artesanales
Käthe-Kollwitz-Str. 15
D-68169 Mannheim
Tel: 49 (6 21) 39 02-0
Fax: 49 (6 21) 39 02-1 32
Leiter: Herbert Burk

MÜNCHEN

A1/71
Carl-Justi-Vereinigung zur Förderung der kunstwissenschaftlichen Zusammenarbeit mit Spanien und Portugal
Kontakt: Karin Helbig
Bibliothek des Zentralinstituts für Kunstgeschichte
Meiserstr. 10, D-80333 München
Tel: 49 (89) 55 91-5 14; Fax: 49 (89) 5 23 67 52

A1/72
Deutsch-Mexikanische Juristenvereinigung e.V.
Asociación Mexicano-Alemana de Juristas

Carl-Zuckmayer-Str- 17
D-81927 München
Tel: 49 (89) 93 74 34
Fax: 49 (89) 9 30 15 15
Präsident: Dr. Karl-August Prinz von Sachsen Gessaphe

A1/73
Deutsch-Venezolanische Gesellschaft e.V. (DVG)
Asociación Germano-Venezolana

Schwanthaler Straße 135
D-80339 München
Tel: 49 (89) 5 02 65 31
Telex: 5 216 196
Vorsitzender: Dr. Theo Eberhard

A1/74
Goethe-Institut zur Pflege der deutschen Sprache im Ausland und zur Förderung der internationalen kulturellen Zusammenarbeit e.V.
Instituto Goethe para la Difusión del Idioma Alemán en el Exterior y para la Cooperación Cultural Internaciona

Balanstr. 57
D-81541 München
Postfach 80 07 27
D-81607 München
Tel: 49 (89) 59 99-1
Telex: 0 522 940
Fax: 49 (89) 59 99-4 14, -4 50
Generalsekretär: Dr. Horst Harnischfeger

A1/74-A
Arbeitskreis Päd. Paulo Freire, AG SPAK

Adlzreiter Str. 23
D-80337 München
Tel: 49 (89) 77 40 77
Leiter: Trudi + Heinz Schulze

MÜNCHEN (Forts.)

A1/75
Hanns-Seidel-Stiftung. Lateinamerikareferat
Fundación Hanns Seidel. Sección América Latina

Lazarettstraße 19
D-80636 München
Postfach 19 08 46
D-80608 München
Tel: 49 (89) 12 58-0
Telex: 5 215 824
Fax: 49 (89) 12 58-3 38
Geschäftsführer: Manfred Baumgärtel

A1/76
Ifo-Institut für Wirtschaftsforschung Abteilung Entwicklungsländer
Instituto Ifo de Investigación Económica Departamento de Estudios de Desarrollo

Poschinger Straße 5
D-81679 München
Postfach 86 04 60
D-81631 München
Tel: 49 (89) 92 24-2 99
Telex: 522 269
Fax: 49 (89) 98 53 69
Leiter: Dr.habil. Siegfried Schönherr

MÜNSTER

A1/77
VAMOS - Verein für entwicklungspolitische Bildung, Information und Kulturarbeit e.V. (Dokumentationsstelle und Archiv)

Achtermannstr. 10-12
D-48143 Münster
Tel: 49 (2 51) 4 54 31, 5 47 05
Fax: 49 (2 51) 51 88 76
Vorsitzende: Gisela Nolte

NEUWIED

A1/78
Eirene - Internationaler Christlicher Friedensdienst e.V.

Engeser Str. 74 b
D-56564 Neuwied
Tel: 49 (26 31) 2 70 82
Fax: 49 (26 31) 3 11 60
Geschäftsführer: Dr. Josef Freise

NÜRNBERG

A1/79
Dokumentations- und Informationszentrum Menschenrechte in Lateinamerika (DIML)
Centro de Documentación e Información sobre Derechos Humanos en América Latina

Fürther Str. 22
D-90429 Nürnberg
Tel: 49 (9 11) 26 79 42
Fax: 49 (9 11) 26 59 74
Leiter: Dr. Rainer Huhle

OSNABRÜCK

A1/80
Terre des Hommes Deutschland e.V. (TdH)
Tierra de Hombres - Alemania

Ruppenkampstraße 11a
D-49084 Osnabrück
Tel: 49 (5 41) 71 01-0
Telex: 94 895
Fax: 49 (5 41) 70 72 33
Geschäftsführer: Dr. Burkhard Gnärig

STADELKEN-ELSHEIM

A1/81
Verein zur Förderung von Landwirtschaft und Umweltschutz in der 3. Welt e.V. (VFLU)
Sociedad para el Fomento de la Agricultura y el Medio Ambiente en el Tercer Mundo (SOFAMA)

Mainzer Straße 14
D-55271 Stadecken-Elsheim
Tel: 49 (61 30) 4 60

STUTTGART

A1/82
Argentinien-Gruppe c/o BDKJ

Schwabstr. 70 a
D-70193 Stuttgart
Tel: 49 (7 11) 6 49 81 47
Kontakt: Marta Aparicio

STUTTGART (Forts.)

A1/83
Brot für die Welt (BfdW)
Pan para el Mundo

Stafflenbergstraße 76
D-70184 Stuttgart
Tel: 49 (7 11) 21 59-0
Telex: 723 557 ddws d
Fax: 49 (7 11) 21 59-2 88
Lateinamerika-Referent: Werner Rostan

A1/84
Dienste in Übersee. Arbeitsgemeinschaft evangelischer Kirchen in Deutschland e.V. (DÜ)

Gerokstraße 17
D-70184 Stuttgart
Tel: 49 (7 11) 2 10 50-0
Lateinamerika-Referat: Gerhard Koberstein

TODTMOOS

A1/85
Trees for People - Institut für ökologische Landnutzung in Entwicklungsgebieten

Graf-Dürckheim-Weg 7
D-79682 Todtmoos
Tel: 49 (76 74) 88 06
Fax: 49 (76 74) 88 07
Leiter: Dr. Bernd Neugebauer

TRIER

A1/86
Bolivienhilfe des Bundes der Deutschen Katholischen Jugend (BDKJ)
Ayuda a Bolivia de la Liga de la Juventud Católica Alemana

Weberbach 70
D-54290 Trier
Tel: 49 (6 51) 7 37 66
Fax: 49 (6 51) 4 48 66
Leiterin: Eva-Maria Heerde-Hinojosa A.

TRIER (Forts.)

A1/87
Fachbereich II Sprach- und Literaturwissenschaften. Fach Romanistik. Universität Trier

Kohlenstraße
D-54296 Trier
Postfach 38 25
D-54228 Trier
Tel: 49 (6 51) 2 01-1
Fax: 49 (6 51) 2 51 35
Lehrstuhl: Prof.Dr. Karl Hölz

TÜBINGEN

A1/88
Institut für Wissenschaftliche Zusammenarbeit mit Entwicklungsländern (IWZE)
Abteilung Lateinamerika

Landhausstraße 18
D-72074 Tübingen
Tel: 49 (70 71) 50 66
Fax: 49 (70 71) 2 67 53
Leiter: Rafael Sevilla

A1/89
Stipendienwerk Lateinamerika-Deutschland e.V.

Hölderlinstr. 19
D-72074 Tübingen
Tel: 49 (70 71) 29-52 49
Fax: 49 (70 71) 29-42 07
Leiter: Prof.Dr. Peter Hünermann

WIESBADEN

A1/90
Statistisches Bundesamt
Allgemeine Auslandsstatistik
Oficina Federal de Estadística

Gustav-Stresemann-Ring 11
D-65189 Wiesbaden
Postfach 55 28
D-65045 Wiesbaden
Tel: 49 (61 21) 75-1
Telex: 4 186 511, 4 186 467
Fax: 49 (61 21) 75 34 25
Leiter: Hartmut Schulze

WIESBADEN (Forts.)

A1/91
World University Service
Deutsches Komitee e.V. (WUS)
Servicio Universitario Mundial. Comité Alemán

Kurt-Schuhmacher-Ring 18
D-65195 Wiesbaden
Tel: 49 (61 21) 49 41-35, -25
Kontakt: Linda Helfrich

WITZENHAUSEN

A1/92
Deutsches Institut für Tropische und Subtropische Landwirtschaft GmbH (DITSL)
Steinstr. 19
D-37213 Witzenhausen
Postfach 16 52
D-37206 Witzenhausen
Tel: 49 (55 42) 6 07-0
Fax: 49 (55 42) 6 07 39
Geschäftsführer: Prof.Dr. Eckhard Baum

WUPPERTAL

A1/93
Gesellschaft zur Förderung der Partnerschaft mit der Dritten Welt mbH - Projektabteilung (GEPA)
Sociedad para el Fomentode la Solidaridad con el Tercer Mundo

Güterstr. 20
D-42111 Wuppertal
Tel: 49 (2 02) 2 43 05-0; -13
Fax: 49 (2 02) 4 25 04 38
Referent: Joachim Zimmermann

Postanschrift: Talstr. 20, D-58332 Schwelm

A1/94
Informationsbüro Nicaragua e.V.
Oficina de Información sobre Nicaragua

Hofaue 51 / III.
D-42103 Wuppertal
Postfach 10 13 20, D-42015 Wuppertal
Tel: 49 (2 02) 4 93 63 05
Telex: 8 591 746
Kontakt: Isabel Carcamo

Österreich / Austria

INNSBRUCK

A1/95
Institut für Politikwissenschaft
Universität Innsbruck
Innrain 82
A-6020 Innsbruck
Tel: 43 (52 22) 3 39 58
Direktor: Prof. DDDr. Waldemar Hummer

WIEN

A1/96
Bundesministerium für Auswärtige Angelegenheiten, Sektion II/9
Ballhausplatz 2
A-1014 Wien
Tel: 43 (1) 5 31 15-0
Fax: 43 (1) 5 31 85-2 20
Leiter: A. Prohaska

A1/97
Bundeswirtschaftskammer (BWK)
Wiedner Hauuptstr. 63
A-1045 Wien
Postfach 1 50
A-1045 Wien
Tel: 43 (1) 5 01 05-0
Fax: 43 (1) 5 02 06-2 50

WIEN (Forts.)

A1/98
Informationsgruppe Lateinamerika (IGLA)
Münzwardeingasse 2
A-1060 Wien

A1/99
Österreichische Forschungsstiftung für Entwicklungsländer (ÖFSE)
Berggasse 7/1
A-1090 Wien
Tel: 43 (1) 3 17 40 10
Fax: 43 (1) 3 17 40 15
Lateinamerika-Referent: Norbert Gansterer

A1/100
Arbeitsgemeinschaft Österreichischer Lateinamerika-Forschung (AGÖLAF)
c/o
Österreichisches Lateinamerika-Institut (ÖLAI)
Instituto Austríaco para América Latina
Schmerlingplatz 8
A-1010 Wien
Tel: 43 (1) 5 23 27 27; 5 23 33 15
Fax: 43 (1) 5 23 27 27-9
Geschäftsführer: Dr. Gernot Stimmer

(Landesgruppen des ÖLAI bestehen in Graz, Innsbruck Klagenfurt, Linz und Salzburg)

Schweiz / Suiza

BERN

A1/101
Bundesamt für Außenwirtschaft - Lateinamerika-Dienst. Dienst für Entwicklungsfragen
Bundeshaus-Ost
CH-3003 Bern
Tel: 41 (31) 6 12 11-1
Fax: 41 (31) 61 23 30
Sektionschef: Jean-Jacques Maeder

A1/102
Direktion für Entwicklungszusammenarbeit und humanitäre Hilfe - Sektion Lateinamerika (DEH)
Eigerstr. 73
CH-3003 Bern
Tel: 41 (31) 61 34 21
Fax: 41 (31) 45 57 21
Leiter: Adrian Schläpfer

A1/103
Eidgenössisches Departement für Auswärtige Angelegenheiten, Polit. Abt. 2
Bundeshaus-West
CH-3003 Bern
Tel: 41 (31) 6 12 11-1
Telex: 32 176
Fax: 41 (31) 61 23 30
Kommisarischer Leiter: Adrian Sommer

A1/104
Swissaid
Jubiläumstr. 60
CH-3000 Bern 6
Tel: 41 (31) 44 95 55
Fax: 41 (31) 43 27 83
Referenten: Barbara del Pozo; Christoph Hüsser

LUZERN

A1/105
Caritas Schweiz, Lateinamerika-Abteilung
Löwenstr. 3
CH-6002 Luzern
Postfach
CH-6002 Luzern
Tel: 41 (41) 50 11 50
Fax: 41 (41) 15 20 64
Leiter: Georges Farine

NIEDERURNEN

A1/106
FUNDES - Stiftung zur Förderung von Kleinunternehmen in Lateinamerika
Haus Inseli
CH-8867 Niederurnen
Schweiz
Tel: 41 (58) 21 23 24
Fax: 41 (58) 21 17 09
Geschäftsführer: Dr. Ernst A. Brugger

ZÜRICH

A1/107
Soziologisches Institut
Universität Zürich
Rämistr. 69
CH-8001 Zürich
Tel: 41 (1) 2 57 21 61
Fax: 41 (1) 2 52 10 54
Kontakt: Dr. Christian Suter

A1/108
Swisscontact. Schweizerische Stiftung für technische Entwicklungszusammenarbeit
Döltschiweg 39
CH-8055 Zürich
Tel: 41 (1) 4 63 94 11
Fax: 41 (1) 4 62 33 65
Geschäftsführer: Robert Jenny

Zeitschriften und Jahrbücher mit Lateinamerika-Bezug

Revistas y Anuarios con Referencia a América Latina

A2/1
Amazoniana - Limnologia et Oecologia Regionalis Systema Fluminis Amazonas
Herausgeber: Dr. Wolfgang Junk, Plön; Dr. Francisco de Asses Estevez, Rio de Janeiro
Redaktion: Schriftleitung: Dr. Joachim U. Ades, Plön; Dr. Bernd; D. Friebe, Gießen
Max-Planck-Institut für Limnologie
August-Thienemann-Str. 2, D-24306 Plön
Postfach 165, D-24302 Plön
Verlag: Mühlau, Kiel
[erscheint unregelmäßig]

A2/2
Anuario - Münsteraner Beiträge zur Lateinamerikaforschung
Herausgeber: Prof.Dr. Achim Schrader, Lateinamerika-Zentrum (CeLA), Universität Münster
Scharnhorststr. 121, D-48151 Münster
Tel: 49 (2 51) 83 93-37; Fax: 49 (2 51) 83 93 24
[Jahrbuch]

A2/3
Apuntes - Revista universitaria para problemas de la historia y la cultura iberoaméricana (Nueva Serie)
Herausgeber: Lehrstuhl Vergleichende Geschichtswissenschaft (Ibero-Amerika), FB Geschichte, Universität Leipzig
Augustusplatz 10, D-04109 Leipzig
Tel: 49 (3 41) 7 19 33 34
[erscheint vierteljährlich]

A2/4
Asien, Afrika, Lateinamerika Academic Journal
Herausgeber: Prof.Dr. Martin Robbe; Dr. Holger Fischer
Prenzlauer Promenade 149-152, D-13189 Berlin
Tel.+Fax: 49 (30) 4 79 71 58
Verlag: Harwood Academic Publishers GmbH, New York [u.a.]c/o STBS Ltd., P.O. Box 90, Reading, Berkshire RG1 8JL, GB
[erscheint zweimonatlich]

A2/4
Aus Politik und Zeitgeschichte
Beilage zur Wochenzeitung Das Parlament
Hrsg.: Bundeszentrale für politische Bildung
Redaktion: Rüdiger Thomas, Dr. Katharina Belwe, Dr. Heinz Ulrich Brinkmann, Dr. Ludwig Watzal, Dr. Klaus W. Wippermann
Berliner Freiheit 7, D-53311 Bonn
[erscheint wöchentlich]

A2/5
Ausgewählte neuere Literatur
Boletín Bibliográfico
Herausgeber: Deutsches Übersee Institut, Übersee Dokumentation, Referat Lateinamerika
Redaktion: Dr. Jürgen Burgarth
Neuer Jungfernstieg 21, D-20354 Hamburg
Tel: 49 (40) 35 62-5 83
[erscheint zwei- bis dreimal jährlich]

A2/6
Blätter des iz3w
Herausgeber: Aktion Dritte Welt e.V.-Informationszentrum Dritte Welt
Kronenstr. 16, D-79100 Freiburg/Br.
Postfach 5328, D-79020 Freiburg/Br.
Tel: 49 (7 61) 7 40 03; Fax: 49 (7 61) 70 98 66
[erscheint monatlich]

A2/7
Boletín VIDESAL - Vías para el Desarrollo Social en América Latina
Redaktion: Lateinamerika-Institut Rostock
August-Bebel-Str. 28, D-18055 Rostock
Tel: 49 (3 81) 3 79 24 60; Fax: 49 (3 81) 3 42 87
[Erscheinen Ende 1992 vorerst eingestellt]

A2/8
Brasilien Dialog. Informationen
Herausgeber: Institut für Brasilienkunde e.V.
Sunderstr. 15-17, D-49497 Mettingen
Tel: 49 (54 52) 23 58; Fax: 49 (54 52) 43 57
[erscheint unregelmäßig]

A2/9
Brasilien Nachrichten
Herausgeber: Arbeitsgemeinschaft Brasilien Nachrichten
An der Illoshöhe 30, D-49078 Osnabrück
[erscheint vierteljährlich]

A2/10
Comparativ - Leipziger Beiträge zur Universalgeschichte und vergleichenden Gesellschaftsforschung
Herausgeber:
Fachbereich Geschichte, Universität Leipzig
Augustusplatz 10, D-04109 Leipzig
Tel: 49 (3 41) 7 19 33 34
[erscheint ab 1993 6x jährlich (bisher 4x jährlich)]

A2/11
Desarrollo y Cooperación (D+C)
Herausgeber: J. Pablo Kummetz hrsg. für Deutsche Stiftung für internationale Entwicklung (DSE)
Frankenallee 71-81, D-60327 Frankfurt
Tel: 49 (69) 75 01-3 66; Fax: 49 (69) 75 01-8 55
[erscheint zweimonatlich]

A2/12
Deutsch-Brasilianische Hefte
Cadernos Germano-Brasileiros
Zweimonatsschrift für Kultur, Wirtschaft und Politik
Herausgeber: Prof. Hermann M. Görgen im Auftrag des Lateinamerika-Zentrums e.V., Bonn und der Deutsch-Brasilianischen Gesellschaft e.V.
Redaktion: Wilhelm Bodens, Ulrich Reufels
Lateinamerika-Zentrum e.V. Bonn
Schumannstr. 2B, D-53113 Bonn
Tel: 49 (2 28) 21 07 88
Verlag: Lateinamerika-Zentrum e.V. Bonn
[erscheint zweimonatlich]

A2/13
Diálogo. Austria-América Latina
Herausgeber: Österreichisches Lateinamerika-Institut Wien
Schmerlingplatz 8, A-1010 Wien
Tel: 43 (1) 5 23 33 15; Fax: 43 (1) 5 23 33 15-9
Verlag: Österreichisches Lateinamerika-Institut Wien
[erscheint jährlich]

A2/14
Diálogo Científico - Revista Semestral de Investigación Alemana sobre Sociedad, Derecho y Economía
Herausgeber: Rafael Sevilla im Auftrage des Instituts für Wissenschaftliche Zusammenarbeit mit Entwicklungsländern (IWZE)
Landhausstr. 18, D-72074 Tübingen
Tel: 49 (70 71) 50 66; Fax: 49 (70 71) 2 67 53
Selbstverlag
[erscheint zweimal jährlich]

A2/15
Europa Archiv
Zeitschrift für Internationale Politik
Herausgeber: Dr. Wolfgang Wagner, Deutsche Gesellschaft für Auswärtige Politik
Adenauerallee 131, D-53113 Bonn
Tel: 49 (2 28) 21 70 21; Fax: 49 (2 28) 26 15 06
Verlag: Verlag für Internationale Politik Gmbh
Bachstr. 32, Postfach 15 29, D-53005 Bonn
[erscheint zweimal monatlich]

A2/16
Forum entwicklungspolitischer Aktionsgruppen
Herausgeber: Verein zur Förderung entwicklungspädagogischer Zusammenarbeit e.V.
Nernstweg 32-34, D-22765 Hamburg
Redaktion: FORUM c/o Dritte-Welt-Haus e.V.
Buchtstr. 14/15, D-28195 Bremen
Tel: 49 (4 21) 32 51 56; Fax: 49 (4 21) 3 37 81 77
Selbstverlag
[erscheint achtmal jährlich]

A2/16
Hispanorama - Mitteilungen des Deutschen Spanischlehrerverbandes
Herausgeber: Anton Bemmerlein
Braillestr. 17, D-90425 Nürnberg
Tel: 49 (9 11) 35 15 61
Selbstverlag
[erscheint dreimal jährlich]

A2/17
Humboldt
Herausgeber: Inter Nationes
Redaktion: Margarete Kraft und Dr. Brigitte Simon Souza, Inter Nationes,
Kennedyallee 91-103, D-53175 Bonn
[erscheint dreimal jährlich (1x span., 2x port.)

A2/18
Ibero-Amerikanisches-Archiv
Zeitschrift für Geschichte und Sozialwissenschaften
Herausgeber: Prof.Dr. Walther L. Bernecker, Prof.Dr. Reinhard Liehr, Prof.Dr. Herbert J. Nickel, Prof.Dr. Dieter Nohlen, Prof.Dr. Renate Rott, Dr. Günter Vollmer, Prof.Dr. Peter Waldmann
Schriftleitung: Dr. Günter Vollmer, IAI Berlin
Potsdamer Str. 37
D-10785 Berlin
Tel: 49 (30) 2 66 25 00
Verlag: Vervuert Verlag, Wielandstr. 40, D-60318 Frankfurt
[erscheint seit 1992 zweimal jährlich]

A2/19
Iberoamericana.
Lateinamerika-Spanien-Portugal
Herausgeber: Prof.Dr. Martin Franzbach, Prof.Dr. Karsten Garscha, Prof.Dr. Frauke Gewecke, Prof.Dr. Jürgen M. Meisel, Prof.Dr. Klaus Meyer-Minnemann, Prof.Dr. Dieter Reichardt, Dr.Klaus Zimmermann, in Verbindung mit dem IAI Berlin
Verlag: Vervuert Verlag, Wielandstr. 40, D-60318 Frankfurt
[erscheint viermal jährlich (2 Einzelhefte und ein Doppelheft)]

A2/20
Iberoromania
Herausgeber: Prof.Dr.Dietrich Briesemeister, Prof. Dr. Horst Geckeler, Prof.Dr. Hans-Jörg Neuschäfer
Schriftleiter: Prof.Dr. Gustav Siebenmann
Hompelistr. 12 a, CH-9008 St. Gallen
Verlag: Max Niemeyer, Pfrondorfer Str. 6, D-72074 Tübingen
[erscheint zweimal jährlich]

A2/21
Ila-Info
Herausgeber: Informationsstelle Lateinamerika e.V.
Oscar-Romero-Haus, Heerstr. 205, D-53111 Bonn
Tel: 49 (2 28) 65 86 13
[erscheint zehnmal jährlich]

A2/22
Indiana – Beiträge zur Völker- und Altertumskunde, Sprachen-, Sozial- und Geschichtsforschung des indianischen Lateinamerika
Herausgeber: Dr. Peter Masson (bis Bd. 13 einschl.), ab Bd. 14 Herausgeber-Gremium: Prof. Dr. Ursula Thiemer-Sachse, Prof.Dr. Gerhard Baer, Prof.Dr. Mark Münzel, Prof.Dr. Berthold Riese
Schriftleitung: Prof.Dr. Ursula Thiemer-Sachse, Ibero-Amerikanisches Institut, Potsdamer Str. 37, D-10785 Berlin
Tel: 49 (30) 2 66 25 00
Verlag: Gebrüder Mann Verlag, Berlin
[erscheint bisher unregelmäßig, ab 1994 jährlich]

A2/23
Informativo REAAL - Noticias sobre las Relaciones Políticas, Económicas y Culturales entre Alemania y América Latina
Herausgeber: Albrecht von Gleich, Walter Krohne und Detlef Nolte / Institut für Iberoamerika-Kunde
Alsterglacis 8, D-20354 Hamburg
Tel: 49 (40) 41 47 82-01; Fax: 49 (40) 41 47 82-41
[erscheint vierteljährlich]

A2/24
Jahrbuch für Geschichte von Staat, Wirtschaft und Gesellschaft Lateinamerikas
Herausgeber: Prof.Dr. Günter Kahle, Prof.Dr. Horst Pietschmann, Prof.Dr. Hans Pohl, Prof.Dr. Hans-Jürgen Prien
Iberische und Lateinamerikanische Abt., des Historischen Seminars, U Köln, Albertus-Magnus-Platz, D-50931 Köln
Tel: 49 (2 21) 4 70 24 46
Verlag: Böhlau-Verlag GmbH, Köln/Wien

A2/25
Kurzberichte über Lateinamerika
Herausgeber: Deutsch-Südamerikanische Bank
Neuer Jungfernstieg 16, D-20354 Hamburg
Tel: 49 (40) 34 10 7-0
[erscheint vierteljährlich]

A2/26
Lateinamerika. Analysen und Berichte
Herausgeber: Dr. Dietmar Dirmoser, Dr. Wolfgang Gabbert, Bert Hoffmann, Albrecht Koschützke, Prof.Dr. Klaus Meschkat, Prof.Dr. Clarita Müller-Plantenberg, Dr. Urs Müller-Plantenberg, Dr. Eleonore von Oertzen, Dr. Juliane Ströbele-Gregor
ab 1993 (Bd. 17): Horlemann, Bad Honnef
<frühere Verlage: Olle & Wolter, Berlin (Bd. 1-6) Junius, Hamburg (Bd. 7-14); Lit, Münster (15-16)>
[Jahrbuch]

A2/27
Lateinamerika. Analysen-Daten-Dokumentation
Herausgeber: Institut für Iberoamerika-Kunde
Alsterglacis 8, D-20354 Hamburg
Tel: 49 (40) 41 47 82-01; Fax: 49 (40) 41 47 82-41
[erscheint dreimal jährlich; "Beihefte" unregelm.]

A2/28
Lateinamerika Anders. Report
Herausgeber: Informationsgruppe Lateinamerika (IGLA) in Zusammenarbeit mit der Nachrichtenagentur APIA. Redaktion: IGLA, Münzwardeingasse 2, A-1060 Wien
[erscheint 10x jährlich]

A2/29
Lateinamerika Aspekte
Herausgeber: Dr. Gernot Stimmer; Redaktion: Österreicherisches Lateinamerika-Institut Wien
Schmerlingplatz 8, A-1010 Wien
Tel: 43 (1) 5 23 33 15; Fax: 43 (1) 5 23 27 27-9
[erscheint zweimonatlich]

A2/30
Lateinamerika Jahrbuch
Herausgeber: Dr. Albrecht von Gleich, Wolfgang Grenz, Dr. Heinrich-W. Krumwiede, Dr.Detlef Nolte, Dr. Hartmut Sangmeister
Redaktion: Institut für Iberoamerika-Kunde
Alsterglacis 8, D-20354 Hamburg
Tel: 49 (40) 41 47 82-01; Fax: 49 (40) 41 47 82-41
Verlag: Vervuert, Frankfurt/M.

A2/31
Lateinamerika Nachrichten
Herausgeber & Verlag GbR J. Göske, S. Rosowski, S. Steinhilber - Lateinamerika Nachrichten
Redaktion: Redaktionskollektiv der Lateinamerika Nachrichten
Im Mehringhof, Gneisenaustr. 2, D-10961 Berlin
Tel: 49 (30) 6 94 61 00; Fax: 49 (30) 6 92 65 90
[erscheint monatlich]

A2/32
Lateinamerika Nachrichten
Herausgeber: Institut für Lateinamerikaforschung und Entwicklungszusammenarbeit (ILE), St. Gallen (bis Ende 1992)
Kontakt: Prof.Dr. Jean-Max René Baumer, Volkswirtschaftliches Seminar, Hochschule St. Gallen, Tigerhof, Tigerbergstr. 2, CH-9000 St. Gallen
Tel: 41 (71) 30 25 90; Fax: 41 (71) 22 46 56
[4x jährlich (mit der Auflösung des ILE wurde das Erscheinen eingestellt)]

A2/33
Lateinamerika-Pressespiegel Wien
Herausgeber: Leo C.F. Bursky, Dr. Otmar Huber, Martin Jägle
Redaktion: Nelson Arias Flores, Doris Chech, Luisa Dietrich, u.a. Österreichisches Lateinamerika-Institut
Schmerlingplatz 8, A-1010 Wien
Tel: 43 (1) 5 23 33 15; Fax: 43 (1) 5 23 27 27-9
[erscheint 5x jährlich]

A2/34
Memoria – Boletín Informativo del Centro de Documentación e Información Humanos en América Latina
Herausgeber: DIML Dokumentations- und Informationszentrum Menschenrechte in Lateinamerika
Fürther Straße 22, D-90429 Nürnberg
Tel: 49 (9 11) 26 79 42; Fax: 49 (9 11) 26 59 74
[erscheint ein- bis zweimal jährlich]

A2/35
Mitteilungen der Deutsch-Brasilianischen Juristenvereinigung
Redaktion: Werner Driesen, Meckenheimer Allee 164, D-53115 Bonn
Tel: 49 (2 28) 69 59 00; Fax: 49 (2 28) 69 56 13
Selbstverlag
[erscheint vierteljährlich]

A2/36
Mitteilungsblatt der Argentinisch-Deutschen Juristenvereinigung
Redaktion:
RA Harald Postel, Deichstr. 23, D-20459 Hamburg
Tel: 49 (40) 36 29 82; Fax: 49 (40) 37 15 43
[erscheint in der Regel zweimal jährlich]

A2/37
Nachrichten der Deutsch-Venezolanischen Gesellschaft
Herausgeber: Deutsch-Venezolanische Gesellschaft, Schwanthaler Str. 135, D-80339 München
[erscheint unregelmäßig]

A2/38
Nord-Süd aktuell – Vierteljahreszeitschrift für Nord-Süd und Süd-Süd-Entwicklungen
Herausgeber: Deutsches Übersee-Institut
Redaktion: Jutta Nachtigäller
Neuer Jungfernstieg 21, D-20354 Hamburg
Tel: 49 (40) 35 62-5 93 oder -5 95
Fax: 49 (40) 35 62-5 47
[erscheint vierteljährlich]

A2/39
Notas. Reseñas iberoamericanas Literatura, sociedad, historia
Red.: Prof.Dr. Walther L. Bernecker, Prof.Dr.Frauke Gewecke, Prof.Dr. Chr. Strosetzki, Prof.Dr. M. Tietz
Verlag: Vervuert, Wielandstr. 40, D-60318 Frankfurt, Tel: 49 (69) 5 97 46 17
[erscheint dreimal jährlich (ab Herbst 1993)]

A2/40
Peripherie – Zeitschrift für Politik und Ökonomie in der Dritten Welt
Herausgeber: Wissenschaftliche Vereinigung für Entwicklungstheorie und Entwicklungspolitik e.V.
Redaktion: Dr. Volkmar Blum, Dr. Wolfgang Hein, Heide Mertens, Theo Mutter u.a.
Redaktionsadresse: c/o Heide Mertens, Kesselstr. 17, D-59494 Soest
Verlag: Peripherie Berlin
[erscheint vierteljährlich]

A2/41
Periplus – Jahrbuch für außereuropäische Geschichte
Herausgeber: Dietmar Rothermund (u.a.)
Verlag: Lit-Verlag, Dieckstr. 56, D-48145 Münster
Tel: 49 (2 51) 23 50 91; Fax: 49 (2 51) 23 19 72

A2/42
Pogrom
Herausgeber: Gesellschaft für bedrohte Völker
Düstere Str. 20 a, W-3400 Göttingen
Tel: 49 (5 51) 4 99 06-0
Verlag: Eigenverlag
[erscheint 6x jährlich]

A2/43
Serviço de Recortes – Brasilien Ausschnittdienst
Herausgeber: Institut für Brasilienkunde e.V.
Sunderstr. 15, D-49497 Mettingen
Tel: 49 (54 52) 23 58; Fax: 49 (54 52) 43 57
[erscheint monatlich]

A2/44
Spiegel der lateinamerikanischen Presse
Boletín de Prensa Latinoamericana
Herausgeber: Institut für Iberoamerika-Kunde
Redaktion: Guilherme de Almeida
Alsterglacis 8, D-20354 Hamburg
Tel: 49 (40) 41 47 82-01; Fax: 49 (40) 41 47 82-41
Erscheint monatlich

A2/45
Trialog. Zeitschrift für das Planen und Bauen in der Dritten Welt
Herausgeber: Vereinigung zur wissenschaftlichen Erfassung des Planens und Bauens in Entwicklungsländern
Ploenniesstr. 18, D-64289 Darmstadt
Tel: 49 (89) 40 07 15; Fax: 49 (89) 40 62 97
(je Ausgabe wechselnde Redaktionen)
Verlag: Magazin (Kiel), Tel. 49 (4 31) 56 58 99
[erscheint vierteljährlich]

A2/46
Der Überblick – Zeitschrift für ökumenische Begegnung und internationale Zusammenarbeit
Herausgeber: AGKED; Redaktion: Renate Wilke-Launer, DÜ, Esplanade 14, D-20354 Hamburg
Tel: 49 (40) 34 14 44; Fax: 49 (40) 35 38 00
Verlag: Dienste in Übersee, Postfach 30 55 90, D-20317 Hamburg
[erscheint vierteljährlich]

A2/47
Verfassung und Recht in Übersee
Herausgeber: Prof. Dr. Brun-Otto Bryde, Prof. Dr. Philip Kunig, Dr. Karl-Andreas Hernekamp, Hamburger Gesellschaft für Völkerrecht und Auswärtige Politik im Institut für Internationale Angelegenheiten der Universität Hamburg in Verbindung mit dem Institut für Afrika-Kunde, dem Institut für Asien-Kunde, dem Institut für Iberoamerika-Kunde und dem Deutschen Orient-Institut
Redaktion: Dr. Karl-Andreas Hernekamp
Rothenbaumchaussee 21-23, D-20148 Hamburg
Tel: 49 (40) 41 23-46 03
[erscheint vierteljährlich]

A2/48
Vierteljahresberichte
Probleme der internationalen Zusammenarbeit
Herausgeber: Friedrich-Ebert-Stiftung
Godesberger Allee 149, D-53175 Bonn
Tel: 49 (2 28) 8 83-0
Verlag: J.H.W. Dietz Nachf. GmbH, Bonn
[erscheint vierteljährlich]

A2/49
Zeitschrift für Kulturaustausch
Herausgeber: Klaus Daweke, Institut für Auslandsbeziehungen, Charlottenplatz 17, D-70173 Stuttgart
Tel: 49 (7 11) 2 22 50; Fax: 49 (7 11) 2 26 43 46
[erscheint vierteljährlich]

A2/50
Zeitschrift für Lateinamerika Wien
Herausgeber:
Österreichisches Lateinamerika-Institut
Redaktion: Dr. Gernot Stimmer
Schmerlingplatz 8, A-1010 Wien
Tel: 43 (1) 5 23 27 27; Fax: 43 (1) 5 23 27 27-9
[erscheint mindestens 2x jährlich]

Schriftenreihen mit Lateinamerika-Bezug
Series de Libros con Referencia a América Latina

A3/1
Acta Humboldtiana
Herausgeber: Dr. Wolfgang Haberland
(im Auftrage des Vorstands DIASt, Hamburg)
Stuttgart: Franz Steiner

A3/2
Acta Mesoamericana
Herausgeber: Prof.Dr. Berthold Riese, Prof.Dr. Ulrich Köhler
Berlin: von Flemming

A3/3
Aktuelle Materialien zur Internationalen Politik
Herausgeber: Stiftung Wissenschaft und Politik, Ebenhausen
Baden-Baden: Nomos

A3/4
Altamerikanische Sprachen und Kulturen Mitteilungen
Herausgeber: Prof.Dr. Eike Hinz, Archäologisches Institut, Arbeitsbereich VII Altamerikanistik
Universität Hamburg
Hamburg: Selbstverlag

A3/5
Americana Eystettensia
Reihe A: Kongreßakten
Reihe B: Monographien, Studien Essays
Reihe C: Texte,
Herausgeber: Prof.Dr. Karl Kohut
Zentralinstitut für Lateinamerika-Studien
Katholische Universität Eichstätt
Franktur/M.: Vervuert

A3/6
Arbeiten aus dem Institut für Völkerkunde der Universität Göttingen
Herausgeber: Institut und Sammlung für Völkerkunde, U Göttingen
Göttingen: Edition Re

A3/7
Arbeits- und Diskussionspapiere
Herausgeber:
Lateinamerika-Institut
Universität Rostock
Rostock: Selbstverlag

A3/8
Arbeitsberichte des Ibero-Amerika Instituts für Wirtschaftsforschung
Herausgeber: Ibero-Amerika Institut für Wirtschaftsforschung, Universität Göttingen
Göttingen: Selbstverlag

A3/9
Arbeitsberichte und Materialien
Herausgeber: Deutsches Institut für tropische und subtropische Landwirtschaft
Göttingen: Selbstverlag

A3/10
Arbeitsunterlagen und Diskussionsbeiträge Documentos de Trabajo
Herausgeber: Institut für Iberoamerika-Kunde
Hamburg: Selbstverlag

A3/11
ASA-Studien
Herausgeber: Carl-Duisberg-Gesellschaft
ASA-Programm, Berlin
Saarbrücken: Breitenbach

A3/12
Aspekte der Brasilienkunde
Aspetos de brasilologia
Herausgeber: Dr. Hubertus J. Rescher
Institut für Brasilienkunde e.V.
Mettingen: Selbstverlag

A3/13
Beiträge zum ausländischen öffentlichen Recht und Völkerrecht
Herausgeber: Max-Planck-Institut für ausländisches öffentliches Recht und Völkerrecht
Heidelberg

A3/14
Beiträge zur Ethnomusikologie
Herausgeber: Prof.Dr. Josef Kuckertz
Institut für Musikwissenschaften Fachrichtung Vergleichende Musikwissenschaft, FU Berlin
Eisenach: Karl Dieter Wagner

A3/15
Beiträge zur Geographischen Regionalforschung in Lateinamerika
Herausgeber: Prof.Dr. Gerhard Sandner; Prof.Dr. Hans O. Spielmann
Institut für Geographie, Arbeitsbereich Wirtschaftsgeographie, U Hamburg
Hamburg: Selbstverlag

A3/16
Beiträge zur Soziologie und Sozialkunde Lateinamerikas
Herausgeber: Prof.Dr. Hanns-Albert Steger
Frankfurt/M.: Vervuert

A3/17
Berliner Beiträge zur Agrarforschung
Herausgeber: Institut für Sozialökonomie der Agrarentwicklung, TU Berlin
Schriftleitung:
Prof.Dr. Friedhelm Streiffeler
Berlin: Selbstverlag

A3/18
Bibliotheca Ibero-Americana
Herausgeber: Prof.Dr. Dietrich Briesemeister
Frankfurt: Vervuert

A3/19
Bibliotheca Botanica
Herausgeber: Prof.Dr. Paul Hiepko u.a.
Botanischer Garten und Botanisches Museum Berlin Dahlem (BGBM)
Berlin: Selbstverlag

A3/20
Bibliothek Theologie der Befreiung
Herausgeber: Dr. Horst Goldstein
Missionszentrale der Franziskaner, Berlin
Düsseldorf: Patmos

A3/21
Bielefelder Studien zur Entwicklungssoziologie
Herausgeber: Dr. Johannes Augel; Prof.Dr. Hans-Dieter Evers; Prof.Dr. Günther Schlee; PDoz.Dr. Georg Stauth
Saarbrücken/Fort Lauderdale: Breitenbach

A3/22
Bonner Amerikanistische Studien
Estudios Americanistas de Bonn
Herausgeber: Förderverein BAS
Prof.Dr. Roswith Hartmann; Dr. Sabine Dedenbach-Salazar Sáenz; Dr. Albert Meyers
Bonn: Holos

A3/23
Bonner Geographische Abhandlungen
Herausgeber: Prof.Dr. Klaus-Achim Boesler; Prof. Dr. Eckart Ehlers; Prof.Dr. Jörg Grunert; Prof.Dr. Peter W. Höllermann; Prof.Dr. Wilhelm Lauer
Bonn: Dümmler

A3/24
Dokumentation
Herausgeber: Institut für Brasilienkunde
Mettingen: Selbstverlag

A3/25
Düsseldorfer Geographische Schriften
Herausgeber: Prof.Dr. Armin Gerstenhauer; Prof. Dr. Günther Glebe; Prof.Dr. Ekkehard Jordan; Prof.Dr. E. Sabelberg; Prof.Dr. Karl Vorlaufer; Prof. Dr. Norbert Wein; Prof.Dr. Gerd Wenzens
Düsseldorf: Selbstverlag

A3/26
Editionen der Iberoamericana
Herausgeber: Prof.Dr. Walther L. Bernecker; Prof. Dr. Frauke Gewecke; Prof.Dr. Jürgen M. Meisel; Prof.Dr. Klaus Meyer-Minnemann
Frankfurt/M.: Vervuert

A3/27
Entwicklungsperspektiven
Herausgeber: Prof.Dr. Clarita Müller-Plantenberg
Kassel: GHS (Selbstverlag)

A3/28
Ergebnisse der Frauenforschung
Herausgeber: Prof.Dr. Renate Rott, LAI FU Berlin u.a.
Berlin: Selbstverlag

A3/29
Ethnologia Americana
Herausgeber: Dr. Helmut Krumbach
Düsseldorfer Institut für amerikanische Völkerkunde
Düsseldorf: Selbstverlag

A3/30
Ethnologische Studien
Herausgeber: Prof.Dr. Ulrich Köhler
Institut für Völkerkunde, U Freiburg
Münster: Lit

A3/31
Forschungen zu Lateinamerika
Herausgeber: Prof.Dr. Andreas Boeckh, Prof.Dr. Ernesto Garzón Valdés; Prof.Dr. Dieter Nohlen; Prof.Dr. Gerd Kohlhepp; Prof.Dr. Hans-Werner Tobler; Prof.Dr. Dieter Waldmann
Saarbrücken: Breitenbach

A3/32
Forum Ibero-Americanum
Herausgeber: Dr. Felix Becker; Prof.Dr. Günter Kahle; Dr. Barbara Potthast-Jutkeit; Prof.Dr. Chr. Wentzlaff-Eggebert
Arbeitskreis Spanien-Portugal-Lateinamerika (ASPLA), U Köln
Köln/Wien: Böhlau

A3/33
Frankfurter Beiträge zur Lateinamerikanistik
Herausgeber: Prof.Dr. Karsten Garscha; Prof.Dr. Mark Münzel; Prof.Dr. Birgit Scharlau
Institut für Romanische Sprachen und Literaturen Lateinamerika-Abteilung, U Frankfurt
Tübingen: Narr

A3/34
Freiburger Studien zu Politik und Gesellschaft überseeischer Länder
Herausgeber: Prof.Dr. Dieter Oberndörfer
Freiburg: Rombach

A3/35
Gießener Beiträge zur Entwicklungsforschung
Herausgeber: Prof.Dr. Jochen Alkämper; Prof.Dr. Wolfgang Moll
Wissenschaftliches Zentrum Tropeninstitut
Institut für Bodenkunde, U Gießen
Gießen: Selbstverlag

A3/36
Hamburger Beiträge zur Überseegeschichte
Herausgeber: Prof.Dr. Leonhard Harding; Prof.Dr. Helmut Mejcher; Prof. Dr. Horst Pietschmann
Universität Hamburg
Hamburg/Münster: Lit

A3/37
Hispano-Americana - Geschichte-Sprache-Literatur
Herausgeber: Prof.Dr. Walther L. Bernecker; Prof. Dr. Martin Franzbach; Prof.Dr. José Mª Navarro de Adriaensens; Prof.Dr. Dieter Reichardt
Frankfurt/M.: Lang

A3/38
Indiana-Beihefte
Herausgeber: Prof.Dr. Jürgen Golte
Berlin: Gebr. Mann [vgl. Anhang 2: A2/22]

A3/39
Internationale Politik und Sicherheit
Herausgeber: Stiftung Wissenschaft und Politik
Forschungsinstitut für internationale Politik und Sicherheit, Ebenhausen
Baden-Baden: Nomos

A3/40
Internationale Gegenwart
Herausgeber: Prof.Dr. Manfred Mols; Prof.Dr. Peter Waldmann
Paderborn: Schöningh

A3/41
Internationale Politik und Wirtschaft
Herausgeber: Forschungsinstitut der Deutschen Gesellschaft für Auswärtige Politik e.V., Bonn
München: Oldenbourg

A3/42
Kieler Arbeitspapiere
Herausgeber: Institut für Weltwirtschaft
Kiel: Selbstverlag

A3/43
Kieler Arbeitspapiere zur Landeskunde und Raumordnung
Herausgeber: Prof.Dr. Jürgen Bähr; Dr. Paul Gans
Institut für Geographie, U Kiel
Kiel: Selbstverlag

A3/44
Kieler Diskussionsbeiträge
Herausgeber: Institut für Weltwirtschaft
Kiel: Selbstverlag

A3/45
Kieler Studien
Herausgeber: Institut für Weltwirtschaft
Tübingen: Mohr (Paul Siebeck)

A3/46
Kölner Schriften zur Literatur und Gesellschaft der portugiesisch-sprachigen Länder
Herausgeber: Prof.Dr. Horst Bahro; Prof.Dr. Helmut Feldmann; Prof.Dr. Klaus Klein
Portugiesisch-Brasilianisches Institut, U Köln
Köln / Fortaleza

A3/47
LAI-Information. Länder-Serie über die einzelnen Staaten Lateinamerikas
Herausgeber:
Österreichisches Lateinamerika-Institut
Redaktion: Mag. Stefanie Reinberg
Wien: Selbstverlag

A3/48
Lateinamerika-Aspekte.
Fallstudien und Hintergrundanalysen zu aktuellen Problemen Lateinamerikas
Herausgeber:
Österreichisches Lateinamerika-Institut
Wien: Selbstverlag

A3/49
Lateinamerika-Studien
Herausgeber: Prof.Dr. Walther L. Bernecker; Prof. Dr. Titus Heydenreich (Schriftleitung); Prof.Dr. Gustav Siebenmann; Prof.Dr. Hanns-Albert Steger; Prof.Dr. Franz Tichy
Frankfurt: Vervuert <früher München: Fink>

A3/50
Lateinamerikanische Forschungen. Beihefte JbLA
Herausgeber: Prof.Dr. Günter Kahle; Prof.Dr. Horst Pietschmann; Prof.Dr. Hans Pohl
Iberische und Lateinamerikanische Abteilung des Historischen Seminars Universität zu Köln
Köln/Wien: Böhlau [vgl. Anhang 2: A2/24]

A3/51
Mainzer Geographische Studien
Herausgeber: Prof.Dr. Erdmann Gormsen
Mainz: Selbstverlag

A3/52
Marburger Geographische Schriften
Herausgeber: Prof.Dr. Ekkehard Buchhofer; Prof. Dr. Wilfried Endlicher; Prof.Dr. Günter Mertins; Prof.Dr. Helmut Nuhn
Marburg: Selbstverlag

A3/53
Materialien zu Entwicklung und Politik
Herausgeber: Prof.Dr. Theodor Hanf; Prof.Dr. Dieter Oberndörfer
Arnold-Bergstraesser Institut, Freiburg
München: Weltforum

A3/54
Materialien des Zentrums für regionale Entwicklungsforschung
Herausgeber: Zentrum für regionale Entwicklungsforschung, U Gießen
Schriftleiter: Dr. Reinhard Kaufmann
Gießen: Selbstverlag

A3/55
Materialien zum Kulturaustausch
Herausgeber: Institut für Auslandsbeziehungen
Stuttgart: Selbstverlag

A3/56
Militärpolitik-Dokumentation
Herausgeber: Verein Militärpolitik-Dokumentation e.V.
Redaktion: Dr. Hans Peter Lock
Frankfurt/M.: Haag und Herchen

A3/57
Miscellanea Ibero-Americana
Herausgeber: Dr. Klaus Zimmermann, IAI Berlin
Berlin: Selbstverlag

A3/58
Monumenta Americana
Herausgeber: Dr. Peter Masson
Redaktion: Ibero-Amerikanisches Institut, Berlin
Berlin: Gebr. Mann

A3/59
Münchener Beiträge zur Amerikanistik
Herausgeber: Münchener Institut für Völkerkunde und Afrikanistik
Schriftleitung: Dr. Iris Estefanía Ana Gareis
München: Selbstverlag

A3/60
Münstersche Beiträge zur Romanischen Philologie
Herausgeber: Prof.Dr. Wolfgang Babilas; Prof. Dr. Wolf Dietrich; Prof.Dr. Horst Geckeler; Prof.Dr. Manfred Lentzen; Prof.Dr. Walter Mettmann
Münster: Kleinheinrich

A3/61
Politikwissenschaftliche Perspektiven
Herausgeber: Prof.Dr. Manfred Mols
Institut für Politikwissenschaft, U Mainz
Münster: Lit

A3/62
Private Auslandsinvestitionen in Lateinamerika
Las inversiones extranjeras privadas en América Latina
Herausgeber: Dr. Albrecht von Gleich, Institut für Iberoamerika-Kunde
Hamburg: Selbstverlag

A3/63
Quellenwerke zur alten Geschichte Amerikas
Herausgeber: Dr. Peter Masson
Redaktion: Ibero-Amerikanisches Institut, Berlin
Berlin: Gebr. Mann

A3/64
Rechts- und Sozialwissenschaften
Herausgeber: Prof.Dr. Ernesto Garzón Valdés, Dr. Ruth Zimmerling u.a.
Freiburg/München: Alber

A3/65
Regionalforschung in Lateinamerika
Herausgeber: Prof.Dr. Helmut Nuhn
FB Geographie, U Marburg
Marburg: Selbstverlag

A3/66
Sammlungen aus dem Museum für Völkerkunde Freiburg
Herausgeber: Stadt Freiburg, Museum für Völkerkunde
Schriftleitung: Dr. Eva Gerhards
Freiburg: Rombach

A3/67
Schriften der Deutsch-Brasilianischen Juristenvereinigung
Herausgeber: Dr. Jürgen Samtleben u.a.
Frankfurt/Bern/New York: Lang

A3/68
Schriften des BDKJ-Perubüros
Herausgeber: BDKJ-Perubüro
Saarbrücken: Breitenbach

A3/69
Schriften des Zentrums für regionale Entwicklungsforschung
Herausgeber: Zentrum für regionale Entwicklungsforschung, U Gießen
Münster/Hamburg: Lit
<früher Hamburg: Weltarchiv>

A3/70
Schriftenreihe des Fachbereiches Internationale Agrarentwicklung
Herausgeber: Fachbereich Agrar- und Gartenbauwissenschaften, Standort Dahlem (Internationale Agrarentwicklung) HU Berlin
Berlin: Selbstverlag

A3/71
Schriftenreihe des ITT
Herausgeber: Prof.Dr. Hartmut Gaese, Institut für Tropentechnologie, FHS Köln
Köln: Selbstverlag

A3/72
Schriftenreihe des Instituts für Iberoamerika-Kunde
Herausgeber: Institut für Iberoamerika-Kunde
Hamburg: Selbstverlag; Teilauflage Hamburg/Münster: Lit

A3/73
Schriftenreihe des Instituts für Regionalwissenschaft
Herausgeber: Prof.Dr. Claus Heidemann, Institut für Regionalwissenschaft, U Karlsruhe
Karlsruhe: Selbstverlag

A3/74
Schriftenreihe für internationales und vergleichendes Sozialrecht
Herausgeber: Max-Planck-Institut für Ausländisches und Internationales Sozialrecht, München
Berlin: Dunker & Humblot

A3/75
Seminar
Herausgeber: Institut für Brasilienkunde
Mettingen: Selbstverlag

A3/76
Spektrum. Berliner Reihe zu Gesellschaft, Wirtschaft, und Politik in Entwicklungsländern
Herausgeber: Prof.Dr. Georg Elwert; Prof.Dr. Volker Lühr; Prof.Dr. Manfred Schulz
Saarbrücken/Fort Lauderdale: Breitenbach

A3/77
Stimmen indianischer Völker
Herausgeber: Dr. Peter Masson
Redaktion: Ibero-Amerikanisches Institut, Berlin
Berlin: Gebr. Mann

A3/78
Studien zu Entwicklung und Politik
Herausgeber: Prof.Dr. Theodor Hanf; Prof.Dr. Dieter Oberndörfer
Arnold-Bergstraesser-Institut Freiburg
München: Weltforum

A3/79
Stuttgarter Geographische Studien
Herausgeber: Geographisches Institut, U Stuttgart
Stuttgart: Selbstverlag

A3/80
Symposia on Latin-American Geosciences
Zentralblatt für Geologie und Paläontologie
Herausgeber: Prof.Dr. Hubert Miller (zus. mit Prof. Dr. Ulrich Rosenfeld und Prof.Dr. Klaus Weber-Diefenbach)
Stuttgart: Nägele & Obermüller

A3/81
Tübinger Beiträge zur Geographischen Lateinamerikaforschung
Herausgeber: Prof.Dr. Gerd Kohlhepp
GISLA, U Tübingen
Tübingen: Selbstverlag

A3/82
Tübinger Studien zur Theologie und Philosophie
Herausgeber: Prof.Dr. Peter Hünermann
Mainz: Grünewald

A3/83
Veröffentlichungen des Museums für Völkerkunde Berlin. Neue Folge
Herausgeber: Museum für Völkerkunde Staatliche Museen zu Berlin
Berlin: Selbstverlag

A3/84
Wissenschaftliche Paperbacks zur Sozial- und Wirtschaftsgeschichte
Herausgeber: Prof.Dr. Hans Pohl

Handbücher und Lexika mit Lateinamerika-Bezug
Manuales y Léxicos con Referencia a América Latina

A4/1
Autorenlexikon Lateinamerika
herausgegeben von Dieter Reichardt
1. Aufl., Frankfurt/M.: Suhrkamp 1992, 738 S.

A4/2
Handbuch der deutschsprachigen Lateinamerikakunde
herausgegeben von Nikolaus Werz
Freiburg/Br.: Arnold-Bergstraesser-Institut 1992, XIII+890 S. (Freiburger Beiträge zu Entwicklung und Politik. 11)

A4/3
Handbuch der Dritten Welt
Band 2: Südamerika
Band 3: Mittelamerika und Karibik
herausgegeben von Dieter Nohlen und Franz Nuscheler
3. völlig neu bearbeitete Auflage
Bonn: Dietz 1992 Bd. 2: 548 S., Bd. 3: 662 S.
<1.+2. Aufl. Hamburg: Hoffmann und Campe>

A4/4
Handbuch der Geschichte Lateinamerikas

Band 1: Mittel-, Südamerika und die Karibik bis 1760
herausgegeben von Horst Pietschmann
(Redaktion: Jochen Meißner) (im Druck)

Band 2: Lateinamerika von 1760 bis 1900
herausgegeben von Raymond Th. Buve und John R. Fisher (Redaktion: Jochen Meißner, Florian Meister, Jan Suter)
Stuttgart: Klett-Cotta 1992, X+891 S.

Band 3: Lateinamerika im 20. Jahrhundert
herausgegeben von Walther L. Bernecker und Hans Werner Tobler
Stuttgart: Klett-Cotta 1992-1994

A4/5
Lateinamerika
herausgegeben und verfaßt von Gerhard Sandner und Hanns-Albert Steger
unter Mitarbeit von Jan D. Beckmann, Wolfgang Eriksen, Jürgen Gräbener, Günter Kahle, Gerd Kohlhepp und Luiz Pereira
Frankfurt/M.: Fischer 1973, 443 S.
(Fischer Länderkunde. 7)

A4/6
Lateinamerika-Ploetz
Die ibero-amerikanische Welt
Geschichte, Probleme, Perspektiven
Freiburg/Würzburg: Ploetz 1978, 256 S.

A4/7
Die Lateinamerikanistik in der Schweiz
herausgegeben von Walther L. Bernecker und José Manuel López de Abiada
Redaktion: Lina Shepard
Frankfurt/M.: Vervuert 1993, 343 S.

A4/8
Politisches Lexikon Lateinamerika
herausgegeben von Peter Waldmann und Heinrich-Wilhelm Krumwiede
3. neubearbeitete Auflage
München: Beck 1992, 404 S.
(Beck'sche Reihe. 845: Aktuelle Länderkunden)

A4/9
Süd- und Mittelamerika
I: Die Indianerkulturen Altamerikas und die spanisch-portugiesische Kolonialherrschaft
herausgegeben und verfaßt von Richard Konetzke
II: Von der Unabhängigkeit bis zur Krise der Gegenwart
herausgegeben und verfaßt von Gustavo Beyhaut
Frankfurt/M.: Fischer 1965, 390 S., 345 S.
(Fischer Weltgeschichte. 22/23)

Teil IV Register

Parte IV Indices

Abkürzungen von Institutionen und Organisationen
Siglas de Instituciones y Organizaciones

AA	Auswärtiges Amt, Bonn A1/16
AAA	Association of American Anthropologists
ABI	Arnold-Bergstraesser-Institut, Freiburg F22, B33, P85, P134, P258, P418, P552, P612
ADLAF	Arbeitsgemeinschaft Deutsche Lateinamerika-Forschung, Eichstätt A1/41
AECI	Agencia Española de Cooperación Internacional, Madrid
AG KED	Arbeitsgemeinschaft Kirchlicher Entwicklungsdienst, Stuttgart P557
AGEH	Arbeitsgemeinschaft für Entwicklungshilfe, Köln
AGEM	Arbeitsgemeinschaft Ethnomedizin
AGG	Arbeitsgemeinschaft Katholischer Hochschul- und Studentengemeinden, Bonn
AGÖLAF	Arbeitsgemeinschaft Österreichischer Lateinamerika-Forschung, Wien A1/99
AHA	American Historical Association
AHC	Universidad Academia de Humanismo Cristiano, Santiago
AHILA	Asociación de Historiadores Latinoamericanistas Europeos, Liverpool
AI	Amnesty International Sektion Bundesrepublik Deutschland, Bonn A1/14
AIESEC	Association Internationale des Etudiants en Sciences Economiques et Commerciales, Bruxelles
AIH	Asociación Internacional de Hispanistas
AIL	Associação Internacional de Lusitanistas
ALIDE	Asociación Internacional de Instituciones Financieras de Desarrollo, Lima
ASERCCA	Association for European Research on Central America and the Caribbean, Toulouse
ASPLA	Arbeitskreis Spanien-Portugal-Lateinamerika, U Köln F43
ATB	Association for Tropical Biology
ATSAF	Arbeitsgruppe tropische und subtropische Agrarforschung e.V., Bonn A1/15
AvH	Alexander von Humboldt-Stiftung, Bonn A1/13

BBA	Biologische Bundesanstalt für Land- und Forstwirtschaft, Berlin B2, B3
BCIE	Banco Centroamericano de Integración Económica, Tegucigalpa → CABEI
BDI	Bundesverband der Deutschen Industrie, Köln
BDKJ	Bund der Deutschen Katholischen Jugend, Trier
BFH	Bundesforschungsanstalt für Forst- und Holzwirtschaft, Hamburg F31, B41, P227
BGBM	Botanischer Garten und Botanisches Museum, Berlin P463, P228, P329, P369, P550, P35, P211
BGR	Bundesanstalt für Geowissenschaften und Rohstoffe, Hannover F38, P47, P118, P232, P240, P311, P337, P585
BID	Banco Interamericano de Desarrollo, Washington → IDB
BIRF	Banco Internacional de Reconstrucción y Fomento, Washington → IBRD
BMBW	Bundesministerium für Bildung und Wissenschaft, Bonn
BMFT	Bundesministerium für Forschung und Technologie, Bonn A1/18
BML	Bundesministerium für Ernährung, Landwirtschaft und Forsten, Bonn A1/17
BMWi	Bundesministerium für Wirtschaft, Bonn A1/19
BMZ	Bundesministerium für wirtschaftliche Zusammenarbeit und Entwicklung, Bonn A1/20, A1/21, A1/22
BNI	Bernhard-Nocht-Institut für Schiffs- und Tropenkrankheiten, Hamburg A1/56
BPA	Presse- und Informationsamt der Bundesregierung, Bonn A1/38
BSH	Bundesamt für Seeschiffahrt und Hydrographie, Hamburg B40
BUKO	Bundeskongreß entwicklungspolitischer Aktionsgruppen, Hamburg A1/57
BWK	Bundeswirtschaftskammer, Wien A1/97
BfAI	Bundesstelle für Außenhandelsinformation, Köln A1/64
BfdW	Brot für die Welt, Stuttgart A1/83

CABEI	Central American Bank for Economic Integration, Tegucigalpa → BCIE
CAF	Corporación Andina de Fomento, Caracas
CAPEL	Centro de Asesoría y Promoción Electoral, IIDH, San José
CARICOM	Caribbean Common Market/Caribbean Community, Georgetown
CATIE	Centro Agronómico Tropical de Investigación y Enseñanza, Turrialba
CDG	Carl-Duisberg-Gesellschaft e.V., Köln A1/65, A1/4

CEBRAP Centro Brasileiro de Análise e Planejamento, São Paulo
CEDAL Centro de Estudios Democráticos de América Latina, Heredia
CEDES Centro de Estudios de Estado y Sociedad, Buenos Aires
CEDLA Centro de Estudios y Documentación Latinoamericanos, Amsterdam
CEILA Centro de Estudios Ibéricos y Latinoamericanos, Marburg
CEISAL Consejo Europeo de Investigaciones Sociales sobre América Latina, Madrid
CELADE Centro Latinoamericano de Demografía, Santiago de Chile
CELAM Consejo Episcopal Latinoamericano, Bogotá
CEMLA Centro de Estudios Monetarios Latinoamericanos, México D.F.
CENDES Centro de Estudios del Desarrollo Universidad Central de Venezuela, Caracas
CEPAL Comisión Económica para América Latina y el Caribe, Santiago de Chile → ECLAC
CIAT Centro Internacional de Agricultura Tropical, Cali
CIEDLA Centro Interdisciplinario de Estudios sobre el Desarrollo Latinoamericano, Buenos Aires
CIEPLAN Corporación de Investigaciones Económicas para Latinoamérica, Santiago de Chile
CIM Centrum für Internationale Migration und Entwicklung, Frankfurt A1/45
CIP Centro Internacional de la Papa, Lima
CISEA Centro de Investigaciones Sociales sobre el Estado y la Administración, Buenos Aires
CLACSO Consejo Latinoamericano de Ciencias Sociales, Buenos Aires
CLAEH Centro Latinoamericano de Economía Humana, Montevideo
COLMEX El Colegio de México, México D.F.
CSA Caribbean Studies Association
CSIC Consejo Superior de Investigaciones Científicas, Madrid
CeLA Centro Latinoamericano/Lateinamerika-Zentrum, U Münster F55, P69, P516, P526

DAAD Deutscher Akademischer Austauschdienst, Bonn A1/28
DAI Deutsches Archäologisches Institut, Bonn
DCV Deutscher Caritasverband Freiburg e.V., Freiburg A1/51
DED Deutscher Entwicklungsdienst, Berlin P119, P126, P349, P625, A1/9
DEG Deutsche Investitions- und Entwicklungsgesellschaft mbH, Köln A1/67
DEH Direktion für Entwicklungszusammenarbeit und humanitäre Hilfe, Bern A1/101
DESCO Centro de Estudios de Promoción del Desarrollo, Lima
DESWOS Deutsche Entwicklungshilfe für soziales Wohnungs- und Siedlungswesen e.V., Köln A1/66
DEUQUA Deutsche Quartärgesellschaft
DFG Deutsche Forschungsgemeinschaft, Bonn A1/25
DGA Deutsche Geographische Arbeitsgruppe
DGAP Deutsche Gesellschaft für Auswärtige Politik e.V., Bonn F11
DGB Deutscher Gewerkschaftsbund, Düsseldorf A1/40
DGG Deutsche Geologische Gesellschaft
DGL Deutsche Gesellschaft für Limnologie
DGS Deutsche Gesellschaft für Soziologie
DGV Deutsche Gesellschaft für Völkerkunde
DGfP Deutsche Gesellschaft für Politikwissenschaft
DHV Deutscher Hispanistenverband, Nürnberg
DIASt Deutsche Ibero-Amerika Stiftung, Hamburg A1/58
DIE Deutsches Institut für Entwicklungspolitik, Berlin F2, P12, P129, P319, P333, P374, P377
DIMDI Deutsches Institut für medizinische Dokumentation und Information, Köln B55
DIML Dokumentations- und Informationszentrum Menschenrechte in Lateinamerika, Nürnberg A1/79
DITSL Deutsches Institut für Tropische und Subtropische Landwirtschaft GmbH, Witzenhausen F65, B67
DIW Deutsches Institut für Wirtschaftsforschung, Berlin F3, P431
DMG Deutsche Mineralogische Gesellschaft
DOS-LA Dokumentationsstelle Lateinamerika, U Hannover B51
DRV Deutscher Romanistenverband
DSB Deutsch-Südamerikanische Bank, Hamburg
DSE Deutsche Stiftung für internationale Entwicklung, Berlin/Bonn A1/5
DSE-EF Deutsche Stiftung für internationale Entwicklung, Entwicklungspolitisches Forum, Berlin A1/6
DSE-ZA Deutsche Stiftung für internationale Entwicklung, Zentralstelle für Auslandskunde, Bad Honnef A1/3
DSE-ZD Deutsche Stiftung für internationale Entwicklung, Zentrale Dokumentation, Bonn B18

DSE-ZED	Deutsche Stiftung für internationale Entwicklung, Zentralstelle für Erziehung, Wissenschaft und Dokumentation, Bonn A1/26, P102
DSE-ZEL	Deutsche Stiftung für internationale Entwicklung, Zentralstelle für Ernährung und Landwirtschaft, Feldafing A1/44
DSE-ZGB	Deutsche Stiftung für internationale Entwicklung, Zentralstelle für gewerbliche Berufsförderung, Mannheim A1/70
DSE-ZÖV	Deutsche Stiftung für internationale Entwicklung, Zentralstelle für öffentliche Verwaltung, Berlin A1/8
DSE-ZWS	Deutsche Stiftung für internationale Entwicklung, Zentralstelle für Wirtschafts- und Sozialentwicklung, Berlin A1/7, P63
DÜ	Dienste in Übersee, Stuttgart A1/84
DÜI	Deutsches Übersee-Institut, Hamburg P218
DVAG	Deutsche Vereinigung für Angewandte Geographie, Hamburg
DVG	Deutsch-Venezolanische Gesellschaft e.V., München A1/73
DVPW	Deutsche Vereinigung für Politikwissenschaft
DVV	Deutscher Volkshochschul-Verband, Bonn A1/29
DW	Deutsche Welthungerhilfe e.V., Bonn A1/27
DZG	Deutsche Zoologische Gesellschaft
EADI	European Association of Development Research and Training Institutes, Genève
EASA	European Association of Social Anthropologists
ECLAC	Economic Commission for Latin America and the Caribbean, Santiago → CEPAL
EG	Europäische Gemeinschaften, Brüssel
EKD	Evangelische Kirche Deutschlands
ETH	Eidgenössische Technische Hochschule, Zürich
EZE	Evangelische Zentralstelle für Entwicklungshilfe e.V., Bonn A1/30
F.D.P.	Freie Demokratische Partei, Bonn A1/31
FAO	Food and Agriculture Organization, Roma
FCE	Fondo de Cultura Económica, México D.F.
FDCL	Forschungs- und Dokumentationszentrum Chile-Lateinamerika e.V., Berlin B7, A1/10
FES	Friedrich-Ebert-Stiftung, Bonn P71, P277, P296, P483, P500, A1/32
FESt	Forschungsstätte der Evangelischen Studiengemeinschaft, Heidelberg P354
FGV	Fundação Getúlio Vargas, Rio de Janeiro
FIEALC	Federación Internacional de Estudios sobre América Latina y el Caribe, México D.F.
FKRE	Forschungsstelle Kriege, Rüstung und Entwicklung, U Hamburg
FLASCO	Facultad Latinoamericana de Ciencias Sociales
FNS	Friedrich-Naumann-Stiftung, Königswinter A1/69
FU Berlin	Freie Universität Berlin
GEB	Gesellschaft für Entwicklungspolitische Bildung
GEPA	Gesellschaft zur Förderung der Partnerschaft mit der Dritten Welt mbH, Wuppertal A1/92
GfÖ	Gesellschaft für Ökologie, Berlin
GfbV	Gesellschaft für bedrohte Völker, Göttingen A1/54
GISLA	Geographisches Institut, Forschungsschwerpunkt Lateinamerika, U Tübingen F62, B64, P46, P90, P223, P270, P287, P341, P425, P494
GSI	Geschwister-Scholl-Institut für Politische Wissenschaft U München
GTÖ	Deutsche Gesellschaft für Tropenökologie
GTZ	Deutsche Gesellschaft für Technische Zusammenarbeit mbH, Eschborn B29, P103, P121, A1/42
GV	Geologische Vereinigung
HSG	Hochschule St. Gallen, St. Gallen P547
HU Berlin	Humboldt-Universität Berlin
HWWA	HWWA-Institut für Wirtschaftsforschung, Hamburg F32, B42, P138, P294, P616
IAF	Ibero-amerikanisches Forschungsinstitut, U Hamburg F33
IAFEF	Interdisziplinärer Arbeitskreis für Entwicklungs- länderforschung
IAI	Ibero-Amerikanisches Institut, Berlin F5, B9, P4, P66, P108, P305, P338, P357, P596, P631, B8
IAIW	Ibero-Amerika Institut für Wirtschaftsforschung, U Göttingen F28
IAV	Ibero-Amerika Verein e.V., Hamburg A1/59
IBASE	Instituto Brasileiro de Análisis Sociais e Econômicas, Rio de Janeiro
IBGE	Instituto Brasileiro de Geografia e Estatística, Rio de Janeiro

ICI Instituto de Cooperación Iberoamericana, Madrid
IDB Interamerican Development Bank, Washington → BID
IDESP Instituto de Estudos Econômicos, Sociais e Políticos de São Paulo
IfA Institut für Auslandsbeziehungen, Stuttgart
IfB Institut für Brasilienkunde e.V., Mettingen F51, B60, P185, P470
IfD Institut für Didaktik der Geographie, U Münster P136
IfG Institut für Genossenschaftswesen F54
IGLA Informationsgruppe Lateinamerika A1/97
IfW Institut für Weltwirtschaft, Kiel F42
IIK Institut für Iberoamerika-Kunde, Hamburg F35, B46, P3, P32, P83, P182, P194, P318, P413
IITM Internationales Institut für Traditionelle Musik, Berlin P23, P422
IIZ Institut für Internationale Zusammenarbeit, Wien
ILA Informationsstelle Lateinamerika e.V., Bonn B21
ILDES Instituto Latinoamericano de Desenvolvimento Econômico e Social (Außenstelle der FES in Brasilien), São Paulo
ILDIS Instituto Latinoamericanoamericano de Investigaciones Sociales (Außenstellen der FES in Lateinamerika) Lateinamerika), Caracas, Quito, La Paz u.a.
ILO International Labour Organisation, Genève → OIT
IN Inter Nationes e.V., Bonn P33, A1/35
INAH Instituto Nacional de Antropología e Historia, México D.F.
INTROP Informationszentrum für Tropischen Pflanzenschutz, BBA Berlin, Berlin
IPSA International Political Science Association
IRBD International Bank for Reconstruction and Development, Washington D.C. → BIRF
IRELA Instituto de Relaciones Europeo-Latinoamericanas, Madrid
ISA International Sociological Association, Amsterdam
ISLA Institut für Spanien- und Lateinamerikastudien, U Augsburg F1, P600
ITT Institut für Tropentechnologie, Köln F45
IUFRO International Union of Forestry Research Organization, Wien
IVL Internationale Vereinigung für Limnologie → SIL
IWZE Institut für Wissenschaftliche Zusammenarbeit mit Entwicklungsländern, Tübingen A1/88
IZ Informationszentrum Sozialwissenschaften, Bonn B22
IZ3W Informationszentrum Dritte Welt & Aktion Dritte Welt e.V., Freiburg B34

KAAD Katholischer Akademischer Austauschdienst, Bonn
KAS/IZ Konrad-Adenauer-Stiftung, Arbeitsbereich Internationale Zusammenarbeit, Sankt Augustin F59, P31, P265, P301, P459, P578
KAVA Kommission für Allgemeine und Vergleichende Archäologie, Bonn F12, B23, P624
KfW Kreditanstalt für Wiederaufbau, Frankfurt B31

LABA Lateinamerika-Beratungsausschuß der EKD, Hannover A1/62
LADOK Deutsches Übersee-Institut, Übersee-Dokumentation, Referat Lateinamerika, Hamburg B50, P80
LAI Lateinamerika-Institut, FU Berlin F8, F58, P15, P524A, P569A, P599
LASA Latin American Studies Association, Albuquerque, N.M.
LAZ Lateinamerika-Zentrum e.V., Bonn P189, A1/36

MI Medico International e.V., Frankfurt A1/50
MPI Max-Planck-Institut
- für ausländisches öffentliches Recht und Völkerrecht F40, B52
- für ausländisches und internationales Patent-, Urheber- und Wettbewerbsrecht P515
- für ausländisches und internationales Privatrecht F37, B48, P496
- für ausländisches und internationales Sozialrecht F53, P243
- für ausländisches und internationales Strafrecht F24, B35, P7, P347
- für Limnologie F57, P266, P420, P495, P549

OAS Organisation Amerikanischer Staaten/ Organization of American States, Washington D.C. → OEA
OEA Organización de Estados Américanos, Washington D.C. → OAS
OECD Organization for Economic Cooperation and Development, Paris
ÖFSE Österreichische Forschungsstiftung für Entwicklungsländer, Wien A1/98

ÖIE Österreichischer Informationsdienst für Entwicklungspolitik, Wien
OIM Organización Internacional para las Migraciones, Genève
OIT Organización Internacional del Trabajo /Oficina Internacional del Trabajo, Genève → ILO
ÖLAI Österreichisches Lateinamerika-Institut, Wien F71, P159, P466
OSI Otto-Suhr-Institut, FU Berlin

PBI Portugiesisch-Brasilianisches Institut, U Köln B57
PNUD Programa de las Naciones Unidas para el Desarrollo, Washington D.C. → UNDP
PREALC Programa Regional de Empleo para América Latina y el Caribe, Santiago de Chile
PUC Pontificia Universidad Católica

REDIAL Red Europea de Información y Documentación sobre América Latina, Paris

SALALM Seminar on the Acquisition of Latin American Library Materials
SBG Sociedade Brasileira de Geologia
SELA Sistema Económico Latinoamericano, Caracas
SIAP Sociedad Interamericana de Planificación
SID Society of International Development
SIECA Secretaría Permanente de Integración Económica Centroamericana
SIL Societas Internationalis Limnologiae → IVL
SLAS Society of Latin American Studies
SMPK Staatliche Museen Preußischer Kulturbesitz, Berlin F9
SPD Sozialdemokratische Partei Deutschlands, Bonn A1/39
SWP Stiftung Wissenschaft und Politik, Ebenhausen F17, B27, P312, P620

StaBuA Statistisches Bundesamt, Wiesbaden B66

TdH Terre des Hommes Deutschland e.V., Osnabrück A1/80
UANL Universidad Autónoma de Nuevo León, Monterrey
UCLA University of California Los Angeles
UCV Universidad Central de Venezuela, Caracas
UMSA Universidad Mayor de San Andrés, Lima
UNAM Universidad Nacional Autónoma de México, México D.F.
UNDP United Nations Development Program, Washington D.C. → PNUD
UNESCO United Nations Educational, Scientific and Cultural Organisation, Paris
USB Universidad Simón Bolívar, Caracas

VGDH Verband der Geographen an Deutschen Hochschulen

WCC World Council of Churches, Genf A1/104
WHO World Health Organization, Genève
WUS World University Service, Wiesbaden A1/91
WWZ Wirtschaftswissenschaftliches Zentrum, U Basel P55

ZBL Zentralbibliothek der Landbauwissenschaft, U Bonn B25
ZBW Institut für Weltwirtschaft, Zentralbibliothek der Wirtschaftswissenschaften, Kiel B54, P340
ZILAS Zentralinstitut für Lateinamerika-Studien, Kath. U Eichstätt F18, P130, P172, P239, P288, P290, P518
ZPW Zentrum Portugiesischsprachige Welt, U Köln F47, P84, P137

Alphabetisches Institutionenverzeichnis
Indice Alfabético de Instituciones

Namensregister / Indice Nominal

Sachregister / Indice Analítico

Entwicklungssoziologie

Entwicklungstheorie

Entwicklungszusammenarbeit

Erdöl

Ernährung

Erwachsenenbildung

Erziehung

Ethnohistorie

Ethnologie

Ethnomedizin

Exportförderung

Familie

Fernerkundung

Fernsehen

Film/Kino

Finanzierung

Finanzwirtschaft

Fischerei

Geographisches Register / Indice Geográfico

LATEINAMERIKA

MEXIKO

ZENTRALAMERIKA

Costa Rica

Guatemala

KARIBISCHER RAUM

Martinique

Niederländische Antillen

Puerto Rico

St. Lucia

St. Vincent

Surinam

Trinidad und Tobago

ANDENLÄNDER

Bolivien

AMAZONAS-REGION

BRASILIEN

CONO SUR

Uruguay

La Plata-Länder

Lista de los Tópicos y Descriptores del Indice Analítico
Lista de Tópicos e Descritores do Índice Analítico

Aculturación	Aculturação	Akkulturation
Administración	Administração	Verwaltung
Administración urbana	Administração urbana	Stadtverwaltung
Agricultura	Agricultura	Landwirtschaft
Agroindustria	Agroindústria	Agroindustrie
Agrosilvicultura	Agrosilvicultura	Agroforstwirtschaft
Ajuste estructural	Ajuste estrutural	Strukturanpassung
Americanística	Americanística	Altamerikanistik
Arqueología	Arqueologia	Archäologie
Arquitectura	Arquitetura	Architektur
Arte/historia del arte	Arte/história da arte	Kunst/Kunstgeschihte
Asociaciones empresariales	Associações empresariais	Unternehmerverbände
Autoayuda	Autoajuda	Selbsthilfe
Bibliografía	Bibliografia	Bibliographie
Bibliotecología	Biblioteconomia	Bibliothekswesen
Biogeografía	Biogeografia	Biogeographie
Biología	Biologia	Biologie
Botánica	Botânica	Botanik
Cambio social	Mudança social	Sozialer Wandel
Capitalismo	Capitalismo	Kapitalismus
Ciencia política	Ciência política	Politikwissenschaft
Ciencias económicas	Ciências econômicas	Wirtschaftswissenschaften
Ciencias forestales	Ciências florestais	Forstwissenschaft
Ciencias sociales	Ciências sociais	Sozialwissenschaften
Cine/película	Cinema/filme	Film
Clase/estructura de clase	Classe/estrutura de classe	Klasse/Klassenstruktur
Clima	Clima	Klima
Colección antropológica etnológica	Coleção antropológica etnológica	Völkerkundliche Sammlung
Colonización	Colonização	Kolonisation
Comunicación	Comunicação	Kommunikation
Conflictos fronterizos	Conflitos fronteiriços	Grenzkonflikte
Constitución,	Constituição,	Verfassung,
Cuestiones sociales	(Questões sociais)	Sozialwesen
Construcción	Construção	Bauwesen
Construcción urbana	Construção urbana	Städtebau
Cooperación científica	Cooperação científica	Wissenschaftskooperation
Cooperación para el desarrollo	Cooperação para o desenvolvimento	Entwicklungszusammen-arbeit
Cooperación regional	Cooperação regional	Regionale Kooperation
Cooperativa	Cooperativa	Genossenschaft
Crédito	Crédito	Kreditwesen
Cría de animales	Criação de animais	Tierhaltung
Descentralización	Descentralização	Dezentralisierung
Democracia	Democracia	Demokratie → politisches System
Democratización	Democratização	Demokratisierung
Demografía	Demografia	Bevölkerung
Dependencia	Dependência	Abhängigkeit

Derecho	Direito	Recht
Derecho constitucional	Direito constitucional	Verfassungsrecht
Derecho electoral	Direito de voto	Wahlrecht
Derecho laboral	Direito de trabalho	Arbeitsrecht
Derecho económico	Direito econômico	Wirtschaftsrecht
Derecho internacional	Direito internacional	Völkerrecht
Derecho marítimo	Direito do mar	Seerecht
Derecho penal	Direito penal	Strafrecht
Derecho privado	Direito privado	Privatrecht
Derecho público	Direito público	Öffentliches Recht
Derecho social	Direito social	Sozialrecht
Derechos humanos	Direitos humanos	Menschenrechte
Deuda	Dívida	Verschuldung
Drogas	Drogas	Drogen
Ecología	Ecologia	Ökologie
Ecología geográfica	Ecologia geográfica	Geoökologie
Ecología tropical	Ecologia tropical	Tropenökologie
Economía	Economia	Wirtschaft
Economía exterior	Economia exterior	Außenwirtschaft
Edafología	Edafologia	Bodenkunde
Educación	Educação	Bildungswesen
Educación de adultos	Educação de adultos	Erwachsenenbildung
Educación ambiental	Educação ambiental	Umwelterziehung
Educación para el desarrollo	Educação para o desenvolvimento	Entwicklungserziehung
Educación técnica /capacitación	Educação técnica /capacitação	Berufsbildung
Elecciones	Eleições	Wahlen
Empleo	Emprego	Beschäftigung
Empresas multinacionales	Empresas transnacionais	Multinationale Unternehmen
Energía	Energia	Energie
Escuela	Escola	Schule
Estadística	Estatística	Statistik
Estado	Estado	Staat
Estrategias de ajuste	Estratégias de ajuste	Anpassungsstrategien
Estratigrafía	Estratigrafia	Stratigraphie
Estructura social	Estrutura social	Sozialstruktur
Etnología	Etnologia	Ethnologie
Etnología de las religiones	Etnologia das religiões	Religionsethnologie
Etnomedicina	Etnomedicina	Ethnomedizin
Familia	Família	Familie
Farmacia	Farmácia	Pharmazeutik
(Hacienda pública)	Fazenda pública	Finanzwirtschaft
Filosofía	Filosofia	Philosophie
Financiamiento	Financiamento	Finanzierung
Financiamiento para el desarrollo	Financiamento do desenvolvimento	Entwicklungsfinanzierung
(Selva húmeda)	Floresta úmida	Regenwald
Fotogeología	Fotogeologia	Photogeologie
Geografía	Geografia	Geographie
Geografía agraria	Geografia agrária	Agrargeographie
Geografía de los medios de comunicación	Geografia do transporte	Verkehrsgeographie
Geografía económica	Geografia econômica	Wirtschaftsgeographie
Geografía física	Geografia física	Physische Geographie
Geografía humana	Geografia humana	Kulturgeographie
Geografía industrial	Geografia industrial	Industriegeographie
Geografía política	Geografia política	Länderkunde

Geografía social	Geografia social	Sozialgeographie
Geografía urbana	Geografia urbana	Stadtgeographie
Geología	Geologia	Geologie
Geomorfología	Geomorfologia	Geomorphologie
Geoquímica	Geoquímica	Geochemie
Glaciología	Glaciologia	Glaziologie (= Gletscherkunde)
Guerrilla	Guerrilha	Guerilla
Hacienda pública	(Fazenda pública)	Finanzwirtschaft
(Vivienda)	Habitação	Wohnungswesen
Hidrogeología	Hidrogeologia	Hydrogeologie
Hidrología	Hidrologia	Hydrologie
Historia	História	Geschichte
Historia comtemporánea	História contemporânea	Zeitgeschichte
Historia de la iglesia	História da igreja	Kirchengeschichte
Historia de la lengua	História da língua	Sprachgeschichte
Historia de la literatura	História da literatura	Literaturgeschichte
Historia económica	História econômica	Wirtschaftsgeschichte
Historia étnica	História étnica	Ethnohistorie
Historia social	História social	Sozialgeschichte
Identidad cultural	Identidade cultural	Kulturelle Identität
Iglesia	Igreja	Kirche
Independencia	Independência	Unabhängigkeit
Indígena → población indígena	Indígena → população indígena	(Indianer)
Industria	Indústria	Industrie
Industrialización	Industrialização	Industrialisierung
Información y documentación	Informação e documentação	Information und Dokumentation
Integración regional	Integração regional	Regionale Integration
Intercambio cultural	Intercâmbio cultural	Kulturaustausch
Inversiones extranjeras	Investimentos estrangeiros	Auslandsinvestitionen
Investigación sobre temas de la mujer	(Pesquisa de questões feministas)	Frauenforschung
Irrigación	Irrigação	Bewässerung
(Yacimiento)	Jazida	Lagerstätte
Lenguas indígenas	Línguas indígenas	Altamerikanische Sprachen
Lexicografía	Lexicografia	Lexikographie
Limnología	Limnologia	Limnologie
Lingüística	Linguística	Linguistik
Literatura	Literatura	Literatur
Marginalidad	Marginalidade	Marginalität
Materias primas	Matérias-primas	Rohstoffe
Medicina	Medicina	Medizin
Medicina tropical	Medicina tropical	Tropenmedizin
Medicina veterinaria	Medicina veterinária	Veterinärmedizin
Medios de comunicación	Meios (de comunicação social)	Medien
Migración	Migração	Migration
Militares	Militares	Militär
Mineralogía	Mineralogia	Mineralogie
Minería	Minas	Bergbau
Misión	Missão	Mission
Modernización	Modernização	Modernisierung
Movimiento independista	Movimento de independência	Unabhängigkeitsbewegung
Movimientos sociales	Movimentos sociais/populares	Soziale Bewegungen

Mujer	Mulher	Frau
Música/colección de música	Música/coleção de música	Musik/Musiksammlung
Nacionalismo	Nacionalismo	Nationalismus
Neoliberalismo	Neoliberalismo	Neoliberalismus
Nuevo orden económico internacional	Nova ordem econômica internacional	Neue Internationale Wirtschaftsordnung
Nutrición	Nutrição	Ernährung
Obras hidráulicas	Obras hidráulicas	Wasserbau
Orden económico	Ordem econômico	Wirtschaftsordnung
Ordenamiento espacial	Ordenamento espacial	Raumordnung
Paleogeografía	Paleogeografia	Paläogeographie
Paleontología	Paleontologia	Paläontologie
Partidos	Partidos	Parteien
Pesca	Pesca	Fischerei
(Investigación sobre temas de la mujer)	Pesquisa de questões feministas	Frauenforschung
Petrografía	Petrografia	Petrographie
Petróleo	Petróleo	Erdöl
Planeamiento espacial	Planejamento espacial	Raumplanung
Planeamiento educativo	Planejamento educativo	Bildungsplanung
Planeamiento regional	Planejamento regional	Regionalplanung
Planeamiento urbano	Planejamento urbano	Städteplanung
Población indígena	População indígena	Indianische Bevölkerung
Política	Política	Politik
Política monetaria	Política monetária	Währungspolitik
Política cultural	Política cultural	Kulturpolitik
Política de desarrollo	Política de desenvolvimento	Entwicklungspolitik
Política ambiental	Política ambiental	Umweltpolitik
Política económica	Política econômica	Wirtschaftspolitik
Política monetaria	Política monetária	Geldpolitik
Política social	Política social	Gesellschaftspolitik / Sozialpolitik
Promoción de exportaciones	Promoção de exportações	Exportförderung
Protección a monumentos	Proteção a monumentos	Denkmalpflege
Protección de la naturaleza	Proteção da natureza	Naturschutz
Protección de minorías	Proteção de minorias	Minderheitenschutz
Protección del medioambiente	Proteção ambiental	Umweltschutz
(Sicología)	Psicologia	Psychologie
(Sicología social)	Psicologia social	Sozialpsychologie
(Cuestiones sociales)	Questões sociais	Sozialwesen
Reforma agraria	Reforma agrária	Agrarreform
Refugiados	Refugiados	Flüchtlinge
Relaciones Norte-Sur	Relações Norte-Sul	Nord-Süd-Beziehungen
Relaciones Sur-Sur	Relações Sul-Sul	Süd-Süd-Beziehungen
Relaciones bilaterales	Relações bilaterais	Bilaterale Beziehungen
Relaciones interétnicas	Relações interétnicas	Interethnische Beziehungen
Relaciones internacionales	Relações internacionais	Internationale Beziehungen
Religión	Religião	Religion
Revolución	Revolução	Revolution
Salud	Saúde	Gesundheitswesen
Sectas	Seitas	Sekten
Sector informal	Setor informal	Informeller Sektor

Sedimentología	Sedimentologia	Sedimentologie
(Teledetección)	Sensoriamento remoto	Fernerkundung
Selva húmeda	(Floresta úmida)	Regenwald
Sicología	(Psicologia)	Psychologie
Sicología social	(Psicologia social)	Sozialpsychologie
Silvicultura	Silvicultura	Forst- und Holzwirtschaft
Sindicato	Sindicato	Gewerkschaft
Sistema político	Sistema político	Politisches System
Sistemas electorales	Sistemas eleitorais	Wahlsysteme
Socialismo	Socialismo	Sozialismus
Sociedad	Sociedade	Gesellschaft
Sociología	Sociologia	Soziologie
Sociología del derecho	Sociologia do direito	Rechtssoziologie
Sociología del desarrollo	Sociologia do desenvolvimento	Entwicklungssoziologie
Sociología etnológica	Sociologia étnica	Ethnosoziologie
Substitución monetaria	Substituição monetária	Währungssubstitution
Teatro	Teatro	Theaterwissenschaft
Tecnología genética	Tecnologia genética	Gentechnologie
Tectónica	Tectônica	Tektonik
Teledetección	Teledetecção → Sensoriamento	Fernerkundung
Televisión	Televisão	Fernsehen
Teología	Teologia	Theologie
Teología de la liberación	Teologia da libertação	Theologie der Befreiung
Teoría del desarrollo	Teoria do desenvolvimento	Entwicklungstheorie
Terrorismo	Terrorismo	Terrorismus
Trabajo	Trabalho	Arbeit
Transferencia de tecnología	Transferência de tecnologia	Technologie-Transfer
Turismo	Turismo	Tourismus
Universidad	Universidade	Hochschule
Urbanización	Urbanização	Verstädterung
Vivienda	(Habitação)	Wohnungswesen
Vulcanología	Vulcanologia	Vulkanologie
Yacimiento	(Jazida)	Lagerstätte
Zoología	Zoologia	Zoologie

Personen nach bearbeiteten Ländern / Personas por Países

LATEINAMERIKA / AMERICA LATINA

Ade, Th.; Almeida-Sedas, G.; Andrae, F.; Ashoff, G.; Battilana, C.; Baumann, M.; Baumer, J.; Becker, F.; Benecke, D.; Bernecker, W.; Blum, W.; Borner, S.; Brand, D.; Bremer, Th.; Breuer, B.; Briesemeister, D.; Brugger, E.; Brummel, H.-J.; Burgarth, J.; Bussmann, C.; Collet, G.; Daus, R.; Delhaes-Günther, D.; Dill, H.O.; Dittmann Hube, A.; Donges, J.; Dürr, E.; Eschenburg, R.; Eßer, K.; Ewald, U.; Fanger, U.; Frahm, J.; Fuente, B.; Furtak, R.; Garzón Valdés, E.; Geckeler, H.; Gessner, V.; Gewecke, F.; Gleich, A. von; Goetze, D.; Goldstein, H.; Golte, W.; Grabendorff, W.; Grasser, K.; Grenz, W.; Groschup, H.; Haensch, G.; Hartmann, G.; Herlinghaus, H.; Heuveldop, J.; Hinterhäuser, H.; Hirsch-Weber, W.; Hohnerlein, E.; Holtz, U.; Horl Groenewold, S.; Huhle, R.; Hummer, W.; Hünermann, P.; Jaeger, W.; Jung, W.; Kaiser, W.; Karnofsky, E.; Klein, H.; Klengel, S.; Knoblich, K.; Kohut, K.; Kokott, J.; König, W.; Koopmann, G.; Koschützke, A.; Kraft, L.; Krakau, K.; Kroeger, A.; Kroß, E.; Kubarth, H.; Lamberg, R.; Lauer, W.; Leuenberger, B.; Lock, H.P.; Lorenz, G.; Löschner, R.; Madlener, K.; Mansilla, H.; Maslankowski, W.; Matthäi, H.; Mertins, G.; Messner, Dieter; Meyer-Clason, C.; Meyer-Minnemann, K.; Mohr, H.J.; Mols, M.; Müller, A.; Münzel, M.; Navarro de Adriaensens, J.; Neugebauer, B.; Neumeister, S.; Nohlen, D.; Nolte, D.; Nungesser, M.; Oberndörfer, D.; Ostleitner, E.; Paas, D.; Pater, S.; Paufler, H.-D.; Pohl, H.; Preusse, H.G.; Prien, H.-J.; Promper, W.; Puhle, H.-J.; Putzer, H.; Rabeneick, M.; Reichardt, D.; Riquelme U., H.; Rogmann, H.; Rojas Hernández, J.; Samtleben, J.; Sandner, G.; Sangmeister, H.; Sautter, H.; Schaal, P.; Schaller, F.; Schinke, R.; Schlatter, S.; Schultze, R.O.; Schumann, P.; Schuster, R.; Siebenmann, G.; Sievernich, M.; Sipmann, H.; Stähle, V.-D.; Steger, H.-A.; Stimmer, G.; Stockmann, R.; Stöger, P.; Tausch, A.; Till, W.; Tobler, H.; Ulshöfer, P.; Vornefeld, R.M.; Werz, N.; Westphal, W.; Westphalen, J.; Wiedmann, J.; Wittelsbürger, H.; Wöhlcke, M.; Wurster, W.W.

MEXIKO / MEXICO

Auer, G.; Bankmann, U.; Barth, F.; Beck, B.; Becker, F.; Bennholdt-Thomsen, V.; Bernecker, W.; Beutler, G.; Binder, W.; Boris, D.; Borner, S.; Braig, M.; Brockmann, A.; Buchhofer, E.; Bühler, D.; Buisson-Wolff, I.; Bultmann, I.; Deckers, D.; Deimel, C.; Dombois, R.; Donges, J.; Dressendörfer, P.; Dyckerhoff-Prem, U.; Eisleb, D.; Ette, O.; Ewald, U.; Feest, C.; Fischer, B.; Fleer, P.; Fleischmann, U.; Fornet-Betancourt, R.; Frahm, J.; Freitag-Rouanet, B.; Fuhr, H.; Fürst, E.; Furtak, R.; Gabbert, W.; Gärtner, P.-M.; Gerstenberg, B.; Gessner, V.; Giebeler, C.; Gierloff-Emden, H.; Golte, J.; Gormsen, E.; Grabendorff, W.; Grenz, W.; Gretenkord, B.; Grube, N.; Gründler, C.; Gunnesch, K.; Gursky, H.; Haas, R.; Haufe, H.; Hausberger, B.; Heine, K.; Hellmann, M.; Hinz, E.; Hirsch-Weber, B.; Hoffmann, K.; Hohmann, H.; Hohmann-Vogrin, A.; Horn, H.; Imbusch, P.; Kahle, G.; Kaller, M.; Klaus, D.; Klein-Lüpke, R.; Knoblich, K.; Köhler, U.; König, V.; Kotowski-Ziss, J.; Krämer, R.; Kügelgen

Kropfinger, H. von; Kummels, I.; Kürzinger-Wiemann, E.; Lauer, W.; Lauth, H.-J.; Lehr, V.; Liehr, R.; Lingnau, H.; Löffler, H.; Lubienski, J.; Maihold, G.; Mainzer-Heyers,B.; Matthäi, H.; Maurer, M.; Mayer, K.; Meffert, K.; Meiburg, P.; Meißner, J.; Melcher, D.; Michalzik, D.; Miehlich, G.; Mikus, W.; Mires, F.; Moll, W.; Mols, M.; Mothes, J.; Müller, B.; Müller, H.; Nebel, R.; Neugebauer, B.; Nickel, H.; Noack, D.; Nungesser, M.; Ohngemach, D.; Paas, D.; Pfeiffer, E.; Phaf-Rheinberger, I.; Pieper, R.; Pietschmann, H.; Prem, H.; Pretzsch, J.; Pries, L.; Probst, H.; Prümers, H.; Puhle, H.; Queitsch, J.; Raddatz, C.; Ratz, K.; Renner, E.; Ribbeck, E.; Richter, M.; Riese, B.; Rojas Hernández, J.; Rössner, M.; Rott, R.; Ruhnau, E.; Sachsen Gessaphe, K.; Sagawe, Th..; Sander,H.-J.; Schaal, P.; Schirm, St.; Schlüter, H.; Schmidt--Effing, R.; Schnelle, K.; Schöne, V.,; Schröter, B.; SchulzBuschhaus, U.; Seele, E.; Seifert, H.; Siles Ruiz, J.; Smailus, O.; Spranz, B.; Steckbauer, S.; Steger, H.; Stinnesbeck, W.; Stockmann, R.; Stubbe, H.; Tellenbach, M.; Thiemer-Sachse, U.; Tichy, F.; Till, W.; Tobler, H.; Trautmann, W.; Tschohl, P.; Tyrakowski, K.; Vollmer, G.; Wagner, C.; Wahl, D.; Wenzens, G.; Westphal, W.; Wilhelms, Chr.; Wünderich, V.; Zimmermann, K.; Ziss, R.; Zoller, R.

ZENTRALAMERIKA / AMERICA CENTRAL

Altenburg, T.; Ambos, K.; Arellano Hoffmann, C.; Bachmann, S.; Barth, F.; Bauer, B.; Bendel, P.; Berendsohn, W.; Boris, D.; Borner, S.; Brock, L.; Brockmann, A.; Brugger, E.; Brunner, M.; Bühler, D.; Bünstorf, J.; Deckers, D.; Degen, P.; Demtschück, E.; Deutscher, E.; Dieke, G.; Dietrich, W.; Dressendörfer, P.; Duque, V.; Dyckerhoff-Prem, U.; Eisleb, D.; Ellenberg, L.; Engl, L.; Erl, W.; Fanger, U.; Feest, C.; Fischer, R.; Fleer, P.; Fürst, E.; Gabbert, W.; Gabriel, L.; Gaida, M.; Gärtner, P.; Giebeler, C.; Gippelhauser, R.; Grenz, W.; Grube, N.; Grünberg, G.; Haas, R.; Haberland, W.; Heuveldop, J.; Hirsch-Weber, B.; Houwald, G. Frhr. von; Hummer, W.; Kahle, G.; Kaller, M.; Kapp, G.; Kiehn, M.; Köhler, U.; Krakau, K.; Kroeger, A.; Krumwiede, H.; Lauer, W.; Lehmann, G.; Lehner, O.; Lehr, V.; Liehr, R.; Lienhard, M.; Lühr, V.; Lütjen, H.; Maihold, G.; Meier, J.; Meißner, J.; Minkner-Bünjer, M.; Möller, A.; Mols, M.; Moßbrucker, H.; Neugebauer, B.; Nuhn, H.; Oberndörfer, D.; Phaf-Rheinberger, I.; Pietschmann, H.; Pohl, H.; Potthast-Jutkeit, B.; Prem, H.; Puhle, H.; Ratter, B.; Rausch, R.; Reinberg, S.; Richter, M.; Sagawe, T.; Sandner, G.; Schaal, P.; Schäfer, H.; Scharlau, B.; Schinke, R.; Schmidt, P.; Schmidt-Effing, R.; Schrader, L.; Sievernich, M.; Smailus, O.; Spielmann, H.; Tangermann, K.; Thesing, J.; Tobler, H.; Wahl, D.; Weller, J.; Werlhof, C.; Wünderich, V.; Zimmerling, R.

Costa Rica

Altenburg, T.; Ambos, K.; Barth, F.; Bodenstedt, A.; Brugger, E.; Demtschück, E.; Dieke, G.; Eberle, W.; Ellenberg, L.; Fürst, E.; Gursky, H.; Gursky geb. Strebin, M.; Hein, W.; Heuveldop, J.; Kapp, G.; Kiehn, M.; Lehmann, G.; Lehner, O.; Löffler, H.; Lücking, R.; Lütjen, H.; Maihold, G.; Merkt, H.; Minkner-Bünjer, M.; Möller, A.; Nuhn, H.; Oberndörfer, D.; Probst, H.; Richter, M.; Schlüter, H.; Stahl, K.; Weller, J.; Wolff, J.; Wünderich, V.

Guatemala

Borner, S.; Braig, M.; Brun, R.; Brunner, M.; Duque, V.; Eberle, W.; Fleer, P.; Gärtner, P.-M.; Gellert Pinto, G.; Gierhake, K.; Grasser, K.; Grube, N.; Gründler, C.; Hinz, E.; Hohmann-Vogrin, A.; Kaller, M.; Köhler, U.; König, V.; Krumwiede, H.; Kurtenbach, S.; Löffler, H.; Lücking, R.; Lütjen, H.; Mayer, K.; Meiburg, P.; Merkt, H.; Nuhn, H.; Oberndörfer, D.; Pfeiffer, P.; Probst, H.; Reinberg, S.; Rieckenberg, M.; Riese, B.; Ruhnau, E.; Smailus, O.; Spranz, B.; Stadel, C.; Stockmann, R.; Ströbele-Gregor, J.; Thesing, J.; Ulshöfer, P.; Westphal, W.; Wolff, J.; Wünderich, V.

Honduras

Ambos, K.; Grasser, K.; Grube, N.; Hohmann-Vogrin, A.; Houwald, G.; Mayer, K.; Minkner-Bünjer, M.; Riese, B.; Spranz, B.; Stockmann, R.; Ziss, R.

Nicaragua

Alert, A.; Ambos, K.; Fischer, T.; Gabbert, W.; Gärtner, P.; Grasser, K.; Hoffmann, Bert; Houwald, G. Frhr. von; Koop, I.; Krämer, R.; Krempin, M.; Krumwiede, H.; Lehner, O.; Maihold, G.; Mathéy, K.; Niess, F.; Nolte, D.; Oertzen, E.; Puhle, H.; Tangermann, K.; Wünderich, V.; Würtele, W.

Panama

Altenburg, T.; Hoffmann, K.-D.; Kapp, G.; Krosigk, F. von; Lehr, V.; Nuhn, H.; Probst, H.

El Salvador

Bachmann, S.; Berendsohn, W.; Fischer, T.; Gerstenberg, B.; Gierloff-Emden, H.; Krempin, M.; Krumwiede, H.; Meier, J.; Oberndörfer, D.; Tangermann, K.; Wolff, J.

KARIBISCHER RAUM / CUENCA DEL CARIBE

Ashoff, G.; Berendsohn, W.; Binder, W.; Blume, H.; Bremer, T.; Deimel, C.; Engl, L.; Fabian, H.; Fanger, U.; Fleischmann, U.; Füllberg-Stolberg, C.; Gewecke, F.; Glatz, M.; Grabendorff, W.; Haas, H.-D.; Haas, R.; Hell, J.; Horl Groenewold, S.; Hummer, W.; Illy, H.F.; Krakau, K.; Kremnitz, G.; Lehr, V.; Lubienski, J.; Meier, J.; Meyers, A.; Nuhn, H.; Oertzen, E.; Ostleitner, E.; Perl, M.; Phaf-Rheinberger, I.; Potthast-Jutkeit, B.; Ratter, B.; Sagawe, T.; Sahr, W.-D.; Sandner, G.; Schaal, P.; Schindler, H.; Schultze, R.O.; Ulshöfer, P.; Walter, R.; Werlhof, C.; Wernhart, K.; Zeuske, M.; Zips, W.; Ziss, R.

Belize

Grube, N.; Mayer, K.; Probst, H.; Schultze, R.; Smailus, O.; Spranz, B.

Dominikanische Republik / República Dominicana

Ashoff, G.; Blum, V.; Bonetti, M.; Eberle, W.; Gierhake, K.; Haas, H.; Hirdes, W.; Hoener, D.; Illy, H.; Kossek, B.; Köster, G.; Kotowski-Ziss, J.; Phaf-Rheinberger, I.; Sagawe, T.; Tillmann, H.J.; Wolff, J.; Würtele, W.; Ziss, R.

Haiti

Bremer, T.; Donner, W.; Fleischmann, U.; Illy, H.; Jurt, J.; Schüller, K.

Jamaika /Jamaica

Binder, W.; Kossek, B.; Lieberg, A.; Zips, W.

Kuba / Cuba

Alert, A.; Binder, W.; Bremer, T.; Brezinski, H.; Ette, O.; Fabian, H.; Fornet-Betancourt, R.; Franzbach,
M.; Furtak, R.; Giebeler, C.; Grabendorff, W.; Harms, H.; Hell, J.; Hoffmann, Bert; Hönsch, F.; Horl Groenewold, S.; Körner, K.; Krämer, R.; Mathéy, K.; Maurer, M.; Mothes, J.; Niess, F.; Pade, W.; Pfeiffer, P.; Phaf-Rheinberger, I.; Rojas Hernández, J.; Schlatter, S.; Schnelle, K.; Schumann, P.; Stahl, K.; Walter, M.; Zeuske

Puerto Rico

Binder, W.; Horl Groenewold, S.; Navarro de Adriaensens, J.; Phaf-Rheinberger, I.

ANDENLÄNDER / PAISES ANDINOS

Ambos, K.; Andritzky, W.; Arellano Hoffmann, C.; Baumann, M.; Beck, S.; Blum, V.; Bodenstedt, A.; Borner, S.; Büttner, T.; Cuadra, M.; DedenbachSalazar Sáenz, S.; Donges, J.; Drekonja, G.; Eisleb, D.; Ellenberg, L.; Engl, L.; Erl, W.; Fischer, K.; Fischer, M.; Gaida, M.; Gareis, I.; Giebeler, C.; Gierhake, K.; Gippelhauser, R.; Gleich, U. von; Golte, W.; Gretenkord, B.; Haas, R.; Hartmann, R.; Hohmann, H.; Huber, L.; Huhle, R.; Hummer, W.; Janik, D.; Jordan, E.; Kahleyss, M.; Kann, P.; Kaufmann, R.; Kelm, A.; Kilian, R.; Köhler, U.; König, H.-J.; König, V.; Koopmann, G.; Krause, G.; Lauer, W.; Lehmann, B.; Lubienski, J.; Lühr, V.; Masson, P.; Matthäi, H.; Meier, M.; Mertins, G.; Meyers, A.; Mikus, W.; Minkner-Bünjer, M.; Moßbrucker, H.; Mutter, T.; Nebel, R.; Noack, D.; Petersen, H.J.; Prümers, H.; Ptak--Wiesauer, E.; Reindel, M.; Riede, K.; Römpczyk, E.; Rosenfeld, U.; Schaal, P.; Scharlau, B.; Schmelz, B.; Schoop, W.; Schweppe, C.; Seifert, H.; Stadel, C.; Steger, H.; Steinhauf, A.; Stingl, H.; Ströbele-Gregor, J.; Thimm, A.; Tillmann, H.; Ulbert, C.; Volland, M.; Wagner, C.; Waldmann, P.; Zalles-Flossbach, C.; Zeil, W.; Zimmerling, R.; Zoller, R.

Bolivien / Bolivia

Ambos, K.; Amstutz, G.; Arellano Hoffmann, C.; Barth, W.; Baumann, M.; Beck, S.; Bieber, L.; Borner, S.; Braig, M.; Bremen, V.; Brun, R.; BuissonWolff, I.; Cuadra, M.; Dill, G.; Feige, W.; FreitagRouanet, B.; Fuhr, H.; Gerold, G.; Gierhake, K.; Golte, J.; Hartmann, R.; Heine, K.; Heinz, W.; Hummer, W.; Jordan, E.; Kann, P.; Karnofsky, E.; Kelm, A.; Kessler, A.; Knoblich, K.; König, V.; Köster, G.; Krempin, M.; Lauer, W.; Lehmann, B.; Lettner, K.; Lühr, V.; Mansilla, H.C.F.; Mariscotti de Görlitz, A.; Meyers, A.; Minkner-Bünjer, M.; Mires, F.; Moll, W.; Mutter, Th.; Neugebauer, B.; Noack, D.; Nolte, U.; Pichler, H.; Puhle, H.; Richter, M.; Ruthsatz, B.; Schmitt-Riegraf, C.; Schnütgen, A.; Schuchard, B.; Seibert, P.; Seligmann, M.; Simon de Souza, B.; Spranz, B.; Stadel, C.; Tellenbach, M.; Till, W.; Tistl, M.; Wilhelms, Chr.; Würtele, W.

Ekuador / Ecuador

Arellano Hoffmann, C.; Bieber, L.; Bischof, H.; Buchhofer, E.; Cipolletti, M.; Cuadra, M.; Degen, P.; Endlicher, W.; Frank, E.; Freitag-Rouanet, B.; Fuhr, H.; Gerold, G.; Gutberlet, J.; Hartmann, R.; Heine, K.; Hoffmann, K.-D.; Jordan, E.; Kilian, R.; Kroeger, A.; Lehmann, G.; Lock, H.; Löffler, H.; Meyers, A.; Pichler, H.; Prümers, H.; Ptak-Wiesauer, E.; Riede, K.; Rott, R.; Sauerwald, G.; Schmitt-Riegraf, C.; Schöne, V.; Schrader, A.; Stadel, C.; Stockmann, R.; Tellenbach, M.; Volland, M.; Wilhelms, C.; Würtele, W.

Kolumbien / Colombia

Alert, A.; Ambos, K.; Beutler, G.; Bischof, H.; Brugger, E.; Deltgen, F.; Dombois, R.; Drekonja, G.; Fischer, B.; Fischer, Th.; Galster, I.; Gierhake, K.; Grasser, K.; Haufe, H.; Heinz, W.; Janik, D.; Jordan, E.; Karnofsky, E.; Kaufmann, R.; Kerbusch, E.; König, H.-J.; Koopmann, G.; Krempin, M.; Krumwiede, H.; Kurtenbach, S.; Liehr, R.; Löffler, H.; Madlener, K.; Mansilla, H.; Martius, C.; Maurer, M.; Mertins, G.; Meyer-Clason, C.; Mohr, B.; Mothes, J.; Müller, H.; Müller-Plantenberg, C.; Pachner, H.; Pfeiffer, E.; Pichler, H.; Polakiewicz, J.; Raddatz, C.; Ratter, B.; Rott, R.; Sassenfeld, H.; Schindler, H.; SchmittRiegraf, C.; Schnelle, K.; Schrimpff, E.; Schütz, G.; Sipmann, H.; Stadel, C.; Stähle, V.; Stockmann, R.; Tistl, M.; Töpper, B.; Wolff, J.; Ziss,R.

Peru / Perú

Ambos, K.; Amstutz, G.; Arellano Hoffmann, C.; Bankmann, U.; Baumann, M.; Beck, S.; Berg, W.; Bischof, H.; Blum, V.; Blümel, G.; Bollinger, A.; Borner, S.; Brugger, E.; Brun, R.; Cuadra, M.; Dedenbach-Salazar Sáenz, S.; Degen, P.; Dill, G.; Eisleb, D.; Endlicher, W.; Engl, L.; Feige, W.; Fischer, B.; Frahm, J.; Frank, E.; Fuhr, H.; Fürst, E.; Gaida, M.; Galster, I.; Gareis, I.; Garscha, K.; Gärtner, P.-M.; Giebeler, C.; Gierhake, K.; Golte, J.; Golte, W.; Göthner, K.-Chr.; Guggenberger, E.; Gunnesch, K.; Harms, H.; Hartmann, R.; Heinz, W.; Hillebrandt, A.; Hirdes, W.; Hödl, W.; Hohnerlein, E.; Hörmann, M.; Huber, L.; Huhle, R.; Illius, B.; Kahleyss, M.; Karnofsky, E.; Kelm, A.; Kerbusch, E.; Kessler, A.; König, V.; Körner, K.; Koschützke, A.; Krause, G.; Krempin, M.; Kroß, E.; Kummels, I.; Lehmann, B.; Lienhard, M.; Löffler, H.; Mader, E.; Maihold, G.; Mainzer Heyers, B.; Mansilla, H.C.F.; Mariscotti de Görlitz, A.; Maslankowski, W.; Menzel, M.; Meyer-Clason, C.; Meyers, A.; Mikus, W.; Minkner-Bünjer, M.; Möller, A.; Morawetz, W.; Mothes, J.; Oertzen, E.; Pfeiffer, P.; Pieper, R.; Ptak-Wiesauer, E.; Raddatz, C.; Reindel, M.; Richter, M.; Sassenfeld, H.; Schäfer, M.; Schimpf-Herken, I.; Schmelz, B.; Schnelle, K.; Schuchard, B.; Schulz-Buschhaus, U.; Schweppe, C.; Seifert, H.; Siebenmann, G.; Spranz, B.; Steckbauer, S.; Steinhauf, A.; Stubbe, H.; Suter, C.; Tellenbach, M.; Thiery, P.; Thimm, A.; Till, W.; Tillmann, H.; Valle, M.; Wilhelms, C.; Würtele, W.; Zimmermann, K.

Venezuela

Ade, T.; Alert, A.; Ashoff, G.; Boeckh, A.; Borcherdt, Chr.; Bremer, H.; Brun, R.; Donges, J.; Ertler, K.; Fölster, H.; Fuhr, H.; Galster, I.; Gerold, G.; Giebeler, C.; Gormsen, E.; Harms, H.; Hein, W.; Heuveldop, J.; Hörmann, M.; Kulinat, K.; Kuppe, R.; Maresch, W.; Mathéy, K.; Melcher, D.; Morawetz, W.; Mothes, J.; Ostleitner, E.; Pachner, H.; Riquelme U., H.; Römpczyk, E.; Rother, K.; Schnelle, K.; Schnütgen, A.; Schöne, V.; Seligmann, M.; Stähle, V.; Walter, R.; Werlhof, C.; Werz, N.; Zeuske, M.

AMAZONAS-REGION / AMAZONIA

Altvater, E.; Andritzky, W.; Becher, H.; Beck, S.; Bremer, H.; Büttner, T.; Cipolletti, M.; Coy, M.; Dietrich, W.; Fittkau, E.; Frank, E.; Gaida, M.; Gareis, I.; Gerhards, E.; Gippelhauser, R.; Gogolok ofm, P.; Gutberlet, J.; Haas, R.; Hartmann, G.; Henkel, K.; Heuveldop, J.; Hödl, W.; Höfer, H.; Hoppe, A.; Hummer, W.; Irion, G.; Irmler, U.; Junk, W.; Kohlhepp, G.; Mader, E.; Martius, C.; Masson, P.; Meyers, A.; Neugebauer, B.; Nitsch, M.; Oberndörfer, D.; Ohly, J.; Ptak-Wiesauer, E.; Riede, K.; Riester, J.; Saint-Paul, U.; Schindler, H.; Schmelz, B.; Schnütgen, A.; Schwab, R.; Sioli, H.; Stähle, V.; Weischet, W.; Westphal, W.

BRASILIEN / BRASIL

Almeida-Sedas, G.; Altvater, E.; Andrae, F.; Augel, J.; Bayer, E.; Becher, H.; Beurlen, H.; Bieber, L.; Blümel, G.; Bollinger, A.; Boris, D.; Brichta, A.; Briesemeister, D.; Bröckelmann-Simon, M.; Brummel, H.; Calcagnotto, G.; Campos-Hein, M.; Corrales, B.; Coy, M.; Dabrowski, M.; Deelen, G.; Delhaes-Günther, D.; Doleschal, R.; Donner, W.; Dürr, E.; Eberle, W.; Eisenblätter, B.; Engler, E.; Evers, T.; Feldmann, H.; Fischer, B.; Fleischmann, U.; Fölster, H.; Frahm, J.; Freitag-Rouanet, B.; Füchtner, H.; Gareis, I.; Gärtner, E.; German, Chr.; Gogolok ofm, P.; Goldstein, H.; Görgen, H.; Göthner, K.-Chr.; Grabendorff, W.; Grünberg, G.; Gutberlet, J.; Haase, R.; Harms, H.; Hartmann, G.; Heinz, W.; Hell, J.; Hellmann, M.; Hentschke, J.; Hess, R.; Hödl, W.; Hofbauer, A.; Höfer, H.; Holtz, U.; Hoppe, A.; Hurtienne, T.; Ilg, K.;

Irmler, U.; Jurt, J.; Kahle, G.; Kaiser, W.; Karnofsky, E.; Kohlhepp, G.; Koopmann, G.; Kraft, L.; Krapfenbauer, A.; Larricq, M.; Lieberg, A.; Lücke, M.; Lücker, R.; Lühr, V.; Mader, E.; Madlener, K.; Madlener, S.M.; Mainzer-Heyers, B.; Mármora, L.; Martius, C.; Mathéy, K.; Matthäi, H.; Meier, J.; Merkt, H.; Meyer-Clason, C.; Meyer--Stamer, J.; Moll, W.; Moltmann, B.; Morawetz, W.; Müller, P.; Müller-Bochat, E.; Müller-Plantenberg, C.; Münzel, M.; Mutter, Th.; Nitsch, M.; Noack, D.; Nolte, U.; Novy, A.; Oberndörfer, D.; Ohly, J.; Oliveira Pinto, T.; Parente Augel, M.; Pater, S.; Pfeiffer, D.; Pfeiffer, P.; Pflug, R.; Polakiewicz, J.; Pretzsch, J.; Prutsch, U.; Quade, H.; Rescher, H.; Ribbeck, E.; Ring, A.; Ritter, U.; Röhrig Assunção, M.; Rönick, V.; Roth, W.; Rott, R.; Sahr, W.-D.; Samtleben, J.; Sangmeister, H.; Schacht, S.; Schelsky, D.; Schirm, St.; Schoenborn, U.; Schrader, A.; Schumann, P.; Schwab, R.; Schwamborn, I.; Seibert, P.; Seifert, H.; Seligmann, M.; Speck, B.; Stahl, K.; Stinnesbeck, W.; Stöhr, W.; Struck, E.; Stubbe, H.; Suess, P.; Till, W.; Veit, H.; Vornefeld, R.; Wagner, C.; Wahl, D.; Walger, Chr.; Walter, R.; Weiß, H.; Wilhelms, Chr.; Wittschier, H.; Wöhlcke, M.; Woll, D.; Würtele, W.; Ziegler, B.; Zoller, R.

CONO SUR

Altekrüger, P.; Birle, P.; Bodemer, K.; Borner, S.; Borsdorf, A.; Carreras de Bodemer, S.; Corrales, B.; Engl, L.; Gans, P.; Garleff, K.; Grabendorff, W.; Grewe, H.; Haas, R.; Heinz, W.; Herlinghaus, H.; Mármora, L.; Meding, H.; Messner, Dirk; Mols, M.; Moltmann, B.; Morales Saravia, J.; Mothes, J.; Queisser, M.; Riquelme, H.; Römpczyk, E.; Rössner, M.; Schäbitz, F.; Stahl, K.; Wagner, C.; Weischet, W.

La Plata-Länder

Bornhorst, B.; Engl, L.; Gerhards, E.; Gretenkord, B.; Kahle, G.; Kohlhepp, G.; Meding, H.; Riede, K.; Spiller, R.; Staib, B.; Volland, M.

Argentinien / Argentina

Alert, A.; Amstutz, G.; Ashoff, G.; Bahlburg, H.; Baumann, M.; Bayer, E.; Bayer, O.; Berg, W.; Bieber, L.; Birle, P.; Bodemer, K.; Boris, D.; Borner, S.; Bornhorst, B.; Bremen, V.; Bremer, T.; Breuer, B.; Brunotte, E.; Bünstorf, J.; Carreras de Bodemer, S.; Corrales, B.; Dieke, G.; Dill, G.; Donges, J.; Dürr, E.; Endlicher, W.; Ertler, K.; Evers, T.; Fischer, B.; Fornet-Betancourt, R.; Füchtner, H.; Galster, I.; Gans, P.; Garleff, K.; Garzón Valdés, E.; German, Chr.; Glatz, M.; Göthner, K.-Chr; Grabendorff, W.; Heinz, W.; Hillebrandt, A.; Horl Groenewold, S.; Hummer, W.; Ilg, K.; Imbusch, P.; Janik, D.; Kahle, G.; Körner, K.; Köster, G.; Krause, G.; Kroß, E.; Kubarth, H.; Kürzinger-Wiemann, E.; Larricq, M.; Lettner, K.; Mansilla, H.; Mariscotti de Görlitz, A.; Mármora, L.; Meding, H.; Meyer-Clason, C.; Miller, H.; Moltmann, B.; Mothes, J.; Müller, H.; Noack, D.; Ostleitner, E.; Pachner, H.; Pade, W.; Polakiewicz, J.; Pollmann, L.; Prutsch, U.; Queisser, M.; Reichardt, D.; Rieckenberg, M.; Riede, K.; Ritter, U.; Rönick, V.; Rosenfeld, U.; Rössner, M.; Ruthsatz, B.; Sangmeister, H.; Schäbitz, F.; Schirm, St.; Schmitt-Riegraf, C.; Schnelle, K.; Schoenborn, U.; Schulz-Buschhaus, U.; Schwab, K.; Seibert, P.; Seifert, H.; Seligmann, M.; Siles

Ruiz, J.; Stahl, K.; Staib, B.; Stehmann, M.; Stingl, H.; Stubbe, H.; Suter, Chr.; Thimm, A.; Töpper, B.; Veit, H.; Wahl, D.; Waldmann, P.; Wentzlaff-Eggebert, C.; Werz, N.; Würtele, W.; Zoller, R.

Chile

Alert, A.; Amstutz, G.; Bahlburg, H.; Bähr, J.; Bayer, E.; Bernecker, W.; Borner, S.; Borsdorf, A.; Breuer, B.; Bröckelmann-Simon, M.; Brun, R.; Bultmann, I.; Cañas Kirby, E.; Cuadra, M.; Dabrowski, M.; Dill, G.; Dittmann Hube, A.; Dürr, E.; Eberle, W.; Ellies, A.; Endlicher, W.; Eschenburg, R.; Evers, T.; Garleff, K.; German, Chr.; Golte, W.; Grosjean, M.; Hartge, K.; Heinz, W.; Hellmann, M.; Herlinghaus, H.; Hillebrandt, A.; Hirsch-Weber, W.; Ilg, K.; Imbusch, P.; Janik, D.; Kilian, R.; Krause, G.; Krumwiede, H.; Kurtenbach, S.; Lauer, W.; Löffler, H.; Mármora, L.; Meier, J.; Merkt, H.; Messner, D.; Meyer-Clason, C.; Miller, H.; Minkner-Bünjer, M.; Mires, F.; Moll, W.; Möller, A.; Müller-Plantenberg, C.; Müller-Plantenberg, U.; Neugebauer, B.; Nohlen, D.; Nolte, D.; Oberndörfer, D.; Pfeiffer, D.; Pichler, H.; Pollmann, L.; Puhle, H.; Queisser, M.; Richter, M.; Ritter, U.; Rojas Hernández, J.; Römpczyk, E.; Ruthsatz, B.; Sassenfeld, H.; Schimpf-Herken, I.; Schindler, H.; Schlüter, H.; Schmitt-Riegraf, C.; Schnelle, K.; Schumann, P.; Seibert, P.; Seligmann, M.; Siles Ruiz, J.; Stahl, K.; Staib, B.; Stehmann, M.; Stingl, H.; Stinnesbeck, W.; Stöhr, W.; Thiery, P.; Thimm, A.; Veit, H.; Walter, M.; Weischet, W.; Wentzlaff-Eggebert, C.; Zeil, W.

Paraguay

Altekrüger, P.; Bornhorst, B.; Bremen, V.; Bröckelmann-Simon, M.; Corrales, B.; Dürr, E.; Grünberg, G.; Hoffmann, R.; Ilg, K.; Kahle, G.; Kapp, G.; Kohlhepp, G.; Kotowski-Ziss, J.; Kruck, W.; Larricq, M.; Lettner, K.; Lienhard, M.; Meier, J.; Merkt, H.; Meyer-Clason, C.; Müller, H.; Münzel, M.; Noack, D.; Pollmann, L.; Potthast--Jutkeit, B.; Pretzsch, J.; Schröter, B.; Schuchard, B.; Seibert, P.; Wilhelms, Chr..; Wolff, J.

Uruguay

Bodemer, K.; Bornhorst, B.; Dürr, E.; German, Chr.; Heinz, W.; Jurt, J.; Kerbusch, E.; Körner, K.; Kotowski-Ziss, J.; Mármora, L.; Meyer-Clason, C.; Nolte, D.; Pollmann, L.; Puhle, H.; Sauerwald, G.; Schnelle, K.; Schröter, B.; Seligmann, M.; Staib, B.; Stehmann, M.; Wagner, Chr.; Walter, M.; Ziss, R.

Personenregister nach Fachgebieten und Forschungsbereichen
Indice de Personas por Disciplinas / Indice de Pessoas por Disciplinas

ARCHÄOLOGIE, ETHNOLOGIE, ALTAMERIKANISTIK
(Arqueología, Etnología, Antropología/Culturas Pré-colombianias)

Andritzky, W.; Arellano Hoffmann, C.; Bankmann, U.; Becher, H.; Bischof, H.; Bollinger, A.; von Bremen, V.; Brockmann, A.; Cipolletti, M.S.; Dedenbach-Salazar Sáenz, S.; Degen, P.; Deimel, C.U.; Deltgen, F.; Dyckerhoff-Prem, U.; Eisleb, D.; Engl, L.; Feest, C.; Fischer, M.M.; Frank, E.H.; Gabbert, W.; Gaida, M.; Gareis, I.E.A.; Gerhards, E.; Gippelhauser, R.; Golte, J.; Gretenkord, B.; Grube, N.; Haas, R.; Haberland, W.; Hartmann, G.; Hartmann, R.; Hinz, E.; Hofbauer, A.; Houwald, G. Fhr. von; Huber, L.; Illius, B.; Kahleyss, M.; Kann, P.; Kelm, A.M.; Köhler, U.; König, V.; Krause, G.; Kummels, I.; Larricq, M.O.; Mader, E.; Mainzer-Heyers, B.; Mariscotti de Görlitz, A.M.; Masson, P.; Matthäi, H.; Mayer, K.H.; Meyers, A.; Moßbrucker, H.; Müller, B.; Münzel, M.; Oliveira Pinto, T. de; Prem, H.J.; Probst, H.J.; Prümers, H.; Ptak-Wiesauer, E.; Raddatz, C.; Reindel, M.; Renner, E.A.E.; Riese, B.; Riester, J.; Ruhnau, E.; Schäfer, M.; Schindler, H.; Schmelz, B.; Smailus, O.; Spranz, B.; Stähle, V.D.; Steinhauf, A.; Ströbele-Gregor, J.; Stubbe, H.; Tellenbach, M.; Thiemer-Sachse, U.; Tillmann, H.J.; Tschohl, P.; Ulbert, C.; Volland, M.; Wurster, W.W.; Zalles-Flossbach, C.

ARCHITEKTUR, BAUWESEN, STÄDTEBAU, STÄDTEPLANUNG
(Arquitectura, Construcción/Construção, Urbanización/Urbanização, Planeamiento
Urbano/Planejamento Urbano)

Auer, G.; Bühler, D.; Cuadra, M.; Gellert-Pinto, G.; Grasser, K.O.; Harms, H.; Hohmann, H.; Hohmann-Vogrin, A.; Kotokowski-Ziss, J.; Mathéy, K.; Novy, A.; Pfeiffer, P.; Ribbeck, E.; Stöhr, W.; Ziss, R.

BILDUNGSWESEN
(Educación/Educação)

Büttner, Th.; Deutscher, E.; Freitag-Rouanet, B.; von Gleich, U.B.; Maslankowski, W; Pfeiffer, D.K.; Schimpf-Herken, I.; Schweppe, C.; Stöger, P.

BIOLOGIE, BOTANIK, ZOOLOGIE, LIMNOLOGIE, BODENKUNDE
(Biología, Botánica, Zoología, Limnología, Edafología)

Barth, F.G.; Bayer, E.; Beck, S.; Berendsohn, W.G.; Blum, W.E.H.; Ellies, A.; Fittkau, E.J.; Frahm, J.-P.; Haase, R.; Hakki, M.I.; Hartge, K.-H.; Hiepko, P.; Hoener,

D.; Hödl, W.; Höfer, H.; Hoffmann, R.; Irion, G.; Irmler, U.; Junk, W.J.; Kiehn, M.; Leuenberger, B.E.; Löffler, H.; Lücking R.; Martius, C.; Menzel, M.; Miehlich, G.; Moll, W.; Morawetz, W.; Müller, P.; Nolte, U.; Ohngemach, D.; Raus, T.; Riede, K.; Ruthsatz, B.; Saint-Paul, U.; Schaller, F.; Schnütgen, A.R.; Schrimpff, E.; Schuster, R.; Seibert, P.; Sioli, H.F.L.; Sipmann, H.; Stehmann, M.; Till, W.

ENTWICKLUNGSPOLITIK, REGIONALPLANUNG, ENTWICKLUNGSZUSAMMENARBEIT
(Política de Desarrollo, Planeamiento Regional, Cooperación al Desarrollo Política de Desenvolvimento, Planejamento Regional, Cooperação para o Desenvolvimento)

Altenburg, T.; Altvater, E.; Ashoff, G.; Blum, V.F.E.; Bornhorst, B.; Brand, D.; Breuer, B.; Bröckelmann-Simon, M.; Brummel, H.-J.; Corrales, B.A.; Deelen, G.; Degen, P.; Deutscher, E.; Demtschück, E.; Dieke, G.; Donner, W.; Erl, W.; Fabian, H.; Fürst, E.; Fuhr, H.L.; Gierhake, K.; Görgen, H.M.; Henkel, K.; Illy, H.F.; Jung, W.; Kaufmann, R.; Kerbusch, E.J.; Koschützke, A.; Kraft, L.; Lieberg, A.; Lingnau, H.; Lühr, V.; Mainzer-Heyers, B.; Maslankowski, W.; Melcher, D.; Minkner-Bünjer, M.G.; Möller, A.; Mutter, T.; Oberndörfer, D.; Ohly, J.J.; Paas, D.; Pater, S.; Petersen, H.J.; Pfeiffer, D.K.; Rabeneick, M.; Ritter, U.P.; Römpczyk, E.; Sassenfeld, H.; Schoop, W.; Simon de Souza, B.; Stöhr, W.; Thesing, J.; Ulshöfer, P.; Westphal, W.; Würtele, W.; Ziss, R.; Zoller, R.

ENTWICKLUNGSTHEORIE
(Teoría de Desarrollo / Teoria do Desenvolvimento)

Altvater, E.; Dabrowski, M.; Illy, H.F.; Schinke, R.; von Werlhof, C.

GEOGRAPHIE, WIRTSCHAFTS- UND SOZIALGEOGRAPHIE
(Geografía, Geografía Económica y Social)

Ade, T.; Bähr, J.; Bauer, B.; Blume, H.; Borcherdt, Ch.; Borsdorf, A.; Bremer, H.; Brugger, E.A.; Brunotte, E.; Buchhofer, E.; Bünstorf, J.; Coy, M.; Demtschück, E.; Donner, W.; Ellenberg, L.; Endlicher, W.; Ewald, U.; Feige, W.; Fischer, K.; Gans, P.; Garleff, K.; Gellert-Pinto, G.; Gerold, G.; Gierloff-Emden, H.G.; Gogolok ofm, P.O.E.; Golte, W.; Gormsen, E.; Grosjean, M.; Gutberlet, J.; Haas, H.-D.; Heine, K.; Henkel, K.; Hönsch, F.; Jordan, E.; Kaiser, W.; Kessler, A.; Klaus, D.; Klein-Lüpke, R.; Kohlhepp, G.; Köster, G.; Kroß, E.; Kulinat, K.; Lauer, W.; Lücker, R.J.; Lütjen, H.; Matthäi, H.; Mertins, G.; Mikus, W.; Mohr, B.; Müller, B.; Nuhn, H.; Pachner, H.; Ratter, B.M.W.; Richter, M.; Rönick, V.; Sahr, W.-D.; Sander, H.-J.; Sandner, G.; Schäbitz, F.; Schacht, S.R.; Schoop, W.; Seele, E.; Spielmann, H.O.; Stadel, C.; Stingl, H.; Struck, E.; Tichy, F.; Trautmann, W.; Tyrakowski, K.; Veit, H.; Weischet, W.; Wenzens, G.

GEOLOGIE, PALÄONTOLOGIE
(Geología, Paleontología)

Amstutz, G.C.; Bahlburg, H.; Barth, W.; Beurlen, H.; Blümel, G.; Brichta, A.; Eberle, W.G.; Fischer, R.; Gunnesch, K.A.; Gursky, H.-J.; Gursky, M.M.; von Hillebrandt, A.; Hirdes, W.; Hoppe, A.; Kilian, R.; Knoblich K.; Kruck, W.; Lehmann, B.; Lorenz, W.; Maresch, W.V.; Meiburg, P.H.E.; Michalzik, D.; Miller, H.; Pflug, R.; Pichler, H.; Putzer, H.; Quade, H.; Rosenfeld, U.; Schmidt-Effing, R.; Schmitt-Riegraf, C.; Schnütgen, A.R.; Schrimpff, E.; Schwab, K.; Schwab, R.G.; Stinnesbeck, W.; Tistl, M.; Weiß, H.; Wiedmann, G.; Zeil, W.

GESCHICHTE
(Historia / História)

Alert, A.; Augel, J.; Bachmann, S.; Bayer, O.; Becker, F.; Bernecker, W.L.; Bollinger, A.; Buisson-Wolff, I.; Bultmann, I.; Bussmann, C.; Carreras de Bodemer, S.I.; Dietrich, W.; Drekonja, G.; Dressendörfer, P.; Engler, E.; Fischer, T.; Fleer, P.; Franzbach, M.; Füllberg-Stolberg, C.; Glatz, M.; Hausberger, B.; Hell, J.; Hentschke, J.; Holtz, U.; Huhle, R.; Kahle, G.; Kaller, M.; König, H.-J.; Kossok, M.; Krakau, K.; Liehr, R.; Lubienski, J.; Meding, H.M.; Meier, J.; Meißner, J.; Melcher, D.; Mires, F.; Moltmann, B.; Mothes, J.; Nickel, H.J.; Nolte, D.; Pade, W.; Pieper, R.; Pietschmann, H.; Pohl, H.; Potthast-Jutkeit, B.; Prien, H.-J.; Prutsch, U.; Puhle, H.-J.; Ratz, K.; Reinhard, W.; Rescher, H.J.; Rieckenberg, M.; Röhrig-Assunção, M.; Schlüter, H.; Schmelz, B.; Schmidt, P.; Schröter, B.; Schüller, K.; Seligmann, M.; Strauch, W.; Tobler, H.W.; Vollmer, G.; Vornefeld, R.M.; Walter, R.; Werz, N.; Wünderich, V.; Zeuske, M.; Ziegler, B.; Zoller, R.

INFORMATION UND DOKUMENTATION, BIBLIOTHEKSWESEN
(Información y Documentación, Bibliotecología, Archivos / Informação e Documentação, Bibliotecologia, Arquivos)

Ahmed, U.; Almeida-Sedas, G. de; Alpheis, J.; Amshoff, G.; Baatz, R.; Berendsohn, W.G.; Blodig, W.; Bohn, W.; Braun, D.; Brückner, A.; Burgarth, J.; Burkhardt, H.; Cronenberg, P.; Dietz, Ch.; Dittmann Hube, A.L.; Engelke, S.; Gabbert, W.; Galinski, Ch.; Gerum, S.; Grenz, W.; Hasenclever, F.; Hassenpflug, H.-R.; Heinrich, M.; Heise, G.; Helas, J.; Helbig, K.; Hilberer, Th.; Hölzemann, C.; Holzbauer, H.; Hornung, V.; Huhle, R.; Jorißen, E.; Jung, Ch.; Kaufmann, R.; Kestel, D.N.; Kleindienst, R.; Kraemer, G.; Lansky, R.; Laux, W.; Loeschke, G.; Lützow, B.; Mantwill, G.; Marsarwi, U.; Menge, U.; Müller, H.; Müller, W.; Nolte, G.; Ohlhoff, G.; Phillip, J.; Rehrmann, N.; Reupke, U.; Rosowski, U.; Rossbach, U.; Ruetze, M.; Rybinski, H.; Scherwath, W.; Scheuermann, A.; Schwietzke, J.; Seydel, D.; Steidle, V.; Steinert, D.; Stöber, W.; Striefler, H.-G.; Strobel, C.; Süssenbach, Ch.; Svoboda, I.; Uellner, W.; Vaupel, G.; Villanueva, G.; Waldner, H.; Walz, B.; Weis, M.; Wollny, G.; Zehrer, S.

KUNST/KUNSTGESCHICHTE, MUSIK
(Arte/Historia del Arte, Música)

Baumann, M.P.; Haufe, H.; Helbig, K.; Oliveira Pinto, T. de;

LANDWIRTSCHAFT, ERNÄHRUNGSWISSENSCHAFT, FORSTWIRTSCHAFT, FORSTWISSENSCHAFT
(Agricultura, Nutrición/Nutrição, Silvicultura)

Andrae, F.; Bodenstedt, A.A.; Brun, R.; Fölster, H.; Heuveldop, J.; Kapp, G.B.; Lehmann, G.; Lieberg, A.; Lütjen, H.; Neugebauer, B.; Ohly, J.J.; Pretzsch, J.; Queitsch, J.G.; Schacht, S.R.; Steinlin, H.; Tillmann, H.J.

LINGUISTIK
(Lingüística)

Battilana, C.; Briesemeister, D.; Büttner, T.Th.; Dietrich, W.; Gärtner, E.; Geckeler, H.; von Gleich, U.B.; Guggenberger, E.; Haensch, G.; Klein, H.G.; Körner, K.-H.; Kremnitz, G.; Kubarth, H.; Lettner, K.G.; Lüdtke, J.; Masson, P.; Messner, D.; Mettmann, W.; Parente Augel, M.; Paufler, H.-D.; Perl, M.; Renner, E.A.E.; Roth, W.; Schuchard, B.; Schütz, G.; Siles Ruiz, J.; Staib, B.; Steckbauer, S.M.; Werner, R.; Zimmermann, K.

LITERATUR
(Literatura)

Battilana, C.; Berg, W.B.; Beutler, G.; Binder, W.; Bremer, Th.; Briesemeister, D.; Campos-Hein, M.; Carreras de Bodemer, S.I.; Daus, R.; Dill, H.-O.; Engl, L.; Engler, E.; Ertler, K.; Ette, O.R.; Feldmann, H.; Fleischmann, U.; Franzbach, M.; Fuente, B. de la; Galster, I.; Garscha, K.; Gewecke, F.; Gründler, C.; Herlinghaus, H.; Hess, R.; Hinterhäuser, H.; Hirsch-Weber, B.; Horl Groenewold, S.; Janik, D.; Jurt, J.; Klengel, S.; Kohut, K.; Lienhard, M.; Lorenz, G.W.; Meier, M.; Meyer-Clason, C.; Meyer-Minnemann, K.; Morales-Saravia, J.; Müller, H.J.; Müller-Bochat, E.; Navarro de Adriaensens, J.M.; Neumeister, S.; Parente Augel, M.; Pfeiffer, E.; Phaf-Rheinberger, I.; Pollmann, L.; Reichardt, D.; Ring, A.; Rogmann, H.; Rössner, M.; Roth, W.; Scharlau, B.; Schnelle, C.; Schnelle, K.; Schrader, L.; Schuchard, B.; Schulz-Buschhaus, U.; Schwamborn, I.; Siebenmann, G.; Siles Ruiz, J.; Simon de Souza, B.; Spiller, R.; Valle, M.; Walter, M.; Wentzlaff-Eggebert, C.; Wittschier, H.W.; Woll, D.; Zimmermann, K.

MEDIEN, MASSENMEDIEN
(Medios Masivos de Comunicación/Meios de Comunicação Social)

Groschup, H.; Herlinghaus, H.; Karnofsky, E.; Lamberg, R.F.; Schumann, P.B.

MEDIZIN, PSYCHOLOGIE
(Medicina, Sicología/Psicologia)

Andritzky, W.; Deltgen, F.; Duque, V.; Füchtner, H.; Koop, I.I.; Kroeger, A.; Ptak-Wiesauer, E.; Riquelme U., H.; Stubbe, H.

ÖKOLOGIE, TROPENÖKOLOGIE
(Ecología)

Ellenberg, L.; Fittkau, E.J.; Gutberlet, J.; Höfer, H.; Jordan, E.; Junk, W.J.; Martius, C.; Müller, P.; Müller-Plantenberg, C.; Riede, K.; Römpczyk, E.; Rönick, V.; Ruthsatz, B.; Saint-Paul, U.; Schlüter, H.; Sioli, H.F.L.; Stingl, H.; Wöhlcke, M.

PHILOSOPHIE
(Filosofía)

Bachmann, S.; Deckers, D.; Fornet-Betancourt, R.; Gerstenberg, B.; Kaller, M.; Sauerwald, G.; Valle, M.; Wimmer, F.M.

POLITIKWISSENSCHAFT, INTERNATIONALE BEZIEHUNGEN
(Ciencia Política, Relaciones Internacionales/Relações Internacionais)

Altekrüger, P.; Bahro, H.; Beck, B.; Bendel, P.; Bieber, L.E.; Birle, P.; Bodemer, K.F.; Boeckh, A.; Bornhorst, B.; Brock, L.; Cañas Kirby, E.E.; Corrales, B.A.; Dietrich, W.; Dill, G.W.; Eisenblätter, B.; Eßer, K.; Evers, T.; Fabian, H.; Fuhr, H.L.; Furtak, R.K.; Gärtner, P.-M.; Garzón Valdés, E.; German, C.; Görgen, H.M.; Grabendorff, W.; Heinz, W.S.; Hentschke, J.; Hirsch-Weber, W.; Hoffmann, K.-D.; Holtz, U.; Hörmann, M.; Huhle, R.; Hummer, W.; Imbusch, P.; Karnofsky, E.; Kerbusch, E.-J.; Krakau, K.; Krämer, R.; Krempin, M.; von Krosigk, F.; Krumwiede, H.W.; Kurtenbach, S.; Lauth, H.-J.; Lehr, V.-G.; Lock, H.P.; Maihold, G.; Mansilla, H.C.F.; Mármora, L.; Meffert, K.; Messner, D.; Meyer-Stamer, J.; Mires, F.; Mols, M.; Moltmann, B.; Niess, F.; Nohlen, D.; Nolte, D.; Rojas Hernández, J.; Schirm, S.A.; Schultze, R.-O.; Speck, B.W.; Spielmann, L.; Stahl, K.; Tangermann, K.-D.; Tausch, A.; Thesing, J.; Thiery, P.; Thimm, A.; Töpper, B.; Wagner, C.; Weller, J.; von Werlhof, C.; Werz, N.; Würtele, W.; Zimmerling, R.

RECHT, VERFASSUNG, VERWALTUNG
(Derecho, Constitución, Administración / Direito, Constituição, Administração)

Ambos, K.; Eisenblätter, B.; Garzón Valdes, E.; Gessner, V.; Hohnerlein, E.M.; Horn, H.-R.; Hummer, W.; Kokott, J.; Kuppe, R.; Madlener, K.; Maurer, M.; Polakiewicz, J.G.; Prinz von Sachsen Gassaphe, K.A.; Samtleben, J.; Schlatter, S.E.; Stimmer, G.; Wolff, J.H.; Zips, W.

RELIGION, KIRCHE, THEOLOGIE, MYTHOLOGIE
(Religión, Iglesia, Teología, Mitología / Religião, Igreja, Teologia, Mitologia)

Baumgartner, J.; Bussmann, C.; Cipolletti, M.S.; Collet, G.; Deckers, D.; Dedenbach-Salazar Sáenz, S.; Gogolok ofm, P.O.E.; Goldstein, H.; Hünermann, P.; Mariscotti de Görlitz, A.M.; Meier, J.; Nebel, R.K.; Prien, H.-J.; Promper, W.; Schäfer, H.; Schoenborn, U.; Sievernich, M.; Suess, P.

SOZIOLOGIE, ENTWICKLUNGSSOZIOLOGIE
(Sociología, Sociología del Desarrollo/Sociologia do Desenvolvimento)

Augel, J.; Bennholdt-Thomsen, V.; Blum, V.F.E.; Bodenstedt, A.A.; Bonetti, M.; Boris, D.; Braig, M.; Bröckelmann-Simon, M.; Brockmann, A.; Bultmann, I.; Calcagnotto, G.; Doleschal, R.; Dombois, R.; Evers, T.; Fanger, U.; Fleischmann, U.; Freitag-Rouanet, B.; Füllberg-Stolberg, C.; Gabbert, W.; Gessner, V.; Giebeler, C.; Goetze, D.; Hellmann, M.; Hurtienne, T.; Lühr, V.; Maihold, G.; Meschkat, K.; Müller, B.; Müller-Plantenberg, C.; Nickel, H.J.; Oberndörfer, D.; von Oertzen, E.; Ostleitner, E.; Paas, D.; Pfeiffer, P.; Pries, L.; Rausch, R.; Rescher, H.J.; Rojas Hernández, J.; Rott, R.; Schelsky, D.; Schrader, A.; Steger, H.-A.; Suter, Ch.; Tangermann, K.-D.; Wahl, D.; Waldmann, P.; Walger, C.; Wöhlcke, M.; Wünderich, V.

VETERINÄRMEDIZIN, TIERZUCHT
(Medicina Veterinaria, Cría de Animales/Criação de Animais)

Merkt, H.; Seifert, H.S.H.

WIRTSCHAFT, POLITISCHE ÖKONOMIE, ENTWICKLUNGSÖKONOMIE
(Economía, Economía Política, Economía del Desarrollo / Economia, Economia Política, Economia do Desenvolvimento)

Baumer, J.-M.R.; Benecke, D.W.; Borner, S.; Brand, D.; Brezinski, H.; Brugger, E.A.; Brunner, M.; Calcagnotto, G.; Dabrowski, M.; von Delhaes-Günter, D.; Donges, J.B.; Dürr, E.; Eschenburg, R.; Fischer, B.; Fürst, E.; von Gleich, A.; Göthner, K.-C.; Hein, W.; Hurtienne, T.; Imbusch, P.; Jaeger, W.; Jung, W.; Kohlhepp, G.; König, W.; Koopmann, G.; Krempin, M.; Kürzinger-Wiemann, E.; Lücke, M.; Maurer, M.; Messner, D.; Meyer-Stamer, J.; Minkner-Bünjer, M.G.; Mohr, H.J.; Müller, A.P.; Nitsch, M.; Petersen, H.J.; Preusse, H.G.; Queisser, M.; Ritter, U.P.; Rother, K.; Sangmeister, H.; Sautter, H.; Schaal, P.; Schelsky, D.; Schinke, R.; Schöne, V.; Suter, Ch.; Töpper, B.; Vornefeld, R.M.; Westphalen, J.; Wilhelms, C.; Wittelsbürger, H.

Frank Pilz
Regierungsaufgaben und Finanzpolitik

Frank Pilz

Regierungsaufgaben und Finanzpolitik

Das Aufgaben- und Finanz-, das Finanzplanungs- und Aufgabenplanungssystem der Bundesregierung

Bund Verlag

Die vorliegende Veröffentlichung ist im Sommer 1974 der Staatswirtschaftlichen Fakultät der Universität München als Dissertation vorgelegt worden; sie ist unterdessen in wesentlichen Punkten aktualisiert und überarbeitet worden.

ISBN 3 7663 0114 4
Satz und Druck: Poeschel & Schulz-Schomburgk, Eschwege
Buchbinderei: Klemme & Bleimund, Bielefeld
Printed in Germany 1976

Inhaltsverzeichnis

Einleitung

Im politischen System der Bundesrepublik Deutschland, in dem der Anteil der Ausgaben des öffentlichen Gesamthaushalts am Bruttosozialprodukt rd. 36 % ausmacht (1975: 370 Mrd. DM) und das Steueraufkommen aller Gebietskörperschaften rd. 290 Mrd. DM (1975) beträgt, ist die Frage der Gestaltung der staatlichen Aufgaben und ihrer Finanzierung von eminent politischer Bedeutung.

Die Aufgaben einer Regierung – hier am Beispiel des Bundes dargestellt – sind deshalb vorrangig Gegenstand dieser Untersuchung, weil dem Verfassungsorgan oder der politischen Institution Bundesregierung in der von der Verfassungsordnung und der politischen Praxis vorherrschenden repräsentativen Demokratie der Bundesrepublik eine herausragende Rolle zugewiesen wird.

Der repräsentative Demokratietypus sieht in der Regierung das »politische Führungsorgan«, das zur Gestaltung der Politik nicht nur legitimiert, sondern auch verpflichtet ist.

In dieser Arbeit wird der Frage nachzugehen sein, warum und wie dem Gemeinwesen in Deutschland immer mehr Aufgaben zugewachsen sind und auf welche Weise heute die Regierungsinstitutionen – also die Bundesregierung und ihr Verwaltungsapparat – den tradierten Aufgabenbestand, die Aufgabenvermehrung und vielleicht die Aufgabeneinschränkung oder -delegierung wahrnehmen.

Aufgrund der kaum noch zu überschauenden Aufgaben im staatlichen Regierungsbereich soll zunächst der Versuch unternommen werden, zu einer Systematisierung und Typologisierng der Aufgaben zu kommen. Eine wissenschaftlich hinreichende Abgrenzung wichtiger Aufgabenbegriffe stößt allerdings wegen zahlreicher Überschneidungen und fließender Grenzen auf erhebliche Schwierigkeiten.

In Deutschland spielt für das Verständnis von der Art und dem Umfang der Aufgaben »staatlicher Stellen«, insbesondere der Regierung, das im 19. Jahrhundert entstandene politische Grunddenkmuster des Dualismus von Staat und Gesellschaft eine große Rolle. Dieses vom Liberalismus geprägte Denken begrenzte die Aktivitäten des Staates im wesentlichen darauf, einen Rahmen von

Rechtsnormen zu setzen (hauptsächlich die Gewährleistung des Privateigentums, innere und äußere Sicherungs- und Ordnungsaufgaben). »Die Selbstregulierung der gesellschaftlichen Prozesse« durch die dem Staat gegenübergestellte Gesellschaft bot die Gewähr dafür, daß der Staat möglichst wenig zu intervenieren hatte. Die Mängelerscheinungen der zunehmenden Industrialisierung (private Aktivitäten in erster Linie in rentablen Bereichen, wachsende wirtschaftliche Konzentration, Massenarbeitslosigkeit) und erst recht die Weltkriege mit ihren Formen der staatlichen Zwangsbewirtschaftung machten staatliche Eingriffe immer unumgänglicher.

Dieser unaufhaltsame Prozeß der staatlichen Aufgabenvermehrung und der wachsenden Interdependenz von Staat und Wirtschaft hat sich nach dem Zweiten Weltkrieg beschleunigt fortgesetzt. Die Probleme der Beschäftigung (Schaffung und Sicherung von Arbeitsplätzen), des Wachstums (Förderung hoher wirtschaftlicher Wachstumsraten als Voraussetzung für die Verbesserung des Lebensstandards und für ein hohes Steueraufkommen), des allgemeinen Preisanstiegs (Verhinderung der Belastung gerade unterer Einkommensgruppen), der Vermögensbildung (staatliche Unterstützung einer »breiten Streuung« der Einkommen und Vermögen) und vor allem die wachsenden Verpflichtungen des modernen Sozialstaats stellten die politischen Entscheidungsträger vor immer schwierigere und umfangreichere Aufgaben.

Die Bundesregierung als das im föderativen System der Bundesrepublik wesentliche zentrale Führungsorgan wird in der hochkomplexen Gesellschaft von heute ständig mit der Aufgabe konfrontiert, institutionell und instrumentell den zunehmenden Problemdruck nach bestimmten Zielvorstellungen verarbeiten zu müssen.

Angesichts der Fülle dieser staatlichen Aufgaben wird die zentrale Frage zu untersuchen sein, ob und inwieweit die politisch-sozialen Prozesse durch eine bestimmte Aufgabenwahrnehmung und ihre Finanzierung nur in ihren Ergebnissen korrigiert oder nach Kriterien von vornherein »gestaltet« werden.

Es wird zu fragen sein, inwieweit der Vorwurf gegen die bisherige Politik der Aufgabenfinanzierung durch die Bundesregierung zutrifft, daß ohne eine Rangfolge öffentlicher Aufgaben bzw. ohne politische Direktiven die »zuwachsorientierte« Finanzpolitik, d. h. die Politik der finanziellen Zuwächse gegenüber den Haushaltsansätzen des Vorjahres dominierte.

Eine solche Politik ist also vorrangig auf die Fortschreibung des vorhandenen Aufgabenbestandes ausgerichtet und ist nicht in der Lage, alle Aufgaben grundsätzlich zur Disposition zu stellen.

Die Diskussion über die Notwendigkeit einer Neudefinition aller öffentlichen Aufgaben wurde verstärkt wieder in der wirtschaftlichen Rezession 1974/75 unter veränderten ökonomisch-politischen Bedingungen entfacht.

Die Voraussetzungen für politische Entscheidungen haben sich seit 1974 so geändert, daß das ganze Bedingungsnetz die politischen Akteure zu einem Überdenken des Systems der öffentlichen Aufgaben sowie deren Finanzierung zwang. Die Sättigung zahlreicher Märkte, die Überkapazitäten in den Unternehmungen, die Unkalkulierbarkeit der weltwirtschaftlichen Entwicklung, geringere reale Wachstumsraten, der Anstieg der Arbeitslosigkeit, Steuermindereinnahmen in Verbindung mit einer hohen Staatsverschuldung machten die Grenzen der Leistungsfähigkeit des Staates deutlich.

Es wird zu untersuchen sein, ob die Notwendigkeit des Abbaus hoher Finanzierungsdefizite dazu beitrug, die Aufgabenerfüllung der Bundesregierung und die daraus resultierende Leistungserstellung auf ihre Vorrangigkeit und auch auf ihre Effektivität hin zu überprüfen.

Gerade der Zwang zur Ausgaben- und Aufgabeneinschränkung macht eine nach bestimmten Kriterien durch die Bundesregierung geordnete Rangfolge öffentlicher Aufgaben notwendig. Eine Politik, die nur darauf bedacht ist, eine »ausgewogene Verteilung der Lasten« in dem Sinne vorzunehmen, daß alle Ressorts Ausgabenkürzungen hinnehmen müssen, stellt noch keine repräsentativen Demokratieansprüchen genügende »aufgabenorientierte« Finanzpolitik dar. Eine solche Politik wäre nur eine Fortsetzung der unzulänglichen einjährigen Haushaltspolitik in umgekehrte Richtung: es wäre eine »minderungsorientierte« Haushaltspolitik.

In der Vergangenheit haben die Regierungsinstitutionen bei der Finanzierung öffentlicher Investitionen zu wenig die konsumtiven Folgekosten beachtet. Von daher engte sich zusehends der Gestaltungsspielraum der Bundesregierung für die Finanzierung von ihr als vorrangig erachtete Aufgaben ein.

Auch das ganze System der Subventionen in Höhe von rd. 50 Mrd. DM jährlich bedürfte trotz mannigfacher Widerstände einer gründlichen Revision.

Die in der repräsentativen Demokratie von der Regierung verlangte »gestaltende« Politik geriet in dem Maße in Mißkredit, in dem der Staat immer mehr zu einer »Leistungsveranstaltung« wurde und vielfach nur noch danach beurteilt wurde, inwieweit er materielle Leistungen bieten kann.

Bevor die zentrale Frage dieser Arbeit untersucht wird, welche Faktoren den Ausgabenrahmen der Bundesregierung und damit den Finanzierungsspielraum für die gesellschaftspolitischen Aufgaben bestimmen, soll in einer historischen Entwicklung dargestellt werden, wann überhaupt das Problem des Umfangs und der Begrenzung politischer Tätigkeiten entstand.

Erst als sich in Europa das Christentum durchsetzte, entstand das Problem der Aufgabenteilung zwischen weltlichen und geistlichen Machtträgern. In Deutschland konzentrierten sich die relativ mächtigen örtlichen Gewaltenträger auf die Aufgaben innerhalb ihres Herrschaftsbereichs, wodurch sie schon frühzeitig fürsorglicher waren und auch im stärkeren Umfang Aufgaben als in anderen Ländern übernahmen. Diese umfangreiche Aufgabenwahrnehmung durch die Herrschenden hatte ihre Auswirkung auf die Verwaltung und auch auf die bürgerlichen Aktivitäten.

Es wird auch zu erörtern sein, welche Folgen die grundsätzliche Verknüpfung der »privaten« mit der »öffentlichen« Sphäre im Mittelalter hatte. Im Merkantilismus und noch intensiver im Liberalismus wurde zwar die Forderung aufgestellt, den »privatisierten« Bereich der Produktion und des Handels von der »staatlichen« bzw. »öffentlichen« Sphäre zu trennen, doch änderte das nichts an der stetigen Übernahme neuer Aufgaben durch »staatliche« Organe.

Im Liberalismus entstand das politische Grunddenkmuster des Dualismus von Staat und Gesellschaft, wonach auf der einen Seite das Bürgertum stand, das mit der »Gesellschaft« identifiziert wurde, und auf der anderen Seite der Monarch (einschließlich Beamtentum und Heer), der mit dem »Staat« identifiziert wurde.

Das von der deutschen Staatsrechtslehre vertretene dualistische Denken übte einen starken Einfluß auf den Umfang und die Art der »öffentlichen« Aufgabenwahrnehmung aus. Der immer stärkere Ausbau der Verwaltungsrechtspflege brachte dem Bürger zwar einen wichtigen rechtlichen Schutz, war aber zugleich weitgehend mit dem Verzicht der politischen Kontrolle über Art, Umfang und Zeitpunkt der Aufgabenerfüllung durch die Verwaltung verbunden. Die deutsche Staatsrechtslehre trug wesentlich dazu bei, bezüglich der »politischen« Aufgabenwahrnehmung mehr nach der rechtlichen Zulässigkeit und weniger nach der politischen Zweckmäßigkeit zu fragen.

Die Aufgabenentwicklung in Deutschland war dadurch charakterisiert, daß schon frühzeitig eine nahezu unbegrenzte Aufgabenzuständigkeit des Gemeinwesens vorgegeben war und den »staatlichen« Institutionen mit fortschreitender Industrialisierung immer neue Aufgaben zuwuchsen.

Da in Deutschland bisher eine zureichende Systematik »öffentlicher« Aufgaben oder der Regierungsaufgaben nicht vorhanden war und ist, soll zunächst auf die deskriptive Weise versucht werden, über die tradierte Grobgliederung des Verwaltungsrechts hinauszugehen und über die Kriterien der Verwaltungsorganisation, der im öffentlichen Dienst Beschäftigten und der im Bundeshaushalt oder Finanzplan ausgewiesenen Ausgaben einen realistischeren Zugang zur Gliederung und Bestimmung »öffentlicher« Aufgaben zu bekommen.

Eine klare begriffliche Abgrenzung und die Entwicklung einer hinreichenden Typologie der Aufgaben wird dadurch erschwert, daß im politischen Sprachgebrauch – dem tradierten Dualismus von Staat und Gesellschaft entsprechend – die fragwürdigen Attribute »staatlich« und »öffentlich« in Verbindung mit dem Begriff Aufgaben am häufigsten verwendet werden. Außerdem orientiert sich die Wahrnehmung der Aufgaben durch die Bundesregierung und ihren Verwaltungsapparat vorrangig an der Ministerialorganisation; diese ressortgebundene Politik läuft auf eine Addition von Teilpolitiken hinaus.

Der Versuch, eine Typologie der wichtigsten Aufgaben der Regierungsinstitutionen – im Rahmen dieser Arbeit sind damit die Bundesregierung und ihr Apparat gemeint – zu entwickeln, soll zunächst normativ die Aufgaben der Bundesregierung den Ansprüchen der repräsentativen Demokratie entsprechend definieren. Im Kapitel über das Aufgaben- und Finanzsystem wird dagegen die Aufgabenwahrnehmung im Bereich der Bundesregierung empirisch zu untersuchen sein.

Die vielfältigen Einflüsse und Anforderungen, die von der modernen Parteidemokratie und dem »Sozialstaat« auf den Umfang und die Art der regierungsinstitutionellen Aufgabenplanung und Aufgabenerfüllung ausgehen, sollen dabei im Rahmen dieser Arbeit nur am Rande behandelt werden. Die faktische Aufgabenwahrnehmung durch die Bundesregierung und die konzeptionellen Möglichkeiten ihrer Weiterentwicklung sind der zentrale Gegenstand dieser Untersuchung.

Da das Grundgesetz über die grundlegenden Aufgaben der Bundesregierung nur unzureichend Aufschluß gibt, die Verfassung also nur einen Organisationsrahmen darstellt, der nach unterschiedlichen politischen Zielsetzungen ausgefüllt werden kann, wird vorrangig die Frage zu behandeln sein, inwieweit die Bundesregierung nach den Vorstellungen der repräsentativen Demokratie im faktischen Entscheidungsprozeß von ihrem politischen »Gestaltungsmandat« in der Aufgabenwahrnehmung Gebrauch macht. Es entspricht dem politischen Bewußtsein in Deutschland, die Aufgaben der politischen Führung auf den »staatlichen« Bereich zu begrenzen, während die Führungsaufgaben außerhalb der Regierungsinstitutionen, die aufgrund der Interdependenzen gesellschaftspolitische Bedeutung haben, nicht der politischen Führung zugerechnet werden. Der Widerspruch dieses Verständnisses von den Regierungsaufgaben liegt darin, daß zwar der Bundesregierung »unbegrenzte« Aufgaben zugesprochen werden, diese Führungsaufgaben aber hauptsächlich im Sinne der Überwindung gesellschaftlicher Krisenerscheinungen (z. B. Energieversorgungssubventionen, Strukturhilfen usw.), weniger aber im Sinne der Weiterentwicklung des gesellschaftlichen Status quo (Bodenrechtsreform, Vermögensbildung) verstanden werden.

Daß der Bundesregierung in der hochindustrialisierten, sich rasch wandelnden Gesellschaft neue Aufgaben und damit neue Finanzierungsverpflichtungen zuwachsen, soll anhand der Entwicklung und des Handlungsspielraums zukünftig gesellschaftlich als relevant zu erwartender Aufgaben am Beispiel der Aufgaben der Lebensvorsorge, struktur-, ordnungs- und verteilungspolitischer Aufgaben aufgezeigt werden.

Das politische Gewicht des Verwaltungsapparats der Bundesregierung bleibt insofern nicht ohne Auswirkungen auf die Aufgabenwahrnehmung durch die Bundesregierung, als die Ministerialbürokratie mangels politischer Zielvorgaben durch die Bundesregierung die politischen Zielsetzungen und die Programme

der Bundesregierung entscheidend beeinflußt. Die Ministerialbeamten sind am Willensbildungsprozeß eines Regierungsvorhabens von Anfang an beteiligt und entscheiden somit – von politisch brisanten Fragen abgesehen – weitgehend über die Alternativauswahl.
Das Übergewicht der Ministerialbürokratie macht sich auch in der Finanzpolitik der Bundesregierung bemerkbar, da die Referenten bei der Aufstellung des Haushaltsplanentwurfs die Ausgaben- und damit die Aufgabenstruktur durch Fortschreibung bereits bestehender Haushaltstitel präjudizieren. Die bisher praktizierte Finanzpolitik der Bundesregierung war mehr eine reaktive einjährige Haushaltspolitik. Hier wurde das Fehlen einer antipatorischen Politik der Bundesregierung besonders deutlich, da das Einjahresbudget keine Aufgabenschwerpunkte festlegte, die Fachplanungen unter den Ministerien nicht abgestimmt, die Folgewirkungen und Folgekosten nicht beachtet und die rechtlich festgelegten Ausgaben weitgehend als Datum hingenommen wurden.
Für die Bundesregierung entstehen in ihrer Aufgabenwahrnehmung und Aufgabenfinanzierung besondere Probleme durch die föderative Organisationsstruktur der Bundesrepublik.
Die ordnungspolitisch so bedeutsame Stabilisierungsaufgabe der Bundesrepublik hat nur begrenzte Erfolgsaussichten, da einmal der Bund nicht einmal die Hälfte des Ausgabenanteils an allen Haushalten der föderativen Ebenen hat und zum anderen die verfassungsrechtlich garantierte Unabhängigkeit der Haushaltswirtschaft von Bund, Ländern und Gemeinden ein gleichgerichtetes Handeln bezüglich der Ausgaben- und Aufgabenzuwächse erschwert.
Das seit der Finanzverfassungsreform von 1969 festgelegte Beteiligungsverhältnis an der Einkommens- und Körperschaftssteuer hat die Auseinandersetzungen des finanzpolitischen Willensbildungsprozesses im föderativen System auf die Regelung des Umsatzsteuerverhältnisses zwischen Bund und Ländern verlagert.
Die verfassungsrechtliche Institutionalisierung der Gemeinschaftsaufgaben und Finanzhilfen des Bundes hat der Bundesregierung und ihrem Verwaltungsapparat eine beträchtliche Erweiterung ihrer Aufgaben gebracht und durch die finanzielle »Angebotsdiktatur« des Bundes die Einflußnahme besonders des Verwaltungsapparats der Bundesregierung verstärkt.
Die Behandlung des Finanzplanungs- und Aufgabenplanungssystems wird die bedeutende Frage zu untersuchen haben, ob der Bundesregierung mit der mehrjährigen Finanzplanung und dem Planungs-Programmierungs-Budgetierungs-System (PPBS) Planungsinstrumente zur Verfügung stehen, mit denen die bisher praktizierte reaktive Politik reduziert und damit Voraussetzungen für eine antizipatorische Politik der Bundesregierung – durch die Festlegung vorläufiger Aufgabenschwerpunkte und optimaler Programme – geschaffen werden.
Die bisher praktizierte Planung der Bundesregierung, die mit der Einführung

eines Frühkoordinierungssystems und eines mittelfristigen Arbeitsprogramms in der sozialliberalen Koalition erste Ansätze zu einem mittelfristigen Regierungsprogramm gemacht hat, brachte zwar zahlreiche institutionelle und instrumentale Verbesserungen, entwickelte aber kein die gesamte Bundesregierung umfassendes »kohärentes« Regierungsprogramm.

Die Einführung der mehrjährigen Finanzplanung im Jahre 1967 sollte die Bundesregierung nach ihren eigenen Ansprüchen in die Lage versetzen, durch ein quantifiziertes Regierungsprogramm die zeitlichen Prioritäten und positiven und negativen Schwerpunkte der Regierungsaufgaben sichtbar zu machen und die finanzpolitischen Entscheidungen mit den volkswirtschaftlichen Möglichkeiten und Notwendigkeiten abzustimmen. Von den nach dem Konzept der mehrjährigen Finanzplanung zu erfüllenden Funktionen ist hauptsächlich die wachstums- und konjunkturpolitische Funktion berücksichtigt worden, während die Allokationsfunktion als der Kern der finanzpolitischen Entscheidungsfindung nicht realisiert wurde. Dabei hat gerade die Allokationsfunktion die gesellschaftspolitisch so wesentliche Festlegung des »Staatsanteils« am Volkseinkommen und die Verteilung der Haushaltsmittel auf die verschiedenen Aufgaben und Programme (Bündel von Maßnahmen bzw. Vorhaben) zu bestimmen.

In der mehrjährigen Finanzplanung kommt die unzureichende Inanspruchnahme des »Gestaltungsmandats« der Bundesregierung zum Ausdruck, da dieses mittelfristige Planungsinstrument von der Ausgabenseite her konzipiert ist und die Einnahmenseite bzw. das Steueraufkommen ein Datum und kein Aktionsparameter ist.

Von der mehrjährigen Finanzplanung wird deshalb gefordert, eine überkonjunkturelle Ausgabenpolitik mit einer flexiblen Einnahmenpolitik zu verbinden, um eine »Verstetigung« der Finanzierung gesellschaftspolitisch relevanter Sozialinvestitionen zu erreichen.

Die Behandlung des faktischen Entscheidungsprozesses der mehrjährigen Finanzplanung soll aufzeigen, welche Institutionen die wichtigen Vorentscheidungen für die Festlegung des öffentlichen Ausgaben- und Aufgabenrahmens treffen.

Auf den Ausgabenrahmen, der zunächst weitgehend durch außerhalb der Bundesregierung angesiedelte Institutionen vorgegeben wird, macht dann wieder die Ministerialbürokratie wie in der Haushaltsplanung ihren Einfluß geltend.

Der Finanzplanungsrat als föderative Koordinierungsinstitution hat in der bisherigen Praxis seine gesetzlich festgelegten Verpflichtungen nur teilweise realisieren können. Die Schwierigkeiten dieses Koordinierungsgremiums von Bund, Ländern und Gemeinden ergeben sich daraus, daß einmal die Empfehlungen zu den Zuwachsraten der Haushalte nicht eingehalten werden und zum anderen keine Einigung über das Kriterium »feststehende« Ausgaben zu erzielen ist.

Die Finanzplanung, die aus dem Haushaltsplan entwickelt wird, ist über die zuwachsorientierte Fortschreibung der Haushaltstitel nicht hinausgekommen, hat

die kurzfristige Betrachtungsweise des Haushaltsausgleichs nicht überwunden und erfaßt nur finanzwirksame Vorhaben, während wichtige finanzunabhängige Aufgaben in diesem Planungsinstrument gar nicht berücksichtigt werden.
Die Mängel der ausgaben- und zuwachsorientierten mehrjährigen Finanzplanung leiten über zu der notwendigen Frage, ob das in den USA praktizierte Planungsinstrument PPBS für die Bundesregierung geeignet ist, eine längerfristige Aufgabenplanung im Sinne eines zukunfts- und aufgabenorientierten Steuerung des Prozesses zu betreiben.
Das Planungsinstrument PPBS, dessen Planungsprozeß die Aufgabenplanungs-, Programmplanungs-, Budgetierungs- und Kontrollphase umfaßt, weist gegenüber der mehrjährigen Finanzplanung wesentliche Verbesserungen auf; so wird dem herkömmlichen Planungsprozeß eine Aufgabenplanung vorgeschaltet, werden vor der Auswahl der Programme Kosten-Nutzen-Analysen durchgeführt und wird die Erfolgskontrolle intensiviert.
Das PPBS ist so konzipiert, daß erst nach der Festlegung vorläufiger Aufgabenschwerpunkte durch die Bundesregierung und nach der Auswahl der nach dem Präferenzsystem der Bundesregierung optimalen Programme um die Finanzierung gerungen wird und nicht umgekehrt, wie das in der bisher praktizierten reaktiven Finanzpolitik der Bundesregierung der Fall war.
Zwar hat das PPBS die längerfristige Aufgabenplanung konzeptionell in den Planungsprozeß integriert, in der Praxis war dieses vorwiegend innerorganisatorisch ausgerichtete Planungsinstrument aber hauptsächlich eine Methode zur mittelfristigen ressourcenorientierten Programmanalyse, -definition und -bewertung regierungsinstitutioneller Aufgabenerfüllung. Der Wert des bisher praktizierten PPBS lag also mehr auf dem Sektor der mittel- und kurzfristigen Entscheidungshilfen für die Wahl optimaler Programme und weniger im Bereich der Festlegung längerfristiger Regierungsaufgaben.
Da die Hauptprobleme der längerfristigen Aufgabenplanung darin liegen, wie die in der Gesellschaft verfügbaren Informationen nutzbar gemacht und die zur Problemlösung befähigten Personen institutionell zusammengefaßt werden können, hängt das Unvermögen des PPBS zur längerfristigen Aufgabenplanung weniger mit seiner Konzipierung als vielmehr mit der Überwindung organisatorischer und sozialpsychologischer Schwierigkeiten zusammen.

1. Historische, sachliche und begriffliche Untersuchung der Aufgaben

Am Anfang dieser Arbeit soll die Frage stehen, ob und wann in der geschichtlichen Entwicklung überhaupt das Problem entstand, die Aufgaben zwischen unterschiedlichen Machtträgern und eventuell zwischen »privater und öffentlicher« Sphäre aufteilen zu müssen. Es wird zu untersuchen sein, inwieweit die Aufgabenzuweisung und Aufgabenerfüllung im Mittelalter für Deutschland dadurch beeinflußt wurde, daß es große regionale Unterschiede gab und sich keine starke Zentralgewalt bildete. Außerdem werden die Auswirkungen darzustellen sein, die von der grundsätzlichen Verknüpfung der »öffentlichen« und »privaten« Sphäre des Mittelalters auf die Aufgabenwahrnehmung des Gemeinwesens ausgingen.

Es wird die Entwicklung aufzuzeigen sein, weswegen im Deutschland der Neuzeit die politischen Machtträger patriarchalischer und fürsorglicher waren als in anderen Ländern und welchen Einfluß dies auf die Erfüllung der Aufgaben der Institutionen des Gemeinwesens und auf die bürgerlichen Aktivitäten hatte.

Es wird der Frage nachzugehen sein, warum der bereits im 18. Jahrhundert in Deutschland angelegte Wohlfahrtsstaat seinem Wesen nach Verwaltungsstaat war und welcher Aufgabenbestand der Verwaltung damit zugewachsen war.

Grundsätzlich wird aufzuzeigen sein, welche neuen Aufgaben der politischen Herrschaft dadurch übertragen wurden, daß sich die Verbindung der »privaten« und »öffentlichen« Sphäre auflöste, bis eine Abgrenzung dieser Bereiche voneinander in der modernen Demokratie gänzlich unmöglich wurde.

Obwohl der Liberalismus des 19. Jahrhunderts eine radikale Reduzierung »staatlicher« Eingriffe postulierte, hatten die Institutionen des Gemeinwesens aus wirtschaftlichen und sozialen Gründen immer neue Aufgaben zu übernehmen. Der Liberalismus schuf auch das politische Grunddenkmuster des im politischen Bewußtsein der heutigen Bundesrepublik Deutschland fortwirkenden Dualismus zwischen dem Bürgertum, das mit der »Gesellschaft« identifiziert wird, und dem Monarchen mit seinem Beamtentum und -heer, der mit dem »Staat« identifiziert wird.

Es wird zu untersuchen sein, inwieweit die grundsätzlich diesem dualistischen Denken verhaftete deutsche Staatsrechtslehre dazu beitrug, die Vorstellungen von

den Regierungs- und Verwaltungsaufgaben sowie von »staatlichen« und »öffentlichen« Aufgaben zu prägen.
Anschließend wird darzulegen sein, welche Wirkungen von dem in Deutschland früh vorgegebenen Aufgabenbestand des Gemeinwesens, auf dessen Einnahmepolitik und auf dessen Rolle als Konkurrent ausgingen.
Zunächst soll deskriptiv versucht werden, über die unzureichende Gliederung der Aufgaben des Verwaltungsrechts hinauszugehen und einen realistischeren Zugang zur Aufgabengliederung und Aufgabenbestimmung zu erhalten, indem von der Verwaltungsorganisation und der Personalstatistik ausgegangen wird. Die Behandlung der Ausgaben zur Finanzierung bestimmter Aufgaben im Bundeshaushalt und in den Finanzplänen soll zeigen, daß die Kennzeichnung der Aufgaben durch Bildung von Aufgabenschwerpunkten der Bundesregierung zwar auf Schwierigkeiten stößt, jedoch bei einer Weiterentwicklung der Indikatoren zureichende Kriterien für die Definition der Aufgaben liefert.
Anhand der Verwendung und Bestimmung der Begriffe der Aufgaben durch das Bundesverfassungsgericht, die deutsche Staatsrechtslehre und einige wichtige Institutionen des politischen Systems der Bundesrepublik wird zu untersuchen sein, inwiefern sich der tradierte Dualismus von Staat und Gesellschaft bei der Definition der Aufgaben bemerkbar macht und wie der Schwierigkeit der Systematisierung der Aufgaben durch eine Addition von Teilpolitiken oder durch unzureichende Termini wie »Bereich« oder »Gebiet« ausgewichen wird.
Die grundsätzliche Kritik an den Attributen »staatlich« und »öffentlich« im Zusammenhang mit dem Begriff der Aufgaben und damit die Fragwürdigkeit der Verwendung der Begriffe »öffentliche« und »staatliche« Aufgaben soll nach der Behandlung entscheidungstheoretischer Voraussetzungen überleiten zu einer Typologie der wichtigsten Aufgaben im Regierungssystem. Da die Aufgabenplanung, die Auswahl der Programme, die Durchführung und die Kontrolle der Aufgaben durch die Bundesregierung im anschließenden Kapitel behandelt werden, sollen die Aufgaben der Regierungsinstitutionen, also wie der Entscheidungsprozeß im Regierungsbereich speziell der Bundesregierung und ihres Apparates verlaufen sollte, normativ definiert werden.

1.1 DIE GESCHICHTLICHE ENTWICKLUNG DER AUFGABEN DES GEMEINWESENS

1.1.1 Unbegrenzte Aufgabenzuständigkeit der Polis und der römischen Republik sowie des Kaiserreiches

In der geschichtlichen Entwicklung tauchte sehr lange die Frage nach dem Umfang und der Begrenzung politischer Tätigkeit überhaupt nicht auf.
Bei Plato und Aristoteles war der Mensch vor allem ein Bürger, dem der gemeinschaftliche Lebensbereich in der Polis wichtiger war als der etwa vorhandene »private«. Da auch die Theorie zur Zeit der Römischen Republik und des Kaiserreiches diese abgrenzende Frage nicht stellte, wurde auch der Inhalt der Aktivitäten bzw. der Aufgaben des Gemeinwesens überhaupt nicht zur Diskussion gestellt.

1.1.2 Das Erfordernis der Aufgabenverteilung im Christentum und Kriterien der Aufgabenerfüllung im Mittelalter

Erst als sich im »abendländischen« Kulturkreis das Christentum durchsetzte und sich als Machtträger die weltliche und geistliche Obrigkeit entwickelte, wurde eine Teilung der Aufgaben erforderlich[1]. Somit wurden die Aufgaben zum Gegenstand des Nachdenkens und auch politischer Auseinandersetzungen.
Im Spätmittelalter war im mitteleuropäischen Raum die »öffentliche« Aufgabenerfüllung
– einmal durch große regionale Unterschiede und
– zum anderen durch die Eigentümlichkeit gekennzeichnet, daß es keiner politischen Macht gelang, eine starke Zentralgewalt zu bilden[2].
Infolgedessen mußte z. B. die Reichsstadt Nürnberg, in der Handel und Produktion die Aktivitäten des Gemeinwesens bestimmten, andere Aufgaben erfüllen als eine alpine Grafschaft, deren Weidemöglichkeiten eine genossenschaftliche Nutzung nahelegten, oder Ostfriesland, dessen Seelage zu eigenen Rechtsformen und gemeinschaftlichen Aktivitäten zwang: Somit übten die örtlichen Gewaltenträ-

---

1 Hans v. Frisch, Die Aufgaben des Staates in geschichtlicher Entwicklung, in: Politik (2. Aufl.), Bd. 1, S. 46 ff.
2 Hanns, H. Hofmann, Die Entstehung des modernen souveränen Staates, Köln, 1967, S. 34 ff.

ger nur eine beschränkte Macht nach außen aus, übernahmen dafür um so mehr Herrschaftsfunktionen im Inneren.

Schon das ausgehende Mittelalter, in dem die Handelsgepflogenheiten normiert wurden und vor allem die Zünfte zur Verringerung des beruflichen Risikos beitrugen[3], begünstigte jene politische Haltung, wonach die Befriedigung gemeinschaftlicher Bedürfnisse und damit die Wahrnehmung »öffentlicher« Aufgaben meist durch die etablierte Gewalt erfolgte.

Trotz des Gegensatzes von weltlicher und geistlicher Obrigkeit im Mittelalter führte die weithin gegebene Identität von politischer und geistlicher Gemeinschaft dazu, daß es keine Grenze der Handlungen des Gemeinwesens gegenüber dem Individualbereich gab; eine Trennung von »öffentlicher« und »privater« Sphäre gab es prinzipiell im Mittelalter nicht.

Der Zugang der weltlichen und geistlichen Obrigkeit auch zum Innenleben des Menschen wurde durch die reformatorische Verbindung der beiden Obrigkeiten eröffnet; die durch den Religionsfrieden bewirkte enge Verbindung zwischen politischer und geistlicher Herrschaft trug dazu bei, daß »öffentliche« und »private« Sphäre noch intensiver miteinander verbunden wurden.

Gerade in dieser Zeit übernahm die politische Herrschaft im Rahmen der Kulturträger die Aufgabe der Entwicklung des »öffentlichen« Schulwesens und sorgte fast allein für das höhere Bildungswesen.

1.1.3 Die Aufgabenzuweisung durch die Entwicklung einer »privaten« und »öffentlichen« Sphäre

Die Neuzeit überwand die dualistische Macht- und Aufgabenverteilung des Mittelalters. Die jetzt hervortretende Naturrechtslehre wandte sich lange Zeit von der konkreten Beschäftigung mit dem Gemeinwesen ab, um an die Antike und deren metaphysische Tendenzen anzuknüpfen. Erst allmählich gewann die konkrete Bestimmung des Aufgabenverhältnisses zwischen Gemeinwesen und Bürger wieder an Bedeutung.

Die politischen Machtträger Deutschlands in der Neuzeit zeichneten sich dadurch aus, daß

- sie patriarchalischer und fürsorglicher[4] waren als z. B. die Herrschenden in Frankreich,

---

3 Josef Kulischer, Allgemeine Wirtschaftsgeschichte, Bd. 2, Die Neuzeit, München 1929.

4 Die Württembergische Landesordnung von 1495 erwähnt herzögliche Kornkästen, die ein frühes Beispiel »staatlicher« Armenpflege sind; vgl. dazu A. Dehlinger, Württembergs Staatswesen in seiner geschichtlichen Entwicklung bis heute, Bd. 1, Stuttgart 1951, S. 354.

– sie in stärkerem Umfang »öffentliche« Aufgaben übernahmen und damit weniger Aktivitäten der bürgerlichen Initiative überließen als es z. B. in England der Fall war.

Bis zum Ende des 18. Jahrhunderts hat sich im deutschsprachigen Raum der Typus des Wohlfahrtsstaates in seinen Grundlagen ausgebildet (das Preußische Landrecht liefert zahlreiche Belege dafür[5]); er unterschied sich grundsätzlich vom modernen Sozialstaat durch das geringere Maß an technischen Möglichkeiten und durch die obrigkeitsstaatliche Haltung der Verwaltung, die zwar Fürsorgeleistungen erbrachte, aber den gesellschaftlichen Status quo unangetastet ließ. Dieser Wohlfahrtsstaat war seinem Wesen nach Verwaltungsstaat, in dem das Netz der Verwaltung engmaschig genug war, um alle nur denkbaren Aufgaben aufzufangen[6].

Jürgen Habermas zeigt in seiner Strukturanalyse grundlegend auf, wie sich die prinzipielle Verschränkung der »privaten« und »öffentlichen« Sphäre des Mittelalters durch einen »Prozeß der Polarisierung« der feudalen Gewalten (Kirche, Fürstentum und Herrenstand) allmählich in eine gesonderte »private« und »öffentliche« Sphäre auflöst. Die »Polarisierung« der fürstlichen Gewalt wird zuerst deutlich durch »die Trennung des öffentlichen Budgets vom privaten Hausgut«[7] des Landesfürsten. Bis zum Ausgang des 18. Jahrhunderts haben sich die Bürokratie und das Militär (zum Teil auch die Gerichtsbarkeit) zur öffentlichen Sphäre institutionalisiert, während sich nach und nach die »privatisierte Sphäre«[8] des Hofzeremoniells des absoluten Fürstentums ausbildete.

Habermas erörtert die Entwicklung der berufsständischen Elemente »zur Sphäre der ›bürgerlichen Gesellschaft‹, die dem Staat als der genuine Bereich privater Autonomie gegenüberstehen wird«[9].

Im ökonomischen Bereich gibt es insofern eine Entsprechung, als sich im Merkantilismus Produktion und Handel privatisieren, d. h. die »private« sich klar von der »öffentlichen« Sphäre trennt. Da aber die private Sphäre des »frühkapitalistischen Verkehrszusammenhangs«[10] »über die Schranken personaler Hausgewalt«[11] hinausreicht, ist sie Gegenstand »öffentlichen« Interesses, wenn dies auch zunächst nur einseitig von der Obrigkeit, der »öffentlichen«

---

5 So lautet § 1, II, 19 des Preußischen Allgemeinen Landrechts: »Dem Staat kommt es zu, für die Ernährung und Verpflegung derjenigen Bürger zu sorgen, die sich ihren Unterhalt nicht selbst verschaffen und denselben auch von anderen Privatpersonen, welche nach besonderen Gesetzen dazu verpflichtet sind, nicht erhalten können.«

6 So bildete z. B. die Reichsstadt Nürnberg Jahrzehnte hindurch für jede neuentstehende Aufgabe einfach ein neues Amt; vgl. Hanns, H. Hofmann, a. a. O., S. 56.

7 Jürgen Habermas, Struktur der Öffentlichkeit, Untersuchungen zu einer Kategorie der bürgerlichen Gesellschaft, Neuwied 1962, S. 21 f.

8 Derselbe, a. a. O., S. 21 f.

9 Ebenda, S. 21 f.

10 Jürgen Habermas, a. a. O., S. 31.

11 Ebenda, S. 35.

Gewalt, erkannt wird. Die besitzenden und gebildeten Schichten (Kapitalisten, Manufakturisten, Schulmeister) werden sich als Adressaten obrigkeitsstaatlicher Bekanntmachungen bald ihrer Rolle als Gegenspielerin öffentlicher Gewalt bewußt.
Das Bürgertum bleibt nicht lange Objekt der »öffentlichen« Gewalt, sondern macht von sich aus Forderungen an die Obrigkeit geltend und versucht sie auch politisch durchzusetzen[12].
Der Raum, in dem diese gesellschaftlichen Bedürfnisse artikuliert werden, ist die bürgerliche »Öffentlichkeit«, »die Sphäre der zum Publikum versammelten Privatleute«[13]; diese bürgerliche »Öffentlichkeit« – das Instrument der Artikulation der Bedürfnisse ist die Presse – konfrontiert die politische Herrschaft immer wieder mit neuen Aufgaben.

1.1.4 Das Postulat starker Begrenzung »öffentlicher« Aufgaben im deutschen Liberalismus

Der deutsche Liberalismus des 19. Jahrhunderts nahm gegenüber dem »Staat« eine »Abwehrhaltung« ein und postulierte den liberalen Rechtsstaat mit nur geringfügigen Aufgaben, und erkannte dabei nicht, wie gerade der »öffentliche« Aufgabenbestand vorgegeben war sowie kontinuierlich erweitert wurde und der Regierung bzw. deren Verwaltung nicht mehr zu entreißen war[14].
Gerade im ausgehenden 19. Jahrhundert, als in Deutschland die Mängel der Gesellschafts- und Wirtschaftsstruktur immer offenkundiger wurden, wurden die Regierungen und deren Verwaltungsapparat des Reiches und der Länder veranlaßt, stärkere Eingriffe vorzunehmen[15]:
– die »staatlichen« Institutionen mußten durch die wachsende Industrialisierung und die damit verbundene Monopolisierung und Oligopolisierung Maßnahmen ergreifen, um den Wettbewerb aufrechtzuerhalten (die Widerstände gegen staatliche Eingriffe in Form von wettbewerbsordnenden Rechtsnormen waren erheblich);
– die »staatlichen« Institutionen versuchten, den zunehmenden sozialen Mißständen (Massenarmut, unmenschliche Arbeitsbedingungen, keine Sicherung ge-

12 Ebenda, S. 34 f.
13 Ebenda, S. 38.
14 Thomas Ellwein, Einführung in die Regierungs- und Verwaltungslehre (Zitierweise: Einführung), Bd. 1, Stuttgart–Berlin–Köln–Mainz 1966, S. 23.
15 Bernhard Gahlen; Heinz-Dieter Hardes; Fritz Rahmeyer; Alfons Schmidt, Volkswirtschaftslehre, Eine problemorientierte Einführung, München 1971, S. 26.

gen Lebensrisiken wie Krankheit und Erwerbsunfähigkeit aus Altersgründen) durch die Sozialgesetzgebung zu begegnen (z. B. die Bismarcksche Kranken- und Rentenversicherung, Garantie von Mindestlöhnen u. a.);

– die »staatlichen« Institutionen griffen in den Preismechanismus ein – nach liberalen Vorstellungen wird er allein durch das Gesetz von Angebot und Nachfrage reguliert – und fixierten die Preise lebensnotwendiger Güter (es wurden sogenannte »administrierte« Preise eingeführt wie z. B. Verkehrstarife für öffentliche Verkehrsmittel oder Mieten für Arbeiterwohnungen);

– die »staatlichen« Institutionen übernahmen zusehends die Produktion wichtiger Güter und das Angebot wesentlicher Dienstleistungen, die von der Privatwirtschaft nicht oder nur gering produziert wurden (z. B. die Entwicklung und Produktion teurer militärischer Güter, den Bau und Unterhalt von Schulen, Universitäten und Krankenhäusern).

Der liberale Rechtsstaat entstand im 19. Jahrhundert vor allem durch den Kampf der bürgerlichen Gesellschaft gegen den Polizeistaat der absoluten Monarchie.

Die polizeistaatliche Praxis der Verwaltung provozierte die Forderungen des Liberalismus, die Macht des Königs und seiner Exekutive (Bürokratie, Heer, Adel) – die mit dem »Staat« identifiziert wurden – einzuschränken. Der Liberalismus sah im »Staat« die einzige Gefahr für die Freiheit der Bürger, nicht zuletzt auch deshalb, weil der aufgeklärte Absolutismus zur Rechtfertigung staatlicher Maßnahmen auf seine »gute Polizei« hinwies und eine »Maximalisierung des Staates« für erforderlich hielt[16].

Die Gegenbewegung des Liberalismus verlangte eine radikale Reduzierung staatlicher Eingriffsmöglichkeiten, was auf eine »Minimalisierung« »öffentlicher« Aufgaben hinauslief entsprechend jener Konzeption »staatlicher« Aufgabenerfüllung, die Ferdinand Lasalle als »Nachtwächterstaat« kennzeichnete[17].

Die Zielvorstellungen der liberalen bürgerlichen Gesellschaft umfaßten vor allem

– die Forderung des Selbstbestimmungsrechts des einzelnen im »staatsfreien Bereich«,

– die Idee der Selbstregulierung des ökonomischen und sozialen Prozesses im außerstaatlichen Bereich und

– die Überzeugung, daß durch ungehinderten Leistungswettbewerb ein maximaler ökonomischer und kultureller Standard zu erreichen sei[18].

In den vordemokratischen liberalen Vorstellungen der Zeit vor 1918 wurde in Deutschland scharf unterschieden zwischen dem Bürgertum, das mit der »Ge-

---

16 Franz Schneider, Die politische Komponente der Rechtsstaatsidee in Deutschland, in: Politische Vierteljahresschrift (PVS), 1968, S. 333.

17 Ferdinand Lassalle, Arbeiterprogramm, in: F. Lasalle, Gesammelte Reden und Schriften, Hrsg. u. eingeleitet von E. Bernstein, Bd. II, Berlin 1920/21, S. 195.

18 Max Weber, Wirtschaft und Gesellschaft, 2. Auflage, Tübingen 1925, S. 504 ff. u. 650 ff.

sellschaft« identifiziert wurde, und dem Monarchen mit seinem Beamtentum und Heer, der mit dem »Staat« identifiziert wurde.
Der Liberalismus stellte dem Staat – von der politischen Gestaltung weitgehend ausgeschlossen – die Gesellschaft gegenüber, deren ökonomische und soziale Prozesse sich grundsätzlich selbst regulieren sollten. Der »Staat« sollte nur die Voraussetzungen für diese eigengesetzlichen Prozesse liefern. Die auf Freiheit und privatem Eigentum gegründete und als gerecht empfundene gesellschaftliche Ordnung konnte nur Bestand haben, wenn sich der »Staat« möglichst gestaltender Eingriffe enthielt und wenn er sich mit den Aufgaben des äußeren Protektors (Verteidigung und Außenpolitik) und des inneren Protektors (Polizei und Justiz)[19] als Sicherheits- und Ordnungsgarant begnügte, der die daraus entstehenden Kosten durch eine eingeschränkte Steuergewalt deckte. Nach liberalen Vorstellungen sollten die geringfügigen Aufgaben des »Staates« »berechenbar« sein[20].

1.1.5 Der Einfluß der deutschen Staatsrechtslehre auf die Aufgabenverteilung und die Aufgabenerfüllung

1.1.5.1 Die Aufgabenproblematik bei einigen bedeutenden deutschen Staatsrechtslehrern

Da trotz der vom liberalen Rechtsstaat postulierten Beschränkung öffentlicher Aufgaben faktisch der öffentliche Aufgabenbestand vorgegeben war, ja sogar kontinuierlich erweitert wurde, konnte die deutsche Verwaltung ihre Aufgaben ungestört wahrnehmen.
Die im 19. Jahrhundert durch die deutsche Staatsrechtslehre begünstigte rechtsstaatliche Tendenz machte sich in der immer stärkeren Ausbildung des Verwaltungsrechts bemerkbar.
Durch den Ausbau der Verwaltungsrechtspflege erhielt der Bürger zwar einen »rechtlichen Schutz«, dies war aber zugleich mit dem »Verzicht auf politische Kontrolle« der Verwaltungsaufgaben verbunden.[20a]
Die deutsche Staatsrechtslehre trug wesentlich dazu bei, daß »politische« Aufgaben in erheblichem Umfang unter rechtlichen Aspekten erfüllt wurden. Im 19. Jahrhundert wurde das am Verwaltungsrecht gewonnene System voll aus-

19 Klaus Lompe, Gesellschaftspolitik und Planung, Probleme politischer Planung in der sozialstaatlichen Demokratie, Freiburg 1971, S. 67.
20 Max Weber, Staatssoziologie, Berlin 1956, S. 33.
20a Thomas Ellwein, Einführung, Bd. 1, S. 18 ff.

gebildet und übte besonders durch folgende Staatsrechtslehrer einen noch heute im politischen System der Bundesrepublik fortwirkenden Einfluß auf die Aufgabenverteilung und die Aufgabenerfüllung aus:

– J. C. Leist unterschied in seinem Staatsrechtslehrbuch[21] im »Teutschen Regierungsrecht« zwischen den allgemeinen Regierungsrechten (oberaufsehende, gesetzgebende und vollziehende Gewalt) und den besonderen Regierungsrechten (Justizgewalt, Criminalgewalt, Polizeygewalt mit ihrer Sicherheits-, Vormundschafts-, Unterrichts-, Bücher-, Handwerks-, Straßen-, Wasser-, und Jagdpolizey u. a., Finanzgewalt und Militärgewalt).

– In Zachariäs »Vierzig Bücher vom Staate«[22] wird in seinen Bänden über die »Regierungslehre«, die gesetzgebende, die richterliche und die vollziehende Gewalt behandelt, wobei er sich mit den notwendigen Begrenzungen der Staatstätigkeit auseinandersetzt.

– Der jüngere Zachariä untergliedert sein »Deutsches Staats- und Bundesrecht«[23] in das Regierungsrecht, wozu die Organe des Regierens (Behörden und Beamte) gehören, in das Staatsrecht und Privatrecht, in die Gesetzgebung und in die »oberaufsehende und vollziehende Gewalt«; abgesehen von den auswärtigen Verhältnissen wird alles übrige unter die Justiz-, Polizei-, Finanz- und Militärhoheit subsummiert. Den »Staatsgliedern sollen durch die Einrichtung gemeinnütziger Anstalten . . . die notwendigen Mittel« gewährt werden.

– Georg Jellinek, der auch für die Gegenwart noch einen bestimmenden Einfluß hat, unterscheidet zwischen den Lehren vom expansiven Staatszweck, wozu er die eudämonistisch-utilitaristische und die normative Theorie rechnet, und den Lehren von limitierenden Staatszwecken[24], zu denen die Rechtsstaatstheorie im weiteren Sinne gehört. Jellinek weist auf die historischen Bedingungen dieser Theorien hin und sieht die Faktoren wie Boden- und Raumverhältnisse, kulturelle Entwicklung, politisches System der Nachbarn u. a., die für die in »öffentlicher« Verantwortung übernommenen Aufgaben maßgebend sind. Im Ergebnis unterscheidet Jellinek drei »staatliche« »Tätigkeitsgruppen«, die den Schutz von Einwohnern und Gebiet, die bewußte Fortbildung des Rechts und die Kulturförderung umfassen. Jellineks Untersuchungen zur Staatstätigkeit liefern allerdings keinen Zugang zur konkreten Problematik öffentlicher Aufgaben, da sie weder Kriterien für die Bestimmung der Aufgaben noch die Grenzen öffentlicher Aufgaben aufzeigen.

– Herbert Krüger sieht in seiner »Staatslehre«[25] eine wesentliche Aufgabe des »Staates« darin, das »Entstehen kritischer Situationen zu verhindern«; zu der

21 J. C. Leist, Lehrbuch des Teutschen Staatsrechts, Göttingen 1803.
22 Karl S. Zachariä, Vierzig Bücher vom Staate, Stuttgart 1820.
23 H. A. Zachariä, Deutsches Staats- und Bundesrecht, 2. Auflage, Göttingen 1853.
24 Georg Jellinek, Allgemeine Staatslehre, 3. Auflage, Berlin 1914.
25 Herbert Krüger, Allgemeine Staatslehre, Stuttgart 1954, S. 671 ff.

wesentlichen Frage nach der Rangfolge der Aufgaben des modernen »Staates« nimmt Krüger überhaupt nicht Stellung.

– E. v. Hippel[26] reduziert in seiner »Allgemeinen Staatslehre« die Aufgabenerfüllung auf die Ordnung im Innern und auf den Schutz nach außen. Seine abstrakte Erwähnung kultureller, wirtschaftlicher und politischer »Grundaufgaben« liefert keinen Beitrag zu einer Systematik der Aufgaben.

– G. und E. Küchenhoff[27] untersuchen allgemein die Frage, in welchen Bereichen der »Staat« ausschließliche Aufgaben übernehmen soll und wo er in Konkurrenz mit »außerstaatlichen« Aufgabenträgern treten soll; über eine konkrete Aufgabenverteilung auf die verschiedenen Institutionen der Gesellschaft macht Küchenhoff allerdings keine Aussagen.

1.1.5.2 Juristische Sichtweise der Aufgabenerledigung und Frage nach der politischen Zweckmäßigkeit der Aufgaben

1.1.5.2.1 Verwaltungsmäßige Erledigung der anstehenden Aufgaben

Nach dem Gewaltenteilungsschema des 19. Jahrhunderts ging die Staatsgewalt ungeteilt vom Monarchen aus, wobei die Verwaltung formal ausschließlich Sache des Monarchen war, auch wenn die Verwaltung faktisch längst ein politisches Eigengewicht hatte.

Das am Ende des 19. Jahrhunderts voll ausgebildete System des Verwaltungsrechts behandelte den Organismus der Staatsverwaltung (einschließlich Gerichte), das Recht der Beamten und die Gegenstände der Verwaltung, nämlich besonders die Rechtspflege, die Finanzen und das Kriegswesen.

Die in der Verwaltung anstehenden Aufgaben wurden im wesentlichen anhand der gesetzlichen Bestimmungen aufgegriffen und erfüllt. Politische Probleme, die z. B. mit der Beschäftigung des Baus von Straßen, der Funktionen von Gewerbe und Förderungsanstalten, der Bildungspläne für Schulen u. a. auftauchten, waren insofern irrelevant, als vorrangig die Frage interessierte, ob nicht unmittelbar in »Freiheit und Eigentum« des Bürgers eingegriffen wurde.

Diese juristische Betrachtungsweise begünstigte eine bis heute nachwirkende deutsche Eigentümlichkeit der Aufgabenerledigung, wonach die Frage nach der juristischen Zulässigkeit staatlicher Aufgaben und Maßnahmen weitgehend davon entbindet, nach deren inneren Gehalt bzw. deren politischer Zweckmäßigkeit[28] zu fragen.

---

26 Ernst von Hippel, Allgemeine Staatslehre, Berlin 1963.

27 Günther und Erich Küchenhoff, Allgemeine Staatslehre, 5. Auflage, Stuttgart 1964.

28 Diese Verwaltung der öffentlichen Aufgaben unter rechtlichen Aspekten hat wesentlich zur

Die sich der Gesellschaft stellenden Aufgaben und der Umfang dieser durch die Institutionen erledigten Aufgaben wurden in der Vergangenheit schon deshalb teilweise verhüllt[29], weil zuvörderst Form und Verfassung des Staates Gegenstand der Diskussion waren.

1.1.5.2.2 Einfluß der Staatsrechtslehre auf die Bestimmung der Regierungs- und Verwaltungsaufgaben

Der Rechtspositivismus des ausgehenden 19. Jahrhunderts, der nur jene Staatstätigkeiten berücksichtigte, die sich in die Systematik des Rechts aufnehmen ließen, wurde nach 1918 erstmals in Frage gestellt.
So versuchte Rudolf Smend das »Wesen« der Regierung neu zu bestimmen, indem er den Begriff der Regierung an dem der Verwaltung orientierte, »weil beide Bereiche zusammen die komplementären Hälften des ganzen Umfangs der Staatsfunktion abgesehen von Gesetzgebung und Justiz sind«[30]. Smend blieb mit seiner Fragestellung im herkömmlichen Gefüge stecken und zeigte keine Maßstäbe für die Bestimmung der Aufgaben und auch nicht für Art und Umfang »öffentlicher« Aufgaben auf.
Nach 1945 entwickelt Ulrich Scheuner insofern ein neues Verständnis von der politischen Rolle der Regierung, als er sich gegen das tradierte Gewaltenschema wendet, wonach die Regierung als »Vollziehung« gekennzeichnet wird. Scheuner sieht in der Regierung »die oberste Staatsleitung«, die »politische Initiativen« zu ergreifen und sich nicht »als Vollzug allgemeiner Normen« zu begreifen hat[31].
Scheuner trennt die Aufgaben der Verwaltung von denen der Regierung, ohne dabei die Frage zu stellen, inwieweit in die detaillierte Aufgabenerfüllung vornehmlich durch die Referenten in der Verwaltung politische Zielvorstellungen einfließen: »Während zur Verwaltung die laufende Tätigkeit, die Ausführung der rechtlich festgelegten Aufträge und Maßstäbe des staatlichen Handelns gehören, erst recht das Technische, Lokale, das Besondere und Einzelne, zählt zur Regierung die politische Entscheidung, die Festlegung der Richtlinien ...«[32].
Die deutsche, von der Staatsrechtslehre geprägte Diskussion über die Regierung und ihre Aufgaben verläuft insofern recht einseitig, als die Aufgabenbereiche, die

---

Politikentfremdung in der Bevölkerung beigetragen; vgl. dazu Thomas Ellwein, Einführung, Bd. 1, S. 27.

29 So gibt z. B. die umfangreiche Verfassungsgeschichte E. R. Hubers keine Auskunft darüber, welche »öffentlichen« Aufgaben im Rahmen der Verfassung faktisch erfüllt wurden; siehe dazu E. R. Huber, Deutsche Verfassungsgeschichte seit 1789. Stuttgart 1957, S. 1 ff.

30 Rudolf Smend, Die politische Gewalt im Verfassungsstaat und das Problem der Staatsform, in: Festgabe für W. Kahl, Tübingen 1923, S. 15.

31 Ulrich Scheuner, Der Bereich der Regierung, in: Festschrift für Rudolf Smend, Göttingen 1952, S. 253 ff. u. S. 268.

32 Ulrich Scheuner, a. a. O., S. 277.

nicht in der Verfassung stehen (z. B. die Aufgabenplanung), für systematisch nicht erheblich erklärt werden. Dabei wird zwischen Regierung und Verwaltung unterschieden, ohne die »Ausführung« (Verwaltung) ganz der Regierung zuordnen zu wollen[33].

Grundsätzlich geht dieses Denken in Kategorien des Staatsrechts von der Struktur der »öffentlichen« Aufgaben aus und läßt die gesellschaftlichen Bedingungen außer acht. Es werden nicht die inhaltlichen Maßstäbe untersucht, sondern es geht vorrangig um den »Staat« und um das, was seine Existenz stabilisiert, während Verfassungsbestandteile, wie z. B. das Sozialstaatspostulat des Art. 20 GG oder die Sozialisierung des Art. 15 GG als etwas Zusätzliches, das politische System und dessen Aufgaben aber keineswegs Bestimmendes angesehen werden.

1.1.6 Aufgabenbestand und Aufgabenzuwachs sowie »staatliche« Aktivitäten im wirtschaftlichen Bereich[34]

Eine der Ursachen der »obrigkeitsstaatlichen« Tradition Deutschlands liegt in der Tatsache, daß

– einmal frühzeitig eine unbegrenzte Aufgabenzuständigkeit des modernen Gemeinwesens gegeben war und

– zum anderen mittels dieser Zuständigkeit auch die modernen technischen und industriellen Aufgaben staatlicherseits aufgefangen und in wachsendem Umfang erfüllt wurden.

Dabei liegt ein Charakteristikum der Aufgabenentwicklung in Deutschland darin, daß neue »öffentliche« Aufgaben weniger aufgrund politischer Diskussionen und einer sich daran anschließenden Entscheidung ergriffen wurden, sondern fast selbstverständlich dem Staat zuwuchsen (z. B. gingen in England der Ausgestaltung des modernen Gesundheitsdienstes jahrelange Diskussionen voraus, während in Deutschland rasch eine gesetzliche Regelung der Bismarckschen Sozialpolitik zustande kam).

Der in Deutschland schon früh vorgegebene Aufgabenbestand des Gemeinwesens und die damit verbundene politische Einflußnahme ist auch im ökonomischen Bereich anzutreffen.

Nach dem Herrschaftsrecht des Mittelalters wird in Deutschland politische Macht mit wirtschaftlichem Besitz ausgestattet.

Der frühneuzeitliche Staat erhält vorwiegend seine Einnahmen nicht aus Steu-

33 Herbert Krüger, a. a. O., S. 671

34 Auf die Problematik des Begriffs Staat wird weiter unten noch einzugehen sein.

ern, Abgaben oder Gebühren, sondern erwirbt Besitz an wirtschaftlichem Eigentum und entsprechenden Rechten (z. B. in der Forst- und Landwirtschaft, später durch die Domänengüter und die ersten Manufakturen).
Im 19. Jahrhundert erhalten die Steuereinnahmen ein wachsendes Gewicht und der »Staat« erweitert allmählich sein Eigentum[35] (entweder Grundbesitz, 100prozentiger Staatsbesitz von Unternehmungen oder »staatliche« Kapitalbeteiligungen[36]), ohne daß es zu bedeutenden Reprivatisierungen kommt.
Der »Staat« ist also nicht nur auf Steuern, Monopole und Abgaben angewiesen, sondern tritt auch als Eigentümer eines nicht klar auszumachenden beträchtlichen Vermögens in Erscheinung. Außerdem steht der »Staat« als Produzent in Konkurrenz zu privaten Wirtschaftsunternehmungen und verfügt über ein weitverzweigtes Sanktionssystem, das von der modernen Verfassungsstruktur gar nicht erfaßt wird.
Die Grundlagen dafür, daß der Staat je nach Bedarf als Aktionär oder Privatunternehmer, öffentlich-rechtlich oder privatrechtlich auftritt, sind im 19. Jahrhundert geschaffen worden. In Deutschland ist der »moderne Staat« insofern schon früh entwickelt, als bereits im Frühabsolutismus die Verwaltung institutionalisiert ist und die Aufgabenzuständigkeiten des Gemeinwesens grundsätzlich nicht begrenzt sind. Gerade hier wird ein wichtiger Zugang zu einem wesentlichen Merkmal des politischen Systems in Deutschland eröffnet[37]:
»– eine selbstgenügsame, umfassende politische Aufgaben erledigende Verwaltung und
»– eine aus vielschichtigen Gründen in ihrem Führungsanspruch immer wieder versagende politische Schicht.«

1.2 GLIEDERUNG NACH ORGANISATORISCHEN, PERSONAL- UND FINANZPOLITISCHEN GESICHTSPUNKTEN

Da bisher eine einleuchtende Systematik öffentlicher Aufgaben fehlte, soll deskriptiv versucht werden, über die unzureichende herkömmliche Grobgliederung des Verwaltungsrechts[38] hinauszugehen und einen realistischeren Zugang zur

---

35 Vgl. dazu Josef von Graßmann, Das Finanzrecht, Tübingen 1913.
36 Vgl. Finanzbericht 1974, hrsg. vom Bundesministerium der Finanzen, Bonn 1973, S. 227 ff.
37 Thomas Ellwein, Einführung, S. 30.
38 Die im Verwaltungsrecht verbreitete Gliederung der Aufgaben in 1. Schutz, Sicherheit, Ordnung 2. Sozialaufgaben 3. Kulturaufgaben 4. Wirtschaftsaufgaben ist allein schon aufgrund der Interdependenz der Aufgaben unzulänglich; vgl. dazu Thomas Ellwein, Einführung, S. 36 ff.

»öffentlichen« Aufgabengliederung und -bestimmung zu erhalten, indem von folgenden öffentlichen Bereichen ausgegangen wird:

- von der Verwaltungsorganisation (Außengliederung in Ministerien und Behörden, Binnengliederung in Abteilungen, Dezernate, Sachgebiete usw.),
- von der Zahl der mit bestimmten Aufgaben Beschäftigten (Personalstatistik) und
- von den im Bundeshaushalt und im Finanzplan des Bundes ausgewiesenen Aufgaben bzw. Ausgaben.

1.2.1 Verwaltungsorganisation und Zuordnung der Aufgaben

Dieser Ersatz für eine Systematisierung der öffentlichen Aufgaben ist wissenschaftlich nur bedingt brauchbar, da sich die Fülle der »öffentlichen« Aufgaben in der Verwaltungsorganisation überschneiden und eine klare Abgrenzung der Aufgabenzuständigkeiten aus den Rechenschaftsberichten und Organisationsplänen der Ministerien nicht ersichtlich wird. Ein bruchstückhafter Ersatz der Zuordnung und Kategorisierung »öffentlicher« Aufgaben ist der Versuch, eine Aufgabengliederung nach der Zuständigkeitsverteilung der Ministerien vorzunehmen (so waren z. B. in der 6. Legislaturperiode des Bundestages für die Berufsausbildung das Wirtschaftsministerium, das Arbeitsministerium und das Ministerium für Jugend, Familie und Gesundheit zuständig). Die nur willkürlich voneinander abzugrenzenden Aufgabenbereiche[39] und die vielschichtigen Interdependenzen der Aufgabenerfüllung im hochkomplexen System der Bundesrepublik verhindern eine zureichende Systematisierung und Typologisierung »staatlicher« Aufgaben nach dem Kriterium ministerieller Gliederung.
Der Systematisierungsversuch der Aufgaben durch eine Addition der – an der Organisation der Ministerien ausgerichteten – Teilpolitiken (Wirtschafts-, Finanz-, Bildungs- und Sozialpolitik u. a.) muß demnach unzulänglich bleiben.

39 Eine Abgrenzung z. B. der Wirtschafts-, Finanz-, Sozial-, Bildungs- oder Raumordnungsaufgaben ist aufgrund der vielschichtigen Interdependenzen unmöglich.

1.2.2 *Personalstatistik und Aufgabenerledigung*

1.2.2.1 *Beschäftigtenanteile an und Beschäftigtenzuwächse in den einzelnen Aufgabenbereichen und Gebietskörperschaften*

Die Zunahme der Aufgaben im öffentlichen Dienst brachte 1972 ein Anwachsen der Beschäftigtenzahl mit sich.

Im Oktober 1972 umfaßten die Gebietskörperschaften (Bund, Länder und Gemeinden bzw. Gemeindeverbände – Gv – einschließlich Wirtschaftsunternehmen), die Deutsche Bundesbahn und die Deutsche Bundespost rund 3,3 Millionen Bedienstete (Zunahme gegenüber 1971: 3,1 %).

Die Zunahme der Beschäftigtenzahl im öffentlichen Dienst war in den Jahren 1969-1972 weitgehend auf die Aufgabenbereiche Bildungswesen, soziale Sicherung und Gesundheitswesen konzentriert, so daß hier eine gewisse Schwerpunktbildung der öffentlichen Aufgabenerledigung festzustellen war. In diesen drei Bereichen hatten im Oktober 1972 1,5 Millionen Beschäftigte (rund 46 % des Gesamtpersonals der Verwaltungen von Bund Ländern und Gemeinden) differenzierte Aufgaben wahrzunehmen (rund 60 % der Personalverstärkung gegenüber 1969)[40].

Der überdurchschnittliche Zuwachs der Beschäftigtenzahlen in diesen Bereichen von 1969 bis 1972 wird besonders deutlich durch die Vermehrung der Lehrkräfte an Schulen und Hochschulen um rund 21 % und der Ärzte und Pflegekräfte in öffentlichen Krankenhäusern, Heil- und Pflegeanstalten um rund 31 %.

Den größten Zuwachs des Personals von Bund, Ländern und Gemeinden im Jahr 1972 gegenüber 1969 verzeichneten die Aufgabenbereiche Hochschulen weit überproportional mit 50,9 %, das Wohnungswesen und die Raumordnung mit 26,9 %, die Energie- und Wasserwirtschaft, Gewerbe und Dienstleistungen mit 18,6 % (alle anderen Aufgabenbereiche hatten einen Zuwachs von unter 15 %).

Aus dieser quantitativen Beschreibung der Aufgabenschwerpunkte läßt sich nur bedingt, wie unten noch darzulegen sein wird, eine Aussage über die Rangfolge öffentlicher Aufgaben der Regierungsinstitutionen des politischen Systems der Bundesrepublik machen.

Etwas mehr als die Hälfte des Personals der Gebietskörperschaften (rund 54 %) stand im Oktober 1972 in den Diensten der Länder. Der Zuwachs gegenüber dem Vorjahr mit 4,1 % bei den Ländern, 1,8 % beim Bund und 2,8 % bei den Gemeinden sagt wenig über die Art der Zunahme der Aufgabenerfüllung aus,

---

40 Vgl. Statistisches Bundesamt (Hrsg.), Finanzen und Steuern, Reihe 4, Personal von Bund, Ländern und Gemeinden, Stuttgart–Mainz 1974, S. 6.

weil daraus nicht ersichtlich wird, ob dieses zusätzliche Personal zur Erledigung mehr investiver Aufgaben (Bau von Straßen, Forschungsanlagen u. a.), mehr konsumtiver Aufgaben (Subventionen verschiedener Art) oder mehr planender Aufgaben eingesetzt wird.

1.2.2.2 Aufgabenwandel, Personalausgaben und Aufgabenwahrnehmung

Aus dem Wandel der Aufgaben des Personals im öffentlichen Dienst in den letzten Jahren hat sich vor allem ein zusätzlicher Bedarf zum einen an Lehrern und Ärzten und zum anderen an organisatorischen und technisch-qualifiziertem Personal ergeben. Die Personalentwicklung in den Laufbahngruppen war dadurch gekennzeichnet, daß die Anteile des einfachen und des mittleren Dienstes immer geringer wurden.

Die Erhöhung des Anteils der Beschäftigten im gehobenen und höheren Dienst (17,9 % in 1972 gegenüber 15,0 % in 1969[41]) hat natürlich Rückwirkungen auf die Höhe der Personalausgaben. Die Aufstockung der qualifizierten, d. h. teureren Kräfte erhöht die Personalausgaben und erschwert die Neueinstellung von Beschäftigten und damit die Wahrnehmung neu entstandener wichtiger Aufgaben (z. B. Aufgabe der Bekämpfung der Wirtschaftskriminalität, der Preis- und Mengenkontrolle multinationaler Konzerne u. a.).

1.2.3 Die Aufgabengliederung im Bundeshaushalt und in den Finanzplänen

1.2.3.1 Der Haushaltsanteil der großen Aufgabenbereiche und ihre Zuwachsraten

Die Aufgaben im Bundeshaushalt können ihrem großen Anteil am Haushaltsvolumen entsprechend (3/4 des Bundeshaushalts) in drei große Aufgabenbereiche gegliedert werden (siehe Übersicht 1a und 1b des Anhangs):

– Verteidigung (deutsche und ausländische Verteidigungsstreitkräfte, zivile Verteidigung, wissenschaftliche Forschung u. a.),

– Soziales (soziale Sicherung, soziale Kriegsfolgeaufgaben, Wiedergutmachung, Vermögensbildung) und

– Maßnahmen der Wirtschaftsförderung und Verbesserung der Infrastruktur (Unterstützung von Wirtschaftsunternehmen, Förderung der Energie- und Was-

41 Vgl. Statistisches Bundesamt (Hrsg.), a. a. O., S. 7.

serwirtschaft, Gewerbe- und Dienstleistungen, Ausbau des Verkehrs- und Nachrichtenwesens, Zuschüsse an die Landwirtschaft[42]).
Zwar hat sich der Anteil jedes einzelnen dieser drei Aufgabenbereiche am Haushaltsvolumen in der Periode zwischen 1952 und 1973 immer wieder geändert (die Schwankungsbreite bewegte sich bei der Verteidigung zwischen 38,7 % und 22,9 %, bei den Sozialausgaben zwischen 38,5 % und 28,0 %, bei den Maßnahmen der Wirtschaftsförderung zwischen 9,9 % und 24,2 %[43]), doch war der Anteil aller drei Gruppen zusammengenommen in der Vergleichsperiode relativ stabil (die Schwankungsbreite bewegte sich zwischen 84,3 % und 72,6 %[44]).
Wenn auch die Zuwachsraten der drei Aufgabenbereiche nur ein bedingt taugliches Merkmal für Aufgabenschwerpunkte sind, so deuten sie immerhin die »grobe« Entwicklung an (siehe Übersicht 2 des Anhangs). So hatten die Verteidigungsaufgaben nur im Zeitraum 1957 bis 1962 mit 16,1 % überdurchschnittliche Wachstumsraten, während sie 1962-1972 nur 4,9 % betrugen.
Die Zuwachsraten der Sozialausgaben sanken von 11,7 % (1952-1957) bis auf 6,5 % (1967 bis 1972), sollen allerdings nach der Finanzplanung für den Zeitraum 1973-1977 wieder auf durchschnittlich 12,2 % anwachsen.
Die Ausgabenzuwächse für Maßnahmen der Wirtschaftsförderung und Verbesserung der Infrastruktur gingen sogar von 34,5 % (1952-1957) auf 3,7 % (1967-1972)[45] zurück, so daß hier ein negativer Schwerpunkt der Bundesregierung vermutet werden kann.

1.2.3.2 Kriterien der Aufgabenschwerpunkte in den Finanzplänen

Da sich die Bundesregierung mit der Aufstellung von Finanzplänen seit 1967 das Ziel setzte, ein »Regierungsprogramm in Zahlen« zu entwickeln, soll anhand der ersten vier Finanzpläne die Frage untersucht werden, ob und inwiefern sachliche Schwerpunkte gesetzt wurden.

1.2.3.2.1 Positive und negative Aufgabenschwerpunkte

Im ersten Finanzplan ist noch von Schwerpunkten die Rede, während im zweiten Finanzplan mit dem Aufgabenbereich der Landwirtschaft und der Wirtschaftsförderung zwar neue positive Schwerpunkte genannt werden, dagegen jeder Hinweis auf negative Schwerpunkte fehlt.
Im dritten Finanzplan und etwas abgeschwächt im vierten Finanzplan wird die

42 Vgl. Finanzbericht 1974, S. 194 f.
43 Ebenda, S. 194 f.
44 Ebenda, S. 194 f.
45 Ebenda, S. 194 f.

Bildung von Aufgabenschwerpunkten insofern zur Farce, als fast die gesamte Ausgabenseite erfaßt wird und somit eine Art »Schwerpunktinflation« stattfindet[45a].

Wenn als Kriterium für negative und positive Aufgabenschwerpunkte die durchschnittliche jährliche Zuwachsrate der Bundesausgaben gewählt wird, so entstehen z. B. für die Planungsperiode 1969-1973 folgende positiven Schwerpunkte:

- Sparförderung (23,0 %),
- Gesundheit, Sport und Erholung (22,9 %),
- Bildungswesen, Wissenschaft und Forschung (22,1 %),
- Wirtschaftsunternehmen (16,7 %).

Eine unterproportionale Zunahme wiesen dagegen folgende negative Schwerpunkte auf:

- Politische Führung, Zentrale Verwaltung, Entwicklungshilfe, auswärtige Angelegenheiten (3,6 %),
- Verteidigung (4,9 %),
- Wohnungswesen und Raumordnung (5,7 %),
- Verkehrs- und Nachrichtenwesen (6,8 %).

Wie fragwürdig die Methode der Addition von Schwerpunkten ist, geht aus den Erläuterungen zu den Schwerpunkten im dritten Finanzplan hervor, wonach Wohnungswesen und Raumordnung sowie Verkehr trotz ihrer unterproportionalen Ausgabenzuwächse zu Schwerpunkten erklärt wurden.

Umgekehrt erscheint im Katalog der Aufgabenschwerpunkte die Förderung der Wirtschaftsunternehmen überhaupt nicht, obwohl die Ausgaben dafür überproportional stiegen.

Diese Methode der Bildung von Aufgabenschwerpunkten ist unter Aspekten der Verwendung der den Institutionen des politischen Systems zur Verfügung stehenden knappen Mittel unrationell, da somit die Mittel nur unzureichend der Finanzierung der großen wirtschaftlichen[46] und gesellschaftlichen Aufgaben dienen.

Die bisherige Praxis der Finanzpläne macht deutlich, daß sich der Ausdruck Schwerpunkt nicht auf – mit politischen Zielsetzungen[47] verbundene – Auf-

45a Vgl. Finanzberichte 1968, 1969, 1970.

46 Im folgenden soll das Attribut »wirtschaftlich« im Zusammenhang mit den Aufgaben als ein Teil des Attributs »gesellschaftlich« verstanden werden, da die wirtschaftlichen Aufgaben zwar schwergewichtig wirtschaftliche Probleme betreffen, eine klare Abgrenzung von gesellschaftlichen Aufgaben nicht mehr gelingt.

47 In den Haushaltsreden der verantwortlichen Politiker kommt eine klare Schwerpunktbildung nicht zum Ausdruck. So nannte Bundesfinanzminister Strauß für den Bundeshaushaltsplan neun Schwerpunkte, erklärte aber anschließend, daß aus zeitlichen Gründen »nicht die ganze Vielfalt staatlichen« Wirkens dargestellt werden kann; gerade aber die Rangfolge einiger ausgewählter ist ja der Sinn der Aufgabenschwerpunktbildung. Auch in der Haushaltsrede des Bundesfinanzministers Möller 1970 ist nur allgemein die Rede davon, daß der Bundeshaushalt 1970 und der Finanzplan 1969-1973 Schwerpunkte gesetzt haben, um die im Regierungspro-

gabensteigerungen bezieht, sondern auf Aufgabenbereiche, die unter funktionellen Gesichtspunkten gebildet wurden.

1.2.3.2.2 Eignung der Kriterien für die Bildung von Aufgabenschwerpunkten

Da bisher noch keine geeigneten Kriterien bzw. Indikatoren für die sachliche Schwerpunktbildung entwickelt wurden, können auch Fehlentwicklungen nicht deutlich gemacht werden, also »falsche« Schwerpunkte gar nicht erkannt und damit die Einflußnahme außerhalb der Bundesregierung auf das Regierungsprogramm gar nicht entlarvt werden.

Die folgenden Indikatoren sollen deshalb auf ihre Wirksamkeit hin untersucht werden, inwieweit sie eine klare Schwerpunktbildung der Regierungsaufgaben erkennen lassen:

– Indikator der Zuwachsrate der Bundesausgaben für die einzelnen Aufgabenbereiche:

Aufgabenbereiche, die stärker zunehmen als die jährliche Zuwachsrate des Bundeshaushaltsvolumens werden als positive Schwerpunkte angesehen (Aufgabenbereiche mit gleichen Zuwachsraten sind Status-quo-Bereiche und mit geringeren Zuwachsraten negative Schwerpunkte[48]).

Diese Darstellung vorrangig zu erfüllender Aufgaben ist deshalb fragwürdig, weil Aufgabenbereiche mit niedrigen Basiswerten im Anfangsjahr leicht hohe Zuwachsraten erzielen und somit als Schwerpunkte gelten, obwohl zur Finanzierung dieser Aufgaben über Jahre nur geringe absolute Beträge zur Verfügung standen.

– Indikator des Anteils der Ausgaben der Aufgabenbereiche an den Gesamtausgaben im Endjahr der Finanzplanung:

Hier werden die Anteile der Ausgaben der Aufgabenbereiche miteinander verglichen, wobei die an der Spitze der Skala liegenden Aufgabenbereiche als positive Schwerpunkte gelten. Dieser Indikator zur Feststellung der Rangfolge der Schwerpunkte hat allerdings den Nachteil, nicht die Ausgabenzuwachsrate der Aufgabenbereiche während der Planungsperiode zu erfassen. Dieser Nachteil kann auch nur teilweise beseitigt werden, indem die Anteile im Anfangs- und Endjahr des Finanzplans miteinander verglichen werden, womit zwar die Veränderungen der Anteile erfaßt werden, aber die Anteile der Aufgabenbereiche in den dazwischenliegenden Jahren nicht ersichtlich werden.

– Verknüpfung beider Indikatoren:

Eine zutreffendere Kennzeichnung der Aufgabenschwerpunkte wird erreicht,

---

gramm als wichtig bezeichneten Maßnahmen einzuleiten. Vgl. Klaus Schmidt; Eberhard Wille, Die mehrjährige Finanzplanung, Wunsch und Wirklichkeit, Tübingen 1970, Reihe Wirtschaft und Gesellschaft, Heft 3, S. 82 ff.

48 Klaus Schmidt; Eberhard Wille, a. a. O., S. 79.

wenn der Anteil jedes Aufgabenbereiches an den gesamten Bundesausgaben im Anfangsjahr (z. B. 10 % der Ausgaben für Wissenschaft und Bildung) mit den durchschnittlichen jährlichen Zuwachsraten des Aufgabenbereichs in der Planungsperiode (z. B. 18 % Zuwachs bei den Ausgaben für Wissenschaft) multipliziert wird (also 10 x 18 = 180)[49].

Das Produkt zeigt dann an, welchen Stellenwert die Bundesregierung dem einzelnen Aufgabenbereich beimißt.

Am Beispiel des dritten Finanzplans soll deutlich gemacht werden, welche unterschiedlichen Rangfolgen sich bei der Verwendung der drei soeben behandelten Indikatoren[50] ergeben:

1. Indikator
(1) Sparförderung
(2) Gesundheit
(3) Bildung
(4) Wirtschaftsunternehmen
(5) Allgemeine Finanzwirtschaft

2. Indikator
(1) Sozialbereich
(2) Verteidigung
(3) Allgemeine Finanzwirtschaft
(4) Verkehr
(5) Landwirtschaft

3. Indikator[51]
(1) Sozialbereich
(2) Allgemeine Finanzwirtschaft
(3) Verteidigung
(4) Verkehr
(5) Bildung

1.3 BEGRIFFE UND TYPOLOGIE DER AUFGABEN

Die Schwierigkeit, einen befriedigenden Begriff und eine zureichende Typologie der Aufgaben zu entwickeln, wird daraus ersichtlich, daß es weder Verfassungsorganen wie dem Bundesverfassungsgericht noch der herrschenden verfas-

49 Ebenda, S. 79 ff.

50 Da Inflationsraten die Aussagekraft der Indikatoren verzerren, ist es für eine klare Kennzeichnung der Aufgabenschwerpunkte erforderlich, im Finanzplan spezifische Inflationsraten anzugeben. Andernfalls werden die Aufgabenbereiche mit hohen Preissteigerungen in der Rangfolge der Schwerpunkte zu hoch eingestuft.

51 Klaus Schmidt; Eberhard Wille, a. a. O., S. 84 ff.

sungsrechtlichen Lehre und auch nicht wichtigen Institutionen des politischen Systems der Bundesrepublik gelingt, Kriterien für die Bestimmung der Aufgaben zu entwickeln. Eine klare begriffliche Abgrenzung wird vor allem dadurch erschwert, wenn nicht unmöglich gemacht, daß sich einmal auch hier der traduierte Dualismus von Staat und Gesellschaft bemerkbar macht und zum anderen der Schwierigkeit der Systematisierung der Aufgaben dadurch ausgewichen wird, daß die Aufgaben als eine Addition von Teilpolitiken (Wirtschafts-, Finanz-, Sozial-, Verteidigungspolitik usw.) angesehen werden.

1.3.1 Unzureichende Begriffsbestimmung der Aufgaben

Die durchgängige Begriffsverwirrung bezüglich der Aufgaben bei allen Institutionen des politischen Systems der Bundesrepublik soll zunächst an einigen Entscheidungen des Bundesverfassungsgerichts aufgezeigt werden, bevor die Aufgabenkategorien einiger deutscher Staatsrechtslehrer und politischer Institutionen untersucht werden.

1.3.1.1 Kriterien der Aufgabenbestimmung durch das Bundesverfassungsgericht

Auch das Bundesverfassungsgericht bleibt im Rahmen des tradierten Dualismus von Staat und Gesellschaft, weshalb wirklichkeitsorientierte und klare Kriterien für die Aufgabenbestimmung nicht entwickelt werden.
So sieht das Bundesverfassungsgericht in der Abhaltung von Wahlen eine »öffentliche Aufgabe«, da den Parteien als »Wahlvorbereitungsorganisationen« »von Verfassungs wegen eine entscheidende Rolle zukommt«[52].
Ein brauchbares Kriterium für die »öffentlichen« Aufgaben wird deshalb nicht aufgezeigt, weil als »Wahlvorbereitungsorganisationen« offensichtlich Institutionen der Verfassungsorgane gemeint sind, obwohl sowohl Regierungsinstitutionen (»Information« des Presse- und Informationsamtes der Bundesregierung), Institutionen der Parteien (Kreis-, Bezirks-, Landesvorstand u. a.) als auch private Wählerinitiativen (»Persönlichkeiten« der Wirtschaft, Schriftsteller-Publizisten, Professoren u. a.) diese »öffentliche« Aufgabe wahrnehmen. Da es sich hier um Institutionen der gesamten Gesellschaft handelt und die Auswirkungen ihrer Tätigkeiten die ganze Gesellschaft betreffen, werden grundsätzlich gesellschaftliche Aufgaben erfüllt.

52 BVerfGE 8, 51 ff. vom 24. 6. 1958.

Das Bundesverfassungsgericht verwendet für die Aufgaben und Aufgabenfinanzierung der Angestelltenversicherung ebenso den Begriff »öffentliche« Aufgaben: »Wenn das Gemeinwesen in Erfüllung einer öffentlichen Aufgabe eine besondere Einrichtung zur Verfügung stellt, so soll derjenige, der daraus besonders wirtschaftlichen Nutzen zieht, zu den Kosten ihrer Errichtung und Erhaltung beitragen.«[53] Zwar sind hier die Aufgabenträger Institutionen des Gemeinwesens, doch betreffen die Erfüllung solcher Aufgaben die ganze Gesellschaft, so daß auch hier der Begriff gesellschaftlicher bzw. gesellschaftspolitischer[53a] Aufgaben zutreffender wäre.

Als sich das Bundesverfassungsgericht mit der Pflichtzugehörigkeit zu den Handwerkskammern als öffentlich-rechtlichen Verbänden befaßte, wurden gleich zweimal die »legitimen öffentlichen Aufgaben«[54] der Handwerkskammern genannt, nämlich »die Vertretung der gewerblichen Wirtschaft gegenüber dem Staat« und »die Wahrnehmung von Verwaltungsaufgaben«[55] (z. B. die Börsenaufsicht).

Auch wenn hier Aufgaben des Gemeinwesens auf einen Selbstverwaltungsträger delegiert worden sind, so ist doch die »Vertretung der gewerblichen Wirtschaft« z. B. sowohl in der Berufsausbildung mit ihren vielfältigen gesellschaftlichen Wirkungen als auch die Börsenaufsicht mit ihren Wirkungen auf die Wirtschaftsentwicklung zuvörderst eine gesellschaftliche Aufgabe.

Wenn das Bundesverfassungsgericht »die Unterrichtung der Bürger über öffentliche Angelegenheiten« als »eine öffentliche Aufgabe der Presse«[56] bezeichnet, dann wird die Unzulänglichkeit des Attributs »öffentlich« besonders deutlich. Der Begriff »Öffentlichkeit« im Sinne eines informierenden, artikulierenden und kontrollierenden Forums oder im Sinne Habermas' »die Sphäre der zum Publikum versammelten Privatleute«[57] ist heute deshalb fragwürdig geworden, weil durch die »inhaltlich totale« Kommunikation das Leben »aus zweiter Hand«[58], das sich im politischen Bereich noch intensiver auswirkt als im unmittelbaren sozialen Umfeld, alle individuellen Bezugssysteme[59] des Handelns aufhebt. Damit werden die Grenzen der »Öffentlichkeit« zum Individualbereich

53 BVerfGE 14, 312 ff. vom 16. 2. 1962.

53a Gesellschaftlich i. V. m. politisch, also gesellschaftspolitisch, betont mehr das aktive Vorgehen bestimmter Entscheidungsträger, die ganz bestimmte Ziele verfolgen.

54 BVerfGE 10, 89 ff. vom 29. 7. 1959.

55 BVerfGE 15, 235 ff. vom 19. 12. 1962.

56 BVerfGE 112, 113 ff. vom 25. 1. 1961.

57 Jürgen Habermas, a. a. O., S. 38. Für Habermas beruht die »entfaltete bürgerliche Öffentlichkeit« »auf der fiktiven Identität der zum Publikum versammelten Privatleute in ihren Rollen als Eigentümer und als Menschen schlechthin«. Vgl. ebenda, S. 68.

58 Ralf Zoll, Einleitung, in: Ralf Zoll (Hrsg.), Manipulation der Meinungsbildung, Kritik 4, Opladen 1972, S. 20.

59 Horst Holzer, Politik in Massenmedien, Zum Antagonismus von Presse- und Gewerbefreiheit, in: Ralf Zoll (Hrsg.), a. a. O., S. 77 ff.

fließend, weswegen der Geltungsbereich der »öffentlichen« Angelegenheiten, deren Unterrichtung »öffentliche« Aufgabe der Presse ist, kaum bestimmt werden kann.
Das Bundesverfassungsgericht hat im Fernsehurteil[60] die »öffentlichen« Aufgaben von »staatlichen« Aufgaben deutlich unterschieden: »Die Veranstaltung von Rundfunksendungen ist nach der deutschen Rechtsentwicklung eine öffentliche Aufgabe. Wenn sich der Staat mit dieser Aufgabe in irgendeiner Form befaßt (auch dann, wenn er sich privatwirtschaftlicher Formen bedient) wird sie zu einer ›staatlichen Aufgabe‹ im Sinne von Art. 30 GG.«
»Zusammenfassend ist festzustellen, daß der Rundfunk in Deutschland zu einer öffentlichen Einrichtung geworden ist und in öffentlicher Verantwortung steht. Wenn sich der Staat mit dem Rundfunk in irgendeiner Form befaßt, so nimmt er damit eine Aufgabe der öffentlichen Verwaltung wahr.«
Während also die »staatlichen« Aufgaben als die vom »Staat« wahrgenommenen »öffentlichen« Aufgaben definiert werden, bleiben aber die Kriterien für die »öffentlichen« Aufgaben ungenannt, so daß auch die Definition der »staatlichen« Aufgaben unvollständig ist[61].
Das vom Bundesverfassungsgericht angeführte Kriterium des Aufgabenträgers, wodurch die durch »staatliche« Institutionen wahrgenommenen Aufgaben zu »staatlichen« Aufgaben werden, ist schon deshalb wenig klärend, weil wesentliche Kriterien, wie die gesellschaftliche Bedeutung, Rang, Zeit usw. gar nicht berücksichtigt werden.
Die Begriffe »öffentliche Einrichtung« und »öffentliche Verantwortung« lassen trotz ihrer Unbestimmtheit darauf schließen, daß das Bundesverfassungsgericht die Bedeutung dieser Einrichtungen für das Allgemeinwohl als ein Kriterium der »öffentlichen« bzw. der Verwaltungsaufgaben ansieht. Aber gerade wegen des gesellschaftlichen Bezugs dieser Aufgaben wäre der Begriff gesellschaftliche Aufgaben eindeutiger und zutreffender.
Das Bundesverfassungsgericht bleibt mit seinem Urteil der »staatlichen« Parteienfinanzierung ganz dem politischen Grunddenkmuster des 19. Jahrhunderts verhaftet: »Der Gesetzgeber hat sich, indem er die freiheitlich demokratische Grundordnung geschaffen hat, für einen freien und offenen Prozeß der Meinungs- und Willensbildung des Volkes entschieden. Dieser Prozeß muß sich vom Volk zu den Staatsorganen, nicht umgekehrt von den Staatsorganen zum Volk hin vollziehen. Den Staatsorganen ist es grundsätzlich verwehrt, sich in bezug auf diesen Prozeß zu betätigen ... Art. 21 Abs. 1 GG, der die Struktur der Parteien als frei konkurrierender, aus eigener Kraft wirkender und vom Staat

60 In diesem Urteil erklärte das Bundesverfassungsgericht die von Bundeskanzler Adenauer gegründete »Deutschland-Fernseh-GmbH« für verfassungswidrig. Vgl. dazu BVerfGE 12, 205 ff. vom 28. 2. 1961.
61 Wiltraut Rupp-v. Brünnek, Neue Juristische Wochenzeitschrift (NJW) 1965, S. 993 ff.

unabhängiger Gruppen verfassungsmäßig festlegt, verbietet es, die dauernde finanzielle Fürsorge für die Parteien zu einer Staatsaufgabe zu machen[62].« Wenn der Meinungs- und Willensbildungsprozeß entsprechend dem Dualismus von Staat und Gesellschaft »staatsfrei« bleiben soll und die Parteien als »vom Staat unabhängige Gruppen« angesehen werden, deren Finanzierung nicht zur »Staatsaufgabe« werden darf, so wird der Begriff der »Staatsaufgaben« auf die Aufgabenträger Regierung und Verwaltung reduziert. Obwohl die Parteien im »Parteienstaat« den politischen Entscheidungsprozeß intensiv durch ihre politischen Zielsetzungen, Programme und Maßnahmen bestimmen ... wird der »Staat«, der besondere »staatliche« Aufgaben zu erfüllen hat, nicht als ein Organisationselement der gesamten Gesellschaft begriffen, sondern als »Entität, die unabhängig und eigenen Gesetzen gehorchend, jenseits allen Wollens der Bürger steht«[63]. Zwar sind »Staat« und »Gesellschaft« nicht identisch – demnach wären staatliche Aufgaben synonym mit gesellschaftlichen Aufgaben anzusehen –, doch ist es genauso falsch, sie als Gegensätze zu verstehen, »wie das im liberal-konservativen und im Umkehrschluß, einer marxistischen Tradition in Deutschland entspricht, ein deutliches Relikt aus der autokratischen Herrschaftsstruktur der deutschen Geschichte«[64].

1.3.1.2 Kategorien der Aufgaben in der deutschen Staatsrechtslehre

Die deutsche Staatslehre, die bis heute die Termini der Aufgaben bestimmt hat, folgt den liberalen Vorstellungen von »Öffentlichkeit«, wonach zwischen »privater« und »öffentlicher« Sphäre eindeutig getrennt werden kann und der »Staat« höchstens Aufgaben von besonderem »öffentlichen« Interesse wahrnehmen kann. So versucht etwa Erich Becker die »öffentlichen« Aufgaben folgendermaßen zu definieren: »Unter öffentlichen Aufgaben im weiteren Sinne werden solche Angelegenheiten verstanden, an deren Erfüllung die Öffentlichkeit maßgeblich interessiert ist[65].« Diese Betrachtungsweise liefert nur eine Leerformel, da z. B. die von der Privatwirtschaft entwickelten Sicherheitsautos oder das von der Mineralölwirtschaft angebotene »bleiarme« Benzin von überragendem »öffentlichen« Interesse ist. Becker bleibt in der Systematik des Verwaltungsrechts und im Rahmen des dualistischen Grunddenkmusters, wenn er feststellt, daß zwar die »öffentlichen« Aufgaben von »privaten« und »hoheit-

62 BVerfGE 20, 56 und 119 vom 19. 6. 1966.
63 Vgl. Rudolf Wildenmann, Macht und Konsens als Problem der Innen- und Außenpolitik, Frankfurt 1963, S. 6.
64 Derselbe, S. 6.
65 Erich Becker, Wandlungen der rechtsstaatlichen Verwaltung, Schriftenreihe der Hochschule Speyer, Bd. 13, Berlin 1962, S. 187 f.; Jean Dabin, Der Staat, Deutsche Ausgabe, Neuwied 1964, S. 66 f.

lichen« Aufgabenträgern erfüllt werden, der Staat aber nicht alle Aufgaben an sich reißen solle: »So gibt es auf den Gebieten der Wissenschaftspflege und Forschung, der Schulen, der Wohlfahrtspflege, des Krankenhauswesens, der Errichtung und Unterhaltung von Theatern, Orchestern, Museen, Archiven, Büchereien und in vielen anderen Fällen private Aufgabenerfüllung von öffentlichem Interesse neben der Übernahme solcher Angelegenheiten durch Hoheitsträger[66].«

Mit der Aufzählung dieser Aufgaben verbleibt Becker im tradierten politischen Bewußtsein, wonach bestimmte Aufgaben dem »Staat« zugewachsen waren, ohne die Frage nach einer Neuverteilung der Aufgaben zu stellen. Becker folgt wieder ganz dem dualistischen Denkmuster, wenn er definiert: »Öffentliche Aufgaben im engeren Sinne sind aber nur diejenigen öffentlichen Angelegenheiten, die von Organen eines Gemeinwesens erfüllt werden (Wolff).« Der hier von Becker zitierte H. J. Wolff liefert bezüglich »öffentlicher« Angelegenheiten eine ähnlich pauschale Definition: »Öffentliche Angelegenheiten im inhaltlichen Sinne sind daher die Angelegenheiten der Gemeinwesen und die ihrer Mitglieder als solcher[67].«

Hans Klein, für den die Klärung des Begriffs der »staatlichen« Aufgaben vom Art. 30 GG auszugehen hat, liefert auch keine hinreichenden Kriterien der Aufgabenbestimmung, da er ganz allgemein die »staatlichen« Aufgaben des Art. 30 GG auf »staatliche« Handlungen, die die Aufgabenverteilung zwischen Bund und Ländern betreffen, einengt: »Staatliche Aufgaben (sind) nur solche Agenden des Staates, deren Ausübung sich auf die Gewichtsverteilung zwischen Bund und Gliedstaaten auszuwirken vermag[68].« Die Frage, ob und inwieweit die Fülle der von Bund und Ländern wahrgenommenen Aufgaben einmal zwischen Zentralstaat und Gliedstaaten sinnvoll verteilt ist, und zum anderen, ob eine Erweiterung der Aufgaben oder Übertragung der Aufgaben von Bund und Ländern auf andere Aufgabenträger nicht zweckmäßiger wäre, wird überhaupt nicht angesprochen.

Hans Klein verbleibt auch im Rahmen des tradierten Denkmusters, wenn er fortfährt, daß »staatliche Aufgaben mithin diejenigen Angelegenheiten (sind), die ... dem Staat zu eigener Erledigung im jeweils geltenden Recht übertragen worden sind. Es kann sich dabei um Aufgaben der Gesetzgebung, der Rechtsprechung oder der Verwaltung handeln«[69]. Die dem Gewaltenteilungsschema folgende Einteilung in Gesetzgebungs-, Rechtsprechungs- und Verwaltungsauf-

66 In der vorherrschenden Systematik des Verwaltungsrechts wird unterschieden zwischen hoheitlicher und fiskalischer Verwaltung oder zwischen Ordnungs-, Betreuungs- und Leistungsverwaltung. Vgl. dazu Thomas Ellwein, Einführung, S. 117 ff.

67 H. J. Wolff, Verwaltungsrecht I, München, 6. Auflage 1965, S. 11.

68 Hans Klein, Zum Begriff der öffentlichen Aufgabe, in: DÖV, November 1965, Heft 21-22, S. 758.

69 Hans Klein, a. a. O., S. 758.

gaben ist, abgesehen von der Schwierigkeit der inhaltlichen Abgrenzung dieser Aufgaben, ein weiterer Beleg für das Unvermögen, wissenschaftliche Kategorien für die Aufgabenbestimmung zu entwickeln.
Auch Theodor Maunz ist ganz der herkömmlichen Systematik des Verwaltungsrechts und den liberalen Gewaltenteilungsvorstellungen verhaftet. Für Maunz sind »staatliche« Befugnisse und Aufgaben solche, »die aus der Staatlichkeit fließen und herkömmlicherweise auch nach den veränderten Zeitumständen als solche des Staates erachtet werden. Es muß sich nicht um ›hoheitliche‹ Aufgaben handeln, sondern darunter fallen auch Aufgaben der schlichten Hoheitsverwaltung[70] und der fiskalischen Verwaltung. In erster Linie ist zu denken an: Gesetzgebung, Rechtsprechung, Regierung, Hoheitsverwaltung, die Erschließung von Einnahmequellen«[71].
Allen bisher besprochenen Begriffsbestimmungen der »öffentlichen« oder »staatlichen« Aufgaben ist gemeinsam, daß zunächst von einem weiten Begriff ausgegangen wird, der eine »staatliche« Allzuständigkeit zuläßt und eine Interessenidentität zwischen »Staat« und Gesellschaft unterstellt, obwohl in Wirklichkeit das tradierte Postulat der »begrenzten Staatstätigkeit« und umgekehrt maximaler »bürgerlicher Freiheit« weiterhin Gültigkeit hat.

1.3.1.3 Der Begriff der Aufgaben bei den politischen Institutionen

Die Fragwürdigkeit der Attribute der Aufgaben wie »staatlich« und »öffentlich« wurde aufgrund der negativen Assoziationen vom »obrigkeitsstaatlichen« Aufgaben erfüllenden »Staat« sowie der Schwierigkeit der Zuordnung der Aufgaben zu bestimmten Institutionen des »Staates« und wegen der grundsätzlichen Öffnung aller »öffentlichen« Bereiche zum Individualbereich soeben behandelt. Wie aber die unzureichenden Termini »staatlich« und »öffentlich« in den Sprachgebrauch gerade politischer Institutionen der Bundesrepublik eingegangen sind, soll am Beispiel weniger ausgewählter Institutionen und deren Amtsinhaber aufgezeigt werden.

So hat die von der Bundesregierung eingesetzte sog. Troeger-Kommission[72], die 1966 ein Gutachten zur Finanzreform vorlegte , und begrifflich und inhaltlich einen starken Einfluß auf die Finanzreform von 1969 ausübte[73], nur bedingt Merkmale für eine Bestimmung der Aufgaben und deren Finanzierung einge-

---

70 Maunz rechnet dazu z. B. die Wohlfahrtspflege, Kunstförderung, Einrichtung von Verkehrsmitteln, Erschließung von Wasserkräften, Errichtung von sonstigen Unternehmungen. Vgl. dazu Maunz–Dürig–Herzog, Kommentar zum Grundgesetz zu Art. 30 GG, München 1974.
71 Ebenda.
72 Kommission für die Finanzreform, Gutachten über die Finanzreform in der Bundesrepublik Deutschland (Zitierweise: Troeger-Gutachten), Stuttgart–Köln–Berlin–Mainz 1966.
73 So wurde z. B. der 1969 neu in die Verfassung eingefügte sog. Lastenverteilungsgrundsatz

führt. Die Troeger-Kommission verwendet durchgehend die Begriffe »staatliche« und »öffentliche« Aufgaben.

Die Troeger-Kommission ging bei der Abgrenzung der Zuständigkeiten des Bundes von denen der Länder von folgenden Gesichtspunkten aus: »Die Staatsgewalt der Länder ist wesensgemäß auf ihr Gebiet beschränkt – also ergibt sich eine Bundeszuständigkeit für diejenigen staatlichen Aufgaben, die nicht regional radizierbar, infolgedessen von Ländern nicht wirksam und nicht ohne Eingriff in Zuständigkeiten eines anderen Landes wahrgenommen werden können[74].«

Die Troeger-Kommission führte nur das Aufgabenkriterium des Objekts an, als sie die Finanzierungszuständigkeit des Bundes im gesetzesfreien Raum durch Verwaltungsvereinbarungen für folgende staatliche Aufgaben geregelt wissen wollte[75]:

»– Gesamtstaatliche Repräsentation (Bundeszentrale für politische Bildung, sofortige Hilfe in Notstands- und Katastrophenfällen),
– nationale Repräsentation (Bayreuther Festspiele und Germanisches Museum),
– internationale Aufgaben (Entwicklungshilfe),
– gesamtdeutsche Aufgaben (Förderung der Wiedervereinigung und Sozialhilfe für Aussiedler usw.),
– naturwissenschaftliche Großforschung (Kernforschungsanlage in Jülich und in Karlsruhe),
– gesamtstaatliche Wirtschaftsförderung (Landwirtschaft, Filmwirtschaft, Fremdenverkehr),
– zentrale Organisationen (Spitzenverbände des Sports).«

Es war auch die Troeger-Kommission, die mit ihrer Forderung nach Einführung der mehrjährigen Finanzplanung die Begriffsbildung von den »öffentlichen« Aufgaben insofern stark prägte, als sie relativ früh[76] von der politischen Führung verlangte, »klare Vorstellungen über die Rangfolge der öffentlichen Aufgaben zu entwickeln«[77].

Für den im Zuge der Haushaltsreform 1969 bei der Bundesregierung gebildeten

---

des Art. 104a GG fast Wort für Wort aus dem Troeger-Gutachten übernommen; vgl. dazu Troeger-Gutachten, S. 174.

74 Ebenda, S. 83.

75 Troeger-Gutachten, S. 27 ff.

76 In der Zeit der Regierung des Bundeskanzler Erhard herrschte im politischen System der Bundesrepublik ein »Anti-Planungsaffekt«; vgl. dazu Klaus Schmidt; Eberhard Wille, Die mehrjährige Finanzplanung, Wunsch und Wirklichkeit, in: Wirtschaft und Gesellschaft, Bd. 3, S. 12.

77 Vgl. Troeger-Gutachten. Diese Forderung hat intensive politische Diskussionen ausgelöst; sie wurde unter anderem auch in dem Gutachten des Sachverständigenrats zur Begutachtung der gesamtwirtschaftlichen Entwicklung mehrmals vorgetragen.

Finanzplanungsrat, dessen Tätigkeiten im Haushaltsgrundsätzegesetz[78] festgelegt sind, wird auch der Terminus der »öffentlichen« Aufgaben verwendet; der Finanzplanungsrat soll nämlich neben der Aufstellung einer »einheitlichen Systematik der Finanzplanungen« sowie »einheitliche(r) volks- und finanzwirtschaftliche(r) Annahmen für die Finanzplanungen« vor allem »Schwerpunkte für eine den gesamtwirtschaftlichen Erfordernissen entsprechende Erfüllung öffentlicher Aufgaben« ermitteln[79].

Auch in den Finanzplänen der Bundesregierung, die seit der Einführung des Instruments der mehrjährigen Finanzplanung im Jahre 1967 jeweils für einen Fünf-Jahres-Zeitraum aufgestellt werden und dem Anspruch nach ein »Regierungsprogramm in Zahlen« sein sollen, wird beispielsweise im dritten und vierten Finanzplan der Begriff »öffentliche Aufgaben« verwendet.

Der fünfte Finanzplan (1971-1975) stellt insofern eine begriffliche Weiterentwicklung dar, als zwar unter funktionellen Gesichtspunkten nur das Kriterium des Objekts für die Aufgabenbestimmung verwendet wird (z. B. bildungspolitische Aufgaben, wissenschaftliche Aufgaben[80]) und von Aufgabenbereichen mehr im Sinne von Zuständigkeiten[81] die Rede ist (z. B. Bereich des Bildungswesens, Bereich Städtebau und Wohnungswesen), jedoch in den Vorbemerkungen des Finanzplans erstmals zusätzliche Kriterien für die Bestimmung der Aufgaben genannt werden. So soll die Finanzplanung »die Prioritäten und wichtigen Programme einer mittelfristig orientierten Politik in ihren finanziellen Größenordnungen darstellen ... und die politischen Zielsetzungen der Bundesregierung klar erkennbar machen«[82].

In diesem Finanzplan werden nämlich bereits mit den Prioritäten die weiter unten zu behandelnden Kriterien des Rangs und der Zeit, mit den Programmen und den politischen Zielsetzungen das Kriterium der Mittel-Zweck-Beziehung und mit der mittelfristig orientierten Politik das Kriterium der Zeit genannt. Das Kriterium des Präferenzsystems der Bundesregierung als wesentliches Merkmal für die Bestimmung der Regierungsaufgaben, das klare Aufgabenschwerpunkte der Bundesregierung deutlich machen sollte, wurde in den bisherigen Finanzplänen nicht aufgeführt.

Aus den absoluten Ausgaben und den Zuwachsraten für bestimmte Ausgaben

---

78 Vgl. Gesetz über die Grundsätze des Haushaltsrechts des Bundes und der Länder (Haushaltsgrundsätzegesetz-HGrG) vom 19. 8. 1969 (BGBl. I S. 1273).

79 Vgl. dazu § 51 HGrG.

80 Vgl. Finanzbericht 1972, Der Bundesminister für Wirtschaft und Finanzen (Hrsg.), Bonn 1971, S. 128 u. 130.

81 Zuständigkeiten oder Kompetenzen sind die Voraussetzungen bestimmter Aufgabenwahrnehmungen im Rahmen dieses zugewiesenen Aufgabenbereiches, ohne daß eindeutige Kriterien für die Aufgabenerfüllung erkennbar werden; vgl. dazu § 9 der GOB Reg.

82 Finanzbericht 1972, a. a. O., S. 128.

werden aufgrund der oben dargelegten Problematik klare Aufgabenschwerpunkte der Bundesregierung nicht ersichtlich.

Im siebten Finanzplan (1973–1977) werden wieder weniger eindeutige Kriterien für die Aufgabenbestimmung genannt, da vorwiegend der Terminus »Bereich« (auch »Gebiet«) verwendet wird, dem nichtssagend und ungeordnet »politische Bedeutung«[83] beigemessen wird, in dem zahlreiche »Aufgabenschwerpunkte«[84] liegen oder der ein »Kernstück moderner Gesellschaftspolitik«[85] darstellt.

In den beiden Regierungserklärungen des ersten und zweiten Kabinetts Brandt/Scheel vom Oktober 1969 und vom Januar 1973 sind der tradierten Vorstellung von »Staat« und »Öffentlichkeit« entsprechend vorrangig die Begriffe »staatliche« und »öffentliche« Aufgaben zu finden, ein Regierungsprogramm im Sinne einer Entscheidung der Bundesregierung für die Rangfolge langfristiger Aufgaben wird nicht erkennbar, da mangels einer Aufgabenplanung auf der Grundlage einer Aufgabenprognose nicht die Voraussetzungen einer antizipatorischen Politik gegeben sind, so daß die aufgeführten Aufgaben hauptsächlich das Kriterium des Objekts betreffen (z. B. die Deutschlandpolitik als »ständige Aufgabe der ganzen Regierung«[86], »Aufgaben auf den Gebieten der Raumordnung, des Städtebaus und des Wohnungsbaus«[87]).

Eine begriffliche Systematik der Aufgaben wird aus den Regierungserklärungen nicht ersichtlich, weil die Tradition fortgesetzt wird, unter funktionellen Gesichtspunkten eine Addition von Teilpolitiken[88] (z. B. Politik der stetigen Wirtschaftsentwicklung[89], Ausbildung und Fortbildung sowie Forschung[90]) vorzunehmen; die nicht nach Kriterien geordnete Aneinanderreihung von Aufgaben (der »Ausbau der Mitbestimmung ist eine unserer Hauptaufgaben«[91]), Schwerpunkten (die »Reform des Bodenrechts ist ein Schwerpunkt unserer Arbeit«[92]) und Reformen[93] (z. B. Reform des Eherechts, des Strafvollzugs, Bil-

83 Vgl. dazu den Finanzbericht 1974, Bonn 1973, S. 127.
84 Ebenda, S. 128.
85 Ebenda, S. 129.
86 Vgl. die Regierungserklärung vom 28. 10. 1969, in: Sitzungsberichte des Deutschen Bundestages, 6. Wahlperiode, 5. Sitzung, S. 21.
87 Ebenda, S. 21.
88 Allein die Gliederung der zweiten Regierungserklärung des Kabinetts Brandt/Scheel vom 18. 1. 1973 macht diese an der Organisation der Ministerien orientierte additive Teilpolitik deutlich: II Außenpolitik, III Sicherheits- und Entspannungspolitik, IV Deutschlandpolitik, V Wirtschaft und Finanzen, VI Agrarpolitik, VII Umwelt und Raumordnung, Städtebau und Verkehr, VIII Bildung und Forschung, IX Gesellschafts- und Sozialpolitik, X Staatliche Ordnung; vgl. dazu Regierungserklärung des zweiten Kabinetts Brandt/Scheel v. 18. 1. 1973, hrsg. vom Presse- und Informationsamt der Bundesregierung, Bonn 1973.
89 Vgl. Regierungserklärung v. 28. 10. 1969, a. a. O., S. 23.
90 Ebenda.
91 Ebenda.
92 Ebenda, S. 34.
93 Der Begriff der Reformen bzw. Reformvorhaben, der in den letzten Jahren Gegenstand heftiger politischer Auseinandersetzungen war, ist synonym mit Aufgabe oder auch Programm zu verwenden.

dung und Ausbildung, Wissenschaft und Forschung[94]) verbleibt in diesem additiven Rahmen.

1.3.2 Grundsätzliche Kritik an den Begriffen »Staat« und »Öffentlichkeit«

Da soeben dargelegt wurde, daß in der Rechtsprechung und Rechtswissenschaft sowie bei den Institutionen des politischen Systems der Bundesrepublik die Begriffe »staatliche« und »öffentliche« Aufgaben ohne Entwicklung hinreichender Kriterien am häufigsten verwendet werden, soll noch einmal die Fragwürdigkeit dieser Attribute herausgearbeitet werden.

Da der Staat im wissenschaftlichen Schrifttum operational definiert wird, ist der »Staat« meist eine relativ unbestimmte, analytisch wenig brauchbare Kategorie[95]. Für das von der deutschen Staatsrechtslehre geprägte dualistische Denken von Staat und Gesellschaft verbinden sich mit dem Begriff Staat Vorstellungen von den Aufgaben, die traditionell festgelegt sind auf die Rechtspflege, die Gewährleistung »öffentlicher« Sicherheit und Ordnung und auf Aufgaben der Wohlfahrt.

Bei der Erfüllung dieser »staatlichen« Aufgaben, – hier kommt nach Max Weber das »Monopol legaler physischer Gewaltanwendung«[96] zum Ausdruck – wird der »Staat« als eine eigenständige Willensmacht angesehen, die über allen gesellschaftlichen Gruppen steht[97].

Wenn man sich von der Vorstellung der Priorität oder Superiorität des Staates gegenüber der Gesellschaft löst[98] und somit der Zugang zu den immer komplizierter werdenden Aufgaben von Regierung und Verwaltung, der Koordinierung und Planung der Aufgaben und der »Politik durch effektive, demokratiegerechte Reformvorschläge«[99] geschaffen wird, muß der politische Entscheidungsprozeß als eine Einheit angesehen werden[99a].

---

94 Siehe Regierungserklärung vom 28. 10. 1969, a.a.O., S. 26.

95 Otto Mayer, Zur Geschichte des Wortes »Staat«, in: Die Welt der Geschichte, Bd. 10, 1950, und Paul Ludwig Weinacht, Staat, Studien zu Bedeutungsgeschichte des Wortes von den Anfängen bis ins 19. Jahrhundert, Berlin 1968.

96 Max Weber, Wirtschaft und Gesellschaft, Tübingen 1956, S. 76.

97 Waldemar Besson, Wandel im staatsrechtlichen und politischen Denken, in: Offene Welt 1965, S. 54 ff.

98 So ersetzt Niklas Luhmann den Ausdruck »Staat« oft durch den Ausdruck »politisches System«. Parlamente, Regierung, Gerichte, Verwaltung usw. sind dann Untersysteme des politischen Systems, Parteien und Interessenverbände usw. sind wichtige Institutionen der sog. »Input-Strukturen« des politischen Systems, die eben genannten Institutionen und die außerhalb des politischen Systems gelegenen Institutionen bilden zusammen das gesellschaftliche System. Vgl. Niklas Luhmann, Komplexität und Demokratie, in: PVS, 1969.

99 Karl Bracher, Staatsbegriff und Demokratie in Deutschland, in: PVS 1968, S. 24.

Durch Loslösung vom dualistischen Denken »Staat« versus »Gesellschaft« und in Anlehnung an das angelsächsische Demokratieverständnis[100] sollen im folgenden einmal das politische und das gesellschaftliche System als Entscheidungseinheit und zum anderen die Führungs-, Koordinierungs- und Lenkungsaufgaben des Governments (Regierung und deren Apparat) als integrierende Bestandteile des Gemeinwesens angesehen werden.

Die Regierung wird als Inbegriff der politischen Führung begriffen, die in einem engen Bezugssystem mit anderen gesellschaftlichen Institutionen des Willensbildungsprozesses steht. Mit der begrifflichen und inhaltlichen Verschmelzung von »Staat« und »Gesellschaft« wird deswegen die getrennte Wahrnehmung ihrer Aufgaben nicht aufgehoben.

Schon oben wurde auf die Problematik des Begriffs der »Öffentlichkeit« hingewiesen, da die Medien eine Entwicklung der Information aus »zweiter Hand« begünstigt haben, die zur Aufhebung der individuellen Bezugssysteme führt und es kaum noch möglich macht, eine Grenze zwischen öffentlichem und Individualbereich zu ziehen.

Durch die zunehmende Interdependenz zwischen den traditionellen »öffentlichen« Aufgaben und dem sogenannten »privaten« Bereich haben die »öffentlichen« Maßnahmen Auswirkungen auf den »privaten« Bereich und umgekehrt[101]. Die Frage nach der Zulässigkeit der Verwendung des Begriffs »Öffentlichkeit« muß an der ursprünglichen demokratischen Überzeugung anknüpfen, daß jede Herrschaft, die Menschen über Menschen ausüben, »öffentlich« oder

---

99a Der Staatsrechtler Forsthoff erkennt zwar die enge Verflechtung der »Funktionen des Staates mit den gesellschaftlichen Vorgängen« an, hält aber die Trennung von Staat und Gesellschaft nach wie vor für sinnvoll, ohne dafür überzeugende Unterscheidungsmerkmale zu liefern. Für die Begründung der weiteren Gültigkeit dieses dualistischen Grunddenkmusters in der modernen Industriegesellschaft werden entweder Leerformeln wie »die Unterscheidung von Staat und Gesellschaft ... bezeichnet das fundamentale Strukturelement der Staatlichkeit« oder Selbstverständlichkeiten angeführt, daß der Staat »die der Gesellschaft nicht zugänglichen Möglichkeiten« habe, »kraft seiner Hoheit Mittel aufzubringen und Wirtschaftsabläufe zu steuern«. Vgl. Ernst Forsthoff, Der Staat der Industriegesellschaft, dargestellt am Beispiel der Bundesrepublik Deutschland, München 1971, S. 21 ff.

100 Die angelsächsische Demokratie kennt einen derartigen Gegensatz zwischen Staat und Gesellschaft nicht, sondern hat ihn nur funktional verstanden.

101 Daß gerade das Versagen finanzpolitischer Maßnahmen der Regierung gegenüber hohen Inflationsraten, sowie die Angst vor der Arbeitslosigkeit zu besonderen »familiären« Belastungen führten, geht aus einer im Auftrag des »Spiegel« vom Allensbacher Institut für Demoskopie im März/April 1974 durchgeführten Umfrage hervor, wonach sich die Befragten – die ihren eigenen Standort als die »Mitte« bezeichneten – zu folgenden politischen Problemen sehr oder häufiger besorgt äußerten: Zum Preis 89 %, zur Arbeitslosigkeit 57 %, zu Gewalt und Terror 53 %, zu weltweiter Wirtschaftskrise 47 %. Vgl. dazu Der Spiegel vom 15. 4. 1974, S. 38 ff. Umgekehrt nahmen z. B. führende Sozialdemokraten verstärkt Rücksicht auf die durch Forderungen nach »Verstaatlichung«, »Enteignung« u. a. persönlich verunsicherten Wähler der Mitte. So wies Bundeskanzler Brandt bei seiner »Informationsreise« durch Niedersachsen im April 1974 darauf hin, daß die SPD das im Godesberger Programm enthaltene Eigentum an Produktionsmitteln garantiere; die unter bestimmten Voraussetzungen erforderliche Sozialisierung im Godesberger Programm wurde dagegen nicht erwähnt.

unter »öffentlichen« Bedingungen ausgeübt werden muß, damit noch ein gewisser individueller Bereich gesichert bleibt.

Es ist zwar mit den Instrumenten der bürgerlichen Demokratie gelungen, den Entscheidungsprozeß der Regierungsinstitutionen (auf die Ministerialbürokratie trifft das, wie noch untersucht werden muß, nur begrenzt zu) einigermaßen unter Kontrolle zu bringen, die Entscheidungen über Aufgaben im wirtschaftlichen Bereich mit gesellschaftlichen Auswirkungen sind dagegen weitgehend einer demokratischen Kontrolle entzogen[102].

Den ursprünglichen Demokratievorstellungen entsprechend, müßte potentiell zu »öffentlichen« Aufgaben erklärt werden, was in der Praxis eine irgendwie geartete Machtausübung darstellt, was also Menschen zu einem Tun oder Unterlassen zwingt. Damit kann aber die bisherige Trennung in Staat und Wirtschaft bzw. Gesellschaft nicht mehr aufrechterhalten werden, zumal sich in der hochindustrialisierten Gesellschaft eine enge Verflechtung zwischen der »Technostruktur der Großunternehmen« und den über große Wirtschaftsförderungsmittel verfügenden Regierungsinstitutionen entwickelt hat[103].

Deshalb stehen sich nicht »Staat« und Wirtschaft gegenüber, sondern sich gegenseitig bedingende Aufgaben der Regierungsinstitutionen[104] des politischen Systems und »private« Aufgaben[105] in der Wirtschaft, sowie umgekehrt Aufgaben der Wirtschaft und private Aufgaben im Regierungssystem.

Diese Betrachtungsweise der Aufgabenerfüllung und unterschiedlicher Aufgabenträger löst sich von der früheren willkürlichen und die Interdependenzen der Aufgaben nicht berücksichtigenden Grenzziehung und rückt die aufgabenorientierten Bedingungen in den Vordergrund.

Von der alten Unterscheidung zwischen »öffentlich« und »privat« kann soweit nur das Postulat übrig bleiben, Bedingungen zu schaffen, die jedem Bürger möglichst viel individuelle Entfaltung gewährleisten.

---

102 Die Entscheidungen über die Preis- und Mengenpolitik der Mineralölkonzerne und ihre undurchsichtigen grenzüberschreitenden Transaktionen während der Energieversorgungskrise zur Jahreswende 1973/1974 machte dies besonders deutlich.

103 John K. Galbraith, Die moderne Industriegesellschaft, München/Zürich 1968, S. 419 f.; so ist z. B. die deutsche Flugzeugindustrie, deren Kapital vorwiegend wenigen Großaktionären wie Messerschmitt, Blohm, Bölkow, Flick u. a. gehört, zu 80-90 % von Aufträgen des Bundesverteidigungsministeriums abhängig.

104 Die wesentlichen am Regierungsprozeß beteiligten Regierungsinstitutionen des Bundes sollen im Rahmen dieser Arbeit die Bundesregierung sowie deren Apparat umfassen. Bundestag und Bundesrat als weitere wesentliche Regierungsinstitutionen werden hier nicht weiter untersucht.

105 Die Abgrenzung der privaten von den Regierungsaufgaben wird willkürlich sein müssen; so wird beispielsweise die Einladung wichtiger politischer Verhandlungspartner in ein Privathaus i. V. m. bedeutenden Gesprächen sicher den Rahmen der privaten Aufgabe sprengen, während z. B. ein Kleinaktionär mit Aktien weniger Unternehmen eine private Aufgabe damit wahrnimmt, die Kursentwicklung seiner Aktien zu verfolgen. Für einen Großaktionär dagegen wird seine Aufgabe der Verfolgung der Kursentwicklung wegen seiner starken Einflußnahme auf die gesamte Wirtschaftsentwicklung kaum noch als private Aufgabe bezeichnet werden können.

Unter dieser Voraussetzung[106] ist es sinnvoll, zwischen einem individuellen und dem gesellschaftlichen Bereich zu unterscheiden. Zum gesellschaftlichen Bereich gehören dann neben den gesellschaftlichen Gruppen die Parteien, die Interessenverbände, die Unternehmungen der Wirtschaft, die Medien, die Regierungsinstitutionen von Bund, Ländern und Gemeinden sowie deren Verwaltungsapparat usw.

Der Abbau sprachlicher Barrieren, die mit den Attributen »öffentlich« und »privat« verbunden sind, eröffnet den Zugang zur Frage, inwieweit relevante »öffentliche« Aufgaben bisher mit dem Hinweis auf die Privatsphäre, die es zu schützen gelte, nicht zur Diskussion gestellt wurden; gesellschaftlich relevante Aufgaben wurden der vermeintlichen »öffentlichen« Zuständigkeit entzogen und somit zum Tabu erklärt (z. B. die Investitionskontrolle und -lenkung[107] oder die Sozialisierung der Grundstoffindustrie in der »freien« Privatwirtschaft).

Die vielfältigen interdependenten »öffentlichen« Aufgaben sind längst zu den gesellschaftlichen Bedürfnissen, die nach bürgerlichen Demokratievorstellungen »privat« zu befriedigen sind, hin offen und von ihnen nicht mehr eindeutig abgrenzbar.

Unter diesem Aspekt lenkt der Begriff der »öffentlichen« Aufgaben von der tatsächlichen Verflechtung zwischen den Funktionen und Aufgaben der Regierungsinstitutionen und denen der übrigen Gesellschaft ab. Das Attribut »öffentlich« im Zusammenhang mit den Aufgaben, die eine Gesellschaft zu planen und zu erfüllen hat, hat hiermit einen »ausgesprochenen Verhüllungscharakter«[108].

Im folgenden sollen deshalb die Aufgaben im hier zu behandelnden Regierungssystem genau dem Aufgabenträger zugeordnet werden, der die Aufgaben entweder wahrnimmt oder plant bzw. wahrzunehmen hat oder zu planen hat, also z. B. die Aufgaben der Bundesregierung, des Bundestags oder Bundesrats.

---

106 Thomas Ellwein, Regierung und Verwaltung, Teil I: Regierung als politische Führung (Zitierweise: Regierung), Stuttgart–Berlin–Köln–Mainz 1970, S. 85 ff.

107 Der Chef der Planungsabteilung im Bundeskanzleramt, Albrecht Müller, wies in einem Vortrag vor dem Bundesverband der Deutschen Industrie auf das Problem hin, daß die Lenkung der Investitionen bisher weitgehend tabuisiert wurde oder als radikale Forderung der Jusos abgetan wurde. Vgl. Albrecht Müller, Aufgabenplanung in der Regierungsarbeit, Vortrag vor dem BDI am 7. 11. 1973, S. 3 ff.

108 Vgl. Thomas Ellwein, Regierung, S. 86.

1.3.3 Versuch einer Definition wesentlicher Aufgaben

Um zu einer hinreichenden Begriffsbestimmung der Aufgaben zu kommen, kann man empirisch vorgehen und feststellen, wie der politische und gesellschaftliche Entscheidungsprozeß faktisch verläuft[109] oder man bestimmt normativ, welche Erfordernisse an die Aufgabenplanung oder Aufgabenerfüllung durch bestimmte Aufgabenträger zu knüpfen sind. Bevor aber versucht wird eine Begriffsbestimmung der Aufgaben vorzunehmen, sollen als Voraussetzungen – skizzenhaft in Anlehnung an die betriebswirtschaftliche Entscheidungstheorie als Modell – der herkömmliche Entscheidungsprozeß, die sich daraus ergebenden Gliederungskriterien der Aufgaben und die Notwendigkeit seiner Erweiterung behandelt werden.

1.3.3.1 Der herkömmliche Entscheidungsprozeß

Eine begriffliche Bestimmung der Aufgaben knüpft zweckmäßigerweise an die zahlreichen Verrichtungen oder Teilaufgaben an, die im Laufe des Entscheidungsprozesses anfallen.

Der Entscheidungsprozeß stellt die Entwicklung der Willensbildung im Zeitablauf dar. Das Merkmal sog. »echter« Entscheidungen ist der rationale Vollzug des Entscheidungsprozesses, dem im Gegensatz zu sog. »Routineentscheidungen« planende Überlegungen vorausgehen[110].

Der Entscheidungsprozeß zur Lösung echter Wahlprobleme vollzieht sich in mehreren Phasen:

»– der Anregungsphase,
– der Suchphase und
– der Optimierungsphase[111]«.

Der Entscheidungsprozeß beginnt in der Anregungsphase mit der Feststellung eines Entscheidungs- bzw. Wahlproblems (z. B. zunehmende Gefährdung der Umwelt), das in einer anschließenden Ursachenanalyse geklärt werden muß. Um die Lösung des Entscheidungsproblems einleiten zu können, müssen Anregungs- bzw. Initialinformationen gewonnen und präzisiert werden.

In der anschließenden Suchphase, die der Beschlußfassung vorausgeht, sind vor allem

– die möglichen Alternativen ausfindig zu machen (z. B. kommen als Maßnahmen gegen Luftverschmutzung und Lärmbelästigung in Frage: Förderung eines

109 Diese Methode soll im folgenden Aufgaben- und Finanzsystem angewendet werden.

110 George Katona, Psychological Analysis of Economic Behavior, New York 1951, S. 45 ff.

111 Edmund Heinen, Das Zielsystem der Unternehmung, Grundlagen betriebswirtschaftlicher Entscheidungen, Wiesbaden 1966, S. 19 ff.

attraktiven innerstädtischen Nahverkehrs, Unterstützung der Erfindung eines Elektromotors, Einführung einer Geschwindigkeitsbegrenzung oder eines partiellen Fahrverbots, Erhöhung der Mineralölsteuer usw.),

– die begrenzenden Daten (sog. Datenkranz) zu berücksichtigen (z. B. Verfassungsnormen, internationale Verträge, zur Verfügung stehende Finanzmittel u. a.) und

– die zugrundeliegenden Zielsetzungen zu präzisieren (z. B. soll mit den Umweltschutzmaßnahmen eine »höhere« Lebensqualität in einem bestimmten Zeitraum in Form von mehr Erholungsgebieten, ruhigeren Wohnanlagen, chemieärmeren Nahrungsmitteln usw. erreicht werden).

Um sich für eine bestimmte Alternative zu entscheiden, müssen vorher die wesentlichen Konsequenzen sämtlicher Alternativen prognostiziert werden (z. B. bringt die Einführung der Geschwindigkeitsbegrenzung die Vorteile des Rückgangs der Unfälle, die Ersparnis an Energie, die Reduzierung des Lärms u. a., aber die Nachteile des Beschäftigungsrückgangs in der Autoindustrie, die Einengung persönlicher Freiheit usw.).

In der Optimierungsphase, in der der Willensbildungsprozeß beendet wird, sind die Alternativen bezüglich der erwarteten Zielerfüllung in eine Rangfolge zu bringen; es wird diejenige Alternative gewählt, die die Zielsetzung nach dem Präferenzsystem des Entscheidungsträgers am besten erfüllt.

Nach dem Wahlakt (Entscheidung) schließt sich dem Willensbildungsprozeß der Prozeß der Willensdurchsetzung an, in dem die gewählte Alternative zu realisieren ist[112].

Dabei sind alle Anweisungsinformationen zusammenzustellen und an die ausführenden Organe[113] (z. B. Verwaltungen) weiterzuleiten, um die Realisierung der Entscheidung zu gewährleisten. Durch ständige Kontrolle des Durchsetzungsprozesses werden sog. Kontrollinformationen gewonnen.

Abweichungen zwischen Plan- und Kontrollwerten liefern Revisionsinformationen, die dann einen neuen Entscheidungsprozeß auslösen (Rückkoppelungsprozeß).

---

112 Die Prozesse der Willensbildung und Willensdurchsetzung werden in der Literatur vielfach zusammengefaßt. Vgl. dazu K. Bleicher, Zur Zentralisation und Dezentralisation des Entscheidungsprozesses in der Unternehmungsorganisation, in: Organisation und Rechnungswesen, Festschrift für Erich Kosiol, E. Grochla (Hrsg.), Berlin 1964, S. 131 ff.

113 Weiter unten wird die vielfach unbefangene entscheidungstheoretische Vorstellung noch zu untersuchen sein, daß zwischen der Wahrnehmung politischer Zielsetzungen (Direktiven) und deren Durch- oder Ausführung präzise getrennt werden könne.

1.3.3.2 Das Planungs-Programmierungs-Budgetierungssystem (PPBS) als Weiterentwicklung des herkömmlichen Entscheidungsprozesses

Das vom amerikanischen Management entwickelte und von der Sozialwissenschaft übernommene Planungs-Programmierungs-Budgetierungssystem (PPBS)[114] hat als Organisationstypus den herkömmlichen Entscheidungsprozeß insofern weiterentwickelt, als

– dem bisherigen Willensbildungsprozeß vor allem eine Phase der Aufgaben- bzw. Zielplanung vorgeschaltet wird und

– zur Realisierung der Aufgaben Programmalternativen erarbeitet werden, für die Kosten-Nutzen-Analysen durchgeführt werden.

Das PPBS ist auf Ziele und auf den Output der von den Regierungsinstitutionen oder deren Apparat durchgeführten oder veranlaßten Aktivitäten ausgerichtet. Das Orientierungsmuster des PPBS integriert den Aufgabenkatalog in den Planungsprozeß. Das PPBS umfaßt skizzenhaft vier Planungsphasen:

– Die Phase der Planung: Auf der Grundlage einer von Wissenschaftlern oder Beamten erarbeiteten mittel- und langfristigen Prognose der Aufgaben, mit denen die Gesellschaft zu rechnen hat, legt das zentrale politische Führungsorgan – nach dem repräsentativen Demokratietypus im politischen System der BRD die Bundesregierung – vorläufige Prioritäten der gesellschaftlichen Aufgaben fest.

– Die Phase der Programmierung: Zur Realisierung der Aufgaben werden alternative Programme entwickelt und nach Kosten und Nutzen analysiert[115]. Durch diese Vorarbeiten der Experten wird die Bundesregierung in den Stand gesetzt, bestimmte Programme auszuwählen und dafür spezifische Programmstrukturen ausarbeiten zu lassen. Die Programmanalysen können – durch Rückkoppelung in Phase 1 – zu einer Modifizierung des gesellschaftlichen Aufgabenkatalogs führen.

– Phase 3 und Phase 4 umfassen die Budgetierung und die Erfolgskontrolle.

---

114 Allen Schick, The Road to PPB, The Stages of Budget Reform, in: Lyden/Miller (Ed.) Planning, Programming, Budgeting: A Systems Approach to Management, Chicago 1967, S. 27.

115 D. Brümmerhoff, Das Planning-Programming-Budgeting-System (PPBS), in: FA, Bd. 29, 1970, S. 65; Carl Böhret, Das PPBS als zukunftsorientierte Entscheidungshilfe für die Regierung, in: Ronge/Schmiege (Hrsg.), Politische Planung in Theorie und Praxis, München 1971, S. 108.

1.3.3.3 *Entscheidungstheoretische Gliederungskriterien der Aufgaben*

Die im Zuge eines Entscheidungsprozesses anfallenden Verrichtungen bzw. Teilaufgaben[116] können aufgabenanalytisch nach folgenden Kriterien[117] unterschieden werden:

– Das Kriterium des Objekts:

Im Entscheidungsprozeß sind einmal die verschiedenen Alternativen, aber auch die Gebiete, auf die sich die Aufgaben beziehen (Aufgaben, die die Wirtschaft und den Raum betreffen; Aufgaben, die das Organisationsinstrumentarium betreffen[118]), die Objekte des Wahlproblems.

– Das Kriterium des Ranges:

Nach diesem Merkmal wird zwischen Entscheidungsaufgaben, denen zahlreiche Vorbereitungsaufgaben der Verwaltung vorausgehen, und Durchführungsaufgaben unterschieden: Wenn die Bundesregierung als das »zentrale politische Führungsorgan« verstanden wird, ist es die Pflicht der Bundesregierung, sich für bestimmte politische Schwerpunkte zu entscheiden (Entscheidungsaufgabe), während die Durchführungsaufgaben auf der Grundlage politischer Direktiven den Ministerialbeamten der Verwaltung zugewiesen werden.

– Das Kriterium der Phase der Aufgabenerfüllung:

Bei dem für die Bestimmung der Aufgaben im Regierungssystem wohl wichtigsten Kriterium wird in Planungs-, Programmierungs-, Budgetierungs-, Realisierungs- und Kontrollaufgaben untergliedert. Im Sinne des PPBS hat die Bundesregierung auf der Grundlage der von der Wissenschaft oder der Verwaltung alternativ prognostizierter Aufgaben eine Entscheidung nach ihrem Präferenzsystem über die Rangfolge zu planender und zu finanzierender Aufgaben zu treffen (Planungs- und Budgetierungsaufgabe). Die Aufstellung der Programme, also die Programmierungsaufgabe, wird vorrangig von den Ministerien – in einem ressortübergreifenden Verbundsystem – zu erfüllen sein. Die Realisierungs- und Kontrollaufgaben fallen dann zuvörderst dem Minister und der Ministerialbürokratie zu. Das Kriterium der Phase macht als einziges Merkmal für die

---

116 Erich Kosiol, Organisation der Unternehmung, Wiesbaden 1962, S. 42 ff. und Heinrich Acker, Organisationsstruktur, in: Organisation, TFB-Handbuch-Reihe, 1. Bd., E. Schnaufer und K. Agthe (Hrsg.), Berlin und Baden-Baden 1961, S. 119 ff.

117 Peter Vischer, Simultane Produktions- und Absatzplanung, Rechnungstechnische und organisatorische Probleme mathematischer Programmierungsmodelle, Wiesbaden 1967, S. 72 ff.

118 Die von Thomas Ellwein entwickelte Aufgabensystematik ist deshalb einseitig, weil für die Aufgabenbestimmung vorrangig das Kriterium des Objekts gewählt wird. Ellwein stellte folgende Grobgliederung der Aufgaben auf:
1. Aufgaben der Politik, die den Bürger unmittelbar und damit auch die Ordnung der Gesellschaft betreffen.
2. Aufgaben der Politik, die Raum und Wirtschaft betreffen.
3. Aufgaben der Politik, die das für die öffentlichen Aufgaben notwendige Instrumentarium betreffen.
Vgl. Thomas Ellwein, Einführung, S. 36.

Bestimmung der Aufgaben eine Aussage über den reaktiven oder zukunftsvorausschauenden (antizipatorischen) Charakter der Politik.

– Das Kriterium der Mittel-Zweck-Beziehung:

Die Aufgaben werden hier danach geordnet, inwieweit sie »Mittelcharakter«[119] für die Verwirklichung übriger Aufgaben haben. So sind im Fall der Umweltschutzmaßnahmen die Unteraufgaben (z. B. Senkung des Bleigehalts im Benzin) ein Mittel zur Erfüllung der Zwischenaufgabe (z. B. Programm zur Luftreinhaltung[120]). Die Zwischenaufgabe dient wiederum als Mittel zur Erreichung der Oberaufgabe (z. B. »höhere Lebensqualität«). Jeder Versuch, bestimmte Aufgaben als Zwischen- oder schon als Oberaufgabe zu charakterisieren, wird willkürlich sein und jede »eindeutige« Abgrenzung muß somit fehlschlagen[121]. Dieses Kriterium macht allerdings keine Aussage über den reaktiven oder den antizipatorischen Charakter der Politik.

– Das Kriterium des Präferenzsystems des Entscheidungsträgers:

Hier wird zwischen Hauptaufgabe (Primäraufgabe) und Nebenaufgabe (Sekundäraufgabe) unterschieden. Für den Entscheidungsträger wird ein Handlungsziel dann zur Hauptaufgabe, wenn er nach seinem Präferenzsystem einer Alternative ein höheres Gewicht beimißt als den anderen Alternativen.

– Das Kriterium der Zeit:

Dieses Kriterium gruppiert die Aufgaben in lang-, mittel- und kurzfristige Aufgaben. Den Ansprüchen des PPBS entsprechend ist die Bundesregierung die Regierungsinstitution, die letztlich über die langfristige Aufgabenplanung, über die mittelfristige Programmplanung und Finanzplanung und die kurzfristige Budgetierung zu entscheiden hat.

1.3.3.4 Der Versuch einer Typologie wichtigster Aufgaben der Regierungsinstitutionen

Da die Festlegung der Aufgabenschwerpunkte und die Auswahl der Programme sowie die Aufgabenerledigung durch die Regierungsinstitutionen des Bundes und deren Verwaltungsapparat empirisch im nächsten Kapitel untersucht werden, sollen nach der Abgrenzung der Aufgaben von den Funktionen im folgenden die

119 So kommt beispielsweise in den Inhalten der Rahmenpläne für die Gemeinschaftsaufgaben des Art. 91a Abs. 1 GG die Mittel-Zweck-Beziehung zum Ausdruck. Danach sind Bund und Länder verpflichtet, Zielprojektionen für die Gemeinschaftsaufgaben zu schaffen, einen Maßnahmenkatalog mit Zeitplan zur Realisierung der Ziele aufzustellen und klare Aussagen über die Finanzierung zu machen. Vgl. dazu das Gesetz über die Gemeinschaftsaufgaben Ausbau und Neubau von wissenschaftlichen Hochschulen vom 1. 9. 1969 (BGBl. I S. 1556).

120 So kann in etwa bestimmt werden, daß die in der Regierungserklärung vom Januar 1973 genannten Aufgaben der Mitbestimmung, der Vermögensbildung und des Bodenrechts zur Verwirklichung des Regierungsprogramms als Oberaufgabe anzusehen sind.

121 Siehe die Programmstruktur der Übersicht 13.

wichtigsten Aufgaben[122] des Regierungssystems vorwiegend normativ definiert werden:

– Unterscheidung zwischen Aufgabe und Funktion:

Die Hauptbedeutung des Begriffs »Funktion« ist eine meist genau eingegrenzte Beschäftigung oder Tätigkeit (manchmal auch das Innehaben eines Amtes).

Eine Aufgabe kann mehr als Ziel oder Zweck verstanden werden, die in der Regel für längere Zeit Bestand hat, während Funktionen je nach Verfahrensweise wechseln können.

»Unter Aufgaben sind Zielsetzungen für zweckbezogene menschliche Handlungen (Handlungsziele) zu verstehen. Sie bedeuten ein gesetztes (aufgegebenes) Soll, das zu verwirklichen ist[123].«

– Politische Aufgaben

sind solche Handlungsziele, die die Amtsinhaber von Regierungsinstitutionen aufgrund ihres befristeten Mandats im Sinne des Leitens (sie nehmen Entscheidungsaufgaben wahr), des Ordnens (sie bringen die Aufgaben in eine Rangfolge) und des Gestaltens[124] (sie erfüllen Planungsaufgaben durch Festlegung politischer Schwerpunkte) zu verwirklichen suchen.

– Regierungsaufgaben

sind diejenigen Handlungsziele, die die Regierung aufgrund ihres befristeten politischen Gestaltungsmandats (Aufgabenkriterium des Ranges) auf der Grundlage als »relevant« prognostizierter Aufgaben nach ihrem dominanten Präferenzsystem (Aufgabenkriterium des Präferenzsystems) als Aufgabenschwerpunkte im Sinne der Aufgabenplanung festlegt (Aufgabenkriterium der Phase). Nach Erarbeitung alternativer Programme in Verbindung mit Kosten-Nutzen-Analysen durch Experten muß die Regierung zur Realisierung der Aufgaben Programme (Aufgabenkriterium der Mittel-Zweck-Beziehung und des Objekts) nach ihren Zielvorstellungen auswählen (Aufgabenkriterium des Präferenzsystems und des Ranges), also politische Direktiven erlassen (Aufgabenkriterium des Ranges). Außerdem muß die Regierung einen Zeitplan für die Durchführung der Aufgaben und darauf ausgerichteten Programme aufstellen (Aufgabenkriterium der Zeit) und durch Kontrollinformationen (Aufgabenkriterium der Phase) über den Rückkoppelungsprozeß eventuell den Aufgabenkatalog modifizieren.

– Verwaltungsfunktionen bzw. Verwaltungsaufgaben

sind in der »Ordnungsverwaltung«[125] der Vollzug von Gesetzen sowie die Kontrolle der Einhaltung solcher Vorschriften, in der »Dienstleistungsverwaltung«

---

122 Die oben behandelte Fragwürdigkeit der Attribute »staatlich« und »öffentlich« im Zusammenhang mit den Aufgaben erübrigt eine Definition »staatlicher« und »öffentlicher« Aufgaben.

123 Erich Kosiol, Grundlagen und Methoden der Organisationsforschung, Berlin 1959, S. 22.

124 Vgl. dazu Heinz Laufer, Das föderative System der Bundesrepublik Deutschland, München 1973, S. 89.

125 Thomas Ellwein, Einführung, S. 117 ff.

die Vorbereitung gesellschaftlicher Aufgaben aufgrund gesetzlicher und politischer Weisungen und die Verwirklichung dieser Aufgaben,
in der »wirtschaftenden Verwaltung« die technisch funktionale Erledigung der Einnahmen und Ausgaben sowie des Vermögens des Fiskus,
in der »Organisationsverwaltung« die Einrichtung der Verwaltung und die Anstellung, Betreuung und die Beaufsichtigung des Personals (Verwaltungsreformausschlüsse, Personalabteilung, Kanzleien u. a.) und
in der »politischen Verwaltung« die Erarbeitung alternativer politischer Zielsetzungen und Programme als Entscheidungshilfen für die politische Führung.
Je mehr sich die Tätigkeiten der Verwaltung auf die Erledigung der anfallenden Verrichtungen beschränken (kurzfristig orientierte Handlungen) und je intensiver die politischen Direktiven zu beachten sind, um so mehr liegen Verwaltungsfunktionen (Verwaltungsaufgaben i. e. S.) vor. Umgekehrt werden um so eher Verwaltungsaufgaben wahrgenommen, je mehr politische Zielsetzungen der Beamten in den politischen Entscheidungsprozeß einfließen (mittel- und langfristige Orientierung administrativer Handlungen).

– Regierungsinstitutionelle[126] Aufgaben
sind also alle Regierungs- und Verwaltungsaufgaben zusammengenommen[127], da im modernen Regierungssystem eine klare Abgrenzung der Aufgabenwahrnehmung der Bundesregierung von der der Ministerialbürokratie, wer also faktisch die Entscheidungsträger der Aufgaben- und Programmplanung, der Aufgabenerledigung und der Aufgabenkontrolle sind, nicht gelingt.

– Gemeinschaftsaufgaben i. e. S. (Art. 91 a GG)
sind solche Aufgaben von Bund und Ländern, die nach der Aufgabenverteilung des Art. 30 GG eigentlich Aufgaben der Länder sind, die aber für die Gesamtheit bedeutsam sind und bei denen die Mitwirkung des Bundes zur Verbesserung der Lebensverhältnisse erforderlich ist.

– Querschnittsaufgaben
sind die Handlungsziele, deren Planung, Durchführung und Kontrolle mehrere Regierungsebenen umfassen (z. B. wirkt eine Regierungsinstitution des Bundes auf zahlreiche Handlungen anderer Verwaltungen des Bundes, aber auch der Länder oder auf ganze Bereiche der Bundes- und Landesverwaltungen – beispielsweise konjunkturpolitische Maßnahmen – ein; wichtigste Beispiele sind die Aufgaben der Raumordnung und der Berücksichtigung des gesamtwirtschaftlichen Gleichgewichts).

---

126 Im Rahmen dieser Arbeit sollen darunter die Regierungsinstitutionen im engeren Sinne, also die Bundesregierung und ihr Apparat verstanden werden, während andere wesentliche Regierungsinstitituionen wie z. B. der Bundestag und der Bundesrat außer acht gelassen werden.

127 Da aufgrund der vielfältig zu erfüllenden und interdependenten Aufgaben im Regierungssystem nur schwer auszumachen ist, wer im Willensbildungsprozeß in der Bundesregierung und in ihrem Apparat die politischen Zielsetzungen bestimmt, ist eine Trennung der Aufgaben nach verschiedenen Aufgabenträgern willkürlich und damit unmöglich.

2. Das Aufgaben- und Finanzsystem der Bundesregierung im politischen System der Bundesrepublik Deutschland

Während im ersten Abschnitt das Aufgaben- und Finanzsystem speziell der Bundesregierung zu untersuchen sein wird, sollen daran anschließend die Schwierigkeiten der Wahrnehmung und die Entwicklung zur Erweiterung der Regierungsaufgaben und ihrer Finanzierung im föderativen System behandelt werden.

Es wird zunächst danach zu fragen sein, inwieweit das Grundgesetz einen Aufschluß über die grundlegenden Aufgaben der Bundesregierung gibt, oder ob es nur einen Organisationsrahmen darstellt, der nach unterschiedlichen politischen Zielsetzungen ausgefüllt werden kann.

Da die Wahrnehmung der Aufgaben durch die Bundesregierung unter den Aspekten der in der Verfassungsordnung und politischen Praxis der Bundesrepublik vorherrschenden repräsentativen Demokratie zu sehen ist, ergeben sich daraus verschiedene Regierungsaufgaben bezüglich der Erhaltung und Weiterentwicklung des politisch-sozialen Systems der Bundesrepublik.

Es wird aufzuzeigen sein, daß nach dem tradierten politischen Bewußtsein in Deutschland die Aufgaben der politischen Führung auf den »staatlichen« Bereich begrenzt werden, und welcher Widerspruch darin liegt, der Bundesregierung zwar »unbegrenzte« Aufgaben zuzusprechen, ihre Führungsaufgaben aber zugleich immer auf die herkömmlichen »staatlichen« Tätigkeiten einzuengen.

Anhand der Entwicklung und des Handlungsspielraums für zukünftige gesellschaftlich relevante Aufgaben soll dargelegt werden, mit welchen neuen Aufgaben und welcher Finanzierung die Bundesregierung in den nächsten Jahren zu rechnen hat und welche politische Rolle der Apparat der Bundesregierung in Form der Ministerialbürokratie bei der Planung, Durchführung und Kontrolle der Aufgaben spielt.

Die Finanzpolitik der Bundesregierung, die bisher, wenn von der mehrjährigen Finanzplanung abgesehen wird, mehr reaktive Haushaltspolitik war, soll vorrangig den Willensbildungsprozeß der Aufstellung des Haushaltsplanentwurfs behandeln. In diesem Zusammenhang werden die Kriterien aufzuzeigen sein, nach welchen Merkmalen über die Finanzierung wichtiger gesellschaftlicher Aufgaben entschieden wird und welchen politischen Einfluß der Bundesfinanzminister als der für die Finanzpolitik der Bundesregierung verantwortliche Fachminister auf die regierungsinstitutionelle Aufgabenwahrnehmung ausübt. Anschließend sollen als Beweis für die reaktive Haushaltspolitik die zahlreichen Mängel der einjährigen Budgetpolitik der Bundesregierung zusammenfassend dargelegt werden. Außerdem wird die Frage zu untersuchen sein, welchen Einfluß die seit Ende 1973 veränderten ökonomisch-politischen Bedingungen auf den Charakter der Finanzpolitik der Bundesregierung ausgeübt haben.

Der Abschnitt über die Regierungsaufgaben im föderativen Finanzsystem soll vor allem auf die Schwierigkeit, aber auch auf die Chancen eingehen, die sich für die Bundesregierung aus ihrer Aufgabenbewältigung und Aufgabenvermehrung in der föderativen Organisationsstruktur der Bundesrepublik ergeben.

Besonders schwierig gestaltet sich für die Bundesregierung die ordnungspolitisch so wichtige Stabilisierungsaufgabe im föderativen System mit den zahlreichen politischen Organisationseinheiten, die vielfach das stabilitätspolitische Bemühen der Bundesregierung durch eine entgegengesetzte Ausgabenpolitik erschweren.

Seit der verfassungsrechtlichen Festlegung des Beteiligungsverhältnisses an der Einkommens- und Körperschaftssteuer hat sich zwischen Bund und Ländern der periodische Steuerstreit auf die Umsatzsteuerverteilung verlagert, in dem der Bundesregierung durch die Variation jedes Prozentpunktes eine halbe Milliarde DM zuwachsen oder verlorengehen, womit gesellschaftlich wichtige Aufgaben entweder erfüllt oder nicht in Angriff genommen werden können.

Abschließend soll anhand der Gemeinschaftsaufgaben und der Finanzhilfen des Bundes dargestellt werden, an welchen gesellschaftlich bedeutsamen Aufgaben die Bundesregierung durch ihre Finanzierung mitwirkt, und inwieweit diese »gemeinschaftlichen« Aufgaben zu einem Aufgabenzuwachs vornehmlich der Ministerialbürokratie des Bundes geführt haben.

2.1 AUFGABEN- UND FINANZPOLITIK[1] DER BUNDESREGIERUNG

Um die Art und den Umfang der Aufgaben der Bundesregierung sowie die Auseinandersetzung um deren Finanzierung begründen zu können, ist von unterschiedlichen repräsentativen Demokratievorstellungen auszugehen.

Im repräsentativen Demokratiemodell[2] wird die Übertragung der Repräsentationspotenz aller Wähler auf die Repräsentanten[3] (Amtsinhaber politischer Institutionen) mit dem Ziel postuliert, für eine befristete Zeit eine »handlungsfähige« Regierung zu bekommen, die zumindest für eine Wahlperiode relativ unabhängig vom »Volkswillen«[4] die bestehenden Aufgaben erledigen und neue Aufgabenschwerpunkte setzen kann. In diesem Demokratietypus wird primär von der Regierung, weniger von den sich ständig wandelnden Bedürfnissen der Bürger her gedacht[5]. Die eigentliche Führungsinstitution des politischen Systems ist also die Regierung, deren »effiziente« Aufgabenerfüllung gewährleistet sein muß.

Die Aufgaben der Bundesregierung werden wiederum unter verschiedenen Aspekten der repräsentativen Demokratie zu untersuchen sein:

Zum einen soll die Aufgabenzuweisung an die Bundesregierung aus den formalen Strukturen des Systems, also aus den rechtlichen Führungs- und Leitungspositionen abgeleitet werden. Hier wird der Akzent auf die Überlebensfähigkeit des Systems und auf die politischen Instanzen gelenkt, die durch politische Wahl in Ämter bestellt und mit verfassungsmäßig klar abgegrenzten Führungsaufgaben ausgestattet sind.

---

1 Die Finanzpolitik der Bundesregierung und ihres Apparats umfaßt alle jene Programme, Vorhaben und Maßnahmen, die durch die Variabilität des Ausgabenvolumens und der Ausgabenstruktur des Bundeshaushalts bestimmte wirtschafts- und gesellschaftspolitische Aufgaben bzw. Ziele zu erreichen suchen. Dazu sind sowohl konjunktur- und wachstumspolitische als auch struktur- und verteilungspolitische Aufgaben zu zählen.

2 Das entgegengesetzte demokratische Organisationsmodell ist der partizipatorische (identitäre) Demokratietypus, der im wesentlichen auf eine »Selbstherrschaft« des Volkes und bei Vorliegen technischer Schwierigkeiten auf eine weitgehende »Identität im inhaltlichen Willen« zwischen Regierenden und Regierten abzielt. In diesem Modell, in dem der »nichtkanalisierte Volkswille« dominiert, existiert keine Regierung als »politisches Führungsorgan«. Der Zentralrat ist dagegen das zentrale »Vertretungs- und Herrschaftsorgan«, in dem der nichtkanalisierte Volkswillen am intensivsten berücksichtigt wird. Vgl. dazu Joachim Raschke, Mehrheitswahlrecht – Mittel zur Demokratisierung oder Formierung der Gesellschaft?, in: Winfried Steffani (Hrsg.), Parlamentarismus ohne Transparenz, Kritik, Bd. 3, S. 200 f.

3 Heinz Laufer, Die demokratische Ordnung, Stuttgart 1970, S. 87 ff.

4 Thomas Ellwein, Das Regierungssystem der Bundesrepublik Deutschland (Zitierweise: Regierungssystem), Opladen 1973, S. 175 und S. 251 ff.

5 Wilhelm Hennis, Amtsgedanke und Demokratiebegriff, in: Thomas Ellwein, Politik als praktische Wissenschaft, Aufsätze zur politischen Theorie und Regierungslehre, München 1968, S. 48-64.

Zum anderen soll aber eine Analyse der Regierungsaufgaben sowie deren Finanzierung die Regierung nicht nur als Verfassungsorgan sehen[6], sondern den faktischen politischen Entscheidungsprozeß in der Bundesregierung mit seinen zahlreichen engeren und loseren Verbindungen zu Gremien und Entscheidungsträgern außerhalb des Bundeskabinetts untersuchen. So muß unter Aspekten einer instrumentalen und institutionellen »reformerischen« Weiterentwicklung des Systems die Bundesregierung als ein Teil der politischen Führung[7] verstanden werden.
Dabei erschließen sich die Art und der Umfang der Regierungsaufgaben nicht nur aufgrund quantitativer Analysen des Willensbildungsprozesses, sondern werden auch aufgrund konkreter Ergebnisse bzw. der Verhinderung der Aufgabenerfüllung bestimmt[8].

2.1.1 Rechtliche Aufgabenzuweisung

Die rechtliche Zuweisung von Aufgaben an die Bundesregierung ergibt sich grundsätzlich unmittelbar aus dem Grundgesetz, aus einfachen Bundesgesetzen und allgemeinen Verwaltungsvorschriften sowie aus den Bestimmungen der Geschäftsordnung, die sich die Bundesregierung selbst gibt.

2.1.1.1 Die Aufgaben der Regierungsinstitutionen im Grundgesetz

Das Grundgesetz gibt nur geringe Auskunft über Art und Umfang der Aufgaben der Regierungsinstitutionen. Im Grundrechtsteil werden nur in bezug auf

6 Im folgenden sollen die Regierungsinstitutionen im engeren Sinne verstanden werden, womit also die Bundesregierung als Kollegialorgan sowie der für sie arbeitende Apparat der Bundesministerien gemeint sind. Vgl. dazu BVerfGE 26, 338 ff. u. 395 f. Die Aufgaben der anderen beiden wichtigen am Regierungsprozeß beteiligten Regierungsinstitutionen des Bundes, des Bundestags und des Bundesrats, können im Rahmen dieser Arbeit nur am Rande erwähnt werden. Rein quantitativ ergibt sich das Übergewicht der Tätigkeit der Bundesregierung aus dem überproportional großen Anteil der Gesetzesinitiativen, die von der Bundesregierung ausgehen. So wurde die Bundesregierung in den ersten sechs Legislaturperioden des Bundestags in 2458 Fällen, dagegen der Bundestag in 1563 und der Bundesrat nur in 150 Fällen gesetzesinitiativ. Vgl. Handbuch des Bundesrats, Bonn 1973, S. 157-160a.

7 Im deutschen Sprachgebrauch verbindet man die »Funktion« der Regierung mehr mit Vorstellungen der Richtlinienkompetenz, während das angelsächsische »leadership« mehrere soziale Gruppen umfaßt. Aus dieser »führenden Schicht« ist dann das »government« auszusondern. Vgl. Herbert Krüger, a. a. O., S. 351.

8 Aufschluß über die politische Problematik der Aufgabenwahrnehmung und Aufgabendurchsetzung werden vor allem die Bereiche Mitbestimmung, Vermögensbildung, Bodenrechtsreform und Berufsbildung geben.

die Unantastbarkeit der individuellen Bereiche und Freiheiten sozialer Gruppen (Art. 9 Abs. 3 GG) die Tätigkeiten der Regierungsinstitutionen begrenzt.
Allgemeine Zielvorstellungen wie die Aufgabenverteilung des Art. 30 GG betrifft vorrangig die föderative Organisationsstruktur der Bundesrepublik, wonach den Institutionen des Bundes zwar vor allem Aufgaben der Gesetzgebung und Verwaltung übertragen wurden, grundsätzlich aber eine Aufgabenvermutung zugunsten der Länder besteht.
Das Grundgesetz gibt aber keinen Aufschluß darüber, welche grundlegenden Aufgaben der Bundestag und die Bundesregierung wahrzunehmen haben[9]. Das Grundgesetz liefert also nur einen Organisationsrahmen, der je nach politischem Gewicht und politischer Zielsetzung unterschiedlich ausgefüllt werden kann.

2.1.1.2 Die Aufgaben nach den Organisationsprinzipien des Art. 65 GG

Die Aufgaben und die Arbeitsweise der Bundesregierung sind im Art. 65 des Grundgesetzes verankert, der ein gleichberechtigtes Nebeneinander des sog. Kanzlerprinzips[10], des Ressortprinzips[11] und des Kabinettsprinzips[12] postuliert.
Bevor die mit diesen Organisationsprinzipien verbundene Art der Aufgabenbewältigung des Bundeskanzlers, der Bundesregierung und der Bundesminister behandelt wird, sollen zunächst deren wesentliche Aufgaben(bereiche) rein formal dargelegt werden.

2.1.1.2.1 Der Aufgabenbereich des Bundeskanzlers

Im Außenverhältnis hat der Bundeskanzler nach dem Grundgesetz vor allem das Recht,
- im Bundestag die Vertrauensfrage zu stellen (Art. 68 Abs. 1 Satz 1 GG),
- die Auflösung des Bundestags zu verlangen (Art. 68 Abs. 1 GG),
- Anordnungen und Verfügungen des Bundespräsidenten gegenzuzeichnen (Art. 58 GG) und
- die Befehls- und Kommandogewalt über die Streitkräfte im Verteidigungsfall auszuüben (Art. 115 GG).

---

9 Vgl. zu Art. 30 GG Maunz-Dürig-Herzog, Kommentar zum Grundgesetz, München 1973; Ernst-Wolfgang Böckenförde, Die Organisationsgewalt im Bereich der Regierung, Berlin 1964, S. 38 ff.

10 Vgl. Art. 65 Satz 1: »Der Bundeskanzler bestimmt die Richtlinien der Politik und trägt dafür die Verantwortung.«

11 Vgl. Art. 65 Satz 2: »Innerhalb dieser Richtlinien leitet jeder Bundesminister seinen Geschäftsbereich selbständig und unter eigener Verantwortung.«

12 Vgl. Art. 65 Satz 3: »Über Meinungsverschiedenheiten zwischen den Bundesministern entscheidet die Bundesregierung.«

Innerhalb der Bundesregierung hat der Bundeskanzler nach dem Grundgesetz die Befugnis,
- die Richtlinien der Politik zu bestimmen (Art. 65 Satz 1 GG),
- die Geschäfte der Bundesregierung nach einer von ihr beschlossenen Geschäftsordnung zu leiten (Art. 65 Satz 4 GG),
- einen Teil der Organisationsgewalt im Regierungsbereich auszuüben (aufgrund des Vorschlagsrechts der Bundesminister nach Art. 64 Abs. 1 GG i. V. m. der Festlegung des Geschäftsbereichs der Bundesminister nach § 9 GOB Reg).

2.1.1.2.2 Der Aufgabenbereich der Bundesregierung[13]

Im Außenverhältnis hat die Bundesregierung nach dem Grundgesetz insbesondere die Befugnis,
- gesetzesinitiativ zu werden (Art. 76 Abs. 1 GG),
- sich zu Stellungnahmen des Bundesrats gegenzuäußern (Art. 76 Abs. 2 GG),
- zu Gesetzesvorlagen des Bundesrats Stellungnahmen abzugeben (Art. 76 Abs. 3 Satz 2 GG),
- Rechtsverordnungen und allgemeine Verwaltungsvorschriften zu erlassen (Art. 80 Abs. 1 GG),
- Aufsichts- und Weisungsbefugnisse im Bund-Länder-Verhältnis auszuüben (Art. 84 Abs. 3 und 5; Art. 85 Abs. 4, Art. 35, Abs. 3 und Art. 91 Abs. 2 Satz 3 GG),
- über die Anwendung von Bundeszwang zu entscheiden (Art. 37 GG),
- das Bundesverfassungsgericht anzurufen (Art. 94 Abs. 1 GG),
- Ausgabenerhöhungen durch den Bundestag und den Bundesrat zuzustimmen (Art. 113 GG).

Die konkreten Befugnisse und Aufgaben der Bundesregierung ergeben sich vielfach aus den Bundesgesetzen aufgrund der darin enthaltenen Ermächtigungen zum Erlaß von Rechtsverordnungen und Verwaltungsvorschriften.

Im Innenverhältnis hat die Bundesregierung die Befugnis,
- über Meinungsverschiedenheiten zwischen den Bundesministern zu entscheiden (Art. 65 Satz 3 GG),
- die Geschäftsordnung der Bundesregierung zu erlassen und zu ändern (Art. 65 Satz 4 GG) und
- einen Teil der Organisationsgewalt im Regierungsbereich auszuüben (Art. 86 Satz 2 GG).

---

13 Nach der Rechtsprechung des Bundesverfassungsgerichts ist davon auszugehen, daß unter dem Begriff »Bundesregierung« das Bundeskabinett, also das Kollegialorgan Bundesregierung zu verstehen ist. Vgl. BVerfGE 26, 338 ff., 395 f.

2.1.1.2.3 *Der Aufgabenbereich des einzelnen Bundesministers*

Der Gesamtaufgabenbereich des einzelnen Bundesministers kann in einen »originären, einen kanzler-orientierten, einen kabinett-orientierten und einen ressortinternen«[14] Aufgabenbereich unterschieden werden.

a) Der originäre Aufgabenbereich

Der einzelne Bundesminister als Institution hat nach dem Grundgesetz die Befugnis,
- Aufsichts- und Weisungsrechte im Bund-Länder-Verhältnis auszuüben (Art. 85 Abs. 3 und Art. 87 b Abs. 2 Satz 2 GG),
- die Anordnungen und Verfügungen des Bundespräsidenten gegenzuzeichnen (Art. 58 GG),
- als Bundesverteidigungsminister die Befehls- und Kommandogewalt über die Streitkräfte auszuüben (Art. 65 a GG) und
- als Bundesfinanzminister die Zustimmung zu über- und außerplanmäßigen Ausgaben zu geben (Art. 112 GG).

Die umfangreicheren Aufgaben des Bundesministers ergeben sich aber aus den Bundesgesetzen und den darin enthaltenen Ermächtigungen zum Erlaß von Rechtsverordnungen und Verwaltungsvorschriften.

b) Der kanzler-orientierte Aufgabenbereich

Dieser Aufgabenbereich des Bundesministers umfaßt alle Entscheidungsvorbereitungen für Richtlinienentscheidungen des Bundeskanzlers in politischen Fragen und auch für Entscheidungen des Bundeskanzlers aufgrund des ihm zustehenden Teils der Organisationsgewalt (z. B. Grundsatzfragen der Reform der Regierungsorganisation).

c) Der kabinetts-orientierte Aufgabenbereich

Dieser Aufgabenbereich umfaßt
- die Entscheidungsvorbereitungen für das Bundeskabinett (z. B. Vorbereitung von Gesetzes- und Verordnungsentwürfen, die von der Bundesregierung verabschiedet werden),
- die Entscheidungsvorbereitungen regierungsinterner Angelegenheiten (z. B. Organisationsmaßnahmen der gesamten Bundesregierung) und

---

14 Josef Kölble, Ist Artikel 65 (Ressortprinzip im Rahmen von Kanzlerrichtlinien und Kabinettsentscheidungen) überholt?, in: Die öffentliche Verwaltung (DÖV), Heft 1-2, Januar 1973, S. 4.

– die Durchführungsmaßnahmen, die der Bundesminister nach außen in Wahrnehmung einer Befugnis der Bundesregierung trifft (z. B. die Durchführung eines von der Bundesregierung beschlossenen Investitionsprogramms).

d) Der ressortinterne Aufgabenbereich

Innerhalb seines Geschäftsbereichs hat allein der Bundesminister die höchste Entscheidungsgewalt und Weisungsbefugnis gegenüber Organisationseinheiten und Amtsinhabern seines Hauses einschließlich des zu ihm gehörenden Verwaltungs-Unterbaus.

Im interministeriellen Bereich hat der Bundesminister auch grundsätzlich die Organisationsgewalt, soweit diese Befugnisse nicht andere Organe wahrnehmen (z. B. nach Art. 86 GG[15]).

2.1.1.2.4 Die mit den Organisationsprinzipien verbundene Aufgabenwahrnehmung der Regierungsinstitutionen

Trotz des im Grundgesetz postulierten gleichen Rangs des Kanzler-, Ressort- und Kabinettsprinzips ist das Kabinettsprinzip vor allem gegenüber dem Ressortprinzip, aber auch dem Kanzlerprinzip in der Praxis des politischen Systems der Bundesrepublik kaum zur Geltung gekommen.

Die Koordination innerhalb der Ressorts funktioniert aufgrund der gut aufeinander abgestimmten Bereichsplanungen zum großen Teil vorzüglich.

Abgesehen von politisch brisanten Fragen[16], über deren politische Zielsetzung die Institutionen der Parteien und seltener das Kabinett entscheiden, ist dagegen eine Koordination zwischen den Ressorts im wesentlichen auf Streitfälle eingeengt. Ob und inwieweit das Kabinett durchgreift, die Bundesregierung sich also mit einem Streitfall beschäftigt, hängt nach der Geschäftsordnung der Bundesministerien von den höheren Beamten, aber besonders von den Referenten ab[17]. Diese haben als Experten die materiellen Detailregelungen ausgearbeitet und bestimmen weitgehend darüber, ob ein politisches Problem »streitwürdig« genug ist, um neben den Behandlungen und Besprechungen mit den Ministerialbeamten, den Staatssekretären oder einem einzelnen Bundesminister überhaupt im Kabinett erörtert zu werden[18].

---

15 Vgl. Maunz–Dürig–Herzog, Kommentar zum Grundgesetz, Randnummer 10 ff. zu Art. 86 GG.

16 Reimut Jochimsen, Zum Aufbau eines integrierten Aufgabenplanungssystems und Koordinationssystems der Bundesregierung, in: Bulletin des Presse- und Informationsamtes der Bundesregierung (Zitierweise: Bulletin) vom 16. 7. 1970, Nr. 97, S. 950.

17 Der ehemalige Chef der Planungsabteilung des Bundeskanzleramtes, Reimut Jochimsen, nannte sie wegen ihres politischen Einflusses »die eigentlichen Kurfürsten des Regierungssystems der Bundesregierung«. Vgl. Reimut Jochimsen, ebenda, S. 950.

18 Ebenda, S. 950.

In der staatsrechtlichen Literatur wird das Kabinettsprinzip weniger betont, das Kanzlerprinzip mehr unter Aspekten der besonderen Verantwortung des Kanzlers gegenüber dem Parlament[19] und weniger der Möglichkeit und der Verpflichtung des Kanzlers gesehen, die Bildung von Aufgabenschwerpunkten in »Abstimmung« mit den übrigen Kabinettsmitgliedern zu initiieren und durchzusetzen. Grundsätzlich herrscht Übereinstimmung, daß die Richtlinienkompetenz und die damit verbundene Art und der Umfang der Aufgaben letztlich nicht definierbar sind[20].

Die »Ausgestaltung« des Kabinettsprinzips im Sinne des »Funktionierens« des Kabinetts wird am ehesten deskriptiv erfaßt, indem die Bundesregierung als Kollegialorgan verstanden wird, das

- bezüglich ministerieller Vorhaben Koordinationsschwierigkeiten reduziert,
- Kompromisse durch Kabinettsentscheidungen legalisiert und
- als Clearing-Stelle innerhalb der – mit unterschiedlichem Einfluß wirkenden – Institutionenfülle (Parlament, Verwaltung, Bundesverfassungsgericht als politische Potenz, Parteien, Verbände u. a.) am politischen Entscheidungsprozeß beteiligt ist.

Die Bundesregierung hat als Clearing-Stelle insofern eine politische Bedeutung, als sie durch die »Zuarbeit« des ihr unterstellten Verwaltungsapparates einen gewissen Informationsvorsprung hat, den sie in den letzten Jahren durch Verbesserung des institutionellen und instrumentalen Systems[21] noch verstärkt hat.

Dieser Informationsvorsprung der Bundesregierung wirkt sich aber nicht unbedingt in der Weise aus, daß damit »politische Führung« im Sinne politischer Direktiven aufgrund der Entscheidung für Aufgabenschwerpunkte und bestimmte Programme verbunden ist.

Dieser Informationsvorsprung ist in der Vergangenheit lediglich dazu benutzt worden, die auf die Gesellschaft zukommenden Schwierigkeiten oder sogar Krisen (z. B. Steinkohlenbergbaukrise von 1965/1966, wirtschaftliche Rezession 1966/1967, sogenannte Ölkrise zur Jahreswende 1973/1974) bestenfalls frühzeitig zu erkennen und ausfindig zu machen, was gegenüber mächtigen sozialen Gruppen durchsetzbar ist. Die Bundesregierung betrieb also bisher mehr reaktive Politik[22], ohne die zukünftige Entwicklung vorwegnehmende Aufgabenschwerpunkte zu setzen (antizipatorische Politik).

Die der Bundesregierung grundsätzlich nach dem vorherrschenden politischen Verständnis von der Rolle der Bundesregierung zugesprochene »Leistungsbefug-

19 Ernst-Wolfgang Böckenförde, a. a. O., S. 168 ff.

20 Theodor Eschenburg, Staat und Gesellschaft in Deutschland, 2. Auflage, München 1963, S. 732.

21 Weiter unten wird darauf noch näher einzugehen sein.

22 Die durchgehend reaktive Politik der Bundesregierung wird noch näher im Kapitel 3 über die Finanzplanung zu untersuchen sein.

nis«[23] i. V. m. der Festlegung gesellschaftlicher Aufgabenschwerpunkte, wird in der politischen Praxis dadurch beschnitten, daß sich die Minister und ihre Ministerialbürokratie in erster Linie »ihrem« Ressort verpflichtet fühlen[24]; ressortübergreifende Maßnahmen, die z. B. den Justizminister und den Finanzminister geschäftsordnungsmäßig[25] privilegieren, sind noch kein Beleg für von der gesamten Bundesregierung beschlossene Aufgaben und Programme.
Die Regierungserklärungen, die nach den Ansprüchen der Bundesregierung Ausdruck politischer Programme für eine Legislaturperiode sind, können nur eingeschränkt als Programme mit Prioritätensetzungen bezeichnet werden. Da die Regierungserklärungen als Addition der von den Ressorts angemeldeten Beiträge zustandekommen[26], sind sie mehr ein Spiegelbild der gegebenen Verhältnisse[27]; Aufgabenschwerpunkte und zukunftsorientierte Programme sind in den bisherigen Regierungserklärungen schwerlich zu finden.

2.1.2 Aufgaben der Bundesregierung und ihres Apparats

Die Aufgaben, die die Bundesregierung in einer hochindustrialisierten Gesellschaft zu erfüllen hat, sind im Rahmen unterschiedlicher Demokratievorstellungen zu sehen, die jeweils verschiedene Aufgaben bezüglich des Grads der Veränderung oder Erhaltung des politischen Systems der Bundesrepublik bedeuten. Es wird danach zu fragen sein, inwieweit die Aufgaben der politischen Führung dem deutschen politischen Bewußtsein entsprechend hauptsächlich auf die Regierungsaufgaben, also auf die Aufgaben des Kabinetts beschränkt werden, und welcher Widerspruch im Verständnis von den Regierungsaufgaben darin liegt, daß einmal der Bundesregierung unbegrenzte Kompetenzen zugesprochen werden, aber zum anderen die Führungsaufgaben der Bundesregierung immer auf den »staatlichen« Bereich eingeengt werden. Weiterhin wird zu untersuchen sein, welche Aufgabenschwerpunkte die Bundesregierung in den nächsten Jahren zu berücksichtigen und welche politische Rolle die Verwaltung bei der Vorbereitung, der politischen Gewichtung und Durchführung der Aufgaben spielt.

---

23 Thomas Ellwein, Regierung, S. 60.
24 Vgl. Reimut Jochimsen, a. a. O., S. 950 f.
25 Nach § 35 der Gemeinsamen Geschäftsordnung der Bundesministerien (GGO I) hat der Bundesminister der Justiz die Rechtsförmlichkeit der Gesetzentwürfe zu prüfen, weswegen er schon bei den Vorarbeiten hinzuzuziehen ist (§ 22 GGO II). Der Bundesfinanzminister kann nach § 26 der Geschäftsordnung der Bundesregierung gegen eine von der Bundesregierung beschlossene Frage von finanzieller Bedeutung Widerspruch erheben.
26 Klaus Seemann, Moderne Regierungstechnik, in: Moderne Welt 1967, S. 153 ff.
27 Vgl. die beiden Regierungserklärungen des Brandt/Scheel-Kabinetts vom Oktober 1969 und vom Januar 1973.

2.1.2.1 *Aufgaben der Bundesregierung als der politischen Führung*

2.1.2.1.1 *Die politische Führung in der repräsentativen Demokratie*

Bei der Bestimmung der Aufgaben der politischen Führung des Regierungssystems ist von drei Varianten repräsentativer Demokratievorstellungen auszugehen:

– Einmal hat in der Demokratie, die auf das »regulative« Postulat einer umfassenden politischen und gesellschaftlichen Mitbestimmung[28] in allen gesellschaftlichen Bereichen ausgerichtet ist, die politische Führung die Verpflichtung, sukzessiv Voraussetzungen dafür zu schaffen, daß die politischen, sozialen und ökonomischen Machtpositionen aufgrund zeitlich befristeter Beauftragung vergeben und einer durchgehenden Kontrolle unterzogen werden[29].

Dieses Demokratieverständnis begrenzt die Regierungsaufgaben nicht auf den Bereich der Regierungsinstituionen, den sog. politischen Bereich, sondern bezieht auch die ökonomischen Machtpositionen in den Bereich kritischer Reflexion ein.

– Zum anderen hat in einem vorwiegend »pragmatisch orientierten« Demokratieverständnis die politische Führung des Regierungssystems die Aufgabe, Bedingungen zu gewährleisten, die das System überleben lassen.

– In einem auf die Form begrenzten Demokratieverständnis umfaßt die politische Führung alle die Institutionen, deren aus Wahlen hervorgegangene Amtsträger mit – von der Verfassung oder durch die Rechtsprechung »eindeutig« zugewiesenen – Führungsaufgaben betraut sind.

2.1.2.1.2 *Tradiertes verkürztes Verständnis von den Aufgaben der politischen Führung*

In Deutschland wirkt im Verständnis von den Regierungsaufgaben noch die Vorstellung des Rechtspositivismus nach, die zwar zwischen Regierung und Verwaltung und den damit verbundenen Aufgaben unterscheidet, aber die Regierung nicht gänzlich der vollziehenden Gewalt zuordnet. Die Regierung stand »als Führung im diametralen Gegensatz zur ›Durchführung‹«. Wenn zwischen »staatsleitenden Funktionen«[30] der Regierung und der Durchführung getrennt wird, wird der politische Einfluß der Verwaltung – der noch im einzelnen nachzuweisen sein wird – negiert.

Die demokratische Repräsentationstheorie kommt darin zum Ausdruck, daß einerseits von der Notwendigkeit der politischen Führung mit ihren zahlreichen

28 Diese ist nicht gleichzusetzen mit programmatischen Weisungen durch die Parteidelegierten oder die »Basis«, also nicht im Sinne des imperativen Mandats zu verstehen.

29 Thomas Ellwein, Regierung, S. 32.

30 Herbert Krüger, a. a. O., S. 671.

Aufgaben ausgegangen wird[31], andererseits die politischen Führungsaufgaben von vornherein den Repräsentanten der Regierung zugeordnet werden. Die vielfältigen Führungsaufgaben im wirtschaftlichen, kulturellen und kirchlichen Bereich werden nach diesen Vorstellungen nicht zur politischen Sphäre gerechnet.
Wenn nur die Regierung »die leitende, das Interesse des Staatsganzen berücksichtigende staatliche Ermessenstätigkeit«[32] ausübt, so bleiben nach diesem Verständnis für die übrigen Institutionen der politischen Repräsentation nur Artikulations-, Durchführungs-, Kontroll- oder Wahlfunktionen übrig.
Da in diesem repräsentativen Demokratieverständnis bei der Regierung »die Fäden des politischen Geschehens im Staate« zusammenlaufen, wird auch »ihre oberste Zuständigkeit«[33] für die Erfüllung der Regierungs- und Verwaltungsaufgaben vermutet.
Es ist festzuhalten, daß der in der Bundesrepublik vorhandene Interpretationsrahmen die politische Führung
– eng auf die Regierung bezieht, also mit der politischen Führung des Regierungssystems identifiziert,
– der Regierung vorrangig die »Staatsleitung« zuweist und damit die demokratischen Fragen weitgehend auf die Regierungsinstitutionen beschränkt und
– die politischen Aufgaben der politischen Führung auf den »staatlichen« Bereich begrenzt.
In diesem Interpretationsrahmen interessiert vor allem die verfassungsrechtliche Stellung der Regierung, ob die Regierungshandlungen und Regierungsaufgaben juristisch zulässig sind, welche Fragen der Kompetenzabgrenzung zwischen Verwaltung und Regierung auftreten, wie die Bundesregierung und ihre Verwaltung rechtsstaatlich zu kontrollieren sind usw. Die Frage nach der politischen Zweckmäßigkeit der Bildung von Aufgabenschwerpunkten bei der Erfüllung bestimmter Aufgaben oder der Auswahl bestimmter politischer Programme ist dabei von sekundärer Bedeutung.

2.1.2.1.3 Widersprüchliche Zuordnung der Regierungsaufgaben

In den Vorstellungen von den Regierungsaufgaben tritt in Deutschland ein bemerkenswerter Widerspruch auf. So wird einerseits der Regierung die Zuständigkeit für politische Führung zugesprochen, andererseits sind jene Führungsaufgaben der Regierungsinstitutionen[34] selbstverständlich auf den »staatlichen« Bereich begrenzt.

---

31 Im Interesse der gesellschaftlich relevanten Versorgung der deutschen Wirtschaft mit Rohstoffen aus dem Ausland forderte der Bundesverband der Deutschen Industrie (BDI) die Bundesregierung auf, »erhebliche Subventionen des Staates in Form von Finanzhilfen und Steuervergünstigungen« zu gewähren. Vgl. Süddeutsche Zeitung vom 3. 5. 1974, S. 28.
32 G. Kassimatis, Der Bereich der Regierung, Berlin 1967, S. 54.
33 Theodor Maunz, Deutsches Staatsrecht, 16. Auflage, München 1968, S. 346.

Einmal wird also die Wahrnehmung der Regierungsaufgaben einem engen politischen Bereich zugeordnet[35], zum anderen richten aber organisierte soziale Gruppen ihre Vorwürfe an die Adresse der Bundesregierung, sobald gesellschaftliche Schwierigkeiten in politischen Angelegenheiten auftreten[36].
Indem der Bundesregierung Eingriffsmöglichkeiten verwehrt werden, können der Regierung unbefangen Führungsaufgaben zugesprochen werden, solange diese Regierung den politisch-sozialen Status quo nicht wesentlich ändert. Nimmt aber einmal die Regierung ihre Führungsrolle in dem Sinn wahr, daß die tradierten politisch-ökonomischen Machtverhältnisse in Frage gestellt werden, verweigern die davon betroffenen ökonomischen Führungsgruppen der Bundesregierung die verfassungsrechtliche Zuständigkeit für diese gestaltende Politik (z. B. sahen 1974/75 die Arbeitgeberverbände in der Einführung der paritätischen Mitbestimmung in der Wirtschaft eine verfassungswidrige Einengung der unternehmerischen Dispositionsfreiheit).
Diese in Deutschland vorherrschende Betrachtungsweise
– lenkt einerseits durch die Zuständigkeitsvermutung für die Bundesregierung als politische Führung von den faktischen Führungskräften in den übrigen Bereichen der Gesellschaft ab und
– reduziert andererseits die Regierung als politische Führung auf die politischen Zuständigkeiten, die sich aus tradiertem politischem Bewußtsein und dem Verfassungssystem ergeben.

2.1.2.1.4 *Erledigung des Aufgabenbestandes und zukünftige Aufgabenschwerpunkte der Regierungspolitik*

a) Erfüllung des vorhandenen Aufgabenbestandes

Jeder neuen Bundesregierung als politischer Führung wird zunächst abverlangt, die den Regierungsinstitutionen traditionell zugewachsenen Aufgaben (Aufgabenbestand) zu bewältigen. Jede Bundesregierung wird dabei mit neuen Problemen konfrontiert, da die Erledigung der Aufgaben, die sich vorfinden, anders bewertet wird und der Aufgabenbestand ständigen Veränderungen ausgesetzt ist. Die Probleme vermehren sich, wenn die Bundesregierung vor der Notwen-

---

34 Dabei wird das Verhältnis der Regierung i. e. S., also des Kabinetts zur Ministerialbürokratie nicht sonderlich untersucht, da die »vollziehende Gewalt« im Gegensatz zur rechtspositivistischen Auffassung als Einheit gedacht wird. Vgl. Thomas Ellwein, Regierung, S. 49.

35 Z. B. wird die in Art. 15 GG vorgesehene Sozialisierung im politischen Bewußtsein weitgehend negiert oder sogar als verfassungswidrig angesehen. Vgl. Hans-Hermann Hartwich, Sozialstaatspostulat und gesellschaftlicher Status quo, Opladen 1970, S. 75 ff.

36 So wurde z. B. die zunehmende Bodenspekulation der letzten Jahre und die damit verbundene Erhöhung der Grundstückspreise der Regierung angelastet.

digkeit steht, ihr Regierungsprogramm, ihr Koalitionsprogramm oder neue zusätzliche Aufgaben zu realisieren.

Den Regierungsinstitutionen stellen sich heute im wesentlichen folgende gesellschaftspolitische Aufgaben, die als vorhandene Aufgaben im hochindustrialisierten Gesellschaftssystem erfüllt werden müssen:

– Bereitstellung von Infrastruktureinrichtungen wie Kommunikationseinrichtungen verschiedener Art (Verkehrseinrichtungen, Fernmeldeanlagen), Versorgungseinrichtungen (Wasser, Elektrizität, Müllabfuhr, Kanalisation), Bildungseinrichtungen (Schulen, Hochschulen, Theater), Freizeiteinrichtungen (Erholungsparks, Schwimmbäder, Sportplätze), Einrichtungen der Gesundheits- und Altersversorgung (Krankenhäuser, Rehabilitationszentren, Altersheime);

– Soziale Sicherung (Sozialversicherung, Sozialversorgung, Arbeitsförderung, Sozialinvestitionen);

– Ordnungs- und Sicherheitsaufgaben (Schutz des Bürgers und der Institutionen des politischen Systems vor Gewaltakten, Verkehrs- und Gewerbeüberwachung, Unfallverhütung, Verteidigung nach außen);

– Umweltschutz, Naturschutz, Raumordnung;

– Aus- und Berufsbildungsförderung, Förderung der Grundlagenforschung und der technologischen Entwicklung;

– wirtschaftsordnungspolitische Aufgaben (Verbesserung der Wirtschaftsstruktur, Stabilisierung des Preisniveaus, Sicherung der Beschäftigung und außenwirtschaftliches Gleichgewicht, Förderung des stetigen und angemessenen Wirtschaftswachstums, Aufrechterhaltung des Wettbewerbs i. V. m. der Verhinderung wirtschaftlicher Konzentration)[37].

Damit die Bundesregierung, den Erfordernissen einer zukunftsorientierten Politik entsprechend, eine Aufgabenplanung mit der Festlegung von Schwerpunkten und einer Programmplanung und einer anschließenden Finanzierung vorher ausgewählter Programme (antizipatorische Politik) betreiben kann, wird sie in Zukunft vier Zielrichtungen[38] für die Regierungsaufgaben stärker berücksichtigen müssen:

– die Chancenungleichheit im Bildungs- und Ausbildungsbereich[39] zu reduzieren,

– die Mitbestimmung in allen Phasen des Entscheidungsprozesses zu intensivieren, ohne »entscheidungshemmende« Nebenwirkungen zu erzielen;

---

37 Vgl. Entwicklung der Aufgaben und Ausgaben von Bund, Ländern und Gemeinden, in: Schriftenreihe der Hochschule Speyer, Bd. 47, Berlin 1971.

38 Thomas Ellwein, Regierung, S. 91 ff.

39 Erschwerende Bedingungen, wie räumliche Entfernung zu Ausbildungsstätten oder zu starke finanzielle Belastungen der Eltern durch Finanzierungsverpflichtungen für ihre auszubildenden Kinder sollten gezielt abgebaut werden.

– die Arbeitnehmer am Zuwachs des Produktionsmittelvermögens stärker zu beteiligen und
– die Bedingungen für eine erhöhte »Lebensqualität« zu verbessern.

b) Entwicklung und Handlungsspielräume zukünftiger Regierungsaufgaben

Die erste umfassende Gesamtproblemanalyse (Bestandsaufnahme und Analyse) der längerfristigen gesellschaftlichen Aufgaben des politischen Systems der Bundesrepublik haben nach der Zustimmung des Bundeskanzlers und der Ministerpräsidenten der Bundesländer im Juli 1971 Verwaltungspraktiker aus dem Bundeskanzleramt und den Staats- und Senatskanzleien der Länder erstellt. Sieben Sachverständigengruppen (Arbeitskreis der Staats- und Senatskanzleien und des Bundeskanzleramts) hatten in einer sechsmonatigen Erprobungsphase (Beginn: November 1971)
– Entscheidungshilfen für die längerfristigen Planungen, insbesondere für Entscheidungen über die Aufgaben sowie über aufgabengerechte Finanzverteilungen zu erarbeiten[40];
– ausgehend von Schätzungen, Planungen und längerfristigen Bindungen, die möglichen und wahrscheinlichen Entwicklungstendenzen und künftigen Handlungsspielräume zu analysieren und ihre Auswirkungen auf Bund und Länder zu erfassen[41];
– auf der Grundlage der längerfristigen Projektionen der Ressourcen[42] (besonders Arbeitskräfte, Anlagekapital, Grund und Boden, internationaler Austausch, Technik, organisatorischer Fortschritt) einen insgesamt verfügbaren Ressourcenrahmen sowie mögliche Engpässe (z. B. Arbeitsmarkt, Bauwirtschaft bezüglich »öffentlicher« Investitionen), deutlich zu machen und
– einen volkswirtschaftlich abgesicherten Finanzrahmen als eine Grundlage für Entscheidungen über die Verteilung der Ausgaben auf die nach einer Rangfolge gewählten gesellschaftlichen Aufgaben der Regierungsinstitutionen darzustellen[43].
Die sieben Sachverständigengruppen legten im Mai 1972 Sachstandsberichte als Ausweis inhaltlicher Arbeit und ihrer Erfahrungen vor. Hinsichtlich der Entwicklungstendenzen und des Handlungsspielraums der längerfristigen Aufgaben zeigten die Sachverständigengruppen zahlreiche Probleme auf – einige wesentliche sollen im folgenden dargelegt und durch neue Aufgabenstellungen er-

40 Vgl. Ziffer 1 des Arbeitsprogramms des Arbeitskreises der Staats- und Senatskanzleien und des Bundeskanzleramts, in: Erster Bericht des Arbeitskreises der Staats- und Senatskanzleien und des Bundeskanzleramts über die Ergebnisse der Erprobungsphase zur Gesamtproblemanalyse der längerfristigen öffentlichen Aufgaben, Bonn 1972, S. 1.
41 Ebenda, Ziffer 2.
42 Ebenda, Ziffer 3.
43 Ebenda, Ziffer 4.

gänzt werden –, um die Entscheidungsträger der Regierungsinstitutionen instand zu setzen, eine für notwendig gehaltene antizipatorische Politik betreiben zu können.

ba) Aufgaben der Lebensvorsorge[44]

baa) System der Grundausbildung und beruflichen Weiterbildung

Es soll sich der allgemein und breitangelegten Erstausbildung eine Phase anschließen, in der nach einer Zeit der Erwerbstätigkeit der Ausgebildete in der Lage ist, sich in seinem Beruf weiterzubilden oder in einem anderen Beruf eine Qualifikation zu erlangen (Weiterbildung hier als Ergänzung der herkömmlichen Bildungsgänge unter nachschulischen Bedingungen).
Weiterbildung umfaßt als vierten eigenständigen Bereich[45]:
– berufliche Fortbildung (einschließlich Fern- und Medienunterricht und Kontaktstudium),
– Umschulung, die dem Erwerbstätigen in kurzer Zeit dazu verhilft, einen angemessenen Arbeitsplatz zu erhalten[46] und
– Erwachsenenbildung (unabhängig von berufsbezogener Weiterbildung).

Die Regierungsinstitutionen von Bund und Ländern messen der ein möglichst »breites Berufsfeld einschließenden Grundausbildung«[47] und der beruflichen und überbetrieblichen Fortbildung ein besonderes Gewicht bei. Es wird davon ausgegangen, daß dieses System einen Berufswechsel weitgehend ausschließe und Umschulungen seltener notwendig werden[48].
Der Handlungsspielraum unter dem Aspekt der Ressourcenplanung wird festgelegt durch
– den Gesamtbedarf an Ausbildungsplätzen,

---

44 Diese gesellschaftspolitischen Aufgaben betreffen die Erst- und Weiterbildung, selbständiges Wohnen alter Menschen, Gesundheitsvorsorge, Freizeiteinrichtungen und Freizeitangebote, berufliche und medizinische Hilfen für Behinderte. Vgl. dazu Sachstandsberichte des Arbeitskreises der Staats- und Senatskanzleien und des Bundeskanzleramts, zur Zusammenarbeit des Bundes und der Länder bei der Erstellung einer Gesamtanalyse der längerfristigen Aufgaben für die Jahre 1976 bis 1985 (Zitierweise: Sachstandsberichte), Bonn 1972.

45 Vgl. dazu Zwischenbericht der Bund-Länder-Kommission für Bildungsplanung (BLK) an die Regierungschefs des Bundes und der Länder über den Bildungsgesamtplan und ein Bildungsbudget, beschlossen von der BLK am 18. 10. 1971; Bericht der Bundesregierung zur Bildungspolitik (Bildungsbericht '70), Bundestags-Drucksache VI/925, Bonn 1970; Zweite Empfehlung der Kultusministerkonferenz (KMK) zur Erwachsenenbildung vom 4. 3. 1971 und Zweite Empfehlung der KMK zum öffentlichen Bibliothekswesen vom 3. 11. 1971; Sozialbericht 1971, Bundestags-Drucksache VI/2155, Bonn 1971.

46 Bildungskommission des Deutschen Bildungsrats, Strukturplan für das Bildungswesen.

47 Vgl. Zwischenbericht der BLK, a. a. O., S. 4 ff.

48 Sachstandsbericht, S. 11.

– den Personalbedarf,
– die Investitionen und laufenden Kosten und
– die individuelle Aus- und Weiterbildungsförderung[49].

Die Bundesregierung geht davon aus, daß auch in Zukunft Betrieb und Schule in der beruflichen Bildung zusammenarbeiten sollen, also das sog. duale System, das den Lernort und Schule verknüpft, zwar verbessert, aber in seiner Grundkonzeption beibehalten werden soll.

Da die Unternehmen als Ausbildungsstätten für einen großen Teil der Jugendlichen »die Durchführung einer öffentlichen Bildungsaufgabe«[50] übernommen haben, müssen sie in dieser »öffentlichen« Aufgabe auch regierungsinstitutioneller Kontrolle unterstellt werden. Die Bundesregierung sieht in der Kontrolle der beruflichen Bildung die Voraussetzung für die Fortsetzung des dualen Systems in verbesserter Form. Die Kontrolle der Ausbildungsplätze in Form entsprechender Vorgaben an die Betriebe soll durch Amtsinhaber der Regierungsinstitutionen vorgenommen werden, die bisher schon die Kontrolle der Berufsschulen wahrnahmen; beide Ausbildungsstellen sollen also dort verankert werden, wo auch die Aufsicht über die allgemeinbildenden Schulen liegt. Die Bundesregierung sieht es als wichtige berufsbildungspolitische Aufgabe an[51], die Lernorte Betrieb und Schule als Bestandteile der beruflichen Bildung in das allgemeine Bildungssystem einzubeziehen.

Die Markierungspunkte der Bundesregierung zur beruflichen Bildung[52] sehen vor allem vor,
– den Anteil der Theorie in der Ausbildung zu vergrößern (keine Verschulung der beruflichen Bildung),
– den Anteil vollzeitschulischer Berufsbildung auszuweiten[53],
– die Art und Weise der Zuordnung von Schulzeiten und Betriebszeiten (z. B. Blockunterricht) zu verändern.

Für die Struktur der Lastenverteilung (zusätzliche Steuern oder Umschichtung der Etatausgaben innerhalb der Aufgabenbereiche) wird an drei Finanzierungsmöglichkeiten gedacht:
– Verstärkung der »öffentlichen« Verantwortung und einer damit verbundenen erhöhten steuerlichen Belastung[54],

---

49 Siehe ebenda, S. 12.

50 Siehe Bulletin des Presse- und Informationsamts der Bundesregierung (Zitierweise: Bulletin), Nr. 33 vom 12. 3. 1974, S. 312.

51 »Die Chancengleichheit verlangt für die berufliche Bildung den gleichen Rang, wie ihn andere Bildungsbereiche haben. Diesem Ziel dient auch die Konzentration der Kompetenzen des Bundes an einer Stelle.« Vgl. Regierungserklärung vom 18. Januar 1973, S. 38.

52 Vgl. Bulletin, Nr. 33 vom 12. 3. 1974, S. 312.

53 Siehe Bildungsgesamtplan, Bund-Länder-Kommission für Bildungsplanung, Bonn 1973, Kurzfassung, S. 10 ff.

54 Ausbildungsförderungsgesetz (AFG) vom 25. 6. 1969 (BGBl. I S. 582) i. V. m. Erstes Gesetz zur Änderung des Arbeitsförderungsgesetzes vom 22. 12. 1969 (BGBl. I S. 2306); Doku-

– Ausbau der Selbstverwaltungsorgane und Stärkung der Finanzkraft durch erhöhte Mitgliedsbeiträge und
– Schaffung von Vorsystemen, die aus Beiträgen der Betriebe finanziert werden und Mittelverteilung nach bestimmten Kriterien.

bab) Aufgaben der Gesundheitsvorsorge

Die potentielle Nachfrage nach Vorsorgeleistungen kann aus den Bevölkerungszahlen für Säuglinge, Kleinkinder, Schulkinder, Lehrlinge, Wehrpflichtige, Schwangere (annähernde Schätzungen) u. a. ermittelt werden[55]. Die Bundesregierung und die Landesregierungen haben dabei eine Entwicklung zu berücksichtigen, die durch einen Mangel an Ärzten und ärztlichem Hilfspersonal[56] und auch durch nur geringfügig steigende Studienabgänge gekennzeichnet ist.
Die Regierungsinstitutionen müssen dabei folgende denkbare Faktoren einkalkulieren:
– Wettbewerb um Ärzte mit der Folge verbesserter Arbeitsbedingungen und erhöhter Verdienstmöglichkeiten,
– Erweiterung der Untersuchungskapazitäten der niedergelassenen Ärzte durch Einführung rationellerer Arbeitsmethoden und neuer Organisationsstrukturen (z. B. erlauben Praxisgemeinschaften kostspieligere medizinische Ausrüstungen),
– Delegation ärztlicher Aufgaben in die Gesundheitsvorsorge an nichtärztliches Personal[57] (besonders der Einsatz bei medizinisch-technischen Apparaten),
– Ausbau der Gesundheitsämter zu leistungsfähigen medizinischen Zentren (Modernisierung und Mobilisierung der Ausrüstung[58]),
– Beeinflussung der Nachfrage nach Vorsorgeuntersuchungen durch Beschränkung des Programms auf bestimmte Anwendungen, Durchführung nur für bestimmte Altersgruppen oder in bestimmten Zeitabständen.
Die Bundesregierung und ihr Apparat haben lediglich Kompetenzen, den Katalog der Vorsorgeuntersuchungen zu erweitern[59], während es eine Angelegen-

mentation des Bundesministeriums für Arbeit und Sozialordnung. »Das Arbeitsförderungsgesetz – Grundlage einer zukunftsweisenden Arbeitsmarkt- und Beschäftigungspolitik«, Bonn 1969.

55 Sachstandsbericht, S. 25.

56 Dieter Schreiber, Die soziale Krankenversicherung in der Entscheidung, Festvortrag vor dem Verband der Ärzte Deutschlands e. V. am 15. 11. 1969 in Baden-Baden.

57 Neumann, Stand der Krebsvorsorgeuntersuchungen in der Bundesrepublik Deutschland, in: Das öffentliche Gesundheitswesen 1970, S. 209.

58 von Ferber, Organisationelle Bedingungen der Früherkennung von Krankheiten, Bericht für die Kommission zur Weiterentwicklung der sozialen Krankenversicherung.

59 Reichsversicherungsordnung – Zweites Buch »Krankenversicherung« – nach Zweites Krankenversicherungsänderungsgesetz, Zweites KVAG vom 21. 12. 1970.

heit der Länder ist, den öffentlichen Gesundheitsdienst bezüglich der erweiterten Aufgaben der Gesundheitsvorsorge zu reorganisieren[60].

Der noch wachsende Engpaß bei der ärztlichen Versorgung ist abhängig von der Zahl der Studien- und Ausbildungsplätze und der Zahl der Bewerber für das Medizinstudium. Die Zahl der Medizinstudenten findet ihre Grenze in der Zahl der Abiturienten und dem Interesse für andere Berufe.

Die Bundesregierung und ihr Apparat werden bei der Aufgabenplanung benachbarte Probleme beachten müssen:

– vorübergehende Zunahme der Nachfrage nach Krankenhausbetten,
– Rückgang schwerer Erkrankungsfälle und damit eventueller Entlastung der Wirtschaft und der Krankenkassen,
– Vermehrung der Ausbildungsplätze an Medizinischen Hochschulen,
– zusätzlicher Bedarf an Arbeitskräften in Heilberufen und
– Zunahme der Patienten bei freipraktizierenden Ärzten[61].

bac) Aufgabe der Freizeiteinrichtungen und des Freizeitangebots

Die Regierungsinstitutionen haben bei der Auswahl der langfristigen gesellschaftlichen Aufgaben und Programme von einer Freizeitgesellschaft (freizeitorientierte nachindustrielle Gesellschaft[62]) auszugehen. Die Arbeitszeit verliert allmählich gegenüber der Freizeit an Bedeutung, so daß sich der einzelne nicht mehr primär am Berufs-, sondern am Freizeitbereich orientiert. Es wird individuell über die Freizeit entschieden, also unter alternativen mit Konsum verbundenen Freizeitangeboten gewählt. Somit umfaßt die Freizeit nicht nur die private Existenz, sondern wird zu einer wachsenden gesellschaftlichen und ökonomischen Größe[63] (Freizeit der einen ist Einkommensquelle der anderen).

Der Wunsch nach Arbeitszeitverkürzung ist mit der Forderung nach Einkommenserhöhung verbunden, so daß es nur zu einer sehr langsamen Zunahme der Freizeit kommen wird[64]; die strukturellen Anpassungsprozesse in der Wirtschaft werden dadurch erleichtert.

Die zunehmende Freizeit erfordert neue Einrichtungen zwischenmenschlicher Beziehungen wie etwa familiengerechte variable Wohneinheiten, Kommunikationszentren, Freizeitparks u. a.

Die Wohn-, Agrar- und Industrielandschaft wird durch eine Freizeitlandschaft

---

60 Landesentwicklungsplan Hessen 80 vom 27. 4. 1971.

61 Modell einer allgemeinen Vorsorgeuntersuchung, Zwischenbericht vom Dezember 1970 über eine gemeinsame Aktion des Arbeits- und Sozialministeriums Baden-Württemberg.

62 Freizeit und Massenmedien – von der arbeits- zur freizeitorientierten Gesellschaft, in: Media-Perspektiven, Nr. 151, Frankfurt a. M., S. 83 ff.

63 C. A. Andreae, Ökonomie der Freizeit, München 1971.

64 Perspektivprojektion des Wirtschaftswachstums 1985, Bundesministerium der Wirtschaft (Hrsg.), Bonn, 30. 3. 1971.

ergänzt werden müssen, woraus erhebliche Anforderungen an die Finanzierung der Infrastrukturinvestitionen von Bund und Ländern und vor allem der Gemeinden entstehen[65].

Die breit angelegten Freizeitangebote, die alle Alters- und soziale Gruppen ansprechen müssen, werden in Zukunft zu einer wesentlichen Erweiterung des Aufgabenkatalogs der Bundesregierung und ihres Apparats führen:

– Deckung des Nachholbedarfs für die Freizeitgestaltung in der Umgebung (Parkplätze mit Rundwanderwegen, Freizeitparks für Wochenend- und Tageserholung),
– Errichtung von Sport- und Spielstätten usw.[66]

Da die Freizeit Sozialfunktionen erfüllt, werden die Freizeitaufgaben mehr von der Sozialpolitik als von der Strukturpolitik zu lösen sein.

Um ein weitgefächertes Angebot bereitzustellen, müssen die Regierungsinstitutionen die Freizeitaufgabe als vorrangige Querschnittsaufgabe begreifen. Die Entwicklung einer übergreifenden Gesamtkonzeption erfordert einheitliche Zuständigkeiten[67] bei den Regierungsinstitutionen, um die Ressourcen effizienter und überschaubarer einsetzen zu können. Dazu ist auch ein höheres Maß an Kommunikation und Kooperation zwischen den Regierungsinstitutionen, der Wirtschaft, der Wissenschaft und der Bevölkerung notwendig.

Aufgaben der politischen Führung des Regierungssystems muß es sein, Rahmenbedingungen für einen funktionsfähigen »auswuchsfreien« Wettbewerb privater Einrichtungen zu schaffen[68].

Die Bundesregierung wird mit der Freizeitpolitik folgende benachbarte gesellschaftspolitische Aufgaben berücksichtigen müssen:

– Städtebau, Naherholung in Ballungsräumen, Verkehrsplanung, Fremdenverkehr, Umwelt[69];
– ordnungspolitische Grenzen des freien Wettbewerbs und der Bodenpolitik;
– Nutzen- und Kostenanalysen von Erholungseinrichtungen;

---

65 Raumordnungsberichte, Bundesministerium des Innern (Hrsg.), Bonn 1970; Die Bundesrepublik soll im Jahr 1974 als erstes europäisches Land ein umfassendes Raumordnungsprogramm erhalten. Das System der »Entwicklungsachsen« und »Entwicklungszentren« soll in allen Teilen des Bundesgebiets die räumlichen Voraussetzungen für ein »Mehr an Lebensqualität in allen Lebensbereichen« schaffen. Vgl. Süddeutsche Zeitung vom 7. 5. 1974, S. 2.

66 Erwin Kurt Scheuch, Der Sport in der sich wandelnden Gesellschaft, Referat auf dem Außerordentlichen Bundestag des DSB am 12. 12. 1970 in Hannover.

67 Sachstandsbericht, S. 34.

68 Der Arbeitgeber (mehrere Autoren), Nr. 2/24, S. 41 ff., 1972; Bayern, Programm, Freizeit und Erholung, München 1970.

69 Vgl. Hans-Jochen Vogel, Zehn Thesen zur Stadtentwicklung, in: Bulletin, Nr. 141 vom 31. 10. 1973, S. 1397 f. und Maßnahmen zur Förderung des sozialen Wohnungsbaus, in: Bulletin, Nr. 3 vom 8. 1. 1974, S. 26 ff.; Gesetz zum Schutz vor schädlichen Umwelteinwirkungen durch Luftverunreinigungen, Geräusche, Erschütterungen und ähnliche Vorgänge (Bundesimmissionsschutzgesetz – BImSchG) vom 21. 3. 1974 (BGBl. I S. 721).

– alternative Folgen der Produktivitätssteigerungen (z. B. Freizeitzunahme, Bildung, Arbeitslosigkeit).

bb) Strukturpolitische Aufgaben[70]

bba) Raumordnungspolitische Aufgaben

Da im Rahmen raumstruktureller Arbeitsteilung das Prinzip verstärkter räumlicher Schwerpunktbildung vertreten wird[71], sollen über eine solche Konzentration die Voraussetzungen für »ausgewogene und gleichwertige Lebensbedingungen«[72] geschaffen werden.
Die Bundesregierung wird bei ihren strukturpolitischen Aufgaben- und Programmplanungen die Grenzen des Auf- und Ausbaus entwicklungsfähiger Schwerpunkte beachten müssen, die gezogen werden
– einerseits durch die Knappheit des zu erwartenden Entwicklungspotentials (für die Bevölkerung und die Arbeitsstätten werden relativ geringe Zuwachsraten prognostiziert[73]) und
– andererseits durch raumstrukturelle Zielvorstellungen und deren konsequente Verfolgung bei allen Fachplanungen (das von Verdichtungsgebieten angezogene jedoch beschränkt vorhandene Entwicklungspotential wird aber zum Ausbau größen- und ausstattungsmäßig unterschiedlicher Entwicklungsschwerpunkte im ländlichen Raum benötigt).
Da in der Regel vom Prinzip der Belastbarkeit eines Raumes ausgegangen wird, werden in den nächsten Jahren von der Bundesregierung und ihrem Apparat in zunehmendem Maße Entscheidungen über die Verteilung des erwarteten Entwicklungspotentials abverlangt, die vor allem
– eine Beschränkung der weiteren Zunahme und Ausdehnung der bestehenden Verdichtungsgebiete[74] und
– eine Konzentration des dadurch freiwerdenden Potentials auf konkurrenzfähige Schwerpunkte[75] berücksichtigen.

---

70 Diese gesellschaftspolitischen Aufgaben sollen an der Raumordnung und der Interdependenz zwischen Verkehrs- und Strukturpolitik aufgezeigt werden.

71 Richtlinien für den Einsatz von Bundesmitteln zur Förderung des Sozialen Wohnungsbaus (Einsatzrichtlinien 1971) vom 30. 3. 1971 (GMBl. 1971, S. 152); Gesetz über städtebauliche Sanierungs- und Entwicklungsmaßnahmen in den Gemeinden vom 27. 7. 1971 (Städtebauförderungsgesetz, (BGBl. I S. 1125).

72 Vgl. Raumordnungsgesetz vom 8. 4. 1965 (BGBl. S. 306).

73 Raumordnungsbericht der Bundesregierung 1970, in: Bundestags-Drucksache VI/1340.

74 Siehe Berichte und Entschließungen der Europäischen Raumordnungsminister-Konferenz vom 9.-11. 9. 1970 in Bonn (Heft 5 der Reihe »betrifft« des Bundesministeriums des Inneren, Januar 1971.)

75 Vorschlag für eine Entscheidung des Rats über die Mittel eines Vorgehens der Gemeinschaft auf dem Gebiet regionaler Entwicklung: Aufzeichnung über die Regionalpolitik der Gemein-

bbb) Interdependenz zwischen verkehrspolitischen und anderen strukturpolitischen Aufgaben

Die Planung verkehrspolitischer Aufgaben erfordert in zunehmendem Maße eine Abstimmung mit anderen strukturrelevanten Lebensbereichen, um hohe volkswirtschaftliche Verluste im Falle passiver Sanierung zu vermeiden.
Da von einer weiterhin wachsenden Industrialisierung und Urbanisierung auszugehen ist (der Zug in die Städte hält an), werden sich die Probleme des Berufsverkehrs noch verschärfen. Die Wirtschaftlichkeit städtischer Nahverkehrsmittel macht eine stärkere Koordinierung der Verkehrspolitik mit der Wohnungsbaupolitik notwendig. Durch diese Anforderungen werden sich der Bundesregierung und ihrem Apparat aufgrund zunehmender Personalkosten und der Schwierigkeiten bei der Personalgewinnung brisante gesellschaftspolitische Aufgaben stellen.
Der steigende Verkehr bringt soviel Gefahren und irreparable Schäden an der Umwelt mit sich (Inanspruchnahme von freien Flächen, von Waldflächen, Beeinträchtigungen durch Abgase und Lärm), daß gerade hier die Notwendigkeit ressortübergreifender antizipatorischer Politik der Bundesregierung deutlich wird.
Die Regierungsinstitutionen werden also bei einer verkehrspolitischen Aufgabenplanung die zahlreichen benachbarten Aufgaben[76] einbeziehen müssen:
- Reduzierung der Wegekosten und Wettbewerbsverzerrungen bei den einzelnen Verkehrsträgern;
- Rationalisierung der personalintensiven Verkehrsunternehmen;
- Konzentration des Erholungsverkehrs als Folge städtebaulicher Verdichtung;
- Beachtung der Einflüsse durch die Zunahme der Dienstleistungen auf den Arbeitsmarkt, die Ausbildung, den Städtebau;
- Entwicklung neuer Verkehrssysteme[77].

bc) Ordnungs- und verteilungspolitische Aufgaben

bca) Bodenpolitische Aufgaben

Die Unvermehrbarkeit von Grund und Boden führte in den letzten Jahren zu horrenden Steigerungen der Grundstückspreise, die die Regierungsinstitutionen veranlaßten, im Sinne der im Städtebauförderungsgesetz getroffenen Regelun-

---

schaft (KOM/69) 950, Brüssel, in: Bundesrats-Drucksache 624/70 einschließlich Beschluß des Bundesrats hierzu.
76 Sachstandsberichte, S. 102.
77 Der Bund beteiligt sich an der Finanzierung der von Messerschmitt-Bölkow-Blohm und Krauss-Maffei entwickelten umweltfreundlichen Magnet-Schwebebahn-Systeme. Vgl. Wirtschaftswoche vom 2. 3. 1973, S. 22 ff.

gen bodenpolitische Aufgabenschwerpunkte zu setzen[78] und Programme zu entwickeln, die vor allem folgende Postulate enthalten:

- Ein erweitertes Vorkaufsrecht limitiert die Höhe des Kaufpreises auf die Höhe des Verkehrswerts (ohne Planungsgewinne);
- Entwicklung eines Planungswertausgleichs für Grundstücke, deren Wertsteigerungen durch städtebauliche Maßnahmen von Bund, Ländern oder Gemeinden entstanden sind;
- Beschleunigung des Enteignungsverfahrens (das Verfahren des Enteignungsgrundes soll von jenem der Entschädigungshöhe getrennt werden[79]) und
- zeitnahe Bewertung des Grundvermögens (Anwendung der Einheitswerte von 1964 oder die Einführung einer Bodenwertzuwachssteuer, die die Wertsteigerungen bebauter wie unbebauter Grundstücke abschöpft).

Da nach einer Entscheidung des Bundesverfassungsgerichts der Grundstücksmarkt nicht dem freien Spiel des marktwirtschaftlichen Gesetzes von Angebot und Nachfrage überlassen werden darf[80], wird den Regierungsinstitutionen ein relativ großer »Gestaltungsspielraum« zur Neuregelung der Bodenordnung zugebilligt.

Der Handlungsspielraum findet dort seine Grenzen, wo die Besteuerung nichtrealisierter Gewinne[81] die Vermögenssubstanz[82] der Grundstückseigentümer angreift.

bcb) Wettbewerbspolitische Aufgaben

Die Kartellgesetznovelle vom August 1973[83] sollte zu einer Verschärfung des Wettbewerbs in der Bundesrepublik beitragen. Dieses novellierte »Grundgesetz der Marktwirtschaft« brachte durchgreifende Änderungen der Wettbewerbsordnung vor allem durch

- die Aufhebung der vertikalen Preisbindung für Markenartikel,
- die nähere Definition der marktbeherrschenden Stellung und
- die Einführung der präventiven Fusionskontrolle.

Die an das neue Wettbewerbsrecht geknüpften Hoffnungen, daß künftig durch

---

78 So Willy Brandt in der Regierungserklärung vom 18. 1. 1973: »Als einen Schwerpunkt unserer Arbeit nenne ich die Reform des Bodenrechts und des gemeindlichen Planungsrechts«, in: Regierungserklärung des Zweiten Kabinetts Brandt/Scheel vom 18. 1. 1973, S. 34.

79 Frank Pilz, Das System der sozialen Marktwirtschaft, Konzeption, Wirklichkeit, Perspektiven, München 1974, S. 116 f.

80 »Eine gerechte Rechts- und Gesellschaftsordnung zwingt vielmehr dazu, die Interessen der Allgemeinheit beim Boden in weit stärkerem Maße zur Geltung zu bringen, als bei anderen Vermögensgütern« (BVerfGE 21, 73).

81 Frank Pilz, a. a. O., S. 121 f.

82 Der Art. 14 GG bildet hier den Rahmen. Das Bundessozialgericht hat die Wahrung des »sozialen Besitzstandes« ausdrücklich abgelehnt, um die Fortentwicklung der »sozialstaatlichen« Gesetzgebung nicht zu blockieren. Vgl. BSGE 24, 285, 299.

83 Gesetz gegen Wettbewerbsbeschränkung (GWB) vom 5. 8. 1973.

den klar definierten Begriff der mißbräuchlichen Ausnutzung von Marktmacht das Bundeskartellamt Auskunftsersuchen über die Preis- und Mengenpolitik an marktbeherrschende Unternehmen (auch an ausländische Muttergesellschaften inländischer Tochtergesellschaften[84]) richten kann, erfüllten sich nur teilweise oder gar nicht[85].

Die Erfahrungen der sog. Ölkrise 1973/1974 und die Anhörungen der Mineralölgesellschaften vom März/April 1974 durch das Bundeskartellamt machten deutlich, daß die wettbewerbspolitischen Aufgaben der Bundesregierung darauf ausgerichtet sein müssen,

– einmal in der Europäischen Gemeinschaft und eventuell in Zusammenarbeit mit den USA die gemeinsamen Wettbewerbsregeln gerade gegenüber multinationalen Konzernen weiterzuentwickeln und

– zum anderen auf eine wirkungsvolle Mißbrauchsaufsicht durch eine Auskunftsverpflichtung der ausländischen Muttergesellschaften hinzuwirken[86] (die Nichtbeantwortung der an die Konzernspitzen gerichteten Fragen – z. B. über Rohöleinstandspreise und -mengen – stellen das Kernproblem dar[87]),

– die Fragen zu prüfen, inwieweit die Anordnung einer vorherigen Anmeldepflicht für Preiserhöhungen[88] marktbeherrschender Unternehmen wirtschafts- und gesellschaftspolitisch notwendig ist.

Die wettbewerbspolitischen Aufgaben der Regierungsinstitutionen haben deshalb einen so hohen Stellenwert, weil einmal bei einem nichtfunktionierenden Wettbewerb i. V. m. wirtschaftlicher Machtkonzentration das auf dem Wettbewerb begründete Wirtschaftssystem der Sozialen Marktwirtschaft unglaubwürdig und zum anderen die den demokratisch-repräsentativen Ansprüchen widersprechende Schwäche der politischen Führung des Regierungssystems[89] offenkundig werden.

---

84 Das Auskunftsersuchen kann entweder an einen Zustellungsbevollmächtigten im Inland oder notfalls durch Bekanntmachung im Bundesanzeiger rechtswirksam an die Adresse der ausländischen Unternehmen gerichtet werden.

85 Die im März und April 1974 durch das Bundeskartellamt den inländischen Tochtergesellschaften der großen Mineralölkonzerne als Vertreter der ausländischen »Mütter« zugestellten Auskunftsersuchen wurden nur in einem Fall (BP) weitergeleitet. Texaco, Shell und Esso mißachteten dagegen die Aufforderung des Kartellamts. Vgl. Süddeutsche Zeitung vom 25. 4. 1974, S. 23.

86 Der Parlamentarische Staatssekretär vom Bundeswirtschaftsministerium verlangte »die Auskunftsverpflichtung der Muttergesellschaften der multinationalen Konzerne, weil sie die einzigen sind, die über die Preise und Mengen des von ihnen gekauften und in die Bundesrepublik geleiteten Rohöls etwas aussagen können«. Vgl. Süddeutsche Zeitung vom 24. 4. 1974, S. 2.

87 Es wird noch die rechtlich umstrittene Frage zu klären sein, ob ein bei Auskunftsverweigerung verhängtes Bußgeld bei der inländischen Tochtergesellschaft eines ausländischen Konzerns eingetrieben werden kann.

88 In einer Presseerklärung der Jungdemokraten vom 23. 4. 1974 fordern sie Wirtschaftsminister Hans Friderichs auf, Maßnahmen einzuleiten, daß »wichtige Branchen Preiserhöhungen vor Inkrafttreten beim Kartellamt anzumelden haben«. Vgl. Süddeutsche Zeitung vom 24. 4. 1974, S. 2.

89 Zu der Benzinpreiserhöhung der Mineralölkonzerne vom April 1974 bemerkte der Parlamen-

bcc) Vermögenspolitische Aufgaben

Da die bisherige Vermögensverteilung in der Bundesrepublik einseitig den Arbeitgebern zugute kam, in den Jahren 1950–1959 entfielen 75 % des Vermögenszuwachses auf die rund 17 % der selbständigen Haushalte[90], und in den 60er Jahren sich diese Verteilung nur unwesentlich zugunsten der großen Gruppe der unselbständig Erwerbstätigen verändert[91] hat, wird die Bundesregierung weiterhin die gesellschaftspolitische Aufgabe zu erfüllen haben, eine sozial »gerecht«[92] abgestufte Vermögensbildung zu ermöglichen.

Die bisherige Vermögenspolitik in Form von Sparförderungsmaßnahmen hat nur wenig zu einer ausgewogeneren Vermögensbildung beigetragen, da sie zwar die Geldvermögensbildung der Arbeitnehmer begünstigte[93] (die Vorteile des Bausparens[94] kamen aber vorwiegend den oberen Einkommensgruppen zugute[95]), aber nichts daran änderte, daß sich die Sachvermögensbildung (Eigentum an Produktionsmitteln) weiterhin in relativ wenig Händen konzentriert[96].

Die im Februar 1974 von der Bundesregierung verabschiedete Regierungsvorlage zur Vermögensbildung[97] war eine Entscheidung darüber, die Aufgabe einer »gerechteren« Vermögensverteilung durch eine überbetriebliche Gewinnbeteiligung[98] zu erreichen.

Es wird weiterhin Aufgabe der Bundesregierung sein, nach einem gewissen Erfahrungszeitraum zu überprüfen, ob es wirtschafts- und gesellschaftspolitisch sinnvoll war,

– die Beteiligungswerte vom vorhandenen Banken- und Sparkassenapparat verwalten zu lassen und nicht einem von der SPD geforderten Zentralfonds zu übertragen,

---

tarische Staatssekretär im Bundeswirtschaftsministerium, Martin Grüner, daß die Bundesrepublik »solche ›Staaten im Staate‹ auf deutschem Boden nicht dulden werde«. Vgl. Süddeutsche Zeitung vom 24. 4. 1974, S. 1.

90 Vgl. Carl Föhl, Kreislaufanalytische Untersuchung der Vermögensbildung in der Bundesrepublik und der Beeinflußbarkeit ihrer Verteilung, Tübingen 1964, S. 64.

91 Wilhelm Krelle; Johan Schunck; Jürgen Siebke, Überbetriebliche Betragserteilung der Arbeitnehmer, Eine Untersuchung über die Vermögensstruktur in der BRD, Bd. II, Tübingen 1968, S. 325.

92 Was als sozial »gerecht« anzusehen ist, ist immer mit einer Wertung verbunden; in unserem Fall muß die »gerechte« Verteilung politisch, also nach dem Präferenzsystem der Bundesregierung festgesetzt werden.

93 1973 haben rund 19 Millionen Arbeitnehmer die Vergünstigungen des Dritten Vermögensbildungsgesetzes (624-DM-Gesetz) in Anspruch genommen.

94 Vgl. Wohnungsbau-Prämiengesetz von 1969 (BGBl. I S. 1677) und DVO von 1971 (BGBl. I S. 83).

95 Vgl. Jürgen Siebke, Vermögenskonzentration, in: Karl H. Pitz (Hrsg.), Das Nein zur Vermögenspolitik, Reinbek b. Hamburg 1974, S. 56 ff.

96 Vgl. das SPD-Langzeitprogramm 1, Texte, Bonn–Bad Godesberg 1972, S. 215.

97 Vgl. Bulletin, Nr. 12 vom 30. 1. 1974, S. 112 ff.

98 Die CDU/CSU befürwortet dagegen eine Verbindung aus Beteiligungslohn und betrieblicher Gewinnbeteiligung. Siehe Beschlüsse des Bundesparteitags der CDU von Hamburg 1973.

– alle Erwerbstätigen (auch Selbständige und freie Berufe) in die Vermögensbildung einzubeziehen,
– eine Barabgeltung zuzulassen[99],
– die Erträge aus der Vermögensbeteiligung (Zinsen) nicht zweckgebunden für Infrastrukturinvestitionen zu verwenden[100].

bd) Aufgaben der Forschung und technologischen Innovation

– Technologische Innovationsaufgaben:
Der Bedarf an Innovationen[101] konnte bisher nicht hinreichend quantifiziert und qualifiziert werden, weil branchenweise Analysen den Strukturwandel zwischen den Branchen, der ein wesentliches Ergebnis der Innovation[102] ist, unberücksichtigt lassen. Es ist deshalb eine Aufgabe der Bundesregierung, eine »branchenübergreifende«[103] Strukturpolitik zu betreiben.
Aufgrund der langen Innovationszeiten vom ersten Erscheinen auf dem Markt bis zur gesamtwirtschaftlichen Relevanz (ca. 10 bis 15 Jahre[104]) muß die Bundesregierung die Innovationsaufgaben langfristig planen.
Die Auswahl der Innovationen aus den angebotenen Gütern und Dienstleistungen erfolgt durch die Nachfrage und durch regierungsinstitutionelle Einwirkung in Form von Beschaffungen und rechtlichen Regelungen. Die Industrie kann sich um so eher auf die innovierenden Anforderungen einstellen, je schneller die Bundesregierung und ihr Verwaltungsapparat handeln. Es wird also Aufgabe der Bundesregierung sein, auf eine klare und einheitliche Innovationspolitik bezüglich der Beschaffung und dem Setzen von rechtlichen Regelungen hinzuwirken[105] und neue technische Großprojekte »in Zukunft stärker daran zu messen, was sie zur Verbesserung der Lebensbedingungen des Menschen beitragen«[106].

---

99 Es besteht die Gefahr, daß sich einige Unternehmer durch die Barabgeltung von der Beteiligung der Arbeitnehmer am Produktivvermögen »loskaufen«.
100 Siehe Bulletin Nr. 12, Bonn 30. 1. 1974, S. 112 ff.
101 Innovationen werden betrieben aus Gründen der Steigerung der Arbeitsproduktivität, der internationalen Wettbewerbsfähigkeit und der Deckung des wichtigen Bedarfs (verbesserte medizinische Technik, technologische Hilfen im Bildungswesen).
102 Der Innovationsprozeß verläuft grundsätzlich in drei Phasen:
– Forschung: In dieser Phase werden ungezielt neue Erkenntnisse gesammelt;
– Erstinnovation: In dieser Phase wird technisches Wissen gezielt auf wirtschaftliche Nutzung ausgerichtet;
– Diffusion der Innovation: In dieser Phase werden neue Produkte, Dienstleistungen, Verfahren von den potentiellen Nutzern übernommen. Vgl. Sachstandsberichte, S. 214.
103 Ebenda, S. 220.
104 Wirtschaftliche und soziale Aspekte des technischen Wandels in der Bundesrepublik Deutschland, Rationalisierungskuratorium der Deutschen Wirtschaft (RKW), S. 14 ff.
105 Innovation und Imitation fördern den technischen Fortschritt. Wirtschaftskonjunktur, 21. Jahrgang, Heft 3, 1969.

– Aufgaben des Nachrichtenwesens:
Der bis 1985 zu erwartende steigende Bedarf an Fernmeldeeinrichtungen resultiert hauptsächlich aus

- dem Ansteigen des Fernsprechverkehrs,
- der Ausweitung der Datenfernverarbeitung,
- dem Wunsch der Bevölkerung nach qualitativ hochwertigeren Fernsehprogrammen und
- aus der steigenden Nachfrage nach neuen Fernsprechanschlüssen[107].

Die Entwicklung neuer Technologien im Nachrichtenwesen (z. B. elektronisch gesteuertes Wählsystem, elektronisches Datenvermittlungssystem, Satellitensysteme) wirft das Problem der Finanzierung der hohen Investitionskosten und damit die Gefahr von Fehlinvestitionen auf. Hier wird die Notwendigkeit einer antizipatorischen Politik der Bundesregierung besonders deutlich, damit erst nach Festlegung der Aufgabenschwerpunkte und der Auswahl von Programmen[108] das Ausgabenvolumen den einzelnen Programmen zugewiesen werden kann.

2.1.2.2 Das politische Gewicht des Verwaltungsapparats der Bundesregierung

Im folgenden wird vor allem danach zu fragen sein, inwieweit der Apparat der Bundesregierung und deren Amtsinhaber, also vor allem die Ministerialbürokratie einerseits grundsätzlich und andererseits aufgrund bisheriger Erfahrungen den politischen Entscheidungsprozeß im Regierungssystem des Bundes lenkt.

2.1.2.2.1 Grundsätzliche Aufgabenwahrnehmung im Verhältnis zwischen Bundesregierung und ihrem Apparat

Grundsätzlich bildet die Verwaltung der Bundesministerien insofern ein »selbstgenügsames System«[109], als sie

- zunächst die ihr zugewiesenen Aufgaben erledigt,
- nach der Sammlung von Erfahrungen, die Aufgabendurchführung revidiert,
- manchmal vorsichtig den abgegrenzten Aufgabenbereich erweitert, aber auch
- über den zugewiesenen Aufgabenkreis hinausgreift, indem sie die materiellen

Detailregelungen der Gesetzentwürfe erarbeitet und somit aufgrund ihres Wis-

---

106 Vgl. Regierungserklärung vom 18.1. 1973, S. 41; Erhard Eppler, Alternativen für eine humane Gesellschaft, in: Bulletin, Nr. 88 vom 18. 7. 1973, S. 889 ff.

107 Sachstandsberichte, S. 237.

108 »Die hohen Aufwendungen« in Forschung und Technologie »zwingen zu klaren Prioritäten und erfordern eine Abstimmung aller Forschungszweige«. Vgl. Regierungserklärung vom 18. 1. 1973, S. 40.

109 Thomas Ellwein, Das Regierungssystem der Bundesrepublik Deutschland (Zitierweise: Das Regierungssystem), Opladen 1973, S. 410.

sensvorsprungs, der Vorwegnahme bestimmter, ihren politischen Zielsetzungen entsprechender Alternativen und allein schon aufgrund der Vielzahl der Entscheidungen[110] auf die ministerielle Führung einwirkt und damit den politischen Willensbildungsprozeß entscheidend beeinflußt.
Diese politischen Funktionen der Verwaltung im Sinne gesetzesvorbereitender und planender Tätigkeiten geben der gesamten Verwaltung ein politisches Gewicht. Innerhalb der Verwaltung konkurriert hauptsächlich eine kleine Kerngruppe mit der politischen Führung des Regierungssystems.
Empirisch wird nur schwierig auszumachen sein, in welchem Ausmaß jener Verwaltungskern
– Informationen und Erfahrungen auf sich zieht[111] und sich somit für Innovationen unentbehrlich macht (die Spezialisten verfügen durch »Differenzierungen der Lösungsmöglichkeiten über den Problemkern«[112]) und
– die »Kommunikationsbahnen« einmal zwischen Vollzug, Auswertung und Weiterentwicklung und zum anderen zwischen Programmerfüllung und Programmaufstellung besetzt (die Ministerialbeamten nehmen den stärksten Einfluß, die am besten mit der Materie und mit den formellen und informellen Kommunikationsströmen vertraut sind[113]).
Im politischen Willensbildungsprozeß gibt es aber »irgendwo« eine Grenze der Aufgabenwahrnehmung durch die Verwaltung[114], die nach den Postulaten des repräsentativen Demokratietypus nicht überschritten werden sollte:
– Diesseits dieser Grenze ist die politische Verwaltung (Ministerialbürokratie) ein mitbestimmender Faktor im politischen Entscheidungsprozeß, der den Entscheidungsinstanzen Entscheidungshilfen verfügbar macht (in diesem politischen System gibt es eine Verwaltung, die ihre unzähligen Verwaltungsaufgaben nach den Direktiven der politischen Führung erfüllt);
– jenseits dieser Grenze lenkt die politische Verwaltung den politischen Willensbildungsprozeß (dieses politische System wird eher zum »Verwaltungsstaat«, in dem die Verwaltung das an der Erhaltung des Vorhandenen orientierte Gesetz des Handelns bestimmt und sich im wesentlichen selbst führt).
Abstrakt gesehen, ist die Verwaltung ein »System, das seinen Programmbedarf befriedigen muß«, unabhängig davon, ob die politische Führung Direktiven setzt oder nicht[115].

---

110 Heinz Laufer, Der Bundesrat, Untersuchung über Zusammensetzung, Arbeitsweise, politische Rolle und Reformprobleme (Zitierweise: Der Bundesrat), in: Beilage zur Wochenzeitung Das Parlament, B 4/72, Bonn 1972, S. 17.
111 Trotz der politischen Bedeutung der Aufgabenerledigung durch die Verwaltung ist eine empirische Untersuchung des Verwaltungsprozesses nicht zentraler Gegenstand dieser Arbeit.
112 Hartmut von Hentig, Die Sache und die Demokratie, in: Neue Sammlung, 1969, S. 191 ff.
113 Heinz Laufer, Der Bundesrat, S. 16.
114 Thomas Ellwein, Das Regierungssystem, S. 411.
115 Ebenda, S. 411.

Erst wenn politische Richtlinien fehlen, kommt es faktisch zu einer Konkurrenz um die Festlegung der Aufgaben, obwohl sie vielfach auf beiden Seiten nicht als solche empfunden wird, da
– die Ministerialbürokratie das formale Entscheidungsrecht der Bundesminister und der Bundesregierung nicht in Frage stellt und
– der positivistische Dualismus in der Verwaltung fortwirkt, strikt zwischen administrativer Entscheidungsvorbereitung und ministeriellem Beschluß zu unterscheiden[116].

Die Konsequenzen des tatsächlichen Mangels an politischer Führung im Regierungssystem liegen darin, daß die eher selbstzwecksetzende und sich selbstführende Verwaltung die Ideen, die für den Fortgang der Aufgabenerledigung erforderlich sind, eher im Vorhandenen findet und sie zu Programmen entwickelt. Die primär auf die Lösung von Verwaltungsproblemen im technisch-funktionalen Sinn ausgerichteten Handlungen der Ministerialbürokratie begünstigen den Rückzug auf ihre eigenen Prinzipien und vermehren die Distanz zu den gesellschaftspolitischen Bedürfnissen der Bevölkerung.

Das Erfordernis der Entwicklung politischer Alternativen und deren Konsequenzen als Voraussetzung für die Festlegung von Aufgabenschwerpunkten durch die Bundesregierung wird reduziert auf das Angebot bekannter, »bewährter«[117] bürokratischer Lösungen[118].

Eine »entschiedene politische Führung« kann sich vor allem des Instruments der Personalpolitik und der Kommunikationsströme bedienen, um das Eigengewicht des Apparats zu begrenzen:
– die Führungspositionen in der Verwaltung werden mit verläßlichen Interpreten des eigenen Programms besetzt;
– somit werden an den »kommunikativen Nahtstellen«[118a] zwischen der Verwaltung und der politischen Führung des Regierungssystems Übersetzungsschwierigkeiten, Zeitsperren und »disfunktionale« Beziehungen (zwischen der Kommunikation von oben nach unten und der Information von unten nach oben) geschaffen[119].

Im Verhältnis zwischen politischer Führung und Verwaltung ergibt sich schon daraus zwangsläufig eine Konkurrenz, daß sich zwar die Ministerialbürokratie – entsprechend dem tradierten Denken von den getrennten Aufgaben der Verwaltung und der Ressortspitze – kaum gegen entschiedene politische Führung sträuben dürfte, aber auf jeden Fall das verantwortliche Mitglied der politischen

---

116 Thomas Ellwein, Das Regierungssystem, S. 411.
117 Edward L. Pinney, Federalism, Bureaucracy and Party-Politics in Western Germany, The University of North-Carolina Press 1963, S. 210.
118 Ebenda, Anmerkung 14.
118 a Thomas Ellwein, Das Regierungssystem, S. 411.
119 Frieder Naschold, Systemsteuerung, Stuttgart 1969, Karl Wolfgang Deutsch, Politische Kybernetik, Modelle und Perspektiven, Freiburg 1970, S. 24 ff.

Führung zu integrieren versuchen wird (die Voraussetzungen sind günstig, da sich die meisten Minister als Ressortchefs auf Zeit begreifen, die keine »außergewöhnlichen« Führungsmethoden durchsetzen wollen).
Da die Verfassung und die Gesetze die Aufgaben der politischen Ressortchefs nicht eindeutig definieren[120], verbleibt ein Handlungsspielraum, den auch der politische Verwaltungskern zu nutzen vermag.
Innerhalb dieses Rahmens kommt es schon deshalb notwendig zu interdependenten Handlungen, weil

– einmal die politische Leitung kaum den Bedarf an den zahlreichen Programmen befriedigen kann und
– zum anderen die verwaltungsinterne Führung nicht die nötige ressortinterne und ressortübergreifende Koordination bewältigen kann[121].

Daraus ergeben sich zwei Konsequenzen für den politischen Willensbildungsprozeß im politisch-sozialen System der Bundesrepublik, weswegen auch die Verwaltung mit ihrer entscheidungspräjudizierenden Wirkung auf die Festlegung wesentlicher gesellschaftlicher Aufgaben zu einer entscheidenden Rahmenbedingung für die politische Führung wird[122]:

– Administrative Initiativen, die der Durchführung der Aufgaben dienen und sich am Bestehenden orientieren, haben größere Erfolgsaussichten, und
– die geringe Transparenz politischer Initiativen bei der Aufstellung der Programme in der Verwaltung erschwert alternative Diskussionen in der »Öffentlichkeit« und damit zugleich eine notwendige Weiterentwicklung des politisch-sozialen Systems.

2.1.2.2.2 *Die faktische Aufgabenwahrnehmung des Apparats der Bundesregierung und der Bundesminister im politischen Entscheidungsprozeß*

In den ca. 1600 Referaten der Bundesministerien, des Apparats der Bundesregierung, wurde bisher vorwiegend eine »negative«[123] Koordination der Ressorts in dem Sinn betrieben, daß nämlich nur die Ressortinteressen gegenüber anderen Ressorts abgesichert wurden, dagegen eine positive, konzeptionell vorwärtsgerichtete Koordination der Ressorts nicht wirksam wurde. Dort aber, wo sich die Referenten einschließlich der Vorgesetzten untereinander einig wurden, häufig ohne irgendeine politische Direktive seitens der Bundesregierung, handelte es sich in den meisten Punkten um Nebenfälle[124], in denen diese negative Koordination mit Schwierigkeiten verbunden war.

120 Vgl. auch den Überblick über die Staatsrechtslehre bei G.Kassimatis,a.a.O.
121 Ellwein vertritt die Ansicht, daß »die verwaltungsinterne Führung heute über die bessere Position verfügt«. Siehe dazu Thomas Ellwein, Das Regierungssystem, S. 414.
122 Thomas Ellwein, Das Regierungssystem, S. 414.
123 Reimut Jochimsen, Aufgabenplanungssystem, S. 950.

Da also die Koordination innerhalb der Ressorts bisher in der Regel vorzüglich geklappt hat (die Bereichsplanungen innerhalb der Ressorts sind gut aufeinander abgestimmt), die Koordination zwischen den Ressorts aber erhebliche Mängel aufwies, gilt der jede Aufgabenplanung verhindernde Grundsatz, daß es im Regierungssystem des Bundes

– eine »maximale intraressortsmäßige Produktion« der Aufgabenerledigung und -erweiterung und zugleich
– eine »minimale interressortsmäßige Koordination« gibt[124a].

Der Referent sucht in der Regel[125] in Kontakt mit gesellschaftlichen Gruppen seine Zuständigkeit betreffende Aufgaben heraus, ohne daß eine Abstimmung mit anderen Ressorts erfolgt oder daß politische Weisungen seitens des Bundeskabinetts oder des Ressortchefs vorliegen. Hier macht sich das Fehlen von Aufgabenschwerpunkten besonders negativ bemerkbar, da im Falle der Einigung der Referenten untereinander keine ressortübergreifenden Zielvorstellungen darüber bestehen, ob und welche und zu welchem Zeitpunkt gesellschaftliche Aufgaben überhaupt in Angriff genommen werden sollten[126].

Ein Grund dafür, weswegen bisher die Aufgabenplanung der Bundesregierung durch die Ressorts erschwert wurde, liegt auch an den Vorstellungen des Referenten von seiner administrativen Rolle (seiner Motivationsstruktur), die in der Bearbeitung möglichst vieler Akten im technisch-funktionalen Sinne[127], die entscheidend den weiteren Willensbildungsprozeß in der Verwaltung bestimmen, ihre Existenzberechtigung, Beförderungswürdigkeit oder Stellenmehranforderungen beweisen müssen.

Der »klassische« Referent eines Ministeriums ist ein hervorragender Spezialist der schwierigen materiellen Detailregelungen, dessen Denken dadurch gekennzeichnet ist, daß er zuvörderst

»– zuständigkeitsorientiert,
– sachlich-konkret und

---

124 Jochimsen verweist auf die Tagesordnungspunkte von Kabinettssitzungen und Staatssekretärsbesprechungen, siehe ebenda, S. 950.

124a Derselbe, Aufgabenplanungssystem, S. 950.

125 Bei politisch brisanten Aufgaben, wie z. B. in der Mitbestimmung und der Vermögensbildung sind die Referenten allerdings an die grundsätzlichen politischen Direktiven gebunden, die im Falle der Mitbestimmung das Ergebnis von Koalitionsverhandlungen zwischen führenden Bundespolitikern der SPD und FDP waren. Vgl. Bulletin, Nr. 12, vom 30. 1. 1974, S. 110 ff. Nach dem Zustandekommen des SPD/FDP-Koalitionskompromisses zur Mitbestimmung und Vermögensbildung vom Januar 1974 setzte sich jedoch in einigen noch umstrittenen Punkten – z. B. in der Frage der Abberufung der Arbeitnehmervertreter aus dem Aufsichtsrat – die von Ministerialdirektor Karl Fitting (Bundesarbeitsministerium) im Entwurf des Mitbestimmungsgesetzes vorgeschlagene Regelung durch. Vgl. Süddeutsche Zeitung vom 6. 2. 1974, S. 22.

126 Vgl. Bulletin Nr. 97 vom 16. 7. 1970, S. 950.

127 Diese maximale Produktion erfolgt nach der Devise: »Jeder ist mal federführend, jeder will ›mal etwas durchbringen‹!«

– politisch-pragmatisch ist«[128].
Das auf die Wahrung von Kompetenzen und die Erledigung von Vorgängen ausgerichtete Handeln, das auch Maßstab der Beförderung ist, vollzieht sich in einem System, das »Prämien eher auf die Durchsetzung der eigenen Sache als auf die Kooperation«[129] setzt.
Widerstände gegen die politische Führung durch die gesamte Bundesregierung und damit gegen eine für notwendig erachtete Bildung von gesellschaftspolitischen Aufgabenschwerpunkten erfolgen auch seitens der Ressortchefs, die sich als »competitive animals«[130] in dem Sinne verhalten, daß sie es für ihre politische Stellung und für ihr Ansehen in der »Öffentlichkeit«[131] als wichtiger ansehen,
– ihre eigenen Ressortinteressen durchzusetzen als
– ihre Ressortinteressen in ein Gesamtkonzept der Bundesregierung einzuordnen.
Solange es im politischen Bewußtsein der Bevölkerung an kritischem Zukunftsbewußtsein mangelt, wird eher eine Politik prämiert, die dem Tagesopportunismus vor der zukunftsorientierten Aufgabenplanung den Vorzug gibt, zumal da antizipatorische Politik nur zusätzliche Belastungen für den Bundesminister mit sich bringt.

2.1.3 Die Finanzpolitik als reaktive Haushaltspolitik

Im folgenden Abschnitt sollen nicht die Geschichte der Finanzpolitik, nicht die Theorie der Finanzpolitik oder auch nicht die zahlreichen haushaltsrechtlichen Vorschriften[132] vorrangig erörtert werden, sondern es soll danach gefragt werden, wie sich der Willensbildungsprozeß bei der Aufstellung des Haushaltsplanentwurfs entwickelt, wer also nach welchen Kriterien Entscheidungen über Ausgaben zur Finanzierung wichtiger gesellschaftlicher Aufgaben trifft, in welchem Ausmaß und in welche Richtung der Bundesfinanzminister die Wahrnehmung der Aufgaben in der Bundesregierung und in den Ministerien beeinflußt. Um

128 Vgl. Horst Ehmke, Bulletin Nr. 187 vom 16. 12. 1971, S. 2028.
129 Ebenda, S. 2028.
130 Z. B. zeugt die »öffentliche Meinung« von den Ergebnissen der Haushaltsberatung eher von einem unterentwickelten politischen Bewußtsein in der Bevölkerung, wenn die »Erfolge« eines Ministers danach bemessen werden, möglichst wenig »geschoren« worden zu sein. Vgl. Die Zeit vom 10. 12. 1971, S. 26.
131 Joseph Schumpeter, Kapitalismus, Sozialismus, Demokratie, 3. Auflage, München 1972.
132 Darauf wird stärker im Rahmen der Regierungsaufgaben im föderativen Finanzsystem Bezug genommen.

die bisherige Finanzpolitik, die eher reaktive mehrjährige Haushaltspolitik war, aufzuzeigen, soll noch kurz auf die wesentlichen Mängel der einjährigen Budgetpolitik eingegangen werden.

2.1.3.1 *Der budgetpolitische Willensbildungsprozeß*

2.1.3.1.1 *Die Rolle der Haushaltsreferenten bei der Festlegung der Ausgaben und Aufgaben*

Zunächst fordert der Bundesfinanzminister in einem Haushaltsrundschreiben die Ministerien auf,
- Voranschläge zum Haushaltsplanentwurf und
- Bedarfsschätzungen zur Finanzplanung einzureichen.

Etwa ein Vierteljahr später erhält der Haushaltsreferent jedes Ministeriums die Unterlagen »seines« Ressorts.

Die vom Haushaltsreferenten einzuschlagende Budget- und Anforderungsstrategie des Ministeriums orientiert sich dabei an den Abweichungen der Gesamtausgaben des ministeriellen Einzelplans vom Vorjahresetat und an dem durch die Finanzplanung vorgegebenen Ausgabenplafonds[133].

Da bei der Aufstellung des Haushaltsplans die Initiative zur Ausgaben- und damit zur Aufgabenerweiterung bei den Ressorts liegt, ist die grundlegende budgetäre Taktik auf Budgetexpansion[134] ausgerichtet[135]. Je mehr es Aufgabe des Finanzministers war, dieses »Spielmaterial« der Ressorts auf eine realisierbare Höhe herunterzuschrauben, um so mehr wurde dadurch die Koordinierungs- und Kontrollkapazität des Finanzministers absorbiert.

Bezugspunkt finanzpolitischer Entscheidungen war also weniger
- das Regierungsprogramm, das Aufgabenschwerpunkte und Programme nach den Erfordernissen des PPBS enthalten sollte, sondern
- die »Haushaltssicherung« im Sinne der Abwehr ministerieller Voranschläge (siehe Übersicht 2 des Anhangs).

Der Willensbildungsprozeß in den Haushaltsverhandlungen geht von klar ver-

---

133 Die Haushaltsabteilung des Bundesfinanzministeriums weist den einzelnen Ministerien ihre Ausgabenplafonds zu.

134 Wildavsky, Aaron, Budgeting, II. Budgeting as a political process, in: International Encyclopaedia of the Social Science, ed. David L. Sills, vol. 2, 1968, S. 192.

135 Während der Amtsperiode der Finanzminister Schäffer und Etzel war die Budgetstrategie der Ministerien, den Finanzminister mit hohen Ausgabenforderungen zu konfrontieren. Diese Politik kam dem »Streichungsbedürfnis« der ersten Finanzminister entgegen (siehe Übersicht 2 des Anhangs), bestätigte aber auch das Mißtrauen des Finanzministers in die Ernsthaftigkeit der Anforderungen. Vielfach wurde das Instrument der Globalkürzung und Prozentkürzung eingesetzt. Siehe Institut für Finanzen und Steuern, Der Finanzminister, Heft 32, Bonn 1954.

teilten Rollen zwischen dem Finanzministerium und den Ressorts aus. Die Verhandlungsgegenstände werden insofern vom Haushaltsreferenten des Finanzministeriums bestimmt, als er die Ressorts, die sich zunächst gegen Streichungen an »ihrem« Etat wehren, zu einem ersten Kürzungsvorschlag zwingt.

Da der Haushaltsreferent relativ willkürlich einige Titel kürzt[136], präjudiziert er damit weitgehend die Entscheidungen über die Stabilisierung des bisherigen Aufgabenbestands.

Die Voranschläge der Ressorts beziehen sich in der Regel auf Ausgabenerhöhungen, die an Ausgaben der Titel des Vorjahres anknüpfen, und auf neue Ausgabenanforderungen[137].

Hier wird der reaktive Charakter der Aufgabenfortschreibung durch Beamte und das Fehlen eines Aufgabenschwerpunkte setzenden Rahmens deutlich, da

– die Übernahme von Titeln des Vorjahreshaushalts[138] (meist mit einer Zuwachsrate[139], die in etwa der Steigerung des Gesamthaushalts entspricht), in der Regel ohne eingehende Befragung über die weitere Notwendigkeit akzeptiert wird,

– die früheren Entscheidungen über die Finanzierung der Aufgaben keiner kritischen Prüfung unterzogen werden und

– sich damit die Verhandlungen vorwiegend auf die neuen ministeriellen Ausgabenanforderungen im »abwehrenden« Sinne beschränken.

Dieses zuwachsorientierte Entscheidungsverhalten ohne aufgabenorientierten Rahmen bewirkt, daß die Ausgabenverteilung auf die zahlreichen zu erfüllenden Aufgaben[140] sich erst durch die Bedarfsanforderungen auf den verschiedenen Entscheidungsstufen[141] der Verwaltungs- und Regierungsebenen heraus-

136 Diese »Streichungspolitik« liegt im Interesse der Ressorts, da zwar ein weiter Bereich potentieller Verhandlungspunkte ausscheidet, der jeweilige Angriffspunkt aber isoliert verteidigt werden kann, der eine besonders hohe Priorität hat. Vgl. Albrecht Zunker, Finanzplanung und Bundeshaushalt, Zur Koordinierung und Kontrolle durch den Bundesfinanzminister, Frankfurt a. M.–Berlin 1972, S. 151.

137 Dabei geht es vielfach um neue Planstellen, um deren Verteilung hart gekämpft wird. Vgl. Hans Clausen Korff, Neuordnung der Haushaltswirtschaft des Bundes, Ziele und Aussichten einer Haushaltsreform, Bundesminister der Finanzen, Schriftenreihe Heft 8, Bonn 1964, S. 114.

138 »Was an Bedarf schon einmal genehmigt ist, ... (gilt) als sakrosankt.« So Reimut Jochimsen, Aufgabenplanungssystem, in: Bulletin Nr. 97 v. 16. 7. 1970, S. 954; Bericht des Präsidenten des Bundesrechnungshofs, Bundestags-Drucksache III/554, Ziffer 24, S. 126.

139 Wildavsky charakterisiert dieses Verhalten als »incremental«, als zuwachsorientiert. Vgl. Wildavsky, Aaron, a. a. O., S. 193, und Paul Senf, Die Reform der Öffentlichen Haushaltsgebarung zur Erhöhung der Transparenz, in: Probleme der Haushalts- und Finanzplanung, Heinz Haller (Hrsg.), Sd Vf Socpol, N. F., Bd. 52, Berlin 1969, S. 148 ff.

140 Ellwein nennt dieses orientierungslose Ausgabengebaren die »Politik des Haushalts«. Vgl. Thomas Ellwein, Einführung, S. 152.

141 Eine grundlegende Verhaltensregel der Beamten des Finanzministeriums lautet deshalb auch: »Vermeide Präzedenzfälle!«, um nicht einmal bewilligten Mitteln für bestimmte Aufgaben nicht weitere in den nächsten Jahren folgen lassen zu müssen.

kristallisiert und schließlich auf das finanziell zu vertretende Maß reduziert wird.

Diese Finanzpolitik begnügt sich mit dem zur Verfügung stehenden Ausgabenvolumen als Orientierungsmaßstab (Richtgröße) und bedarf nicht unbedingt politischer Direktiven, die von bereits festgelegten Aufgabenschwerpunkten und ausgewählten Programmen ausgehen, und um deren Finanzierung erst anschließend im Willensbildungsprozeß der Aufstellung des Haushaltsplans gerungen wird.

Die Adressaten der Haushaltsreferenten des Bundesfinanzministeriums in den Ressortverhandlungen sind die Haushaltsreferenten (»Beauftragte für den Haushalt«[142]) der jeweiligen Ministerien. Wie oben schon grundsätzlich dargelegt wurde, wird bei den meisten zahlreichen Haushaltstiteln bereits auf Referatsebene Einigung erzielt. Nur in Streitfällen, deren Bedeutung empirisch nicht eindeutig auszumachen ist, wird der Willensbildungsprozeß in höhere Ebenen verlagert.

Die Referenten engen durch ihre Informationsreduzierung nach oben und durch die damit verbundene Entscheidungspräjudizierung[143] den Spielraum der Bundesregierung für Aufgabenschwerpunkte vorzeitig ein, so daß Entscheidungen über Prioritäten der zu finanzierenden Programme nur noch eine kleine Gruppe brisanter Aufgaben betrifft, mit denen sich das Bundeskabinett befaßt[144].

2.1.3.1.2 *Kriterien der Koordinierungs- und Kontrollmöglichkeit des Bundesfinanzministers*

Formale Kriterien für die Koordinierungs- und Kontrollmöglichkeit des Bundesfinanzministers in der Haushaltspolitik liefern das Verfassungs- und besonders das Haushaltsrecht[145]. Materielle, die Qualität der Haushaltspolitik be-

142 Vgl. § 9 Bundeshaushaltsordnung (BHO) vom 19. 8. 1969 (BGBl. I S. 1284).

143 »Diese Vorentscheidungen auf Referatsebene« erreichen einen beträchtlichen »politisch-programmatischen Gestaltungseffekt«. Vgl. Frieder Naschold, Anpassungsplanung oder politische Gestaltungsplanung?, Zur politischen Planung in der BRD am Beispiel der mehrjährigen Finanzplanung (Zitierweise: Anpassungsplanung), in: Winfried Steffani (Hrsg.), Parlamentarismus ohne Transparenz, Kritik, Bd. III, Opladen 1971, S. 97.

144 So bezogen sich die Etat-Auseinandersetzungen bei der Vorbereitung des Bundeshaushaltsplans 1974 im August 1973 vorwiegend auf Forschungs-, Bildungs-, Behördenbau- und Sozialaufgaben. Forschungsminister Horst Ehmke forderte mehr Haushaltsmittel für die Entwicklung der Nahverkehrssysteme und die Förderung umweltfreundlicher Industrieverfahren und -produkte, Bildungsminister Klaus von Dohnanyi machte auf die Gefährdung der Hochschulreform aufmerksam, wenn nicht zusätzliche 400 Millionen DM für die Studenten-Stipendien bewilligt werden, Innenminister Hans-Dietrich Genscher verlangte die Finanzierung der dringend erforderlichen Bauten des Umweltschutzbundesamts, des Kriminalamts und des Statistischen Bundesamts und Sozialminister Walter Arendt kämpfte um zusätzliche 750 Millionen DM für die Aufbesserung der Kriegsopferrenten. Vgl. Spiegel vom 20. 8. 1973, S. 21 f.

145 Vgl. Ursula Schleehauf, Zur Realisierung der verfassungsrechtlichen Budget-Prinzipien, in: FA, N. F., Bd. 25, 1966, S. 247 ff.

treffende, Bestimmungen gibt es dagegen kaum, wenn von der allgemeinen verfassungsrechtlichen Verpflichtung abgesehen wird, bei der »Haushaltswirtschaft den Erfordernissen des gesamtwirtschaftlichen Gleichgewichts Rechnung zu tragen«[146].

Das Gebot der Sparsamkeit und Wirtschaftlichkeit[147] in der Haushaltspolitik, auf das in Haushaltsdebatten[148] und in der »Öffentlichkeit« immer wieder hingewiesen wird, ist in der Praxis als Kriterium der Kontrolle für die Aufstellung des Haushalts und für den Vollzug unzureichend, da sich die Beamten vorrangig an der Durchsetzung und nicht an der Wirtschaftlichkeit ihrer Titelzuwachsraten orientieren und auch von Erfahrungen ausgehen, daß die Finanzminister die Ausgabensteigerungen vorrangig nach außen immer pauschal mit konjunkturpolitischen Notwendigkeiten und mit gestiegenen Verpflichtungen des »Sozialstaats« rechtfertigen[149]. Eine strenge Beachtung von Wirtschaftlichkeitsgesichtspunkten in der Verwaltung hätte die Berücksichtigung der Folgekosten der Erfüllung regierungsinstitutioneller Aufgaben impliziert; aber gerade hier zeigten sich die Schwächen der herkömmlichen Finanzpolitik.

Ein wichtiges Kriterium der Koordinierung und Kontrolle ist die Überprüfbarkeit der Zuständigkeit eines Ministeriums, das bestimmte Aufgaben, deren Wahrnehmung nicht gerechtfertigt oder klar geregelt ist[150], in seinen Haushaltsvoranschlägen einsetzt. Das Bundesfinanzministerium kann somit dafür sorgen, daß über Aufgabenerweiterungen bewußt beraten wird und eine Ausdehnung des »Kompetenz-Wildwuchses« eingeschränkt wird.

---

146 Vgl. Art. 109 Abs. 2 GG.

147 Vgl. dazu § 7 BHO und § 6 Haushaltsgrundsätzegesetz (HGrG) vom 19. 9. 1969 (BGBl. I S. 1273). In der Debatte über den Haushaltsplan-Entwurf 1974 im Oktober 1973, der einen Ausgabenzuwachs von 10,9 % gegenüber dem Vorjahr aufwies, begründete Schmidt im Bundestag die Haushaltsvorlage damit, daß die Bundesregierung »neben einer auf Geldwertstabilisierung gerichteten Fiskalpolitik auch Reformpolitik zu betreiben« hat. Der Finanzminister betonte, daß das wachsende »Angebot an öffentlichen Leistungen und eine nach sozialen Erwägungen betriebene Einkommensumverteilung über den Bundeshaushalt gesellschaftspolitische Grundtatbestände darstellt, deren Sicherung zu den primären Funktionen des Bundeshaushalts gehört«. Vgl. Süddeutsche Zeitung vom 24. 10. 1973, S. 1.

148 Die Sprecher der CDU/CSU kritisierten den Bundeshaushalt 1973 als »inflationsfördernd«, da er »stabilitätswidrige Zuwachsraten der Ausgaben des Bundes« enthält. Vgl. Süddeutsche Zeitung vom 20./21. 6. 1973, S. 1.

149 Der Druck der Verpflichtung zur Wirtschaftlichkeit auf den Bundesfinanzminister ist seitens des Bundesrechnungshofs auch nicht stark, da zunächst die vielfach umfangreichen Berichte des Bundesrechnungshofs der Bundesregierung und dann den Ministerien zur Stellungnahme zugehen. Die Ministerien leiten den Bericht meist verspätet an den Bundestag weiter, dessen Debatten über den Bericht mangels Aktualität und der Beschreibung einzelner Verwaltungshandlungen nur noch geringes Interesse finden. Vgl. Thomas Ellwein, Das Regierungssystem, S. 292.

150 So machte das Bundeswissenschaftsministerium, einer Empfehlung des Wissenschaftsrats folgend, in seinem Haushaltsvoranschlag 1970 die Graduiertenförderung zu seiner Aufgabe, was vom Bundesfinanzministerium zurückgewiesen wurde, da die Kompetenz für die Ausbildungsförderung an wissenschaftlichen Hochschulen damals beim Innenministerium lag.

Ein weiteres Kriterium der Kontrolle ist die Frage nach den rechtlichen Grundlagen der ministeriellen Ausgabeanforderungen. Wenn gesetzlich festgelegte Ausgabenverpflichtungen[151] bestehen, scheidet der Haushaltsvoranschlag dieses Titels normalerweise aus dem Kreis »potentieller Verhandlungspunkte« aus. Aber gerade bei den gesetzlichen Ausgabeverpflichtungen[152] sollten die Voranschläge, denen Schätzungen über die zu erwartende Verpflichtung zugrundeliegen, auf ihre wahrscheinliche Entwicklung, auf ihre Zweckmäßigkeit hin überprüft werden[153].

Zunker weist darauf hin, wie es gerade bei den gesetzlich festgelegten Ausgabeansätzen häufiger zu taktisch beabsichtigten »Fehlern« kommt[154]. Ein Ressort, das nämlich

– einerseits einen zu hohen Ausgabenbetrag angesetzt hat, kann zwar den gesamten Voranschlag schwieriger durchsetzen, erhöht aber dafür im Haushaltsvollzug den Spielraum innerhalb des ministeriellen Einzelplans für die Finanzierung der vom Ressort »eigentlich« gewünschten Aufgaben und
– andererseits zu niedrige Anforderungen angemeldet hat, kann zwar den gesamten Voranschlag durchsetzen, erzwingt aber im Haushaltsvollzug gerade für die gesetzlichen Ausgabeverpflichtungen die Bewilligung außerplanmäßiger Ausgaben.

Das wohl wichtigste Kriterium der Kontrolle und Koordinierung des Bundesfinanzministers, der nach repräsentativem Demokratieverständnis stellvertretend für die Bundesregierung unmittelbare Verantwortung für die Gesamtfinanzen und damit für die regierungsinstitutionellen finanzwirksamen Aufgaben trägt, ist die Frage nach der politischen Zweckmäßigkeit der Ausgabenanforderungen des Ressorts.

Die zu Spezialisten gewordenen Haushaltsreferenten, die ihre Informationen nicht nur aus den formellen Beziehungen zu den Haushaltsreferenten der Ministerien, sondern auch aus den Sitzungen der Fachausschüsse des Bundestags[155] sowie aus dem direkten Kontakt mit nachgeordneten Verwaltungsstellen und Behörden eines Ressorts beziehen, können heute bei der Kompliziertheit der materiellen Detailregelungen die Bedingungen und Konsequenzen der Wahrnehmung bestimmter Aufgaben nicht mehr erfassen[156].

---

151 »Bestehen rechtliche Verpflichtungen zu den vorgesehenen Leistungen, dann ist die Nachprüfung einfach.« So Friedrich Schäfer, Aufgabe und Arbeitsweise des Haushaltsausschusses des Deutschen Bundestags, in: Finanzwissenschaft und Finanzpolitik, Festschrift für E. Schoettle, F. Schäfer (Hrsg.), Tübingen 1964, S. 265.

152 So ist es z. B. fragwürdig, die Ausgabenansätze der Prämien für das Bausparen nach dem Wohnungsbauprämiengesetz von 1969 (BGBl. I S. 1677) einfach jährlich fortzuschreiben.

153 Paul Senf, a. a. O., S. 147.

154 Albrecht Zunker, a. a. O., S. 156.

155 Die Referenten können an den Ausschußsitzungen des Bundestags nach § 73 Geschäftsordnung des Bundestags (GOBt) teilnehmen.

156 Der Haushaltsreferent im Bundesfinanzministerium, der z. B. über einen Titel vorentscheiden

Da der Bundeshaushalt nicht nur dem Finanzvolumen nach gewachsen ist, sondern »sich auch in seinen Einzelheiten auf riesige neue Sachgebiete ausgedehnt hat«[157] und deshalb die mannigfachen Risiken und Konsequenzen nicht mehr übersehbar sind, droht dem Bundesfinanzminister die Gesamtverantwortung für die Finanzen zu entgleiten. Daraus ergeben sich Konsequenzen für die Art der Kontrolle und Koordinierung, ob er also seine Aufgaben als verantwortlicher Vertreter der Bundesregierung reaktiv oder initiativ wahrnimmt.

Der Bundesfinanzminister ist grundsätzlich berechtigt,

– entweder den Ressorts globale Kürzungssummen aufzuerlegen, deren Verteilung auf die einzelnen Posten aber dem zuständigen Minister überlassen wird[158],

– oder einzelne Posten zu benennen, deren Kürzung er verlangen kann[159].

Der Bundesfinanzminister wird also nicht initiativ in dem Sinne, daß er bestimmte Ausgabenregelungen vorschreibt[160], sondern wehrt die von den Ministern vorgeschlagenen Lösungen ab. Der Bundesfinanzminister reagiert auf die Ressortaktivitäten, deren Änderungen er zu begründen hat. Erklärt sich nämlich ein Minister mit diesen Änderungen nicht einverstanden, so kann er die Entscheidung der Bundesregierung einholen[161], die dann sowohl für den Bundesfinanzminister als auch für den zuständigen Minister bindend ist[162].

Die rechtlich abgedeckte Reaktion des Bundesfinanzministers auf die finanziellen Ressortinitiativen ist im budgetären Willensbildungsprozeß deshalb problematisch, weil die finanzministeriellen Entscheidungen (durch die Haushaltsreferenten oder deren Vorgesetzte)

– die Initiativen der Ministerien in eine bestimmte Richtung lenken oder auch blockieren und damit

– die regierungsinstitutionelle Aufgabenverteilung und Aufgabenerweiterung im wesentlichen präjudizieren.

---

soll, der Ausgabenansätze z. B. zur Finanzierung komplizierter Nachrichtenübermittlungssysteme enthält und deren Folgekosten beurteilen soll, ist einfach überfordert.

157 So Hans Clausen Korff, a. a. O., S. 101; vgl. Finanzbericht 1974, a. a. O., S. 192 ff.

158 Vgl. Der Finanzminister, Heft 32 des Instituts Finanzen und Steuern, Bonn 1954, S. 25.

159 Nach § 28 BHO »(prüft) der Bundesminister der Finanzen die Voranschläge und stellt den Entwurf des Haushaltsplans auf. Er kann die Voranschläge nach Benehmen mit den beteiligten Stellen ändern«. Vgl. auch dazu das Widerspruchsrecht des Bundesfinanzministers nach § 26 GOB Reg.

160 Damit würde die Ressortverantwortlichkeit des Art. 65 Satz 2 GG zur Fiktion; der Bundesfinanzminister würde zu einem »Überminister«, der letztlich über die Ausgabenverteilung und damit über die regierungsinstitutionelle Aufgabenerfüllung entscheidet.

161 Nach §§ 28 Abs. 2, 29 Abs. 2 BHO kann sich die Bundesregierung mit »Angelegenheiten von grundsätzlicher und erheblicher finanzieller Bedeutung« befassen.

162 Vgl. § 17 Abs. 1 und § 24 GOB Reg.

2.1.3.1.3 Der Haushaltsvollzug

Da der vom Parlament beschlossene Bundeshaushalt ein zu allgemein abgefaßtes Instrument ist, um als Anweisung für den Haushaltsvollzug geeignet zu sein, hat sich zunehmend die Praxis durchgesetzt, im Haushaltsvollzug mehr oder weniger vom bewilligten Etat abzuweichen[163] und somit als Reaktion auf neue Ausgabenerfordernisse[164] den Haushalt praktisch zu revidieren.

Der Haushaltsvollzug ist zu einem elastischen Instrument der Steuerung der Aufgabenerfüllung und der Inangriffnahme neuer Aufgaben geworden, womit faktisch stark in den vom Parlament beschlossenen Bundeshaushalt eingegriffen wird:

- Der Bundeshaushalt wird zu einem Mittel der Konjunkturpolitik durch das Gebot des Art. 109 Abs. 2 GG, wonach »Bund und Länder bei ihrer Haushaltswirtschaft den Erfordernissen des gesamtwirtschaftlichen Gleichgewichts Rechnung zu tragen (haben)«.
- Die Bundesregierung kann nach dem Stabilitätsgesetz[165] den Bundesfinanzminister ermächtigen, bei der Ausführung des Bundeshaushaltsplans im Fall der Gefährdung des gesamtwirtschaftlichen Gleichgewichts durch eine Nachfrageüberhitzung die Verfügung über bewilligte Ausgaben, den Beginn von Baumaßnahmen und das Eingehen von Verpflichtungen von seiner Einwilligung abhängig zu machen.
- Einen elastischen Haushaltsvollzug ermöglichen auch die Bundeshaushaltsordnung (Abschnitte »Ausführung des Haushaltsplans«) oder das Haushaltsgrundsätzegesetz, in denen mehrmals dem Finanzminister Eingriffsmöglichkeiten durch folgende Regelungen zugesprochen werden: »nur mit vorheriger Zustimmung des Bundesministers der Finanzen«[166] oder »der Bundesminister kann Ausnahmen zulassen«[167].
- Durch die Bundeshaushaltsordnung kann der Bundesfinanzminister umfangreiche Ausgabengruppen mittels gezielter Haushaltssperren einschränken, über- und außerplanmäßige Ausgaben bewilligen und kann die »Betriebsmittel«

---

163 Joachim Hirsch, Haushaltsplanung und Haushaltskontrolle, Parlament und Verwaltung, Bd. 2, Teil 2 der Reihe Politik, Regierung, Verwaltung, Stuttgart–Berlin–Köln–Mainz 1968, S. 103 f.

164 So haben sich im Laufe des Jahres 1973 für den Bundeshaushalt unerwartet hohe zusätzliche Belastungen durch 4 Nachtragshaushalte in Höhe von insgesamt 2,2 Mrd. DM ergeben, die durch währungsbedingte Ausgleichsbeträge, neue Agrarpreisbeschlüsse sowie den notwendigen Absatz von Agrarüberschüssen erforderlich wurden. Vgl. Bulletin Nr. 40 vom 27. 3. 1974, S. 379.

165 Vgl. § 6 des Gesetzes zur Förderung der Stabilität und des Wachstums der Wirtschaft vom 8. 6. 1967 (BGBl. I S. 582).

166 Vgl. §§ 36-41, 43, 45, 48, 50, 54, 58-61, 63-65, 68 BHO.

167 Vgl. §§ 21-25, 27, 29, 31 Gesetz über die Grundsätze des Haushaltsrechts des Bundes und der Länder (Haushaltsgrundsätzegesetz – HGrG).

in monatlichen Tranchen den Ministerien zuteilen, ohne zu einer gleichmäßigen Verteilung auf die Ministerien verpflichtet zu sein[168].

– Diese Steuerungsmöglichkeiten des Haushaltsvollzugs werden noch verfeinert[169] durch die vom Bundesfinanzminister erlassenen Verwaltungsvorschriften zur Haushaltsführung[170].

Die zahlreichen Eingriffsmöglichkeiten des Bundesfinanzministeriums in der Durchführungsphase des Haushalts erfordern einen ständigen Kontakt mit allen anderen Ministerien, die einen koordinierenden und kontrollierenden Einfluß ermöglichen, aber auch zu ständigen Reibungen führen können[171].

Die Intensität der auftretenden Konflikte hängt davon ab, inwieweit der Finanzminister den Haushaltsvollzug faktisch und mit global wirkenden Mitteln steuern kann und seine rechtlichen Eingriffsmöglichkeiten auch tatsächlich nutzt.

Um als Finanzminister und als Vertreter der Bundesregierung im Haushaltsvollzug wirksam die vielschichtige Aufgabenerfüllung nach Prioritäten steuern zu können, sind die organisatorischen Voraussetzungen im Regierungsbereich des Bundes nicht hinreichend erfüllt[172].

Trotz des im Bundesfinanzministerium eingeführten »Schnellmeldeverfahrens«[173] sind beispielsweise konjunkturpolitische Aufgaben nur bedingt wahrzunehmen, da

– es keine kurzfristig verfügbaren Informationen über den jeweiligen Stand des Haushaltsvollzugs gibt und auch

– kein Überblick über die in einem bestimmten Zeitraum eingegangenen Verpflichtungen und deren kassenmäßige Abwicklung zu erhalten ist.

Nicht nur das mangelhafte Informationssystem im Regierungsbereich beeinträchtigt die Steuerungsmöglichkeiten des Bundesfinanzministers im Haushaltsvollzug, sondern auch die in den Ministerien durchgängig praktizierte reaktive Politik, die mit ihrem Hinweis auf »unvorhersehbare, unabwendbare Entwicklungen«[174] den Finanzminister mit über- und außerplanmäßigen Ausgaben konfrontieren, die der Finanzminister dann nur noch »registrieren«[175] kann.

---

168 Vgl. §§ 18 Abs. 2, 43 Abs. 1, 62 BHO; Erwin Adolf Piduch, Bundeshaushaltsrecht-Kommentar (Loseblattsammlung), Stuttgart–Berlin–Köln–Mainz 1969, dazu besonders Rdnr. 1 zu § 43 BHO.

169 In der Praxis gibt es noch die feineren Instrumente »zum Fahren des Haushaltes«, wie z. B. die zügigere oder langsamere Bearbeitung von Anträgen der Ministerien auf Freigabe der Mittel zur Finanzierung bestimmter Aufgaben; der Finanzminister muß der Inanspruchnahme zustimmen.

170 Vgl. dazu § 5 BHO.

171 Da sonst Meinungsverschiedenheiten zwischen den Ministerien weitgehend Kompetenzfragen betreffen, haben in diesem Fall die Auseinandersetzungen grundsätzlich eine gesellschaftspolitische Bedeutung.

172 Hans Clausen Korff, a. a. O., S. 126 ff.; Joachim Hirsch, a. a. O., S. 128.

173 Albrecht Zunker, a. a. O., S. 162; Horst Claus Recktenwald (Hrsg.), Finanz- und Geldpolitik im Umbruch, Mainz 1969, S. 34 ff.

Das Finanzministerium neigt aus Furcht, die Kontrolle über die gesellschaftspolitischen Auswirkungen der zahlreichen finanzpolitischen Entscheidungen zu verlieren, zu einem extensiven Gebrauch seiner Eingriffsmöglichkeiten. Das Fehlen politischer Rahmenbedingungen für Aufgabenschwerpunkte der Bundesregierung und für ausgewählte Programme erhöht die Unsicherheit mangels orientierender politischer Zielvorstellungen im Bundesfinanzministerium und führt dazu, daß im Haushaltsvollzug die Ressorts bis ins Detail durch scharfe Anwendung finanzministerieller Rechte unter Kontrolle gehalten werden[176].

Diese Art von Kontrolle beeinträchtigt

– einmal den Beitrag, den das Bundesfinanzministerium bzw. der Bundesfinanzminister nach repräsentativen Demokratievorstellungen zur Koordinierung der Regierungsaufgaben zu leisten hat, und

– zum anderen die Vorbereitung zukunftsorientierter Aufgabenplanung in den Ministerien und führt eher dazu, diese finanzministeriellen Kontrollen seitens der Ressorts zu unterlaufen, indem das Finanzministerium z. B. durch über- und außerplanmäßige Ausgabenforderungen vor vollendete Tatsachen gestellt wird[177].

2.1.3.2 *Problematik einer kurzfristigen Finanzpolitik*

Nachdem der budgetäre Willensbildungsprozeß mit der Aufstellung des Haushaltsplans und dem Haushaltsvollzug behandelt worden ist, sollen skizzenhaft die wesentlichen Mängel aufgezeigt werden, die weitgehend der Grund dafür waren, sich über die »politics of non-planning«[178] Gedanken zu machen und letztlich das Instrument der mehrjährigen Finanzplanung einzuführen. Außerdem stellten die seit Ende 1973 veränderten politisch-ökonomischen Bedingungen an die tradierte Finanzpolitik außergewöhnliche ordnungspolitische Anforderungen.

---

174 Mit diesem Hinweis konnte Bundesforschungsminister Horst Ehmke im Januar 1974 ein »Förderungsprogramm« für neue Technologien (z. B. Kohleverflüssigung, Substitutionsenergieträger-Forschung) durchsetzen. Vgl. Süddeutsche Zeitung vom 26. 1. 1974, S. 22.

175 Vgl. Siegfried Hoffmann, Die Kontrolle der Regierung durch parlamentarische Rechnungsprüfung im Deutschen Bundestag, Göttingen 1970, S. 45 und 66 ff.

176 Vgl. Bundesministerium der Verteidigung (Hrsg.), Weißbuch 1974, Bonn 1974; Jürgen Demert, Entwicklungshilfe geplant oder verwaltet? Entstehung und Konzeption des Bundesministeriums für wirtschaftliche Zusammenarbeit, Bielefeld 1968, S. 46 ff.

177 Vgl. auch Ulrich Scheuner, Verantwortung und Kontrolle in der demokratischen Verfassungsordnung, in: Festschrift für G. Müller, hrsg. von Th. Ritterspach, W. Geiger, Tübingen 1970, S. 385.

178 Hans-Joachim Arndt, Der Plan als Organisationsfigur und die strategische Planung, in: Politische Vierteljahresschrift (PVS), Juni 1968, Heft 2, Köln–Opladen 1968, S. 177.

2.1.3.2.1 Merkmale der einjährigen Haushaltspolitik

Auch nach der Einführung der mehrjährigen Finanzplanung im Jahre 1967 wurde Haushaltspolitik im Rahmen des einjährigen Budgetzyklus betrieben.
Die Mängel dieser Finanzpolitik ergaben sich vor allem aus der kurzfristig angelegten und punktuellen, ressortgebundenen Ausgabenpolitik und der relativ eng konzipierten Aufgabenplanung[179]. Die Haushaltspolitik, der jegliche Mittel oder langfristige Konzeption fehlten, orientierte sich in der Mittelverteilung vorrangig am sog. Gießkannenprinzip[180].
Obwohl die hochindustrialisierte Gesellschaft mit ihren komplexen Aufgaben eine flexible auf gesellschaftspolitische und wirtschaftspolitische Ziele ausgerichtete Finanzpolitik erforderte, beruhte das Haushaltsrecht bis 1969 auf der Reichshaushaltsordnung von 1922.
Emotionale Widerstände bei den Entscheidungsträgern der Regierungsinstitutionen, deren Denken in einer »geheimnisvollen Technologie, nach der sich die Probleme schon irgendwie selbständig regeln würden«[181], verhaftet war, trugen dazu bei, daß die Konzeption der tradierten Haushaltspolitik[182] und die Haushaltspraxis auseinanderklafften. Der »Antiplanungsideologie« stand nämlich eine »interventionistische Staatspraxis«[183] gegenüber, in der die Konzeption ohne Realitätsbezug war und die haushaltspolitische Realität keine Konzeption hatte.
Diese reaktive Haushaltspolitik[184] machte einen permanenten Verstoß gegen Budgetprinzipien erforderlich (z. B. Umgehen des jährlichen Haushaltsausgleichs) und verlangte immer wieder nach Notbehelfen, um die Diskrepanz zwischen der »materiellen Langfristigkeit vieler Finanzentscheidungen und ihrer formellen Geltungsbegrenzung«[185] zu überbrücken.
In der bisher praktizierten Finanzpolitik, die sich selbst anspruchsvoll als Haushaltsplanung verstand, verbarg sich vorwiegend das »reaktive Anpassungs-

---

179 Im Regierungssystem des Bundes gab es zuerst eine ausgabenorientierte Fachplanung im Auswärtigen Amt und im Verteidigungsministerium.

180 Frieder Naschold, Anpassungsplanung, S. 80.

181 Horst Ehmke, Planen ist keine Sünde, Erfahrungen aus der Bonner Regierungspraxis: Die Zeit vom 10. 12. 1971, S. 48.

182 Die Forderung nach einem »ausgeglichenen Haushalt« wurde besonders oft und energisch vorgetragen.

183 Frieder Naschold, Probleme der mehrjährigen Finanzplanung des Bundes (Zitierweise: Probleme), in: Demokratisches System und politische Praxis der Bundesrepublik, für Theodor Eschenburg, hrsg. von G. Lehmbruch, R. von Oeyme, I. Fetscher, München 1971, S. 70.

184 Die noch vor der Bundestagswahl 1965 vom Parlament beschlossenen »Wahlgeschenke« mußten aufgrund des zu großen Defizits im Bundeshaushalt vom neuen Parlament rückgängig gemacht werden, indem das Haushaltssicherungsgesetz verabschiedet wurde. Siehe dazu Gesetz zur Sicherung des Haushaltsausgleichs vom 20. 12. 1965 (BGBl. I S. 2065).

185 Herbert Weichmann, Finanzplanung als neue staatliche Aufgabe, in: Finanzarchiv, N. F., Bd. 27, 1968, S. 225.

verhalten«[186] der Entscheidungsträger der Regierungsinstitutionen an die Eigengesetzlichkeiten des ökonomischen und sozialen Systems.
Diese tradierte Finanzpolitik, die über eine umfangreiche gesellschaftliche Aufgabenerfüllung und Aufgabenerweiterung zu entscheiden hatte, war durch folgende Merkmale gekennzeichnet:

- keine Festlegung gesellschaftlicher Schwerpunkte und keine Auswahl vorrangiger Programme (die additive Aufzählung von Teilpolitiken in den Regierungserklärungen, deren Finanzierung zu gewährleisten ist, ist noch keine antizipatorische Politik);
- isolierte ministerielle Programme mit meist kurzfristiger Perspektive (die Fachplanungen wie Grüner Plan, Bundesjugendplan, Sofortplan für den Steinkohlenbergbau u. a. berücksichtigten nicht die gesellschaftspolitischen Interdependenzen und hatten kein langfristiges Konzept);
- Nichtbeachtung der Folgekosten[187] und -wirkungen von Programmen (Vermögensbildungsprogramme, wie z. B. die Sparprämien und die Wohnungsbauprämien belasten den Bundeshaushalt in zunehmendem Maße[188]; gerade die Folgekosten öffentlicher Investitionen (Unterhalts-, Betriebs-, Verwaltungs- und Personalkosten) führten zu einer ständigen Ausweitung der konsumtiven Ausgaben[189] und engten von daher den Spielraum für zukünftige Investitionen

---

186 Frieder Naschold, Anpassungsplanung, S. 1 ff.

187 Der Bundeshaushalt 1973 war mit Zuschüssen des Bundes an die Rentenversicherungen der Arbeiter und Angestellten von rund 13 Mrd. DM belastet.

188 Im Bundeshaushalt 1974 wurden dafür rund 3,5 Mrd. DM veranschlagt. Vgl. dazu den Finanzplan des Bundes 1972-1976, Bundesministerium der Finanzen (Hrsg.), S. 29.

189 Nach einer Untersuchung des rheinland-pfälzischen Finanzministeriums über die Folgekosten öffentlicher Investitionen ergaben sich folgende beträchtliche Folgekosten ausgewählter öffentlicher Investitionen gemessen an den Herstellungskosten:

Projekt	Folgekosten in % der Herstellungskosten
Verkehrsanlagen	
a) Bundesautobahn	9,7
b) Bundesstraßen	9,4
c) Landesstraßen	9,8
d) Kreisstraßen	9,6
Kläranlagen	19,5
Universitäten	
a) Geisteswissenschaften	18,3
b) Ingenieur- und Naturwissenschaften	18,4
c) Medizin, Biologie, Chemie	23,2
Schulen	31,0
darunter: Lehrpersonal	14,0
Kindergärten	31,0
Turn- und Sporthallen	16,5
Hallenbäder	20,5
Sportplätze	13,5
Freibäder	15,5
Krankenhäuser	26,0

Vgl. Folgekosten öffentlicher Investitionen, Rheinland-Pfalz, Ministerium der Finanzen, Bad Ems 1975.

ein; es trat somit die paradoxe Konzequenz ein, daß mit wachsendem »Staatsanteil« (siehe Übersicht 3 des Anhangs) die Investitionsquote zurückging;
– rechtliche Fixierung der Ausgaben und damit verbundener Verlust von »Manövriermasse« (die rund 90prozentigen gesetzlichen und vertraglichen Verpflichtungen[190] des Bundeshaushalts engen die Dispositionsmöglichkeiten für notwendig erachtete Steigerungen der investiven Ausgaben[191] ein; angesichts der eher noch wachsenden Aufgaben des Bundes besonders im sozialen, im Bildungsbereich und zur Entwicklung neuer Technologien ist der investive Anteil am Bundeshaushalt[192] zwischen 17 und 18 % in 1972 und 1973 nur gering[193]; nach dem Finanzplan ist sogar ein Rückgang auf 15,6 % in 1977 zu erwarten);
– mangelnde Abstimmung der Haushaltspolitik von Bund, Ländern und Gemeinden (erst durch die Entwicklung einer einheitlichen Systematik in der Finanzplanung und durch die Regelung des Art. 109 Abs. 3 GG ist eine stärkere Koordinierung eingeleitet worden).

2.1.3.2.2 Haushaltspolitik unter veränderten ökonomisch-politischen Bedingungen

Mit dem Beginn der Rezession Ende 1973 und den damit verbundenen geringeren Zuwächsen des Steueraufkommens wurden die politischen Entscheidungsträger mit den mannigfachen Problemen hoher Staatsverschuldung (1972: 155 Mrd. DM, 1975: 250 Mrd. DM[194]) konfrontiert.
Die Zunahme der Arbeitslosigkeit im Herbst 1974 und ihre Stabilisierung auf einem für die Bundesrepublik ungewohnt hohem Niveau machten die Aufgabe einer nach Kriterien geordneten Beschäftigungspolitik zu einem gesellschaftspolitischen Problem ersten Ranges. Ob und inwieweit die vorwiegend aus dem Bundeshaushalt finanzierten Programme zur Konjunkturbelebung die erstrebten Produktions- und Beschäftigungseffekte erzielten, oder ob eine aktive Beschäftigungspolitik neue »staatliche« Regelungen erfordert, wird in Grundzügen aufzuzeigen sein.

Vgl. Folgekosten öffentlicher Investitionen, Rheinland-Pfalz, Ministerium der Finanzen, Bad-Ems 1975.

190 Vgl. Süddeutsche Zeitung vom 23./24. 6. 1973, S. 23.

191 Haushaltstechnisch werden dazu Sachinvestitionen, vornehmlich Bauinvestitionen, Investitionszuschüsse, Darlehen und Beteiligungen gerechnet.

192 1973 betrugen bei einem Bruttosozialprodukt von rund 950 Mrd. DM die gesamten Investitionen in der Bundesrepublik rund 247 Mrd. DM, während im Bundeshaushalt nur rund 20 Mrd. DM investive Ausgaben veranschlagt waren. Vgl. dazu Süddeutsche Zeitung vom 23./24. 6. 1973, S. 23.

193 Vgl. Bulletin Nr. 40 vom 27. 3. 1974, S. 380 ff.

194 Siehe Dokumentation des Bundesministeriums der Finanzen 15/75, Bonn, 7. 8. 1975, S. 1.

a) Finanzpolitik bei hoher Staatsverschuldung

Die bis 1973 durch kontinuierliche Zuwachsraten begünstigte fast routinemäßige Aufgabenfinanzierung wurde durch die hohe Verschuldung des Bundeshaushalts (1975: 40,8 Mrd. DM, 1976: 38,9 Mrd. DM[195]) von einer Haushaltspolitik abgelöst, bei der auf einmal das gesamte Ausgabenvolumen und damit die daraus finanzierten zahlreichen staatlichen Leistungen zur Disposition gestellt wurden. Die wachsenden Finanzierungsdefizite zwangen die politischen Entscheidungsträger, Ausgabenkürzungen oder Steuererhöhungen nach bestimmten Kriterien vorzunehmen. Die im September 1975 von der Bundesregierung beschlossenen Maßnahmen zur Verbesserung der Haushaltsstruktur (Haushaltsstrukturgesetz)[196] mit Ausgabenkürzungen von fast 8 Mrd. DM für 1976 sollen daraufhin untersucht werden, ob und inwieweit sie nicht nur die Fortsetzung der »zuwachsorientierten« Haushaltspolitik in umgekehrte Richtung darstellen, sondern eine zwar durch das »Diktat der leeren Kassen« veranlaßte, aber an einer Rangfolge von Zielen orientierte Finanzpolitik einleiten.
Das Problem wachsender Finanzierungsdefizite hat den politisch Verantwortlichen die Chance gegeben, die bislang mehr am Ausgabenniveau und weniger an der Qualität der Ausgaben orientierte Finanzpolitik durch eine Neudefinition wichtiger vom »Staat« zu erfüllender Aufgaben weiter zu entwickeln.

aa) Wirkungen hoher Staatsverschuldung

Die Auswirkungen hoher Finanzierungsdefizite der öffentlichen Haushalte müssen einerseits unter kurzfristigen und andererseits unter mittelfristigen Aspekten betrachtet werden. Unter Bedingungen der wirtschaftlichen Rezession mit ihrer hohen Arbeitslosigkeit und der geringen Auslastung der Produktionsfaktoren ist ein Defizit im Umfang der konjunkturellen Mindereinnahmen durchaus notwendig[197]. Ein solches konjunkturell bedingtes Defizit wirkt nachfragesteigernd und trägt somit zur Vergrößerung der Beschäftigung bei.
Da die Entwicklung des Preisniveaus in der wirtschaftlichen Rezession vielfach kostendeterminiert ist (z. B. Lohnsteigerungen, Anstieg der Importgüterpreise, aber auch die angestrebte Ausweitung der Gewinne[198]), sind kreditfinanzierte Staatsausgaben kein entscheidender Einflußfaktor für die Preise, sondern eher Mittel zur Verringerung der Beschäftigung.
Auf mittlere Sicht ist es allerdings Aufgabe der Regierungsinstitutionen, aus

195 Vgl. Entwurf eines Gesetzes über die Feststellung des Bundeshaushaltsplans für das Haushaltsjahr 1976 (Haushaltsgesetz 1976), in: Bundesrats-Drucksache 625/75, S. 17.
196 Vgl. Bulletin Nr. 111 vom 12. 9. 1975, S. 1093 ff.
197 Vgl. Dokumentation des Bundesministeriums der Finanzen 15/75, Bonn 1975, S. 2.
198 Siehe ebenda, S. 2.

stabilitäts-, verteilungs- und beschäftigungspolitischen Gründen bei einer stärkeren Auslastung der Produktionsfaktoren die Finanzierungsdefizite zu reduzieren.

Im Konjunkturanstieg begünstigt eine defizitäre staatliche Aufgabenpolitik, die mit einer privaten Nachfragesteigerung zusammenfällt, die Zunahme der Inflationsrate.

Hohe Defizite sind allein schon bei öffentlichen Einnahmen von ca. 270 Mrd. DM[199] wegen der Zinsbelastung bedenklich; außerdem kommen in der Regel die zurückzuzahlenden staatlichen Zinsen für die Wertpapiere oberen Einkommensbeziehern zugute.

Mit fortschreitendem Aufstieg steigt auch der Kreditbedarf der Unternehmungen an, so daß die Privatwirtschaft und die öffentliche Hand auf dem Kapitalmarkt miteinander in Konkurrenz treten. Hohe Defizite im Konjunkturaufschwung bringen also die Gefahr mit sich, daß die private Investitionstätigkeit über Zinssteigerungen mit der negativen Wirkung auf Beschäftigung und Einkommen erschwert wird.

ab) Maßnahmen zum Abbau des Finanzierungsdefizits

Gerade die wirtschaftliche Rezession mit ihren veränderten Bedingungen ist für eine grundsätzliche Überprüfung regierungsinstitutioneller Aufgaben sowie der daraus resultierenden Leistungen und für einen an bestimmten politischen Kriterien gebundenen Abbau »überzogener« staatlicher Leistungen geeignet.

Art und Umfang der mit den Maßnahmen des Haushaltsstrukturgesetzes vom September 1975 von der Bundesregierung beschlossenen Ausgabenkürzungen und Steuererhöhungen gaben unter den veränderten ökonomisch-politischen Voraussetzungen einen besonderen Aufschluß darüber, welche Finanzpolitik die Bundesregierung in den folgenden Jahren zu verfolgen beabsichtigte.

Dieses Haushaltsstrukturgesetz stellte mit 43 gesetzlichen und nicht gesetzlichen

199 Siehe ebenda, S. 4.

200 Vgl. Maßnahmen zur Verbesserung der Haushaltsstruktur (ohne Steuererhöhungen) – nach Bereichen – (Stand: 10. September 1975):
a = gesetzliche Maßnahmen (HStrG); b = nichtgesetzliche Maßnahmen

Bereiche		1976	1977	1978	1979
		– in Mill. DM –			
1. Öffentlicher Dienst	a	500	560	614	637
	b	640	708	786	825
zusammen		1 140	1 268	1 400	1 462
2. Wirtschaft	a	15	15	5	–
3. Landwirtschaft	a	213	456	731	1 041
	b	56	76	46	46
zusammen		269	532	777	1 087
4. Verminderung der Zuschüsse an die Bundesanstalt für Arbeit durch Erhöhung Arbeitslosenversicherungsbeitrag von 2 auf 3 v. H.	a	3 800	4 600	4 800	5 000

Kürzungsvorschlägen[200] – sie sind in den Etatentwurf 1976 und in den Finanzplan bis 1979 eingebaut – die neue finanzpolitische Grundkonzeption der Bundesregierung dar, nach der alle Einzelmaßnahmen zu einer »möglichst angemessenen und gerechten Verteilung der Lasten, die mit der Konsolidierung der Finanzen zwangsläufig verbunden sind«[201], beitragen sollen.
Diese Sparbeschlüsse wurden noch ergänzt durch globale – nicht auf bestimmte Leistungsgesetze bezogene – Plafonds-Kürzungen bei den Einzelplänen der Bundesressorts und durch ab 1. 1. 1977 wirksame Erhöhungen der Umsatz-, Tabak- und Branntweinsteuer.
Diese Spar- und Steuererhöhungsbeschlüsse, die auf der Ausgabenseite vorwiegend konsumtive Ausgaben abbauen, ohne »das Netz der sozialen Sicherheit« zu beeinträchtigen, und auf der Einnahmenseite das Finanzierungsdefizit verringern, bringen gegenüber den ursprünglichen Etat- und Finanzplanungsansätzen nach Vorstellungen der Bundesregierung folgende Änderungen[202]:

	1976	1977	1978	1979
	– in Mrd. DM –			
– Ausgabekürzungen gegenüber Finanzplan 1974 bis 1978	5,1	6,6	11,4	–
– Maßnahmen zur Verbesserung der Haushaltsstruktur	7,9	12,2	11,5	12,6
– Erhöhung der Umsatzsteuer, der Tabaksteuer und der Branntweinsteuer ab 1977	–	8,2	10,0	11,0
Gesamtergebnis (Differenzen durch Runden der Zahlen)	13,0	26,9	32,9	23,5

Die Finanzierungsdefizite des Bundes vermindern sich somit[203]

---

5. Arbeitsförderungsgesetz und Sonstiges im Bereich des Bundesministers für Arbeit und Sozialordnung	a	900	1 465	1 725	1 880
6. Gesundheitswesen	a	–	55	155	255
7. Wohnungswesen und Städtebau	b	46	109	172	244
8. Forschung und Technologie	b	50	95	100	105
9. Bildung und Wissenschaft	a	343	408	410	510
10. Zuschüsse zum Schutzraumbau u. a.	b	40	45	45	45
11. Gemeinschaftlich finanzierte Ausgaben von Bund	a	–	327	327	322
und Ländern	b	–	438	432	431
zusammen		–	765	759	753
12. Sparförderung	a	–	400	465	525
13. Abbau von Steuervergünstigungen	a	245	300	315	335
14. Abbau von Subventionen (Zuwendungsempfänger)	b	275	300	325	350
15. Globale Minderausgaben	b	800	1 800	–	–
Summe	a	6 016	8 586	9 547	10 505
Einzelaufgliederung Summe	b	1 907	3 571	1 906	2 046
(vgl. Anlage S. 1095) insgesamt		7 923	12 157	11 453	12 551

Quelle: Bulletin, Nr. 111 vom 12. 9. 1975, S. 1094.

201 Vgl. Bulletin Nr. 128 vom 5. 11. 1975, S. 1267.
202 Vgl. Bundesrats-Drucksache 626/75, S. 6.

	1976	1977	1978	1979
	– in Mrd. DM –			
um	13,0	26,9	32,9	23,5
auf	38,9	22,0	17,8	11,3

Die Sparmaßnahmen zur Verbesserung der Haushaltsstruktur, die nach dem Maßstab der »angemessenen und gerechten« Verteilung zu Lasten aller sozialer Gruppen, erfolgen sollten, setzten in gewohnter Weise an den Einzelplänen der Ressorts an. Die größten Einsparungen wurden den Bundesministerien für Inneres (öffentlicher Dienst) mit 1,14 Mrd. DM, Arbeit und Soziales mit 900 Mio. DM, Bildung und Wissenschaft mit 343 Mio. DM und Landwirtschaft mit 269 Mio. DM allein für 1976 abverlangt[204].

Im öffentlichen Dienst wurden neben den politisch umstrittenen Einsparungen durch maßvolle Tarifabschlüsse im wesentlichen folgende Sparmaßnahmen beschlossen:

– Hinausschiebung von vorgezogenen Altersgrenzen,
– Streichung der Bewährungsförderung,
– Einschränkung beim Ortszuschlag, insbesondere, wenn beide Ehegatten im öffentlichen Dienst beschäftigt sind,
– Festschreibung der Ministerialzulage,
– Kürzungen bei den Verpflichtungsprämien bei Soldaten auf Zeit,
– Einschränkungen im Bereich der Zusatzversorgung,
– Änderungen im Beihilferecht, im Reisekostenrecht und bei der Wohnungsfürsorge[205].

203 Vgl. Bulletin Nr. 111 vom 12. 9. 1975, S. 1093.

204

	1976	1977	1978	1979
	– in Millionen DM –			
– Öffentlicher Dienst	1 140	1 268	1 400	1 462
– Wirtschaft	15	15	5	–
– Landwirtschaft	269	532	777	1 087
– Verminderung der Zuschüsse an die Bundesanstalt für Arbeit durch Erhöhung Arbeitslosenversicherungsbeitrag von 2 auf 3 v. H.	3 800	4 600	4 800	5 000
– Arbeitsförderungsgesetz und Sonstiges im Bereich des Bundesministers für Arbeit und Sozialordnung	900	1 465	1 725	1 880
– Gesundheitswesen	–	55	155	255
– Wohnungswesen und Städtebau	46	109	172	244
– Forschung und Technologie	50	95	100	105
– Bildung und Wissenschaft	343	408	410	510
– Zuschüsse zum Schutzraumbau u. a.	40	45	45	45
– Gemeinschaftlich finanzierte Ausgaben von Bund und Ländern	–	765	759	753
– Sparförderung	–	400	465	525
– Abbau von Steuervergünstigungen	245	300	315	335
– Abbau von Subventionen (Zuwendungsempfänger)	275	300	325	350
– Globale Minderausgabe	800	1 800	–	–

(in: BR-Drucksache 626/75, S. 6)

205 Vgl. Bundesrats-Drucksache 626/75, S. 7.

Im Bereich des Bundesministers für Arbeit und Sozialordnung wurden vor allem durch die Änderung des Arbeitsförderungsgesetzes einige Leistungen nach Voraussetzungen und Höhe modifiziert (z. B. 6jährige berufliche Tätigkeit und Gewährung eines Unterhaltsgeldes von 80 % des Nettoarbeitsentgelds nur noch an arbeitslose oder ungelernte Teilnehmer), um so Einsparung von rund 900 Mio. DM (1976) bis fast 2 Mrd. DM (1979) zu erreichen[206].

Im Bereich Bildung und Wissenschaft wurde durch die Änderung des Ausbildungsförderungsgesetzes (BAFöG) und des Graduiertenförderungsgesetzes der Darlehnsanteil der Stipendien für die Studenten und den wissenschaftlichen Nachwuchs neu geregelt[207].

Beim BAFöG wurden im wesentlichen die Anpassung der Freibeträge und Bedarfssätze ausgesetzt und der Darlehensanteil auf 110 DM für zu Hause wohnende und auf 130 DM für auswärts wohnende Studenten erhöht. In der Graduiertenförderung wurde die Mittelvergabe ganz auf Darlehen umgestellt. Die sprunghaft ansteigenden Leistungen – 1975: 3 Mrd. DM beim BAFöG und rund 300 Mio. DM in der Graduiertenförderung – zwangen die Bundesregierung, eine »finanzielle Konsolidierung«[208] einzuleiten.

Im Bereich der Landwirtschaft wurde beschlossen, den als Steuervergünstigung – 3 % der Verkaufserlöse – gewährten Aufwertungsausgleich stufenweise abzuschaffen. Außerdem wurden weitere Förderungsmaßnahmen wie die Frachthilfe für Getreide, die Exportförderung von Zuchtvieh sowie Zuschüsse für den Fonds zur Absatzförderung der deutschen Landwirtschaft eingestellt.

Die durch die hohe Arbeitslosigkeit bedingten zunehmenden Beiträge zur Arbeitslosenversicherung aus dem Bundeshaushalt an die Bundesanstalt für Arbeit haben es außerdem unumgänglich gemacht, den Beitragssatz von 2 % auf 3 % des Bruttoarbeitsentgelds heraufzusetzen. Die Bundesregierung erwartete dadurch Mehreinnahmen von 3,8 Mrd. DM für 1976 und 4,6 Mrd. DM für 1977[209].

Die soeben behandelten Ausgabenkürzungen können grundsätzlich auf öffentliche Aufgabenträger den Zwang ausüben, die Aufgabenerfüllung und die daraus resultierende Leistungserstellung zu rationalisieren. »Im Rahmen der vorhandenen Verwaltungsstruktur bzw. der gegebenen Leistungskonzepte«[210] sind langfristige Einsparungen nur möglich und zur Finanzierung anderer und/oder neuer Aufgaben nur sinnvoll, wenn Art und Umfang der Aufgabenerfüllung bei hoher »Staatsquote« (siehe Übersicht 3 des Anhangs) grundsätzlich zur Disposition gestellt werden.

---

206 Vgl. Bulletin Nr. 111 vom 12. 9. 1975, S. 1097.
207 Siehe ebenda, S. 1099.
208 Siehe ebenda, S. 1089 f.
209 Siehe ebenda, S. 1097.
210 Vgl. Gutachten zur Lage und Entwicklung der Staatsfinanzen in der BRD, in: Dokumentation des Bundesministeriums der Finanzen 15/75, S. 5.

Die Bundesregierung sollte sich bei ihren Maßnahmen zur Verbesserung der Haushaltsstruktur und den damit verbundenen Aufgabenverringerungen bzw. Leistungseinschränkungen an folgenden Fragen orientieren, wie es der wissenschaftliche Beirat beim Bundesminister der Finanzen in seinem Gutachten 1975 gefordert hatte[211].

»– Inwieweit sind bestimmte Ziele angesichts der veränderten wirtschaftlichen und sozialen Bedingungen noch vordringlich?

– Inwieweit sind gegebene Ziele bei gewissen Modifikationen mit geringerem Aufwand zu erreichen?

– Inwieweit wurden bisher verfolgte Ziele mit den eingesetzten Instrumenten tatsächlich erreicht?«

Die Zielvorrangigkeit wie die Zielmodifikation können unter repräsentativ-demokratischen Aspekten nur nach der Präferenzskala der Bundesregierung bestimmt werden.

Die zur Verringerung des Finanzierungsdefizits beschlossenen Ausgabenkürzungen vom September 1975 erfolgten nicht nach einer von der Bundesregierung festgelegten Rangfolge öffentlicher Aufgaben, sondern nach dem Prinzip der »ausgewogenen« Verteilung der Lasten. Alle Ressorts, die vielfach die Interessen sozialer Gruppen vertreten (z. B. das Innenministerium die Beamten, das Landwirtschaftsministerium die Bauern, das Wissenschaftsministerium die Studenten usw.), hatten also Opfer zu bringen. Solche an Einzelplänen der Ressorts und weniger an Prioritäten orientierte Ausgabenkürzungen entsprechen der tradierten »zuwachsorientierten« Haushaltspolitik mit umgekehrten Vorzeichen: sie kann als ressortgebundene »minderungsorientierte« Haushaltspolitik bezeichnet werden.

b) Die Aufgabe der aktiven Beschäftigungspolitik

Angesichts der veränderten Bedingungen geringerer Zuwachsraten des realen Sozialprodukts mit dementsprechend niedrigeren Steigerungsraten des Steueraufkommens wird die Beschäftigungspolitik zu einer Daueraufgabe der Bundesregierung, die nicht länger vorrangig mit konjunkturpolitischen Mitteln zu lösen ist. Wie wichtig eine nach bestimmten Kriterien gestaltete Beschäftigungspolitik (aktive Beschäftigungspolitik) ist, ergibt sich allein schon aus Modellrechnungen, die darauf hinweisen, daß für die Jahre bis 1980 mit einer höheren Arbeitslosigkeit zu rechnen ist.

Nach mittelfristigen Modellrechnungen des Instituts der deutschen Wirtschaft[212] sind für die Beseitigung einer Arbeitslosenquote von rund 4,5 % (ca. 1 Mio.

---

211 Siehe Bulletin Nr. 111 vom 12. 9. 1975, S. 1097.

212 Vgl. Süddeutsche Zeitung vom 8./9. 11. 1975, S. 23.

Arbeitslose) jährlich 40 000-80 000 zusätzliche Arbeitsplätze nötig. Dabei hängt der Grad der Beschäftigung von den realen Wachstumsraten ab:

- Bei einer jährlichen Zunahme des realen Sozialprodukts von 4,8 % könnten von 1975 bis 1980 zusätzlich 900 000 Arbeitsplätze geschaffen werden.
- Bei einer jährlichen Zunahme des realen Sozialprodukts von 1,7 % würde die Arbeitslosenzahl bei 1,2 Mio. liegen (1,4 Mio. Arbeitslose sind nicht auszuschließen).

Bei stagnierendem Sozialprodukt und einer durchschnittlichen Arbeitslosenzahl von einer Million ist eine aktive Beschäftigungspolitik erforderlich. Eine solche Politik darf sich nicht nur auf ein beschäftigungspolitisches Krisenmanagement beschränken, sondern muß den Wirtschaftsprozeß von vornherein so gestalten, daß »privates Ertragsstreben und gesellschaftliche Zielvorstellungen auf einen Nenner«[213] gebracht werden.

Eine solche aktive Beschäftigungspolitik schließt allerdings Maßnahmen zur Konjunkturbelebung aus (z. B. die Investitionsprogramme vom Dezember 1974 und das Programm zur Stärkung von Bau- und anderen Investitionen vom August 1975), die vorwiegend dazu beitrugen, daß Milliardenbeträge zur Konjunkturankurbelung nicht die angestrebten Produktions-, Beschäftigungs- und Preiswirkungen erzielten. Die Mittel zur Konjunkturbelebung wurden in der Rezession 1974/75 viel mehr so verteilt, daß sie »in einer durch marktbeherrschende Unternehmen gekennzeichneten Wirtschaft über beschäftigungsmindernde Rationalisierungsinvestitionen und/oder Gewinnsteigerungen absorbiert«[214] wurden.

Der geringe Erfolg der beschäftigungspolitischen Maßnahmen der Bundesregierung ist nicht allein mit außenwirtschaftlichen Einflüssen (Explosion der Ölpreise, weltweite Rezession, mangelnde internationale Kooperation[215]) zu erklären.

Ein wichtiger Grund für die unzureichende Wahrnehmung der Aufgabe einer wirksamen Beschäftigungspolitik liegt auch darin, daß die Bundesregierung in einem – auf der unternehmerischen Dispositionsfreiheit basierenden – politisch-ökonomischen System verzichtet[216], den Einsatz staatlicher Mittel an die Realisierung der angestrebten wirtschaftspolitischen Ziele zu binden.

---

213 Vgl. den Artikel des Leiters der Fraktions-Arbeitsgruppe der SPD für Arbeitsmarktpolitik Egon Lutz, in: Süddeutsche Zeitung vom 8./9. 11. 1975, S. 19.

214 Vgl. Memorandum von Wirtschaftswissenschaftlern, Für eine wirksame und soziale Wirtschaftspolitik, Bonn 1975, S. 2.

215 So die Äußerungen des Bundeskanzlers Helmut Schmidt auf einer internationalen Diskussion am Rande des SPD-Parteitags in Mannheim 1975, vgl. Süddeutsche Zeitung vom 14. 11. 1975, S. 1.

216 »Die Arbeitslosigkeit ist keine schicksalsbedingte Erscheinung; sie kann mit entsprechenden Instrumenten der Wirtschaftspolitik behoben werden.« So der Diskussionsbeitrag des schwedischen Handelsministers Olof Feldt, in: Süddeutsche Zeitung vom 14. 11. 1975, S. 1.

Es wird Aufgabe einer aktiven Beschäftigungspolitik sein, auf folgende beschäftigungspolitische Zielvorstellungen stärker hinzuwirken[217]:
– Die betriebsinterne Personalpolitik muß sowohl die Gleichrangigkeit betriebswirtschaftlicher Rentabilitätsüberlegungen (z. B. Personalkosten) mit gesellschaftlichen Bedürfnissen (z. B. regionales Arbeitsplatzangebot) als auch die Entwicklung der Arbeitsproduktivität gewährleisten.
– Die politischen Akteure, die über Maßnahmen der Finanzpolitik entscheiden, müssen bei allen finanzwirksamen Vorhaben die beschäftigungspolitischen Effekte prüfen und steuern.

2.2 REGIERUNGSAUFGABEN UND IHRE FINANZIERUNG IM FÖDERATIVEN FINANZSYSTEM

Der Bundesregierung werden in ihrer Aufgabenwahrnehmung und Aufgabenvermehrung durch die föderative Organisationsstruktur des politischen Systems der Bundesrepublik Grenzen gesetzt. Im folgenden soll die finanzpolitische Willensbildung – das Schwergewicht liegt dabei auf der die Aufgaben finanzierenden Ausgabenseite[218] – unter Aspekten der Schwierigkeit der Stabilisierungsaufgabe im föderativen System in jenen Bereichen untersucht werden, in denen die Bundesregierung einmal einen permanenten Prozeß um Finanzierungsanteile (periodischer Umsatzsteuerstreit) und damit um Aufgabenerfüllungsanteile mit den anderen politischen Organisationseinheiten streiten muß. Zum anderen wird die Bundesregierung in ihren Finanzbeziehungen zu den Ländern durch die Einführung der Gemeinschaftsaufgaben sowie der Finanzhilfen des Bundes und den damit verbundenen Aufgabenzuwachs mit umfangreichen politischen Problemen konfrontiert.
Denn gerade der Wettbewerb von Bund und Ländern um einen möglichst großen Anteil an den ihnen insgesamt zustehenden Finanzaufkommen (siehe Übersicht 9 des Anhangs) ist ein wesentliches Merkmal des politischen Entscheidungsprozesses im föderativen Finanzsystem[219].

217 Siehe den Artikel von Egon Lutz, a. a. O., S. 19.
218 Im Rahmen dieser Arbeit werden also die finanzpolitisch so wichtige Verteilung des Steueraufkommens mit Ausnahme des Beteiligungsverhältnisses von Bund und Ländern an der Umsatzsteuer und die Zuständigkeit in der Steuergesetzgebung nicht behandelt.
219 Heinz Laufer, Das föderative System der Bundesrepublik Deutschland, München 1973, S. 93.

2.2.1 *Stabilisierungsaufgabe und konjunkturpolitische Wirkungsmöglichkeiten*

Die nach dem Stabilitätsgesetz ordnungspolitisch besonders wichtige Stabilisierungsaufgabe (Stabilität des Preisniveaus) von Bund und Ländern[220] ist in einem föderativen System mit den zahlreichen dezentralisierten Entscheidungsträgern[221] und im Hinblick auf ihre konjunkturelle Einflußnahme ungewöhnlich schwierig.

2.2.1.1 *Ausgabenanteile der föderativen Ebenen*

Die Bundesregierung hat mit ihrer Stabilisierungsaufgabe nur begrenzte Erfolgsaussichten, wenn die unterschiedlichen Größenordnungen der Ausgabenanteile der föderativen Ebenen miteinander verglichen werden (eigenfinanzierte Ausgabenanteile am öffentlichen Gesamthaushalt 1972: Bund 44,3 %; Länder 33,3 %; Gemeinden 22,2 %[222]). Allein aufgrund des geringen Anteils des Bundes an den Gesamtausgaben der Gebietskörperschaften kann die Bundesregierung mit ihrer Stabilisierungsaufgabe nur begrenzte konjunkturpolitische Wirkungen erzielen.

Die Stabilisierungsaufgabe der Bundesregierung wird sogar konterkariert, wenn sich der Bund zwar mit den Zuwachsraten des Haushaltsvolumens an die vom Finanzplanungsrat ausgesprochenen »Empfehlungen«[223] hält[224], die Ausgabenzuwächse aber bei den Ländern und Gemeinden in den vergangenen Jahren immer wieder einige Prozentpunkte darüberlagen[225].

Die Bundesregierung wird weiterhin in der Realisierung der Stabilisierungsauf-

---

220 Vgl. § 1 Gesetz zur Förderung der Stabilität und des Wachstums der Wirtschaft.

221 Unter Einschluß der Gemeinden sind es rund 16 000.

222 Vgl. Helmut Schmidt, Theorie und Thesen der Finanzpolitik, in: Handelsblatt, Deutsche Wirtschaftszeitung vom 3. 9. 1973, S. 2.

223 Der Bundeshaushalt wies 1973 eine Zuwachsrate von 10,5 % auf (einschließlich Jahresabschlußzahlungen 1972).

224 Nach § 51 HGrG gibt der Finanzplanungsrat »Empfehlungen für eine Koordinierung der Finanzplanung des Bundes, der Länder und der Gemeinden und der Gemeindeverbände«. Zur Rolle des Finanzplanungsrats Näheres weiter unten.

225 Die Zuwachsraten der Bundeshaushaltsraten betrugen 1971: 13,5 %; 1972: 11,9 %; 1973: 9,6 %; die Zuwachsrate der Haushalte der Länder 1971: 15,0 %; 1972: 12,0 %; 1973: 14,7 %; die der Gemeinden 1971: 19,5 %; 1972: 11,9 %; 1973: 14,0 %. Siehe Finanzbericht 1974, S. 39. Die vom Finanzplanungsrat am 14. September 1972 für das Haushaltsjahr 1973 empfohlenen Orientierungsrahmen sahen eine Steigerungsrate der Ausgaben um höchstens 10,5 % vor. Die Haushaltsplanungen der Länder sahen aber 15 % vor und für die Gemeinden wurde ein Ausgabenzuwachs von 13 % geschätzt. Vgl. Handelsblatt vom 3. 9. 1973, S. 2. Unter Berücksichtigung der sogenannten Schattenhaushalte (Stundung der Zuschüsse an die Sozialversicherung, Krankenhausfinanzierung u. a.) ergibt sich allerdings für den Bundeshaushalt eine höhere Steigerungsrate.

gabe durch die unterschiedlichen Auslegungen des Art. 106 Abs. 3 Ziffer 1 GG beeinträchtigt, wonach »im Rahmen der laufenden Einnahmen der Bund und die Länder gleichmäßigen Anspruch auf Deckung ihrer notwendigen Ausgaben (haben)«. Die Länder rechnen nämlich in ihre Ausgabenforderungen nicht nur ihre »notwendigen« Ausgaben, sondern mangels eines klar abgegrenzten Rechtsbegriffs ihre gesamten Ausgaben ein.

Die Problematik dieser umstrittenen Bemessungsgrundlage wird auch daraus ersichtlich, daß das Kriterium »der Notwendigkeit« der Ausgaben geradezu eine konjunkturwidrige Finanzpolitik provoziert. Denn es ergibt sich für die Gebietskörperschaft, die in der Konjunkturüberhitzung eine ökonomisch gebotene antizyklische Haushaltspolitik betreibt, ein geringerer Finanzbedarf als für die Gebietskörperschaft, die sich ohne Rücksicht auf konjunkturpolitische Erfordernisse prozyklisch verhält. Die Gebietskörperschaft, die also die Stabilisierungsaufgabe ernst nimmt, wird sogar mit einer geringeren Finanzausstattung bestraft und muß somit auf wichtige Aufgabenerfüllungen verzichten.

Gerade die Konjunkturpolitik mit ihren zahlreichen Stabilisierungs-, Wachstums-, Beschäftigungs-, Verteilungsaufgaben[226] usw. bedarf eines gleichgerichteten Handelns aller politischen Teileinheiten des föderativen Systems, wozu eine Verbesserung der Kooperationsmechanismen erforderlich ist[227].

Da die föderative Organisationsstruktur der Bundesrepublik der Einheit der Finanzpolitik von Bund, Ländern und Gemeinden notwendigerweise Grenzen setzt, sind die Finanzbeziehungen zwischen den föderativen Ebenen insofern ein besonders empfindlicher Teil des Finanzmechanismus, als der Bundeshaushalt

– nicht als Instrument einer einzigen Aufgabenerfüllung durch die Bundesregierung, sondern
– lediglich als Koordinationsmechanismus der Aufgabenwahrnehmung verschiedener politischer Teileinheiten anzusehen ist.

Die Durchsetzbarkeit finanzpolitischer Aufgaben seitens der Bundesregierung wird erst recht in einem Finanzssystem erschwert, in dem rund 1600 Haushalte der Gebietskörperschaften ihre Aufgabe mit teilweise sehr unterschiedlichen Zielrichtungen erfüllen.

Um das gleichgerichtete Handeln in der Finanzpolitik von Bund, Ländern und Gemeinden zu verstärken und damit die Stabilisierungsaufgabe wirksamer realisieren zu können, werden in der Bundesregierung Überlegungen angestellt, die Unabhängigkeit der Haushaltswirtschaft von Bund und Ländern nach Art. 109 Abs. 1 GG insofern einzuschränken, als für die politischen Teileinheiten die

---

226 Auf die wirtschaftspolitische und finanzwissenschaftliche Problematik dieser Aufgaben soll im Rahmen dieser Arbeit nicht eingegangen werden.

227 Vgl. Handelsblatt vom 3. 9. 1973, S. 2; die Länder befürchten allerdings damit eine »cooperation dirigé«.

»Empfehlungen« föderativer Gremien wie z. B. des Finanzplanungsrats für das Ausgabenwachstum als äußerste Richtgröße verbindlich werden sollen[228]. Damit wird allerdings ein Essential des föderativen Systems zur Diskussion gestellt. Das in Art. 20 GG grundgelegte Bundesstaatsprinzip verbietet i. V. m. Art. 79 Abs. 3 GG die Änderung der »Finanzautonomie« und der Aufgabenwahrnehmungsautonomie der Länder[229]; in gleicher Weise trifft dies für Gemeinden zu, deren Selbstverwaltung der Art. 28 GG garantiert.
Nach Ansicht der Länder erübrigt sich eine Änderung des Art. 109 Abs. 1 GG für den Fall, daß die bisherigen Mängel des Willensbildungsprozesses im Finanzplanungsrat geändert würden[230]. Der Finanzplanungsrat könnte die Stabilisierungsaufgabe der Bundesregierung wirkungsvoller unterstützen und somit den konjunkturpolitischen Anforderungen als »ein Instrument zur Koordinierung der Haushaltspolitik der Gebietskörperschaften der drei Ebenen gerecht werden«[231], wenn er in folgenden Punkten aktiviert werden würde:
– Der Bundesfinanzminister müßte als geschäftsführender Vorsitzender darauf verzichten, bei der Termingestaltung und Durchführung der jeweiligen Sitzungen die eigenen politischen Anliegen in den Vordergrund zu rücken, womit die Abstimmung aller Beteiligten bisher erschwert wurde.
– Trotz der Größenordnung der Haushaltsvolumina der Länder und Gemeinden müßten in Zukunft die Grundannahmen[232] für Bund, Länder und Gemeinden rechtzeitig verabschiedet werden, so daß sie für die Aufstellung der Haushaltspläne berücksichtigt werden können.

2.2.1.2 Struktur der Aufgaben der föderativen Organisationseinheiten

Die Bundesregierung hat aufgrund der Struktur der Ausgaben und der damit finanzierten Aufgaben mit ihrer Stabilisierungsaufgabe nur begrenzte Wirkungsmöglichkeiten, da der Anteil der den konjunkturellen Ablauf stark beein-

---

228 Helmut Schmidt vertrat bezüglich der notwendigen Durchsetzbarkeit finanzpolitischer Entscheidungen die Überzeugung, daß »dem Bund direkte Einflußmöglichkeiten auf die Gestaltung der Haushalte von Ländern und Gemeinden gegeben« werden müßten. Vgl. Helmut Schmidt, in: Handelsblatt vom 3. 9. 1973, S. 2.

229 In einer Antwort der Landesfinanzminister auf Helmut Schmidts finanzpolitische Thesen vom September 1973 wird festgehalten: »Unmißverständlich muß daher gesagt werden, daß Art. 109 Abs. 1 GG nicht zur Disposition steht. Die bisherigen Erfahrungen sind hier eine deutliche Warnung. Zentralistische Tendenzen, wie sie auch schon früher vertreten worden sind, führen zu keiner Lösung der finanzpolitischen Probleme eines Bundesstaats.« Vgl. dazu Hans Wertz; Ludwig Huber; Hans Rau, Für die Bundesländer ist ihre Finanzautonomie unantastbar, in: Handelsblatt vom 20. 9. 1973, S. 4.

230 Ebenda, S. 4.

231 Ebenda, S. 4.

232 Nach § 51 Abs. 2 Satz 2 HGrG soll der Finanzplanungsrat »einheitliche volks- und finanzwirtschaftliche Annahmen für die Finanzplanungen ermitteln«.

flussenden Investitionen an den Haushalten der föderativen Teileinheiten sehr unterschiedlich ist.

Die föderativen Teileinheiten sind an den gesamten öffentlichen Investitionen etwa wie folgt beteiligt[233]: Gemeinden 50 %, Länder 30 %, Bund 20 %.

Das Schwergewicht der Bundesausgaben liegt nicht bei den investiven Ausgaben, sondern in den Bereichen der sozialen Sicherung und der Verteidigung, während der Großteil der öffentlichen Investitionen von den Ländern und Gemeinden durchgeführt wird (siehe Übersicht 5 des Anhangs).

Rund zwei Drittel der Investitionsausgaben des Bundes sind Finanzierungshilfen (Darlehen, Zuschüsse für Investitionsvorhaben Dritter); Sachinvestitionen hier gibt der Bund im wesentlichen nur im Verkehrsbereich und bei den allgemeinen Diensten (Baumaßnahmen, Einrichtungen der Dienststellen[234]; siehe Übersicht 4 des Anhangs).

Die Investitionen im Durchschnitt der Jahre 1967-1972 machten beim Bund nur rd. 6 %, bei den Ländern nur rd. 8 %, aber bei den Gemeinden rd. 35 % ihrer Gesamtausgaben aus. Die Hauptlast der Investitionen haben also die Gemeinden zu tragen[235], von deren Investitionstätigkeit deshalb große Wirkungen auf den Konjunkturverlauf und damit auf die Realisierung der Stabilisierungsaufgabe ausgehen.

Obwohl sich im Finanzplanungszeitraum das Verhältnis der Sachinvestitionen zu den Finanzierungshilfen zugunsten der Ausgaben für eigene Investitionsvorhaben des Bundes verschiebt (von rd. 28 % in 1975 auf rd. 35 % in 1979[236]), wird dadurch die direkte Einflußnahme des Bundes auf konjunkturell erwünschte Investitionen nur unwesentlich gestärkt.

Außerdem zeigte sich in der Vergangenheit, daß die Bundesregierung aus konjunkturpolitischen Gründen in der konjunkturellen Überhitzung im noch flexiblen Ausgabenanteil des Haushalts (Manövriermasse) gerade die Ausgaben für Investitionen kürzte, wodurch wichtige gesellschaftspolitische Aufgaben wie der Bau oder Ausbau von Krankenhäusern, die Förderung strukturschwacher Gebiete oder die Unterstützung der kommunalen Infrastruktur nicht oder nur in geringerem Umfang finanziert werden konnten[237].

Die Gemeinden haben aufgrund dieser Aufgabenstruktur der Haushalte die umfangreichsten Verpflichtungen besonders im Gesundheitswesen und bei kom-

233 Vgl. Süddeutsche Zeitung vom 3. 7. 1975, S. 19.

234 Vgl. Bundesrats-Drucksache 626/75, S. 23.

235 Ihr Anteil an den gesamten Investitionen der öffentlichen Haushalte beträgt also rd. zwei Drittel.

236 Vgl. Bundesrats-Drucksache 626/75, S. 23.

237 Technologie-Minister Horst Ehmke äußerte auf dem SPD-Parteitag in Hannover im April 1973 seine gesellschaftspolitischen Bedenken, »wenn die Konjunktur überschäumt, öffentliche Mittel für Kindergärten, Schulen und Krankenhäuser gestrichen werden. Eine solche Gesellschaft ist weder gerecht noch vernünftig«. Vgl. Süddeutsche Zeitung vom 13. 4. 1973, S. 2.

munalen Einrichtungen zu erfüllen, während beim Bund vorwiegend die gesamtgesellschaftlichen Aufgaben der sozialen Sicherung und der Verteidigung liegen, und aus den Länderhaushalten schwergewichtig die Bildungs- und »öffentlichen« Sicherheitsaufgaben finanziert werden (siehe Übersicht 5 des Anhangs).
Die Bundesregierung kann also die ihr nach repräsentativen Demokratievorstellungen vorrangig zugesprochene Stabilisierungsaufgabe[238] aufgrund der begrenzten Instrumente im föderativen Finanzsystem mit nur unzureichender Durchsetzbarkeit wahrnehmen.

2.2.2 *Problematik der Aufgabenerfüllung aufgrund des variablen Beteiligungsverhältnisses an der Umsatzsteuer*

Seit Einführung des Großen Steuerverbunds durch die Finanzreform von 1969[239] hat sich die politische Auseinandersetzung um das Beteiligungsverhältnis von Bund und Ländern an bestimmten Steuern von der Einkommen- und Körperschaftssteuer[240], an deren Aufkommen seit 1969 Bund und Länder je zur Hälfte beteiligt sind (Art. 106 Abs. 3 Satz 2 GG), auf die durch ein zustimmungsbedürftiges Bundesgesetz zu regelnden Anteile an der Umsatzsteuer (Art. 106 Abs. 3 Satz 3 GG) verlagert.

2.2.2.1 *Periodischer Steuerstreit um den Umsatzsteueranteil*

Da das Beteiligungsverhältnis an der Umsatzsteuer erstmals auf die Jahre 1970 und 1971 befristet war[241] (Anteil des Bundes: 70 %, Anteil der Länder: 30 %),

238 Auch das im Mai 1974 vorgelegte »Konzept zur Rückgewinnung der Stabilität«, dessen Verfasser die Wirtschaftswissenschaftler Dürr, Erhard, Giersch, Helmstädter, Issing, Müller-Armack, Starbaty, Willgerodt und Watrin sind, weist einer »tatkräftigen Regierung« – gemeint ist die Bundesregierung – die Stabilisierungsaufgabe zu: »Um Stabilität zurückgewinnen zu können, braucht man eine glaubwürdige Regierung, die nicht laviert oder verharmlost. Nur wenn der Bevölkerung bewußt wird, daß eine tatkräftige Regierung folgerichtig an einem überzeugenden Stabilisierungskonzept festhält, wird die Stimmung der Resignation abgeschüttelt werden.« Vgl. Süddeutsche Zeitung vom 9. 5. 1974, S. 21.

239 Das 20. und 21. Gesetz zur Änderung des Grundgesetzes vom 12. 5. 1959 (BGBl. I S. 357 und S. 359) bezog die Umsatzsteuer in die Gemeinschaftssteuern ein, die nach einem bestimmten Verteilungsschlüssel zwischen Bund und Ländern aufgeteilt werden.

240 An der Einkommen- und Körperschaftssteuer waren die Länder 1964 bis 1966 mit 61 %, 1967 bis 1968 mit 63 % beteiligt; 1969 mit 65 %; seit 1970 erhalten Bund und Länder jeweils 43 % von der Lohn- und Einkommensteuer und 50 % von der Körperschaftssteuer, während die Gemeinden mit 14 % an der Lohn- und Einkommensteuer beteiligt sind. Vgl. Franz-Josef Strauß, Finanzpolitik – Theorie und Wirklichkeit, Berlin 1969, S. 23.

241 Vergleiche Finanzausgleichsgesetz vom 28. 8. 1969 (BGBl. I S. 1432).

brach der Steuerstreit immer unmittelbar nach erreichtem Kompromiß erneut aus, so daß es zu einem periodischen Steuerstreit kam, bei dem die Bundesregierung aufgrund der durchgesetzten zunehmend höheren Umsatzsteueranteile der Länder letztlich eine verringerte Finanzausstattung in Kauf nehmen mußte und somit in ihrer Aufgabenwahrnehmung eingeengt wurde. Jeder Prozentpunkt geringeren Anteils an der Umsatzsteuer reduziert die Finanzierung der Aufgaben der Bundesregierung um rund eine halbe Mrd. DM[242].

2.2.2.2 *»Notwendigkeit« der Ausgaben und finanzieller Spielraum für die Regierungsaufgaben*

Zwar regelt der Art. 106 Abs. 3 GG den Anspruch von Bund und Ländern auf gleiche Deckungsquoten (Verhältnis der Einnahmen zu den gesamten Ausgaben), doch gehen, wie oben schon dargelegt wurde, die Auffassungen über die »Notwendigkeit« der Ausgaben wie z. B. der Subventionen (siehe Übersicht 6 des Anhangs) weit auseinander. Diese schematische Berechnung der Deckungsquote ist deshalb wenig geeignet, ein »sachlich als notwendig« erkanntes Beteiligungsverhältnis festzustellen.

Die Bundesregierung muß bei der Finanzierung ihrer Aufgaben aus dem Umsatzsteueranteil weiterhin mit Unsicherheiten rechnen, solange die politischen Teileinheiten keine Einigung über die Kriterien der »notwendigen« Ausgaben erzielt haben.

Um eine gewisse Klärung darüber zu erreichen, welche Ausgaben als »notwendige« Ausgaben anzusehen sind, weil sie aufgrund bestehender Gesetze oder vertraglicher Bindungen für die nächsten Jahre als unabweisbar gelten (»feststehende Ausgaben«), legte dazu eine vom Arbeitskreis Finanzplanungsrat im Oktober 1972 eingesetzte Arbeitsgruppe »Ausgabenentwicklung« im März 1973 einen Ergebnisbericht vor[243].

Die Arbeitsgruppe, die aus Beamten von Bund, Ländern und Gemeinden zusammengesetzt war, erfaßte die feststehenden Ausgaben (»dem Grunde und der Höhe nach durch Gesetz oder Vertrag vorgegeben«[244]) nach Ausgabearten[245]

---

242 Vgl. Handelsblatt vom 3. 9. 1973, S. 2.

243 Bundesfinanzminister Helmut Schmidt hat sich von dem Ergebnis der Arbeitsgruppe, der auch Beamte des Bundesfinanzministeriums angehörten, distanziert, da er bei den Verhandlungen über die Neuverteilung der Umsatzsteueranteile ab 1. 1. 1974 aufgrund von Modellrechnungen den Ländern und Gemeinden eine nur um 0,5 % höhere Zuwachsrate der Haushaltsvolumina zuzugestehen bereit war, während die Arbeitsgruppe rund 2 % für 1974 und 1975 zubilligte. Vgl. Handelsblatt vom 20. 9. 1973, S. 4.

244 Vgl. Ergebnisbericht der Arbeitsgruppe Ausgabenentwicklung des Finanzplanungsrats, Bonn, März 1973, S. 2.

245 Dazu gehören die Personalausgaben, sächlicher Verwaltungsaufwand, Zinsausgaben, Zuweisungen (rechtlich festliegend), Verwaltungskostenerstattungen. Vgl. dazu Ergebnisbericht, a. a. O., S. 3.

und nach bestimmten Aufgaben bzw. Maßnahmen[246]. Es wurde zwar keine Einigung über die rechtliche Vorbelastung der zukünftigen Haushalte von Bund, Ländern und Gemeinden erreicht, doch hat die Bundesregierung wenigstens Aufschluß darüber erhalten, welche der feststehenden Ausgaben an den Gesamtausgaben als »unstreitige Positionen«[247] und damit als »notwendige« Ausgaben von Bund, Ländern und Gemeinden angesehen werden.

Die wesentlichen Aufgaben, über deren rechtliche Bindung kein Einvernehmen erzielt wurde, werden für die Bundesregierung bei den Umsatzsteuerverhandlungen ein Hinweis darauf sein, welche Ausgaben und welche daraus finanzierten Aufgaben immer wieder seitens der Länder und der Gemeinden zur Disposition gestellt oder zusätzlich gefordert werden.

Die Länder und Gemeinden lehnen die Zurechnung folgender Ausgaben zu den feststehenden Ausgaben des Bundes ab, befürworten aber ihre Einbeziehung in die rechtlich gebundenen Ausgaben[248] (strittige Positionen):

– Ein Teil der Verteidigungsausgaben, die über die ohnehin erfaßten Personal- und sachlichen Verwaltungsaufgaben hinausgehen, sind dem Grunde und der Höhe nach nicht feststehend.

– Die Liquiditätshilfen an die Bundesbahn sind keine feststehenden Ausgaben, da sie wegen möglicher Tarifausgaben der Höhe nach nicht festliegen; auch die Einbeziehung der Investitionszuschüsse und der betriebsfremden Lasten wird bestritten.

– Die Länder sehen in den zusätzlichen Personalausgaben aufgrund von Stellenvermehrungen feststehende Ausgaben, da sie durch Entscheidungen von Bund-Länder-Gremien (Bund-Länder-Kommission für Bildungsplanung) vorgegeben sind[249].

– Die Länder und Gemeinden sind der Auffassung, daß die vom Bund und/oder von den Ländern mitfinanzierten Sachinvestitionen der Gemeinden in den Bereichen Straßen, Schulen, Abwasserbeseitigung/Kanalisation ebenfalls feststehende Ausgaben sind.

Die Bundesregierung wird in ihrer Aufgabenwahrnehmung nach den Ergebnissen der Arbeitsgruppe Rücksicht auf die besondere Aufgabenstellung der Länder

---

246 Diese Aufgaben bzw. Maßnahmen umfassen die Aufgaben aus zweckgebundenen Einnahmen (z. B. aus Mineralölsteuer, Lotto- und Totoeinnahmen, Rückflüsse aus dem sozialen Wohnungsbau u. a.), EG-Beiträge, Verteidigung, Entwicklungshilfe, Abdeckung der Defizite von Verkehrsunternehmungen, wissenschaftliche Forschung außerhalb der Hochschulen, Kernforschung und Kerntechnik, Subventionen Landwirtschaft, Gemeinschaftsaufgaben. Siehe Ergebnisbericht, a. a. O., S. 3.

247 Anteil der feststehenden Ausgaben an den Gesamtausgaben für das Haushaltsjahr 1973 ohne streitige Positionen: Bund 79,9 %, Länder 85,3 %, Gemeinden 71,7 %. Vgl. Ergebnisbericht, a. a. O., S. 8.

248 Siehe Ergebnisbericht, a. a. O., S. 5 f.

249 Die Bundesseite bestreitet diese Auffassung, da keine rechtliche Zwangsläufigkeit für zusätzliche Stellen besteht.

(hohe Personalkosten im Bildungsbereich und überdurchschnittliche Stellenvermehrung) nehmen müssen, die bei den feststehenden Ausgaben (einschließlich strittige Positionen) der Haushalte der Länder und Gemeinden eine um mehr als 4-Prozent-Punkte höhere Zuwachsrate[250] als beim Bund bedingt[251].

2.2.2.3 *Aufgabenerweiterung oder -begrenzung durch Regelung der Umsatzsteueranteile zwischen Bund und Ländern*

Nachdem das erstmals zustandegekommene Beteiligungsverhältnis an der Umsatzsteuer zwischen Bund und Ländern von 70:30 nur für die Jahre 1970 und 1971 galt, waren Verhandlungen über die Neuregelungen des Beteiligungsverhältnisses ab 1. 1. 1972 erforderlich.
Im Oktober 1971 hatte sich die Bundesregierung mit einer begrenzten Aufgabeneinschränkung abgefunden. Der Bundeskanzler und die Regierungschefs einigten sich grundsätzlich, im Zuge der Neuverteilung der Umsatzsteuer für 1972 und 1973 die Finanzausstattung der finanzschwachen Länder zu verbessern.
Als nach schwierigen Verhandlungen im Januar 1972 der Bundeskanzler und die Regierungschefs der Länder das Verhandlungsergebnis erzielten,
– den Länderanteil an der Umsatzsteuer von 30 % auf 35 % zu erhöhen und
– den leistungsschwachen Ländern vom Bund Ergänzungszuweisungen in Höhe von 550 Mio. DM für 1972 und 1973 zu gewähren, mußte die Bundesregierung dadurch auf die Finanzierung wichtiger Aufgaben in Höhe von knapp 3 Mrd. DM[252] verzichten.
Diese Einigung zwischen den Regierungschefs von Bund und Ländern wurde im Oktober 1972 durch das Zweite Gesetz zur Änderung des Gesetzes über den

---

250 Zuwachsraten der feststehenden Ausgaben der Haushalte von Bund, Ländern und Gemeinden in %:

a) einschließlich strittige Positionen

	1973	1974	1975	1976
Bund	13,9	5,9	4,3	5,8
Länder	15,3	11,4	9,1	8,5
Gemeinden	13,3	8,6	8,2	6,3

b) ohne strittige Positionen

	1973	1974	1975	1976
Bund	12,6	6,0	4,6	6,3
Länder	12,6	8,7	6,8	6,7
Gemeinden	13,1	9,0	8,5	6,0

Die Zuwachsraten »rechtlich festliegender Ausgaben« werden in einigen Bereichen aufgrund befristeter rechtlicher Regelungen abrupt abgebrochen (z. B. die Heizölsteuer zur Finanzierung energiewirtschaftlicher Maßnahmen; Aufwertungsausgleich für die Landwirtschaft).

251 Vgl. Handelsblatt vom 20. 9. 1973, S. 4.

252 Siehe Finanzbericht 1974, S. 164.

Finanzausgleich zwischen Bund und Ländern[253] gesetzlich geregelt und auf die Jahre 1972 und 1973 begrenzt.
Für zukünftige Verhandlungen über die Umsatzsteuerverteilung ab 1. 1. 1974 wurde vereinbart, rechtzeitig und unter angemessener Berücksichtigung der Aufgabenschwerpunkte des Bundes und der Länder zu beraten[254].
Die schon zur Jahresmitte 1973 begonnenen Besprechungen von Verhandlungsdelegationen der Ministerpräsidenten und der Bundesregierung[255] über die Verteilung des Umsatzsteueraufkommens waren von heftigen politischen Auseinandersetzungen[256] begleitet.
Der anfänglichen Forderung der Länder, ihren Umsatzsteueranteil von 35 % auf 40 % zu erhöhen, widersetzte sich der Bundesfinanzminister mit dem Argument, daß die Bundesregierung den damit verbundenen Einnahmeausfall von circa 3 Mrd. DM wegen »dringend notwendiger gesellschaftspolitischer Reformen« nicht verantworten könne[257].
Das im Oktober 1973 von der Bundesregierung unterbreitete »letzte Angebot«, den Jahresanteil der Bundesländer an der Umsatzsteuer vom 1. Januar 1974 um rund 2 Mrd. DM aufzustocken, wurde von den Ministerpräsidenten abgelehnt[258].
Der im Oktober 1973 von den Ministerpräsidenten vorgelegte Kompromißvorschlag, den Länder-Umsatzsteueranteil in zwei Phasen (1. 1. 1974: 37 %; 1. 1. 1975: 38 %) zu vergrößern und den finanzschwachen Ländern[259] zusätzliche 1,5 % als Ergänzungszuweisung zu gewähren[260], wurde zunächst von der Bundesregierung zurückgewiesen[261].
Die Bundesregierung stimmte aber im November 1973 dem Kompromißvorschlag der Ministerpräsidenten mit der Ergänzung zu, daß die für 1975 vorge-

---

253 Zweites Gesetz zur Änderung des Gesetzes über den Finanzausgleich zwischen Bund und Ländern vom 27. 10. 1972 (BGBl. I S. 2049).
254 Siehe Finanzbericht 1974, S. 163.
255 Vgl. Süddeutsche Zeitung vom 6. 7. 1973, S. 9.
256 Der bayerische Ministerpräsident Goppel und der Finanzminister Huber warfen der Bundesregierung vor, »geradezu gegen Treu und Glauben zu verstoßen«, wenn den Ländern der geforderte Anteil von 40 % an der Umsatzsteuer verweigert werde. Die bayerischen Politiker hielten der Bundesregierung vor, daß die in letzter Zeit vom Bund erlassenen Gesetze von den Ländern einen zusätzlichen Aufwand von 9,8 Mrd. DM in den Jahren 1972 bis 1976 erforderten. Vgl. Süddeutsche Zeitung vom 5. 10. 1973, S. 33; dazu auch der baden-württembergische Ministerpräsident Hans Filbinger: »Die Länder können es nicht mehr hinnehmen, daß ihnen der Bund durch Bundesgesetze, so wie beim Krankenhausfinanzierungsgesetz neue Geldlasten aufbürdet, ohne einen zureichenden Ausgleich zu gewähren.« Vgl. Süddeutsche Zeitung vom 24./25. 11. 1973, S. 6.
257 Vgl. Süddeutsche Zeitung vom 5. 10. 1973, S. 33.
258 Vgl. Süddeutsche Zeitung vom 6./7. 10. 1973, S. 1.
259 Bayern, Niedersachsen, Rheinland-Pfalz und Schleswig-Holstein.
260 Vgl. Süddeutsche Zeitung vom 13./14. 10. 1973, S. 1.
261 Die Bundesregierung hält aber die Vereinbarung einer »Ausgleichsklausel« für richtig, damit das Umsatzsteuer-Beteiligungsverhältnis geändert werden kann, sobald sich die Auswirkungen der für den 1. Januar 1975 vorgesehenen Einkommenssteuerreform überblicken lassen.

sehene Umsatzsteuerverteilung (Länder erhalten 38 % und zusätzlich 1,5 % als Ergänzungszuweisung) auch für das Jahr 1976 gelten soll[262].

Für 1975 kam es zu neuen Auseinandersetzungen, in denen ein sehr umfangreiches Finanzvolumen zur Diskussion stand. Nach Ansicht der Bundesregierung wurde durch den Vollzug der Einkommenssteuerreform und der damit verbundenen Neuregelung für die Kindergeldzahlungen ab 1. 1. 1975 der Ausgaben- bzw. Aufgabenspielraum der Bundesregierung um rund 14 Mrd. DM[263] eingeengt.

Bundeskanzler Brandt und die Ministerpräsidenten der Länder vereinbarten im November 1973, die im Zusammenhang mit der Steuerreform entstehenden Belastungsveränderungen bei den Gebietskörperschaften zum gegebenen Zeitpunkt auszugleichen, wozu in das Dritte Änderungsgesetz zum Finanzausgleich eine »Revisionsklausel«[264] eingefügt wurde.

Die Bundesregierung hat zum Ausdruck gebracht, daß sie die Revisionsklausel aufgrund der Belastungsverschiebungen infolge der Kindergeldzahlungen zu Lasten des Bundeshaushalts 1975 in Höhe von 11,6 Mrd. DM beanspruchen will. Die Bundesregierung will darauf hinwirken, daß nicht wie früher der Bund die Länder, sondern diesmal die Länder den Bund zwischen 6 und 7 Mrd. DM entlasten müssen[265] (dies entspricht einem höheren Umsatzsteueranteil des Bundes um 10 bis 12 Prozentpunkte).

In einem »Spitzengespräch«[266] im Juli 1974 gingen die Beteiligten davon aus, daß sich die Steuereinnahmen der drei föderativen Ebenen durch die Steuerreform nicht ändern sollten. »Dabei sollten zusätzlich alle Belastungen beachtet werden, die seit der Vereinbarung über die ab 1. 1. 1974 geltende Umsatzsteuerneuverteilung ausgabenwirksam geworden sind oder noch werden[267].«

---

262 Vgl. Drittes Gesetz zur Änderung des Gesetzes über den Finanzausgleich zwischen Bund und Ländern vom 11. 5. 1974 (BGBl. I S. 1045).

263 Die Einnahmen der Länder werden sich dagegen um rund 400 Mio DM und die der Gemeinden um rund 300 Mio DM vergrößern. Zwar erhalten durch die Aufhebung der Kinderfreibeträge bei der Lohn- und Einkommenssteuer die Gebietskörperschaften geringfügige zusätzliche Einnahmen, doch fällt dem Bund bei der Auszahlung des neuen Kindergelds (50 DM monatlich fürs erste, 70 DM fürs zweite, jeweils 120 DM fürs dritte Kind und weitere Kinder) durch die Bundesanstalt für Arbeit die ausschließliche Finanzierung zu. Vgl. Süddeutsche Zeitung vom 15. 5. 1974, S. 19.

264 »Sobald die Auswirkungen der Steuerreform im einzelnen übersehbar sind, sollen die Umsatzsteueranteile von Bund und Ländern mit Rückwirkung ab 1. 1. 1975 so festgesetzt werden, daß die mit dieser Vereinbarung herbeigeführte Verteilung des Gesamtsteueraufkommens zwischen Bund und Ländern aufrechterhalten bleibt. Dabei werden Bund und Länder die Frage der Finanzausstattung der Gemeinden als gemeinsames Anliegen behandeln.«

265 Bundesfinanzminister Schmidt verlangte ein »rechtzeitiges« Entgegenkommen der Länder, damit der Bundeshaushalt 1975 nicht »schwimmt«. Vgl. Süddeutsche Zeitung vom 15. 5. 1974, S. 19.

266 Teilnehmer waren die Regierungschefs von Baden-Württemberg, Hamburg, Niedersachsen, Nordrhein-Westfalen, Schleswig-Holstein, der Bundeskanzler und der Bundesfinanzminister.

267 Siehe Arbeitspapier des bayerischen Staatsministeriums für Finanzen, Betreff: Umsatzsteuerneuverteilung ab 1975, S. 2.

Die Auffassungen zwischen Bund und Ländern über die Mehrbelastungen der Steuer- und Kindergeldreform (Grundlage ist die Steuerschätzung vom November 1974) wichen stark voneinander ab. Allein die Berechnungen »außerhalb der Steuerreform« der von den Regierungschefs von Bund und Ländern eingesetzten Staatssekretärsarbeitsgruppe brachten im November 1974 keine Übereinstimmung, sondern machten nur die unterschiedlichen Positionen der Bundes- und Ländervertreter deutlich[268].
Nach langwierigen Verhandlungen zwischen den Bundes- und Landesvertretern einigten sich die Regierungschefs der Länder mit dem Bundeskanzler im Juli 1975 auf folgendes Beteiligungsverhältnis an der Umsatzsteuer[269]:

	Bund	*Länder*
1975	68,25 %	31,75 %
1976	69,00 %	31,00 %

2.2.3 *Gemeinschaftsaufgaben und Finanzhilfen des Bundes*

Das hochindustrialisierte Wirtschafts- und Gesellschaftssystem der Bundesrepublik mit seinen komplexen Aufgaben machte die verfassungsrechtliche Bestätigung und Legalisierung der gesellschaftspolitischen Aufgaben notwendig, die im Interesse einer rationalen Verwendung der insgesamt knappen Finanzmittel und zugunsten gesamtgesellschaftlicher Bedürfnisse in der Planung und Durchführung der Kooperation bedürfen.
Durch die Verfassungsreform von 1969 wurden einige gesellschaftliche Aufga-

---

268

	1975	*1976*
Forderung der Bundesvertreter		
a) *ohne zusätzliche Mehrbelastung* außerhalb der Steuerreform		
aa) in Mrd. DM	5,34	7,08
bb) in Prozentpunkten der USt	9,5	11,4
b) *mit zusätzlicher Mehrbelastung* außerhalb der Steuerreform		
aa) in Mrd. DM	7,54	9,41
bb) in Prozentpunkten der USt	13,5	15,2
Angebot der Ländervertreter		
a) *ohne zusätzliche Mehrbelastung* außerhalb der Steuerreform		
aa) in Mrd. DM	3,32	4,82
bb) in Prozentpunkten der USt	5,9	7,4
b) *mit zusätzlicher Mehrbelastung* außerhalb der Steuerreform		
aa) in Mrd. DM	1,36	2,27
bb) in Prozentpunkten der USt	2,4	3,5

269 Vgl. Viertes Gesetz zur Änderung des Gesetzes über den Finanzausgleich zwischen Bund und Ländern vom 21. 1. 1976 (BGBl. I S. 173).

ben als Gemeinschaftsaufgaben von Bund und Ländern verfassungsrechtlich institutionalisiert[270] – die Bestimmung des Aufgabenkatalogs muß selbstverständlich politisch entschieden werden –, so daß der Bundesregierung durch die Mitwirkung an diesen Gemeinschaftsaufgaben und durch das Instrument der Finanzhilfen neue Aufgaben zugewachsen sind, die nicht nur zusätzliche Aufgabenplanungen und -durchführungen, sondern auch eine an Prioritäten orientierte Neuverteilung der Finanzmittel erforderlich machten.

2.2.3.1 *Beteiligung der Bundesregierung und ihres Verwaltungsapparats an den Rahmenplänen für die Gemeinschaftsaufgaben*

Die drei Gemeinschaftsaufgaben, für die unterdessen Ausführungsgesetze erlassen worden sind[271], haben der Bundesregierung und noch mehr ihrer Ministerialbürokratie insofern neue Verpflichtungen auferlegt und damit zugleich neue Einflußmöglichkeiten eröffnet, als für jede Gemeinschaftsaufgabe ein inhaltlich genau festgelegter Rahmenplan[272] aufzustellen ist.
Die gemeinsam von Bund und Ländern aufzustellenden Rahmenpläne sind unter Berücksichtigung der mehrjährigen Finanzplanung des Bundes und der Länder für den Zeitraum der Finanzplanung »jedes Jahr sachlich zu prüfen, der Entwicklung anzupassen und fortzuführen«.
Für den Inhalt der Rahmenpläne werden in den Ausführungsgesetzen konkrete Angaben[273] gemacht. Danach sind Bund und Länder verpflichtet,
– die Zielvorstellungen für die einzelnen Gemeinschaftsaufgaben zu nennen,
– die Maßnahmen bzw. Vorhaben zur Realisierung der Aufgaben darzulegen und
– die vom Bund und von den Ländern kurz- und mittelfristig bereitzustellenden Finanzmittel festzulegen.
Die Bundesregierung bzw. der zuständige Fachminister können sich in ihrer

---

270 Der Art. 91a GG begründet die Mitwirkung des Bundes bei der Aufgabenerfüllung der Länder für folgende Aufgaben: 1. Ausbau und Neubau von Hochschulen, 2. Verbesserung der regionalen Wirtschaftsstruktur, 3. Verbesserung der Agrarstruktur und des Küstenschutzes. Das in Art. 91b GG verfassungsrechtlich institutionalisierte Zusammenwirken von Bund und Ländern bei der Bildungsplanung und der Wissenschaftsförderung in Form der Globalplanung enthält im Gegensatz zu Art. 91a GG kein verfassungsrechtliches Gebot des Zusammenwirkens. An der Finanzierung für die Gemeinschaftsaufgaben Ausbau und Neubau von Hochschulen sowie Verbesserung der regionalen Wirtschaftsstruktur beteiligt sich der Bund mit 50 %, an der Verbesserung der Agrarstruktur mit 60 % und an der Verbesserung des Küstenschutzes mit 70 %.

271 Gesetz über die Gemeinschaftsaufgabe Ausbau und Neubau von wissenschaftlichen Hochschulen (Hochschulbauförderungsgesetz) vom 1. 9. 1969 (BGBl. I S. 1556); Gesetz über die Gemeinschaftsaufgabe Verbesserung der regionalen Wirtschaftsstruktur vom 6. 10. 1969; Gesetz über die Gemeinschaftsaufgabe Verbesserung der Agrarstruktur und des Küstenschutzes vom 3. 9. 1969 (BGBl. I S. 1573).

272 Vgl. dazu §§ 5 und 4 der Ausführungsgesetze zu den Gemeinschaftsaufgaben.

273 Vgl. hierzu §§ 6 und 5 der Ausführungsgesetze zu den Gemeinschaftsaufgaben.

Aufgabenplanung an den Zielen oder Vorhaben der Länder orientieren, da jedes Bundesland bis zum 1. Februar jeden Jahres seine langfristigen Ziele dem zuständigen Bundesminister bekanntgeben muß und die genannten Vorhaben zur Aufnahme in den Rahmenplan anmelden muß[274].
Der Planungsausschuß für jede Gemeinschaftsaufgabe, der sich aus dem zuständigen Fachminister des Bundes und einem Minister bzw. Senator jedes Bundeslandes zusammensetzt, hat nicht nur beratende Funktion, sondern trifft als eine »Einrichtung für eine gemeinsame Rahmenplanung«[275] selbständige Planungsentscheidungen[276], hat also verfassungsrechtlich begründete Entscheidungsbefugnis.
Die von den Planungsausschüssen beschlossenen Rahmenpläne werden nach den Zuständigkeitsregelungen des Art. 83 GG ausgeführt. Danach haben die Länder sowohl die zur Ergänzung der Rahmenplanung erforderlichen Detailplanungen aufzustellen als auch die notwendigen Durchführungsmaßnahmen zu treffen[277].

2.2.3.2 *Die Finanzierung der Gemeinschaftsaufgaben durch die Bundesregierung*

Die Bundesregierung setzt auch die Gemeinschaftsaufgaben als Instrument der Konjunkturpolitik ein. Um ihrer Stabilitätsaufgabe gerecht zu werden, mußten auch die Gemeinschaftsaufgaben aus konjunkturpolitischen Gründen entweder gestreckt oder verstärkt werden.
Der von der Bundesregierung in ihrem Stabilitätsprogramm vom Mai 1973[278] beschlossenen Kürzung der Gemeinschaftsaufgaben von 10 % haben sich die Bundesländer weder in den Planungsausschüssen noch im Finanzplanungsrat verschlossen.
Angesichts der geänderten finanzwirtschaftlichen Rahmenbedingungen (Steuermindereinnahmen, hohe Staatsverschuldung) hatte die Bundesregierung mit ihrem Haushaltsstrukturgesetz im September 1975 beschlossen, auch die Ansätze für die gemeinschaftlich finanzierten Aufgaben – beginnend mit dem Haushaltsjahr 1977 – um 10 % zu kürzen. Die Kürzungen führten zu Einsparungen von rd. 750 Mio. DM jährlich. Die Bundesregierung hielt es aber für notwendig, auch für die nächsten Jahre eine erhebliche Beteiligung des Bundes an den Ge-

274 Zwar gilt mit der Anmeldung die Zustimmung des Landes gemäß Art. 91a Abs. 3 Satz 2 GG als erteilt, die Zustimmung kann allerdings bis zur Beschlußfassung über den Rahmenplan widerrufen werden. Vgl. Ausführungsgesetze zu den Gemeinschaftsaufgaben.
275 Heinz Laufer, Das föderative System der Bundesrepublik Deutschland, München 1973, S. 124.
276 Die Planungsausschüsse beschließen mit einer Mehrheit von drei Vierteln der Stimmen. Bund und Länder verfügen über jeweils elf Stimmen. Siehe Ausführungsgesetze zu den Gemeinschaftsaufgaben.
277 Entwicklung der Aufgaben und Ausgaben von Bund, Ländern und Gemeinden, Schriftenreihe der Hochschule Speyer, Bd. 47, Berlin 1971, S. 54.
278 Vgl. Bulletin Nr. 56 vom 16. 5. 1973, S. 529 f.

meinschaftsaufgaben aufrechtzuerhalten. Im einzelnen wurde die Finanzierung der Gemeinschaftsaufgaben durch den Bund wie folgt geregelt[279]:

	1976	1977	1978	1979
		– in Mrd. DM –		
Gemeinschaftsaufgaben				
– Verbesserung der regionalen Wirtschaftsstruktur	0,34	0,31	0,26	0,26
– Agrarstruktur und Küstenschutz	1,35	1,21	1,21	1,21
– Aus- und Neubau von Hochschulen	1,10	0,99	0,99	0,99
Verbesserung der Verkehrsverhältnisse in den Gemeinden	2,26	2,06	2,11	2,14
Krankenhausfinanzierung	1,06	0,95	0,90	0,83
Sozialer Wohnungsbau sowie städtebauliche Sanierungs- und Entwicklungsmaßnahmen	1,24	1,27	1,26	1,24
Studentenwohnraumbau	0,10	0,09	0,09	0,09
zusammen	7,44	6,88	6,82	6,77

2.2.3.2.1 *Gemeinschaftsaufgabe Ausbau und Neubau von Hochschulen einschließlich der Hochschulkliniken[280] und Zusammenwirken von Bund und Ländern bei der Bildungsplanung und der wissenschaftlichen Forschung*

Der Planungsausschuß für den Hochschulbau hat am 18. 9. 1975 den fünften Rahmenplan für den Hochschulbau beschlossen, der den vierten Rahmenplan fortgeschrieben hat und neue Vorhaben unter Berücksichtigung der Empfehlungen des Wissenschaftsrats enthält.

Den von der Bund-Länder-Kommission für Bildungsplanung im Juni 1973 verabschiedeten Bildungsgesamtplan[281] für die Jahre bis 1985 hat der Planungsausschuß unterdessen berücksichtigen können.

Der Bildungsgesamtplan, dessen bildungspolitischer Teil die Ziele[282] für die inhaltliche und organisatorische Reform angibt und im September 1973 von den Regierungschefs des Bundes und der Länder gebilligt wurde[283], war erst dann vollständig wirksam und somit für den Planungsausschuß als Orientierungsdatum brauchbar, als auch dem noch sehr umstrittenen Finanzierungsteil (Bildungsbudget)[284] zugestimmt worden war.

279 Vgl. Bundesrats-Drucksache 626/75, S. 10.

280 Im Jahre 1973 waren insgesamt 95 Hochschulen der Bundesrepublik in die Gemeinschaftsaufgabe Hochschulbau einbezogen.

281 Vgl. Bildungsgesamtplan, a. a. O., S. 5 ff.

282 Die auf das Jahr 1985 bezogenen Ziele betreffen im wesentlichen Kindergartenplätze, Studienplätze, die Studentenquote, die Zahl der Vollzeitschüler, die Verbesserung der Relation zwischen Schülern und Lehrern. Vgl. Bildungsgesamtplan, a. a. O., S. 10 ff.

283 Süddeutsche Zeitung vom 21. 9. 1973, S. 1.

284 Die Ausgaben des Bildungswesens erhöhen sich dem Plan zufolge bis 1975 auf 57,2 Mrd. DM, bis 1980 auf 67,1 Mrd. DM und bis 1985 auf 91,1 Mrd. DM. Vgl. Bildungsgesamtplan, a. a. O., S. 50 ff.

Während die Kultusminister einen Anstieg der Ausgaben für Bildung und Forschung bis 1985 auf 8 % des Bruttosozialprodukts forderten, hatte der Finanzplanungsrat schon im September 1972 eine Steigerung auf 6 % für kaum realisierbar gehalten.

Ein weiterer Zielkonflikt zwischen den Kultusministern und den finanzpolitisch verantwortlichen Ministern oder Beamten trat dadurch auf, daß die Kultusminister für 1975 Bildungsausgaben in Höhe von 57,2 Mrd. DM[285] verlangten[286], während der Finanzplanungsrat den Regierungschefs Eckwerte für die Bildungsfinanzierung von lediglich 53 Mrd. DM empfahl[287].

Die Bundesregierung wird sich in Zusammenarbeit mit den Regierungschefs der Länder der Forderung eines Gutachtens[288] zum Bildungsgesamtplan nicht entziehen können, gerade aufgrund der ungesicherten Finanzierung des Planes unerläßliche Entscheidungen über vorrangige und nachgeordnete Schwerpunkte[289] zu treffen. Diese Prioritäten sind dann vom Planungsausschuß und anderen Institutionen als politische Direktiven zu beachten.

Da die Bildungsaufgaben nur im Zusammenhang mit anderen gesellschaftlichen Aufgaben gesehen werden können, kommen im Falle der geplanten Finanzierung des Bildungsgesamtplans andere Aufgabenbereiche, wie besonders die soziale Sicherung, die Verteidigung, die Polizei, die Steuerverwaltung, die Entwicklungshilfe, der Verkehr und der Umweltschutz in Bedrängnis[290].

Der Planungsausschuß ist mit dem Wissenschaftsrat der Meinung, daß bei der langfristigen Entwicklung dieser Gemeinschaftsaufgabe der Geburtenrückgang berücksichtigt werden muß. Angesichts der zahlreichen Universitätsneugründungen und -erweiterungen in den letzten Jahren hat nun das »Ziel einer Konsolidierung und einer fachlichen sowie einer regionalen Abrundung der Hochschulkapazitäten«[291] Vorrang.

Die Bundesregierung hält aber diese Gemeinschaftsaufgabe aus bildungs- und beschäftigungspolitischen Gründen für so wichtig, daß auch für die nächsten

---

285 Auf der Preisbasis 1972.

286 Süddeutsche Zeitung vom 10./11. 3. 1973, S. 8.

287 Süddeutsche Zeitung vom 21. 9. 1972, S. 7.

288 Das Gutachten ist eine Gemeinschaftsarbeit der Staatssekretäre Schüler (Bundesfinanzministerium), Rommel (Baden-Württemberg), Vogler (Hessen), des Hamburger Staatsrats Ranft und des Senatsrats Harks von der Zentralen Datenstelle der Landesfinanzminister. Siehe dazu Süddeutsche Zeitung vom 3. 5. 1974, S. 1.

289 Der NRW-Finanzminister Hans Wertz bemerkte zur Finanzierung des Bildungsgesamtplans: »Die Alternative ist klar: entweder Steuererhöhungen oder Abstrich am Bildungsgesamtplan.« Für den bayerischen Finanzminister Huber und den baden-württembergischen Finanzminister Gleichauf kommt nur eine Verringerung des »Bildungsrahmens« in Frage. Vgl. Süddeutsche Zeitung vom 3. 5. 1974, S. 1.

290 Süddeutsche Zeitung vom 3. 5. 1974, S. 1.

291 Vgl. Finanzbericht 1976, S. 132.

Jahre rd. 1 Mrd. DM jährlich für den vom Bund zu erbringenden Anteil (50 %) vorgesehen sind[292].

2.2.3.2.2 *Gemeinschaftsaufgabe Verbesserung der regionalen Wirtschaftsstruktur*

Mit dieser Gemeinschaftsaufgabe hat die Bundesregierung eine führende Rolle übernommen, die gewerbliche Wirtschaft zu fördern, indem – in 21 regionale Aktionsprogramme[293] gegliederte – Förderungsmaßnahmen

– zur Errichtung, Ausbau, Umstellung und grundlegender Rationalisierung von Gewerbebetrieben und
– zum Ausbau der Infrastruktur[294] beitragen sollen.

Mit der Fortschreibung des Rahmenplans für den Zeitraum 1974 bis 1977 (verplanbares Mittelvolumen wie im Vorjahr) traten insofern Schwierigkeiten in den Finanzbeziehungen zwischen Bund und Ländern auf, als einige Landesregierungen[295] sich gegen die neuen Kriterien für die Förderung von neuen Problemgebieten wandten[296].

Die Bundesregierung wirkt auf die Planung und Durchführung der Gemeinschaftsaufgaben dadurch ein, daß sie das bisherige Entscheidungskriterium der »neuzuschaffenden Arbeitsplätze« durch die Kriterien »Arbeitsplatzdefizit und Einkommensrückstand« ersetzte[297].

Die Neuabgrenzung der Fördergebiete brachte einigen Ländern die Nachteile[298],

– weniger Bundesmittel zur Erfüllung ihrer Strukturaufgaben zu erhalten und
– durch die Vergrößerung der Förderregionen auch relativ »ordentlich« strukturierte Gebiete unterstützen zu müssen (ungünstiger Nivellierungseffekt der Mittelvergabe).

In dem am 20. 3. 1975 beschlossenen Vierten Rahmenplan hat der Planungsausschuß bei der Durchführung und Fortentwicklung dieser Gemeinschaftsaufgabe die Notwendigkeit unterstrichen[299],

---

292 Ebenda, S. 132.

293 Das Zonenrandgebiet ist durch das Zonenrandförderungsgesetz vom 5. 8. 1971 in die Gemeinschaftsaufgabe integriert worden.

294 Vgl. Finanzbericht 1973, S. 188.

295 Die Länder Bayern, Baden-Württemberg, Schleswig-Holstein und Niedersachsen würden durch die Neuabgrenzung der Fördergebiete geringere Bonner Strukturhilfen erhalten. Vgl. Süddeutsche Zeitung vom 26. 9. 1973, S. 3.

296 Nach Auskunft eines Beamten des Bundesfinanzministeriums soll sich dadurch die Fortschreibung des Rahmenplans um rund ein Jahr verzögern.

297 Vgl. Süddeutsche Zeitung vom 26. 9. 1973, S. 9.

298 Die Landesregierungen hegen außerdem den Verdacht, daß die Finanzierung der Gemeinschaftsaufgaben unter parteipolitischen Aspekten geschieht. Die durch die Neueinteilung bedingte Bevorzugung Nordrhein-Westfalens stützt die Vermutung, daß die SPD/FDP-Landesregierung noch rechtzeitig vor den nächsten Landtagswahlen unterstützt werden soll. Vgl. Süddeutsche Zeitung vom 26. 9. 1973, S. 9.

– die Grundsätze der allgemeinen Wirtschaftspolitik,
– die Ziele und Erfordernisse der Raumordnung und
– eine Koordinierung mit den anderen Gemeinschaftsaufgaben sowie mit anderen öffentlichen Entwicklungsplanungen zu berücksichtigen.

Dieser Gemeinschaftsaufgabe wird in der wirtschaftlichen Rezession mit ihrer relativ hohen Arbeitslosigkeit wegen der bereits erfolgreich geschaffenen neuen gewerblichen Arbeitsplätze (1972-1974 rd. 360 000[300]) und des weiter auszubauenden Arbeitsplatzangebots ein besonderes Gewicht beigemessen.

2.2.3.2.3 Gemeinschaftsaufgabe Verbesserung der Agrarstruktur und des Küstenschutzes

Der Bundesregierung sind aus dieser Gemeinschaftsaufgabe relativ hohe Finanzierungsverpflichtungen erwachsen (über eine Mrd. DM jährlich), die zu Lasten der Wahrnehmung anderer gesellschaftlicher Aufgaben durch die Bundesregierung gehen.

Der zuständige Planungsausschuß, der sich im Februar 1971 konstituierte, hatte zunächst einmal Förderungsgrundsätze für diese Gemeinschaftsaufgaben zu erarbeiten. Er einigte sich schließlich auf 13 Förderungsgrundsätze[301].

Auch bei der Handhabung dieser Gemeinschaftsaufgabe wurde der Bundesregierung eine »Angebotsdiktatur« der Aufgabenbestimmung und -erfüllung seitens der Landesregierungen vorgeworfen. Nach Verabschiedung des Zweiten Rahmenplans im Oktober 1973 für den Zeitraum 1974 bis 1977 beschuldigten einige Länder die Bundesregierung[302],
– durch Benachteiligung bei der Vergabe der Finanzierungsmittel ihre Landesaufgaben nicht zureichend erfüllen zu können und
– durch Anwendung eines unobjektiven Verteilungsschlüssels gegenüber anderen Bundesländern zurückgesetzt worden zu sein[303].

299 Vgl. Finanzbericht 1976, S. 132.
300 Ebenda, S. 132.
301 Maßnahmen auf den Gebieten der Flurbereinigung, des Wein- und Waldbaus, der Wasserwirtschaft, des Küstenschutzes und der Marktstruktur. Vgl. Finanzbericht 1973, S. 189.
302 Der bayerische Landwirtschaftsminister Eisenmann bezeichnete das Ergebnis des Planungsausschusses als skandalös, da Bayern für 1973 nur einen Anteil von 21,7 % der Mittel erhielt, obwohl Bayern rund 29 % aller landwirtschaftlichen Nutzfläche und über 50 % der von der Natur benachteiligten Gebiete der Bundesrepublik stellt. Vgl. Süddeutsche Zeitung vom 22. 10. 1973, S. 9.
303 So sei Bayern durch einen niedrigen Anteil übergangen worden, indem der Bund mit seinen elf Stimmen im Planungsausschuß auf Intervention Nordrhein-Westfalens einer für Bayern ungünstigen Lösung zustimmte. Vgl. Süddeutsche Zeitung vom 22. 10. 1973, S. 9.

2.2.3.3 *Aufgabenbeteiligung der Bundesregierung im Rahmen der Finanzhilfen des Bundes*

Durch die verfassungsrechtlich legalisierte Ausweitung der Finanzierungskompetenz des Bundes nach Art. 104 a Abs. 4 GG aufgrund der Finanzreform von 1969[304] sind der Bundesregierung bzw. ihrem Verwaltungsapparat mit der Gewährleistung von Finanzhilfen beträchtliche Aufgaben zugewachsen.
Diese Erweiterung der regierungsinstitutionellen Aufgaben des Bundes resultiert aus dem Art. 104a Abs. 4 Satz 2 GG. Dieser Artikel erlaubt es der Bundesregierung durch ein zustimmungsbedürftiges Bundesgesetz hauptsächlich mit den Finanzierungsvorschriften des Gemeindeverkehrsfinanzierungsgesetzes[305], des Städtebauförderungsgesetzes[306] und des Krankenhaussicherungsgesetzes[307] Finanzhilfen für besonders bedeutsame Investitionen der Länder und Gemeinden zu gewähren.
Diese Finanzhilfen des Bundes sind ein gutes Beispiel dafür, wie die Bundesregierung und ihr Verwaltungsapparat die Erfüllung bestimmter gesellschaftspolitisch relevanter Aufgaben[308], die originäre Landesaufgaben sind, zum großen Teil an sich gezogen haben und dabei über die von Art. 104a Abs. 4 GG für Finanzhilfen gezogenen Grenzen[309] hinausgegangen sind[310].

---

304 Vgl. 21. Gesetz zur Änderung des Grundgesetzes (Finanzreformgesetz) vom 12. 5. 1969 (BGBl. I S. 359).

305 Gesetz über Finanzhilfen des Bundes zur Verbesserung der Verkehrsverhältnisse der Gemeinden (Gemeindeverkehrsfinanzierungsgesetz – GVFG) vom 18. 3. 1971 (BGBl. I S. 239) i. d. F. vom 13. 3. 1972 (BGBl. I S. 501).

306 Gesetz über sttädtebauliche Sanierungs- und Entwicklungsmaßnahmen in den Gemeinden (Städtebauförderungsgesetz) vom 27. 7. 1971 (BGBl. I S. 1125).

307 Gesetz zur wirtschaftlichen Sicherung der Krankenhäuser und zur Regelung der Krankenhauspflegesätze – KHG – vom 29. 6. 1972 (BGBl. I S. 1125).

308 Siehe dazu Bundestags-Drucksache V/3605, S. 6: »Der Rechtsausschuß und der Finanzausschuß gehen übereinstimmend davon aus, daß Abs. 3 (jetzt 4) die Finanzierung von Investitionen insbesondere in folgenden Bereichen zuläßt: im gemeindlichen Verkehrswesen, bei der Schaffung angemessener Wohnverhältnisse, bei der städtebaulichen Erneuerung und Entwicklung in den Gemeinden und beim Krankenhausbau.«

309 Vgl. Otto Barbarino, Enthaltung der eigenen Angelegenheiten der Länder unter den Aspekten der Aufgabenbereiche und ihrer Finanzierung, in: Entwicklung der Auf- und Ausgaben von Bund, Ländern und Gemeinden, Schriftenreihe der Hochschule Speyer, Bd. 47, Berlin 1971, S. 92.

310 So werden gegen die »in der Zeit der Fondswirtschaft mit Dotationsauflagen bereits bewährten Koppelungsgeschäfte« verfassungsrechtliche Bedenken vorgetragen: Da die Finanzhilfen des Bundes vom Haushaltsjahr 1972 ständig gewährt werden, scheidet das für die Finanzhilfen erforderliche Kriterium »der Abwehr einer Störung des gesamtwirtschaftlichen Gleichgewichts« aus, da sie ohne Rücksicht auf die Entwicklung des wirtschaftlichen Gleichgewichts ständig und der Höhe nach ohne Rücksicht auf das Ausmaß bereits eingetretener Störungen gewährt werden. Auch das Kriterium des »Ausgleichs unterschiedlicher Wirtschaftskraft« kommt z. B. im KHG nicht zum Tragen, da die Finanzmittel nach der Einwohnerzahl vergeben werden (Gießkannenprinzip), obwohl ein gezielter Einsatz für bestimmte Regionen erforderlich ist. Die Finanzhilfen des Bundes können sich auch nicht auf das Kriterium der »Förderung des wirtschaftlichen Wachstums« stützen, da eine solche Förderung nur für die Dauer einer Stagna-

Für die Anwendungsfälle des Art. 104a Abs. 4 GG und darüberhinaus für die Finanzbeziehungen zwischen Bund und Ländern war die Entscheidung des Bundesverfassungsgerichts vom 4. 3. 1975 über Städtebauförderungsmaßnahmen von grundlegender Bedeutung[311].

Das Bundesverfassungsgericht hat die Finanzhilfen aus dem Bundeshaushalt an die Länder an zwei für eine bundesstaatliche Ordnung relevante Bedingungen geknüpft:

- Die Finanzhilfen des Bundes sollen die Ausnahme bleiben und
- ihre Gewährung soll so geregelt werden, daß sie nicht »die Entscheidungs- und Gestaltungsfreiheit der Länder bei der Erfüllung der diesen obliegenden Aufgaben«[312] beeinträchtigen.

2.2.3.3.1 *Finanzhilfen zur Verbesserung der Verkehrsverhältnisse der Gemeinden*

Die Bundesregierung sieht eine wichtige Strukturaufgabe darin, das Mehraufkommen aus der Mineralölsteuer (im Jahre 1966 völlig[313] und im Jahre 1972 in Höhe von nahezu drei Vierteln) zur Verbesserung der Infrastruktur nach dem Gemeindeverkehrsfinanzierungsgesetz zu verwenden.

Von den für die kommunale Infrastruktur zur Verfügung stehenden Mitteln (1976: rd. 2,1 Mrd. DM)

- wurden zum großen Teil der Ausbau des kommunalen Straßennetztes und des öffentlichen Personennahverkehrs und
- Forschungsaufgaben für die Entwicklung von Personennahverkehrsmitteln finanziert.

2.2.3.3.2 *Finanzhilfen für die Stadtsanierung und Stadtentwicklung*

Nach dem Städtebauförderungsgesetz hat sich die Bundesregierung zur Aufgabe gemacht, städtebauliche Sanierungs- und Entwicklungsmaßnahmen vorzubereiten und durchzuführen, die

- der Strukturverbesserung in den Verdichtungsräumen und
- dem Ausbau von Entwicklungsschwerpunkten außerhalb der Verdichtungsräume dienen sollen.

---

tion oder Rezession »erforderlich« ist. Vgl. Georg Hold, Die Finanzhilfen des Bundes nach Art. 104a Abs. 4 GG, in: DÖV, Heft 4, Februar 1973, S. 115 ff.

311 Es ging um die zwischen Bund und Ländern strittige Frage der Verfassungsmäßigkeit einzelner Vorschriften des Sädtebau-Förderungsgesetzes in Verbindung mit Art. 104a Abs. 4 GG; vgl. Finanzbericht 1976, S. 132.

312 Siehe Finanzbericht 1976, S. 132.

313 Nach Art. 8 § 1 des Steueränderungsgesetzes 1966 wurde die Mineralölsteuer um 3 Pfg. je Liter erhöht. Nach Art. 1 § 1 des Verkehrsfinanzgesetzes 1971 vom 28. 2. 1972 (BGBl. I S. 201) wurde im März 1972 die Mineralölsteuer um 4 Pfg. je Liter erhöht.

Die Bundesregierung stellte Finanzhilfen nach »räumlichen und sachlichen Schwerpunkten« für die wirtschaftliche und städtebauliche Entwicklung als »Bewilligungsrahmen« zur Verfügung (1976: rd. 200 Mio DM[315]).

2.2.3.3.3 Finanzhilfen für die Krankenhausfinanzierung

Nach dem Krankenhausfinanzierungsgesetz[316] übernehmen die Regierungsinstitutionen von Bund und Ländern die Investitionskosten der Krankenhäuser, während die Benutzungskosten von den Patienten durch die Pflegesätze zu tragen sind. Die Bundesregierung verfolgt damit die langfristige Aufgabe, das seit langem bestehende Defizit der Krankenhäuser abzubauen.
Die Bundesregierung glaubt, der gesellschaftspolitisch relevanten Krankenhausversorgung dadurch gerecht zu werden, daß der Bund
– ein Drittel der Kosten für die sog. alte Last und für Neubauten sowie die Wiederbeschaffung von kurzfristigen Anlagegütern übernimmt (1976: rd. 400 Mio. DM[317]) und
– sich an neuen Maßnahmen (Neubauten und Wiederbeschaffung mittelfristiger Anlagegüter) mit zunehmenden finanziellen Steigerungsraten[318] entsprechend der jährlichen Zunahme der durchschnittlichen Bettenwerte[319] beteiligt.

2.2.3.4 Aufgabenerweiterung der Regierungsinstitutionen des Bundes durch die Gemeinschaftsaufgaben und die Finanzhilfen des Bundes

Durch die Einführung der Institute der Gemeinschaftsaufgaben und der Finanzhilfen sind den Regierungsinstitutionen des Bundes Aufgaben übertragen worden, für die vorher die Länder allein zuständig waren.
Die mit der Einführung des Lastenverteilungsgrundsatzes des Art. 104a Abs. 1 GG beabsichtigte klare Regelung, wonach der Aufgabenzuständigkeit auch die Finanzierungszuständigkeit zu folgen hat, hat durch die praktische Handhabung

---

314 Siehe Finanzbericht 1976, S. 134.
315 Vgl. Finanzbericht 1976, S. 134.
316 Vgl. das Gesetz zur wirtschaftlichen Sicherung der Krankenhäuser und zur Regelung der Krankenhauspflegesätze vom 29. 6. 1972 (BGBl. I S. 1009).
317 Finanzbericht 1976, S. 135.
318 Die Bundesregierung sah insgesamt folgende Finanzhilfen vor, die ab 1974 nicht mehr über den Kreditmarkt, sondern aus dem Bundeshaushalt finanziert wurden:
1973: 970 Mio DM;
1974: 1000 Mio DM;
1975: 1050 Mio DM;
1976: 1100 Mio DM; vgl. Finanzbericht 1973, S. 191.
319 Vgl. Finanzbericht 1974, S. 168.

der Gemeinschaftsaufgaben eher dazu geführt, daß die Aufgaben- und Ausgabenverantwortung mehr und mehr verwischt wurden.

Da aus zeitlichen Gründen die Ressortchefs von Bund und Ländern am Willensbildungsprozeß in den Planungsausschüssen kaum beteiligt sind, werden die langwierigen und schwierigen Vorbereitungsarbeiten fast ausschließlich von Beamten ihrer Ressorts durchgeführt[320].

Die Aufgaben- und Programmplanung sowie deren Finanzierung werden mangels politischer Direktiven seitens der Regierungen wesentlich von der Ministerialbürokratie, insbesondere von der Bonner Ministerialbürokratie beeinflußt. In den Planungsausschüssen für die Gemeinschaftsaufgaben sind die Stimmen der Länder naturgemäß zersplittert, während die einheitliche Stimmabgabe des Bundes der Bonner Ministerialbürokratie ein permanentes Entscheidungsübergewicht gewährleistet[321]. Die Bonner Ministerialbeamten entscheiden damit über Aufgabenschwerpunkte, den Maßnahmekatalog mit Zeitplan und über die Finanzierung dieser Aufgaben.

Die Einmischung der Ministerialbeamten des Bundes in die Verwaltung der Länder wird schon dadurch gefördert, daß die aus den Haushaltsplänen finanzierten Gemeinschaftsaufgaben und Finanzhilfen des Bundes zwangsläufig eine »Beschäftigung« der Bundesministerialbürokratie[322] mit Verwaltungsmaßnahmen der Länder mit sich bringt[323].

320 Heinz Laufer, Das föderative System der Bundesrepublik Deutschland, München 1973, S. 126.

321 So wurden z. B. die Förderungsmittel Bayerns für die Gemeinschaftsaufgabe Verbesserung der Agrarstruktur und des Küstenschutzes im Planungsausschuß im Oktober 1973 gekürzt, nachdem Nordrhein-Westfalen interveniert hatte und der Bund mit seinen elf Stimmen dem Verlangen dieses SPD-regierten Bundeslandes zustimmte. Vgl. Süddeutsche Zeitung vom 22. 10. 1973, S. 9.

322 Der baden-württembergische Finanzminister Robert Gleichauf bemerkte zur Mitwirkung des Bundes: »Die Länder ... mußten die meist energisch betriebene, ausgreifende und ungemein detailverliebte Mitwirkung des Bundes in den Angelegenheiten in Kauf nehmen, die ureigenste Landesaufgaben sind.« Den Klagen der Landesbeamten zufolge neigen die Beamten des Bundes dazu, überall und vornehmlich in Kleinigkeiten »herumzudoktern« oder zu »uhrmachern«. Vgl. Süddeutsche Zeitung vom 20./21. 10. 1973, S. 11.

323 Fritz Rietdorf, Die Gemeinschaftsaufgaben – ein Schritt zur gemeinsamen Aufgabenplanung von Bund und Ländern?, in: Heinz Laufer; Frank Pilz, Föderalismus, Studientexte zur bundesstaatlichen Ordnung, München 1973, S. 210.

3. Das Finanzplanungs- und Aufgabenplanungssystem der Bundesregierung

Im folgenden wird vorrangig die Frage zu untersuchen sein, ob und inwieweit die Bundesregierung »als zentrales politisches Führungsorgan« mit bereits existierenden oder noch einzuführenden Planungsinstrumenten in der Lage ist, antizipatorische Politik im Sinne der vorläufigen Festlegung gesellschaftlicher Aufgabenschwerpunkte und der Auswahl »relevanter« Programme sowie ihrer Finanzierung zu betreiben. Es wird also das entscheidende Problem zu untersuchen sein, wer unter welchen Bedingungen den Ausgabenrahmen der Bundesregierung und damit den Finanzierungsspielraum für die Regierungsaufgaben weitgehend festlegt.

Die Mängel der aufgezeigten einjährigen Haushaltspolitik haben die Notwendigkeit der Einführung einer mittelfristig angelegten Finanzplanung deutlich gemacht. Um der Bundesregierung zu einer vorausschauenden Finanzpolitik zu verhelfen, wurde 1967 das Planungsinstrument der mehrjährigen Finanzplanung eingeführt. Dieses neue Regierungsinstrument soll vor allem die Interdependenzen finanzpolitischer Vorgänge aufzeigen, den möglichen und erwünschten regierungsinstitutionellen Finanzbedarf und seine Deckung darstellen und die Einnahmen und Ausgaben langfristig abstimmen.

Es wird nachzuweisen sein, inwieweit die mehrjährige Finanzplanung den konzeptionellen Ansprüchen der Bundesregierung entspricht, ein quantifiziertes Regierungsprogramm zu sein, das die zeitlichen Prioritäten und positive und negative Schwerpunkte der Regierungsaufgaben sichtbar macht.

Die Behandlung der Funktionen der mehrjährigen Finanzplanung soll nachweisen, daß die bisher praktizierte Finanzplanung ihr Schwergewicht auf die Erfüllung der wachstums- und konjunkturpolitischen Funktion legte, während die Allokationsfunktion als der Kern der finanzpolitischen Entscheidungsfindung vernachlässigt wurde; gerade bei dieser Funktion geht es um so wesentliche Fragen wie die Festlegung des »Staatsanteils« am Volkseinkommen oder die Verteilung der Haushaltsmittel auf die verschiedenen Aufgaben und Programme der Bundesregierung.

Es wird zu untersuchen sein, ob die von der Ausgabenseite her konzipierte mehrjährige Finanzplanung das Steueraufkommen und die daraus zu finanzierenden

Aufgaben vorwiegend als Datum hinnimmt und inwieweit eine fehlende gesamtgesellschaftliche Aufgaben- und Programmplanung dieses Planungsinstrument zu einem uneingelösten Anspruch macht.
Für die Wahrnehmung der Regierungsaufgaben wird die wichtige Frage zu untersuchen sein, ob die Finanzplanung gesellschaftspolitischen Erfordernissen am ehesten gerecht wird, wenn eine überkonjunkturelle Ausgabenpolitik zum Zwecke der Erfüllung gesellschaftspolitisch relevanter Aufgaben (z. B. Sozialinvestitionen) mit einer flexiblen Einnahmenpolitik verbunden wird.
Die Darstellung des faktischen Entscheidungsprozesses der Finanzplanung wird aufzuzeigen haben, welche Institutionen die Aufstellung des nach wie vor aus dem Haushaltsplan entwickelten Finanzplans steuern. Es wird der Einfluß der mittelfristigen Zielprojektionen des Bundeswirtschaftsministeriums, der gemischt zusammengesetzten Gremien des Arbeitskreises Gesamtwirtschaftliche Vorausschätzungen und des Arbeitskreises Steuerschätzungen und auch des Finanzkabinetts herauszuarbeiten sein, in welchem Ausmaß durch ihre Projektionen, Schätzungen oder ihren »abschließenden« Informationsaustausch der Ausgabenrahmen und damit der Aufgabenrahmen der Bundesregierung festgelegt wird.
Der Finanzplanungsprozeß wird besonders daraufhin zu untersuchen sein, inwieweit die in allen Phasen des finanzpolitischen Willensbildungsprozesses beteiligte Ministerialbürokratie über die Zuweisung der Plafonds an die Ressorts und über die Ausgabenstruktur wichtige Vorentscheidungen trifft, welche gesellschaftlichen Aufgaben nämlich schwergewichtig zu finanzieren sind.
Die Beschreibung des Willensbildungsprozesses des hauptsächlich aus Beamten des Bundes, der Länder und Gemeinden zusammengesetzten Finanzplanungsrats, der nach den gesetzlichen Ansprüchen volks- und finanzwirtschaftliche Grundnahmen (Ziele) für Bund, Länder und Gemeinden zu empfehlen und Schwerpunkte für die Erfüllung »öffentlicher« Aufgaben zu entwickeln hat, soll die Schwierigkeiten dieser föderativen Institution deutlich machen.
Es wird nachzuweisen sein, daß einheitliche Entscheidungen vor allem dadurch erschwert werden, daß sich einmal besonders die Länder und Gemeinden nicht an die Empfehlungen der Zuwachsraten für alle Haushalte halten und zum anderen keine einheitliche Auffassung zwischen Bund und Ländern zustandekommt, was »festliegende« und was »gesellschaftlich relevante« Ausgaben der föderativen Ebenen sind.
Die Mängel in der Anwendung der mehrjährigen Finanzplanung machten die Notwendigkeit deutlich, dieses Planungsinstrument nach bestimmten Kriterien weiterzuentwickeln. Der von einem Bundesland vorgeschlagene Rahmenplan für den öffentlichen Gesamthaushalt, der der Finanz- und Aufgabenplanung von Bund und Ländern als Orientierung dienen sollte, verdient deshalb einer kritischen Würdigung unterzogen zu werden. Die Kritik an der vorwiegend

ausgaben- und zuwachsorientierten mehrjährigen Finanzplanung leitet über zu der Frage, ob die institutionellen und instrumentalen Neuerungen im Bereich der Bundesregierung wichtige Voraussetzungen für eine stärker aufgabenorientierte Politik geschaffen haben.
Die Behandlung des Aufgabenplanungssystems der Bundesregierung soll zunächst die Verbesserungen des Planungsprozesses der Bundesregierung und ihres Apparats beschreiben. Die ersten Ansätze zur Konzipierung der ministeriellen Verbundplanung wurden mit der Bildung der sozialliberalen Koalition im Herbst 1969 entwickelt. Das neue mittelfristig angelegte Planungssystem der Bundesregierung mit seinem Frühkoordinierungssystem und dem Arbeitsprogramm der Bundesregierung wird daraufhin zu untersuchen sein, inwieweit es das Erfordernis einer ressortübergreifenden Planung regierungsinstitutioneller Aufgaben und Programme sowie Vorhaben erfüllt hat.
Die Behandlung des PPBS soll vorrangig die Frage zu beantworten versuchen, ob dieses Planungsinstrument für die Bundesregierung geeignet ist, eine längerfristige Aufgabenplanung zu betreiben. Es wird zu prüfen sein, inwieweit dieses Instrument in der Lage ist, die Rationalität des politischen Handels zu erhöhen, d. h. durch Vorwegnahme zu erwartender Konflikte die reaktive Politik zu reduzieren, bewußt Aufgabenschwerpunkte zu setzen und den Zeithorizont bezüglich der Problemlösungen auszudehnen.
Die Konzeption des PPBS, deren Planungsprozeß die Aufgabenplanungs-, Programmplanungs-, Budgetierungs- und Kontrollphase umfaßt, soll vorrangig die Möglichkeiten und Grenzen der längerfristigen Aufgaben und Programmplanung aufzeigen. Es wird danach zu fragen sein, inwieweit das PPBS die längerfristige Aufgabenplanung zwar konzeptionell in den Planungsprozeß integriert hat, aber in der Praxis hauptsächlich eine Methode zur mittelfristigen Programmanalyse, -definition und -bewertung regierungsinstitutioneller Aufgabenerfüllung war.
Es wird nachzuweisen sein, ob trotz der bisher aufgetretenen Schwierigkeiten in der Anwendung des PPBS dieses Planungsinstrument für die Aufgabenplanung der Bundesregierung im Sinne der vorläufigen Festlegung von Aufgabenschwerpunkten und der Auswahl gesellschaftlich relevanter Programme wegen konzeptioneller Schwächen oder aus organisatorischen und sozialpsychologischen Gründen geeignet oder ungeeignet ist.

3.1 DAS FINANZPLANUNGSSYSTEM DER BUNDESREGIERUNG

Nachdem die Bundesregierung nach dem Zweiten Weltkrieg die dringendsten Wiederaufbauaufgaben in Angriff genommen hatte (Bereitstellung von Finanzierungssummen für ein Arbeitsbeschaffungs- und Wohnungsbeschaffungsprogramm[1]), reagierte die Bundesregierung in den folgenden Jahren in der Finanzpolitik auf gesellschaftliche und wirtschaftliche Mißstände, deren Beseitigung Finanzierungsprogramme – wie für den Grünen Plan, den Bundesjugendplan, den Küstenplan und das Sofortprogramm für den Steinkohlenbergbau usw. – erforderlich machten.

Diese Finanzpolitik der Bundesregierung war also dadurch gekennzeichnet, daß keine langfristige Orientierung und Koordinierung der Finanzpolitik durch die Aufstellung einer Rangfolge gesellschaftlich wichtiger Aufgaben angestrebt wurde, sondern politische »Führung« auf den Versuch reduziert wurde, auftretende Notstände zu mildern. Die Bundesregierung betrieb viele Jahre hindurch keine konzeptionelle aufgabenorientierte, sondern nur reaktive Politik.

Die Politik des politischen Systems der Bundesrepublik Deutschland kann zumindest bis zur wirtschaftlichen Rezession der Jahre 1966/1967 als »politics of non-planning«[2] bezeichnet werden.

Trotz der zahlreichen theoretischen Versuche einer vorausschauenden Politik insbesondere in der Wirtschafts- und Finanzpolitik[3] war bis in die 60er Jahre für die meisten Entscheidungsträger des Regierungssystems der Bundesrepublik »staatliche« Planung eine »Sünde wider den Geist der Freiheit«[4]. Die mehrjährige Finanzplanung, die ursprünglich erst in der Haushaltsreform des Jahres 1969 eingeführt werden sollte, wurde aufgrund der krisenhaften ökonomischen Verhältnisse der Rezession 1966/1967 vorgezogen und schon 1967 im Rahmen des Stabilitätsgesetzes institutionalisiert[5].

---

1 Klaus Schmidt; Eberhard Wille, Die mehrjährige Finanzplanung, Wunsch und Wirklichkeit, Reihe Wirtschaft und Gesellschaft, Heft 3, Tübingen 1970, S. 12.

2 Hans-Joachim Arndt, a. a. O., S. 1 ff.

3 Vgl. das EWG-Memorandum von 1962 und die Ergebnisse der Tagungen der Friedrich-Naumann-Stiftung und der List-Gesellschaft.

4 Vgl. Horst Ehmke, Planen ist keine Sünde, S. 48.

5 Günter Zabel, Mittelfristige Finanzplanung, in: Das rationale Budget, Ansätze moderner Haushaltstheorie, hrsg. von R. H. Hansmeyer, Köln 1971, S. 189.

3.1.1 Grundkonzeption der mehrjährigen Finanzplanung

Die oben behandelte einjährige Budgetierung, die dem Anspruch einer »Haushaltsplanung« nicht gerecht wurde, machte durch ihre zahlreichen Mängel deutlich, daß im Willensbildungsprozeß der Aufstellung des Haushaltsplans das reaktive Anpassungsverhalten administrativer Entscheidungsträger an »Eigengesetzlichkeiten des ökonomischen und sozialen Systems«[6] dominierte.
Eine rationale, vorausschauende Finanzpolitik erfordert dagegen nach den Postulaten der repräsentativen Demokratie eine gesamtwirtschaftliche und -gesellschaftliche Zielsetzung und eine Rangfolge gesellschaftlicher Aufgaben durch die Bundesregierung, um eine für politisch notwendig gehaltene Einnahmen- und Ausgabenentwicklung des Bundeshaushalts beeinflussen zu können.

3.1.1.1 Notwendigkeit und Erwartungen einer vorausschauenden Finanzplanung

Bei der Aufstellung des Haushaltsplans fehlte jede politische Direktive von oben nach unten, so daß dieses politische Vakuum zwangsläufig durch ressortegoistische Ziele ausgefüllt wurde. Die Haushaltsvoranschläge aus den einzelnen Ressorts waren weniger informative Entscheidungshilfen für den Finanzminister oder für die Bundesregierung, sondern vielmehr vorweggenommene Entscheidungen. Die Grundentscheidungen in der Finanzpolitik wurden also nicht seitens der Bundesregierung, sondern vom Apparat der Bundesregierung getroffen.
Die oben behandelte einjährige Budgetierung, die dem Anspruch einer »Haushaltsplanung« nicht gerecht wurde, machte durch ihre zahlreichen Mängel deutlich, daß im Willensbildungsprozeß der Aufstellung des Haushaltsplans das reaktive Anpassungsverhalten administrativer Entscheidungsträger an die »Eigengesetzlichkeiten des Systems«[7] dominierten.
Die als »Kind der Not«[8] und als »Tochter der Krise«[9] bezeichnete Institutionalisierung der mehrjährigen Finanzplanung war ein Indiz dafür, daß gerade in der krisenhaften Situation der wirtschaftlichen Rezession 1966/1967 die Chancen günstig waren, strukturelle Innovationen im politisch-ökonomischen System der Bundesrepublik durchzusetzen. Erst der in der Krise entstehende

---

6 Frieder Naschold, Anpassungsplanung, S. 80.
7 Frieder Naschold, Anpassungsplanung, S. 80.
8 Lorenz Wolkersdorf, Beziehungen zwischen Haushaltsplan und Finanzplanung unter besonderer Berücksichtigung politischer und administrativer Aspekte, in: Mittelfristige Finanzplanung, Beihefte der Konjunkturpolitik, Heft 15, Berlin 1968, S. 31.
9 Joseph H. Kaiser, Planung III: Mittel und Methoden planender Verwaltung, Baden-Baden 1968, S. 6.

»unabweisbare Druck zu zielstrebigem Lernen«[10] zwang dazu, routinierte Verhaltensmuster aufzugeben und »innovative Strategien zum Überleben des Systems«[11] zu akzeptieren.
Wie im marktwirtschaftlichen System erst im Nachhinein korrigierende Kräfte mobilisiert werden[12], so tendiert auch der politische Entscheidungsprozeß zu einem Krisenmanagement, statt zu einer maß- und planvollen zukunftsantizipierenden Politik.
Da sich aber die Bestimmungsfaktoren für die wirtschaftliche Entwicklung ständig ändern, ist die kurzfristige Bestimmung der Einnahmen- und Ausgabenentwicklung immer ungewisser geworden. Die Verteilung der vorhandenen knappen Mittel auf die einzelnen Programme und die damit zu erfüllenden Aufgaben wurde immer mehr das Ergebnis einzelner Gesetze und Maßnahmen, die hauptsächlich in den Ressorts beraten wurden.
Die Bundesregierung als die letztlich für die Finanzen des Bundeshaushalts verantwortliche Regierungsinstitution entfernte sich somit von ihrer finanzpolitischen Verpflichtung zu optimaler Mittelverwendung[13].
Nachdem im Februar 1966 die Kommission für die Finanzreform (sog. Troeger-Gutachten) in ihrem Gutachten[14] und auch der Sachverständigenrat zur Begutachtung der gesamtwirtschaftlichen Entwicklung[15] die Einführung der mehrjährigen Finanzplanung gefordert hatten, kündigte Bundeskanzler Kiesinger in seiner Regierungserklärung vom Dezember 1966 die Einführung der mehrjährigen Finanzplanung an.
Die verfassungsrechtlichen Voraussetzungen für die Aufstellung der mittelfristigen Finanzplanung wurden im Jahre 1967 durch die Ergänzung des Art. 109 GG[16] (durch zustimmungsbedürftige Bundesgesetze »können für Bund und Länder gemeinsam geltende Grundsätze für eine mehrjährige Finanzplanung aufgestellt werden«) geschaffen. Die Verpflichtung zur Aufstellung dieses neuen Instruments wurde im Stabilitätsgesetz (»der Haushaltswirtschaft des Bundes ist eine fünfjährige Finanzplanung zugrundezulegen«[17]) vom Juni 1967 und im Haushaltsgrundsätzegesetz vom August 1969[18] geregelt.

---

10 Frieder Naschold, Anpassungsplanung, S. 80.
11 Ebenda, S. 80.
12 Erst nachdem die ersten Monate 1973 wachsende Inflationsraten brachten, verabschiedete die Bundesregierung im Mai 1973 das preisdämpfende Stabilitätsprogramm.
13 Heinz-Günter Zavelberg, Die mehrjährige Finanzplanung, in: Finanzpolitik von morgen, Schriftenreihe des DIHT, Heft 114, Bonn 1969, S. 2 f.
14 Die Troeger-Kommission respektierte die eigenständige Haushaltswirtschaft der Länder und forderte nur einen Finanzplan für den Bund, da der Einsicht in die Notwendigkeit einer finanzwirtschaftlichen Abstimmung und dem Grundsatz der Bundestreue vertraut wurde. Vgl. Troeger-Gutachten, a. a. O., S. 129 ff.
15 Vgl. Gutachten des Sachverständigenrats zur Begutachtung der gesamtwirtschaftlichen Entwicklung, Stuttgart–Mainz 1964.
16 Vgl. 15. Gesetz zur Änderung des Grundgesetzes vom 8. 6. 1967 (BGBl I S. 581).

Das Instrument der mehrjährigen Finanzplanung sollte grundsätzlich
– einen informativen Charakter für die Gesellschaft insgesamt und
– einen indikativen Charakter für die regierungsinstitutionellen Aufgaben haben.
Die Troeger-Kommission, von der so ein wesentlicher Impuls für die Einführung dieses neuen Instruments ausging, erwartete von der mehrjährigen Finanzplanung vor allem[19]
– klare Vorstellungen über die Rangordnung der großen »öffentlichen« Aufgaben,
– verstärkte Transparenz des Entscheidungsspielraums durch zuverlässige Informationen über die künftige Höhe und Zusammensetzung des »öffentlichen« Gesamthaushalts,
– das Aufzeigen der Interdependenzen aller finanzpolitischer Vorgänge (Programmkoordination),
– die Darlegung der Vorstellungen über die erwünschte und mögliche Entwicklung des öffentlichen Finanzbedarfs und seine Deckung und
– langfristige Abstimmungen der Ausgaben und Einnahmen.
Nach den Postulaten der Troeger-Kommission sollte die Finanzplanung
– eine »konkretisierte Regierungserklärung« und
– zugleich das »Arbeitsprogramm für die Exekutive« sein[20].
Die mehrjährige Finanzplanung soll insofern eine konkretisierte Regierungserklärung sein, als sie eine »Programmierung der monetär erfaßbaren politischen Zielvorstellungen der Regierung«[21] darstellt.
Für die Bundesregierung soll der im Rahmen der mehrjährigen Finanzplanung erstellte Finanzplan
– als ein quantifiziertes Regierungsprogramm »die zeitlichen Prioritäten und die positiven und negativen Schwerpunkte sichtbar machen«[21],
– die wichtigen Programme »einer mittelfristig orientierten Politik in ihren finanziellen Größenordnungen«[22] darstellen und
– die finanzpolitischen Entscheidungen vorausschauend mit den volkswirtschaftlichen Möglichkeiten und Notwendigkeiten abstimmen[23].
Der Finanzplan wird primär von der Ausgabenseite her aufgestellt[24]; dabei ist die wirtschaftspolitische Rahmenbedingung zu beachten, daß die Ausgaben des Bundes mit den gesamtwirtschaftlichen Erfordernissen abzustimmen sind. Die

17 Siehe § 9 Gesetz zur Förderung der Stabilität und des Wachstums der Wirtschaft.
18 Vgl. § 50 HGrG.
19 Vgl. die Teilziffern 478–482 des Troeger-Gutachtens, S. 129 f.
20 Vgl. Textziffern 483 und 484 des Troeger-Gutachtens.
21 Finanzbericht 1968, S. 97, Ziffer 18.
22 Der Finanzplan des Bundes 1972, S. 10.
23 Finanzbericht 1968, S. 106 und Finanzbericht 1969, S. 119.
24 Finanzbericht 1969, S. 119.

Steigerungsraten der einzelnen Ausgaben sollen Ausdruck der politischen Zielvorstellungen der Regierung sein.

3.1.1.2 Zielprojektionen als Rahmen der Finanzplanung

Der Finanzplan baut auf einer Zielprojektion der mittelfristigen Wirschaftsentwicklung auf, »also gewissermaßen auf der Basis des wirtschaftlichen Wachstumspfades, der unter Aufrechterhaltung der Preisstabilität erreichbar erscheint«[25].

Die mittelfristigen Zielprojektionen[26] werden vom Bundeswirtschaftsministerium aufgestellt und enthalten quantifizierte gesamtwirtschaftliche Ziele; das sind die von der Bundesregierung für das bevorstehende Jahr anzustrebenden »Eckwerte« (mit einer geringen Bandbreite) für den Beschäftigungsgrad[27], die Preisniveauentwicklung[28], den Außenbeitrag[29] und das Bruttosozialprodukt[30].

Da undurchsichtig bleibt, wer nach welchen Kriterien über den »Staatsanteil« am Bruttosozialprodukt entscheidet und die Frage nach dem optimalen »Staatsanteil« durch die Bundesregierung nicht problematisiert wird, war bisher eher eine Festschreibung der Verteilung des Volkseinkommens auf den privaten und »staatlichen« Sektor festzustellen.

So fiel trotz gegenseitiger Absichtserklärungen in der Tat die »realisierte Staatsquote« von 28,5 % in 1966 auf 28,2 % in 1970[31]. Letztlich wird der »geplante« Ausgaben- und Aufgabenspielraum mittels des »Staatsanteils« durch überwiegend privatwirtschaftlich beeinflußte Daten (Produktionspotential, Gesamtnachfrage) bestimmt.

Die Zielprojektion stellt eine Prognose der Bundesregierung dar, wie sie sich die erwünschte Entwicklung vorstellt und welche Voraussetzungen vorliegen müssen, »damit die angestrebten wirtschaftspolitischen Ziele auch erreicht werden«[32].

Die Zielprojektionen enthalten keine Maßnahmen zur Verwirklichung der Eck-

---

25 Vgl. Finanzbericht 1969, S. 119.

26 Im Gegensatz zu Prognosen handelt es sich bei Projektionen mehr um Werte, die die Bundesregierung anstrebt, als um Werte, die sich wahrscheinlich ergeben.

27 Die Jahresprojektion 1974 beträgt - 1 bis - 2; vgl. Bundesrats-Drucksache 130/74 vom 6. 2. 1974, S. 28.

28 So beabsichtigte die Bundesregierung die Preisentwicklung 1976 auf + 4 1/2 bis + 5 zu begrenzen; vgl. Wirtschaftswoche, Nr. 5 vom 30. 1. 1976, S. 22.

29 Nach der Jahresprojektion 1976 erwartet die Bundesregierung einen Außenbeitrag von + 24 bis + 27.

30 Für 1976 strebte die Bundesregierung ein reales Wachstum von + 4 bis + 5 an; vgl. ebenda, S. 130.

31 Jahresgutachten 1971 des Sachverständigenrats, Stuttgart–Mainz 1970.

32 Karl-Heinz Raabe, Projektionen, S. 24.

werte, da die Regierungsinstitutionen des Bundes die Ziele nicht über einen »plan en detail«, sondern über die Globalsteuerung zu erreichen versuchen.

Im Gegensatz zu den Zielprojektionen, die die von der Bundesregierung gewünschten gesamtwirtschaftlichen Ziele umfassen, ist für die Regierungsinstitution des Bundes eine Detailplanung erforderlich, weil es hier keinen Verteilungs-(Allokations)mechanismus[33] gibt, der von allen auf dem Güter- und Dienstleistungsmarkt befindlichen Kräften gelenkt wird. Die regierungsinstitutionelle »Mikrosteuerung« kommt durch die in den Budgets aufgeführten Ausgaben und Einnahmen zum Ausdruck. Die Ausgaben des Haushalts spiegeln also die Ziele, d. h. die »öffentlichen« Aufgaben wider[34].

Die Eckwerte der mittelfristigen Zielprojektion bilden den Rahmen für die mehrjährige Finanzplanung, während umgekehrt die in den Finanzplänen festgelegten Ausgaben für bestimmte Aufgaben Rückwirkungen auf die wirtschaftliche Entwicklung und damit auf die Zielprojektionen haben (interdependentes Verhältnis zwischen Zielprojektion und Finanzplan)[35].

Der Zielprojektion mangelt es als Informationsbasis[36] besonders an

– ausreichenden Statistiken über die wirtschaftliche Entwicklung und das zu erwartende Steueraufkommen,
– längerfristigen Bedarfsschätzungen der Ressorts,
– tiefgestaffelten Kostenrechnungen,
– ausreichender Berücksichtigung des Ausbaus der kommunalen Infrastruktur und
– der Erfassung sozialer und politischer Entwicklungstendenzen in der Gesellschaft (»social systems accounting«[37]).

Das Verhältnis von Zielprojektion und Finanzplan wird dadurch kompliziert, daß in beiden Fällen die verfolgten Ziele beträchtlich voneinander abweichen, da die Zielprojektionen nur ökonomische Größen, der Finanzplan aber auch primär nichtwirtschaftliche Aufgaben wie z. B. Förderung von Gesundheit und Sport enthalten.

---

33 Vgl. Klaus Schmidt; Eberhard Wille, a. a. O., S. 23.

34 Siehe ebenda, S. 23.

35 Wenn die Eckwerte der Zielprojektion und die Ansätze des Finanzplans nicht übereinstimmen, werden Anpassungsmaßnahmen erforderlich. Vgl. Karl-Heinz Raabe, Projektionen, S. 27.

36 Für Naschold ist die Zielprojektion weit davon entfernt, die »informationelle Selbst- und Umweltkontrolle« des politischen Systems zu gewährleisten. Vgl. Frieder Naschold, Anpassungsplanung, S. 90.

37 Ein System sozialer Indikatoren soll als sachliche Informationsbasis für die Sozial- und Gesellschaftspolitik dienen. Erste Ansätze zur Darstellung gesellschaftlicher Indikatoren für die Bundesrepublik – es handelt sich um Ergebnisse aus den einzelnen Ministerien – lieferte eine Untergruppe »Arbeitskreis Soziale Indikatoren« der Planungsbeauftragten der Bundesregierung. Vgl. dazu Gesellschaftliche Daten 1973, Bundesrepublik Deutschland, hrsg. vom Presse- und Informationsamt der Bundesregierung, Bonn 1974.

Die Zielprojektion, die eine grobe Vorstellung vom zukünftigen Wachstumsspielraum gibt[38], die als Rahmen vorschreibt, was wachstumspolitisch notwendig und stabilitätspolitisch möglich ist, ist also ein Datum für die mehrjährige Finanzplanung. Die Zielprojektion gewinnt wiederum ihre makroallokativen[39] Daten aus der Finanzplanung.

3.1.2 Merkmale und Funktionen der Finanzplanung

Eine kurze Darstellung der Merkmale des Finanzplans soll vor allem die Frage untersuchen, inwieweit das Instrument der mehrjährigen Finanzplanung den Ansprüchen der wesentlichsten der Funktionen, der Allokationsfunktion, gerecht wird und ob die Finanzplanung auch nur annähernd angesichts der dominierenden konjunkturpolitischen Betrachtungsweise im Regierungsapparat ihre wachstums- und konjunkturpolitische Funktion erfüllt hat.

3.1.2.1 Merkmale der Laufzeit, Verbindlichkeit und Vollständigkeit

Da nach § 9 des Stabilitätsgesetzes der Haushaltswirtschaft des Bundes und der Länder eine fünfjährige Finanzplanung zugrundezulegen ist (das erste Planungsjahr des Finanzplans ist mit dem laufenden Haushaltsjahr identisch[40]), erstreckt sich also der Finanzplan auf den mittelfristigen Zeitraum von fünf Jahren.
Der Finanzplan enthält im Gegensatz zum Ein-Jahres-Haushalt »gröbere, höher aggregierte, quantitative Angaben«[41].
Haushalts- und Finanzplan werden gleichzeitig erstellt[42]. Die Planungsprozesse sind also zeitlich synchronisiert. Jedes Jahr wird zusammen mit dem Haushalts-

38 Karl-Heinz Raabe, Prognosen und Projektionen der kurzfristigen Wirtschaftsentwicklung in der Bundesrepublik Deutschland (Methode und Verfahren); hrsg. vom Bundesministerium für Wirtschaft, Bonn, August 1969.

39 Unter Makroallokation wird hier die »Grobaufteilung« des Sozialprodukts auf den privaten und auf den staatlichen Sektor verstanden, während die Mikroallokation die »Feinaufteilung« der Haushaltsmittel auf die einzelnen Vorhaben und Programme der Regierungsinstituionen ist. Vgl. dazu Gerhard Willke, Überlegungen zu einer zielorientierten Finanzplanung, in: Beilage zur Wochenzeitung Das Parlament, B 35/72, S. 19, Fußnote 101 a.

40 Vgl. § 50 Abs. 2 HGrG.

41 Volker Schmidt, Finanz- und Aufgabenplanung als Instrument der Regierungsplanung, in: Die Verwaltung 1/1973, S. 5.

42 Bei den Haushaltsreferenten liegt auch die Finanzplanung der Ressorts. Die für die Finanzplanung zuständigen Beamten wurden nicht in die neuerrichteten Planungs- und Grundsatzabteilungen eingegliedert.

planentwurf der fortgeschriebene Finanzplan für die folgenden fünf Jahre dem Bundestag und dem Bundesrat vorgelegt[43], ohne daß der Finanzplan – im Gegensatz zum Haushaltsplanentwurf – vom Bundestag beschlossen wird.
Der Zwang zur ministeriellen Koordination ist beim Finanzplan schon deshalb größer als beim Budget, weil das neue Instrument des Finanzplans weiter in die Zukunft reicht.
Während das Parlament das Budget »feststellt«, also sein Kontrollrecht zumindest formal ausübt, ist der Bundeshaushalt für die Bundesregierung und ihren Apparat vollzugsverbindlich. Der Finanzplan hat als ein »in Zahlen gekleidetes Regierungsprogramm« für die Bundesregierung indikativen Charakter, indem sie sich »politisch festlegt«[44].
Der Finanzplan stellt nur eine Selbstbindung der Bundesregierung dar. Der Grad der Verbindlichkeit, der dem Finanzplan beigemessen wird, kann an den Abweichungen vom Regierungsprogramm abgelesen werden. Er muß dem Kriterium der Vollständigkeit genügen, in dem alle Einnahmen und Ausgaben des Haushalts des Bundes zu erfassen sind.
Zusammenfassend kann festgehalten werden, daß der Finanzplan seinem Anspruch nach eine »zukunftsorientierte und vollständige Zusammenstellung der vorrangigen Ausgaben und der zu ihrer Deckung vorgesehenen Einnahmen (ist), in welcher die Regierung Prioritäten und Schwerpunkte ihrer Finanzpolitik festlegt«[45]. Es wird noch zu untersuchen sein, ob das konzipierte Instrument den Erfordernissen der Aufgabenplanung in einer dynamischen Gesellschaft entspricht.

3.1.2.2 Funktionen der Finanzplanung

Entsprechend den Forderungen an das Konzept der mehrjährigen Finanzplanung[46] und den Zielsetzungen, die in den Finanzberichten zum Ausdruck kommen, soll die mehrjährige Finanzplanung vorrangig drei Funktionen[47] erfüllen:
– die finanzpolitische Allokationsfunktion[48],

---

43 Vgl. § 50 Abs. 3 HGrG.
44 Vgl. Klaus Schmidt; Eberhard Wille, a. a. O., S. 25.
45 Siehe ebenda, S. 32.
46 Vgl. Troeger-Gutachten, S. 129 ff.
47 Vgl. Klaus Schmidt; Eberhard Wille, a. a. O., S. 33 ff.
48 Unter Allokation wird die optimale Arbeitsteilung, die bestmögliche Verteilung der Produktivkräfte auf alternative Verwendungsmöglichkeiten und die optimale Kombination von produktiven Faktoren in einer bestimmten Verwendung verstanden. Unter finanzpolitischem Aspekt ergeben sich insofern allokationspolitische Probleme, als die Haushaltsmittel auf verschiedene Verwendungszwecke optimal aufgeteilt werden. Vgl. Herbert Giersch, Allgemeine Wirtschaftspolitik, S. 160.

– die wachstums- und konjunkturpolitische Funktion und
– die politische Informationsfunktion.

Die finanzpolitische Allokationsfunktion hat formal im Sinne traditioneller Auffassungen vom Budget für ein längerfristiges finanzwirtschaftliches Gleichgewicht zu sorgen, in dem die Einnahmen und Ausgaben bei einer vertretbaren Staatsverschuldung[49] mittelfristig ausgeglichen sind[50]. Diese finanzpolitische Funktion soll nicht nur eine mehrjährige Haushaltssicherung gewährleisten, sondern auch für eine antizipierende Abstimmung der Haushaltspolitik sorgen. Erst eine längerfristige Betrachtungsweise macht den Entscheidungsspielraum deutlich, ob, wann und inwieweit die Inangriffnahme gesellschaftlich relevanter Aufgaben in der Zukunft überhaupt möglich ist. Da die Ausgabenwünsche in Form ministerieller Bedarfsanmeldungen immer die Einnahmen übersteigen, stellt sich bei einer nur kurzfristig orientierten Finanzpolitik nur jährlicher »Papierausgleich« ein[51].

Inhaltlich hat die Allokationsfunktion der Finanzplanung als Kern der finanzpolitischen Entscheidungsfindung besonders zwei Probleme zu erfüllen:
– die Makro-Allokation, die Festlegung des Anteils des öffentlichen Gesamthaushalts am Volkseinkommen und
– die Makro-Allokation, also die Aufteilung der Haushaltsmittel auf die verschiedenen gesellschaftlichen Aufgaben und Programme.

Um rationale finanzpolitische Entscheidungen treffen zu können, ist eine Rangfolge gesellschaftlicher Aufgaben erforderlich, die im Rahmen einer politischen Aufgaben- und Zielplanung nach Prioritäten und Schwerpunkten geordnet ist. Eine solche Aufgaben- und Programmplanung, die den zahlreichen bisher im Regierungssystem realisierten Fachplanungen[52] vorausgeht, existiert noch nicht. In der Praxis werden die ministeriellen Bedarfsschätzungen zur Finanzplanung zusammen mit den Voranschlägen zum Haushaltsplanentwurf entwickelt, so daß der Finanzplan aus dem Haushaltsplan entsteht, also nichts anderes ist als die Fortschreibung des Haushaltsplans[53].

---

49 Welche Verschuldung der gesamten Haushalte zu vertreten ist, wird letztlich politisch zu entscheiden sein, wobei die Wirkungen auf die Stabilität, das Wachstum und die Einkommens- und Vermögensverteilung sowie die politische Willensbildung zu berücksichtigen sind. Vgl. Finanzierung eines höheren Staatsanteils am Sozialprodukt, hrsg. vom Bundesministerium für Wirtschaft und Finanzen, Schriftenreihe Heft 20, S. 22 ff.

50 Günter Zabel, a. a. O., S. 189.

51 Vgl. Klaus Schmidt; Eberhard Wille, a. a. O., S. 33.

52 Die bisherigen Planungen im Regierungssystem waren unverbundene Fach- bzw. Bereichsplanungen (z. B. Verkehrs-, Agrarstruktur-, Forschungs-, Bildungsplanungen u. a.); erst neuerdings sind neue Ansätze zu ressortübergreifenden Programmen wie z. B. das Forschungsprogramm zur stärkeren Humanisierung des Arbeitslebens (Bundesarbeitsministerium und Forschungsministerium) oder das Raumordnungsprogramm (zahlreiche Ministerien sind daran beteiligt) gemacht worden. Vgl. dazu Süddeutsche Zeitung vom 7. 5. 1974, S. 2 und 5.

53 Günter Zabel, a. a. O., S. 196 f.

Auch wenn die Bundesregierung letztlich den Finanzplan beschließt, sind – wie im einzelnen noch auszuführen sein wird – die politischen Zielsetzungen überwiegend das Ergebnis der Ressortplanungen, anstatt eine Aufgaben- und Programmplanung der Rahmen für die Ressortaktivitäten wäre.
Da die mehrjährige Finanzplanung von der Ausgabenseite her konzipiert wurde, ist die Einnahmenseite ein Datum und kein Aktionsparameter[54].
Die mehrjährige Finanzplanung wird aber dann erst zur »politischen« Planung, wenn
– eine Gesamtübersicht über den Finanzierungsspielraum aller Haushalte vorliegt und somit
– die gesamtgesellschaftlichen Aufgaben und Programme konkreten Finanzierungsmöglichkeiten zugeordnet werden können.
Die Erfüllung dieser weitgehenden Ansprüche an eine Finanzplanung, die auch den Finanzierungsspielraum aller Haushalte von Bund, Ländern und Gemeinden umfaßt, wäre die Voraussetzung dafür, Schwerpunkte für eine Aufgabenbewältigung und auch für eine Aufgabenverteilung zwischen den politischen Organisationseinheiten zu bilden[55].
Das strenge Erfordernis, für die einmal festgestellten Aufgaben und Programme die Finanzierungsmöglichkeiten nachweisen zu müssen, trägt dazu bei, die Erwartungen in eine Menge unverbindlicher Aufgaben und Programme auf ein finanziell realisierbares Maß zu reduzieren.
Diesen Postulaten entsprechend, darf aber das zur Verfügung stehende Finanzvolumen kein Datum sein, sondern sollte insofern eine begrenzte Variabilität aufweisen, als
– intern die Zusammensetzung der Ausgaben der Haushalte wie z. B. der Anteil der investiven und der konsumtiven Ausgaben[56] und das Verhältnis zwischen rechtlich festgelegten und nicht festgelegten Ausgaben (»Manövriermasse«) beweglich bleiben sollte und

54 Unter Aktionsparameter wird eine flexible Größe (z. B. ein Steuersatz) verstanden, die 1. als Instrument zur Erreichung bestimmter Ziele dient, 2. im Handlungsbereich der jeweiligen Institution z. B. der Bundesregierung liegt und 3. auch tatsächlich eingesetzt wird, wenn es gesellschaftspolitische Ziele erforderlich machen. Vgl. Gerhard Willke, a.a.O., (Fußnote 82 a), S. 16.

55 Andernfalls herrscht unter politischen Entscheidungsträgern Unklarheit darüber, was von den »staatlichen« Aufgaben überhaupt vorrangig zu bewältigen ist. So führte Schmölders eine Befragung unter Abgeordneten durch, derzufolge die Abgeordneten fast alle »staatlichen« Aufgaben als förderungswürdig ansahen; ihre Finanzierung sollte durch Kürzung »anderer« Ausgaben gesichert werden, denen sie aber zuvor selbst zugestimmt hatten. Vgl. Zitat nach Carl-Heinz Tretner, Langfristige Planung von Staatsausgaben, Berlin 1965, S. 15.

56 Das im März 1974 von der Bundesregierung verabschiedete Investitionsprogramm des Bundes für die Jahre 1975 bis 1977 sieht investive Ausgaben von noch rund 26 Mrd. DM im Jahre 1975, aber dann nur noch in einer Bandbreite von jährlich 22-23 Mrd. DM vor, so daß der Investitionsanteil an den Gesamtausgaben bei steigendem Haushaltsvolumen sinkt. Vgl. BR-Drucksache 626/75, S. 40.

– extern auch der Anteil der öffentlichen Haushalte am Volkseinkommen[57] mit Rücksicht auf sich ändernde gesellschaftspolitische Aufgaben flexibel bleiben sollte.

Zwei wesentliche Voraussetzungen für eine rationale Finanzplanung sind also eine politische Aufgaben- und Programmplanung durch die Bundesregierung und eine begrenzte Variabilität auf der Einnahmenseite des Bundeshaushalts. Da die beiden Voraussetzungen im bisherigen Finanzplanungsprozeß nicht realisiert sind, bleibt das Instrument der mehrjährigen Finanzplanung ein uneingelöster Anspruch. Diese fehlenden Voraussetzungen sind ein Grund dafür, daß die finanzpolitische Allokationsfunktion als die zentrale Funktion der mehrjährigen Finanzplanung gegenüber der wachstums- und konjunkturpolitischen Funktion in den Hintergrund trat[58].

Die wachstums- und konjunkturpolitische Funktion der mehrjährigen Finanzplanung versucht

– die konjunkturelle Entwicklung durch die Abstimmung der Ausgabenpolitik »mit den volkswirtschaftlichen Möglichkeiten und Notwendigkeiten«[59] zu beeinflussen (zu glätten) und

– das wirtschaftliche Wachstum über die »öffentliche« Nachfrage zu lenken, um durch eine annähernde Übereinstimmung des gesamtwirtschaftlichen Angebots und der Nachfrage die Preissteigerungen gering zu halten.

Nach tradierten finanzpolitischen Vorstellungen hat eine antizyklische Haushaltspolitik darauf hinzuwirken, Schwankungen im Auslastungsgrad des Produktionspotentials, die sich vor allem aus den Änderungen der privaten Nachfrage nach Investitionsgütern ergeben, entgegenzuwirken.

Diese Finanzpolitik nimmt die wirtschaftliche Entwicklung als Datum hin, während die Haushaltspolitik als variables, ausgabenorientiertes Instrument sich auf die konjunkturpolitischen Erfordernisse einzurichten hat. Gerade die Konjunkturprogramme der Bundesregierung in der Rezessionsphase der Wirtschaft 1974 und 1975 im Umfang von rund 16 Mrd. DM[59a], die »konjunkturelle Anstöße« schaffen sollten, haben gezeigt, daß

– Haushaltsmittel zur Überwindung der Rezession beitragen, also zu krasse Ausschläge abfangen können, aber

– die strukturellen Bedingungen von Konjunkturschwankungen[60] deswegen nicht verbessert worden sind.

Erst eine über die kurzfristige antizyklische Haushaltspolitik hinausgehende

---

57 Der »Staatsanteil« am Bruttosozialprodukt – hier der Anteil der Ausgaben des öffentlichen Gesamthaushalts am Bruttosozialprodukt – betrug 1974 rund 32 % und 1975 rund 35 1/2 %. Vgl. Finanzbericht 1976, S. 27.

58 Vgl. Gerhard Willke, a. a. O., S. 17.

59 Siehe Finanzbericht 1968, S. 106.

59 a Finanzbericht 1976, S. 224 f. und Süddeutsche Zeitung vom 17. 2. 1976, S. 1.

60 wie z. B. mangelhaft rationalisierte Grenzbetriebe, Existenz von Überkapazitäten usw.

mittel- oder langfristig orientierte Strukturpolitik[61] ist geeignet, den Wandlungen im Produktionsgefüge und in der gesellschaftlichen Bedarfsstruktur Rechnung zu tragen.
Mit der mehrjährigen Finanzplanung hat sich die Bundesregierung ein Instrument geschaffen, um die »marktinduzierten«[62] Veränderungen durch eine langfristig angelegte Ausgabenpolitik forcieren oder verzögern zu können.
Die Haushaltspolitik mit hektischen Ausgabensprüngen würde durch eine »überkonjunkturell orientierte Ausgabenpolitik«[63] abgelöst werden. Mit dieser wachstums- und konjunkturpolitischen Funktion der Finanzplanung würde eine Verstetigung der Infrastruktur- und Sozialinvestitionen erreicht, die dann nicht mehr konjunkturpolitischen Erfordernissen geopfert werden müßten.
Die »Konstanz in der Ausgabengebarung« kann auch einen konjunkturstabilisierenden Effekt erzielen, wodurch die Bundesregierung in geringerem Ausmaß verpflichtet wäre, eine antizyklische Konjunkturpolitik zu betreiben.
Auch wenn in der mehrjährigen Finanzplanung eine begrenzte Elastizität auf der Ausgabenseite erhalten bleiben sollte, um konjunkturpolitisch reagibel zu sein, so wird damit der Zielkonflikt zwischen längerfristig festgelegten Ausgaben und einer konjunkturpolitisch kurzfristig orientierten Ausgabengestaltung nicht beseitigt.
Da die Ausgabenseite mit ihren großen Ausgabenblöcken wie Personalkosten, soziale Sicherung, Verteidigung usw. relativ unbeweglich ist, geht eine kurzfristig elastische Ausgabenpolitik zu Lasten der gesellschaftspolitisch so relevanten Investitionsvorhaben (siehe Übersicht 4 des Anhangs).
Die wachstums- und konjunkturpolitische Funktion der Finanzplanung soll aber gerade verhindern, daß durch kurzfristige konjunkturpolitische Erfolge langfristige Fehlinvestitionen in der Wirtschaftsstruktur auch noch begünstigt werden[64].
Die Finanzplanung wird ihrer wachstumspolitischen Funktion am ehesten gerecht, wenn die überkonjunkturelle Ausgabenpolitik mit einer flexiblen Einnahmepolitik verbunden wird:
– Die Investitionsvorhaben könnten planmäßig getätigt werden, während
– die Konjunkturdämpfung oder -belebung über die Einnahmenseite durch Variation der Steuersätze erfolgt[65].
Da die wachstums- und konjunkturpolitische Funktion der Finanzplanung die Anforderungen an eine vorausschauende Strukturpolitik nur unzureichend er-

61 Vgl. W. Glastetter, Grundsatzfragen einer zukunftsorientierten Wachstumspolitik, in: Beilage zur Wochenzeitung Das Parlament, B. 19/72, S. 10 ff.
62 Vgl. Klaus Schmidt; Eberhard Wille, a. a. O., S. 34.
63 Vgl. Finanzbericht 1969, S. 126.
64 Siehe Troeger-Gutachten, Textziffer 487.
65 Vgl. Lorenz Wolkersdorf, a. a. O., S. 36.

füllt, erweist sich die Frage Nascholds als berechtigt, »ob die mehrjährige Finanzplanung lediglich als Anpassungsplanung zu verstehen ist, die sich einfach an den privatwirtschaftlichen Investitions- und Wachstumsvorgängen orientiert«, oder ob sie als »wachstumsorientierte Gestaltungsplanung aufzufassen ist«[66].
Die Bundesregierung hat die wachstums- und konjunkturpolitische Funktion der Finanzplanung insofern nur unzulänglich wahrgenommen, als
– die Bundesregierung »eine Anpassungsplanung auf Kosten öffentlicher Investitionen«[67] betrieb und
– »eine Präponderanz der kurzfristigen Konjunkturpolitik«[68] herrschte[69].
Die politische Informationsfunktion der Finanzplanung soll dazu beitragen,
– bei der Behandlung des Haushaltsplanentwurfs im Bundestag durch die mittelfristige Festlegung der Ausgaben die Haushaltsdebatten zu versachlichen,
– die »Öffentlichkeit« bzw. die Wähler[70] über die Aufgaben und Vorhaben der Bundesregierung zu informieren und
– den Einfluß der Interessengruppen auf das jährliche Aushandeln bestimmter Gruppenwünsche zu reduzieren.
Daß auch die politische Informationsfunktion der Finanzplanung nicht genügend realisiert wurde, wird noch weiter unten zu behandeln sein.

3.1.3 Der Entscheidungsprozeß der Finanzplanung in der Bundesregierung und ihrem Verwaltungsapparat

Da der Finanzplan nach den Ansprüchen der Bundesregierung ein »Regierungsprogramm in Zahlen« sein soll, wird nun die Frage zu untersuchen sein, ob und inwieweit durch die Einführung der mehrjährigen Finanzplanung den repräsentativen Demokratievorstellungen entsprechend die politische Gestaltungsplanung der Bundesregierung zum Zuge kommt und wer nach welchen Krite-

66 Vgl. Frieder Naschold, Anpassungsplanung, S. 89.
67 Ebenda, S. 89.
68 Günter Zabel, a. a. O., S. 193.
69 Daß sich zumindest in Absichtserklärungen von Kabinettsmitgliedern ein Umdenken vollzieht, ging aus Äußerungen des Bundeswirtschaftsministers Hans Friderichs in der Bundestagsdebatte über die Regierungserklärung Schmidt/Genscher und zum Bundeshaushalt 1974 hervor, wonach die Änderung der Wirtschaftsstruktur Priorität haben soll und eine Strukturpolitik für das Jahr 1980 erforderlich ist, die ein »qualitativ hohes Niveau an Arbeitsplätzen in Arbeitsteilung mit anderen Ländern dieser Erde« hat. Vgl. Süddeutsche Zeitung vom 22./23. 5. 1974, S. 25.
70 Die Mandatsträger kalkulieren den Informationseffekt auf die Wähler »mit dem Ziel der Stimmenmaximierung ein«. Vgl. Klaus Schmidt; Eberhard Wille, a. a. O., S. 37.

rien den bestimmenden Einfluß auf die Festlegung der Aufgaben und besonders die inhaltliche Gestaltung der Programme ausübt.

3.1.3.1 Planerische Ansätze und Grundmuster des Planungsprozesses im Regierungssystem

Erst die Einführung der mehrjährigen Finanzplanung stellte die meisten Ressorts bei dem weitverbreiteten planerischen Vakuum in den Regierungsinstitutionen auf einmal unter den Zwang der Planung[71]. Deswegen standen aufgrund der damaligen Haushaltssystematik[72] nur unvollkommen am Ministerialprinzip ausgerichtete Planungsunterlagen zur Verfügung, die für eine in Aufgaben, alternativen Programmen und ökonomischen Kategorien denkende Planung äußerst unzureichend waren.

Mit der Institutionalisierung der mehrjährigen Finanzplanung verloren die Haushaltspläne zunehmend ihren planlosen Charakter[73] und es setzte sich ein gewisser »Primat der Finanzplanung« für die Ausgabenplanungen der Ressorts durch[74].

Ansatzweise gelang es auch, über die Ausgabenzuwachsraten die Budgetstruktur geringfügig auf die Prioritäten der Bundesregierung auszurichten[75]. Durch den im Herbst 1969 begonnenen Aufbau des Frühkoordinierungssystems wurde der Forderung nach Einbettung der Haushaltspläne in eine mehrjährige Finanzplanung zumindest unter fiskalpolitischem Aspekt[76] entsprochen.

Das Grundmuster des Planungsprozesses des Finanzplans wird durch folgende in der Haushaltsordnung und im Stabilitätsgesetz festgelegten Entscheidungsstadien bestimmt:

– Die Ressorts haben als »Unterlagen« der Finanzplanung bzw. ihrer jährlichen Fortschreibung Bedarfsschätzungen zusammenzustellen und Investitionsprogramme aufzustellen[77];

---

71 Carl-Heinz Tretner: »Auf der Ebene der Ressorts ist das Fehlen von langfristigen Ausgabeprojektionen lediglich in Ausnahmefällen als Mangel empfunden worden. Nur wenige Haushaltsabteilungen der deutschen Bundesministerien machen sich über das Ausgabenvolumen künftiger Jahre Gedanken.« Vgl. Carl-Heinz Tretner, a. a. O., S. 19.

72 Vgl. Gerhard Colm, Haushaltsplanung (Staatsbudget, Finanzplan und Nationalbudget), in: HdF, 2. Auflage, Tübingen 1952, Bd. 1, S. 524.

73 Die von der Finanzplanung ausgehenden Impulse können am Entstehen regierungsinstitutioneller Organisationseinheiten wie Grundsatzreferate, -abteilungen oder Planungsstäbe abgelesen werden.

74 Finanzbericht 1970, S. 166.

75 Vgl. sämtliche Finanzberichte.

76 R. Jochimsen: Die »Niveauplanung« der Regierungstätigkeit wurde »bisher fast ausschließlich unter fiskalischem Aspekt gesehen«, die zu »einer Fortschreibungsideologie« führte, »allein in Quoten und Plafonds monetärer Größen zu denken, nicht dagegen die materiellen Aufgaben« zu sehen. Vgl. Reimut Jochimsen, Aufgabenplanungssystem, S. 954.

– der Bundesfinanzminister hat den Finanzplan aufzustellen und zu begründen[78];
– bei der Bundesregierung liegt schließlich die Beschlußkompetenz[79] (da rein formal der Haushaltsplanentwurf die Finanzplanung zur Basis hat[80], muß die Bundesregierung gleichzeitig den Haushaltsplanentwurf und die mehrjährige Finanzplanung bzw. ihre Fortschreibung beschließen).
Die Planungen vollziehen sich also »von unten nach oben«, von den Bedarfsanmeldungen der Referate in den Ressorts über die Bedarfsanmeldungen der Einzelressorts. Da die Ausgabenanforderungen der Ministerien regelmäßig das für das Ausgabevolumen projizierte Eckdatum übersteigen, erfolgt nach den Bedarfsanmeldungen der Prozeß der »Bedarfsabgleichungen«[81]:
– Bilateral wird auf Referatsebene zwischen dem Finanzministerium und den anderen Ressorts über Kürzungen verhandelt;
– bei Streitfragen werden der Abteilungsleiterausschuß des Finanzkabinetts oder das Finanzkabinett selbst damit befaßt;
– bei Streitigkeiten, die politisch besonders brisant sind, wird im Gesamtkabinett oder vorher in Koalitionsverhandlungen eine Entscheidung getroffen[82].

3.1.3.2 Beteiligung zahlreicher Regierungsinstitutionen an der Aufstellung des Finanzplans

Mit der Übersendung des Haushaltsrundschreibens an die Ministerien beginnt offiziell der Entscheidungsprozeß für die Aufstellung des Haushaltsplanentwurfs und die Fortschreibung der mehrjährigen Finanzplanung. Seit der Einführung der Finanzplanung beschränkt sich der Finanzminister auf die dringende Aufforderung, sich bei den Voranschlägen an die Plafondszahlen der Finanzplanung zu halten.
Die Ressorts haben zwei bis drei Monate Zeit[83], um
– die Voranschläge zum Haushaltsplanentwurf und
– die Bedarfsschätzungen zur Finanzplanung aufzustellen.
Die Erarbeitung weiterer Entscheidungsgrundlagen für die Finanzplanung erfolgt in Zusammenarbeit mit dem Bundesfinanzministerium und anderen Ressorts

77 § 10 Abs. 1 StWG.
78 § 9 Abs. 2 Satz 1 StWG.
79 § 9 Abs. 2 Satz 2 StWG.
80 § 9 StWG i. V.. m. § 50 Abs. 3 HGrG.
81 Vgl. Volker Schmidt, a. a. O., S. 5.
82 Vgl. Albrecht Zunker, a. a. O., S. 100, Fußnote 15.
83 Vor der Einführung der mehrjährigen Finanzplanung hatten die Ressorts in der Regel 4½ Monate Zeit.

– für die mittelfristigen Prognosen und Projektionen der wirtschaftlichen Entwicklung durch das Bundeswirtschaftsministerium,

– für die kurzfristigen Prognosen durch den interministeriellen Arbeitskreis »Gesamtwirtschaftliche Vorausschätzungen«[84] und

– für die projektierte Entwicklung der Steuereinnahmen, deren Schätzungen auf den Prognosen des Arbeitskreises »Gesamtwirtschaftliche Vorausschätzungen« basieren, durch den »Arbeitskreis Steuerschätzungen«[85], der seine entscheidende Schätzung im Frühjahr vorlegt, die allerdings im Laufe des Jahres mehrmals der neuesten Entwicklung angepaßt wird (siehe Übersichten 7 und 8 des Anhangs).

Die geringe Wahrnehmung des politischen Gestaltungsmandats der Bundesregierung kommt hier insofern zum Ausdruck, als durch die Steuerschätzung des Arbeitskreises[86] der Ausgabenrahmen und damit der Finanzierungsspielraum für gesellschaftliche Aufgaben der Bundesregierung weitgehend festgelegt sind. Das vom Arbeitskreis geschätzte Steueraufkommen[87] – als Abzweigung eines Teils des Volkseinkommens von privater Verwendung – ist somit weder für die mehrjährige Finanzplanung noch für die Zielprojektion ein Aktionsparameter, der etwa im Zusammenhang mit einer durch die Bundesregierung vorgenommenen Aufgaben- oder Programmplanung fixiert würde[88].

---

84 Der Arbeitskreis macht jährlich zwei Vorausschätzungen; den Vorsitz hat der Präsident des Statistischen Bundesamts, die Geschäftsführung das Bundeswirtschaftsministerium und Mitglieder sind Beamte des Bundesfinanzministeriums und der Bundesbank. Die Vorausschätzungen des Arbeitskreises, die die Entwicklung des »Staatskorridors« (Anteil des »Staates« am Volkseinkommen) auf der Grundlage der erwarteten Zuwachsrate des Bruttosozialprodukts bestimmen, hat deshalb eine so große politische Bedeutung, weil durch seine Ergebnisse die Steuerschätzungen des Arbeitskreises Steuerschätzung und die Empfehlungen des Finanzplanungsrats maßgeblich präjudiziert werden. Angaben eines Referenten aus dem BMF in einem Interview am 14. 12. 1973 mit dem Verfasser.

85 Federführung BMF, Mitglieder: BMWi, Statistisches Bundesamt, Bundesbank, Vertreter der Bundesländer, führende Wirtschaftsforschungsinstitute, Bundesvereinigung kommunaler Spitzenverbände, Sachverständigenrat. Vgl. Finanzbericht 1970, S. 36.

86 Der Bund der Steuerzahler kritisierte die vom Arbeitskreis zu gering geschätzten Steuereinnahmen, die am Ende des Haushaltsjahres zu Kassenüberschüssen führen, die die Begehrlichkeit in den einzelnen Ressorts wecken und entgegen den Grundsätzen einer sparsamen Haushaltsführung verausgabt werden. Nach Ansicht des Bundeswirtschaftsministeriums sind die Steuerschätzungen als Projektionen ein Mittel der Politik, »Verhaltensnormen für die am Wirtschaftsprozeß beteiligten Gruppen zu setzen«. Diese »normativen Elemente«, mit denen die Bundesregierung deutlich machen will, wie sich die Gruppen verhalten sollen, dienen auch als Instrumente konjunktureller Einwirkung. Nach dieser Zielvorstellung werden also im Arbeitskreis z. B. in der Hochkonjunktur die Steuereinnahmen eher knapp als großzügig geschätzt. Im ersten Halbjahr entwickelten sich die Steuereinnahmen nahezu in Übereinstimmung mit der Einnahmeschätzung des Arbeitskreises. Vgl. Süddeutsche Zeitung vom 7. 8. 1973, S. 8.

87 Auch die Verschuldung des Bundeshaushalts ist mehr eine Residualgröße der Einnahmen- und Ausgabenrechnung als eine in Abhängigkeit vom konkreten Vorhaben geplante Kreditaufnahme. Vgl. Günter Zabel, a. a. O., S. 181.

88 Die Steuerschätzungen sind »insoweit politische Zahlen«. Vgl. Karl-Maria Hettlage, Diskussionsbeitrag, in: Mittelfristige Finanzplanung, Beihefte der Konjunkturpolitik, Heft 15, Berlin 1968, S. 59.

Die Aufstellung des Finanzplans[89] im Finanzministerium[90] vollzieht sich folgendermaßen:

– Auf der Grundlage der ministeriellen Bedarfsschätzungen bzw. Bedarfsanmeldungen (entsprechend den Haushaltsvoranschlägen zum Haushaltsplan), die in Ressortverhandlungen meistens beträchtlich gekürzt werden, wird eine Bestandsaufnahme erarbeitet, die einen ersten Überblick über die finanziellen Auswirkungen liefert;

– die Bestandsaufnahme wird zu alternativen Modellrechnungen erweitert[91], in die alle Maßnahmen eingehen, die sich aus Beschlüssen der Bundesregierung ergeben[92];

– die Modellrechnungen bildeten bis 1971 für den Arbeitsausschuß des Finanzkabinetts eine Entscheidungsgrundlage für die »Vorerörterung« wesentlicher politischer Probleme, während seit 1972 der Finanzplanungsrat[93] die Modellrechnung als Entscheidungsgrundlage für seine Empfehlungen benutzt.

Sobald dem Bundesfinanzministerium ungefähr im März jeden Jahres die Beratungsunterlagen – Ressortvoranschläge, Bedarfsschätzungen, gesamtwirtschaftliche Prognosen und Projektionen, Steuerschätzungen – vorliegen, setzt eine verstärkte Koordinierungsaktivität ein[94].

Bevor die Bundesregierung in der Regel zwischen Ende Juni/Anfang Juli nach mehreren Beratungen den Regierungsentwurf des Haushaltsplans und die Fortschreibung der Finanzplanung beschließt,

– ziehen sich die Ressortverhandlungen über die Ressortsvoranschläge zwischen dem Finanzminister und den Ressorts von März bis ca. Juni hin,

– tritt gleichzeitig der Finanzplanungsrat[95] zu seiner ersten Beratungsrunde zusammen und tagt nach ca. drei Monaten ein zweites Mal,

– intensivieren sich die Beratungen der mehrmals zwischen März und Juni[96]

89 Vgl. § 10, 1 und § 9, 2 StWG.

90 Dafür ist die Haushaltsabteilung in Zusammenarbeit mit der Abteilung für Grundsatzfragen der Finanzpolitik zuständig.

91 Lt. Aussagen eines Referenten aus dem BMF im Interview vom 14. 12. 1973 mit dem Verfasser.

92 So wurde in den Modellrechnungen der Beschluß der Bundesregierung vom 6. 2. 1974 zum »Sonderprogramm für Gebiete mit speziellen Strukturproblemen« berücksichtigt, wonach Gebiete mit besonders strukturellen Schwierigkeiten und Beschäftigungsrisiken mit dem Mittelvolumen von 600 Mio DM gefördert wurden. Vgl. Bulletin Nr. 17 vom 8. 2. 1974, S. 163.

93 Siehe weiter unten.

94 Die Zusammenstellung des Finanzministeriums geht als Vorlage an den Kabinettsausschuß für mehrjährige Finanzplanung, der in mehreren Beratungsdurchgängen die vorläufige Endfassung des Finanzplans erarbeitet. Vgl. Klaus Schmidt; Eberhard Wille, a. a. O., S. 96.

95 Die politische Rolle dieser föderativen Institution wird weiter unten näher behandelt.

96 Die Sitzungstermine werden nach Möglichkeit denen der Arbeitskreise »Gesamtwirtschaftliche Vorausschätzungen« und »Steuerschätzung« festgelegt, um für die Beratungen des Finanzplanungsrats die neuesten Daten zur Verfügung zu haben.

stattfindenden Sitzungen des Arbeitsausschusses des Finanzkabinetts (seit 1972 finden Sitzungen dieses Gremiums nicht mehr statt),
– tritt das Finanzkabinett bis zum Abschluß der Kabinettsberatungen mehrmals zusammen[97] (siehe Übersicht 7 des Anhangs).

Diese eben beschriebenen Beratungen müssen etwa ein halbes Jahr vor Beginn des Rechnungsjahres, für das der Haushaltsplan aufzustellen ist (z. B. für 1974) abgeschlossen sein (also nach dem Beispiel schon Mitte 1973), um den Termin einhalten zu können, der für die Einbringung des Haushaltsplanentwurfs und des fortgeschriebenen Finanzplans erforderlich ist (Frühjahr 1974).

Daraus kann aber die Notwendigkeit resultieren, beim Haushaltsvollzug die Haushaltsbeschlüsse »wieder aufbrechen« zu müssen, was den Grad der Verbindlichkeit der Finanzplanung als Rahmen für die Aufstellung des nächsten Haushaltsplanentwurfs beeinträchtigt[98].

Die Beratungen des Finanz- und Haushaltsplans erstrecken sich in den Ressorts ungefähr auf einen Zeitraum von sieben bis acht Monaten (gerechnet von der Abrechnung der Haushaltsrundschreiben bis zur abschließenden Kabinettsberatung), werden aber außerhalb des Ressorts auf ca. vier Monate zusammengedrängt.

Allein aus dieser zeitlichen Anlage des Willensbildungsprozesses wird das Entscheidungsgewicht der Ministerialbürokratie ersichtlich, da die politisch verantwortlichen Entscheidungsträger (Kabinettsmitglieder) einmal erst in einem relativ späten Stadium des Entscheidungsprozesses eingeschaltet werden und zum anderen aufgrund der Quantität und der Schwierigkeit materieller Detailregelungen nur noch mit einer durch die Beamten begrenzten Alternativauswahl konfrontiert werden.

3.1.3.3 *Die politische Rolle des Finanzkabinetts und der »Chef-Gespräche« bei der Finanzplanung*

Die finanzpolitische Bedeutung des Kabinettsausschusses für mittelfristige Finanzplanung (Finanzkabinett[99]) geht aus

97 Albrecht Zunker, a. a. O., S. 103.

98 Fritz Neumark, Fiskalpolitik und Wachstumsschwankungen, Sitzungsberichte der Wissenschaftlichen Gesellschaft an der Johann-Wolfgang-Goethe-Universität Frankfurt/Main, Bd. 6, Jg. 1967, Nr. 2, Wiesbaden 1968, S. 56.

99 Das Finanzkabinett wurde im Dezember 1966 durch einen Kabinettsentschluß konstituiert und trat im Februar 1967 zu seiner ersten Sitzung zusammen. Vgl. Presse- und Informationsamt der Bundesregierung, Mitteilung an die Presse, Nr. 493/67 vom 1. 4. 1967. Die Mitglieder in der 7. Legislaturperiode des Bundestags: der Bundeskanzler (Vorsitzender), der Bundesfinanzminister (geschäftsführender Vorsitzender), der Bundeswirtschaftsminister, der Bundes-

– der Aufgabenstellung für die Formulierung und Koordinierung der Finanzplanung und Haushaltspolitik und aus
– seiner Besetzung mit wenigen Kabinettsmitgliedern hervor[100] (der Zwang zum ministeriellen Interessenausgleich – bisher erst im Kabinett – wird somit auf ein vertretbares Maß reduziert).

Ein wichtiges die Sitzungen des Finanzkabinett vorbereitendes Gremium war der ständige Arbeitsausschuß des Finanzkabinetts[101], der in der Regel mehrmals vor den Sitzungen des Finanzkabinetts tagte.

Seit 1972 ist der Arbeitsausschuß für das Finanzkabinett nicht mehr zusammengetreten, und dafür haben sich die sog. Chef-Gespräche informell institutionalisiert, d. h. rund drei Wochen vor den Kabinettsentscheidungen über den Haushaltsplanentwurf und die Fortschreibung der Finanzplanung berät der Bundesfinanzminister nacheinander mit den einzelnen Ressortschefs und ihren Ministerialbeamten[102] besonders die noch übriggebliebenen strittigen Fragen.

Diese Praxis des Willensbildungsprozesses hat bewirkt, daß einmal die Stellung des Bundesfinanzministers durch die getrennten Chef-Gespräche gestärkt wurde, aber andererseits sich das Entscheidungsschwergewicht aus dem partiell ressortsübergreifenden Arbeitsausschuß des Finanzkabinetts wieder in die einzelnen Ressorts zurückverlagert hat (Stärkung des Ressortsprinzips).

Die Entscheidungen des Finanzkabinetts wurden im Arbeitsausschuß und werden in den Chef-Gesprächen in unterschiedlichem Ausmaß durch die Ministerialbeamten insofern präjudiziert, als sie
– den Entscheidungsprozeß finanzpolitischer Vorhaben von Anfang an verfolgt haben, dadurch
– die zahlreichen Alternativen mit ihren gesellschaftspolitischen Konsequenzen am intensivsten kennen und somit
– politische Zielvorstellungen in die Alternativenauswahl[103] einfließen lassen.

---

innenminister, und der Chef des Bundeskanzleramts; Auskünfte aus dem BMF an den Verfasser.

100 Die Effizienz der Arbeit dieses Gremiums hing auch von den Formen der Einbeziehung der »ausgeschlossenen« Minister ab.

101 Dem auf Abteilungsleiterebene institutionalisierten Ausschuß gehörten ein Abteilungsleiter des Haushaltsausschusses des Bundesfinanzministeriums (Vorsitz und Geschäftsführung) und je ein Abteilungsleiter des Bundeskanzleramts, des Bundeswirtschafts- und Bundesinnenministeriums an; mündliche Auskunft an den Verfasser.

102 Es handelt sich dabei in der Regel um die Haushaltsreferenten und Haushaltsabteilungsleiter des jeweiligen Ressorts, manchmal werden auch die Staatssekretäre hinzugezogen; nur selten werden Gespräche auf parlamentarischer Staaatssekretärebene dazwischengeschoben. So die Aussagen eines Referenten des BMF in einem Interview vom 14. 12. 73 mit dem Verfasser.

103 Die nach Aufgabenbereichen und Einzelplänen spezifizierten Alternativen, die der Bundesfinanzminister dem Finanzkabinett bei der ersten Fortschreibung der Finanplanung vorlegte, wurden vom Arbeitsausschuß erarbeitet. Die beiden angebotenen Alternativen, entweder Verstärkung der Investitionsausgaben oder Verbesserung der Sozialleistungen wurden lediglich miteinander kombiniert. Vgl. Frieder Naschold, Anpassungsplanung, S. 98.

Das Finanzkabinett befaßt sich mit dem Haushaltsplanentwurf und der Fortschreibung der Finanzplanung einschließlich der Durchführung des laufenden Haushalts und mit Finanzfragen aufgrund der föderativen Struktur der Bundesrepublik.

Angesichts der detaillierten Problemkenntnisse und der politischen Absichten der Ministerialbürokratie ist die These anzuzweifeln, daß im Finanzkabinett »die politische Ausrichtung der Planung, der Vorbereitung der grundsätzlichen politischen Entscheidung erfolgt«[104].

Es ist eher davon auszugehen, daß die grundlegenden Entscheidungen der Finanzplanung durch die in allen Phasen des Finanzplanungsprozesses beteiligte Ministerialbürokratie präjudiziert werden und die Kabinettsmitglieder nur noch modifizieren, wenn sie

- den einzelnen Ressorts Plafonds zuweisen,
- Schwerpunkte auf bestimmten Gebieten setzen,
- Beschlüsse über Ausgabenbeschränkungen (-erhöhungen) und Steuererhöhungen (-senkungen) treffen[105].

Das Fehlen einer politischen Rahmenplanung wird auch dadurch nicht ausgeglichen, daß umstrittene Beratungspunkte im Finanzkabinett in Form alternativer Vorschläge, deren inhaltliche Gestaltung im wesentlichen festliegt, der Bundesregierung zur Entscheidung überwiesen werden[106].

Bei den ersten Fortschreibungen zur Finanzplanung versuchte der Bundeskanzler einen Überblick über ministerielle finanzwirksame Vorhaben und damit bessere Voraussetzungen für die gesellschaftliche Aufgabenbewältigung der Bundesregierung zu bekommen, indem er in einer »Briefaktion« die Ressorts aufforderte,

- ihm langfristige Entwicklungsanalysen der Aufgaben und Programmvorstellungen über den Zeitplan der Finanzplanung hinaus und
- alternative Möglichkeiten der Aufgabenwahrnehmung zu entwickeln[107].

Die Koordination zwischen den Ressorts sollte auch dadurch intensiviert werden, daß in einer »Anhörung« der Minister die Ressortchefs dem Finanzkabinett ihre Programme und Maßnahmen vortragen und begründen konnten[108].

Unterdessen wurde die zum festen Bestandteil des Finanzplanungsprozesses ge-

---

104 Franz Josef Strauß, Finanzpolitik – Theorie und Wirklichkeit, Berlin, Frankfurt a. M. 1969, S. 58.

105 Derselbe, a. a. O., S. 87.

106 Das Kabinett entscheidet ohne Ausnahme endgültig über die Beratungsergebnisse des Finanzkabinetts. Einer ständigen Übung entsprechend, werden dagegen bei den anderen Kabinettsausschüssen die Beratungspunkte sogar endgültig – vorbehaltlich einer Anrufung des Kabinetts – entschieden.

107 Heinz-Günter Zavelberg, Finanzpolitik von morgen, S. 121; Lorenz Wolkersdorf, Beziehungen zwischen Haushaltsplan und Finanzplanung, S. 45.

108 Vgl. Finanzbericht 1969, S. 115; die Beratungen zu diesen Plänen fanden dann wieder ohne ihre Anwesenheit statt.

wordene Anhörung der Minister in dem Sinne fortentwickelt, daß die dem Finanzkabinett nicht angehörenden Minister in einer Kabinettssitzung vor den Beratungen des Finanzkabinetts von den Bundesministern der Finanzen und der Wirtschaft über die Ausgangssituation und den Handlungsspielraum des Haushalts- und Finanzplanentwurfs informiert wurden[109].

Da das Finanzkabinett Formen schuf, um seine Nichtmitglieder in seine Beratung einzubeziehen, ohne die Vorzüge eines kleinen Gremiums aufzugeben, entwickelte es sich über eine Clearingstelle akuter Streitfragen hinaus zu einer wichtigen Koordinierungsinstitution, die durch die Vorlage von Alternativprogrammen dem Kabinett Entscheidungshilfen lieferte[110].

Da aber seit 1973 die Verhandlungen gerade strittiger Punkte in den wenige Wochen vor der Kabinettsentscheidung stattfindenden Chef-Gesprächen zwischen dem Bundesfinanzminister und den einzelnen Fachministern an Bedeutung gewonnen haben, wird der Einfluß des Finanzkabinetts dadurch relativiert, daß

– die Beratungen in der Endphase der Finanzplanung erfolgen, in der die politischen Gestaltungsmöglichkeiten aus sachlichen und zeitlichen Gründen bereits reduziert sind, und

– die wirklich brisanten und umstrittenen Punkte der finanzwirksamen Programme der Ressorts in den Chef-Gesprächen in der Regel letztlich entschieden werden[111].

Die Institutionalisierung des Finanzkabinetts hat auch dazu beigetragen, die Position des Finanzministers in der Bundesregierung zu stärken, indem die Ministerien schon in einem frühen Stadium des Finanzplanungsprozesses mit den finanzpolitischen Absichten des Finanzministers vertraut gemacht werden.

Durch das Finanzkabinett wurde die isolierende Position des für die Haushaltssicherung verantwortlichen Finanzministers reduziert, wodurch er stärker in die Regierung eingebunden wurde.

Das gab dem Finanzminister die Möglichkeit, über die einjährige Haushaltssicherung hinausgehende Ziele einer mehrjährigen Finanzplanung mit der Unterstützung eines Teiles des Kabinetts als Regierungsaufgaben auch stärker durchzusetzen.

Allerdings wird der bedeutsame Einfluß des Finanzministers den Ansprüchen der Konzeption der Finanzplanung nicht gerecht, da unter dem Diktat der Stabilisierungsaufgaben vorrangig

---

109 Vgl. Albrecht Zunker, a. a. O., S. 141.

110 Erhebliche Zweifel sind anzubringen, wenn zwei Referenten der Bundesministerien im Kabinett »die entscheidende Hürde« sehen, das sich keineswegs auf eine »Einsegnung« der Ergebnisse des Finanzkabinetts beschränke. Vgl. Albrecht Zunker, a. a. O., S. 142, Fußnote 62.

111 Lt. schriftlicher Mitteilung aus dem BMF vom 3. 5. 1974 wirkt das Finanzkabinett zusehends nur noch als Gremium zum Austausch finanzpolitischer Informationen.

– das Volumen des Haushalts und der Finanzplanung begrenzt wird, aber dafür weniger
– der Inhalt der Ressortvoranschläge unter Berücksichtigung von Aufgabenschwerpunkten der Bundesregierung untersucht wird[112].

3.1.3.4 Föderative Koordinierung der Finanzplanung im Finanzplanungsrat

3.1.3.4.1 Koordinierungsfunktion des Finanzplanungsrats

Bei der Einrichtung des Finanzplanungsrats als einer föderativen Institution[113] wurde davon ausgegangen, daß eine finanzpolitische Gesamtplanung erforderlich ist, um
– zu einer mehrjährigen »rationalen sachlichen und zeitlichen Ausgabenbemessung«[114] und damit zu einer Rangfolge wesentlicher gesellschaftlicher Aufgaben zu kommen, die »der politisch zu bestimmenden Gesamtpräferenzskala entsprechen«[115] und
– die Finanzen so gestaltet (Einnahmen- und Ausgabenpolitik), daß sie auf den »politisch bestimmten Zuwachs des realen und nominalen Sozialprodukts« ausgerichtet sind.
Die Bundesregierung kann in einem föderativen System diese Aufgaben nur wahrnehmen, wenn in einem beratenden Koordinierungsgremium[116] der politischen Organisationseinheiten der föderativen Struktur der Bundesrepublik
– Grundannahmen (Ziele) über die zu erwartende und anzustrebende Struktur und den Umfang der Gesamtausgaben entwickelt werden,
– der öffentliche Gesamthaushalt durch eine ökonomische und funktional einheitliche Systematik zusammengefaßt und miteinander verglichen werden kann,
– die Finanzpolitik von Bund, Ländern und Gemeinden unter konjunktur- und wachstumspolitischen Aspekten aufeinander abgestimmt wird und
– vor allem auf der Grundlage längerfristiger Bedarfsschätzungen Schwerpunkte der gesamten öffentlichen Aufgabenerfüllung gesetzt werden.

---

112 Günter Zabel, Mittelfristige Finanzplanung, S. 185.
113 Im Vorgriff auf die gesetzliche Regelung der Bildung dieses Gremiums im Haushaltsgrundsätzegesetz schlossen Bund und Länder eine Verwaltungsvereinbarung; die konstituierende Sitzung fand am 14. 3. 1968 statt. Vgl. Finanzbericht 1969, S. 137.
114 Vgl. Heinz Haller, Wandlungen in den Problemen föderativer Staatswirtschaften, in: FA, N. F., Bd. 27, 1968, S. 256.
115 Vgl. Heinz Haller, a. a. O., S. 256.
116 Nach § 51 Abs. 2 HGrG sollen eine einheitliche Systematik der Finanzplanungen aufgestellt, einheitliche volks- und finanzwirtschaftliche Annahmen für die Finanzplanungen und Schwerpunkte für die Erfüllung »öffentlicher« Aufgaben ermittelt werden.

3.1.3.4.2 Der Willensbildungsprozeß im Finanzplanungsrat

Der Finanzplanungsrat ist ein föderatives Beratungsgremium[117], das aufgrund der verfassungsrechtlich garantierten Unabhängigkeit der Haushaltswirtschaft von Bund und Ländern (Art. 109 Abs. 1 GG) Empfehlungen[118] gibt.
Der Finanzplanungsrat hat regelmäßig Empfehlungen beschlossen, die Grundannahmen für die Aufstellung der Haushaltspläne und der Fortschreibung der Finanzplanungen aller Gebietskörperschaften[119] beinhalteten. Der Bundesregierung wurde dabei insofern eine gewisse Führungsrolle zugebilligt, als die Grundlagen für die Aufstellung des Finanzplans die Zielprojektionen der Bundesregierung sind.
Die Grundsatzabteilung für Finanzpolitik und die Haushaltsabteilung des Bundesfinanzministeriums liefern dem Finanzplanungsrat Modellrechnungen, die auf den mittelfristigen Zielprojektionen, den gesamtwirtschaftlichen Vorausschätzungen und den Steuerschätzungen beruhen und vom Finanzministerium aktuell fortgeschrieben werden.
Diese Modellrechnungen, die die Entwicklung des öffentlichen Gesamthaushalts darstellen, beurteilen den Ausgabenrahmen und damit die Aufgabenerfüllung der Bundesregierung danach, »was gesamtwirtschaftlich erforderlich und konjunkturpolitisch vertretbar«[120] ist. Die Modellrechnungen des Bundesfinanzministeriums werden im Finanzplanungsrat erörtert und führen zu Empfehlungen über die Zuwachsraten aller öffentlichen Haushalte[121].
Der Finanzplanungsrat beschäftigt sich gleichzeitig – in Zusammenarbeit mit dem Konjunkturrat[122] – damit,

117 Dem von der Bundesregierung gebildeten Finanzplanungsrat gehören nach § 51 Abs. 1 HGrG der Bundesminister der Finanzen und Wirtschaft, die Landesfinanzminister, vier Vertreter der Gemeinden an; die Deutsche Bundesbank kann an den Beratungen teilnehmen.

118 Vgl. § 51 Abs. 2 HGrG; es hat also keine Exekutivbefugnisse wie etwa die Planungsausschüsse für die Gemeinschaftsaufgaben.

119 In Bund und Ländern wird einheitlich ab 1970 »das gemeinsame Schema für die Finanzplanung von Bund, Ländern und Gemeinden« angewandt, das auf der im § 11 HGrG eingeführten neuen Haushaltssystematik aufbaut; vgl. Finanzbericht 1970, S. 133. Seit dem 1. 1. 1974 sind die Gemeinden nach dem neuen Gemeinde-Haushaltsrecht vom 1. 1. 1974 verpflichtet, eine fünfjährige Finanzplanung zu machen.

120 Diese von einem Referenten des BMF gebrauchte Formulierung macht deutlich, wie sehr wachstums- und konjunkturpolitische Erfordernisse eine Rolle spielen, dagegen die Ermittlung von Aufgabenschwerpunkten in den Hintergrund tritt. Schriftliche Mitteilung vom 3. 5. 1974 aus dem BMF. Die Festlegung von Grundannahmen für bestimmte Ausgabenblöcke wurde in der Sitzung des Finanzplanungsrats vom Juni 1973 nur von einer Minderheit gefordert. Vgl. Finanzbericht 1974, S. 157.

121 Der Finanzplanungsrat einigte sich in der Sitzung vom Juni 1973 darauf, die Zuwachsraten des »öffentlichen« Gesamthaushalts 1974 auf 10,9 % zu begrenzen. Vgl. Finanzbericht 1974, S. 157. Seit 1975 sind aufgrund wachsender parteipolitischer Differenzen keine »Empfehlungen« mehr beschlossen worden, da die dafür erforderliche Einstimmigkeit nicht zustande kam. Vgl. Finanzbericht 1976, S. 130.

– den öffentlichen Haushalten ein konjunkturgerechtes Volumen und eine dementsprechende Haushaltsführung[123] und
– ausgabenpolitische Maßnahmen zur Steuerung der konjunkturellen Entwicklung[124] zu empfehlen (Übersicht 7 des Anhangs).
Die größten Schwierigkeiten im Willensbildungsprozeß dieses föderativen Koordinierungsgremiums ergaben sich bisher
– bei der Ermittlung einheitlicher volkswirtschaftlicher und finanzwirtschaftlicher Annahmen und
– bei der Bildung von Schwerpunkten für die Erfüllung der öffentlichen Aufgaben, die auf längerfristigen Bedarfsschätzungen basieren und den gesamtwirtschaftlichen Erfordernissen Rechnung zu tragen haben.
Im Finanzplanungsrat traten immer wieder erhebliche Interessenkonflikte zwischen Bund und Ländern und unter den Ländern auf, wenn die Grundannahmen für die Haushalts- und Finanzplanungen der drei föderativen Ebenen ermittelt und rechtzeitig in Form von Empfehlungen verabschiedet werden sollten und es darum ging, sich an die Empfehlungen zu halten[125].
Der Finanzplanungsrat hat bisher für die Jahre 1969, 1970 und 1971 und für die jeweiligen Planungszeiträume differenzierte Grundannahmen für die drei föderativen Ebenen und für wichtige Ausgabearten beschlossen.
Über einheitliche Grundannahmen konnte für die Finanzpläne 1971 bis 1975 im Finanzplanungsrat keine Einigung erzielt werden, während für die Finanzpläne 1972 bis 1976 eine Empfehlung verabschiedet wurde, Eckdaten (Ziele) für die gesamtwirtschaftlich vertretbare Ausgabenentwicklung aller Haushalte vorzugeben[126]. Für die Finanzpläne 1973 bis 1977 wurden keine Grundannahmen mehr verabschiedet, sondern nur noch Eckwerte für die Haushalte 1974, so-

---

122 Der Konjunkturrat, der ähnlich wie der Finanzplanungsrat zusammengesetzt ist, berät vorrangig die Möglichkeiten zur Erreichung der Ziele des »magischen« Vierecks.

123 Der Finanzplanungsrat empfahl im März 1973 im Sinne einer restriktiven Haushaltsführung die Nettokreditaufnahme aller drei föderativen Ebenen um 5,5 Mrd. DM zu kürzen. Vgl. Finanzbericht 1974, S. 156.

124 Der Finanzplanungsrat empfahl ebenfalls, die Steuermehreinnahmen gegenüber der Steuerschätzung vom Februar 1973 nicht auszugeben, sondern bei der Bundesbank stillzulegen; – siehe ebenda, S. 156.

125 So bekräftigten im Dezember 1969 der Finanzplanungsrat noch seine Empfehlungen, den Ausgabenzuwachs 1970 am nominalen Wachstum des Bruttosozialprodukts (laut Jahreswirtschaftsbericht 9 bis 10 %) zu orientieren, obwohl im Jahre 1970 sechs Länder (Saarland, Niedersachsen, Rheinland-Pfalz, Schleswig-Holstein, Bayern und Bremen) den vorgesehenen Prozentsatz zum Teil drastisch überschritten. Vgl. Albrecht Zunker, a. a. O., S. 172; Ministerpräsident Kohl von Rheinland-Pfalz formulierte dazu: »Ich denke nicht daran, für die Sozis Konjunkturpolitik zu betreiben, sollen doch die Hessen antizyklisch steuern«; vgl. dazu Der Spiegel vom 2. 3. 1970, S. 13. Die Empfehlung des Finanzplanungsrats, die Zuwachsrate der Haushalte 1973 auf 10,5 % zu begrenzen, wurde von den Ländern nicht befolgt, da sie im Jahre 1973 durchschnittlich Ausgabensteigerungen von rund 15 % hatten. Vgl. Finanzbericht 1973, S. 156.

126 Vgl. Finanzbericht 1974, S. 155.

genannte grobe Grundannahmen[127] in Form der Steigerungen des öffentlichen Gesamthaushalts für 1974; die Empfehlungen reduzierten sich also wieder auf die kurzfristige Periode des Haushalts.

Auch wenn die Entscheidungen des Finanzplanungsrats vielfach durch die im Bundesfinanzministerium erarbeiteten und im Finanzplanungsrat erörterten Modellrechnungen präjudiziert werden, so sind doch wesentliche vom Finanzplanungsrat verabschiedete Empfehlungen wie z. B. zur Begrenzung der Nettokreditaufnahme, der Stillegung von Steuereinnahmen und zur Ausgabenstrekkung für die Gemeinschaftsaufgaben nach Art. 91 a GG von Bund, Ländern und Gemeinden[128] befolgt worden.

Die Lücken und Verzögerungen, die bis zur Verabschiedung der Empfehlungen im Finanzplanungsrat auftreten, hängen mit der schwierigen Problematik zusammen, die sich

- aus der Differenzierung der Grundannahmen für die einzelnen Ebenen und
- aus der Bestimmung wichtiger Ausgabenarten ergeben[129].

Eine Verpflichtung der Bundesregierung liegt darin, darauf hinzuwirken, daß im Finanzplanungsrat Schwerpunkte der gesamten öffentlichen Aufgabenerfüllung erarbeitet werden. Im Anschluß daran sollte auf der Grundlage der politisch bestimmten Prioritäten und der Schätzungen des Ausgabenbedarfs[130] die Gesamtausgabenzuwachsrate zwischen Bund und Ländern verteilt werden.

Das letzte anzustrebende Ziel der Koordinierungsarbeit wäre die Aufstellung eines Gesamtfinanzplans, der zwar aus verfassungsrechtlichen Gründen keine rechtsverbindliche Wirkung haben kann, aber die Vorstellungen des Finanzplanungsrats aufzeigt, »in welchem Umfang und in welcher sachlichen und zeitlichen Dringlichkeit die einzelnen öffentlichen Aufgaben ... durchgeführt werden sollen«[131].

Mit der Festlegung differenzierter Grundannahmen für das Ausgabenvolumen der öffentlichen Haushalte und für bestimmte Ausgabearten im Finanzplanungsrat werden bereits im Rahmen der föderativen Aufgabenverteilung die

---

127 Lt. schriftlicher Mitteilung aus dem Bundesfinanzministerium vom 3. 5. 1974 an den Verfasser.

128 Siehe Finanzbericht 1974, S. 156 f.

129 Siehe ebenda, S. 156 f.

130 Die vom Arbeitskreis des Finanzplanungsrats – ihm gehören die Leiter der Haushaltsabteilungen der Finanzministerien des Bundes und der Länder, die Finanzreferenten der Gemeinden und Vertreter der Bundesbank an – ad hoc eingesetzte Arbeitsgruppe Bedarfsschätzungen, ist seit 1972 nicht mehr zusammengetreten, da einmal keine Einigung zwischen den drei föderativen Ebenen erzielt wurde, was notwendiger Ausgabenbedarf ist, und zum anderen vor allem der Bund nicht mehr an einer Fortsetzung der Arbeit interessiert war; der Bund befürchtete eine für ihn ungünstige zukünftige Verteilung der Steuern, da mit einem wachsenden Ausgabenbedarf der Länder besonders im Bildungs-, Personal- und Umweltschutzbereich gerechnet wurde. Aussagen lt. Interview des Verfassers mit einem Referenten des BMF am 14. 12. 1973.

131 Lorenz Wolkersdorf, Beziehungen zwischen Haushaltsplan und Finanzplanung, S. 43.

Entscheidungen über die Prioritäten der von den föderativen Ebenen zu erfüllenden Aufgaben präjudiziert.

Der Widerspruch einer aufgabenorientierten Finanzpolitik in der föderativen Organisationsstruktur der Bundesrepublik liegt nun darin, daß der Finanzplanungsrat zwar

– einerseits nach den gesetzlichen Ansprüchen »Schwerpunkte für eine den gesamtwirtschaftlichen Erfordernissen entsprechende Erfüllung öffentlicher Aufgaben ermitteln«[132] soll und dies auch den Postulaten der Konzeption der Finanzplanung entspricht[133], aber

– andererseits tradierten Vorstellungen entsprechend mehr nach der juristischen Zulässigkeit als nach der politischen Zweckmäßigkeit einer solchen Finanzpolitik fragt. Der Finanzplanungsrat scheut sich also in der Praxis, seinen gesetzlichen Auftrag zur »Ermittlung« öffentlicher Aufgabenschwerpunkte wahrzunehmen. Daß die letzte Entscheidung über die Rangfolge der »relevanten« öffentlichen Aufgaben bei der politischen Führung liegt, d. h., daß der Finanzplanungsrat die politischen Vorgaben zu beachten hat, entspricht den Erfordernissen einer antizipatorischen Politik. Deshalb stellt der Finanzplanungsrat nur zu Recht fest, daß eine »derartige Prioritätenfestlegung im Bereich der öffentlichen Aufgabenerfüllung jedoch letztlich nur ... von den parlamentarischen Körperschaften und den von ihnen getragenen Regierungen von Bund und Ländern erfolgen« kann[134].

Da aber mit der Bedarfsermittlung und der Prioritätensetzung die Ausgabenstruktur und damit die Aufgabenverteilung der Gebietskörperschaften zur Diskussion stehen, wird die für die Bildung der Empfehlungen notwendige Koordinierung so erschwert, daß der Finanzplanungsrat bisher über unverbindliche allgemeine Empfehlungen[135] nicht hinausgekommen ist.

Die Durchsetzungsmöglichkeiten der von der Ausgabenseite her konzipierten Finanzplanung werden im Finanzplanungsrat also dadurch erschwert, daß

– sich die Länder zwar mit den im Stabilitäts- und Wachstumsgesetz vorgesehenen Möglichkeiten der Beschränkung der verfügbaren Einnahmen (z. B.

---

132 Vgl. § 51 Abs. 2 Satz 2 HGrG.

133 Vgl. Herbert Fischer-Menshausen, Mittelfristige Finanzplanung im Bundesstaat, in: Planung III, J. H. Kaiser, Baden-Baden 1968, S. 73 ff.; Gutachten über die Finanzreform, S. 132; Jahresgutachten des Sachverständigenrats zur Begutachtung der gesamtwirtschaftlichen Entwicklung 1968/69, S. 41.

134 Vgl. Finanzbericht 1974, S. 156.

135 So hat der Sachverständigenrat in seinem Sondergutachten vom Mai 1973 den Finanzplanungsrat bezüglich der Ausübung seiner Koordinierungsfunktion heftig kritisiert, da erhebliche Differenzen zwischen der Empfehlung für das Ausgabenvolumen der »öffentlichen« Haushalte 1973 und der Summe der tatsächlichen Haushaltsansätze 1973 auftraten. Vgl. Finanzbericht 1974, S. 155.

Konjunkturausgleichsrücklage, Begrenzung der Nettokreditaufnahme) einverstanden erklären[136], aber

– alle Vorschläge, die eine Umorientierung ihrer Ausgabenstruktur und gesellschaftlicher Aufgabenerfüllung mit sich gebracht hätten, abgewehrt oder, wo das nur teilweise möglich war (z. B. bei den Gemeinschaftsaufgaben[137]), möglichst eng begrenzt haben.

3.1.3.5 *Zusammenfassende Kritik und Möglichkeiten der Weiterentwicklung des Instruments der mehrjährigen Finanzplanung*

a) Mängel der bisher praktizierten Finanzplanung

Die Bedeutung der oben dargelegten wachstums- und konjunkturpolitischen Funktion der mehrjährigen Finanzplanung ist weitgehend unbestritten[138]. Die als Ausgabenplanung aus dem Haushaltsplan entwickelte Finanzplanung – hat es kaum ermöglicht, die zuwachsorientierte Fortschreibung einmal bewilligter Aufgaben und Ausgaben zu verhindern – die mangelnde Variabilität von Einzeltiteln des Haushalts erschwert innerhalb vorhandener Ausgabenstrukturen neue Prioritätssetzungen –, so daß nur selten[139] neue »als dringlich erkannte Aufgaben«[140] in der Finanzplanung berücksichtigt werden[141]. Außerdem wird durch die zeitliche Synchronisierung von Haushalts- und Finanzplanungsaufstellung eine kurzfristige Betrachtungsweise des Haushaltsausgleichs auch beim Finanzplan[142] begünstigt.

---

136 Im Mai 1973 stimmte nach harten Auseinandersetzungen (z. B. wünschte Berlin eine Sonderbehandlung) der Finanzplanungsrat der nach § 19 StWG möglichen Rechtsverordnung zur Begrenzung der Nettokreditaufnahme für 1973 von Bund, Ländern und Gemeinden, sog. Schuldendeckelverordnung, zu, indem die Nettokreditaufnahme aller drei Ebenen um 5,5 Mrd. DM gekürzt und auf 12 Mrd. DM begrenzt wurde. Vgl. Finanzbericht 1974, S. 156.

137 Der Finanzplanungsrat stimmte auch dem von der Bundesregierung beschlossenen Stabilitätsprogramm vom Mai 1973 zu, nach dem die Gemeinschaftsaufgaben nach Art. 91a GG um 10 % der für 1973 vorgesehenen Mittel gekürzt wurden. Vgl. ebenda, S. 157. Die von der Bundesregierung im »Sparprogramm« vom September 1975 beschlossenen Kürzungen der Finanzplanungsansätze für die Gemeinschaftsaufgaben um 10 % – beginnend mit dem Haushaltsjahr 1977 – billigte ebenfalls der Finanzplanungsrat. Vgl. Finanzbericht 1976, S. 129.

138 Vgl. Gerhard Willke, a. a. O., S. 16 f.

139 Die durch die Rohölversorgungskrise ausgelösten Impulse gaben nur kurzfristige Anreize zur Förderung von Innovationen im Energiesektor. Vgl. z. B. Programm der Bundesregierung für den Kohlenbergbau, in: Bulletin Nr. 30 vom 5. 3. 1974, S. 277 ff.

140 Volker Schmidt, a. a. O., S. 6.

141 Für neue Aufgaben werden vielfach globale Einnahmeerhöhungen wie z. B. die Mineralölsteuererhöhung vom Juli 1973 oder Sonderfinanzierungen – am Haushalt vorbei – gewählt.

142 Es ist daran zu erinnern, daß seit 1973 der Finanzplanungsrat keine mehrjährigen Grundannahmen mehr verabschiedet hat, sondern sich mit der Empfehlung der Zuwachsrate der »öffentlichen« Haushalte für das nächste Haushaltsjahr begnügt hat.

Die Anbindung der Bedarfsanmeldungen an die Haushaltstitel hat die Ressorteinzelanforderungen zum Ausgangspunkt des Finanzplanungsprozesses gemacht, ohne daß in der Regel komplementäre und konkurrierende Aufgaben zwischen den Ressorts abgestimmt werden; diese Abstimmung ist auch solange nicht erforderlich, wie keine rahmenmäßige Aufgaben- oder Zielvorgabe seitens der Bundesregierung vorliegt.

Die Finanzplanung erfaßt vorrangig Informationen über den Mitteleinsatz für finanzwirksame Vorhaben, während finanzunabhängige Aufgaben (z. B. Aufgaben im Rahmen des Betriebsverfassungsgesetzes, des Mutterschutzes, der Strafrechtsreform, der Mitbestimmung usw.) nicht berücksichtigt werden.

Durch den Prozeß der dezentralen Bedarfsanmeldung und durch das ressortorientierte »Erfolgsdenken« der Beamten[143] wird von vornherein die Bildung erhöhter Anforderungen[144] unterstützt. Der sich zwangsläufig anschließende Prozeß der bilateralen Bedarfsabgleichungen stärkt den administrativen Einfluß und engt die politische Festlegung von Aufgabenschwerpunkten ein[145].

Die eingeschränkte Informationsfunktion der mehrjährigen Finanzplanung ergibt sich also vorwiegend aus dem Fortschreibungsverfahren, der Synchronisierung der Aufstellung des Haushalts- und Finanzplans, dem dezentralen Bedarfsanmeldungs- und bilateralen Bedarfsabgleichungsverfahren und der dominierenden Input- bzw. Ausgabenorientierung.

b) Rahmenplan für den öffentlichen Gesamthaushalt

Die Mängel der gegenwärtigen Praxis der mehrjährigen Finanzplanung machen die Notwendigkeit ihrer Weiterentwicklung deutlich.

Im September 1974 stellte das Land Baden-Württemberg im Bundesrat einen Entschließungsantrag zur Aufstellung eines Rahmenplans für den öffentlichen Gesamthaushalt[146]. Der Rahmenplan sollte unter Beteiligung des Finanzplanungsrats längerfristige, mindestens aber mittelfristige Orientierungsdaten für den öffentlichen Gesamthaushalt erstellen, die der Finanz- und Aufgabenplanung des Bundes und der Länder als Orientierung dienen können.

Der Rahmenplan sollte folgende Informationen enthalten[147]:

»a) Eine Vorausschätzung des künftigen realen Bruttosozialprodukts in einer oberen und einer unteren Variante.

---

143 Vgl. Horst Ehmke, Planen ist keine Sünde, in: Die Zeit vom 10. 12. 1971, S. 14.

144 Es werden »Mondzahlen« gemeldet, um »Endzahlen« bewilligt zu bekommen.

145 »Das Motiv, haushaltstechnisch etwas zu verstecken, mag das Motiv, die Politik zu verbessern, überlagern.« Vgl. Volker Schmidt, a. a. O., S. 7.

146 Vgl. Bundesrats-Drucksache 639/74 vom 25. 9. 74; in der Neufassung hieß es »Entschließungsantrag zur Erstellung von Orientierungsdaten für den öffentlichen Gesamthaushalt«, in: Bundesrats-Drucksache 639/1/74, S. 9.

147 Vgl. Bundesrats-Drucksache 639/1/74, S. 9.

b) Eine Vorausschätzung des künftigen Anteils des öffentlichen Gesamthaushalts am realen Bruttosozialprodukt (= Finanzkorridor des öffentlichen Gesamthaushalts).
c) Eine Fortschreibung des derzeitigen Stands der Aufgabenerfüllung (Basis 1974) nach Hauptfunktionen und Ausgabearten unter Verwendung relativer Preise.
d) Eine Darstellung des im Rahmen des Finanzkorridors verbleibenden Spielraums für die künftige Aufgabenerfüllung in den Hauptfunktionen und Ausgabearten (siehe Übersicht 10 und 11 des Anhangs). Dabei sind insbesondere Spielräume für Personalvermehrungen und für die reale Entwicklung der Investitionen aufzuzeigen.«
Die im Rahmenplan vorgesehenen Orientierungsdaten sind Größen, die als wirtschafts- und finanzpolitische Zielvorstellungen eine erhebliche Bedeutung haben. Bei der Erstellung dieser Daten bleibt allerdings die Frage offen, wie und in welcher politischen Institution die unterschiedlichen politischen Ziele zum Ausgleich gebracht werden können.
Gerade die Erfahrungen im Finanzplanungsrat haben gezeigt, daß die im föderativen System angelegten Interessengegensätze zwischen den unterschiedlichen parteipolitischen Positionen und zwischen Bund und Ländern bei der Ermittlung einheitlicher volkswirtschaftlicher und finanzpolitischer Grundannahmen kaum zu überbrücken sind.
Was die »Vorausschätzung des künftigen realen Bruttosozialprodukts« und des »künftigen Anteils des öffentlichen Gesamthaushalts (Finanzierungskorridors)« angeht, so werden Projektionen gefordert, die die Bundesregierung nach dem Stabilitätsgesetz (§§ 2 und 9 StWG) als mittelfristige Zielprojektionen in alleiniger Verantwortung sowieso zu erstellen hat.
Diese Zielprojektionen, die die politisch angestrebte und ökonomisch für möglich gehaltene Wirtschaftsentwicklung verdeutlichen, werden im Bundeswirtschaftsministerium erarbeitet und im Finanzplanungsrat von Bundesvertretern erläutert. Da der Rahmenplan für den öffentlichen Gesamthaushalt bei der Aufstellung der mittelfristigen Projektionen die Mitwirkung der Länder vorsah, hat sich die Bundesregierung mit dem Hinweis auf ihre Verantwortung für die allgemeine Wirtschaftspolitik gegen eine Länderbeteiligung gewandt.
Der Kern des Rahmenplans und der politisch wohl am schwierigsten zu lösenden Frage ist die geforderte Information über »die Fortschreibung des derzeitigen Stands der Aufgabenerfüllung nach Hauptfunktionen und Ausgabearten«.
Wie schwierig die Willensbildung auch in dieser Frage ist, haben die bisherigen Arbeiten des Finanzplanungsrats über die Erfassung des längerfristigen öffentlichen Bedarfs[148] und über die Ermittlung der »feststehenden« Ausgaben[149] gezeigt.

Die Ermittlung des öffentlichen Bedarfs führte nur deshalb zu einem gemeinsamen Ergebnis, weil die föderativen Ebenen weitgehend ihre maximalen Vorstellungen ohne Rücksicht auf den gesamtwirtschaftlichen Finanzierungsspielraum durchgesetzt hatten.
Bei der Erfassung der »feststehenden« Ausgaben waren die Auffassungen von Bund und Ländern so gegensätzlich, daß die unterschiedlichen Positionen als Grundlagenmaterial für die Empfehlung differenzierter Grundannahmen ungeeignet waren.
Grundsätzlich kann davon ausgegangen werden, daß in den sog. Experten-Gremien genauso politische Interessengegensätze zum Tragen kommen wie in den übergeordneten politisch verantwortlichen Institutionen.
Entscheidungen in föderativen Gremien über die Fortschreibung von Bundes- und Landesaufgaben haben bisher dazu geführt, daß die Vertreter von Bund und Ländern
– die Entscheidungsspielräume ihrer Regierungen möglichst nicht einengen ließen und
– die Aufgabenerfüllung und Finanzausstattung ihrer Gebietskörperschaft nicht beeinträchtigt sehen wollten.
Gleiche Bedenken bestehen gegen die im Rahmenplan geforderte »Darstellung des im Rahmen des Finanzkorridors verbleibenden Spielraums für die künftige Aufgabenerfüllung«. Auch hier war – wie oben schon dargelegt – bisher im Finanzplanungsrat keine Einigung über die »feststehenden« Ausgaben erzielt worden, so daß ein von allen föderativen Ebenen akzeptierter Spielraum für künftige Aufgabenerfüllung gar nicht ermittelt werden konnte.
Die Feststellung eines solchen »Spielraums« bringt auch die Gefahr mit sich, daß einige Länder damit nachweisen wollen, daß die Finanzausstattung mittelfristig keine neuen Programme erlaubt, zumal die Staatsquote (siehe Übersicht 3 des Anhangs) im Konjunkturanstieg nach Auffassung der politisch Verantwortlichen[150] – gegenüber dem Stand von 1975 – wieder zurückgehen muß.
Die Aufstellung eines Rahmenplans wird damit begründet, daß die Grenzen der Finanzierbarkeit von Plänen und Maßnahmen im Gesamthaushalt annähernd ermittelt und in ihrer politischen Bedeutung dargestellt werden können[151].
Falls diese Zielvorstellungen nicht in einem Rahmenplan deutlich gemacht wer-

148 Vgl. Die längerfristige Entwicklung des öffentlichen Bedarfs, Zwischenbericht der Arbeitsgruppe »Bedarfsermittlung« des Finanzplanungsrats, Bonn, Mai 1972.
149 Ergebnisbericht der Arbeitsgruppe »Ausgabenentwicklung« des Finanzplanungsrats, Bonn, März 1973.
150 Vgl. Bulletin Nr. 106 vom 2. 9. 1975, S. 1033 ff.
151 Vgl. Bundesrats-Drucksache 639/74, S. 2.

den, bleiben nach Meinung des antragstellenden Landes Baden-Württemberg folgende Mängel bestehen[152]:

»a) bleibt die Kluft zwischen wunsch- bzw. bedarfsorientierter Aufgabenplanung und Finanzplanung weiterhin offen,

b) bleiben die überhöhten Erwartungshorizonte bestehen, der Blick für das Machbare weiterhin getrübt und die Ordnung des öffentlichen Gesamthaushalts ebenso wie die Fiskalpolitik durch unkoordinierte finanzwirksame Einzelinitiativen auch künftig gefährdet,

c) ist es auch künftig schwierig, wenn nicht ausgeschlossen, Prioritäten und vor allem auch Posterioritäten im Gesamthaushalt zu setzen,

d) wird eine geplante und in sich ausgewogene Anpassung der öffentlichen Ausgaben an die durch die veränderte wirtschaftliche Lage und durch die Steuerreform verminderten öffentlichen Einnahmen erschwert, wenn nicht sogar unmöglich gemacht,

e) wird sich auch künftig das unkoordinierte Wachstum rechtlich abgesicherter konsumtiver Ausgaben fortsetzen mit der Folge, daß die freie Spitze, also der rechtlich nicht abgesicherte Finanzierungsspielraum für Investitionen und zusätzliche Dienste immer mehr eingeengt wird,

f) verstärkt sich das Risiko, daß versucht wird, die Lücke zwischen politischem Wollen und Können durch stabilitätswidrige Kreditaufnahme zu schließen,

g) können die Konsequenzen überhöhter Tarifabschlüsse und Besoldungsregelungen für die Erfüllung der öffentlichen Aufgaben nicht deutlich genug sichtbar gemacht werden,

h) kann ein mit den finanzwirtschaftlichen Möglichkeiten abgestimmter mittelfristiger Stufenplan zur Durchführung des Bildungsgesamtplans, wie ihn das Bund-Länder-Abkommen vorsieht, nicht aufgestellt werden.«

Der Entschließungsantrag zum Rahmenplan wird auch mit den Mängeln der isolierten Fortschreibung der mehrjährigen Finanzplanung des Bundes und der Länder begründet. Um eine bessere Koordination und Transparenz zu erreichen, sollen folgende Nachteile abgebaut werden[153]:

»1. Jede Haushaltsebene neigt dazu, ihre Aufgaben für vorrangig gegenüber den Aufgaben der anderen Ebene zu halten und Verbesserungen zu Lasten der anderen Ebene einzuplanen oder wenigstens auf solche Verbesserungen zu hoffen.

2. Der Finanzplan des Bundes und die Finanzpläne der Länder zeichnen ein völlig uneinheitliches und unübersichtliches Bild der Finanzlage und der Ausgabenspielräume des Gesamthaushalts- sofern man überhaupt von einem Bild sprechen kann.

---

152 Siehe ebenda, S. 2 und 3, und Bundesrats-Drucksache 639/1/74, S. 11.

153 Vgl. Bundesrats-Drucksache 639/1/74, S. 11 und 12.

3. Die Gewerkschaften, die Verbände und der interessierte Bürger sind nicht in der Lage, aufgrund der Zusammenschau dieser Pläne die finanzwirtschaftlichen Probleme zu verstehen. Im übrigen ist es ihnen kaum möglich, eine vollständige Sammlung dieser Pläne zu beschaffen. Es gibt also keinerlei Transparenz, wozu noch in verhängnisvoller Weise beiträgt, daß die Pläne nach völlig verschiedenartigen Gesichtspunkten aufgestellt sind.
4. Es ist für eine einzelne Körperschaft schwierig, isoliert Hinweise auf die finanzwirtschaftlichen Begrenzungen in der Erfüllung populärer Aufgaben zu geben. So besteht die Gefahr, daß einer auf den anderen wartet und die finanziellen Grenzen nicht aufgezeigt werden.«
Der Rahmenplan für den öffentlichen Gesamthaushalt kann aus verfassungsrechtlichen Gründen und wegen prognostischer Risiken nicht verbindlich sein[154]. Die prognostischen Risiken können aber als gering angesehen werden im Vergleich zu den Mängeln der gegenwärtigen Organisation.
Solange die »technischen, organisatorischen und planungsmethodischen Grundlagen«[155] einer längerfristigen integrierten politischen Aufgabenplanung so »weitgehend ungeklärt« sind, kann eine über die Wirksamkeit der Willensbildung im Finanzplanungsrat hinausgehende effektive Koordinierung nicht erwartet werden.

c) Merkmale einer aufgabenorientierten Finanzplanung

Eine stärker aufgabenorientierte Finanzplanung, die vor allem Output- bzw. Aufgabengrößen und Leistungsziffern einbezieht, müßte folgende wesentliche Merkmale aufweisen:
– Die Bedarfsanmeldungsbögen müßten zur Finanzplanung mit Outputabfragen angereichert werden, um ein Programmbudget aufzustellen, das angibt, welche regierungsinstitutionellen Programme und daraus entstehende Leistungen mit den finanziellen Mitteln erreicht werden sollen. Bei grundsätzlich gleichlaufender Organisation des Finanzplanungsablaufs würde sich die Bedarfsabgleichung auf die Anpassung von Programmen und Zielen erstrecken, was allerdings wegen des Abstimmungsaufwands zu einer erheblich zusätzlichen Belastung der Verwaltung führen würde.
– Die mehrjährige Finanzplanung könnte wesentlich dadurch weiterentwickelt werden, daß im Regierungsbereich dem Finanzplanungsprozeß eine Planungsphase vorgeschaltet wird, in der für alle (nicht nur für die gesamtwirtschaft-

154 Siehe ebenda, S. 11 und 12.
155 Vgl. die Begründung des Ausschusses für Innere Angelegenheiten des Bundesrats für die Ablehnung des Entschließungsantrags zum Rahmenplan, in: Bundesrats-Drucksache 639/1/74, S. 2.

lichen) politisch wichtigen und finanziell bedeutsamen Vorhaben[156] aufgabenbezogene Eckdaten[157] beschlossen werden; damit würde nicht nur der Rahmen abgesteckt, welche Ausgabenvolumina angestrebt werden, sondern wofür die Finanzmittel ausgegeben werden.

– Wenn Einigung darüber erzielt worden ist, was politisch wichtig und bedeutsam ist, also die Schwerpunkte der Regierungsaufgaben festliegen, so könnten bereits in der vorgeschalteten Planungsphase Plafonds für die einzelnen Ressorts festgelegt werden[158], über deren Mittelverwendung dann die Einzelressorts relativ autonom verfügen. Da die Zuteilung von Plafonds für die Einzelmaßnahmen zu einer unerwünschten »Atomisierung des Planungsfeldes«[159] führen würde, sollten Plafondierungen für sachliche[160] zusammengehörige Maßnahmenbündel (Programme) erfolgen. Ein derartiger Entscheidungsprozeß hätte den Vorteil, daß zwischen den Ressorts die Aufmerksamkeit auf die Schwerpunkte gerichtet ist, während in den Ressorts eine Konzentration auf die sonstigen Aufgaben zu erwarten ist; der Spielraum für die Realisierung von Schwerpunktprogrammen wird also in dem Maße erweitert, in dem die sonstigen Aufgaben in den Ressorts »gedrückt« werden (dafür sollte eine gesonderte »Analysekapazität«[161] eingerichtet werden).

Auch wenn der Finanzplanungsprozeß in der eben beschriebenen Weise weiterentwickelt werden würde, so stellt er insofern keine Gesamtkonzeption der Regierungspolitik dar, ist also kein nach vorrangigen Aufgaben gegliedertes Regierungsprogramm, als

– nur die finanzwirksamen Vorhaben erfaßt werden, während

– alle relativ finanzunabhängigen Vorhaben (Mitbestimmung, Betriebsverfassungsgesetz, Reform des § 218 StGB) am Finanzplanungsprozeß vorbeilaufen.

Eine Planung im Regierungssystem, die nicht nur wie die Finanzplanung finanzwirksame Vorhaben, sondern auch die sog. innenpolitischen Änderungsaktivitäten der Bundesregierung, also auch alle Programme, Pläne, Gesetze und organisatorische Maßnahmen, die zur Änderung des vorgefundenen gesell-

156 Vgl. den Dritten Bericht zur Reform der Struktur von Bundesregierung und Bundesverwaltung, Projektgruppe Regierungs- und Verwaltungsreform beim Bundesminister des Inneren (Zitierweise: Projektgruppe BMI), Bonn 1972, S. 44 ff.

157 Es wurde oben dargelegt, wie groß selbst im Finanzplanungsrat, der nicht nach politischen Vorgaben berät, die Widerstände gegen die Ermittlung »öffentlicher« Aufgabenschwerpunkte nach § 51 Abs. 2 Satz 2 HGrG ist.

158 Vgl. Heinrich Reinermann, Zur Eignung von Planning-Programming-Budgeting für die längerfristige Aufgabenplanung und für die interministerielle Koordination, in: DVBl. vom 1. 2. 1972, S. 101 ff.

159 Vgl. Volker Schmidt, a. a. O., S. 8.

160 In der Praxis des Willensbildungsprozesses dürften allerdings erhebliche Reibungsverluste damit verbunden sein.

161 Reinhart Wettmann, Aufbauprobleme staatlicher Planung, in: Gesellschaftlicher Wandel und politische Innovation, Tagung der Deutschen Vereinigung für Politische Wissenschaft in Mannheim, Herbst 1971, politische Vierteljahresschrift, 13. Jg., Sonderheft 3, Opladen 1972, S. 73 f.

schaftlichen Status quo führen, erfaßt, leitet über zur Notwendigkeit, ein neues institutionelles und instrumentales Konzept für ein umfassendes Regierungsprogramm zu entwickeln.

3.2 DAS AUFGABENPLANUNGSSYSTEM DER BUNDESREGIERUNG

Mit der Bildung der Bonner sozialliberalen Koalition entstanden im Herbst 1969 die ersten Ansätze zur Konzipierung der »Verbundplanung« im Regierungssystem. Als methologische Ziele wurden die Verbesserung der Koordinierung und Zusammenfassung ministerieller Vorhaben mit Hilfe des Frühkoordinierungssystems und des Arbeitsprogramms der Bundesregierung und die Weiterentwicklung dieser Planungsinstrumente anvisiert[162].
Es wird zu fragen sein, inwieweit die seit der Bildung der sozialliberalen Koalition erfolgten institutionellen und instrumentalen Verbesserungen des Planungsprozesses der Bundesregierung und ihres Verwaltungsapparats wesentliche Voraussetzungen dafür sind, durch den Ausbau des Aufgabenplanungssystems mittels des Instruments des PPBS zu einem bis heute nicht existierenden gesamten Regierungsprogramm zu kommen, aus dem klare Aufgabenschwerpunkte der Bundesregierung ersichtlich sind.

3.2.1 Bisherige Praxis der Planung in der Bundesregierung und ihrem Apparat

Zunächst sollen die rechtlichen und institutionellen Voraussetzungen und im Anschluß daran die Merkmale des Frühkoordinierungssystems der Bundesregierung untersucht werden, ob und inwiefern die Bundesregierung antizipatorische Politik im Sinne der Aufgabenplanung und Programmplanung unter Berücksichtigung des finanziellen Spielraums überhaupt betreiben konnte.

162 Vgl. Reimut Jochimsen, Aufgabenplanungssystem, S. 954 f.

3.2.1.1 Rechtliche und institutionelle Bedingungen

Die politische Planung als »gesellschaftsordnender, zielorientierter, aber zugleich flexibler Prozeß im Rahmen einer politischen Gesamtkonzeption«[163] hat im Regierungssystem der Bundesrepublik verfassungsrechtlich insofern einen großen Spielraum, als das Grundgesetz

– nicht daran hindert, für notwendig gehaltene Planungsinstrumente einzuführen[164] und

– auch grundsätzlich keine Verpflichtung enthält, wonach bestimmte Aufgaben- oder Programmplanungen vorzunehmen sind. Erst die Verfassungsrevision von 1969 brachte die Einführung partieller Planungsinstrumente (z. B. die Gemeinschaftsaufgaben des Art. 91 a, die Bildungsplanung des Art. 91 b und die finanzpolitischen Grundsätze des Art. 109 Abs. 3 GG).

Das »Grundgesetz schweigt«[165] also zu den Notwendigkeiten der Planung der in den letzten Jahrzehnten neu entstandenen gesellschaftlichen Aufgaben.

Das Bundesverfassungsgericht billigt, repräsentativen Demokratievorstellungen entsprechend, der Bundesregierung ausdrücklich zu, als zentrales Führungsorgan des Regierungssystems im Sinne antizipatorischer Politik »die Lebensverhältnisse gestaltend zu ordnen«[166].

Das Bundesverfassungsgericht hat durch diese Entscheidung der Bundesregierung einen weitgehenden Gestaltungsauftrag und damit auch ein verfassungsrechtlich abgesichertes Planungsmandat zugewiesen, die die Bundesregierung zu einem auf das Gesamtinteresse der Gesellschaft ausgerichteten zukunfts- und aufgabenorientierten Handeln verpflichten[167].

Dieses Planungsmandat wird ressortübergreifend verstanden, ist nach Art. 65 GG im Rahmen der Richtlinien – und Koordinierungskompetenz des Bundeskanzlers sowie des Bundeskanzleramts zu verwirklichen und kann auf der Grundlage der Geschäftsordnung der Bundesregierung unter Berücksichtigung des Kabinetts- und Ressortprinzips erfüllt werden[168].

---

163 Stephan Leibfried und Martin Quillisch, Planung im Sozialstaat, in: Atomzeitalter, Nr. 10 und 11, 1967.

164 Joseph H. Kaiser, Ausblicke vom Standpunkt des Staatsrechts, in: Die Staatskanzlei, Aufgaben, Organisation und Arbeitsweise auf vergleichender Grundlage, Schriftenreihe der Hochschule Speyer, Bd. 34, Berlin 1967, S. 234.

165 Ernst Forthoff, Über Mittel und Methoden moderner Planung, in: Planung III, S. 22: »Es ist eine allgemeine Beobachtung, daß die rechtsstaatliche Verfassung, also das Grundgesetz, zu den spezifischen, in diesem Jahrhundert entstandenen Problemen schweigt.«

166 BVerfGE 13, 230 ff. Zur Einheitlichkeit der Lebensverhältnisse des Art. 72 Abs. 2, Nr. 2 GG.

167 Dieter Oberndörfer, Planungskompetenz im Regierungsbereich, S. 315 ff.; Thomas Ellwein, System der Aufgabenplanung und Erfolgskontrolle und Karl Heinrich Friauf, Die verfassungsrechtlichen Voraussetzungen und Konsequenzen einer Aufgabenkoordinierung im Bereich der Bundesregierung, in: Anlagenband zum 1. Bericht zur Reform der Struktur von Bundesregierung und Bundesverwaltung beim BMI, Bonn, August 1969, S. 549 ff.

168 Siehe ebenda, S. 537 ff.

Für die Möglichkeit politischer Planung im Regierungssystem müssen drei Bedingungen erfüllt sein:

– Die Bundesregierung muß den Willen und das Durchsetzungsvermögen[169] haben, das befristete politische Gestaltungsmandat anzuwenden, also antizipatorische und nicht nur reaktive Politik zu betreiben, die auf die Gesamtinteressen der Gesellschaft und auf die Fortentwicklung des Status quo ausgerichtet ist (»exekutives Planungsmandat«[170]);

– die Befähigung des Regierungsapparats zur rationalen[171] Vorbereitung alternativer gesellschaftlicher Programme für Entscheidungen der Bundesregierung über die Prioritäten der Aufgaben und der darauf ausgerichteten Programme und Maßnahmen (Aufgabenplanung) und

– die Orientierung der Aufbau- und Ablauforganisation der Verwaltung an den Erfordernissen der regierungsinstitutionellen Planung (Verfahrensplanung[172]).

Die Komplexität und die Interdependenz gesellschaftlicher Aufgaben machen grundsätzlich eine regierungsinstitutionelle Planung erforderlich, die aber in der föderativen Struktur der Bundesrepublik nur bedingt durchgeführt werden kann und im Grundgesetz mit seiner im Prinzip strikten Aufgabenteilung zwischen Bund und Ländern nicht vorgesehen war[173].

Eine weitere Schwierigkeit der Bundesregierung lag in der überkommenen Regierungs- und Verwaltungsstruktur, da

– die deutsche Regierungsorganisation mit ihren hierarchischen und in Zuständigkeiten gegliederten Ressorts Ausdruck der Politik als einer Summe von Teilpolitiken ist[174],

– die Vor- und Fortbildung der Laufbahnbeamten auf ressortinterne »Produktion«[175] zugeschnitten ist und

– in der Praxis des politischen Systems von den drei in Art. 65 GG statuierten

---

169 Ellwein konstatiert für das politisch-soziale System der Bundesrepublik ein beträchtliches Defizit an politischer Führung, wofür z. B. angesichts des zögernden Vorgehens der Bundesregierung gegen die Mineralölkonzerne durch vorsichtige Anwendung der wettbewerbsrechtlichen Instrumente die Vermutung naheliegt. Vgl. Thomas Ellwein, Regierung und Verwaltung, S. 89 ff.

170 Hartmut Bebermeyer, Das politische Planungssystem der Bundesregierung, in: Reimut Jochimsen; Udo E. Simonis (Hrsg.), Theorie und Praxis der Infrastrukturpolitik, Schriften des Vereins für Sozialpolitik, N. F., Bd. 54, Berlin 1970, S. 714.

171 Joseph-H. Kaiser (Hrsg.), Planung I, Recht und Politik der Planung, in: Wissenschaft und Gesellschaft, Baden-Baden 1965, S. 7: »Planung ist der systematische Entwurf einer rationalen Ordnung auf der Grundlage alles verfügbaren einschlägigen Wissens.«

172 Joseph H. Kaiser, Planung II, Begriff und Institut des Plans, Baden-Baden 1966, S. 11: »Im Verfahren gipfelt die Kunst der Planung und bewährt sich im Rechtsstaat.«

173 Erst die Verfassungsrevision von 1969 hat gemeinsame Planungsinstrumente institutionalisiert.

174 Thomas Ellwein, Politik und Planung, Stuttgart 1968, S. 8 ff.

175 Vgl. Horst Ehmke, Planen ist keine Sünde, S. 4.

Prinzipien das Ressortprinzip das Kanzler- und Kabinettsprinzip so stark zurückgedrängt hat, daß eine von der gesamten Bundesregierung vorgenommene Aufgabenplanung wesentlich erschwert wurde[176].

3.2.1.2 Ansätze zur politischen Planung bis zur Bildung der sozialliberalen Koalition

3.2.1.2.1 Der Planungsstab im Bundeskanzleramt

Die weit verbreitete planungsfeindliche Einstellung im Regierungssystem der Bundesrepublik hinderte die Bundesregierung unter den beiden Bundeskanzlern Adenauer und Erhard daran, ihr exekutives Planungsmandat wahrzunehmen.
Erst im Januar 1967 wurde unter Bundeskanzler Kiesinger ein Planungsstab im Bundeskanzleramt eingerichtet – Leiter wurde der stellvertretende Bundespressechef Ministerialdirektor Krueger –, das als Instrument der Richtlinienplanung und Kontrolle ihrer Durchführung für den Kanzler konzipiert wurde[177].
Der Planungsstab, der in fünf Sachgebietsgruppen gegliedert war[178], wies insofern personelle und sachliche Mängel auf, als verwaltungsfremde Experten auf Honorarvertragsbasis nur schwierig gewonnen und in die Verwaltungsstruktur eingebaut werden konnten. Die Fachabteilungen des Bundeskanzleramts, die sich als »funktionierendes und ausreichendes Führungsinstrument des Kanzlers«[179] verstanden, blockten die vom Planungsstab benötigten Informationen ab[180].

---

176 Vgl. Adolf Hüttl, Koordinierungsprobleme der Bundesregierung, in: Der Staat, Jg. 6, 1967, S. 12: »Das deutsche Kabinettssystem ist wenig geeignet, die zentrifugalen Kräfte der Ressorts zu bändigen.«

177 Vgl. die Hinweise dazu bei Günther Behrendt, Das Bundeskanzleramt, Frankfurt 1967, S. 48 und 87 f.

178 Die Sachgebietsgruppen gliedern sich in
– Außen-, Sicherheits- und Deutschlandpolitik,
– Wirtschafts- und Finanzpolitik,
– Gesellschaftspolitik,
– Innenpolitische Strukturfragen,
– Wissenschafts- und Forschungspolitik.

179 Günter Bachmann, Das Bundeskanzleramt, in: Die Staatskanzlei, Aufgaben, Organisation und Arbeitsweise vergleichender Grundlage, Bd. 34 der Schriftenreihe der Hochschule Speyer 1966, S. 176 ff.

180 Die Chefs des Bundeskanzleramts Knieper und Carstens deckten das Verhalten der Fachabteilungen, auch wenn sich Carstens um »originäre Aufgaben« für den Planungsstab bemühte; damit wurde er aber mehr zu einem ad-hoc-Beratungsgremium und von seiner operativen Arbeit ferngehalten. Vgl. Klaus Lompe, Die Neugestaltung der Regierung und Verwaltung

Trotz dieser Mängel leistete der Planungsstab bemerkenswerte Arbeit indem er
– komplexe Probleme unter längerfristigen Aspekten untersuchte[181] und erstmals ein modellartiges Gesamtprogramm der Regierung aufstellte[182], womit Ansätze für eine gesellschaftliche Aufgabenplanung geschaffen wurden und
– Methoden und Organisationsstrukturen der Planung entwickelte[183].

3.2.1.2.2 Die Projektgruppe Reform der Struktur von Bundesregierung und Bundesverwaltung beim Bundesministerium des Innern

Im Dezember 1968 wurde beim Bundesminister des Innern eine Projektgruppe (Projektgruppe RVR) gebildet, die vom Kabinettsausschuß für die Reform der Struktur von Bundesregierung und Bundesverwaltung unmittelbar Weisungen erhielt. Die Projektgruppe hatte den Auftrag, Vorschläge zur Strukturreform in der Bundesregierung und ihrem Apparat zu erarbeiten[184].
Da die Erfahrungen mit Planungsstäben[185] gezeigt haben, daß eine stabsmäßig betriebene Aufgabenplanung ohne operative Verbindungen und eine Ablauforganisation der Ministerien ohne »formalisierten Planungsprozeß«[186] bruchstückhaft bleiben muß, konzentrierte sich die Projektgruppe auf verbesserte Führungsinstrumente der Bundesregierung.
Die Projektgruppe ging davon aus, daß
– gesellschaftliche Aufgabenplanung die gesamte Bundesregierung und ihren Apparat umfassen und mit der mehrjährigen Finanzplanung korrespondieren muß und
– eine solche Planung eines formalisierten Planungsverfahrens bedarf[187].
Der von der Projektgruppe vorgelegte Erste Bericht plädiert dafür, grundsätz-

---

in der Bundesrepublik Deutschland, in: Mitteilungen des Instituts für Gesellschaftspolitik, Heft 1, 1970, S. 29.

181 So wurden z. B. Studien zur politischen Unruhe in der BRD, Mitbestimmung, Agrarpolitik, Erweiterung der EWG u. a. angefertigt.

182 Dieses Gesamtprogramm der Bundesregierung berücksichtigte die Programme der im Bundestag vertretenen Parteien, programmatische Festlegungen der Regierung und konzentrierte sich auf die drängenden inneren Reformaufgaben; alle gesellschaftlichen Aufgaben zusammen gliederten sich in 15 ressortübergreifende Programme. Vgl. dazu Heiner Flohr, zur Planung der Regierungsarbeit in Bonn, in: Die Mitarbeit, Zeitschrift zur Gesellschafts- und Kulturpolitik (Zitierweise: Zur Planung), 19. Jg., Heft 1, März 1970, S. 6 und Stenografisches Protokoll der 32. Sitzung des VI. Deutschen Bundestags, S. 1486.

183 Der Planungsstab war an den Vorarbeiten für den Kabinettsausschuß und die Projektgruppe »Regierungs- und Verwaltungsreform« wesentlich beteiligt und analysierte Zielsetzung und Systematik des Planens, Organisation der Information, Datenbanken in der BRD. Siehe hierzu Hartmut Bebermeyer, a. a. O., Fußnote 37 und 38.

184 Vgl. Erster Bericht der Projektgruppe, a. a. O., S. 2 f.

185 Neben dem Planungsstab im Bundeskanzleramt gab es fachgebundene Planungsstäbe seit 1963 im Auswärtigen Amt, seit 1968 im Innen-, Sozial-, Wirtschafts- und Finanzministerium.

186 Vgl. Heiner Flohr, Zur Planung, S. 6.

187 Vgl. dazu Teil II des Ersten Berichts der Projektgruppe, a. a. O., S. 183 ff.

lich das Gleichgewicht zwischen Kanzler-, Kabinetts- und Ressortprinzip beizubehalten[188].

Die Projektgruppe folgte insofern teilweise[189] den Postulaten des Organisationsmusters des PPBS[190], als nach ihren Vorstellungen die Regierungsaufgaben im Sinne antizipatorischer Politik nur wahrgenommen werden können, wenn

– »die Entscheidung über die politischen Ziele (Aufgaben) auf der Ebene des Bundeskanzlers und des Kabinetts,

– die Entscheidung über die Programmplanung bei den einzelnen Bundesministerien« liegen[191].

Im Oktober 1969 faßten der Planungsstab und die Projektgruppe für die neue Bundesregierung ihre gewonnenen Erkenntnisse zusammen und machten Vorschläge für eine konkrete und institutionalisierte Planung, die darauf hinausliefen,

– die Planung im Bundeskanzleramt durch aufgabenbezogene Arbeitsgruppen aus Mitgliedern aller Abteilungen zu organisieren;

– auf der Grundlage der neuen Regierungserklärung und anderer wichtiger politischer Programme eine mittelfristige Aufgabenplanung der Bundesregierung zu entwickeln;

– Planungsbeauftragte in den Ministerien zu bestellen, die eine formalisierte Kooperation und Koordination der Planung[192] in der Bundesregierung entwickeln sollen (kooperativer Planungsverbund)[193];

– ein Informationssystem aufzubauen, das die Möglichkeiten der Datenverarbeitung ausnutzt.

---

188 Adolf Theis, Stand der Überlegungen zur Regierungsreform im Bund, in: Die Verwaltung, Zeitschrift für Verwaltungswissenschaft, 3. Bd., 1970, Heft 1, S. 72-88.

189 Das PPBS postuliert, die Entscheidungsgewalt über die Aufgaben- und Programmplanung bei einer Institution – in diesem Fall der Bundesregierung – zu konzentrieren.

190 Das PPBS wird noch im Rahmen des Aufgabenplanungssystems der Bundesregierung zu untersuchen sein.

191 Vgl. Erster Bericht, a. a. O., S. 206.

192 Thomas Ellwein, Regierung, S. 78: »Die Interdependenz der öffentlichen Aufgaben erzwingt die vorweggenommene Koordination, die ihrerseits auf vorausgehender Planung beruhen muß.«

193 In der kooperativen Planung geht es nicht nur um die Zusammenarbeit von Bundesressorts, sondern auch (z. B. auf dem Umweltgebiet) um die Zusammenarbeit von Bund, Ländern und Gemeinden im kooperativen Föderalismus, der einen dezentralen Verbund impliziert. Vgl. Horst Ehmke, Planung im Regierungsbereich, Aufgaben und Widerstände (Zitierweise: Planung im Regierungsbereich), in: Bulletin Nr. 187 vom 16. 12. 1971, S. 2030.

3.2.1.3 *Die Planung in der Bundesregierung und ihrem Apparat seit Bildung der sozialliberalen Koalition*

Die neue Koalitionsregierung aus SPD und FDP baute im Herbst 1969 zügig das neue Planungsinstrumentarium der Bundesregierung und ihrer Ressorts auf:

– Errichtung eines Vorhabenerfassungssystems als Instrument regierungsinstitutioneller Frühkoordination,
– Bestellung von Planungsbeauftragten in den Ressorts als Instrument der ministeriellen Planungskoordination und
– Erweiterung der Planungskapazitäten in den Ressorts.

3.2.1.3.1 *Ausbau des Planungsstabs zu einer Planungsabteilung*

Das Bundeskanzleramt wurde unter Bundesminister Horst Ehmke reorganisiert, um als Informations- und Beratungsinstrument des Bundeskanzlers und als Koordinierungsinstrument der Bundesregierung seine Aufgaben wirksamer[194] erfüllen zu können.

Zu diesem Zweck wurde der Planungsstab zu einer Planungsabteilung ausgebaut, die damit beauftragt wurde,

– mit den Ressorts die Arbeits- und Zeitpläne abzustimmen (Frühkoordination),
– durch eine langfristige Vorausschau auf allen Gebieten das rechtzeitige Setzen von Prioritäten durch die Bundesregierung zu ermöglichen (Aufgabenplanung),
– längerfristige alternative politische Programme der Bundesregierung zu entwickeln (Programmplanung),
– eine permanente Erfolgskontrolle durchzuführen, d. h. »die Überwachung aller Vorhaben auf ihre Realisierung, aber auch auf ihre Realisierungsmöglichkeiten hin«[195] sicherzustellen.

Mit dieser Aufgabenbeschreibung[196] des Bundeskanzleramts fiel die Grundentscheidung zugunsten einer Verfahrens- und Aufgabenplanung im Rahmen des kooperativen Planungsverbundes der gesamten Bundesregierung[197].

---

194 Vgl. Klaus Seemann, Moderne Regierungstechnik, in: Moderne Welt 1967, S. 161; Die Staatskanzlei, a. a. O., S. 16 ff.

195 Vgl. Organisation, Personalstruktur und Unterbringung des Bundeskanzleramts, Ausarbeitung des Chefs des Bundeskanzleramts vom 8. März 1970, den Mitgliedern der Bundespressekonferenz zugeleitetes Informationsmaterial, S. 13.

196 Selbstverständlich wird mit diesem Aufgabenbündel nur die Richtung der Tätigkeit des Bundeskanzleramts gewiesen; zur Aufstellung längerfristiger Programme bedarf es der Zusammenarbeit mit anderen Institutionen.

197 Siehe ebenda, S. 13.

Der neuen Planungsabteilung im Bundeskanzleramt wurde mit dieser neuen Aufgabenstellung ein betont operatives Mandat[198] zugewiesen, um die zahlreichen im modernen Staat so bedeutenden Querschnittsaufgaben wahrnehmen zu können.

3.2.1.3.2 Das Frühkoordinierungssystem und Arbeitsprogramm der Bundesregierung

Durch eine Kabinettsentscheidung wurden im November 1969 in jedem Ministerium Planungsbeauftragte (im Rang von Ministerialdirektoren) ernannt. Die Planungsbeauftragten tagen zweimal im Monat[199] im Bundeskanzleramt; die Sitzungen werden seit März 1970 vom Chef der Planungsabteilung des Bundeskanzleramts geleitet. Sie haben die Aufgabe, die politischen Vorhaben schon während ihrer Entstehung in den Ressorts zu erfassen, sachlich miteinander zu vergleichen, politisch, wirtschaftlich und finanziell zu bewerten und allen Ministerien frühzeitig zugängig zu machen (Frühkoordinierung).
Um diesen Koordinierungsauftrag erfüllen zu können, arbeiten die Planungsbeauftragten den Kreis der beamteten Staatssekretäre zu, die wöchentlich unter Vorsitz des Kanzleramts-Chefs zusammentreffen, um ihrerseits die Koordinierung der Regierungstätigkeit vorzubereiten[200].
Seit Janur 1970 läuft das neue Informationssystem als »Arbeitsprogramm der Bundesregierung«. Dieses Frühkoordinierungssystem verdankt seinen Erfolg dem Prinzip der Gegenseitigkeit, wonach in Clearingverfahren jedes Ressort für seine Informationen zugleich die Informationen der anderen Ressorts erhält.
Die von den Ressorts gemeldeten Vorhaben werden für die jeweils folgenden sechs Monate (Halbjahreszeitplanung) auf einem Datenblatt erfaßt und vom Finanzministerium auf ihre finanziellen Auswirkungen auf Haushalts- und Finanzplanung überprüft.
Die Planungsabteilung im Bundeskanzleramt stellt die Informationen zu einer Übersicht über die wichtigsten Ressortvorhaben zusammen und leitet sie allen Ministerien zu. Gleichzeitig werden die Datenblatt-Informationen erfaßt, ausgewertet und über einen Computer[201] maschinell aufgelistet[202].

---

198 Horst Ehmke sieht darin keine Stärkung des Kanzlerprinzips, da langfristige Planung für die Richtlinienpolitik zu kompliziert ist. Siehe Bulletin Nr. 187 vom 16. 12. 1971, S. 2029.
199 Jeden ersten und dritten Donnerstag im Monat.
200 Vgl. dazu Rolf Zundel, Wie werden wir regiert? in: Die Zeit vom 20. 2. 1970, S. 3.
201 Der für diese Zwecke geeignete Computer befindet sich im Bundesministerium der Verteidigung; vgl. Hartmut Bebermeyer, a. a. O., S. 724.
202 Dafür werden »rote Listen«, die die Behandlungstermine im Kabinett, Bundestag, Bundesrat und EG-Ministerrat betreffen, »blaue Listen« nach den federführenden Ressorts usw. erstellt. Vgl. hierzu Heiner Flohr, Die Tätigkeit der Planungsabteilung im Bundeskanzleramt, in:

Im Herbst 1970 sind die von den Ressorts gemeldeten Reformvorhaben in der Planungsabteilung zu Aufgabenschwerpunkten (Reformschwerpunkten) zusammengefaßt worden, die durch Kabinettsbeschluß vom Oktober 1970 zu einer Art »Reformprogramm der Bundesregierung«[203] wurden.

Inzwischen ist die Erfassung der ministeriellen Vorhaben auf die gesamte Legislaturperiode ausgedehnt worden (Legislaturperiodenplanung). Gerade die auf die Legislaturperiode bezogene Planung der Realisierung des Regierungsprogramms – die Umsetzung in Vorhaben, in Gesetzesvorhaben, in Verordnungen und in Einzelprogramme muß erfaßt werden – hatte in der ersten Hälfte der siebten Legislaturperiode den Großteil der Kapazitäten des Bundeskanzleramts beansprucht[204]. Damit wurden wichtige Kapazitäten für die mittel- und längerfristige Aufgaben- und Programmplanung absorbiert.

Die Leistungsfähigkeit des auf die Bedürfnisse einer verbesserten Kabinettsarbeit ausgerichteten Frühkoordinierungssystems muß unter dieser eingeschränkten Prämisse beurteilt werden.

Der Ablaufplan der Planungsabteilung des Bundeskanzleramts, mit dem neben der zu erwartenden Parlamentstätigkeit alle ministeriellen Vorhaben erfaßt werden, könnte vervollständigt werden, wenn alle wahrscheinlichen Abläufe, also die Soll-Termine

– in der Bundesregierung, im Bundestag, im Bundesrat,
– die Schwierigkeiten mit den Verbänden,
– Abstimmungsprobleme mit den Fraktionen des Bundestags,
– Konflikte mit der Opposition,
– die Entwicklung der »öffentlichen« Meinung und
– die Probleme mit den Ländern und dem Bundesrat bekannt wären oder geplant werden könnten[205].

Diese Anforderungen an den Ablaufplan scheitern allein schon daran, daß die Ressourcen begrenzt sind und es an verläßlichen Prognosen und damit an Soll-Terminen mangelt.

Aufgrund der Erfahrungen der sechsten Legislaturperiode konzentrierte sich die Planungsabteilung auf Schwerpunkte[206], um den Ablauf regierungsinstitutioneller Vorhaben in verschiedenen Stufen genauer zu planen und vor allem

---

Gesellschaftlicher Wandel und politische Innovation, PVS, Sonderheft 4/1972 (Zitierweise: PVS), S. 57.

203 Siehe ebenda, S. 57.

204 Vgl. Albrecht Müller, Aufgabenplanung in der Regierungsarbeit, Vortrag vor dem Bundesverband der Deutschen Industrie (BDI) am 7. 11. 1973, S. 9.

205 Vgl. Albrecht Müller, a. a. O., S. 9.

206 Die Planungsabteilung hat mit Hilfe der Planungsbeauftragten bis zum Herbst 1973 etwa 70 Schwerpunkte herausgesucht, die von der Steuerreform bis zur Reform des § 218 StGB reichen. Siehe hierzu Albrecht Müller, a. a. O., S. 10.

politisch wirksamer zu werden[207], indem der Zusammenhang von Planungs- und Durchsetzungsstrategien stärker berücksichtigt wurde.

Um der Schwerpunktbildung ein besonderes Gewicht zu geben, wurden auf Initiative des Bundeskanzlers Arbeitsgruppen der Koalitionsfraktionen SPD/FDP eingesetzt, um über die Bedingungen, die Mittel und Zielsetzungen bedeutender gesellschaftspolitischer Aufgaben[208] zu verhandeln[209].

Im Vergleich zu den Verhältnissen vor der Bildung der sozialliberalen Koalition sind durch das Frühkoordinierungssystem erhebliche Verbesserungen im Regierungssystem des Bundes geschaffen worden[210]:

– die umfassende und frühzeitige Unterrichtung des Bundeskanzlers und aller Minister über wesentliche ministerielle Vorhaben,

– die intra- und interressortsmäßige Verbesserung der Koordinierung sowie zwischen den Ressorts und dem Bundeskanzleramt und damit die Entlastung der Bundesregierung,

– die Gewöhnung eines Teils der Ministerialbeamten an politische Planung und

– das frühzeitige Erkennen kommender finanzieller Lasten und ihre Abstimmung mit der mehrjährigen Finanzplanung.

Diese noch zu verbessernden institutionellen und instrumentalen Bedingungen bilden die Grundlage für den Ausbau der Aufgabenplanung zu einem »kohärenten Regierungsprogramm«[211], das die gesellschaftlichen Aufgaben der Bundesregierung nach einer Prioritätenskala aufzeigt.

Die Ressortmeldungen an die Planungsabteilung des Bundeskanzleramts hatten in der sechsten Legislaturperiode des Bundestags den Nachteil, daß

– die »öffentlichen Aufgabenfelder«[212] zu differenziert waren und

– die Abstimmung über die Abgrenzung der Vorhaben bzw. Vorhabenbündel (was ist Programm, noch nicht Reformabsicht, was Maßnahme usw.) zu kompliziert war.

Die Planungsabteilung des Bundeskanzleramts und die Planungsbeauftragten entwickelten im Planungsverbund aus den geordneten Vorhabenmeldungen das stärker realitätsorientierte Arbeitsprogramm der Bundesregierung.

---

207 Auch in den USA wurden globale Planungssysteme aufgegeben, weil die Konzentration auf wenige Programme politisch erfolgreicher durchgesetzt werden konnte.

208 Dazu gehören vor allem die Steuerreform und Vermögensbildung, die Mitbestimmung, das Bodenrecht und die berufliche Bildung.

209 Im Januar 1974 wurde ein Koalitionskompromiß zur Mitbestimmung und Vermögensbildung erzielt. Vgl. dazu Bulletin Nr. 12 vom 30. 1. 1974, S. 110 ff.; im April erzielte die Koalitions-Arbeitsgruppe Bodenrecht eine Einigung über die Ziele der Bodenreform.

210 Heiner Flohr, Zur Planung, S. 1 ff.

211 Da es bis heute kein umfassendes Regierungsprogramm gibt, fordert Horst Ehmke »ein sachlich, zeitlich und finanziell abgestimmtes Gesamtprogramm der Regierung«. Vgl. dazu Organisation, Personalstruktur und Unterbringung des Bundeskanzleramts, a. a. O., S. 13.

212 Vgl. Volker Schmidt, a. a. O., S. 13.

Die sechs Aufgabenbereiche der obersten Ebene (Reformen im staatlichen Bereich; Wirtschaftsordnung; soziale Sicherung, Gesundheitsvorsorge, Familienpolitik, Arbeits- und Sozialrecht; Bildungs- und Forschungspolitik; Strukturpolitik und Raumordnung; Ausbau der Mitbestimmung und Sicherung der Informationsfreiheit; Sonstiges) wurden jeweils in zwei bis acht Reformschwerpunkte untergliedert.

Auf der Ebene der Reformschwerpunkte wurden die gemeldeten ministeriellen Vorhaben erfaßt, die wiederum unterschieden wurden nach[213]

– Kernvorhaben (Kriterium ist ihr starkes politisches Gewicht),
– begleitenden Vorhaben (Kriterium ist ihre geringe politische Bedeutung; sie beziehen sich aber auf den gleichen Zeitraum wie die Kernvorhaben) und
– längerfristigen Vorhaben (Kriterium ist die Vorbereitung der Vorhaben in der laufenden Legislaturperiode, ohne daß sie in derselben Legislaturperiode abgeschlossen werden).

Diese Zusammenstellung der Aufgabenbereiche, Schwerpunkte und Vorhaben lieferte einen Überblick über

– die Erfolgs- und Mißerfolgsbilanz z. B. in der Mitte oder am Ende einer Legislaturperiode (die im Bundeskanzleramt aufgestellte Prioritätenliste vom September/Oktober 1974 sah für die noch zu verbleibenden 750 Amtstage der Bundesregierung Schmidt/Genscher 13 Reformschwerpunkte, 96 Ressortvorhaben von 250 noch zu erledigenden Gesetzesvorhaben vor) und
– den unerledigten »Rest« an Vorhaben, die in das Arbeitsprogramm der nächsten Bundesregierung eingehen.

Unter Bundeskanzler Helmut Schmidt ist das Arbeitsprogramm stärker auf das finanziell und politisch »Machbare« ausgerichtet worden. Die Planungsabteilung im Bundeskanzleramt hat im März 1975 nur noch die dringendsten Vorhaben zusammengestellt, die Aussicht hatten, noch in der siebten Legislaturperiode verwirklicht zu werden (siehe Übersicht 12 des Anhangs). Auch wenn sich das Arbeitsprogramm als Informationsinstrument[214] bewährt hat, so sind die Informationen für eine verbesserte Koordinierung der Ressortvorhaben vielfach zu formal und somit in ihrem Aussagegehalt eingeschränkt[215].

Trotzdem mehrten sich die Fälle, daß erst die politischen Grundsatzfragen in Form von »Grundsätzen«, »Eckwerten«, »Leitsätzen« usw. entschieden wurden und dann die Ressorts Anweisungen für die »technische Ausarbeitung« erhielten.

Um die Schwächen der formalen Einzelinformationen zu reduzieren, ist eine

---

213 Ebenda, S. 13 ff.

214 Dieses Instrument wird von Grundsatzabteilungen, Kabinettsreferaten und Öffentlichkeitsarbeitern und Planungsbeauftragten in Anspruch genommen. Vgl. Volker Schmidt, a. a. O., S. 15.

215 Vgl. Horst Ehmke, Planung im Regierungsbereich, S. 2034.

Konzentration der Informationen auf Vorhaben erforderlich, die das ganze Regierungssystem betreffen. Die Informationserfassung darf also nicht auf der fachlichen Ebene der Einzelvorhaben, sondern muß auf der »regierungsweiten Querschnittsebene«[216], also abseits des mittelfristigen Arbeitsprogramms, erfolgen.

Für jedes Vorhaben müßten die Informationen, die im gesamten Regierungssystem anfallen, über

– die finanzielle Absicherung eines Vorhabens (Ressourcenaspekt),
– die Entscheidungsstufen mit Zeitschätzungen (Organisationsaspekt) und
– die positiven und negativen Wirkungen auf die durch die Vorhaben Betroffenen (Sozialchancenaspekt) usw. gesammelt werden[217].

Der somit bei der Aufstellung und Fortschreibung eines gleitenden Arbeitsprogramms entstehende Informationspool kann neben seiner Überblickfunktion auch der dezentralen Aufgabenerledigung in den Ressorts dienen und die Vorhaben im Rahmen regierungsweiter Querschnittsaufgaben prüfen.

Um die Abstimmungsprozesse im Apparat der Bundesregierung zu entlasten, ist für die Vorhabenerfassung des Arbeitsprogramms eine Beschränkung auf Schwerpunkte des politischen Handelns notwendig.

Abschließend kann festgestellt werden, daß mit dem innenpolitischen Arbeitsprogramm der Bundesregierung in der sechsten Legislaturperiode erste Ansätze zu einer mittelfristigen Aufgabenplanung entwickelt worden sind, aber noch zahlreiche institutionelle und instrumentale Verbesserungen für eine Aufgabenplanung der Bundesregierung erforderlich sind.

3.2.2 Das PPBS als Instrument längerfristiger Aufgabenplanung der Bundesregierung

Die von der Ausgabenseite her konzipierte mehrjährige Finanzplanung brachte im Interesse einer rationalen Politik keine Vorausschau finanzwirksamer und erst nicht »finanzneutraler« regierungsinstitutioneller Notwendigkeiten und Möglichkeiten. Die Finanzplanung ist faktisch in der mittelfristigen Prolongation des jeweiligen Jahreshaushalts steckengeblieben und tendierte dazu, die Ausgaben und die daraus finanzierten Aufgaben der Bundesregierung bis in die einzelnen Titelansätze des Haushalts zu zementieren. Auch das 1969 institutionalisierte Frühkoordinierungssystem der Bundesregierung verblieb trotz

---

216 Vgl. Volker Schmidt, a. a. O., S. 16.
217 Siehe ebenda, S. 16.

der Verbesserungen institutioneller Art (Gremium der Planungsbeauftragten und der Planungsabteilung im Bundeskanzleramt) und instrumentaler Art (frühe Datenerfassung ministerieller Vorhaben) im Rahmen der von den Ressorts initiierten Fachplanungen.

Die gesellschaftlichen Aufgaben und die angestrebten »Produkte« der Politik als politisch-programmatischer Hintergrund der Ausgaben und der damit finanzierten Reformschwerpunkte, Vorhaben, Maßnahmen usw. wurden nicht erkennbar.

Eine solche mangelhafte ausgabenorientierte (inputorientierte) Politik der Bundesregierung und ihres Apparats leitet über zu der entscheidenden Frage, ob und inwieweit das im amerikanischen Regierungssystem in den 60er Jahren[218] eingeführte Planungsinstrument PPBS ein geeignetes Mittel für die Bundesregierung ist, Art und Umfang der Aufgaben zu bestimmen (aufgaben- bzw. outputorientierte Politik), die zur Erfüllung gesellschaftlicher Bedürfnisse als vordringlich angesehen werden, und somit repräsentativ-demokratischen Ansprüchen entsprechend den politischen Rahmen für die Auffindung, die Bewertung und Auswahl von Programmen, Vorhaben, Maßnahmen usw. abstecken.

3.2.2.1 Erfordernis der Weiterentwicklung der mehrjährigen Finanzplanung

Da sich also die Finanzplanung an den finanziellen Mitteln (Inputs) orientierte, gibt sie als Planungsinstrument keinen Aufschluß darüber, ob

– die ministeriellen Vorhaben zwischen den Ressorts abgestimmt sind,

– bisher erledigte Aufgaben weitergeführt werden sollen oder inwieweit neue Aufgaben erfüllt werden können,

– neben den finanziellen und ökonomischen Gesichtspunkten übergeordnete politische Zielsetzungen der Bundesregierung beachtet worden sind,

– ein mittel- oder langfristiger Zeitraum der Aufgabenbindung vorliegt und i. V. m. damit neue Aufgaben begründet worden sind, die erst später wirksam werden[219].

Hinsichtlich der Mängel der mittelfristig orientierten Finanzplanung weist das Planungsinstrument PPBS wesentliche Neuerungen auf, die als Ausgangspunkte

---

218 Vgl. Statement by the President to Cabinet Members and Agency Heads on the new government – wide-planning and budgeting System, August 25, 1965, in: Planning Programming Budgeting, Official Documents, prepared by the Subcommittee an National Security and International Operations, U. S. Senate, Washington D. C. 1967, S. 1.

219 So wurden nach dem Krankenhausfinanzierungsgesetz die Finanzmittel des Bundes für Investitionen in Krankenhäusern zunächst über den Kreditmarkt finanziert, bis sie seit 1974 direkt aus dem Bundeshaushalt gezahlt werden. Vgl. Finanzbericht 1974, S. 168.

für die Weiterentwicklung der mehrjährigen Finanzplanung einer Erörterung wert scheinen:

– Das PPBS ist als Planungsinstrument so angelegt, daß die Bundesregierung und ihr Verwaltungsapparat rationalere Entscheidungshilfen für die Festlegung ihrer Aufgaben und Programme erhalten;

– die Qualität der Information wird verbessert, indem bestimmte Dokumentationsformen die erwünschte »Informationsfilterung« erleichtern;

– Grundlagen der Entscheidungen der Bundesregierung sind grundsätzlich alternativ entwickelte Analysen durch »Experten« aus der Verwaltung, der Wissenschaft und der Wirtschaft;

– die Erfolgskontrolle wird in dem Maße intensiviert, in dem eine Konkretisierung der Ziele gelingt.

Ein befriedigendes Instrument politischer Planung[220] muß gegenüber der Gesellschaft zwei grundsätzliche Funktionen erfüllen:

– Einmal muß es die stets knappen zur Verfügung stehenden Mittel so steuern, daß sowohl die Reproduktion als auch Fortentwicklung des Status quo möglich sind. Dieses als Ressourcenplanung bezeichnete Verfahren soll die verfügbaren Mittel nachprüfbar kosten- und nutzenoptimal verteilen (die Verteilung hat dabei wachstums- und konjunkturpolitische Erfordernisse zu berücksichtigen und soll als sozial »gerecht« empfunden werden).

– Andererseits müssen die Ergebnisse einer Planung gesellschaftspolitischen Notwendigkeiten entsprechen und den vorrangig festgelegten Zielen möglichst nahekommen. Diese als Planung von Zielen verstandene Aufgabenplanung versucht die Weiterführung alter Aufgaben und die Aufnahme neuer Aufgaben für unterschiedliche Planungszeiträume festzulegen. Diese Aufgaben werden zu Programmen verdichtet, quantifiziert und damit zugleich auf ihre gesellschaftspolitische Wünschbarkeit hin überprüft.

Daraus soll keine Trennung der Planung in eine kurz- und mittelfristige Ressourcenplanung, die konkrete Aussagen zu machen hat, und in eine längerfristige Aufgabenplanung, die sich mit »globaleren« Aussagen bescheiden kann, abgeleitet werden.

Diese Trennung der Planenden in konzeptionell orientierte Aufgabenplaner und in Finanz- oder Ressourcenplaner, die sich an den knappen Mitteln orientieren, entspricht einer bestimmten entscheidungstheoretischen Auffassung, wonach Ziele und Mittel eindeutig getrennt werden können.

---

220 Unter politischer Planung sollen nicht die »primären Planungen« (alle unternehmerischen Planungen) und nicht die »sekundären Planungen« (schaffen die Voraussetzungen für die Durchführung primärer Planungen und fangen nicht vorhersehbare Folgen privater Planungsträger ab) verstanden werden. Vgl. F. H. Tembruch, Zu einer Theorie der Planung, in: Wissenschaft und Praxis, Köln–Opladen 1967, S. 132. Planung wird dagegen hier als aktives zukunftsorientiertes Handeln auf konzeptioneller Basis begriffen.

Da in der politischen Praxis keine Entscheidungen zwischen Zielen und Mitteln fallen, sondern Handlungsalternativen zu suchen sind, wird jede Unterscheidung in Ziele und Mittel willkürlich sein[221].

Daraus ergeben sich für ein politisches Planungsinstrument die Konsequenzen, daß die Ziel- und Mittelaspekte eng miteinander verknüpft werden müssen. Ziel- und Ressourcenplanung müssen institutionell und instrumental so miteinander verknüpft werden, daß eine ständige Vor- und Rückkoppelung (Iteration) zwischen beiden möglich ist.

Erst im »offenen Rückkoppelungsprozeß«[222] werden nach einer umfassenden Informationsbeschaffung und -auswertung die konkreten Ziele formulierbar bzw. revidierbar, so daß im Planungsprozeß die notwendigen und erwünschten Aufgaben und Programme der Bundesregierung deutlicher werden.

Politische Planung wird somit als Erweiterung bzw. als eine neue Qualität des politischen Entscheidungsprozesses, als ein »bewußter zukunfts- und zielmittelorientierter Steuerungsprozeß«[223] verstanden. Eine solche Politik trägt dazu bei, die Rationalität des politischen Handelns zu erhöhen, d. h.

- Konflikte zu antizipieren, anstatt auf Krisen nur zu reagieren (wie z. B. bisher im Krisenmanagement),
- die Teilpolitiken abzustimmen,
- bewußte Aufgabenschwerpunkte zu setzen und
- den Zeithorizont für Entscheidungsvorbereitungen und Problemlösungen auszudehnen.

Diesem Versuch einer rationaleren Politik durch die demokratisch legitimierte Bundesregierung werden sich im Regierungsapparat Widerstände entgegenstellen, die rechtzeitig erkannt und analysiert werden müssen, um Durchsetzungsstrategien[224] zu entwickeln.

Wie oben schon dargelegt wurde, ist die Ministerialverwaltung daran gewöhnt, die politischen Weisungen in Rechtsnormen umzusetzen und verwaltungsmäßig durchzuführen. Die herkömmliche Ausbildung und die Motivationsstruktur[225]

---

221 Reimut Jochimsen, Planung im staatlichen Bereich (Zitierweise: Planung), in: Bulletin Nr. 113 vom 23. 7. 1971, S. 1241: »Nicht Zielalternative oder Mittelalternativen, sondern Handlungsalternativen geben Raum für Operationen, müssen zur Disposition der Entscheidungen stehen.«

222 Klaus Lompe, Zur Notwendigkeit von Planung auf allen Ebenen politischer Praxis und ihrer Legitimation im gegebenen und möglichen Verfassungsrahmen (Zitierweise: Notwendigkeit von Planung), Vortrag vor der Friedrich-Naumann-Stiftung, Theodor-Heuss-Akademie am 23. 7. 1973, Gummersbach 1973, S. 13.

223 Ebenda, S. 1.

224 Seit Herbst 1973 werden in der Bundesregierung die Planungs- und Durchsetzungsstrategien enger miteinander verbunden, indem im Kabinett noch vor der Kabinettsreife eines Vorhabens innenpolitische Vorhaben angesprochen werden; damit werden die Schwierigkeiten rechtzeitig signalisiert, so daß die Realisierung stimuliert werden kann. Vgl. Albrecht Müller, a. a. O., S. 12.

225 Horst Ehmke, Planen ist keine Sünde, in: Die Zeit vom 10. 12. 1971, S. 3.

der Beamten, die ein Konzept politischer Aufgaben und Programme entwickeln sollen, stehen einer Planung entgegen.
Vor diesem Hintergrund wird die Frage zu stellen sein, inwieweit das PPBS als Aufgabenplanungsinstrument für den politischen Entscheidungsprozeß der Bundesregierung nutzbar gemacht werden kann und ob es gelingt, für die künftigen und gegenwärtigen Aufgabenschwerpunkte und innerhalb der Aufgabenschwerpunkte für die Programme operationale[226] Ziele zu erreichen.
Die Finanz- und Haushaltsplanung mit ihrer Einnahmen- und Ausgabenorientierung ist systematisch eher dem betriebswirtschaftlichen Instrument der Ablaufsteuerung zuzurechnen, das von der Anlage her der Bewirtschaftung knapper Mittel en detail dient, also ein Mikrosteuerungsinstrument ist.
Es wird noch der Nachweis zu erbringen sein, ob das PPBS geeignet ist, den »Makrorahmen« für die Gesamtpolitik der zuvörderst von der Bundesregierung festgelegten gesamtgesellschaftlichen Aufgaben zu liefern.

3.2.2.2 *Die Grundkonzeption des Planungs-Programmierungs-Budgetierungssystems*

Die zunehmende politische Einsicht, daß durch die Entwicklung zum modernen »Sozialstaat«[227] mit seinen sich weiter ausdehnenden[228] mannigfaltigen Aufgaben für die Regierung eine die Gesellschaft umfassende Planung erforderlich ist, hat die Diskussion über die Möglichkeiten und Grenzen von Planungsinstrumenten gefördert, die in der Lage sind, über die aufgaben- und »programmgesteuerte Distribution die Zukunft«[229] mitzugestalten.

---

226 Vgl. Dieter Novick, Das Programmbudget, Grundlage einer langfristigen Planung, H. C. Recktenwald (Hrsg.), in: Nutzen-Kosten-Analyse und Programmbudget, Grundlage staatlicher Entscheidung und Planung, Tübingen 1970, S. 157.

227 Die in Artikel 20 GG grundgelegte Sozialstaatsklausel enthält einen »generellen Gestaltungsauftrag« oder einen Auftrag zur permanenten Reform. Der Bundesregierung werden die dabei nicht nur »punktuelle ad-hoc-Eingriffe«, sondern auch Möglichkeiten zugewiesen, die Sozialordnung im Rahmen der rechtsstaatlichen Grenzen planvoll zu gestalten. Vgl. dazu Klaus Lompe, Notwendigkeit von Planung, S. 6.

228 Hier ist zu erinnern an den Ausbau des Arbeitsschutzes (Ausstattung der Arbeitsstätten, Verbesserung des Jugendarbeitsschutzes), die Arbeitsförderung und berufliche Bildung (Förderung besonderer Zielgruppen, Strukturreform, die Ausländerbeschäftigung (Eingliederung, Unterkünfte), Ausbau der Krankenversicherung (Früherkennungsuntersuchungen) und Rentenversicherung (Einführung der flexiblen Altersgrenze), wachsende Sozialinvestitionen (Altersheim, Krankenhäuser) u. a. Siehe Sozialbericht 1973, hrsg. vom Bundesminister für Arbeit und Sozialordnung, Bonn 1973, S. 5 ff.; Eberhard Menzel, Die Sozialstaatlichkeit als Verfassungsprinzip der Bundesrepublik, in: DÖV, August 1972, Heft 15/16, Stuttgart 1972, S. 537 ff.

229 Vgl. Samuel M. Greenhouse, A »Distributed Output« Concept for the Planning-Programming-Budgeting-System, in: Personal Administration (Washington D. C.), July/August 1967, S. 35 ff.

Das PPBS enthält einige Elemente, die teilweise schon in der mehrjährigen Finanzplanung realisiert sind. Beide Planungskonzepte sind so angelegt, daß sie die Entscheidungen der Bundesregierung rationaler[230] machen und eine Verteilung der Ressourcen gewährleisten sollen, die dem »privaten« wie dem gesellschaftlichen Bedarf optimal entsprechen.

Das PPBS weist für die mittel- bis langfristige Planung im Vergleich zur mehrjährigen Finanzplanung einige wesentliche Verbesserungen auf:

– Dem herkömmlichen Planungsprozeß wird eine Phase der Aufgaben- bzw, Zielplanung und Zieloperationalisierung[231] vorgeschaltet,

– die Erfolgskontrolle der Planung wird intensiviert und

– für die alternativen Programme werden Kosten-Nutzen-Analysen durchgeführt.

Im Gegensatz zur inputorientierten mehrjährigen Finanzplanung ist das PPBS als Planungsinstrument auf die Aufgaben, also auf den Output staatlicher Aktivitäten ausgerichtet[232].

Die Haushalts- und Finanzplanung von Bund und Ländern haben sich zwar an den für das gesamtwirtschaftliche Gleichgewicht erforderlichen Zielen (§ 1 StWG) zu orientieren, doch sind diese Ziele zu allgemein gehalten, um eine hinreichende Grundlage für eine rationale Planung zu sein[233].

Die Rationalität politischer Planung muß daran gemessen werden, inwieweit die durchgeführten Maßnahmen zur Erreichung der Planziele beigetragen haben. Der Zielerfüllungsgrad ist sowohl Maßstab für den Prozeß der Informationsgewinnung und -aufbereitung als auch für die Bewertung und die Auswahl alternativer Programme.

Das PPBS integriert die Aufstellung und Konkretisierung des Aufgabenkatalogs in den Planungsprozeß.

Das PPBS besteht aus drei wesentlichen Planungsphasen, die auch den Namen dieses Planungsinstruments bestimmt haben:

– Phase der Aufgaben- bzw. Zielplanung und Operationalisierung der Aufgaben (Planung):

---

230 Im Sinne der Entscheidungstheorie wird die politisch-ökonomische Rationalität als »eingeschränkte Rationalität« verstanden, da es sich nur um unvollständig definierte Probleme handeln kann: 1. fehlen fixe Ziele, da die Ziele in den weiteren Planungsphasen modifiziert werden können, 2. gibt es keine endliche Menge sich gegenseitig ausschließender Alternativen und 3. gibt es keine eindeutigen Problemlösungsalgorithmen. Vgl. Edmund Heinen, a. a. O., S. 83 ff.

231 Operationalisierte Ziele (»achivement goals«) sind konkreter, z. B. 5 % Preissteigerung, 2 % Wachstum usw. als allgemeine Ziele (performance goals) wie mehr soziale Sicherung, mehr Wohlstand usw.

232 Klaus Seemann, Modernes Managementsystem in Regierung und Verwaltung, Reformperspektiven für die BRD, Beiträge des Deutschen Industrieinstituts, 9. Jg., Heft 1, Köln 1971, S. 18 und 23.

233 W. B. Stolber, The Objective Function in Programm Budget in some basic Outlines, in: Zges Stw 127/2, S. 213-229.

Auf der Grundlage mittel- und langfristig prognostizierter Aufgaben, mit denen die Gesellschaft zu rechnen hat, werden vorläufige Aufgabenschwerpunkte festgelegt. Um einen möglichst optimalen Zielerfüllungsgrad zu erreichen, müssen die Aufgaben operationalisiert werden[234].

– Phase der Programmwahl (Programmierung):

Zur Erfüllung der Aufgaben werden alternative Programme erarbeitet, für die Kosten-Nutzen-Analysen durchgeführt werden[235] (siehe Übersicht 13 des Anhangs). Die staatlichen Aktivitäten werden so ausgewählt, daß die anvisierten Ergebnisse (outputs) effektiv erreicht werden und so zur Auswahl eines nach Aufgabenschwerpunkten gegliederten Regierungsprogramms führen[236]. Für die Programme, die nach dem Präferenzsystem des Entscheidungsträgers ausgewählt werden, werden spezifizierte Programme ausgearbeitet. Die Analysen der Programme können bewirken, daß die Aufgaben bzw. Zielsetzungen durch Rückkoppelung in die Phase 1 modifiziert werden.

– Phase der Budgetierung:

Die planungsgerecht ausgewählten Programme werden mit den verfügbaren, aber auch mit den längerfristig erwarteten Haushaltsmitteln konfrontiert[237] (Abstimmung der Ausgaben- mit der Einnahmenplanung und Staatsverschuldung).

Der gesamte finanzielle Mittelbedarf wird für die ausgewählten Programme in Finanzplänen zusammengefaßt.

– Phase der Plankontrolle:

Durch eine Erfolgskontrolle wird der Systemzusammenhang hergestellt, indem die Kontrollinformationen in die drei vorausgehenden Phasen zurückgekoppelt werden.

In den ersten drei Phasen des Planungsprozesses werden die Planungsfristen sukzessive reduziert:

– von der langfristigen Aufgabenplanung über
– die mehrjährige Programm- und Finanzplanung
– bis zur kurzfristigen Budgetierung.

In der Phase der Plankontrolle werden die tatsächlichen Ergebnisse (outputs) des Apparats der Bundesregierung mit den Sollwerten der Planung verglichen. Durch diese Informationsrückkoppelung wird ein Lernprozeß ermöglicht, in dem die Entscheidungsträger der Regierungsinstitutionen zu einer Verhaltenskorrektur angeleitet werden.

---

234 Dieter Novick, a. a. O., S. 156.

235 H.-M. Rösinger, Managementsysteme für den Staat, in: Wirtschaftswoche, Nr. 17/1971, S. 69; D. Brümmerhoff, a. a. O., S. 65.

236 Carl Böhret, Das Planning-Programming-Budgeting-System als zukunftsorientierte Entscheidungshilfe für die Regierung, in: Volker Ronge; Günter Schmieg (Hrsg.), Politische Planung Theorie und Praxis, München 1971, S. 167 f.

237 Carl Böhret, a. a. O., S. 168.

3.2.2.2.1 Die längerfristige Aufgabenplanung

Eine wesentliche Neuerung des Planungsinstruments des PPBS liegt darin, daß die Aufgabenplanung zum integrierenden Bestandteil des Planungsprozesses wird. Einer längerfristigen Einnahmen- und Ausgabenplanung der Bundesregierung muß eine längerfristige Aufgabenplanung vorgeschaltet werden, um

– das politisch-gesellschaftliche Gewicht der Regierungsaufgaben deutlich zu machen,

– eine politische Argumentation für den Umfang[238] und die Art[239] die Steuereinnahmen aller Haushalte als Voraussetzung der Aufgabenwahrnehmung zu liefern (siehe Übersicht 1 des Anhangs),

– Anhaltspunkte für eine Gewichtung zwischen den Aufgaben der föderativen Ebenen des politischen Systems[240] anzubieten und

– die zuwachsorientierte Politik der Fortschreibung der Haushaltstitelansätze zu überwinden und dafür die bestehenden Ausgabenblöcke auf ihre gesellschaftspolitische Notwendigkeit hin zu überprüfen.

Nach dem Verständnis des repräsentativen Demokratietypus hat die Bundesregierung als »zentrales politisches Führungsorgan« im Rahmen einer längerfristigen Aufgabenplanung das volkswirtschaftliche Leistungsvermögen[241] (Ressourcenrahmen) nicht ohne weiteres als vorgegebenes Datum anzusehen. Die Bundesregierung wird vielmehr durch ihren Verwaltungsapparat oder durch Wissenschaftler untersuchen lassen müssen, inwieweit der Ressourcenrahmen[242] durch die Beseitigung kritischer Kapazitäten (Engpässe) langfristig verändert werden kann. Ebenso werden auch die bisher als vorgegeben angesehenen regierungsinstitutionellen Aufgaben auf ihren Umfang und auf ihre Zusammensetzung hin zu prüfen sein, inwiefern der Handlungsspielraum der Bundesregierung durch Umstrukturierung oder Erweiterung der Aufgaben geändert werden kann. Es müssen Prioritäten gesetzt werden; das macht gleichzeitig zunehmend eine Posterioritätensetzung erforderlich.

Die Vorschaltung einer Aufgabenplanung im Willensbildungsprozeß des PPBS vergrößert die Chance, daß die Aufgaben des Apparats der Regierung, der sich

---

238 Vgl. Finanzbericht 1974, S. 56.

239 In den letzten Jahren ist dabei das Lohnsteueraufkommen mit Ausnahme von 1975 überproportional angestiegen (1969: 22,5 %; 1970: 29,7 %; 1971: 22,0 %; 1972: 16,3 %; 1973: 23,1 %; 1974: 17,5 %; 1975: -1,3 %; 1976: 15,5 %). – Die volkswirtschaftliche Steuerquote (Anteil der Steuereinnahmen am Bruttosozialprodukt) betrug 1972: 23,6 %; 1973: 24,3 %; 1974: 24,5 %; 1975: 22,9 %; 1976: 22,5 %. Vgl. Finanzbericht 1976, S. 42.

240 Die EG, die als vierte Ebene wachsende Bedeutung erlangt, wird im Rahmen dieser Arbeit nicht berücksichtigt.

241 Das Leistungsvermögen umfaßt dabei erstens Arbeitskräfte, zweitens Kapitalstock, drittens Boden, viertens technischer und organisatorischer Fortschritt.

242 Der Arbeitskreis »Gesamtwirtschaftliche Vorausschätzung« stützt sich bei seinen Schätzungen vorwiegend auf die zu erwartenden Wachstumsraten des Bruttosozialprodukts.

zu einer »umfassenden Dienstleistungseinrichtung der Gesellschaft«[243] entwickelt, nicht zu »wohl erworbenen Rechten«, sondern durch notwendig werdende Schwergewichtsverlagerungen als vorübergehende Funktionen verstanden werden.

Es könnte also im Rahmen des PPBS eine Ablauforganisation entwickelt werden, nach der bestimmte regierungsinstitutionelle Aktivitäten zeitlich befristet werden und somit auslaufen, um die dadurch freiwerdenden Ressourcen für dann als gesellschaftspolitisch wichtiger geltende[244] Aufgaben bereitzustellen.

In der Phase der Aufgabenplanung des PPBS kann also die Bundesregierung vorläufige Schwerpunkte festlegen, die als gesellschaftlich vorrangig angesehene regierungsinstitutionelle Aufgaben so anzulegen sind, daß sie innerhalb des längerfristig vermutlich verfügbar zu machenden »öffentlichen« Anteils am Ressourcenrahmen[245] zu realisieren sind. Im Aufgabenplanungsprozeß ist dafür eine gegenseitige Abstimmung zwischen Ressourcenrahmen und den geplanten Regierungsaufgaben erforderlich.

Eine so angelegte Aufgabenplanung kann nur in mehreren Schritten realisiert werden:

– Es muß mit einer Bestandsaufnahme derjenigen Aufgaben und Ressourcen begonnen werden, die gesetzlich oder vertraglich oder durch Pläne längerfristig festgelegt sind[246]; das Ergebnis liefert eine Gesamtproblemanalyse der längerfristigen Regierungsaufgaben[247].

– Eine solche Planung muß auch die Lücken der bisherigen Planung herausstellen, die bezüglich der Aufgaben, Programme und Festlegungen einerseits und des Ressourcenrahmens andererseits aufgetreten sind.

– Zwischen der Ressourcenplanung, die für große Aufgabenbereiche alternative Anteile am Bruttosozialprodukt vorläufig vorgibt, und der Aufgabenplanung

---

243 Vgl. Reimut Jochimsen, Planung im staatlichen Bereich, in: Bulletin Nr. 113 v. 23. 7. 1971, S. 1239: Die umfassende Dienstleistungseinrichtung des Verwaltungsapparats ist hier im Sinne der »Daseinsvorsorge« zu begreifen. Dieser von Forsthoff geprägte Terminus bezeichnet die dimensionale Erweiterung der »Staatsaufgaben und Verwaltungsaufgaben«, die mit der »gesellschaftlichen Wandlung von der bürgerlichen Gesellschaft zur entfalteten Industriegesellschaft« (Peter Badura) dem »Staat« zugefallen sind. Der Begriff der Daseinsvorsorge wird von einigen Sozialwissenschaftlern vermieden, »weil damit die politisch falsche Vorstellung erweckt wird, der »Staat«, nicht der Bürger selbst hätten für das Dasein zu sorgen oder auch nur vorzusorgen«. (Hans Peters). Vgl. Ernst Forsthoff, Rechtsfragen der leistenden Verwaltung, 1959; Peter Badura, Die Daseinsvorsorge als Verwaltungszweck der Leistungsverwaltung und der soziale Rechtsstaat, in: DÖV 1966, S. 624 ff.

244 Auch dies ist eine politische Entscheidung, die die Bundesregierung nach ihrem Präferenzsystem zu treffen hat.

245 Hier ist der Ressourcenplan kein Datum, sondern Aktionsparameter.

246 Der von der »Arbeitsgruppe Ausgabenentwicklung« des Finanzplanungsrats im März 1973 vorgelegte Ergebnisbericht hat deutlich gemacht, wie umstritten die Kriterien für die Bestimmung der »festliegenden Ausgaben« sind.

247 Vgl. Die Sachstandsberichte der Staatskanzleien und des Bundeskanzleramts zur Erstellung einer Gesamtanalyse der längerfristigen Aufgaben für die Jahre 1976 bis 1985.

muß eine ständige Rückkoppelung erfolgen. Es wird nur dann ein »kohärentes Regierungsprogramm«[248] entstehen, wenn die bisherigen Zielvorstellungen, die sich in regierungsinstitutionellen Vorhaben niedergeschlagen haben, in einen Prozeß des »Infragestellens« einbezogen werden.

In der Phase der Aufgabenplanung stellt sich die Frage, inwieweit die Aufgabenschwerpunkte detailliert festzulegen sind. Jede längerfristige Planung müßte scheitern, wenn alle Bereiche regierungsinstitutioneller Aktivitäten[249] in eine Rangfolge gebracht werden sollten.

Da die Aufgaben der Bundesregierung vielfältig differenziert sind und die Interdependenz der Aufgaben offenkundig ist, muß die Bundesregierung zwar zur partiellen Entscheidungsfindung – eine genaue Abgrenzung ist unmöglich – in der Lage sein, »darf aber den Zusammenhang der einzelnen Entscheidungen nicht auflösen«[250].

Je höher der Detaillierungsgrad, desto größer ist die Durchsetzungs- und Steuerungsmöglichkeit der Bundesregierung, erhöht sich aber auch die Gefahr, daß fehlgesteuert wird und somit Fehlinvestitionen[251] auftreten.

Die Handlungsgrößen (»Strukturparameter«)[252] zwischen der »Makroebene«, d. h. der Ebene der Rahmenplanung, und der »Mikroebene«[253], d. h. der Ebene der Detailplanungen, müssen so gewählt werden, daß bei Beachtung des von der Bundesregierung abgesteckten Aufgabenrahmens

– ein Minimum an Einzelsteuerung durch die Bundesregierung (Konzentration auf wenige »wichtige« Aufgaben) und

– ein Maximum an dezentraler Detailplanung und »sequentieller Detailausfüllung«[254] möglich ist.

Es ist grundsätzlich festzuhalten, daß die längerfristige Aufgabenplanung[255] der Bundesregierung durch das PPBS nicht mehr als ein Orientierungsrahmen für wenige langfristige Aufgabenschwerpunkte (Handlungsspielraum) der Bundesregierung sein kann. Die mittelfristige Aufgabenplanung für die in Arbeits-

---

248 Vgl. Die Ausarbeitung des Chefs des Bundeskanzleramts, Horst Ehmke, Zur Organisation, Personalstruktur und Unterbringung des Bundeskanzleramts, a. a. O., S. 13.

249 Weil die Einschätzung der Wichtigkeit von Ausgaben zur Finanzierung gesellschaftlicher Aufgaben »von Partei zu Partei, von Minister zu Minister, von Publizist zu Publizist« wechselt, ist »der Versuch, ein Totalmodell optimaler Verwendung öffentlicher Mittel ... zum Scheitern verurteilt«. Vgl. Albrecht Müller, a. a. O., S. 15.

250 Thomas Ellwein, Regierung, S. 77.

251 Es sei an die zahlreichen Entwicklungsförderungen für Flugzeugprojekte oder an die Abschreibungsvergünstigungen für Bauten im Grenzland (z. B. Überkapazitäten an Hotelbetten im Bayerischen Wald) erinnert.

252 Vgl. Reimut Jochimsen, Planung im staatlichen Bereich, in: Bulletin, Nr. 113 vom 23. 7. 1971, S. 1240.

253 Ebenda.

254 Ebenda.

255 Vgl. Hartmut Bebermeyer, Zur Entwicklung des politischen Planungssystems der sozial-liberalen Koalition, Vortrag in der Theodor-Heuss-Akademie am 27. 4. 1973, S. 16.

programme umgesetzte Regierungserklärung ist dagegen ein flexibler Integrationsrahmen für die mittelfristigen Einzelprogramme (ministerielle Vorhaben) und ihre Frühkoordinierung.

Um in der Phase der Aufgabenplanung die Strukturparameter als Steuerungsgrößen der längerfristigen Entwicklungstendenzen der Gesellschaft bestimmen zu können, muß die gesellschaftliche Entwicklung politisch »ausgelotet« werden und müssen Informationen aus dem längerfristigen Zeitraum in den mittelfristigen Bereich der politischen Planung hereingeholt werden. Durch diese schwierig festzustellenden Strukturparameter (Problem der Verfeinerung der Prognoseinstrumente und der Zusammensetzung dieses alternative Vorschläge erarbeitenden Informationsgremiums) kann die Bundesregierung in zunehmendem Maße die immer stärker in den Vordergrund tretende Steuerung der gesellschaftspolitischen Entwicklung übernehmen.

Die Bundesregierung könnte durch das Planungsinstrument des PPBS antizipatorische Politik betreiben, wenn sie sich auf große ressourcenbeanspruchende Schwerpunkte künftiger staatlicher Aktivitäten konzentriert. Dadurch könnte sie zusehends selbst die gesellschaftspolitischen Daten setzen und allmählich[256] den bisher weitgehend von Entscheidungsträgern der Wirtschaft festgelegten Ausgabenrahmen bezüglich des Umfangs und des Inhalts nach ihren Vorstellungen bestimmen. Damit erhält die Bundesregierung die notwendigen alternativ strukturierten längerfristigen Informationen zur Bestimmung der Aufgabenschwerpunkte, wozu eine ressortübergreifende Organisation der Aufgabenplanung erforderlich ist.

Das PPBS geht über die Bestimmung der zu bewältigenden Aufgaben in allgemeiner Form wie z. B. ein Mehr an Wohlstand, sozialer Sicherung, Bildung usw. hinaus und operationalisiert bzw. konkretisiert die Aufgaben[257], so daß sie als Programme mit bestimmbaren Ergebnissen und als Aufgabenerfüllung bestimmter Institutionen des Regierungsapparats begriffen werden[258].

Diese Operationalisierung der Aufgaben bzw. Ziele[259] ist für eine rationale Planung eine wichtige Grundlage, um die alternativen Programme beurteilen und bewerten zu können. Außerdem werden die Verwaltungsinstanzen zu einem Lernprozeß angeregt, über ihre Aufgaben und alternative Problemlösungsmög-

---

256 Widerstände unterschiedlichen Ausmaßes seitens mächtiger sozialer Gruppen müssen dabei als selbstverständlich von vorneherein einkalkuliert werden.

257 So fordert der Bildungsgesamtplan für 1985 z. B. für 70 % der Drei- und Vierjährigen Kindergartenplätze, für den Primarbereich eine Schüler-Lehrerrelation von 23-19:1 und für den Sekundarbereich I 20-18:1, für den tertiären Bereich 22-24 % deutscher Studienanfänger des jeweiligen Altersjahrgangs und 43 bis 47 Professoren für 1000 Studenten usw. Vgl. Bildungsgesamtplan, a. a. O., S. 11 ff.

258 D. Novick, Das Programmbudget, S. 157.

259 Vgl. Renate Mayntz, Thesen zur Steuerungsfunktion von Zielstrukturen, in: Renate Mayntz; Fritz Scharpf (Hrsg.), Planungsorganisation, Die Diskussion um die Reform von Regierung und Verwaltung des Bundes, München 1973, S. 93 ff.

lichkeiten nachzudenken[260]. Dieser Lernprozeß ermöglicht klarere Vorstellungen darüber, was eigentlich das Problem ist[261]. Somit können die gesellschaftspolitischen Aufgaben präzisiert werden, wodurch eine rationalere Auswahl der Handlungsalternativen erleichtert wird.

3.2.2.2.2 Die Programmplanung und Budgetierung

a) Merkmale der Programmstruktur

Die mittelfristig angelegte Programmplanung soll im Bereich der Bundesregierung ausnahmslos von den Bundesministerien ausgehen[262]; eine Gesamtplanung durch das Kabinett findet bisher nicht statt.

Die planungstechnischen Bindeglieder zwischen vorläufig festgelegten Aufgabenschwerpunkten der Bundesregierung und dem erwünschten Output bilden die Programmstrukturen, die nach Aufgabenschwerpunkten (Oberzielen), Programmen oder Handlungsalternativen (Zielen), Unterprogrammen, Vorhaben oder Maßnahmen (Zwischenzielen) und Programmelementen gegliedert sind (siehe Übersicht 13 des Anhangs).

Die Programmstruktur ist ein Hilfsmittel, um

- outputbezogene aufgabenorientierte Entscheidungsprozesse zu fördern,
- die Interdependenzen regierungsinstitutioneller Aktivitäten eher zu erkennen,
- Voraussetzungen für etwa notwendig werdende Modifizierungen der Aufgabenschwerpunkte zu schaffen und
- eine gezielte Zuweisung finanzieller und personeller Ressourcen zu ermöglichen.

Mit Hilfe der Programmstruktur sollen die in den Referaten laufenden Maßnahmen und Vorhaben zu Programmen zusammengefaßt und mit den Zielen der Ressorts abgestimmt werden[263].

Die Aktivitäten der Referate (Maßnahmen und Vorhaben) haben sich an der Zielsetzung der Ressorts zu orientieren – die ihrerseits den längerfristig festgelegten Aufgabenrahmen der Bundesregierung zu beachten haben –, damit die Zusammenfassung von Aktivitäten nicht mehr oder weniger willkürlich

260 Klaus Seemann, Moderne Managementsysteme, S. 36.

261 E. S. Quade, Systems analyses techniques for Planning-Programming-Budgeting, in: Lüden/Miller, Planning, Programming, Budgeting, A Systems Approach to Management, Chicago 1967, S. 292.

262 Vgl. Dritter Bericht zur Reform der Struktur von Bundesregierung und Bundesverwaltung, Projektgruppe Regierungs- und Verwaltungsreform beim Bundesminister des Innern (Zitierweise: Dritter Bericht), Bonn, November 1972, I/17.

263 Im Auftrag der Projektgruppe hat das Beratungsunternehmen McKinsey Inc. im Bundesministerium für Ernährung, Landwirtschaft und Forsten als Vorstufe der Programmstruktur eine Zielstruktur entwickelt.

wird[264]. Durch Einordnung der Programme in eine Zielhierarchie entsteht dann die Programmstruktur.

Gegenüber der mehrjährigen Finanzplanung weist die Programmstruktur des PPBS wesentliche Veränderungen auf:

– Umkehr der Programmfinanzierung:

Die mehrjährige Finanzplanung wird in eine Bandbreite eingepaßt, die einmal durch die Entwicklung des gesamtwirtschaftlichen Angebots (Produktionspotential) und zum anderen vorwiegend durch die Entwicklung der »privaten« Gesamtnachfrage (Nachfrage nach Investitions- und Konsumgütern) begrenzt wird.

Diese hauptsächlich von »privatwirtschaftlichen Daten« bestimmte Bandbreite, die auch ein bestimmtes zu erwartendes Steueraufkommen impliziert, bildet den Ausgabenrahmen und damit den Rahmen für die Wahrnehmung gesellschaftspolitischer Aufgaben für die Regierungsinstitutionen.

Erst wenn das geschätzte Ausgabenvolumen[265] festgestellt ist, wurden bisher die laufenden Programme oder aufgrund von Krisenerscheinungen notwendig gewordenen Programme (z. B. Energieversorgungsprogramm, Investitionshilfeprogramm für strukturschwache Gebiete u. a.) finanziert; das Ausgabenvolumen wurde »auf die Suche nach seinen Programmen geschickt«[266]. Beim PPBS wird dagegen erst nach der Festlegung vorläufiger Aufgabenschwerpunkte durch die Bundesregierung und nach der Auswahl von Programmen um ihre Finanzierung gerungen; die Programme sind »auf der Suche nach ihren Finanzierungsmöglichkeiten«[267].

In der Programmplanung kommt es darauf an, eine Programmstruktur zu bestimmen, die einmal die gegenwärtigen Bedürfnisse befriedigt und zum anderen zur Lösung der prognostizierten gesellschaftspolitischen Probleme beiträgt.

– Verlagerung von der Ausgabenorientierung zur Aufgabenorientierung:

Während sich der herkömmliche Bundeshaushalt vorwiegend an den Ausgaben orientiert und darüber informiert, welche Finanzmittel die einzelnen Ressorts

---

264 Die Projektgruppe des BMI schlägt für die Entwicklung der Programmstruktur die Bestellung einer dem Minister unmittelbar unterstellten Referatsgruppe vor, die das Vertrauen der Ressortleitung haben soll und nur finanziell abgesicherte Programme entwickelt. Diese »Koordinierungsgruppe« soll aus folgenden Referaten bestehen:
– Programmanalyse und -bewertung (Referat neu zu bilden),
– Haushalt,
– Organisation und
– Personal.
Vgl. Dritter Bericht, I/25.

265 Wie oben bereits dargelegt wurde, präjudizieren dabei der Arbeitskreis »Gesamtwirtschaftliche Vorausschätzungen« und der Arbeitskreis »Steuerschätzungen« weitgehend dieses Ausgabevolumen.

266 Gerhard Willke, a. a. O., S. 28.

267 Ebenda.

und die verschiedenen Referate erhalten, sucht die Programmstruktur die Frage zu beantworten, welche gesellschaftlichen Aufgaben für das Angebot staatlicher Güter und Leistungen in welchem Ausmaß für welche soziale Gruppen zu bewältigen sind.

– Richtungswechsel des Informationsflusses:

Die politischen Zielsetzungen entwickeln sich nicht mehr – wie bei der Aufstellung des Haushaltsplans und der Fortschreibung der mehrjährigen Finanzplanung – aus den von den Ministerialbeamten vorentschiedenen Bedarfsanmeldungen der Referate und Ressorts, sondern nun gehen dem Finanz- und Programmplanungsprozeß Entscheidungen der Bundesregierung über vorläufig festzulegende Aufgabenschwerpunkte voraus. Diese Direktiven der Bundesregierung[268] werden in einem »nach unten gerichteten und disaggregativen Prozeß in Planungsanweisungen an die Ressorts«[269] umgewandelt.

Innerhalb dieses von der Bundesregierung festgelegten Aufgabenrahmens werden dann in den Ressorts die Bedarfsschätzungen, die auf die Programme ausgerichtet sind, entwickelt[270].

b) Zusammenstellung der Programmstrukturen zu einem Gesamtprogramm und Notwendigkeit vorzugebender Aufgabenschwerpunkte

Sobald die in den Bundesministerien entwickelten Programmstrukturen in ihren Umrissen erkennbar sind, werden sie probeweise zu einem Gesamtprogramm (mittelfristiges Arbeitsprogramm) der Bundesregierung zusammengestellt und aufeinander abgestimmt. Die in den Ressorts entwickelten Programmstrukturen schließen nicht die Erarbeitung zusätzlicher Programmstrukturen durch interministerielle Arbeitsgruppen oder durch Institutionen aus Wissenschaftlern und Fachleuten usw. aus.

Dabei reicht eine bloße Addition der ministeriellen Programmstrukturen nicht aus, sondern diese mittelfristigen Ressortprogramme

– müssen aufgrund der zu bewältigenden Querschnittsaufgaben in der Bundesregierung koordiniert werden und

– auf die operationalen Ziele bzw. Aufgaben der Bundesregierung überprüft und möglicherweise modifiziert werden.

Die Programmdefinition und -ausfüllung dieser mittelfristig angelegten Fach-

268 Paul Senf, Die Reform der öffentlichen Haushaltsgebarung zur Erhöhung der Transparenz, in: H. Haller (Hrsg.), Probleme der Haushalts- und Finanzplanung, SdVf Sopol N. F. Bd. 52, Berlin 1969, S. 143 ff.

269 Nach Ansicht der Projektgruppe des BMI geht die Ressortverantwortlichkeit nach Art. 65 GG nicht so weit, »daß die politischen Ziele der Bundesregierung allein durch die einzelnen Bundesminister bestimmt werden«. Vgl. Dritter Bericht I/43.

270 Allan Schick, The road to PPB, S. 49 f.

planungen der Ressorts (Programmstrukturen) müssen von der Bundesregierung auf die Konsistenz mit dem langfristigen Gesamtregierungsprogramm – das bislang nicht existiert – überprüft werden. Dabei wird besonders zu beachten sein, ob der sog. »festliegende Bedarf« mit den Zielwerten übereinstimmt, die bei einer früheren Programmdefinition festgelegt wurden. Auf der Ebene der Bundesregierung kann vor allem nachgeprüft werden[271], ob die sog. laufenden Programme mit dem Aktionsprogramm der jeweiligen Bundesregierung im mittelfristigen Bereich übereinstimmen.

Für die Auswahl der kostenoptimalen ministeriellen Programmstrukturen durch die Bundesregierung kommt es weniger auf die Berechnung absolut genauer Kosten als vielmehr auf die Vergleichbarkeit der zur Auswahl stehenden alternativen Programme an[272].

Auch wenn im technisch-funktionalen Sinn die Probleme der Bewertung und der damit verbundenen Prioritätenbestimmung durch Kosten-Nutzen-Analysen oder durch systemanalytische Formen des PPBS (Differenzierung der Programmelemente) verbessert werden können, hat sich das Problem der Zielvorgabe im Sinne der Beachtung gesellschaftspolitischer Aufgabenschwerpunkte der Bundesregierung nicht erledigt.

Die wie auch immer strukturierten Programmierungssysteme scheitern an den geringen Möglichkeiten »plausibler Bewertungsschemata und an Zuständigkeitsfragen«[273]. Eine auch noch so sehr verfeinerte Systemanalyse mit Hilfe mathematischer Modelle[274] kann nicht den normativen Gehalt vorzugebender Aufgabenschwerpunkte der Bundesregierung ersetzen, entbindet also die Bundesregierung nach dem repräsentativ-demokratischen Verständnis nicht von ihrem Gestaltungsmandat.

Die Programmstrukturen ermöglichen also die Aufstellung und gleichzeitig die Überprüfung eines die gesamte Bundesregierung umfassenden Ressortprogramms, erkennen frühzeitig die Lücken der Programme[275] und koordinieren die politischen Vorhaben horizontal innerhalb des Regierungsbereichs und vertikal zwischen Bund, Ländern und Gemeinden. Im Verlauf des Planungsprozesses kann die Programmstruktur wieder Ausgangspunkt für die Planung fortzuschreibender und neuer ministerieller Programme sein.

---

271 Vgl. Reimut Jochimsen, Planung im staatlichen Bereich, Bulletin Nr. 113 vom 23. 7. 1971, S. 1242.

272 Ebenda.

273 D. Novick, a. a. O., S. 160.

274 Bisher wurden im Bereich der Bundesregierung nur zögernde Versuche mit Kosten-Nutzen-Analysen oder der Programmbudgetierung gemacht, obwohl nach § 6 HGrG »für geeignete Maßnahmen von erheblicher finanzieller Bedeutung Nutzen-Kosten-Untersuchungen anzustellen sind«.

275 J. W. Carlson, Systematisches Planen, Programmieren und Budgetieren: Stand und weitere Entwicklung, in: H. C. Recktenwald (Hrsg.), Nutzen-Kosten-Analyse und Programmbudget, Grundlage staatlicher Entscheidung und Planung, Tübingen 1970, S. 174.

c) Die Bewertung und Finanzierung ausgewählter Programme

In der Phase der Programmierung werden nach Auswahl der Programme durch die Bundesregierung vom Regierungsapparat noch Berechnungen über
- die benötigten Arbeitskräfte,
- die finanziellen und sachlichen Ressourcen und
- den erforderlichen Zeitraum angestellt.

In der Budgetierungsphase werden die ausgewählten Programme mit den Finanzierungsmöglichkeiten »konfrontiert«[276]. Der Mittelbedarf für diese Programme wird in Finanzplänen festgehalten, wofür die Kosten-Berechnungen noch weiter nach Kostenelementen, Zeitabschnitten und ausführenden Institutionen differenziert werden.

3.2.2.2.3 *Der Aufbau eines Programmbudgets und die Verbesserung des Kommunikationsprozesses*

Aus der Zusammenfassung der Planungs-, Programmierungs- und Budgetierungsphase entsteht das Programmbudget, aus dem wiederum das Jahresbudget entwickelt wird. Im Programmbudget werden das mittelfristige Arbeitsprogramm der Bundesregierung (Gesamtprogramm) einschließlich der Programmstrukturen mit dem Haushalts- und Finanzplan verbunden[277]. Das auf diese Weise entstehende Arbeitsprogramm der Bundesregierung erfaßt alle Ebenen der Regierungstätigkeit und verdeutlicht somit vor allem die mittelfristig zu bewältigenden Querschnittsaufgaben.

Das mittelfristig angelegte Programmbudget umfaßt zwei Hauptteile[278]:
- einen Programmteil, der das Gesamtprogramm (Arbeitsprogramm) der Bundesregierung und die Ressortprogramme darstellt, und
- einen Budgetierungsteil, der den Haushalts- und Finanzplan enthält.

Die Haushalts- und Finanzpläne, die in ihrer Grundstruktur beibehalten werden sollen[279], können künftig durch Programmdarstellungen ergänzt werden[280]:
- Dem Haushaltsplanentwurf wird das mittelfristige Gesamtprogramm der Bundesregierung beigefügt. Das Ressortprogramm wird im »Vorwort zu den ministeriellen Einzelplänen« erläutert. Die Programme sollen die im Haushalts-

---

276 Carl Böhret, Das PPBS, S. 168.
277 Vgl. Dritter Bericht I/45.
278 Ebenda.
279 Die Projektgruppe begründet dies mit haushaltsrechtlichen Erfordernissen; zur Verstärkung der »Durchsichtigkeit der Haushaltsplanung« wird lediglich empfohlen, die Haushalstitel der Programmstruktur anzupassen und »Titelgruppen zu bilden«. Siehe ebenda, I/46 und I/47.
280 Vgl. Dritter Bericht I/46.

jahr angestrebten politischen Ziele darlegen und die Mittelanforderungen begründen.

– Der bisher schon stärker programmatisch gegliederte Finanzplan sollte künftig zur Verdeutlichung der Rangfolge der mittelfristigen Regierungsaufgaben nach der Zielstruktur des Arbeitsprogramms der Bundesregierung strukturiert werden und die Auswirkungen des Programmbudgets aufzeigen.

Das Programmbudget stellt also die Ziele der Bundesregierung unmittelbar dar[281], indem es die anzustrebenden Ergebnisse der zu finanzierenden Aufgaben erläutert und die Nutznießer der Ausgabenzuweisungen beschreibt.

Damit zwischen den alternative Vorschläge erarbeitenden Planern (Analytikern) und der Bundesregierung die Kommunikation verbessert wird und die Ergebnisse des Planungsprozesses als Informationen leichter »abrufbar« sind, sieht das PPBS drei Formen der Dokumentation[282] vor:

– Programm-Memoranda; sie stellen die wichtigsten Programme des Regierungsapparats dar, enthalten alternative Programme und begründen die empfohlenen Programme anhand des Beitrags zur angestrebten Zielerreichung.

– Mehrjährige Programm- und Finanzpläne; sie enthalten eine tabellarische Übersicht sämtlicher ausgewählter Programme der Regierungsinstitutionen einschließlich der mittelfristig erwarteten Outputs (im Nutzen ausgedrückt), der Kosten und der erforderlichen Finanzmittel[283].

– Spezialstudien (hauptsächlich Kosten-Nutzen-Analysen); sie werden vorrangig für finanzwirksame Programme oder Unterprogramme angefertigt und untersuchen die Ziel-Maßnahmen-Systeme bezüglich der Kosten und des Nutzens sowie der zu erwartenden Konsequenzen; auf der Grundlage der Analysen dieser speziellen Studien werden vielfach die Programme ausgewählt[284].

3.2.2.3 *Mängel in der Praxis und Möglichkeiten der Überwindung der Schwächen des PPBS*

Die Erfahrung mit der Anwendung des PPBS in den USA hat zahlreiche Mängel aufgedeckt, die auf die überhastete Einführung und die unzureichende Regierungs- und Verwaltungsorganisation, aber nur teilweise auf konzeptionelle Schwächen zurückzuführen sind[285].

Das in den USA erprobte PPBS wies vor allem folgende Lücken auf:

281 Vgl. Carl Böhret, Das PPBS, S. 160.
282 Gerhard Willke, a. a. O., S. 28; Carl Böhret, a. a. O., S. 169.
283 D. Brümmerhoff, a. a. O., S. 72.
284 Bulletin Nr. 68/2, in: Lyden/Miller PPB, S. 430 ff.; J. W. Carlson, a. a. O., S. 174 ff.
285 W. A. Niskanen, Why new methods of Budgetary choices? Administrative aspects, Instituts international de Finance Publiques, S. 4.

– Da das Konzept in erster Linie innerorganisatorisch ausgerichtet war, definierte es Ausgaben für Maßnahmen und Vorhaben der Ressorts, betonte es die Alternativensuche usw., legte aber nicht den Prozeß fest, der die Fixierung längerfristiger (strategischer) Aufgaben regeln sollte; dazu wäre eine Außenorientierung an den gesellschaftlichen Bedürfnissen notwendig gewesen.
– Die immer wichtiger werdenden Querschnittsaufgaben und die interdependenten Programme hätten organisierte Koordinationsprozesse zwischen den Behörden erforderlich gemacht[286]; eine ressortübergreifende Koordination wurde allerdings im amerikanischen Regierungsapparat nicht konzipiert.
– Da das PPBS vorrangig als Planungsinstrument konzipiert wurde, wurde die Durchführungskontrolle vernachlässigt; Hilfsmittel wie Programmfortschrittskontrolle, Betriebs-, Zeit- und Soll-Ist-Vergleiche[287] wären wichtig gewesen, um eine effiziente Ausführung der Programme zu gewährleisten.

Weiter oben wurde schon die Schwierigkeit angesprochen, daß das PPBS trotz verfeinerter rechnerischer Methoden nicht in der Lage ist, die »gesellschaftlich relevanten Programme« aus dem Wertsystem der Gesellschaft abzuleiten. Noch weniger kann das PPBS gesamtgesellschaftliche Vergleichsmaßstäbe für regierungsinstitutionelle Programme liefern, weil es im Regierungssystem keinen gemeinsamen Maßstab für den Nutzenvergleich verschiedener Programme gibt, wie er etwa bei der kurzfristigen Unternehmensplanung mit dem Periodengewinn vorhanden ist[288].

Analysenergebnisse im Rahmen des PPBS geben keinen Hinweis darauf, wie intensiv bestimmte regierungsinstitutionelle Programme von der Gesellschaft im Vergleich zu anderen Vorhaben gewünscht oder abgelehnt werden.

Die »Totalbedingungen des sozialökonomischen Optimums«[289] sind dann erfüllt, wenn durch Aufnahme oder Streichung eines Programms das »Gemeinwohl« nicht erhöht werden kann, die »Marginalbedingungen«[290] sind dagegen nur erfüllt, wenn durch Mittelaufstockung oder -kürzung der Programme und Maßnahmen das »Gemeinwohl« nicht erhöht werden kann.

Daraus ergibt sich, daß das PPBS keinen unmittelbaren Beitrag zur Erreichung der Totalbedingungen liefert. Seine Bedeutung liegt vielmehr darin, daß durch Programm- und Finanzpläne sowie durch Spezialstudien den Regierungsmitglie-

---

286 Für Ellwein kann politische Planung nur dann rational sein, wenn sie institutionell und sachlich ressortübergreifend und imstande ist, »die bestehenden Bedingungen in die Zukunft hinein verändern zu können«. Vgl. Thomas Ellwein, Politische Planung. Viel aneinander vorbeigeredet, in: Wirtschaftswoche vom 15. 12. 1972, S. 51.

287 Controller General of the United Staates, Survey of Progress in Implementing the Planning-Budgeting-System, in: Executive Agencies, Washington D. C. 1969, S. 43 f.

288 Heinrich Reinermann, Zur Eignung von Planning-Programming-Budgeting für die längerfristige Aufgabenplanung und für die interministerielle Koordination, in: DVBl., 1. 2. 1973, S. 104 f.

289 Herbert Giersch, a. a. O., S. 108.

290 Ebenda.

dern unter Berücksichtigung finanzieller Gesichtspunkte die optimale Kombination der vorgelegten Programme transparent gemacht wird; die Erfüllung der Marginalbedingungen wird somit erleichtert.
Der Wert des bisher praktizierten Planungsinstruments PPBS lag weniger im Bereich der vorläufigen Festlegung längerfristiger Regierungsaufgaben als vielmehr auf dem Sektor der mittel- und kurzfristigen Entscheidungshilfen für die Wahl optimaler Programme.
Das PPBS hat bisher vorwiegend der Analyse alternativer Programme »in festbegrenzten Teilbereichen der Politik«[291] gedient. In der bislang praktizierten Form kann das PPBS eine echte Entscheidungshilfe[292] sein,

- in der mehrjährigen Finanzplanung den Zwang zur Programmdefinition zu verstärken und
- die Effektivitätskontrolle zu erhöhen.

Die bisherigen Mängel in der Anwendung des PPBS leiten über zu der Frage, inwieweit das PPBS zu einem Instrument der längerfristigen Aufgabenplanung der Bundesregierung ausgebaut werden kann.
Die Hauptprobleme einer längerfristigen Aufgabenplanung liegen in der Nutzbarmachung der in der gesamten Gesellschaft verfügbaren Informationen und in der Zusammenfassung der zur effizienten Problemlösung befähigten Personen.
Die Schwierigkeiten des Ausbaus des PPBS zu einer längerfristigen Aufgabenplanung hängen

- weniger von seiner Konzipierung
- als vielmehr von der Überwindung organisatorischer und auch sozial-psychologischer Restriktionen ab[293].

Eine längerfristige (politisch-strategische) Planung muß außenorientiert sein, sich also an den aktuellen und zukünftigen gesellschaftlichen Notwendigkeiten orientieren. Ein wichtiges Instrument dafür ist die Informationsbeschaffung und -auswertung von allen sozialen Gruppen, die sich mit laufenden oder fehlenden regierungsinstitutionellen Programmen befassen.
Auf der Grundlage dieser Informationen kann eine Planungsinstitution ein Prognosemodell der gesamtgesellschaftlichen Entwicklung (im Gesundheits-, Bildungs-, Alters-, Wirtschaftsbereich usw.) für einen längerfristigen Planungszeitraum[294] zusammenstellen und

- die Ansprüche verschiedener sozialer Gruppen und ihre Konsequenzen deutlich machen (Planung der Anspruchsentwicklung).

---

291 Reimut Jochimsen, Planung im staatlichen Bereich, Bulletin, Nr. 113, S. 1242.
292 Ebenda.
293 Heinrich Reinermann, a. a. O., S. 105.
294 Heinrich Reinermann, a. a. O., S. 105. Angesichts der notwendigen langen Programmvorbereitungszeiten und der raschen gesellschaftlichen Veränderungsprozesse ist ein Zeitraum von zehn bis 15 Jahren zweckmäßig.

Das Prognosemodell, das durchaus nicht durchgängig quantitativ zu sein hat, analysiert oberhalb der Ressortzuständigkeiten den gesellschaftlichen Status quo[295]. Um im Prognosemodell über die Realisierbarkeit von Ansprüchen der sozialen Gruppen fundierte Aussagen machen zu können, müssen im längerfristigen Aufgabenplanungsprozeß die alternativen Programme weit vorgeplant werden[296], um

– die Ressourcenbeanspruchungen sowie deren Auswirkungen und
– die Widerstände betroffener Gruppen abschätzen zu können.

Mit diesen Informationen ausgestattet, kann die Bundesregierung Entscheidungen über die vorläufige Festlegung bestehender oder neuer gesellschaftlicher Aufgaben nach einer Rangfolge treffen. Die somit bestimmten Schwerpunkte der Regierungsaufgaben sind als politische Direktiven an die beteiligten Ressorts zu verstehen, die dann innerhalb dieses Aufgabenrahmens ihre Detailplanung durchführen können.

Dabei hat die Bundesregierung einen von ihr grundsätzlich zu problematisierenden, grob abgeschätzten Finanzrahmen vorzugeben, der das politische Gewicht deutlich macht, das den einzelnen Regierungsaufgaben zukommt.

Diese groben Plafondierungen sind im langfristigen Planungsprozeß soweit wie möglich abzusichern. Diese Plafondspolitik zwingt die Ressorts, sich auf die Ausarbeitung nur der mittelfristigen Programme zu konzentrieren, denen aufgrund der groben Plafondszuweisung besondere politische Bedeutung beigemessen wird.

---

295 Soziale Indikatoren wie z. B. Zahl der Studenten für einen Professor, Zahl der Einwohner für einen Arzt u. a. können den gesellschaftlichen Status quo charakterisieren.

296 Siehe Heinrich Reinermann, a. a. O., S. 105.

Anhang

Übersicht 1a: Ausgabenvolumen und Aufgabenbereiche im Bundeshaushalt

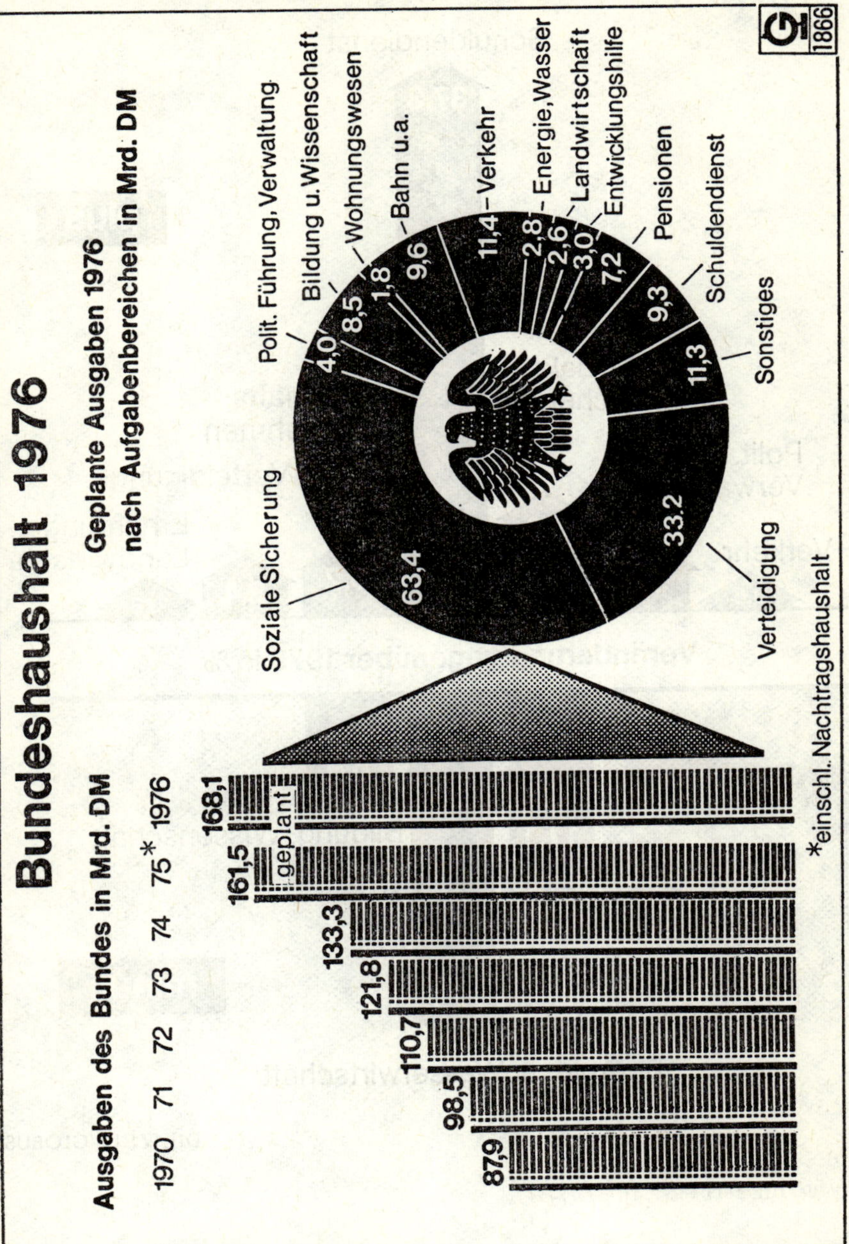

Quelle: Süddeutsche Zeitung vom 5. 11. 1975, S. 19.

Übersicht 1b: Zuwachsraten wichtiger Aufgabenbereiche

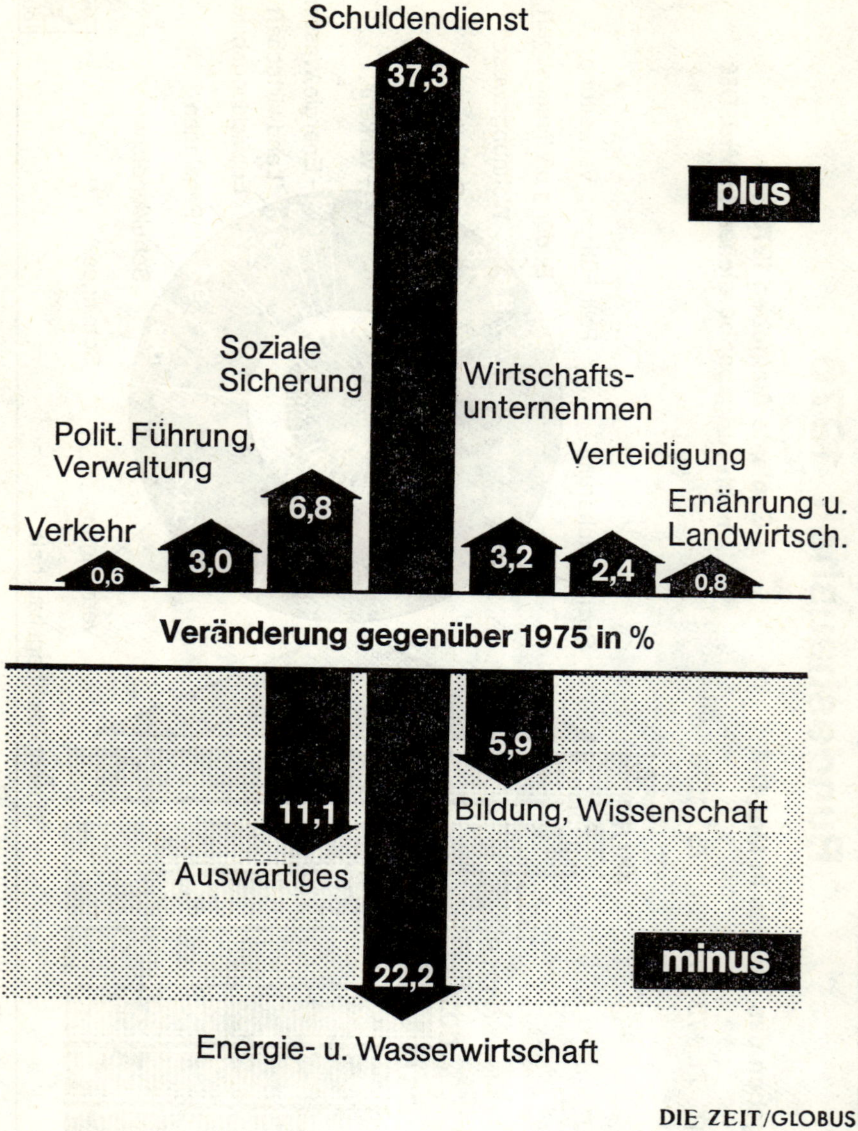

Quelle: DIE ZEIT vom 7. 11. 1975, S. 24.

Übersicht 2: Größenordnung und Ausgabenentwicklung großer Aufgabenbereiche

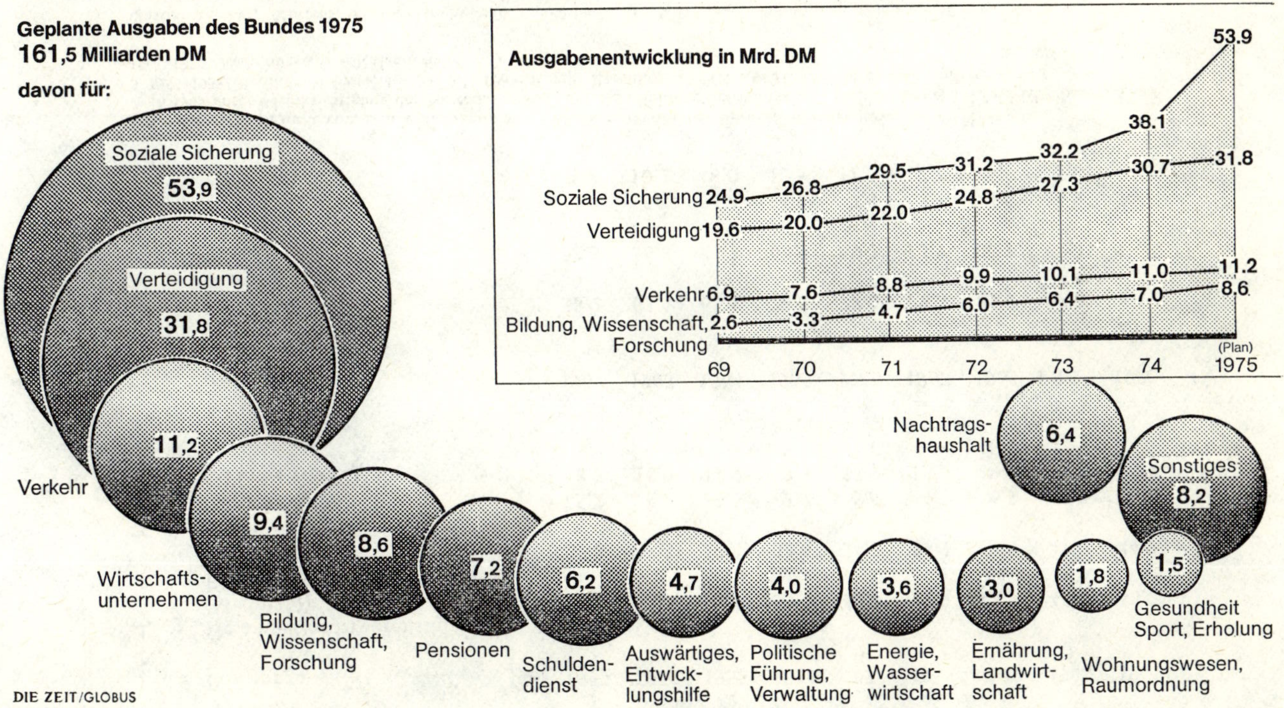

Quelle: Die Zeit, Nr. 37 vom 5. 9. 1975, S. 24.

Übersicht 2:
Gesamt-Ressortvoranschläge, Regierungsentwürfe zu den Haushalten 1953–1970

Lfd. Nr.	Positionen	Jahr 1953	1954	1955	1956	1957	1958	1959	1960	1961
1	Gesamt-Ressortvoranschläge (Mrd. DM)	33,0	32,1	31,1	35,5	40,8	43,9	44,7	45,5	48,0
2	Regierungsentwurf (Mrd. DM)	27,8	27,2	27,8	32,6	34,3	39,2	39,1	41,9	44,9
3	Differenz (1 ./. 2) (Mrd. DM)	5,2	4,9	3,3	2,9	6,5	4,7	5,6	3,6	3,1
4	(3) in % von (2)	18,7	18,0	11,9	8,9	18,9	12,0	14,3	8,6	6,9
		1962	1963	1964	1965	1966	1967	1968	1962[2])	1970
		58,2	62,6	65,1	70,6	77,0	79,6	85,2	87,0	(?)
		53,5	56,8	60,3	63,9	69,2	73,9	80,7	82,4	91,4
		4,7	5,8	4,8	6,7	7,8	5,7	4,5	4,6	–
		8,8	10,2	8,0	10,5	11,3	7,7	5,6	5,6	–

1 Summe der noch nicht vom Bundesfinanzminister / Kabinett revidierten Voranschläge der Ressorts.
2 ab 1969 unter Berücksichtigung der Nettodarstellung der Verschuldung des Bundes und bei den Lastenausgleichsabgaben.
3 1953–1959: Rechnungsjahr (1. 4. – 31. 3.); 1960: Rumpf-Rechnungsjahr (1. 4. – 31. 12.) linear extrapoliert; 1961–1970: Rechnungsjahr = Kalenderjahr.

Quelle: Zunker, Albrecht, Finanzplanung und Bundeshaushalt, Zur Koordinierung und Kontrolle durch den Bundesfinanzminister, Frankfurt a. M.–Berlin 1972.

Übersicht 3: Die Staatsquote in der Bundesrepublik Deutschland

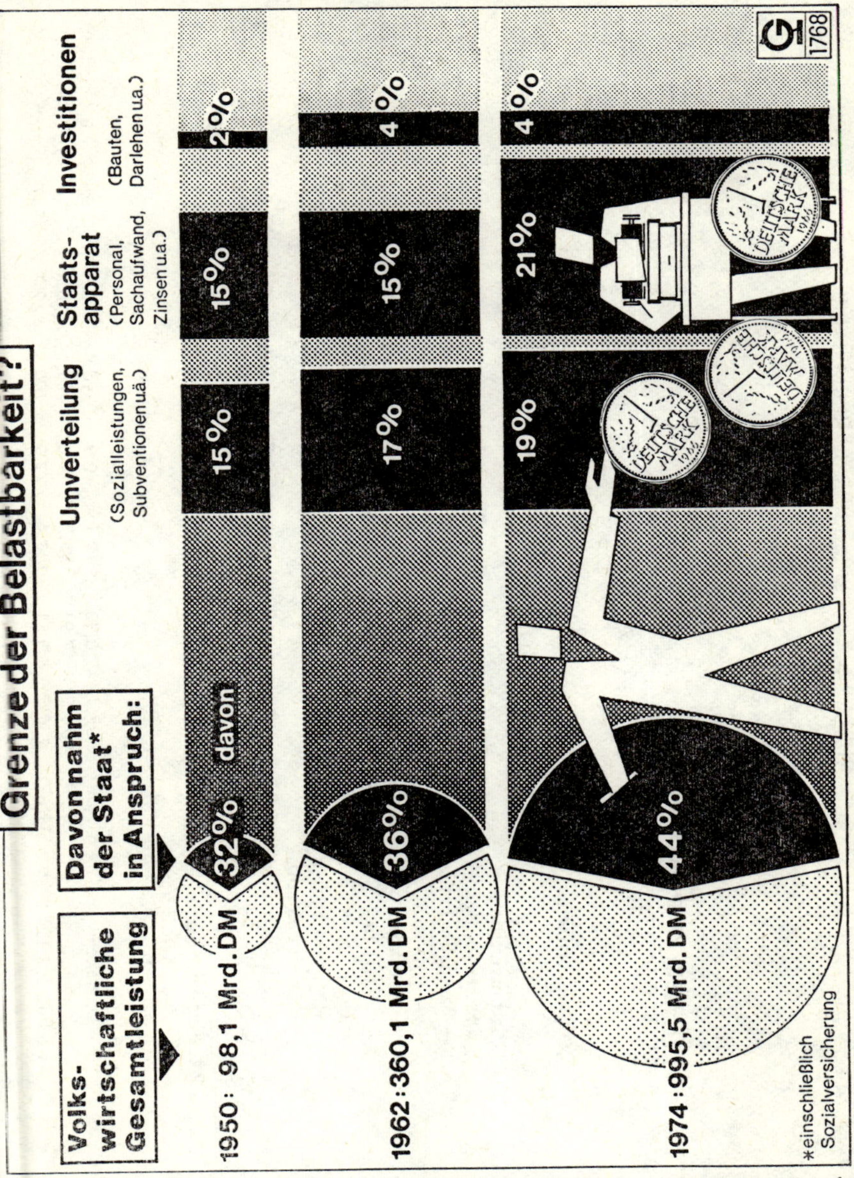

DIE HÄLFTE DES SOZIALPRODUKTS in Staatshand? Diese Vorstellung ist beileibe keine Utopie mehr, denn schon 1974 *steuerten* die Öffentlichen Hände die *Verwendung von 44 Prozent* des wirtschaftlichen Gesamtertrags der Bundesrepublik. Kräftig gestiegen ist vor allem der Anteil des Staatsverbrauchs, aber auch die Umverteilung mittels Steuern bzw. Sozialleistung und Subventionen hat erheblich zugenommen. Unverändert geblieben ist in den letzten 12 Jahren nur der Prozentsatz der Investitionen, obwohl gerade hier unter dem Blickwinkel des künftigen Wachstums ein Zuwachs wünschenswert gewesen wäre.

Quelle: Süddeutsche Zeitung vom 25./26. 10. 1975, S. 25.

Übersicht 4:

Die Investitionsausgaben des Bundes
– aufgeteilt nach Ausgabearten –

Ausgabenarten	Soll 1975		Entwurf 1976		– Finanzplan – 1977		1978		1979	
	Mrd. DM	v. H.	Mrd. DM	v. H.	Mrd. DM	v. H.	Mrd. DM	v. H.	Mrd. DM	v. H.
1. Sachinvestitionen *davon:*										
– Baumaßnahmen	5,72	*75,8*	5,35	*76,3*	5,7	*76,9*	6,0	*78,2*	6,2	*77,1*
davon:										
– Hochbau	(0,70)	*(9,3)*	(0,73)	*10,4)*	(0,9)	*(12,1)*	(1,0)	*(12,6)*	(1,0)	*(12,2)*
– Tiefbau	(5,01)	*(66,5)*	(4,62)	*(65,9)*	(4,8)	*(64,8)*	(5,0)	*(65,6)*	(5,2)	*(64,9)*
– Erwerb von beweglichen Sachen	1,13	*15,0*	0,97	*13,9*	1,1	*14,3*	1,0	*13,4*	1,2	*14,9*
– Erwerb von unbeweglichen Sachen	0,70	*9,2*	0,69	*9,8*	0,7	*8,8*	0,6	*8,4*	0,6	*8,0*
Summe 1.	7,54	*100,0*	7,02	*100,0*	7,4	*100,0*	7,6	*100,0*	8,0	*100,0*
2.1. Finanzierungshilfen an öffentlichen Bereich *davon:*										
– Darlehen	3,38	*29,0*	0,90	*10,3*	0,9	*10,9*	0,9	*11,4*	0,8	*10,6*
– Zuweisungen	8,29	*71,0*	7,91	*89,7*	7,0	*89,1*	6,8	*88,6*	6,7	*89,4*
Summe 2.1.	11,67	*100,0*	8,81	*100,0*	7,9	*100,0*	7,7	*100,0*	7,5	*100,0*

2.2. Finanzierungshilfen an sonstige Bereiche										
davon:										
– Darlehen	2,99	*43,6*	2,61	*39,2*	2,8	*40,1*	2,7	*37,2*	2,6	*34,5*
– Zuschüsse	3,10	*45,1*	3,72	*55,8*	3,8	*55,4*	4,3	*58,8*	4,6	*61,5*
– Beteiligungen	0,78	*11,3*	0,34	*5,0*	0,3	*3,8*	0,2	*2,9*	0,2	*2,6*
– Inanspruchnahme aus Gewährleistungen	0,00	–	0,00	–	0,1	*0,7*	0,1	*1,1*	0,1	*1,4*
Summe 2.2.	6,87	*100,0*	6,66	*100,0*	6,9	*100,0*	7,3	*100,0*	7,4	*100,0*
Summe 2.	18,54	–	15,48	–	14,7	–	15,0	–	14,9	–
Summe 1. und 2.	26,09	–	22,49	–	22,2	–	22,6	–	23,0	–

Quelle: Bundesrats-Drucksache 626/75, S. 40.

Übersicht 5: Beispiele für Aufgabenschwerpunkte der föderativen Ebenen

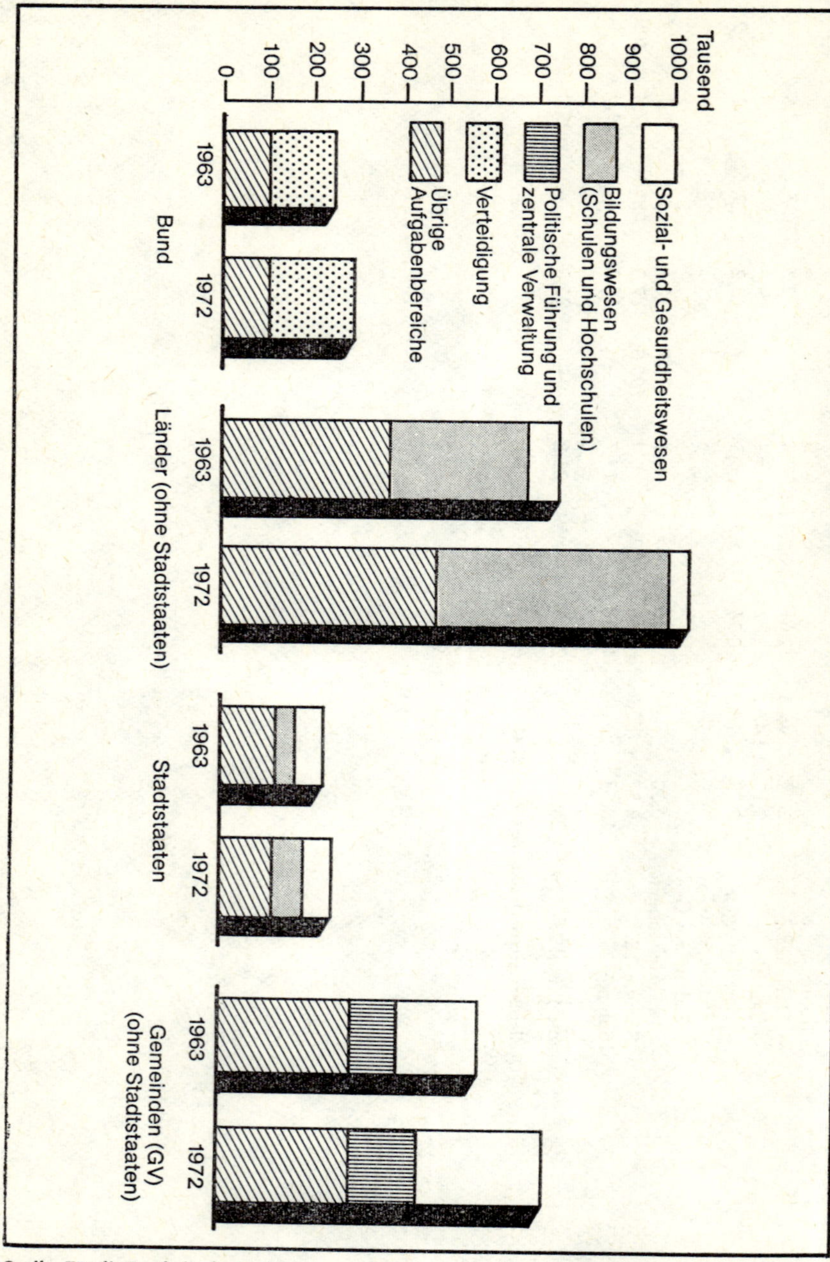

Quelle: Für die Bundesländer ist ihre Finanzautonomie unantastbar, in: Handelsblatt vom 20. 9. 1973.

Übersicht 6: Subventionen als Finanzhilfen und Steuervergünstigungen

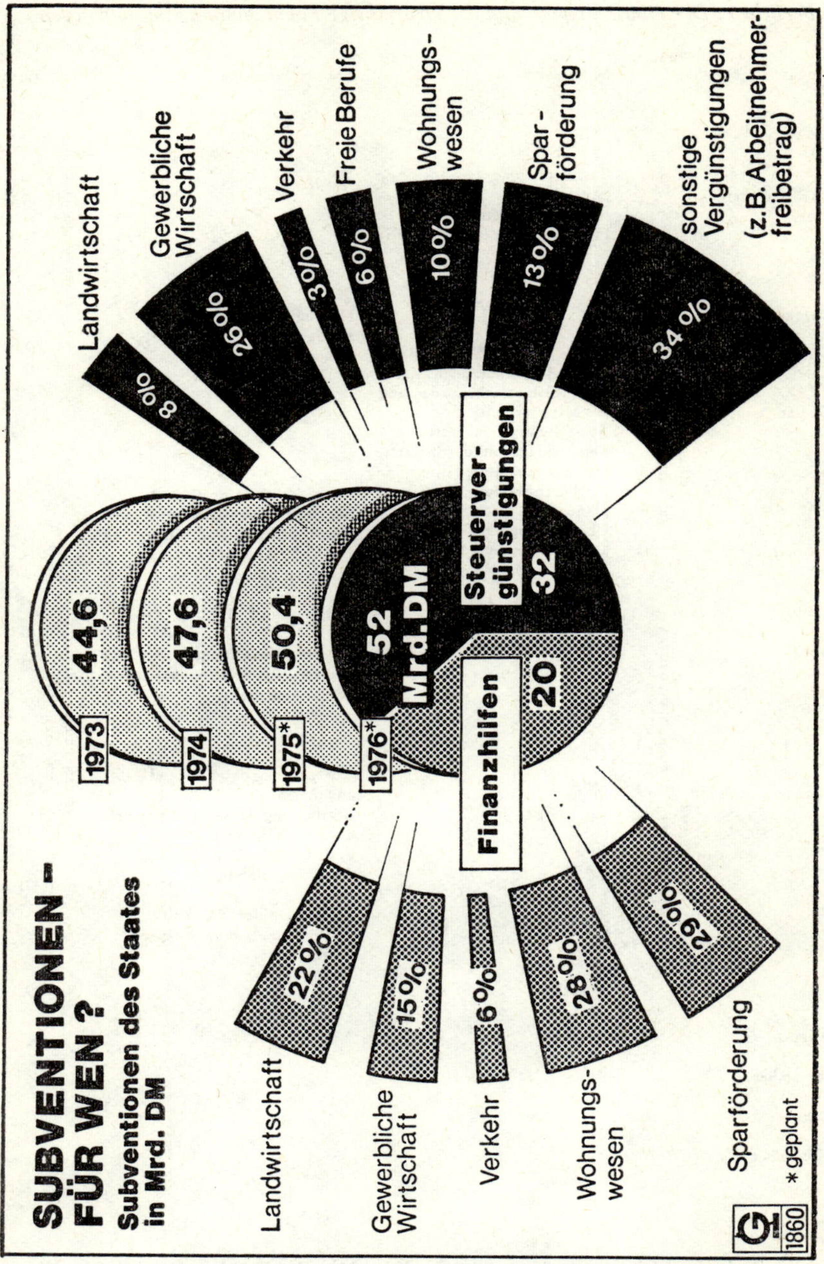

SCHWIERIGE STREICHUNGEN. Der Staat, der 1976 auf ein Haushaltsdefizit von über 70 Mrd. DM zusteuert, leistet sich im gleichen Jahr 52 Mrd. DM Subventionen. Ein einziger entschlossener Strich mit dem Rotstift könnte, so scheint es, den Fiskus von seinen größten Sorgen befreien. Tatsächlich aber würden größere Streichungen unübersehbare Folgen für Wirtschaft und Gesellschaft haben. Einsparungen sind nur auf längere Sicht möglich, will man dem Schlagwort von der »sozialen Demontage« den Boden entziehen.

Quelle: Süddeutsche Zeitung vom 1./2. 11. 1975, S. 29.

Übersicht 7: Der Haushaltsplan und die mehrjährige Finanzplanung im politischen

Monat	Planungs-phase	Ministerien	BM der Finanzen	Arbeitsausschuß
bis November		Ressortplanung Leitlinie: letzte Fortschreibung der Finanzplanung (ca. Juni/Juli)		tagt in Permanenz
Dezember			Haushaltsrundschreiben an die obersten Bundesbehörden	
Januar	Aufstellung der Voranschläge	Aufstellung der Voranschläge und Bedarfsschätzungen der nachgeordneten Behörden und des Ministeriums Aufstellung des Ressortvoranschlags und der Bedarfsschätzungen / Investitionspläne zur Fortschreibung der Finanzplanung		
Februar		Übersendung der Bedarfsanmeldungen und Voranschläge in BFM	Entwicklung ökon. Grundannahmen und Grundannahmen zum Haushalts- und Finanzplan i. Zs.arbeit m. BM f. Wirtschaft, Finanzkabinett u. a.	mehrere form. Sitzungen z. Vorbereitg. d. Sitzungen d. Finanzkabinetts
März	Verhandlungsphase		Prüfung durch BFM	
April			Ressortverhandlungen (Referenten-/Streitpunktverhandlungen)	
Mai				
Juni	Entscheidungs-phase		Überprüfung ökon. Grundannahmen Erarbeitung des Gesamtentwurfs des Haushaltsplans u. d. Fortschreibung der Finanzplanung Einbringen der Haushalts- und Finanzplanungsvorlagen im Kabinett	
Juli				
August				
September				
Oktober				
November				

Quelle: Zunker, Albrecht, Finanzplanung und Bundeshaushalt, Zur Koordinierung und Kontrolle durch

…ntscheidungsprozeß

Bundesregierung				
…zkabinett	Kabinett	BM für Wirtschaft	Finanzplanungs-/ Konjunkturrat	Sonstige(s)
		Vorbereitung des Jahreswirtschaftsberichts	Konjunkturrat: Sitzungsfolge in Abhängigkeit v. d. konj. Lage; regelmäßig: Beratung des Jahreswirtschaftsberichts einschl. Prognosen/ Projektionen d. ges. wirtschaftl. Entwicklung. Empfehlungen zu Haushaltsführung, -planung, Investitionsprogrammen.	Intermin. Arbeitskreis »Gesamtwirtschaftliche« Vorausschätzungen an kurzfr. Prognosen beteiligt
	Beratung und Beschluß des Jahreswirtschaftsberichts			Arbeitskreis Steuerschätzungen u. a. beteiligt an Einnahmenschätzung
	Beratung, Beschlüsse von Einzelmaßnahmen i. L. d. Jahres	Aufstellung kurz- und mittelfr. Prognosen/Projektionen der gesamtwirtschaftlichen Entwicklung; mehrfache Überprüfung i. L. d. Jahres	Finanzplanungsrat: Aufstellung von Grundannahmen für Haushaltspläne und Finanzplanungen Empfehlungen an Geb.-körperschaften	Bundesrechnungshof erhält Ressortvoranschläge
				beide Arbeitskreise: Überprüfungen der Prognose bzw. Schätzung
			Finanzplanungsrat: Überprüfung, u. U. Anpassung der Grundannahmen an neue Daten Empfehlungen an Geb.-körperschaften	
…ußberatung, …rung der …rtmin. …ehlungen an …ett	Beratung und Beschluß Regierungsentwurf des Haushaltsplans, Fortschr. d. Finanzplanung und event. Folgebeschlüsse			
	Einbringung Regierungsentwurf Haushaltsgesetz, -plan, Finanzplanung bei Bundesrat, -tag		Finanzplanungsrat: Überprüfung der Grundannahmen bes. unter konjunkturpol. Aspekt Empfehlungen an Geb.-körperschaften	

…undesfinanzminister, Frankfurt a. M.–Berlin 1972.

Übersicht 8:
So verschätzten sich Bonns Steuerschätzer

Geschätzte Steuereinnahmen 1974 (in Mio DM)	Arbeitskreis*	Arbeitskreis*		Arbeitskreis*		Regierung		DIW*	
	August 1973	März 1974	im Vergleich zu Aug. 73	Juni 1974	im Vergleich zu Aug. 73	August 1974	im Vergleich zu Aug. 73	Sept. 1974	im Vergleich zu Aug. 73
Bund	126 226	124 200	– 2 026	122 300	– 3 926	120 000	– 6 226	119 600	– 6 626
Länder	92 054	91 290	– 764	89 850	– 2 204	88 000	– 4 054	87 450	– 4 604
Gemeinden	30 670	31 020	+ 350	30 760	+ 90	30 000	– 670	30 200	– 470
EG-Zölle, Lastenausgleich	3 950	3 890	– 60	3 890	– 60	4 000	+ 50	3 900	– 50
Insgesamt	252 900	250 400	– 2 500	246 800	– 6 100	242 000	– 10 900	241 150	– 11 750

* Arbeitskreis »Steuerschätzung«; Deutsches Institut für Wirtschaftsforschung
Quelle: Wirtschaftswoche, Nr. 42 vom 11. 10. 1974.

Übersicht 9:
Die Steuereinnahmen im Verhältnis zum Sozialprodukt

Kalenderjahr	BSP in Mrd. DM	Steuereinnahmen in Mio DM	Steuereinnahmen in vH des BSP (volkswirtsch. Steuerqote)
1966	490,7	112 450,5	22,9
1967	495,5	114 631,1	23,1
1968	540,0	121 808,5	22,6
1969	605,2	145 287,8	24,0
1970	685,6	154 136,7	22,5
1971	761,9	172 409,3	22,6
1972	833,9	197 002,8	23,6
1973	926,9[1]	224 803,4[3]	24,3
1974	994,0[1]	239 618,2[1] [3]	24,1
1975[2]	1 041,0	238 300	22,9
1976[2]	1 139,5	256 709 [4]	22,5

[1] Vorläufige Ergebnisse. – [2] Schätzungen. – [3] Ohne Stabilitätszuschlag und Investitionssteuer. – [4] Finanzielle Auswirkungen der von der Bundesregierung am 10. 9. 1975 beschlossenen Maßnahmen zur Verbesserung der Haushaltsstruktur und zur Verminderung der Kreditaufnahmen berücksichtigt.

Quelle: Finanzbericht 1976, Bonn 1975, S. 37.

Übersicht 10:
Funktionsübersicht[1]
(Gliederung der Einnahmen und Ausgaben nach Funktionen/Aufgabenbereichen)

Kenn-ziffer	Funktionen/Aufgabenbereiche	Haushaltsplan 1976 Einnahmen	1976 Ausgaben	1975 Einnahmen	1975 Ausgaben
		– Millionen DM –			
0	*Allgemeine Dienste*	*1 389*	*42 885*	*1 410*	*42 538*
01	*Politische Führung und zentrale Verwaltung*	125	4 046	100	3 927
011	Politische Führung	47	*1 417*	30	1 391
012	Innere Verwaltung	1	48	1	45
013	Informationswesen	4	154	3	142
014	Statistischer Dienst	0	91	1	93
015	Zivildienst	23	243	17	176
016	Steuer- und Zollverwaltung, Vermögensverwaltung	42	1 431	41	1 447
017	Schuldenverwaltung und sonstige Finanzverwaltung	3	12	3	12
018	Hochbauverwaltung	3	144	3	134
019	Sonstige allgemeine Staatsaufgaben	0	505	0	488
02	*Auswärtige Angelegenheiten*	788	4 443	801	4 997
021	Auslandsvertretungen	13	371	13	355
022	Internationale Organisationen	342	175	377	60
023	Entwicklungshilfe	370	2 960	345	3 505
024	Auslandsschulwesen und kulturelle Angelegenheiten am Ausland	–	447	–	462
029	Sonstiges	63	490	67	614

03	*Verteidigung*	462	33 244	494	32 469
031	Verwaltung	–	5 292	–	5 303
032	Deutsche Verteidigungsstreitkräfte	380	24 499	370	23 410
033	Verteidigungslasten im Zusammenhang mit dem Aufenthalt ausländischer Streitkräfte	51	936	52	946
034	Zivile Verteidigung	24	526	66	564
036	Wissenschaftliche Forschung	7	1 489	7	1 722
037	Unterhaltssicherung	-	501	–	523
04	*Öffentliche Sicherheit und Ordnung*	6	1 024	7	1 017
041	Bundesgrenzschutz	5	767	6	756
042	Polizei	0	145	0	138
044	Feuerschutz	–	–	–	–
049	Sonstiges	1	113	0	123
05	*Rechtsschutz*	8	127	8	126
051	Verfassungsgerichte	0	9	0	9
052	Ordentliche Gerichte und Staatsanwaltschaften	6	72	6	71
053	Verwaltungsgerichte	0	16	1	15
054	Arbeits- und Sozialgerichte	0	15	0	14
055	Finanzgerichte	1	9	1	9
059	Sonstige Rechtsschutzaufgaben	0	6	0	9

[1]) In der Spalte »1975« ist der Nachtragshaushalt 1975 berücksichtigt.
Aus Gründen der Vergleichbarkeit wurde auch für 1975 der Funktionenplan nach dem Stand 16. Dezember 1974 (MinBlFin. S. 757) zugrunde gelegt.

Quelle: Bundesrats-Drucksache 625/75.

Kennziffer	Funktionen / Aufgabenbereiche	Haushaltsplan 1976 Einnahmen	1976 Ausgaben	1975 Einnahmen	1975 Ausgaben
		– Millionen DM –			
1	*Bildungswesen, Wissenschaft, Forschung, Kulturelle Angelegenheiten*	*51*	*8 515*	*44*	*9 049*
11	*Verwaltung*	–	4	–	4
12	*Schulen und vorschulische Bildung*	–	57	–	80
13	*Hochschulen*	–	1 126	–	1 426
131	Universitäten, Technische Hochschulen, Technische Universitäten	–	1	–	1
139	Sonstiges	–	1 125	–	1 425
14	*Förderung des Bildungswesens*	11	2 086	10	2 310
141	Ausbildungsförderung für Schüler	–	} 1 880[2])	–	} 2 080[2])
142	Ausbildungsförderung für Studierende	11		10	
143	Andere Förderungsmaßnahmen für Schüler	–	–	–	–
144	Andere Förderungsmaßnahmen für Studierende	–	106	–	130
146	Studentenwohnraumförderung	–	100	–	100
149	Sonstiges	–	–	–	–
15	*Sonstiges Bildungswesen*	3	251	3	249
151	Außerschulische Jugendbildung	–	–	–	–
153	Sonstige Weiterbildung	–	15	–	16
155	Betriebliche und überbetriebliche berufliche Aus- und Fortbildung einschließlich Ausbilderförderung	3	149	3	141
156	Förderung der politischen Bildung	0	66	0	66
157	Bibliothekswesen	–	0	–	0
158	Berufsakademien, Fachakademien	–	2	–	2
159	Sonstiges	–	18	–	24

16/17	*Wissenschaft, Forschung, Entwicklung außerhalb der Hochschulen*[1])	37	4 908	32	4 895
161	Fächerübergreifende Förderungs- und Trägerorganisationen in Wissenschaft und Forschung	–	500	–	517
162	Wissenschaftliche Bibliotheken, Archive, Dokumentation, Dokumentationsforschung	0	150	0	136
163	Wissenschaftliche Museen	–	9	–	12
164	Sonderforschungsbereiche	–	128	–	126
165	Kernforschung	–	1 243	–	1 196
166	Sonstige Energieforschung	–	201	–	208
167	Weltraumforschung und -technik	–	637	–	583
168	Informatik, Datenverarbeitung	–	406	–	457
169	Technologische Forschung und Entwicklung	0	193	0	235
171	Wirtschaft einschließlich Infrastruktur	12	218	10	215
172	Verkehrs- und Nachrichtenwesen	–	227	–	245
173	Reinhaltung von Luft, Wasser und Erde, Lärmbekämpfung, Reaktorsicherheit, Strahlenschutz	–	228	–	192
174	Ernährung, Land- und Forstwirtschaft	13	195	12	198
175	Soziale Fragen, Arbeitsmarkt, Gesundheitswesen	3	259	2	227
176	Bau- und Wohnungswesen, Raum- und Städteplanung	0	24	0	10
177	Boden- und Meeresforschung	4	129	4	151
178	Bildungswesen	–	35	–	45
179	Sonstiges	5	125	3	143

[1]) Einschließlich Zuschüsse zu den Sonderforschungsbereichen, ohne Forschung der Verteidigung 036.
[2]) nicht aufteilbar.

Kenn-ziffer	Funktionen / Aufgabenbereiche	Haushaltsplan 1976 Einnahmen	Haushaltsplan 1976 Ausgaben	Haushaltsplan 1975 Einnahmen	Haushaltsplan 1975 Ausgaben
		– Millionen DM –			
18	*Kunst- und Kulturpflege*	–	52	–	54
181	Theater	–	0	–	1
182	Berufsorchester und -chöre, sonstige Musikpflege	–	10	–	10
183	Museen, Sammlungen, Ausstellungen	–	1	–	1
184	Denkmalsschutz und Denkmalspflege	–	2	–	3
189	Sonstiges	–	39	–	40
19	*Kirchliche Angelegenheiten*	–	31	–	31
2	*Soziale Sicherung, soziale Kriegsfolgeaufgaben, Wiedergutmachung*	*170*	*63 443*	*158*	*59 408*
21	*Verwaltung*	0	361	0	379
211	Versicherungsbehörden	0	14	0	14
214	Versorgungsämter (KOV)	–	0	–	0
215	Lastenausgleichsverwaltung	0	22	0	39
216	Wiedergutmachungsbehörden	–	0	–	0
219	Sonstige Behörden im Bereich der sozialen Sicherung	0	324	0	326
22	*Sozialversicherung einschließlich Arbeitslosenversicherung*	5	24 603	4	19 468
221	Rentenversicherung der Angestellten und Arbeiter	–	15 018	–	10 899
222	Knappschaftsversicherung	–	6 626	–	5 827
223	Unfallversicherung	5	458	4	536
224	Krankenversicherung	–	792	–	652
225	Arbeitslosenversicherung	–	–	–	–
226	Altershilfe für Landwirte	–	1 676	–	1 526
229	Sonstige Sozialversicherungen	0	33	0	29

23	*Familien-, Sozial- und Jugendhilfe*	19	14 261	17	14 444
231	Kindergeld	0	13 000	0	13 150
232	Mutterschutz	–	140	–	138
233	Wohngeld	–	800	–	840
234	Sozialhilfeleistungen	6	94	6	92
236	Förderung der freien Wohlfahrtspflege	0	48	0	68
237	Jugendhilfeleistungen	2	56	1	32
238	Einrichtungen der Jugendhilfe des öffentlichen Bereichs	4	7	4	7
239	Förderung der freien Jugendhilfe	6	116	6	117
24	*Soziale Leistungen für Folgen von Krieg und politischen Ereignissen*	139	13 236	128	12 849
241	Leistungen der Kriegsopferversorgung und gleichartige Leistungen	0	10 224	0	9 775
242	Einrichtungen der Kriegsopferversorgung	–	94	–	112
243	Lastenausgleich	–	343	–	345
244	Wiedergutmachung nach den Entschädigungsgesetzen	–	1 257	–	1 255
245	Sonstige Wiedergutmachungsleistungen	–	89	–	106
246	Vertriebene und Flüchtlinge	2	81	3	79
247	Kriegsopferfürsorge	133	867	119	871
249	Sonstiges	4	283	6	307
25	*Arbeitsmarktpolitik und Arbeitsschutz*	7	6 608	9	8 816
251	Arbeitslosenhilfe	0	6 384	0	8 529
252	Hilfen für die Berufsausbildung, Fortbildung und Umschulung	2	56	2	56

Kennziffer	Funktionen / Aufgabenbereiche	Haushaltsplan 1976 Einnahmen	Haushaltsplan 1976 Ausgaben	Haushaltsplan 1975 Einnahmen	Haushaltsplan 1975 Ausgaben
		– Millionen DM –			
253	Sonstige Anpassungsmaßnahmen und produktive Arbeitsförderung	5	156	6	212
254	Arbeitsschutz	0	11	0	19
26	*Naturkatastrophen*	–	–	–	–
27	*Förderung der Vermögensbildung*	–	4 200	–	3 260
29	*Sonstige soziale Angelegenheiten*	0	174	0	191
3	*Gesundheit, Sport und Erholung*	4	*1 426*	*2*	*1 407*
31	*Einrichtungen und Maßnahmen des Gesundheitswesens*	1	1 257	1	1 229
312	Krankenhäuser und Heilstätten	1	1 210	1	1 188
314	Maßnahmen des Gesundheitswesens	0	43	0	37
319	Sonstiges	–	4	–	4
32	*Sport und Erholung*	0	70	0	69
323	Sportstätten	–	27	–	32
324	Förderung des Sports	–	38	–	31
329	Sonstiges	0	5	0	6
33	*Reinhaltung von Luft, Wasser und Erde, Lärmbekämpfung, Reaktorsicherheit, Strahlenschutz*	3	100	1	109

4	*Wohnungswesen, Raumordnung und kommunale Gemeinschaftsdienste*	*603*	*1 831*	*586*	*1 819*
41	*Wohnungswesen*	579	1 428	564	1 486
411	Förderung des Wohnungsbaues	579	1 425	564	1 483
419	Sonstiges	–	3	–	3
42	*Raumordnung, Landesplanung, Vermessungswesen*	–	2	–	14
43	*Kommunale Gemeinschaftsdienste*	25	167	22	158
44	*Städtebauförderung*	–	235	–	160
5	*Ernährung, Landwirtschaft und Forsten*	*160*	*2 577*	*187*	*2 556*
51	*Verwaltung (ohne Betriebsverwaltung)*	3	26	3	24
511	Ernährung und Landwirtschaft	3	26	3	24
52	*Verbesserung der Agrarstruktur*	108	1 781	121	1 486
521	Flurbereinigung	13	.[1]	13	288
522	Einzelbetriebliche Förderung	73	29[1]	72	398
523	Verbesserung der Marktstruktur	–	.[1]	–	127
524	Wirtschaftswege	–	.[1]	–	96
528	EWG-Ausrichtungsfonds	21	109	36	115
529	Sonstiges	1	1 643[1]	–	463

[1] Bundesanteil zur Finanzierung der Gemeinschaftsaufgabe »Verbesserung der Agrarstruktur und des Küstenschutzes« wegen fehlenden Rahmenplanes nicht aufteilbar

Kenn-ziffer	Funktionen / Aufgabenbereiche	Haushaltsplan 1976 Einnahmen	Haushaltsplan 1976 Ausgaben	Haushaltsplan 1975 Einnahmen	Haushaltsplan 1975 Ausgaben
		– Millionen DM –			
53	*Einkommenstabilisierende Maßnahmen*	8	691	14	948
531	EWG-Garantiefonds	–	–	–	166
532	Marktordnungen (einschl. EG)	8	129	14	197
533	Gasölverbilligung	–	548	–	555
534	Aufwertungsausgleich	–	–	–	1
539	Sonstiges	–	14	–	30
54	*Sonstige Bereiche*	40	79	50	97
6	*Energie- und Wasserwirtschaft, Gewerbe, Dienstleistungen*	*225*	*2 782*	*209*	*3 574*
61	*Verwaltung*	110	197	110	157
62	*Energie- und Wasserwirtschaft, Kulturbau*	2	923	1	1 609
621	Kernenergie	0	213	0	376
622	Sonstige Energieformen	1	–	1	–
623	Wasserwirtschaft und Kulturbau	1	.[1])	1	275
624	Talsperren, Hochwasserrückhaltebecken	0	–	0	–
625	Küstenschutz	–	.[1])	–	133
626	Erdölversorgung	–	640	–	766
627	Sonstige Energieversorgung	–	35	–	35
628	Sonstige Rohstoffbeschaffungsmaßnahmen	–	32	–	24
629	Sonstiges	–	4	–	–

63	*Bergbau, verarbeitendes Gewerbe und Baugewerbe*	0	973	0	1 171
631	Kohlenbergbau	–	530	–	696
632	Sonstiger Bergbau	–	2	–	2
634	Verarbeitende Industrie	–	405	–	438
635	Handwerk und Kleingewerbe	0	35	0	34
639	Sonstiges verarbeitendes Gewerbe	–	1	–	1
64	*Handel*	0	58	0	54
641	Handel (allgemein)	–	11	–	11
642	Exportförderung, Auslandsmessen	–	27	–	28
643	Märkte und Inlandsmessen	0	0	0	0
649	Sonstiges	–	20	–	15
65	*Förderung des Fremdenverkehrs*	–	20	–	18
66	*Geld- und Versicherungswesen*	21	20	19	19
661	Banken und sonstige Kreditinstitute	9	8	8	8
662	Versicherungen	12	11	11	11
67	*Sonstige Dienstleistungen*	0	8	0	8
68	*Sonstige Bereiche*	5	19	5	6
69	*Regionale Förderungsmaßnahmen*	88	566	74	532
691	Betriebliche Investitionen	39	172	39	123
692	Verbesserung der Infrastruktur	16	360	17	374
699	Sonstiges	33	34	18	35

1) Bundesanteil zur Finanzierung der Gemeinschaftsaufgabe »Verbesserung der Agrarstruktur und des Küstenschutzes« wegen fehlenden Rahmenplanes nicht aufteilbar.

Kennziffer	Funktionen / Aufgabenbereiche	Haushaltsplan 1976 Einnahmen	Haushaltsplan 1976 Ausgaben	Haushaltsplan 1975 Einnahmen	Haushaltsplan 1975 Ausgaben
		– Millionen DM –			
7	*Verkehrs- und Nachrichtenwesen*	*457*	*11 391*	*381*	*11 324*
71	*Verwaltung*	213	278	194	279
711	Straßen- und Brückenbau	5	–	–	–
712	Wasserstraßen und Häfen	169	206	152	211
719	Sonstiges	39	72	42	69
72	*Straßen*	45	6 811	43	6 839
721	Bundesautobahnen	29	3 629	26	3 814
722	Bundesstraßen	9	1 840	10	1 909
723	Landstraßen	0	63	–	18
725	Gemeindestraßen	0	1 252	0	1 065
729	Sonstiges	6	27	7	32
73	*Wasserstraßen und Häfen, Förderung der Schiffahrt*	21	1 310	23	1 262
74	*Schienenverkehr*	66	1 579	66	1 568
75	*Luftfahrt*	95	480	34	451
751	Flugsicherung	94	420	33	381
759	Sonstiges	1	60	1	70
76	*Wetterdienst*	5	109	5	129
77	*Nachrichtenwesen*	–	276	–	268
771	Post- und Fernmeldewesen	–	–	–	–
772	Rundfunkanstalten und Fernsehen	–	276	–	268

78	*Sonstige Bereiche*	12	547	15	527
8	*Wirtschaftsunternehmen, Allgemeines Grund- und Kapitalvermögen, Sondervermögen*	*383*	*9 636*	*429*	*9 338*
81	*Land- und forstwirtschaftliche Unternehmen*	12	30	11	28
811	Domänen	–	0	–	0
812	Forsten	12	29	11	28
82	*Versorgungsunternehmen*	1	0	1	0
83	*Verkehrsunternehmen*	13	9 244	23	8 845
831	Straßenverkehrsunternehmen	–	–	–	–
832	Eisenbahnen	0	8 828	0	8 574
833	Schiffahrt	1	3	1	5
834	Häfen und Umschlag	0	1	0	1
835	Flughäfen und Luftverkehr	11	119	21	165
839	Sonstige Verkehrsunternehmen	–	293	–	100
84	*Kombinierte Versorgungs- und Verkehrsunternehmen*	–	–	–	–
85	*Bergbau- und Gewerbeunternehmen*	86	125	113	187
851	Bergbau	4	61	4	33
852	Industrielle Unternehmen	81	56	78	150
853	Banken und Kreditinstitute	0	–	0	–
859	Sonstiges	1	8	30	4

Kenn-ziffer	Funktionen / Aufgabenbereiche	Haushaltsplan 1976 Einnahmen	1976 Ausgaben	1975 Einnahmen	1975 Ausgaben
		– Millionen DM –			
86	*Sonstige Wirtschaftsunternehmen*	–	–	1	–
861	Staatsbäder	–	–	–	–
862	Lotterie, Lotto, Toto	–	–	–	–
869	Sonstiges	–	–	1	–
87	*Allgemeines Grund-, Kapital- und Sondervermögen*	272	237	280	277
871	Allgemeines Grundvermögen	268	237	275	277
872	Allgemeines Kapitalvermögen	4	–	5	–
9	*Allgemeine Finanzwirtschaft*	*164 646*	*23 604*	*158 054*	*20 450*
91	*Steuern und allgemeine Finanzzuweisungen*	125 500	6 213	117 004	5 741
92	*Schulden*	38 598	9 307	37 925	6 779
93	*Versorgung*	63	7 231	60	7 230
931	Versorgung der Beamten und Richter	2	907	2	858
932	Versorgung der Soldaten der Bundeswehr	0	1 356	0	1 389
933	Beihilfen für Versorgungsempfänger	–	232	–	131

934	Versorgungsausgaben, die durch das Zweite Überleitungsgesetz vom Bund übernommen worden sind	0	70	0	76
935	Versorgung von verdrängten Angehörigen des öffentlichen Dienstes und von Angehörigen aufgelöster Dienststellen sowie ihrer Hinterbliebenen	26	2 910	25	3 086
936	Versorgung von Berufssoldaten der früheren Wehrmacht und der berufsmäßigen Angehörigen des früheren Reichsarbeitsdienstes sowie ihrer Hinterbliebenen	35	1 757	34	1 690
94	*Beihilfen, Unterstützungen u. ä.*	–	240	–	241
95	*Rücklagen*	–	–	2 347	–
96	*Sonstiges*	485	94	718	104
97	*Abwicklung der Vorjahre*	–	–	–	–
98	*Globalposten*	–	519	–	356
981	Verstärkungsmittel für Personalausgaben	–	1 319	–	1 076
988	Globale Mehrausgaben / Globale Mindereinnahmen	–	–	–	–
989	Globale Minderausgaben / Globale Mehreinnahmen	–	– 800	–	– 720
99	*Haushaltstechnische Verrechnungen*	–	–	–	–
	Gesamteinnahmen und Gesamtausgaben	*168 089*	*168 089*	*161 459*	*161 459*

Übersicht 11:
Gliederung nach Ausgabenarten

Ausgaben	Haushaltsplan 1976	1975
	– Millionen DM –	
I Laufende Rechnung		
1 Personalausgaben	*26 106*	*25 705*
11 Aktivitätsbezüge	19 892	19 659
12 Versorgung	6 214	6 046
2 Laufender Sachaufwand	*23 248*	*22 351*
21 Unterhaltung des unbeweglichen Vermögens	1 393	1 275
22 Militärische Beschaffungen, Anlagen usw.	12 089	11 545
23 sonstiger laufender Sachaufwand	9 766	9 531
3 Zinsausgaben	*8 956*	*6 258*
31 an Verwaltungen	–	–
32 an andere Bereiche	8 956	6 258
Sozialversicherung	384	293
Sonstige	8 573	5 965
4 Laufende Zuweisungen und Zuschüsse	*84 107*	*78 820*
41 an Verwaltungen	15 374	15 315
Länder	13 335	13 231
Gemeinden	1 669	1 711
LAF	343	345
ERP	20	22
Zweckverbände	8	7
42 an andere Bereiche	68 733	63 505
an Unternehmen	8 523	9 188
an öffentliche Unternehmen, soweit nicht durch den laufenden Betrieb bedingt	2 278	1 963
Renten, Unterstützung u. ä. an natürliche Personen	23 072	22 735
Sozialversicherung	31 157	25 805
an private Institutionen ohne Erwerbscharakter	508	494
an Ausland	3 196	3 319
Summe laufende Ausgaben	*142 417*	*133 134*

Quelle: Bundesrats-Drucksache 625/75, S. 28 und 30.

Ausgaben	Haushaltsplan 1976	1975
	– Millionen DM –	
II Kapitalrechnung		
1 *Sachinvestitionen*	*7 015*	*7 543*
11 Baumaßnahmen	5 350	5 716
12 Erwerb von beweglichen Sachen	975	1 128
13 Grunderwerb	690	699
2 *Vermögensübertragungen*	*15 605*	*14 344*
21 Zuweisungen und Zuschüsse für Investitionen	11 626	11 384
211 an Verwaltungen	7 908	8 286
Länder	7 504	7 928
Gemeinden	404	358
Zweckverbände	–	–
212 an andere Bereiche	3 718	3 098
Inland	3 389	2 783
Ausland	329	315
22 sonstige Vermögensübertragungen	3 980	2 960
221 an Verwaltungen	266	248
Länder	266	248
222 an andere Bereiche	3 713	2 712
Unternehmen (Inland)	540	723
private Haushalte (Inland)	3 173	1 942
Ausland	–	47
3 *Darlehensgewährung, Erwerb von Beteiligungen*	*3 851*	*7 159*
31 Darlehensgewährung	3 516	6 378
311 an Verwaltungen	905	937
Länder	887	920
Gemeinden	18	17
312 an andere Bereiche	2 611	5 441
Sozialversicherung	–	2 450
Sonstige – Inland	1 119	1 414
Ausland	1 492	1 577
32 Erwerb von Beteiligungen, Kapitalanlagen	835	781
Inland	222	267
Ausland	113	514
4 *Darlehensrückzahlungen an Gebietskörperschaften (einschließlich LAF, ERP)*	–	–
Summe Ausgaben der Kapitalrechnung	*26 472*	*29 045*
Globalansätze (soweit nicht aufgeteilt)	– 800	– 720
Ausgaben zusammen	*168 089*	*161 459*

Übersicht 12:
Arbeitsprogramm der Bundesregierung

Vorhaben der Regierung	Sachstand	Kabinett	Bundesrat 1	Bundestag 1	Bundestag 2/3	Bundesrat 2	Probleme
INNENMINISTER WERNER MAIHOFER							
Konzeption zur Reform des öffentlichen Dienstes	4.75	4. 75	–	–	–	–	–
Bundesdatenschutzgesetz	in Ausschüssen	5. 73	7. 73	11. 73	3. 75	4. 75	Bundesrat-Zustimmung
Entwicklung eines statist. Konzepts	–	6. 75	–	–	–	–	–
Fortschreibung des Umweltprogramms der Bundesregierung	Ref.-Entwurf	12. 75	–	–	–	–	Besondere Bund-Länder-Problematik
Verankerung des Umweltschutzes im Grundgesetz	Ref.-Entwurf 1. 74	3. 75	–	–	–	–	Weitere Plantermine nicht zu übersehen, polit. Problem
Gesetz über die allgemeinen Rechtsverhältnisse der Presse (Presserechtsrahmengesetz)	Ref.-Entwurf 7. 74	7. 75	–	–	–	–	Weitere Plantermine aus politischen Gründen nicht zu übersehen
Wasserhygienegesetz	–	1. 76	–	–	–	–	BR-Zustimmung
JUSTIZMINISTER HANS-JOCHEN VOGEL							
Erstes Gesetz zur Bekämpfung der Wirtschaftskriminalität	im Bundesrat	1. 75	2. 75	4. 75	3. 76	4. 76	–
Erstes Gesetz zum Schutz der Verbraucher auf dem Gebiet des Bürgerl. Rechts		5. 75	6. 75	10. 75	–	10. 76	–

FINANZMINISTER HANS APEL							
Gesetz über die Feststellung des Bundeshaushaltsplans 1976	Ref.-Entwurf 6. 75	6. 75	10. 75	9. 75	2. 76	3.76	–
Finanzplan des Bundes 1975 bis 1979	Ref.-Entwurf 6. 75	6. 75	10. 75	9. 75	–	10. 75	–
Körperschaftssteuergesetz 1977	–	10. 73	12. 73	1. 74	–	76	Finanzierungs- und Bund-Länder-Problematik
Reform der Sparförderung – 2. Stufe		–	–	–	–	–	Verabschiedung Ende der 7. Legislaturperiode ist angestrebt
Reform des Kraftfahrzeugsteuergesetzes	Bundesrat 1. 75	10. 73	12. 73	–	–	–	Finanzierungs- und Bund-Länder-Problematik, Plantermine unübersehbar
Gesetz zur Änderung des Gesetzes über die Beaufsichtigung der privaten Versicherungsunternehmen	–	1. 75	4. 75	5. 75	9. 75	9. 75	Nach EWG-Recht muß die Novelle spät. im Jan. 1976 in Kraft getreten sein
Gesetz zur Neuregelung des Rechts der Bundesschulden	Ref.-Entwurf 2. 74	11. 75	12. 75	1. 76	–	–	Weitere Plantermine offen
Gesetz zur Vermögensbeteiligung	Reg.-Entwurf in Vorbereitung	–	–	–	–	–	In Regierungserklärung v. 15. 7. angekündigt (Arbeitsgruppen bei BMF), politische und finanzielle Probleme
WIRTSCHAFTSMINISTER HANS FRIDRICHS							
Gesetz zur Pressefusionskontrolle	in Ausschüssen	8. 74	10. 74	1. 75	6. 75	7. 75	Politische und Bund-Länder-Problematik
Energieversorgungsgesetz	Ref.-Entwurf 5. 73	10. 75	12. 75	–	–	–	BR-Zustimmung
Eckwerte einer Neuordnung des Arzneimittelmarktes aus preis- und wettbewerbspolitischer Sicht	Ref.-Entwurf 3. 73	6. 75	–	–	–	–	Weitere Termine noch nicht zu übersehen, politische und finanzielle Problematik

Quelle: Wirtschaftswoche, Nr. 14 vom 27. 3. 1975, S. 26 u. 27.

Vorhaben der Regierung	Sachstand	Kabinett	Bundesrat 1	Bundestag 1	Bundestag 2/3	Bundesrat 2	Probleme
Mittelstandsbericht	Ref.-Entwurf 10. 75	2. 76	–	–	–	–	–
Selbständigen-Bericht	–	2. 76	–	–	–	–	–
Konzept zur Vorratshaltung wichtiger Industrierohstoffe	–	12. 75	–	–	–	–	Finanzielle Problematik
Fortschreibung des Basisprogramms für die Deutsche Luft- und Raumfahrtindustrie für den Zeitraum 1976–1980	–	6. 76	–	–	–	–	–
Vermarktungshilfen für den Absatz der VFW 614 nach »Modell Airbus«	–	12. 75	–	–	–	–	Finanzielle Problematik
LANDWIRTSCHAFTSMINISTER JOSEF ERTL							
Bodenbevorratungsförderungsgesetz	–	4. 75	6. 75	8. 75	11. 75	–	Politische, finanzielle, BR-Problematik
Weinwirtschaftsgesetz	in Ausschüssen	10. 74	11. 74	1. 75	4. 75	5. 75	–
ARBEITSMINISTER WALTER ARENDT							
Gesetz über die Mitbestimmung der Arbeitnehmer	in Ausschüssen	2. 74	4. 74	6. 74	6. 75	75	Politische Problematik
Jugendarbeitsschutzgesetz	in Ausschüssen	2. 74	5. 74	9. 74	6. 75	–	Politische, finanzielle, BR-Problematik
Anpassung der Leistungen des Bundesversorgungsgesetzes	Ref.-Entwurf 10. 75	10. 75	12. 75	1. 76	3. 76	3. 76	–

GESUNDHEITSMINISTER KATHARINA FOCKE							
Gesetz zur Neuordnung des Arzneimittelrechts	in Ausschüssen	7. 74	10. 74	1. 75	5. 75	6. 75	BR-Problematik
Psychiatrie-Enquete	–	12. 75	–	2. 76	2. 76	2. 76	–
Freizeitpolitische Konzeption	–	11. 75	–	–	–	–	Politische, BR-Problematik
Gesetz über nichtärztliche Heilberufe in der Geburtshilfe und Krankenpflege	Ref.-Entwurf 8. 74	8. 75	10. 75	12. 75	10. 76	12. 76	BR-Problematik
Gesetz über den Beruf des nichtärztlichen Psychotherapeuten	–	10. 76	11. 76	2. 77	10. 77	12. 77	BR-Problematik
Bundesgiftgesetz	–	2. 76	3.76	–	–	6. 76	Politische, BR-Problematik
VERKEHRSMINISTER KURT GSCHEIDLE							
Großversuch »Tempo 100« auf Landstraßen	–	12. 75	–	–	–	–	Behandlung in BT und BR nicht vorgesehen
Verordnung über bauliche Schutzmaßnahmen gegen Straßenverkehrslärm		5. 75	–	–	–	–	Politische, finanzielle, BR-Problematik
BAUMINISTER KARL RAVENS							
Gesetz zur Änderung des Bundesbaugesetzes	in Ausschüssen	4. 74	6. 74	9. 74	10. 75	12. 75	Politische, BR-Problematik
Gesetz zur Erhaltung und Modernisierung von Wohnungen	Ref.-Entwurf 3. 75	3. 75	4. 75	6. 75	10. 75	12. 75	Politische, BR-Problematik
Bundesraumordnungsprogramm	Ref.-Entwurf 6. 73	3. 75	–	4. 75	–	–	Politische, BR-Problematik
BILDUNGSMINISTER HANS ROHDE							
Neufassung des Berufsbildungsgesetzes	–	7. 75	–	–	–	–	Politische, BR-Problematik

Übersicht 13: Ausschnitt aus einer Programmstruktur

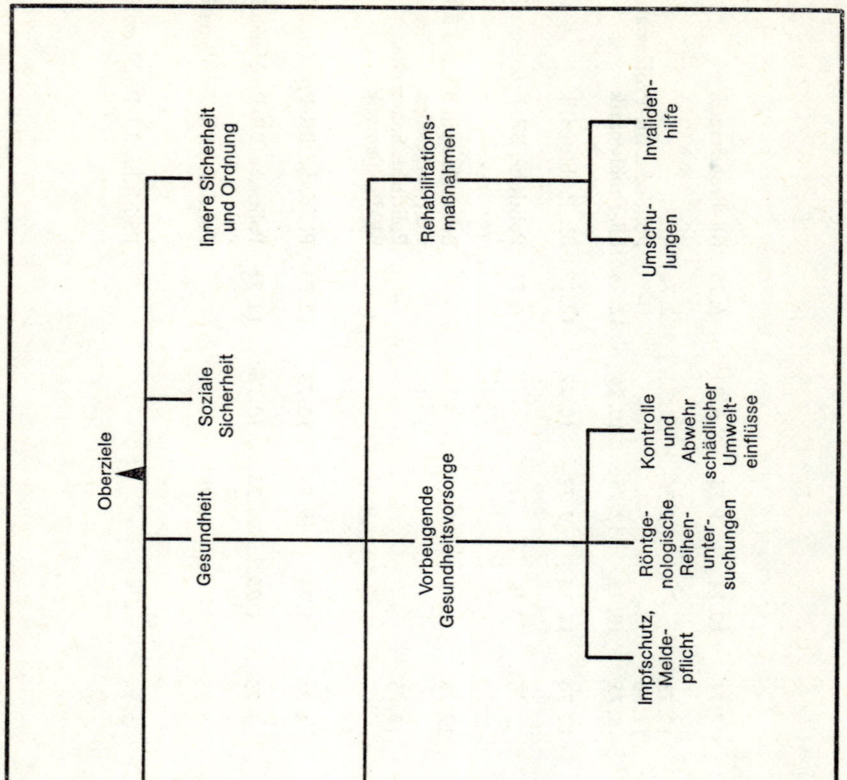

Quelle: H.-M. Rösinger, Managementsysteme für den Staat, in: Wirtschaftswoche, Nr. 17, 1971, S. 69.

Literaturverzeichnis

Achterberg, Norbert, Probleme der Funktionenlehre 1970

Acker, Heinrich, Organisationsstruktur, in: Organisation TFB-Handbuch-Reihe, 1. Bd., E. Schnaufer und K. Agthe (Hrsg.), Berlin, Baden-Baden 1961

Arndt, Hans-Joachim, Der Plan als Organisationsfigur und die strategische Planung, in: PVS, Juni 1968, Heft 2, Köln, Opladen 1968

Arbeitsförderungsgesetz (AFG) vom 25. 6. 1969 (BGBl. I S. 582) i. V. m. Erstes Gesetz zur Änderung des Arbeitsförderungsgesetzes vom 22. 12. 1969 (BGBl. I S. 2306)

Bachmann, Günter, Das Bundeskanzleramt, in: Die Staatskanzlei, Aufgaben, Organisation und Arbeitsweise auf vergleichender Grundlage, Bd. 34 der Schriftenreihe der Hochschule Speyer 1966

Barbarino, Otto, Entfaltung der eigenen Angelegenheiten der Länder unter den Aspekten der Aufgabenbereiche und ihrer Finanzierung, in: Entwicklung der Aufgaben und Ausgaben von Bund, Ländern und Gemeinden, Schriftenreihe der Hochschule Speyer, Bd. 47, Berlin 1971

Bartlsperger, Richard; Boldt, Hans; Umbach, Dieter C., Der moderne Staat, Wie funktioniert das?, Mannheim–Wien–Zürich 1974

Bebermeyer, Hartmut, Das politische Planungssystem der Bundesregierung, in: Reimut Jochimsen; Udo E. Simonis (Hrsg.), Theorie und Praxis der Infrastrukturpolitik, Schriften des Vereins für Sozialpolitik, N. F., Bd. 54, Berlin 1970

Becker, Erich, Wandlungen der rechtsstaatlichen Verwaltung, Schriftenreihe der Hochschule Speyer, Band 13, Berlin 1962

Behrendt, Günther, Das Bundeskanzleramt, Frankfurt 1967

Bericht des Präsidenten des Bundesrechnungshofs, in: Bundestags-Drucksache III/554, Ziffer 24

Bericht der Bundesregierung zur Bildungspolitik (Bildungsbericht/70), Bundestags-Drucksache VI/925, Bonn 1970

Berichte und Entschließungen der Europäischen Raumordnungsminister-Konferenz vom 9. bis 11. 9. 1970 in Bonn (Heft 5 der Reihe »betrifft« des Bundesministeriums des Innern, Januar 1971)

Besson, Waldemar, Wandel im staatsrechtlichen und politischen Denken, in: Offene Welt 1965

Bildungsgesamtplan, Bund-Länder-Kommission für Bildungsplanung (Kurzfassung), Bonn 1973

Bleicher, Kurt, Zur Zentralisation und Dezentralisation des Entscheidungsprozesses in der Unternehmungsorganisation, in: Organisation und Rechnungswesen, Festschrift für E. Kosiol, E. Grochla (Hrsg.), Berlin 1964

Blücher, Graf Viggo, Freizeitgesellschaft im Blickpunkt, München 1971

Böckenförde, Ernst-Wolfgang, Die Organisationsgewalt im Bereich der Regierung, Berlin 1964
Böhret, Carl, Entscheidungshilfen für die Regierung, Opladen 1970
Böhret, Carl, Das Planning-Programming-Budgeting-System als zukunftsorientierte Entscheidungshilfe für die Regierung, in: Volker Ronge; Günter Schmieg (Hrsg.), Politische Planung in Theorie und Praxis, München 1971
Bracher, Karl Dietrich, Staatsbegriff und Demokratie in Deutschland, in PVS 1968
v. Braunmühl, Claudia u. a., Probleme einer materialistischen Staatstheorie, Frankfurt 1973
Brümmerhoff, Dieter, Das Planning-Programming-Budgetierungs-System (PPBS), in: FA, Bd. 29, 1970
Bull, Hans-Peter, Die Staatsaufgaben nach dem Grundgesetz, Frankfurt 1973
Bulletin des Presse- und Informationsamts der Bundesregierung (Zitierweise: Bulletin)
Bundeshaushaltsordnung (BHO) vom 19. 8. 1969 (BGBl. I S. 1284)
Carlson, J. W., Systematisches Planen, Programmieren und Budgetieren, Stand und weitere Entwicklung, in: H. C. Recktenwald (Hrsg.), Nutzen-Kosten-Analyse und Programmbudget, Grundlage staatlicher Entscheidung und Planung, Tübingen 1970
Christmann, Alfred; Hesselbach, Walter; Jahn, Manfred; Mommsen, Ernst-Wolf (Hrsg.), Sozialpolitik, Ziele und Wege, Köln 1975
Comptroller General of the United States, Survey of Progress in Implementing the Planning-Programming-Budgeting-System in Executive Agencies, Washington D. C. 1969
Colm, Gerhard, Haushaltsplanung, Staatsbudget, Finanzplan und Nationalbudget, in: H. F, 2. Aufl. Bd. 1, Tübingen 1952
Dabin, Jean, Der Staat, Deutsche Ausgabe, Neuwied 1964
Dehlinger, Arthur, Württembergs Staatswesen in seiner geschichtlichen Entwicklung bis heute, Bd. 1, Stuttgart 1951
Demert, Jürgen, Entwicklungshilfe geplant oder verwaltet?, Entstehung und Konzeption des Bundesministeriums für wirtschaftliche Zusammenarbeit, Bielefeld 1968
Der Spiegel
Der Finanzplan des Bundes 1975-1979, in: Drucksache des Bundesrats 626/75 vom 17. 10. 1975
Deutsch, Karl Wolfgang, Politische Kybernetik, Modelle und Perspektiven, Freiburg 1970
Die längerfristige Entwicklung des öffentlichen Bedarfs, Zwischenbericht der Arbeitsgruppe »Bedarfsermittlung« des Finanzplanungsrates vom Mai 1972, Bonn 1972
Die Zeit
Dokumentation des Bundesministers für Arbeit und Sozialordnung »Das Arbeitsförderungsgesetz – Grundlage einer zukunftsweisenden Arbeitsmarkt- und Beschäftigungspolitik«, Bonn 1969
Dritter Bericht zur Reform der Struktur von Bundesregierung und Bundesverwaltung, Projektgruppe Regierungs- und Verwaltungsreform beim Bundesminister des Innern (Zitierweise: Projektgruppe BMI), Bonn 1972
Drittes Gesetz zur Änderung des Gesetzes über den Finanzausgleich zwischen Bund und Ländern vom 11. 5. 1974 (BGBl. I S. 1045)
Ehmke, Horst, Computer helfen der Politik, in: Die Zeit vom 17. 10. 1971
Ehmke, Horst, Planen ist keine Sünde, Erfahrungen aus der Bonner Regierungspraxis, in: Die Zeit vom 10. 12. 1971
Ehmke, Horst, Planung im Regierungsbereich – Aufgaben und Widerstände, in: Bulletin Nr. 187 vom 16. 12. 1971

Ellwein, Thomas, Das Regierungssystem der Bundesrepublik Deutschland (Zitierweise: Das Regierungssystem), Opladen 1973
Ellwein, Thomas, Einführung in die Regierungs- und Verwaltungslehre (Zitierweise: Einführung), Bd. 1, Stuttgart–Berlin–Köln–Mainz 1966
Ellwein, Thomas, Politik und Planung, Stuttgart 1968
Ellwein, Thomas, Politische Planung, Viel aneinander vorbeigeredet, in: Wirtschaftswoche vom 15. 12. 1972
Ellwein, Thomas, Regierung und Verwaltung, Teil 1: Regierung als politische Führung (Zitierweise: Regierung), Stuttgart–Berlin–Köln–Mainz 1970
Ellwein, Thomas, Regierung und Verwaltung, Teil 1: Regierung als politische Führung trolle, Die verfassungsrechtlichen Voraussetzungen und Konsequenzen einer Aufgabenkoordinierung im Bereich der Bundesregierung, in: Anlagenband zum Ersten Bericht zur Reform der Struktur von Bundesregierung und Bundesverwaltung beim BMI, Bonn, August 1969
Entwicklung der Aufgaben und Ausgaben von Bund, Ländern und Gemeinden, in: Schriftenreihe der Hochschule Speyer, Bd. 47, Berlin 1971
Entwurf eines Gesetzes über die Feststellung des Bundeshaushaltsplans für das Haushaltsjahr 1976 (Haushaltsgesetz 1976), in: Bundesrats-Drucksache 625/75 vom 17. 10. 1975
Ergebnisbericht der Arbeitsgruppe Ausgabenentwicklung, Bonn, März 1973
Erster Bericht des Arbeitskreises der Staats- und Senatskanzleien und des Bundeskanzleramts über die Ergebnisse der Erprobungsphase zur Gesamtproblemanalyse der längerfristigen öffentlichen Aufgaben, Bonn 1972
Eschenburg, Theodor, Staat und Gesellschaft in Deutschland, 2. Aufl., München 1963
Flohr, Heiner, Die Tätigkeit der Planungsabteilung im Bundeskanzleramt, in: Gesellschaftlicher Wandel und politische Innovation, PVS, Sonderheft 4/1972 (Zitierweise: PVS)
Flohr, Heiner, Zur Planung der Regierungsarbeit in Bonn, in: Die Mitarbeit, Zeitschrift zur Gesellschafts- und Kulturpolitik (Zitierweise: Zur Planung), 19. Jg., Heft 1, März 1970
Finanzberichte des Bundesministeriums der Finanzen, Bonn (mehrere Jahrgänge)
Finanzierung eines höheren Staatsanteils am Sozialprodukt, hrsg. vom Bundesministerium für Wirtschaft und Finanzen, Schriftenreihe, Heft 20
Finanzplan des Bundes 1972-1976, Bundesminister der Finanzen (Hrsg.), Bonn 1972
Fischer-Menshausen, Herbert, Mittelfristige Finanzplanung im Bundesstaat, in: Planung III, J. H. Kaiser, Baden-Baden 1968
Föhl, Carl, Kreislaufanalytische Untersuchung der Vermögensbildung in der Bundesrepublik und der Beeinflußbarkeit ihrer Verteilung, Tübingen 1964
Folgekosten öffentlicher Investitionen, Informationen zur Finanzpolitik, herausgegeben vom Ministerium der Finanzen Rheinland-Pfalz, Bad Ems 1975
Forsthoff, Ernst, Der Staat der Industriegesellschaft, München 1971
Freizeit und Massenmedien – Von der arbeits- zur freizeitorientierten Gesellschaft, in: Media – Perspektiven, Nr. 151, Frankfurt a. M.
Frisch, Hans von, Die Aufgaben des Staates in geschichtlicher Entwicklung, in: Politik (2. Auflage), Bd. 1
Galbraith, John, K., Die moderne Industriegesellschaft, München–Zürich 1968
Galbraith, John, K., Wirtschaft für Staat und Gesellschaft, München 1974
Gesellschaftliche Daten 1973, Bundesrepublik Deutschland, hrsg. vom Presse- und Informationsamt der Bundesregierung, Bonn 1974
Gesetz gegen Wettbewerbsbeschränkung (GWB) vom 5. August 1973

Gesetz über die Grundsätze des Haushaltsrechts des Bundes und der Länder, Haushaltsgrundsätzegesetz (HGrG) vom 19. 8. 1969 (BGBl. I S. 1273)
Gesetz über die Gemeinschaftsaufgabe Ausbau und Neubau von wissenschaftlichen Hochschulen (Hochschulbauförderungsgesetz) vom 1. 9. 1969 (BGBl. I S. 1556)
Gesetz über die Gemeinschaftsaufgabe Verbesserung der Agrarstruktur und des Küstenschutzes vom 3. 9. 1969 (BGBl. I S. 1573)
Gesetz über die Gemeinschaftsaufgabe Verbesserung der regionalen Wirtschaftsstruktur vom 6. 10. 1969
Gesetz über Finanzhilfen des Bundes zur Verbesserung der Verkehrsverhältnisse der Gemeinden (Gemeindeverkehrsfinanzierungsgesetz – GVFG) vom 18. 3. 1971 (BGBl. I S. 239) i. d. F. vom 13. 3. 1972 (BGBl. I S. 501)
Gesetz über städtebauliche Sanierungs- und Entwicklungsmaßnahmen in den Gemeinden vom 27. 7. 1971 (Städtebauförderungsgesetz), (BGBl. I S. 1125)
Gesetz zur Förderung der Stabilität und des Wachstums der Wirtschaft vom 8. 6. 1967 (BGBl. I S. 582)
Gesetz zur Sicherung des Haushaltsausgleichs vom 20. 12. 1965 (BGBl. I S. 2065)
Gesetz zur wirtschaftlichen Sicherung der Krankenhäuser und zur Regelung der Krankenhauspflegesätze – KHG – vom 29. 6. 1972 (BGBl. I S. 1009)
Glastetter, Werner, Grundsatzfragen einer zukunftsorientierten Wachstumspolitik, in: Beilage zur Wochenzeitung Das Parlament, B 19/72
Giersch, Herbert, Allgemeine Wirtschaftspolitik, Wiesbaden 1960
Graßmann, Josef von, Das Finanzrecht, Tübingen 1913
Greenhouse, Samuel M., A »Distributed Output«, Concept for the Planning-Programming-Budgeting-System, in: Personal Administration (Washington D. C.), July/August 1967
Gutachten Lage und Entwicklung der Staatsfinanzen in der Bundesrepublik Deutschland des Wissenschaftlichen Beirats beim Bundesministerium der Finanzen, Dokumentation 15/75 des BMF, Bonn 1975
Habermas, Jürgen, Struktur der Öffentlichkeit, Untersuchungen zu einer Kategorie der bürgerlichen Öffentlichkeit, Neuwied 1962
Hake, Wolfgang, Umverteilungseffekte des Budgets, Göttingen 1972
Haller, Heinz, Wandlungen in den Problemen föderativer Staatswirtschaften, in: FA, N. F., Bd. 27, 1968
Handbuch des Bundesrats, Bonn 1975
Handelsblatt
Hansmeyer, K. H., Antizyklische Ausgabenpolitik?, in: D. Cassel, u. a., (Hrsg.), 25 Jahre Marktwirtschaft in der Bundesrepublik Deutschland, Stuttgart 1972
Hartwig, Hans-Hermann, Sozialstaatspostulat und gesellschaftlicher status quo, Opladen 1970
Heinen, Edmund, Das Zielsystem der Unternehmung, Grundlagen betriebswirtschaftlicher Entscheidungen, Wiesbaden 1966
Hennis, Wilhelm, Amtsgedanke und Demokratiebegriff, in: derselbe, Politik als praktische Wissenschaft, Aufsätze zur politischen Theorie und Regierungslehre, München 1968
Hentig, Hartmut von, Die Sache und die Demokratie, in: Neue Sammlung 1969
Hettlage, Karl Maria, Diskussionsbeitrag, in: Mittelfristige Finanzplanung, Beihefte der Konjunkturpolitik, Heft 15, Berlin 1968
Hippel, Ernst von, Allgemeine Staatslehre, Berlin 1963
Hirsch, Joachim, Haushaltsplanung und Haushaltskontrolle, Parlament und Verwal-

tung, Bd. 2, Teil 2 der Reihe Politik, Regierung, Verwaltung, Stuttgart–Berlin–Köln–Mainz 1968
Holzer, Horst, Politik in Massenmedien, Zum Antagonismus von Presse- und Gewerbefreiheit, in: Ralf Zoll (Hrsg.), Manipulation der Meinungsbildung, Kritik 4, Opladen 1972
Hoffmann, Siegfried, Die Kontrolle der Regierung durch parlamentarische Rechnungsprüfung im Deutschen Bundestag, Göttingen 1970
Hofmann, Hanns, H., Die Entstehung des modernen souveränen Staates, Köln 1967
Holch, Georg, Die Finanzhilfen des Bundes nach Art. 104 Abs. 4 GG, in: DÖV, Heft 4, Februar 1973
Huber, E. R., Verfassungsgeschichte seit 1789, Stuttgart 1957
Hüttel, Adolf, Koordinierungsprobleme der Bundesregierung, in: Der Staat, Jg. 6, 1967
Investitionsprogramm des Bundes, in: Bulletin Nr. 41 vom 28. 3. 1974
Jahresgutachten des Sachverständigenrats zur Begutachtung der gesamtwirtschaftlichen Entwicklung, Stuttgart-Mainz (mehrere Jahrgänge)
Jellinek, Georg, Allgemeine Staatslehre, 3. Aufl., Berlin 1919
Jochimsen, Reimut, Zum Aufbau eines integrierten Aufgabenplanungssystems und Koordinationssystems der Bundesregierung, in: Bulletin Nr. 97 vom 16. 7. 1970
Jochimsen, Reimut, Planung im staatlichen Bereich (Zitierweise: Planung), in: Bulletin Nr. 113 vom 23. 7. 1971
Junker, Ernst, U., Die Richtlinienkompetenz des Bundeskanzlers, Tübingen 1965
Kaiser, Joseph, H., Ausblicke vom Standpunkt des Staatsrechts, in: Die Staatskanzlei, Aufgaben, Organisation und Arbeitsweise auf vergleichender Grundlage, Schriftenreihe der Hochschule Speyer, Bd. 34, Berlin 1967
Kaiser, Joseph, H., Planung I, Recht und Politik der Planung, in: Wissenschaft und Gesellschaft, Baden-Baden 1965
Kaiser, Joseph, H., Planung II, Begriff und Institut des Plans, Baden-Baden 1966
Kaiser, Joseph, H., Planung III, Mittel und Methoden planender Verwaltung, Baden-Baden 1968
Karehnke, Helmut, Richtlinienkompetenz des Bundeskanzlers, Ressortprinzip, Kabinettsgrundsatz – Entspricht Art. 65 des Grundgesetzes nach heutigen Erfordernissen, in: DVBl., Heft 3, Februar 1974
Karehnke, Helmut, Zur Ministerialorganisation nach Programmen, in: DÖV, Heft 2, Februar 1974
Kassimatis, G., Der Bereich der Regierung, Berlin 1967
Katona, George, Psychological Analysis of Economic Behavior, New York 1951
Klein, Hans, Zum Begriff der öffentlichen Aufgaben, in: Die öffentliche Verwaltung (DÖV), November 1965, Heft 21-22
Kölble, Josef, Ist Artikel 65 (Ressortprinzip im Rahmen von Kanzlerrichtlinien und Kabinettsentscheidungen) überholt?, in: Die öffentliche Verwaltung (DÖV), Heft 1-2, Januar 1974
Kommission für die Finanzreform (Hrsg.), Gutachten über die Finanzreform in der Bundesrepublik Deutschland, Stuttgart 1966
Korff, Hans Clausen, Neuordnung der Haushaltswirtschaft des Bundes, Ziele und Aussichten einer Haushaltsreform, Bundesministerium der Finanzen, Schriftenreihe, Heft 8, Bonn 1964
Korff, Hans Clausen, Haushaltspolitik, Instrument öffentlicher Macht, Stuttgart 1975
Kosiol, Erich, Grundlagen und Methoden der Organisationsforschung, Berlin 1959
Kosiol, Erich, Organisation der Unternehmung, Wiesbaden 1962

Krelle, Wilhelm; Schunck, Johann; Siebke, Jürgen, Überbetriebliche Ertragsbeteiligung der Arbeitnehmer, Eine Untersuchung über die Vermögensstruktur in der BRD, Bd. II, Tübingen 1968

Krüger, Herbert, Allgemeine Staatslehre, Stuttgart 1964

Küchenhoff, Günther und Erich, Allgemeine Staatslehre, 5. Aufl,, Stuttgart 1964

Kulischer, Josef, Allgemeine Wirtschaftsgeschichte, Bd. 2, Die Neuzeit, München 1929

Landesentwicklungsplan Hessen 80 vom 27. April 1971

Lassalle, Ferdinand, Arbeitsprogramm, in: F. Lassalle, Gesammelte Reden und Schriften, hrsg. und eingeleitet von E. Bernstein, Bd. II, Berlin 1920/21

Laufer, Heinz, Der Bundesrat, Untersuchung über Zusammensetzung, Arbeitsweise, politische Rolle und Reformprobleme, in: Beilage zur Wochenzeitung Das Parlament (Zitierweise: Der Bundesrat), B 4/72, Bonn 1972

Laufer, Heinz, Das föderative System der Bundesrepublik Deutschland, München 1973

Laufer, Heinz, Die demokratische Ordnung, München 1970

Leibfried, Stephan; Quillisch, Martin, Planung im Sozialstaat, in: Atomzeitalter, Nr. 10 und 11/1967

Leist, J. C., Lehrbuch des teutschen Staatsrechts, Göttingen 1803

Littmann, Konrad, Zunehmende Staatstätigkeit und wirtschaftliche Entwicklung, Köln-Opladen 1957

Lompe, Klaus, Die Neugestaltung von Regierung und Verwaltung in der Bundesrepublik Deutschland, in: Mitteilungen des Instituts für Gesellschaftspolitik, Wien, Heft 1, 1970

Lompe, Klaus, Gesellschaftspolitik und Planung, Probleme politischer Planung in der sozialstaatlichen Demokratie, Freiburg 1971

Lompe, Klaus, Zur Notwendigkeit von Planung auf allen Ebenen politischer Praxis und ihrer Legitimation im gegebenen und möglichen Verfassungsrahmen (Zitierweise: Notwendigkeit von Planung), Vortrag vor der Friedrich-Naumann-Stiftung, Theodor-Heuss-Akademie am 23. Juli 1973, Gummersbach 1973

Luhmann, Niklas, Komplexität und Demokratie, in: PVS 1969

Maunz, Theodor, Deutsches Staatsrecht, 16. Aufl., München 1968

Maunz/Dürig/Herzog, Kommentar zum Grundgesetz, München 1974

Mayntz, Renate, Thesen zur Steuerungsfunktion von Zielstrukturen, in: Renate Mayntz; Fritz Scharpf (Hrsg.), Planungsorganisation, Die Diskussion um die Reform von Regierung und Verwaltung des Bundes, München 1973

Memorandum von Wirtschaftswissenschaftlern, Für eine wirksame und soziale Wirtschaftspolitik, vom 4. 11. 1975, Bonn 1975

Menzel, Eberhardt, Die Sozialstaatlichkeit als Verfassungsprinzip der Bundesrepublik, in: DÖV, August 1972, Heft 15–16, Stuttgart 1972

Mittelfristige Zielprojektionen, in: Bundesrats-Drucksache 130/74 vom 6. 2. 1974

Morstein-Marx, Fritz (Hrsg.), Verwaltung, Eine einführende Darstellung, Berlin 1965

Müller, Albrecht, Aufgabenplanung in der Regierungsarbeit, Vortrag vor dem Bundesverband der Deutschen Industrie (BDI) am 7. 11. 1973

Murswieck, Axel, Regierungsreform durch Planungsorganisation – Eine empirische Untersuchung im Bereich der Bundesregierung, Düsseldorf 1975

Naschold, Frieder, Anpassungsplanung oder politische Gestaltungsplanung?, Zur politischen Planung in der BRD am Beispiel der mehrjährigen Finanzplanung (Zitierweise: Anpassungsplanung), in: Winfried Steffani (Hrsg.), Parlamentarismus ohne Transparenz, Kritik, Bd. III, Opladen 1971

Naschold, Frieder, Gesellschaftsreform und politische Planung, in: Frieder Naschold; Werner Väth (Hrsg.), Politische Planungssysteme, Opladen 1973

Naschold, Frieder, Probleme der mehrjährigen Finanzplanung des Bundes (Zitierweise: Probleme), in: Demokratisches System und politische Praxis der Bundesrepublik, Für Theodor Eschenburg, hrsg. von G. Lehmbruch, K. v. Beyme, I. Fetscher, München 1971

Naschold, Frieder, Systemsteuerung, Stuttgart 1969

Neumark, Fritz, Fiskalpolitik und Wachstumsschwankungen, Sitzungsberichte der Wissenschaftlichen Gesellschaft an der Johann-Wolfgang-Goethe-Universität, Frankfurt a. M., Bd. 6, Jg. 1967, Nr. 2 Wiesbaden 1968

Novick, Dieter, Das Programmbudget, Grundlage einer langfristigen Planung, in: H. C. Recktenwald (Hrsg.), Nutzen-Kosten-Analyse und Programmbudget, Grundlage staatlicher Entscheidung und Planung, Tübingen 1970

O'Connor, James, Die Finanzkrise des Staates, Frankfurt 1974

Oertzen, Peter von; Ehmke, Horst; Ehrenberg, Herbert (Hrsg.), Thema: Wirtschaftspolitik – Materialien zum Orientierungsrahmen 1985, Bonn-Bad Godesberg 1974

Offe, Claus, Strukturprobleme des kapitalistischen Staates, Frankfurt 1972

Organisation, Personalstruktur und Unterbringung des Bundeskanzleramts, Ausarbeitung des Chefs des BKA vom 8. März 1970, den Mitgliedern der Bundespressekonferenz zugeleitetes Informationsmaterial

Perspektivprojektion des Wirtschaftswachstums bis 1985, Bundesministerium für Wirtschaft (Hrsg.), Bonn, 30. März 1971

Piduch, Erwin Adolf, Bundeshaushaltsrecht – Kommentar (Loseblattsammlung), Stuttgart–Berlin–Köln–Mainz 1969

Pilz, Frank, Das System der sozialen Marktwirtschaft, Konzeption, Wirklichkeit, Perspektiven, München 1974

Pinney, Edward L., Federalism Bureaucracy and Party-politics, in: Western Germany, The University of North-Carolina Press 1963

Quade, E. S., Systems Analysis Techniques for Planning-Programming-Budgeting, in: Lyden-Miller, Planning, Programming, Budgeting, A Systems Approach to Management, Chicago 1967

Raabe, Karl-Heinz, Prognosen und Projektionen der kurzfristigen Wirtschaftsentwicklung in der Bundesrepublik Deutschland (Methode und Verfahren), Bundesministerium für Wirtschaft (Hrsg.), Bonn, August 1969

Raschke, Joachim, Mehrheitswahlrecht – Mittel zur Demokratisierung oder Formierung der Gesellschaft?, in: Winfried Steffani (Hrsg.), Parlamentarismus ohne Transparenz, Kritik, Bd. 3, Opladen 1971

Raumordnungsbericht, Bundesministerium des Innern (Hrsg.), Bonn 1970, in: Bundestags-Drucksache VI/1340

Raumordnungsgesetz vom 8. 4. 1965 (BGBl. I S. 306)

Rechenberg, Hans, Zur Methodik der politischen Planung, in: DVBl. Heft 6, März 1974

Recktenwald, Horst Claus, Die Entwicklung der öffentlichen Ausgaben in der Bundesrepublik, in: H. König (Hrsg.), Wandlungen der Wirtschaftsstruktur in der Bundesrepublik Deutschland, Berlin 1962

Recktenwald, Horst Claus, Neuer Rahmen für moderne Finanzpolitik, in: H. Haller und H. C. Recktenwald (Hrsg.), Finanz- und Geldpolitik im Umbruch, Mainz 1969

Regierungserklärung des Ersten Kabinetts Brandt/Scheel vom 28. 10. 1969 und des Zweiten Kabinetts Brandt/Scheel vom 18. 1. 1973

Reichsversicherungsordnung – Zweites Buch »Krankenversicherung« – nach Zweites Krankenversicherungsänderungsgesetz, 2. KVAG vom 21. 12. 1970

Reinermann, Heinrich, Zur Eignung von Planning-Programming-Budgeting für die längerfristige Aufgabenplanung und für die interministerielle Koordination, in: DVBl. vom 1. 2. 1972
Richtlinien für den Einsatz von Bundesmitteln zur Förderung des sozialen Wohnungsbaus (Einsatzrichtlinien 1971) vom 30. 3. 1971 (GMBl. 1971 S. 152)
Rietdorf, Fritz, Die Gemeinschaftsaufgaben, ein Schritt zur gemeinsamen Aufgabenplanung von Bund und Ländern?, in: Heinz Laufer; Frank Pilz, Föderalismus – Studientexte zur bundesstaatlichen Ordnung, München 1973
Rösinger, H. M., Management-Systeme für den Staat, in: Wirtschaftswoche Nr. 17/1971
Ronge, Volker; Schmieg, Günter, Restriktionsanalyse staatlichen Handelns am Beispiel des Widerspruchs zwischen Konjunkturpolitik und Infrastrukturplanung, Hamburg 1973
Rosenbaum, Wolf, Staatsinterventionismus und Wirtschaftsplanung im modernen Kapitalismus, in: R. Kühnl (Hrsg.), Der bürgerliche Staat der Gegenwart. Reinbek 1972
Rupp-Brünnek, Wiltraut von, Neue Juristische Wochenschrift (NJW) 1965
Sachstandsberichte des Arbeitskreises der Staats- und Senatskanzleien und des Bundeskanzleramts, Zur Zusammenarbeit des Bundes und der Länder bei der Erstellung einer Gesamtanalyse der längerfristigen Aufgaben für die Jahre 1976 bis 1985 (Zitierweise: Sachstandsberichte), Bonn 1972
Schäfer, Friedrich, Aufgabe und Arbeitsweise des Haushaltsausschusses des Deutschen Bundestags, in: Finanzwissenschaft und Finanzpolitik, Festschrift für E. Schöttle, F. Schäfer (Hrsg.), Tübingen 1964
Scheuner, Ulrich, Verantwortung und Kontrolle in der demokratischen Verfassungsordnung, in: Festschrift für G. Müller, hrsg. von Th. Ritterspach, W. Geiger, Tübingen 1970
Scheuner, Ulrich, Der Bereich der Regierung, in: Festschrift für Rudolf Smend, Göttingen 1952
Schick, Allen, The Road to PPB, The Stages of Budget Reform, in: Lyden-Miller (Ed.) Planning, Programming, Budgeting, A Systems Approach to Management, Chicago 1967
Schleehauf, Ursula, Zur Realisierung der verfassungsrechtlichen Budgetprinzipien, in: FA, NF, Bd. 25, 1966
Schmidt, Helmut, Theorie und Thesen der Finanzpolitik, in: Handelsblatt, Deutsche Wirtschaftszeitung vom 3. 9. 1973
Schmidt, Klaus; Wille, Eberhard, Die mehrjährige Finanzplanung, Wunsch und Wirklichkeit, in: Wirtschaft und Gesellschaft, Bd. 3
Schmidt, Volker, Finanz- und Aufgabenplanung als Instrument der Regierungsplanung, in: Die Verwaltung 1/1973
Schneider, Franz, Die politische Komponente der Rechtsstaatsidee in Deutschland, in: PVS 1968
Schumpeter, Joseph, Kapitalismus, Sozialismus, Demokratie, 3. Auflage, München 1972
Seemann, Klaus, Moderne Regierungstechnik, in: Moderne Welt 1967
Senf, Paul, Die Reform der öffentlichen Haushaltsgebarung zur Erhöhung der Transparenz, in: Probleme der Haushalts- und Finanzplanung, Heinz Haller (Hrsg.) SdVfSocpol, N. F., Bd. 52, Berlin 1969
Siebke, Jürgen, Vermögenskonzentration, in: Karl H. Pitz (Hrsg.), Das Nein zur Vermögenspolitik, Reinbek 1974
Smend, Rudolf, Die politische Gewalt im Verfassungsstaat und das Problem der Staatsform, in: Festgabe für W. Kahl, Tübingen 1923

Sozialbericht 1973, hrsg. vom Bundesminister für Arbeit und Sozialordnung, Bonn 1973
SPD-Langzeitprogramm 1, Texte, Bonn–Bad-Godesberg 1972
Statistisches Bundesamt (Hrsg.), Finanzen und Steuern, Reihe 4, Personal von Bund, Ländern und Gemeinden, Stuttgart–Mainz 1974
Stolber, W. B., The Objective Function in Programm Budget in some basic Outlines, in: ZgesStw 127/2
Strauß, Franz Josef, Finanzpolitik – Theorie und Wirklichkeit, Berlin 1969
Süddeutsche Zeitung
Theis, Adolf, Stand der Überlegungen zur Regierungsreform im Bund, in: Die Verwaltung, Zeitschrift für Verwaltungswissenschaft, 3. Bd. 1970, Heft 1
Tembruck, Friedrich H., Zu einer Theorie der Planung, in: Wissenschaft und Praxis, Köln–Opladen 1967
Timm, Herbert; Haller, Heinz (Hrsg.), Beiträge zur Theorie der öffentlichen Ausgaben, Berlin 1967
Tretner, Carl-Heinz, Langfristige Planung von Staatsausgaben, Berlin 1965
Unruh v. G. Ch., Organisation der Dienstleistungen im sozialen und demokratischen Rechtsstaat, in: DVBl., Heft 20, Oktober 1974
Verkehrsfinanzgesetz 1971 vom 28. 2. 1972 (BGBl. I S. 201)
Vischer, Peter, Simultane Produktions- und Absatzplanung, Rechnungstechnische und organisatorische Probleme mathematischer Programmierungsmodelle, Wiesbaden 1967
Vogel/Kirchhof, Bonner Kommentar zum Grundgesetz
Wagener, Frido, Neubau der Verwaltung, Berlin 1969
Waterkamp, Rainer, Politische Leitung und Systemveränderung – Zum Problemlösungsprozeß durch Planungs- und Informationssysteme, Köln 1975
Weber, Max, Staatssoziologie, Berlin 1956
Weber, Max, Wirtschaft und Gesellschaft, 2. Auflage, Tübingen 1925
Weichmann, Herbert, Finanzplanung als neue staatliche Aufgabe, in: Finanzarchiv, N. F., Bd. 27, 1968
Weißbuch 1974, Bundesministerium der Verteidigung (Hrsg.), Bonn 1974
Wertz, Hans; Huber, Ludwig; Rau, Hans, Für die Bundesländer ist ihre Finanzautonomie unantastbar, in: Handelsblatt vom 20. 9. 1973
Wettmann, Reinhart, Aufbauprobleme staatlicher Planung, in: Gesellschaftlicher Wandel und politische Innovation, Tagung der Deutschen Vereinigung für Politische Wissenschaft in Mannheim, Herbst 1971, in: PVS, 13. Jg., Sonderheft 4, Opladen 1972
Wittkämper, Gerhard W., Politische Zielsysteme und Datenverarbeitung, in: Süddeutsche Zeitung vom 23. 10. 1975
Wildavsky, Aaron, Budgeting, II, Budgeting as a political process, in: International Encyclopaedia of the Social Science, ed., David L. Sills, vol. 2, 1968
Wildenmann, Rudolf, Macht und Konsens als Problem der Innen- und Außenpolitik, Frankfurt 1963
Willke, Gerhard, Überlegungen zu einer zielorientierten Finanzplanung, in: Beilage zur Wochenzeitung Das Parlament, B 35/72
Wirtschaftliche und soziale Aspekte des technischen Wandels in der Bundesrepublik Deutschland, Rationalisierungskuratorium der deutschen Wirtschaft (RKW), Frankfurt 1970
Wohnungsbau-Prämiengesetz von 1969 (BGBl. I S. 1677) und DVO von 1971 (BGBl. I S. 83)
Wolff, H. J., Verwaltungsrecht I, München 1965

Wolkersdorf, Lorenz, Beziehungen zwischen Haushaltsplan und Finanzplan unter besonderer Berücksichtigung politischer und administrativer Aspekte, in: Mittelfristige Finanzplanung, Beihefte der Konjunkturpolitik, Heft 15, Berlin 1968

Zabel, Günter, Mittelfristige Finanzplanung, in: Das rationale Budget, Ansätze moderner Haushaltstheorie, hrsg. von K. H. Hansmeyer, Köln 1971

Zachariä, H. A., Deutsches Staats- und Bundesrecht, 2. Aufl., Göttingen 1853

Zachariä, Karl S., 40 Bücher vom Staate, Stuttgart 1820

Zavelberg, Heinz-Günter, Die mehrjährige Finanzplanung, in: Finanzpolitik von morgen, Schriftenreihe des DIHT, Heft 114, Bonn 1969

Zoll, Ralf, Einleitung, in: Ralf Zoll (Hrsg.), Manipulation der Meinungsbildung, Kritik 4, Opladen 1972

20. und 21. Gesetz zur Änderung des Grundgesetzes vom 12. 5. 1969 (BGBl. I S. 357 und S. 359)

Zweiter Entwurf eines ökonomisch-politischen Orientierungsrahmens für die Jahre 1975-1985, herausgegeben vom Vorstand der SPD, Bonn 1975

Zweites Gesetz zur Änderung des Gesetzes über den Finanzausgleich zwischen Bund und Ländern vom 27. 10. 1972 (BGBl. I S. 2049)

Zweite Empfehlung der Kultusministerkonferenz (KMK) zur Erwachsenenbildung vom 4. 3. 1971 und Zweite Empfehlung der KMK zum öffentlichen Bibliothekswesen vom 3. 11. 1971

Zweites Stabilitätsprogramm der Bundesregierung vom 9. Mai 1973, in: Bulletin Nr. 53 vom 11. 5. 1973

Zwischenbericht der Bund-Länder-Kommission für Bildungsplanung (BLK) an die Regierungschefs des Bundes und der Länder über den Bildungsgesamtplan und ein Bildungsbudget, beschlossen von der BLK am 18. 10. 1971

Zundel, Rolf, Wie werden wir regiert, in: Die Zeit vom 20. 2. 1970

Zunker, Albrecht, Finanzplanung und Bundeshaushalt, Zur Koordinierung und Kontrolle durch den Bundesfinanzminister, Frankfurt a. M.–Berlin 1972